43 《温斯顿回来了》：戴维·贾格尔 1939 年在海军部创作了这幅非常具有丘吉尔特色的画像。

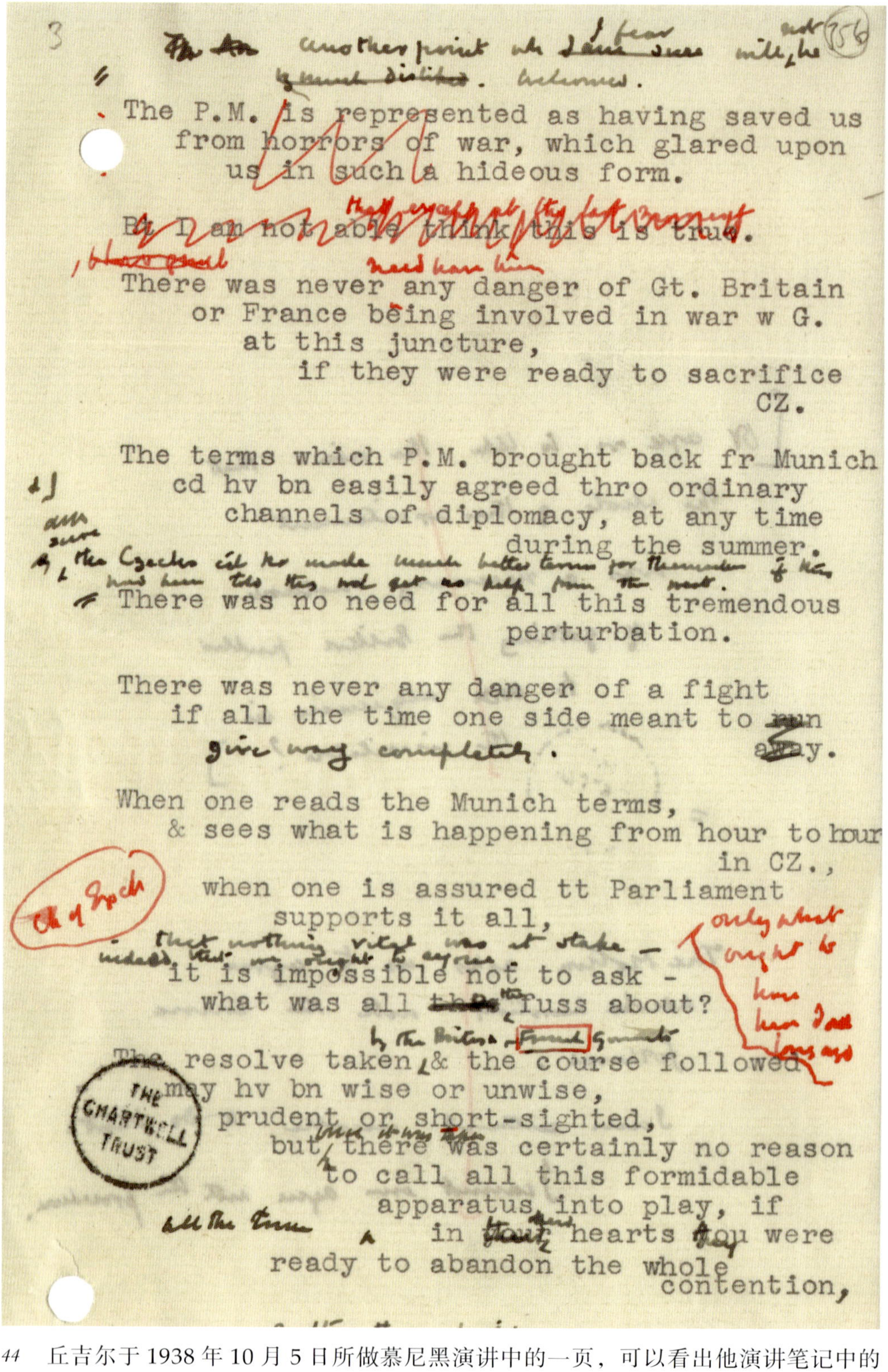

3

The P.M. is represented as having saved us
from horrors of war, which glared upon
us in such a hideous form.

But I am not able think this is true.

There was never any danger of Gt. Britain
or France being involved in war w G.
at this juncture,
if they were ready to sacrifice
CZ.

The terms which P.M. brought back fr Munich
cd hv bn easily agreed thro ordinary
channels of diplomacy, at any time
during the summer.

There was no need for all this tremendous
perturbation.

There was never any danger of a fight
if all the time one side meant to ~~run~~
~~away~~. give way completely.

When one reads the Munich terms,
& sees what is happening from hour to hour
in CZ.,
when one is assured tt Parliament
supports it all,
it is impossible not to ask -
what was all ~~this~~ the fuss about?

The resolve taken & the course followed
may hv bn wise or unwise,
prudent or short-sighted,
but there was certainly no reason
to call all this formidable
apparatus into play, if
in ~~your~~ their hearts ~~you~~ they were
ready to abandon the whole
contention,

THE CHARTWELL TRUST

44　丘吉尔于 1938 年 10 月 5 日所做慕尼黑演讲中的一页，可以看出他演讲笔记中的“诗篇”格式。

45 1939年7月，这张巨幅海报出现在伦敦斯特兰德大街。海报提出，面对纳粹威胁，我们需要付出什么才能让丘吉尔回到政府。

46 1939年9月3日，在宣战的当天晚上，丘吉尔回到海军部担任海军大臣。他拿着雪茄、手套、报纸、拐杖，身边有两个红箱子、防毒面具，腰上还系着一条长长的钥匙链，上面挂着红箱子的钥匙。

47 1939年9月4日，张伯伦政府的高级官员在威廉·格莱斯顿和索尔兹伯里勋爵的画像下面合影。站立者从左至右分别为：约翰·安德森爵士、莫里斯·汉基、莱斯利·霍尔–贝里沙、温斯顿·丘吉尔、金斯利·伍德爵士、安东尼·艾登和爱德华·布里奇斯。坐着的人从左至右分别为：哈利法克斯勋爵、约翰·西蒙爵士、内维尔·张伯伦、塞缪尔·霍尔和查特菲尔德勋爵。

48 1940年9月，正在视察白金汉宫被炸毁情况的丘吉尔与国王乔治六世和伊丽莎白王后在一起。

49 1940年12月，一个“月亮高挂”的周末，在迪去雷庄园。从左至右分别为：布伦丹·布拉肯、克兰伯恩勋爵、理查德·劳、温斯顿·丘吉尔、克莱门汀·丘吉尔、克兰伯恩夫人、罗纳德·特里（被遮挡）和南希·特里（后来的南希·兰卡斯特）

50 闪电战期间，丘吉尔多次走访被炸地区，大大鼓舞了士气。这是1940年他在拉姆斯盖特的一个商店外。

51 丘吉尔将这些标签贴在非常重要的备忘录上，希望大臣们可以立即处理。

52 唐宁街10号附楼地图室的一张办公桌。闪电战期间，丘吉尔搬至附楼。

53 1941年10月，丘吉尔的战时内阁，拍摄于唐宁街10号花园。坐着的人从左至右分别为：约翰·安德森爵士、温斯顿·丘吉尔、克莱门特·艾德礼和安东尼·艾登。站立者从左至右分别为：阿瑟·格林伍德、欧内斯特·贝文、比弗布鲁克勋爵和金斯利·伍德爵士。

54 1941 年 12 月 23 日，丘吉尔与罗斯福总统在白宫的一次新闻发布会上。丘吉尔戴着一个雪茄标箍做戒指，罗斯福戴着黑色臂纱，纪念在 9 月去世的母亲萨拉。

55 一次“深入虎穴的访问”：1942 年 8 月，丘吉尔前往克里姆林宫访问约瑟夫·斯大林元帅。

56 1942 年 8 月 5 日在开罗的英国大使馆，与朋友和亲密的顾问扬·克里斯蒂安·史末资将军坐在一起，后面站着的是空军上将阿瑟·特德（左）和艾伦·布鲁克将军（右）。

57 1943 年 5 月，在去参加“三叉戟会议”的路上，与海军大臣达德利·庞德上将在“玛丽女王号”上。

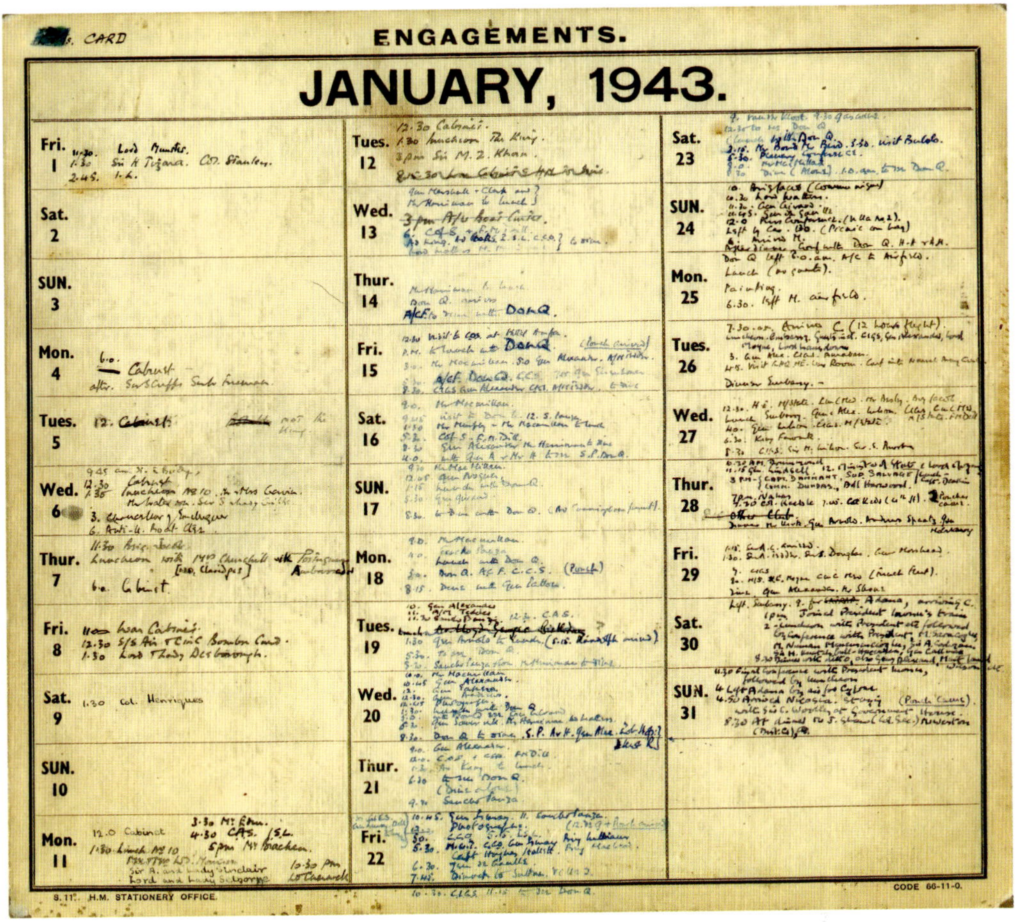

58 战争期间的丘吉尔工作安排月卡。这一张上最突出的是卡萨布兰卡会议，其中罗斯福总统的代号为“堂Q”，因为丘吉尔的家人给他起了一个绰号，叫“堂吉诃德”。

WAR OF NERVES

59 1943年2月的《新闻纪事报》上维基（维克多·薇兹）所作的漫画：无处不在的丘吉尔逼疯了希特勒。

60 丘吉尔向罗斯福展示了马拉喀什的这一景致，然后把自己描绘这一景致的画作《卡托比亚清真寺之塔》送给了罗斯福，这是他在二战期间，直到二战胜利日之前的唯一画作。

61 1943 年 5 月，在纽约，丘吉尔从“玛丽女王号”上下船时，对水兵们做出当时已经很出名的代表胜利的 V 字形手势。

62　丘吉尔很喜欢 1951 年创作这幅画像的作者奥斯瓦尔德·伯利爵士，因为他在第一次世界大战中赢得了十字勋章。

63　1944 年 5 月，穿着“警笛服”的丘吉尔与德怀特 · D. 艾森豪威尔在萨塞克斯的黑斯廷斯附近。

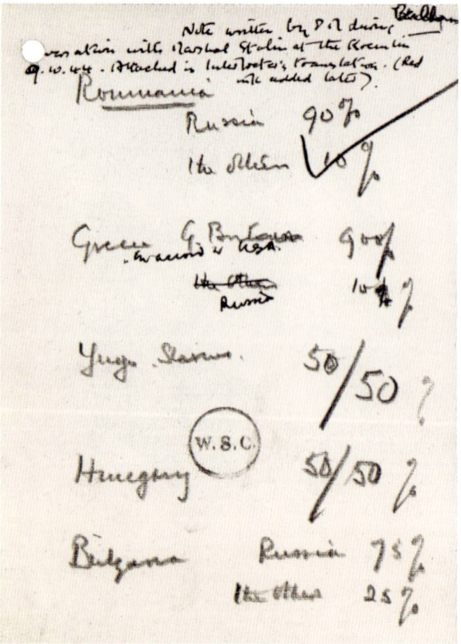

64　1944 年 10 月那份臭名昭著的“百分比协议”，斯大林在上面画上了一个大大的钩。尽管这份协议的玩世不恭让其饱受诟病，但实际上它拯救了希腊的民主。

65　1944 年，丘吉尔在停战日含泪走在香榭丽舍大街上。从左至右分别为：詹姆斯 · 巴特利警官（艾登的警卫）、阿尔弗雷德 · 达夫 · 库珀（后面）、“汤米” · 汤普森中校、艾登、丘吉尔和戴高乐。

66 1945 年 2 月，在雅尔塔会议上，丘吉尔、罗斯福和斯大林共享片刻的欢乐时光。

67 1945 年 3 月 25 日，丘吉尔跨过莱茵河进入德国。能够看到在他身后离开登陆艇的有陆军元帅布鲁克和艾森豪威尔的情妇凯·萨默斯比。

68 1941年9月，丘吉尔的私人秘书在唐宁街10号花园的台阶上。从左至右分别为：约翰·乔克·科尔维尔、莱斯利·罗文、丘吉尔、约翰·派克、约翰·马丁、伊迪丝·沃森、“汤米”·汤普森中校、安东尼·贝维尔和查尔斯·巴克。

69 1945年5月，三军参谋长在胜利日前一天摄于唐宁街花园。坐着的人从左至右分别为：空军元帅查尔斯·波特尔、陆军元帅艾伦·布鲁克爵士、温斯顿·丘吉尔和海军舰队上将安德鲁·坎宁安爵士。站立者从左至右分别为：莱斯利·霍利斯少将和黑斯廷斯·“帕格”·伊斯梅将军。

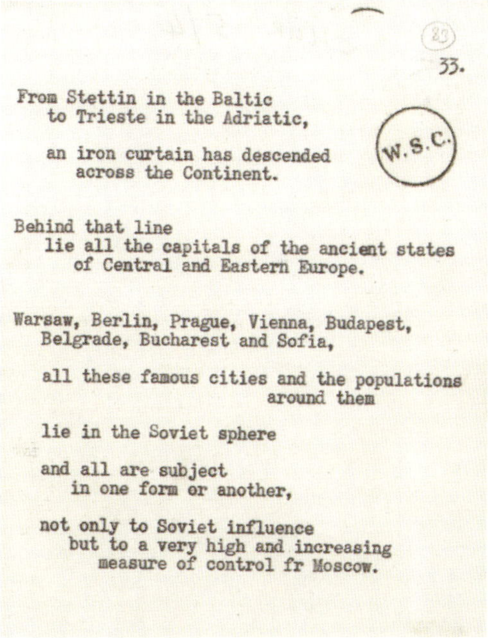

33.

W.S.C.

From Stettin in the Baltic
to Trieste in the Adriatic,

an iron curtain has descended
across the Continent.

Behind that line
lie all the capitals of the ancient states
of Central and Eastern Europe.

Warsaw, Berlin, Prague, Vienna, Budapest,
Belgrade, Bucharest and Sofia,

all these famous cities and the populations
around them

lie in the Soviet sphere

and all are subject
in one form or another,

not only to Soviet influence
but to a very high and increasing
measure of control fr Moscow.

70 1946年3月5日，丘吉尔在密苏里州富尔顿市的威斯敏斯特学院发表题为“和平的力量”的演讲，演讲中他首次提出对苏控东欧的警告。

71 富尔顿演讲中的一页，丘吉尔提出，一幅横贯欧洲的“铁幕”已经落下。

72 1946年，丘吉尔在迈阿密海滩赏玩鹦鹉，陪着他的是克莱门汀和萨拉·丘吉尔。

73 1948 年 5 月，在海牙举办的欧洲议会会议上，丘吉尔的演讲受到热烈欢迎，他也流下了激动的泪水。

74 1951 年，丘吉尔愉快地接受了一支雪茄。

75 1953 年 10 月，丘吉尔在马尔盖特召开的保守党大会上成功发表演讲，这确保了他在唐宁街中风后继续留任首相 4 个月。

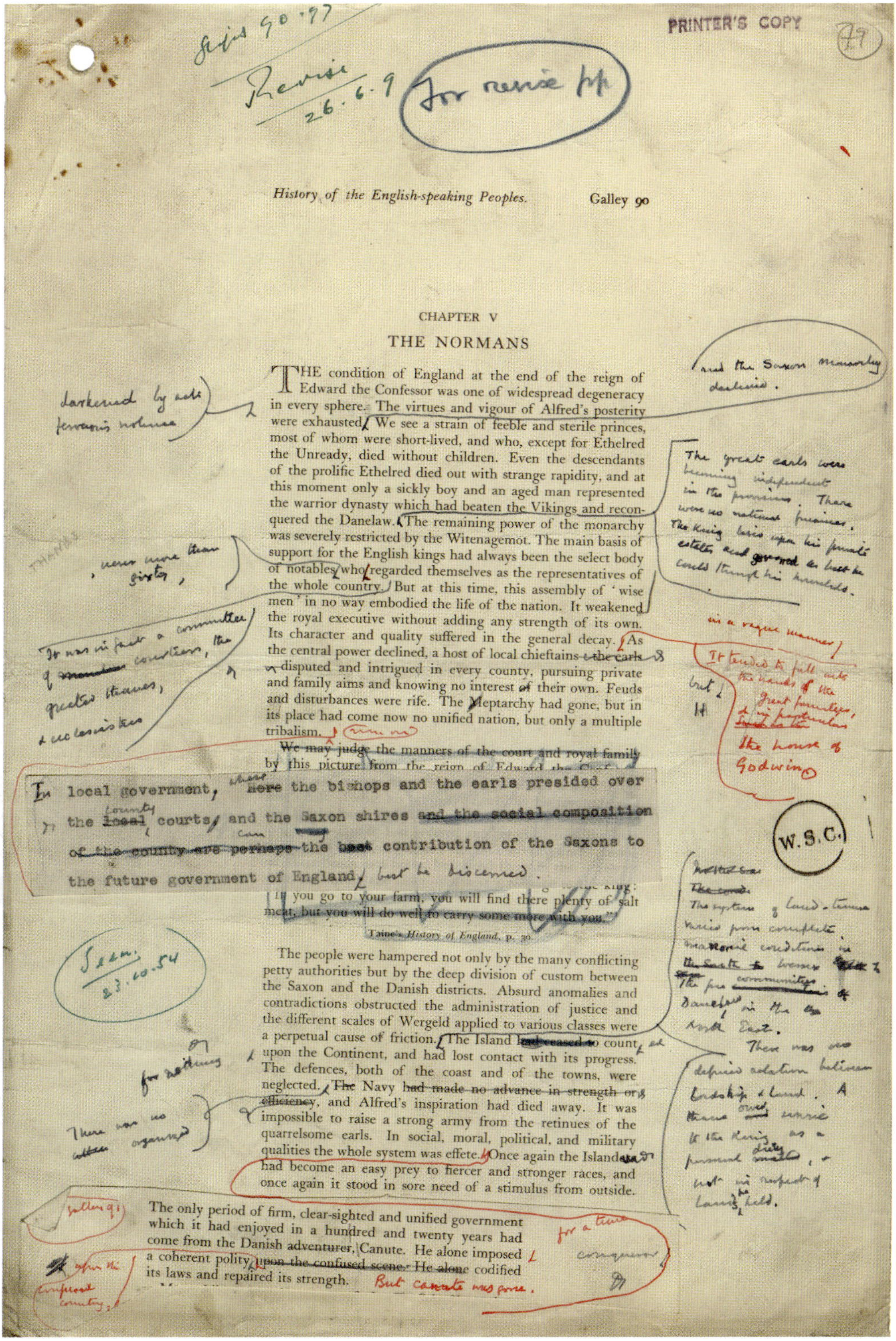
PRINTER'S COPY

History of the English-speaking Peoples. Galley 90

CHAPTER V

THE NORMANS

THE condition of England at the end of the reign of Edward the Confessor was one of widespread degeneracy in every sphere. The virtues and vigour of Alfred's posterity were exhausted. We see a strain of feeble and sterile princes, most of whom were short-lived, and who, except for Ethelred the Unready, died without children. Even the descendants of the prolific Ethelred died out with strange rapidity, and at this moment only a sickly boy and an aged man represented the warrior dynasty which had beaten the Vikings and reconquered the Danelaw. The remaining power of the monarchy was severely restricted by the Witenagemot. The main basis of support for the English kings had always been the select body of notables who regarded themselves as the representatives of the whole country. But at this time, this assembly of 'wise men' in no way embodied the life of the nation. It weakened the royal executive without adding any strength of its own. Its character and quality suffered in the general decay. As the central power declined, a host of local chieftains, the earls, disputed and intrigued in every county, pursuing private and family aims and knowing no interest of their own. Feuds and disturbances were rife. The Heptarchy had gone, but in its place had come now no unified nation, but only a multiple tribalism.

~~We may judge the manners of the court and royal family by this picture from the reign of Edward the Conf...~~

In local government, ~~here~~ the bishops and the earls presided over the ~~local~~ courts, and the Saxon shires ~~and the social composition of the county are perhaps~~ the ~~best~~ contribution of the Saxons to the future government of England.

... If you go to your farm, you will find there plenty of salt meat, but you will do well to carry some more with you."

Taine's *History of England*, p. 30.

The people were hampered not only by the many conflicting petty authorities but by the deep division of custom between the Saxon and the Danish districts. Absurd anomalies and contradictions obstructed the administration of justice and the different scales of Wergeld applied to various classes were a perpetual cause of friction. The Island ~~had ceased to~~ count upon the Continent, and had lost contact with its progress. The defences, both of the coast and of the towns, were neglected. ~~The~~ Navy ~~had made no advance in strength or efficiency~~, and Alfred's inspiration had died away. It was impossible to raise a strong army from the retinues of the quarrelsome earls. In social, moral, political, and military qualities the whole system was effete. Once again the Island had become an easy prey to fiercer and stronger races, and once again it stood in sore need of a stimulus from outside.

The only period of firm, clear-sighted and unified government which it had enjoyed in a hundred and twenty years had come from the Danish adventurer, Canute. He alone imposed a coherent polity ~~upon the confused scene~~. He ~~alone~~ codified its laws and repaired its strength.

 一页修改过的《英语民族史》校样，丘吉尔的修改字迹为红色字体，蓝色蜡笔和黑色墨水字迹分别出自丹尼斯·凯利和埃迪·马什之手，绿色字体为校对员的回复。

77 1958年，克莱门汀、伦道夫、温斯顿和阿拉贝拉·丘吉尔在蒙特卡洛。

78 远航：1959年7月，丘吉尔登上亚里士多德·奥纳西斯的游艇“克里斯蒂娜号”，驶离卡普里岛。

Walking with Destiny

丘吉尔传 下

与命运同行

[英] 安德鲁 · 罗伯茨（Andrew Roberts） 著
李晓霞 译

中信出版集团 | 北京

图书在版编目（CIP）数据

丘吉尔传：与命运同行 / (英) 安德鲁 · 罗伯茨著；李晓霞译. -- 北京：中信出版社, 2021.5（2025.5重印）
书名原文: Churchill: Walking with Destiny
ISBN 978-7-5217-2413-4

Ⅰ. ①丘… Ⅱ. ①安… ②李… Ⅲ. ①丘吉尔(Churchill, Winston Leonard Spencer 1874-1965)—传记
Ⅳ. ①K835.617=5

中国版本图书馆CIP数据核字（2020）第214232号

Original Title: Churchill: Walking with Destiny

丘吉尔传：与命运同行（下）

著　　者：[英] 安德鲁・罗伯茨
译　　者：李晓霞
出版发行：中信出版集团股份有限公司
（北京市朝阳区东三环北路 27 号嘉铭中心　邮编　100020）
承 印 者：北京盛通印刷股份有限公司

开　　本：787mm × 1092mm　1/16　　印　　张：35　　字　　数：500千字
版　　次：2021年5月第1版　　印　　次：2025年 5月第 6 次印刷
京权图字：01-2020-6372
书　　号：ISBN 978-7-5217-2413-4
定　　价：198.00元（全二册）

服务热线：400-600-8099
投稿邮箱：author@citicpub.com

目 录

第二部分

考 验

第二部分

考验

第21章

法国沦陷
（1940年5月—6月）

一个国家在经历法国这样的可怕灾难时，其他所有的邪恶就会像食腐乌鸦一样蜂拥而至。

——丘吉尔写给克莱门汀的信，1943 年 1 月[1]

我脸上带着微笑，一副自信的样子。在情况糟糕的时候，人们会认为这才是我应有的面貌。

——丘吉尔对 1940 年 6 月的记述:《他们最辉煌的时刻》[2]

到丘吉尔成为首相时，除了外交部，他已经担任过所有重要部门的政府职务。他确实“对一切已了然于胸”。65 岁的他，在经验、心理和深谋远虑方面，对即将到来的时刻和考验都已做好充分准备。23 岁时，他发现了通过修辞技巧打动人心的 5 个方面，在接下来的 40 年里，他使自己在这些方面不断完善。25 岁时他就曾写道，如果英国遭到侵略，“会有一些人（即使是在今天）不愿意去适应新秩序，毫无骨气地度过灾难”。1912 年 10 月，他开始思考德国人可能会侵略哪里。[3] 早在 1901 年 5 月他就警告说，欧洲战争必定会是“残酷的、令人心碎的，如果想要享受胜利的苦涩果实，我们就必须在可能长达几年的时间里，贡献出我们整个国家的成年男子，我们在和平时期的产业就会整个搁浅，每个社区都需要调集所有能调集的人，将他们送往前线。”[4]

在1903年的《财政法案》辩论会上，丘吉尔就曾经问道："在战争时期，有什么东西能比跨越大西洋的食品供给让他们更安全？"他说："我一直认为，发展与美国的良好关系应该是英国治国的一个长期的主要目标。"[5] 1907年他访问了东非。1940年6月—1941年11月，英国在东非首次赢得了二战以来在陆地上的战略性胜利。1909年，他曾敦促他的政府同僚去联系奥维尔·莱特，"并积极有效地运用他掌握的知识"。[6] 1913年3月，在一场有关海军预算的辩论中，他曾设想下议院被从空中轰炸的情景，仅仅一年之后，他又预见了"军用飞机如何在自己的国家畅通无阻地飞行……离自己的基地很近，一定会是一种比任何能跨越海洋的类似飞行器或船只都要有效得多的战斗工具"。[7] 他已经为大不列颠空战和闪电战做好了精神准备。他毕生都对空战很感兴趣，他后来在自己的战争回忆录中准确地记录道："尽管我从未试图在技术领域深耕细作，但是在精神领域我却备受启发。"[8]

丘吉尔对科学和新武器的痴迷（其中以飞机和坦克最为突出）是他担任首相的另一个关键准备。1917年8月，他曾要求将一份关于坦克生产的报告写在"一张单页纸上"呈报给他。[9] 丘吉尔从林德曼教授那里获得了大量的科学知识，早在1924年9月，他就在《蓓尔美街报》上发表了一篇关于核弹的文章，比阿尔伯特·爱因斯坦给罗斯福总统写信谈论制造核弹的可能性早了15年。丘吉尔在文章中提出这样的问题："难道我们不可能发明一颗炸弹，不超过一个橘子的大小，却拥有一下子摧毁一整座城镇的神秘力量？"他还预见了V–1和V–2导弹，并提出这样的问题："难道就没有某种爆炸物，甚至是现有类型的，可以在无人驾驶的飞行器中，由无线电或其他射线自动制导，不间断地对敌方城市、兵工厂、营地或船坞进行轰炸吗？"[10]

第一次世界大战期间，丘吉尔在海军部创建了密码破译部门"40号房"，这是70年来成立的第一个这样的情报机构。通过该机构的工作，丘吉尔明白了接受未经处理的原始情报数据，而不是经委员会处理后的数据，对他来说是多么重要。这使他在第二次世界大战中处于极为有利的地位。他还通过观察道格拉斯·黑格爵士的情报部门，了解到"有人总想把一位身居高位的长官最喜欢听到的事情说给他听，错误的政策很多时候就是这样产生的。对于一位能对重大事件起决定作用的领导人来说，爱听的话听多了，他的看法往往就会比残酷的事实所能承诺的要乐观得多”。[11]

在第一次世界大战期间，丘吉尔曾担任军需大臣，经营着他准确地称为“全球最大的采购企业和工业企业”。[12] 他经常访问前线和英国远征军总部，这让他对随后冲突中的局势并不陌生。1914 年 9 月，他曾在国家自由俱乐部发出警告，“这场战争将是漫长而阴郁的”，并劝诫大家不要想着给苦药裹上糖衣。[13] “相信人民”一直是他父亲的座右铭。1914 年 11 月，在考虑如果法国陷落英国继续战斗下去的可能性有多大时，他对下议院说：“我们即使只能单打独斗，就像我们在拿破仑战争时期那样，我们也没有理由对自己永远战斗下去的能力失去信心。”[14] 甚至早在 1932 年希特勒上台之前，丘吉尔就曾对下议院说：“告诉英国人民真相。英国人民是坚强的、稳健的。一开始大家可能会有些生气，但是如果你把正在发生的一切原原本本地告诉他们，他们就不会在幻想破灭的第二天心情郁闷地回到家里时，把所有的抱怨和责备都甩到你身上。”[15] 他在第二次世界大战期间的态度和信念，都可以找到很深的根源。

在 1916 年 5 月的一次演讲中，针对第一次世界大战中的包围、封锁、连续打击以及纯粹以数量取胜等战略，丘吉尔说：“要彻底打败德国人，就得学习当初别人打败拿破仑和打败美国南方联军的做法—— 也就是说，要在前线大量排兵布阵，让他们无法维持兵力，或是无法弥补他们所遭受的人员损失。”[16] 在 1943 年和 1944 年的盟军会议上，他在推行自己的非洲、地中海和巴尔干战略时也说了几乎同样的话。在谈到马尔伯勒的战略时他说：“这是一场包围中心的战争。”240 年后，西方同盟国的战略也将如此。[17] 丘吉尔在 1918 年 4 月曾经撰写了一份不同寻常的备忘录，提出应该说服列宁重新加入战争。他说：“永远不要忘了，列宁和托洛茨基是在脖子上套着绳子打仗。”也就是说，一旦希特勒背叛《苏德互不侵犯条约》，在必要时，他就会毫不犹豫地与斯大林结为盟友。[18]

第一次世界大战之前，丘吉尔作为英国海军大臣经常给阿斯奎斯写信，让他随时了解事态的发展和自己的想法。阿斯奎斯将这些信件称作“篇幅很长、令人信服、论证充分、资料丰富的文件”。[19] 他是部门会议记录方面的专家，这为他在战时与罗斯福总统的通信做好了准备。他们之间这种至关重要的关系通过他的《马尔伯勒传》得到进一步巩固。丘吉尔在书中赞扬了他伟大的祖先追求自己目标的方法，尽管他面对的是一个“想要发动战争却充满各种阴谋诡计、相互矛盾和折中措施的庞大而又笨拙的联盟”。[20]

丘吉尔即将进入他一生中最艰苦的5年，但他为此已经有意或无意地做了65年准备。1933年4月，他曾对圣乔治皇家学会说：“很可能我们的历史上最辉煌的篇章还没有被书写出来。的确，正是这些萦绕在我们和我们国家周围的问题和危险，才应该让这一代英国人为自己能够在这个时代来到这个国家而感到高兴。我们应该为命运赋予我们的责任感到高兴，为我们能在这个关系到国家生死存亡的时代成为国家的守护者而感到自豪。”他当时的演讲风格已经颇具二战时的风格。[21]

到1940年5月，丘吉尔的性格在经过个人经历的塑造后已经完全形成，余生都不会再有明显改变。他的目标当然是单一且明确的，而且一旦有必要，就会辅以一种毋庸讳言的冷酷无情——现在他就常常需要这样做。尽管如此，他却依然不缺少压力下的冷静与幽默。他在布尔战争斯皮恩山战役中所经历的枪林弹雨，在第一次世界大战西部前线所体验的炮声隆隆，这些经历让他不再对军事专家有那么高的期待，在随后英国军队即将面临的一系列失败中，这也将被证明是有用的。在他漫长的职业生涯中，他犯了许多灾难性的错误，但我们将看到，他已经从中吸取了教训。

在第一次世界大战期间，丘吉尔给乔治·克里孟梭提出的建议之一，就是“忘掉过去的恩怨，英国做了很多糊涂事，但是或多或少我们两国总还是一条心的”。[22]1940年5月11日，星期六，丘吉尔开始任命其政府的其他成员，这一动作需要对三个主要政党及其内部派系进行微妙地平衡。他将不得不考虑那些依然愤怒的亲张伯伦派的期望，毕竟他们在下议院依然占据多数席位，并需要降低与之竞争的自己朋友和支持者的期望。克莱门特·艾德礼被任命为枢密院封印大臣，虽然这是一个不管部的职务，但是他还兼任了下议院副议长；内维尔·张伯伦被任命为处理国内方面事务的多个重要内阁委员会的主席；工党副领袖阿瑟·格林伍德出任不管大臣，在战时内阁中占据一个席位。丘吉尔后来写道：“我不喜欢自己身边围着那些没有具体职务的大臣，我更喜欢与具体组织的负责人打交道，而不是那些只负责咨询的人。

每个人都应该把自己一天的工作完成好，并且为一些明确的任务负责，这样他们就不会为了找麻烦而找麻烦，也不会为了出风头而惹麻烦。”[23]

约翰·安德森爵士继续留任内政大臣，他在内政服务方面的能力远远高过做政治家的能力；而金斯利·伍德则被任命为财政大臣。保守党人安东尼·艾登成为陆军大臣；自由党领袖阿奇·辛克莱成为空军大臣；工党的 A.V. 亚历山大接替丘吉尔成为海军大臣。虽然不能将哈利法克斯从外交部的岗位上调走，但其他主要的绥靖主义者还是被小心翼翼地从拥有实权的岗位上撵走了。霍尔被任命为佛朗哥统治下的西班牙大使，在这个岗位上，他对法西斯独裁者的绥靖倾向可能会给国家带来一些好处。西蒙在战争的剩余时间里被“明升暗降，去做了大法官；而汉基不再担任战时内阁成员，转而担任兰开斯特公爵领地大臣，也就是 1915 年丘吉尔曾经任职却非常鄙视的最没有权力的大臣职务。

张伯伦在 5 月 11 日写给艾达的信中说：“我必须说，温斯顿因为我愿意帮助他而非常感谢我，也因为我有能力帮助他而感谢我。我知道他很依赖我和哈利法克斯。”[24] 这是事实，但并不意味着丘吉尔手下的人也必须尊重张伯伦的人。那天早上，张伯伦的顾问，与他关系最紧密的霍勒斯·威尔逊爵士像往常一样出现在唐宁街 10 号。尽管他一直是一位主要的绥靖主义者，丘吉尔还是宽宏大量地为他在行政部门保留了两个高级职务。丘吉尔命令他清空办公桌，在下午 2 点前离开唐宁街。午餐时，威尔逊传来消息，要求增加时间，于是丘吉尔对布拉肯说：“你去告诉那个人，如果下午 2 点前房间还没有清空，我就让他去做冰岛大臣。”[25]（为了不让德国有机会占领冰岛，英国在前一天占领了该国。）威尔逊吃完午饭回来时，发现布拉肯正坐在他的办公桌后，伦道夫则坐在沙发上。两人都抽着粗大的雪茄。[26] 他的东西被堆在了走廊里。威尔逊一言不发地离开了。1942 年，在刚刚达到公职人员最早退休年龄，即 60 岁时，他的职业生涯就结束了。

比弗布鲁克勋爵被任命为飞机生产大臣，国王亲自写了一封信，对此提出抗议。尽管丘吉尔心中充满浪漫的君主主义情怀，但他还是坚决按照自己的意愿，任命了在随后的不列颠之战中除了自己的职位以外的那个最重要的政府职位的人选。[27] 同样，在丘吉尔邀请布拉肯加入枢密院时，白金汉宫也因为他的背景不明而抱怨连连。丘吉尔和国王之间的关系很好，而且还将变得更好，但他们之间仍然会有一些偶然的摩擦，对布拉肯的任命就是其中一个。丘吉尔在写给国王的私人秘书亚历克·哈丁爵士的信中说："布拉肯先生是一位有着重要地位和卓越能力的议会议员，在我努力想要尽力保护这个国家的这些年里，他有时几乎是我唯一的支持者，尤其是在空军方面。他和我一样，遭受过来自官方的各种敌意。如果他当初加入那些向公众保证，英国的空军力量比德国更强大的人员行列，那么无论他是一个等退休混日子的人，还是在事业上野心勃勃的人，我毫不怀疑，他早就能获得很高的职位了。"[28] 布拉肯很快就被任命为枢密院成员，这是一个政治上的成功标志，尽管枢密院在很大程度上只是一个荣誉性机构。

比弗布鲁克是一个反复无常的盟友，但他始终充满活力和激情。头一年 11 月，麦斯基曾经记录，比弗布鲁克可能在某一天盛赞丘吉尔为英国最伟大的政治家，但是另一天，他可能会称他为"骗子""叛徒"或"政治妓女"。[29] 这位新大臣分别于 5 月 10 日、11 日和 12 日在海军部与丘吉尔共进了几次午餐。能再次回到丘吉尔的圈子里，他非常高兴，保守党议员贝弗利·巴克斯特说，感觉"他就像镇上那个最放荡的女人，最终却嫁给了镇长"。[30] 正如莫兰发现的那样，因为比弗布鲁克"在与首相一起经历过第一次世界大战的冲击与压力的人群中，几乎是陪他走到最后的那个人……所以与他交谈，并将他们目前的困难与他们在第一次世界大战中所克服的困难进行比较，这让首相感到安慰"。①[31] 比弗布鲁克正是那个能够给丘吉尔带来精神刺激的人——"有些人吸食毒品，"丘吉尔曾经说，"我吸食马克斯。"（即比弗布鲁克勋爵，他在 1917 年成为勋爵前为马克斯·艾特肯爵士。）[32] 丘吉尔认为，比弗布鲁克一定会全力以赴地投身于那项至关重要的工作，在随后几个月里生产出尽量多的战斗机。事实证明他没有想错。[33]

尽管策划过反对丘吉尔的行动，但是戴维·马杰森还是保住了他作为党鞭长的职务，伦道夫对此非常不满。丘吉尔回复儿子说："近些年来保守党人

① 其他人还包括史末资、斯皮尔斯和凯斯，尽管当时他们都不像比弗布鲁克一样与丘吉尔的关系那么近。

一直如此敌视我们。在对他们的人员使用方面，我认为谁也提不出更好的建议。我必须考虑团结问题，我需要所有可能获得的帮助。”[34]他在与艾登谈话时说：“想到马杰森现在会用过去鞭挞我们的力气，为我们去动用纪律鞭挞他人，感觉很是欣慰。”[35]布拉肯给丘吉尔写了一张纸条，谏言说马杰森（绰号“空降兵”，可能是因为像德国人在挪威那样，成功地降落到敌人的领土上）不喜欢我们的一些朋友，但这并不能阻止首相邀请马杰森来帮忙填补政府里的一些副大臣职位，毕竟有些工作他本人无法亲力亲为。马杰森对他的新主人可以说是忠心耿耿，在年底前就荣升为陆军大臣。

达夫·库珀接替约翰·里斯爵士成为信息大臣。里斯在日记中写道：“他们这样对待我是多么肮脏，政府太腐败了。”[36]尽管如此，里斯还是很快接受了丘吉尔交给他的交通大臣之职，丘吉尔对里斯对他的极度蔑视几乎一无所知。欧内斯特·贝文在议会中获得了一个席位，并被任命为劳工大臣，这是一个能够控制国家人力资源和劳资关系的重要职位，他在整个战争期间都担任这一职务。

曾因挪威战役问题而与丘吉尔不合的奥利弗·斯坦利拒绝了丘吉尔为他提供的自治领大臣的职位，因为他不喜欢丘吉尔为他提供职位时的语气。[37]（尽管如此，丘吉尔还是给了他另一次机会，于 1942 年 11 月任命他为殖民地事务大臣。）霍尔-贝里沙先后拒绝了信息大臣和贸易大臣两个职务，这令丘吉尔愤怒不已。他咆哮道：“你这样打击我，我是会还击的。记住，你的枪只有 3.7 英寸，而我的是 12 英寸。”[38]

与劳合·乔治在第一次世界大战中一样，丘吉尔把很多下议院以外的人带进政府任职。除了里斯和比弗布鲁克，他还把大臣职务给了一些商人：安德鲁·邓肯爵士任贸易大臣，伍尔顿勋爵任粮食大臣，再后来还有银行家奥利弗·利特尔顿担任战时生产大臣。鲍勃·布思比担任了伍尔顿的粮食副大臣，他对自己的这个较低的职位并不满意。克莱门特·戴维斯没有得到任何职位，尽管他在扳倒张伯伦的过程中曾发挥作用。布思比说这表明丘吉尔“没有善待自己的朋友”。[39]这样说当然不对，丘吉尔不可能让所有人都进入自己的政府。他在多年的逆境中培养出的友谊，使他在 1940 年时能够任命值得信任的人担任关键职位，但布思比不是其中之一。林德曼成为政府的首席科学顾问（尽管他的角色远远超出这个范围），劳合勋爵接任殖民地事务大臣，克兰伯恩勋爵接任首席财务大臣，莫恩勋爵和哈罗德·麦克米伦勋爵分别担任农业大臣和供应大臣。在战争后期，丘吉尔为他的女婿邓肯·桑迪斯和朋友詹姆斯·德·罗斯柴尔德安排了两个副大臣职位。

不过，在所有任命中最重要的，就是丘吉尔将自己任命为国防大臣。“国防大臣在战时内阁中代表三军最高长官，”他向下议院解释，“我以战时内阁的名义，经由内阁同意后指挥战争。国防大臣同时兼任首相，这样，我就可以行使监督和指挥的一般职能，而不影响我肩负三军最高长官的宪法责任。”[40] 1919 年 7 月，丘吉尔曾向劳合·乔治提议设立国防部，但是被误解为想要攫取权力。[41] 国防部直到 1964 年才正式成立，但是 1940 年 5 月设立的国防大臣一职确实清楚地说明了谁在负责这项工作。丘吉尔已经管理过很多重要部门，所以他知道政府机构是如何运作的。海军部、陆军部和财政部是英国政府中最大的部门，而作为军需大臣，他管理过 250 多万名工人。除了极端保守的财政部，他在每个部门都建立了新的组织结构，为各部门注入了新活力。作为首相，他做了同样的事情。他毫不含糊地将自己置于政府的中心，准备好合并各部门，或在必要时创建新部门。

丘吉尔立即在内阁成立了一个强大的内阁国防（行动）委员会，由他担任主席，通过该委员会向战时内阁提交参谋长委员会的建议。委员会由三军大臣、三军参谋长、外交大臣和任何其他临时需要参会的大臣组成，会议由丘吉尔或艾德礼主持。罗斯福的特使埃夫里尔·哈里曼在他的回忆录中曾直截了当地写道：“这场战争是由政客来指挥的。”[42] 顽固的亲张伯伦分子完全不赞成这种做法。里斯写道：“丘吉尔不仅是首相，还是国防大臣，上帝帮帮我们吧。”[43]

这些新的安排是他毕生对军、政关系思考的结果。丘吉尔在他的战争回忆录中解释说：“1915 年我在达达尼尔海峡上被毁掉，是因为我在一个从属的位置上执行一项极为重要的战争行动，其结果就是让这项至高无上的事业最终遭到抛弃。一个人去尝试这样的冒险是不明智的，这个教训已深深地刻在我的内心。”[44] 他对布思比说：“末日大决战把我推到首相的位置上，但现在我已经下定决心，除了我自己，权力将不属于任何人。再也不会有基钦纳、费舍尔或黑格了。”[45] 幸运的是，克莱门特·艾德礼赞同他的做法，他钦佩丘吉尔，赞扬他为战略家。艾德礼后来写道：“我自己在第一次世界大战中的经验，以及我对历史的学习让我相信，首相完全了解战争意味着什么，了解战争中军人的痛苦，了解战争中的最高策略，了解战争中最关键的问题——将军们如何与他们的非军人上司相处的问题。”[46] 他们两个人很快就建立了一种轻松的、相互信任的工作关系。①

战时内阁的军事助理秘书伊恩·雅各布上校（“其他俱乐部”成员、陆军元帅克劳德·雅各布爵士的儿子）成了丘吉尔身边的随从中一位纪律严明、心地善良、聪明能干的关键人物。雅各布直接归伊斯梅调遣，他对新的工作安排做了这样的描述：“我们曾经见证这台发电机如何不受控制、漫无目的地摇摆，没有固定的位置，运转起来时好时坏。现在，这台发电机终于归了位，开始讲述完全不同的故事……一旦首相或多或少地想要利用一下这台机器，它的效果就好得出奇。各个部件都开始嗡嗡地响起来，直到战争结束。我们所感觉到的这些变化是无法用语言来形容的。首相的身上好像一直都通着电。”[47] 虽然张伯伦曾试图以委托代表的形式来指挥这场战争，丘吉尔却不愿意如此。雅各布后来说：“首相不能把他的任务委托给国防大臣或其他大臣，指挥战争的民事和军事方面的任务必须由首相来执行。这是几乎没有必要强调的事情。”[48]

这种权力的增加并不意味着丘吉尔已经成为独裁者，全然不像当时以及后来他的批评者说的那样。他的决定需要征求三军参谋长的同意，参谋长的决定也需要征得他的同意。至关重要的一点是，在整个战争过程中，他从来没有拒绝过参谋长在专业作战问题上的一致意见。丘吉尔在回忆录中轻描淡写地说：“我不能说我们之间从未有过分歧，但我和参谋长能够互相理解，我们应该说服对方、劝解对方，而不是一味地否决对方。这当然得益于我们使用相同的技术语言，而且都掌握大量共同的军事理论并拥有大量的战争经验……在政治人物和军人之间，在‘长袍’和‘铜帽’（这两个引起纷争的

① 有一次艾德礼从下议院的长椅上摔了下来，丘吉尔开玩笑地说：“起来，起来，封印大臣！现在可不是轻佻的时候。”

讨厌术语）之间，没有出现上次战争中的那种分裂。”[49]

在英国的宪法里，有很多权力的存在通常只是基于历史原因，它们从未被使用过。例如，君主从理论上讲可以拒绝签署法案，从而使之无法成为法律，他也可以在没有议会批准的情况下宣战。但是在乔治六世之前很久，都没有任何君主行使过这两项权力。丘吉尔作为国防大臣否决三军参谋长的权力就是像这样的一项权力，但是他从未行使过这一特权。其后5年，在很多令人忧虑重重的会议中，气氛是如此紧张，在中央作战室里，与会的人能够看到丘吉尔的图章戒指在他的座椅扶手上揉搓、敲击，竟然划出一道深沟。但是，他们的分歧并没有超出绅士们可以接受的范围（尽管作战室的电话听筒经常需要更换，因为信号不好时，丘吉尔会把听筒摔在桌上）。

乔克·科尔维尔在5月13日写道：“我那天穿了一套在“五十先令裁缝店”定做的宝蓝色新西服，既便宜又好看，我觉得很适合新政府。”[50]丘吉尔一家最初对科尔维尔的怀疑不亚于他对他们的怀疑。玛丽曾经描述道，一开始就“怀疑他，觉得他既是‘亲张伯伦派’，也是‘绥靖主义者’，这两方面我都猜对了”。[51]不过科尔维尔已经在日记中承认，有艾登、达夫·库珀、劳合·乔治和莫里森这几位在政府任职，政府“应该可以把事情做好。此外，政府对国家充满信心”。科尔维尔很快就成了丘吉尔的忠实信徒，一生都没再改变过。他是丘吉尔在二战期间所说、所做的许多事情的主要见证人之一。

从5月10日开始，法国军队和英国远征军已向北移动到比利时中部的代尔河，希望穿过中立的荷兰和比利时来阻止德国的进攻。而埃里希·冯·曼施坦因将军在他们身后采取了一项“镰刀闪击”式的军事行动。5月12日，在斯图卡俯冲轰炸机的配合下，快速移动的德国装甲纵队突然从阿登高地的茂密丛林和崇山峻岭中冒了出来，直接奔向英吉利海峡的海岸。阿登高地以前一直被认为是不可逾越的。德国袭击的消息传来的当天，丘吉尔在从海军部走到唐宁街的路上对伊斯梅说：“可怜的人民，他们信任我，而我在很长一段时间里除了灾难，什么也没有带给他们。”[52]

第二天，5月13日星期一下午2点45分，丘吉尔发表了自己就任首相后的第一次讲话。新一届政府的成员名单还未完全公布，而下议院仍在为新政府的成立躁动不安。根据夏侬的记录，国家自由党议员欧内斯特·布朗从劳工大臣降职为苏格兰事务大臣，尽管他本人是英格兰人。布朗“猛烈地抨击了温斯顿，其他人也一样”。[53] 当张伯伦进入会议厅时，议员起立欢呼，手中挥舞着命令文件。其中一位议员将这一场面描述为一次对张伯伦“极为热烈的欢迎”。这也充分说明丘吉尔把张伯伦纳入新政府是多么正确。[54] 丘吉尔和其他人在随后的几个月里多次在议会发表讲话，但他本人进入会场时远没有获得如此高的欢呼声。[55] 工党议员发出了麦斯基所说的“相对微弱的掌声”，而“大多数保守党议员则保持沉默，但是丘吉尔似乎并不介意”。[56] 哈利法克斯勋爵在上议院宣布新政府成立时，上议院没有一声回应。[57] 哈利法克斯在当天的日记中写道：“我不认为温斯顿会成为一个很好的首相，尽管我们的国家似乎觉得他就像一剂强心针。”[58]

丘吉尔的演讲只持续了7分钟，却成为下议院有史以来最伟大的演讲之一，也是丘吉尔本人在演讲方面最成功的案例之一：

> 我想对下议院说的话，与我对那些加入本届政府的人所说的是一样的：“我能奉献出的没有其他东西，只有鲜血、辛劳、泪水和汗水。”摆在我们面前的是一场极其严峻的考验。我们将要面对许许多多个月的斗争与苦难。你会问，我们的政策是什么？我的回答是：我们要在海上、陆地和空中，尽我们的力量，尽上帝所能给我们的一切力量，来发动战争；我们要向人类罪恶史上最为黑暗可悲的、空前凶残的暴政宣战。这就是我们的政策。你会问，我们的目标是什么？我可以用一个词来回答，那就是胜利，不惜一切代价的胜利，不惧一切恐怖的胜利，无论多么道阻且长也要赢得的胜利。没有胜利，就没有生存的可能。我们大家一定要意识到这一点：没有胜利，大英帝国就无法继续存在；没有胜利，大英帝国所代表的一切将消失；没有胜利，人类也将丧失自己多少个世纪以来朝着既定目标前进的强烈愿望和动力。但是，我是带着喜悦和希望承担起自己的任务的。我确信我们的事业不会失败。在这个时候，我觉得我有权利要求所有人帮助我，我要对大家说：“来

吧，让我们团结一致，共同前进。”[59]

这些就是丘吉尔在接下来的几个月和几年里反复强调的要点：以大无畏的精神蔑视敌人，唤醒大英帝国的荣耀，绝不轻视未来的危险和困难，努力激发勇气，同时要对最终战胜希特勒充满信心。在这个令人困惑的时刻，一场声势浩大的和平运动正在进行，而最高政治领导层却出现真空，丘吉尔的讲话对于渴望得到指引的民众来说，真可谓一次振聋发聩的号召，他们立即做出非常积极的回应。①

丘吉尔落座后，劳合·乔治发表了演讲，对丘吉尔表示支持。当他在演讲中谈到他们之间的友谊时，尼科尔森发现："丘吉尔眼眶湿润了，轻轻抹去了眼泪。"[60]离开会议厅时，丘吉尔对德斯蒙德·莫顿说："效果不错，对吧？"[61]但事实并非如此。夏侬写道："新首相讲得很好，甚至颇具戏剧性，但是并没有得到好评。"[62]两名保守党议员对张伯伦失去首相职位表达了自己的愤怒和遗憾。斯塔福德·克里普斯爵士以一种略带不祥预感的口吻说："我不想对这位可敬的绅士或他的政府做出任何批评，不管是有益的还是其他的批评。"[63]针对下议院是否"欢迎组建新政府，由它来体现全民一致对德作战，直到最后胜利的坚定决心"这一问题，下议院的投票结果是381∶0。但是很显然，下议院对此并没有任何真正的热情。

辩论会结束后，丘吉尔给劳合·乔治提供了农业大臣的职位。此前他已经在当月向劳合·乔治多次提起该职位，但每次都遭到拒绝。表面上看，他是因为不愿意和张伯伦一起坐在内阁的桌旁，但实际上他是在盘算，如果丘吉尔失败了，他就会获得接替丘吉尔的机会。10月，他对自己的私人秘书A.J.西尔维斯特说："我要一直等到温斯顿完蛋。"[64]在战争的过程中，他

---

① 演讲中最令人难忘的那一句可以说是源远流长。《曼彻斯特卫报》的一份通讯指出，李维、西塞罗和皮萨罗都写过鲜血、汗水和辛劳，而泪水是丘吉尔增加的特色内容。1611年，约翰·邓恩在他的一首宗教十四行诗中曾经写下"泪水、汗水或鲜血"的狂想诗句，而A. E. 豪斯曼的《什罗普郡少年》组诗则使用了"泪水……汗水……鲜血"的说法。（魏德宏，《修辞学》，第22页、第134页。）1897年，西奥多·罗斯福在一次演讲中说到"鲜血、汗水和泪水"，丘吉尔本人在《从伦敦经比勒陀利亚到莱迪史密斯镇》中，也使用过"鲜血和汗水"这一表达。在《每日电讯报》上的一篇有关佛朗哥将军的文章中，他还提到过"鲜血、汗水和泪水"。（*CIHOW*，第4页、第33页。）

变得越来越尖刻。1943 年 5 月，麦斯基前往切尔特看望劳合·乔治后写道："乔治脾气暴躁，爱吹毛求疵，尤其是在谈到丘吉尔时。劳合·乔治总能在丘吉尔的所作所为中找到一些黑暗和邪恶的东西。是不是因为这位老人在这场战争中一直闲得无聊，现在要拿丘吉尔出气了呢？"[65]

第二天，即 5 月 14 日晚上传来消息，德国人即将突破法国军队在阿登高地法比边界以南的色当防御阵地。下午 7 点，战时内阁开会审议保罗·雷诺的紧急请求：英国立即再向法国派遣更多的皇家空军战斗机中队。卡多根写道："整个会议气氛低迷、令人不快。"[66] 在第一天的进攻中，皇家空军取得了巨大的胜利，盟军击落德国飞机 353 架，是德军飞机总数的 1/6。但是，在前 4 天的战斗中，他们自己也失去了 260 架飞机，而在前线参与军事行动的飞机总数只有 474 架。[67] 丘吉尔对此的直接反应是："在进一步让大英帝国的心脏完全裸露之前，我们应该三思而后行。"[68]

丘吉尔与他所有的同事和盟军指挥官一样，对德国闪电战的快速感到诧异。运用闪电战这种紧密协调空中和地面力量的新型战争形式，德国军队将法国军队和英国远征军打得落花流水。1939 年 1 月，丘吉尔写道，尽管坦克对 1918 年的胜利做出了"辉煌的"贡献，但是他非常怀疑，坦克是否会"在下一场战争中发挥决定性作用……如今，反坦克步枪与反坦克炮已经取得巨大的进步，可怜的坦克没有足够厚的外壳来应对它们"。[69] 他也错误地判断了空中力量的作用，他写道："就作战部队而言，飞机似乎是一种附加的复杂因素，而不是决定性的武器。"[70] 这两件事他都说错了——但是，他很快会再次纠正自己。

第二天早晨 7 点半，雷诺打电话给丘吉尔，说德国装甲车群现已全面冲破色当地区，通往巴黎的道路已完全敞开，法国迫切需要英国皇家空军战斗机中队来保护法国首都，并对鲁尔地区实施轰炸。当天上午晚些时候，荷兰投降了。空军上将、战斗机总司令休·"斯塔夫"·道丁爵士专门提出，希望出席上午 10 点 15 分的国防委员会会议。比弗布鲁克、轰炸机总司令查尔斯·波特尔上将和空军参谋长西里尔·纽沃尔爵士也出席了会议。道丁用一张图表展示了战斗机中队的损失。他现在只有 36 个中队，而不是战争爆发时政府承诺的 56 个中队，而空军委员会估计，保卫英国至少需要 58 个中队。[71] 即使是这个最低数字，也是基于英国将遭受直接来自德国本土的袭击这个前提，而不是德国从法国发动的袭击。

道丁对国防委员会说："如果目前的损失速度再持续两周，在法国，或者在我们自己的国家，就不会再有飓风战斗机中队的存在了。"[72] 他特别强调了"或者在我们自己的国家"这几个字。听完他的报告，会场一片寂静。比弗布鲁克后来说，道丁愤怒地扔下铅笔，威胁要辞职，尽管并没有其他人回忆到这一点。对于道丁给出的剩余中队数字，大家的说法也有所不同——丘吉尔在他的回忆录中声称，道丁说的是 25 个，而不是 36 个。至于这次关键会议是上午 10 点 15 分的国防委员会会议，还是上午 11 点半的战时内阁会议，大家的说法也各不相同。[73] 然而，有一件事是无可争辩的，丘吉尔和他的顾问们必须就向法国和英国各分配多少飞机做出决定，而在这个问题上，他们对道丁的观点无疑是支持的。[74]

此次会议刚一结束，道丁就给负责空军事务的副国务秘书哈罗德·贝尔福写信，总结了他在国防委员会上的发言：在过去的几天里，相当于 10 个中队的军力被派往法国，而留在英国的飓风战斗机中队则严重短缺，整个国家只剩下了 25 个中队。"因此，我必须做出十万火急的要求，"他写道，"空军部将考虑并决定，要保卫我们自己的国家，留给战斗机司令部的军力应该达到什么水平。我要求得到保证，一旦达到这个水平的下限，我们的战斗机就不能再送往海峡对岸，不论他国的求助是多么紧急，也无论他国怎样坚持不懈地请求帮助。如果我们自己的国防军被不顾一切地抽干，那么法国的失败，也将意味着我们这个国家最终的、彻底的、不可挽回的失败。"[75]

尽管道丁已经发出警告，但是上午 11 点半，战时内阁还是同意立即向法国增派 4 个中队。此外还有另外 2 个中队也做好准备，以便应对法国的不时之需。不过对法国只通报了前期增派的 4 个中队。[76] 会议通过的另一项决定是：轰炸机司令部出动多达 100 架轰炸机，对鲁尔地区的铁路和炼油厂，以及莱茵河以东的其他军事目标进行袭击。卡多根在日记中写道："现在，战争全面开始了！"[77]

丘吉尔在当天写给罗斯福总统的电报中说："你肯定已经注意到，形势很快就变得非常不利。敌人在空中具有明显优势，他们的新技术给法国人留下了深刻的印象。”[78]闪电战当然也给英国人留下了深刻的印象，但丘吉尔还不愿承认这一点。“小国家就像火柴棍一样被一个接一个地碾碎，”他接着补充说，“很快墨索里尼就会冲进来分享文明的成果。预计在不久的将来，我们自己也会受到攻击，包括空中打击，以及降落伞和空降部队的攻击，我们正在为此做准备。在不得已的情况下，我们将独自继续这场战争，我们并不畏惧。但是，总统先生，我相信你已经认识到，如果美国的声音和力量压制得太久，可能就会失去作用。你们可能面对的，将是一个以惊人的速度建立起来的完全被纳粹统治的欧洲，其重量可能会超过我们的承受能力。”[79]

他敦促美国帮助英国加强武装，特别提出“要租借四五十艘旧的驱逐舰，以弥补现有驱逐舰数量与我们在战争初期才开始大规模建造的新舰船之间的缺口”。[80]他还想要“几百架最新型号的飞机”，可以“用现在美国正在为我们建造的飞机来抵偿。第三，我们还需要防空装备和弹药，如果我们能存活下来，我希望明年我们就会拥有足够的防空装备和弹药”。他还想要购买钢铁，因为来自瑞典、非洲和西班牙的铁矿石供应已经“大打折扣”。“我们将尽可能地继续支付美元，但我想我有理由相信，当我们不能再支付时，你们还是会把这些东西给我们。”他希望美国海军的一个中队可以对北爱尔兰进行一次长期访问，以警告德国人不要从那里发动空降袭击。“第六，我期待你们能让那只日本狗在太平洋上保持安静。”[81]这些要求非常高。罗斯福直接同意的要求只有提供高射炮和钢铁，尽管他在回答中补充说，为了满足最后一个要求，美国舰队已经在夏威夷的珍珠港集结。

5月16日，国王在日记中写道，丘吉尔没有来见他，而是去了巴黎，去“与雷诺‘牵’手”。①[82]这是丘吉尔5月16日—6月13日飞往法国的5次飞行中的第一次，5次飞行没有一次不是充满危险的。驻巴黎的英国大使馆高级外交官奥利弗·哈维写道：“温斯顿带着满腔怒火来到这里，他说法国人胆小懦弱，他们必须战斗。”[83]哈维接着写道：“在与保罗·雷诺会谈之后，

---

① 尽管白金汉宫的侍臣们抱怨说，丘吉尔有时会改变与国王见面的时间，甚或在马上要会面时直接取消会面，但从他的活动月卡上可以看出，他通常只会提前半小时更改会面时间，而且几乎从未取消过会面。丘吉尔会按照传统前往白金汉宫，尽管很显然，这两个人中丘吉尔才是更忙的那一个。

他觉得事态更加严重。”他发现使馆的男性工作人员正忙着焚烧档案，女性工作人员正准备离开，前往勒阿弗尔①。丘吉尔对大使夫人坎贝尔女士说，“令人欣慰的是”，“这个地方很快就会变成一个停尸房”。他在回忆录中谈到法国外交部时说：“在奥赛码头的花园里，巨大的篝火冒着滚滚浓烟，我从窗边看到，在那里，令人敬重的官员们正推着手推车，把档案倒进篝火里。”[84]

丘吉尔认为法国人肯定会为他们的首都而战。他带着帝国总参谋部副参谋长约翰·迪尔爵士和伊斯梅，在巴黎会见了法国政府的联络官路易斯·斯皮尔斯。陆军部中校哈罗德·瑞德曼爵士回忆说：“虽然这次会议确实相当重要，而且还被冠以最高战争委员会的名义，但事实上只是在一位过于乐观的首相的鼓动下，几个重要人物的匆匆一聚。在这个危急时刻，首相下定决心要亲自看看事态到底发展到什么程度。”[85]当甘末林将军解释说，在距巴黎中心区仅110英里的伊尔松–蒙科尔内–纽夏特地区，德国装甲部队已全线突破长达40英里宽的前线时，丘吉尔心里可能暗藏的那点儿乐观情绪被彻底打消。当丘吉尔用法语问“你们的预备役人员在哪里?”时，甘末林回答：“一个也没有。”当他问到甘末林的反击计划时，这位法国军队的指挥官只是耸了耸肩。[86]斯皮尔斯写道：“一开始，丘吉尔根本无法理解这一手势，感觉太不可思议了。但是当这个手势开始渗透到他的心里时，他感觉就像有一只冰冷的手放在了他的心上。”[87]自1918年以来他所有的战略设想，都随着这个手势消失了。

甘末林说，德国人“在数量、装备和战术上的优势都超过了我们”。[88]这不是事实：1940年5月时，德国国防军在人数和军备上都不如法国军队，虽然德军在战略和战术上确实远比法军优越。庞大的法国第九军迅速溃败，究其原因，甘末林的一位参谋官指出，“战争动员”的人员包括大量的邮递员、铁路工人和市政雇员，这些人之前一直在履行自己作为平民的职责，对他们的动员只体现在纸上。丘吉尔再次目瞪口呆。[89]

尽管如此，法国人还是承诺要从南方发起反攻，尽管在场的英国人对

① 丘吉尔将这个词的发音与“切肉者”一词押上了韵。

此并不以为然。晚上 9 点，丘吉尔从巴黎发来电报，指示伦敦的战时内阁立即开会。“时局危急”。之前他曾请求张伯伦“负责看好店”，现在他提出再增派 6 个皇家空军中队，此前有 4 个中队已经启程。“法国的最高战争指挥部距离最终的失败已经近在咫尺，”迪尔向战时内阁报告，[90]“我们必须记住，英国远征军可能需要执行一次最困难、最危险的行动：在敌人面前进行大撤退。”[91]纽沃尔的汇报称，7 个战斗机中队部署在法国北部，3 个在南部。他说：“英国只剩下 6 个完整的飓风战斗机中队。”现已转移至肯特。[92]具有讽刺意味的是，如何分配太过稀缺的皇家空军中队——是派往法国参加战斗，还是留下它们以应对可能发生的不列颠之战，这样让人痛苦的辩论会竟然是由造成这种困境的人来主持的——在他做财政大臣和首相的 5 年里，如果他没有那么严重地缩减国防开支，这种困境本来是可以避免的。

到午夜时分，战时内阁同意了丘吉尔的请求，即尽快派遣 6 个皇家空军中队“到法国执行任务”，但是不允许它们驻扎在法国。之前已经承诺的 4 个中队将驻扎在法国，增派的 6 个中队将驻扎在英格兰南部，有雷达保护，但是由于必须穿越英吉利海峡返回，作战时间将大大缩短。3 个中队上午飞行，另外 3 个中队下午飞行，它们只在白天作战。3 个中队足以有效地掩护英国远征军和法国军队。内阁办公室的陆军准将阿瑟·康沃尔-琼斯用印度语向伊斯梅传达了战时内阁这一有条件的许可，以迷惑德国窃听者。①战斗机司令部虽然已经尽可能多地夺回了本土保护资源，但驻扎在英国的中队仍然只剩下 25 个。海军部的汤姆·菲利普斯说：“如果我们把这些战斗机送到法国，并在战斗中失去它们，那么我们这个国家将会任由德军密集的空袭摆布，几乎无法避免毁灭的结局。”[93]

丘吉尔发来的电报中提到“时局危急”，政府公务人员却不为所动。张伯伦的私人秘书阿瑟·拉克说：“他脑子里想着的还是他的书。”甚至丘吉尔的私人大秘书埃里克·希尔也谈到丘吉尔“该死的言辞”。[94]从某种意义上说，丘吉尔的确能看透历史。他对战时内阁说，需要派 10 个中队，“给法国

① 空军参谋长被称为“CAS Sahib”。

军队最后一次机会，让其恢复勇气和力量。从历史的角度讲，如果法国的请求被拒绝，导致其被毁灭，这将不是一件好事”。[95]

第二天当丘吉尔返回亨登机场时，科尔维尔觉得他“看上去挺高兴，他在大使馆睡得很好，早餐也吃得不错”。[96] 首相说法国需要在“没有飞机实施轰炸的天空下”战斗，但是他们却“正在像波兰人一样彻底崩溃”。[97] 对于这位 1914 年可能成为安特卫普救星的人来说，比利时的局势倒并不像法国的崩塌那么令人惊讶。他对科尔维尔说：“为了保持与法国的联系，我们在比利时的部队最终将不可避免地撤出。如果法国人不能按时集结，英国远征军必然会面临被阻断的危险。”[98]

他下令英国海军部和航运部开始制订计划，如果远征军需要从布洛涅、加来或敦刻尔克撤离，就需要组建一支救援舰队。数百艘各式各样的民用船只已经在海军部登记注册，丘吉尔对这一地区也非常熟悉：维约克城堡位于加来海峡，一战的大部分时间他都是在这里度过的。[99] 他还要求参谋长汇报他们打算如何将这场战争进行下去，并委婉地称之为“某种最坏的可能性”，即法国投降。

“很显然法国已溃不成军，情况很糟糕。”丘吉尔返回后对战时内阁说。[100] 倒是也有一个看似利好的消息，更有活力的马克西姆·魏刚将军已经取代甘末林，成为法国总司令。但事实上这并没有什么不同。[101] 在这段异常紧张的时间里，不知怎的，丘吉尔竟然还能抽出时间，给他的朋友哈罗德·尼科尔森打电话，邀请他担任副大臣。“哈罗德，我想如果你能加入政府，在信息部帮助达夫，就太好了，”他说，“没有什么比这更让我欢喜的了。”尼科尔森回答：“那好吧。”丘吉尔说：“那你明天就来上班吧。”[102]

这一切都令张伯伦印象深刻。他对希尔达说：“我得说，到目前为止温斯顿表现得很好。”[103] 接着他又说道：“那些对我忠心耿耿的人对我们被如此对待很不满意，对那些‘背信弃义的前座议员’① 就职新政府也很不满意。如果（保守党的）领导层发生什么变化，这些积怨肯定会爆发。”[104]

---

① 政府前座议员的正式说法是“Treasury Bench”，这里使用“Treachery Bench”这一说法，用来描述在挪威战役问题辩论中投票反对张伯伦的议员们。

丘吉尔征求张伯伦的意见，问他是否介意与劳合·乔治一起担任内阁成员。他希望任命乔治为农业大臣，让他掌握更多权力以提高粮食产量。同时他也承认，“他本人并不信任劳合·乔治”。当听到张伯伦说，如果是这样的话，他宁愿赶紧退休时，丘吉尔退缩了，不再邀请劳合·乔治任职。他承认张伯伦给了他“了不起的帮助”，他不希望他的政府“像走马灯一样换人”。[105] 晚上10点半，他去见了国王，这是每周一次的觐见。国王略带调侃地记录道：“局势很严重，他担心法国的一些军队仗打得不够好。”他接着补充道：“法国军队没有打败仗，因为他们根本就没有打仗。”[106] 法国军队的士气竟如此迅速地跌落了，这对于1940年5月和6月时的丘吉尔来说，无疑是所有意外中最令他震惊的。因为在两次世界大战之间的那些年里，他一直对军队的士气充满信心。他没有意识到，第一次世界大战的损失，以及20世纪30年代的社会与政治危机，已经在很大程度上削弱了军队的士气。

5月18日下午5点半，战时内阁一致通过，一旦英国受到侵略，政府将宣布进入紧急状态，对所有财产、商业、劳工和服务拥有绝对权力，并据此立法。A.V. 亚历山大建议向希腊克里特岛派遣部队，该岛拥有绝佳的港口和空军基地，英国皇家空军可以从那里出发去轰炸罗马尼亚的油田。但是丘吉尔拒绝了该提议：“我们在别的地方已经忙得不可开交。”[107] 丘吉尔还有一个担心的问题，那就是这样做可能会刺激意大利宣战。16日，丘吉尔在写给墨索里尼的信中略带谄媚地说：“我声明，我从来就不是伟大的意大利的敌人，对意大利的立法者也没有敌意。”但是正如他对罗斯福所说，他认为意大利宣战只是时间问题。[108] 那天晚上，在海军部的高级作战室，科尔维尔记录道，“温斯顿情绪很好”，因为他“在危机时刻和逆境中总是意气风发，充满斗志”。[109]

5月19日，德国装甲部队开始向西北行驶，试图抄近路进入英吉利海峡沿岸的阿布维尔，插入北部仍与德国军队交战的英国远征军与南部的法国军队的主力之间。“法国军队不打仗”，卡多根这样写道，这也正是丘吉尔对国王说的话。“英国远征军面临灭顶之灾。内阁指示英国远征军总司令戈特勋爵，尽力让部队沿着海岸线向南挺进。”[110] 帝国总参谋长埃德蒙·艾恩赛德爵士命令戈特沿着补给线返回亚眠，戈特拒绝执行该命令，他对陆军部的亨利·波纳尔将军说，右翼的法国第一军已经自行消失，他提议让自己的部队以敦刻尔克为基地，守住一条半圆的防线……背靠大海对敌作战。[111]就在前一天，科尔维尔还在日记中批评丘吉尔“喜欢鲁莽而壮观的行动”，但现在他不得不承认，“与这样一个人共事令人耳目一新，即使面对这个国家有史以来最可怕的危险，他也拒绝垂头丧气”。[112]

那天正是圣三一主日，早晨，克莱门汀从特拉法加广场正在举行仪式的圣马丁教堂走了出来，对布道中的和平主义内容表达了自己的反感。她的丈夫赞许地说：“你应当高呼‘可耻’，你们用谎言亵渎了上帝的殿堂！”他要求科尔维尔通知信息大臣达夫·库珀，“要对布道的人进行有力的抨击”。午饭后传来消息，法国军队在英国远征军的南部已经完全消失，在其右翼撕开了一个巨大的缺口。丘吉尔从查特韦尔庄园被召回，商讨戈特关于撤退到海边，在敦刻尔克形成桥头堡的请求。丘吉尔当时正在查特韦尔撰写自己作为首相的第一篇广播演讲稿。[113]内阁在下午4点半开会决定，远征军必须继续向南朝亚眠挺进，尽量重新与法国军队的剩余力量取得联系。

当晚，丘吉尔做了一次广播演讲：

> 这是法国和英国悠久的历史中最令人敬畏的一个时代。毫无疑问，这也是最崇高的时代。英国人民与法国人民并肩作战，只有伟大的自治领的亲朋好友，以及在帝国保护下的广袤属地对我们施以援手——我们并肩作战，整装前进，不但要拯救欧洲，更要拯救全人类，让他们远离最邪恶、最能毁灭灵魂的暴政，曾经让历史蒙上阴影，曾经玷污了历史篇章的暴政。在他们身后，在我们身后，在英国和法国的军队和舰队身后，聚集着众多被打败的国家和被奴役的民族：捷克斯洛伐克、波兰、挪威、丹麦、荷兰，还有比利时。暴行将如漫漫长夜降临在他们头上，即使是希望之星也无法打破这样的黑暗，除非我们赢得胜利。我们必须赢得胜利，我们必将赢得胜利。今天是圣三一主日。很多个世纪以前，人们就写下过这样的话语号召并激励真理和正义的忠实捍卫者：“拿起武器，做个勇士，准备战斗。与其眼见国家和圣坛惨遭暴虐，

吾辈毋宁战死沙场。愿上帝有心成全此愿。"①[114]

英国人现在终于释怀，他们已经有了自己的领导人，一位强大的领导人，他们喜欢这一事实。无法想象张伯伦、哈利法克斯或者任何其他人，会在这些近乎诗意的广播演讲中，使用丘吉尔那样激动人心的语言。演讲中那咆哮的声音和意味深长的停顿，听起来要比印刷出来的那一页纸令人敬畏得多。达夫·库珀的信息部国内情报部门每天都会搜集大量来自各种人群和组织的国家士气报告，"大众观察"运动在电影院和排队就餐的场所对人们的谈话进行窃听，而半官方的"战时社会调查"部门（很快被戏称为"库珀窥探者"）则在进行一种原始形式的民意调查。每日报告所采用的材料还包括伦敦警察厅政治保安处的报告、拦截的邮件、BBC《听众》杂志的调查，以及 W. H. 史密斯父子公司、伦敦客运管理局和公民咨询局所填写的军方审查报告和调查问卷。对于人们如何评价丘吉尔的广播演讲，每日报告这样写道："所有的评论都是正面的""一场精彩的战斗演讲""让我们觉得他对我们充满信心""他没有隐瞒什么"。[115]

"又是充满光明的一天，"卡多根 5 月 20 日沉思道，"只有人是邪恶的。"[116] 驻英大使肯尼迪给罗斯福送去消息，说英国已经完了。也许正是这些信息促使总统于 5 月 20 日召见了英国驻华盛顿大使洛锡安勋爵。罗斯福对大使说，考虑到国内政治形势，短期内他不可能卖给英国 50 艘驱逐舰。收到这个消息后，丘吉尔对罗斯福说："我理解你的难处，但是我为那些驱逐舰感到难过。如果它们能在 6 周内来到这里，就将发挥宝贵的作用。在法国的战斗对双方来说都充满了危险。虽然我们的空中打击已经给敌人造成了严重伤亡，敌机的 1/3~1/2 被击落，但他们在人数上仍然具有强大的优势。因此，我们现在最重要的需求，就是尽早得到尽可能多的正在运往你们军队的柯蒂斯 P40 战斗机。"[117]

丘吉尔接着谈到德国入侵英国的潜在可能性，这引起了罗斯福的高度

① 这段话是对《马加比一书》3:58–60 的意译。（在詹姆士国王钦定版中，这几句的开头这样写道："犹大说，你们要武装起来，做真正的勇士。"）

重视。他说："在这个过程中，如果出现不利的结果，本届政府的成员很可能会在这个过程中下台，但在任何可以想象的情况下，我们都不会同意投降。"[118]他接着补充道：

> 如果本届政府的成员下台，由其他人在废墟上进行谈判，那么你将不能忽视的一个事实就是，我们与德国抗衡所剩下的唯一筹码，就是我们的舰队了。如果美国任由我们这个国家自生自灭，而负责任的人们已经为幸存居民提供了最好的条件，就没有人有权利去指责他们。对不起，总统先生，原谅我将这场可能的噩梦说得这样直白。显然，我不能替我的继任者们给出答案，他们在极度绝望和无助的情况下，很可能不得不顺应德国的意愿。[119]

丘吉尔知道，最重要的事情就是让罗斯福了解这种危险的迫切性和严重性，以及这种危险最终会蔓延到他自己国家的可能性。英国皇家海军是世界上规模最大的海军，如果其与德国海军结盟，也许还要再加上法国和意大利海军，那么美国海军与之相比将会相形见绌，这一联盟能够摧毁美国东海岸的所有城市。"考虑到他在和美国人交流时总是用一些柔和的语言，"科尔维尔说，"尤其是在与美国总统交流时，所以当他对我说，'这是给那些该死的美国佬的电报，今晚就发出吧'时，我吓了一跳。"[120]

5月21日，德军的几个纵队抵达亚眠，接着向布洛涅挺进。艾恩赛德警告丘吉尔，英国远征军的通信线路已经处于严重的危险之中。进一步派遣皇家空军中队去帮助法国军队，并"因此耗光我们在国内防御中所需资源"的可能性已经不复存在。[121]令英军最高司令部感到震惊的是，法国"迄今为止针对入侵所做的抵抗，还没有波兰、挪威或荷兰多"。[122]丘吉尔一边试图与雷诺进行电话联系，一边对科尔维尔说："在人类战争史上，我从未看到过如此严重的管理失误。"[123]

5月22日上午8点半，丘吉尔飞往巴黎，前去鼓励雷诺和魏刚进行反击。克莱门汀为他送行后在给比弗布鲁克的信中写道："他在能见度几乎为零的大雨中出发，云层很低。"[124]一开始，他觉得魏刚"很了不起"，但是有关法国战斗精神的报告结果却很糟糕。卡多根心中充满疑问：“法国人会去战斗吗？我们的人很可能会战斗——因为这是他们唯一的出路！”[125]伊斯梅担心，法国会利用英国拒绝派遣更多步兵师——更不用说他们正要求英国支援15个战斗机中队这样的借口，接受德国慷慨的和平条件。

同一天，根据提交给战时内阁的一份题为“第5纵队的威胁”的报告——该报告详细阐述了挪威、比利时和荷兰的法西斯分子是如何在德国入侵他们的国家时进行协助的——下议院批准了《领土防务法案》的一项修正案，即18 B（1A）规定，允许未经审判就逮捕和拘留敌国侨民和可疑人士。对这次政府行动起到推动作用的，是两天前，在美国的支持下，美国大使馆密码员泰勒·肯特被捕的事件。泰勒·肯特复制了至少6份罗斯福与丘吉尔之间的电报，并在英国法西斯分子的协助下，将至少一份电报送到意大利大使馆。规定一经通过，大批外国侨民和英国的法西斯分子开始遭到未经审判的拘留，包括军事历史学家J. F. C. 富勒、英国最富有的富翁之一乔治·皮特-里弗斯、保守党议员阿奇博尔德·莫尔·拉姆齐、英国法西斯联盟领袖奥斯瓦尔德·莫斯利爵士，之后是莫斯利的妻子戴安娜。与皮特-里弗斯一样，她也是克莱门汀的表亲。正如科尔维尔回忆的那样：“这件事让温斯顿怒不可遏，却让孩子们非常高兴！”[126]丘吉尔说，这些措施“可恶之极”，但在英国面临迫在眉睫的入侵威胁时，却是一种正当的紧急措施。[127]在接下来的两个月里，753名法西斯分子、2.8万名德国人和奥地利人被拘留，尽管绝大多数德国人和奥地利人并不同情希特勒。他们起初被关在监狱里，后来被关在全英各地的一系列临时营地里。阿斯科特营地设在伯特伦·米尔斯马戏团的冬季营地，而其他几个营地设在马恩岛上。①[128]

还是在同一天，即1940年5月22日，白金汉郡布莱切利庄园的盟军密码破译人员破译了德国空军的恩尼格玛密码。1941年6月，他们破译了德国海军密码，在那之后三个月，他们又破译了德国国防军密码。[129]这种以其特殊的安全分类而被命名为“超级解密”的组织，使盟军能够在战争的

① 迫在眉睫的威胁一旦结束，丘吉尔就带头要求减少拘留人数。到1941年年底，只有200名英国法西斯联盟成员仍然被拘留，莫斯利夫妇于1943年获释。

大部分时间里，读取德国的最高司令部、陆军最高司令部、国防军、空军、海军、党卫军、情报局和铁路部门之间发送和接收的许多信息。战争期间盟军截获并解码的信息达数百万条，从元首本人发的，到撒丁岛的奥比亚港主人发的（1941 年 7 月，意大利人的密码被破译），不一而足。正如丘吉尔所言，布莱切利的密码破译员——到战争结束时已多达 1 万人——是“下金蛋的鹅”，而且同样重要的是，他们“从不咯咯叫”。布莱切利的密码破译员严肃地履行着保持沉默的责任，他们中的许多人都拒绝谈论他们在布莱切利做过什么，即使到了 20 世纪 70 年代初，在“超级解密”的存在已经成为众所周知的事情后也是如此。

丘吉尔一直对秘密情报工作的各个方面都很着迷。在第一次世界大战前，作为内政大臣和海军大臣，他在军情五处、军情六处和“40 号房”的创建过程中发挥了巨大作用。而现在，他立即意识到这些“超级解密”材料的重要性，他授权联合情报委员会，任何时候收到来自布莱切利的情报，无论是白天还是晚上，都随时联系他。[130] 1940 年 9 月，他命令秘密情报局局长斯蒂沃特·曼茨爵士（代号“C”），每天将“所有恩尼格玛密码信息”发送给他，他希望能够读到原始解码材料，甚至是在联合情报委员会进行评估之前。[131] 这些信息会被装在褐色的箱子里送来，在整个白厅里，只有丘吉尔有箱子的钥匙。他给这些情报起的代号为“博尼法斯”，这样，一旦关于这些情报的消息泄露，敌人就会认为这些情报来自一位身居高位的特工。同时，他也确保只有 31 名盟军成员知道英国还有一个高级别的情报来源。国王是知道的，但是自由的法国人和苏联人却从未被告知，直到美国参战前，罗斯福总统对此也一无所知。即使是在那时，丘吉尔也会抱怨，说“受邀来研究这些情报的群体”规模太大了。[132]

然而，1940 年夏天，法国的战事发展得如此之快，以至这个“超级解密”行动没有任何实际用途。到 5 月 23 日，依然没有迹象表明法国可能从南方发起反击。情报显示，德国装甲部队已包围了埃塔普勒、蒙特勒伊、布洛涅和加来。英国远征军现在被切断了补给，不能再向南突进，与法国军队会合。[133] 下午 6 点，丘吉尔与魏刚通话，对方说，实现他的计划需要更多的时间。艾恩赛德和迪尔倾向于鼓励魏刚继续在亚眠、阿尔伯特和佩罗讷一带展开军事行动，一个重要原因就是：他们认为，如果英国远征军撤退到英吉利海峡港口，能够撤回本土的人数将会很少。[134]

魏刚声称，法国人已经夺回了亚眠和佩罗讷，但后来发现他们并没有。在下午 7 点的战时内阁会议上，丘吉尔说，他一直在考虑艾德礼几天前提交的一份观察报告，报告提到两头落空的危险，以及为什么英国远征军最好撤退到敦刻尔克。皮姆上尉后来曾回忆在海军部的高级作战室召开的一次国防委员会会议，会议期间，“首相站了起来，手塞在后裤兜里，来回踱着步说，‘我们不能让我们的军队遭到屠杀，更不能投降。不能，坚决不能！我们必须把他们救出来’”。[135]“如果我们损失掉整个正规军和其一半的装备，”他说，“后者是可以弥补的，但是失去那些军人，我们就会输掉战争。我们的人必须向敦刻尔克挺进。只要他们到了那里，我们的海军就会把他们救出来。”[136]

“首相是晚上 10 点半来的，”当天晚上国王写道，“他告诉我说……他将不得不命令英国远征军返回英国。这次行动意味着，我们将损失掉在法国境内的所有枪支、坦克、弹药和其他物资。问题是我们能否把军队从加来和敦刻尔克撤回来。一想到必须下达这次行动的命令就令人痛苦，因为要付出的生命代价可能是巨大的。”[137]

5 月 24 日，丘吉尔对伊斯梅说：“我无法理解加来周围的情况。”

> 为什么在我们从加来出击时，戈特勋爵不从后面攻击他们呢？这位将军，他的 9 个师即将被饿死，却不能派部队去恢复通信。还有什么比这更重要的呢？很明显，德军能够去任何地方，做任何事情，其坦克可以三三两两地在我们的后方活动，即使被发现了，也没有受到打击。还有，遇到德军的野战炮，我们的坦克就会退缩，但是我们的野战炮不喜欢攻击德军的坦克……当然，如果一方战斗，而另一方不战斗，战争就会变得不那么平等。[138]

丘吉尔的愤怒和困惑是显而易见的。这种私下的怀疑就这样萌芽了，后来的事情也印证了这种怀疑没有错。但是，这种事情，即英国的领导能力与战场战术最初并不像德国那样大胆而有效，当然不可能被公开谈论。他在自己的战争回忆录中写道："我们在德国装甲部队面前溃不成军，太让我震惊了。只有几千辆车的德国装甲部队，竟然可以横扫我们强大的千军万马。"[139]

就这样，德军于24日开抵加来郊区。陆军准将克劳德·尼科尔森奉命用他的第30旅组成一道内部防线，"在城里决一死战，尽力让德军参与到巷战中来。如非必要，德军是会尽量避免巷战的"。[140]丘吉尔对尼科尔森说："大英帝国的目光都聚焦在对加来的防御上，陛下的政府相信，你和你英勇的军团一定会做出不辜负英伦之名的壮举。"[141]25日，丘吉尔、艾恩赛德和艾登指示尼科尔森说："对你崇高的境界，我们深表钦佩。撤离是不可能的（重复：不可能的），撤离所需的舰船将返回多佛。"丘吉尔后来回忆道："在战争中人也需要吃饭，但是当我们随后坐在餐桌旁时，竟然感到了一阵恶心。"[142]艾登的感觉更加糟糕，因为他原来所在的团正是这个旅的。在接下来的三天里，尼科尔森拒绝了德国人再三的劝降。他们继续战斗，直到所有的抵抗力量全部瓦解，他剩下的最后那点儿指挥权也被缴获。他后来在监狱中死去。8月，丘吉尔在谈到第30旅时说："加来的士兵就是拯救我们所需的那一点儿勇气，他们阻止了德军前进的步伐，就像西德尼·史密斯在阿克阻止了拿破仑一样。"[143]

丘吉尔当时不可能知道的是，就在同一天中午，出于军事行动中的各种原因，希特勒亲自下令德国坦克在敦刻尔克城外停下来，直到5月26日下午1点半才撤销了这一命令。这给了戈特必要的喘息时间，让他能够在城镇周围筑起一道防线，并组织英国远征军全体撤退到英吉利海峡对岸。1944年9月，丘吉尔在飞过敦刻尔克上空时对一名比利时外交官说："我永远不能理解，为什么德国军队没有在敦刻尔克彻底消灭英国军队。"[144]

5月25日，丘吉尔让迪尔接管艾恩赛德的工作，艾恩赛德则接管本土军队。他将这次调整描述为艾恩赛德本人所做出的"英勇无私的奉献"，但事实绝非如此：此后他在战争期间调整了许多将军的职务，对任何他认为表现不佳的人都没有表现出什么耐心。当天，参谋长们按照丘吉尔的要求，撰写了一份绝密的简报，题为"英国终极战略"。报告预测，德国将会试图征服英国，通过"无限制的空袭来击垮民众的士气，通过拦截航运和袭击港口让我们陷入饥饿，通过入侵来占领英国"。报告得出的结论颇为悲观：无法预测英国是否会在任何情况下都坚持到底。最终的胜利将取决于美国的经济与金融援助，“没有这些援助，我们认为我们将无法继续这场战争，并取得任何胜利”。[145]

意大利的新闻专员加布里埃尔·帕累西曾与英国外交部接洽，讨论让意大利保持中立的条件。丘吉尔和战时内阁“不反对采用这种方式”，但要求商谈必须秘密进行。正如卡多根在日记里所写的那样，讨论将围绕意大利的“合理”主张展开，将来举行的任何和平会议也都将对这些主张给予考虑。[146] 5 月 25 日下午，哈利法克斯在外交部会见了“彬彬有礼、善于调解”的意大利大使朱塞佩·巴斯蒂亚尼尼，把谈话从意大利的中立立场转向更为严肃的问题，即墨索里尼是否可以促成英国与德国签订停火协议。丘吉尔和战时内阁根本没有授权他这样做。

5 月 26 日，保罗·雷诺飞往伦敦与丘吉尔共进午餐，丘吉尔随后向内阁报告说，尽管这位法国总理并没有直接说法国即将投降，“但他谈到的所有内容都是在极力表明，他别无选择”。[147] 正如卡多根记录的，丘吉尔“似乎觉得，如果法国真的撤军，我们可能会过得更好，这样我们就可以把精力集中在本土防御上”。这显然是道丁和其他人的观点。[148] 他还记录说，丘吉尔“反对雷诺向墨索里尼发出最后的请求”。[149] 雷诺认为，如果能够说服意大利保持中立，法军就能调集目前守卫法国南部的多达 10 个师，参加到对德国人的战斗中。这样做似乎具有良好的战略意义。

丘吉尔将要参与讨论的话题，属于一个模糊的领域，最终将会有人借此来抹黑他的声誉。在当天下午的战时内阁会议上，哈利法克斯问丘吉尔，如果可以确信，国家独立这一至关重要的问题将不会受到影响，他是否会准备讨论和平条款。在回答这个假设性的问题时，丘吉尔说：“如果我们能够保住自己的核心力量之根本，即使以牺牲一些领土为代价，我也会对这些帮助我们摆脱目前困境的条款表示感谢。”[150] 张伯伦让丘吉尔把事情说得更通俗一些，丘吉尔就具体举例说：“如果能够让我们摆脱困境，我会欣然接受放弃马耳他、直布罗陀，以及一些非洲殖民地。”[151] 这句话被记录在了内阁会议记录中，张伯伦在日记中也做了记录，丘吉尔的批评者经常用它来暗示，1940 年时，丘吉尔不想继续战斗下去。然而，他们既没有考虑到当时的政治背景——丘吉尔不希望在同僚面前显得过于固执、完全不可说服——也没有考虑到他接下来所说的那句至关重要的话:“但是唯一安全的方法，则是让希特勒相信，他无法打败我们。”[152]实现这一点的唯一办法就是继续战斗，这就是他提出来要做的事情，而且他也确实这样做了。艾德礼和格林伍德都支持他的政策，张伯伦最终也表示了支持。[153]

丘吉尔不相信希特勒将会拿出英国人能够接受的和平条款，重要的是，他也明白，通过墨索里尼或其他任何人去缔结这样的条款，消息一旦泄露出去（纳粹对做这样的宣传一定会感兴趣），这种做法必然会令英国人士气大跌。因此，这样的做法是不值得尝试的。9 年后他在自己的战争回忆录中写道:“值得注意的是，我们是否应该单枪匹马继续战斗这个终极问题，从未出现在战时内阁的议事日程上。所有人，不论属于哪个党派，全都理所当然、不言自明地认为，我们太忙了，不能把时间浪费在这些没有什么现实意义的学术问题上。”[154]正是为了保护英国的声誉（在一定程度上也可能是为了保护哈利法克斯勋爵的声誉），丘吉尔才说出那句明显言不由衷的话。而事实上，在 4 天的内阁会议上，这个问题被讨论了不下 8 次。当时，越来越沮丧的哈利法克斯被毫不妥协的丘吉尔逼到了辞职的边缘。在讨论过程中，丘吉尔不同意求和，而哈利法克斯提到“他想要阐明的某些相当深刻的观点分歧”。[155]若是丘吉尔当时愿意以任何方式支持他对和平的追求，哈利法克斯就不需要这样做了。

法国总理于 5 月 27 日凌晨 4 点返回伦敦的法国大使馆，但未能说服英国与意大利进行接触，也未能说服英国让法国与德国单独达成和平协议。他的助手、中校保罗·德·维勒鲁姆在日记中写道:“他告诉我们，哈利法克斯是唯一对我们表现出一些理解的人。那个在大臣面前总是摆出一副盛气凌人架势的丘吉尔，对于我们的提议则持完全否定的态度。”[156]

当天晚些时候，哈利法克斯在内阁会议中援引丘吉尔的话说:“如果我们能够保留住自己的核心力量之根本，即使以牺牲一些领土为代价，我也会对这些帮助我们摆脱目前困境的条款表示感谢。”但他随后抱怨道:“首相似乎在暗示，除了战斗到底，我们在任何情况下都不会考虑采取任何其他行动。”[157]这句话实际上一直是丘吉尔要说的话，如果我们把 4 天的讨论整理一下，包括张伯伦在日记中记录的那个关键句子，就可以很清楚地读出这句话。丘吉尔打破先例，邀请阿奇·辛克莱以自由党领袖的身份参加5月27日下午4点的战时内阁会议，并参与此次审议。辛克莱也支持他的观点。

5月26日，皇家海军的一艘轻型巡洋舰“克鲁号”在开往纳尔维克的途中，于奥福特峡湾被德国轰炸机击沉。“克鲁号”当时正在非常狭窄的水域以15海里/小时的速度航行，几乎没有躲避的空间，但舰艇上是有雷达和防空炮的。“克鲁号”的沉没本应在唐宁街10号和海军部引起轩然大波，但事实并非如此——也许是因为只有9名船员遇难。长期以来，丘吉尔和其他许多人一直认为，有了厚甲板装甲和防空炮，就意味着船只不会被飞机击沉，但“克鲁号”证明，中型斯图卡炸弹如果直接命中船身，就可以穿透甲板，而防空炮的射击有时并不起作用。令人惊讶的是，像丘吉尔这样一位早期坚定的空中力量倡导者，竟然会在那么长一段时间里坚持认为，现代战舰不会因空中打击而遭受损失。还是在同一天，在敦刻尔克，战舰因空中打击而严重受损的情况再次出现。

当天晚上7点，海军中将伯特伦·拉姆齐开始实施将英国远征军以及尽可能多的法国和比利时军队从敦刻尔克海滩撤离的计划，丘吉尔后来将敦刻尔克海滩称作英国海军陆战队的“魔毯”。撤离当天，卡多根表达了一个许多人支持的观点。他写道：“英国远征军的处境相当糟糕，现在比利时人已经投降，我看能得救的也就只有很小一部分人了。”[158]丘吉尔指责38岁的比利时国王利奥波德三世说，他选择的投降时机简直是灾难性的。尽管从政治的角度考虑，丘吉尔的指责并不为过，但是早在5月20日，利奥波德三世就曾经警告丘吉尔的联络官、海军上将凯斯，比利时有投降的可能性。他也曾于25日告诉英王乔治六世，他已经坚持不住了。这两位也都把消息转达给了丘吉尔。[159]

5月28日，雷诺谴责利奥波德三世，说他让盟军的战线上出现了缺口。但是5月30日，英国国王乔治却在日记中写道：“媒体（对利奥波德三世）进行猛烈抨击的真正原因，是为了鼓舞法国人的士气。法国人必须从外部找到一个替罪羊。”[160]他拒绝取消利奥波德三世的英国陆军上校身份，也拒绝将利奥波德三世的嘉德勋章旗帜从温莎的皇家教堂取走（尽管他并没有邀请这位比利时国王参加 1947 年伊丽莎白公主的婚礼）。科尔维尔在 7 月 1 日的日记中承认，“利奥波德三世是替罪羊”，丘吉尔在战后也向奥托·冯·哈布斯堡大公承认了这一点。[161]

哈利法克斯在 5 月 27 日的内阁会议上威胁说，如果不允许他进行和平谈判，他将辞职。丘吉尔的立场与两天前基本相同，他说：“我认为，战时内阁即使不去讨论那样一个非常不现实、不太可能发生的事情，目前它需要解决的问题也已经够难了。如果希特勒先生准备在恢复德国殖民地并放弃在中欧的霸权的条件下讲和，那倒不是不可以谈。但是希特勒是不可能给出这样的条件的。”[162] 丘吉尔也不允许哈利法克斯向希特勒乞求这样的条件。

科尔维尔没有参加内阁会议，但是从丘吉尔那里得到了相关信息。他当天在日记中写道：“内阁正在拼命考虑在目前的情况下我们独自战斗的能力。有迹象表明，哈利法克斯是一个失败主义者，他说，我们的目标不应该是粉碎德国，而应该是维护我们自己的完整和独立。”[163] 哈利法克斯告诉卡多根，在内阁会议之后，丘吉尔一直“非常亲切”！[164] 卡多根建议哈利法克斯不要辞职，说他也对丘吉尔的“大话连篇”感到“厌烦”。

当天晚些时候，丘吉尔接到洛锡安的电报，说罗斯福曾建议，如果德国成功入侵不列颠群岛，英国皇家海军就应该前往加拿大，未来的英国政府应该设在百慕大，而不是渥太华，因为英王不可以返回美洲大陆。[165] 在这样的时刻发表这样的声明真是不寻常，丘吉尔当然不会同意英王即使愿意也无权居住在自己领土上的说法。他没有回复罗斯福。午夜时分，上床前，丘吉尔对科尔维尔说：“给我倒一杯威士忌加苏打水，尽量淡一些，真是个好孩子。”[166]

5 月 28 日，敦刻尔克的局势仍然危急，但撤离工作已经有了一个成功的开始。撤离是否顺利在很大程度上取决于德国的俯冲轰炸机能不能摧毁那座延伸至大海深处的防波堤，海军需要借用这道防波堤才能在海滩上运送人员。在接下来的 6 天里，防波堤没有被炸毁，这简直就是奇迹。尽管如此，海军上将凯斯上午抵达伦敦时还是对大家说，戈特并不认为营救英国远征军成功的概率会很高。丘吉尔在下议院发言，让大家准备迎接“让人难以接受的沉重消息”。[167] 国王在丘吉尔与他会面后写道：“戈特和他的队伍，那是我们国家所有的青年与花朵，是军队的脊梁，失去这些军官与军人的想法真让人难过万分。”[168]当哈利法克斯那天在内阁中再次谈到和平谈判的问题时，丘吉尔比以往更加明确地表明了自己的立场。内阁会议记录了他的发言：“如果让墨索里尼先生来做调停人，他是不会让我们好过的。”

> 很难想象希特勒先生会如此愚蠢，让我们有机会继续重整军备。实际上，他的和谈条件一定是让我们完全听任他摆布。如果我们继续战斗，即使被打败，和谈的条件也不会比现在更糟。当然，如果我们继续战斗，毫无疑问，德国会攻打我们，我们会遭受一些损失，但是他们也会遭受严重损失。他们的石油供应可能会减少。也许有一天我们会觉得，必须结束这场斗争了，但是那时提出的和谈条件，也不会比现在提出的更糟糕。[169]

与他早先的声明一样，这样说一方面是为了显得合情合理，另一方面也是为了智取哈利法克斯——他成功地做到了这一点。虽然没有进行正式投票，但是张伯伦和两名工党成员表示支持丘吉尔的立场。哈利法克斯说，除非他们要求了解希特勒的和谈条件，否则他们不可能知道这些条件是什么。而丘吉尔借助自己掌握的深厚的历史知识提出：“那些战斗到死的国家终会重新站起来，但是那些温顺地投降的国家却走向了灭亡。”[170] 5月26日，卡多根写道，他觉得丘吉尔“过于漫无目的、耽于幻想、多愁善感、喜怒无常”，最后得出的结论是：“还是老内维尔最棒。”[171]然而正是丘吉尔的这种性格特质，才阻止了英国走上与希特勒和平谈判的道路。如果哈利法克斯16天前成为首相，和谈甚至可以说肯定已经开始了。

丘吉尔认为希特勒的和谈条件可能会过于苛刻，也许他想错了。从1939年10月和1940年8月希特勒提出的条件看，也许他的条件是相当合理的。他认为自己的历史任务是摧毁共产主义、犹太教和斯拉夫人，并为雅利安人在东欧建立生存空间。为此，他需要与苏联进行一场单战线的战争。在意识形态上，他对盎格鲁-撒克逊人或大英帝国没有强烈的敌意，至少在英国人开始阻碍他的计划之前是这样。1941年4月，如果他不需要入侵英国的盟友南斯拉夫和希腊，他对苏联的进攻就会有利得多：那样，在那年秋天天气变化之前，他在莫斯科城外就会多获得两个月时间。

当天下午，丘吉尔给所有内阁大臣和高级官员都发了一份备忘录：

> 在这段黑暗的日子里，如果首相的所有同事……都能在他们各自的领域里保持高昂的斗志，不是说要弱化事态的严重性，而是要对我们继续战斗的能力和坚定不移的决心表现出信心，直到我们摧毁敌人把整个欧洲置于其统治之下的意志，首相会万分感激。我们不能容忍法国进行单独和谈的想法，但是，无论在欧洲大陆上可能会发生什么，我们都不能怀疑自己的责任。我们一定会用尽我们的一切力量来保卫英伦三岛、我们的帝国和我们的事业。[172]

在布尔战争军事失利后那灾难性的黑色一周里，维多利亚女王曾说:“我们对失败的可能性不感兴趣，它们并不存在。”丘吉尔让人把这句话抄了三份，摆放在内阁的桌子上。[173]

摧毁敌人想要征服整个欧洲的意志，这样的战争目标，似乎已经不如他在 5 月 13 日的演讲中所说的“不惜一切代价取得胜利”。但是那次演讲后，盟国开始遭受一场愈演愈烈的灾难——尽管目前法国仍在战斗。[174] 丘吉尔推断，只要英国能在接下来的几个月里生存下来，就可以考虑此后该如何赢得这场战争了。

在哈利法克斯要求和平谈判的第 4 天，丘吉尔召集了一次战时内阁不参加的内阁扩大会议。会上他进行了一次演讲，没有事先拟定内容，也没有提前练习。这对他来说非常不同寻常。由于这是一次非正式会议，会议没有做任何记录，但是战时经济事务大臣休 · 道尔顿——一位社会主义者，他在和平时期与丘吉尔从未在任何问题上有过一致看法——在其日记中记录了丘吉尔的演讲。丘吉尔一开始先对“法国发生的事情进行了全面、坦率和极为冷静的描述”，最后他总结说：

> 在过去的这些日子里，我仔细地考虑了与“那个人”进行谈

判是否是我职责的一部分。但是，如果我们觉得，现在就设法达成和平协议，我们得到的和谈条件就会比我们给出的条件要好，我认为这是一种不动脑筋的想法。德国人会索要我们的舰队——当然会是以“裁军”的名义，还会索要我们的海军基地，以及其他许多东西。我们会成为一个奴隶国家，尽管可能会成立一个由莫斯利之流领导的英国政府，但那是希特勒的傀儡政府。然而从另一方面讲，我们也拥有丰富的储备和巨大的优势。我相信，如果有那么一刻，我想要谈判或投降的话，那么你们每个人都会站起来，把我从我现在的位置上扯下来。如果我们这个长长的岛国最终不得不结束自己的故事，那么让它发生在我们每个人都倒在血泊中，在自己的鲜血中窒息而死的时候吧。[175]

这可不仅仅是虚张声势。丘吉尔曾亲眼看见许多人在自己的鲜血中窒息而死，他知道自己这样说是在向大臣们要求什么，就像他命令尼科尔森在加来战斗到底一样。正如他的保镖沃尔特·汤普森所说：“他在契克斯庄园练习射击可并不仅仅是为了好玩儿。”[176]他安排人在政府给他配的车里装上一挺布伦式轻机枪，这样他就能在受到袭击时进行还击。在乘船出行时，他下令在他的救生艇上也要配备一挺轻机枪，这样他就可以与击沉船只的U型潜艇进行战斗。在去法国的旅途中，他还带着他的左轮手枪。他对汤普森说：“谁也不知道会发生什么，我不打算被活捉。”[177]在晚年被问及是否想到过自杀时，他说：“没有。嗯，只是从哲学的角度上考虑过。”要是输掉这场战争，面临被俘时会怎样？“当然不会去自杀！”他回答。[178]陆军部为他撰写了一篇演讲稿，供他在德国入侵时使用。丘吉尔放弃了这篇演讲稿，因为它“在常规的名词后附上常规的形容词，仅仅为了达到某种效果”。他说，如果他真的需要发表这样一篇演讲，他会以这样一句话结束：“时间到了，去杀死德国鬼子。”[179]他还打算用上这样一句话：“你可以随时捎带一个德国鬼子。”[180]白厅有人计划让王室跟随英国的黄金储备前往加拿大继续抵抗，但是丘吉尔压根儿没有这样的打算。所以可以说，当他对大臣们说他打算战斗到死时，那并不是为了烘托演讲氛围的夸张。

他的大臣同僚们也知道其中的风险及其后果，他们中的大多数人都曾在战壕中战斗，亲眼看见死亡发生在面前。尽管如此，在他的演讲结束时，他们却都站起来为他鼓掌欢呼，绕过内阁的桌子与他握手，拍打他的后背。道尔顿写道："他非常了不起。这个人是我们现在唯一可以依靠的人。"丘吉尔在回忆录中提到了此事，他说他相信那天出席会议的大臣们"代表了下议院和几乎所有的人。我突然想到，在今后的日子里，我有责任在适当的场合表达他们的感情。我之所以能做到这一点，是因为他们的感情也是我的感情。一道白光从岛的这一头一直闪耀到那一头，美得令人窒息，蔚为壮观"。[181]"几乎所有的人"——但是不包括哈利法克斯。当丘吉尔向战时内阁汇报这次会议时，这位外交大臣才明白，自己彻底被耍了。①

当天晚些时候，已经连续值班 36 个小时的皮姆上尉向丘吉尔请了 5 天假，他要去指挥"发电机行动"中一支由小船组成的小型舰队。"上帝保佑你！"丘吉尔说，"我希望自己也能去。"[182]皮姆的 20 艘船在几乎不断的炮火攻击和空中轰炸下，将 3 500 人从海滩带到了驱逐舰上。6 月 2 日，他回来了。丘吉尔喘着粗气说："这么说，你又回来工作了。"[183]皮姆看见他眼睛里闪着亮光。皮姆也成了一位圣骑士。

5 月 29 日，丘吉尔给雷诺和魏刚发去电报，告诉他们敦刻尔克已成功撤出 5 万名士兵，他希望当天晚上再撤出 3 万名。他也明确表示，这次行动的结果很难预测。他说："前线可能随时被攻破，码头、海滩和船只可能因空袭和来自西南方向的炮火而无法使用。没有人知道现在的好势头还能维持多久，也没有人知道我们还能救出多少人。"[184]这些船只也装载了尽可能多的法国和比利时军人，他们与英国军人享有同等优先权。英国正计划向圣纳泽尔派遣第二支英国远征军，继续战斗。他还向雷诺保证，他们正从印度、巴勒斯坦、澳大利亚和加拿大召回正规部队，加入在法国进行的战斗。就在同一天，他问伊斯梅，在一战中缴获的作为战利品的德国枪支是否可以重

---

① 5 月 30 日，德斯蒙德 · 莫顿发现，澳大利亚驻伦敦的高级专员斯坦利 · 布鲁斯写了一份正式备忘录，建议国际会议"制定一份和平协议"，因为"进一步的流血牺牲和延续可怕的痛苦是不必要的"。丘吉尔在莫顿的报告上写下了三个字：烂透了。（OB VI p . 436）

新调校以供使用，以及是否可以向军队提供一些蜡来减少战场上的噪声。[185] 5月30日他对戈特说，一旦敦刻尔克不再可能进行有组织的抵抗，他就要奉命“正式投降，以避免无谓的屠杀”。[186] 由于担心法国人可能会突然投降，丘吉尔、艾德礼、迪尔和伊斯梅于5月31日飞往巴黎，他们到得晚了一些，因为飞机不得不绕道而行，以躲避已经在巴黎北部上空巡航的德国空军。在英国大使馆吃午饭时，丘吉尔得到消息，敦刻尔克海滩上已经有15万人被转移，其中1.5万人是法国人。[187] 沃尔特·汤普森回忆说：“他当时所谈的话题就只有大量军队撤离海滩的可能性。这一次，他那严肃而紧张的脸上写满了心中的焦虑。”[188]

当天下午，最高战争委员会在法国陆军部召集会议。魏刚对丘吉尔说，大量的部队已经从形同虚设的马其诺防线撤出，前来保卫巴黎，但是除非英国能够将大批皇家空军中队投入索姆河以南的战斗，否则逆转形势将毫无希望。会后，丘吉尔对斯皮尔斯说，法国人认为自己已经被打败了。[189] 海军中校汤米·汤普森将一战英雄菲利普·贝当元帅描述为“一个毫无激情的冷眼旁观者，在丘吉尔概述英国的计划时，他没有表现出一丝一毫的兴趣或热情”。[190]

6月1日，星期六，从敦刻尔克撤离的人数正如丘吉尔所希望的那样，增加到20万人。“温斯顿为此深受鼓舞，”哈维记录道，“他说，也许在索姆河上，他可以为法国人做更多事了。”[191] 丘吉尔及时赶回伦敦，并于下午1点20分召开了内阁会议。远征军总司令戈特从敦刻尔克返回，全体内阁成员起立为他热烈鼓掌。戈特汇报说，除了贝诺伊特·德拉·劳伦西将军麾下的两个师，法军的表现“糟糕透顶”。[192]

在莫顿传达外交部的计划，即一旦德军入侵，英国皇室和政府的一部分就要撤离时，丘吉尔说：“我相信，如果敌人试图入侵我们国家，我们会让他们当天就感到后悔。我不允许做这样的讨论。”[193] 同样，当英国国家美术馆馆长肯尼斯·克拉克爵士要求把英国的艺术珍品送往加拿大时，首相回答：“不，把它们埋在洞穴和地窖里，一件也不用离开英国。我们会打败敌人。”[194] 这些艺术杰作被及时送到了威尔士马诺德莫尔的一个废弃的板岩矿。随后，英国的部分黄金储备从英格兰银行的地下金库转移到多伦多的一个金库，这项转移任务可以说惊心动魄，这期间，大西洋中部的几艘U型潜艇差点儿就让英国彻底破产。

6月2日，丘吉尔开始试着组建第二支英国远征军，打算尽快将其派往布列塔尼。他对三军参谋长说，他这样做，不是因为他认为远征军可能会扭转战争的局势，而是想要竭尽全力让法国继续战斗。他说："我们必须制订相关计划，让法国人看明白，只要他们坚持到底，就一定能突出重围。"[195]丘吉尔在给伊斯梅的信中说："如果能让德国人想一想他们接下来将会在哪里被袭击，而不是总强迫我们在自己的岛上修墙壁、建屋顶该多好！我们必须尽全力，直面敌人的坚强意志和主动精神，摆脱我们自己在思想和道义上的屈服心理。"[196]6月7日，由第52低地师的一个旅组成的首批英国第二远征军在艾伦·布鲁克将军的指挥下登陆诺曼底。下一步，加拿大第一师将会按照计划加入英国第二远征军。

6月3日上午11点半。英国此时只剩下331架战斗机了，道丁紧急提出，英国皇家空军不能再被派往索姆河上空去战斗，他的建议最终被采纳了。第二天，最后一名英国军人从敦刻尔克海滩上撤出，那就是哈罗德·亚历山大将军。在他之前，至少有338 225位英国远征军军人及法国和比利时军人撤出来。在这场战役中，英国远征军损失了4万多人，或伤亡，或被俘，在敦刻尔克陷落时，被俘的法国军人也超过了4万人。在保护陆军撤退的9天里，英国皇家空军共出动飞机2 739架次，损失116名飞行员，仅轰炸机总部就损失76架飞机。自5月10日以来，英国皇家空军总体损失飞机1 067架，飞行员和机组人员1 127名。[197]共有933艘英国舰船参加了"发电机行动"，其中236艘失踪，另有61艘报废。英国远征军尽力摧毁了自己的各种设备，但是丢掉了6万辆汽车、2 000门野战炮、9万支步枪、60万吨燃料、几百辆坦克和400门高射炮，这样的损失是毁灭性的。[198]1940年6月初，不列颠群岛唯一一支装备完整的部队，就是驻扎在奥尔德肖特的加拿大第一师。如果德国入侵，它将是驻扎在南海岸海滩与伦敦之间的唯一一支组织良好、装备精良的正规部队。当庞德拿出所有损坏和报废的英国皇家海军舰艇名单时，丘吉尔开玩笑说："看来，我们只剩下'维多利亚号'和'阿尔伯特号'了。"[199]（"维多利亚号"和"阿尔伯特号"是皇家游艇。）

6月4日，丘吉尔完成了一项异常艰巨的任务：向下议院解释到底发生了什么。他的这次演讲与伯里克利斯和亚伯拉罕·林肯的演讲不相上下，成为历史上最伟大的演讲之一。他首先平静而真实地叙述了德国的军事突破，英国远征军经由亚眠和阿布维尔的通信线路是如何被切断的，以及闪电战的性质，还有在一切的背后，“德国的普通军队，那群沉闷的野蛮人，正在相对缓慢地艰难推进”。[200] 接着，他毫不留情地，也许是有些欠考虑地，重复了雷诺对利奥波德三世的指控。他说：“突然间，完全没有事先商量，也没有事先通知，也没有征求大臣们的意见，完全出于个人意愿，他就派了一名全权代表到德国司令部，交出了他的军队，将我们的整个侧翼和撤退路径暴露无遗。”[201] 丘吉尔称这是“令人遗憾的一幕”，但是这个说法并没有出现在他的回忆录中。战争结束后，当被问及此事时，他说，他所汇报的情况，就是他当时信以为真的情况。其实，他所说的并不完全属实（因为凯斯和国王都给他提出了一些忠告）。

丘吉尔接着说：“我们所有人都清楚地看到，通过勇敢与毅力，通过完美的纪律与服务，通过资源、技术和坚不可摧的忠诚，我们奇迹般获救了。”[202] 丘吉尔采纳了阿瑟·格林伍德在挪威战役辩论会上的说法，“战争不是靠巧妙地撤离获胜的”。他说：“我们必须非常慎重，不要把这次援救说成是胜利。战争不是靠撤退打赢的。但是，值得注意的是，这场援救中却隐藏着一种胜利。”[203] 这是英国皇家空军的胜利，他说：

> 我在想，在整个世界的战争史上，年轻人还没有获得过这样的机会……他们令我们感激不尽，他们会在每一个早晨挺身而出，拿着手中的工具，用自己巨大而令人震撼的力量去捍卫自己的祖国和我们的主张，就像人们说的那样：“每一个早晨都会带来一个高贵的机会/每一个机会都会带来一个高贵的骑士。”① 值得我们感恩的，还有所有勇敢的人，他们在很多方面，在许多场合，都已

① 来自丁尼生的《亚瑟王传奇》。

经做好了准备，而且时刻准备着，为自己的祖国献出生命及一切。然而，虽然对于我们的军队和那么多军人的成功撤离，我们心怀感激——他们的亲人度过了那么痛苦的一周，但是我们不能因此就拒绝承认，在法国和比利时发生的事情实际上是一场巨大的军事灾难……我们必须做好心理准备，德国可能很快就会对我们或是对法国发动另一次攻击。我们听说希特勒先生已经有了侵略不列颠群岛的计划，我们以前也经常想到这一点。当年，拿破仑带着他的平底船和他的大军在布洛涅驻扎了一年，有人对他说："英国人里的硬骨头可不少。"自从英国远征军归来后，这样的人肯定更多了。[204]

他警告说，希特勒将会利用"独一无二的恶意，自创的侵略模式"入侵英国。之后他接着说道：

我个人对一切充满信心，如果所有人都承担起自己的责任，如果没有什么事情被忽视，如果我们能够做出最好的安排，就像我们已经安排好的那样，我们将再一次证明，我们能够保卫我们的国家，安然度过战争的风暴，最终战胜专制的威胁。如果需要，我们可以坚持很多年；如果需要，我们可以独自战斗。无论如何，这就是我们要做的，这就是陛下的政府的决心——每一个人的决心，这就是议会和国家的意志……即使欧洲的大片土地和许多古老而著名的国家，已经落入或可能落入盖世太保和纳粹统治的一切罪恶机构的魔掌，我们也不会气馁、不会认输。

随后他总结说：

我们将战斗到底。我们将在法国作战，我们将在海上和大洋中作战，我们将在空中以越来越强大的信心和越来越强大的力量作战；我们将不惜任何代价保卫我们的国家。我们将在海滩上作战，我们将在敌人登陆的地点作战，我们将在田野和街头作战，我们将在山区作战。我们决不投降。即使我们这个岛国或这个岛国的大部分被征服并陷于饥饿——我从来不相信会发生这种事情——我们在海外的帝国臣民，在英国舰队的武装保护之下也将继续作战，直到在上帝认为适当的时候，新世界带着它全部的能量，前来拯救和解放这个旧世界。① [205]

坐在丘吉尔正后方的奇普斯·夏侬在日记中写道："他的口才太好了，简直能够传神，英语在他的口中是如此辉煌，几名工党成员感动哭了。"[206] 哈罗德·尼科尔森写信给妻子维塔·萨克维尔-韦斯特说："温斯顿今天下午的演讲是我所听过的最棒的演讲，整个下议院都被深深地打动了。"[207] 她回信说："他的演讲令我战栗不已，从头到脚（不是因为害怕）。为什么人们会被他那伊丽莎白时代的言辞打动，我认为原因之一就是他让大家感觉到，这些言辞背后矗立着一种强大的力量和决心，宛如一座巨大的堡垒，绝不是单个词句本身可以表达的。"② [208] 据丘吉尔战后的保镖，1940 年时担任皇家空军中队长的罗恩·戈尔丁回忆："听过他的那些演讲之后，我们开始希望德国人过来。"[209]

在接下来的两周，也就是 1940 年 6 月，法国多次向丘吉尔提出空中支援请求，尽管 6 月 6 日在法国上空作战的英国战斗机已经多达 144 架，而且在法国投降之前，每天差不多都有这么多。按照卡多根的说法就是，"雷诺一心想要得到我们所有的战斗机"。[210] 纽沃尔和道丁坚决反对再派遣更多的战斗机中队去法国参加这场内阁成员、参谋长和政府工作人员都越来越相信肯定会输的战斗。

① 引用自 18 世纪的英国外交大臣乔治·坎宁。1826 年，他曾经在下议院夸口说："我召唤新世界的诞生，以打破旧世界的平衡。

② 演讲结束部分的所有 141 个单词，几乎都是单音节词或短单词，几乎所有词都源自古英语，只有"confidence"一词来自拉丁语，"surrender"一词来自法语。据说，当晚 9 点演员诺曼·雪莱替代并模仿丘吉尔在广播中进行了演讲。事实上，播音员只是在一份加长的议会报告中，逐字逐句地宣读了演讲中的部分内容。当时的演讲并没有录音，我们今天所听到的丘吉尔的声音，是 1949 年他在查特韦尔庄园为迪卡唱片公司录制的。

尽管如此，丘吉尔还是想派遣小批部队，去袭击驻扎在丹麦、荷兰和比利时等欧洲国家海岸线上的德军。6 月 5 日他对伊斯梅说："所有企业都要做好准备，与特训猎人部队配合，在海岸沿线进行恐怖控制，先采取'屠杀与扣押人质'政策，但是之后……我们应该突袭加来或布洛涅，杀死当地德国驻军，占领德军驻地，然后守住该驻地，直到做好所有准备工作，使该驻地被围攻或突袭的可能性降到最低，之后再离开。"[211] 他还希望轻型装甲部队"爬上岸，深入内陆，切断重要的通信，然后返回，身后留下一具具德军的尸体"。[212] 尽管在过去的 7 周里情况非常不妙，但是他想要采取攻势的决心并没有太大改变。早在 6 月 6 日，也就是最后一批部队离开敦刻尔克仅仅两天后，他就向陆军部的规划人员提出"在海滩上运输坦克，并让坦克登陆海滩的建议"。那一天正是诺曼底登陆前的 4 年。6 月 20 日，他提出组建一支"至少有 5 万人的伞兵部队"。[213]

墨索里尼于 6 月 10 日向英国和法国宣战。当科尔维尔把午睡的丘吉尔叫醒，告诉他这一消息时，这位首相咆哮道："以后去意大利看废墟的人不用去那不勒斯和庞贝那么远的地方了。"[214] 针对出现在地中海地区的新威胁，英国需要对自己的舰船进行重新部署。不过早在几个月前大家就已经预料到这个结果，尤其是在丘吉尔 5 月底拒绝和谈之后。6 月 11 日，英国军队越过边境进入利比亚，开始其军事进攻行动，却在两个月后被意大利军队赶回埃及。8 月 5 日—19 日，意大利人还逼迫英国人撤离了英属索马里兰，这让丘吉尔大为恼火。在英意战争开始当天，丘吉尔批准了一项关于撤销意大利国王维克多·伊曼纽尔三世的嘉德勋章的提案，因为他没有勇敢地站出来，反对墨索里尼在战争中的立场。他说："我认为，我们应该尽量将这位可悲的傀儡国王的屈辱公之于众。"[215]

同一天，他还被迫推迟了对法国的访问，因为法国政府正在从巴黎逃往位于奥尔良东南 60 英里处的布里亚尔，准备向南前往图尔。实际上，法国政府的做法反而让丘吉尔感到鼓舞，因为这似乎表明法国打算继续战斗。6 月 11 日下午 3 点，他乘坐皇家航空公司"火烈鸟号"飞机前往布里亚尔，由 9 架喷火式战斗机护送，这是 609 空军中队的斯蒂芬·博蒙特上校在接到通知后所能调集到的所有战斗机。魏刚的总部，位于布里亚尔的穆格特城堡，只能为丘吉尔一个人提供住宿，艾登、迪尔、伊斯梅和斯皮尔斯则不得不睡在附近的火车上。城堡里只有一部古老的电话，被固定在男管家备餐室的墙上，与村邮局相连，而邮局全天都无人值守。[216] 11日举行的最高战争委员会会议持续了两个小时，12日又持续了几个小时，丘吉尔会见了雷诺、贝当、魏刚、东北前线总司令阿方斯·乔治将军，以及新上任的陆军部长，一位身高6英尺5英寸的第一次世界大战中的英雄，49岁的戴高乐将军。

在巴黎随时可能沦陷的情况下，双方代表团对战争的各个方面都进行了讨论。丘吉尔告诉法国方面，加拿大第一师将会登陆法国，这样，第二远征军就达到了4个师，第5个师则正在布列塔尼，搭建不会被德国人击溃的防御堡垒。他还强调，面对空袭，德国长长的通信线路现在是多么脆弱。迪尔提出由魏刚担任英国军队总指挥，他觉得怎么合适就怎么调遣。而魏刚只回应说，法国沦陷的时间现在是要用小时来计算的，而不是用天计算。[217]

乔治将军在发言中说，盟军的103个师已经损失了35个。他还私下告诉斯皮尔斯，法国政府正在秘密准备与希特勒求和。正如丘吉尔后来所说："我们应该采取相应措施。"[218] 丘吉尔在会上谈到了"布雷顿堡垒"，但是法国方面指出，由于法国70%的工厂都设在巴黎地区，该堡垒并不是解决法国困境的长期办法。当丘吉尔争辩说这将为美国参战赢得时间时，贝当再次打断他说，这也将意味着法国的灭亡。之后贝当公开谈到停战的必要性。[219] 戴高乐则与他形成鲜明对比，他表示自己已经准备好打一场"纵队战"，让机动部队与德国坦克对决。与会的其他法国代表对戴高乐的这一提议，以及继续在法属北非的战争都没有表现出任何热情。[220]

丘吉尔不得不"激烈地"敦促雷诺，让他允许皇家空军惠灵顿轰炸机对都灵和米兰进行空袭，以便继续向前推进。（雷诺担心意大利会在法国南部进行报复活动。）该计划最终在实施过程中流产，因为法国空军将计划泄露给了普罗旺斯地区的萨隆当地人，他们将牛车和其他障碍物拖到飞机场，阻止了英国飞机的起飞。[221] 法国海军部长弗朗索瓦·达兰上将承诺，即使法国与德国达成停战协议，强大的法国舰队也不会落入德国人之手，而是会开往加拿大。如果法国舰队并入德国海军麾下，其阵容将可能超越英国皇家海军。[222]

魏刚总结了法国军队的困境。他说："我们已经走到一个决定性拐点，现在就是这个决定性时刻。英国不应该把任何一架战斗机再留在本土，应该把它们都送到法国来。”[223]听到他的这一番话，大家沉默了很长一段时间。丘吉尔的顾问们感到万分焦虑，他们担心，尽管纽沃尔和道丁都曾发出警告，但是丘吉尔天性慷慨，加上他毕生对法国的热爱，以及他的勇气和乐观主义精神，会让他答应提供更多的空中支援。丘吉尔语速很慢地回答道：“我们还没有走到决定性拐点，现在也还不是决定性时刻。等到希特勒将其空军力量大量投向英国时，那才是真正的决定性时刻。如果我们能保住对我们国家的空中指挥权——我只要求这一点，那么我们将为你们赢回这一切……无论这里终将发生什么，我们都已下定决心，永远，永远，永远地战斗下去。”[224]尽管来自法国盟友和亲法派的压力如此之大，他还是决定不把留在英国的空军派往法国，这是他所做出的最关键的判断之一。

当雷诺问如果德国人试图入侵英国会发生什么事情时，丘吉尔回答：“我还没有非常仔细地考虑过这个问题。但是总的来说，我会提议在他们来的路上就让他们淹死，至于那些没有淹死的，在他们试图爬上岸时，就‘敲碎他们的脑袋’。”[225]即使在这样恶劣的情况下，他也保持着自己的幽默感和乐观精神，真是个性十足。魏刚向雷诺预言说，一个月内，英国就会“像一只鸡那样被拧断脖子”。还好，他说这话时丘吉尔已经离开会议室。[226]在返回途中，为了躲避两架正在袭击渔船的德国战斗机，丘吉尔的飞机不得不在100英尺的空中飞行，只比海平面高一点儿。[227]

在返途中伊斯梅建议，英国第二远征军各师的部署应该在不被察觉的情况下推迟进行，因为他们到位后几乎必定会立即撤离。“这可不成，”丘吉尔答道，“做这种事情，会在历史上留骂名的。”[228]然而在这样的时候，他不应该着眼于历史，而是应该从纯粹的军事角度进行考量。迪尔和伊斯梅的判断显然更合时宜，尽管他们并没有站出来直接反对。在这样的情况下，英国第二远征军的更多部队还是被派往了法国。指挥官布鲁克将军私下里对艾登和迪尔抱怨说，这一计划只是一种徒劳的政治姿态——事实确实如此。伊斯梅随后说，英国能够继续孤军奋战令他感觉很高兴，因为“我们将赢得不列颠之战”，丘吉尔看了他一眼后答道：“你和我，我们将会在3个月内死去。”[229]尽管在公众面前，在法国人面前，在内阁中，在下议院，在媒体面前，在广播中，他似乎始终坚定地表示，英国一定会胜利，并且毫不动摇地表示要奋战到底，但他有时也会向同事们承认，最终结果可能并非如此。后来丘吉尔曾表示，他希望自己能在法国待上 10 天，“让内维尔执掌国内事务”，但是让士气低落的法国继续战斗下去，哪怕只是一小段时间也是不可能的。[230] 正如他在 12 日回国时对英国国王说的：“德国的下一步计划是入侵我们国家。”[231]

刚过午夜，雷诺就打来电话，请丘吉尔再回法国。这次会面的时间定于 13 日下午 3 点 45 分，地点在图尔。丘吉尔对这次会面有一种“不祥的”感觉，因为雷诺曾承诺，在法国投降前会亲自与他磋商。他对雷诺使用一条公开的电话线路来谈论会面的时间和地点感到愤怒。[232] 丘吉尔于 6 月 13 日清晨离开，由英国皇家空军博蒙特 609 中队的 12 架喷火式战斗机护送，随行人员包括哈利法克斯、比弗布鲁克、卡多根和伊斯梅。在起飞时他们并不知道会在哪里着陆。沃尔特·汤普森回忆说：“我们实际上是在盲飞，一边飞行一边等待有关到哪里与法国内阁会合的指令。”[233] 丘吉尔让他带上自己的柯尔特 0.45 左轮手枪，他说：“如果我们在途中受到攻击，我至少可以杀死一个德国人。”①[234]

当他们飞跃海峡诸岛，降落在图尔机场时，暴风雨袭来。图尔机场布满了弹坑，已经有 10 天没人修补了。在其未出版的自传中，博蒙特上校记录道：“图尔机场的状况正好体现了法国这个国家所陷入的解体状态。我们与英国首相一起到了那里，可是一开始竟然没有人来接他。图尔机场里长长的草已经很久未修剪，破旧的建筑看起来就像一个破产的飞行俱乐部……与我们整齐的皇家空军基地完全无法相比。”[235]

汤米·汤普森中校最终找到两个正在吃三明治的法国空军军官。他回忆说：“他们看到我们似乎很惊讶，大家都去吃午饭了。他们主动提出用他们自己的两辆小汽车送我们去图尔。我们费了不少劲儿才挤了进去。”汤普森发觉自己坐在了比弗布鲁克勋爵的大腿上。[236] 卡多根回忆说：“当时的情形一片混乱。”他们的车经过南下的难民长龙到达图尔后，去格兰德·布列塔

---

① 布鲁克将军曾经这样记录：“如果真的需要面对死亡，他肯定会把自己的性命卖得昂贵一些。”（布莱恩特，《逆转潮流》，第 263 页。）

尼酒店找到了副国务秘书保罗·博杜安，并设法吃了一顿卡多根所说的“很棒的午餐，丘吉尔的状况非常好”。[237]

在他们用餐时，曾经反对向德国宣战的博杜安试图说服丘吉尔同意法国解除3月28日做出的不单独求和的承诺。用汤普森中校的话来说，“丘吉尔先生根本没有给他任何的鼓励”。[238]汤普森写道，难民一直在“敲门，眼巴巴地透过窗户盯着里面”。这几个英国人是从后门进入酒店的，但丘吉尔坚持从正门离开，“这样，街上的人群就能看到，他们的盟友并没有抛弃他们”。[239]无数辆逃难的汽车正在穿过该镇，车顶上绑着个人物品，汽车的挡风玻璃都已破碎，车身被机枪打得千疮百孔。[240]

魏刚和贝当拒绝参加此次的图尔会议，他们认为进一步抵抗德军是徒劳的。雷诺和博杜安被卡多根称作“败兴者”，他们要求丘吉尔要么与德国进行和平谈判，要么解除法国不单独和谈的义务。丘吉尔（由斯皮尔斯为其做翻译，因为他那英语味儿过浓的法语让人难以理解）试图说服法国人，让他们再次呼吁美国人参战，同时也敦促法国人继续战斗。“我了解英国人民，”丘吉尔对法国领导人说：

> 以及他们无限的忍耐、坚持和反击的能力。他们会奋战到底，直到敌人被打败。你必须给我们时间。我们要求你们继续战斗，坚持得越久越好，如果不是在巴黎，至少是在巴黎后方，在各个省，一直到海边。如果需要，也可以在北非。其他的选择则意味着法国的毁灭……法国必须继续战斗，她仍然拥有不错的海军，还有她伟大的帝国。利用剩下的军队，她可以进行大规模的游击战，也可以发起对敌通信的作战。[241]

他接着说道：“这无疑是盟军事业的至暗时刻。尽管如此，我仍相信希特勒主义将被粉碎，纳粹主义不能也不会推翻欧洲，这种信心仍然丝毫没有动摇。”[242]丘吉尔坐在雷诺对面的扶手椅上，“紧紧抓着扶手，说话时用情之深令在场的所有人都被感动了”。[243]比弗布鲁克后来回忆说，这是“他所有演讲中令人印象最深刻的一次”。[244]但是只有戴高乐对他的劝告做出了积极回应。

丘吉尔非常感激他，当着他的面预言说，他将成为“决定命运的人”。[245]

丘吉尔拒绝了法国人终止履行承诺的要求。雷诺的情妇埃莱娜·德·波特伯爵夫人多次试图进入最高军事会议会场，这更为当天的活动增添了戏剧性。[246]克莱门汀曾在第二年提道，她的丈夫“差点儿就被德·波特夫人袭击，她想去抓他的脸……她尖叫着，歇斯底里地要求进入会场”。[247]法国政府正在瓦解，在图尔政府门口与雷诺道别时，丘吉尔潸然泪下。[248]

6月14日，德国人进入巴黎。魏刚通知驻扎在布列塔尼的英国第二野战军司令艾伦·布鲁克，所有有组织的抵抗很快就会结束。丘吉尔给正在勒芒总部的布鲁克打了一个电话，用布鲁克的话说，是通过一条糟糕的电话线告诉他：“我被派往法国，是为了让法国人觉得我们在支持他们。我回答，要使一具尸体有感觉是不可能的，而法国军队从任何意义上说都已经死了，当然也没有办法对我们为它所做的一切做出反应。”[249]这是他们两人的第一次交谈。布鲁克不得不说服首相，他的部队驻扎在这里没有什么用处，却时刻都冒着被俘的巨大风险。经过半小时艰苦的讨论，丘吉尔最终同意将第二远征军撤回英国。它已经完成了自己的历史使命，尽管几乎没有人注意到这一点。[250]

6月14日，西蒙斯一家终于搬离唐宁街11号，张伯伦可以搬进去了，因此丘吉尔一家也得以入住唐宁街10号。丘吉尔已经搬出海军部的房子，给A. V. 亚历山大将军腾了地方，所以他和家人暂时住在干草市场尽头的卡尔顿酒店。丘吉尔一家从海军部带出来的那只凶猛的黑色公猫尼尔森，很快就和唐宁街那只被称为“慕尼黑捕鼠者”的猫闹翻了。[251]（在它们随后的争斗中，不难猜到丘吉尔一家更支持哪一方。“尼尔森是我所认识的猫中最勇敢的一只，”丘吉尔说，“我曾经看到它追逐一只巨型犬，将它撵出海军部。”）[252]1941年古尼去世后，一向与哥哥关系亲密的杰克·丘吉尔也住进唐宁街10号，每天与丘吉尔的私人秘书一起用餐，还与丘吉尔一起做了几次巡回检查。

6月15日，澳大利亚和新西兰向英国重申，无论发生什么情况，两国都无条件地支持英国。卡多根在当天曾写道，相比之下，“美国看起来则相当没用。但是没有她我们必死无疑”。[253]当天晚上，丘吉尔在契克斯庄园对科尔维尔说：“现在对于我们来说，这场战争必定会变成一场血腥的战争……我们在上次战争中获得的胜利竟然被许多软骨头夺走了，真是个悲剧啊！”[254]吃过晚饭，他和邓肯·桑迪斯一起在花园里的玫瑰丛中散步。当科尔维尔从法国带来更多的坏消息时，他回答：“告诉他们，如果他们把舰队交给我们，我们将永远不会忘记，但是如果他们不与我们商量就投降，我们将永远不会原谅。我们将让他们的污名传播千年！”然后，他又有些担心科尔维尔会把他的话完全按字面意思传达出去，于是补充说：“当然，现在还不要这么说。”[255]尽管来自法国的消息糟糕至极，但是科尔维尔说，丘吉尔却“兴致盎然，他背诵诗歌，夸大现状的戏剧性，并且提出他和希特勒唯一的共同点就是对口哨声的恐惧。他给大家分发雪茄，并神经质地唠叨着，‘砰，砰，砰，农夫开枪了，兔子快跑，兔子快跑，跑，跑，跑’”。①[256]他接听了大使肯尼迪的一个电话，并告诉他，如果美国只给英国提供经济援助，而不提供军事援助，美国“就会成为历史舞台上的一个笑柄”。凌晨1点，他躺在大厅的沙发上抽着雪茄，与大家一起讨论如何增加皇家空军的前线战斗力。然后，非常不同寻常地，他在说“晚安，孩子们，上床睡觉吧”之前，“讲了一两个黄段子”。[257]

6月16日，星期日。上午7点半，科尔维尔来到契克斯庄园，敲了敲丘吉尔卧室的门，告诉他贝当元帅将要接替雷诺的消息。他发现丘吉尔“穿着一件丝绸背心，看起来像是一头很不错的猪”。[258]丘吉尔将于上午10点15分召开内阁会议，早餐后他驱车前往伦敦，丝毫不遵守交通信号灯的指示，沿着绿荫大道一路疾驰而下，正好赶上会议。会议期间，他们得知贝当下令法国军队放下武器。科尔维尔写道：“内阁会议后，首相一个人在花园里踱来踱去。他低着头，双手放在背后。我相信，他绝不会畏惧。”[259]

下午3点举行的另一次内阁会议提出有关发布一项联合声明的计划，该

---

① 丘吉尔对口哨声的厌恶源于那年夏天：他走在白厅的查尔斯国王街上时，遇到了一个十几岁的男孩儿，双手插在口袋里，愉快地大声吹着口哨，朝另一个方向走去。“别吹口哨。”丘吉尔严厉地说。“为什么？”男孩儿问道。“因为我不喜欢听，口哨声是可怕的噪音。”男孩儿没有停下脚步并说道：“那样的话，你可以把耳朵闭上。对不对？”然后继续吹着口哨走了过去。丘吉尔觉得很有意思，于是自己重复了一遍：“你可以把耳朵闭上，对不对？”在穿过外交部的院子时，他一直暗自发笑。（汤普森，《影子》，第40页。）这是一件傻乎乎的事情，几乎没有什么值得注意的——除了一条，那就是人们无法想象，如果同样的事情发生在柏林，一个小男孩儿以同样的方式惹恼了德国政府首脑，同样的故事会不会被复制一次。

声明将宣布，英国和法国合并为一个国家。这个想法是法国外交官勒内·普莱文提出的，这样法国军队就可以大规模疏散到英国，具体负责该计划的人包括罗伯特·范西塔、盟军内部委员会主席让·莫奈、政府公务人员阿瑟·索尔特爵士、劳合勋爵以及戴高乐，他正在伦敦进行一次为期24小时的访问。丘吉尔后来说："这件事我完全掌控不了，一切都由内阁成员的情绪波动来决定。"[260]张伯伦前往英国国王那里，向他汇报了"他的帝国正在经历着什么"，三色旗在威斯敏斯特大教堂前飞扬着，这是历史上唯一一次出现这样的情形。"谁知道呢，"科尔维尔开玩笑说，"也许我们还会看到'百合花'再次出现在皇家旗帜上！"①[261]他认为这个新国家可能被称为"法格兰"。

当人们把这一想法告诉贝当时，他嘲笑说，这是"与尸体的融合"（令人吃惊的是，布鲁克两天前也用过同样的比喻）。然而，科尔维尔当时却写道："所有人都过来拍拍戴高乐的后背，并告诉他，他将成为总司令。"（温斯顿咕哝着说："我已经安排好了。"）[262]如此重要的高层官员宁愿接受如此不切实际的提议，这一事实表明，英国是多么不愿意世界第四大舰队落入德国人之手啊！戴高乐于当晚飞回法国波尔多，落地时却发现自己已经被解职。

6月17日，星期一，上午传来消息，法国新的政府首脑贝当元帅正准备同德国人签署停战协议。人们不愿提及的"某种可能性"现在已是确定无疑的了。丘吉尔给贝当发了电报，说他不敢相信贝当和魏刚"会伤害自己的盟友，把精良的法国舰队交给敌人。这样的行为会让他们留下②千古骂名"。[263]新上任的法国外交部长博杜安证实，舰队将从土伦驶往法国殖民地阿尔及利亚，以免落入德国人之手。当天下午，戴高乐安排好了在法国举行的几次会议。为了愚弄那些监视他的贝当党羽，戴高乐陪同斯皮尔斯前往波尔多机场，就在飞机起飞那一刻，他跳上了飞机，只带着自己穿着的那身制服飞往伦敦。第二天，他的妻子和孩子们从布雷斯特离开法国。在接下来的四年里，他再也没有踏上欧洲大陆上的法国土地。

同一天，卡纳德公司的"兰开斯特里亚号"客轮，满载着返回英国的

---

① 直到乔治三世统治英国之前，英国国王一直声称自己是法国的国王。
② （原文中的）scarify一词的意思是"严厉批评带来的痛苦"（《牛津简明词典》）。

第二远征军士兵和平民，在卢瓦尔河口被德国空军击沉。4 000 人命丧大海，比“泰坦尼克号”和“卢西塔尼亚号”加起来的遇难人数还多。这是英国航海史上最多的单艘船只遇难人数。第二远征军并没有创造丘吉尔想要的历史。他试图通过使用一个“D”字头通知来对媒体封锁消息，但是这个消息通过美国泄露出去，7 月底，英国已经尽人皆知。①

6 月 17 日，拉博·巴特勒在圣詹姆斯公园偶然遇见瑞典大使比约恩·普利兹。他们一起回到外交部，巴特勒向普利兹传达了来自哈利法克斯勋爵的信息：英国政府的政策将由常识而不是虚张声势来决定。[264] 普利兹是用英语向瑞典外交部转达这一信息的，他接收到的这条信息本身也是英语的。他补充说，议员们都在议论，“一旦出现（和平）谈判的局面……哈利法克斯可能接替丘吉尔出任英国首相”。[265] 这句关于常识的话是一个明显的暗示，如果战争形势进一步恶化，由哈利法克斯领导的新政府将接受德国的和平协议。9 天之后，多亏了英国情报部门对瑞典外交往来的监视，丘吉尔读到这条信息，他要求相关人士做出解释。哈利法克斯声称，巴特勒的话被普利兹严重曲解了。（这是不太可能的，因为这位有着一半英国血统，在达利奇学院接受教育的亲英人士会说一口流利的英语，而且是用英语把这一信息写下来的。）巴特勒是一个魅力十足、充满智慧的人，能够很轻松地与人建立友谊，后来在战争期间，他改革了英国的教育体系。但是，在国家处于生死攸关的最大危机中时，他的判断力却严重不足。丘吉尔宽宏大量，没有因为他所谓的“奇怪的话语”而毁掉他的职业生涯，甚至让他在自己的职位上又多待了 13 个月。哈利法克斯就不会再待这么久了。保守党议员仍然对丘吉尔持批评态度。甚至在他发表那篇鼓舞人心的演讲“我们将会在海滩上战斗”后，尤安·华莱士，这位张伯伦政府时期的交通大臣注意到，“随后在吸烟室里，人们对他两度提到的单独作战存在争议”。张伯伦政府卫生大臣沃尔特·艾略特认为，本届政府的蜜月期即将结束。[266]

① 为了士气不受打击，有时政府会选择不向媒体公开一些惨重的损失。例如，1943 年 3 月发生的导致 173 人丧生的贝斯纳尔格林防空洞惨案，以及 1944 年 4 月发生的导致 800 人丧生的斯莱顿金沙滩溃败事件。

“今天凌晨1点，首相在上床睡觉前和我道了晚安，他是那么善良，充满温情。”6月17日，丘吉尔的私人秘书之一约翰·马丁对自己的父母说，“他把手放在我的胳膊上说，他很抱歉，这些天太忙乱了，没有时间来了解我。”[267] 在17日当天的“忙乱”中，法国退出了战争，这一行动带来的各种危险也将接踵而至。然而，也有人更喜欢这样。在过去的10天里，战斗机司令部已经在法国上空损失了250架战斗机，当道丁听到法国投降的消息时，他跪倒在地，感谢上帝，不用再派去更多的战斗机了。卡多根在日记中写道：“现在我们需要单独与魔鬼较量了，这几乎是一种解脱。要么胜利，要么死亡。”[268] 约翰·马丁在日记中写道：“现在轮到我们了。”[269]

第22章

不列颠之战
（1940年6月—9月）

希特勒可以在不需要跨越盐水的地方为所欲为，但是如果他闯到中国的长城，或是我们这座岛屿，即使到那时他仍未被打败，至少他也什么都干不成。

——丘吉尔，1940 年 7 月[1]

在他的演讲中，他将一个民族的历史浓缩进一台望远镜，使之成为今天的历史……就这样，他挽救了贵族的传统，恢复了贵族的领导地位。

——1940 年 9 月，多萝西 · 汤普森在《华盛顿邮报》上发表的文章[2]

1940 年 6 月 18 日，星期二，戴高乐通过 BBC 广播呼吁他的同胞们，到伦敦来加入“自由法国”。他说：“让我来告诉大家，法国没有损失什么。别人用来战胜我们的方法，也可以让我们走向胜利。”丘吉尔非常支持戴高乐领导这样一场自由法国运动，来集结反对德国占领的抵抗力量。他确保戴高乐可以随时使用广播。战争结束后，当党鞭长詹姆斯 · 斯图尔特问他，为什么他是一个狂热的亲法派时，他回答：“因为我们需要法国的人力来对抗德国。”[3] 他亲法的情感是真诚的，一点儿也不像这句话所暗示的那样玩世不恭。丘吉尔钦佩戴高乐从法国逃出来的勇气，他们之间的关系即将发生如暴风雨般的种种变故，但是丘吉尔始终坚信，戴高乐是继他心目中的英雄克里孟梭之后最伟大的法国人。他写道：“为了向法国人证明自己不是英国的傀儡，他不得不粗鲁地对待英国人。他一直都在坚持执行这一策略。有一天他甚至向我解释了这个计策……我一直都很钦佩他拥有的巨大力量。”[4]确认戴高乐继续与德国斗争的决心，英国工程部将位于滑铁卢广场11号的特拉法加大厦分配给新成立的、支持戴高乐的“自由法国”组织当作办公室。[5]

丘吉尔也在6月18日进行了演讲，那是他在下议院的演讲（他在广播中重讲了一遍），是他最著名的演讲之一。他首先谴责了那些迫害张伯伦和绥靖主义者的人：“我们如果选择在过去与现在之间争吵不休，我们就会发现自己已经失去了未来。”[6]然后他讨论了德国通过空袭入侵英国的可能性，并给人们以希望，“冬天会给纳粹政权带来压力”。这算不上一个为赢得胜利而做的计划，但他提醒听众，在第一次世界大战中，“我们不断地问自己这样一个问题：我们如何才能取得胜利？没有人能够非常准确地回答这个问题，直到最后，非常突然，非常出乎意料，可怕的敌人竟然倒在我们面前。我们被胜利冲昏了头脑，竟然愚蠢地扔掉了胜利的果实。”[7]

意大利海军在第一次世界大战中表现不佳，丘吉尔因此开玩笑说：“在英国的舰队里，人们有一种普遍的好奇心，大家都想知道，意大利人是否能达到上一场战争的水平，或者他们是否真的还能更落后。”[8]即使在如此重要的演讲中，他也能就如此严肃的话题开玩笑，这是非常不同寻常的，但这也是他的一贯作风。作家彼得·弗莱明分析了这句话在议会和公众中如此受欢迎的原因，他说：“如果他用‘或者他们是否还会更糟’来结束这句话，那么会像打出一记重拳，赢得观众的好感。在这里，他使用了一种更微妙的诋毁手法，使这一段内容充满了特有的欢快，使听众产生了一种愉快的感觉，觉得自己识破了一种纯属于个人的幽默。”[9]

只要英语还存在，人们就不会忘记丘吉尔的演说。“魏刚将军所说的法兰西之战已经结束了，”他说：

> 我预计不列颠之战即将开始。这场战争将会决定基督教文明的存亡，也将决定我们英国的存亡，以及我们的制度和我们的帝国是否可以长久延续下去。敌人的全部愤怒和力量一定会迅速转

向我们。希特勒知道，他必须在我们这个岛上击溃我们，否则就会输掉这场战争。如果我们能勇敢地面对他，整个欧洲就可能获得自由，整个世界就可能走向更为广阔的、阳光普照的高地。但是，如果我们失败了，那么整个世界，包括美国，包括我们所知道和关心的一切，都将陷入一个新的黑暗时代的深渊，而这个时代将被扭曲的科学之光变得更加险恶，或许也更加漫长。因此，让我们振作起来，去履行自己的职责，承担起自己的责任。这样一来，即使大英帝国及其联邦能够千秋万代，人们仍然会说："此刻才是他们最辉煌的时刻。"①[10]

在提及"被扭曲的科学之光变得更加漫长"的反乌托邦纳粹时代时，他所想象的更有可能是新型炸药、先进的潜艇和毒气，而不是我们今天所推断的核裂变的军事用途，尽管他知道德国科学家正在柏林进行这一研究。美国也是他经过深思熟虑才提到的。在 1940 年和 1941 年，丘吉尔非常清楚地意识到，他不仅要向英国民众发表演讲，也要向美国民众发表演讲，因为只有美国参战，英国才可以真正期待赢得战争，而不是仅仅生存下去。

"丘吉尔今天的讲话非常振奋人心，"麦斯基记录道，"他坚定的话语……赢得了全体议员的热烈掌声。"[11] 当信息部的哈罗德·尼科尔森"威胁"丘吉尔，让他在当天晚上的广播节目中重讲一遍时，丘吉尔很不情愿，因为他太忙了。尼科尔森记录道："他一直生着闷气，只是又读了一遍在下议院的演讲稿。和在下议院进行的那场演讲一样，这个广播演讲也非常精彩，尤其是结束语部分。但在无线电波里听起来却很差劲儿，他注入其中的全部精力似乎都蒸发了。"[12] 也许尼科尔森是对的，这场演讲没有其最初的版本那么强大有力，但是人们如今在录制的广播版本上听到这些崇高的话语

① 丘吉尔曾在 1907 年、1909 年、1911 年、1920 年、1934 年、1937 年和 1939 年分别使用"一千年"这个概念，来描述为了免受入侵，英国自从"看到入侵者的营火（丘吉尔在一次纪念活动中这样说）"就开始建立自由体制的时间。1922 年，他曾预测阿拉伯人在一千年之内不会在巴勒斯坦实现灌溉和通电，这个时间符合他的历史感悟。（当然，希特勒也用这个词来形容他的"千年帝国"。）事实上，大英帝国存在的时间也并没有比希特勒的纳粹帝国长久多少。1949 年 4 月，"不列颠"一词被从英联邦的名称中去掉，因此"大英帝国及其联邦"在这篇演讲结束后只持续了不到 10 年。

时，印象肯定不是这样的。

演讲结束后，丘吉尔在白金汉宫会见了一位听众。国王在日记中写道："他看上去疲惫不堪，对法国感到沮丧。但是对于我们这个国家，他心中却充满斗志。我和他谈到伊丽莎白和玛格丽特，一旦德国入侵，她们会成为负担。他说：'不会的。'"[13] 他觉得把公主们送到加拿大会打击整个国家的士气。那天晚上，在首相穿衣服准备吃饭时，科尔维尔给他带来一封电报，丘吉尔说："我敢打赌，又一个该死的国家向西而去了。"[14] 科尔维尔问他，想在第二天的什么时间接见波兰领导人弗拉斯迪劳·西科尔斯基将军，他说中午，"然后就开始引用一些完全虚构的引语来描述一天中的这个时间，假装是《罗密欧与朱丽叶》中的保姆说的话"。[15] 能够虚构莎士比亚的语言，也说明他对真实的莎士比亚作品的了解之深。即使在绝境之中，他依然喜欢逗乐打趣。

6 月 21 日，哈利法克斯提议，在战争结束后把直布罗陀交给西班牙，以换取西班牙在战争中的中立。丘吉尔回答道："西班牙人肯定知道，如果我们获胜，与我们讨论这一点将不会有结果；如果我们输了，就没有必要提出这一点。这只会让西班牙认为我们软弱，对胜利缺乏信心，这反而会起到鼓励西班牙的作用。"[16] 他授权一位特工，艾伦·希尔加斯上尉，在高尔夫球场上向佛朗哥的一位将军行贿现金 10 万英镑（相当于今天的 520 万英镑）。当对方提出更多要求时，他用红墨水写下这样一句话："好的，没问题。W.S.C."[17]。

同一天，为了对德国在入侵前必然会采取的轰炸行动做好准备，丘吉尔在唐宁街 10 号召见了 28 岁的科学家，R. V. 琼斯博士。在牛津大学读书时他曾经是林德曼的学生，现在是空军部情报研究中心副主任。丘吉尔请他来解释一下，他计划如何应对敌人在 Knickebein 和 X–Gerät 两种雷达波束方面所取得的进展。用丘吉尔的话说，即使是在浓雾和云层中，当英国皇家空军战斗机无法定位德国轰炸机时，它们也能像"一盏看不见的探照灯"一样为德国轰炸机导航。[18] 琼斯发现，通过扭曲这些雷达波束，就可以使之失衡。当他接到唐宁街 10 号的召见令时，起初以为是有人在开玩笑，但随后的会面却一点儿也不是闹着玩的。丘吉尔后来告诉琼斯，那次会面发生在"战争的至暗时刻"。[19]"从我们一见面起，"琼斯后来写道：

> 我当然就立刻感觉到一个年轻人被首相注意到以后那种兴高采烈的心情，但事实上还远不止这些。在战争期间每次遇到他，我都会有一种生命的源头再次注满能量的感觉，与他在一起，你能感受到力量、决心、幽默，以及时刻准备倾听并提出尖锐问题，在被说服后立刻采取行动的意愿。在谈论问题时他很少称赞别人，尽管事后他的赞美可能会更动听，因为他生长在更为严肃的年代。1940 年，能够在危机中得到他的召见就已经是最大的赞美，但是，勇敢地面对他的质疑，然后说服他，这才是最大的快乐。[20]

琼斯扭曲德国雷达波束的反制措施有一次拯救了德比郡，劳斯莱斯的工厂正在那里为飓风战斗机和喷火战斗机制造梅林发动机。[21] 德国人研发出新的装备一旦对英国产生威胁（例如 1943 年和 1944 年的 V–1 和 V–2 恐怖武器），丘吉尔就会把琼斯带回唐宁街 10 号，让他负责研发“窗口”（或“网络”），以确保轰炸机司令部不会被德国雷达检测到。

丘吉尔在其战争回忆录中，将双方为战胜对方而采取的措施和反制措施称为“光束之战”。其中包括 X–apparatus（一种安装在英国轰炸机上的雷达）、Gee（英国版的 Knickebein）、一种名为 H2S 的导航仪器、一种名为 Starfish 的用来迷惑德国轰炸机的诱导火力，以及“非旋转式自动推进武器”，即一种小型防空火箭。林德曼参与了所有这些项目，并与人合作发明了近炸引信，使德国 6 枚 V–1“飞弹”中的一枚，在飞抵伦敦前被摧毁。[22] 德国研发的另一种雷达波束被英国人称为“头疼”，丘吉尔则将一种可以在夜间拦截轰炸机的英国新技术命名为“气味测定器”。[23] 他对每一项新技术都兴趣浓厚，对其科学原理也都了如指掌。

贝当元帅于 6 月 22 日与德国正式签署了停战协议。法国被划分为两部分，法国东南部和中部的大部分地区由维希政府统治，而北部、巴黎地区、中部的一部分和整个西部沿海地区则由德国统治。该协议的第 8 条规定，法国舰队将在德国或意大利的控制下复员。丘吉尔在当天的一份官方声明中表达了他对这些条款的心痛和惊讶，并补充说：“为了大英帝国的安全，（英国政府）对于自己所采取的任何措施，都不会缺乏耐心与决心。”[24] 他已经在考虑对他的前盟友发动现代战争史上最残酷的袭击。那天，鲍德温私下里也承认说："我认为他确实是现在这个时候的正确人选。"接着，他又不出所料地摆出一副居高临下的姿态提出批评："我一直觉得战争就是他的机会。他会在那种环境中茁壮成长。"[25] 丘吉尔的首席私人秘书，埃里克·希尔，在午餐时对科尔维尔讲述了丘吉尔就任首相后发生的巨大变化："他变得冷静了，不那么狂躁，不那么野性十足，也不那么冲动了。"[26] 不过，他仍然对自己身边的人要求严苛，他希望无论白天黑夜，他们都要随时准备好，立即去做他要求他们做的任何事情。如果他们做不到，他就会变得无礼，甚至粗鲁。

不久之后，丘吉尔与英国国王和王后进行了一次长时间会面。他告诉他们，法国最新的战舰"黎塞留号"已从达喀尔启航，"'黎塞留号'的目的地要么是普利茅斯，要么就是深海阎王的储物柜"。"他对法国感到愤怒，"国王记录道，"法国那样对待我们，我们为什么还要对法国那么客气？法国的诺言、法国与我们的联盟，以及法国的舰队都已支离破碎。现在，这世界上只剩下我们自己在独自等待，等待这关键的三个月过去，然后是冬天……他说，战时内阁所代表的三个党派已经凝聚为一个整体，一致支持继续战斗。"[27]

然后他们谈到温莎公爵，他与妻子从巴黎去了法国南部，途中还去了西班牙。丘吉尔认为这是一个可能带来灾难的决定，这会将公爵置于被德国人掳走的危险中。[28] 他补充说，如果公爵回到英国，"他在这里将不会再有追随者"。国王在日记中写道："我们必须小心，防止他成为心怀不满之人的守护者。我们告诉了他，我们不能见'她'。""她"在这里指的是公爵夫人。国王和首相再次讨论了公主们。"温斯顿不赞成现在撤离，但是我说，现在就要做好安排，以防出现紧急情况。"① [29]

6月26日凌晨1点10分，战时内阁正在开会时响起了空袭警报，艾德礼、格林伍德和约翰·安德森爵士与丘吉尔一家一起躲进了唐宁街10号的防空洞。玛丽·丘吉尔在日记中写道："我们都挤进了防空洞，当然除了爸爸和一

① 7月初国王写道，艾恩赛德"计划为E（伊丽莎白王后）和我制定了一个在国内转移的路线图，而另一项计划则是到更远的地方去（即加拿大）"。

些留在那儿继续工作的人员。”[30]第二天早上10点左右，科尔维尔来到丘吉尔的卧室，发现他坐在床上，穿着红色的浴袍（丘吉尔的浴袍中有很多都是由中国丝绸制造的，大多数都配有龙的图案）。他抽着雪茄，正在给坐在床脚边打字机旁的凯瑟琳·希尔口述指令。他身边放着一个3英尺高的铬制烟灰缸。“他的黑猫尼尔森……摊开四肢懒散地趴在床脚，温斯顿时不时会深情地望着它，说：‘猫咪，亲爱的。’”[31]

丘吉尔对他的工作人员远没有这么柔情。当天，克莱门汀给自己的丈夫写了1940年以来唯一的一封信。信上说：

> 你身边的一个人（一个忠实的朋友）来找过我，他告诉我，由于你粗鲁、爱挖苦人再加上专横的态度，很多同事和下属可能会讨厌你。你的私人秘书们似乎已经默认要表现得像小学生一样，“接受他们所要面对的一切”，然后耸耸肩，逃离你的视线……我必须承认，我已经注意到你的举止变糟糕了，你不再像以前那样和善。除了国王、坎特伯雷大主教和议长，你现在可以给任何人下命令，任何人把事情搞砸了，你都可以解雇他们。因此，拥有这样非凡的权力，你就更应该保持文雅、善良，如果可能，也要保持古奥林匹亚式的平静。你说过，“平静才是统治人心之道，而不是武力”。①我受不了那些为国家、为你服务的人不喜欢你，不钦佩你，不尊重你。[32]

她还附上了一张一只猫的素描。上个周末她就在契克斯庄园写好了这封信，之后又把它撕成碎片，然后重新写了一遍，并寄了出去，尽管他们就住在同一幢房子里。没有记录显示她收到了回信。

尽管科尔维尔并没有看到这封信，但他完全同意信中的看法。在写于战后的评估报告中，科尔维尔补充了一些关于丘吉尔如何弥补这一问题的做法：

① 一个人只有保持冷静才能统治人心。

> 除了那些痛苦的或是陷入麻烦的人，通常情况下他根本不体谅人。在1940年的最后几个月里，他比平时更不体谅人，对别人要求也更苛刻。他经常在根本没有耽搁的情况下抱怨大家耽搁了；他会在最后一刻改变大家精心制订的计划；他在取消会议和会面时只关心自己是否方便，不关心是否会给别人带来不便……各种敲打声，往往是来自他本人要求完成的修建任务，也会让他大发雷霆……然而，如果他发火发错了地方，冤枉了别人，他也很少不做出补偿。他倒是不会去说对不起，而是会慷慨地赞扬被冤枉的一方，赞扬他们具有某些与此事完全不相干的美德……丘吉尔脾气暴躁的时期最终还是过去了，而且并未持续很久。持续很久的反倒是与他接触的几乎所有人对他的敬意、钦佩和爱戴，尽管他那迷人的个性有时也会令人非常恼火。[33]

他还写道，他从未见过丘吉尔喝醉。

在战争如此危急的时刻，当国家面临亡国的威胁时，英国首相可能会因为脾气暴躁而受到妻子的训斥，这是多么奇妙的事情啊！可以肯定的是，在德意志帝国的总理府里，是没有人敢对丘吉尔的对手说这样的话的。克莱门汀寄出那封信的当天，英国内阁得到消息，叙利亚和阿尔及利亚当地的法国政权仍将忠于贝当政府。科尔维尔写道："这真是一个令人难过的消息。北非及当地的大量物资都会被送往敌人手中，而我们在近东的生命线也将遭受威胁。"[34]尽管丘吉尔的随行人员总爱在背后抱怨连连，但是可以肯定，他们并不愿意到别的地方去——他们中没有一个人提出过调动的要求。他的怒火是夏季的狂风，来得快去得也快。科尔维尔还曾经这样描述丘吉尔："他在唐宁街10号的时候，走廊里总是充满了笑声，即使是在最黑暗、最困难的时刻。"[35]

尽管克莱门汀的观察力很好，也很节制，但她自己有时也会显得尖酸刻薄。科尔维尔发现，她"把督促人们站对立场看作她的人生使命之一，并为自己的直言不讳感到自豪"。[36]在写这封信的10天前，她在唐宁街10号的午宴上曾经对戴维·马杰森非常无礼，指责他在绥靖时期把保守党的利益置于国家利益之上。按照维奥莱特·博纳姆·卡特的说法，“温斯顿不停地插话说，‘克莱米，你真的不能这么说’。”但她还是说了，当马杰森提出要离开时，丘吉尔建议克莱米去隔壁的小餐厅把午饭吃完，听到这话，“克莱米大模大样地站起身来说，‘去小餐厅？当然不行。我们要去丽兹酒店’。”[37]然后她带着玛丽离开了餐桌。克莱门汀后来给马杰森写信道歉说：“我想你知道我对过去的感受有多么糟糕，但我还是不应该那样表现的。”[38]1946年，她曾对哈利法克斯说，如果当初接任首相的是他而不是她的丈夫，英国就会输掉这场战争。那一次她没有道歉。

6月21日，丘吉尔要求伊斯梅为他提供一份从美国登陆英国的所有军事物资的清单。伊斯梅回答：“空空为零。”[39]在接下来的两周内也不会有什么改变，美国人对英国紧急请求购买25万支步枪的反应似乎停滞了。丘吉尔对驻华盛顿的英国大使洛锡安说：“在4月之前，他们都非常肯定，盟军一定会赢，所以他们认为没有必要提供帮助。现在，他们又那么肯定我们会输，所以他们认为不可能……到目前为止，我们还没有从美国得到任何值得一提的帮助。我们知道（美国）总统是我们的朋友，但试图在共和党和民主党的大会上大献殷勤是不会起作用的……你应该保持一种温和、冷静的态度。”[40]套用布尔战争期间维多利亚女王在“黑色周”中的另一句话，他说：“我们这里没有谁感到消沉。”尽管最近几天遭遇了种种挫折，但他的决心没有受到影响。6月28日，丘吉尔的前助理私人秘书艾略特·克劳奇-威廉姆斯向他建议，英国应该利用其“烦人的价值”，从希特勒那里获得“尽可能有利的和谈条件”。丘吉尔回信说：“艾略特，你竟然写了这样一封信，我为你感到羞耻。我把它还给你——烧掉它，忘掉它吧。”[41]

法国的投降，毁灭了人们的所有希望，就像在第一次世界大战中那样，通过海上封锁让德国人挨饿。因此，在林德曼这位战略轰炸支持者的鼓励下，丘吉尔转而开始考虑大规模空袭。他在7月8日写给比弗布鲁克的信中说：“在我环顾四周，想要看看我们怎样才能赢得这场战争时，我发现只有一条路是肯定的。”

我们没有能够打败敌人军事力量的大陆军团——我们的封锁

已经被打破，希特勒还能从亚洲，也许还有非洲调集更多军队。如果他在这里被击退，或是他不对这里进行侵略，他就会向东退缩，我们没有什么办法可以阻止他。但是有一件事可以把他带回来，并将其击倒，那就是我们对纳粹本土发动绝对毁灭性的重型轰炸机袭击。我们肯定能够用这种方法压倒他，除了这个方法，我看不到任何其他出路。[42]

德国人 7 月初开始在白天进行轰炸，最初的目标是南部沿海的飞机生产厂和军工厂，以及其他设施，但也包括远至诺维奇、纽卡斯尔和纽波特的一些地方。6 月 29 日，丘吉尔得到德国轰炸机可能会飞经契克斯庄园附近的警告，丘吉尔说："我用一只猴子对一个捕鼠器打赌（俚语，指用 500 英镑对 1 先令或 1 英镑打赌），他们不会炸着我们的房子。"然后他就兴冲冲地匆忙跑到外面去，想看看能看到点儿什么。然后对困惑的哨兵大喊着："朋友——① 托夫雷克（Tofrek）——首相！"[43] 第二天，当他被告知空袭警报期间有 6 人死于心脏衰竭时，他说他自己更有可能死于暴饮暴食，但他希望自己不要"在这么多有趣的事情正在发生时"死掉。[44]

第二天午餐时伦道夫说，他认为张伯伦和主要的绥靖主义者都应该受到"惩罚"。丘吉尔反驳道："我们现在不想惩罚任何人——除了敌人。"②[45] 午饭后，在肯特郡指挥第十二兵团的安德鲁·索恩将军告诉丘吉尔，他认为德国会派遣 8 万人在英格兰南部沿海的塔内特和佩文西之间登陆。（恺撒大帝曾于公元前 55 年在佩文西登陆。）丘吉尔说，海军"对此肯定不会坐视不管"，但他认为把守整个南部沿海的"大片海滩"是不可能的。[46] 索恩认为，即使德军左翼可能会被东萨塞克斯郡的阿什当森林阻挡，但是其右翼仍然可以通过坎特伯雷挺进伦敦，特别是如果其第三师被派往阿尔斯特接受训练。丘吉

---

① Tofrek 是当天的口令，原指 1885 年英国人在苏丹取得的对马蒂斯部队的胜利。

② 丘吉尔从未批评过忠心耿耿且身患癌症的张伯伦，但是当他得知德国人轰炸了鲍德温家族在南威尔士的工厂时，他说："他们太忘恩负义了"。（科尔维尔，《边缘》，第 179 页。）然而，1943 年 2 月，当丘吉尔听说鲍德温在公共场合受到侮辱，有人向他的汽车扔石头时，他却公开邀请鲍德温到唐宁街 10 号共进午餐。鲍德温后来谈到丘吉尔时说，战争的熔炉已经把他身上所有的贱金属都熔化掉了。（尼科尔森，《日记和书信》，第二卷第 307 页。）

尔下令，一定要阻止这样的事情发生。[47]

然而，海军部却拒绝了丘吉尔提出的在英国东海岸沃什以南派驻主战舰的请求。挪威战役和敦刻尔克大撤退已经表明，飞机对舰船造成的威胁比人们所认识到的要大得多，庞德和福布斯两位上将让海军留守斯卡帕湾的做法是正确的。首相用再多的轻蔑也不能诱使他们改变自己的性情，庞德好好地守卫着他的部队，直到真正的入侵时刻来临。

7月1日，丘吉尔要求伊斯梅就敌人入侵时向海滩喷洒芥子气这一策略进行调研。“我没有任何顾虑，除非做的是什么不体面的事情。”他写道。[48]他当然不会认为用毒气攻击入侵者是可耻的，特别是在他从麦斯基那里听说德国人也打算使用毒气时。在内阁成员对这一方案提出质疑时，丘吉尔规劝道：“难道我们在自己的海滩上还不能想做什么就做什么吗？”[49]与此同时，来自挪威的情报称，敌人将会袭击东海岸，但只是为了转移注意力，真正的袭击将发生在英吉利海峡对岸。那个月和第二个月，丘吉尔几乎视察了所有入侵者可能登陆的海岸线。工作人员向他简要介绍了各地驻扎的部队、枪支和装备，为他在到达后能够提出深入的问题做好准备。在这些鼓舞士气的视察之旅中，他并没有表现出因英国远征军将所有重型武器都留在了敦刻尔克，而对英国国防状况感到焦虑。[50]他的焦虑只会在他同参谋长和个别指挥官会面时才表现出来。

在其中一次视察中，他在萨塞克斯的总部会见了伯纳德·蒙哥马利少将。蒙哥马利抱怨说，尽管他指挥的是英国为数不多的一个装备齐全的师，但他们需要大客车才能变得有机动性。[51]蒙哥马利的直率给丘吉尔留下了深刻印象，他很快就提供了他们所需的东西。①在劳斯郡访问近卫步兵第三营时，他们的副旅长午餐时来晚了，他在道歉时解释说，他刚才不得不去逮捕一名

① 第二年2月，丘吉尔听说，蒙哥马利将军让他的整个部队定期进行7英里跑，只有50岁以上的军官可以豁免，他深感不以为然。“他自己也参加7英里跑吗？”丘吉尔在给陆军大臣留下的备忘录中写道，“如果是的话，那么他对足球能起的作用可能会比对战争所起的作用更大。拿破仑可能在奥斯特里茨跑7英里吗？也许他倒是让别人去跑了7英里……根据我多年的观察，以我的经验来看，在运动方面很厉害的军官，在高级职位上通常不会取得成功。”（丘吉尔，TSSW III，第647页）几天后，他对西科尔斯基将军说：“唯一的例外可能是在意大利的军队中，那里的将军可能会发现，跑得快还是很有用的。”

在队伍行进时说话的士兵。丘吉尔问那个士兵说了些什么，这位副旅长回答："你刚刚从队伍边上过去，大家就清清楚楚地听到这个人说，'这是一个好斗的老头子，对吧'？"不用说，丘吉尔听了很高兴。[52]这种赞许相当普遍。1940年7月，在盖洛普民意测验组织所做的调查中，88%的人对他的工作表示满意，只有7%的人不满意。[53]他曾对前来参加晚宴的客人说，他也不太明白自己为何如此受欢迎。毕竟，自他掌权以来，一切似乎都有问题，他除了宣布各种灾难，别的什么也没宣布过。[54]但是他大受欢迎的情况还在继续，整个1940年，他的民众满意度一直保持在85%以上，直到1942年7月以前，都保持在80%以上，随后才降至78%。[55]

7月2日，德国武装部队最高指挥官威廉·凯特尔将军发布了题为"对英国的战争"的命令。命令开头写道："元首和最高指挥官已经决定，只要能取得空中优势，并满足某些其他必要条件，就有可能在英国登陆。"[56]在巴伐利亚阿尔卑斯山脉中的伯格霍夫别墅，希特勒批准了凯特尔的副手阿尔弗雷德·约德尔将军的计划，由德国空军来摧毁英国皇家空军和英国的飞机制造厂，通过海上袭击和空中袭击来摧毁英国的航运。之后将会轰炸英国的城市，来制造最大的恐怖，8月或9月，英国的士气一旦崩溃，入侵行动就会进入高潮阶段。[57]德国空军司令赫尔曼·戈林向元首保证，英国皇家空军的战斗机司令部将在不到一周的时间内被彻底击溃。

就在这个危急时刻，温莎公爵及公爵夫人决定，在他们屈尊从马德里返回英国之前，他们要提出一些先决条件。他们要求与国王和王后会面，以证明他们已获得社会认可。对他们来说，这也算是一种来自政府的补偿，他们可能会因此失去自己在法国享受的免税待遇。国王和王后不希望他们回到英国，因此丘吉尔为公爵提供了巴哈马总督的职位，他提醒公爵，作为一名政府官员，他必须服从命令，并警告他不要发表任何"与国家和议会所公开的关于战争、关于德国及希特勒主义相悖的观点"。[58]在他为公爵提供这个职务的当天晚上，他在内阁会议室里问比弗布鲁克："你觉得他会接受吗?""当然会，"比弗布鲁克回答，"他会觉得如释重负。""他弟弟的感觉更会如此。"丘吉尔一边说着，一边用肚子挨个把桌子周围的椅子推回原位。[59]

正如比弗布鲁克预测的那样，公爵接受了这份工作，尽管偶尔也会出现一些突发情况。1941 年 3 月，公爵接受了一家美国杂志的采访，他的发言很欠考虑。丘吉尔抱怨说，那是“失败主义者和亲纳粹分子”的言论，“一心想与希特勒和谈”。丘吉尔说得并不错。[60] 公爵回应说，他很难相信“你仍然是过去那个朋友”。[61] 事实上，丘吉尔是一个比公爵应得的朋友要好得多的朋友，他一直在保护公爵的名誉，并不断在促进（尽管没有成功）他的家庭和解。国王因为哥哥的任命而感到如释重负，但是他在日记中写道：“我觉得巴哈马的女士们对此可能不会感到很高兴！”王后向殖民地事务大臣劳合勋爵暗示，她们认为公爵夫人是“最底层的人”。[62]

6 月下旬，世界上最强大的两艘战舰，法国巡洋舰“敦克号”和“斯特拉斯堡号”，抵达阿尔及利亚奥兰省的米尔斯克比尔大型锚地。与这两艘巡洋舰一起抵达的还有两艘战列舰——“普罗旺斯号”和“布列塔尼号”，几艘轻型巡洋舰、驱逐舰及潜艇。海军中将詹姆斯·萨默维尔爵士受命率领一支更强大的舰队——“H 部队”（包括“胡德号”“勇气号”“决心号”和“皇家方舟号”等）前往那里，把英国提供的 4 个选择交给法国海军上将马塞尔·根苏尔：根苏尔可以把舰队开到英国的港口，为英国服务；也可以把舰队开到英国的港口，然后被遣返回法国；还可以在米尔斯克比尔就地让舰队解除武装，然后航行到法属西印度群岛；或者直接沉船。

在根苏尔接到海军上将达兰从维希政府发来的命令时，英国海军部截获了法国海军参谋长莫里斯·勒卢克上将的一个命令，要求所有驻扎在地中海西部的法国军舰前去援助根苏尔。不幸的是，海军部没能同时截获达兰的命令，他命令根苏尔不要让舰队落入德国人之手，而是驶向美国，或是沉船。海军部也没能及时获得维希政府发表的一项未经证实的声明，声明说，德国人已同意让法国在北非的舰队解除武装。[63] 根苏尔将这两个命令都告诉了萨默维尔，但是因为正赶上电报通信崩溃，英国海军部收到的萨默维尔的报告处于无法解读的状态。

到了 7 月 1 日晚上，丘吉尔觉得他不能再在法国舰队这个问题上冒险。比弗布鲁克当晚回忆说：“（丘吉尔）是在凌晨两点做出决定的。他必须独自面对这一切，无法寻求别人的支持——他也没去寻求帮助……一旦拿定主意，他就走出内阁会议室，来到唐宁街10号的花园里。他在草坪上走来走去，当时刮着大风——非常大的风。夜很黑，完全没有灯光，他依然可以在草坪上走来走去，因为他对这个地方太熟悉了……他内心非常不安，经过几分钟的剧烈运动后才恢复过来。”[64]

丘吉尔于7月2日给萨默维尔发电报说：“你肩负着迄今为止一位英国海军上将所面临的最令人不快、最艰巨的任务，但我们对你信心十足，并相信你会毫不留情地去完成这项任务。”[65]丘吉尔后来形容他所下达的击沉位于奥兰的法国舰队，并在朴次茅斯扣押法国船只的命令是一个“可恶的决定，是我个人非常关切的决定中最不近人情、最令人痛苦的”。[66]1940年7月3日，“投石行动”让“布列塔尼号”葬身海底，“普罗旺斯号”和“敦刻尔克号”受损并搁浅，三艘法国驱逐舰受损，一艘搁浅。“斯特拉斯堡号”逃到了土伦。共有1 297名法国水兵和两名英国人遇难。在行动期间举行的一次参谋长会议上，丘吉尔讥讽地说：“自战争爆发以来，法国人第一次这样全力以赴地进行了战斗。”[67]他说现在自己不知道如何避免与法国的全面战争。玛丽在日记中写道：“我们被迫向我们以前的盟友开火，这太可怕了。爸爸对不得不采取这样的行动深感震惊和悲哀。”[68]

7月4日，丘吉尔在下议院的演讲中解释，他感到自己必须承担起这一“令人伤心的责任”，他的话引起了人们不由自主的惊叹之声。[69]“对爸爸来说，这是非常悲伤的一天，”玛丽写道，“他的讲话是悲伤的、阴郁的，却也是坚定的、鼓舞人心的。他把当前的情况和政府所采取的行动向阴郁的、拥挤的、仔细倾听的下议院人群解释了一遍。将近一个小时后，下议院的人群开始欢呼——欢呼声越来越大，直到整个下议院——保守党、自由党还有工党，全都站了起来（除了几位独立工党议员）。”①[70]在丘吉尔面临辞职危机时，也是同一个下议院大喊着让他下台。尼科尔森说：“演讲那盛大的结尾在一片热烈的掌声中结束了，温斯顿坐在那里，眼泪顺着脸颊流下来。”[71]欢呼声还在继续，我们这位伟大的亲法人士对莱斯利·霍尔-贝里沙

① 三名独立工党议员。

说："这真让我心碎。"[72]

虽然他对法国舰队的处理表现出如此坚定的决心，但是却不得不与日本求和，关闭了连接英国殖民地与中国边界的滇缅公路，因此也就切断了蒋介石领导下的国民党抗日军队的战争物资通道。[73]没有来自美国的外交支持，丘吉尔认为现在做任何事情，都不得不担心会不会引起与日本的战争。"除了敌人，我们什么都缺。"他对劳合勋爵说。[74]卡多根曾经轻描淡写地说，他不想"与日本开战，那会带来很多不便"，反正雨季就要开始了，这条路本来也快要无法通行了。[75]政府，尽管不是丘吉尔本人，开始遭到批评，不仅仅是因为他们向日本磕头。7月5日，粮食副大臣布思比给他发来一份备忘录，抱怨说："我们的战争好像停滞了，尤其是在征召劳工方面。"[76]丘吉尔大发雷霆地说："告诉他，如果他总愿意多管闲事，那么以后他就不会有自己的事情可管了。"他不允许助理政务次长们像他自己几十年来所做的那样，去干预其他部门的事务。

7月9日—31日，根据与罗斯福总统签订的现金购物协议，美国庞大的护送队伍终于抵达英国各港口，带来50万支步枪及弹药，还有300多门75毫米口径野战炮。丘吉尔安排好了特殊列车，以确保货物可以运送到本土防卫志愿军（后来的英国国民军）和陆军那里。从沿海部队开始，人们彻夜不眠地接收武器弹药，然后，丘吉尔回忆说："男男女女开始夜以继日地工作，让这些武器弹药可以尽快投入使用。到7月底，就降落伞或空降而言，我们已经是一个武装起来的国家，成了一个不能捅的'马蜂窝'。"[77]

现在人们都在猜测，德国的入侵会在哪个特定的日子发生，所以美国的弹药来得正是时候。7月9日，星期二，科尔维尔在日记中写道："入侵和大规模进攻据说会发生在星期四。"[78]国王在10日写道，丘吉尔"状态非常好，比前一段日子高兴多了。他不怕德国入侵，我们会在所有地方进行顽强抵抗"。[79]

希特勒在西部战区部署了2 670架轰炸机和战斗机，如果他不能迅速而坚决地获得空中优势，之后采用从空中攻击英国皇家海军的有效战略，那么他已经部署的这些飞机对于全面入侵英国来说是不够的。随着约德尔计划的实施，不列颠之战拉开序幕。尽管有些阶段经常有一些重叠，但不列颠之战整体上大致可以分为4个阶段。6月26日—7月16日期间，是对特定目标进行分散攻击的小规模空袭阶段，特别是7月4日德国开始在白天对英国航运系统发动攻击之后。7月17日—8月12日，德军对英国南部沿海港口和机场的袭击有所增加，夜间还会对飞机制造厂进行猛烈袭击。“阿德勒兰格里夫行动”（鹰式攻击）于8月13日开始实施，这是一次大规模的日间袭击，目的是在英格兰南部的近距离空战中摧毁英国皇家空军，同时轰炸并扫射机场和跑道。8月19日以后，为了巩固这一阶段的轰炸成果，德军开始夜袭港口和城市。8月25日以后，伦敦码头和伦敦郊区也开始遭到夜袭。9月7日以后，伦敦市成了主要袭击目标，这就是后来被称为闪电战的阶段。玛丽后来曾经宣布，尽管在1940年以后也有过其他令人焦虑的时期，但是我们在这几个月里“所感受到的那种窒息的感觉却再也没有出现过。大家读完一份新闻简报，然后读下一份，只怕它们会带来什么坏消息，每天的日子就是这样过的”。[80] 约翰·马丁对这一说法表示赞同。他后来写道：“这几个月可能确实是‘最辉煌的时刻’，但当我们在其中煎熬度日时，感觉到的却是接连不断的痛苦……当时大家还看不出，有什么东西可以让我们树立起坚定的信心。”[81]

德国广播电台自信地预言，代号为“海狮行动”的入侵计划将于6月底开始实施。希特勒的宣传部长约瑟夫·戈培尔声称，丘吉尔是因为接受了犹太人的贿赂才会继续这场战争的，但是第五纵队很快就会将他赶下台。他鼓励英国人写连环信呼吁和平，当丘吉尔出现在电影新闻短片中时给他喝倒彩、发嘘声，当他出现在公共场合时则用马鞭抽他。[82]

7月11日，丘吉尔视察了从多佛到惠特斯特布尔的东南沿海防御工事、混凝土碉堡和驻军，进入多佛城堡地下隧道的深处。他还检查了一门他希望可以用来轰炸法国沿海的14英寸口径大炮。军方对此不以为然，说这“纯粹是作秀”，但是他知道，这至少会给人一种他们将会反击的印象。[83] 他看到了法国的海岸，以及喷火战斗机巡逻队“在一万英尺的高空中闪闪发光”，但是丘吉尔很失望，因为正如科尔维尔记录的那样：“他此行的全部目的实际上就是要看一场空袭！”[84]

“首相是一个勇敢而自信的人，”达夫·库珀的妻子，社交美人戴安娜·库珀在7月12日与丘吉尔共进午餐后记录道，“他说，我们的生产能力相当了得，加之美国的帮助——这种帮助将会源源不断地涌来——我们是不会被打败的，我们仍将拯救世界。”[85]那个晚上，他穿着名誉空军准将的制服，在倾盆大雨中观看了12架飓风战斗机从萨里郡的肯利起飞前去巡逻。“在上次战争中，我从来没有恨过德国人，”那天晚上吃饭时，他对东南司令部总司令伯纳德·佩吉特将军和南方司令部总司令克劳德·奥钦莱克将军说，“但是现在，我恨他们，就像……嗯，像恨蠼螋一样恨他们。”[86]他告诉他们，他觉得1942年之前胜利是不会到来的，不过到那时，英国陆军就应该拥有55个师了。在未来的三个月里，英国能做的就是坚持，直到英吉利海峡的天气变糟，德国人无法冒险入侵。他说，即将到来的这个冬天对被占领的欧洲人民来说将会是可怕的，因为“希特勒会拿走其他孩子的糖果”——也就是说，切断他们的食品供给。[87]

佩吉特和奥钦莱克都认为，挪威的捕鱼船队可能会被德国人征用，转移到东海岸，而他们的滑翔机部队和伞兵部队则会占领南部海岸的一个港口，发动真正的攻击。英国人并不一定要“在海滩上与他们作战”，因为丘吉尔计划将机动师部队集中在较远的内陆地区，一旦弄明白德国人的部队在哪里登陆，这些机动师部队就会集结起来。然而，情报工作和空中侦察都表明，德国人还没有做好短期内入侵英国所需的积极准备。科尔维尔记录道：“他强调，对入侵的巨大恐慌……正在起着非常好的作用，这能够促使我们建立我们有史以来最强大的进攻部队，让所有人，无论男女，都时刻做好准备。”因此，他不希望人们恐慌的程度降低。尽管他个人对入侵的威胁是否迫在眉睫持怀疑态度，但是他打算在星期天做广播演讲时，给大家留下入侵的威胁已迫在眉睫的印象，并打算谈一谈漫长而危险的警戒等问题。”[88]

是否应该鼓励民众去战斗？佩吉特认为，他们如果去战斗，就会被屠杀，应该命令所有民众待在家里。科尔维尔记录道，丘吉尔不同意这种观点，他“非常冷酷地指出，在战争中，同情不是目的，阻止敌人战斗到最后才是目的。针对我们的情况，我希望每个公民都拼死战斗。如果他们知道不这样做反而意味着被屠杀，那么他们会更加拼死战斗。我们国家的国防志愿军必须武装起来，做好准备……即使是妇女，如果她们愿意报名成为战士，那么我们也必须接受。”[89]

7月13日，尽管丘吉尔只担任了9周的首相，但是他告诉科尔维尔，“这9周时间已经给了他足够的信心，让他清楚地看到，他们一定会在这场战争中取得胜利，也让他明白了如何才能赢得这场战争……这个周末，他觉得自己比上任以来任何时候都要高兴。”[90]因为即使“那个人”（他总是这样称呼希特勒）到了里海——没有什么能阻止他到那里去——我们也会把他带回来，“让他看到自家的后院起火，我们要把德国变成沙漠，是的，沙漠”。[91]在情报机构暗示希特勒会攻打苏联之前很久，丘吉尔就认识到这一点，但是他认为德国人在进攻的最初阶段就会将苏联击溃。第二天，在反思英国的战略形势时他说：“希特勒要么入侵英国，要么不入侵。如果他选择不入侵，就一定会向东去，那么他一定会失败。”[92]

那天正是法国的巴士底日，当晚丘吉尔进行了一次广播演讲，近2/3的英国成年人收听了广播。[93]在谈到奥兰时，他说：“令我们痛苦的任务现在已经结束了。”他自信地预测：“一个获得解放的法国将会再次为她的伟大和荣耀而欢欣鼓舞。”[94]而现在：

> 我们正在独自战斗，但是我们并不只是在为自己独自战斗。这座强大的避难之城，彰显着人类社会的进步，对基督教文明有着深远的影响。在这里，我们的海军所统治的汪洋大海环绕着我们，我们的飞行员用他们的英勇和献身精神从空中保护着我们，我们毫无畏惧地等待着即将到来的袭击。也许就是今晚，也许是下周，也许它永远都不会到来。在面对突然而至的巨大打击时，或者是在面对长时间警戒这种也许是更为艰难的考验时，我们也要表现出同样的能力。但是，无论是严酷的考验还是漫长的考验，或者二者兼而有之，我们都不会寻求任何和谈条件，我们不会容忍任何谈判。我们可能会对别人表现出仁慈——但是我们坚决不会去索要仁慈。

他补充说：“希特勒还没有遇到一个意志力与他一样强大的伟大国家的抵抗。”[95]

"如果侵略者来到英国，"他接着说：

> 他将面对的人民，不会像他在其他国家所见到的那样甘心屈服。我们要保卫每一座村庄、每一座城镇、每一座城市。伦敦的每一条街道都将会战斗到底，这座巨大的城市将会吞噬敌人的整支部队。我们宁愿看到伦敦成为废墟和灰烬，也不愿看到她被驯服，遭受卑贱的奴役。我必须把这些事实说出来，因为我们需要把我们的意图告诉人民，打消他们的疑虑。[96]

国内情报机构的报告显示，这次讲话得到全英各地的普遍认可。英国不会进行和平谈判的承诺是"备受欢迎和令人鼓舞的"。来自布里斯托尔的一条非常典型的评论是："这正是我们想要的，他就是我们可以追随的人。"[97] 哈罗德·尼科尔森写信给妻子，引用了贺拉斯的颂诗说："多么精彩的演讲！*Si fractus illabatur orbis，/Impavidum ferient ruinae.*① 我们因他而感谢上帝。"[98]

7 月 16 日，丘吉尔在电话中对比弗布鲁克说："我感觉好多了。"当时，英国皇家空军刚刚经历了德国的第一阶段空袭，其没有被击垮，而且对德国空军也进行了相应的惩罚。"空军男孩儿们做到了。我们现在生活在他们的翅膀上。"[99] 他一直钦佩勇气和青春，他发现，在飞行员身上这两者有了很好的结合，这使他激动不已。同年 10 月，丘吉尔对玛丽说："年轻人比老年人勇敢得多，这真是一件非常了不起的事情，因为年轻人可能失去的东西更多——事实确实如此。"[100] 但是，在 7 月中旬就庆祝胜利显然还为时过早——日间的突袭才刚刚正式开始，接下来的两个月里，英格兰南部还将发生空中战斗。正如科尔维尔记录的那样，道丁正在发出警告："双方迟早要开始一场摧毁对方飞机制造业的竞赛，这当然意味着平民百姓也将遭到空袭。之后，真正的考验才会开始：哪一方的老百姓士气更高，是我们还是德国人？"[101]

7 月 17 日，丘吉尔与获得普利策奖的《芝加哥每日新闻》记者埃德加·莫勒共进午餐。德国成功入侵英国后，丘吉尔的应对之策重新唤起了他对美国

① 即使整个世界都在他身边碎裂坍塌，我们仍将看到一个在废墟中无所畏惧的他。"（哈罗德之子艾德·尼科尔森所提供的译本，尼科尔森编写，《日记和书信》，第二卷第 102 页。）

未来的期望，他希望美国的未来是一个反乌托邦的未来。丘吉尔说："我本人是永远不会与德国人讲和的，我成为首相不是为了讲和的。"[102]但如果是奥斯瓦尔德·莫斯利，他就会交出舰队，美国海军将不得不面对德国、意大利、英国，以及法国舰队的残余部分联合后所"集结成的一只巨型舰队"。"你们得明白，如果他把我们打败了，他会马上去找你们。"他继续争辩说，防止"这种最可怕的危险"发生的最好办法，就是把你们的驱逐舰——老旧的，卖给英国。还有就是允许"你们那些勇敢的年轻人到我们这里来从军，如果他们愿意的话"。对于"意气风发的年轻人来说，如果能遇到一个以每小时 400 英里的速度推进，手里控制着 1 200 马力或 1 500 马力，还有无限的进攻力量的敌人，还有什么比这样的经历更荣耀的呢"？[103]在谈到德国人时，他说："有时我真希望他们能马上就来，我们期待已久，我们的期望值已经很高，让我们的火苗熄灭是相当可耻的。"[104]布拉肯看到文章的草稿时说，"太糟糕了"，因为文中竟然提到让莫斯利做首相的说法。他说服莫勒删除了这方面内容，觉得丘吉尔不会提到这种可能性。

7 月 19 日，希特勒提出他所谓的"最后一次诉诸理性"，说他从未计划"摧毁甚至破坏"大英帝国。"吉尔说他会继续战斗，"他说，顺便捎带上所有伦敦人，"可怕的复仇会降临到他们头上。当然，不是说降临在丘吉尔头上，他将逃往加拿大，而是会降临在伦敦百姓身上。我要做一个伟大的预言，一个伟大的帝国将被摧毁，一个我从未想过要摧毁的帝国。"[105]这条德尔菲神谕本身就是最大的讽刺。丘吉尔在英国外交部对罗伯特·凡希塔特说："我不打算对希特勒的讲话做出任何回应，因为我根本不和他往来。"[106]德国空军在英国上空投放了印有希特勒演讲的传单，丘吉尔的人气却只增不减。

根据艾登的记录，7 月 22 日，丘吉尔不顾陆军部及许多高级军官的建议，坚持将本土防卫志愿军更名为"国民警卫队"。[107]他后来把"公共餐饮中心"（他认为这个名字"暗示了共产主义和济贫院"）更名为"英国餐馆"，并对伍尔顿说："每个人都把'餐馆'这个词和一顿美餐联系在一起，如果他们找不到别的名字，还不如就用这个名字。"[108]亚历山大将军回忆说，当他使用了"希特勒的欧洲堡垒"这个说法时，丘吉尔"转身来怒视着我，气冲冲地对我说：'再也不要使用这个说法。再也不要使用这个说法。'温斯顿对词语的意义非常敏感”。[109] 他的敏感不仅仅是针对这些词语的意思，还有它们对情感的影响。1941 年春天，针对德国一旦入侵，信息部会发出“保持原地不动”（Stay put）的信息这件事，他向达夫·库珀抱怨说：“首先，这是美国俚语；其次，它没有表达出事实。老百姓并没有被‘Put（安置）’在任何地方。为什么不能用‘Stand fast’（站稳不动）和‘Stand firm’（岿然不动）这两个说法呢？我更喜欢后者，它是一个英式表达，准确地表达了它想要表达的意思。”[110]

7 月 22 日，在丘吉尔创造了“国民警卫队”这个名字的同一天，内阁在经过数周的部门间争论后，成立了“特别行动处”，“通过颠覆和破坏等形式，协调所有针对敌人的行动”。丘吉尔对特别行动处的首任主任休·道尔顿说：“去把欧洲点燃吧！”[111] 从私人角度讲，丘吉尔并不喜欢道尔顿，但认为他很能干，并赞许地给了他一个“非君子战事部大臣”的称号。[112] 在接下来的几年里，道尔顿和他的继任者塞尔伯恩勋爵（“其他俱乐部”成员）取得了显著成就，尽管勇敢的特别行动处工作人员也付出了高昂代价。特别行动处由两个不同的机构组成。军情局苏联处是科学专家，也负责炸弹制造，绰号“丘吉尔的玩具店”，发明的武器包括附着水雷和两种反坦克武器，即29 毫米套管反坦克迫击炮）和兵用反坦克火箭筒。与此同时，另一个机构，D 部（军情六处的别称），则负责将特工渗透进纳粹占领的欧洲。最初提出并推动 D 部建立的科林·古宾斯上校说，他是从阿尔·卡彭那里学会了一些有用的技能，并称之为“迄今为止无人想到过的战争方式”。[113]

在白厅，反对特别行动处的势力非常强大，包括军情六处、外交部和皇家空军部。他们把这个机构称为“暴徒”或“骗子”。查尔斯·波特尔认为：“让穿着便服的人从我方飞机上降落，去杀死敌军人员，这不应该是英国皇家空军所为。”[114] 但是丘吉尔觉得现在不是注意小节的时候。特别行动处所执行的最重要，也是最成功的一次行动，就是 1943 年 2 月的“冈塞赛德行动”。行动中，经过特别行动处训练的挪威爆破专家摧毁了位于尤坎的挪威海德鲁重水厂，让德国的原子弹研制化为泡影。只这一次行动，就足以证明创立特别行动处的必要性。[115] 行动处取得的其他成绩还包括：摧毁波尔多附近的佩萨克发电站，摧毁位于索肖的标致工厂，俘获一艘意大利班轮，炸毁一座具有战略意义的希腊高架桥和几座阿尔巴尼亚桥梁，在西班牙实施了一次贿赂行动，把亚的斯亚贝巴皇帝海尔·塞拉西送回宝座，绑架克里特岛的克里佩将军，以及安排对莱因哈德·海德里希的刺杀。1944年6月，特别行动处组织了对公路和铁路的破坏活动，使德意志帝国的坦克师在诺曼底登陆之后17天才抵达诺曼底。[116]战争期间，特别行动处通过秘密手段向法国运送了1万吨武器，向被占领的南斯拉夫运送了1.8万吨武器，就是用这些武器，游击队在1944年压制了德国几个师的兵力。这些非传统的战事对丘吉尔具有特别的吸引力，他认为只有当德军遭到严重削弱时，英国才可以在大陆采取直接、全面、耗资巨大的军事行动，尽管当地居民在纳粹的报复行动中遭受了巨大的痛苦，但是特别行动处确实在欧洲点燃了抵抗的火焰。

8月2日，丘吉尔任命比弗布鲁克为战时内阁成员。作为飞机生产大臣，比弗布鲁克一直与一些部门意见不合——与英国驻莫斯科大使斯塔福德·克里普斯爵士不合，与贝文在人力问题上意见不合，与辛克莱在飞行员培训问题上意见不合，等等。但是他提高了战斗机的产量，虽然偶尔是用强盗的方式。丘吉尔把这个他称为“瓶中精灵”的人视为政治盟友。[117]很多人憎恨比弗布鲁克，因为他的报纸多年来一直支持反建制派的事业，比如帝国优先策略，以及他在爱德华八世退位危机中的做法。但是丘吉尔并不在乎这些。当月的一个周末，布鲁克将军在契克斯庄园写道：“他那像猴子一样的手伸出来从碗里抓冰块，真的让我很反感。整个战争期间，随着时间的推移，我越看他就越不喜欢，越不信任。他是一个对温斯顿施加了最坏影响的邪恶天才。”[118]对于温斯顿对比弗布鲁克的任命，哈利法克斯也向艾登“表示了对温斯顿判断力的担忧”。[119]克莱门汀却完全没有这样的疑虑。她写道：“我很高兴你能进入战时内阁，温斯顿非常需要你的帮助。”[120]当然，这并不是说比起支持其他内阁成员，丘吉尔总是更多地支持比弗布鲁克——丘吉尔对他的支持显然超不过对贝文的支持，丘吉尔非常欣赏贝文。①

① 同一个月，贝文也曾来到契克斯庄园，他用刀子吃蜂蜜的样子让科尔维尔感到很震惊。丘吉尔说：“贝文是一个很好的老家伙，他身上‘正气十足’——没有任何失败主义倾向。”（科尔维尔，《边缘》，第220页。）

8月3日，国内情报部来自本国14个地区的报告汇集到伦敦。人们很可能会觉得，随着轰炸愈演愈烈，士气一定会下降，但事实恰恰相反。在调查报告中，人们对相关问题的常见回答是："我对于入侵的威胁一点儿也不感到紧张。敌军可能会登陆，但希特勒会后悔派他们来这儿的。"[121] 在一次内阁会议上，大家听到有关德国伞兵已经在英国着陆的传言。内阁速记员劳伦斯·伯吉斯回忆说："首相对此非常兴奋，他建议悬赏1 000英镑，奖励任何抓捕德国伞兵的人。"这笔钱被削减到100英镑之后，丘吉尔派约翰·安德森去调查到底发生了什么。当安德森从首相的椅子后面经过时，丘吉尔说："如果你能抓到一位，我们就给你100英镑。"[122] 毫无幽默感的安德森回答，他这是在履行职责，不需要金钱奖励。

夏尔·戴高乐在其回忆录中称，1940年8月，他曾看到丘吉尔在契克斯庄园对着天空挥舞着拳头喊道："看来他们不会来了！"当他问这位庄园主人，为什么要让英国的城市遭到轰炸时，丘吉尔回答："你看，如果牛津、考文垂和坎特伯雷遭到轰炸，美国人就会义愤填膺，他们就会参战！"[123] 然而，他错了，尽管美国人义愤填膺，却还是眼睁睁地看着英国的城市被轰炸了16个月也没有参战，直到希特勒毫无必要地向美国宣战。8月9日晚，一架德国轰炸机飞过契克斯庄园，大家都冲到花园里去观看。当庞德在黑暗中跌跌撞撞地冲下两层楼时，丘吉尔取笑他说："你得记住，你是海军舰队司令，不是海军军官候补生！"[124]

那天晚上，中东地区总司令阿奇博尔德·韦维尔爵士也是在契克斯庄园过的夜，丘吉尔对他内敛的性格不太感冒。"温斯顿坚持认为，他会是一个很好的普通上校，"艾登说，"他也会是一个很好的保守党协会主席。"[125] 丘吉尔在7月中旬曾经提醒国王，韦维尔面对的，是可能对埃及、肯尼亚、索马里兰、巴勒斯坦和伊拉克发动进攻的德国人和意大利人，他们在这些国家的军队可能多达50万人，是英联邦军队的5倍。[126] 因此，在丘吉尔的坚持下，8月，154辆坦克被派往埃及，送到韦维尔手中。这是一次巨大的冒险，如果他真的觉得英国会遭到入侵，他就不会这样做了。他认为A. V. 亚历山大和庞德在坦克绕过海角时过于谨慎了，应该试图"猛冲"过（意大利潜艇出没的）地中海。[127] 我们很难想象如果他们真的"猛冲"过去会发生什么，但是丘吉尔希望他们那样做，这也表现出他那种急不可耐和咄咄逼人的精神状态。

8月11日，契克斯庄园的下午茶时间，私人秘书们不断被派去给战斗机指挥部打电话，了解被击落飞机的“最新数字”。在那之后，丘吉尔去了附近的一个步枪靶场，分别在100码、200码和300码的位置，用他的曼利夏M1895栓动步枪练习射击。“他一边用自己的左轮手枪射击，一边仍然抽着雪茄，却准确无误，”科尔维尔回忆道，“尽管他的年龄和体形都不占优势，平常也缺少训练，但是他表现得很好。打靶时他一直在谈论用哪种方法杀死德国人最好，他觉得应该用弯鼻型子弹，他必须弄一些来。”当伦道夫指出，《海牙公约》已经禁止了达姆子弹的使用时，他父亲说：“要是德国人抓住他，会很快把他干掉，所以他不明白为什么自己就得对他们有任何怜悯之心。他似乎总是能想象出自己面对德军进行自我防卫的场面。”[128]（党卫军确实把查特韦尔庄园列入了他们的特别搜查名单，不过等他们来搜查时，丘吉尔应该不会在那里坐等的。）

8月13日是德国“鹰日计划”开启的日子，德军对位于英格兰南部的战斗机司令部机场和基础设施进行了至少1 485次空袭。“最伟大的东西也会有命悬一线的时候。”丘吉尔引用拿破仑的话说。[129]“鹰日计划”袭击行动的第三天发生了大规模空战。丘吉尔感觉“兴奋不已”，驱车前往位于伦敦西北部斯坦摩尔的宾利修道院皇家空军战斗机司令部。[130]科尔维尔回忆说：“不列颠之战中战斗机飞行员的英勇事迹，激发了他那种潜在的小学生英雄崇拜本能。我本人（在1944年）接受飞行员培训时，他激动地对我说，我正在加入的是‘现代战争中的骑兵部队’。”[131]曾经在恩图曼冲锋陷阵的那个人的心从来没有离开过战场。* 从斯坦摩尔回来后，丘吉尔派人去告诉张伯伦，已经有100多架德国飞机被击落。科尔维尔写道：“丘吉尔常常会做一些这样的事情，看似小事，却能给人带来巨大的快乐。”[132]丘吉尔是这样向科尔维尔描述这一天的，他说这是“历史上最伟大的一天”，因为至少英国官方消息来源已经证实，这一天德军损失了161架飞机，而英国皇家空军只损失了34架飞机。[133]这一胜利可以归功于这样几个因素：雷达预警的安装，喷火式战斗机的急转弯能力，勇敢且训练有素的飞行员在自己国家的领土上空作战，以及来自波兰、英联邦和其他飞行员的帮助。① 第二天下午 12 点半，空袭警报响起时，玛丽正在哈罗斯百货公司购物。她在日记中写道："我真希望希特勒能看到，聚集在一楼的人群是多么冷静平和。"[134] 根据丘吉尔的私人秘书约翰·马丁的记录，三天后，在契克斯庄园里，丘吉尔"感觉焦躁不安，为留在伦敦的丘吉尔夫人感到担忧，那里正受到空袭的威胁。最终他决定在晚饭后到回到伦敦。我们是在黑暗中开车回去的"。[135] 乘坐首相的一辆亨伯轿车——车身上系着铃铛，这样的出行对于丘吉尔身边的随行人员来说，是极其令人兴奋的。科尔维尔写道："在首相的车队里开车真是有意思，根本不用理会交通灯或限速。"②[136]

1940 年 8 月 20 日，星期二，不列颠之战的胜利还不能说是十拿九稳，丘吉尔进行了他在这场战争中最伟大的演讲之一。演讲中他宣称："那些关于英国人惊慌失措地钻进洞里，咒骂着让他们陷入如此困境的财阀议会的故事，如果希特勒都讲完后——如果在这一切之后，他的整个空袭计划在一段时间后渐渐被迫停下来，那么在诚实方面，元首的声誉将大打折扣。"[137] 他在演讲中向英国人承诺，对德国的军工企业、通信设施及空军基地和存储仓库的轰炸"将会继续下去，轰炸的规模也会不断扩大，直到战争结束"，因为这是"一条最可以确定的通往胜利的道路"（可能不是最短的）。[138] 他还赞扬了战斗机司令部飞行员的英勇作战："我们这个岛上的每个家庭都要感谢英国空军，我们的帝国感谢你们，事实上整个世界都应该感谢你们。是你们不畏艰险、孜孜以求、不断挑战，将生死置之度外，用你们的实力和奉献，扭转了世界大战的潮流。在人类战争的战场上，从来没有过这么多的人，需

① 不列颠之战的一个副产品，就是波兰人重新获得了敬重，他们取道罗马尼亚逃离了德国人的魔爪，大批人来到英国皇家空军服役。丘吉尔在 9 月曾经对戈特和道丁说："在我们废掉德国后，我们一定会建立起波兰这个国家——让她成为欧洲永久的存在。"他觉得一个波兰人抵得上三个法国人，戈特和道丁觉得抵得上 10 个。（科尔维尔，《边缘》，245~246 页。）

② 丘吉尔对战地记者昆汀·雷诺兹说："你知道我为什么恨纳粹吗？我恨他们，是因为他们打仗时皱着眉头。他们郁郁寡欢，令人不悦。而我们呢，以我们伟大的空军小伙子们为例——他们打仗时是笑着的 。我喜欢打仗时咧嘴笑的人。"（雷诺兹，《一切》，第 152 页。）

要如此感激这么少的人。"①[139]

丘吉尔还赞扬了轰炸机司令部的人员，以及戴高乐——他逃离后，就因叛国罪被维希政府缺席判处死刑。然后，他再次谈到美国。他说，美国的命运与英联邦国家的命运不可避免地联系在一起。"大英帝国和美国，这两个伟大的讲英语的民主国家，在有些事务中将不得不联合起来，这样才可以实现他们相互之间的共同利益。我是无法阻止这种联合的，即使我想那么做。也没有别的什么人可以阻止。就像密西西比河一样，它必然会滚滚向前流去。②就让它滚滚向前吧，让它滚滚向前，不可阻挡地、无法抗拒地、欢欣鼓舞地，冲向更广阔的土地和更美好的明天。"[140]

那些让全英国各地的普通民众晚上 9 点在酒吧里听后兴奋不已的话语，那些已经成为我们的语言中最著名的话语，却并不总是能引起政界人士的共鸣，尤其是那些多年来在意识形态上一直反对丘吉尔的人。奇普斯·夏依就"没什么感觉"，伊万·麦斯基认为"丘吉尔今天状态不佳"。[141]"我敢肯定，他今天完全陶醉于战争，"议会议员，劳合·乔治的女儿梅根冷笑着说，"他只想着战争，只对战争感兴趣。"[142]

他的私人秘书莱斯利·罗文在战后解释说："他伟大的演讲之所以成功，秘密就在于，他自己口述了所有要说的话。即使在一些有关技术的问题上，他也不能接受那些别人提交给他的官方文本。"[143]在过去 40 年里，他在公众演讲方面进行了大量的练习。除此之外，这些演讲在二战期间如此奏效，其实还真有技术方面的原因。早在 1904 年 9 月，他就采用了一种他后来一再使用的文体手法：在名词前面连续使用 4 个头韵形容词。在谈到高效的地方政府被无能的白厅拒绝拨款时，他曾对曼彻斯特的改革俱乐部说："像奥利弗·特威斯特一样，他们想再要一点儿，小官僚和小混混们直直地瞪着他，

---

① 演讲中最著名的这句话在丘吉尔的脑海中已经萦绕了一段时间——虽然并不总是出现在这样一种崇高事业的背景下。1936 年，他在《海滨杂志》的一篇文章中提到英国的玛丽女王时写道："在整个大西洋的旅行史上，从来没有过这么多的物品，只提供给这么少的'旅行者'。"（丘吉尔，CE，第 332 页。）约翰·摩尔爵士在谈到 1793 年他在科西嘉岛的竞选时说过这样的话："从来没有这么少的人完成过这么多的工作。"

② 这句关于密西西比河"滚滚向前"的话来自 1927 年百老汇音乐剧《演出船》中的歌曲"老人之歌"，歌词出自奥斯卡·哈默斯坦二世之手，丘吉尔在返回唐宁街的短暂旅途中，在车里（跑着调）演唱了这首歌。

用一种阴沉、冷酷、蛮横、愚蠢的语气回答：‘不行。’”[144] 他在演讲方式上也采用一些经过深思熟虑的技巧。他 1940 年 1 月 27 日在曼彻斯特进行的那个演讲的高潮部分是如此精彩，在查尔斯·艾德向他表示祝贺时，这位语言大师字斟句酌地说：“我几乎使用了所有的单音节单词。”[145]

二战结束后，丘吉尔自己总结道：“短单词最好，古老的单词如果还很短，那就好上加好。”[146] 他还充分使用了重复法，即在连续的句子中重复某些相同的单词或短语——“我们将战斗……我们将战斗……我们将战斗”——这是一个可以追溯到德摩斯梯尼的雄辩公式。丘吉尔最喜欢的作家之一，鲁德亚德·吉卜林在《吉姆》中写到这样一个场景：小海豹们“在海滩上打斗，在海浪上打斗”。（与丘吉尔形成鲜明对比的是，一旦战争形势开始恶化，希特勒实际上就停止了广播。例如，1944 年全年，他只在德国电台讲过一次话。）

1940 年 8 月 20 日，丘吉尔在演讲中选择了“benignant”这个来自古法语的词，而不是更为常见的“benign”。这是丘吉尔有意使用晦涩而古老的词语来强化其信息的又一个例子。演讲结束后，丘吉尔的私人秘书会纠正在议会议事录的官方报告中，速记员记错了单词的地方，并在一些地方对文本进行修改，以改进其风格和语法。正如科尔维尔解释的：“他下午的演讲基本上就是雄辩的杰作，他在演讲中插入了很多听起来不错、读起来很糟糕的东西。”[147] 这就解释了为什么丘吉尔演讲的印刷文本，常常与听众认为他们听到的并不完全相符。

8 月 21 日，晚餐后，丘吉尔对艾登说，内阁同僚们给他的帮助太少了……他、艾登和马克斯三人必须撑起这个政府……有时他感到很累，他从来没有感到如此孤独过。[148] 丘吉尔的朋友伊恩·汉密尔顿曾写过一篇关于“高处不胜寒的指挥权”的文章，丘吉尔强烈地感受到这一点。他试探着问艾登是否愿意接受外交部的职位，因为他觉得哈利法克斯在英国几乎得不到任何支持。张伯伦显然就快要死于癌症了，虽然丘吉尔说过，如果是他自己，他会在这种情况下选择辞职，但他觉得他不能要求张伯伦这么做。[149]

到了战争的这个阶段，英国的财政状况已经非常糟糕。1934 年，美国国会通过《约翰逊债务违约法案》，禁止拖欠第一次世界大战债务的国家

（如英国）在美国发行债券。1939 年确立的《中立法》进一步为武器采购制定了严格的“现金买卖”原则。总之，这意味着英国已经没有美元和黄金来购买其生存所需的军火。科尔维尔说，我们的黄金和外汇储备低得令人绝望，我们只能再撑几个月。尽管如此，丘吉尔还是说服了内阁继续在美国订购武器，因为他相信在 11 月的大选之后，罗斯福可能会更加慷慨。最后，英国政府出台了一项“为了让美国感到羞愧”而征用结婚戒指和珠宝的计划，不过据估计，这一计划仅能筹集约 2 000 万英镑。[150]

丘吉尔对内阁说，如果英国的军事地位出乎意料地下降，我们就要押上我们所拥有的一切来确保胜利。如果有必要的话，我们可以将英国工业的全部扣押权交给美国。[151] 他在财政部的 5 年经历，还有金本位制的崩溃——他（当然还有很多经济学家和专家）所犯下的一个严重错误，现在却让他受益匪浅，让他有信心直面那些希望削减来自美国的军备订单的人。“如果我们在德国的进攻中倒下了，”他对国王说，“我们的储备对我们来说将变得毫无用处，但是如果我们顶住了，美国就一定会来帮助我们。”[152] 罗斯福政府认为狡猾的英国人夸大了他们的贫穷程度，目的是废掉那两项法案，这样他们就可以赊购军火。英国确实对自己真实的贫穷程度有所隐瞒，但其目的并不是要影响美国立法，而是为了防止自己的弱点被看得过于清楚，以至出现英镑遭到挤兑的现象。

8 月中旬，内阁得到通知，英国储备的美元将在圣诞节前耗尽。除非能说服美国人废除或修改这两项法案，否则英国似乎可以肯定会国家破产。比弗布鲁克向丘吉尔抱怨说，美国政府“想要月亮，却不愿出那六便士”，凯恩斯用“见死不救”来形容美国政府的态度。[153] 在罗斯福施加的巨大压力下，英国政府从拥有大量非洲资产的比利时流亡政府那里贷款了 3 亿美元。罗斯福政府很快会把英国的黄金从南非的西蒙斯敦运到纽约，来交换自己的军火，并且还会到银行提取英国存放在多伦多的黄金。[154] 当金斯利·伍德爵士提议，英国可以通过将荷兰皇家壳牌石油公司目前的所有权从荷兰占 60%，英国占 40%，改为各占 50%，来补偿英国给予荷兰的财政支持时，丘吉尔说，他再也不想听到任何利用盟国之不幸的建议了。[155] 尽管英国在财政上处于可怕的困境，丘吉尔一点儿也不想去掠夺那些在纳粹占领下受苦受难的国家。（在敦刻尔克大撤退时，荷兰和比利时的商船队就已驶入英国。）相反，他希望罗斯福政府能够废除那些阻止美国借钱给英国购买军火的法案。

8月24日—9月6日，每天都有1 000多架次的德国战机飞越英国上空，试图摧毁英国皇家空军的指挥与控制站。在10天的时间里，英国皇家空军损失了154名飞行员和213架战斗机。可以接替他们的，只有63名新训飞行员和不到150架战斗机。然而另一方面，英国的一个巨大优势，则是在英国上空跳伞的德国飞行员会被拘押到战争结束，而英国皇家空军飞行员如果跳伞，就可能在同一天重返蓝天。[156]尽管如此，到9月初，凯塞林将军的空军第2机群对空军副统帅基思·帕克的第11战斗机群的袭击，已经威胁到英国南部皇家空军指挥和控制系统的安危。

"既然他们已经开始骚扰我们的首都，那么我也想让你狠狠地还击他们，"丘吉尔对空军上将纽沃尔说，"柏林就是打击他们最好的地方。"[157]8月25日晚，英国皇家空军轰炸了位于柏林市和柏林坦佩尔霍夫机场的兵工厂。当月晚些时候，他说："让他们尝尝我们的厉害。记住这一点，对敌人的还击绝不能浅尝辄止，一定要以牙还牙。"[158]在战争的那个阶段，以及之后的一段时间，英国皇家空军主要轰炸的是军事和工业目标，而不是城市中心。10月中旬，一位工党议员告诉丘吉尔，公众要求对德国平民进行全方位轰炸，尤其是对柏林人，丘吉尔回答："亲爱的先生，这是一场军事战争，不是平民战争。你和其他人可能想要杀死一些妇女和儿童，而我们希望（并且已经成功地实现了我们的愿望）摧毁德国的军事目标。我很欣赏你的观点。但我的座右铭是'先干正事后娱乐'。"[159]

丘吉尔一边对轰炸哪些城市进行指导，一边还要努力让英国在8月底避开一场全面的金融危机。与此同时，他还在检查东南部的防御工事。晚上，他回到唐宁街10号，与克莱门汀和家人一起睡在防空洞里。[160]8月27日晚9点半，在警报响起时，"温斯顿满心悔意地拒绝了白兰地，要了冰苏打水，说他为自己所过的安逸生活感到羞耻，以前从来没有这样奢侈地生活过"。[161]

8月30日，在只饮苏打水的清教徒式的做法持续了整整三天后，丘吉尔在一杯产于1911年的陈年香槟助力下宣布了"让他担心的三件事"：敌我空中损失的比例差距太大；大西洋西北航道的航运损失"可能会过于惨重"；

加来海峡附近的格里斯内兹炮台可能会封锁英吉利海峡，让多佛“化为灰烬”。[162] 这三个问题最后都得到了圆满解决。丘吉尔说：“我的目标是保持最大限度的主动性。每天晚上我都要在军事法庭上审问自己，看看自己白天是否做了什么有效的事情。我的意思并不是说仅仅用爪子抓抓地——任何人都可以这样做样子——而是做一些切实有效的事情。”[163] 他把联合作战规划人员带到契克斯庄园，一起讨论未来可能采取的行动，例如重新夺回奥斯陆，对意大利进行两栖进攻，袭击海峡群岛，夺取卡萨布兰卡和达喀尔，切断瑟堡半岛航线，登陆欧洲低地国家，以及夺取德国鲁尔区。在这些假定行动中，有些将会使用 10 万 ~12 万的兵力。[164] 所有这些计划都远远超出英国目前的能力，只有在美国参战后才会成为可能。

8 月 31 日，星期六，战斗机司令部损失了 39 架战斗机，14 名飞行员丧生，但是德国空军的损失要严重得多。同时，德国人还严重高估了他们对英国皇家空军造成的破坏。丘吉尔前往（今天仍可参观的）英国皇家空军乌克斯布里奇基地，拜访了第 11 机群司令部的战斗机飞行员，并观看了一场正在进行的空战。在地下 50 英尺的作战室里，空军妇女辅助队的人员在巨大的地图上移动着各个飞行中队模型，配上彩色灯光实时更新，这里是观看不列颠之战展开的最佳地点。[165] 在前往乌克斯布里奇基地之前，丘吉尔在契克斯庄园用午餐时给自己倒了一杯白兰地，并且“用慈祥的眼神看着我们”（科尔维尔是这样说的），然后说，非常令人好奇的是，在这场战争中，他还没有取得任何胜利，但是却始终受到赞扬；而在上一场战争中，他做了几件至少他自己认为是很好的事情，却始终遭到辱骂。[166] 然后，他由着自己悄悄地挖苦美国人说：“他们的士气非常高——总是为其他人的英勇行为鼓掌！”[167]

在晚餐时，丘吉尔与道丁争论起是否可以射杀跳伞的敌军飞行员。根据科尔维尔的记录，“道丁坚持认为应该这样做，首相却说，一个逃跑的飞行员就像一个溺水的水手”。除了不想消灭手无寸铁的飞行员，首相“当时的心态可以说是非常冷酷的”。[168] 晚饭后，庞德从海军部打来电话，并汇报说，从敌舰的动向看，“入侵可能即将发生”。敌军的入侵将会触发“克伦威尔行动”，作为国民警卫队的行动信号，到目前为止一直沉寂的那些教堂大钟将会被敲响，钟声将响彻整个英格兰南部。

第二天，丘吉尔回到乌克斯布里奇时，谈到对希特勒采取的绥靖政策。他说："太可怕了，太可怕了，大英帝国竟然曾经把宝押在这一政策上。"[169] 一返回契克斯庄园，他就接到消息，一艘崭新的巡洋舰"斐济号"在西北航道上被鱼雷击中。英国在那里已经损失了三艘大船，其中一艘满载着将被疏散到纽约的儿童，这让他"特别难过"。丘吉尔说："海军现在是我们的弱项，空军还不错。"[170] 吃晚饭的时候，他对在契克斯庄园值班的两位冷溪近卫团的军官（其中一位是约翰·斯帕罗，后来成为牛津大学万灵学院院长）说："我们不可能指望通过集结足够的兵力和弹药来打败德国人。这是一场科学之战，一场用新武器赢得胜利的战争。"① [171]

自 8 月以来，丘吉尔一直在与美国谈判，希望可以从美国那里获得 50 艘驱逐舰，作为交换，美国可以在纽芬兰、百慕大、巴哈马群岛、西印度群岛和英属圭亚那等英国属地建设自己的基地，期限为 99 年。对那些担心英国会失去主权的批评者，丘吉尔指出，这笔交易的目的不仅仅是获得物资，也是鼓舞士气，诱使美国参战。他对内阁说："如果这项提议获得通过，美国就会朝着参战且站在我们这一边迈出一大步。向一个交战国出售驱逐舰肯定不是中立行为。"[172] 丘吉尔请肯尼迪大使告诉罗斯福："在悠悠的世界历史长河中，这就是我们现在要做的事情。"他也亲自对罗斯福总统说了这样的话："你匀给我们的每一艘驱逐舰的价值，我们都会用红宝石去衡量。"[173]

在战争爆发一周年之际，丘吉尔宣布了以驱逐舰换基地的协议。尽管他知道美国的 50 艘驱逐舰中有一些是已经被淘汰的，但是它们可以替代其他驱逐舰去完成巡逻任务，而被替换的驱逐舰就可以投入战争。这么做的原因在于当时英国的护卫舰严重短缺。任何关于得到美国支持的宣传，其价值都是巨大的。[174] 国王在谈到丘吉尔时说："经过一年的战争，他对我们今天的地位更加自信。在不列颠空战中，他认为德国空军的使用比例比我们高，我们只使用了自己 1/3 的战斗机。"[175] 两周后，丘吉尔对内阁成员说："战斗机

① 让科尔维尔忍俊不禁的是，克莱门汀"一直在大谈自己的民主和激进思想"，但同时，她却从来没有邀请过契克斯庄园的任何一位军官共进晚餐，"直到冷溪近卫团的人前来参与警卫工作"。（科尔维尔，《边缘》，第 238 页。）

是我们的救世主……但是只有轰炸机才是胜利的保证……目前看来，想要战胜拥有强大军事力量的德国，我们没有任何其他办法。”[176]

9 月 4 日，希特勒在柏林体育场发表讲话。他宣布，由于“丘吉尔先生”承诺要增加对德国城市的袭击，“我们将把他们的城市从地球上抹去”。[177] 同一天，丘吉尔在下议院发表讲话，提到 8 月份有 1 075 名平民在空袭中丧生，800 所房屋被毁。他说：“对于那些受伤和失去亲人的人，我们也感同身受，但是不能因此就说，对于我们整个国家的 4 500 万人口来说，这样的损失是非常严重的，尤其是当我们将其与这个世界所面对的如此严峻的问题相比较时，这个数字再增加两倍或三倍，也算不上严重。”[178] 到战争结束时，这个数字增加了 50 倍。即使如此，丘吉尔的说法依然是对的。

那天晚上在“其他俱乐部”，丘吉尔收到一个银色的鼻烟盒，上面刻着这样的话：“此盒曾为尼尔森所有，我们现在用它向你——温斯顿·丘吉尔致意。”[179] 他坐在凯恩斯旁边，凯恩斯后来告诉自己的母亲，他发现丘吉尔“处于极其完美的状态，非常平静，充满了正常的人类情感，完全没有膨胀的感觉。也许此时他正处于权力和荣耀的巅峰，但我从没见过像他一样在这种情况下并未沾染独裁和傲慢气息的人。他身上一点儿傲慢无礼的痕迹都没有，而这种傲慢是很多人，比如劳合·乔治，很快就沾染上了的”。[180]

第23章

闪电战

（1940年9月—1941年1月）

1940 年是无法超越的。

——丘吉尔：《他们最辉煌的时刻》[1]

这是一个生与死同样美好的时代。

——丘吉尔：《他们最辉煌的时刻》[2]

丘吉尔当时也确实正处于“最完美的状态”：再过 48 小时，他将接受一场他那漫长而多事的一生中从未经受过的考验。1940 年 9 月 7 日，星期六，希特勒在柏林体育场发表演讲三天后，伦敦闪电战开始。200 架轰炸机的袭击造成伦敦 300 人死亡。德国空军将对英国首都进行为期 4 个月的恐怖袭击。闪电战开始时，德国轰炸机曾连续 57 晚飞过来进行轰炸，探照灯、警报和爆炸开始成为数百万伦敦人生活中的家常便饭。1934 年时丘吉尔就预言过那种混乱局面，“在伦敦不断遭受袭击的压力下，300 万或 400 万伦敦人将被疏散到城市周边的开阔地带”。[3] 在这场战事中，300 万人，也就是伦敦市总人口的 1/4——都是在与德国作战时不那么需要的人，已经平静而安全地撤离到全英国各地。首都没有出现恐慌。

德国人将自己的空军从对英国南部皇家空军基地的日间突袭，转变为对伦敦的夜间突袭，这是一个重大的战略失误。因为这就给了战斗机指挥部修复跑道、机库和指挥控制站的机会。伊斯梅回忆说：“一开始我们只能被动接受德国人对我们的惩罚，除此之外别无他法。”但是丘吉尔随即成立了“夜间防空委员会”，召集防空炮手、科学家和飞行员，讨论如何对抗来自德国空军的威胁。“很快，被摧毁的敌机数量增加了，它们飞行的高度也增加了，袭击的精确度也因此降了下来。”闪电战开始几天后，丘吉尔视察了伦敦东区的码头。“大火仍在肆虐，”伊斯梅写道，“一些较大的建筑只剩下框架，许多小一些的房屋已成为瓦砾。在两三堆这样的瓦砾上，已经插上了尺寸很小的纸质英国国旗。看到这些国旗，让人不由得哽咽。”[4]

他们视察的第一站是一个防空洞，有 40 人在前一天晚上发生在那里的空袭中丧生，更多的人受了伤。伊斯梅回忆说：

> 我们看到一大群人，男女老少都有，都显得非常贫穷。人们可能以为，他们会对负责保护他们的当局心怀怨恨，当丘吉尔下车时，他们真的将他团团围住了。但是他们却喊道：“好心的老温妮，我们就知道你会来看我们的。我们能够承受，我们要以牙还牙。”丘吉尔崩溃了。我从人群中艰难地向他走去时，听到一位老妇人说：“你看，他真的很在乎我们——他哭了。”[5]

而希特勒从未访问过爆炸现场，他会拉上奔驰车的窗帘从这些地方开过。丘吉尔在闪电战期间则经常前往伦敦东区去鼓舞人们的士气。在这些视察访问中，他能以惊人的速度走过数英里的土地，尽管他平时基本上不做任何锻炼，而且即使是从唐宁街到下议院这么短的一段距离，也会有人开车载他去。[为了跟上他的步伐，沃尔特·汤普森的体重减轻了两石（约合 12.8 千克）。] 事实证明，他对爆炸现场的视察极大鼓舞了公众的士气。在他的回忆录中，丘吉尔写道，在他访问伦敦南部的佩卡姆时，那里的人群高喊：“也让他们尝尝我们的厉害吧！”他写道：“我立刻答应去实现他们的愿望，而且当然也履行了自己的承诺。”[6] 有几次，也确实有人愤怒地冲着丘吉尔大喊大叫，说他是造成破坏的元凶，但是更多的时候，成百上千次，他听到的却是欢呼声。同样，一些人抢劫了自己家附近被炸毁的空房子和企业，但这些机会主义的例子很少，而且丝毫无法掩盖大家在成千上万的日常行动中所表现出的英雄主义、大公无私和齐心协力。① [7] 观看了许多空战的丘吉尔，用科尔维尔的话说，“那些房屋被毁或是遭到严重破坏的人，他对他们的苦难感同身受”，他努力要把被毁房屋的赔偿金提高到 1 000 英镑（相当于今天的 5.2 万英镑）。[8]

除了住房问题，在整个战争期间，丘吉尔也非常重视食物定量配给问题，他很清楚食物与士气的关系是多么密切。他向粮食大臣伍尔顿勋爵提出与定量配给相关的各类问题和建议，对任何他认为不必要的规定都会提出反对意见。[9] 比如，他在 7 月中旬给伍尔顿的信中写道：“我所认识的几乎所有追求饮食时尚的人，比如坚果追求者，都在经历一段很长时间的老年性衰变后早逝了。英国的士兵可能比科学家更加正确，他们只爱牛肉……我们要想输掉这场战争，那就可以强迫英国人只喝牛奶，吃燕麦片、土豆等食物，在庆典场合再喝点儿酸橙汁。”[10] 丘吉尔还亲自主持了几次会议，来确保防空洞里有炉灶及其他便利设施。[11]

9 月 10 日，他与国王共进了午餐，这是他们的第一次周二午餐会，后来成为惯例。由于他们所讨论的问题非常敏感，仆人在场不方便，他们就改成由自己从餐具柜里取餐。丘吉尔知道不可能会有机密从这里泄露出去，于是就把所有战时机密都放心地告诉了国王，包括关于“超级解密”和原子研究的机密。丘吉尔通常会从历史的角度来看待他们之间的关系（却忽略了维多利亚女王和本杰明·迪斯累里的声明），他说，自“安妮女王加冕和马尔伯勒掌权以来”，从来没有过君主和首相之间“亲密无间”的先例。[12] 在乔治国王的四位首相中，丘吉尔是唯一一位国王用教名称呼的人。[13] 由于国王和王后会到全英各地去游历，丘吉尔也能从他们那里了解一些关于现状和士气的情况。

---

① 即使是在不列颠之战和闪电战期间，在他的脑子里有那么多其他事情要惦记的时候，1886 年的那些创伤性事件也从未远离他的脑海。克兰伯恩勋爵（1947 年成为第五代索尔兹伯里侯爵）回忆说，在 1940 年 9 月的一次晚宴上，“丘吉尔陷入无声且阴郁的沉思，他有时就会这样。然后他突然转向我，毫无来由地对我说，‘我一直认为你祖父待我父亲太不客气了’”。克兰伯恩勋爵，这位当时的主计大臣吓了一跳，低声说了几句安慰的话来回应他。他接着回忆说：“这个话题渐渐被放下了，如涓流入沙，晚宴又回到轰炸机和战斗机、希特勒和戈林等更为重要的问题上。”（布莱克，《保守》，第 2 页。）然而，克兰伯恩的祖先并没有影响到他的职业生涯，第二个月，他被提升为自治领事务大臣。

1940年9月11日，星期三，丘吉尔在一次广播讲话中提醒英国人民，他们经常处于极度的危险中，之前，他们活了下来，之后，在每一次战斗中，他们都取得了胜利。他说："我们必须把下一周及其前后，看作是我们国家历史上一个非常重要的时期。"

它堪比当年西班牙舰队逼近英吉利海峡，而德雷克正在玩保龄球游戏的那段日子，或是尼尔森站在我们和拿破仑在布洛涅的大军之间的那段日子。这些都是我们在历史书上读过，然而现在正在发生的事情，其规模要比过去那些勇敢的日子大得多，它对人类的生活、世界的未来以及人类文明之影响也要大得多。因此，我们每一个人，无论男女，都要自豪且谨慎地做好准备，去履行自己的职责，无论职责将会是什么。[14]

"对伦敦进行如此残忍、肆意、不分青红皂白的轰炸，当然是希特勒入侵计划的一部分。"他说：

他希望通过杀害大量平民、妇女和儿童来恐吓和威慑这座强大的帝国城市之人民，使他们成为政府的负担和焦虑，并借此分散我们对他正在准备的猛烈进攻的注意力。他真是不了解英国的民族精神，也不了解伦敦人的坚韧品格——他们的祖先曾在议会制度的建立过程中发挥了主导作用，而他们自己则是从小就把自由看得比生命更加重要。这个邪恶之人，这个身上储存着许多种毁灭灵魂的仇恨之化身，这个过去的错误及耻辱的可怕产物，现在他决心要通过滥杀无辜和肆意毁灭，来毁掉我们这个著名的岛国之人民。他所做的事情将会在英国人的心中点燃一把火，即使是在伦敦火灾的痕迹消失殆尽后，这把火还将会在这里，在全世界，继续燃烧。他亲手点燃的这把火将会一直燃烧下去，经久不息，直到纳粹暴政的最后痕迹被烧毁，从欧洲彻底消失；直到旧世界与新世界可以携起手来，在坚固耐用、不易倒塌的地基上，重建人类自由与尊严的庙宇。[15]

加拿大外交官查尔斯·里奇在日记中写道："他让他们感觉到，他们就活在自己的历史中。"[16] 丘吉尔之所以能做到这一点，是因为当时的学校里都会讲授关于伊丽莎白战争和拿破仑战争中的战斗故事，所以德雷克和尼尔森的故事为他的听众所熟知。苏联大使也注意到丘吉尔的雄辩和领导才能对英国人民产生的影响。麦斯基这样写道："正是英国政府坚定而明确的立场，帮助民众克服了最初的恐惧。整个国家都没有出现恐慌，丘吉尔做好了全力以赴斗争到底的打算。"[17] 在战争期间和战争结束后，丘吉尔曾多次表示，他所做的一切都是为了反映和表达英国人民继续战斗直至胜利的决心，但是在这一决心的形成、维持和引导方面，他做了很多工作。

然而，就目前而言，丘吉尔唯一的策略是设法熬过德军日复一日的进攻，让英国继续处在战争状态中，直到确定活下来已不是问题后，制订出赢取最终胜利的计划。1940 年 9 月 15 日，星期日，德军对英国进行了最后一次大规模的日间空袭，凯塞林派出 400 多架战斗机护送 100 架轰炸机。英格兰东南部爆发了一场大规模空战，是这场战争中最具决定性的战役之一。丘吉尔在英国皇家空军乌克斯布里奇基地观看了这场战斗，并留下了一段难忘的回忆：

> 一个接一个信号传来，"40 多""60 多"，甚至有一个"80 多"……不久，红色的灯泡显示出，我们的飞行中队大多都已投入战斗……我注意到指挥官非常焦虑，正一动不动地站在一个下属的椅子后面。我一直默默地看着。之后我问道："我们还有其他备用飞机可用吗？"空军少将帕克回答："完全没有。"① 帕克在他后来所写的一篇关于这件事的叙述文章中说，听到这句话，我"看起来一脸严肃"。可能是吧。如果我们那些正在加油的飞机在地面

① 帕克的意思是，第 11 号战斗机群当时已经没有备用飞机。英国的其他地方当时还有 350 多架战斗机，但是都在用来防卫其他重要地区。

上遭到“40 多”或“50 多”架飞机的进一步袭击，真不知道我们还会遭受怎样的损失！被袭击的概率很大，逃脱的概率很小，风险无穷大。[18]

“直到那天的晚些时候，在契克斯庄园，”约翰·马丁写道，“我们才意识到英国人取得了多么重大的胜利。”[19] 英国皇家空军当时相信（或者至少他们这样声称），自己击落了 186 架德国飞机，尽管今天我们知道，真实数字是 56 架。马丁可以用这句话把丘吉尔从午睡中叫醒了：“空军拯救了一切。”[20] 两天后，希特勒推迟了“海狮行动”，10 月 12 日，入侵计划被正式取消，用希特勒的话说，“到来年春天再说”。[21]

但是丘吉尔并不是马上就了解到了希特勒的这些决定。9 月 17 日，他召集了一次下议院秘密会议，通知议员们为了击退预期的入侵而将要采取的措施。参观者和记者不得入内。就在他要讲话的时候，屋顶上的空袭预防侦察员吹响了哨子，警告说轰炸机就要来了。议员们都跑到掩体里躲了起来。当他们安全返回重新坐好后，丘吉尔警告大家轰炸会越来越严重，威斯敏斯特宫是“所有目标中最容易受攻击的”，德国人已经准备好足够让 50 万人渡过英吉利海峡的船只。“当然，我们会让他们中的许多人在途中淹死，”他说，“我们还会毁掉他们的大部分船只。”[22] 他接着补充说，德国人利用真雾，或者通过在英国海岸线上部署人工雾，“就可以让我们的岛上同时出现许多滩头阵地，或是未建成的滩头阵地，这一点我们必须想到”。[23] 哈罗德·尼科尔森在日记中写道：“我必须得说，他并没有试图用空洞的承诺让我们振作起来。”[24]

之后，在科尔维尔走回唐宁街 10 号的时候，发生了“一场巨大的爆炸。我遇见了首相，他肯定地说他从卧室的窗户里看到一枚炸弹袭击了白金汉宫。所有人都被护送到掩体中去了”。[25] 白金汉宫在这场战争中一共被击中 9 次，这一次是一枚定时炸弹落在了白金汉宫的花园里。不久之后丘吉尔在下议院发言说：

他们对白金汉宫和我们敬爱的国王和王后的反复袭击是故意

> 的，究其原因，除了他们的行径一向野蛮，他们还想对公众舆论施加某些令人不安的影响。结果当然是适得其反的。恰恰是他们让国王和王后与他们的人民紧紧联系在了一起，因为连接他们的那条神圣的新纽带，就是他们所面对的共同危险。他们让所有人心都变得异常坚强，可以勇敢面对如此邪恶的敌人和这场严酷无情的战争。[26]

第二天，9月18日，一枚空投地雷震碎了唐宁街10号和外交部的窗户，一块弹片牢牢地嵌在了丘吉尔办公室旁，他的私人秘书办公室的护墙板上。马丁认为这是“一个提醒，提醒我们认真地对待警钟声”。[27] 此时，丘吉尔正在给亚历山大写信：“第一大臣，你当然可以更换上一个新的海军旗帜。每天早晨看到现在这个暗淡的东西，我也很不愉快。丘吉尔。”[28] 有人说他不该如此屈尊于琐事，接连不断地去发布这些小命令。这些人没有看明白的一点，就是丘吉尔懂得，士气是战争中一个至关重要的方面。

尽管对英国的入侵推迟了，但是希特勒一直都没有停止对英国实施密集的轰炸。一方面，他希望可以借此来打击平民的士气，为将来的再次入侵做好准备；另一方面，这也是希特勒对英国轰炸柏林和德国其他城市的报复。他和戈林曾经告诉德国人，英国轰炸德国在军事上是不可能的事情。在接下来的4个月里，丘吉尔走访了遭受猛烈轰炸的60多个城镇和机场。在一开始前往佩卡姆和港区的旅途中，他就听到人们蔑视敌人的呼喊声。随着后面的轰炸变得越来越猛烈，呼喊声也变得越来越大。沃尔特·汤普森这样记录了人们的呼喊声：“我们可以承受，我们可以承受，但是我们要以牙还牙。”[29] 丘吉尔回答：“我们将10倍返还给他们，但是首先我们必须把飞机弄出来。再给我们一点儿时间，我向你们保证我会还给他们，加倍还给他们。”[30] 9月19日，他命令轰炸机指挥部在天气允许的情况下尽快袭击柏林，并补充道：“德国人既然不分青红皂白地投下这些空投地雷，我们就必须告诉他们，他们每投下一枚我们就返还两枚。”[31] 最终，超过50万德国人在战争中死于空袭，而英国是5.8万人。10月初，一枚地雷被空投到伦敦南部的旺兹沃斯，造成了巨大的破坏。科尔维尔在记录中写道，丘吉尔“对德国人的仁慈越来越少了，甚至还谈到要阉割他们的领土。他说‘公正的和平’可不是无稽之谈”。[32]那天晚上在谈到布尔战争时他说，那是“最后一场令人愉快的战争”。[33]

9月20日，“超级解密”情报组织通知丘吉尔，让他在不透露消息来源的情况下告诉科尔维尔，他认为“德国不会很快入侵”。[34]他仍然担心，从北福兰到邓杰内斯的浓雾会让国民警卫队无法获得早期预警，所以他会定期给海军部打电话询问英吉利海峡的天气情况。[35]由于那时解读恩尼格玛密码消息需要几天的时间，而在希特勒决定推迟“海狮行动”和英吉利海峡沿岸明显减少兵力之间，一定会有一个时间差。真的不能指责丘吉尔在入侵的可能性问题上误导了议会，而且不管怎样，他还是希望英国人继续相信，他们正面临迫在眉睫的威胁，并以此来促进团结和提高生产力。引发9月下旬那次入侵恐慌的是罗斯福，他声称从柏林一个“最可靠的消息来源”得知，德国的入侵迫在眉睫。[36]然而，总的来说，丘吉尔认为德国人已经错失入侵良机。10月1日，他对国王说：“在敦刻尔克之后，希特勒本可以，也应该入侵我们国家，把攻入巴黎的事情推到后面。法国不可能会阻止德国这么做。”[37]

9月23日，当德国人把攻击范围扩大到考文垂、伯明翰和利物浦时，“自由法国”在试图从维希政府手中夺取塞内加尔时，在达喀尔遭遇了严重挫折。丘吉尔最初是支持这次代号为“威胁”的行动的，尽管参谋长们对此高度怀疑。“就让他们拿去吧，”他说，“一旦真的打起来，就把塞内加尔给他们吧。”1939年，英国皇家海军将戴高乐将军和他的“自由法国”小部队运送到达喀尔，但不幸的是，贝当的部队已做好充分准备，很容易就击退了他们的进攻。戴高乐曾希望，单凭其强于对方的武力就可以战胜当地人，但是他不希望法国人打法国人，他的这一想法降低了他在丘吉尔心目中的地位。作为报复，维希政府随后轰炸了直布罗陀。丘吉尔曾推翻戴高乐和海军中将约翰·坎宁安爵士的决定，坚持要让行动继续下去。他决定一开始先不要向议会或国家做出解释，但是他的沉默削弱了人们对政府的信心。《每日镜报》刊登了一篇题为“又见加里波利？”的文章。夏侬则写道：“‘卡尔顿俱乐部’的人们开始越来越针对他。”[40]在谈到他并未指责掌握本次行动中英国皇家海军指挥权的坎宁安时，丘吉尔在回忆录中写道：“这是我的一个原则，对于将领在对敌作战中所犯的错误，必须从轻处罚。”[41]“没有任何成绩可言，”[42]在谈到达喀尔远征行动时，丘吉尔对国王说，“我们在任何地方都没有取得成功，真令人沮丧。”[43]这并不完全是事实，英国皇家空军在前一天晚上还对柏林发动了有120架轰炸机参与的空袭。“当然，我们只轰炸了军事目标，”丘吉尔说，“但是如果敌人坚持不分青红皂白地轰炸平民住宅，我们也必须这么做。”[44]

1940年9月27日，德国、意大利和日本签署了一份为期10年的《三方协议》，三个法西斯国家现在正式结盟，彼此承认欧洲和远东的“新秩序”。丘吉尔听到这个消息后看上去很“忧戚”，但并没有灰心丧气，因为轴心国之间的密切合作是预料之中的，而且，正如他所说，其中一个条款将“矛头对准了美国”。[45]

张伯伦现在已处于癌症晚期。9月20日，丘吉尔在给张伯伦妻子安妮的信中写道：“让内维尔留在伦敦，经受这样持续不断的轰炸，我连想都不忍心去想。他必须给自己一个能够体面康复的机会。在过去的10天里，我一直很担心你们俩。”[46]身体康复很显然已经是不可能发生的事情，张伯伦于10月1日辞职，并拒绝了丘吉尔授予他的贵族爵位和嘉德勋章。他说：“我更愿意像我的父亲一样只作为张伯伦先生死去，而没有任何头衔。”[47]丘吉尔给艾登提供了两个职务选择，要么担任战时内阁的枢密院大臣，承担起这项“完全属于国内事务”的工作，主持和大后方相关的委员会的工作；要么继续留在内阁之外，担任陆军大臣，负责陆军工作，因为他不可能让海军大臣和空军大臣都成为内阁成员。艾登选择了后者。丘吉尔很想把艾登调到外交部，但是在张伯伦刚刚辞职的情况下，他不能冒险让哈利法克斯也离开政府。[48]艾登在日记中写道：“他一再强调自己现在已经是一位老人，不能再犯劳合·乔治在战后所犯的错误，他的继承人必然会是我——约翰·安德森在这方面显然不可能会成为我的竞争对手。”[49]这是他对艾登连续15年做出承诺的第一年，对此我们可以说出的最善意的话就是：他承诺的时候是认真的。

三天后，内阁改组。丘吉尔曾向张伯伦承认，内阁改组在一定程度上是为了分散人们对达喀尔惨败的注意力。在这次改组中，安德森出任枢密院大臣，赫伯特·莫里森出任内政大臣，欧内斯特·贝文和金斯利·伍德以现任职务，即劳动大臣和财政大臣的身份，进入战时内阁。[50]“人们还没有做好准备以听取好的建议，”劳合·乔治在写给弗朗西斯·史蒂文森的信中说，“他们仍然抱有‘彻底胜利’的幻想。希特勒也许还没有准备好接受英国政府所能接受的唯一的和平。”[51]

在内阁改组的同时，丘吉尔也整顿了军队。查尔斯·波特尔爵士给丘吉尔留下了深刻印象，他取代西里尔·纽瓦尔爵士成为空军参谋长，当时年仅47岁。海军部的高层也发生了变化——丘吉尔长期以来一直都想提拔参加作战的海军上将菲利普斯、哈伍德和托维等人，不过庞德继续留任第一海务大臣，而约翰·肯尼迪将军担任了陆军部的作战室主任。肯尼迪在不久后是这样描述首相的：“他非常固执，就像一个孩子，一心想要得到不允许他玩的玩具。告诉他这会割破他的手指或灼伤他的皮肤是没用的，你解释得越多，他的想法越坚定。”[52]肯尼迪从来没有真正弄明白过，丘吉尔只是喜欢从负责规划的参谋们那里得到一些貌似不可能的想法，然后用他自己的头脑，思索并找出少数几个切实可行的，或者在未来几个月或几年后可行的。当然，对于负责规划的参谋们来说，这是一件让人受累且沮丧的事情，但这正是参谋的职责所在。肯尼迪写道：“要想充分应对这种情况，几乎需要两组参谋，一组负责与首相周旋，一组负责战争事务。”[53]

尽管丘吉尔对韦维尔不感兴趣，但他仍然担任着中东地区的总司令。在9月下旬的一次国防委员会会议上，丘吉尔严厉批评了韦维尔在埃及的军事部署。艾登极力为这位将军辩护，指出他的部署问题是因为缺少装备，特别是缺少飞机。事后丘吉尔说，艾登“不应该对他那么粗暴”，但艾登只是回答，首相对陆军的抨击总是缺少公正。“他反驳说，他对海军的态度要强硬得多”，这几乎不能算是一个借口。[54]当丘吉尔说迪尔“只是一位和蔼可亲的老先生”时，艾登也为他做了辩护。9月22日，丘吉尔在契克斯庄园说，他预计韦维尔会在埃及战胜意大利人，“当然，除非我们的士兵像臭鼬①一样打仗，而意大利人像英雄一样战斗”，但他认为情况可能会恰恰相反。[55]

---

① “臭鼬”这个词让人不禁想到，他在4个月前的挪威战役辩论中针对辛韦尔说的到底是什么。

12月，韦维尔抱怨犹太难民已经设法在巴勒斯坦登陆，但是英国当局却拒绝向他们发放入境许可，那些人虽然设法逃离了纳粹占领的欧洲，但这样做就等于给他们判处了死刑。这让丘吉尔不能接受。丘吉尔曾经用极具说服力的语言，谴责严格限制犹太人进入巴勒斯坦的臭名昭著的《关于巴勒斯坦问题白皮书》。他曾对议会说："我们放弃承诺，我们违背誓言，我们抛舍下《贝尔福宣言》，我们终结了自己的愿景、希望和梦想……那些一直在挑动这些阿拉伯煽动者情绪的人会怎么想？我们承认自己缩手缩脚，难道不会让他们感到欢欣鼓舞吗？他们会不会忍不住说，'他们又在逃跑，这里是另一个慕尼黑'。"[56]而现在作为首相，他发现自己依然无力帮助犹太人。艾登在日记中记录了丘吉尔打了"一通电话，强烈谴责韦维尔和所有在中东的人，说他们是犹太人的诱饵。'韦维尔为什么就不能只管好自己的事情'"？艾登反驳说，"如果阿拉伯人在移民问题上制造麻烦"，这件事确实就会变成韦维尔的事情。丘吉尔回答："什么也不可能让我改变想法。"[57]就这样，由于威斯敏斯特和白厅内部政客和官僚的反对，丘吉尔无法让英国当局接受在巴勒斯坦实施犹太复国主义的观点。这也进一步表明，尽管他很有权力，但他仍必须说服同僚，而远非一些人在诋毁他时所描述的那样，他已经成为无所不能的英国独裁者。

如果他是独裁主义者，他肯定不会容忍几乎贯穿战争始终的媒体对他的批评。10月，针对左翼报纸《每日镜报》，他在内阁进行了一次长篇大论的演讲，说他希望该报停刊。哈利法克斯在日记中写道："温斯顿讲得特别兴奋，从语气中可以清楚地听到第五纵队的旋律。"然而丘吉尔很快改变了主意，言论自由和新闻自由在经历战争后安然无恙地留存下来。第二天，他在下议院发言说："我们的人民不会介意听到最坏的消息。"上一周，250吨炸弹炸死了180个伦敦人。他根据这一统计数据推断，按照这个速度，要炸毁伦敦一半的房屋将需要10年的时间，而"希特勒先生和纳粹政权会在10年内发生很多事情，甚至墨索里尼先生也会经历一些事情——在他对遭受重创、奄奄一息的法兰西共和国背后捅刀子时，他是完全没有预见到这些事情的。那时他觉得他那样做不但安全，而且有利可图。无论是物质上的破坏，还是屠杀，都不会让大英帝国的人民背离他们庄严和不可阻挡的目标"。[58]"温斯顿在下议院进行了他最好的演讲之一，”艾登在日记中写道，“即使对他来说，这也是一场出色的演讲。现在，对达喀尔的批评声消失了。”[59]

10月8日这一天，丘吉尔经历了一个激动人心的时刻，他将伦道夫介绍给下议院。伦道夫在毫无阻力的情况下，被选为普雷斯顿的议会议员。下议院掌声雷动，但是正如科尔维尔竭力指出的那样，掌声是给父亲而不是给儿子的。丘吉尔谈到他与伦道夫的关系时说：“我们彼此有着深厚的动物般的爱，但每次见面我们都要大吵一架。”[60] 11月，伦道夫在下议院进行了他的首次演讲。他自豪的父亲也到场了。但是，与丘吉尔从不公开攻击保守党前绥靖主义者形成鲜明对比的是，伦道夫的发言却一直在针对这些仍然占保守党议会大多数的人员。他说：“环顾一下我们的下议院——我说这些话时心中是充满恭敬的——我们能看到不少尊贵的、非常尊贵的绅士，他们或多或少要为我们军队目前的状况，为我们目前的设备短缺承担一些责任，这给我们现在的战略制定者也许带来了不少困扰。我并不想对过去进行指责。”[61]“恭敬”或是“不去指责”这些说法没有人会当真，他的主要观点虽然正确，却是口无遮拦的自我放纵，对他的父亲毫无帮助。伦道夫需要到非洲和南斯拉夫服兵役，所以他在自己的职业生涯中只进行了三次议会演讲，这或许是件好事。

张伯伦的病情迫使他辞去了内阁成员和保守党领袖的职务。保守党请丘吉尔接替他做党的领袖。克莱门汀和其他一些人认为他不应该接受这份工作。但是，想到保守党在1922年把劳合·乔治赶下台的方式（当时他是首相，但不是政党领袖），他决定接受这份工作。他在回忆录中写道：“如果除了两个少数派政党领袖的意见，我还必须去征求作为多数党的保守党领袖的意见，那样的话我是无法继续这场战争的……我觉得我不可能在战争期间去经受这样的考验。”[62] 10月9日，哈利法克斯在威斯敏斯特的卡克斯顿大厅政党会议上提议为他祝酒，不过私下里却说，他很难“避免拿内维尔和温斯顿做比较，又能同时说他俩的好话”。他仍然认为张伯伦是更好的首相，一个很重要的原因就是：他主持内阁会议时更干脆、更高效，而丘吉尔在内阁会议上却总是爱阐述、回忆和开玩笑。

丘吉尔成为保守党人只有16年，在做自由党人时，他曾以转变政治立场所带来的全部热情谴责保守党。因此，他必须谨慎选择接受这一职务时的措辞。他说："我不打算辩解，我要说的话全部源自我内心深处的信念。我相信，无论我的人生处在什么阶段，也无论我们匆匆而过的舞台场景发生怎样的变化，我一直都在忠实地服务于两项我认为最伟大的公共事业，一项是让大英帝国继续伟大，另一项是让我们这座岛上的生活能够一如既往。"[63] 于是，他"庄严而愉快地"接受了这一职务，并且承认，"我有一种倾向，那就是喜欢逆流而上，也许我应该引以为戒"。幸好他没有把 37 年前写给休·塞西尔的信寄出去，信中他写道："我憎恨保守党，憎恨他们的人、他们的言辞和行事方式。我一点儿也不同情他们。"[64] 考虑到他过去在保守党议员席上经常激起的愤怒，而现在他被一致推选为保守党领袖，这无疑是对他现在的声望、毅力和他传递的信息的一种赞扬。

第二天，帕梅拉·丘吉尔在契克斯庄园诞下一个男孩儿，她和伦道夫给他起名为温斯顿，一个很好的褒奖。他的祖父第二天拜访了契克斯庄园。"也许他们并不觉得我会蠢到来这里，"他在谈到德国人时说，"不然我肯定会失去很多，三代人被一勺烩。"①[65] 那个周末，在午餐时间，他抽着一支巨大的雪茄说，他坚信空袭会创造出"一种一旦英国人习惯了就会适应的战争。他们所有人都宁愿上前线，参加伦敦之战，也不愿站在一旁，观看像帕斯尚尔战役中那种大屠杀。"[66] 在与艾德礼和伦道夫共进晚餐时他说，他从他父亲那里学到了很重要的一课："永远不要害怕英国的民主。"[67] 第二天，他对艾德礼打趣说："只要还有一个德国人活着，我们的战争就有希望。"[68]

庞德、波特尔和道丁 10 月 13 日都住在了契克斯庄园，丘吉尔在向他们道晚安时"对他们说，他确信我们会赢得这场战争，但他承认，他还不清楚如何才能取得战争的胜利"。[69] 他希望在明年 1 月之前在中东地区拥有一

---

① 丘吉尔会和小温斯顿一起玩耍。在他三岁半的时候，有人给了他一套火车模型。他回忆说："我祖父和我一起躺在卧室的地板上，我们一起组装了一个圆形轨道。令他大为高兴的是，他看到有两个发条机车。他把一辆给我，另一辆留给他自己，然后大声说：'温斯顿，你把这辆的发条卷起来，我要把另一辆的卷起来！咱们让它们背靠背，咱们撞车吧！'"（朗沃斯编写，《梦》，第 56 页。）丘吉尔喜欢玩儿童玩具。在第一次世界大战期间，他和 9 岁的侄子约翰尼在克伦威尔路 41 号他们家的餐厅里，用麦卡诺积木搭建了一台 15 英尺长、8 英尺高的悬臂大吊车。约翰尼回忆说："我们不允许仆人把它挪开，我伯伯吃饭时还在深情地凝视着他的杰作。"（丘吉尔，《拥挤的画布》，第 33 页。）

支庞大的军队，以及用于两栖作战的机动师，尽管这些都算不上战胜纳粹控制的欧洲的真正蓝图。“轰炸军事目标目前似乎是我们取得胜利的主要手段。”他在写给哈利法克斯的信中说。[70] 丘吉尔的天才在 1940 年不仅展现在他促使英国继续战斗下去，更表现在他让这个国家深信，最终的胜利一定属于她，却没有给出任何令人信服的可以取得胜利的理由——除了大致上的对轰炸的认可。虽然他个人是喜欢和欣赏道丁的，但是就在第二个月，他默许了肖托·道格拉斯接替他担任战斗机司令部司令，因为波特尔和辛克莱都觉得道丁没有应付德军夜袭的能力，而且他还反对新的“大翼”编队，空军部想使用这一编队方式来对抗德国的威胁。这是丘吉尔不允许个人因素影响政策制定的另一个例子。

10 月 14 日，在唐宁街 10 号，在安装着钢制百叶窗的地下室里吃晚饭时，吃到一半，他突然产生了一种他后来所说的“天赐的冲动”。[71] 他站起身来走到厨房，告诉他的厨师乔治娜·兰登马尔，还有男管家和女厨娘，把食物放在电热盘子里，马上到空袭掩体去。然后他回到餐桌旁。三分钟后，一枚炸弹落在了唐宁街 10 号和财政部之间，引起“巨大的撞击声，就在附近，强烈的震动说明他们的房子被击中了”。[72] 沃尔特·汤普森赶过来，想要核实一下首相是否安然无恙，并且告知丘吉尔的客人们，包括阿奇·辛克莱、新任交通大臣约翰·穆尔·布拉巴宗、贸易委员会新任主席奥利弗·利特尔顿，还有军情六处处长斯蒂沃特·曼茨爵士，轰炸造成了巨大的损害。约翰·马丁对他的父母说：“房子里乱糟糟的，简直无法形容，窗户炸飞了，所有东西都遮上了泥垢，门的铰链、窗帘和家具被炸得到处都是……守卫唐宁街的士兵们的小屋被彻底炸毁，幸运的是，他们当时并不在房间里，而是去了别处的防空掩体。”[73] 丘吉尔对汤普森说：“可惜炸弹没能落在离我们再近一点儿的地方，否则我们还可以测试一下自己的防御能力。”[74] 事实上，炸弹幸亏没有落在更近的地方，因为厨房的大玻璃窗被炸开，整个厨房和食品储藏室都被炸毁了。[75] 尽管如此，丘吉尔和他的同僚们还是继续吃完了晚饭，然后上空军部的屋顶观看了突袭。劳合勋爵当时正在殖民地事务部，离爆炸地点很近。那天晚上晚些时候，他写信给儿子说：“温斯顿很好，他晚餐吃得不错，心情也很愉快。”[76]

第二天午餐时丘吉尔对国王说，“他救了他的厨师和当时在厨房里的人”。[77]正如我们看到的，丘吉尔对他的下属有时可能不够体贴，甚至会无礼，但是那天晚上，他天生的高贵感使他不得不这样做，而且他相信他身上有一双“隐形的翅膀”，在那晚至少挽救了三条生命。已经有人告诉了国王他在空军部房顶上冒险的事情，国王嘱咐他不要再冒这样的险，并在自己的日记中写道：“我不能失去他，这个国家现在也不能失去他。”①[78]

还有一次，丘吉尔的私人秘书约翰·派克救了整个唐宁街10号，他扑灭了一颗从楼上窗户斜穿而入的燃烧弹，一些床上用品当时已经被烧着。[79]尽管这些都是近在眼前的危险，可是丘吉尔还是不喜欢使用唐宁街10号的防空掩体。作为唐宁街的空袭监督员，派克不得不行使自己的权力来命令他进入掩体。“我不去。”丘吉尔说。“对不起，先生，”派克回答，“这里由我指挥。你也必须去。我们其余的人都得进去。”[80]丘吉尔听了这话“觉得很有趣，但还是满腹牢骚”，只好进去。如果掩体外面什么也没发生，他就会说，“这太荒唐了”，然后离开，其他人员都跟着他。②丘吉尔并不是真的低估了危险，1940年，他经常想到他自己的死，他告诉科尔维尔，他“不太相信人死后还能存在，至少不相信人的记忆会继续存在”。[81]

10月15日，在战争最猛烈的一次空袭中，400吨烈性炸药和数千枚燃烧弹落在了伦敦。丘吉尔采纳了国王的建议，在“谷仓”里过了一夜。“谷仓”是梅费尔区一个废弃的地下车站，铁路管理人员在那里有一套办公室。他讨厌这样。正如汤米·汤普森回忆的那样：“他感到烦躁不安，因为无法接触到正在发生的事情。”[82]17日，另一枚炸弹在唐宁街10号40码开外的地方坠落，造成财政部地下室4人死亡。[83]10月18日，在圣詹姆斯公园发现一枚未爆炸的地雷，丘吉尔拒绝离开唐宁街10号，“他主要担心湖上‘那些可怜的小鸟’的命运”。[84]（地雷被成功拆除。）

---

① 位于蓓尔美街的“卡尔顿俱乐部”于10月14日被炸毁，丘吉尔第二天去视察时，看到被炸碎的小皮特大理石半身像，还有党鞭长的卧室拖鞋（马丁，《唐宁街》，第31页）。

② 丘吉尔知道，在他的四个私人秘书中，派克是唯一一个妻子在伦敦做战争工作的。他们结婚只有一年，所以他把他带到契克斯庄园的次数通常远少于其他三个人，对他表现出“真诚、亲切的关注”（派克《从唐宁街到都柏林》，第70页）。

丘吉尔经常不顾这些危险，晚上在白厅附近散步。10月的一天早上4点半，在讨论了空袭造成的损失后，他陪同英国防空司令弗雷德里克·皮尔爵士从陆军部回到唐宁街10号，想找一些保卫尔①牛肉汁和沙丁鱼。他用手杖敲了敲那扇著名的黑门，喊道："戈林和戈培尔前来报到。"之后又对开门的门卫说："我不是戈培尔。"[85]

丘吉尔对身边的人要求多么严厉，他的表现又是多么特立独行，从这一时期约翰·派克亲身经历的一次恶作剧中可见一斑。他用唐宁街信纸起草了一份恶搞的备忘录，要求在塞尔弗里奇百货商店、坎特伯雷大主教在兰贝斯宫的家中、皇家空军斯丹摩站、伦敦帕拉丁剧院，以及陶婷碧和迈尔底路的伦敦郊区，为首相分别设立一些特殊办公室，每个办公室都需要同时为丘吉尔夫人提供足够的起居空间，同时配备两个速记打字员、三个秘书，猫咪尼尔森也是办公室里必备的，"还需要一个我可以从屋顶上观看空袭的地方"。[86]办公时间定在上午7点至下午3点，一切都必须在三天之内准备好。然后，派克在信封底部伪造了丘吉尔姓名的首字母缩写，并附上了一个红色的"今日行动"标签，以确保它在办公室里会被迅速传阅。对这个恶作剧完全信以为真的人包括德斯蒙德·莫顿、伊恩·雅各布、埃里克·希尔和帕格·伊斯梅。

不过，设立唐宁街10号的替代办公室也确实是必要的。自从两个世纪以前的罗伯特·沃波尔时期以来，这座建筑就没有进行过重大的结构改造，而且其本身也谈不上坚固。有一次，为了让一些内阁大臣放心，丘吉尔用手杖捅了捅低矮的天花板，"让所有人吃惊的是，手杖竟然直接捅到了楼上的财政部通道，他们所在的房间屋顶只有三英寸厚，材料就是碎板条和灰泥"。[87]财政部围墙边那个花园的角落处有一个小防空洞，但是很显然，它是无法应对大规模空袭的。[88]由于海军部、内政部、殖民地事务部和财政部都在10月中旬遭到炸弹袭击，白厅和特拉法加广场现在布满了弹坑，丘吉尔一家于10月19日从唐宁街搬进了"唐宁街10号附楼"，当时工程部（现为财政部）所在大楼一层大门边的一套公寓，就在圣詹姆斯公园对

① 他将"保卫尔"第一个音节发成"荷"的音。

面。三四十名战时内阁成员和规划参谋人员都在“中央作战室”工作，他们的楼上是莫顿和林德曼的办公室。

附楼下面（丘吉尔作战室现在所在的地方）是一个地堡，上面覆盖着厚厚的混凝土，是1938年时专为今天这样的情况而修建的，还配有抽水系统，因为它比附近的泰晤士河还低。① 在战争期间的1 562个夜晚，丘吉尔只在地堡睡过三次，他更相信地上那座坚固的石头建筑和窗户上滑动的钢制百叶窗。② 一开始窗户上还挂着海军防撞垫，但是他很不喜欢，很快就让人将其替换掉了。[89]“离开这座古老的建筑是令人难过的，”丘吉尔在谈到唐宁街10号时说，“尤其是，我担心它无法在伦敦之战中留存下来。”[90] 白天，他尽可能多地待在唐宁街。晚上，克莱门汀坚持要到附楼的屋顶上去做消防值班轮岗。[91]

任何人说什么，哪怕是国王，也不能阻止丘吉尔在空袭期间到辅楼房顶上去，戴着钢盔，穿着防护服和皇家空军大衣，而且，正如沃尔特·汤普森回忆的那样，还抽着雪茄，专注地看着爆炸和火光照亮破旧的城市。[92] 在回应汤普森和克莱门汀的抗议时，丘吉尔只是说：“要是我的时辰到了，该来的就会来。”[93] 他曾引用一战期间法国总统雷蒙·普恩加来的话：“我躲在无法穿透的概率拱门之下。”[94] 汤普森在屋顶上建了一个沙袋掩体，丘吉尔只有“在听到飞落的弹片四处溅落时”才会躲到里面。有一次，当丘吉尔站在附楼的门口跟随探照灯，看着炮弹爆炸时，汤普森突然扑向首相，挡在他身上。“‘别这样！’他冲我吼道，”汤普森回忆道，“多亏我这样做了，因为一些弹片从敞开的大门飞了进来，一位在后面的同事被击中了……这只是我记得的温斯顿·丘吉尔在闪电战中故意冒险的众多事件之一。他坚持要亲眼看看事情是怎么发生的。”[95] 在防空炮真的开火前，丘吉尔是不肯离开唐宁街10号，回到中央作战室地堡的。有一次，一枚1 000磅的炸弹落在了他一分钟前站着的地方。[96] 汤普森回忆说：“他经常在天亮之前就回到唐宁街10号，而那时空袭还在继续。”[97]

---

① 丘吉尔砌墙的爱好最终被证明是有用的，在修建中央作战室，以及为伦敦人装配莫里森防空避难所时，他给建筑工人提出了一些颇为专业的建议。

② 现在我们仍然可以看到百叶窗与石头墙体连接起来的那个地方。

丘吉尔要求皮姆上尉在附楼里布置一间地图室，其中一面墙上挂上一幅巨大的大西洋地图，后来又在另一面墙上挂上一幅苏联前线的地图，再后来挂了一幅远东地图。在别针颜色的选择上，英国人用红色的，法国人用棕色的，荷兰人用黄色的，德国人用白色的，等等。那些不同颜色的电话用于不同功能的服务，被大家戏称为“美丽合唱团”。一段楼梯将丘吉尔在附楼的私人房间与地图室连接起来。接下来的几年里，在丘吉尔的陪同下前往那里的贵宾包括英国国王、夏尔·戴高乐、澳大利亚总理罗伯特·门齐斯、挪威国王哈孔、苏联将军菲利普·戈利科夫、温德尔·威尔基和罗斯福总统的特使阿维利尔·哈里曼。约翰·派克回忆说：“登上附楼楼顶的探险活动成了丘吉尔娱乐活动的一大特色。”[98]

丘吉尔坚持让政府在闪电战期间留在白厅。汤普森记录道：“丘吉尔先生认为，重要的是，他们至少要和伦敦的其他人承担同样的风险。”[99]一旦德国入侵，政府就会在7英里外的一个代号为“围场”的地方扎营进行抵抗。“围场”是位于伦敦西北郊多里斯山布鲁克路的一个地堡，共有40个房间。丘吉尔说，在那样的情况下，大臣们“必须习惯成为穴居人”，他称他们为“穴人”。[100]尽管到那时皇室可能已经搬到了加拿大，丘吉尔还是打算要在多里斯山战斗到底。英国作为一个世界强国的漫长历史，有可能在“诸神的黄昏之战”中终结于伦敦布伦特区——一个看起来不太可能的地方。

从丘吉尔成为首相到1945年5月28日联合政府结束，战时内阁召开了919次会议，平均每两天召开一次，但是在1940年5月—12月的持续危机中，战时内阁召开了193次会议，比之后的任何一个自然年都多。会议通常在唐宁街10号或中央作战室举行，但在极少数情况下，会议也会在唐宁街地铁站、霍斯费里路的圆形地堡、威斯敏斯特教会大楼等地召开。1940年10月3日还在“围场”（为了测试）举行了一次会议。

“在接替内维尔·张伯伦之后，他就像把白厅安装在了陀螺上，让它快速运转起来。”空军元帅查尔斯·波特尔爵士回忆道，“从那时起，一直到战争结束，他都在不停地敦促、催办、探查，不停地寻找对付敌人的新方法。他会在白天或晚上的任何时候给你打电话，而你必须时刻保持警觉，不停地在自己的脑子里搜寻改进工作的方法。”[101]张伯伦在契克斯庄园只安装了一部电话——在厨房里。丘吉尔则在他的办公室里安装了一整排电话，据波特尔回忆，这些电话“一直都在使用中”。[102] 首相的私人秘书约翰·马丁对于这样的说法也深表赞同，他在不列颠之战期间曾对父母说：“首相的自信和活力令人惊叹。人们总说，‘接触过老皮特的人没有不觉得他勇敢无比的’，首相也一样。”[103] 为两届首相都工作过的科尔维尔说：“张伯伦有干劲，但不像温斯顿那样喜欢不断地探究和不停地工作。他希望他的下属也能像他一样，工作起来毫无倦意，效率很高，但从来没有质疑过他们是否具有这样的能力。另一方面，温斯顿总是在寻找缺点，鼓励别人像他一样充满热情。”[104]

科尔维尔后来回忆说：“在短短几天内，白厅就出现一种紧迫感，甚至可以看到可敬的公务人员在走廊里奔跑。延误是不可饶恕的；电话交换机的效率提高了三倍；参谋长和联合作战规划人员差不多一直在开会；正常的办公时间不复存在，周末也随之消失。”[105] 战时内阁会议在公休日召开，危机期间有时会晚至凌晨 1 点 45 分召开。伊斯梅、雅各布和战时内阁秘书处的第三位成员莱斯利·霍利斯上校每周工作 7 天，每天工作 15 小时。在为首相准备重要讲话时，值班秘书常常要工作到将近早上 6 点，并且希望自己能在当天上午 10 点前回到办公桌前。[106] 他们没有抱怨过这些日子，他们知道自己正处在书写世界历史事件的中心。

1941 年加入内阁秘书处的诺曼·布鲁克说：“他想要的一切都必须立刻完成，他所有的要求，无论多么苛刻和不合理，都必须得到满足……工作很繁重、节奏很快。”[107] 保守党党鞭詹姆斯·斯图尔特回忆说，丘吉尔“是一个非常不容易共事的人，做他的下属也非常不易。他很爱争辩，总想按他自己的方法做事……他有点儿霸道”。[108] 丘吉尔要求秘书要知道他每一页口述多少字，他们必须能够准确地记录下他嘴里叼着雪茄，背对着他们边走边低吼出的那些话语。他们还必须习惯他使用的那种独特的方式和词汇。格蕾丝·汉布林说：“我觉得被骂是让我最难以释怀的事情之一。”不过，几乎和所有其他秘书一样，汉布林也慢慢喜欢上丘吉尔。“我来自一个安静的家庭，从来没有被吼过。”[109] 她回忆起有一次丘吉尔吩咐凯瑟琳·希尔说：“把克洛普给我拿来。”过了一会儿，希尔自豪地抱着奥诺·克洛普教授的 14 卷《斯图亚特家族的衰落和汉诺威家族的兴起（1875—1888）》费劲儿地走了回来。

“全能的上帝！”丘吉尔怒吼道。他本意是让她拿来他的打孔机。他给自己的打孔机起了个绰号叫“咔嗒（音同克洛普）”，因为它的发音听起来像是打孔的声音。（他鄙视订书钉和回形针，成捆的纸必须用“咔嗒”打孔，然后用金属配线的财政部标签固定起来。）然而，丘吉尔一旦意识到他伤害了希尔夫人的感情，他就开始称赞她的书法。他的秘书们必须随时了解他的情绪。玛丽·希尔伯恩回忆说：“在口述演讲内容时，突然到来的伤感，或是突然提及灾难，都会让他热泪盈眶。有时他几乎就哽咽起来，这种情绪发展到最后，眼泪就会顺着他的脸颊流下来。”[110]

丘吉尔口述的备忘录被他的手下戏称为“祈祷者”，因为这些记录经常以“祈祷解释”或“祈祷让我听听你的意见”开头。那个时候，“祈祷”（pray）这个“请”（please）的同义词已经过时了，丘吉尔故意选用了这个词。唯美主义者哈罗德·阿克顿爵士指出，除了丘吉尔，也没有人再用“冤家”（foe）这个词来表示“敌人”（enemy）。想要说服英国人民回顾几百年前类似的国家危难时刻，丘吉尔发现，刻意使用古语是很有帮助的。老式语言，但不是漫无边际。他总是坚持在正式文件中简明扼要，他相信没有任何问题复杂到不能把其要点浓缩成几页的地步，而且他常常命令将其概括在一页纸上。①“没有把思想压缩到一个合理空间，那纯粹是因为懒惰。”他说。[111]丘吉尔一贯坚持语言的清晰和精确，1940年5月，他给辛克莱发去了一份备忘录，抱怨说，一些敌机被报告为“失灵”，而另一些则被“摧毁”，“这两者之间是有什么真正的区别，还是只是为了避免重复？如果是这样的话，这与英语语言权威人士的说法并不相符。内容不应该为外表做出牺牲”。[112]正如科尔维尔后来所说，“最最让他恼火的事情，就是把问题复杂化，或是使用晦涩的语言，让人觉得作者很聪明，普通人理解不了他”。[113]

丘吉尔战时的日程安排每天并不一样，但总的来说，早上8点他会被叫醒，有人给他拿来报纸，他读上20分钟，然后一边阅读官方新闻公报，一边享用丰盛的早餐。早饭后，他坐在床上，靠着枕头，戴着护肘，点上一支

① 文字简洁不仅仅是他在战时紧急状态下的要求。在20世纪50年代的一篇文章中他写道：“这篇财政部文件就其篇幅而言，就是在严防被人阅读的风险。”

雪茄，开始工作。读书、口述、打电话，一直干到将近下午 1 点。偶尔他会在卧室接待参谋们。然后他会起身去浴室洗个热水澡，① 用漱口液漱口，再用装有盐水的鼻腔冲洗器来清洁鼻孔。他是最早使用电动剃须刀的人之一，直到 1937 年，电动剃须刀才开始大规模生产。他还对自己所谓的“牙齿清洁设备的卓越之处”感到满意，它将水高速喷入嘴中，这可以去除雪茄的味道。[114] 然后，他会在他的男仆弗兰克·索耶斯的帮助下穿好衣服、吃午饭，之后上床睡一小时。战争期间，他每天下午都要午睡，工作时间从早上 9 点延长到凌晨 1 点或 2 点。[115]“你必须在午饭和晚饭之间睡一会儿，”他说，“而且不能凑合睡。要脱掉衣服上床睡。不要以为你会因为白天睡觉就影响工作量，那是没有想象力的人的愚蠢想法。你会完成更多工作。睡了午觉，你一天可以当两天用——嗯，至少一天半，我敢肯定。”[116] 第一次世界大战期间在海军部工作时，丘吉尔开始每天下午睡一小时，因为“我发现如果我在午饭后睡上一个小时，就可以增加近两个小时的工作时间”。[117] 为了方便他在旅行时睡午觉，无论去哪儿，沃尔特·汤普森总要带上一个黑色缎子眼罩和一个特殊的枕头。[118] 午睡后，他经常要洗第二次澡，否则，用汤普森的话来说，“要付出的代价可就大了”。（1921 年他在埃及的时候，火车上没有洗澡水，他让火车停下来，在机车的锅炉里烧水洗澡。）[119] 晚饭一般在晚上 8 点吃，之后他会一直工作到深夜。在整个战争期间，丘吉尔的睡眠都很好。他回忆说：“我总是可以在一天工作结束后倒头就睡……睡得很安稳，醒来时神清气爽，除了想去处理第二天早上的文件，别的什么都不想。”[120]

那年 9 月，在契克斯庄园，丘吉尔第一次穿上了他自己发明的连体工装裤，最初是由不同的面料制成的，包括杰明街裁缝店特恩布尔与阿塞设计的天鹅绒，他称之为“警报套装”，尽管其他人都称之为他的“连体裤”，有胸袋和侧袋，剪裁大方，袖口折叠，颜色各异，包括深紫色、天蓝色和深绿色。[121] 科尔维尔曾经记录道：“首相穿着他的拉链式空军蓝连体套装，腹部绷得很紧，看起来像个因纽特人。”[122] 与他的电动剃须刀和 3 英尺长的钥匙

---

① 他只会在浴缸 2/3 满、温度为 98 华氏度（约 36.67 摄氏度）的时候进去，然后让温度上升到 104 华氏度（40 摄氏度），水满到几乎溢出来。

链一样，连体套装就是一个省力的装备，就像他有时会穿拉链鞋而不是系带鞋一样。[123] 理论上说，花在穿衣和脱衣上的时间多了，花在战争上的时间就少了，尽管他在穿衣、脱衣、刮胡子甚至洗澡的时候也常常会与私人秘书交谈，或是给他们口述事情。几年后派克回忆说："通常情况下，在他脱下衣服，用一把长柄梳子在两块肩胛骨之间挠痒痒时，包括在这之后穿睡衣时，私人秘书就站在首相的卧室里。所谓睡衣，就是一件差不多和最短的迷你裙一样长的背心。"[124]

这种非常开放的家庭内务安排在其他方面也很明显。契克斯庄园和唐宁街 10 号在防范暗杀和恐怖主义方面的安保措施出奇地随意。约翰·马丁回忆说，外交部曾搞过一场比赛，看谁能以最低的资格进入唐宁街 10 号。获胜者将获得一张铁路季票和一张高尔夫俱乐部会员卡，但"最终，该奖项被一名信心十足地捧着一块蛋糕走进大门的男子摘得"。[125] 一位少校被派到契克斯庄园去测试其安全状况，他设法上了楼，一个女仆把他领到首相的卧室，他自己又返回前门，没有人发现他。

10 月 21 日，丘吉尔对法国进行了广播（这一天正好是特拉法加日，选择这一天似乎有些不太明智）。他首先用法语说："法兰西！我是丘吉尔，我现在对你们讲话。"然后他改说英语。在奥兰事件发生后，他做过很多事情来说服法国人，他是一个亲法派，如非必要，他不想与维希政府的关系恶化。他说："30 多年来，无论是在和平时期还是在战争中，我一直与你们并肩作战，现在我仍在沿着同样的道路前进。希特勒先生并不只是想窃取别人的领土，或者把这些领土扔给他的小盟友墨索里尼。我告诉你们，这个邪恶之人，这个仇恨和失败的可怕产物，他决心要彻底消灭法兰西民族，使这个民族全部的生活与未来分崩离析。你们一定要相信我。"[126] BBC 法语部负责人雅克·杜彻斯内帮助丘吉尔练习了这段讲话，当时正好是空袭发生期间，出于技术上的原因，他们不得不在唐宁街 10 号而不是作战室里录制。当杜彻斯内指出，唐宁街 10 号几乎没有什么保护措施时，丘吉尔笑着用法语回答："如果炸弹落在这所房子上，我们将会像两个勇敢的人一样一起死去！"[127] 首相在刚才走进房间时就已经失言了一次，他问道："我的法国佬演讲人在哪里？"[128] 杜彻斯内看上去很受伤。希特勒即将在法国中部的芒托瓦与贝当会晤，丘吉尔就此对维希政权发表评论说：“由于我们出乎意料的抵制，他们才开始加快推销自己的背信弃义。”[129]尽管如此，他还是阻止了军情六处贿赂维希政府总理皮埃尔·赖伐尔，让他离开法国，称“他不再值得收买”。[130]

在这次广播的第二天，一桩腐败丑闻击倒了丘吉尔的一位坚定的朋友和支持者。1929年时他曾写道：“政治制度的好坏在某种程度上可以通过一个测试来衡量，即他们的主要代表是否能够根据事情本身的价值对重大事务做出决定，而不会在乎他们的个人利益，往往也不会在乎好友的个人利益。”[131]鲍勃·布思比是20世纪20年代丘吉尔在财政部的私人秘书，也是20世纪30年代的一位反绥靖主义者，还是“其他俱乐部”的成员。由于一桩财务丑闻，10月22日，他被迫辞去粮食副大臣之职。他曾公开提议冻结属于一个捷克生意伙伴妻子的24万英镑的捷克资产，但没有向下议院声明，一旦冻结，他将获得这笔资产的10%。布思比认为丘吉尔会保护他，但结果却是他再也不会有机会担任大臣级职务了。“他是我的私人朋友之一，”丘吉尔对下议院说，“在我孤独和困难的时候，他常常是我的支持者，我一直对他怀有一种温暖的个人敬意。如果这对我们来说是痛苦的，对所有人来说也是损失。这是国王陛下政府的损失。”[132]然而，在这样一个危险的时刻，他不打算冒着让政府名誉受损的危险让他继续留任。他私下里说，布思比“应该去加入拆弹小组，在他的同胞眼中，这是让他恢复自我声誉的最好办法。毕竟，炸弹可能并不会爆炸”。[133]这虽然听起来很残酷，却正是1915年他自己的做法，当时西线军官上任后的平均寿命为6周，与二战时期拆弹小组人员的平均寿命没有什么不同。然而，他在与科尔维尔谈到那些骚扰布思比的人时说：“如果这世界上有一件事是我觉得可恶至极的，那就是人肉搜索。”[134]这也是他在1915年的写照。

10月下旬，丘吉尔乘坐专列前往苏格兰视察西科尔斯基将军的部队和位于罗赛斯的造船厂。①在去北方的路上丘吉尔说：“很多人说战争从来没有

① 这列火车是由“伦敦、米德兰与苏格兰铁路公司”捐赠的，有两节车厢，带卧室、浴室、办公室、贵宾室、餐车和行李车。这是一种舒适的旅行方式，方便安排秘书、保镖和摄影师随行。无论停在哪里，首相车厢都要连接上最近的电话线。当接线员要求拨打“急速下降8833”时，丘吉尔的电话就接通了唐宁街10号。

解决过任何问题，这是一派胡言。历史上除了战争，没有什么曾经解决过问题。”[135] 他还说，他认为每一个未来的军官都应该读一读普鲁塔克的《希腊罗马名人传》。返回伦敦时，在前往唐宁街的路上，人群向他欢呼起来。他对科尔维尔说：“我向他们展示了他们全心拥护的东西，那就是获胜的决心。在一两年之内，他们是会为我喝彩的。”[136] 他认识到，他用来取得胜利的时间是有限的。

意大利于 10 月 28 日入侵希腊，希腊总理约阿尼斯 · 梅塔萨斯立即向丘吉尔求助，他说：“今天我们所面临的战争，完全是为了荣誉而战。”[137] 很难看出英国援助希腊对自己有什么战略上的好处，但是当得知雅典被轰炸后，丘吉尔毫不犹豫地说：“那我们就必须轰炸罗马。”[138]（他对一位保守党议员说：“罗马不是一天就能拆掉的。”）[139] 11 月 2 日起，英国军队开始从埃及调兵进入希腊。丘吉尔在他的回忆录中写道：“我们突然想到一个显而易见的事实。克里特岛！绝不能让意大利人占领克里特岛。”[140] 下午茶时，迪尔开车离开契克斯庄园，他对迪尔说的最后一句话是：“别忘了——这对希腊来说是最大的机会。”[141] 在希腊的军力部署得到了包括艾登和迪尔在内的国防委员会的支持，但这主要还是丘吉尔的倡议。就像挪威战役一样，这也是一个代价高昂的错误，在韦维尔即将在埃及的梅尔萨马特鲁攻击意大利人之际，从韦维尔那里调走的部队足以削弱他的实力，而调走后派往希腊的兵力却不足以影响希腊战争的结果。

丘吉尔急切地等待着 11 月美国总统大选的结果，他相信在罗斯福击败共和党对手温德尔 · 威尔基之后，美国将会参战。与此同时，他告诉科尔维尔，“他完全理解许多英国人对美国的批评态度和由于无效援助所产生的愤怒，但是我们必须耐心，我们必须隐藏自己的愤怒”。[142]（他说这话的时候，旁边突然传来一阵阵《在那枝繁叶茂的栗树下》的歌声。）10 月 30 日，罗斯福总统在波士顿对他的同胞们说：“我会一遍又一遍地说，你们的孩子不会被派往任何外国参与战争。”[143] 无论这些话对英国人来说多么令人沮丧，这是罗斯福连任的先决条件：尽管绝大多数人同情同盟国，但是相对来说，想要成为第一批参战人员的人还是少数。

1940 年 7 月 10 日—10 月 31 日，至少 1 733 架德国空军飞机在英国上空被击落，915 架英国皇家空军战斗机为此付出了代价。丘吉尔 5 月向罗斯福提出的“2∶1 或 3∶1”的估算比例差不多得到了证实。[144] 他对新任内政大臣、工党成员赫伯特·莫里森说：“英国皇家空军的飞行员中，只有大约 30% 上过公学，其余都是小学毕业，或职业学校毕业。没有一个贵族选择加入皇家空军，中下阶层是空军的主力。”赫伯特本人也是 14 岁就离开学校去当差的。科尔维尔对这次谈话的后半段进行了这样的描述：“首相接下来滔滔不绝地讲述了贵族正在从舞台上消失，取而代之的是这些中下层阶层的优秀儿子。他对他们为英国所做的一切表示敬意。”[145] 然而丘吉尔并没有完全放弃自己的阶级，12 月，他向自己的老朋友，伊顿公学的教务长休·塞西尔勋爵提供了贵族头衔（他是第三代索尔兹伯里侯爵最小的儿子）。他对休说：“有你在上议院真是太好了……贵族的士气就可以保住，主教们犯错时也有人可以批评他们……我在报纸上看到，伊顿公学的鞭打区已经被敌人的行动摧毁了，你可能会有更多的闲暇时间和精力。”[146]

11 月 4 日，伦敦迎来了 8 周以来第一个没有空袭的夜晚。德国空军已经决定将空袭范围扩大到英国的工业中心和港口。此后，伦敦继续定期受到袭击，但不再是连续不断的袭击。得知意大利飞机也参与了轰炸后，丘吉尔说，一旦驻扎在马耳他的惠灵顿轰炸机数量够了，他将开始炸罗马。从马耳他起飞的轰炸机已经开始对那不勒斯进行轰炸。当科尔维尔说，他希望可以留下古罗马竞技场时，他说，“多敲掉几块砖”也没什么大碍。之后他引用拜伦《恰尔德·哈洛尔德游记》中的诗句说：“罗马竞技场矗立在那里，罗马就矗立在那里。罗马竞技场倒塌了，罗马就倒塌了。”[147] 然而，事实却是，他对历史的热爱保护了罗马市中心，使其免于遭受本可以轻易施加在其身上的灾难。“我们必须小心不要炸到教皇，”他对新上任的轰炸机司令部总司令理查德·皮尔斯爵士说，“他有很多有影响力的朋友！”[148] 在那个月的晚些时候，当得知有 8 架意大利飞机在伦敦上空的一次空袭中被击落时，他高兴得欢呼起来。[149]

11 月 5 日，他在下议院进行了一次演讲，演讲内容是他在契克斯庄园的霍特里厅口述的，玛丽的留声机上播放着施特劳斯的圆舞曲。他宣布：“希腊国王、他的政府和希腊人民决心为生命和荣誉而战，以免这个世界太容易被锁链束缚。”[150]尼科尔森观察到丘吉尔“叉开5个手指，在外套的前襟上上下搓着他的手掌，寻找着合适的词语，选择着谨慎的表达，表现出近乎用药后的镇静”。演讲结束后，他“无精打采地走进吸烟室，开始专心致志地阅读《晚间新闻》，仿佛这是他能获得的唯一信息来源”。[151]

那天晚些时候，丘吉尔迫切想听到的消息来了：罗斯福以449票对82票击败威尔基。以38个州对10个州的优势获胜，成为美国历史上第一位连任三届的总统。总票数的差距倒是远没有那么大：罗斯福获得了2 720万张选票，威尔基获得了2 230万张选票。丘吉尔感到“难以形容的宽慰”。威尔基并非孤立主义者，但玛丽在日记中写道：“荣耀的哈里路亚！对希特勒来说，这就像有人开心地戳了戳他的鼻子。”[152]罗斯福已经连任成功，丘吉尔于是在11月16日发了一份电报，他后来将它描述为“我曾写过的最重要的电报”，请求美国制订计划，将武器借给或租给英国，英国可以用很长时间慢慢偿还。[153]（就连他自己可能也没有想到，这笔8 325万美元贷款的最后一期，将会迟至2006年才偿还。）罗斯福最亲密的知己哈里·霍普金斯后来告诉丘吉尔，总统“独自坐在躺椅上反复阅读这份电报”，当时他正乘坐美国军舰“塔斯卡卢萨号”在加勒比海巡航，“在两天的时间里他似乎没有得出任何明确的结论”。[154]然而，总统在脑海里正在酝酿一个非同寻常的想法。

11月，有史以来第一次，下议院开始在威斯敏斯特教会大楼举行会议，因为那里比威斯敏斯特宫更安全。丘吉尔在下议院搬家之前最后一次出现在那里时宣布，地中海舰队在11日晚的塔兰托战役中决定性地战胜了意大利海军，引来一片欢呼声。丘吉尔笑着对夏依说：“这次我们给这些鸟儿准备了一些糖。”[155]这是自1834年的大火以来，下议院第一次搬到其他地方开会，夏依记录道：“温斯顿看着下议院的混乱局面很开心。”[156]“议员们公开抱怨说，温斯顿在利用自己的职权做交易，”夏依接着写道，“利用他在国内受追捧的程度，尽管他的支持率有所下降，但仍然很高。”[157]这只是夏依一厢情愿的想法，在公众那里，丘吉尔的受欢迎程度还是一如既往地高，但许多保守党后座议员仍不愿与他和解。因此，当71岁的张伯伦于11月9日去世后，丘吉尔在威斯敏斯特大教堂所致的悼词不得不小心翼翼、慎而又慎。

丘吉尔多年来一直坚决反对自己这位前任的核心政策，并在之后的一场颇有争议的政变中取而代之，而前任那些仍不甘心的支持者构成了下议院的多数席位。如果需要给这样一位前任写悼词，大多数政客一定都会拖延一阵。然而，在11月14日张伯伦的葬礼上，在冰冷的修道院里——为了安全起见，窗户上的彩色玻璃已经被移走，空空的窗户也没有用木板完全遮盖好——丘吉尔却利用那里的讲坛，进行了一次精彩的演说。

“在我们向这位从我们身边被带走的杰出人物表达崇高敬意时，”丘吉尔对拥挤的集会人群说，“没有人有义务去改变他对已成为历史的一部分问题所形成或表达的意见，但是在教堂门前，我们自己的行为和我们自己的判断也在被审视。人类是不能预见或在很大程度上预测事态的未来发展方向的。这对人类来说，真是一件幸运的事情，否则生活将无法忍受。在某个阶段，人类似乎是对的，但是在另一个阶段，他们似乎做出了错误选择。”张伯伦向希特勒求和的绥靖政策是错误的，但是正如丘吉尔所言，他的内心涌动的，是“人类的仁慈本能……他这样做甚至冒着极大的危险，当然也是置个人声望和民众抗议于不顾的”。他“竭尽自己的能力与权力——强大的权力，来挽救这个世界，让其免于陷入可怕的、毁灭性的战争，就是我们现在正在进行的战争”。[158]

“历史之灯闪烁不定，”丘吉尔继续说道：

> 它沿着昔日的小路跌跌撞撞地前行，试图重现昔日的场景，恢复昔日的回声，用它微弱的灯光点燃昔日的激情。这一切的价值何在？一个人唯一的向导是他的良心，守护记忆的唯一盾牌就是行为的正直和真诚。没有这面盾牌，我们的一生就只能是轻率的一生，经常因希望的破灭和算计的失败被嘲弄。但是有了这面盾牌，不管命运如何安排，我们都将永远在荣誉的队列里前行。[159]

在第二排座位上和拉博·巴特勒坐在一起的夏依写道：“温斯顿站在棺椁旁时哭了，表现出了自己的礼貌和体面。”[160]

这是丘吉尔第一次在教会大楼对下议院进行正式讲话。科尔维尔“认为，首相的演讲本身无法与他华美的语言相提并论”，主要原因是房间太小，再加上议员们的咳嗽声和人们走上讲台发出的吱吱声。[161] 在凯瑟琳·希尔称赞他的演讲时，丘吉尔说：“呃，当然我也可以反过来说。”[162] 他对绥靖政策的看法毕竟没有改变。他对尼科尔森说，在这个葬礼上发表演讲“不是一项不可能完成的任务，因为我欣赏内维尔的许多优秀品质。但我向上帝祈祷，在他无限的怜悯下，我将不会为鲍德温发表类似的演说。这确实很难做到”。[163]（他真的幸免了。）丘吉尔对亲张伯伦派议员詹姆斯·斯图亚特说：“没有可怜的内维尔，我该怎么办？我正指望着他替我统管大后方的事务。”[164] 他不得不依靠艾德礼、莫里森和安德森，而他们在政治上的设想与丘吉尔完全不同。

保守党议员罗尼·特里问丘吉尔，如果德国侦察机从契克斯庄园上空飞过，庄园附近已经被投放过炸弹，空军参谋部也发出可能有下一轮猛烈袭击的警报，他是否愿意在月圆的时候待在他的乡村别墅，位于牛津郡的迪去雷庄园内。[165] 他的回答是：“虽然我时刻准备着殉道，但也没有必要去冒险。”[166] 他认为政府提供的位于伍斯特郡的替代住所太远，而迪去雷庄园离白厅只有75英里。①[167] 马丁曾写道，特里和他的妻子南希（后来的南希·兰开斯特）依然以“战前家庭聚会的标准和气氛”为乐。“毫无疑问，这是我所见过的最漂亮的房子。”玛丽这样写道。丘吉尔经常在那里的中国厅会见陆军和海军的将军们。[168] 在张伯伦葬礼那天下午，当丘吉尔动身前往迪去雷庄园时，约翰·马丁把他那褐色的恩尼格玛解密箱递给了他。出发仅仅几分钟后，开到肯辛顿花园的时候，丘吉尔命令司机掉头返回唐宁街。从解密文件中他得知，德国即将发动一次代号为“月光奏鸣曲”的大规模袭击，尽管不能确定其具体目标，但是根据X光仪器上的光束位置推断，目标应该是伦敦。[169] 正如马丁所说，丘吉尔“在伦敦很可能会遭受严重空袭的时候，是不会安安静静地到乡下去睡大觉的”。[170] 布拉肯把首相身边的女职员送回家，或送到

① 特里的战争回忆录的题目是“当月亮高高升起时”，暗指每到月圆之时，如果再赶上周末，丘吉尔就会去迪去雷庄园。但事实上，据契克斯庄园的访客簿记载，丘吉尔在战争期间有11个月圆的夜晚住在了契克斯庄园，并且邀请了数十位尊贵的客人与他一起住在那里。

多里斯山地堡。带着自己天生的勇气和想成为行动中心的愿望，丘吉尔拿着双筒望远镜，登上了空军部的屋顶。[171]

事实上，当天晚上的袭击发生在中部城市考文垂，造成544人死亡，420人受伤，515架德国飞机中只有一架被击落。[172]坊间有一种传言，丘吉尔知道考文垂将要遭到轰炸，但是为了保守“超级解密”组织的秘密，他任由其发生了。而事实上，考文垂并不是情报透露的袭击目标。[173]德国人在11月19日—22日对伯明翰，23日对南安普敦，24日对布里斯托尔分别发动了猛烈的袭击，丘吉尔只能发出“我们所有的方法都彻底失败了”的感叹。考文垂被袭击后，飓风战斗机和高射炮被运往中部地区，但德国空军仍在出击，不过现在他们主要是在夜间轰炸，击中目标的准确率较低。[174]

然而，正如丘吉尔11月22日所说，即使是空中威胁，“与潜艇的威胁比起来也什么都不算”。[175]他又回到《爱尔兰条约》中的港口问题上，向自治领事务大臣克兰伯恩勋爵抱怨，不应鼓励英国驻都柏林大使约翰·马费伊爵士，让他“觉得他唯一的任务就是安抚德·瓦莱拉，让一切，包括我们的毁灭，都痛痛快快地成为过去”。[176]12月初他提出，是否可以制裁爱尔兰自由邦，迫使其改变立场。然而，没有什么能让德·瓦莱拉总理做出改变，允许皇家海军在反法西斯斗争中使用这些港口。

11月30日，也就是丘吉尔66岁生日那天，他给罗斯福写了一封长达15页的信，概述了当时的战略形势，并再次敦促罗斯福给予支持。经过几次修订后，直到12月7日信才发出。他在信中写道：“1941年的成败取决于海洋。”

> 除非我们能够拥有养活我们自己的能力；能够进口我们所需要的各种弹药；能够把我们的军队送到可以遭遇希特勒和他的同盟墨索里尼的不同战区去，并且能够驻扎在那里……否则我们就会在中途倒下，那样的话，美国可能就不会再有完成防御准备工作的时间。因此可以说，正是我们的航运能力和跨洋运输能力，特别是在大西洋上，将在1941年决定整个战争的成败。[177]

他请求更多的船只和驱逐舰支援，请求美国向德·瓦莱拉施压，要求其提供爱尔兰基地，并请求美国军舰为美国商船护航。最后他写道："如果……总统先生，你相信击败纳粹和法西斯暴政对美国和西半球人民来说是一个至关重要的问题，你就不会把这封信当作一封求援信，而是将其当成实现我们共同目标所需的一份最低行动声明。"在讨论如何支付这一切时，他在这封信的开头提出："即使是在这场战争最激烈的时候，我也不愿意夺去大不列颠所有能够想象得到的可出售资产。那样做的结果只能是在我们用鲜血和汗水赢得胜利之后，文明才得以保存，美国将获得充足的时间为所有可能发生的事情充分武装自己，而我们却变得身无分文。"[178]然而，很难想象如何才能避免发生这样的事情。

12月，丘吉尔写信给辛克莱和波特尔，要求他们提供一份"两到三页纸"的文件，估算一下1941年3月底到6月之间德国空军的规模。他从空军部、战时财政部、飞机生产部和他自己的统计办公室得到的数据有时出入很大。他试图强行让林德曼的组织接手其他部门的统计工作，但是各部门不愿放弃自己独立的统计数据收集与分析工作。因此，正如丘吉尔后来写的那样，还是"让部门之间的争论自然发生吧，这是发现真相的好方法"。[179]年底，辛克莱和波特尔得出结论，德国对英国的优势现在大约是4∶3，而在法国战争期间，这个比例是2∶1，到4月，这个比例会更好。丘吉尔认识到，不列颠之战中最黑暗的日子和迫在眉睫的入侵威胁已经过去。艾登在他12月的日记中写道："温斯顿累并快乐着。我们谈到了夏天的黑暗日子，我告诉他，波特尔和我都向对方承认，我们在心里都曾一度感到绝望。他说：'是的，我一般都会充满信心地醒来，迎接新的一天的。而那个时候我醒来时，心中总是充满恐惧。'"[180]然而，这些人在公众、媒体、议会、他们自己的工作人员，甚至他们的妻子面前所做的、所说的，却从来没有流露出他们对最终胜利一丝一毫的怀疑。这是领导力的精髓所在。

12月初，丘吉尔非常沮丧。除了德·瓦莱拉的固执，让他生气的还有海军上将凯斯的"车间行动"计划，即占领潘泰莱里亚小岛的计划，被参谋长们否决了。然而，要保住这个位于西西里岛西南63英里处的小岛，并为它提供供给，其中所涉及的问题远远超过所能获得的利益，因为小岛的港口很差劲，机场也不够用。参谋长们有权否决这一行动。地中海地区总司令、海军上将安德鲁·坎宁安爵士对该计划的反对态度是如此强烈，以至丘吉尔说："老战友之间的感情真不应该是这样的。"[181] 与此同时，凯斯如此强烈地谴责了丘吉尔手下那些"懦弱的顾问们"，而丘吉尔，像往常一样，不愿推翻参谋长们的意见，所以不得不对凯斯说："你和你的突击队必须像其他人一样服从命令，只能这样。"[182]

丘吉尔还认为，韦维尔在埃及对意大利人发动的"罗盘行动"过于迟缓，尽管在巴尔干半岛，希腊人通过顽强抵抗已经击退意大利人。12月3日，迪尔问道："德国在做什么？"——这个问题本该由他回答，而不是他问——于是丘吉尔答道："他们正在准备一件可怕的事情。"[183] 12月5日，在国防委员会会议结束后，丘吉尔向艾登提议，让他利用威灵顿公爵在参加半岛战争之前曾担任议员的先例，接管韦维尔的指挥权。"我拒绝了，非常坚决！"艾登写道。[184] 韦维尔于12月9日在埃及西部沙漠启动了"罗盘行动"。在接下来的6个星期里，他向前推进了200英里，俘虏了11.3万人。温斯顿在10日与国王共进午餐时，曾不断地重复说："我们一定要取得一次胜利。"现在，胜利终于来了。第二天，他打电话给国王，宣布了战争开始以来他们取得的第一次陆地上的胜利。[185] 丘吉尔对林德曼说，他一直抱着这样的希望生活了5周，一直害怕沙尘暴会给驻扎在那里的士兵提供退缩的借口——这表明他对将军们的战斗精神完全没有信心。[186] 在"罗盘行动"后的三个月内，丘吉尔又给了韦维尔5次打仗的机会，分别在希腊、叙利亚、伊拉克、埃塞俄比亚和厄立特里亚，但是没有给予他任何大规模的必要增援，只有一些最不起眼的小增援。

"罗盘行动"开始当天，威斯敏斯特宫建于14世纪的圣斯蒂芬修道院在空袭中遭到重创，这充分证明丘吉尔将议会迁往教会大楼的决定是正确的。夏侬发现议员们的衣帽间里"一片狼藉，到处都是残骸和碎玻璃，这座巨大建筑中最可爱、最古老的部分也成了一片废墟。突然，我遇到了温斯顿·丘吉尔，他穿着一件毛皮领大衣，抽着雪茄……'太可怕了！'，他嘴里叼着雪茄对我说。看得出他很动情，因为他爱威斯敏斯特……'克伦威尔在这里签署了查理国王的死刑令'。他咕哝道。"[187]

12 月 12 日，洛锡安勋爵因身患尿毒症在华盛顿去世，享年 58 岁。① 丘吉尔在威斯敏斯特为洛锡安所致悼词的部分内容，再次加入了一些他的个人感受。他对自己的议会议员同僚们说："我不由得感觉，一个人在自己处在事业巅峰时死去，在他为这个世界付出最多努力的时候死去，得到所有人的敬重和钦佩，在那些了不起的重大问题仍然统领着他的一切兴趣的时候死去，在他已经能够看到最终胜利的曙光时被带走离开我们，这样的命运并非不值得羡慕。"[188] 在战争后期，当苏联和美国卷入战争，胜利已成定局后，他常说，如果他自己在战争期间死去，那将会是令人羡慕的死亡。

丘吉尔最初考虑让劳合·乔治接替洛锡安担任驻华盛顿大使，但他不敢肯定自己是否可以信任他。他最终还是提出这一建议，但对方出于健康原因拒绝了。克里普斯不能被调离莫斯科，因为"他是一个疯子的国家里的疯子，调他离开将是一件憾事"。[189] 丘吉尔曾考虑过克兰伯恩勋爵和凡希塔特勋爵，但最终决定选择哈利法克斯，这为艾登重返外交部开辟了道路。10 月时他说过："这个部门最需要的，就是大量的靴子，该踢时就踢出去。"他认为艾登能够做到这一点。[190] 此外，这样做还可以清除哈利法克斯。在丘吉尔看来，哈利法克斯往好了说是一种制约力量，往坏了说，如果战争形势恶化，那么他可能会再次支持和平谈判。丘吉尔小心翼翼地利用驻外使领馆来清除潜在的反对者，用支持者取而代之。除了哈利法克斯、霍尔和马尔科姆·麦克唐纳（他被派往加拿大担任高级专员），他还派了另外 5 名亲张伯伦的前大臣分别到缅甸和孟买担任总督，到西非担任驻办公使，到澳大利亚和南非担任高级专员。还有几位则是以加封贵族这个历史悠久的权宜之计被清除出下议院的。

丘吉尔在 12 月 12 日对乔克·科尔维尔说，在赢得胜利后，"他不希望自己去领导一场反对工党领袖的党派斗争或阶级斗争，工党领袖现在在他的

---

① 洛锡安是一个基督教科学派信徒，他拒绝咨询医生，如果不是这样，一个疗程的抗生素治疗就能够治愈他。第二天吃饭时，丘吉尔问在座的人是否有基督教科学派信徒。"好吧，"林德曼说，"如果你把这两个词（Christian Scientist）分开看，我就是—— 一个基督徒，还是一个科学家。"丘吉尔接着他的话说："我愿意承认，你大概算是后者。""也只有对后者，你才有资格做出判断。"林德曼反驳道。（科尔维尔，《边缘》，第 312 页。）

政府里服务得非常好”。相反，他会“隐退到查特韦尔庄园，去写一本关于战争的书，这本书他已经在脑子里一章一章地勾勒出来了”。[191] 他已经看到这场战争的文学潜力，这在一定程度上解释了为什么每一道命令、每一份备忘录，他都要求必须写下来。更重要的是，对于任何没有写下来的东西，丘吉尔都拒绝承担任何责任，这也成了白厅的一个重要传统。①

在任何关于英国在不列颠之战中的战争目标的讨论中，丘吉尔都会非常明确地指出："目标只有一个，那就是消灭希特勒。"他相信，战争胜利后，“将会出现一个欧洲合众国，而我们这个岛国将成为连接欧洲联邦和新世界的纽带，维持两者之间的平衡”。当有人问他，这是否意味着一种新的权力平衡时，他说："不，是美德的平衡。"[192] 在谈到他所谓的“笨蛋”托马斯·因斯基普时，他又说："我们会赢，但我们不配赢，至少，我们会因为自己的美德赢得胜利，但不会是因为我们的智慧。"[193] 到12月中旬，他已经把思想转向了战后的世界。他告诉科尔维尔，那时将会出现四个联盟——北欧联盟、中欧联盟、多瑙河联盟和巴尔干联盟（包括土耳其），它们将成立欧洲理事会进行会谈。他说，英语世界将脱离这一体系，但会与之紧密相连。[194] 然而，总的来说，他会尽力避免谈论战后重建和“战争目标”。他对工程与建筑大臣里斯勋爵说："不要让建立新世界的宏伟规划，分散你拯救旧世界遗产的精力。"[195]

尽管丘吉尔从战争爆发到德国投降只真正休息了8天，② 他有时也能偶尔逃上一小时。例如，12月15日在迪去雷庄园吃过午饭后，他去了布莱尼姆宫。他的一位秘书回忆说："我们手扶着地板，双膝着地，在图书馆待了很长时间，与此同时，他用锡兵为我们重现了布莱尼姆战役。"[196] 那个晚上，他观看了《乱世佳人》，“彻底被影片中的感情与情感力量折服”，也让他对

① 丘吉尔一家是知道科尔维尔坚持写日记的：丘吉尔是不是故意把他当成自己的博斯韦尔，所以才对他赞美有加，并允许他参加他认为具有历史意义的活动？科尔维尔本人可能也产生过同样的怀疑，他写道，他告诉丘吉尔，英国人民不会允许他隐退，“这可不仅仅是博斯韦尔式的传记作家想要说的话，而是目前还没有适合做首相的人”。（科尔维尔，《边缘》，第310页。）1941年1月1日，丘吉尔撰写了一份备忘录，禁止官员写日记，这让科尔维尔“深感内疚”。对于历史学家来说，幸运的是，科尔维尔和首相周围的其他所有人都选择了对这一禁令置之不理。

② 1942年1月10日和11日，他在佛罗里达的庞帕诺待了两天，甚至在这两天里他也都收到了电报；1943年魁北克会议后，他在加拿大垂钓了6天。

费雯·丽产生了终生的好感，后来他向费雯·丽献上了一幅画作。[197] 那天晚上 3 点，他一头倒在卧室的一把椅子上，瘫在椅子和凳子之间，用科尔维尔的话说，“最终以一个非常滑稽的姿势掉在了地板上，两只脚伸向空中。他没有一点儿虚假的尊严，自己把这一切当成一个彻头彻尾的笑话，重复了好几遍，‘就是一个真人版的查理·卓别林’”！[198]

几天后，丘吉尔带着 4 位大臣，还有科尔维尔和他的弟弟杰克，来到他们的母校，聆听哈罗公学校歌，并向学生们进行了一次讲话。① 其中《愿院舍光辉永存》这首歌以他的名义插入了一段歌词。科尔维尔回忆说：“他唱得很卖力，我们也都是。而且他不用看着书唱，似乎记住了大部分歌词。”“我们唱到了‘伟大的古之巨人’，”丘吉尔对孩子们说：

> 但是又有谁会怀疑，这一代人与这个国家所孕育的任何一代人，是一样善良、一样高贵的呢？这一代的男人和女人是经得起一切考验的呢？希特勒在他最近的一次演讲中宣称，世界第一要在阿道夫·希特勒学校的学生和伊顿公学的学生之间产生。希特勒忘记了哈罗公学，他也忽视了这个国家的绝大多数年轻人，他们从来没有上过这样的学校，但是他们以自己的技能和勇敢赢得了全世界的钦佩。

也许是想到了英国皇家空军战斗机飞行员中 70% 以上都毕业于公立学校，他补充说：“我们国家在赢得战争后——我们必然会赢，必须努力实现的目标之一，就是构建一种社会形态，让迄今为止只有少数人享有的优势和特权，更广泛地为许多人和整个国家的青年所共享。”[199] 演讲结束后，高年级学生围在他的身边。“他们完全不再害羞了，”科尔维尔回忆当时的情景时说，“他会以绝对平等的身份和他们交谈。”[200] 丘吉尔与年轻人相处得很好，

① 同年早些时候，当被问及各所公学在战争中的表现时，丘吉尔曾打趣地说：“和以往一样，哈罗有阿梅里、戈特和我本人，伊顿有比利时国王和拉姆齐队长，温彻斯特有值得他们骄傲的奥斯瓦尔德·莫斯利。”（露丝，《球棒》，第 174 页。）这是一个很好的笑话，因为后两位都因支持法西斯主义而锒铛入狱。丘吉尔的话也明确地表现出：他几乎没有因为在欧陆战事上的失败而指责戈特勋爵。

不论他们是哈罗公学的学生，海军学校的学生，他孩子们的朋友，或是契克斯庄园的警卫，也可能是他自己的孙子们。

在圣诞节临近时，丘吉尔告诉哈利法克斯，将派他作为大使前往华盛顿。英国国内情报调查显示，已故的内维尔·张伯伦在绥靖政策上不得人心的做法，让哈利法克斯的受欢迎程度也大打折扣。这一消息让丘吉尔的态度变得更加强硬。当哈利法克斯提出抗议时，丘吉尔对他说，他如果一直“在这里，人们就永远不会忘记你和外交部曾经有绥靖主义的行为。但是你如果去美国，就会获得摆脱这一阴影的绝好机会，因为除非美国参战，否则我们无法获胜，或者至少我们无法赢得真正令人满意的和平”。[201] 这话没错，但是即便是在私下里说，这话也显得过于坦诚了。哈利法克斯威胁要彻底退出政界，而哈利法克斯夫人则斥责丘吉尔是要流放他们。但最后他还是去了，国王对他说：“如果温斯顿出了什么事……你一定会被召回。”[202] 丘吉尔在12 月 20 日给哈利法克斯发去一份备忘录，作为交给他的职责简介的一部分：“我们还没有从美国得到任何不需要我们用现金购买的东西，而我们已经从美国那里得到的东西，在我们的抵抗中也没有发挥重要作用。”[203] 哈利法克斯的首要职责是确保议会尽快通过立法，允许英国购买美国的武器，但无须立即付款。

哈利法克斯勉强表示了同意，这意味着丘吉尔终于可以对艾登说，“他非常想”让他回到外交部。[204] 艾登比丘吉尔小 23 岁，在很多方面，丘吉尔都希望自己可以有一个艾登这样的儿子。战后，科尔维尔曾写到丘吉尔对艾登“如同父亲般的感情”，这与他在伦道夫身上所感受到的做父亲的挫败感大相径庭，所以他发现自己无法将这种做父亲的感情全部寄托在伦道夫身上。[205] 丘吉尔从未实现自己所说的“最大心愿”，即与自己的父亲在事业上进行密切合作，但是现在，他可以让这个心愿在这个代理儿子身上实现了（尽管偶尔他也会与他发生激烈的争吵）。第二个月，他告诉艾登，从陆军大臣一跃成为外交大臣，就相当于从学校的四年级升到六年级①——这或许进一

① 按照美国人的说法，就是从高二到高四。

步证明了丘吉尔对他的特殊青睐和父亲般的态度。[206] 丘吉尔让马杰森接替艾登担任陆军大臣，詹姆斯·斯图亚特接替马杰森担任党鞭长。虽然他们两人都是绥靖主义的热烈拥护者，但是对丘吉尔却完全忠诚。首相告诉斯图亚特，他的部分工作就是保护比弗布鲁克，以免后座议员伤害他。①

丘吉尔的首席私人秘书埃里克·希尔提出申请，让唐宁街的工作人员在圣诞节休假一周。丘吉尔在契克斯庄园对此做出回复，他说这个要求“让我感到意外。圣诞节期间不能放假，但是要尽一切努力让工作人员在圣诞节当天上午或下午参加礼拜。我自己的计划是在这里或是在伦敦继续工作，我希望我们不仅可以利用议会休会这段时间来弥补已经欠下的工作，而且可以更细致地处理新的问题”。[207] 后来他祝全体员工“圣诞忙碌，新年抓狂”。[208] 正如他对科尔维尔所说：“连续工作是不会伤人的。”[209]

在契克斯庄园，丘吉尔家的餐桌上端上了一只约翰·马丁见过的最大的火鸡，这是一个月前去世的罗瑟米尔勋爵在死前留给他的礼物。后来，一家人通过无线电收听了国王的演讲，然后一起唱歌，一直唱到半夜。唱歌时，“首相的歌声虽然有时会跑调，却十分嘹亮。当维克（奥利弗）演奏维也纳华尔兹舞曲时，他在房间中央跳了一段非常欢快的舞蹈”。[210] 玛丽在日记中写道：“这是我记忆中最快乐的一个圣诞节。尽管我们身边正发生着那么多可怕的事情。这种快乐并不是绚丽的张扬，我以前从没见过我们这个家庭如此快乐、如此团结、如此甜蜜。不知道下个圣诞节我们是否还会在一起，我祈祷我们会在一起。”[211] 颇为古怪的是，丘吉尔送给国王一套连体裤作为圣诞礼物，送给王后的则是一本福勒所著的《现代英语用法》。[212]

1941 年元旦那天，丘吉尔用手杖柄上的手电筒检查作战室上方的大梁时，一脚踩进了还未凝固的水泥浆里。当科尔维尔开玩笑，说他遇到了自己的滑铁卢时，丘吉尔反驳道：“你怎么敢这么说！反正，这是布莱尼姆，不是滑铁卢。”[213] 那天晚上，伍德和艾登对丘吉尔讲述了英国糟糕的财政状况。

① 因为与空军部的关系闹得太僵，经常以辞职作为威胁的比弗布鲁克再次提出辞职。12 月，收到这一辞职威胁的丘吉尔对他说：“从公共利益来考虑，你们两个部门之间互相进行尖锐的批评，比你们彼此隆重地互赠鲜花要好得多。”（科尔维尔，《边缘》，第 317 页。）在回应另一次辞职威胁时，丘吉尔在结束时提到法国激进革命者的勇气：“丹东，不要脆弱”。（同上，第 330 页。）

美国国会正在审批一项《租借法案》，一经通过，英国就可以购买美国军火，直到战争结束后再付款。然而，正如科尔维尔总结丘吉尔的观点时所说：“人们担心的是，美国人喜欢做划算的买卖，这可能会让他们在成为好心的撒玛利亚人之前，先夺去我们所有可能兑现的资源。”[214]

在军事上，利比亚的局势对意大利人依然不利，巴迪亚镇于1月4日被攻陷。两天后，丘吉尔在给国王写信时心情大好地说：“陛下比以往的任何一位王子都更受各阶级与各阶层的爱戴。在英国历史发展到最高潮的时候，我有幸作为第一大臣站在陛下的身边，感觉无比骄傲。”[215]他也特别擅长记住周年纪念日。1月6日，也是战胜布尔人41年纪念日，他写信给伊恩·汉密尔顿说：“当又一个1月6日带来了军队取得优异战绩的好消息时，我想到了你和瓦格纳山（战役）。”[216]

1940年年底，英国拦截的恩尼格玛密码显示，德国军队正在巴尔干半岛集结，特别是在保加利亚。这表明希特勒打算入侵中立的南斯拉夫，同时也会对到目前为止在与意大利的战斗中一直表现良好的希腊开战。[217]“如果德国进军巴尔干半岛的时间能够推迟到春季，那就太符合我们的利益了，”1月6日，丘吉尔对参谋长们说，“但也正是因为如此，我们就更应该认识到，它将提早开始。”[218]陆军部认为这次袭击将发生在3月，但是丘吉尔拿出了一道德军被截获后解密的命令，要求殿后的分遣队在1月20日前做好准备。单凭这一条就说服了国防委员会，让正在北非追击意大利人并且大获成功的韦维尔立即飞往雅典进行增援。当年夏天，希特勒计划入侵苏联时，为了保护自己的右翼，他只打算占领萨洛尼卡以北的希腊领土，但是英国军队的到来让他下定占领整个希腊的决心。[219]丘吉尔一方面想成为希腊的好盟友，但同时他也希望提高英国在保加利亚人、土耳其人，甚至苏联人（他们与德国的互不侵犯条约仍然有效）和美国人心中的声望。[220]

1月9日，在哈利法克斯前往华盛顿之前，英美清教徒协会为他举行了一场午宴，丘吉尔在午宴上说，他坚信：

> 整个英语世界的统一目标和恒久决心，将比任何其他的单一事实更能决定我们的生活方式。我们之后的几代人，甚至可能是

几个世纪的人，都会遵循这样的生活方式……我一直认为，人类在其雄伟征途中的命运，主要是由最伟大的人物和最重大的事件决定的，无论这征途是好是坏，但应该主要是好的，因为我们的道路本身是向上的。因此我要欢呼，我们是多么幸运，世界事务正在走向高潮，而在这个令人敬畏的时刻，站在美国领袖面前的，是一位著名的政治家，长期从事政府和管理工作，见多识广、经验丰富。在他的心中燃烧着抵抗入侵与压迫的火焰，他的同情心和天性使他成为正义与自由的真诚且不容置疑的捍卫者，也让他成为所有受害人的守护者。[221]

第二天，这篇高度赞扬哈利法克斯的讲话刊登在了报纸上。同一天，丘吉尔会见了罗斯福的私人使节哈里·霍普金斯，他将在为首相与总统之间铺平道路方面发挥至关重要的作用。49岁的霍普金斯曾管理几家“罗斯福新政”下的救济机构，并于1938年—1940年担任美国商务部长。由于他对罗斯福忠贞不二，丘吉尔亲切地给他起了一个外号“桑丘·潘沙”。霍普金斯在谈话中经常直来直去，丘吉尔开玩笑说，他将为他封一个爵位——“问题之根源勋爵”。[222]他们在1月10日一起吃的第一次午餐一直持续到下午4点，尽管霍普金斯1939年因癌症切除了3/4的胃。丘吉尔做了一切可能做的事情，不仅是为了吸引霍普金斯，也是为了给他留下深刻的印象：英国人的士气高昂，但是迫切需要美国的援助。“总统已下定决心，我们将一起赢得这场战争，”这就是霍普金斯带给丘吉尔的口信，“千真万确，他派我到这里来，就是为了告诉你们，他将不惜一切代价，用尽一切办法，带领你们渡过难关。只要他手中还有人力，就没有什么是不能做的。”[223]汤普森中校记录道，丘吉尔被“深深地感动了”（这可能意味着他热泪盈眶了）。[224]霍普金斯还替他的上级给丘吉尔带来一首朗费罗1849年写的诗《造船》，是由总统亲笔抄录的。

第二天，霍普金斯和丘吉尔一起去了迪去雷庄园。那天晚上，在迪去雷的一间完全用蜡烛照明的餐厅里，他告诉在场的人，罗斯福在一次内阁会议上带来了一台收音机，这样他们就可以收听丘吉尔的演讲了。这让首相“既感动又欣慰”。[225] 丘吉尔说，他几乎记不起头一年夏天说过什么，除了这样一句话：“与其让我们看着这样一个冒牌货取得胜利，还不如彻底毁灭我们。”[226] 他说：“那种堕落的意大利法西斯主义，是有史以来人类设计出的最坏的信条。”[227] 那个周末，霍普金斯写道，丘吉尔“似乎总是在危险的滩头阵地上守着他的指挥所，他的谈话中枪声不断，他所到之处，无不是前线——他不仅参与了现在这场战争，还参与了从坎尼到加里波利的整场战争。”[228] 为了尽力给这位至关重要的来访者留下深刻印象，丘吉尔提起了加里波利，这似乎挺令人惊讶，但也确实给对方留下了深刻印象。

第二天晚上，丘吉尔在晚宴上向霍普金斯提出了唯一一个半开玩笑的问题，不过由此我们可以看出丘吉尔对美国的恼怒。他问道：“当美国人积累了世界上所有的黄金，而其他国家则决定，黄金除了补牙之外不再有任何价值时，你们该怎么办？”[229] 瘦弱但彬彬有礼的霍普金斯答道：“那样的话，我们就可以利用我们的失业者去保护那些黄金了！”[230] 那天晚上，丘吉尔一边大口吸着“一支大得惊人的雪茄”，一边向霍普金斯概述了战争的总体情况。他说：“德国有 6 000 万人可以指望，剩下的人（指的是意大利人和罗马尼亚人）至少也能算作绊脚石或潜在的危险。”

> 大英帝国的白人居民比这些还要多，如果美国和我们在一起——就像他在演讲中假设的那样——我们将会有另外 1.2 亿人……他不相信日本人会加入进来……他认为德国人很有可能会被迫占领整个法国，来逼迫法国人在北非重新拿起武器……他认为，奥兰是我们命运的转折点，它使全世界认识到，我们是认真地打算继续战斗的。

科尔维尔写道：“我想霍普金斯一定留下了深刻印象。”[231] 但是当天晚上，当丘吉尔与霍普金斯在契克斯庄园一起看电影《开往慕尼黑的夜车》时，丘吉尔得到消息：“南安普敦号”轻型巡洋舰在马耳他海域被德国空军的俯冲轰炸机击沉。丘吉尔把这次失利归咎于“车间行动”的流产。他说：“我当时退缩了，现在有了后悔的理由。”[232]

1941 年 1 月 14 日，丘吉尔带着霍普金斯、伊斯梅、马丁和他的医生查尔斯·威尔逊爵士（后来的莫兰勋爵），到斯卡帕湾去为哈利法克斯勋爵及其夫人送行。哈利法克斯将乘坐新推出的战舰“国王乔治五世号”离开。南斯拉夫摄政王保罗反对英国在萨洛尼卡设立前线，因为他担心这会导致德国人攻打希腊。听到这个消息，丘吉尔对参谋长们说：“保罗王子的态度就像一个不幸的人与一只老虎关在了一起，他不希望在晚餐时间临近时激怒老虎。”[233] 没过多久，被丘吉尔称为“麻痹王子”的保罗就被证明是正确的了。

1 月 16 日，头天晚上才在“纳尔逊号”上吃了饭、睡过觉的丘吉尔一行参加了从这艘战列舰的炮塔上发射新型火箭的试验。炮塔可以同时将多枚炸弹投向空中，来对抗俯冲轰炸机。不幸的是，因为没有考虑到风的影响，“其中一枚炮弹被索具缠住了，”马丁写道，“一声巨大的爆炸后，一个类似果酱罐子的物体飞到我们站着的桥上。大家赶紧闪开，砰的一声巨响，但没有造成严重损失。”[234] 丘吉尔站起身后不动声色地说：“我认为你们在使用这种新式武器的方式上似有不妥之处。”[235]

丘吉尔与霍普金斯一行访问了罗塞斯海军基地、印威基辛的造船厂（在那里他受到热烈欢迎），以及格拉斯哥的民防据点。[236] 当晚，在格拉斯哥的大型市政晚宴上，哈里·霍普金斯做了一次简短的演说，他温和的言辞深深地打动了大家。他让听众感觉到，一旦《租借法案》在议会获得通过，大西洋彼岸很快就会将海量的援助物资源源不断地送来。他引用《路得记》中的话语结束自己的演讲：“你往哪里去，我也往那里去；你在哪里住宿，我也在那里住宿；你的国就是我的国，你的神就是我的神。”霍普金斯接着又平静地补充道：“直至永远。”[237] 丘吉尔哭了。

第24章

“以守为攻”

（1941年1月—6月）

大多数战争是以混乱的故事为主的。

——丘吉尔：《马尔伯勒传》[1]

拿破仑可以发号施令，但马尔伯勒却只能说服或哄骗。在这个基础上很难赢得战争。

——丘吉尔1934年写给埃德蒙兹将军的信[2]

1941年1月22日，具有重要战略意义的利比亚港口托布鲁克被韦维尔拿下，丘吉尔为下议院带来好消息。他说：“我相信有很多事情我们可以做得更好。我一点儿也不怨恨别人对我的批评，哪怕有时批评可能会与现实脱节。”[3]当他使用拉丁语的表达*primus inter pares*（重中之重）时，工党议员大喊道：“翻译一下！”“我当然要翻译，”丘吉尔说，“为了方便在座的所有伊顿的校友。”[4]科尔维尔记录道：“整个下议院都被他的妙语，以及他对虎头蛇尾式幽默艺术的精通给逗乐了。”[5]他还借此机会称赞了比弗布鲁克，说他是“一位海上突袭老队员”，这是描述海盗的一个委婉说法，同时称他是“一个拥有超凡力量和天赋的人，在事情最糟糕的时候，他反而会处于最佳状态”。[6]

同一天，丘吉尔在写给艾登的信中愤慨地说，埃及的税收负担沉重地、完全不成比例地落在农民，而不是“富有的达官贵人、地主和其他伪装的民族主义者”的头上。他还补充说：“在（尼罗河）三角洲地区，要一要激进的民主大棒是必要的，在我们宽容的保护下，许多肥胖、傲慢的阶级和政党的利益都在那里滋生出来。”[7]这触及了他所认为的大英帝国的核心——保护最贫穷的人免受本国同胞的掠夺——尽管现在还远非疏远埃及人的理想时机。对许多人来说，丘吉尔就是他所爱帝国的化身。当与丘吉尔一起检查多佛炮台时，霍普金斯无意中听到一个工人说：“血迹斑斑的大英帝国走过去了。”[8]霍普金斯将此事告诉了丘吉尔，“温斯顿的脸上挂满了笑容，转过身（对科尔维尔）用咬舌音说道：‘非常好。’”丘吉尔现在知道，德国已经不可能入侵英国。他说，他每天早上醒来时，“差不多总是会感觉自己体内像是装了一瓶香槟，为新的一天再次到来感到欢愉”。[9]与首相不同的是，英国人民无法获得超级解密文件，他们仍然相信入侵是非常可能的。当月，他们中有62%的人对盖洛普民意调查组织说，他们认为德国人确实会尝试这样做。然而，当被问及谁将赢得这场战争时，82%的人认为是英国，10%的人认为会出现僵局，8%的人没有表明观点，0%的人说会是德国。[10]

当杰克问丘吉尔，英国将如何夺回被意大利人侵占的英属索马里兰时，丘吉尔回答，按照拿破仑的格言，“先打击主力，其他的不攻自破”，我们需要先解放利比亚。[11]他草拟了一封电报，准备发给韦维尔，询问为什么在北非的30万人军队，只有4.5万人真正在战场上。这是他在整个战争期间经常抱怨的一件事。当迪尔劝他不要发出这封电报时，丘吉尔说，在战争中，直言不讳是必要的，他不明白为什么韦维尔还要让更多的青年会成员到前线去。[12]不过，电报最终还是没有发出去。

丘吉尔明白，罗斯福的朋友哈里·霍普金斯的来访，是他吸引美国积极参战的最好机会。他对霍普金斯说，如果英国在1940年时与希特勒进行了和平谈判，那么几年后就会出现“老虎之春”。“永不屈服，你就会永不后悔。”他说。[13]坚持不懈的魅力攻势奏效了。霍普金斯向罗斯福报告说：“你的‘前海军人员’不仅仅是一位首相，他也是这场战争在战略和行动上的背后主导力量。他对所有阶层的英国人都有着惊人的影响力……这个民族的精神和其抵抗侵略的决心令人赞叹不已。不管敌军的进攻多么猛烈，你都可以放心地相信，英国一定会进行抵抗，有效的抵抗。”[14]在罗斯福11月连任后辞去了大使一职的约瑟夫·肯尼迪曾经告诉总统，丘吉尔反美，也不喜欢罗斯福本人。霍普金斯的访问完全消除了这一臆想。[15]

1月26日，星期日，站在契克斯庄园大厅的壁炉前，丘吉尔向霍普金斯、波特尔、林德曼、杰克和科尔维尔阐述了他对当代历史的一些广泛的看法。他谴责约瑟夫·张伯伦煽动了布尔战争，称布尔战争刺激了德国建造公海舰队，并且批评鲍德温“让德国的复兴和我们自身的衰落成为可能”。[16] 他指出，尽管根据《凡尔赛和约》，我们可以从德国人那里获得10亿英镑的赔款，但当时英国和美国借给德国的钱却是这个数字的两倍。他预测大约20个月后将会取得战争的胜利，但是一旦胜利，就会“又有一些人希望帮助德国重新站起来”。“历史上只有一件事是可以确定的，那就是，人类永远学不会接受教训。”[17] 他补充说，他不恨任何人，也不觉得他有任何敌人——除了德国鬼子，而且这也是职业使然！[18]

丘吉尔相信，在赢得和平之后，这个世界将会有一个短时间的“建立一些基本原则的机会”。他认为未来的国际关系可以更多地建立在基督教伦理的基础上，“我们越是密切关注‘登山宝训’，我们的努力就越有可能获得成功”。但是在战争时期这样做是“荒谬的”，他在战争目标这个议题上谴责了内阁委员会。他说，到目前为止，该委员会只提交了“一份含糊的文件，其中4/5来自‘登山宝训’，其余1/5就是一份竞选演说”。[19] 当霍普金斯预言日本将把美国拖入战争时，丘吉尔立刻说道：“美国作为盟友所带来的优势与日本作为敌人所带来的劣势之比是10：1。”他们各自的钢铁产量数据就说明了这一点，因为“现代战争是靠钢铁来发动的”。[20] 他推测，对于在塔兰托遭遇空袭的意大利海军的命运，日本人一定感到很震惊。“对于信心满满的赌徒，命运一定会让他付出代价。”他若有所思地说。事实上，日本从那次空袭中学到了很多东西。[21]

霍普金斯向东道主保证，罗斯福“将会引导美国的舆论，而不是跟随它”。他说，总统“相信，如果英国输了，美国也会被围攻并被打败……他不想要战争……但他不会在战争面前退缩”。[22] 丘吉尔终于得到保证，英国不用孤军奋战保卫自己了。那天晚上睡觉前，科尔维尔发现他“特别健谈、特别和善”，他解释了如果德国人在没有空中优势的情况下入侵英国，那么他们将会面临怎样的危险，尤其是，如果他们的通信线路也被英国皇家海军切断的话。丘吉尔上床后读了一会儿博斯韦尔的《赫布里底群岛之旅》，然后“甜蜜地微笑着”，向自己的博斯韦尔道了晚安。[23]

1 月 29 日，罗斯福迈出了令人鼓舞的一步。他授权英美两国参谋进行了一场绝密会谈，研究击败轴心国的各种战争设想。[24] 这些被称作 ABC-1 的会谈为未来盟军的战争计划，以及两国领导人之间的友好关系奠定了基础。丘吉尔并没有排除德国从西西里袭击突尼斯和比塞大，“与此同时试图入侵英国”的可能性，也可能同时还会对机场进行毒气袭击。他认为，英国皇家空军的“飞行员更加高效，他们应该能够摧毁和驱散敌人发动的任何大规模空袭，除非敌军使用毒气”。1 月 30 日，大规模空袭又开始了，这是几周以来的第一次。就在皮姆上尉离开后不久，丘吉尔听到有炸弹落在皇家骑兵卫队阅兵场的方向，他立即打电话给海军部，确认皮姆有没有受伤。他没有受伤。[25]

在北非，韦维尔已经将意军击退了 500 英里，自己只损失了 2 000 人。韦维尔警告，他不可能在 2 月底之前发动对班加西的袭击，而丘吉尔却开始认为，英国的主要精力应该转移到希腊。① [26]

让希腊的局势变得更加复杂的是，1 月 29 日，70 岁的梅塔克萨斯死于喉部感染，而德国人却（毫无根据地）声称，是丘吉尔派人暗杀他的。2 月 4 日，丘吉尔对国王说：“德国将进入保加利亚，巴尔干半岛将会陷入困局。”“希特勒肯定会支持意大利”攻打希腊，“我们这里将会遭受轰炸”，但是现在英国已经有了 1 200 架战斗机。[27] 那一天，劳合勋爵死于白血病，享年 61 岁。这对丘吉尔来说意味着他失去了一位朋友，一个“其他俱乐部”成员，和一位同事。早在丘吉尔之前，劳合勋爵就开始呼吁反对德国重整军备，并曾与他一起，坚决反对印度自治。丘吉尔在下议院致悼词时说：“劳合勋爵和我是多年的朋友，在过去的 12 年里，我们还是亲密的政治伙伴。”

① 一位将军在与记者谈到对班加西的袭击时，话说得过于随意，丘吉尔对他说：“这些新闻界的先生都在仔细地听着你说的每一个字——所有人都急切地想要得到小小一片奶酪，能够让他们发表出来。而你却给了他们整整一大块斯蒂尔顿干酪！”（艾德，《同时代人》，第 147~148 页。）

> 我们共同支持的几项事业并没有得到大多数人的支持，但正是在这种逆水行舟的过程中，一个人才能了解到同志和朋友的价值与品质……有时人们会说好人难寻，也许是因为在当今这个时代，我们试图应付和努力控制的一连串事件都远远超出旧的界限，它们以超大比例不断膨胀，而人类的身高和智力却一直没有改变。[28]

早在1931年，丘吉尔就在他的一篇文章《五十年后》中表达了这一思想，后来他也曾多次表达这样的想法，包括在他的诺贝尔奖获奖感言中。人类的智慧和行为准则没有跟上科学突破的步伐，这也是原子弹研制过程中丘吉尔一直思考的问题。

劳合的去世意味着需要再次进行政府改组。在其他相关调整中，莫恩勋爵从农业部门调到劳合的位置上，担任殖民地事务大臣。丘吉尔希望政府中能有一个公爵，所以莫恩原本的农业大臣的位子就调整给了第16代诺福克公爵。他被提拔到这个职位，也得益于其他4个公爵，即巴克鲁克、威斯敏斯特、贝德福德和曼彻斯特，他们在战争爆发初期都是反战的。当艾登为他改组内阁所耗费的时间和遭遇的麻烦对他表示同情时，丘吉尔说，他喜欢组建内阁。[29]

2月9日，就在霍普金斯访问契克斯庄园与丘吉尔告别时，消息传来，下议院以260票对165票通过了《租借法案》。该法案一旦获得参议院批准，并由总统签署成为法律，英国就可以从美国购买价值30亿英镑的武器，在几十年内付清贷款即可。丘吉尔第二天的晚间广播，用科尔维尔的话来说，“主要是播给美国人听的”。[30]他嘲笑墨索里尼道：“两个独裁者中有一个陷入了麻烦，他是一个狡猾、冷血、铁石心肠的意大利人，他本想通过在法国背后捅刀子来廉价地建立一个帝国。”[31]他用自己惯常的四重形容词来描述韦维尔，说他是“一位战争大师：睿智、勤勉、勇敢，且不知疲倦”。[32]最令人难忘的是，他引用了亨利·朗费罗的诗《造船》。“罗斯福总统，”他说：

亲笔抄录了一首朗费罗的诗，他说："这首诗适用于你们，也适用于我们。"诗的内容是这样的：

启航吧，国家之航船！

扬帆远航吧，坚强而伟大的联邦！

人类带着所有的恐惧，

带着对未来岁月的所有希望，

正在屏息等待命运的降临！

我将以你们的名义，对这位3亿人口国家的元首，这位三次当选的伟人，做出怎样的回答呢？这就是我要给罗斯福总统的回答：请相信我们，给予我们信任和祝福吧。在上帝的保佑下，一切都会好起来的。我们不会失败或动摇，也不会脆弱或疲倦。无论是面对战斗中的突袭，还是面对长期警惕与努力的考验，我们都不会疲惫。只要给我们工具，我们就会完成工作。[33]

班加西于2月6日被韦维尔攻下。迪尔最初希望能够获准让他乘胜追击，追逐意大利人到的黎波里，从而将他们驱逐出北非。但是丘吉尔认为，英国军队现在有机会及时赶到希腊北部，去对抗德国的进攻，这是一个更好的选择。他对国王说，提前三周占领班加西意味着更多的人和更多的物资可以被送往希腊，"希腊人一直以来都干得不错"。[34] 在2月11日的一次内阁会议上，就在艾登和迪尔前往开罗与韦维尔讨论向希腊派遣远征军问题之前，有报道称，"特别情报机构"（其实就是"超级解密"组织）表示，德国将于3月中旬入侵希腊，预计将以10个师的兵力在4月占领雅典。

丘吉尔后来辩称，在希腊的远征冒险是为了体现为荣誉而战的骑士精神，但事实上，他之所以在那里部署了不少于5.5万人，是有自己的战略考量的：他想要支持由南斯拉夫、罗马尼亚、保加利亚、希腊和土耳其组成的"巴尔干国家集团"，这与1915年达达尼尔远征时他心目中的那个国家集团基本相同。然而，土耳其现在采取的是坚定的中立立场，罗马尼亚或保加利亚也不太可能因为英国远征军出现在希腊而改变立场。至关重要的是，由于2月12日埃尔文·隆美尔将军抵达的黎波里，担任新组建的德国非洲军团长官，北非的局势完全改变了。英国本应撤回在希腊部署的兵力，集中精力对付在埃及和苏伊士运河新出现的潜在威胁，那里本是印度和英国远东属地的生命线。

2月20日，丘吉尔给还在开罗的艾登和迪尔发电报说："不要觉得你们自己需要对希腊的事业承担什么义务，如果你们心里认为，这只能是又一次的挪威惨败，如果做不出什么好的计划来，就实话实说。不过当然，你们也知道，胜利能够带来的价值有多大。"[35] 中东的三位总司令依然建议向希腊派遣远征军，尽管海军上将安德鲁·坎宁安爵士已经表示，他不再保证可以占领罗得岛，使之成为主要的空军基地。在我们今天所谓的"头脑风暴"讨论后，大家达成一个充满危险的一致意见：支持希腊的远征冒险。支持者现在包括丘吉尔、艾登、迪尔和参谋长们、当地的总司令们，还有韦维尔——他至少一开始是支持的。

丘吉尔同意波兰指挥官西科尔斯基将军的观点，即土耳其人只有在国家利益的驱使下才会参战，但是他认为，也希望，美国人"是出于感情才参战的"。[36] 2月16日，在迪去雷庄园，丘吉尔问西科尔斯基："你打扑克吗？这就是即将赢得这场战争的一手牌，皇家同花顺——大不列颠、海上、空中、中东、美国的援助。"[37] 因此，他不赞成对欧洲大陆做出重大承诺，更不用说进军柏林了。戴安娜·库珀夫人在给儿子约翰·朱利斯的信中，描述了在迪去雷庄园的那个周末留下的一段动人的回忆："晚餐后我们看了两部很好看的电影，一部叫作《逃生》，另一部叫作《安静的婚礼》，是一部轻喜剧。还有几部来自你爸爸部里的短片。温斯顿看这几部片子时都哭了，包括那部喜剧。"[38] 她对丘吉尔说，他所做的最伟大的事情就是给了英国人民勇气。"我从来没有给过他们勇气，"他回答，"我只是激发了他们的勇气。"[39]

艾登在开罗与迪尔和韦维尔一起评估了向希腊派遣远征军的情况后，2月24日，轮到丘吉尔本人与日本驻英大使重光葵进行面谈了。谈话后，外交部要求他提供一份谈话记录。他不得不承认，"他只能记住自己说过的话，却很难回忆起对方说过的话"。[40] 当时并不在场的麦斯基对劳合·乔治说，他听说当丘吉尔告诉重光葵，英国必将战胜德国时，他的眼中饱含着热泪。

“一定是的，温斯顿就是这样的，”劳合·乔治回答，“他是一个非常情绪化的人。那又怎样？现在他哭了，因为他想粉碎希特勒。一年后，他就有可能会因为战争的恐怖而流下眼泪……事物都是变化的。”[41] 唯一没变的，是劳合·乔治的愤世嫉俗和敌意。

国王2月25日会见丘吉尔后在日记中写道：“温斯顿和艾登都知道，在欧洲大陆与德国作战就是一场赌博，但是希腊已经打得很好，土耳其和南斯拉夫可能会因为想到并知道英国军队将会在巴尔干半岛作战，就开始加强防御。”[42] 但是，他们派去作战的兵力并不充足。许多即将被派往希腊的澳大利亚人、新西兰人、南非人和波兰人后来抱怨说，参与这次行动的英国人根本不够，甚至没有人针对此事与英联邦政府进行磋商。丘吉尔知道，大战略不能由英联邦委员会来决定，但他本可以更熟练地管控好此类比较敏感的问题，特别是在涉及澳大利亚人的地方，因为澳大利亚很快就将受到日本的威胁，而澳大利亚人还将在新加坡损失成千上万的生命。之前是在非洲，现在是在欧洲，澳大利亚派兵的人数一直在增加。

艾登在从开罗发来的电报中说：“我们准备去冒一冒失败的风险，因为与希腊人一起受苦总比不去帮助他们强。”那天晚上传来消息，一支跨大西洋护航舰队遭到袭击，损失严重。布拉肯向科尔维尔建议，最好等到第二天再告诉首相，以免影响他的睡眠。凌晨3点，丘吉尔问他是否有什么海军方面的消息，科尔维尔觉得他必须说了，于是丘吉尔“陷入了沉思”。科尔维尔对他说，这是一个非常令人沮丧的消息。丘吉尔回答：“确实令人沮丧！太可怕了。如果继续发生这样的事情，我们就完蛋了。”[43]

尽管丘吉尔需要为这些关乎国家存亡的事情而努力奋战，议会议员还是坚持要求他在2月27日就《下议院资格取消法案（暂行条款）》这一晦涩难懂的宪法问题进行辩论，讨论是否应该允许他们在海外任职期间保留议员席位。丘吉尔总结说，一个人做“5年或10年”的议员，就相当于这些年在公共事务方面接受了良好的全面教育，所以他认为，他们应该可以保留自己的席位（这样一来，他把亲张伯伦派继续派往帝国的各个地方去担任虚职也更容易一些）。[44] 之后他去“其他俱乐部”用了餐。陆军大臣戴维·马杰森现在也成了该俱乐部的成员，这再次说明，丘吉尔是不愿意计较个人恩怨的。①

就在英联邦军队准备大举向希腊进发之际，马杰森提出，他不喜欢这次冒险。他说，他接受这一提议是因为，“首相觉得我们在法国、西班牙和美国的声望让我们无法承受抛弃希腊的后果”。[45]政治威望优先于战略需要。艾登只说了一句，这是“我所见过的最棘手的问题”。[46]坎宁安一再提出，他所剩的资源严重透支，现在，迪尔也提出反对意见。对于这一切，丘吉尔也只能奚落道：“可怜的参谋长们都想逃，跑得气都喘不上来了。”[47]3月6日，科尔维尔写道：“11点半至（下午）1点半，丘吉尔一直在唐宁街10号大声地谴责参谋长们。”[48]然而，没过多久，事态的发展就表明，参谋长们是对的——至少他们最近一次所表达的观点是对的——而丘吉尔错了。加里波利战役的阴影正变得越来越长，那时丘吉尔也曾喋喋不休地劝说犹豫不决的各军种参谋长们，为他在巴尔干半岛的冒险之旅铺路。

那天的午餐，他是与克莱门汀、林德曼、波塔灵顿伯爵夫人（丘吉尔的远房表亲）、记者查尔斯·艾德，以及美国国防研究委员会主席、哈佛大学校长詹姆斯·B.科南特一起，在唐宁街10号的地下室吃的，那里现在已经加装了钢梁。[49]他们吃了鱼肉馅饼、蘑菇牛柳、烩芹菜、桃子和奶酪，在饭前喝了雪利酒，此后又喝了白葡萄酒、波特酒、白兰地和咖啡，抽了香烟和雪茄。丘吉尔“相当满意”地谈起了两天前突击队对纳尔维克附近罗弗敦群岛的突袭，80万加仑的鱼油被摧毁，那是德国用来制造维生素的，但是他自然没有提到突击队还捕获了一台恩尼格玛机器的转子轮及其密码本，已经送往布莱切利庄园进行了细致研究。谈到空袭时丘吉尔说：“尽管能抓住机会出击总是好的，但你不应该让自己变成一个容易遭到袭击的目标（呆头鸭）。”[50]当话题转到有报道说，英国女人一直在给被击落的德国飞行员送茶

---

① 第二次世界大战期间，有20多名“其他俱乐部”成员在丘吉尔的政府任职。事实上，1945年7月，整个政府中超过1/4的人是该俱乐部成员。自俱乐部1925年重建以来，丘吉尔一直致力将俱乐部塑造成一个招揽身边人才的地方。实际上，丘吉尔一直在为一个未来的政府做准备，他和他们对此都毫不怀疑。在闪电战期间，参加俱乐部晚宴可能会是很危险的事情。1941年4月，一枚炸弹在萨沃伊酒店西南角外爆炸，炸毁了紧挨着皮纳法罗厅左边的两个房间。然而战争期间，俱乐部晚宴反而比以往任何时候都更受欢迎。一位俱乐部成员，报社记者柯林·库特写道：“没有任何记录显示，这家俱乐部曾经被迫或者想要躲避轰炸。”（吉尔伯特，《其他俱乐部》，第173页。）

喝时，克莱门汀评论道：“英国人没有憎恨敌人的能力。”“在这场战争结束之前，”丘吉尔说，“我们应该憎恨我们的敌人。”[51]

波塔灵顿伯爵夫人说，她同情那些认为没有什么比战争更糟糕的美国孤立主义者。“奴隶制就比战争更糟糕，”丘吉尔打断了她的话，“耻辱也比战争更糟糕。”[52]一边抽着一支至少重新点着10次的雪茄，喝着“已经喝了不少的波特酒和白兰地”，他接着谈道，德国人在自由选举中已经拒绝了希特勒两次，第二次反对他的票数比第一次时还要多。艾德对午餐的不拘小节印象深刻。丘吉尔吃完主菜后，自己把盘子拿到餐具柜上。在讨论到科学问题时——也许是为了照顾柯南特，丘吉尔问教授，如果“铀一直分裂下去，为什么地球上还会有铀的存在呢？”[53]他还提出一个以科学为基础的关于上帝存在的奇怪论点。他说：“太阳比地球热得多，这说明地球一定不是和太阳一起被加热的，它比太阳被加热的时间晚得多。”[54]午餐从下午1点35分持续到下午3点20分。布拉肯后来也加入进来，艾德惊讶地发现，他竟然称呼首相为“温斯顿”。

3月4日，当国王对美国人在英属西印度群岛的军事基地所享有的权利提出质疑时，丘吉尔正在与约翰·G.“吉尔”·温南特，这位英俊迷人的51岁美国新大使进行磋商。首相告诉他，“首先必须通过《租借法案》，因为没有它，我们将无法继续下去并赢得战争”。[55]4天后，《租借法案》以60票对31票在参议院获得通过，第5张皇家同花顺已经到位。当年11月，在伦敦市长官邸演讲时，丘吉尔盛赞了《租借法案》，他说，30亿英镑就这样交给了“这个世界的自由事业，而且无须建立任何货币账户——我们要记住这一点，因为它是独一无二的。再也不要让我们听到这样的冷嘲热讽，说什么金钱在美国民主中占据了核心的统治地位，思想或权力都服从于金钱。我们可以毫无疑问地认定，《租借法案》是人类有历史记录以来最为光明磊落的法案”。[56]

3月9日，第一批英联邦大部队在希腊登陆。尽管迪尔总结说，德国军队已进入保加利亚，使该国于3月1日加入了轴心国，这就增加了英军的风险，但是韦维尔（一开始时）、坎宁安（有所保留）、皇家空军中东总司令阿瑟·朗莫尔上将、卡多根，现在再加上史末资将军，都与战时内阁一样赞同远征，尤其是艾登。因此，后来出现的希腊危机不能全部归咎于丘吉尔，尽管作为首相和在一旁加油助威的人，他必须承担最终的责任（而他也确实从未试图逃避这一责任）。

那个周末，艾伦·布鲁克将军，这位刚毅果敢、总是言简意赅的英国本土部队总司令，这位阿尔斯特“战斗的布鲁克”家族后裔，来到契克斯庄园参加晚宴并过夜。“他状态很好，”将军在日记中这样描述丘吉尔，“晚饭后，他派人取来他的步枪，给大家演示了一下‘港口式’扛枪姿势，他想用这个姿势来代替之前的‘斜坡式’扛枪姿势。① 随后他做了一些刺刀练习！……幸运的是，首相决定早点儿睡觉，到了午夜，我舒服地睡在了1550年伊丽莎白时代的四柱床上！”战争后，布鲁克写道：“这个夜晚在我的脑海中依然非常生动，因为这是我第一次看到温斯顿的心情如此轻松愉快。看他穿着连体裤，站在契克斯庄园的古老大厅里表演刺刀练习，我简直惊呆了。记得当时我在想，希特勒会如何看待这种武器技能的展示呢？”[57]（那个后来变得心胸狭窄的布鲁克，把与丘吉尔的深夜会面描述为“午夜痴人秀”，这取自一个很受欢迎的舞蹈团的名字。）

在第二周的周二午宴上，丘吉尔对国王说：“我深感责任重大，因为所有的不利因素都是显而易见的，我默许了向希腊人提供帮助的计划。在我们到达希腊之前，任何事情都有可能发生。”[58] 也是在同一天，罗斯福总统签署了《租借法案》，丘吉尔取得了值得庆祝的胜利。在接下来的4年里，美国生产的价值超过300亿美元的战争物资被运往英国，远远超出了英国的支付能力。英国需要为此付出的一个代价就是：她必须放弃帝国优先制度。自1932年以来，按照帝国优先制度，英国开始对大英帝国以外的商品和农产品征收关税。卡多根认为这是美国人的“无礼敲诈”，而丘吉尔却把目光投向更远大的目标：避免国家破产，获得有效作战所需的武器。[59] 在议会通过这项法案之前，英国的美元储备已经所剩无几。仅仅13天后，第一笔拨款就到位了。[60] 丘吉尔在下议院讲话时，将《租借法案》描述为第二个《大宪

---

① “斜坡式”是把步枪放在左肩上，倾斜45度；“港口式”则是把步枪放在身体前面，倾斜45度，这种姿势要累人得多。

章》。在“罗盘行动”期间，一些美国国会议员曾被邀请到契克斯庄园共进午餐。其中一位议员问他：“如果德国人在这个国家立稳了脚跟，你们被占领了，那时会发生什么事呢？”丘吉尔回答：“我们会在自己奄奄一息时用双手把火炬传递给你们。”然后他补充说：“英国皇家海军会在海外的新基地继续战斗。”[61] 既然租借的武器正在从大西洋彼岸源源不断地运来，某个莫斯利政府会把英国舰队交给德国人的潜在危险就不复存在了。①

3 月 18 日，卡多根记录道，丘吉尔围着正在白厅花园上建造的、用来保护陆军部的碉堡所在位置转悠着，“抽着雪茄，上下梯子，蹚过还未凝固的混凝土，和工人们谈论他们的私事，见到几个人就会问：‘我们失去信心了吗？’看起来真的很开心”。[62] 海军部的一位副官写道：“为丘吉尔先生工作就得像一股小旋风一样转起来。”[63] 从未在丘吉尔休息之前睡过觉的沃尔特·汤普森对此表示认同，他说自己的雇主每周有 120 小时的时间在工作。丘吉尔的听觉非常敏锐，眼科医生说他的视力也比他本人年轻 10 岁。[64] 他有些超重，但身体的其他方面都很好。“我对这个 65 岁的男人走在通道上和陡峭楼梯上的速度感到惊讶。”查尔斯·艾德说。这一说法引起了许多人的共鸣。[65]

在参观了陆军部碉堡的第二天，丘吉尔会见了罗斯福的航运与供应代表艾弗莱尔·哈里曼。作为一位美国贵族，哈里曼既是一位国际马球运动员，也是罗斯福新政的管理者，还是其家族企业联合太平洋铁路公司的继承人。丘吉尔与他一见如故，当晚就在一次空袭中把他带到了空军部的屋顶上“看热闹”，还为他朗诵了“丁尼生具有先见之明的关于空战的诗句”。② [66]“哈里

① 丘吉尔希望自己可以深入地了解一些美国的政治情况，因此，1944 年 2 月，他想要邀请牛津大学教授以赛亚·伯林到唐宁街 10 号来做客。伯林曾在华盛顿大使馆就这方面问题撰写了一些极具洞察力的报告。然而，丘吉尔把他与美国创作型歌手欧文·伯林搞混了，这位伯林当时正在英国为慈善机构筹款。午餐期间，丘吉尔不停地问这位创作了《白色圣诞节》和《亚历山大的拉格泰姆乐队》等歌曲的作曲家一些问题，比如，“你认为战争什么时候会结束，柏林先生？”这位艺人尽自己所能地回答了这些问题。直到后来大家才意识到弄错了。（科尔维尔，《边缘》，第 472 页。）

② 摘自《洛克斯利大厅》：
看到天空中到处是贸易、神奇的帆与大商船，
扛着贵重的大包，缓缓坠落的，是紫色黄昏这个领航员；
听到天空充满了呼喊，可怕的露水从未间断，
在蓝色的中心区里，两国的空中海军不断纠缠。

曼先生身材高大、肤色黝黑、英俊潇洒，”一位助手回忆道，“他的举止温和而谦逊，但总是令人印象深刻。”[67] 在见到帕梅拉（他认为帕梅拉“秀色可餐”）之后不久，哈里曼就与她在多切斯特酒店的套房开始了一段风流韵事。伦道夫当时正在北非服役，而且一直在为钱的事情与妻子争吵。（在战争期间，他绝不是她唯一的性伴侣。）1942 年春天，温斯顿 · 丘吉尔告诉帕梅拉，他听到了“很多”关于她和哈里曼的传言，但帕梅拉则“一笑置之”，他们似乎没有再讨论过这件事情。[68]

克莱门汀似乎也知道了此事，但并没有去阻止。契克斯庄园的访客簿显示，这对夫妇——他们于 1971 年哈里曼第二任妻子去世后结婚，与温斯顿和克莱门汀，以及哈里曼的女儿凯瑟琳（凯瑟琳也知道这件事）一起，定期住在契克斯庄园。丘吉尔夫妇因此遭到谴责，说他们将英美关系之厉害看得比儿子婚姻之存亡还重要，往坏了说，他们为发生在自家屋檐下的这桩风流韵事提供了便利，往好了说，他们至少是对此事熟视无睹。伦道夫本人是在 1942 年 11 月休假回家的时候才知道这件事的。

1941 年秋，萨拉与维克 · 奥利弗的婚姻也宣告破裂，尽管当时尚不清楚她是否已经与美国大使吉尔 · 温南特有染。直到 1945 年她才正式获得离婚许可。她记录下了她要求到军队去服役时自己与父亲的对话，丘吉尔说：“我希望他能够像个绅士那样同意和你离婚。”萨拉回答：“不是那样，是我要离开他。”丘吉尔开玩笑说：“你这个厚脸皮的小泼妇，我会让你离开我的！”[69] 她加入了空军妇女辅助队，驻扎在皇家空军梅德门厄姆基地，就在契克斯庄园和伦敦中间，负责解说航空照片。[70]

1941 年年初，那些接二连三发生，除了简单的生存目标，却几乎没有什么统一主题的事件让大家感觉，英国在这场战争中正在尽力坚持下去，等待什么东西出现来扭转对德国的不利局面，尽管当时还几乎看不出那个东西会是什么。若说是丘吉尔本人的那些期待——无论是美国宣战，还是希特勒进攻苏联，是英国在北非取得决定性胜利，还是整个被占领欧洲的起义——在当时的情况下，都在不同程度上显得有些牵强。当时英国的战略政策，用丘吉尔本人的一条人生格言描述最为恰当，那就是：走一步看一步。2 月 28 日，丘吉尔主持了进口专员会议，希望能够解决沉船造成的航运危机，沉船的数量已经严重超过采购和新造数额。1940年一年，英国的船舶损失达到273万吨左右，盟军的损失为82万吨，而当年生产的主要新战船只有22.193 5万吨。“我们必须把这件事放在重中之重的位置上。”他对庞德说。[71] 6个月前，他不顾海军部的反对，在利物浦建立了一个“西部水路”司令部，现在证明，该司令部在反潜艇战争中发挥了重要作用。3月初，他成立了大西洋战争委员会，来协调各部长、公务人员、造船商、科学顾问和军队的工作。“大西洋战争已经打响，”他宣布，“我们必须竭尽全力，随时随地对德国U型潜艇和FW战斗机[①]发动进攻。海上的潜艇必须被猎捕，造船厂或码头的潜艇必须被炸毁。那些攻击我们航运的FW战斗机以及其他战斗机必须遭到打击，无论是在空中，还是在他们的巢穴。”[72] 他提议用改进的高射炮武装所有商船，并在更大的船只上安装飞机弹射装置，让飓风战斗机能够从甲板上起飞。他在自己的战争回忆录中写道：“战争期间唯一真正让我害怕的，就是U型潜艇的威胁……我对这场潜艇战的焦虑程度甚至超过了对那场光荣的空战，即‘不列颠之战’的焦虑程度。”[73]

3月19日，大西洋战争委员会举行了第一次会议。当时，每个护航舰队的平均沉船率为10%，由于英国一半的食物和大部分原材料都依赖进口，其处境很快就会变得异常严峻。第二天，丘吉尔在内阁会议上说：“我不害怕空中打击，我不害怕陆地入侵，我更不害怕巴尔干半岛，但我担心大西洋。”[74] 3月中旬，德国U型潜艇群在12周内击沉142艘盟军船只，而大西洋上的两艘德国战舰“沙恩霍斯特号”和“格内森瑙”号，则击沉并捕获了8万吨位的盟军船只。[75] 在英国港口也有263万吨位的船只需要维修，由于修复损坏的船只所需的资源超过所能承受的限度，码头变得拥挤不堪。二战结束后，丘吉尔写道：“我多么希望摆在我面前的是一场实打实的全面侵略行动，而不是这种用图表、曲线和统计数字来表达的，看不见、摸不着的危险！”[76]

3月25日，摄政王保罗在柏林与希特勒签署了一项协议，南斯拉夫的

---

① FW 200秃鹰战机。

局势在迅速发展。第二天，丘吉尔给英国驻贝尔格莱德大使罗纳德·坎贝尔爵士写信督促道："继续纠缠、唠叨、出击。要争取到观众。不要接受'不行'这个回答。现在还不是谴责或体面地告别的时候。"[77]第二天，保罗在英国支持的政变中被他17岁的侄子彼得国王取代。两周后，丘吉尔在一次演讲中说："一条巨蟒已经将它恶臭的唾液流到了猎物上，之后猎物突然从它的缠绕中被夺走，可以想象它的心情会怎样。不过它的心情总归还是要比经历了同样痛苦与失望后的希特勒、戈林、里宾特洛甫以及其他那帮纳粹分子好得多。"[78]

科尔维尔在谈到政变时写道："首相非常高兴。整个国家都欣喜若狂。"[79]丘吉尔在当天的一次演讲中说："今天清晨，南斯拉夫找到了自己的灵魂。"[80]在为温南特举办的午餐会上，丘吉尔就此发表了第二次演讲。他说，美国大使"给我们的感觉，是所有罗斯福总统的人给我的感觉，他们宁愿被枪毙，也不愿看到这项事业失败"。[81]在猜测英国将如何赢得这场战争时，他回忆起自己在军需部的日子，当时他"不断收到各种信息，这个已经快用完了，那个也短缺了，铝土和钢铁马上就要用光了，等等。但是我们继续前行，到最后我们唯一真正缺的，就是德国佬"。[82]

在3月28日和29日的马塔潘角战役中，海军上将安德鲁·坎宁安爵士的舰队击沉了三艘意大利重型巡洋舰和两艘驱逐舰。大约2 300名敌军水兵丧生，而英军只有四艘轻型巡洋舰受损，三名水兵丧生。[83]听到这个消息，契克斯庄园里，人们"欢呼起来"。丘吉尔将这次袭击描述为"撕毁意大利的纸造舰队"。[84]他觉得，总的来说，人们在战争中的实际生活比预期的要快乐得多。科尔维尔报告说，就连拉博·巴特勒也"有点儿不情愿地开始欣赏首相"。[85]丘吉尔给法国人发了一封电报警告他们，他们如果继续轰炸直布罗陀，我们就会轰炸维希政府，并到处追击他们。然后他告诉墨索里尼，如果他在马萨洼（现在厄立特里亚的马萨瓦）击沉任何船只，并因此堵塞港口，"我们就不会在非洲给任何意大利人饭吃"。[86]（很久以后，确实有一些船只在那里被击沉了，但是意大利战俘还是得到了食物。）

当发现布鲁克将军一直在对德国的5个师登陆诺福克海岸，并向内陆挺进的影响进行模拟时，丘吉尔问了他14个问题，比如，"他们会有什么海军护卫”，“在这个点登陆是否会得到敌军日间战斗机编队保护”，以及“最初12小时内有多少人和车辆会登陆”，“他们所遭受的损失占了多大比例”。最后他总结说：“假设德国人在英吉利海峡拥有海上优势，如果我们的这些军官能够制订一个相同的计划，让我们以相同的兵力和战斗机掩护范围登陆法国海岸，我会感到非常高兴。”[87]一周后，布鲁克给出了丘吉尔所需的所有数据。他说，渡海时会损失10%，登陆时再损失5%~10%。随后，就德国人如何在英国找到燃料和食物等问题，布鲁克与丘吉尔进行了为期5周的通信。[88]

隆美尔于3月31日对韦维尔在西部沙漠的阵地发动了进攻。只过了10天，他就打到了托布鲁克，并将其包围。科尔维尔记录道：“德军的推进让我们措手不及，我们的一个装甲旅被切断。首相向我透露，他认为韦维尔等人在北非的行为非常愚蠢，他们本应做好在那里遭遇袭击的准备。”[89]他下令韦维尔不惜一切代价守住托布鲁克，海军上将坎宁安则负责封锁的黎波里港。坎宁安认为这属于自杀行为，尽管他依然按照命令炮击了港口，并击沉了几艘敌舰。[90]坎宁安还接到命令，要求他向战略上至关重要的马耳他岛提供补给，并切断意大利和非洲之间的轴心国通信。马耳他岛当时正在遭遇空中围困。

与此同时，韦维尔接到命令，要求他利用夺回英属索马里兰的部队攻打埃塞俄比亚，并在那里取得优势。后来他抱怨说，丘吉尔总是让他过度紧张、劳累，这是真的。他还说，首相“从未意识到在派遣部队参战之前将装备配齐的必要性”。他记得丘吉尔说过，“既然1899年或1900年时，一小撮布尔骑兵就挡住了英军的一个师，那么南非旅在出征前也没有必要拥有比步枪更多的装备”。[91]4月2日，丘吉尔给韦维尔发去了一份恩尼格玛解密文件，其内容显示，基于其他战区的需要，柏林方面拒绝了对隆美尔的空中支援，并命令他暂时不要向东深入埃及。[92]尽管如此，韦维尔第二天还是下令从班加西撤退，他在那里的兵力因为大批部队被调往希腊而被大大削弱。科尔维尔记录道，听到这个消息，“首相感到非常担心”。[93]原定对利物浦和曼彻斯特的访问也被取消了。

同一天，丘吉尔将“超级解密”组织的一条情报交给了克里普斯，请他转交给斯大林。丘吉尔称，这条情报来自德国最高司令部“一名值得信赖的特工”。该情报显示，三个德国装甲师已接到命令，在3月底从巴尔干半岛转移到波兰的克拉克沃，该命令之前也下达过，但是在贝尔格莱德政变后被撤销。丘吉尔与参谋长们和大多数情报机构的看法不同，他怀疑这意味着，一旦在南部侧翼的南斯拉夫和希腊的安全有了保障，希特勒就会图谋入侵苏联。斯大林对这一警告置之不理，认为这仅仅是“英国在挑事”。1940年6月，丘吉尔也曾发出类似警告，他认为德国将会转向东方，斯大林当时也对其置之不理。斯大林没有立即收到这一警告，因为克里普斯几周后才有机会与一位职位不高的政治局委员会面，所以当时苏联对英国对德国的看法几乎根本不信。[94]

南斯拉夫于4月6日遭到德国军队入侵，其领土同时在三个侧面遭到攻击，贝尔格莱德几乎被炸毁。希腊当天也遭到袭击。丘吉尔对国王说：“我们必须帮助希腊，但这样做就会让巴尔干半岛的战争失控。我们希望能够帮助希腊和南斯拉夫，但德国的战争机器一旦启动就很难停止。”然后，他若有所思地接着说道：“我们在与意大利交手时表现很好，但德国才是真正的敌人。”[95]之后他的话题又回到当时他最关心的战场上：“大西洋战争是关键中的关键。”他告诉国王：“而美国站在我们这一边。”

根据哈罗德·尼科尔森的记录，德国人于4月9日进入萨洛尼卡的消息让“整个下议院陷入一阵无声的痛苦”。[96]三天后，丘吉尔宣布了一条鼓舞人心的消息：“美国政府已经将10艘配备了精良武器、在各方面都极其耐用的缉私船，这些排水量达到2 000吨的快艇，交由我们处理，很快它们就会用于行动。这些原本为执行禁酒令而设计的船只，现在将发挥更大的作用。”[97]两天后，当他带着温南特和哈里曼在斯旺西转悠时，又表现出同样的幽默感。在斯旺西，他被几百名码头工人围住，于是他把他那顶独特的方形圆顶礼帽顶在手杖上，向人群中看不见他的人挥舞致意。那天晚上，他睡在自己停靠在塞文隧道附近一条旁轨上的火车里，在那里，他们一行人看到了发生在布里斯托尔的一次严重的轰炸袭击。

丘吉尔于1929年6月被选为布里斯托尔大学的名誉校长。他认真地对待自己的责任，为学生颁发学位，偶尔发表重要演讲，成为英国大学里任职时间最长的名誉校长。[98]“我一直都很喜欢到这里来。”他对自己的医生说。

其中一个颇为重要的原因，就是在这里，他有机会再次穿上他父亲的财政大臣长袍。不过他的权力非常有限，20 世纪 30 年代末，他写信给学校副校长，想要为一名犹太牙科学生索要一个入学名额，这名学生的父母想让他逃离纳粹德国。副校长拒绝了。[99] 当丘吉尔在 4 月中旬前往布里斯托尔授予温南特和澳大利亚总理罗伯特·门齐斯荣誉学位时，空袭已造成这座城市数百人死亡或受伤。用科尔维尔的话说，丘吉尔一行人“走路或驱车，穿行在我完全无法想象的灾难中”。[100] 然而，在被炸毁的房屋里，英国国旗依然在高高飘扬。人们聚集在丘吉尔周围，挥手欢呼着。丘吉尔不停地喃喃自语道：“了不起的人民……了不起的人民。”[101]（在另一个场合他曾告诉汤米·汤普森，他在挥手时，会尽量做到与某个人对视，因为这样就可以和对方产生一种直接的个人交流。）[102] 举行仪式的威利斯塔附近的一些建筑仍在燃烧，有一些大学老师将自己的学术长袍套在脏兮兮的民防制服外面，他们整夜都在工作，将人们从瓦砾中救出。“在整个仪式中，”汤普森回忆道，“烧焦的刺鼻气味不断从大厅的破窗户外飘进来。”[103] 让丘吉尔感到骄傲的是，学校以“完美的仪式和恰当的礼仪”主持了这场仪式，没有遗漏任何环节。[104]

“你们能够在这样的情况下聚集在一起，这是坚韧和冷静的标志，”丘吉尔对听众说：

> 这样的勇气和超脱于世外的淡定，是值得我们从古罗马人或现代希腊人身上学习的一切。任何时候，只要我能够从我在总部的工作中逃出去几个小时或一天，我就会到全国各地去看看。我看到敌人的攻击造成的破坏，但我也在灾难中和废墟旁，看到平静、自信、明亮、微笑的眼睛。因为知道自己所做的事情，与一项远比任何个人问题更崇高、更广泛的事业息息相关，人们的眼中闪耀着光芒。我看到了一个不可征服的民族之精神，这种精神孕育在自由中，沐浴在我们穿越了几个世纪的传统里，此时此刻，在世界历史的转折点上，它将让我们有能力承担起自己应负的责任，让我们的后代不会去责备他们的父辈。[105]

之后，《大众观察运动》的汤姆·哈里森看到，“他眼中饱含着愤怒与悲伤的泪水。很明显，眼前的苦难令他动容，但是我们同时更能明显地看出，他下定了决心，要让苦难变成胜利，而不是失败”。[106] 当他的火车驶出布里斯托尔站时，丘吉尔仍然眼含热泪，他对汤普森中校说：“他们的信念如此坚定——他们坚信这是他们的重大责任。”[107] 当天晚上罗斯福宣布，即使美国和德国并不处于战争状态，美国海军也会将其反潜艇巡逻范围从美国海岸的 300 英里（1939 年 10 月以来美国一直在这里巡逻），向东延伸到第 25 条子午线，穿过格陵兰岛和佛得角群岛，这样就可以让更多的英国皇家海军舰艇，自由地去与靠近英国水域的德国 U 型潜艇作战。与此同时，国防委员会决定进行极具风险的“老虎行动”，238 辆坦克将经由地中海，而非好望角，被送往亚历山大港。丘吉尔认为这一行动的风险过大，但是在这场充满激烈争论的会议结束时他说：“如果有人擅长祈祷，现在就是时候了。”[108] 最终结果表明，这是一个正确的决定，只有一艘运输船被击沉。

这的确是“世界历史上的一个转折点”，但在当时，历史将走向何方还并不清楚。隆美尔于 4 月 13 日占领了巴蒂亚；伊拉克政客拉希德·阿里·盖拉尼在巴格达发动了“金色广场政变”，威胁要把伊拉克交给轴心国；南斯拉夫对德国的反对力量于 4 月 18 日瓦解。那一周，出现了这场战争中最猛烈的空袭，2 000 名伦敦人和 3 000 名利物浦人丧生，伦敦西区、皮卡迪利大街、圣詹姆斯街、波迈街、下摄政街和海军部都遭到重创。海军部被炸后，丘吉尔说，从他在内阁会议桌的座位上，现在“能更好地看到纳尔逊纪念碑了”。[109]

4 月 18 日，希腊新总理亚历山德罗斯·科里斯饮弹自尽。1940 年 10 月就开始在阿尔巴尼亚同意大利作战的希腊军队于 4 月 20 日投降，德国在希腊上空建立了完全的空中优势。最终，英国国防委员会做出了撤离希腊的决定。这简直就是加里波利、纳姆索斯、纳维克、敦刻尔克和达喀尔的重现，所以人们开玩笑说英国远征军（BEF）代表“每周五回来”（Back Every Friday）。尽管如此，国王还是在他们的每周午餐会后写道：“首相状态良好，没有因希腊的局势感到沮丧……撤离事宜正在进行中。”[110]

希腊于 4 月 24 日投降。夏依说：“下议院躁动不安，政府的支持率正在下降，但首相的地位似乎是稳固的。”[111] 尽管丘吉尔对南斯拉夫政变的支持和对希腊的干预在当时看起来像是一场惨败，但后来人们却看出了其积极影响，尽管这种影响与英国军队本身毫无关系。1941 年 8 月，首相告诉科尔维尔，南斯拉夫的政变“很可能在战争中发挥了重要作用”，因为希特勒不得不因此“从北方撤回了他的装甲部队，并将对苏联的进攻推迟了 6 周”。[112] 战争结束后，他的这一论断得到德国高级参谋冈瑟·布卢姆特瑞特将军的支持。他说：“巴尔干半岛事件使（苏联）战役推迟到 5 个半星期后才开始。”而另一位高级战略家西格弗里德·韦斯特法尔将军认为是 6 个星期。[113] 结果，德国人直到秋天才到达莫斯科，那时，苏联已经从雨季到了冬季，冷到汽油都能冻住。德国国防军在莫斯科郊外陷入停滞状态，给了苏联一个在 12 月进行有力反击的机会，并于 12 月 30 日重新夺回了卡卢加市。未预期的后果这一铁律再一次以对其有利的方式落到丘吉尔身上。

在 4 月 27 日的广播中，丘吉尔谈到大英帝国对希腊的支持时，将其视为一个道德问题，而非战略问题。“根据战前做出的庄严保证，英国已经答应向希腊提供援助，”丘吉尔说：

> 希腊人宣称，他们将为自己的祖国而战，即使他们的邻居不能与他们一起为共同的事业而奋斗，即使我们听任他们由命运摆布。但我们不能那样做。那是违反规则的做法，它将对大英帝国的荣誉造成致命的伤害。没有这些规则，我们既没有希望，也不配赢得这场艰苦的战争。军事上的失败或误判是可以挽回的，战争的命运是变化无常的，但是，耻辱的行为将使我们失去现在我们在全世界所获得的尊重，使我们的力量枯萎殆尽。①[114]

丘吉尔在演讲中公开承认了“战争形势的……严峻性”，但是他也说过，离开白厅“到前线去，我指的是伦敦的街道和码头，或是利物浦、曼彻斯

① 当然，英国没有在军事上帮助波兰，尽管在战前她也曾做出过类似的庄严保证。

特、卡迪夫、斯旺西或布里斯托尔，就像从温室走到战舰的舰桥上去。这是一种补药，我建议任何患有烦躁症的人在需要的时候都可以大剂量地服用此药”。[115] 他认为空袭监督员、本土民防队员和工厂工人一定会“为能与我们的战斗人员站在一起而感到骄傲”，并补充说，“这确实是我们的历史上一个伟大的英雄时代，荣耀之光照耀在每个人身上。”[116]

那时候，人们对丘吉尔演讲的一个主要期盼，就是听他捎带着贬损墨索里尼，他没有让大家失望。“墨索里尼，这只被鞭挞的豺狼，”他说，“为了自己活命，他使整个意大利成了希特勒帝国的附属国。他蹦蹦跳跳地来到德国老虎的身边，号叫着，不仅仅是因为饥饿，如果是因为饥饿倒可以理解，更是为了胜利。”[117] 他向听众保证，希特勒和墨索里尼最终都不会取得胜利，部分原因是，“恶毒的德国鬼子只有不到 4 000 万人口——其中一些是可以变好的，剩下的是可以杀掉的——他们中的许多人已经参与到对一些古老民族的侵略行动中，包括奥地利、捷克、波兰、法国以及其他许多他们正在欺辱和掠夺的古老民族”。[118] 在演讲的结尾部分，丘吉尔赞扬《租借法案》在加强英国军备方面已经产生的效果时，引用了阿瑟·休·克劳夫的一首诗，《不要说斗争徒劳无益》：

> 不只是在靠东边的窗户旁，
> 日光出来的时候，阳光会照耀；
> 前方的太阳爬得很慢，多么慢啊！
> 但是你往西看，大地已是一片明亮。[119]

隆美尔已经抵达距离埃及边境不到 250 英里的托布鲁克。4 月 28 日，丘吉尔撰写了一份题为“埃及防御”的战时内阁指令，命令所有与撤离埃及和封锁苏伊士运河有关的计划，都要由开罗总部严格控制。“我们不允许有任何关于这类计划的传言。”他还说，除非“至少有 50% 的人员伤亡”，否则不允许任何部队投降。他补充说：“按照拿破仑的箴言，‘如果一个人被单独抓获，而且手无寸铁，就可以投降’。但是被敌人突袭的将军和参谋人员，要拿起手枪自卫。伤员的荣誉是不会受损的。任何能杀死一个德国鬼子，或是一个意大利兵的，都是优秀的军人。尼罗河的军队会继续战斗，他们不会想到撤离或撤退。”[120]

这是战斗的檄文。在同一份指令中，丘吉尔所做的一个预测却不怎么令人佩服：“除非德国成功地入侵英国，否则日本不太可能参战。”他由此得出结论：“除了目前正在进行的这些基本安排，没有必要在保卫马来亚和新加坡方面再做任何部署。”[121]因为日本在远东的任何攻击都会引发美国的干预，所以他认为没有必要把加强新加坡或香港的防御放在首位。

5月，莱斯利·罗文加入了丘吉尔所谓的“秘密圈子”，圈内的人都是他的内部随行人员，他们可以看到除行动日期和他的软皮箱中包含情报内容之外的所有东西。[122]在进行私人秘书一职的简短面试时，丘吉尔问罗文，他目前在财政部的工作是否涉及削减海军开支。“是的，先生，”罗文回答，“我尽力而为。”这是一次考验，因为，正如罗文后来所写，丘吉尔“最讨厌的是他所谓‘官方的鬼脸’，他指的是公务员出于取悦他人而发表的礼貌但不真诚的言论”。[123]罗文诚实地承认，他的工作一直以来都涉及削减丘吉尔所钟爱的“高级军种”的开支，也正因为他的诚实，他获得了这份工作。“他经常不为别人着想，”罗文回忆起丘吉尔这位老板时说，“但我们都觉得，我们是在为一位真正的领袖服务——他确实是一位真正的领袖。这样的人，一个世纪才能产生一个，说一个世纪已经是太短了。”[124]有一次，在契克斯庄园，罗文因为那天是克莱门汀的生日，想找个借口不吃晚饭了，他觉得也许丘吉尔一家希望只与家人共进晚餐，结果丘吉尔说：“你千万别这么做，克莱米和我很想让你和我们一起进餐。”[125]丘吉尔的办公室和住处之间是没有界限的。英国内阁大臣爱德华·布里奇斯回忆说：“我们可能会在丘吉尔的书房或卧室与他共事，或者在他与家人吃饭时被叫去接受一些紧急命令。不久之后，他让我们所有人都感觉，我们在某种程度上都成了他的家庭荣誉成员。”[126]

在战争的每一个时刻，丘吉尔的4位私人秘书中至少有一位能够在几分钟内出现在他的办公桌旁或床边。1943年时有一次，他对约翰·派克咆哮道：“把月亮给我。”过了一阵子派克才猜出，他问的是1944年夏天那几个月里出现满月的日期，也就是进行诺曼底登陆的日期。[127]

1941 年 2 月 15 日，比弗布鲁克又一次威胁要辞职，这次是因为他与欧内斯特·贝文在制造管理的各个方面产生了分歧。“整个表演持续了一个半小时。”疲惫不堪的艾登在日记中写道。[128] 5 月 1 日，丘吉尔终于把比弗布鲁克调离了飞机制造部，取而代之的是约翰·摩尔-布拉巴宗，尽管“比弗”作为国务大臣留在了战时内阁——这是专门为他发明的一个新头衔。由于没有具体的部门职责，他的主要任务是为首相提建议，而不是成为政府的反对者。丘吉尔还任命弗雷德里克·莱泽斯为战时运输大臣。不久，他就开玩笑说，莱泽斯，这位曾经担任过 50 多家公司董事长或董事的大臣，每次如果能将 100 万吨额外的补给运回英国，就可以获得一个贵族头衔。这个玩笑他开了很久。当莱泽斯送来一份不错的月报时，丘吉尔就会说：“照这样下去，你很快就会成为伯爵了——也许到今年年底就会成为公爵。”如果送来的月报显示成绩不好，他就会说：“再这样下去，我只能把你降为准男爵了。”莱泽斯并不觉得这种别出心裁的言辞有什么好玩儿的，他只是回答：“随您的便，首相。”① [129]

5 月初，阿斯特夫人带着丘吉尔和哈里曼参观了她的普利茅斯选区，该地区在 9 天之内遭遇了 5 次轰炸。他们看到一辆公共汽车被炸飞到 150 码外的屋顶上，还听到隔壁房间里钉棺材的声音，而那里还躺着“大约 40 名受了轻伤”的人。[130]“我从未见过这样的情景。”丘吉尔不停地重复着。科尔维尔写道，首相“比我见过的任何时候都要沮丧”。丘吉尔想象了一下一个德国在整个中东取得胜利的世界，很大程度上也是为了让哈里曼听，他说：“希特勒的机器人新秩序将获得灵感，并因此获得真正的生命。”[131] 他希望托布鲁克港能够“起到阿克抗击拿破仑时的作用”。1799 年，英国-土耳其联军对这座城市（现在的阿克科）的防御迫使拿破仑放弃了在叙利亚的军事行动。他说：“整个沙漠的一粒沙子，就可能毁了希特勒所有的计划。”[132] 但是如果不能，希特勒将会控制伊拉克的石油，而苏联人已经在为他供应乌克兰小麦，在这种情况下，即使是他们在普利茅斯遇到的那种坚定决心，也不

① 尽管如此，他还是得到了晋升，战争开始时他是男爵，结束时是子爵。

能做到“缩短痛苦”。[133] 第二天，丘吉尔因为另一个原因闷闷不乐，因为他发现克莱门汀用了他最喜欢的昆士兰蜂蜜给食用大黄增甜。[134]

正是在这段时间，丘吉尔去了一趟查特韦尔庄园。在需要写一些重要的演讲稿时，他有时会去那里。在他自己建造的小屋里吃午饭时，他低声排练着他计划向波兰人民进行的演讲，同时还对他的橙色斑猫乔克说：“亲爱的猫，在战时我不能给你奶油吃，这太令人伤心了。”[135] 5 月 3 日，他在广播中进行了演讲：

> 在整个欧洲，多少个世纪以来，当普鲁士人只不过还是一个野蛮的部落，德意志帝国充其量也就是一个黑麦粗面包公国时，一些民族和国家的文化和历史就已经使他们成为基督教世界的一部分。而现在，这些民族和国家却倒下了，倒在了希特勒和纳粹团伙黑暗且残酷的枷锁之下。他的枪手们每周都在十几个不同的地方忙活着。星期一，射杀荷兰人；星期二，射杀挪威人；星期三，法国人或比利时人站到了墙边；星期四必须受苦的则是捷克人。现在，又有了塞尔维亚人和希腊人来填补他令人作呕的处决令。但是无论是星期几，波兰人都躲不过被迫害的命运。希特勒对波兰人犯下的暴行，对他们国家的蹂躏，对他们家园的破坏，对他们宗教的侮辱，对他们人力的奴役，其严重程度和规模，都超过了希特勒在任何其他被征服的土地上犯下的罪行。[136]

他说的没错，纳粹对波兰的毁灭是灾难性的。1939 年—1945 年，波兰人口减少了 17.2%，比任何其他欧洲国家都要多。

希特勒第二天回应说，丘吉尔的演讲“表现出他患有麻痹症，也可以说是醉汉的胡言乱语”。在接下来的两年里，他称丘吉尔为“神经病”“话唠”“酒鬼”“疯子”“无耻的政客”“罪犯”“嗜血的业余战略家”“战争贩子”“虚伪的家伙”，还有一个很奇怪的称呼——“懒骨头”。[137] 希特勒的秘书克莉斯塔·施罗德回忆说，当希特勒向她口授关于罗斯福、丘吉尔和布尔什维克这三方面的事情时，“情绪就会占据主导地位”。因此，他说出的话就会经常出现被吞掉的音节和词语。她写道：“这样一来，他的用词就显得没那么挑剔了。”

> 就我而言，每次他提到那个“威士忌酒鬼”……通常，我就会省略一些他提及的东西。有趣的是，当他通读草稿时，从来没有注意到有些内容被省略了，这说明他的情绪是多么激动。在这种情况下，他的声音会提高到最大音量，音调特别高，还会做出生动的手势。他的脸色发红，怒火在他的眼睛里燃烧。他会一动不动地站在那里，就好像面对着他想象中的那个特别的敌人。[138]

如果丘吉尔知道他对希特勒的影响有多么大，他一定会很高兴。

韦维尔已经接到命令，要他在托布鲁克、希腊和埃塞俄比亚继续战斗。5月初，丘吉尔还坚持要对伊拉克和叙利亚进行新的干预，尽管只动用了一些最基本的力量。他对伊拉克的地理位置了如指掌，曾任殖民地事务大臣的他创建了这个国家，而且还为她安排了空中警务。当韦维尔建议让问题在伊拉克“解决”，而不是将拉希德·阿里驱逐出去时，丘吉尔对国王说，韦维尔“累了，可能想休息一下”，奥钦莱克将军可以接替他的位置。[139] 国王将韦维尔与丘吉尔进行了对比，然后指出：“有人批评说，温斯顿自己做的事情太多了，但他必须这么做，他充满活力和主动性。我希望我们有更多像他这样有才干的人。”[140] 最终，英国对叙利亚的维希政府和伊拉克的拉希德·阿里的打击行动不但费用很低，而且作用显著、非常成功。[141]

1941年5月7日，星期三，在劳合·乔治和霍尔-贝里沙要求举行的下议院信任投票中，丘吉尔不得不出面为希腊的溃败辩护。经过艾登修改的这份动议的措辞是这样的：“下议院批准了陛下的政府采取增援希腊的政策，下议院也声明，其对政府将在中东和其他战场的行动中拼尽全力充满信心。”劳合·乔治指责丘吉尔，说他身边都是一群唯唯诺诺的人，还说丘吉尔提出来的有一天将会攻占欧洲的说法是“愚昧的”。丘吉尔回应劳合的发言并“不是那种人们期望可以从过去那些伟大的战争领袖那里听到的发言……我想，他的发言属于那种，在雷诺先生的内阁即将卸任的时候，大名鼎鼎、德高望重的贝当元帅很可能会用来活跃气氛的发言”。[142] 这一击虽然不是冲着要害而去，却效果良好。霍尔-贝里沙则坚持认为，情报机构应该全面、准确地描述敌人可能的意图。丘吉尔反驳说：“他那充满力量的演讲，到处都是这样显而易见且过时的东西。” [143] 丘吉尔一如既往地试图将英国目前的困境置于历史背景中。他说：“有些人把希特勒的征服与拿破仑的征服相提并论。”

> 或许西班牙和苏联不久将为这一主题提供新的章节。然而，我们必须记住，拿破仑的军队带来了法国大革命中那强劲的自由和平等之风，而希特勒帝国的背后却只有种族自负、间谍活动、掠夺、腐败和普鲁士的靴子。然而，拿破仑的帝国，连同其所有的错误、所有的荣耀，就像复活节时的雪一样，落下就化了，再无音信。留下的只有陛下的“柏勒罗丰号”，等待着哀求的难民。[144]

他煞费苦心地把两种截然不同的军事错误区分开：“一种错误是因为胆大而犯下的，我称之为面向敌人的错误，在这种情况下，你必须在海上、陆地或空中都始终支持你的指挥官；另一种错误是因为遵循了安全第一的原则，他们犯下的是逃避敌人的错误，这样的做法要受到更为尖刻的批评。” [145] 挪威、达喀尔和希腊，或许还包括加里波利，都应该列入第一种错误。他最后总结说：“当我回望那些我们已经克服的危险，我们勇敢的大船驶过的惊涛骇浪时，只要我们能记住所有的错误，也记住所有正确的选择，我确信我们就不再需要害怕暴风雨。让它咆哮吧，让它愤怒吧。我们将会渡过难关。” [146] 他最终以 447 票对 3 票在投票中获胜，当他走出议会大厅时，人们自发地爆发出一阵欢呼声，随后接待大厅的成员们也欢呼起来。科尔维尔记录道：“他为自己在下议院取得的成功感到高兴，上床睡觉时都是兴高采烈的。” [147]

丘吉尔应对军旅生涯中各种情况的格言是“走一步看一步”，这很好地概括了他从敦刻尔克大撤退到苏联参战之间这一年的军事战略。他在 5 月初与瑞典大使比约恩 · 普利兹谈话时，创作了一个仿伊索寓言故事：

> 有两只青蛙，一个乐观主义者和一个悲观主义者。一天晚上，他们在草地上跳着，闻到附近一家奶牛场散发出的新鲜牛奶的香味。青蛙受到诱惑，从一扇开着的窗户跳进了牛奶场。他们计算错了，扑通一声掉进了一大罐牛奶里。怎么办呢？悲观主义者环顾四周，发现罐子的内壁又高又陡，根本爬不上去，他绝望了。他转过身去，双腿交叉，沉到水底。乐观主义者不愿这样丢脸地死去。他也看到了那些又高又陡的内壁，但他决定尽力挣扎一番。整个晚上他都在游泳，用腿使劲地拍打着牛奶，做着各种各样的动作……到了早晨，这只乐观的青蛙不知不觉中已经从牛奶中搅拌出一大块黄油，他救了自己的命。同样的事情也将发生在大英帝国身上。[148]

丘吉尔自信地告诉普利兹，黄油的旋钮就是“苏联与德国之间即将发生的冲突”。根据“超级解密”组织的情报，这件事不久就会发生。针对这件事，他说：“为了粉碎德国，我愿意与任何人结盟，哪怕是魔鬼。”[149]

三天后，也就是 1941 年 5 月 10 日，老下议院的议会大厅在一次大规模空袭中被摧毁，这一天正好是丘吉尔执政一周年。那天晚上，伦敦有 2 000 个地方烧起了大火，3 000 个伦敦人或死或伤。[150] 当一枚炸弹穿过大本钟钟楼时，钟楼的表面布满了弹坑和伤痕。丘吉尔送给下议院首席看门人威廉·布里姆森一个刻着字的银制鼻烟壶，以替换他在大火中丢失的那一个。

那天晚上，汉密尔顿公爵打电话给瓦伦丁·劳福德——安东尼·艾登的私人秘书，通知他，鲁道夫·赫斯，德国的副元首，将通过降落伞空降到他的苏格兰庄园，试图寻找可以与之讨论休战的“友好元素”，尽管他这样做并没有得到希特勒的授权。劳福德告诉了科尔维尔，科尔维尔又给丘吉尔打了电话。当时丘吉尔正在看马克斯兄弟公司的电影，一开始他说：“把这个故事告诉马克斯兄弟吧！”经过别人认真的解释，他知道这竟然是真的之后，就发出命令，派人立刻带汉密尔顿飞往诺斯霍尔特机场，然后把他带到迪去雷庄园，但是科尔维尔必须先确认，“这确实是公爵本人，而不是一个疯子”。[151] 在放下电话之前，他说：“不管是不是赫斯，我还是要去看马克斯兄弟的电影。”[152]

赫斯的身份一经柏林前第一秘书伊冯·科克帕特里克确认，丘吉尔就让艾登、艾德礼和比弗布鲁克三人查看了科克帕特里克与赫斯的谈话记录（这种人员选择本身就表明了他对当时政府高层构成的看法）。“很显然，赫斯不是叛逃者，但是他真诚地相信，他能说服我们，我们不会获胜，通过妥协获得和平是可以实现的”，这就是谈话内容的核心所在。“他认为这一切的根本前提，是丘吉尔的政府下台。”[153] 丘吉尔被逗乐了，因为汉密尔顿以前从未见过赫斯，他告诉丘吉尔，赫斯之所以选择飞到他那儿去，是因为他是王宫的管家大人，而副元首认为这是一个真正的头衔，而不是一个荣誉头衔，因此他将有机会把自己的想法灌输给国王。丘吉尔提出自己的看法：“我想他认为公爵是切鸡肉的，会向国王请示他是喜欢鸡胸还是鸡腿！”[154] 当然，这件事情的后果可没那么幽默：丘吉尔不希望任何英国人、美国人或苏联人怀疑他或他的政府对和平谈判感兴趣。因此，他告诉了公众真相：这是一个精神几近崩溃的人的疯狂行为。也确实如此，赫斯后来于 6 月 16 日企图自杀。[155] 在伦敦塔经过详尽的盘问后，赫斯在威尔士阿伯加文尼附近的一个战俘营里度过了战争结束前的时光。

“我的管家汉密尔顿刚刚接受了一年任命，”国王在日记中写道，“我不得不要求他的前任沃尔特·布克列赫公爵离开，因为他同情纳粹。也许管家大人的职位被施了魔法，或者是被日耳曼化了。”[156] 在共进午餐时，丘吉尔对国王开玩笑说：“如果比弗布鲁克或安东尼·艾登突然离开这里，毫无预兆地飞往德国，他会非常生气。”[157] 他向国王汇报了赫斯的和平提议——“希特勒在欧洲已经游刃有余，但是他不能与现在的英国政府谈判”，并开玩笑地问国王是否“确信，在现在这个我们的前景越来越光明的时候，我真的不希望他辞职”。[158]

5 月 16 日，丘吉尔对史末资将军说：“看起来希特勒正在集结兵力，准备攻打苏联，军队、装甲部队和飞机一直在从巴尔干半岛向北，从法国向东转移。”[159] 他曾两次提醒斯大林，但都没有引起其重视。丘吉尔比参谋长们更能洞悉希特勒的心思，参谋长们直到 5 月 31 日才相信德国会进攻苏联。

5 月 20 日，德国第 11 航空队袭击了新西兰将军伯纳德·弗雷伯格率领的克里特岛上的英联邦部队，夺取了至关重要的马莱姆机场。经过 8 天的激烈战斗，盟军最终不得不撤离该岛，主要原因是缺乏空中支援。地中海舰队以损失 3 艘巡洋舰和 6 艘驱逐舰为代价，将岛上 2.6 万名士兵中的 1.6 万名撤出。[160] 这次行动之后，地中海舰队规模缩减至 2 艘战列舰、3 艘巡洋舰和 17 艘驱逐舰。[161] 科尔维尔因“格洛斯特号”和“斐济号”在克里特岛战役中的损失而感到沮丧。丘吉尔反驳他说：“你认为我们造这些船是干什么用的？”他对海军“对待舰船时表现得就像它们太珍贵而不能冒险一样”的做法嗤之以鼻。[162]

丘吉尔指责韦维尔没有给克里特岛派去足够的坦克，尽管他和参谋长们坚持认为，德国对克里特岛的攻击只是一个骗局，是要遮掩其攻击叙利亚或塞浦路斯的真正目的。5 月 10 日晚，丘吉尔曾非正式地提出，用克劳德·奥钦莱克将军取代韦维尔，但这一提议只得到比弗布鲁克的支持，艾登、艾德礼和马杰森全都反对。[163] 他后来告诉自己身边的人，如果能让他在中东掌握指挥权，他会“很乐意放下现在的职务——是的，他甚至可以放弃雪茄和酒”！[164] 这就是安特卫普给他留下的心理阴影。

5 月 21 日，海防总队司令部报告说，在冰岛和格陵兰岛之间的丹麦海峡，发现了德国战舰“俾斯麦号”——一艘载有 2 200 名船员的海上最强大的战舰，还有它的护卫巡洋舰“欧根亲王号”，2 艘船正驶向大西洋。海军上将约翰·托维爵士的本土舰队中的一部分，包括皇家海军最大的战斗巡洋舰，载有 1 418 名船员的“胡德号”，被派去拦截它们。5 月 24 日，星期六早晨，丘吉尔在契克斯庄园醒来时，收到“胡德号”被“俾斯麦号”击沉的消息。后来他发现，除了 3 名船员幸存外，“胡德号”其他船员全部遇难。14 年后回想起这件事，丘吉尔仍然会泪流满面。[165]

在“胡德号”的灾难性损失后，在强风中、公海上、暴雪里，皇家海军展开了一次 1 700 英里的追逐行动，“乔治五世国王号”率领的本土舰队开始复仇。丘吉尔的周末是在契克斯庄园度过的，他的心“痛苦地悬着”，担心“俾斯麦号”会拦截南面那支只有驱逐舰护送的盟军护卫队，也担心它会干脆逃离，前往布雷斯特等位于法国的大西洋港口。[166] 他一直盯着霍特里房间中那不断更新的海图，就像汤普森中校回忆的那样：“一次又一次地看到巡洋舰跟丢了‘俾斯麦号’的报告。”[167]维克·奥利弗回忆说，那个周末，他的岳父“表情严峻得难以形容”，在他弹钢琴的时候，丘吉尔曾一度冲他大喊：“别弹了！别弹这个曲子！在我家里谁都不能弹《死亡进行曲》。”[168]（实际上维克弹的是贝多芬的《热情奏鸣曲》。）

第二天是一个星期天，丘吉尔也是在“可怕的忧郁”中度过的。他不明白为什么“威尔士亲王号”没有强行发起攻击，他嘴里不停地说着：“这是1914年‘特鲁布里奇号’放走‘戈本号’以来最糟糕的事情。”[169]他后来考虑过将“威尔士亲王号”的船长送上军事法庭，但托维阻止了他。托维威胁说，如果那样，他就会出庭辩护。上床睡觉之前丘吉尔说，他觉得过去的3天是迄今为止整个战争中最糟糕的3天——如果“俾斯麦号”能够安全抵达700英里外的布雷斯特，就更是如此。在26日的内阁会议后，卡多根在伦敦写道：“可怜的温斯顿非常忧郁，当然是因为‘胡德号’和克里特岛。”他用了“令人厌烦和尖酸刻薄”来形容内阁会议上的讨论。[170]艾登与他的看法一致，他在日记中写道：“这是最让人忧郁的一天——‘俾斯麦号’似乎被跟丢了。今晚的内阁会议是我们见过的最糟糕的一次会议——温斯顿非常紧张，完全不讲道理，其他人都焦虑不安。”[171]会上还出现了几次长时间的完全沉默，这在内阁会议上是非常少见的。

那天晚上，丘吉尔大部分时间都待在唐宁街10号附楼的地图室。皮姆上尉回忆说：“明亮的灯光照在房间里沿着墙的一圈地图上，工作人员在不停地绘制标注着，一小时又一小时，海战的各个阶段都被记录下来。”[172]丘吉尔和庞德一度向托维发出信号，尽管皇家海军“乔治五世国王号”就要耗尽燃料，但它不能放弃追击，必要时可以将这艘旗舰拖回英国。在到处都是U型潜艇的大西洋，这是一件连想一想都异常危险的事。当天晚上，“皇家方舟号”航空母舰上的剑鱼式鱼雷攻击机击中“俾斯麦号”，不到午夜，“俾斯麦号”就失去了航向。它继续在海上漂浮了10个小时，在此期间，“罗德尼号”和“乔治五世国王号”一直在对它进行炮击。

第二天早晨，丘吉尔在狭窄的教堂里发表了关于克里特岛的声明，他刚坐下来，布拉肯就给他递来一页纸。“议长先生，请您原谅，”丘吉尔打断了一位工党议员的讲话，“我刚刚得到消息，‘俾斯麦号’沉没了。”上午10

点 40 分，“多塞特郡号”巡洋舰上的鱼雷和舰长的突袭终于摧毁了它。只有 114 名船员幸存。按照尼科尔森的说法，听到丘吉尔宣布的消息，人们“欢呼雀跃”起来，约翰·马丁的说法则是“一片欢腾”。[173] 丘吉尔在与国王共进午餐时说：“我对‘俾斯麦号’的沉没感到兴奋，因为这使我们在大西洋的地位得到了改善，现在我们要对付的就只有‘蒂尔皮茨号’了……‘俾斯麦号’肯定是不会被大炮击沉的。”[174]

6 月 2 日，丘吉尔一家去了查特韦尔庄园，理论上说是去休息一下。而实际上，确实有那么一会儿，首相平趴在餐厅的地板上，看克莱门汀与科尔维尔玩双陆棋，但是这之后他没有去睡觉，而是做口述工作，直到凌晨 1 点半，第二天就回伦敦去了。他在写给韦维尔的信中说：“克里特岛撤离行动受到了暴风雨般的批评，大家要求我就很多问题做出解释。现在你就不要为这件事担心了。你只需关注出口商（叙利亚战役），最重要的是关注布鲁泽（解救托布鲁克）。仅凭这些工作，就可以回应那些公正或不公正的批评了……正如拿破仑所说，‘战斗就是回应’。”[175] 3 天后，国王在谈到首相时说：“他对利比亚寄予厚望，因为我们的军队、坦克和飞机都已准备就绪。他希望韦维尔能够对德国人发动无情的进攻，不给他们以任何喘息的机会，让他们没时间去休息、去睡觉。”[176] 针对希腊问题，丘吉尔对国王说：“我们离开那里算不上什么大的灾难。这是一场战役中的一次战斗，大家都应该这样对待这个问题。”幸运的是，关于信任投票的动议是在撤离前 3 周进行的，而不是在撤离期间或之后。

6 月 6 日，夏依写道：“来自四面八方的批评越来越多。丘吉尔的受欢迎程度正在明显下降，他的许多敌人因为他个人的受欢迎程度而长期保持沉默，现在他们又开始直言不讳了。克里特岛就是对他的一个巨大攻击借口。”[177] 尽管如此，丘吉尔在随后的一次内阁会议上还是对此轻描淡写。“人们在批评这个政府，”他说，“但是它强大的力量——我敢当着你们这些人的面这样说——是别无选择的！我不认为我们的政府是一个糟糕的政府。仔细想想，它其实是一个很好的政府。我对此完全有信心。事实上，我还是第一次感到自己如此真心实意、全心全意地忠诚于一个政府！”[178]

4 天后，丘吉尔在下议院进行了一次 90 分钟的演讲，为希腊远征和克里特岛撤离行动进行了辩护，尽管那天他对国王说，他“认为每次出了问题就要进行辩论是一种糟糕的制度”。[179] 他在演讲中谈到英国人时说：“他们是唯一喜欢别人告诉他们事情有多糟的民族，喜欢别人告诉他们最坏的情况，喜欢别人告诉他们，事情很可能还会变得更糟，必须为将来的不顺利做好准备。”关于克里特岛，他说：“失败是痛苦的。试图解释失败是没有用的。人们不喜欢失败，他们也不喜欢对失败所做的解释，无论这种解释是多么详尽、多么可信。对于失败的回应只能有一个，那就是胜利。”[180] 两天后，他在一个广播中承认：“我们还看不出怎样或何时才能获得解救，但是有一点是再明确不过的，希特勒留下的每一个足迹，他那感染且腐烂的手指所留下的每一片污渍，都将被擦拭清洗，如果有必要，就让它们从地球表面彻底消失吧。”[181] 现在，离他们获救的核心因素开始发挥作用就只剩下 10 天了。然而，许多人认为，即使德国入侵苏联，德国国防军仍将继续取得一连串胜利，因为目前他们要对抗的，是一支最高司令部在 20 世纪 30 年代末遭到清洗的、力量已经大大削弱了的红军，弱到头一年他们几乎无法征服芬兰。6 月 16 日，所有坐在附楼餐桌旁的人，除了布拉肯和汤米·汤普森，都“认为苏联将不战而退”。[182]

自 5 月 9 日以来，丘吉尔一直在鼓励韦维尔进攻隆美尔，破译的恩尼格玛密码情报显示，似乎在隆美尔的战区，德国军队已经筋疲力尽，无法发动进攻，直到本月晚些时候，第 15 装甲师赶到才能改变这一局面。[183] 可能是因为丘吉尔看过太多隆美尔不断向柏林提出增派兵力、飞机和补给的要求，所以他低估了隆美尔的实力。韦维尔于 6 月 15 日发起了“战斧行动”（之前代号为“布鲁泽”）。这是英国军队自战争开始以来第一次在德军并不占空中优势的情况下遭遇德军。但是，到第二天进攻结束时，却收效甚微，部分原因是韦维尔依靠的仍然是 2 磅重的坦克炮。第二天，丘吉尔发现韦维尔无法突破隆美尔的防线，觉得这“几乎令人无法忍受”。[184] 韦维尔损失了 100 多辆坦克，卡多根写道：“对我们来说，我们在利比亚的伟大进攻以流鼻血而告终——自己流鼻血。”[185] 艾登在 6 月 18 日记录道：“温斯顿给我打了一个电话，他非常难过。”[186]

6 月 19 日晚，检查到未爆炸的炸弹以及道路封闭等原因，“其他俱乐部”

的联合秘书布伦丹·布拉肯和自由党议员哈考特·“克鲁克斯”·约翰斯通两人均未赶到萨沃伊。丘吉尔和H.G.威尔斯组成了一个公共安全委员会，决定由布拉肯和约翰斯通为赶到俱乐部的18名成员的晚餐买单，作为他们的一项“不可预见的义务”。[187] 两天后，丘吉尔去了契克斯庄园，温南特、艾登和布里奇也一起过来用餐并过夜。晚餐时丘吉尔预言，“德国肯定会攻击苏联，苏联也一定会被击败”。[188] 他补充说，尽管如此，他将“全力以赴帮助苏联”。饭后在草坪上散步时他对科尔维尔说，他现在只有一个目标——消灭希特勒，他的生活因此变得简单多了。[189]

1941年6月22日，星期日，黎明前，希特勒的161个师，共计300万人入侵苏联，“巴巴罗萨行动”正式启动。尽管收到了许多警告和提醒，斯大林还是没有预料到会发生这样的事情。丘吉尔早就计划好了英国对此事的回应，并于当晚9点通过广播进行了宣告。德军入侵苏联的消息让“首相、艾登和温南特的脸上露出了满意的笑容”。科尔维尔记录道。因为即使德国人在军事上取得胜利，就像大多数人，包括参谋长们所预测的那样，他们仍需要占领并保住大片的领土，同时还要与大批不服管制的占领区人民做斗争。[190] 苏联人一夜之间从为德国人提供食物和石油的角色，转变到与之战斗至死。①

广播的演讲稿在播放前20分钟才准备好，也许他是故意的，因为这意味着艾登和卡多根将没有时间审查稿件内容。“今天凌晨4点，希特勒进攻并入侵了苏联，”丘吉尔开始了他的演讲：

> 他那些惯常的背信弃义的原则都被小心翼翼地奉行着……希特勒是一个邪恶的怪物，对鲜血和掠夺永远都贪得无厌。他不满足于将整个欧洲踩在脚下，或是通过恐怖手段让欧洲人民卑躬屈

---

① 3月29日，丘吉尔在契克斯庄园给与他共进午餐的听众做了一场简短的演讲，谈的是以往入侵俄国的各种侵略者，尤其是瑞典国王查尔斯十二世。在拿破仑1812年发动战争的100年前，查尔斯十二世在波尔塔瓦战役中遭遇惨败。丘吉尔意识到希特勒入侵苏联的重大影响，并将其描述为二战的“第4个转折点”，前3个分别是法国沦陷、不列颠之战和《租借法案》的通过。“相信他找到一个别人从未听说过的词。”伊丽莎白·莱顿（后来的伊丽莎白·内尔）写道，她是那年4月开始为丘吉尔工作的一位秘书。（内尔，《私人秘书》，第71页。）

> 膝，他现在还必须把他的屠杀和毁灭工作延伸到苏联和亚洲的广大民众身上。我们和其他文明世界的人竟然如此愚蠢、如此软弱、如此荒谬，允许纳粹匪徒几乎从零开始，年复一年地建造起这样一台可怕的战争机器。为了防止生锈或解体，这台机器是不会停止运转的。它必须不停地运动，碾碎人类的生命，践踏亿万人的家园和权利……所以现在，这个嗜血的流浪儿必须找到新的地方，来启动他的机械化部队去发动屠杀、掠夺和破坏活动……我还能看到大批沉闷却训练有素、驯良却又残忍的德国士兵，像一群爬行的蝗虫，迈着沉重的步子缓慢行进着。[191]

最后一句话是他使用四重形容词的一个很好的例子——蝗虫一般是跳或飞，而不是爬。

丘吉尔一生都是英国政界中最直言不讳的反布尔什维克主义者，如今他又一次迅速转变立场，主张与苏联结成全面联盟。他承认："在过去25年里，没有人比我更坚定地反对共产主义。我决不收回我说过的话。但是，所有这些都在目前正在展开的景象面前逐渐消退了。过去的罪恶、愚蠢和悲剧都化为了灰烬。"① [192] 展望未来，他说："我们只有一个目标，一个不可改变的目标，那就是下定决心，消灭希特勒和纳粹政权的一切残余势力……任何反对纳粹的人或国家都将得到我们的援助，任何与希特勒同流合污的人或国家都是我们的敌人。"[193] 他也呼吁人们关注西方自身的利益。他说，希特勒"入侵苏联不过是企图入侵不列颠群岛的前奏。因此，苏联的危险就是我们的危险，也是美国的危险，任何一个苏联人为他温暖而舒适的家园而战的事业，就是全世界所有自由的人民和民族的事业"。[194]

丘吉尔宣布与苏联结成全面联盟，但是之前他尽量回避与同僚们进行这方面的磋商，即使是艾登也没怎么参与这一决定。丘吉尔自己也没有和苏联人商量过。那天晚上在契克斯庄园吃饭时，艾登和克兰伯恩站在保守党的

① 几乎可以肯定，这与吉本对历史的描述——历史"只不过是人类的罪恶、愚蠢与不幸的记录"——是一脉相承的。

立场上争论，联盟“应该仅限于纯军事方面，因为在政治上，苏联和德国一样糟糕，一半的英国人会反对与苏联过从甚密”。而丘吉尔的观点是：“苏联现在处于战争状态，无辜的农民被屠杀，我们应该忘记苏联的制度或共产国际，向身处困境的人类同胞伸出援手。”科尔维尔回忆说，这场争论“非常激烈”。[195] 丘吉尔再一次站在了更高的地方看问题，他是保守党领袖，却没有像艾登和克兰伯恩那样，一辈子站在保守党的立场上看问题。

激烈的讨论拓展到绥靖政策上，丘吉尔谴责了查特菲尔德勋爵和其他绥靖主义者，作为英国第一海务大臣，查特菲尔德勋爵没有反对 1938 年将爱尔兰通商港口割让出去。他还批评了张伯伦——这是自战争开始以来他第一次批评张伯伦——称他是“最狭隘、最无知、最不大度的人”。这与他去年 11 月的悼词相去甚远，但可能更接近他目前的感受。那天晚上睡觉时，丘吉尔“不停地重复这是多么美妙的一件事：苏联在很容易与德国厮混在一起时，却与德国开战了”。[196] 第二天，他命令参谋长们调查来自英吉利海峡对岸大规模袭击的可能性。“现在敌人正忙着在苏联‘未雨绸缪’。”[197]

丘吉尔立即开始考虑如何将补给品绕过挪威北部运往苏联，以及如何通过从波斯湾到里海的铁路来进行运输。他想出一个生动的比喻来描述苏联作为盟友的情形。他对埃迪 · 马什说：“在大猩猩土生土长的森林里，他是一个令人敬畏和害怕的对象；在我们的动物园里，他却只能激发好奇心；在我们妻子的床上，他是一个潜在的尴尬与焦虑的源头。”[198] 22 日，当驻苏联大使斯塔福德 · 克里普斯、新西兰总理彼得 · 弗雷泽、克兰伯恩勋爵和比弗布鲁克勋爵过来吃午饭时，丘吉尔取笑左倾的克里普斯，说苏联是野蛮人，“共产主义者与最基本的人性之间没有一丝一毫的联系”。[199] 然而，在接下来的 4 年里，他们却成为英国的盟友。在第二次世界大战中，每 5 个战死的德国士兵就有 4 个死于东线战场。

第25章

“相约相聚”

（1941年6月—1942年1月）

无论他是手里有可以调动的军队，还是只有想法，他都一直在战斗。

——《伟大的同时代人》中丘吉尔对福克元帅的评价[1]

关于他们必须做的事情，他们越交谈，越理解对方，就越喜欢对方。

——《马尔伯勒传》中丘吉尔对1704年公爵与萨沃伊的尤金王子会面时的描述[2]

希特勒对苏联发动“巴巴罗萨行动”两天后，丘吉尔对国王说：“美国如果现在参战的话，机会真是太好了。一个天赐的机会。”他还说，他将用奥钦莱克将军取代韦维尔将军担任中东地区总司令。“我发现，温斯顿一旦对某个人或某件事下了决心，就什么也不会改变他的看法，”国王写道，“虽然他性格中有很多愁善感的一面，但对他来说，个人感情什么都不算。他的目标有且只有一个，那就是赢得战争，取得不折不扣的胜利。”[3]

奇普斯·夏侬认为，让他的朋友韦维尔调任印度军队的总司令，是“温斯顿个人好恶的体现。历史上没有哪一位将军接受过如此艰难的任务，在5条战线上作战，每天还要受到相互矛盾的电报的骚扰”。[4]尽管迪尔也不赞成这一人员调整，但是他知道，首相对韦维尔已经明显失去信心，继续为他辩护已毫无意义。第二天，丘吉尔派奥利弗·利特尔顿前往中东担任英国驻中东公使，任命比弗布鲁克为供应大臣，这是一个掌握大权的职务，并邀请商人安德鲁·邓肯爵士担任贸易大臣。

当天晚上，丘吉尔在下议院（当时已经从教堂搬到上议院）的一次秘密会议上说，过去一年船舶的损失已经达到460万吨，这一数字不能再公开发布。他说，这并不是因为他怀疑他的同胞没有能力接受坏消息，而是因为，正像他对下议院所说的："我们不能在海军情报方面让敌人得到任何好处，我们也不能在中立国面前用最黑暗的颜色来描绘我们的情况，并因此打击我们的朋友，鼓励我们在世界各地的敌人。"[5]他在谈到他们所面临的可怕困境时说，在第一次世界大战中，没有任何东西"能够与现在正在困扰我们的危险和困难相比"。"我所认识的每一位高级官员，要是在一年前被人冷冰冰地问起我们应该怎样渡过难关，他们一定会觉得不可能给出一个满意的答复。"[6]他承认自己一直在不断地鞭策并烦扰着他的大臣们，他说，正如劳合·乔治暗示的那样，他与他们远非"一个互敬互爱的大家庭"一样的关系。事实上，他对大臣们的批评甚至比政府的反对者还厉害——"实际上，许多大臣同僚们都还肯跟我说话这一点本身，就让我感到很吃惊"。然而，"首相的职责就是要使用议会和国家赋予他的权力来督促别人，在这样一场战争中，不管其他人感受如何，我都必须使用这一权力。如果我们能赢得战争，没有人会在乎这些。如果我们输了，在乎的人就没了"。[7]

1940年3月，出生于奥地利的核物理学家奥托·弗里希和他的同事，出生于德国的鲁道夫·皮尔斯（两人都是英国公民及纳粹难民）为政府写了一份绝密备忘录，探讨了基于铀的核连锁反应制造"超级炸弹"的问题。与相关领域大多数物理学家的想法相反，他们认为制造"超级炸弹"是可行的。（尼尔斯·玻尔、恩里科·费米和已故的欧内斯特·卢瑟福爵士都认为这是不可能的。）弗里希和皮尔斯的文章促使在白厅负责将科学应用于战争的亨利·蒂泽德爵士成立了MAUD科学家委员会（名称中的缩写没有意义），负责进行相关调查。5月初，《泰晤士报》上一篇暗示德国人正在进行一个类似项目研究的文章也是促成此事的原因。[8]丘吉尔比当时任何一位杰出的政治家都更关注核裂变带来的战略可能性，除了约翰·安德森爵士，他在莱比锡大学时写过一篇关于铀的化学论文。早在1924年9月，丘吉尔就已经阅读并重温了 H.G. 威尔斯所有的科幻小说，并预言一颗“橙子大小”、威力无比的炸弹的诞生。1926 年他读了一本关于量子理论的书，20 世纪 30 年代他就核裂变的前景写过文章，并曾与林德曼多次探讨相关问题。这是历史上最大的巧合之一，正像科学改变了世界，最终成为赢得战争的工具一样，在所有竞争者中最懂科学的人都在叩击唐宁街 10 号的门。[9]

1941 年 7 月，MAUD 科学家委员会报告：从理论上讲，制造一颗具有潜在巨大威力的原子弹是有可能的，将其应用于战争需要 2 年。如果是这样，原子弹将很可能在战争中起到决定性作用。委员会建议与美国进行密切合作，并提醒说，德国几乎肯定已经在开发自己的版本。[10] 尽管这份报告意义重大，但很可能会胎死腹中。因为委员会主席亨利·蒂译德担心，这样一项“规模庞大、投机性很高的工业项目”，会切断其他军事技术项目本该获得的资助，而飞机制造部的科学研究主任则认为，制造出原子弹需要 10 年，而不是 2 年。委员会成员之一，牛津大学的帕特里克·布莱克特也认为需要 10 年。这样一来，林德曼如果想把这个负责原子弹研究的“管状合金”（选择这个代号是因为其极端无趣）项目推上轨道，并激发出丘吉尔对其前景的兴趣，那么他是需要费一些力气的。

对林德曼教授的批评，有许多应该说是合理的，比如有人说他本性好斗，有人说他患有条顿人恐惧症及狂妄自大，等等——但他能够得到这位具有科学头脑的英国首相的倾听，则纯属巧合。后来发生的事情证明，丘吉尔的文章和他与林德曼在查特韦尔桌旁关于物理学的谈话，比当时任何一个人所能猜到的都更有价值。8 月，丘吉尔致信参谋长们说，他同意林德曼的观点，英国应该开始制造自己的核弹。林德曼没有极力遮掩制造费用的高昂或过程的困难，但是他写道：“如果我们让德国人在我们之前研发出来核弹，他们就会用它在战争中击败我们，或是用它来反败为胜。让这样的事情发生是不可原谅的。拥有核弹制造工厂的人，就将是可以向全世界发号施令的人。”[11] 丘吉尔任命枢密院大臣安德森担任新成立的“管状合金”理事会的主席，实际上相当于让他成为原子弹事务大臣。安德森是一名可靠的、有些平凡的苏格兰前高级公务员，曾于 20 世纪 30 年代担任过孟加拉总督。

奥钦莱克于 6 月 30 日接管中东战区，除了被围困的托布鲁克，轴心国当时控制着昔兰尼加全境，尽管由于东非意大利残存势力的投降，红海已经对美国船只开放。奥钦莱克刚一上任就开始讨论“十字军行动”的时机，他希望这一大规模进攻可以缓解围困。奥钦莱克希望可以有四五个月的准备时间，而丘吉尔更加着急，他认为行动应该更早开始，这样就可以充分利用德国对东线的关注。[12] 奥钦莱克坚持认为，在英国第八军团有充分的时间重新集结、更新装备、重新组织、改善供应并训练其装甲部队之前，他不能发动“十字军行动”。身高 6 英尺 2 英寸的奥钦莱克的行为举止和个性都给丘吉尔留下了很好的印象，但是到目前为止，尽管丘吉尔已经任命他接替韦维尔，他却对奥钦莱克的军事能力不太有信心。①

7 月初，乔克·科尔维尔请求加入皇家空军，丘吉尔同意了。他说，一名战斗机飞行员“比一个马球运动员、一个大型动物射手和一个狩猎人加在一起都更令人兴奋”。[13]（这三种工作他都做过，所以他知道是怎么回事。）阿奇·辛克莱当时正住在契克斯庄园。丘吉尔说，在胜利之后，“所有的流血冲突都应该结束，尽管他希望看到墨索里尼这个仿古罗马的赝品，能够像韦辛格托里克斯一样，以古罗马的方式被勒死”。[14] 希特勒和纳粹头目将被送往一个偏远的岛屿，但不是圣赫勒拿岛，因为这将“亵渎”人们对拿破仑的记忆。他还猛烈抨击失败主义道：“如果侵略者来了，那么让这个岛屿变成血海也比投降好。”

7 月 14 日，在会见了海德公园的民防部队后，丘吉尔在市政厅发表了讲话，回忆起前一年冬天的闪电战。“我必须承认，在凄厉的警笛声预告着德国轰炸机逼近的那一刻，”他说，“我的心在为伦敦和伦敦人民流血。”[16] 他说，英国其他地方的表现和伦敦一样好，并预测，在即将到来的德军空袭中：

> 伦敦将做好准备。伦敦不会退缩，伦敦可以再次承受这一切。

① 然而，在谈到他自己的军事能力时，丘吉尔当时曾对艾登开玩笑说：“记住，在我的胸前，挂着达达尼尔海峡、安特卫普、达喀尔和希腊等战役的奖章。”——其实在这个名单后面，他还可以加上挪威。（基冈，《第二次世界大战》，第 312 页。）

我们不向敌人求情，我们也不要求他们感到内疚。相反，如果今晚我们要求伦敦人民投票表决，是否应该开会商讨如何让德国停止轰炸所有的城市，绝大多数人会叫喊着说："不要，德国怎样对待我们，我们就会怎么还回去，而且是加倍奉还……我们不会与你，还有那个帮你实现邪恶意志的恐怖团伙休战或谈判的。你坏事做尽，我们好事做尽。"也许很快就要轮到我们出手了，也许现在就轮到我们了。

"帮你实现邪恶意志的恐怖团伙"（grisly gang who work your wicked will）这一句中的头韵，听起来几乎就像音乐厅里传出的旋律，但确实起到了作用。

7 月 18 日，斯大林向丘吉尔发出紧急呼吁，请求他在法国西北部开辟后来众所周知的第二战场，以减轻苏联的压力。① 丘吉尔回答，他会尽其所能"明智而有效地"帮助苏联人，但是"大规模登陆的尝试势必会遭到敌人的严酷反击，而小规模的突袭只会导致惨败，对我们双方都弊大于利"。[18] 尽管如此，他还是承诺考虑在北极地区开展空中和海上行动。（他的秘书们注意到，丘吉尔在表示赞赏时会使用"俄国人"一词，而在表示轻蔑时会使用"苏联人"一词。）麦斯基于 7 月 19 日访问了契克斯庄园。"我们将无情地轰炸德国，"丘吉尔对他说，"日复一日，周而复始，月复一月！……最后，我们将用炸弹击垮德国，击碎德国人的士气。"[19] 哈里 · 霍普金斯随后走进房间，他答应帮助苏联解决其一直存在的供应问题。② 麦斯基离开契克斯庄园时心里想："与战争机器作战的全部重担都落在了我们的肩上。"

第二天，丘吉尔对政府进行了重大改组。这对他来说是一个痛苦的时刻，因为他不得不将阿尔弗雷德 · 达夫 · 库珀降职。库珀是他的朋友，也是

---

① "第二战场"这个词是苏联的宣传用语，因为在苏联被迫放弃亲德中立立场之前，英国已经在至少 5 条战线上与德国作战，分别是法国北部、空中、大西洋、北非和地中海。

② 那天，哈里 · 霍普金斯已经回到英国，给丘吉尔带来了很难买到的火腿、奶酪和雪茄。作为英美友好关系的有力象征，他被邀请参加了内阁会议。卡多根记录道："我们不得不在会议结束之前摆脱掉他，借口是我们要讨论内政。而实际上我们谈的是美国和远东地区！"（迪尔克斯编，《卡多根》，第 393 页。）

"其他俱乐部"成员，曾经因绥靖主义问题提出辞职，是挪威战役辩论中丘吉尔的重要支持者。丘吉尔早就知道他不是一个成功的信息大臣，并曾当着布拉肯的面对他说："永远不要把纯种马套在粪车上。"① [20] 此外，反对"库珀窥探者"的运动也削弱了库珀的实力。丘吉尔不能让他成为政府的累赘。他任命库珀担任原来由汉基担任的兰开斯特公爵领地大臣，而布伦丹·布拉肯则成为信息大臣——后来证明，这一任命非常成功。

丘吉尔任命陆军准将乔治·哈维-瓦特接替布拉肯担任他的议会私人秘书，充当他在议会的耳目。哈维-瓦特的工作做得很出色，他把所有后座议员可能发生的骚乱都详细地汇报给丘吉尔。这些汇报内容有时可能有些尖刻。他告诉首相，艾德礼关于民用航空的演讲"枯燥无味"，韦维尔的议会演讲也是"相当沉闷"。有时，丘吉尔会在这些汇报材料上写下"请丘吉尔夫人阅览"的字样，即使有些材料与她并没有明显联系。他希望她能够充分了解事态的发展。哈维-瓦特调查了工党议员和工会成员之间会面的情况，并密切关注着保守党议员所成立的压力集团。[21] 在挪威战役辩论之前，丘吉尔已经看到各种保守党团体对张伯伦政府的影响，他不想成为同样的受害者。当哈维-瓦特告诉丘吉尔，保守党主席道格拉斯·黑格爵士"根本没有能力处理现代政治问题"时，他很快就被替换掉了（这一决定让黑格爵士此后对丘吉尔"极度反感"，直到战争结束）。[22]

拉博·巴特勒被调离外交部，升任教育大臣。1944 年，他签署了一项具有里程碑意义的法案，废除了公立中学的学费。丘吉尔本来想让女婿邓肯·桑迪斯接替他的外交部副大臣一职，但艾登想让理查德·劳接替这一职位，所以桑迪斯成了陆军部财政秘书长。人们对裙带关系的指责越来越多。约翰·派克向科尔维尔提出，如果他敢向丘吉尔暗示，信息大臣的最佳人选是维克·奥利弗，他就给科尔维尔 5 英镑，但是科尔维尔没有接受。

---

① 1940 年 8 月，原本担任伦敦客运委员会主席的弗兰克·皮克被任命为信息大臣。但是这一任命并没有帮上达夫·库珀的忙。皮克曾出于道德上的考量，不愿出版一份颠覆国家政权的秘密报纸，因为他认为说谎是不道德的。丘吉尔听说后抓着艾德礼的手喊道："要与他握手！与他握手！告诉圣彼得，就说你见到的是一个完美的人。"皮克工作了 4 个月后被解雇，之后丘吉尔说："永远不要再让那个完美无缺的公共汽车售票员用他的黑影遮住我的门阶。"（哈里，《不可抑制》，第 175~176 页。）

丘吉尔偶尔会用手指比V形，表示胜利，这一做法在被占领的欧洲流传开来，人们把V形手势用粉笔画在墙上，来表达反抗。政府于7月20日发起了一场官方宣传运动，丘吉尔在广播中说："V形手势象征着被占领国不可征服的意志，预示着等待纳粹暴政的命运。只要欧洲各国人民继续拒绝与侵略者进行一切合作，侵略者的事业就必然走向灭亡，欧洲就一定会得到解放。"[24] 作为一位维多利亚时代的政治家，丘吉尔懂得符号的力量，他自然会使用这个手势。他的雪茄、领结、方冠礼帽和手杖都是他有意识使用的有力形象，能够让他在漫画和报纸插图中一眼就被认出来。他的父亲穿高领衣服、蓄八字胡，约瑟夫·张伯伦戴单片眼镜和佩戴兰花，大致也是出于同样的原因。V形手势的一个问题是：你只要一转动手腕，它就变成一个粗鲁的手势，而丘吉尔并不是总能记住这一点。更严重的是，不知何故，苏联人将其解读为他即将开辟第二战场。[25]

改组当晚，丘吉尔看了电影《公民凯恩》，他觉得"特别无聊，没有看完就放弃了"，尽管真正的原因也有可能是这部电影诽谤了他的朋友，也是从前作为东道主接待过他的威廉·伦道夫·赫斯特。[26] 当天晚上他一直到凌晨3点都没睡，而艾德礼和哈里曼早已哈欠连天。最后，霍普金斯坚持让"精神过于亢奋"的首相去睡觉。[27]"你一直这样表现，难怪他们都离开了你。"霍普金斯取笑丘吉尔说，他指的是科尔维尔和希尔，一个做出加入英国皇家空军的决定，一个跑到美国去任职。①（希尔首席私人秘书的职位由约翰·马丁接替。）

不久之后，一次在唐宁街10号附楼吃午饭时丘吉尔说，看看维希政府领导下的法国人，他们对奥钦莱克在叙利亚的部队进行了顽强的抵抗，"真遗憾，他们当初却没有在法国以同样的勇气和精神对德作战"。[28] 他认为法国"最优秀、最高贵的血液"在第一次世界大战中都被抽干了。当温伯恩夫人建议（应该是在开玩笑）一旦战争胜利，就杀掉德国所有婴儿时，查尔

① 当科尔维尔告诉首相，在加入皇家空军之前，他必须参加数学和其他方面的智力测试时，丘吉尔说："如果这些测试就是标准的话，那么纳尔逊和拿破仑都不适合。"他想知道的是，供养许多"即将英年早逝，死于癫痫的国际象棋手们"有什么用呢？（科尔维尔，《边缘》，第428页。）可实际上，纳尔逊和拿破仑都是精通数学的人，他们很可能会在这类测试中表现出色。

斯·艾德记录道："温斯顿大笑着说，我们需要等那么久吗？"[29]他将巴巴罗萨行动描述为一笔意外之财，并且表示，他认为苏联人在12个月内仍将继续战斗，这至少会推迟德国对英国的任何入侵。绥靖主义者杰弗里·道森最近刚刚从《纽约时报》编辑的岗位上离职，丘吉尔冷酷地评论说，这是"一个卖国贼的最后一扑腾"，但是他又补充说，"愤怒是对能源的一种浪费，用来顶起安全阀的蒸汽最好用来驱动发动机。"[30]取代道森的是另一位前绥靖主义者、丘吉尔的批评者罗伯特·巴林顿-沃德。

霍普金斯给丘吉尔带来一条重要消息，罗斯福想见见他。丘吉尔一心想让美国与战争更紧密地联系在一起，对于他的计划来说这是一个重大进展。在他们会晤前，霍普金斯将会去见斯大林。离开的那天晚上，他和丘吉尔在契克斯庄园的后草坪上踱来踱去，丘吉尔要求他"向斯大林保证，英国将给予他一切可能的支持"。[31]丘吉尔已经开始考虑最终的一场跨过海峡的攻击，并曾在7月敦促罗斯福为坦克建造登陆艇，这比诺曼底登陆早了将近三年——尽管当时美国还没有参战。

7月底，国王在日记中写道，首相"认为日本不会与我们或美国开战。我们双管齐下，既冻结其资产，又打破其商务条约，对日本来说这是一个很大的打击"。[32]8月17日，国王在日记中补充道，丘吉尔曾"告诉曼茨，不用担心日本那边，罗斯福正在向日本发出明确的信号，我们支持他"。甚至一直到了9月12日，丘吉尔仍在说，日本将在西方提出石油禁运后退缩。而事实上，很可能正是对石油的需求，才激发了日本政府的好战元素，引导日本帝国走上了全面战争的道路。

长期以来，设立一个新的生产大臣的职位一直是大家的普遍要求，担任这一职务的人应该同时成为战时内阁成员，有权控制海军部、陆军部和空军部的供应部门。为了反击这种明显是在对自己的权威进行挑战的做法，丘吉尔整个周末都在契克斯庄园准备一篇演讲，为了改好稿子，有一次他一直工作到凌晨4点50分才去睡觉。7月29日，他在下议院以讽刺的口吻提出这样的问题："请问那个超人在哪里？"

> 那个作为战时内阁一员，将主宰体量庞大、根基深厚、久经沙

场，曾经拯救我们生命的海军部的超人在哪里？那个要教现任飞机生产大臣如何更快更好地制造飞机的战时内阁大臣在哪里？等你们确定了人选，就把他的名字告诉我，因为我很乐意在他手下工作，只要我确信他具备拿破仑和耶稣基督的一切品质。[33]

第二天下午，《苏波互不侵犯条约》在外交部签署。由于丘吉尔午睡的时间比平时的一小时长了一点儿，签署时间推迟了 15 分钟。苏联人和波兰人彼此仇恨对方，谈判进行得非常艰难，艾登一直在中间进行调停。麦斯基记录道，“丘吉尔真的是刚刚从床上爬起来”就去参加了仪式，“从他那松弛的面孔，有点儿湿润的、发红的眼睛和睡意蒙眬的样子就能看出来”。[34] 尽管如此，首相还是“略带掩饰地微笑着扫视了一下整个房间”。双方在条约中商定：允许 7.8 万名波兰战俘离开苏联，他们后来组成了波兰第二军团的主体，该军团于 1944 年和 1945 年在意大利作战时，表现优异、战绩突出。然而，令波兰人愤怒的是，条约却没有确定双方战后的边境。如果波兰人知道，苏联人一年前在卡廷森林冷血地处决了超过 1.4 万名波兰军官，这个条约可能根本就不会出现。但是在当时，波兰政府和英国政府都还没有获悉这一可怕的事实。

就快要与罗斯福在纽芬兰海岸会晤了，用科尔维尔的话来说，这让首相“像学期最后一天的小学生一样兴奋”。[35] 这两个人互发电报的频率越来越高，这是他们自 1918 年以来的第一次面对面会谈，无论结果是好是坏，都注定会是一个高潮时刻。这次的行程对丘吉尔的重要性也可以从他所带随行人员的数量上看出来，其中包括迪尔、庞德、林德曼、卡多根、空军副参谋长威尔弗里德·弗里曼爵士、汤米·汤普森和约翰·马丁。科尔维尔记录道：“首相带着庞大到沃尔西红衣主教可能会嫉妒的随行队伍，出发前往北方。”[36]

8 月 3 日下午 12 点半，丘吉尔身着空军蓝色连衣裤，头戴游艇帽，乘火车从马里波恩火车站出发。路上，他“谴责了伦敦郊外现代住宅的泛滥”。卡多根提出，“我们可以把这些房屋视为反布尔什维克的营地”，这使他平静了下来。[37] 他估计，在过去的 48 年里，他每天要喝半瓶香槟，然后说，不知道随后送来的香槟会摞多高。[38] 林德曼教授，在他总是随身携带的计算尺的帮助下，估算说其高度将不会超过餐车的一半，这令首相深感不以为然。[39]

8月4日，星期一，丘吉尔一行在斯卡帕湾登上“威尔士亲王号”战列舰，在那里他们见到了疲惫不堪的哈里·霍普金斯，他刚从莫斯科回来。霍普金斯从斯大林那里带来了“供应充足的”鱼子酱，丘吉尔评论道：“有这样的鱼子酱可真好，即使为了获得这些鱼子酱我们需要与苏联人战斗也在所不惜。”[40] 他计划着接下来的娱乐活动中的所有细节，一边还点了松鸡、海龟汤和乐队。他原本住的地方在螺旋桨上方，但由于大风，船尾抖得厉害，所以他搬到了舰桥上海军上将的船舱里。[41] 当天晚些时候，丘吉尔给罗斯福发电报说：“我们刚刚出发。27年前的今天，德国发动了上一场战争。这次我们一定要把工作做到位，两次战争应该足够了。非常期待我们的会晤！致以亲切的问候。”[42] 当天晚上，丘吉尔和他的随行人员参观了地图室，在整个航行过程中，船上所有灯都熄灭的情况只出现过这一次。[43]

在接下来的几天里，丘吉尔和卡多根迎着大风在寒冷的甲板上来来回回地踱着步，梳理了会谈中可能出现的所有讨论点——关于英美战后意愿的宣言，参谋人员之间更紧密的合作，在《租借法案》许可范围内的具体军火需求，等等——卡多根负责扮演罗斯福的角色。[44] 这样的练习让丘吉尔可以预先准备一下如何与总统辩论，也可以让他准备好如何应对总统的答复。他在船上读了C.S. 佛瑞斯特以拿破仑战争为背景的小说《霍恩布洛尔船长》，他们一行人每晚都会在军官起居室里看电影，比如唐老鸭的《猎狐》，还有劳雷尔与哈代的《海上风波》——这部片子让丘吉尔看得很高兴，当然，还有《汉密尔顿夫人》。汤普森中校回忆说：“这部电影总是能让他感动，尽管他以前已经看过好多遍了。”[45]“先生们，”丘吉尔对他的随行人员说，“我觉得你们会对这部电影感兴趣的，电影所表现的重大事件与你们亲身体验的重大事件非常相似。”[46] 这是为数不多的几部他的工作人员认为不算是糟糕透顶的电影之一，而丘吉尔在看这部片子时却感动哭了。片中有一个场景，劳伦斯·奥利维尔饰演的海军上将纳尔逊对英国海军部委员会说：“先生们，你们是永远不会与拿破仑讲和的！拿破仑只有把我们打得粉碎才能成为世界的主人。相信我，先生们，他想成为整个世界的主人！你们不能和独裁者讲和。你们必须消灭他们，消灭他们！”丘吉尔还观看了“一部特别平庸的爱情片，故事发生在纽约的一家百货公司。他看得津津有味”。对于劳雷尔和哈代的电影《瑞士小姐》，丘吉尔评价说：“你也许说它平淡无奇，但至少它是欢快明朗的。”[47] 在更换电影胶片时，他要求用留声机播放诺埃尔·考沃德的《疯狗与英国人》，和一首流行舞曲《富兰克林·D. 罗斯福·琼斯》，两首歌的歌词他都熟记于心。

在 6 天的航行中，他们乘坐的这艘船一直保持着无线电静默状态，因此，近两年来丘吉尔第一次发现，自己与日常事务的直接责任隔离开来，无法发出任何信号，尽管他还是写了信，到纽芬兰一靠岸就发了出去。第二天，由于海上波涛汹涌，他们不得不把护航的驱逐舰留在后面。后来，前方发现了一艘 U 型潜艇，战舰的航线不得不做出巨大调整。8 月 5 日，海面波涛汹涌，早餐被取消，丘吉尔，这位爱德华七世时代英勇的早餐爱好者宣布：“一切都在与我们作对。”[48] 在恶劣的天气里，丘吉尔大部分时间都待在他的船舱内或舰桥上。他自己是这样评说的：“臭氧让我变得懒惰。我以前总是想看到红盒子，现在我想强迫自己工作两个小时都难。”[49] 丘吉尔向霍普金斯提出挑战，要与他下双陆棋，霍普金斯提醒他，自己下得很好。“没关系，”丘吉尔答道，“我下得不好。”[50] 第二天，当霍普金斯在午餐时间拒绝了第二杯白兰地时，首相说：“我们离美国越来越近了，我希望你不要因此就自我克制。”[51] 8 月 6 日，“威尔士亲王号”找到另一艘驱逐舰来护航。在到达纽芬兰的前一天晚上，丘吉尔一行又看了一遍《汉密尔顿夫人》，这是他一个月内第 5 次看这部电影了。[52] 之后，霍普金斯在双陆棋中赢了他 7 个基尼（相当于今天的 380 英镑）。

1941 年 8 月 9 日，星期六，黎明时分，这艘船靠近了纽芬兰海岸附近的阿根蒂亚海军基地。汤普森回忆说：“在右舷的横梁上，他们可以看到森林密布的山谷里弥漫着灰色的薄雾。”[53] 早上 9 点，船只进入普拉西提亚湾，停靠在美国总统旗舰“奥古斯塔号”巡洋舰旁边。罗斯福还带来了战舰“阿肯色号”和巡洋舰“塔斯卡卢萨号”。“威尔士亲王号”的乐队演奏了《星条旗永不落》，而跨过海浪的另一边可以听到《上帝保佑国王》。上午 11 点，罗斯福总统站在“奥古斯塔号”巡洋舰舷梯的前头，扶着儿子埃利奥特的胳膊，同丘吉尔、庞德、迪尔、卡多根、林德曼和马丁一一握手，欢迎他们参加代号为“里维埃拉”会议的第一次会议。陪同罗斯福的还有美国陆军参谋长乔治·马歇尔将军、海军上将哈罗德·斯塔克、陆军航空军部队的亨利·“哈普”·阿诺德将军、副国务卿萨姆纳·威尔斯，以及总统的另一个儿子，小富兰克林·罗斯福。丘吉尔递交给总统一封来自国王的信，不过这一场景的威严遭到一点儿破坏，因为随行摄制组为了更好的拍摄效果，坚持让他递交了两次。

总统和首相之间的第一次社交并不成功。罗斯福说，他曾在第一次世界大战期间与丘吉尔见过面，他“珍视对丘吉尔的回忆”，而他的客人则不得不“坦率地承认，他不记得了”！[54]（罗斯福的话只是外交辞令，当时他觉得丘吉尔就是一个“讨厌鬼”。）尽管在动身前往纽芬兰前，丘吉尔曾告诉自治领的掌权者，他从未见过罗斯福，但在《风云紧急》中，他写道：“我在上一场战争中只见过他一次，那是在格雷旅馆的一次晚宴上，我被他年轻的风采和充满力量感的风度打动。”[55]他在《伟大的同时代人》以及最近的演讲中所讲的那些恭维话，消除了1918年他在格雷旅馆留下的不良印象。当天晚些时候，罗斯福写信给他的远亲、密友玛格丽特·“黛西”·萨克雷说：“他是一个极其重要的人，在很多方面可以算是英国版的拉瓜迪亚市长！①别和别人说我说过这样的话！我喜欢他——他用一顿午饭就可以打破我们之间的尴尬局面。”[56]在第二次世界大战期间，丘吉尔与罗斯福在9个不同场合一起度过了不少于113天的时间。

丘吉尔在《马尔伯勒传》中写道：“只有当人们认识到，尤金和马尔伯勒就像一个大脑的两个半球一样运转时，才能理解布莱尼姆战役之前的那些调遣。他们俩一直保持着密切的联系。”[57]丘吉尔的许多政治友谊的结局都不太好，比如他与阿斯奎斯、鲍德温以及与劳合·乔治的政治友谊。但是这次，那样的结局是行不通的。因此，他不遗余力地要与罗斯福搞好关系。他弄清楚了罗斯福是一个地道的贵族、民主党人和社会改革家，他甚至宣布：“没有哪个情人能像我研究罗斯福总统那样，去研究自己情人的每一个奇思

① 菲奥雷洛·拉瓜迪亚是纽约市市长，身高5英尺2英寸，肥胖，但精力充沛。

妙想。”[58]第一天的午餐时间是一个大家相互了解的时间，当然，两位领导人都希望从普拉西提亚湾会议中得到许多具体的东西，包括参谋团队之间的更加深入的会谈、阻止日本侵略的公开声明、达成美国海军在英国控制的冰岛周围巡航的协议、为《租借法案》提供的物品创建快速通道，以及发表联合声明，鼓励说英语的民族和中立国家认识到，这是一场为完全优于纳粹的价值观而战的战争。

丘吉尔的头脑分区能力特别强。在午餐和晚餐之间的那段时间，他返回“威尔士亲王号”，给约翰·安德森爵士发了一封电报埋怨说，让那些获得额外汽油配给优惠券的开车人去当局解释每次出行的原因，是“对并未受到公众谴责的行为进行打击或加大打击，这样的打击很难有效果，打击对象只是偶尔被处罚而已。这样做在政治上是不明智的”。[59]当天晚上丘吉尔在“奥古斯塔号”上用晚餐，这次卡多根、马歇尔和其他人也在场，讨论的话题转向罗斯福在纽约州北部海德公园的乡间庄园，大家探讨了在庄园种植圣诞树的盈利情况和存在的问题。“当然，后来，”卡多根记录道，“大家还是开始谈正事了。”[60]

第二天一早，丘吉尔就“在甲板上横冲直撞起来”，他要求卡多根起草一份联合原则宣言，该宣言后来成为《大西洋宪章》的基础文件。随后，罗斯福和数百名美国海军和海军陆战队官兵登上“威尔士亲王号”，参加在后甲板上举行的主日仪式。丘吉尔选择了这几首赞美诗:《献给海上遇险的人们》《前进的基督徒士兵们》和《噢，上帝，我们过去岁月里的救助者》。他后来写道:“每一个字似乎都能打动我的心。这是一个伟大的时刻。”[61]他精心编排了这次仪式，用他的话说，就是“全部采用合唱形式，全部可以用于拍照”。[62]英国国旗和星条旗并排挂在圣坛上，美国和英国的牧师分别诵读了钦定版《圣经》中的段落，两国的水兵则混站在一起。他还利用这个机会向罗斯福提交了联合宣言草案，让他和顾问们进行讨论。罗斯福下令，每位到场的水兵可以获得200支香烟，还有一些水果和奶酪。

丘吉尔曾要求在此次航行中带上一打松鸡，他与英、美参谋长们共进午餐时一起分享了这些松鸡。当天下午总统离开后，丘吉尔去了海滩，卡多根记录下了他“在那里像放假的小学生一样玩得很开心，坚持要把一些巨石从陡峭的悬崖上推下去”。[63] 马丁看到他采了满满一捧鲜花。当天晚上，在“奥古斯塔号”上，丘吉尔和他的随行人员与 8 个美国人，以及总统的苏格兰猎犬法拉共进了晚餐。皮姆上尉后来写道：“我想在场的每一个人都感受到了这两位伟大领导人（可能是很多代人以来最伟大的领导人）的彼此呼应，以及他们的顾问的智慧。这个世界的自由大可以依赖他们。”[64]

第二天，也就是 8 月 11 日，第一次严肃的讨论在汤普森称为“轻松的非正式”气氛中开始了，没有固定的议程。[65] 讨论的问题范围广泛，包括一旦德国进入伊比利亚半岛，就将亚速尔群岛设为盟军基地，以及将来盟军要登陆欧洲，实施代号为“围捕”的行动。双方还就将要在华盛顿举行的参谋人员之间的详细会谈达成一致意见。第二天，比弗布鲁克乘飞机赶到，关于《租借法案》的讨论也成为议题之一。最重要的是，双方就《大西洋宪章》的文本，向斯大林发送联合信息的内容，以及有关会谈的公报达成了一致。双方在任何实质性问题上都没有分歧，丘吉尔所有的目标都在会议上得到实现。同时，英美两国的工作人员也建立了友好关系，尤其是迪尔和马歇尔。

《大西洋宪章》的开头写道：“美国的总统与英国首相丘吉尔先生举行会晤，他们认为，应该把他们各自国家的国策中某些共同的原则公之于众，他们对这个世界更加美好的未来的希冀，就是建立在这些原则的基础之上的。”第一个原则是：两国不寻求领土或其他方面的扩张。第二个原则是：两国不希望看到任何不符合当地人民自由意志的领土变化。第三个原则是：两国尊重所有民族选择自己国家政府形式的权利，希望看到那些被强行剥夺主权和自治的民族恢复主权和自治。尽管美国并没有像一些英国人不切实际希望的那样，打算向德国宣战，但《大西洋宪章》第 6 条开头，“在彻底粉碎法西斯暴政后……”这一说法，却明确地表达了美国这个中立大国的态度。

后面谈到的原则包括：各国在平等条件下进行贸易并获取原材料、所有国家进行最充分的经济合作、所有国家土地上的人民都应免于生活资料匮乏和精神恐惧、穿越公海和海洋不应受到阻碍，以及全面裁军、放弃使用武力。随后，比利时、捷克斯洛伐克、“自由法国”、希腊、卢森堡、荷兰、挪威、波兰和南斯拉夫等流亡政府签署了该宪章，略具嘲讽意味的是，苏联也签署了该宪章。令人惊讶的是，像丘吉尔这样的帝国主义者，竟然也会在第三条上签上自己的名字，不过这是与美国建立共同目标的必要条件。《大西洋宪章》于8月14日公布，至此，全世界才知道罗斯福和丘吉尔已经会晤，而且已经就消灭纳粹主义后建设这个世界的基本原则达成了完全一致的意见。《大西洋宪章》为自由的力量吹起了响亮的战斗号角，让人们感觉到自己不仅仅是要对抗邪恶，更要为某种鼓舞人心的东西而奋斗。

8月12日下午5点，“威尔士亲王号”在驱逐舰的护送下驶往冰岛。丘吉尔站在后甲板上，依次向每一艘美国军舰挥舞着帽子，一直到它们几乎从视野中消失。两天后，由于在该地区发现了U型潜艇，战舰不得不改变航向。第二天，他们加入了一个由72艘船只组成的返航护航舰队，有些船只的甲板上可以看到飞机，丘吉尔称之为“令人愉快的景观”。①[66] 护航舰队由相距500码的12列纵队组成，“威尔士亲王号”的速度可以达到整个护航舰队的两倍。每艘船的甲板上都排满了人，当看到丘吉尔在舰桥上做出V形手势时，大家全都欢呼起来。

第二天，他在雷克雅未克会见了冰岛总理。8月18日，伴随着一场能够降低能见度（因此也降低了来自敌方U型潜艇和飞机的威胁）的大风，“威尔士亲王号”于上午9点抵达阳光灿烂的斯卡帕湾。在回伦敦的火车上，丘吉尔要了一杯贝尼迪克坦甜酒，10分钟后又要了一杯白兰地。侍者提醒他，他已经喝过一杯贝尼迪克坦甜酒，他说：“我知道，我想喝点儿白兰地来醒醒酒。”[67]

第二天早晨，丘吉尔与国王共进午餐，并分享了他对罗斯福的看法。国王记录道：“丘吉尔被罗斯福迷住了，回来后他觉得自己已经了解罗斯福了。丘吉尔与他单独谈了几次话，将我们的立场非常坦率地告诉了他。如果到春天的时候，苏联已经完蛋了，德国在我们这里重新发动闪电战；如果那时美国没有派大量的飞机来，或者没有参战，那么我们获得胜利并获得美国帮助的希望就会破灭。罗斯福需要在我们这里花费30亿英镑……他认为日本将保持沉默。”[68]

尽管那天早上丘吉尔在国王十字火车站咧嘴笑着，而且他与罗斯福的

---

① 在这期间，大西洋上任何时候大约都会有15支护航舰队。

会晤无疑取得了成功，但是他依然感觉形势十分严峻。德军正向莫斯科和列宁格勒快速挺进，而战时的生产也遇到一些问题，包括瓶颈问题，以及一个令人惊讶的问题——罢工。[69]但是，8 月 21 日，希特勒不顾将军们的建议，决定放慢向东推进的速度，让大部分装甲部队南下，向基辅挺进，以夺取乌克兰的农业资源。这是一个巨大的错误，大大削弱了对重中之重的莫斯科的进攻——如果他能成功占领莫斯科，就将迫使斯大林和苏联政府返回乌拉尔山以外。

同一天，第一支北极护卫队，带着两个飓风中队，抵达苏联北部。坦克也随后抵达，尽管这些坦克的撤离会降低英国在西部沙漠的地位。到战争结束时，英国共为苏联派去了由 720 艘军舰组成的 40 个护航舰队，运送了 400 多万吨物资、5 000 辆坦克和 7 000 架飞机。这些护航舰队原本都是保护本土水域或大西洋的。[70]各种不利因素加在一起——冬季天气恶劣、甲板不断结冰、夏季差不多一直是白昼、德国空军机场近在咫尺、敌人突袭队藏身的峡湾隐蔽条件非常好——这些都使德军在与挪威北部的护航舰队较量时拥有巨大优势。然而，丘吉尔几乎没有从斯大林那里得到一句感谢的话，他得到的只有斯大林的不满与抱怨，怨他派来的舰船还不够多。在十月革命 24 周年的讲话中，斯大林对听众说："我们的国家正在单枪匹马地进行一场解放战争，没有获得任何人的军事援助。"此外，英国水兵在摩尔曼斯克和阿尔汉格尔还遭到了虐待。

尽管斯大林这样说，但是对于正发生在他的人民身上的事情，丘吉尔还是感到非常恐怖。8 月 24 日，在一次关于《大西洋宪章》的广播讲话中，丘吉尔谈到希特勒，谈到他对苏联平民的恐怖屠杀，尤其是对犹太人和共产党人的屠杀：

> 一个地区又一个地区的人口被整体灭绝，德国警察部队正在冷血地处决成千上万保卫祖国的苏联爱国者——这是字面意义上的成千上万。自 16 世纪蒙古人入侵欧洲以来，从未有过如此大规模、有计划的残酷屠杀，接近如此规模的也没有。这只是开始，饥荒和瘟疫迟早也会随着希特勒嗜血的坦克车辙而来。我们正面

临一场难以命名的罪恶。[71]

当德国的"谋杀中队"通过恩尼格玛密码机给柏林发回报告，上面满满都是巨大而神秘的数字时，布莱切利的人员才意识到，这些就是被屠杀的人数。[72] 许多中立国并不相信丘吉尔的说法，他们认为他只是在为盟军做宣传。有些报纸，比如《纽约时报》，只是在内页上把这条新闻塞进了一栏几英寸长的地方。

"不要绝望，"丘吉尔对被占领国的欧洲人民说，"你们的土地将会得到清洗……让你们的灵魂远离纳粹，让他们即使在短暂而野蛮的胜利时刻，也感觉到他们是人类道德上的弃儿。援助很快就会到来，强大的力量正在为你们而武装起来。要满怀信心、充满希望。解救的时刻一定会来临。"[73] 成千上万在战争期间生活在纳粹占领下的欧洲的人证实，在没有什么其他的东西给予他们任何希望的情况下，丘吉尔的演讲给了他们希望。他们通过秘密电台非法收听了他的演讲，尽管这样做可能会被判处死刑。11 月，在《犹太纪事报》创刊一百周年纪念会上，丘吉尔在他发去的消息中写道："希特勒及其邪恶的政权对人的身体和精神造成了无法言喻的恶毒伤害，没有人比犹太人遭受的苦难更加残酷。犹太人首当其冲地受到纳粹对人类自由与尊严堡垒的攻击……到了预定的时刻，犹太人必会看到，他们的列祖列宗曾经荣耀地向世人所宣扬的公义原则，会再次成为公义。"[74]

8 月 25 日，趁着德国在基辅城外，英国人和苏联人用一支小部队联合攻占了伊朗。他们在三天之内就取得了胜利，国王的儿子代替他父亲坐上了孔雀宝座。英国现在可以通过陆路向苏联供应物资，并保护英伊石油公司的阿巴丹油田了。丘吉尔私下里承认："我们一直在做一些自己有正当理由去做，却无权去做的事情。"

5 天后，在契克斯庄园，哈利法克斯和艾登也在场，丘吉尔在晚餐即将结束、与温南特碰杯喝白兰地时，满怀激情地恳求说，在签署《大西洋宪章》之后，"美国不能再体面地置身事外了。美国不能与雇佣兵作战……如果美国参战，对盟军胜利的信念就会在十几个国家建立起来……我们必须促成美国宣战，否则，尽管我们现在还不会被打败，但战争可能会再拖上 4 年或 5

年，文明和文化将被毁灭”。然而，如果美国真的加入，“美国参战可能意味着，1943 年我们就会取得胜利”。[76] 温南特暗示美国可能会在 3 月前参战，但是这并没有让首相感到“满意”，尤其是因为他这话纯粹是猜测。[77] 之后，为了让大家放松心情，他“讲述了鸭嘴兽有趣的爱情生活”。[78]（鸭嘴兽是一夫多妻制的。）

9 月 4 日，丘吉尔前往多尔切斯特酒店为时年 19 岁的玛丽举行告别宴会。当时，玛丽作为英国陆军女子部队“辅助本土服务部队”的一名成员，在恩菲尔德附近的一个防空炮兵连服役。从酒店的前门到餐厅的座位上，人们一直用热烈的掌声欢迎他。不过他必须在晚上 10 点前赶回唐宁街 10 号，去接受一封由麦斯基转交的斯大林的信。斯大林要求在法国或巴尔干半岛建立第二条战线，将 30 或 40 个德国师从东线吸引过去。他还想要 3 万吨铝，以及每月至少 400 架飞机和 500 辆坦克。他警告说，如果没有这些，苏联可能会在战争中被淘汰出局。

麦斯基援引丘吉尔的话说：“我深信不疑，希特勒仍然希望继续他的老策略，那就是一个接一个地打败他的敌人。我情愿牺牲 5 万英国人的生命，只要这样做能够从你们的前线吸引走哪怕是德国 20 个师！”[79] 但是，他接着补充道，就像英吉利海峡能够“阻挡德国跨入英国一样，它也同样能够阻挡英国跨入被占领的法国”，巴尔干半岛上也没有军队、飞机或所需吨位的船舶能够去打仗。丘吉尔指出，英国用了 7 个星期的时间才把 4 个师从埃及调到友军国家希腊。然后他总结说：“不行！不行！我们不可以把部队派到法国或是巴尔干半岛，去遭遇那必然的失败！”[80]

针对补给问题，丘吉尔对麦斯基说：“我们也缺少武器。还有 100 多万英国士兵仍然手无寸铁！”他指出，英国坦克的月产量不足 500 辆。麦斯基记录了丘吉尔进一步的说法：“到了 1942 年，情况将会发生改变。1942 年，我们和美国人都会给你很多补给。但就目前而言……只有上帝，你们不相信的上帝，才能在接下来的 6~7 周里帮助你们。”[81] 当麦斯基问及他对未来的计划时，首相回答，要防止德国对英国本土的入侵；要控制尼罗河流域和中东；要赢回利比亚；要确保通过伊朗和其他路线向苏联供应物资；要“把土耳其拉到我们这边来”；要“不停地轰炸德国”；要进行一场残酷的潜艇战；要在1941年年底把中东地区军队人数从60万增加到75万，到1942春季增加到100万。[82] 麦斯基还提出解决“潜在威胁”的请求，而丘吉尔对于这一请求的答复，麦斯基明智地选择不汇报给莫斯科：《苏德互不侵犯条约》签订后，“不管发生什么事，不管你们做了什么，你们所有人都没有权利指责我们”。[83] 根据斯大林的来信，丘吉尔取消了前往多佛的行程。科尔维尔总结道：“看起来，我们现在正面临的选择，与我们在法兰西之战的最后阶段所面临的选择是相同的——是投入一切来拯救我们的盟友，还是保留我们自己的一部分力量以防最坏的情况发生。幸运的是，这一次，我们的橱柜倒不是那么空空的。”[84] 与此同时，在莫斯科，克里普斯仍然遭受着莫洛托夫的冷落，他想要回家。“斯塔福德爵士那一直休息着的胸膛一定是感到又痛又冷吧，”丘吉尔对他的幕僚们说，“但是，恐怕他也得像我们其他人一样忍气吞声。”[85] 他打电话给卡多根说，必须阻止克里普斯回来，并且补充道，他不希望对方知道这条通知来自首相本人。[86]

艾登当天写道，他们单独吃午餐时，丘吉尔“兴致勃勃”。他告诉艾登，尽管他可以帮助保守党在战后的选举中获胜，但“他对战后的问题没有任何热情”。艾登回答，他们需要新的年轻候选人，因为“没有人会投票给绥靖主义者”。“温斯顿还是像往常一样充满斗志。”艾登写道。[87] 丘吉尔的话再次让艾登有理由相信，战争一旦胜利，艾登可能会掌握保守党的领导权。丘吉尔从来都不是一个残忍的人，但是他在对待艾登想要成为首相的雄心壮志这件事上，却是冷酷无情的。

那天晚上，在与麦斯基制订了一个3万吨的一揽子援助计划后，丘吉尔带着比弗布鲁克和艾登一起去丽兹酒店，吃了一顿牡蛎加山鹑肉的怀旧晚餐。“温斯顿说他最希望F. E. 史密斯能够回来帮助他。”艾登记录道。不是“最后那些迷迷糊糊的日子里”的史密斯，而是1914年或1915年的那个史密斯。排在他之后的，是贝尔福。当比弗布鲁克说，“如果在上次战争刚开始时，他在海军部能够打出一手好牌，尤其是如果能够与保守党站在一起，最后成为首相的本可以是他，而不是劳合·乔治”时，丘吉尔对这一说法表示赞同，他将1916年12月，自己得知劳合·乔治并没有打算将他纳入内阁时的那一时刻描述为“他一生中最艰难的时刻”。[88] 这之后他开始给斯大林写回信，一直到凌晨 3 点，因此推迟了前往迪去雷庄园的时间。他对马丁说：“我觉得整个世界又充满了活力。”[89] 这是由希特勒的大错特错带来的活力。

9 月 11 日，国王“发现温斯顿乐观了很多，他第一次告诉我，他认为德国可能会在某个时候从内部崩溃瓦解”。[90] 这真是一个奇怪的预测，因为当时基辅马上就要陷落了。但是丘吉尔同时也认为，如果希特勒的将军们认为自己要输了，他们就可能会阻止希特勒在战场上使用毒气。德斯蒙德·莫顿告诉丘吉尔，他相信斯大林已下令，让英国共产党在时机成熟时推翻丘吉尔。[91] 各种推测和谣言满天飞。

9 月 18 日，也就是基辅陷落的那一天，丘吉尔同意了澳大利亚政府的要求，让澳大利亚的部队从奥钦莱克指挥下的军队中撤出。这件事虽然令人沮丧，但是丘吉尔从中看到了更为广阔的政治前景。他对战时内阁说，我们“必须体谅一个多数人都激烈反对其出兵的政府，其中至少有一部分人的观点是属于孤立主义的。至关重要的是，英国和澳大利亚之间不应该出现任何公开的争端。因此，我们看起来必须是团结一致的，所有的个人情感都必须服从于这一需要。我们在各种行动中没有任何英国自己的步兵师，这会让全世界觉得，我们只能依靠自治领的部队来打仗。这就是我们的麻烦所在”。[92] 他从加里波利战役中吸取了教训，并向堪培拉保证：“无论我们需要付出什么样的代价，你们自己的军队都一定会服从你们的命令。”[93]

丘吉尔做出了安排，确保各自治领政府每周都能收到总参谋部的报告（对于正在进行的军事行动，要确保各自治领每天都能收到报告）以及内阁的总结报告，他还发送了许多私人电报。[94] 自治领的掌权者访问英国时，每次都会被邀请参加战时内阁会议。不过，他没有同意成立“帝国战时内阁”，也没有详细说明即将展开的军事行动。1944 年 5 月底，当麦肯齐·金问他登陆日会是什么时候时，丘吉尔告诉他可能会晚至 6 月 21 日，而实际上当时定的是 6 月 5 日。[95] 考虑到自治领和殖民地对战争所做的非凡贡献——仅在陆军中，丘吉尔计划组织的 55 个师就有 21 个是非英国的，加上丘吉尔对帝国的信仰，他在制定重大策略上给予自治领和殖民地的发言权之少，可以说是非同寻常的。

9 月 22 日，丘吉尔派比弗布鲁克前往莫斯科谈判，共商向苏联供应物资的计划。在莫斯科，比弗布鲁克变成了第二战场的热烈拥护者，他开始在政治上挖丘吉尔的墙角。甚至在他离开之前，他的报纸就已经开始经常性地批评政府人员，而他本人就是政府中的重要一员。“总的来说，他是一个令人愉快的、随和的、忠诚的同事！”艾登在那个月的日记中以强烈的讽刺口吻写道。[96]

9 月 23 日，国王授予丘吉尔五港同盟监管大臣这一古老而显赫的职位，以示对他的赞许。这个早在 12 世纪就设立的职位所带来的历史关联深深吸引着丘吉尔，小皮特、惠灵顿和帕默斯顿都曾担任过这一职务。但是他也被亨利八世建造的沃尔默城堡的维护费用吓倒了。雷丁勋爵曾于 20 世纪 30 年代中期担任此职务，他为这座城堡雇用了 14 个佣人和 5 名园丁。[97] 监管大臣确实有权在其管辖范围内将所有冲上岸的鲸鱼归为己有，这在过去可能是一种恩惠，但现在实际上是一种责任，因为他们必须自己花钱埋葬这些鲸鱼。战争结束后，监管大臣的旗帜被送到查特韦尔庄园。旗帜在骄傲地飘扬，丘吉尔用一首“无意诗”应和道:“卡鲁！卡莱！哦，叽里咕噜的天！所以，他高兴得哈哈大笑。”[98] 他还在自己的公务车前面挂上了这面旗帜的袖珍版，任其迎风飘扬。① 获得任命两天后，丘吉尔和家人参观了沃尔默城堡，克莱门汀觉得它“太过阴暗，而且又大又笨”。[99] 丘吉尔对工程大臣说:“我是否有可能到沃尔默城堡来住，或者战后是否有人能住在这样漂亮的房子里，对此我表示怀疑。”[100]

第二天，丘吉尔一家乘火车从沃尔默出发，去了考文垂。当火车到达站台时，这位以不守时出名的首相还没有穿好衣服，而米德兰地区专员达德利伯爵和考文垂市市长，还有一个欢迎委员会的成员都在站台上等候着。事情是这样的：丘吉尔相信自己可以在 15 分钟内洗好澡、刮好胡子、穿好衣服，但实际上他花了 20 分钟。“所以他才会什么事都迟到，”科尔维尔记录道，“丘吉尔夫人对此很生气。”[101] 丘吉尔一家被带到城市的各个地方，包括被炸毁的大教堂，以及埋葬 1940 年 11 月空袭遇难者的公共墓地等。在阿

---

① 现在已经归本书作者所有。

姆斯特朗·西德利飞机与鱼雷工厂，每个车间的工人都热情地敲着锤子，发出叮叮当当震耳欲聋的欢迎声。在惠特利轰炸机工厂，这个共产主义的温床所在，丘吉尔叼着雪茄、头戴方顶帽亮相，这同样“吸引了工人们的眼球，他们为他热烈鼓掌”。丘吉尔不停地比着V形手势，尽管正如科尔维尔所说：“人们一再提醒他，这个手势还有另一层意思。”[102]

第二天在伯明翰，一架喷火式战斗机离地面只有40英尺的高度，在丘吉尔一家的头顶上空以上下颠倒的姿势飞翔着。他们驱车数英里，经过熙熙攘攘、欢呼雀跃的人群，来到火车站。科尔维尔写道：“我见过许多次热烈欢迎首相的场面，但是没有任何一次比得上这一次。”[103]在回家的路上，汤米·汤普森问丘吉尔是怎样做到连续发表三四个长篇演讲，却不会有任何重复内容，而他使用的他自己所说的“演讲表”，上面却只写着一些主题词。首相回答：“根本不像你想象的那么难。我只负责让嘴张开，开始说话，然后就不用管了。”[104]

9月28日，在为晚宴着装时，丘吉尔告诉科尔维尔：“到目前为止，政府只犯了一个判断上的错误，那就是希腊。”[105]他把那场战役的失败归咎于约翰·迪尔爵士。科尔维尔知道，希腊之战实际上是丘吉尔的主意，迪尔最初是反对的，但是首相“现在却把矛头指向了迪尔，经常贬低他”。[106]（迪尔很可能也对丘吉尔的贬低做出了回应：应内阁办公室的要求，他对丘吉尔的看法在里斯的回忆录出版前被删除了。）[107]首相和这位帝国总参谋长之间一些早期的分歧，说明他们性格不合。在关于约翰·迪尔将军的文件中，有一封1940年10月19日丘吉尔写给他的信，上面有一个红色的“今日行动”标签。丘吉尔在信中表示自己支持任命珀西·霍巴特少将（读作哈伯德）训练第11装甲师。迪尔强烈反对这一提议。韦维尔已经签署了霍巴特的退休命令，他现在只是在国民军中担任下士。迪尔给出的理由是：霍巴特“很难共事……他做出的判断鲁莽轻率、前后矛盾……他不愿意听取别人的意见……没有同情心……他过于关注自己队伍的利益，对别人的利益又太过嫉妒……他固执己见、缺乏稳定性、不执行上级的指示……他的性格不利于大家和谐地开展工作，而且……他很少为别人着想”。[108]在给首相发送这份备忘录之前，迪尔大概没有想到，这份备忘录读起来更像是人们对丘吉尔本人的许多批评的一个总结。尽管如此，迪尔也不得不承认，霍巴特是一位“优秀的训练师，对坦克编队的组织、装备和维护非常精通”。

丘吉尔回信说：“这样的偏见常常会被附着在那些个性强烈、见解独到的人身上。”

> 我们现在正处在战争之中，为我们的生命而战，我们不能只把军队的职位任命给那些在其职业生涯中没有激起任何敌意评论的人……克伦威尔、沃尔夫、克莱夫、戈登，以及在另一个领域里的（T. E.）劳伦斯，他们在性格上都非常相似。他们还具有其他一些我相信霍巴特将军也具有的品质。现在这个时候，我们应该尝试去启用那些有力量、有见识的人，而不是只局限于那些按照传统标准可以判断为安全的人。[109]

那时，他心里已经把迪尔视为后者的化身。不久之后，在福斯湾的达尔梅尼庄园，丘吉尔与已故首相之子、苏格兰地区事务专员罗斯伯里勋爵共进晚餐后，斥责了不愿雇用霍巴特的迪尔。“记住，赢得战争的不全都是好孩子，也有那些淘气和讨厌的臭小子。”[110]霍巴特最终获得任命，他的那些逆向思维、标新立异的想法，创造出了一个又一个新式武器。在诺曼底登陆时，这些被称为“霍巴特乐趣”的武器简直成了无价之宝。

1941 年 9 月 28 日，科尔维尔写道，丘吉尔认为在欧洲大陆上建立第二战场“只会产生一个结果，陆军部是做不好这项工作的。要求他们同德国的组织、经验和资源做斗争，这确实很不公平。他们既没有完成这项任务的手段，也没有完成这项任务的智慧”。[111]这一说法几乎相当于承认了德国人在陆地战事上比英国人强。这样的概念即使在私下里顺口提及，也会是非常危险的，但是丘吉尔会时不时提到这样的想法，而且还有其他几位高级军事和外交人物也有着相同的想法——至少是在战争的前半程。

在 9 月 30 日的一次演讲中，丘吉尔开玩笑说，政客们往往太过在意公众意见，以至无法表现出应有的领导力。他说：“在战争时期，没有什么比生活在盖洛普民意测验所带来的那种反复无常的氛围中更危险的了。我注意到，上周末有一位发言者说，现在是领导人将耳朵贴在地上，留心倾听的时候了。对此我只能说，如果大家发现英国领导人都摆着这样一种有些笨拙的姿态，我们这个国家将很难尊重他们。”[112]

10 月 4 日，丘吉尔不得不解雇了第三位老朋友，另一位“其他俱乐部”成员（在布思比和达夫·库珀之后）。他在给联合作战指挥官、海军上将罗杰·凯斯的信中写道：“我必须首先考虑我对国家的责任，它比个人友谊更为重要。我确实别无选择，只能解除你的职务。”[113]丘吉尔在 7 月任命了这位 68 岁的老人，这是自从他任命费舍尔以来做出的最糟糕的人事决定之一。在争夺资源的过程中，凯斯一再设法与三位参谋长对立，对于一个本应该把他们联合起来发起进攻行动的人来说，这样做是灾难性的。他对任何人的判断都表示怀疑，表现得好像只有他自己具有进攻精神。丘吉尔很欣赏凯斯，也因为他在挪威战役辩论中对张伯伦发起的猛烈攻击而感激他，但是他并不是这个职位的合适人选。他本来可能会被解雇得更早一些，但是用马丁的话说，“人们对他的不断攻击却让首相变得对他更加忠贞不二”。[114]丘吉尔任命了只有 4 年资历的海军上校、国王的表兄路易斯·芒特巴顿勋爵接替凯斯的职位，并将他的头衔提升为联合作战司令。

10 月 7 日，国王写道，丘吉尔“对苏联的严峻局势感到担忧，因为德国人已经开始在中央区再次向前推进了”。[115]德国国防军已经抵达莫斯科地铁站，对苏联人来说，冬天来得再早也会太迟。斯大林现在坚持要求英国派遣 30 个师登陆阿尔汉格尔，这是另一个完全不可能实现的要求，他一定也知道。那天让丘吉尔担心的还有其他事情：澳大利亚工党领袖约翰·柯廷出任了国家总理，在由澳大利亚政府全面控制自己在中东的军队方面，他表示毫不妥协，无论这会给进攻并解救托布鲁克的“十字军行动”计划带来什么危险。丘吉尔虽然言之凿凿地指出了这些危险，但是没用。[116]

当奥钦莱克表示，他希望把“十字军行动”再推迟两周，而参谋长们也反对丘吉尔进攻特隆赫姆或西西里岛的计划时，丘吉尔尖刻地说道：“我有时觉得，我们的一些将军并不想与德国人作战。”[117]当月，他给奥钦莱克发送了三份“超级解密”组织的文件，让他了解隆美尔准备相对不足的情况。[118]罗斯福在 10 月 7 日公开表示，大西洋会议并没有让美国距离战争更近一步。

尽管这些令人忧心忡忡的事情就摆在眼前，艾登和丘吉尔还是在契克斯庄园度过了一个“最愉快的夜晚”。在讨论保守党的事时，丘吉尔说：“最终所有绥靖主义者都会被赶出去。内维尔死去的时机很好，爱德华（哈利法克斯）不可能会留在外交部。公众会忘记自己的错误，却不会忘记前任领导人的错误，而且会采取报复行动。”[119] 艾登为迪尔辩护说，他是一名优秀的参谋长，他所做出的任命都很好，听口气似乎是说，在这样的世界大战中，能做到这一点就足够了。第二天，丘吉尔亲自为艾登点燃了卧室里的蜡烛，这位外交大臣在日记中感慨道：“在我认识的人中，没有哪位主人能够像他那样彬彬有礼，尤其是在他喜欢这样做的时候！”[120] 比弗布鲁克从苏联回来后立刻来到契克斯庄园，他告诉丘吉尔和艾登，斯大林会继续战斗，他“以冷酷的愤怒”憎恨着希特勒。[121] 当着艾登的面，他提出“如果温斯顿发生了什么事”，谁将出任首相的问题。丘吉尔说会是艾登，但比弗布鲁克暗示说，亲张伯伦的人想要的是戴维·马杰森。丘吉尔“对此表示强烈反对，说他没有头脑、没有韬略、没有任何必备的资格……约翰·安德森的机会反而更大些”。艾登本人则说，比弗布鲁克也在备选之列，丘吉尔表示赞同。[122] 然后他们一起吃了比弗布鲁克从苏联带回来的鱼子酱，凌晨3点才上床睡觉。

10月11日，罗斯福给丘吉尔写了一封很重要的信，由美国国防研究委员会驻伦敦办公室主任弗雷德里克·霍夫德亲手转交。在谈到瓦内瓦尔·布什的铀浓缩委员会时，罗斯福说：“就你们的MAUD委员会和布什博士在美国的组织正在研究的问题，我们似乎有必要进行沟通交流，以便协调甚至联合开展任何长期的工作。”[123] 这种合作给两个国家都带来了好处，因为尽管在那个阶段，英国在这方面的理论上走得更远，但是美国拥有更多的资源、资金和实验室，而且距离德国空军最远的地方达数千英里。[124] 然而，丘吉尔对此却反应谨慎，仅仅几周后，他就开始担心，在美国仍然保持中立的情况下，泄露核机密给美国可能并不明智。直至1942年6月，在海德公园的一次会议上，他才真正与罗斯福就核问题进行了探讨。在整个战争期间，他把与原子弹有关的一切都当作自己的私人领地，严格与内阁分开，只有他、林德曼和安德森才知道有关这一问题进展的方方面面。[125] 正如他后来所说：“科学家应该随时等待命令，而不是发布命令。”在核问题上，他对他的大臣们的想法也一样。[126]

10月中旬，针对登陆挪威北部，确保通往苏联的北部航线安全畅通的“朱庇特行动”顺利进行，丘吉尔开始敦促参谋长们。[127]这次行动将会完全暴露在德国的反击范围内，重新补给也会非常困难。其将成为一个在他与参谋长之间持续数月的痛点，也让他对迪尔更加失望。“温斯顿从来没有喜欢过迪尔，”艾伦·布鲁克在战后写道，“他们的个性完全不同，属于永远无法和谐相处的类型。迪尔是一个典型的耿直之人，严格恪守原则，诚实正直的品格无懈可击。我认为温斯顿并不具备这些特点，相反，我认为他不喜欢这些特点，因为这些特点突出了他自己在这方面的缺陷。”[128]布鲁克在谈到迪尔时写道：“温斯顿的方法常常让他反感。”（布鲁克对大多数政治家都很蔑视，对丘吉尔也不例外，只对斯大林和史末资例外，他对他们的评价很高。）

10月21日，布莱切利庄园的4名高级密码专家，包括艾伦·图灵和戈登·威尔奇曼，直接写信给丘吉尔，抱怨他们在人员配置上的瓶颈问题，声称这已经开始严重影响“瓜形甜点”（即他们的计算机所需的电子设备）的生产能力。这封信是由“传奇小屋6号”的斯图尔特·米尔纳-巴里亲自交给唐宁街10号的哈维·瓦特准将的，密码专家们大部分出色的工作都是在“传奇小屋6号”完成的。丘吉尔立即给伊斯梅写了一份“今日行动”的备忘录，命令他要“绝对优先处理”布莱切利的密码专家们所需要的一切，并要求他在行动完成后汇报情况。[129]几天内，密码专家们就得到了他们所需要的一切，陆军部的官僚们现在也明白了密码专家们与首相之间的关系，在后面的资源分配中对他们也更加关照了。

到10月底，由比弗布鲁克和克里普斯领导的一场推动丘吉尔采纳第二战场战略的运动已经聚集了一定的势力。这两人都看到，一旦机会出现，自己就有可能接替丘吉尔。新闻媒体、公众集会和海报宣传活动中都开始出现一些信函，暗示英国正在努力战斗，目的是让“苏联人流干最后一滴血”。麦斯基也配合了这场运动，他向哈罗德·尼科尔森抱怨，丘吉尔是不会给予苏联更多援助的，因为他“坚持认为战争将持续六七年”。[130]丘吉尔看到一份共产党的传单，声称“在英国，我们……仍然信奉要让其他人战斗而死，而我们却要从其中获利”，“是时候开辟第二战场了”。丘吉尔读过后对哈维·瓦特说:“我的回答就是,‘一派胡言’。”[131]

10月30日,他在写给当时在开罗服役的伦道夫的信中说:“我这里的情况相当艰难,因为哮喘季节已经来临,(患有哮喘的)马克斯每天都会和所有人争吵,而且每天都会提出辞职。共产党自称是我们这个国家唯一的爱国者。海军上将、陆军将军和空军元帅们还在高声齐唱着庄严的“安全第一”赞歌。辛韦尔们、温特顿们以及霍尔-贝里沙们还在尽最大努力让我们符合标准。所有这些都凑在一起,我不得不强压自己天生的暴脾气。太糟糕了!”[132]

10月底,丘吉尔又回去参加了一次哈罗公学校歌仪式,他听到《愿院舍光辉永存》这首歌中新添加了一段歌词:“在更灰暗的日子里我们依然歌颂着/我们的国家领袖/丘吉尔的名字定会赢得赞誉/世世代代永传播。”丘吉尔在演讲中谈到1941年时说:“我们学到的教训就是——永远不要屈服。永远不要屈服。永不,永不,永不,永不!在任何事情上都不要屈服,无论是大事还是小事,无论是重要的事还是无关紧要的事。我们只屈服于对荣誉和良好判断力的信心,对别的决不要屈服。我们决不向武力屈服,决不屈服于敌人那压倒一切的力量。”[133]之后他宣布,他想改变献给他的那段歌词中的一个词:“我已经得到了校长的许可,可以把‘更灰暗’一词改为‘更严峻’……让我们不要谈论更灰暗的日子,让我们谈谈更严峻的日子吧。这些日子并不是灰暗的日子,而是伟大的日子——是我们国家经历的最伟大的日子。所有人都必须感谢上帝,感谢他允许我们每一个人在自己的位置上,为使这些日子成为我们民族历史上值得纪念的日子发挥自己的作用。”[134]

贯穿整个战争时期,丘吉尔的演讲反复提到历史,凸显了过去对他整个思想的重要性。作为一名历史的实践者,他是在用英雄史的镜头观看英国所发生的一切。他相信,英国已经历了一千多年的英雄史。早在1939年他就开始在他的《英语民族史》一书中描写这段历史了。1944年3月,他在英国皇家医师学院演讲时说:“你能向后看得越长,就能向前看得越远。这不是哲学或政治上的争论——任何一位眼科医生都会告诉你这是真的。”[135]这当然是一个哲学-政治论点,从他后面的讲话中我们就能看出这一点:“我们看到的时间跨度越宽,长度越远,每一个个体,无论男女,对其休养生息的土地之责任感就会越强烈，就越希望用其短暂的一生来保护这片土地，让其进步。”丘吉尔用二战来提醒英国人民关注自己的历史，与此同时，他告诉英国人民，他们正在书写英国历史上最辉煌的篇章。

11月，丘吉尔授予林德曼爵位，林德曼成为彻威尔勋爵。这在下议院引发了他有德国血统的谣言，有人称他为“柏林男爵”。当一名保守党成员①就林德曼的工作、薪水和助手数量等问题向丘吉尔提问时，首相礼貌而诚实地回答了他。但是在随后进入吸烟室后，他对这位议员发起了攻击，“就像一头愤怒的公牛一样对他咆哮起来”。“你为什么要问这个问题？”他怒吼道，“你不知道他是我的老朋友和最好的朋友吗？”夏依写道：“这个场景真是不同寻常。”但是最后他总结道：“温斯顿对朋友近乎盲目的忠诚是他惹人喜爱的品质之一。”[136]丘吉尔对朋友的忠诚并不是盲目的——这一点布思比、达夫·库珀和凯斯应该深有体会——但是，对于像林德曼这样没有做错任何事情的朋友，他确实忠诚之至。第二天，丘吉尔在对议会议员们提到这些批评时满不在乎地说：“在封建帝制时期，有一种习俗，任何想批评政府的人都有权这样做……而且如果他提出批评后就去自杀，人们就会对他的话给予极大的尊重，不会有任何恶意揣测。在我看来，在很多方面，这似乎都是一种明智的传统做法，但我肯定不会建议进行这样倒行逆施的行动。”[137]

11月16日，丘吉尔最终还是换掉了迪尔，任命艾伦·布鲁克爵士担任帝国总参谋长。早在1940年7月，他就对艾登抱怨，迪尔“给我的印象是非常疲惫、灰心丧气，过于在意并关注德国的强大”。[138]丘吉尔没有像其他政治家有可能做的那样，任命一个唯唯诺诺的人来接替迪尔，他选择的是一个他知道不会让步的人，除非对方的论据具有压倒性的说服力。“如果我捶着桌子，将脸凑近他的脸前，那么他会怎么做？”丘吉尔在谈到布鲁克时说，“他会更响亮地捶着桌子，死死地回盯着我。我了解这些布鲁克——梗着脖子的北爱尔兰人，没有什么人比他们更难对付的了！”[139]

自英国内战以来，来自科尔布鲁克家族和费马纳郡的“战斗的布鲁克

① 夏依说是沃尔德隆·史密斯爵士，但《议会议事录》中记录的是乔治·布罗德布里奇爵士。

们”就一直在英国军队服役：他们中至少有26人参加了第一次世界大战，27人参加了第二次世界大战。19世纪90年代中期，丘吉尔就与艾伦·布鲁克的长兄维克托关系很好，当时他们都还是骑兵中尉。在南非轻骑兵队时，丘吉尔还曾在艾伦的另一个哥哥罗尼手下担任助理副官。艾伦·布鲁克妻子的第一任丈夫曾在加里波利战役中负伤，后因这一伤势去世。所以早在1940年6月他们第一次通过来自勒芒的电话线交谈之前，布鲁克就很了解丘吉尔的优缺点了。

正如我们看到的，丘吉尔从一战中获得的最有用的洞见之一，就来自他在黑格的情报部门所看到的一些现象。他曾写道：“对一位身居高位的领导人说出他最喜欢听的话，这种诱惑是造成错误决策的一个常见原因。所以对于决定重大事件的领导人来说，他的观点通常会比残酷的事实所能承认的要乐观得多。”[140]因此，丘吉尔任命了布鲁克和海军上将安德鲁·坎宁安爵士这样的人，他们会把自己认为丘吉尔需要听到的话原原本本地告诉他。布鲁克并不寻求与首相对抗，但他也绝不会回避对抗。他倾向于谨慎地选择自己需要为之与首相战斗的事情，而不是为了鸡毛蒜皮的小事与他作对。他对莫兰说，与丘吉尔共事的“每一个月”，都会“在我的生命中划掉一年”。[141]1941年年初，范西塔特勋爵曾经对报纸编辑W. P. 克罗齐说：“丘吉尔身边需要可以坚定地说‘不’的人，在他想做错误的事情时，这些人会坚持不让他做。”[142]布鲁克就是这样的人，丘吉尔尊重他，知道他不会允许丘吉尔重蹈加里波利或希腊失利的覆辙。

丘吉尔不知道的是，布鲁克对他批评得非常厉害。布鲁克每晚都会在日记中批评他缺乏战略意识。这本出版于1957年的日记极大地伤害了丘吉尔。丘吉尔和布鲁克从未成为朋友，例如，他一直没有邀请布鲁克加入“其他俱乐部”，在布鲁克成为大英帝国总参谋长时，波特尔已经是俱乐部会员。查特韦尔庄园的访客簿记录了1922年以后所有到访者的名字，但是里面没有布鲁克的名字。[143]两人的分歧可能是巨大的。布鲁克会坐在丘吉尔对面的内阁桌旁，拒绝在军事政策问题上做出让步，有时还会把铅笔掰成两截，而丘吉尔对他有时也会极其粗鲁。“你的那些该死的规划人员只会规划出各种困难。”有一次他说，并且将联合作战规划人员称作“唱着赞美诗的失败主义者”。[144]其中的根本问题在于：丘吉尔认为，参谋长们是在利用制度来规避风险。1943 年 11 月，他对哈罗德·麦克米伦说：“你可以选出最勇敢的水兵、最英勇的飞行员或最大胆的士兵，但是如果把他们放在一张桌子边——你会得到什么？得到他们的恐惧之和！”①[145]事实并非如此——布鲁克是一位杰出的战略家。但是，一个一心想要发动进攻的首相，与一个一心等待发动进攻的最佳时机的帝国总参谋长之间持续且不断创新的紧张关系，实际上发挥了非常好的作用，不管对于后者来说这是多么令人疲惫。

11 月 18 日拂晓，奥钦莱克在西部沙漠发动了“十字军行动”，之前的一场狂风暴雨淹没了机场，敌人的侦察机无法降落。马丁记录道：“利比亚的战斗开始了，可是没有关于战事进展的任何消息，这让首相非常烦躁。”[146]行动的目标是重新夺回昔兰尼加，并摧毁轴心国的装甲部队。英联邦的军力与隆美尔在陆地上的力量相当，但“奥钦莱克军团”却拥有压倒性的空中优势。艾伦·坎宁安爵士的第 8 军团因为战术突袭而取得优势，但是到 11 月 19 日下午，发生在西地雷泽各的猛烈的装甲战减缓了他们的推进速度。奥钦莱克从开罗飞过来亲自指挥这场战斗。丘吉尔 11 月 24 日对内阁说：“这场激烈的战斗不可能无限期地持续下去，我们如果能让他们不断后退，他们就不可能坚持下去。”尽管如此，对于“德国人战斗的勇气和技能”，他还是表示了认可。[147]截至 11 月 27 日，隆美尔已经控制住了盟军的推进，但是到 12 月中旬，他开始被迫撤退，因为德军的人员损失已经达到 3.3 万（主要是被俘），坦克损失 300 辆。这在很大程度上要归功于空军元帅阿瑟·特德领导下的英国皇家空军。

丘吉尔密切地关注着这场战斗，即使在战斗最激烈的时候，他也能和老朋友们在唐宁街 10 号的地下室里共同享用午餐。雷金纳德·巴恩斯将军于 11 月 19 日来访，查尔斯·艾德听到丘吉尔叫他“雷吉”，而巴恩斯叫丘吉尔“亲爱的老朋友”，这令他感到非常吃惊。[148]听说自己见过的一位美国主教为了骗保而烧毁了自己的教堂，丘吉尔觉得非常搞笑。[149]之后谈话内

① 麦克米伦注意到，他说这句话时“将 s 的音发得特别重以加强语气”。

容转向日本海军。“就飞机而言，”丘吉尔说，“我们认为他们的飞机不好。”这是他对日军能力的又一次严重低估，三菱零式舰载战斗机（代号：A6M Zero）是当时世界上最好的舰载战斗机。[150] 当艾德暗示，在美国的英国采办代理人正在购买的军火量，金额大到英国以后无法偿还给美国时，丘吉尔“兴致勃勃”地说：“我们会偿还给他们的，用胜利偿还。”[151] 然后他使用了一个连他自己都感到新奇的比喻，说他“自己就像一只死猫，漂浮在海面上，但最终会被冲到胜利的彼岸”。[152]（艾德说丘吉尔肯定不希望别人这样说他，丘吉尔表示同意。）[152]

11 月 30 日，也就是丘吉尔 67 岁生日那天，他不得不告诉克莱门汀，她妹妹内莉 23 岁的儿子埃斯蒙德·罗米利在加拿大皇家空军轰炸德国时失踪。后来才得知，他在返回北海时被击落。丘吉尔一家的亲密朋友、家人和同事，在第二次世界大战中最终失去孩子的人数，与第一次世界大战时一样多。这场战争的恐怖在不断以真正恐怖的形式被带回家中。

12 月 4 日晚上 10 点，在国防委员会的一次会议上，丘吉尔对参谋长们大发雷霆。艾登当时正准备前往莫斯科，他希望可以为斯大林带去给他提供 10 个飞行中队的消息，而参谋长们不希望艾登把这件事说得太确定。布鲁克写道，丘吉尔发了“最为可怕的脾气，他说我们除了阻挠他的意图，别的什么也没做，我们没有自己的想法，每当他提出自己的想法时，我们就只会提出反对意见，等等！艾德礼安抚了他一会儿，但是之后他又爆发了。安东尼·艾登也抚慰了他一阵，但最终还是无济于事。最后，他看了 5 分钟文件，然后砰的一声把文件合起来，让大家散会，自己走出了房间”！[153] 对迪尔来说，他这样的做法可能行得通，但对布鲁克却不行。布鲁克写道：“他这样做很可悲，完全没有必要。我们只是想拯救他，不让他做出确切的承诺，因为他以后可能会发现，这些承诺是很难遵守的。这都是他过度工作和熬夜的结果，真是太遗憾了。只有上帝才知道没有他我们会走到哪里，但是也只有上帝才知道他会把我们带到哪里去。”

1941 年 12 月 7 日，星期天，日本人袭击了位于夏威夷珍珠港的美国海军基地，击沉或严重损毁了驻扎在珍珠港的 8 艘美军战舰中的 7 艘。在接下来的几天里，日本入侵了马来亚、菲律宾、婆罗洲、泰国、香港和荷属东印度群岛。丘吉尔当天正在契克斯庄园举办晚宴，为凯瑟琳·哈里曼庆祝24岁生日。在晚宴就要结束时，弗兰克·索耶斯把一台收音机带进了餐厅，这样丘吉尔和他的客人们就可以按照惯例收听9点钟的BBC新闻了。在这段编辑得极其糟糕的新闻中，日本人在夏威夷袭击美国军舰的事实在广播接近尾声的时候才出现。丘吉尔立即与温南特一起去书房给罗斯福打了电话。"总统先生,日本那边怎么了?"他问道。罗斯福回答:"他们在珍珠港袭击了我们,现在我们都在同一条船上了。"[154]

早在11月10日，丘吉尔就在他每年一度位于伦敦市长官邸的演讲中，公开重申了他1月在迪去雷庄园私下里许给霍普金斯的承诺。他说："如果美国卷入对日本的战争，英国将在一小时内对日宣战。"[155]因此，就在珍珠港遭袭的那个晚上，在与罗斯福通话后，也就是12月8日凌晨1点，他写信给日本驻伦敦的临时代表，向日本宣战。在信的结尾处他写道："很荣幸能为您效劳，先生。温斯顿·S.丘吉尔。"[156]战争结束后他评说道："有些人不喜欢这种礼节形式，但是毕竟在你必须杀死一个人的时候，礼节并不需要你付出任何代价。"[157]多年后他还对艾德说过，在香港的时候我们应该这样接待日本人，"一个穿着正式礼服、戴着大礼帽的英国人对日本人说，'你们在这个岛上登陆，就等于已经对大英帝国宣战，到目前为止，没有谁这样做之后还能活下来'"。[158]

尽管当时德国还没有和美国开战，丘吉尔在他的战争回忆录中还是记录下自己当晚是多么欣喜若狂：

> 如果我宣布，能够让美国站在我们这边对我来说是最大的快乐，没有一个美国人会觉得我说错了……我们最终赢了！是的，在敦刻尔克之后，在法国沦陷之后，在可怕的奥兰事件之后，在遭受入侵威胁之后……我们赢得了战争。英格兰将会继续存在下去，不列颠将会继续存在下去，英联邦和大英帝国都将继续存在下去……我们将再次安全地、胜利地出现在我们这个岛屿那长长的历史中，不管会遭受多少损毁与残害。我们不会被消灭，我们的历史不会终结……我想起30多年前爱德华·格雷对我说过的一

段话：美国就像一个“巨大的锅炉，一旦着火，就会产生无穷的能量”。我太满足了，我的情绪和感觉已经饱和，我去上床睡觉，睡得就像一个得救的人，心怀感激。[159]

在谈到美国人民时，他写道：“有些人说他们很软弱，另一些人说他们永远不会与我们联合，他们只会在远处游手好闲地晃来晃去，永远也不会伸出手来帮忙。他们绝不会容忍自己流血，他们的民主和频繁选举的制度将使他们为战争做出的努力陷于瘫痪。对朋友或敌人来说，他们只是地平线上模糊的一团。他们人口众多，位于遥远的地方，富有也健谈，我们现在必须看明白这个民族的弱点。但我研究过美国的内战，他们是可以为最后一英寸土地而战的人。”[160]不像希特勒、墨索里尼或日本首相东条英机，丘吉尔曾多次访问美国，横跨美国东西海岸，参观了这个合众国的48个州之中的28个。所以他知道，一个被刺激、被激怒的美国会做些什么。

袭击发生后的第二天早上，丘吉尔返回伦敦参加内阁紧急会议。就在前一周，他还曾私下对美国记者约翰·冈瑟预言，一旦开战，日本人就会“像意大利人一样溃不成军”，因为他们只是“远东的乌合之众”。[161]种族的成见让他再次严重低估了一个顽固的敌人。幸运的是，冈瑟没有在报道中使用这段引语。1942年2月15日，丘吉尔在一次广播中说：“任何人都不能再低估日本这台战争机器的重要性及其效率，无论是在空中、海上，还是在陆地上，日本人已经证明了他们是我们可怕的、致命的对手，我很遗憾地说，他们也是非常残酷的敌人。”[162]珍珠港事件之后，日本在太平洋上参与军事行动的战列舰已达10艘，而美国只有2艘。丘吉尔现在意识到“一个严重的危险，美国可能会寻求在太平洋上对日作战，却把在欧洲、非洲和中东对德国作战的任务留给我们”。[163]

在珍珠港事件发生后，美国陆军部威胁称，将立即暂停按照《租借法案》向中东地区运送货物。比弗布鲁克不得不想尽办法来确保不会发生这样的事情。丘吉尔相信，一旦需要，他本人就必须出现在华盛顿，以确保众所周知的“德国第一”政策依然是罗斯福政府的战略重点，尽管日本袭击了美国，而德国却没有。按照“德国第一”的策略，在打败日本之前，德国这个最强大的轴心国必须先被打败。而实际上，他的担心是多余的，因为早在珍珠港事件发生之前，“德国第一”就已经成为美国陆军部的首要战略，马歇尔将军和当时还属于初级规划人员的德怀特·D. 艾森豪威尔将军等美国战略家认为，这一策略是赢得这场战争的关键。

12 月 9 日，丘吉尔致信罗斯福，建议让他去华盛顿访问，“根据现实情况和新的事实，重新审视整个战争计划以及生产和分配问题”。[164] 在那个年代，首相需要得到君主的许可才可以离开英国。“我们必须小心，”丘吉尔在写给国王请求前往美国的信中说，“我们从美国那里得到的军火和其他援助不会遭受更多的损失，除了那些不可避免的。”[165] 他补充说，他期待着德国和意大利向美国宣战，“因为她们之间的协议要求她们必须这样做。我将延缓对总统的访问，直到情况更加明朗”。[166] 丘吉尔对《轴心国同盟条约》的相关条款理解错了，德国并没有宣战的义务。但很明显的一点是，与总统的私人会晤现在是头等重要的事情。

珍珠港事件发生两天后，丘吉尔向下议院发表了一份正式声明。“温斯顿双肩低垂着走进房间，脸上带着严肃且坚定的表情，”尼科尔森记录道，“下议院本以为美国参战会让他欣喜万分，可是他看起来却有些心神不宁。他的讲话就事论事，非常枯燥。”[167] 对于涉及近 3 000 个美国人的死亡事件，他很难表达出喜悦之情。一些亲张伯伦派的议员首先是从英国政治的角度来看待太平洋地区发生的军事灾难的。杰弗里·劳合低声对奇普斯·夏侬说：“温斯顿多么幸运啊，现在利比亚的事情将被遗忘。苏联在 7 月拯救了英国政府，现在日本也在这样做。”① [168]

当天与国王共进午餐时，丘吉尔对海军上将斯塔克在珍珠港的战舰部署情况提出了批评意见。他说：“美国在太平洋只有两艘实际有效的军舰，这意味着美国已经失去了对太平洋海域的控制权。这对于我们在那里的两艘战舰，‘威尔士亲王号’和‘反击号’来说，是非常严峻的情况。美国人可能

① 阴谋论者曾经指控丘吉尔和罗斯福，说他们事先知道珍珠港会被袭击，却没有做任何事情来阻止其发生。但是严肃的历史学家普遍认为，没有任何可信的证据能够支持这一主张，而且这样的说法会全方位地损毁美国总统和英国首相的爱国主义精神及荣誉感。

会对罗斯福政府进行抨击，因为政府没有做好相关准备，甚至连舰队都没有准备好。想象一下，当局当时一定知道日本已处于战争状态，而美国的舰队依然还在港口。”[169] 到第二年 1 月时，他仍然对美国的军舰部署持批评态度。他在一封写给国王的信中，谈论了日本入侵澳大利亚的可能性：“如果美国的舰队现在还在公海上，而不是沉在珍珠港海底，美国就可以阻止这一事件的发生。”[170] 对美国在珍珠港问题上的批评，成为丘吉尔与国王的私人会谈中一个经常出现的主题。他们会说到罗斯福及与美国联盟有关的一些事情，而这些事情，除了克莱门汀，丘吉尔不可能与其他人谈论。他知道与国王谈话时，他的观点是永远不会被泄露出去的。丘吉尔对他的新盟友、新伙伴偶尔会感到恼怒，甚至是愤怒，这一点从国王有关周二午餐的日记中就可以看出来。丘吉尔用这些谈话来宣泄自己对美国政策的不满，就像艾伦·布鲁克用日记来宣泄对首相的不满一样。

1941 年 12 月 10 日，曾经将丘吉尔送到普拉西提亚湾的“威尔士亲王号”战列舰，以及“反击号”巡洋舰，在马来亚海域被日本轰炸机和鱼雷飞机击沉。丘吉尔认识 Z 字部队小型舰队指挥官、海军中将汤姆·菲利普斯爵士，丘吉尔担任海军大臣时，他曾担任海军参谋长，丘吉尔对他非常钦佩。现在，菲利普斯和 840 名水手全部遇难。[171] 丘吉尔因为这次损失遭到批评，但是，其实是菲利普斯而不是丘吉尔，选择了在没有空中掩护的情况下从新加坡起航，打算扰乱日本在马来亚登陆的计划。现代学术界基本上认为，首相对这场灾难没有责任。

目前海军的形势非常危急。1941 年 11 月，英国海军“皇家方舟号”航空母舰和“巴勒姆号”战舰在地中海被 U 型潜艇击沉；12 月 19 日，“海王星号”轻型巡洋舰在的黎波里附近被鱼雷击沉，与此同时，“佩内洛普号”巡洋舰和“奥罗拉号”巡洋舰也遭到破坏；12 月 14 日，“加拉蒂亚号”轻型巡洋舰在亚历山大港附近被一艘 U 型潜艇击沉；12 月 19 日，英国海军“勇气号”和“伊丽莎白女王号”战列舰在亚历山大港被意大利蛙人部队严重损毁。到 1941 年圣诞节时，坎宁安上将的地中海舰队只剩下 3 艘巡洋舰和几艘驱逐舰，而整个远东战场上已经没有皇家海军的主力舰。

尽管如此，丘吉尔还是希望新加坡能坚持 6 个月。由阿瑟·珀西瓦尔中将任指挥官的当地驻军由13万名英国、印度和澳大利亚军人组成，现在这支部队看起来已经足够强大，足以应对日本的任何入侵。两个月后，这支部队屈辱地投降了。丘吉尔承认，他之前对这座城市的陆上防御几乎一无所知。丘吉尔后来在他的战争回忆录中写道："我从来没有想过，这座著名堡垒的后方，竟然没有任何永久性的独立堡垒来进行圈围式保护。我不明白为什么我不知道这件事……我的顾问本应该知道，我本应该知道，我本应该过问。"[172]

12月11日，下议院"在阴郁的沉默中"听取了首相关于Z字部队遇袭的声明。[173] 丘吉尔说，"能与海军中将菲利普斯建立起个人友谊"，他感觉"很荣幸"。他宣称，"在我的整个人生经历中，海军所遭受的打击没有哪一次能像'威尔士亲王号'与'反击号'的沉没那样沉重和痛苦……这两艘强大的巨型战舰，在过去几个月我们制订计划应对来自日本的新危险时，是最为重要的基本考量"。[174] 随后他在广播中发表了同一演讲。几天后哈维-瓦特告诉他，议员们普遍认为，他选择在广播中进行这一演讲是不明智的，因为在议员们看来——他们也从选民那里得到类似的意见表达——他听起来非常疲劳，因此他的演讲可能不会产生完美的效果。[175] 丘吉尔用红笔圈出了"非常疲劳"这几个字，并加上了"是的"，"但是，是谁逼我这么做的？为什么不允许我在下议院用留声机录音呢"？[176] 按照下议院的传统，首相在议会的演讲禁止在广播上进行直播，甚至不允许在下议院录制待以后播出。

当天晚些时候，人们期待已久的消息传来，德国和意大利对美国宣战（美国是希特勒唯一正式宣战的国家）。丘吉尔听到这个消息后对约翰·马丁说："天上的星星也在按部就班地为我们而战。"[177] 他给罗斯福发电报说："美国的加入让一切得到补偿，只要我们有时间、有耐心，就一定会取得胜利。"[178] 希特勒的这一决定无异于自杀。

12月12日，丘吉尔与国王共进午餐。国王记录道，丘吉尔在谈到自己和罗斯福时说，"他们必须一起为未来制订一个计划，因为只有他们两个人可以这样做"。[179] 当天晚些时候，他和比弗布鲁克、庞德、哈里曼、莫兰、霍利斯准将、雅各布上校、汤普森中校和约翰·马丁一起乘火车离开伦敦，前往克莱德河。迪尔也一起前往，因为他即将成为英国与美国参谋长联席会议的联络官。远东的局势变化很快，丘吉尔不得不将布鲁克留在伦敦监控事态发展。12 月 13 日下午 12 点半，一行人登上“威尔士亲王号”的姊妹舰，重达 4.5 万吨的“约克公爵号”新战列舰，前去参加代号为“阿卡迪亚”的秘密会议。

大西洋上刮着大风，旅途既不舒服，也很危险。维维安·考克斯中尉，皮姆的地图室助理回忆说：“这艘巨轮不停地翻滚起伏着，船上的人也大多如此。”[180] 丘吉尔在给克莱门汀的信中写道：“在 36 个小时的时间里，我们与位于布雷斯特的轰炸机中队只有五六百英里远。幸运的是，德国空军 FW 战斗机没有透过云层的缝隙发现我们。”[181] 10 月，克莱门汀成为红十字会援苏基金会主席，并为该基金会募集了 100 万英镑资金。作为“阿卡迪亚”虚假信息运动的一部分，报纸刊登了有关丘吉尔 12 月 16 日在伦敦从他的妻子那里购买了一枚“援苏”徽章的消息，实际上他当时正在海上。克莱门汀在给丈夫的信中写道：“现在这个世界太可怕了，欧洲被纳粹野猪占领，远东则被日本黄虱占领。”[182]

在大部分航程中，因为担心失去 3 艘护航的驱逐舰，“约克公爵号”的航速不能超过 6 海里。17 日下午，他们终于决定将“福克诺号”“远见号”和“马塔贝尔号”甩在后面。为了最大限度地回避 U 型潜艇的探测，这艘船倾斜着穿过波浪前行，引起剧烈的颠簸。“然而，一旦你习惯了这种运动方式，你就一点儿也不在乎了。”丘吉尔写道。[183] 一旦水密门关上，就不能通风了，甲板下面简直令人窒息。比弗布鲁克开玩笑说，他从来没有坐过这么大的潜艇。[184] 附近出现 U 型潜艇的报告一直不断，丘吉尔则“满怀希望地说，但愿能撞上一艘”。[185]

丘吉尔并没有晕船，他说那是因为他头一天吃了双倍剂量的玛瑟西尔药剂。考克斯在日记中写道：“首相总是精神抖擞，就连头发都一丝不乱。到处都有他的身影……在这次航行中他一定走了好几英里路，总是容光焕发、喜气洋洋的，脸色就像一个走进教堂前的小学生一样，又粉又白。”[186] 他每天晚上看一部电影，最喜欢的是泰隆·鲍华主演的一部关于斗牛的电影：《血与沙》。“电影是一种很棒的娱乐形式，它可以让人的注意力从其他事情上转移开。”丘吉尔写道。[187] 无论是西部片还是历史剧，他都会不停地发表评论。“在军官休息室播放电影时，毫无疑问，温斯顿·丘吉尔本人与大多数电影一样，也相当具有娱乐性。”考克斯写道。[188] 他在旅程中读了两本小说，C. S. 佛瑞斯特的《雷索卢申岛上的布朗》(1929)，以及弗雷德里克·布里顿·奥斯汀对拿破仑在埃及的记述：《40 个世纪的回望》(1936)。鉴于奥利弗·利特尔顿已经启动了服装配给制度，他写信给克莱门汀，答应给她买几双袜子。

12 月 16 日—20 日，丘吉尔在“约克公爵号”军舰上给参谋长们写了共计 7 000 个单词的 4 份备忘录，大致阐述了西方盟国在战争的下一阶段需要遵循的战略原则。从一开始除了制订生存计划别无他法，到现在苏联人和美国人参战，丘吉尔已经可以清楚地看到前方的道路。当月早些时候，德国人被挡在莫斯科的大门口，已经在那里失去了势头，尽管在南方他们仍在推进，并于 10 月占领了基辅。他在第一份名为《大西洋前线》的备忘录中写道：“希特勒在苏联的失败和损失是目前战争的主要事实。英国和美国在这次事件中都没有发挥任何别的作用，除了确保按时、无误地运送我们承诺的物资。只有这样，我们才能保持对斯大林的影响力，才能把苏联的巨大努力融入战争的总体结构。”[189] 尽管希特勒到目前为止远没有“失败”，但是丘吉尔认识到，因为没有攻下莫斯科，他已经遭受了重大的战略逆转。两国人口的差异意味着，德国承受人员损失的能力是无法与苏联相比的。尽管如此，丘吉尔还是正确地预测出，德国可能会占领克里米亚。

丘吉尔说，如果维希政府在摩洛哥、阿尔及利亚和突尼斯等地不予配合，西方盟国“就必须在 1942 年发动一场战役，占领或征服整个北非沿岸，包括大西洋沿岸的摩洛哥港”。他还提到“阿尔及利亚和突尼斯比较方便的登陆地点”。他同时也预见到德国人将接管整个法国，并将其作为被占领土来统治。这一预测最终在 1942 年 11 月变为现实。[190] 他希望能有三个美国师和一个装甲师被派往北爱尔兰，并以此来“对德国的入侵企图进行进一步强烈的威慑”。他也希望能有 20 个“美国轰炸机中队可以从不列颠群岛出发，对德国采取行动”，“对他们的城市和港口进行更加猛烈和精确的轰炸”。[191] 他补充说：“西班牙很可能不会给德国人提供自由通道，让他们去攻打直布罗陀，入侵北非。”[192]

在他的第二份备忘录《太平洋前线》中丘吉尔预测，日本人“将袭击缅甸和滇缅公路，从而孤立中国”。香港①的情况不可能得到任何缓解。日本人想必会在马六甲海峡两岸建立自己的统治。[193] 在第三份题为“1943 年”的备忘录中他预测，到 1943 年年初，整个北非沿岸和黎凡特“将掌握在英美手中”。[194]（那一年 5 月，这一预测变为现实。）1943 年晚些时候，“苏联的重要地位将得到确立”，而且，“在西西里和意大利，他们可能已经站稳了脚跟，意大利国内的反应可能也会非常有利。但是，这一切并不足以结束这场战争”。[195] 想要结束战争，就必须“解放西欧和南欧被征服的国家，这就需要英美军队在适当的地点先后或同时登陆，登陆部队必须足够强大，能够带领被征服国家的人民起来反抗”。

丘吉尔接着提到“法国的海峡沿岸和大西洋沿岸”，他认为这是 1943 年夏天的军事行动可能发生的地方。[196] 从总的原则上说，他写道：“登陆的具体地点不会在港口，而是在海滩，要么通过登陆艇上岸，或者从经过特别改装的远洋船舶上岸。”在最后一份备忘录《大西洋笔记》中他预测说，“我们必须预料到，我们在太平洋上的资产和优势可能会被一个接一个地剥夺”，但是西方盟国的目标应该是，拥有“一支具有绝对优势的太平洋作战舰队。要实现这一目标，我们必须将时间瞄准 5 月”。[197]（中途岛海战发生在 1942 年 6 月。）

尽管他在这些备忘录中也做出了一些错误的预测——例如，他认为新加坡在 6 个月内不会陷落，以及 1944 年的那场战争是可以打赢的——但是这些预测一起构成了一部具有远见卓识和清晰战略思维的杰作。在这些预测中，有一些事件实际发生的时间离他预测的时间只有一两个月的差距。20 世纪三四十年代，丘吉尔分别对纳粹主义和斯大林主义做出了具有先见之明的判断。但是他于 1941 年 12 月穿越暴风雨肆虐的大西洋时，以极其准确的方式规划出了二战的进程，这也是值得高度赞扬的。尽管布鲁克总是在日记中严厉批评丘吉尔，但这条通往胜利的路线——从北非到的黎波里，到西西里，到意大利大陆本土，再到法国海岸的海滩——也正是他想要采用的路线。在德国于诺曼底遭受重大打击之前，将其军力吸引到非洲和地中海地区，这

① 香港只进行了轻微抵抗，两周内就沦陷了。

是丘吉尔的战略，也得到布鲁克和总参谋部全体人员的全力支持。在单个的军事行动上，布鲁克经常反对丘吉尔，但是关于这场战争在欧洲的宏大战略构想上，他们的意见完全一致。

在抵达弗吉尼亚海岸之前，丘吉尔对船长塞西尔·哈考特说，他想看到“约克公爵号”全速航行，他对那种认为海水很浅，会激起巨大波浪的反对意见不屑一顾。在28海里的速度下，战舰形成了一个巨大的船尾浪，由于没有打开舷外的闸门，甲板之间的几个房间进了水，包括丘吉尔使用的那间海军上将的船舱。他不得不把裤子卷到膝盖以上，一边刮着胡子，“一边哼着小调”，维维安·考克斯回忆说：“他知道是自己太淘气了。”[198] 12月22日下午2点15分，这艘船在弗吉尼亚州汉普顿水道靠岸。丘吉尔和他的随行人员被送往诺福克机场，50分钟后，他们在位于华盛顿的国家机场受到罗斯福总统的欢迎，这是一种不同寻常的纯粹敬意。丘吉尔发现，圣诞节的装饰照亮了每条街道，在伦敦进行灯火管制三年后，这样的场景让他感到有些奇怪。他到各个房间检查了床的舒适程度，最后选择了白宫二层的玫瑰卧房（现在的女王卧房），与总统的卧房在同一层，穿过大厅就是现在的林肯卧房，哈里·霍普金斯自1940年5月以来就一直住在那里。[199]

丘吉尔在白宫住了三个星期，附近的“门罗厅”被作为他的地图室。他在华盛顿的消息被宣布后，祝福他的美国人开始送来大量礼物，包括数百盒雪茄。这些礼物都要经过特勤局的X光拍照，同时，只有经过安检的人才允许通过。① 送到首相卧室的礼物之一，是一个6英尺高，由百合花、康乃馨和鸢尾花组成的V形标志花篮。

尽管丘吉尔还是像以往一样独自吃早餐，但多数时候他都会与罗斯福和霍普金斯共进午餐和晚餐。他们很快就开始称呼对方的名字。他们一起在地图室里度过了很多时光，共同商讨战略。正是在地图室里，丘吉尔达成了促使美国调动6万多名士兵驻扎到北爱尔兰的目标。之后他对考克斯谈到罗斯福时说：“在这一历史时刻，他被召唤到这样一个高高在上的位置，这

① 在英国，特勤局的罗斯柴尔德勋爵通过从每盒里拿出一支雪茄试抽的方式来检查这类礼物。

对人类来说是一大幸事。”[200]晚上，总统会混制一种以杜松子酒为基础的马天尼酒，不过不是为他的客人准备的，因为他的客人觉得这种混制酒看起来有些“不清爽”。[201]丘吉尔会推着罗斯福的轮椅进入电梯带他去吃饭，他将自己比作为女王伊丽莎白一世摆开披风的沃尔特·罗利爵士。[202]他们甚至会在彼此的卧室和浴室里走来走去，丘吉尔的速记员帕特里克·金纳就曾亲眼看见“赤身裸体、毫不害羞”的丘吉尔在和罗斯福开玩笑，当时他刚洗完澡，罗斯福正把毛巾递给他，丘吉尔说：“英国首相对美国总统没有什么可隐瞒的。”[203]不过，他偶尔也会隐瞒点儿什么，例如，丘吉尔没有向罗斯福透露，英国战舰“伊丽莎白女王号”和“勇气号”12月19日在亚历山大港被意大利蛙人部队严重损毁。

12月23日，丘吉尔、罗斯福、英国三军参谋长和美国参谋长联席会议成员一起，进行了8次重要会谈中的第一次。丘吉尔重新认识了乔治·C. 马歇尔将军，他是三位美国参谋长联席会成员中最强有力的一位，实际上也是他们的主席，尽管他从未得到正式任命。丘吉尔在1947年写给克莱门汀的一封信中说：“我一直非常敬佩他那些真正杰出的品质，他作为军队的组织者和政治家的品质，更重要的是作为一个人的品质——除了作为一名战略家的品质。”[204]他对马歇尔作为战略家的评价，与布鲁克对他与马歇尔两人的评价是一致的。

圣诞前夜，人们在白宫的草坪上点亮了那棵巨大的国家圣诞树，数千人聚集在那里，一起听演讲、唱圣诞颂歌。丘吉尔在那里同时进行着的现场直播中对人群说：“我在远离祖国、远离家人的地方度过这个周年纪念日和节日，但是，如果让我说我感觉自己背井离乡，那么一定不是实话。”

> 无论是由于我母亲那一方的血缘关系，还是由于我自己通过多年积极的生活在这里所建立起来的友谊，还是由于讲同一种语言的伟大民族在其共同事业中所表现出来的那种压倒一切的同志情谊……在美国的中心所举行的这次首脑会议上，我完全没有感到自己是一个陌生人……这是一个陌生的平安夜，整个世界几乎都陷入一场殊死搏斗，使用的是科学所能设计出的最可怕的武器，各个国家都在互相逼近对方……让孩子们度过一个充满欢声笑语

的夜晚吧！让圣诞老人的礼物给他们带来欢乐吧！让我们成年人也好好分享他们那无限的欢乐吧！这之后，我们将要再次面对那项严酷的任务，还有未来那些我们不得不去面对的可怕岁月。我们下定决心通过自我牺牲和勇敢奋战，让这些孩子不至被剥夺他们天赋的权利，不至被剥夺自由且体面地生活在这个世界上的权利。我要感谢仁慈的上帝。祝所有人圣诞快乐。[205]

圣诞节当天，香港被日本占领。当时，英国和美国的参谋长们正坐在一起，讨论如何通过转移护航舰队来加强远东地区的力量。当天晚上，英国驻华盛顿大使哈利法克斯勋爵前来拜访丘吉尔时，发现他正穿着睡衣，准备将要在国会联席会议上发表的演讲。“身边到处是雪茄、威士忌、苏打水和秘书们！”[206]（罗斯福的女儿安娜·伯蒂格描述了丘吉尔在大量使用鼻烟后打喷嚏的情景，他“晃动着房子的地基，然后像吹一支雾角一样响亮地擤了三次鼻子”。）[207]此前美国历史上只召开过两次国会联席会议，分别是在1874年和1934年，因此可以说，这是一个巨大的荣誉。

12月26日，丘吉尔用一个笑话开始了自己的演讲：“我常不由自主地想，如果我父亲是美国人，母亲是英国人，而不是反过来，我可能早就自己来美国了。”①[208]全场爆发出笑声，大家立即起立鼓掌，甚至孤立主义者也不例外。他接着说道：“我是下议院的孩子。”

我在父亲的家里长大，因此相信民主。“相信人民”——这就是父亲传达给我的信息。我过去常常看到，在会议上，在街道上，成群的劳动者向他欢呼着，而那是很久以前的维多利亚时代，是贵族的时代，正如迪斯累里所说，那个世界还属于少数人，属于极少数人。因此，我一生都与大西洋两岸反对特权和垄断的浪潮保持着充分和谐的关系，我满怀信心地朝着葛底斯堡演讲中“民有、

① 丘吉尔一直认为，如果他在美国，在美国政界他会做得很好。他对查尔斯·艾德说：“我是可以在那个水域里很好地游泳的。”（CAC Eade 2/2。）

民治、民享”的理想迈进……在我的国家，与在你们的国家一样，公职人员以做人民的公仆为荣，以做国家的主人为耻。[209]

丘吉尔接着说：“对我来说最好的消息就是，美利坚合众国从来没有像现在这样联合起来，为自由拔出宝剑，扔掉剑鞘。”[210] 他还谈道，考虑到英国和美国的相关资源，“谨慎或理智地协调处理日本的行动变得更加困难。他们会认为我们是怎样的一个民族”？这句话为他赢得了观众的又一次起立鼓掌和欢呼。“难道他们没有意识到，我们是永远不会停止抗争的，直到他们得到他们自己和整个世界都永远不会忘记的教训？”[211]

那天晚上，丘吉尔在用“大力”打开卧室里一扇僵硬的窗框时，心脏感到一阵疼痛，痛感一直传到左臂，呼吸也急促起来。他的医生查尔斯·莫兰记录道：“这些都是冠状动脉供血不足的症状。教科书上的治疗方法是至少卧床 6 周，那就意味着要向世界宣布……首相已经是一个病弱之人，心脏受损，前途未卜。”[212] 因此，莫兰采取了“警惕地观望”的策略。尽管他认为丘吉尔患的心肌梗死本质上是心脏病发作，但他没有把这件事告诉丘吉尔和他的美国同事。相反，他给丘吉尔提了一条他不可能遵循的建议，让他“必须试着放一放自己的工作”。最终在回到伦敦后，莫兰从约翰·帕金森医生那里得到第二种意见，帕金森医生向丘吉尔保证，那并不是心脏病发作。现代医学分析表明，那可能只是肌肉拉伤，或者是骨性和软骨性胸壁拉伤。[213] 不过，对于某个仍然相信自己不会变老的人来说，这同样是一个需要关注的问题。

阿卡迪亚会议于 1942 年 1 月 14 日结束。双方一致同意，美国军队前往北爱尔兰进行训练，以阻止德国入侵英国本土。双方同意成立军需品生产和运输联合委员会，同时在情报收集方面进行合作。此外，还要在欧洲西北部、东南亚和地中海战区建立联合指挥部。[214] 东南亚司令部被称为 ABDA，代表美国、英国、荷兰和澳大利亚四个国家，由韦维尔将军统一指挥。霍普金斯和比弗布鲁克被任命为新的联合军需分配委员会主席。“德国第一”战略以书面形式被确定下来。[215] 第二年，丘吉尔在向议会发表声明时解释了这一战略背后的思想：“很显然，尽管日本的失败并不意味着德国的失败，但德国的失败绝对意味着日本的毁灭。”[216]

阿卡迪亚会议的另一项伟大成就，就是在华盛顿成立了英、美“参谋长联席会议委员会”（CCS），对战争的宏大战略进行指导。这样一个统一的盟军指挥部是前所未有的，因此也是革命性的。在第一次世界大战中，规划和执行工作由各个区域的各个军队负责，尽管是在福克元帅的全面指挥下进行的，但是第二次世界大战中却没有福克这样一个角色。丘吉尔曾经在《第一次世界大战回忆录》一书中写道：“战争本身是不会将法国、俄国和英国等各协约国严格区分开的，也不会去区分陆地、海洋和天空，更不会将胜利与联盟，补给与战斗人员，宣传与机械区分开。实际上，这种区分只是把在一定时期内起作用的所有军力与反抗力量的总和进行了碎片化处理。要实现哪怕是并不完美的研究、思想、指挥和行动上的统一，也需要进行多年残酷的训练。[217] CCS 对所有战场进行统一控制，这在很大程度上是丘吉尔对这些问题长期持有的观点，可以追溯到第一次世界大战时期。在制定战略时会小心翼翼地捍卫英国独立的布鲁克当时缺席了会议。尽管他依然心存疑虑，这项计划还是获得了通过。迪尔作为 CCS 和英国三军参谋长之间的联络人留在了华盛顿，他与马歇尔之间的亲密友谊让双方的摩擦降到了最低。由于英、美的参谋长们只在会议上会晤，英国的独立实际上得到了保障，CCS 机构设在华盛顿也没有影响到英国的独立。

12 月 27 日，澳大利亚总理约翰 · 柯廷宣布，“澳大利亚现在要寄希望于美国，无须再为我们与英国的传统联系或血缘关系感到痛苦”。[218] 丘吉尔勃然大怒。莫兰宣称，丘吉尔当时说，澳大利亚人本来就来自“糟糕的货源”，这显然指的是那些运来罪犯的舰队。不过莫兰转述的这句话并不能得到验证，因为莫兰的日记并不都是在当时记下的，他的笔记也经常与他在 1966 年出版的日记版本内容不符，而这本日记本身也常被丘吉尔身边的人谴责为内容虚假。[219] 不过，柯廷的声明确实标志着澳大利亚开始从英国这个从未有效保护她的轨道上离开，转向美国，而美国很快就能够保护她了。

到 1941 年年底，英国已将国内生产总值的一半以上用于战争，但是与美国的贡献相比，这个数字很快会相形见绌。1940 年，美国的军火产量不到英国的一半，1941 年是其 2/3，1942 年达到英国的两倍，1943 年几乎达到英国的3倍，1944年几乎是英国的4倍。1942年，英国1/10的军火来自美国。1943年—1944年，这一比例超过了1/4，在某些重要地区甚至达到一半。[220] 这就意味着，随着时间的推移，美国在战略咨询方面的声音将越来越强，而英国则越来越弱。澳大利亚选择了更强大的保护者，丘吉尔对此无能为力。

12月28日，丘吉尔动身前往渥太华，在那里，他与加拿大总督阿特龙伯爵住在一起，两天后他在加拿大议会进行了演讲。他的演讲稿写得太迟了，以至演讲开始后，他的私人秘书才把最后一页打字稿塞到他手里。[221] “几个世纪以来，我们都没有再去旅行，没有去穿越海洋、穿越高山、穿越草原，因为我们是糖果做成的。”他对加拿大国会议员们说。[222] “我们永远不会堕落到德国和日本的水平，但是如果有人喜欢耍横，我们也可以耍横。希特勒和他的纳粹党已经播下了祸根，让他们自食其果吧。”

在谈到雷诺的内阁时，他说：“当我警告他们，无论他们怎么做，英国都将独自奋战下去时，他们的将军告诉他们的首相和分裂的内阁说，‘三周后，英国将像鸡一样被拧断脖子’。有些人是胆怯的鸡！有些人是挺直的脖子！”[223] 柯林·库特后来把这个笑话称作粗俗段子，A. P. 赫伯特说它是歌舞杂耍戏院里的插科打诨，但是当时，国会议员们却都开怀大笑起来。[224]

演讲一结束，丘吉尔就被麦肯齐·金领进了议长的房间，年轻的亚美尼亚裔加拿大摄影师优素福·卡什正在那里等着他拍照。丘吉尔似乎很不情愿，因为没有人提前通知他要拍照，但他还是同意让卡什拍一张照片。卡什回忆说：“我给他一个烟灰缸让他把雪茄放进去，但他故意不理睬，眼睛盯着我。我在相机前调好焦距，然后合上镜头，站起来。在我的手准备好要按下快门时，突然有什么东西让我犹豫了。”之后卡什说：“请原谅，先生。”然后他在没有打招呼的情况下，把雪茄从丘吉尔嘴里拿了出来。“他的下巴因好斗而绷紧着，眼睛里冒着怒火。我按下快门。”[225] 结果这张照片成了丘吉尔成千上万张照片中最伟大的一张。这张照片捕捉到了他的决心、他的目空一切，以及他的坚定。正如卡什所说，也捕捉到了他好斗的本性。这张照片并不是卡什当天拍摄的唯一一张丘吉尔的照片——丘吉尔还允许他拍摄了至少8张其他照片，其中一张是在丘吉尔“表现出一种更加友善的态度”之后，与麦肯齐·金一起拍摄的——但是那张照片却只能用“象征性的”这个被过度使用的形容词来描述。最先拍摄的这张照片作为1945年5月《生活》杂志的封面，成了他的标志性形象，大家也可以在本书的封面看到它。

当晚，丘吉尔在麦肯齐·金举办的晚宴上会见了加拿大王牌空军副元帅比利·毕肖普，一位维多利亚十字勋章、巴斯三等勋章、优异服务勋章与资历牌、军功十字勋章以及优异飞行十字勋章获得者。毕肖普在第一次世界大战中曾经击落72架敌机，而丘吉尔对帕拉丁圣骑士的习惯性迷恋，让他当晚上了毕肖普的车，而不是自己的车去取一顶睡帽，这让他的安保人员大吃一惊。在去毕肖普家的路上，他们一直交流着战争故事。丘吉尔是在毕肖普家过的夜，而不是政府大楼。[226] 在新年前夕乘坐总统专列前往华盛顿之前，丘吉尔获赠了一顶英属哥伦比亚海豹皮三角帽。在记者招待会上他说：“今天一大早我醒来时，感觉真是太奇怪了，我得到的竟然不是一顶可爱的加拿大帽子……帽子非常合适，而且足够大，我的头肿得再厉害也能戴下。”[227]

1942年元旦，丘吉尔、罗斯福、苏联驻华盛顿大使马克西姆·李维诺夫和中国大使共同签署了《联合国家共同宣言》，苏联和中国承诺将遵守《大西洋宪章》中的各项原则。第二天，又有22个国家在这份文件上签了字。所有相关国家都做出承诺，不与轴心国签订单独的和平条约。之所以选择“联合国家”这个名字，是因为罗斯福担心使用“联盟”这个词，可能会给参议院的孤立主义者带来章程限制方面的麻烦，而丘吉尔认为“合作大国”这个名字有些平淡。为了支持美国总统的选择，丘吉尔向他展示了拜伦在《恰尔德·哈洛尔德游记》中的诗句：“在这里，各联合国家拔出了剑 / 我们的同胞在那一天交战！”[228] 他对诗歌的惊人记忆力，让他能够再次找到完美的措辞为己所用。

自1895年从古巴回来后，丘吉尔一直与北美记者团保持着良好的关系。尽管他们知道他永远不会泄露实际操作的具体细节——即使他泄露了，他们也不会发表出来。但是他总会给大家提供很好的临摹版本。在会议期间，他给他们讲了一些令人印象深刻的笑话，比如“墨索里尼先生的地位确实不值得羡慕，街头艺人仍然抓着这只猴子的项圈”。[229] 当被问及加拿大为何没有驱逐维希政府大使时，他回答：“院子也总喜欢有个窗子。”谈到鲁道夫·赫斯时，他说："他告诉我们，希特勒爱英国，如果德国不得不入侵英国，他的心会为我们流血。"当被问及罗斯福留任总统对战争是否至关重要时，他谨慎地说："长期作为公众人物生活的经验告诉我，很少有人真正了解自己国家的政治，更不会有人了解其他国家的政治。"[230]

1942 年 1 月 10 日，丘吉尔前往棕榈滩以南 30 英里的佛罗里达州庞帕诺市，在爱德华 · R. 斯特蒂纽斯的一座僻静别墅里休息了两天。斯特蒂纽斯是《租借法案》的管理人员，后来成为美国国务卿。丘吉尔使用了"洛布先生"这个化名（这个名字几乎可以肯定取自圣詹姆斯街上的"洛布鞋店"的鞋匠老板）。洛布先生是一个"需要安静休养的病人"，约翰 · 马丁是他的英国管家。[231] 午餐前他就开始工作——每天都有从华盛顿空运来的邮袋，每天他也会在海里裸泳，"像一只心满意足的海豚一样在温暖的水中翻滚、俯冲"。[232] 罗斯福的特勤局首席保镖被派到丘吉尔那里，后来他告诉总统，有一回首相"被汹涌的波涛卷了进去，然后他钻了出来，冲着海水晃了晃拳头，之后又被卷了进去，这让他变得异常愤怒"。[233]

到了晚上，丘吉尔就会坐在阳台上看船。想到英国实行定量配给的情况，他早餐吃的是前一天晚上剩下的牛排。他拒绝了蛤蜊浓汤，而是点了保卫尔牛肉汁，这让厨房陷入一片混乱。1 月 11 日，他在电话中告诉罗斯福他即将返回："我不能在开放线路的电话中告诉你我们将如何返回，但是我们将会乘坐'噗噗噗噗'回去。"[234]

1 月 14 日，丘吉尔在晚餐后离开华盛顿，罗斯福去火车站为他送行。后来，霍普金斯向助理国务卿迪安 · 艾奇逊"坦承"，"让温斯顿一年来这里两次以上会令人非常疲惫"，因为与丘吉尔在一起的"每一天都会到凌晨两三点才结束，而早上 6 点 45 分，丘吉尔就会在还没穿上拖鞋时打开门，问他是否做了他们头一天晚上讨论的事情"。[235]

最初的想法是从百慕大搭乘"约克公爵号"返航，但是来自马来亚的坏消息和伦敦政治反对派的萌动，意味着他需要迅速返回，所以他选择搭乘波音 314A 水上飞机"伯威克号"，机身涂着橄榄绿与深褐色的迷彩伪装。这是他首次乘飞机跨越大西洋。[236] 他先去了百慕大，在汉密尔顿国会大厦发表了演讲。他拿民主"粗糙而破烂的根基"开了玩笑，但也重申了他对民主的信心。然后他乘飞机回家，飞行了18小时23分钟。“在长途飞行时我一直坚持自己的一个原则，那就是饮食的时间应该根据胃的时间来调整。”后来他写道。（他也将其称为“肚子时间”。）“一个人在黑夜醒来，那就应该吃早饭，5小时后吃午饭，午餐后6小时吃晚饭。这样一个人就能不受太阳的控制了，否则太阳就会过多地干涉其事务，打乱其日常工作。”[237]

他于1942年1月17日上午9点45分到达普利茅斯。这是一次漫长且极具成效的旅行。他们与美国人没有任何重大分歧，经过几个月非正式的参谋会谈后，美国人对这场战争在大战略上的看法似乎与他们达成了一致意见。在其他各个方面，美国人也提供了很多帮助。此外，由于希特勒对美宣战，而罗斯福和马歇尔也承诺恪守“德国第一”原则，这就意味着丘吉尔不再是1940年和1941年的那个恳求者。有人建议丘吉尔在与美国打交道时继续使用谨慎的语言，对此，丘吉尔回答：“哦！那是我们向她求爱时对她说话的方式，现在她已经进了后宫，我们对她说话的方式就完全不同了！”[238]

第26章

灾难

（1942年1月—6月）

我没有任何想要摆脱责任的想法。我想要的只是经过合理的讨论后，能够追随自己的愿望。

——丘吉尔，1941 年 2 月 [1]

当事情进展顺利时，他表现得很好；当事情进展不顺利时，他表现得很出色；但是当事情发展得不好不坏时，他就是人间地狱。

——伊斯梅谈丘吉尔，1942 年 8 月 [2]

1942 年 1 月 18 日，丘吉尔向战时内阁报告了阿卡迪亚会议的结果，当时的内阁由安德森、艾德礼、伍德、艾登、莫里森、比弗布鲁克、贝文、格林伍德和利特尔顿等人组成。内阁速记员劳伦斯·伯吉斯的速记笔记写道，丘吉尔透露说，总统“来送我”时说的“最后一件事”就是：“相信我吧，直到永远。”[3] 他还说，美国“正在以极大的精力投入这场战争”，而且是“直接投入”，显示了美国“决一死战的决心”。美国人明白，“希特勒才是最重要的敌人”。“他们会尽自己所能来对付日本——但是……没有什么东西可以阻止他们打败希特勒。”虽然他们“急于与敌人作战”，但“白宫里却异常平静”。[4] 他停顿了一下，回忆起回来时的飞行情况：“我开了一会儿飞机……引擎像快乐的小猫一样发出咕噜咕噜的声音。”接着他对战争进行了概述。他说，英国“是无法渡过难关的，要是没有苏联的话”。他主张将一切可能送往苏联的东西都送到那里去。“我们应该尽最大努力”将英国的飞机和坦克“全部部署到”最需要它们的地方。因此，应该将大量物资输送到东线战场去。他说，罗斯福已经同意对北非沿海发动袭击，打败德国指日可待。“如果我们干得利索，1943 年就可以（取得胜利）；干得不利索，就得等到 1944 年或 1945 年。物资和人力的供应会起到决定性作用。”[5] 在这次会议上，布鲁克做出了最糟糕的一个预测。当被问及巩固新加坡防御的问题时，他说：“如果我们能够继续增加人力物力，那么应该没问题。”[6]

“温斯顿私下告诉我，他现在对最终的胜利充满信心。”国王在他第二天的日记中写道：“因为美利坚合众国渴望与敌人战斗，并开始全力投入人力物力。英国和美国在经历了很多个月的‘出走’后终于‘结合’了。”[7] 就在这一天，日本人入侵了缅甸。1886 年，丘吉尔的父亲将缅甸并入大英帝国。对于丘吉尔来说，这又是一次打击。不久，自由党社会改革家威廉·贝弗里奇爵士开始呼吁，要求丘吉尔所领导的政府成为一个“不同的政府”。《曼彻斯特卫报》则表示：“公众对我们在东方遭遇的可悲的失败，以及我们战争物资的生产速度，开始直言不讳地表达出自己的不安，对具体涉及的人也毫不客气。”亲张伯伦的后座议员的批评声也越来越大，越来越尖锐。他们要求丘吉尔放弃国防大臣一职，任命一位与他的权力接近的生产大臣，这样的呼声越来越高。[8] 当澳大利亚总理约翰·柯廷公开表示，从新加坡撤离是“不可原谅的背叛”时，用卡多根的话说，丘吉尔在澳大利亚前总理厄尔·佩奇在场的情况下，在战时内阁会议上“终于发了脾气”。[9] 然而，在转述电报内容时他的表现还是彬彬有礼的，他转达了韦维尔希望“2 月可能会有一次反击”的想法。[10] 在这个艰难的时刻，罗斯福在 1 月 30 日发来的一封公事公办的电报的附言中写道：“能和你生活在同一个 10 年真是非常有趣。”①[11] 对丘吉尔来说，这是一个不小的鼓励。

三周以来，当丘吉尔第一次走进下议院时，得到的不是热情的欢迎，而是彬彬有礼的接待。“他看起来又胖又生气，”充满恶意的奇普斯·夏侬评论

---

① 同一个 10 年常被误解为 20 世纪 40 年代。事实上，罗斯福当天正在庆祝他的 60 岁生日。

道，“很明显，他对大家接待他时的热情程度感到失望。”[12] 正在家里休假的伦道夫抱怨说，这“与张伯伦从慕尼黑回来时的待遇完全不同”。[13] 1 月 21 日，隆美尔发动新的攻势，28 日，盟军撤离班加西，2 月 3 日，盟军撤离德尔纳，第八军团被赶回到保卫托布鲁克的加扎拉线。丘吉尔的麻烦更大了。此外，丘吉尔还不得不告诉国防委员会：“很明显，我们不能把新加坡当作一个堡垒，因为那里似乎没有做好适当的陆上防御准备……长远来看，缅甸比新加坡更重要，她是我们与中国交流的终端，保持其开放至关重要。”至于对马来亚的援助，“我们不希望把好人扔给坏人”。[14] 布鲁克现在认同了他的观点。

艾登写道：“丘吉尔显得既疲惫又沮丧，他还感冒了。”“他对下议院开始产生一种宿命的看法。”艾登写道：“他认为保守党人大部分都恨他，而他已经做了自己所能做的一切，能让位给其他人他求之不得。他认为马来亚问题、澳大利亚政府不肯妥协的态度，还有下议院的‘唠叨’是任何男人都无法忍受的三件事。”[15] 当丘吉尔提议将他在下议院的演讲录制下来时，议会议员拒绝了他，这让丘吉尔更加沮丧。他不得不在广播中逐字逐句地重复自己的讲话，这让他感到筋疲力尽。丘吉尔后来在谈到首相这个职位时写道：“围绕在‘老大’身边的忠诚是海量的。他如果被绊到了，就一定会有人上前扶住他。他如果犯了错误，就一定会有人去替他遮掩。他如果睡着了，就一定不会有人去肆意地打扰他。他如果不行了，就一定会有人取代他。但是这最后一条极端的做法不可能每天都发生，尤其不会在他初当选的日子里发生。”[16] 面对自己现在的反对声，丘吉尔决定把下一场关于战争的辩论，变成一次对政府进行信任投票的动议。哈维-瓦特在 1 月 23 日写道，只有“屈指可数的几个”议员会投票反对政府，“尽管可能会有更多议员”选择弃权。[17] 张伯伦就是因为弃权人数过多下的台，所以这个决定并非没有风险。

1 月 27 日，在为期三天的辩论开始时，丘吉尔说：“正是因为形势不好，而且会变得更糟，我才要求进行信任投票。”辩论会人山人海，有些议员不得不坐在王座下的台阶上（下议院现在搬到了从前的上议院）。[18] 坐在旁听席上观看辩论会的有克莱门汀——“她的头发已经花白”，夏依记录道，以及戴安娜、帕梅拉、杰克和他的女儿克拉丽莎。丘吉尔非常坦诚地承认：“我们致力于在这里和尼罗河流域对抗德国和意大利，却从来没有为有效地保卫远东贡献力量。”[19]“辩论会上没有人需要拐弯抹角，”他宣称，“投票时也没有人应该胆怯。我曾经投票反对选民选举我去支持政府，现在回想起来，我有时会为我曾这样做感到非常高兴。在这艰难的时刻，每个人都必须行使自己的职责。”

许多议会议员在辩论会上发了言，对丘吉尔最大的批评来自亲张伯伦的那些保守党议员，其中一位就是阿奇博尔德·索斯比爵士，他在重提挪威战役辩论会时问道：“政府的起源是什么？”亚历山大·厄斯金-希尔爵士谈到对战争局势的“焦虑”；赫伯特·威廉姆斯则说，“我们犯的错误太多了”，丘吉尔不应该担任国防大臣；詹姆斯·亨德森·斯图尔特爵士提到，人们对国家有一种“深切和普遍的不安”；托马斯·塞克斯顿说，“这个国家的人民深感困惑”，而斯蒂芬·戴维斯则指责政府对印度的态度无疑是“犯罪”。此外，还有几位议员呼吁建立一个新的生产部。然而，尽管有人威胁要推翻丘吉尔政府，但是没有人打算真的投票推翻他。[20]丘吉尔承认：“在两年半的战斗中，我们只是勉强维持把头露出水面。大约两年前，在我被任命为首相时，没有多少人想要得到这个职位。自那以后，这个职位的市场行情似乎看涨了。尽管每天都会有人为可耻的疏忽、严重的混乱、露骨的无能、沾沾自喜和缺乏组织能力而指责我们——我们也一直努力想从这些指责中学到东西，但是我们现在已经开始看清前进的道路了。看起来我们似乎陷入了一个非常糟糕的阶段，但只要我们能够站在一起，只要我们使出最后一丝力气，我们就能比以往任何时候看起来都更有可能获胜。”[21]随后，在没有点出柯廷或澳大利亚名字的情况下他补充道：“有的人说，人们认为要赢得战争，就要确保每一个派遣武装力量的国家和这些武装力量的每一个分支，都要在所有相关的委员会和组织中拥有自己的代表，而且做任何事情之前，都要充分征求每一位代表的意见。事实上，如果这样做的话，我们倒是可以确保输掉战争。”[22]

之后他把话题转向北非的大战略。在谈到隆美尔时他说：“我们面对的是一个非常大胆、技战术精湛的对手。而且，恕我在这场战争的浩劫中如此直言，他也是一位伟大的将军。”[23]他因为这段高度赞扬隆美尔的话受到了很多批评，但是他在自己的战争回忆录中仍然重新发表了这段话。这让人不禁想起他当选议员后赞扬布尔人的首次演讲，以及他在《河上的战争》一书中对勇敢的托钵僧的赞赏。军人的道德准则教会丘吉尔，如果他认为敌人配得上自己，那么应该钦佩他们，尽管这丝毫没有削弱他摧毁敌人的决心。他在辩论中的主要论点是：如果我们在战略和政治决策上都能支援苏联，并且继续进攻利比亚，也能因此接受我们在远东的弱势，我们“就会发现自己能够在战争进程中发挥有效作用”，尽管我们遭遇了被他称为“海军的意外不幸，并且付出了沉重代价，而且还将在远东付出更多代价”。[24]

正如丘吉尔在辩论会开场演讲中所解释的那样，给那些批评政府的人一个答案是非常重要的：

> 我觉得我有权到下议院来，作为下议院的公仆……请他们给我以鼓励，给我以帮助。我从未铤而走险去预测未来。我一直坚持着自己最初的计划，鲜血、辛劳、眼泪和汗水，这就是我所付出的一切。5个月后，我又加上了“许多的缺点、错误和失望”。但是，正是因为我看到乌云背后的光芒正在照亮我们的道路，现在我才斗胆要求下议院发表一项信任宣言，它将成为联合国武器库中的一件附加武器。[25]

丘吉尔以464票对1票的优势获胜——独立工党议员吉米·马克斯顿投了反对票。在辩论中，爱普生的保守党议员阿奇博尔德·索斯比爵士提到了伦道夫，说他是“我尊敬的、勇敢的朋友——他之所以值得尊敬，是因为迫于战争形势，他完全未经竞争就进入了下议院，也许还有他的军衔——”这时，议长阻止了他的发言。① 随后，索斯比走到首相身边，请他祝贺伦道夫迅速晋升。“温斯顿冲着他挥了挥拳头，”一位观众回忆道，“‘别跟我说话，’他喊道，‘你说我儿子是懦夫，你是我的敌人。别跟我说话。’”[26] 丘吉尔能够平静地接受对他自己的大多数批评，但对他的家人或朋友的攻击总会

① 议员们通常称呼彼此为“尊敬的”议员，如果该议员还在或曾经在军队服役，那么就会再加上“勇敢的”这个词。索斯比想要嘲讽的是，其他议员那样称呼伦道夫，纯粹只是出于礼貌。

让他怒不可遏。

丘吉尔很幸运，他选对了投票的时间。投票刚刚结束，就传来了德军占领班加西的消息。日本人现在距离新加坡已经不到18英里。辩论结束后，政府终于发布了一份声明，披露了英国海军“巴勒姆号”战舰已经于11月在埃及海域被击沉，造成862人丧生的消息。（“伊丽莎白女王号”和“勇气号”于12月在亚历山大港被意大利蛙人部队严重损毁的消息仍未公布。）现在距离丘吉尔被选为国家领导人已经过去了20个月，而当时推选他的人只有可数的几个。1942年年初，整个昔兰尼加西部都落入轴心国手中，丘吉尔充分认识到，在沙漠地区取得明确胜利既是紧迫的军事需求，也是不容忽视的政治需求。

2月1日，德国人在U型潜艇的恩尼格玛编码机上增加了第4个转轮，这让英国对德国海军的“鲨鱼”密码所进行的“超级解密”陷入了一片茫然。这样的情况持续了将近一年，直到12月，布莱切利才再次破解了这一密码。其间，由于无法定位德国U型潜艇群，英国的航运损失不断升级，达到令人震惊的程度。与此同时，任何跨海峡对德国进行打击的行动都不得不推迟，直到大西洋海战取得胜利。1942年1月，英国、盟军和中立国被击沉的船舶是419 907吨，但是到了2月就达到679 532吨，3月达到834 164吨。1942年一年的总损失达到近800万吨。[27]“可怜的温斯顿绝望极了。”卡多根写道。[28]

布鲁克在2月初通知内阁，留在马来亚的英联邦军队已经撤回新加坡境内，那里食物和水的供应可以坚持4个月。丘吉尔说，“坚持到底，保卫新加坡”，这是“内阁的意愿”。[29]他给韦维尔发电报说：“现在这个阶段绝不是节约使用部队和人员的时候，我们必须不惜一切代价奋战到底。”[30]国王在2月3日写道：“首相对远东发生的事情感到担忧和愤怒。新加坡根本没有做好陆地防御，甚至连挖一些坦克陷阱，在丛林中隐藏药箱这样的事情也没做，这些工作本可以全部由军队自己完成。用15英寸的大炮指向大海根本算不上是防御手段。”[31]

2月5日，丘吉尔向内阁提议，由他亲自前往印度，向国大党开出允许印度战后独立的条件，这些条件包括中止1940年10月开始的公民不服从运动，转而与英国合作，并且在日本侵略时帮助保卫印度。卡多根认为这是一个“富于想象力和胆略”的计划，但是鉴于马来亚的局势发展，如果位于最南端的新加坡陷落，“他就必须留在这里接受挑战”。[32] 丘吉尔在 2 月 10 日与国王共进午餐时对国王说：“我们必须为我们的民族、帝国和军队的荣誉与日本人战斗，而不是去慎重考虑使用我们的军队和 70 万人口。如果日本鬼子登陆，我们就必须杀死他们，不论是在沼泽还是在丛林。在苏联人奋力反击，美国在菲律宾吕宋岛的军队也正在进行顽强防御时，我们不能让自己国家和民族的声誉一落千丈。”不过他也承认，他没有多少后备力量可以投入那里的战斗，而当前的局势已是相当危急。“温斯顿已经做好了准备，如果新加坡沦陷，我们将会在远东地区遭遇一系列不幸，因为在那里我们无法很快得到增援，”国王写道，“即使增援部队到了，我们也不知道该把他们部署在哪里。”[33]

在英国对新加坡的忧虑不断升级时，德国人开始实施其“地狱犬行动”，英国人将这一具有羞辱性的行动称为“海峡冲刺”。2 月 11 日—13 日，“沙恩霍斯特号”“格奈泽瑙号”和“尤金亲王号”从布雷斯特起航，驶上了英吉利海峡。英国海军部对此却无能为力：其在南海岸附近没有主力舰能与之交战。庞德几乎不敢相信这一事实，他沮丧地打电话给丘吉尔说：“恐怕我必须向您报告，先生，敌人的巡洋舰现在应该已经到达安全水域。”丘吉尔沉默了一会儿，然后问道：“为什么？”在庞德有机会细数之前发生的一连串错误之前，丘吉尔放下了电话。[34] 卡多根将这一天表述为“迄今为止战争中最黑暗的一天”。[35] 英国皇家空军、舰队航空兵①、皇家海军和海岸炮兵发动的攻击，仅仅让敌军战舰受了一点儿擦伤。哈罗德·尼科尔森认为，比起新加坡可能出现的沦陷，人们对“沙恩霍斯特号”和“格奈泽瑙号”的成功逃脱感到更加难过：“德国人就这样从我们的前门驶过，这一想法让大家无法忍受。”[36]

新近被丘吉尔任命为战争生产部大臣的比弗布鲁克很快就与贝文和政府的其他人员发生了严重冲突。他的报纸公开宣扬第二战场，力图动摇重要

① 舰队航空兵成立于 1924 年，其前身是丘吉尔 1914 年创建的皇家海军航空兵。

大臣们的地位。丘吉尔和克莱门汀就这一任命争执起来。“我最亲爱的，”克莱门汀在比弗布鲁克上任仅8天时写道，“我很惭愧，我刚才的粗暴态度竟然加重了你痛苦的焦虑——请原谅我。我请求你考虑一下，把比弗布鲁克勋爵完全排除在你的政府重组之外是不是更好……外在的敌意难道不比内心的阴险狡诈和“响尾蛇”① 更好吗？你对B勋爵的性情与行为的看法，我认为是受到一个新人物的影响，这个人在权力上可能与他不相上下，当然在智力上也与他相当。亲爱的，试着把有些人害怕已经寄生在你的血液中的这个微生物清除掉吧。把这个瓶中怪驱逐出去，看看空气会不会更清洁、更纯净。”[37] “新人物”指的是斯塔福德·克里普斯爵士，他终于从莫斯科回来了。人们把他与苏联红军所做出的伟大牺牲画上了等号，因此他受到了普遍欢迎。他成了政府之外所有希望的焦点，尤其是左派，他们觉得自己没有发言权，因为工党现在是联合政府的一员。他拒绝了丘吉尔为他提供的供给大臣之职，宁愿等着，看看自己是否能有机会取代丘吉尔的位置。他并不是唯一的候选人，奇普斯·夏依在谈到“海峡冲刺”行动时写道：“每个人都在愤怒地反对首相。愤怒，还有挫折感。这不是敦刻尔克事件后的感觉，而是气愤……如果伦敦人都是拉丁裔，那么会发生暴乱。我从未见过如此猛烈的怒火喷发……有人谈到要组建一个所谓的‘中间党’，由自由党人、心怀不满的保守党人等组成，由比弗布鲁克担任领袖。”[38]

第二天，丘吉尔命令轰炸机司令部的新任长官阿瑟·伯特·哈里斯爵士（人称阿瑟·“轰炸机”·哈里斯），去摧毁德国百姓的士气。1942年年初，大型四引擎轰炸机投入生产，但林德曼已经确认，与精准得多但成本高昂的日间轰炸相比，夜间轰炸对特定目标造成的损害很小。丘吉尔想向斯大林表明，英国正在积极提供帮助，让德国的资源从东线撤出来。他还想向英国人民表明，他们正在奋起反击。这样一来，构成合法袭击目标的标准就被放宽了，工厂、铁路场院、港口设施和工业区现在都被包括在内。通过轰炸工人的住宅来“拆除”敌人的房屋，这样做是否应该被视为战争罪？至少在战争的这

① 指的是响尾蛇的行为。

个阶段，这个问题无须争论。为了免于遭受哈里斯轰炸机的攻击，德国的自我防御占据了自身大量的资源、空军飞机以及人力。而且，尽管德国的武器产量直到 1943 年春末还在继续增长，但是其增长速度远不能满足需求。[39]

1942 年 2 月 15 日，星期日。下午 4 点，陆军部接到消息，珀西瓦尔将军已经投降，将新加坡交给了日本人。包括许多澳大利亚人在内的 8 万多名英联邦军人被俘。约翰·肯尼迪将军写道："印度几乎是赤身裸体毫无防护的，锡兰这个主要的舰队基地也是光秃秃的，仰光附近正在发生战斗……澳大利亚（以及位于达尔文港的基地）相对来说也是毫无防御能力的。"[40] 在晚上 9 点面向全英国的广播讲话中，丘吉尔并没有试图将这场灾难造成的影响进行最小化处理。他说："在一场重大且影响深远的军事失败的阴影下，我对你们所有人讲这番话。这是大英帝国的失败。新加坡已经陷落，整个马来半岛都被占领了。"[41] 尽管如此，他还是对美国已经参战这一事实表示了赞赏：

> 这就是我梦想的、努力去实现的目标，现在它已经成为现实。还有另外一个事实，在某些方面它甚至更直接有效，那就是，苏联的军队并没有被打败，更没有被撕成碎片。苏联人民没有被征服或消灭，列宁格勒和莫斯科也没有被占领。苏联军队就在战场上…因此，我们看到的是两个重大的基本事实，它们最终将主宰世界局势，并以前所未有的形式使胜利成为可能。

这相当于含蓄地承认了，没有这两个事实，英国就不可能赢得战争。[42]

他接着说道："今晚日本人是胜利者。他们向全世界表达着喜悦，而我们却痛苦不堪，吃惊不小。我们的压力很大，但我相信，就是在现在这个黑暗时刻，日本侵略者的'疯狂罪行'也会被记录在册，就像 1942 年和 1943 年发生的事情将被铭刻在其幽暗的书页上一样，等待历史的判决。"[43]"任何人都不能再低估日本战争机器的威力和效率。"他说，而这种低估正是他自己之前的做法。[44] 最后，他鼓励大家要重振 1940 年—1941 年的闪电战精神："因此，这正是英国民族和国家展示其品质和天赋的时候……只要英国人能从自己遭遇了不幸的内心汲取胜利的活力与冲劲。展现我们的沉着冷静与坚定决心的时候到了！不久前，正是这种沉着与坚定把我们从死神的魔爪中解救出来。”[45]

“他的广播，”尼科尔森想，“并不受欢迎。这个国家现在太紧张、太急躁了，用几句好话是无法敷衍的。然而，他还能说些别的什么呢？”[46] 汉基和查特菲尔德在上议院抨击丘吉尔，说他将权力过多地集中在自己手中。肯尼迪将军在听了丘吉尔的演讲后写道：“如此依赖一个这样情绪化的人是错误的，他缺乏战略知识和判断力，尽管他身上确有一些其他的伟大品质。”[47] 首相可悲地低估了日本人，在保护他所热爱的帝国方面几乎什么都没做。但这是否意味着他将被赶下台？此时戈培尔在他的日记中写道：“他的位置在英国无人能替代。”[48] 这话并不完全对。克里普斯和比弗布鲁克显然在为这个职位做着准备，但是经过上次对政府的信任投票动议后，他们都不准备这么快就采取行动。

尽管辩论结束时，议会几乎是全体一致投票通过了对政府的信任动议，但最终丘吉尔还是受到了无休止的批评。汤普森中校注意到，“越来越多的人感到失望和沮丧”。丘吉尔向一些最亲近的人暗示，他正在认真考虑移交自己的责任。[49] 他告诉皮姆上尉，他“厌倦了这一切”，说他正在考虑辞职。“天哪，先生，”皮姆叫道，“你不能这样做！”[50] 然而，他对自己之前所设定的优先次序并不后悔。肯尼迪曾辩称，如果 1941 年 9 月之前由英国运往苏联的 450 架飞机转而运往新加坡，可能就会减缓日本的进攻速度。[51] 而丘吉尔对艾德礼说：“如果说马来半岛因为利比亚和苏联而陷入困顿，没有人比我更应该负责，但是如果让我再次选择，我还是会那样做。”[52] 他能够区分看似重要但其实并不重要的，以及战略上真正至关重要的东西，而让苏联能够在这场战争中继续战斗则完全属于后者。在“其他俱乐部”，H. G. 威尔斯与坎罗斯勋爵打了 100 英镑的赌，赌“英国人三年内不会收复新加坡”。[53] 确实没有收复。但是与帮助苏联抗击纳粹的绝对重要性相比，是否收复了新加坡并没有那么重要。

人们对他领导力的批评令丘吉尔非常沮丧，他对国王表达了自己的失望。“他对这一切非常生气，”国王写道，“他说这相当于你在打老虎，身边却有一堆愤怒的黄蜂嗡嗡嗡。”[54] 首相一点儿也不知道，国王本人也多少有点儿黄蜂的意思。在新加坡沦陷和“海峡冲刺”行动之后，他曾对自己的私人秘书亚历克·哈丁爵士说：“找出人们对这一切的看法，给我提供一些信息，在我见到首相时可以与他谈谈。”哈丁去见了艾登和克兰伯恩。“他们两人都认为，其他所有人也认为，温斯顿是正确的，而且是唯一一个能够带领国家度过战争的人。”哈丁汇报说：“但是，人们越来越感觉到，由于他有无数的事情要操心，防御领域的某些方面很可能没有得到应有的关注。这种感觉正在演变成一种恼怒，因为我们的逆境还在继续……战争扩展到太平洋地区，如此重担压在一个人身上，无论对于谁来说，都会是过于沉重的。”[55]

2月17日，丘吉尔走进下议院，迎接他的是一片沉默。他宣布新加坡沦陷，并对“海峡冲刺”行动做出解释。麦斯基说：“议会议员们表现得很刻薄、很傲慢，对丘吉尔的到来和离去都很冷淡。我以前从未见过这种情况。”[56]夏侬也印证了他的说法。“我从来没听说过下议院会对首相咆哮。他还能恢复自己日渐式微的声望吗？当然，他触碰过的任何东西——达达尼尔海峡战役、退位危机、《印度政府议案》——都没有成功。”[57]达达尼尔海峡远征已经过去了27年，然而，无论何时人们发觉丘吉尔又犯了错误，它就会立即再次出现在人们的视野中，被列入耻辱的名单。丘吉尔对下议院说：“前方还会有很多麻烦，但是无论对某些人来说那样做多么具有诱惑力，我都不打算采取那种怯懦的做法，灵活地退到一边，让别人去承受即将到来的一次次沉重打击。相反，我要坚守在自己的岗位上，按照自己认为应该坚守的职责坚持下去。”[58]一个月后，在一次午宴上，他对《泰晤士报》的编辑罗伯特·巴林顿-沃德说：“我上年纪了。不像劳合·乔治，他在上次大战结束时才五六十岁。在这场战争结束之前，我可能已经70岁了……没有谁会在我这样的年纪还要承受如此灾难。”[59]巴林顿-沃德注意到，他说这话时听起来并不像个老人。

为了平息舆论，保住国防大臣的职位，或许也是为了转移人们对最近一连串坏消息的注意力，丘吉尔于2月19日对政府进行了又一次大范围改组。克里普斯被说服加入政府，成为枢密院掌玺大臣和下议院领袖。比弗布鲁克在上任生产大臣仅15天后，一方面因为想要成为直言不讳的政府批评者，另一方面也因为希望自己可以成为继任首相，便因“健康原因”提出辞职。他的职位由商人奥利弗·利特尔顿接替。“在战争中不能辞职，”丘吉尔对比弗布鲁克说，“要么是你死了，要么就是你被解雇了！”[60]但是比弗布鲁克确实辞职了，就像丘吉尔本人在1915年11月也辞职了一样。内阁大臣爱德华·布里奇斯后来谈道：“比弗（布鲁克）与温斯顿之间的最后一次会面让他震惊不已，他一生中都很少感到如此震惊……他们像两个渔妇一样互相辱骂对方。”[61]然而，正如伊恩·雅各布所说：“丘吉尔可以失去比弗布鲁克，但他不能失去贝文。”[62]尽管如此，在没有预先通知哈利法克斯的情况下，丘吉尔还是在一个月后任命了比弗布鲁克出任驻华盛顿大使。但是他拒绝了。

作为灾难发生期间的陆军大臣，马杰森必须对这些灾难负责。丘吉尔写给他的信就是这类信函的一个典范。“我亲爱的戴维，”他写道，“我很抱歉地告诉你，由于事情与舆论的压力，我必须重组政府，我希望我可以把陆军部的权力收回来重新分配……我认为你做得非常好……希望你能与我保持联系，让我时常有机会聆听你的意见。”[63]马杰森同样彬彬有礼地回答：“我希望我的离去会使你的工作更轻松一些，并在某种程度上减轻你几乎无法承受的负担。我非常不愿意离开陆军部，但在这样的日子里，个人情感又有什么重要性可言呢？”[64]接替他职位的是能力超强的詹姆斯·格里格爵士，在战争剩下的时间里，他一直担任此职。

艾德礼出任了新设立的副首相职位，并且兼任自治领大臣。这意味着丘吉尔不在时，他将主持所有内阁会议。沃尔默勋爵（他在一周后继承了塞尔伯恩伯爵的爵位）替代道尔顿出任战时财政大臣，克兰伯恩勋爵担任殖民地事务大臣和上议院领袖，尼科尔森称这两项人事调整为“上层阶级的复辟”。[65]格林伍德退休，金斯利·伍德离开了战时内阁，内阁成员从9人减少到7人，包括丘吉尔、艾德礼、艾登、克里普斯、安德森、贝文和利特尔顿。里斯则彻底离开了政府，而且很高兴能逃离他在日记中所称的“丘吉尔和他的那帮混蛋”所在的地方。[66]

国王在2月24日与丘吉尔共进午餐后写道：“他对未来感到悲观，因为他不知道我们怎样才能充分地增强世界上任何一个地方的军力。由于运输问题，我们在一年内能够调遣转移的师不能超过3个，而我们想要调动的是10个…缅甸、锡兰、加尔各答和印度的马德拉斯以及澳大利亚的部分地区都可能会落入敌手。面对这一切逆境，我们能团结一致吗？无论如何我们都必须团结一致。我能看出温斯顿感受到的压力……我告诉他，我们这个国家就站在他的身后。他认为除了这个国家，他身后什么人都没有。”[67]

3月初，丘吉尔任命布鲁克接替庞德担任参谋长委员会主席。庞德在“海峡冲刺”行动中表现不佳，现在又开始出现嗜睡症，不过他并没有被解除第一海务大臣的职务。[68] 丘吉尔委婉地向庞德宣布了这一消息。他写道："你与其他两位参谋长所处的位置有所不同，因为你是在与敌人进行全面直接接触的情况下指挥海战的，实际上你是一位超级总司令。你知道的，我对你的判断力和你对舰队的指挥非常有信心。”[69]

卡多根3月4日写道："可怜的老首相心情不好，状态很差。我觉得他的健康状况不太好，听说他累坏了。”[70] 第二天，他又补充道："可怜的老温斯顿，目前的局势和人们对他的攻击都让他忧心忡忡，恐怕他已经失去了对局势的掌控。”当晚在克拉里奇酒店用餐时，肯尼迪将军、《每日电讯报》总编辑罗伯特·斯凯尔顿和飞机生产部常任副大臣阿奇博尔德·罗兰兹爵士都认为，“温斯顿完蛋了”。斯凯尔顿完全没有任何爱国思想地补充说，“我几乎希望再发生一场大灾难，因为这会毁了温斯顿”。[71] 汉基在他任职的最后一天告诉肯尼迪："每个人都觉得温斯顿是个赌徒，他没有赌赢。”[72] 丘吉尔深知自己的处境岌岌可危，他对前首相之子马尔科姆·麦克唐纳说："我就像一名轰炸机飞行员，每天晚上都出去，但是我知道总有一天晚上我回不来了。”[73]

因此，认为在二战最黑暗的日子里，英国的建制派全心全意地支持丘吉尔担任首相的想法是错误的：建制派只是容忍了丘吉尔，因为他们缺乏可行的替代方案，而且他仍然广受人民的欢迎。建制派还拒绝承认，让他受到指责的许多次失败，都是由于没有听从他之前的警告，没有在20世纪30年代采纳他重整军备的建议而直接造成的。在更深的层面上，他们不肯原谅他，因为事实证明，他对他们当年的旗舰政策——绥靖政策——所做的一切是正确的。

3月7日，仰光沦陷，日本对印度的威胁变得日益严重。澳大利亚在新加坡损失了大量军队，所以拒绝向缅甸提供更多援助。同时澳大利亚要求将其余军队从中东撤出，因为担心其北部港口达尔文于2月19日遭到猛烈轰炸后，澳大利亚本土会受到直接威胁。现在看来，在轴心国持续不断的轰炸下，马耳他也不可能坚持多久了，奥钦莱克继续拒绝丘吉尔关于尽早恢复沙漠攻势的呼吁，当时的航运已经极度匮乏，罗斯福在电报中似乎也对“德国第一”的政策提出了质疑。丘吉尔提议对法属北非发动代号为“体操队员行动”的袭击，对于这是否是一个明智的行动，罗斯福也提出质疑。

就是在这样一个时刻，英国首相决定在《星期日快报》上发表一篇题为“月球上有人吗？”的文章，这是他在战前写的。文章预测，“飞船将携带食物和氧气穿越太空，前往月球和近处的行星”。丘吉尔写道，“我们在创造地球文明方面所取得的成功”，并没有让他“感觉特别钦佩，以至可以让我相信，我们这个地方是这个浩瀚宇宙中有生命、有思想的生物唯一生活的地方，或者在这浩瀚的宇宙中，我们是精神和肉体发展的最高形式”。[74]似乎没有人问过，在这个战争的危急时刻，丘吉尔为什么要发表关于太阳系以外的行星，以及宇宙其他地方是否有智能生命存在的文章。在很多方面，他都是一个极其古怪和难以捉摸的人。

丘吉尔非常担心，“人们发出的各种信息会引起绝望、恐慌和困惑”，所以1942年3月，他提出，可以考虑在国内实施某种形式的审查。首先是《每日镜报》，该报对未来行动的猜测几乎损害了国家安全。丘吉尔对他的同事们说：“我们必须面对这一问题，要对有损国民士气的说法进行审查……议会必须赋予我们更多权力——很少有人会投反对票。我们的士气正在被瓦解（原文如此）。”[75]克里普斯表示同意，格里格说，应该对可能损害军队士气的信息进行审查，但布鲁克说，他将“以最大的警惕”看待任何这类提议，因为这可能会使媒体不再友好。[76]丘吉尔补充说，他希望“能够更有效地控制媒体”和“国内外的信息”。此次讨论没有得出任何结论，却表现出丘吉尔对当时脆弱的国民士气的深深忧虑。

丘吉尔很快就意识到，他不能亲自去印度说服国大党放弃反英运动，让他们集中精力帮助保卫南亚次大陆，抵御日本。因此，克里普斯被派往印度与莫汉达斯·甘地进行会谈。国大党拒绝了任何让英国与印度保持哪怕部分宪法联系的提议，到8月9日，甘地和国大党领导人不得不被监禁，因为英国和印度军队正努力阻止日本人进入印度的大门。国王从未去过印度，但他对那里的局势深感忧虑。丘吉尔对他解释说："印度斯坦、巴基斯坦和普林斯坦，就像一个三条腿的凳子，后两条腿是少数族裔，将继续归我们统治。"[77] 这不是甘地的计划。5 月 24 日，甘地说："用现代的说法，就把印度交给上帝吧，让其陷入无政府状态。这种状态可能导致一段时间的内乱，或者导致大量的持械抢劫（帮派抢劫）。经历这样一个过程，一个真正的印度才会产生，才会取代我们现在所看到的这个虚假的印度。"[78] 丘吉尔并没有打算把南亚次大陆交给甘地，让他以古怪的配方来处置，他也不同意甘地在伦敦闪电战期间给英国人提出的建议：邀请希特勒和墨索里尼过来，让他们从你们认为是你们的财产的国家拿走他们想要的一切，让他们拥有你们美丽的岛屿和岛上那许多美丽的建筑物。把这一切都交出去，除了你们的思想和灵魂。[79]

如果英国人不愿意接受这位圣雄的提议，说明他们可能已经意识到，这至少与他早些时候给埃塞俄比亚人提出的建议是一致的，也就是"允许他们自己被意大利人屠杀"，因为"毕竟墨索里尼不想要一片沙漠"。这也符合"水晶之夜"暴行后他向德国犹太人提出的主张，如果他们采用他的非暴力行动哲学，那么"今天这场堕落的猎杀人类的行动，就会变成一场平静而坚定的抵抗行动。手无寸铁的人们，用耶和华赐予他们的承受苦难的力量进行抵抗，而党卫军会转而去欣赏人类的尊严"。[80] 1940 年 5 月，甘地对一位朋友说："我不认为希特勒像人们所描述的那样坏。他表现出一种惊人的能力，似乎在流血不多的情况下就取得了胜利。"[81] 甘地在 1941 年 12 月写给希特勒的最后一封信中，赞扬了希特勒的"勇敢（和）对祖国的忠诚……我们也不相信，你会是你的对手们所描述的那种怪物"。[82] 甘地很幸运，统治印度的是总督而不是希特勒，1937 年，希特勒与哈利法克斯勋爵在伯希特斯加登会晤时，给他提出的建议是"枪毙甘地"。[83]

3 月 10 日，国王记录了丘吉尔的喜悦之情：美国人正在向澳大利亚和新西兰派遣几个师，"他们会尽快这样做，这样澳大利亚和新西兰现有的几个师就可以留在中东，免去了航运问题。这是美国的一次伟大举动"。[84] 在谈到在澳大利亚任命道格拉斯·麦克阿瑟将军的问题时，丘吉尔补充说："我们现在可以把太平洋地区的那一部分交给美国了，把我们自己的精力集中在印度洋和锡兰地区……最重要的是要记住，我们和美国不能在一些战略细节上进行争吵。”[85]

3 月 15 日，丘吉尔邀请麦斯基到契克斯庄园共进周日午餐。麦斯基为他带来了斯大林的口信，斯大林说 1942 年应该是战争的决定性一年。麦斯基写道：“首相穿着他平时爱穿的连体裤，愉快、友好地与我打了招呼，并为他在家里的这一形象道歉。他今天动了一个小手术①，没能回到城里，只好在家里接待我。”[86]艾登也在现场，他们一起讨论了波罗的海国家的问题，因为美国拒绝承认这些国家已经被苏联兼并。当麦斯基问他对斯大林关于 1942 年的说法有何看法时，丘吉尔的脸色立刻变了。他耸了耸肩，略带恼怒地说：“我不明白 1942 年怎么会成为决定性的一年。”[87]他随后指出，虽然 1942 年的苏联感觉自己比 1941 年更强大了，但是“我感觉自己更弱了。去年我们不得不对抗两个大国，今年变成了三个”。然后他提出媒体、议会和生产等问题。随后，双方就开辟第二战场问题进行了“长时间、热烈的、有时甚至是激烈的”意见交流，“首相坚决拒绝做出任何具体承诺”。[88]

谈话在回到印度问题时，麦斯基这样描述丘吉尔：

> 他的回应充满气愤和恼怒。“克里普斯在那里什么也做不了。”他言简意赅地说……“总的来说，印度人不是一个具有历史意义的民族。有谁没有征服过他们呢？任何从北方来到印度的民族都会成为她的主人。纵观历史，印度人几乎从未享受过真正的独立……我们准备马上就离开印度……但是接下来会发生什么呢？如果我们离开了，到处都会爆发战争，就会出现一场内战。最终，穆斯林人将成为印度的主人，因为他们是战士，而印度人是只会动嘴的人。是的，只会动嘴的人！”[89]

麦斯基认为丘吉尔似乎处在“一种暮色的心情”中，并记录下了他所

① 卡多根在当天的日记中也提到一个“小手术”，而奥利弗 · 哈维则提到一个“神秘的小手术”。我们不知道那是什么手术。

说的话："我的来日已经不多……不久就会化为灰烬。"[90]

麦斯基还告诉丘吉尔，苏联方面估计，德国人在下次进攻中可能会使用毒气。作为回应，首相对战时内阁表示，他认为英国应该"把对苏联使用毒气，当作对我们使用毒气一样对待——我们会报复德国——我们会在这个问题上与苏联达成共识，而且会……考虑通过发表一项声明来震慑德国——如果……斯大林希望我们这么做，就可以多多提醒我们。迅速进入使用防毒面具的状态，把它们擦亮。每天使用它们是一件好事"。[91] 布鲁克认为，他们一定会"仔细计算出我们的毒气储量有多少。如果开始使用，我们就必须 100% 投入。"事实上，英国从未发出过使用毒气的威胁，二战期间也从未有人在战场上使用过毒气。

3 月 18 日，罗斯福给丘吉尔发电报说："我这位业余战略家有一个想法。再去想新加坡或荷属东印度群岛是没有用的，这些地方已经一去不复返了。必须守住澳大利亚……我们愿意担负此任务。印度也必须守住，你们必须承担这一任务……我觉得你们也可以守住锡兰……你们必须守住埃及、运河、叙利亚、伊朗和通往高加索的道路。"[92] 实际上，罗斯福想让丘吉尔在原则上同意英国担负守护曾被称为"东方直布罗陀"的新加坡以西全部区域的责任。这样，美国就可以集中精力守护太平洋地区。[93] "我知道你不会介意，如果我毫不遮掩地直接告诉你，我认为我亲自出面与斯大林打交道，会比你的外交部和我的国务院做得更好。"他继续道："斯大林恨透了你们所有的高层人物，他认为他更喜欢我。我希望他会继续这样想。"[94] 事实上，斯大林对这两位资本主义国家领导人的看法基本相同。

"我现在的日子很难过，"丘吉尔对史末资说，"但我们必须记住，现在的情况比一年前好多了，那时我们还是孤军奋战。我们决不能丧失战斗的勇气，尤其是在黑暗的日子里。"[95] 那一天，终于有两个商人——塔拉博特和潘帕斯，躲过了德国轰炸机的袭击，给在头一年 12 月经历了第 1 000 次空袭、饱受饥饿折磨的马耳他提供了补给，使该岛得以继续战斗，尽管他们运到的 5 000 吨物资只是离开埃及时的 2.6 万吨中的一小部分。丘吉尔在他的战争回忆录中写道："我们所获得的报酬证明了我们付出的代价是合理的。经过弹药和重要物资的更新和补充，马耳他的实力恢复了，重新在地中海中部占据主导地位。”[96]

布鲁克3月30日在战时内阁会议上说，德国对苏联的入侵可能会导致200万德国人伤亡。丘吉尔说：“这是上帝的旨意，我们什么也没做。战争不会在1942年结束，乐观地讲，也得是1943年。”[97]丘吉尔在陆军部从不缺少批评者，但对于他的所谓战略无能的确切性质，他们经常持相互矛盾的意见。布鲁克在4月1日的日记中透露了他“越来越确信的一个想法，如果我们不能以一种极为不同的方式来把控这场战争，不能以更大的决心去战斗，我们就会输掉这场战争”。[98]问题的根源就在于，所有的政治家都是糟糕的战略家，而“一个只有一个大人物的政府，当这个大人物在很多方面又都是一个非常危险的人物时”事情就会变得更糟。约翰·肯尼迪将军批评丘吉尔加强的是新加坡的力量而不是仰光的力量，他写道：“如果我们当时去的是的黎波里而不是希腊，我们现在在地中海的所有麻烦都不会出现。”然而仅仅5天后他就写道，仰光在没有海军掩护的情况下是无法得到保护的，“我们在希腊的行动可能导致德国推迟在苏联的行动，导致去年秋天德国的不利处境”。[99]

4月2日，丘吉尔与艾登、哈里曼和伊斯梅共进午餐时，有人建议丘吉尔以健康为由放弃国防部的职位。艾登写道，“温斯顿明确表示”，他不会这么做，因为“他觉得他自己处在和罗斯福一样的位置上，是这场战争的唯一指挥者”。[100]艾登私下里写道：“这不是我们的国家想要的，也不会产生好的结果。”如果连这三位坚定的支持者都在讨论让他放弃英国战争最高指挥权的可能性，那么现在的政治危险显然已经很严重。艾登在日记中写道：“除了参谋长们和温斯顿的指挥，就没有任何对战争的日常性指导了。参谋长们最愿意做的事情，就是在应该做出决定的问题上进行妥协，而温斯顿那些不需要他人审核的决断也绝对做不到无懈可击。”这样说不公平，参谋长们经常审核丘吉尔那些欠考虑的想法。但是艾登还是考虑要与克里普斯和刚从印度回来的利特尔顿达成一致意见，强迫丘吉尔在做出决策时更具有团队精神。不过艾登也承认，“困难就在于，从本质上讲，温斯顿可能根本就无法以任何其他方式工作”。[101]

艾登是丘吉尔的副手、最亲密的盟友和政治继承人，但很明显，即使是他，也对首相未能下放权力感到非常失望。艾登向他在政界最亲密的朋友克兰伯恩抱怨说："事实就是，我对目前指挥这场战争的方法感到非常不安，对自己该怎么做也心存忧虑。"

> 没有真正的改善，也没有更好的秩序来适应变化。温斯顿继续紧握军事大权，只同参谋长们保持联系。如果效果很好，那么人们不会对此感到惊讶，但事实并非如此！令我感到困扰的是，我认为其他战时内阁成员同我一样，被公众视为领导这场战争的人，实际上我们根本不是，甚至国防委员会也不是……我仍然认为，对战争的正确领导应该是由四五人组成的小内阁每天开会来进行讨论的，但我不认为温斯顿会接受这一点。总的来说，我非常不高兴……但我的同事们似乎非常满意，不管怎样，在与温斯顿交流之前我不想与他们谈这件事。我打算下周找温斯顿谈谈。我真的感觉自己宁愿离开政府，也不愿意再为自己一无所知的决定不断承担责任。[102]

这样看来，甚至艾登也在认真考虑，要把自己变成政府之外一个坦率的批评者，那样，他就能避免因进一步的失败而受到指责，并且在丘吉尔下台时，保住自己在首相宝座竞争者中的领先地位。

3月和4月，利用从布莱切利庄园提供的情报中搜集到的信息，丘吉尔试图说服奥钦莱克，隆美尔的坦克数量远远少于他的情报人员告诉他的数量。实际上他一直误读了情报——那些数字指的是某些地区的坦克，而不是全部。到4月底，丘吉尔向奥钦莱克承认了实情。[103] 在接下来的7个月，丘吉尔似乎学乖了，没有试图再在西部沙漠的行动中使用情报。然而，这段经历并没有让他改变自己对奥钦莱克作为一名战略家的看法，尽管奥钦莱克的为人令他钦佩不已。他越来越不看好奥钦莱克，已经开始考虑用哈罗德·亚历山大将军取代他。哈罗德是一位贵族，是丘吉尔在哈罗公学的老校友，也是一位业余画家。他曾在第一次世界大战中获得多项英勇奖，并在敦刻尔克大撤退和缅甸战役中获得显赫战功。

4月9日，3.5万名美国士兵在菲律宾的巴丹半岛被俘，这是美国历史上规模最大的一次投降。这类重大逆转总会令丘吉尔担心，美国会因此放弃“德国第一”政策，转而下定决心打败日本。乔治·马歇尔和哈里·霍普金斯第二天抵达伦敦，带来了后来被称为《马歇尔备忘录》的文件。美国方面根本没有舍弃“德国第一”政策，而是带来了实施“围捕行动”的提议，准备在1943年的某个时间实施英美跨海峡攻击（最终变为1944年诺曼底登陆日发起的“霸王行动”）。美国方面的另一项提议是规模较小的“大锤行动”，即英国于1942年在法国西北部登陆，攻占瑟堡或布雷斯特。这一行动作为一项紧急对策，只有在苏联看似即将投降的情况下才会启动。这份备忘录还提及“波列罗行动”，一支庞大的美国军队将被派往英国，作为前两项行动的必备条件。

丘吉尔和布鲁克对“大锤行动”的可行性持有相当的保留意见，因为他们认为，对瑟堡半岛的任何进攻都很容易被击退，因此不会将德军的兵力从苏联吸引过来，尽管美国人希望能有这样的效果，而苏联人也需要这样的效果。丘吉尔的想法则与此相反，他想在挪威发动“朱庇特行动”，或是在北非发动“体操队员行动”。然而，英国人不能就这样简单地拒绝马歇尔的提议，因为他们渴望美国人通过“波列罗行动”派人来保护英国，而且他们也必须维护“德国第一”政策。丘吉尔和布鲁克确实希望可以发动“围捕行动”，但是时间上要更晚一些。因此，双方的谈判一定会进行得很微妙。此次战争的西方战略最终就要通过政治大师罗斯福和丘吉尔，以及他们的两位最资深的参谋马歇尔和布鲁克，这4个人之间的交流确定下来。这其中的大部分内容，尤其是他们就具有决定意义的跨海峡袭击所进行的意见交流，都体现了4个人的合作方式。现在，丘吉尔和布鲁克已经知道，虽然马歇尔希望这次大规模袭击能够早一点儿进行，而不是晚一点儿，但罗斯福并不这样想。[104]

霍普金斯受邀于4月11日—12日到契克斯庄园度过周末。周日凌晨3点，罗斯福发来电报，对克里普斯-甘地谈判的破裂提出了批评意见。电报称："战争期间，由于英国政府不愿意将自治权转让给印度人……才使谈判陷入僵局。"[105]罗斯福建议丘吉尔立即“建立一个国民政府，其实质可以与

1781年《邦联条例》中所规定的我们自己的政府形式相似”。丘吉尔对此表示不满，认为这是美国对大英帝国内政的无理干涉。霍普金斯在其所做的潦草记录中写道：“在日本侵略者已经攻到印度国门的时候，对于这样一项可能会让整个印度次大陆陷入混乱的政策，丘吉尔拒绝承担责任。”[106] 他说，“如果对缓和美国社会的舆论能有任何好处的话”，他愿意辞职。他是否是认真的很值得怀疑，虽然他后来也明确表示，印度是大英帝国所有问题的重中之重，如果内阁在印度问题上没有支持他，“我就会毫不犹豫地撂下我个人的负担，这样的负担有时似乎是一个人根本无法承受的”。[107]

丘吉尔字斟句酌地回复了罗斯福。他在一开头写道：“你知道我对你说的每一句话都很重视，你我之间无论产生任何严重分歧，都会伤透我的心。而且，现在正是我们所遭遇的这个大麻烦最为严重的时候，这样的分歧肯定也会深深地伤害我们两个国家。”[108]（他在战后对此事的判断却很不一样。他觉得“美国没有海外殖民地或海外资产，所以对于有殖民地和海外资产的国家的事务，更能够做到不受情绪影响、更超然。”）[109] 之后他把话题转向了“围捕行动”的军事战略问题：

> 原则上我完全同意你的提议，参谋长们也完全同意。当然，我们在为这一主要攻击做准备的同时，还必须应付东线和西线战争的日常紧急情况……我可以向你保证，对于这一行动我们完全赞同。我觉得，那个在紧急情况下我们今年可能采取的临时行动，也能够很好地解决我们的一些困难和不确定性。如果我们能够按照专家的预测成功地完成整个计划，该行动将成为这场战争中最了不起的行动之一。[110]

这个说法也是虚假的。从4月9日参谋长会议的记录中丘吉尔得知，他的专家们并不比他更相信“大锤行动”。事实再次证明，英国首相有时确实会对美国总统有所隐瞒。

4月14日，丘吉尔主持召开了国防委员会的重要会议，讨论《马歇尔备忘录》。霍普金斯和马歇尔出席了会议。在开场白中丘吉尔说，《马歇尔备忘录》是：

> 一项至关重要的提议，现已经经过全体工作人员的充分讨论和审查。就我个人而言，我将热情地采纳这个计划，不会有丝毫犹豫。这一计划的基本概念符合经典的战争原则，即集中对付主要敌人的原则。然而，对于印度和中东问题，我们也存在普遍的保留意见——我们必须继续守卫印度和中东。我们无法承受一支60万人的军队损失和整个印度的人员损失。此外，我们也绝不允许澳大利亚和连接她与美国的岛上基地沦陷，因为那将不可避免地延长战争。这就意味着，我们不能为了推进马歇尔将军提出的主要目标计划而将其他一切都搁置一边。[111]

随后，马歇尔详细地解释了在1942年秋季之前推出“大锤行动”的可能性。他承认，由于未来5个月的航运限制，美国只能做出“不会太大”的贡献。[112]“大锤行动”被认为是减轻苏联压力的一种方式，尽管德国人对莫斯科的入侵没有取得成功，但是苏联仍然承受着巨大的压力，尤其是在更远的南方。马歇尔认为，从“大锤行动”本身来说，越早开始越好。布鲁克发言说，如果英国“不得不在欧洲大陆采取行动，那么也只能是小规模的”。[113]其他几个人也在会上发了言，包括霍普金斯、艾德礼、艾登和蒙巴顿，他们的思路与布鲁克基本相同。丘吉尔在总结发言中说，虽然跨越英吉利海峡的计划在细节上仍需讨论，但是“很显然，双方在框架问题上已经完全达成一致”。但是他将请求在印度洋上获得帮助，“如果无法得到援助，整个计划将遭到致命的破坏”。然而他相信，“人们会逐渐了解到，在解放欧洲这场伟大的运动中，英语民族的决心是多么坚定”。他答应马歇尔，“为了即将开始的伟大事业能够取得成功，英国政府和人民将不遗余力地做出自己的贡献”。[114]

丘吉尔在会上使用的语言非常华丽，加上他也没有提到“大锤”“波列罗”或“围捕”等几次行动的具体日期，更没有指明他说的是哪次行动，这一切都没有给马歇尔提供停下来想一想的机会。[115]丘吉尔和布鲁克当然想要进行跨海峡攻击，但是要等到中东和印度安全以后再进行。事实上，丘吉尔只是把“大锤行动”看作一个冒险的假动作，他更喜欢“体操队员行动”，也就是后来北非的“火炬行动”。但正如他在自己的战争回忆录中承认的那样，“我必须通过影响力和外交手段与我们所珍视的盟友达成一致意见，采取协调统一的行动。因此，在 14 日的会议上，我没有提出任何替代方案”。[116] 英国人需要大批美国军队驻扎到英国，尤其是为了应对希特勒在苏联取得胜利后可能入侵英国。因此，为了确保“波列罗行动”得以实施，丘吉尔不顾自己对“大锤行动”的保留意见，表示有关“登陆艇等”技术细节问题，可以由参谋们来解决。

“每个人都热情高涨，”伊斯梅在回忆起 4 月 14 日的会议时说，“所有人似乎都完全同意美国的提议。没有人表示怀疑……如果英国人当时能够更坦率地表达自己的观点，或许就能消除以后的那些误解……国防委员会原则上接受了这些提议。”而“我们的美国朋友则带着自己的错误印象高兴地回家了。他们认为我们既同意了‘围捕行动’，也同意了‘大锤行动’”。伊斯梅用他一贯的轻描淡写补充道：“这种误解注定会产生不幸的结果。”[117]

马歇尔后来相信，丘吉尔和布鲁克故意误导了他，当年夏天他们开始反对“大锤行动”，这说明他们对“围捕行动”的方方面面也是持反对意见的。但事实并非如此。丘吉尔和布鲁克说的话似乎确实比他们该说的少，这让美国人相信，他们会在 1942 年去支持最初的第二战场。他们需要说服美国人在部队和资源安排上坚持“德国第一”的原则，否则这些人和物可能就会被调往东方，去为在巴丹半岛那样的失败复仇。[118]

布鲁克在日记中借用丘吉尔使用的形容词写道：“在一次至关重要的会议上，我们接受了他们提出的进攻计划——或许会在 1942 年行动，最晚会在 1943 年。他们还没有认识到这个计划可能面临的各种困难，以及摆在我们面前的所有困难！我担心的是，他们会把精力全部集中在这次进攻上，并因此不再顾及其他的一切！因此，我们一直都在向他们强调美国为印度洋和中东提供援助的重要性。”[119] 这些话准确地概括了在马歇尔和霍普金斯面前，丘吉尔和布鲁克如何进行了这场双簧表演。在后来的分析中布鲁克解释说：

在当时的形势下，我们是不可能特别认真地对待马歇尔的“空中楼阁”的！一定要记得，我们当时简直就是命悬一线！澳大利亚和印度受到日本人的威胁；我们暂时失去了对印度洋的控制；德国人正在威胁波斯和我们的石油；奥钦莱克在非洲沙漠处于危险困顿的状态；我们的潜艇被击沉，损失非常严重……我们航运的运力也极度缺乏，没有额外的运力，我们就不可能进行大规模行动。[120]

4月15日，布鲁克试探性地问马歇尔，“（在法国）登陆后，我们是向东、向南还是向西进攻？而他还没开始想这件事呢！！！”[121]

霍普金斯和马歇尔在英国一直待到4月17日，丘吉尔邀请霍普金斯参加了战时内阁的几次会议，而会上的讨论仅限于英国希望美国人知道的问题。[122]他还坚持要带马歇尔去看看在沃明斯特附近进行的低空扫射表演，尽管在头一天的练习中，一位喷火式战斗机飞行员射死几名观众。[123]丘吉尔发电报给罗斯福说，“我们完全同意你集中力量对付主要敌人的构想，我们诚恳地接受你的计划，但是有一个覆盖范围很广的限定条件”，那就是，“我们必须防止德国人和日本人会合”。[124]中东和印度洋之间的连接枢纽不但地域广泛，而且很容易受到打击，所以这个涉及如此广泛地域的限定条件，很可能会毁掉“围捕行动”。为了让罗斯福放心，丘吉尔又补充说：“马歇尔相信，我们能够共同为印度洋和其他战区提供必要的物资，同时能继续推进你们的主要计划。”[125]他还勾勒出一个计划，往好了说是为了转移注意力，往坏了说是故意误导。他在电报中说：“1943年的这一仗已经很明晰，我们正在进行联合计划和准备。不过，今年采取行动对我们来说时间过于紧张了……广义上说，我们最终商定的方案，是逐渐增加在欧洲大陆的行动，首先是不分昼夜不断增加空中进攻，以及更频繁的大规模袭击，美国部队也将参与其中。”[126]这话听起来完全就是，如果美国军队开始大量进入英国，他们一定会支持在5个月内，甚至在“那之前”，实施“大锤行动”。

4月23日，当丘吉尔进入下议院参加5次秘密战争会议中的第5次会议时，人群发出的欢呼声明显不如克里普斯从印度回来时收获的欢呼声大。[127]珍珠港事件发生5个月以来，首相在带领下议院熬过这一系列灾难的同时（包括到现在还保密的亚历山大港遇袭事件），采取的都是尼科尔森所说的

“他那坚定、固执的老农民般的态度”。丘吉尔承诺，一旦情况允许，将对新加坡的沦陷进行全面的公开调查。他还“不得不承认，日本的暴力、愤怒、技术和力量远远超出我们的预期”。[128] 日本当时已经在中国打了十多年仗，早就表现出所有这些素质，按理说他不应该对此那么惊讶。他宣读了当年早些时候海军部的一份文件，文件预测，当时驻扎在布雷斯特的“沙恩霍斯特号”和“格奈泽瑙号”会在光天化日之下，顺利跨过英吉利海峡进入安全区域。他之所以宣读这份文件，是“因为我急于想让我们的议员认识到，掌管我们国家事务的人，并不全都是漫画书里刻画的傻瓜和笨蛋”。

他对下议院说：“胜利的时候，一个蠢货也能充满信心，而真正的考验是，当一件事暂时出了问题，或者发生无法公开解释的情况时，我们是否也能充满信心。”[129] 他找到的最近一次可以用来批评军队的例子——新加坡的 10 万兵力向 3 万日军举手投降。他说，这样的做法“似乎与我们的军队过去或现在的精神完全不符”。[130] 他在结束语中没有夸夸其谈，而是发布了一份关于美国战争物资生产的声明。整个下议院爆发出热烈的掌声。[131] 就连夏依也将这 90 分钟的演讲描述为“一部力作……在离开会议厅时我们满怀信心地认为，我们最终会赢得这场战争，美国巨大的生产量就是这场战争最主要的胜利保障”。[132]

更让丘吉尔焦虑的是，那个月伦道夫加入了由戴维·斯特林少校组建的特种空降部队，在西部沙漠的敌后作战。克莱门汀在写给丈夫的信中强调，伦道夫的妻子还年轻，孩子还小，更不用说他的父亲还肩负着沉重的责任，“我认为他的行为对你们两人来说都是不公平的、自私的。至于帕梅拉，人们很可能会觉得她背叛了他或离开了他”。[133] 丘吉尔和克莱门汀对活泼、高贵的帕梅拉非常温和友善。战争初期，伦道夫在国外服役时，帕梅拉大多数时候就住在唐宁街 10 号和契克斯庄园。有时候他们会住在附楼的防空所，帕梅拉睡在上铺，丘吉尔则睡在下铺，他的鼾声如此之大，震得金属床都摇晃起来。克莱门汀则会明智地选择待在自己的房间里。克莱门汀的信函表明，当时他们并不知道帕梅拉与埃夫里尔·哈里曼有染。当然，首相不可能让自己的儿子从危险的地方撤出来，但是克莱门汀建议，她自己可以写信给伦道夫，让他重新加入轻骑兵第四团，并补充道：“他可能会听我的，虽然他似乎并不在意我，但是我知道他尊重我。”没有哪个母亲能够轻易地写下这样的话。[134] 克莱门汀打电话给帕梅拉，帕梅拉“听起来似乎很冷静、很理智，说她觉得一切都是最好的安排”。[135]（当然，一种愤世嫉俗的解读可能会是：帕梅拉很乐意让戴着绿帽子的丈夫加入军队中风险最高的一支部队，尤其是除了哈里曼，她现在和美国记者爱德华·R. 默罗也发生了婚外情。）5 月 20 日，在与戴维·斯特林和菲茨罗伊·麦克莱恩一起从一次沙漠突袭中返回时，伦道夫的汽车翻了两次，车上一名乘客死亡，包括伦道夫在内的其他人受伤。伦道夫在开罗的一家医院里住了几个星期。胸部挫伤导致他的一侧肺发炎，脊椎损伤迫使他在随后的几个月里一直戴着铁支架。[136]

接下来的一个月，又发生了另一场家庭闹剧，18 岁的玛丽·丘吉尔与 29 岁的埃里克·邓坎农子爵，未来的第十代贝斯堡伯爵订婚。“我已经说服温斯顿，态度一定要坚决，告诉他们必须等 6 个月，”克莱门汀对比弗布鲁克说，“他们根本不了解对方。请别把我的怀疑和恐惧告诉别人。”[137] 克莱门汀在政治上也许不信任比弗布鲁克，但是在个人事务上却对他很信任。克莱门汀的怀疑可能源于邓坎农的父亲曾经向她求爱。[138] 应父母的要求，玛丽最终取消了婚约。克莱门汀也许有点儿势利，但她不会为了让女儿成为伯爵夫人而牺牲她未来的幸福。

也是在这个时候，丘吉尔在一件私人事务上避免了一场尴尬。1942 年 5 月中旬，丘吉尔的诉状律师，弗拉德盖特公司的安东尼·莫尔被带到内阁会议室，讨论丘吉尔是否可以对国内税收署的评估提出上诉。税收署的评定是：将旧作品的连载权按每期固定的金额出售给报社。这次交易并不是不可征税的直接出售，而是应该缴纳版税的，尽管他在战争爆发后成为政府工作人员时放弃了作家的身份。“如果我上诉，能不能做到完全保密？会有人知道吗？”丘吉尔问道，“在我的位置上提出上诉对吗？我自己就是第一财政大臣。”[139] 上诉案在 9 月举行了听证会，经过半个小时的审议，专委会撤销了该项评估。

4 月 27 日，查尔斯·波特尔向国防委员会介绍了连续 4 天对德国进行大规模袭击的详细情况。劳伦斯·伯吉斯记录下了丘吉尔说的话：“不要在媒体上进行大肆渲染，说什么我们对他们的打击是他们的三倍……公报的内容太危言耸听了。语气要缓和，报道量要适中，不要配发照片。”[140]他不想让自由党和教会团体因此去谴责哈里斯的轰炸攻势，尽管这两个团体6个月后还是发表了严肃的批评意见。在这次会议上，丘吉尔还将老旧的“R”级战舰贬斥为“漂浮的棺材，遇到任何现代舰船或空中打击都不安全”。尽管这些言论都没有被写入正式的会议记录，但是伯吉斯逐字的记录清楚地显示，会议进行了很多坦率的讨论。

丘吉尔滔滔不绝地发表了尖锐的言论，提出了尖锐的问题，这些言论和问题从唐宁街10号滚滚涌入布鲁克的陆军部。5月5日，针对一份来自利比亚的报告，丘吉尔写道：“‘未能让机枪阵地安静下来’是什么意思？这样描述一种动作似乎很奇怪。显然发生的只是一场小规模冲突，让机关枪安静下来的方法当然是摆出一些大炮，然后让炮弹上膛。”[141]布鲁克，这位皇家炮手和公认的专家，这个据信是在第一次世界大战中参与发明“徐进弹幕射击”的军官，对于在这类问题上被人教训很不以为然，尤其是因为他知道丘吉尔自己也知道，总是用大炮来处理机枪带来的麻烦是不切实际的。两天后，英国军队成功占领马达加斯加，丘吉尔一遍又一遍地给布鲁克打电话，询问行动的进展。肯尼迪当天写道：“如果丘吉尔突然中风倒地，没有他我们的一切也会进展顺利。但是在他心智健全时欺骗他则完全是另外一回事，因为尽管他有很多缺点，可是他比其他政客都高明得多。”[142]

5月10日，丘吉尔发表了关于战争局势的广播讲话，以纪念他任职首相两周年。他以近乎轻率的玩笑告诉他的同胞，希特勒犯了一个“重大错误，他忘了冬季的存在。你们知道的，在苏联，还有一个冬季。在好几个月的时间里，气温都会降得很低。有雪、有霜，还有其他的。希特勒忘记了苏联的冬天。他所受的教育一定不太严格，我们在学校都听说过，但是他忘了。我从未犯过如此严重的错误”。[143]关于针对德国的轰炸行动，他说：“对于平民百姓来说，有一个轻松的办法可以帮助他们摆脱这种危局。他们只需离开那些战火肆虐的城市，放弃他们的工作，到田野里去，远远地看着自己的家园燃烧殆尽。这样，他们就能找到时间来冥想和忏悔了。”[144]6天后，他前往利兹，在市政厅的台阶上对2万多人发表了讲话。他对他们说：“目前我们在战争中所处的阶段，说是已经爬上了山脊还为时过早，但是现在我们已经看到了，山脊就在前方。凡是我们不得不承受的，我们一定会承受，然后我们会加倍奉还。”[145]这不仅是一种修辞。当月，盟军发动了第一次千架轰炸机大袭击的行动，目标是科隆。

国王记录道，在5月19日的周二午餐会上，丘吉尔的“状态非常糟糕”。他说：“一切都不顺利，我们的船只被日本人轰炸后当即沉没。”丘吉尔提议，“我应该马上亲自去一趟华盛顿……争取让金上将弄明白一些道理……他想让自己的战舰去与日本作战，马歇尔将军想让他的军队和德国作战，而阿诺德将军却不能为他们同时提供飞机。”国王试图说服他放弃任命比弗布鲁克为驻华盛顿大使的想法，他暗示道：“我觉得温斯顿害怕比弗布鲁克，所以想把他赶走。我发现以他现在所处的这种状态，与他争论是没有用的。”[146]

5月20日，就在伦道夫出事的那一天，苏联外交部长维亚切斯拉夫·莫洛托夫在飞往华盛顿的途中前往英国，提出在1942年开辟第二战场的要求。他还希望可以推进关于《英苏条约》的谈判，目前双方在战后苏波边境问题上，以及承认苏联对波罗的海国家的兼并问题上陷入僵局。丘吉尔邀请苏联一行人住在契克斯庄园，管家在莫洛托夫的床上发现了一把上了膛的左轮手枪，并因此感到非常不安。在一次共进晚餐时，丘吉尔抱怨供应给他的鹌鹑干巴巴的，没有味道，一定是在冰箱里冷藏了很长时间，他说：“这些可怜的老鼠压根儿就应该留在图坦卡蒙的坟墓里！”[147]——对于口译人员来说，这可真是一种考验。

在双方的战略会议上，丘吉尔对莫洛托夫说：“英国政府最迫切的想法，就是看看今年能做些什么，来为英勇的苏联军队提供其急需的支持。”他接着补充道：“我们在1942年所能采取的任何行动，即使取得胜利，也不太可能吸引敌军从东线撤出大量的地面部队。”[148]莫洛托夫向斯大林汇报说，他发现丘吉尔“明显缺乏同情心”。[149]这种反感是相互的。丘吉尔后来在谈到莫洛托夫时写道：“我从未见过一个比他更能完美地代表现代机器人的人。”[150]丘吉尔不喜欢这个悬而未决的条约，认为它背叛了波兰人和波罗的海国家，违反了《大西洋宪章》。“我们必须记住这是一件坏事，”他对卡多根说，“我们不应该做这件事。如果我们不做，我不会感到遗憾。”[151]进一步的谈判陷入僵局。根据国王的记录，丘吉尔坦率地告诉莫洛托夫，“我们为什么要与德国作战，就是为了维护小国的权利”。[152]艾登建议暂时搁置领土争议问题，因此，双方于5月26日签署了一项为期20年的友好条约。

第二天拂晓，隆美尔在北非战场的西部沙漠向南发动了大规模的坦克进攻，即所谓的加查拉战役，插入奥钦莱克的阵地。德军成功抵达阿丹姆与一个被军队称为骑士桥的沙漠阵地之间的高地。在那里，他们可以直逼托布鲁克港，这是德国对埃及发动更广泛进攻的关键。丘吉尔不遗余力地对奥钦莱克强调了守住港口的重要性，并且告诉他，他可以做到。隆美尔进攻的第二天，丘吉尔给罗斯福发去两封电报，谈到他和布鲁克对1942年展开跨海峡袭击行动的质疑，以及他个人对“朱庇特行动”的看法。“我们决不能让‘体操队员行动’从我们的脑海中消失，”他补充说，并仍然坚持要求美国在中东给予支持，“如果有需要的话，所有其他准备工作也都会有所帮助。”[153]丘吉尔解释说，早前提出的“大锤行动”或“围捕行动”需要面对的两个最大的问题，就是德国空军在登陆地点掌握着制空权，而且盟军没有足够的登陆艇——预计到8月也只有383艘，到9月有566艘。此外，美国军队要到1943年年初才能准备好。

尽管如此，罗斯福于5月29日—6月1日在华盛顿与莫洛托夫会晤后，还是发表了一份公报，声称“对于1942年在欧洲建立第二战场这一紧迫任务，双方达成了充分的谅解”。[154]美国人向苏联人承诺了一些他们知道英国人不想承诺也无法兑现的事情。因为丘吉尔最终确实想要实施“围捕行动”，所以他于5月30日重新提出1917年他最初向劳合·乔治提出的一个想法：建造一个人工港口，并将其运送到要攻占的海滩。丘吉尔写信给马尔伯里港湾“联合行动”的负责人蒙巴顿说：“人工港口一定会随着潮水上下漂浮，所以必须解决它们的锚定问题。船上必须有一个侧襟翼切口，以及一个足够长的吊桥，可以伸到码头的系泊区。让我来想出最好的解决办法吧。这件事无须争论，困难会自己跳出来让我们解决。”[155]

两年零一个星期后，两个巨大的混凝土港口被安置在诺曼底海岸，每一个都有多佛码头那么大。它们的设计和建造方式允许它们在英国组装好后，再从英吉利海峡被拖到法国。同时，为了确保攻占行动的油料顺利供应，盟军还铺设了一条30英里长的“水下石油输送管道”。如果丘吉尔真的像人们经常指责的那样，对“霸王行动”不感兴趣，他就不会在诺曼底登陆之前几年，就开始致力于推动这些行动方案。

丘吉尔对国王说，他想去见见奥钦莱克，因为“他觉得奥钦莱克可能在考虑投降的事情，不像在我们这里，人们都情绪高昂地想要战斗到哪怕只剩下最后一个人。苏联人在自己的国家也是这样战斗的”。[156] 布鲁克暂时劝阻了他。

5 月的最后一个周末，英国皇家空军对德国鲁尔地区发动了大规模突袭。起飞的 1 137 架轰炸机中有 51 架被击落。乌克兰前线局势渐趋稳定，加查拉战役的双方正在抗衡。丘吉尔对卡多根说：“我们经历过比这更糟糕的周末。”[157] 然而，在 6 月 1 日的战时内阁会议上，庞德不得不报告说，一支从冰岛开往苏联的护卫队遭到重创。35 艘舰船中，有 6 艘被轰炸机击沉，1 艘被 U 型潜艇击沉，共损失坦克 147 辆、飞机 37 架、汽车 770 辆。丘吉尔希望下一个护航舰队可以延期出发，但是艾登提出，这会对斯大林产生不利影响，所以最终没有延期。一周后，丘吉尔打电话到艾登位于萨塞克斯郡的乡间别墅宾德顿庄园，告诉了他来自利比亚的“令人失望”的报告。隆美尔在那里仍然占据主动地位，这令他俩都非常沮丧。“恐怕我们的将军都不太优秀。”丘吉尔说。[158] 另一件令他沮丧的事情是，参谋长们依然反对“朱庇特行动”，原因之一就是上一个护航舰队的遭遇。丘吉尔对艾登说：“政客们饱受虐待，但他们几乎没有从他们的军事顾问那里得到什么帮助或灵感。这一点几乎无法否认。”艾登将这些话记在自己的日记里。

6 月，国王提出了如果丘吉尔去世由谁来继任的问题。他们两人都认可应该由艾登来继任，但国王坚持要把一些东西写下来，由他亲自帮忙起草。（当丘吉尔在他的战争回忆录中声称这一倡议来自他本人时，国王提醒他并非如此。）[159] 丘吉尔将信写好，并用印有狮身人面像和凤凰图案的红蜡封好了信封。“如果我在这次旅行中死去，”信中写道，“我请求得到陛下的大度许可，允许我向您提议，委托安东尼·艾登先生组建一个新政府。我认为他是下议院最大的政党里，也是我有幸主持的国民政府里，一位杰出的大臣。”[160] 如果丘吉尔和艾登双双遇难，丘吉尔建议国王派人去请约翰·安德森爵士。

丘吉尔在信中提到的旅行是去华盛顿，他希望自己可以在那里说服罗斯福实施英美联合攻占法属北非的“体操队员行动”，同时也希望可以推迟任何过早进行的跨英吉利海峡打击行动。他还希望在德国被击败之前，美军在太平洋地区集结的兵力可以降到最低。此外，他也希望能讨论一下双方未来在核研究方面的伙伴关系。如果可能的话，他希望能越过马歇尔和参谋长联席会议，直接向他们的总司令发出呼吁。6 月 3 日，美国在中途岛取得胜利，击沉了日本 4 艘航空母舰，丘吉尔从这场胜利中获得了极大的鼓舞。他对战时内阁说：“海上的损失会让部分日本鬼子产生恐惧。”这是“我们咬住日本尾巴的好机会”。[161] 之后他要求韦维尔提供一份报告，并指出：“军官们离危险和战斗越远，他们所面临的各种危险和责任似乎越重。”[162]

6 月 10 日，从捷克斯洛伐克的利迪策传出一个可怕的消息，党卫军上将雷恩哈德·海德里希被两名苏联训练的捷克特工以报复性的目的暗杀了，纳粹党卫军在那里处决了 173 人。丘吉尔告诉贝内什总统，作为回应，英国皇家空军将消灭 3 个德国村庄，他提议让 100 架轰炸机在明亮的月光下低空投放燃烧弹，原因随后公布。丘吉尔告诉他的同事们，如果大家“认为这样做是值得的”，英国皇家空军就会“在适当的时候采取行动”。[163]

阿奇·辛克莱表示，他认为不应该拿英国皇家空军机组人员的生命，冒险执行复仇任务；艾德礼则怀疑“与德国人在实施恐怖袭击上好勇斗狠是否真的有用”；莫里森说，英国的村庄也将遭到报复，安德森也表示反对；艾登喜欢其中的“威慑因素”；而贝文认为“德国只会对暴力做出反应，别的对其并无影响；”布拉肯和克兰伯恩对此表示反对。像往常一样，丘吉尔表现得最为好斗，他说：“我的直觉恰恰相反。”阿梅里问道：“为什么是村庄？为什么不是市镇住宅呢？”克里普斯则认为，在操作层面反对该计划的理由“非常充分”。丘吉尔最后总结说：“我（不情愿地）同意内阁的反对意见。”[164]

丘吉尔在当晚的参谋长会议上对布鲁克说，他对奥钦莱克的进攻精神表示怀疑。“我不知道我们能为那支军队做些什么，”他不断地重复说，“我们所有帮助它的努力似乎都是徒劳的。”然后他毫不留情地补充说，保卫埃及的部队“在领口粮时都会露面，但是打仗时却找不到他们。”布鲁克在睡觉前对他的助手巴尼·查尔斯沃斯说：“呃，这是我在很长一段时间以来经历的最可怕的一天。”[165] 战争结束后，布鲁克曾抱怨丘吉尔的说话方式，比如：

“请解释一下，帝国总参谋长，为什么在中东地区，总是有 75 万人来领取工资和口粮，而在战斗中，就只有 10 万人出现？现在请给我们确切地解释一下，剩下的 65 万人都干什么去了吧！”[166] 6 月 14 日，丘吉尔给奥钦莱克发了电报，说他认为“在任何情况下都不应该放弃托布鲁克”。只要托布鲁克还在，就不可能有真正的敌军进入埃及。[167] 奥钦莱克重申，他“无意放弃托布鲁克”。[168]

三天后，丘吉尔乘专列离开伦敦。他于晚上 11 点半到达苏格兰瑞安湖的斯特兰莱尔。在沿着码头行进时，他唱着伟大的战歌：“我们在这里，因为我们在这里。”然后，他和布鲁克、伊斯梅、陆军部计划署主任 G.M. 斯图尔特准将、他的医生查尔斯 · 莫兰、汤普森中校、速记员帕特里克 · 金纳、约翰 · 马丁以及他的贴身男仆弗兰克 · 索耶斯一起，乘坐水上飞机从布里斯托尔起飞，跨越纽芬兰上空，经过 27 小时和 3 000 英里的飞行，于当地时间 18 日下午 8 点降落在华盛顿的波托马克河上。在旅途中，他一边阅读文件，一边不时地走上前去与机组人员交谈，还按照他的肚子时间“饱餐一顿”。[169]

第二天，丘吉尔乘飞机前往罗斯福位于纽约北部哈德孙河岸边的家族庄园海德公园。总统开着他的福特 V8 敞篷车来到新哈肯萨克机场迎接他，这辆车的脚部控制装置已经被改装成手动操作，这一改装让他可以—— 丘吉尔回忆说，有些不稳地自己驾车回到海德公园。丘吉尔把自己的全部藏书用红皮革装订起来，放进了庄园里精美的图书馆。“我们在海德公园住了两天。首相和总统经常开会，下午开车出去喝茶。”约翰马丁 · 回忆说。[170] 在只有霍普金斯在场的情况下，两人就原子弹问题进行了商讨。用丘吉尔的话来说，双方一致认为，“我们应该立即汇集所有信息，在平等的条件下共同努力，并平等地分享成果——如果有的话”。[171] 丘吉尔在他的回忆录中声称，到 1942 年 6 月底，有关原子弹研究资源整合的全部细节，已经在霍普金斯的见证下达成口头协议。

一位著名的历史学家认为，丘吉尔在 10 年后对这一重要讨论的描述，在没有任何笔记参考的情况下，充满了“严重的事实错误”。[172] 尽管丘吉尔在回忆录中详尽地讲述了会议的地点，并描述说是在“午饭后”，在一天中“最热的时候”，并详细解释了他们如何解决了达成协议的基础问题，但是这位英国核项目的官方指定历史学家却找不到任何证据，证明“管状合金”组织曾在丘吉尔前往华盛顿之前向他介绍过相关情况，更不用说任何签订协议的证据了。[173]很可能丘吉尔只是就进行核合作的一个总意愿与罗斯福进行了一次简短的、未做会议记录的谈话，但他后来把1942年6月的会议与1944年9月进行的更重要、更具实质性的讨论搞混了，这才导致他将其理解为所谓正式的《海德公园协议》。对这一切最好的解释，就是丘吉尔对1950年的记忆也是混乱的。[174]罗斯福当时确实向瓦内瓦尔·布什博士证实他在核问题上与丘吉尔“观点完全一致”，但除此之外，我们对二人具体达成了什么协议几乎一无所知。[175]由于没能将罗斯福的谈话重点控制在电磁分离和钚增殖等美国人已经取得了长足进展的领域，因而没有听取“管状合金”组织讲解的丘吉尔使美国人的优势地位得以继续保持。[176]这一遗漏也表明，1942年6月很可能没有达成什么重大协议，就像丘吉尔经常说的那样：“没有书面协议，什么都不算数。”[177]

正是在海德公园，丘吉尔明确表达了他对“大锤行动”和较早采取“围捕行动”强烈的保留意见，也表达了自己对“火炬行动”（前“体操队员行动”）的强烈支持。罗斯福希望美国军队能够在11月初的中期选举前与德国交战。英国如果不同意1942年在法国发起进攻，罗斯福承认，就必须在北非发起进攻，尽管马歇尔和参谋长联席会议都反对这个他们所谓的“分散战略”。

6月21日，丘吉尔和罗斯福乘坐总统专列返回华盛顿，丘吉尔再次入住白宫。正是在那里，在有马歇尔和布鲁克出席的椭圆形办公室会议上，罗斯福递给丘吉尔一张纸条，上面写着托布鲁克陷落。丘吉尔在谈到这一灾难性的时刻时写道：“失败是一回事，耻辱是另一回事。”[178]超过3.3万名英联邦士兵被规模只有其一半的轴心国部队全部俘虏。托布鲁克巨大的燃料库和弹药库并没有被摧毁，但现在已经落入德国人手中。接替坎宁安的海军上将哈伍德不得不把舰队转移到苏伊士运河以南。几个世纪以来，皇家海军第一次被赶出地中海。“我是继伯戈因之后最悲惨的身在美国的英国人。”①

① 1777年，约翰·伯戈因将军在萨拉托加战役中投降。

丘吉尔说。[179]

“我们能帮忙做点儿什么吗?”[180] 罗斯福立刻问道。“尽可能多给我们一些谢尔曼式坦克，并尽快运到中东去。”丘吉尔答道。美军从第一装甲师中拨出原本部署在北爱尔兰的300辆谢尔曼式坦克和100门自行火炮，运往驻扎在埃及的英国军队处。其中一艘载有数十辆坦克的船只被鱼雷击中，无须英国请求，美国立即更换了这些坦克。这是一个了不起的回应，丘吉尔对此一直心存感激。罗斯福在私底下就不那么操心了。当表妹黛西·萨克雷问他谁该为埃及的局势负责时，他说:“丘吉尔要负部分责任，那些糟糕的将军该负主要责任。”萨克雷写道，总统“对这一局势感到沮丧。埃及如果被占领，就意味着阿拉伯、叙利亚、阿富汗等地也会被占领。也就是说，日本人和德国人将控制从大西洋到太平洋的一切，包括这些地区的所有油井等”。当她问罗斯福是不是肯定会胜利时，罗斯福回答:“不一定。”[181]

第27章

沙漠中的胜利

（1942年6月—11月）

在帝国危在旦夕之际，我在尽我所能为我的前任辩护之后，担任了首相和国防大臣的职务。

——丘吉尔，1942年7月2日[1]

伟大的战斗，无论输赢，都会改变整个事件的进程，为军队和国家创造出所有人都一定会去顺应的新价值标准、新情绪、新气氛。

——丘吉尔：《马尔伯勒传》[2]

1942年6月是迄今为止盟军和中立国海上损失最严重的一个月，共有173艘舰船沉没，总重量为834 196吨，其中有83%是被U型潜艇击沉的，60%在加勒比海和墨西哥湾沉没。为马耳他补给物资的17艘商船中只有两艘到达目的地。“二战中没有达达尼尔海峡战役那样的黑暗时刻，”克莱门汀战后回忆道，“在他成为首相的时候，他非常确信上帝创造他就是为了这个目的。”她强调说，在整个战争过程中，“即使在糟糕的时刻，我们也从未对胜利产生过怀疑，也从未有过绝望的时刻”。[3]事实上，还是有几个时刻他们确实已经接近绝望——新加坡和托布鲁克的陷落就是其中的两个时刻，而且还会有更多这样的时刻。这样的时刻，除了绝望，任何其他反应都是不可思议的。丘吉尔可能会为个别消息感到深深的悲伤，也会出现一时的极度沮丧，但绝不是我们现在所说的抑郁，他的总体态度依然是积极的、充满战斗力的。早年生活中的危机赋予了他精神和道德上的坚强意志，让他安然度过了这些时刻。一个真正抑郁的人是不可能带领着自己、身边的人以及整个国家渡过这样的危机的。①

6 月 23 日，他又得到一个自己不愿意得到的消息。约翰·沃德劳–米尔恩爵士，一位资深保守党议员，提出了一项针对丘吉尔政府的不信任动议，7 月 1 日将进行辩论。“整个议会都像打了一剂“强心针”，所有人都欢呼起来，”夏侬写道，“大厅里很快就响起了嗡嗡声，我看到的每个人都突然变得兴奋起来，就像一个年老的处女被带到勾引她的男人的床前一样。”[4] 他还写道：“大家都同意温斯顿不应该再担任国防大臣。”霍尔–贝里沙和罗杰·凯斯都支持这一动议。霍尔对夏侬说：“如果你的医生要杀死你，你需要做的第一件事就是把他赶走。”英国卫生大臣欧内斯特·布朗补充说，政府的大臣们想要对丘吉尔忠诚“极其困难”，夏侬因此哀叹道：“如果张伯伦先生还活着该多好！很多投票反对他的议员现在都愿意撤回投票。”尽管丘吉尔领导着整个国家，但是陆军和海军的失利和令人失望的战绩让张伯伦的支持者对他极为不满。7 月，他在盖洛普民意测验中的支持率从 1940 年 7 月的 88% 降至 78%，下降得非常明显，这也是他的支持率在战争期间的最低纪录。[5] 6 月 25 日，在埃塞克斯郡莫尔登的补选中，这个通常对保守党来说志在必得的席位被独立工党获得，保守党的得票率从 53.5% 下降至 31.3%。陆军准将哈维–瓦特根据自己所做的一个开诚布公的评估提出警告：“认为下议院里并不存在严重的焦虑是大错特错的。”尽管他仍然相信，在政府信任动议中投票反对政府的议员不会达到议员总数的 20%。[6]

6 月 22 日，还在华盛顿的丘吉尔会见了德怀特·D. 艾森豪威尔将军，这是他与这位乐观、聪明的陆军部规划师的首次会晤，双方讨论了跨海峡行动的技术问题。第二天他们在白宫会晤时继续了头一天的话题，双方明确表示，将来在法国登陆时，确实想要实现一次大型联合两栖登陆。6 月 24 日，丘吉尔在南卡罗来纳州的杰克逊堡观看了一场由马克·克拉克将军指挥的大

① 查特韦尔庄园的橙色斑猫乔克在托布鲁克陷落的当天死去，但是大家决定在丘吉尔从华盛顿回来之前先不通知他。

规模跳伞表演。随后，被丘吉尔称为“批量生产的美国陆军师”进行了实弹射击演习。当伊斯梅说，“让这些部队去对抗德国军队，那就是谋杀”时，丘吉尔说：“你错了。他们都是好材料，而且学得很快。”[7] 一个月后，帕梅拉给伦道夫写信说，他父亲“对美国的艾森豪威尔将军和克拉克将军的印象都非常好，尤其是克拉克，温斯顿称他为‘美国之鹰’”。[8] 丘吉尔一行在杰克逊堡登上飞机准备返回华盛顿时，索耶斯拦住了丘吉尔的路，不让他过去。布鲁克注意到，整整一天，索耶斯都在“喝着饮料……不失时机地喝着”，而且“很显然，他喝下去的东西起了作用”。他要求丘吉尔把他的巴拿马草帽的帽檐放下来。感觉非常搞笑的布鲁克记录道：“温斯顿的脸涨得通红，看上去非常生气，但还是把帽檐放了下来。于是索耶斯站到一边，自言自语地说，‘这样就好多了，好多了’。”[9]

第二天，第八军团被迫撤退到梅尔萨·马特鲁。自隆美尔发动进攻以来，该军团已经损失了 230 多辆坦克。[10] 三天后，军团被迫进一步撤退到阿拉曼，这是进入尼罗河三角洲之前的最后一个防御阵地，距亚历山大港仅 66 英里，距开罗仅 160 英里。沙漠在那里变窄，在大海和卡塔拉洼地之间形成了一条 35 英里的前沿地带。卡塔拉洼地向南延伸，是一片无法通行的沼泽。

这次美国之行，丘吉尔获得了自己所有想要的东西。6 月 25 日，他从华盛顿乘飞机返回，途经巴尔的摩和纽芬兰的波特伍德，27 日在斯特兰莱尔降落。在与克莱门汀、埃迪·马什、罗尼·特里和帕梅拉共进午餐时他说，“在我被公认为是英国历史上最大的失败者时”，我们这个国家仍然团结一致地站在我身后，这是多么美妙的事情。[11] 不管整个国家多么支持他——在盖洛普民意测验中，仍然有超过 3/4 的人支持他——他仍需面对来自议会议员的考验。

1942 年 7 月 1 日，沃德劳-米尔恩在下议院提出了他的谴责动议。此前一天，他曾提出撤回该动议，但丘吉尔表示：“必须让这件事尽快得到解决。”[12] 辩论为期两天，第一天的辩论是在午餐前开始的，直到午夜才结束。沃德劳-米尔恩在辩论中提议，应该让一个“坚强而独立的人”执掌军队，他认为首相应该处理好大后方的事务。随后他提出，新的总指挥应该是格洛斯特公爵，这一提议让他自己的论点不攻自破。公爵是一位和蔼可亲的王室成员，但绝不是一位战略天才。“下议院爆发出不恭敬的笑声，”夏侬记录道，“我看到温斯顿的脸上立刻亮了起来，好像他的身体里点燃了一盏灯。他亲切地笑了。他现在知道自己得救了，可怜的沃德劳-米尔恩再也没有重获下议院听证的机会了。”[13] 其他发言人分别对信息部、供应部、陆军部和空军部进行了抨击，政府各部的大臣被描述为“笨蛋”“无能之人”，以及“希特勒有史以来最伟大的朋友”。丘吉尔自己倒是没有遭到攻击，尽管温特顿勋爵也确实说过，“没有人敢把责任推到实际应该承担责任的人，即首相身上”。① 辩论会的第二天，生活奢华的左翼工党议员安奈林·贝文（布拉肯为他专门造了一个词：博林杰香槟·布尔什维克）毫不留情地评论：“首相赢得了一场又一场辩论，输掉了一场又一场战斗。这个国家的人们开始这样说：他在辩论时就像是在打仗，而在打仗时却像是在辩论。”[14] U 型潜艇带来的损失、利比亚的撤退，以及英国坦克在火力上的劣势都被提了出来。

丘吉尔 90 分钟的应答既坦率又老练。他在议员面前历数了这几次失败，承认隆美尔将战线向前推进 400 英里对英国来说是一个严重的打击。他说：“对于中东地区和地中海地区，我们目前所感觉到的失望与灰心，是法国陷落以来最为严重的。如果有人想从灾难中牟取暴利，觉得自己有能力用更黑暗的颜色来描绘我们现在的境况，那么他们当然有这样做的自由。”[15] 然而他为自己在面对这些挫折时的所作所为进行了辩护。他说：“有些人想当然地认为，由于政府在挫折面前保持了冷静和沉着，政府工作人员对民众不幸的感受，就没有独立批评人那样强烈。我认为，恰恰相反，没有人会比那些对我们的事务负总责的人能够感到更大的悲伤或痛苦。”[16]

他说：“我从来没有做过任何预测，除了说过新加坡会坚持下去这类话。”在笑声平息后，他指出：“如果我当初就说新加坡会沦陷，那么我才真是个傻瓜和混蛋！”[17] 他说他不要求大家给予特别的关照：

---

① 三年后丘吉尔复仇了。在谈到温特顿时，他说：“我必须警告他，除非将来他在下议院所表现出的智慧和知识能明显优于他今天的表现，否则他将在自己真正年老之前，就面临非常严重的衰老的风险。”（*CS* VII，第 7 127 页。）

我是你们的仆人，你们可以随意打发我。但是你们无权做的事情，是要求我承担责任，却不给我实施有效行动的权力。要求我承担首相的责任，却又捆住我的手脚……如果今天，或者将来任何时候，下议院行使了它无可置疑的权利，我都可以问心无愧地走出去，并且感到我已经按照上帝为我指明的方向履行了自己的职责。如果是那样的话，我只要求你们一件事，那就是，给予我的继任者你们拒绝给予我的适当的权力。[18]

政府以 475 票对 25 票获胜，30 名议员弃权，其中包括温特顿、辛韦尔、索斯比、南希 · 阿斯特和梅根 · 劳合–乔治。投反对票的人包括贝文、霍尔–贝里沙、沃德劳–米尔恩和克莱门特–戴维斯。丘吉尔站了起来，在演讲厅抬起脸对旁听席的克莱门汀微笑着离开了。根据卡多根的记录，后来他和一个法国人谈到过“Les vingt–cinq canailles qui ont voté contre moi（投票反对我的 25 个恶棍）”。[19]“这样的胜利并不是我们一生中最难获得的。”丘吉尔第二天对麦斯基说。国王写道：“他很高兴自己弃用了下议院里那些他所谓的‘比较脆弱的同僚’。”[20]

克莱门汀没有那么自信，她说：“如果前线的情况没有改善，谁知道会发生什么呢？”[21] 丘吉尔不得不告诉麦斯基，由于驻扎在英国的美军仍不足 8 万人，第二战场的战斗不可能提前打响。他说：“一个人必须欺骗自己的敌人，为了自己的利益有时可以欺骗公众，但决不能欺骗自己的盟友。”[22] 当有人要求他解释英国在北非的失败时，他直截了当地说：“德国人比我们仗打得好，尤其是坦克战。还有就是，我们缺少‘苏联精神’——宁死不投降！”[23] 他将托布鲁克战役的失败归咎于南非的亨德里克 · 科洛珀将军，说他面对德国的进攻临阵退缩，仅 24 小时后就举起了白旗。当麦斯基说苏联人会当场击毙这样的将军时，丘吉尔回答：“我也会这么做的。你可以试试！”[24]

丘吉尔在辩论中注意到一些实质性的批评，而不是针对个人的批评，并据此重新构建了白厅的组织架构，建立了一些全新的部门，如 1942 年 7 月成立的食品部、照明部和电力部，1943 年 11 月成立的重建部，以及将大臣派往中东、西非、华盛顿（负责供应问题）和西北非。在有关这次不信任动议的时机方面，他再次遇到了幸运之神。因为仅仅两天后，前往摩尔曼斯克的“PQ17 号”护航舰队就遭遇了不幸。早在 2 月，德国人就已将大部分重型水面舰队和大量 U 型潜艇调往挪威北部，这让盟军北极舰队遭受了更大的损失。但是由于经过伊朗的好望角航线长达 14 500 英里，需要航行 76 天，而且非常危险，在斯大林不断施压的情况下，丘吉尔和罗斯福选择继续使用挪威北部航线，尽管这一决定遭到了英国海军部和美国海军部的反对。5 月 18 日，丘吉尔对战时内阁说：“我们有责任让护航舰队冲过去，无论付出多大代价。”[25] 7 月 4 日晚 9 点 36 分，海军上将庞德认为当时最大的战列舰“蒂尔皮茨号”正在驶向英美“PQ17 号”护卫舰的途中，于是命令护航舰队的 35 艘军舰散开。庞德担心如果不这样做，“蒂尔皮茨号”“可能就会在 1 小时内，或是 1 小时左右击沉所有船只”。[26] 但是他的情报是错误的，“蒂尔皮茨号”并不在该地区，而德国轰炸机和 U 型潜艇却在那里。至少有 23 艘舰船，载着船护航舰队 20 万吨货物中的 11.8 万吨被击沉，400 辆坦克和 210 架飞机沉入海底。

损失高达一半，这与索姆河战役第一天，丘吉尔谴责黑格军队的伤亡率完全相同。还有一个需要考虑的问题，那就是，比起一个营在无人区遭遇惨败，一艘船沉没时的受伤人数会更少，而死亡人数会更多。丘吉尔对麦斯基说：“把坦克和飞机送到废墟中去毫无意义，我们还不如把它们沉到泰晤士河里。”[27] 国防委员会取消了 8 月的护航舰队任务，但是 9 月的护航舰队损失了 40 艘舰船中的 12 艘。在接下来的两年里，护航舰队只在冬季行驶，并因此减少了损失。[28]

7 月 8 日，丘吉尔在抱怨参谋长们反对他所有的战略构想时讽刺地说：“我们最好在报纸上登个广告征求意见。”[29] 第二天，他因为食物配给制度要一直持续到和平时期这样一个他不在时内阁做出的决定而大发雷霆。“难道我们要告诉从战场上归来的英国士兵，”他反问内阁，“他们要勒紧裤腰带忍饥挨饿，好让罗马尼亚人饱餐一顿吗？我从未听说过这样的事。”[30] 卡多根在写到当时热烈讨论的场面时说：“温斯顿从讨论中获得的享受比任何人都多。”

7 月 18 日，马歇尔、霍普金斯和美国海军参谋长欧内斯特·J. 金抵达英国，进行进一步的战略讨论。罗斯福希望美国人可以尽快开始在西部战区作战，这是参谋长联席会议最后一次试图说服英国人同意在1942年进行跨海峡进攻，而不是攻打北非。讨论并不容易，因为参谋长联席会议认为，早在当年4月，英国就曾表示支持对法国发动袭击，尽管当时也提出一些告诫，这并非毫无道理。现在，丘吉尔改变了主意，唆使他们的总统支持对远离事件中心的北非发动进攻。金上将和阿尔伯特·魏德梅尔等美国将军认为，这是为了在中东支撑起大英帝国，而不是为了尽快消灭希特勒。他们还认为，丘吉尔和布鲁克在一战中战壕里的经历意味着，在苏联人将德意志帝国的力量削弱到与之作战更加容易之前，他们不想在陆地上面对德国人。金上将甚至根本不相信"德国第一"的原则，他更希望能集中力量对付日本，那将是由他所领导的海军扮演主角的一场战役。

在7月20日开始的一系列会谈中，布鲁克拒绝承担"大锤行动"的任务，他对美国人说，这"只会导致6个师的损失，却不会有任何结果"！[31]英国的立场，按照战时内阁秘书处伊恩·雅各布的总结就是："大西洋之战必须获胜，地中海的航运必须畅通，意大利应该被淘汰出局，德国应该遭受越来越多的空中轰炸。这些措施，再加上苏联前线的损耗，可能会弱化德国对西北欧的控制，使突袭登陆取得成功。"尽管布鲁克在日记中把丘吉尔当成战略白痴，但这一计划与丘吉尔在1941年横渡大西洋时的4份备忘录中所写的内容非常相似，这一点很值得注意。雅各布同时补充说："丘吉尔喜欢'保留所有选择'，这是他经常使用的一个说法。"[32]要清除地中海的障碍，就需要把轴心国军队赶出非洲，这也是"火炬行动"的目的。所以卡多根才会在7月22日写下这样的话：丘吉尔对北非战略"疯狂热衷"。[33]

此时的丘吉尔有三个最重要的战略考虑。首先，绝不能与罗斯福有任何严重分歧；第二，一旦能够确保安全，就要尽快积极采取最大规模行动；第三，正如雅各布所说，"萦绕在丘吉尔心头的最大恐惧，就是攻打欧洲大陆的行动最终会陷入僵局，前线固化，形成另一个'西部战线'"。[34]从这个意义上说，魏德梅尔和其他人认为第一次世界大战影响了丘吉尔的想法是正确的。然而，对他影响更大的是1940年英国军队在敦刻尔克的遭遇——无论是德国人表现出的机动能力，还是英国远征军在阻止他们时表现出的无能。无论是"大锤行动"还是"围捕行动"，在有把握取得胜利之前，丘吉尔都不会让英国过分投入。在他看来，只有在地中海和大西洋取得决定性胜利，才能确保“大锤行动”或“围捕行动”取得成功。

如果英国不同意在1942年实施“大锤行动”或“围捕行动”，那么罗斯福是不会支持马歇尔用“日本第一”的政策去威胁他们的。马歇尔一旦弄明白了这一点，美军参谋长联席会议就会同意接受这样的策略：在这一年余下的时间里，将关注的焦点转向北非，在10月底前实施由艾森豪威尔任总司令的“火炬行动”。北非的轴心国军队一旦被撵走，埃及和通往印度的线路在安全方面有了保障，盟军就将实施打击意大利的地中海战略。可以选择一条通往被占领欧洲的道路，经由法国南部或巴尔干半岛，或者两个地方都经过，这样就可以将德国军队吸引过去，为横跨海峡的打击铺平道路。英国和美国的参谋人员都明确向丘吉尔表示，不会在挪威北部实施“朱庇特行动”。参谋长联席会议成员们很不开心地飞回美国，但还是全力以赴地开始准备攻打北非的工作。国王说：“在努力说服美国人，让他们相信我们是对的之后，温斯顿看上去非常疲惫。”[35]

到了8月，盖洛普民意测验显示，丘吉尔的支持率上升到82%。1942年11月，这一数字攀升到90%多一点儿，并一直保持到1944年1月。那之后，这一数字下降到将近90%，并在当年保持了一整年，偶有上升。这样高的支持率对于任何一位英国首相都是前所未见的。甚至在1945年4月，仍有91%的受访者支持他担任首相。[36]

北非前线开战一个月，仗却始终打得犹犹豫豫。丘吉尔提议，他和布鲁克应该去一趟开罗。当英国驻苏联大使阿奇·克拉克·科尔发来消息说，斯大林想在莫斯科与丘吉尔会晤时，这趟旅程很快就变成了一次更加雄心勃勃的远征。丘吉尔意识到，斯大林不会把“火炬行动”当作他所需要的第二战场，实际上他会感到愤怒，觉得需要有人面对面地和他讲清楚。最终这个任务还得由他来完成。战后他的私人秘书莱斯利·罗文写道：“开始着手执行这些任务，然后两项任务都失败了，如果是那样的话，对于我们的事业来说，对于作为一名政治领袖的丘吉尔来说，都将是灾难性的。根本不开始反而要好得多。但是丘吉尔从未有过这样的想法，他知道自己的职责所在，这就够了。”[37]当艾登提出，他去开罗可能会适得其反时，丘吉尔说：“你的意思是说，就像一只绿头苍蝇围着一大坨牛粪嗡嗡嗡一样！”[38]然而，他所有的直觉都告诉他，他需要亲眼看看现场的情况。

8月1日，丘吉尔对国王说：“奥钦莱克发来的最新电报令我非常震惊。”这位中东地区总司令通知他，他打算在9月中旬之前一直维持防守状态。“到那时，敌人会变得多么强大啊！还有在苏联的会晤，我们想让气氛欢乐一些，但能准备的东西少得可怜。不过，或许我可以让形势变得不那么严峻。”[39]第二天，丘吉尔和布鲁克从皇家空军莱纳姆基地起飞，前往直布罗陀。其他人随后也会飞过去，包括韦维尔、特德和卡多根。

他们乘坐的是给丘吉尔配备的第一架专机，一架以B-24解放式轰炸机为基础，美国制造的四引擎重轰炸机LB-30，其被命名为“突击队员”。丘吉尔的私人飞行员威廉·J. 范德克鲁特是个美国人，在珍珠港事件发生之前，他曾作为志愿者加入英国皇家空军。飞机上寒冷刺骨，噪声震耳欲聋。食物是用煤气炉煮的，尽管丘吉尔在飞机上吃的是冷牛肉三明治。“面包一定要极薄，”他命令道，“它只不过是一种用来输送食物以填饱肚子的工具。”[40]在没有机舱增压的情况下，飞机很少能飞到8 000英尺以上，但丘吉尔睡在炸弹舱冰冷的钢铁甲板的床垫上时，仍然会戴着氧气面罩。

这次飞行涉及穿越西班牙领空的问题。范德克鲁特说可以在晚上完成这一任务，因为西班牙战斗机到目前为止还没有对他们表现出任何兴趣。[41]丘吉尔很喜欢这个计划，而莫兰也不愿意提醒他，还有一条途经拉各斯和喀土穆，长达7 000英里，耗时三天的路线。卡多根记录道，丘吉尔一到直布罗陀，就“穿上内衣躺在床上，向我们伸出手来”。旅途对他似乎没有什么影响。[42]第二天，他们继续前往开罗。在飞机的前方，丘吉尔看到了尼罗河。整整44年前，当他还是一名年轻的次等兵时，在尼罗河上乘坐过一次明轮船。

丘吉尔于8月3日下午5点半会见了奥钦莱克，当时他还没有决定解除他的指挥权。他想和从南非来见他的史末资商讨一下这种可能性，他一向尊重史末资毫不掺杂个人利益的看法。“史末资的建议很高明，”丘吉尔在写给克莱门汀的信中说，“在我倾向于心慈手软时，也就是需要对我喜欢的人采取严厉措施的时候，他给了我力量。”[43]在国内政治和同盟关系都岌岌可危的情况下，丘吉尔希望尽早制订一个具有决定性的进攻计划，为第八军团遭受的一系列失败复仇，让国内的批评者保持沉默。同时形成一种夹击之势，“火炬行动”一旦在西部开始实施，就可以将隆美尔及其军队一网打尽。[44]很显然，奥钦莱克不可能满足这些要求。

丘吉尔和迈尔斯·兰普森爵士住在英国大使馆，占用了两间有空调的房间。8 月 5 日，他与奥钦莱克合影留念。如果丘吉尔已经决定要解雇他，就可能不会这么做了。同一天，卡多根还试图让他会见希腊国务部长帕纳约蒂斯·卡内洛普洛斯。卡多根不得不到丘吉尔的盥洗室去见他，他看到首相像一只海豚一样打着滚儿，上下来回扔着手里的海绵，一边反复说唱道：“见卡内洛普洛斯！不见卡内洛普洛斯！见卡内洛普洛斯……”[45]（他最终还是见了这位希腊部长。）随后，丘吉尔在酷暑中参观了奥钦莱克位于阿拉曼的总部。他在描述那里时说：“到处都是苍蝇和重要的军事人物。”[46]

第二天，回到开罗后，丘吉尔会见了 22 岁的埃及国王法鲁克。站在兰普森的北非地图旁边，国王把手放在昔兰尼加全境上，然后意味深长地说：“昔兰尼加曾一度完全属于埃及。”“温斯顿马上回答，他不记得那是什么时候。”兰普森在他的日记中写道，“据他所知，在意大利人占领昔兰尼加之前，她属于土耳其。他的话难住了法鲁克国王”。[47]丘吉尔是对的，公元前 13 世纪，是昔兰尼加部落攻打了埃及，而不是相反。会议期间，法鲁克一直打不起精神，懒洋洋地靠在椅子上，一张嘴就会先说：“你知道，丘吉尔……”首相后来对兰普森说，国王这样说话简直“太厚脸皮了”——和专业历史学家为历史争执当然是愚蠢的。[48]

当天晚上，丘吉尔、布鲁克和史末资一致认为，应该由哈罗德·亚历山大爵士接替奥钦莱克担任中东地区总司令，而威廉·“斯特拉弗”·戈特中将将接管第八军团。自 6 月以来，第八军团也一直由奥钦莱克直接指挥。丘吉尔发现开罗的工作人员不够充足，大量的军官承担了工作任务，他称这些军官为“华达呢猪”，因为他们穿着华达呢大衣。

丘吉尔在阿拉曼总部解除了奥钦莱克的职务，奥钦莱克带着首相所说的“军人的尊严”接受了这一解职命令。[49]丘吉尔后来对亚历山大将军说，这样做就好比杀死一头雄壮的牡鹿。[50]“这是件可怕的事情，可我们不得不这样做,”他后来对哈罗德·尼科尔森说,“确实是件可怕的事情。在仗打得最激烈的时候,撤换一个糟糕的将军是很困难的,而撤换一个好将军则是残忍的。我们必须再次启用奥钦莱克。”[51](1943 年奥钦莱克成为印度总司令。)但是,第八军团士气低落,只有一位杰出的指挥官才能在西部沙漠击败隆美尔。“我看到了那支军队,”丘吉尔对尼科尔森说,“那是一支支离破碎、困惑迷茫的部队,一支悲惨的部队……我做了决定之后给内阁发了电报。然后我脱下所有衣服,到海浪中去上下翻滚。我从来没有洗过这样的澡。”[52]

从丘吉尔解雇或重新任命的艾恩赛德、戈特、迪尔、道丁、韦维尔和奥钦莱克等人身上,似乎能找到一个共同的线索,那就是他们都已年近花甲,自 1939 年以来一直在执行压力很大的命令,疲惫不堪,有时甚至处于筋疲力尽的状态。奥钦莱克的一些重要安排令丘吉尔和布鲁克感到失望,他们觉得,奥钦莱克根本没有重振第八军团所必需的号召力和进攻精神。托布鲁克陷落后,被送往埃及的 300 多辆谢尔曼坦克并没有被用于“大规模调兵遣将”(用拿破仑的话来说),而是把现有的阵形分散成小股部队。了解到这一情况后,丘吉尔更加失望。“这一切都让所有认识奥钦莱克的人感到难过”,罗文回忆说,但是“如果丘吉尔没有勇气为这一令人不快的决定承担责任,也没有能力看到奥钦莱克必须被替换这一简单事实,战争的进程可能就会改变”。[53]

丘吉尔在和布鲁克一起做出决定后才通知内阁。“现在,我成了‘亲临现场的人’,”他后来写道,“不用再坐在家里等着前线的消息,我可以自己发消息了。这是令人振奋的。”[54]在写给亚历山大将军的信中,丘吉尔说:“你的主要职责,是尽早夺取或摧毁隆美尔指挥的德意军队,及其在埃及和利比亚的所有供给和设施。”[55] 8 月 7 日,在飞往开罗接受任命的途中,“斯特拉弗”·戈特乘坐的飞机被击落,而丘吉尔就在几天前还飞过同一条航线。“晚饭的时候,可怜的温斯顿坐在那里说不出话来,绝望极了,直到凌晨时分才恢复过来。”卡多根记录道。[56]丘吉尔在给克莱门汀的信中写道:“内阁成员还在伦敦开会,我不得不发电报告诉他们,他已经遇难了,想想我当时是多么悲痛吧。”[57]

戈特之死意味着,布鲁克的门生伯纳德·蒙哥马利将军将接手第八军团。蒙哥马利以粗暴著称，但正如丘吉尔对他的妻子所说："在蒙哥马利身上，我们看到的是一个非常能干、勇敢和精力充沛的军人形象……如果他让周围的人不痛快，他也会让敌人不痛快。"[58] 在《马尔伯勒传》中丘吉尔曾写道，军事天才"比最大、最纯净的钻石还要稀有……当他时不时在现场闪耀起来时，秩序与规划就会从危险与混乱中被剥离出来，万无一失"。[59] 现在看来，蒙哥马利是一个过于谨慎的指挥官，不能被认为是军事天才。但是，丘吉尔当时迫切需要的是一次毫不含糊的胜利，不管这次胜利是如何取得的。他在蒙哥马利身上看到了一个能给一支看上去混乱不堪、士气低落的部队带来秩序和乐观精神的人。①

8 月 8 日，在第二次访问前线时，丘吉尔在 6 小时内对 4 个装甲旅发表了 7 次演讲。[60] 然后他回到开罗，与特种空降部队的两位英雄戴维·斯特林和菲茨罗伊·麦克莱恩在大使馆共进晚餐。他向史末资提出挑战，看谁能背诵更多的莎士比亚作品。一刻钟后，丘吉尔还在继续朗诵，史末资却不出声了。几分钟后，史末资意识到，他的对手又开始创作伪莎士比亚诗句了。这首诗完全不是莎士比亚写的，而是首相想象的。后来他们在花园里散步时，丘吉尔嘲笑麦克莱恩说，他成为议员就是为了逃避参军，因为有外交官禁止参军这个规定。"这就是那个年轻人，"他对史末资和斯特林说，"他把英国议会当成了公众便所。"[61]

丘吉尔听取了斯特林关于班加西即将遭受袭击的简单介绍，斯特林还介绍了特种空降部队是如何成为一种代表"新型战争形式"的"可怕潜力股"的。听取介绍后，丘吉尔引用拜伦《唐璜》中的台词对史末资说："在凿沉过战船或切断过喉咙的人里面/他的举止最为温和。"第二天，他在大使馆召见了斯特林，讨论如何扩大特种空降部队。由于有了丘吉尔的支持，他们从开罗军方获得车辆、武器、弹药和各种许可就比以前容易多了。丘吉尔给斯特林起了个绰号，叫"猩红色的繁笺花"，因为他能够将公开的绅士风度

① 丘吉尔的幽默感并没有因为这段时间的艰难状况而消失。当史末资指责他的政治对宗教动机吸引力不足时，他回答："自圣奥古斯丁以来，我任命的主教比任何人都多。"（莫兰，《奋斗》，第 57 页。）在戈特去世的当天开这样的玩笑似乎有些麻木不仁，但正如他多年后写的那样："在战争中，谁的笑声不是淹没在头骨之中呢？"（丘吉尔，*TSWW* V 第 81 页。）

和隐蔽的杀伤力紧紧结合在一起。丘吉尔欣赏他那种带领部队远程突防的方式，有时甚至能深入敌后数百英里。

8 月 10 日，丘吉尔开始进行他这次任务的第二部分：访问斯大林。克莱门汀将这次访问描述为“深入虎穴”，丘吉尔则将他的任务描述为就像“把一大块冰带到北极”。[62] 他从开罗飞往德黑兰，陪同他的是艾弗莱尔·哈里曼，他想听听哈里曼对于如何对付斯大林的建议。他们一行人还包括布鲁克、韦维尔、特德和卡多根。为了避免城市里的喧嚣和潜在的暗杀者，他们住在了英国驻古尔赫的夏季公使馆。8 月 12 日，星期三，上午 5 点半，在这样“一个可爱的夏日早晨”，他飞往莫斯科。[63] 在东边，我们能够看到德马尔德山被白雪覆盖的山峰，在早晨的阳光下显得异常雄伟。在旅途中，丘吉尔给汤普森扣掉“10 分”，因为他没能确保大使馆的工作人员在他的火腿三明治上抹好芥末。[64]（这些被扣掉的分数在返程的航班上被香槟和鱼子酱一笔勾销了。）

傍晚他们在莫斯科着陆，斯大林（穿着卡其色衬衫、蓝色裤子和半筒靴子）和莫洛托夫，以及一大群政治局委员、苏联人民委员和将军们前来迎接他们。之后他们驱车来到距莫斯科城大约 8 英里远的 7 号国家别墅。[65] 特德严重怀疑这座别墅被窃听了，他机智地在一张纸条上写下了“Méfiez-vous（小心！）”。在首相开始不谨慎时，他把字条递给了他。[66]

当晚，双方举行了第一次战略会议。在坐上一辆装有两英寸厚的防弹玻璃的汽车 20 分钟后，丘吉尔来到克里姆林宫，他注意到——但没有说出来，斯大林办公室“装修的主色就是沙皇时代那种富丽堂皇的浅猩红色和金色”。[67] 丘吉尔、哈里曼、大使阿奇博尔德·克拉克·科尔爵士和他们的翻译约翰·邓洛普一行，受到斯大林、莫洛托夫、国防委员会元帅克里门特·伏罗希洛夫和他们的翻译巴甫洛夫的接见。丘吉尔首先说道：“我要不是非常确定自己能够来讨论现实问题，就不会来莫斯科了。”他告诉斯大林，短时间内欧洲不可能出现第二战场，于是“斯大林皱起了眉头”。邓洛普写道：“[68] 斯大林不停地站起来，走到这间大会议室另一侧的一张写字台前翻找香烟。”克拉克·科尔向艾登报告说：“他把香烟撕成碎片，塞进他那可笑的弯曲的卷烟斗里。轮到首相发言时，他拼尽了全力，之后站起来走了走，从发热的屁股上拉开明显已经粘在上面的裤子。这确实是一个温暖的夜晚。这个矮墩墩的人从背后看起来有那么一股劲儿，他看起来很强壮，但没有什么特别之处。”[69]

当丘吉尔的语速远远超过巴甫洛夫的翻译速度，译者无法准确地将他的话转述给斯大林时。斯大林说：“我虽然没听明白，但是我喜欢这种精神。”[70]德国国防军已经到达伏尔加河——斯大林格勒保卫战仅仅10天后就开始了。许多俄罗斯、白俄罗斯和乌克兰的城市落入德军手中，红军几乎到了被拖垮的边缘。但这位苏联领导人很快就领会到“火炬行动”的潜力，他看起来对这一行动十分有信心，至少最初是这样。卡多根记录道，丘吉尔告诉他，会晤“进行得很顺利。首相希望通过解释我们的“火炬行动”计划来缓和‘1942年不会有第二战场’的影响……关于这一行动，首相已经计划好一些细节。首相说斯大林出乎意料地接受了这一计划，甚至还说了一句‘上帝保佑你们的事业’。”[71]会议在积极的气氛中于晚上10点40分结束。

第二天，8月13日，星期四，事态却发生了彻底改变。抵达克里姆林宫后，丘吉尔收到了斯大林一份措辞强硬的备忘录，抨击其在1942年不能建立第二战场，对“火炬行动”却只字不提，似乎前一天的讨论根本没有进行过。当丘吉尔解释，“PQ17号”护航舰队的损失太大，无法在8月再送出另一个舰队时，斯大林说：“这是历史上第一次，英国海军看到战斗却转身跑了。”他这样说的目的，就是想通过暗指丘吉尔是个怯懦的人来激怒他。[72]斯大林对丘吉尔说，丘吉尔违背了自己的诺言，德国人并非无敌，“只要英国人愿意打仗，他们就会发现德国人并不是超人”。[73]哈里曼回忆说，愤怒的丘吉尔控制住了自己的情绪，没有提及“在他脑子里面蹿得最高的那件事情”。正是《苏德互不侵犯条约》的签订，才使德国在西方发动进攻成为可能。在其未出版的回忆录中，卡多根曾把在斯大林和莫洛托夫尖锐抨击下的丘吉尔比作“斗牛场里的公牛，被斗牛士刺激得发狂”。[74]英国人更换了译员，用亚瑟·伯尔斯少校代替了邓洛普，丘吉尔抱怨说，邓洛普“像美发师一样”，将自己的感情融进了翻译中。[75]

克拉克·科尔认为丘吉尔的自控能力非常了得，他本以为丘吉尔会因为头一天的事情而闷闷不乐。[76]在讨论过程中，丘吉尔给斯大林画过一幅素描，解释英美的战略是“攻击鳄鱼柔软的腹部，就像苏联人攻击其坚硬的鼻子一样”。[77] 丘吉尔认为这个类比对斯大林会很有吸引力，这一点非常令人吃惊。不过他也在斯大林的办公室里用地球仪向他解释了将轴心国驱逐出地中海的地理优势。

第一个全天讨论在凌晨 2 点结束，斯大林宣称：“我必须说，我不同意丘吉尔先生的观点。”[78] 给克拉克·科尔留下最深刻印象的是，丘吉尔“能够把他那最红润、最快乐、最开心、最可爱，有酒窝而又淘气得像婴儿臀部一样的脸，变成一张愤怒至极的牛蛙脸”！[79] 哈里曼回忆说，会谈“有达成一致意见的时候，也有激烈争论的时候”。[80] 丘吉尔给罗斯福和战时内阁发电报说，他进行了一次“最不愉快的讨论”，斯大林说了“许多侮辱性话语”。

当丘吉尔气冲冲地回来时，帕特里克·金纳当时正在国家别墅里。他记得首相说：“我与这个邪恶又可怕的坏人斯大林的会谈太糟糕了。”于是克拉克·科尔说：“首相，请允许我提醒您，所有房间都装了窃听器，斯大林会听到你说的每一个字。”[81] 在丘吉尔遭到斯大林咄咄逼人的回绝后，克拉克·科尔在平息他的情绪方面发挥了关键作用。第二天早上，在明媚的阳光中，他陪着戴了一顶“好笑的 10 加仑重的大礼帽”的丘吉尔，在别墅的院子里走了走。这位高大又彬彬有礼的资深外交官与首相进行了非常坦诚的交流。[82] 他对首相说，他对待斯大林的方式是完全错误的，没有利用好他天生的魅力。而且，“他是一个贵族，一个通晓世界的人，他以为这些人也像他一样。他们不像。他们都是从爬犁或车床边直接走来的，既粗野又缺乏经验”。[83]“可是那个人侮辱了我，”丘吉尔回答，“我代表着一个伟大的国家，而且我天生就不会被驯服。”[84] 克拉克·科尔记录道，丘吉尔说这话时“驼着背，闷闷不乐的”。他建议首相不应该仅仅因为“被一个无知的农民冒犯了”就断绝与苏联的关系。[85]

在为期 4 天的会谈中，斯大林的情绪又发生了几次变化。有那么一刻，丘吉尔不得不提出，自己将在没有达成任何协议的情况下返回伦敦。但最终两人达成谅解。[86] 斯大林需要英国的援助，丘吉尔需要苏联人继续战斗。威胁要离开莫斯科“不是因为发火”，罗文回忆说：“而是对一场精心策划的行动做出的一个有计划的回应，而且取得了成功。”[87] 在谈判中还有一次，英国人被告知，他们在几个小时内不能见斯大林，因为他的工作人员说，他“出去散步了”。[88] 还有几次马拉松式的深夜吃喝聚会，有 20 道菜，再加上长长的爱国祝酒词，一直持续到凌晨 3 点。这是另一场丘吉尔为之准备了一生的考验，尽管这也考验了他的几位随行人员的定力。

在餐桌上大快朵颐时，他们的讨论常常并不局限于战争。丘吉尔曾问斯大林，在他的职业生涯中，他最焦虑的是什么时候，斯大林回答，是苏联农业集体化的时候。“富农被怎么处置了？”丘吉尔接着问道。在苏联农业集体化的过程中，数以百万计的富裕农民都被杀害了。卡多根回忆说：“他（斯大林）转过身来，连眼皮都没有眨一下，若无其事地挥挥手说，‘他们消失了’。”[89]

8 月 15 日的最后一次会谈之后，在克里姆林宫的斯大林餐厅里，大家吃了一顿“长长的快乐”晚餐。丘吉尔在那里遇到了斯大林的女儿斯维特兰娜。他吃了烤乳猪（斯大林用手拿着吃），喝了很多伏特加，与苏联领导人互相讲了笑话，并与他（在拿破仑生日当天）讨论了马尔伯勒和惠灵顿的相对优势。结果，两人在公开谴责对方 20 年后关系终于好了起来。[90] 第二天清早，在他回到别墅时，丘吉尔称斯大林为“那个伟人”，而这并不仅仅是因为有窃听设备的缘故。第二天早上，当他乘飞机经德黑兰返回开罗时，不得不“将阿司匹林当作早餐”。[91]

如果说丘吉尔对“大锤行动”的智慧有任何怀疑的话，那么 3 天后，这些怀疑就被“庆典行动”埋葬了。为了安抚苏联人，测试德国的防御能力，将德军引向西部，同时也为了鼓舞士气，路易斯·蒙巴顿勋爵对迪耶普发动了这次灾难性的联合突袭行动。事实证明，这是一场惨败，以加拿大军队为主力的部队伤亡或被俘率高达 68%。5 天后，丘吉尔让伊斯梅查明这次突袭计划的真相，尤其是“在没有首先确保两边悬崖安全的情况下攻击坚固的城镇前线，并使用坦克在海滩外进行正面攻击”，这到底是谁的主意。[92] 8 天后，伊斯梅的回复到了，此外还附有蒙巴顿的报告。报告指责当时掌握东南区指挥权的蒙哥马利应该为这次行动负责。因为还要忙其他许多事情，丘吉尔没有进一步调查此事，但是在 1950 年撰写回忆录时他写道：“他嗅到了老鼠的气味，并决心找出这次突袭行动背后的真相。”[93]

丘吉尔发现，攻击迪耶普的计划实际上有两个：蒙哥马利的代号为“鲁特行动”的计划已经被放弃，取而代之的是蒙巴顿的“庆典行动”和1942年8月19日开始实施的一项计划。之后丘吉尔问道，三军参谋长、国防委员会或战时内阁是否曾正式批准过“庆典行动”，“还是这一切都是蒙巴顿在没有经过上级批准的情况下强行实施的”。[94] 伊斯梅经过调查发现，后者显然才是正确的解释，这令蒙巴顿非常焦虑不安。[95] 他为丘吉尔正在写着的回忆录寄去了几页带有偏见的更正说明，暗示伊斯梅可能会拒绝为丘吉尔提供自己所写报告的版权许可。他辩称，68%的伤亡数字“不是我们这一方应该强调的”。蒙巴顿恳求三年前在他担任印度总督时担任其参谋长的伊斯梅，不要揭发他才是“庆典行动”幕后主使这件事，他的请求奏效了。[96]

蒙巴顿在掩盖事实的材料里甚至宣称，突袭行动的海军指挥官，海军上将詹姆斯·休斯–哈里特在行动前就已经与丘吉尔讨论过此事。（休斯–哈里特告诉伊斯梅，他不记得那次谈话是在突袭行动之前还是之后进行的。）蒙巴顿还说，参谋长委员会那里没有讨论“庆典行动”计划的记录是出于安全方面的考虑，尽管委员会的会议记录经常记录大量同样敏感的行动。在来自美国的出版商的时间压力下，丘吉尔只好接受了蒙巴顿的所有修订和修正要求。正如历史学家戴维·雷诺兹指出的那样，蒙巴顿的那些修改，“将责任推给了丘吉尔和参谋长们，淡化了加拿大的损失，夸大了这次行动的好处”，而这次行动的好处实际上是微乎其微甚至不存在的。[97]

1942年8月24日，丘吉尔在回国途中抵达直布罗陀。为了不让他因为被认出来而对他的安全造成威胁，他被限制在政府大楼里活动，尽管他和布鲁克讨论过“把自己装扮成一个埃及的妓女或是一个牙疼的亚美尼亚人，希望那样就会允许他出去”。[98] 当天晚些时候他抵达莱纳姆机场，克莱门汀前来迎接他。对于丘吉尔这次的伦敦—莫斯科之旅，美国的道格拉斯·麦克阿瑟将军，他本人也是一位荣誉勋章获得者，后来这样评论道：“对于年轻的飞行员来说，在敌国或者外国的领空上飞行1万英里是他们的责任，但是对于一个肩负着全世界的忧虑与关注的政治家来说，这1万英里的飞行则是鼓舞人心的勇敢和勇气。”[99]

丘吉尔走下飞机时，约翰·马丁觉得他“看上去非常健康”。回到伦敦，首相对詹姆斯·斯图尔特吹嘘:“所有那些关于苏联人喝酒的言论都是无稽之谈,我喝的酒是他们的两倍。”[101] 6周后,他告诉艾德:“尽管我认为斯大林是一个粗野的、像狗熊一样的存在,但我还是相当喜欢斯大林,而且与他有很多共同点。与此同时,我也很清楚,苏联人对英国人为帮助他们所做的一切毫无感激之情。”[102] 他补充说,虽然他更愿意成为美国总统而不是英国首相,“但我不想成为斯大林,这个人随时有权说出‘把那个人带走,枪毙他’这样的话”。[103]

丘吉尔向战时内阁汇报说:“我们赢得了最大的善意,第一次达成了轻松友好的协议。我觉得我已经建立了一种对我们有帮助的私人关系……现在他们知道了对他们来说最坏的情况,他们的抗议是完全友好的,尽管这是他们最焦虑、最痛苦的时刻。”事实证明,这种想法天真得可怕。当年10月斯大林对麦斯基说:“我们莫斯科所有人都有这样一个印象,丘吉尔的目标是击败苏联,然后就可以与希特勒的德国或(前总理)布鲁宁达成协议,为此不惜牺牲我们的国家。”[104] 斯大林不相信丘吉尔,他不相信任何人(然而有两年,他相信了阿道夫·希特勒)。

然而,丘吉尔并不知道斯大林对他的真实看法,因为1941年6月之后,英国情报机构接到命令,不得对英国的新盟友苏联开展间谍活动,这一错误政策显然没有得到对方的回报。[105] 丘吉尔回国后不久,曾出人意料地奉承斯大林说:“最重要的是,他身上依然保留着一种幽默感,对所有人和所有国家都非常重要的幽默感,尤其是对伟大的人和伟大的国家而言。斯大林具有一种冷静的智慧,对任何事情都完全不抱任何幻想,这一点也给我留下了深刻印象。”① [106] 在写给国王的信中,丘吉尔将斯大林描述为“一个冷酷、粗鲁的人,但是善解人意……私下里,对于丘吉尔对他们之间过去的一些问题所做的解答,斯大林和莫洛托夫都会微笑着倾听,有时甚至还会嘲笑温斯顿。斯大林对这个世界的其他地方一无所知”。[107]

---

① 1929年12月,丘吉尔曾经说,与托洛茨基相比,斯大林“在革命等级上是下属,在才智上也更低劣,但是在犯罪方面或许略胜一筹。”(丘吉尔,《伟大的同时代人》,第133~135页。)在这本书的战时版本中,他删去了那一章。

8 月 25 日，国王的弟弟肯特公爵在英国皇家空军服役期间于苏格兰坠机身亡。丘吉尔在下议院发表悼词时说：“没有什么能填补这一可怕的空缺。当妻子和孩子突然失去了家庭支柱和中心时，没有什么能减轻或安慰他们的孤独与缺憾。唯有相信人死后会生活在一个更光明的世界里，在那里，亲人们会再次相聚——只有这一点，以及时间的慢慢流逝，才能给我们带来安慰。”[108] 这是丘吉尔唯一一次提到，他相信人死后生命依然存在。据推测，他之所以说这番话，主要是为了安慰公爵遗孀玛丽娜，减轻她的悲痛。他曾经说，玛丽娜是他见过的最美丽的女人。[109]

9 月 9 日，丘吉尔得到消息，如果日本入侵印度次大陆，国大党只会进行被动抵抗，不会帮助英国保家卫国。“我讨厌印度人，”丘吉尔明确地对阿梅里说，“他们的民族令人生厌，他们的宗教也一样。”[110] 丘吉尔因为这样的言论遭到严厉的批评，这些批评是正确的，但是他对印度军队的许多高度赞扬的话语——多达 250 万人、历史上规模最大的志愿军——却往往都被忽略了，与此同时，他也确实让英国陆军的几个师继续守卫印度，这些军队本可以很好地在别的地方发挥作用。他说，“无论是穆斯林还是印度教徒、印度士兵和军官那无与伦比的勇气”，以及他们在“从阿比西尼亚、北非到缅甸和意大利的战斗中所表现出的‘光荣的英雄主义精神’，都将永远闪耀在战争史册上”。[111] 这种经过深思熟虑的评论远比他有时发出的毫无品位的种族嘲笑更有意义。发出那种嘲笑往往是出于愤怒，或是为了激怒他的同事，而不是因为他真的那样认为。1944 年 9 月，丘吉尔在伦敦市政厅演讲时说：“有时我们应该注意到这样一个事实，在过去的 80 年里，在英国的统治下，死于兵器或武器的印度人比世界上任何类似地区或社区的人都要少得多。”[112] 他认为英国有责任继续做出牺牲，确保这种情况持续下去。还有一次，在唐宁街吃午餐时，他对在场的几个人说：“日本人活得像害虫，死得像英雄。”[113]

9 月下旬，在斯大林格勒保卫战这场历时 5 个月的关键之战进入第 6 周时，丘吉尔表达了他“对苏联继续抵抗的信心”。每天晚上，英国皇家空军都会在德国城市投下炸弹，重量相当于摧毁考文垂时所使用炸弹的 3.5 倍，让第三帝国的武器生产增长陷入停滞，让德国人开始进入士气低落阶段。在这个前景异常暗淡的时刻，伦敦又爆发了另一场政治危机：克里普斯威胁要辞职，称他“对战争的指挥很不满意”。[114] 他想要建立一个“战争计划委员会”，以削弱丘吉尔的权力。[115] 在西部沙漠的战事仍然没有取得任何进展的情况下，丘吉尔在政治上依然很脆弱，哈罗德·尼科尔森甚至觉得，克里普斯有可能打算“另立政府，取代温斯顿的位置”。[116]

克里普斯自1月从莫斯科回国后，就发现自己非常受欢迎。丘吉尔认为他当大使的日子冲昏了他的头脑：“占据他头脑的，不是上帝的恩典，而是上帝本身。”[117] 好像是为了强调他的救世主身份，在里昂，克里普斯会和当地的上班族一起到街角的餐馆里吃廉价早餐。当政客们开始在全国各地发表远远超出其职权范围的演讲时，我们就可以断定，他们是在为谋取首相之位而“运作”。对于盖洛普民意测验组织的问题：“如果丘吉尔先生出了什么事，你希望他的继任者是谁?”34%的人回答是艾登，但是也有28%的人回答是克里普斯，其他人的投票没有超过3%的。[118] 那年夏天，克里普斯开始在整个英国就一些与其大臣职责无关的问题进行系列演讲，涉及社会保障、贫民窟、普及教育、民航、住房、国民储蓄、“贫富分化”及如何“摆脱失业”等各类问题。[119] 在联合国日，他还给中国发去了信息，并在BBC发表了演讲，谈到遵从上帝的旨意。

克里普斯无疑是战时内阁中除丘吉尔之外最活跃的成员，如果蒙哥马利计划于10月下旬在阿拉曼发动的攻势出现什么差错，克里普斯就很有可能会成为首相之位的有力竞争者。克里普斯甚至会在公开场合毫不掩饰地批评丘吉尔。他说：“回国后，我一直觉得我们这个国家缺少一种紧迫感。我觉得我们在努力和决心方面都没有‘全力以赴’。”[120] 9月21日，在蒙哥马利发动进攻之前，丘吉尔、艾德礼和艾登设法说服了克里普斯不要辞职。丘吉尔私下里把战争计划委员会贬斥为“无实体的智囊团”，“智囊团”是一个著名的广播节目的名称。[121] 安奈林·贝文对尼科尔森说：“如果丘吉尔继续留任，我们就会输掉这场战争。”但是他没能说服尼科尔森。“我仍然把温斯顿视作战神。”尼科尔森写道。① [122] 战后丘吉尔声称，1942年9月和10月是

① 那天，因为需要对维希政府总理皮埃尔·赖伐尔进行“明确的谴责”，丘吉尔开玩笑说：“恐怕我已经将英语这种语言的可能性用尽了。”（丘吉尔，《结尾》，第186页。）

他在整个战争中最焦虑的两个月，原因非常明显：虽然此时德国入侵的概率已经很低，但是盟军的航运损失处于整个战争中最严重的时期（11月，80万吨）；德军已经占领了斯大林格勒市中心；蒙哥马利没能从阿拉曼向前推进；克里普斯和比弗布鲁克正在四处张罗，准备出击；日本已经占领了世界上1/8的土地，现在对印度和澳大利亚也都构成威胁。[123] 即使德国战败，这当然是极其不可能发生的情况，人们仍需担心复兴的苏联会横扫满目疮痍的欧洲大陆。丘吉尔对艾登说："如果苏联的野蛮与残暴将来一统欧洲，并渗透到欧洲各古国的文化中，那么将是一场无法估量的灾难。"[124]

比弗布鲁克仍在政府外为第二战场争取支持，并希望自己在丘吉尔出现闪失时有机会取代他成为首相，但此时他在丘吉尔的家庭里似乎起到了疗伤的作用。"我非常感谢你在伦道夫和帕梅拉之间，以及在伦道夫和温斯顿之间充当调解人，"克莱门汀在10月8日给他的信中写道，"我希望在伦道夫回到埃及之前，他能经常见见他父亲。他是真心爱温斯顿的，这种疏远是一种悲哀，使他们两人都感到沉重。"[125]

10月12日，丘吉尔获得了爱丁堡市自由奖章，他在演讲中摆出了自己所有与苏格兰有关的证明材料。"首先，我决定在圣安德鲁节出生。"他宣布，然后，指出他的妻子和他伟大的兵团都是苏格兰人，而且"我在'美丽邓迪'议员的位子上坐了15年，如果一切由我做主，我还想一直坐下去"。[126] 他谈到突击队对法国海岸的袭击，以及"在整个乡村的欢乐中"，一只钢手如何不时地从海中伸出来，"以越来越快的速度把德国哨兵从岗哨上拽下来"。[127] 音乐家哈里·劳德爵士当时也在观众席上。他接着说道："你们有一位著名的歌手——他今天就在这里，他的歌词一直在给予许多负重的心灵以安慰和新的力量。让我用他的话来对你们说，让我们一直走到路的尽头，一直走到尽头。"[128]

第二天，在内阁讨论美国军队要求英国餐馆实施种族隔离制度时，克兰伯恩勋爵说，他在殖民地办公室的一位黑人官员不能再去餐馆了，因为美国军官在那里实施了只允许白人就餐的政策。"没关系，"丘吉尔说，"如果让他带上一把班卓琴，他们就会认为他是乐队成员的！"[129] 开过这个冷漠的玩笑后，丘吉尔接下来开始以应有的严肃态度处理这一情况。内阁得出结论：美国军队“绝不能指望我们的民事或军事当局协助他们执行种族隔离政策。很显然，不能因为美国军队来到这个国家，我们的食堂、酒馆、剧院、电影院等公共设施就要限制有色人种进入，我们不会这样做，也不可以这样做”。[130]

1942 年 10 月 23 日，星期五，蒙哥马利向阿拉曼发起进攻。这场战斗持续了 12 个昼夜，丘吉尔想将其称为“埃及之战”。那天晚上，丘吉尔参加了国王和王后在白金汉宫为总统夫人埃莉诺·罗斯福举行的晚宴。之后，所有人一起观看了诺埃尔·考沃德的电影《与祖国同在》，这部宣传片对路易斯·蒙巴顿进行了几乎不加掩饰的赞美。丘吉尔不停地询问战事的进展情况，直到他亲自去给陆军部打了个电话才罢休。托米·拉塞尔斯说，他回来时“满怀热情地”唱着“滚木桶之歌”，“但是几乎没有表现出任何音乐天赋”。[131]

到 10 月 29 日，由于蒙哥马利还没有冲破隆美尔的防线，丘吉尔和艾登都已经有些恼怒，是布鲁克让他们平静下来，相信即将出现积极的结果。果然，11 月 3 日，蒙哥马利迄今为止最猛烈的一次进攻，由伯纳德·弗雷伯格将军的新西兰第 2 师打先锋的“超级冲锋行动”，在这场战斗的第 4 阶段突破了德军的防线，这迫使隆美尔开始向福卡撤退。卡多根当天注意到，“身在伦敦的首相激动万分”。[132] 11 月 3 日正是与国王共进星期二午餐的日子，这次丘吉尔终于可以肯定地说出这句话了：“我给你们带来了胜利的消息。”[133]“我们以为他疯了，”王后后来说，“自从战争开始，我们就没有听到过‘胜利’这个词。”[134] 从“超级解密”组织那里拿到的两封隆美尔发给希特勒的电报令丘吉尔感到特别满意，在电报中，隆美尔对这场战斗进行了“非常沮丧的描述”。[135]

卡多根记录道，在内阁讨论外交部的一份有关战后欧洲联邦制的文件时，“丘吉尔当然还在为埃及的消息感到兴奋，而他的兴奋也以一种并不出人意料的形式表现出来，‘该死的欧洲，我们会强大到按自己的路走下去的’。”[136] 11 月 4 日，隆美尔全面撤退。蒙哥马利的军队俘虏了 3 万名轴心国士兵。当天晚上，蒙哥马利与德国将军里特·冯·托马在沙漠篷车里共进了晚餐。拿破仑和马尔伯勒就常常会在战斗结束后与战败的将军们在帐篷里共进晚餐。所以当一位议员私下里向丘吉尔抱怨蒙哥马利的做法时，丘吉尔严肃地回答："可怜的冯·托马，我也和蒙哥马利一起吃过饭。"[137]（后来他在私下里谈到极其自负的蒙哥马利时说："在失败中不可战胜，在胜利中无法忍受。"）[138]

11月15日，星期日，在确定德国没有可能进行成功的反攻后，丘吉尔下令敲响全国的教堂大钟。在有人指出，钟可能已经生锈，而敲钟人正在军队服役时，他的回答是"没关系的"。[139]确实没关系。人们听到教堂的钟声响起，就开始为真正的胜利而欢呼雀跃，这在当时的许多日记和信件中都有记载。

丘吉尔对周围的人说："我们不是在庆祝最后的胜利，战争仍将持续很长时间。打败德国后，我们还需要两年时间才能打败日本。这也不是一件坏事，因为这将让美国与我们继续团结在一起，共同促进欧洲和平。到那时如果我还活着，那么我将把我们所有的人力和物力投入太平洋。"[140] 11月10日，他在伦敦市长官邸发表演讲时谈到了阿拉曼之战的重要性。他在一段会让爱德华·吉本引以为豪的隽语中宣称："这不是结束，甚至不是结束的开始，仅仅有可能是开始的结束。"[141]

第28章

一个大陆的救赎

（1942年11月—1943年9月）

胜利带来的问题比失败带来的问题令人愉快，但是解决起来同样困难。

——丘吉尔，下议院，1942年11月[1]

从根本上说，我是这里的总司令。我不可能总能实现我想要的，那是自然，但我总能阻止我不想要的。

——丘吉尔写给伊万·麦斯基的信，1943年4月[2]

1942年11月8日，星期日，在西北非沿摩洛哥海岸的三个地点，以及奥兰和阿尔及尔，由10万人组成的美英联军冲上海岸。维希政府的军队进行了一些抵抗，盟军损失了850名士兵，但北非维希政府总司令达兰上将很快发现，“火炬行动”的攻势不可阻挡，于是他决定与艾森豪威尔进行和谈，并达成一项停火协议，允许他对该地区继续进行广泛的行政管理。

“温斯顿为我们的成功而陶醉！”布鲁克在第二天写道。①[3] 11月10日，丘吉尔满怀胜利的喜悦沿着斯特兰德大街驶向圣保罗大教堂，在市长午餐会

① 几年后，布鲁克又补充道：“我想这是他唯一一次对我为他工作期间所做的工作公开表示赞赏或感谢。”（丹切夫和托德曼编辑，《战争日记》，第340页。）虽然事实并非完全如此——1945年，在诺曼底登陆后的一次演讲中，丘吉尔称布鲁克为“那位伟大的军官”，并授予他子爵爵位。但是确实有一件事是值得注意的，那就是丘吉尔很少提到另一位伟大的英国战略家。（*CS* VII，第6 976页。）

上发表了伦敦市长官邸演讲。“我们取得了胜利，”他对听众说，“这是一次显著而明确的胜利。耀眼的光芒照在我们士兵的头盔上，温暖和鼓舞了我们所有人的心……我们用德军击败那么多弱小民族的武器击败了他们，战胜了他们。”他相信，尽管维希的军队在“火炬行动”中曾经与盟军作战，但是法国最终会为打败纳粹德国做出贡献：“在这里，在这个重要场合，我要向你们宣布，即使是现在，被误导或被奴役的法国人正在向他们的营救者开火时，我也要向你们宣布，我坚信，法国会再次崛起。”[4]随后他又明确地提到远东和印度：

> 我们参加这场战争不是为了利益或扩张，而是为了荣誉，为了履行我们捍卫人权的职责。让我再说清楚一些，以免大家在任何地方有任何误解。我们要坚持自己的立场。我成为国王的首席大臣，并不是为了主持大英帝国的清盘工作。如果需要完成的是这样一项任务，被找来完成任务的肯定另有其人。[5]

这不仅向日本人和印度国大党，而且也向美国人发出了一个明确的信息：丘吉尔不相信大英帝国的日子已经屈指可数。事实上，他认为这场战争既是为了不列颠，也是为了大英帝国。大英帝国的反应也十分出色，在没有征召的情况下，提供了大量的人力、财力和物资。作为回报，英国帮助印度抵御了日本的入侵。如果日本对印度的入侵像其对菲律宾的占领那样凶残，可能会造成数百万印度人死亡。丘吉尔毕生对大英帝国的信念深刻地影响了英国的大战略，也影响了英国在战争后期与美国的关系。

丘吉尔后来在谈到蒙哥马利的士兵和他们在阿拉曼的胜利时说：“这支高贵的沙漠之军从来没有怀疑过自己打败敌人的能力，他们的骄傲曾因令人无法理解的撤退和灾难而遭受残酷折磨，但是一周以来，他们重新恢复了热情与自信。历史学家会对托布鲁克之战做出解释的。第八军团干得很好：它已经报了那一战之仇。”[6]（托布鲁克港也将于 11 月 13 日被重新夺回。）然后他巧妙地将”火炬行动”的想法归功于罗斯福，尽管这原本是他的想法。他说：“在美国遭到日本、德国和意大利袭击后我第一次访问华盛顿时，罗斯福总统就对法属北非特别适合美国对西部战场进行干预的观点情有独钟。这一观点也得到我们的充分认同。”[7]拉塞尔斯、伊斯梅和其他一些人都发现了这个花招，但丘吉尔希望鼓励美国人把这次军事行动的功劳据为己有。实际上，直到7月底，参谋长联席会议还一直在反对这次行动。

作为对北非进攻的回应，希特勒于11月占领了整个法国，法国人随即在土伦凿沉了自己的舰队。如果两年前他们能在奥兰采取这一行动，那么本来可以挽救1 300条生命。11月11日对于经历过第一次世界大战的那一代人来说，是一个神圣的日子，当丘吉尔走进下议院宣布，轴心国在阿拉曼的伤亡人数为5.9万人，而英联邦的伤亡人数为1.36万人时，全场响起了经久不息的掌声。他说：“我当然不是那种需要别人督促的人。事实上，我反而是那个爱督促别人的人。我需要克服的困难，就是要耐下心来，克制自我，熬过许多焦虑的日子，等待结果。”[8]在解释战争形势时，他说：“面对猛烈的攻击，轴心国已经露出了自己的肚皮，尤其是意大利。”[9]尽管他没有像与斯大林和马克·克拉克将军交流时，或是在其他一些场合那样，使用“软”这个形容词来形容轴心国的“肚皮”，但其中的含义依然是，对意大利的战争可能会比较容易。

从11月中旬开始，丘吉尔重新使用“超级解密”组织提供的情报，这是他自4月承认自己错误理解情报内容以来的第一次。蒙哥马利对隆美尔的追击行动进展缓慢，这令丘吉尔感到沮丧，他引用解密情报中的相关内容告诉亚历山大：“那位非常杰出的人物作为我们的敌人现在正处于软弱和混乱的状态。”[10]然而，亚历山大和蒙哥马利却清楚地意识到德国国防军的反击能力，他们没有让丘吉尔的干预改变他们有条不紊、成功推进的步伐。事实证明，这是丘吉尔最后一次在行动决策中使用“超级解密”组织提供的情报来支持自己的论点。[11]在战争的剩余时间里，他一直保持着阅读德国解密情报的热情，但在此之后，解密情报数量变得太多，联合情报委员会不得不选择一些出来让他看。不过，他不允许任何人怀疑这些情报的重要性。1944年8月，他对奥马尔·布拉德利将军的首席超级解密军官亚历山大·斯坦迪什少校说，他宁愿牺牲三个师，也不愿透露这些情报。如果有人真的透露了这些情报，不管是有意还是无意，都将被立即送上军事法庭，并且被枪毙。[12]

丘吉尔现在可以把注意力转向克里普斯了。国王记录道："现在我们取得了一些成功，政府的政策得到了印证，温斯顿开始称他为'战时内阁的定时炸弹'。"[13] 在一次快速改组中，克里普斯被任命为飞机生产大臣，这个职位不再是战时内阁成员，在战争结束前他一直待在那个岗位上。艾登接任了克里普斯的下议院领袖之职，同时兼任外交大臣，而克兰伯恩勋爵则接任了克里普斯的另一个职务——枢密院掌玺大臣。林德曼替代克兰伯恩成为主计大臣，丘吉尔的另一位亲密朋友和支持者则进入了内阁。

丘吉尔现在把目光投向意大利。他在 11 月 22 日对战时内阁说："当一个国家在战争中被彻底击败时，她会做出之前人们无法想象的各种事情。"[14] 参谋长联席会议还没有考虑到在意大利本土作战，但丘吉尔想到了。从前一年的四份备忘录开始，他就想到了这样一个将德国装备从法国西北部的海滩上吸引过来的方式。①

12 月 10 日，在下议院举行的第 5 次也是最后一次秘密会议上，丘吉尔为艾森豪威尔与达兰达成的协议进行了辩护。根据协议，维希政权将继续统治突尼斯和阿尔及利亚。在解释为什么支持"自由法国"的人如此之少，而合作主义者如此之多时，他说："万能的上帝以他无限的智慧看出来，按照英国人的形象创造法国人不合适。"[15] 法国将军亨利·吉拉德从监狱逃出后抵达阿尔及利亚，却与戴高乐就谁将担任法国民族解放委员会主席发生冲突，该委员会的任务，就是协调法国国内外所有反对维希政权的武装力量。丘吉尔评论道："我们都认为吉拉德将军是这个职位的合适人选，他的到来将会产生轰动效应。对于这一观点，吉拉德将军表示坚决赞同。"[16] 丘吉尔称贝当元帅（他的发音是"皮丹"）为"那个古老的失败主义者"，当他讲完话坐下时，听到了一片欢呼声。

罗斯福渐渐开始厌恶戴高乐身上的一些东西，他的法国沙文主义，他总

---

① 12 月初的一个周日下午，丘吉尔住在实业家考陶德·汤姆森爵士位于白金汉郡的宅邸多恩伍德庄园时，玩了一种柯林斯式小型台球游戏，得到了急需的放松。经过三个小时的比赛，他的得分达到了令人印象深刻的 1 015 分。超过 1 000 分的成绩都会在多恩伍德庄园的"黄金册"中被记录下来，蒙巴顿、林德曼和哈里曼都曾在登记自己的成绩时见过丘吉尔的成绩。（本书作者在 21 世纪初时也曾获得四位数的分数，名字也出现在了名册中。）

把法国利益置于盟国利益之上的习惯，以及他企图破坏美国与维希政府的关系。总统对其子埃利奥特说："戴高乐的目标是在法国实现一人执政。我想不出还有谁比他能更让我不信任。"[17]他错误地怀疑戴高乐是丘吉尔的傀儡，因为他得到了英国政府的庇护，而且英国政府也支持"自由法国"的军队。丘吉尔在秘密会议当天给罗斯福发去一封电报反驳说："我对他的喜爱并不比你多。但我宁愿让他进入委员会，也不愿让他像圣女贞德和克里孟梭的合体一样趾高气扬地晃来晃去。"[18]还有一次，当布拉肯说，戴高乐认为自己是圣女贞德的化身时，丘吉尔咆哮道："是的，但我的主教们不会烧死他！"[19]戴高乐令丘吉尔极为沮丧和恼怒，但他从未放弃过对戴高乐的支持——尽管放弃支持他的诱惑是如此强烈，有时丘吉尔甚至到了这样做的边缘。达兰这个人他是真的非常讨厌，11 月时还将其称作"一头该死的猪"。[20]1942 年圣诞夜，达兰被一名法国君主主义者暗杀，人们认为丘吉尔是幕后主使，但是并没有足够证据。

丘吉尔不仅要小心处理与戴高乐的关系，还要小心处理与美国的关系。美国要求英国结束帝国优先政策，丘吉尔对即将就战后殖民政策发表演讲的赫伯特·莫里森说："七八十年来，我们一直让殖民地保持对世界贸易的绝对开放，从没有要求过哪怕是最小的优先，也没有征收过除所得税以外的任何税种。恰恰是美国人的高关税政策使世界误入歧途，他们现在反而来训斥我们举止不当，真是太厚颜无耻了。不过，我并不建议你直接使用这句话。"[21]元旦那天，丘吉尔与国王谈论了未来的军事战略："我们必须在这些问题上与美国人合作，因为没有他们的帮助，我们做不成这些事。他们的军队训练得太慢了，送过来的速度也慢得出奇。"[22]

丘吉尔、罗斯福以及美国和英国的参谋长们达成一致，约定在美国陆军位于卡萨布兰卡郊外的安法营地会晤，来决定在轴心国被完全驱逐出北非后，英美的下一次打击目标应该定在哪里。安法营地从前是一家旅游酒店。1943 年 1 月 12 日，丘吉尔乘坐他的解放者飞机"突击队号"① 从英国皇家

① 这架飞机于 1945 年在大西洋上空失踪。

空军莱纳姆机场起飞，参加代号为“符号”的会议。国王当天记录道，丘吉尔承认，“他对罗斯福的态度必须比以前坚定得多，因为他必须让罗斯福明白，没有他已经答应给予我们的帮助，我们无法继续下去”。[23] 他带去的人员包括波特尔、哈里曼、莫兰、皮姆、汤米·汤普森中校、沃尔特·汤普森探长①、约翰·马丁和索耶斯。这将成为1943年他的4次长途旅行中的第一次，他为此将离开英国近4个月。降落后，丘吉尔本应立即坐上一辆装甲车，以避免附近的工作人员认出他，但他决定留下来迎接伊斯梅将军。他坚持认为，由于他穿着身份为“空军准将弗兰克兰”的制服，所以没有被认出来的危险。其实他这个样子骗不了任何人。哈里曼回忆说：“尽管丘吉尔穿着军装，但他的轮廓不可能被认错。”[24] 伊斯梅后来说：“他看起来更像一个伪装成首相的空军准将，而不是反过来。”

丘吉尔住在这座豪华酒店庭院里的米拉多别墅，房间非常舒适，距离罗斯福的豪华别墅约200码。一旦落了脚，皮姆上尉就建起了地图室。丘吉尔邀请乔治·马歇尔将军和马克·克拉克将军共进午餐，邀请金上将、哈里曼和其他人参加了一场轻松欢乐的晚宴。② 罗斯福于1月14日抵达，在接下来的9天里，参谋长联席会议确定了各战区的物资分配。丘吉尔仍然需要说服美国人1943年实施地中海战略，而不是跨海峡战略。仇英的阿尔伯特·魏德梅尔将军后来抱怨说，丘吉尔在卡萨布兰卡把他们“引上了花园小路”。丘吉尔第二年反驳说：“他们可能会说我领着他们走上了花园小路，但在花园里行走的每一个步，他们都找到了美味的水果和有益健康的蔬菜。”[25] 卡萨布兰卡会议达成协议，下一个打击目标将是西西里岛。在有人提到撒丁岛时，丘吉尔说：“我决不允许自己被沙丁鱼骗走。”[26] 丘吉尔告诉克莱门汀，会议还决定，亚历山大将成为艾森豪威尔在突尼斯战役中的副总司令，掌控

---

① 沃尔特·汤普森的儿子弗雷德，是轰炸机指挥部英勇的“目标标记寻路中队”的第一批飞行员之一，曾因飞越敌方领空完成43次飞行任务荣获杰出飞行十字勋章。不久他将在一次行动中遇难。在丘吉尔所认识的人当中，儿子在战争中死去的有很多。那个长长的名单又一次加长了。

② 会议期间，有一次霍普金斯撞见丘吉尔在吃早饭时喝酒。首相解释说，他“一方面非常讨厌脱脂牛奶，另一方面对葡萄酒倒是没有根深蒂固的偏见。”（舍伍德，《霍普金斯》第二卷，第685页。）“在开罗时，我看到温斯顿早餐喝了一瓶白葡萄酒。”伊恩·雅各布告诉作者。小说家C. P. 斯诺曾说，丘吉尔不可能是个酒鬼，因为没有哪个酒鬼能喝那么多。

这次战役“主要行动的真正方向和计划”，而亨利·“巨人”·梅特兰·威尔逊将军将接替亚历山大，成为中东地区总司令。

会议结束时，丘吉尔同意了罗斯福的提议：同盟国要求德国无条件投降。这样做就切断了与希特勒的任何纳粹继任者和平谈判的可能性。批评人士称，这样做反而帮助纳粹说服了德国人民继续战斗，即使他们知道自己会失败。但是丘吉尔公开表示，这样做会让胜利者明确自己的责任。丘吉尔在回英国后向议会汇报时说：“这并不意味着他们有权以野蛮的方式行事，也不意味着他们希望把德国从欧洲国家中排挤出去。如果说有什么东西会束缚我们，那只能是我们自己对文明的良心。”[27] 人们相信，无条件投降的要求提高了联军的士气，而且不这样要求肯定会增加斯大林的怀疑，他会觉得西方盟军准备在战争快要结束时与德国人达成协议。但是丘吉尔对此并不满意，他觉得在会议结束时突然出现这样一个重要话题，而罗斯福没有给他足够的提示。

早在会议开始的时候，丘吉尔就在与克莱门汀谈到“堂吉诃德”（他们私底下对罗斯福的称呼）时说：“我对我们之间的友谊有一种强烈的感觉。”[28] 首相和总统多数时候会一起吃饭、一起熬夜，丘吉尔正确地认识到，卡萨布兰卡会议的成果将会获得巨大成功。首先进攻西西里岛，然后进攻意大利的地中海战略得到了美国人的认可；美方为 1944 年最终重新占领缅甸提供护卫舰和登陆艇做出了承诺；美国对苏联的援助将会增加；戴高乐和吉拉德在镜头前（不管是多么草草地）握了手；军队及其总指挥官的全球部署已经达成协议。在所有这些协议中，丘吉尔与罗斯福、马歇尔及布鲁克都是核心人物，他对所有这些协议的达成都感到满意。“完全是我所希望和提议的。”他对克莱门汀说。[29]

1 月 24 日举行了最后一场新闻发布会，丘吉尔向罗斯福总统保证说：“我们把他们都迷住了。”发布会后，他与罗斯福驱车前往马拉喀什。下午晚些时候，他们抵达美国副领事摩西·泰勒的漂亮别墅。[30] 丘吉尔在他的战争回忆录中谈到过“这座城市的快乐生活，包括算命师、耍蛇人、丰富的食物和饮料，以及非洲大陆上规模最大、组织最周密的妓院，所有这些机构都有着悠久的历史”。[31] 在别墅的屋顶上，丘吉尔绘制了 1939 年至二战胜利日期间的唯一一幅画作。这座城市的景致有一部分是以一座神社为主的，他把这幅名为《卡托比亚清真寺之塔》的画作送给了罗斯福。①

罗斯福于1月26日上午离开马拉喀什。丘吉尔在同一天晚上飞往开罗。他命令英国的总司令们到那里集合，讨论"嘉奖行动"计划。该行动的目标，是以最大的"聪明才智和资源"，去攻占多德卡尼斯群岛。[32]布鲁克认为这会分散意大利之战的注意力，而丘吉尔希望，英国如果能够重新占领克里特岛，并同时占领多德卡尼斯群岛，就可以限制敌人在地中海东部的活动，打开博斯普鲁斯海峡甚至巴尔干半岛，并且激励土耳其参战。这样，土耳其就会同意盟军使用其空军基地，以此来打击轴心国在希腊、罗马尼亚和保加利亚的目标。[33]这明显是加里波利之战的翻版，罗斯福和马歇尔表示完全反对，并拒绝参与。三天后，陆军部计划署主任维维安·戴克斯准将，一个本可以阻止这一行动的人，因飞机失事丧生。1月31日，丘吉尔飞往阿达纳，会见土耳其总统伊斯梅特·伊诺努。他们在耶尼杰附近的总统专列上见了面。战时内阁发来一封忧心忡忡的电报，要求他不要冒着被暗杀的危险前往土耳其。他在回信中说："请不要担心我的人身安全，因为我能照顾好自己，也善于迅速发现危险之所在。"[34]就在起飞前，由于从戴克斯的死联想到自己的死，丘吉尔对伊恩·雅各布说："我想现在我们的路已经走顺了，哪怕只有内阁也可以安排好一切。"[35]

丘吉尔告诉伊诺努总统，现在看来，盟军肯定会赢得战争，土耳其应该放弃其中立立场，这样才能从即将到来的胜利中获益。他后来告诉战时内阁，他和伊诺努"立刻成了朋友"，土耳其人"渴望我们能胜利"。[36]第二天，他飞往尼科西亚。媒体后来才了解到，丘吉尔途中在塞浦路斯停留，视察了轻骑兵第四团，他此行的别号为"布尔芬奇先生"。但事实上，他正在塞浦路斯物色一个当年秋天与斯大林和罗斯福会晤的合适地点。"这个岛太完美了，"他对梅斯基说，"这里很容易和周围切断联系，没有人知道的。"[37]

2月2日，当陆军元帅弗里德里希·保卢斯在斯大林格勒带着20多万人

---

① 画这幅画对他来说很不容易，因为他一直饱受"牵拉肘"的折磨。这种病痛不会让人马上联想到温斯顿·丘吉尔。虽然现在天已经放晴，但他还是戴着特殊的护肘，以防下雨。这幅画的主人现在是女演员安吉丽娜·朱莉。

的轴心国部队投降时，丘吉尔正在开罗。他写信给斯大林表示祝贺，并做出一个糟糕的预言：土耳其将在1943年年底前参战。他对斯大林说："我告诉他们，根据我的经验，苏联从未违反过任何条约或协定。"这样虚伪的评价一定会让20世纪20年代的丘吉尔大吃一惊。[38]他还告诉罗斯福，他认为应该把他们对意大利的计划告诉斯大林，他说："没有人比他更能保守秘密。"[39]他还建议也要通知斯大林，"我们打算在8月进行大规模的跨英吉利海峡军事行动，英国和美国将有17~20个师参与其中"。[40]但是他补充说，行动将受到天气、航运和登陆艇等问题的限制，而且，如果他们在西西里岛和意大利大陆遭遇德国人的顽强抵抗，跨英吉利海峡的军事行动就不会发生了。

2月5日，他离开开罗前往西部沙漠，想亲眼看着第八军团正式进入的黎波里，并视察4万人的部队的大规模游行。他对游行队伍说："战后，如果一个人被问到他做了什么特别值得说一说的事情，我要说的就是'我曾与沙漠部队一起行军、一起战斗'。当历史被记录下来，所有事实都将大白于世时，你们的丰功伟绩将熠熠生辉。即使在我们今天聚集在这里的人们离世很久之后，你们的事迹也将成为歌曲和故事的素材。"[41]布鲁克注意到，当第51高地师走过时，"奔放的管乐声在我耳边回荡……我回头看看温斯顿，看见他脸上挂着几滴眼泪"。[42]

2月7日，尽管丘吉尔乘坐的飞机在阿尔及尔中途停留时出现了发动机故障，他还是飞跃了布里斯托尔海峡，于上午11点降落在英国皇家空军莱纳姆机场。飞行过程中索耶斯曾经对他说："你坐在热水袋上，这可不是什么好主意。"首相回答："主意？这是个巧合。"[43]丘吉尔去了艾登的乡间别墅宾德顿庄园，在那儿他们观看了最近上映的电影《卡萨布兰卡》。根据艾登的日记，"温斯顿谴责了戴高乐"在"符号会议"上的表现。[44]他还对战时内阁试图劝阻他去土耳其感到愤怒，艾登记录道："他在国外时必须允许他去喜欢去的地方……不管怎样，如果他被杀，那也是一个好的死法，我也能早点儿接替他的位置。"

比弗布鲁克还没有放弃成为首相的希望，现在他希望用他自己、艾登和贝文三人组合来取代丘吉尔。他的计划胎死腹中，不喜欢也不信任他的贝文立即告诉了丘吉尔。当有人问丘吉尔在这之后是怎样做到与比弗布鲁克保持良好的个人关系时，贝文解释说：“嗯，你看，我们打个比方，这就像一个老头儿娶了一个娼妇，他知道她是什么，但他爱她。”[45]比弗布鲁克手里有一份由他的一个研究人员起草的23页文件，题为“温斯顿·丘吉尔的错误预言及其所带来的经济后果”——一份假定丘吉尔所有错误判断的清单，包括达达尼尔海峡战役、金本位制、20世纪30年代的文章、退位危机（他本人曾是丘吉尔的主要盟友）、1940年1月对中立派的讲话、对克里特岛和托布鲁克胜利的预测等等。[46]所有内容都有参考文献和释文做支撑，主要来自《议会议事录》和比弗布鲁克自己的报纸。尽管这篇文章从未被公开过，但比弗布鲁克已经做好准备，一旦他的老朋友在政治上表现出脆弱的迹象，他就可以出手了。

2月9日，丘吉尔从卡萨布兰卡返回后第一次进入下议院，迎接他的是震耳欲聋的欢呼声。他对议员们说：“我们必须尽自己所能，无论是在身体上还是智慧上，让敌人燃烧起来，流干鲜血。在广阔的苏联战线上，从白海到黑海，敌人就是这样燃烧、流血的。”[47]然后他补充说：“当我看到苏联所做的一切和苏联军队的巨大成就时，我感觉如果我的内心和良心还不能确定，我们是否正在并且即将尽一切努力，以最快的速度、最充沛的精力和最大的规模，让英美的军队对敌人采取行动，我就没有尽到应尽的职责。”[48]接下来他向“热情而令人敬畏的蒙哥马利将军”致敬，说他是“一位克伦威尔式的人物，严肃、严厉、有修养、不知疲倦，一生致力于研究战争，他的个人魅力很好地激发了军队的信心和献身精神”。[49]然后他宣读了亚历山大将军在打败隆美尔后发给他的消息：“陛下的敌人，带着他们的行李，已经完全被撵出了埃及、昔兰尼加、利比亚和的黎波里塔尼亚。我现在正在等待您的进一步指示。”他停顿了一下，然后恰到好处地用轻描淡写的语气补充说：“很显然，我们得想点儿别的事情去做。”[50]演讲结束后，议员们围着他聚集在吸烟室里。尼科尔森记录道：“给他留下最深印象的似乎是利比亚的意大利人如何对他表示欢迎。‘他们为我欢呼，’他说，‘还像这样拍手。’说到这儿，他把雪茄放进嘴里，拍着双手说‘Eeveever’。”①[51]

① 应该是Evviva：“万岁”（呼啦）。

2月16日，丘吉尔患上肺炎，肺的底部发炎。莫兰为他开了名为的M&B（以其制造商梅贝克有限公司的名字命名）的新型磺胺类抗生素，但是在接下来的6天里，首相丧失了行动能力。他又一次赶上了幸运的时机，M&B是刚刚发明的治疗肺炎的化学制剂。感觉好些后，他读了《摩尔·弗兰德斯》，并于22日给来契克斯庄园探病的国王写了信。丘吉尔坚持认为："戴高乐对我们国家充满敌意，我对吉拉德的信任远远超过对他的信任。"不过他认为，戴高乐的"蛮横……可能建立在愚蠢而不是恶意的基础上……他现在想去他的领地巡视一圈，他自己将这称为mes fiefs，即我的家园。我已经否决了这一提议，因为他只会恶作剧，在他所到之处散布仇英情绪"。①[52]丘吉尔劝阻了戴高乐去叙利亚，对此这位将军回答："好吧，我就是个囚犯。"然后他回到自己在汉普斯特德从政府那儿借来的家。丘吉尔打电话给戴高乐的外交部联络人说："我希望你来负责，别让'汉普斯特德的怪物'逃跑了。"[53]

丘吉尔的护士多丽丝·迈尔斯向丈夫罗杰报告说："我试图说服他晚上喝一些阿华田，但他说他讨厌'流食'——不能忍受牛奶和稀粥，他是那种早餐也要吃'牛排配啤酒'这类食物的人。"[54]2月23日她在唐宁街写道："有一件事可能会让你觉得好笑，那就是他的液体摄入量表。差不多就是这样的：香槟10盎司、白兰地2盎司、橙汁8盎司、威士忌配苏打水8盎司。这难道不会令你咋舌吗？！"[55]到了3月1日，丘吉尔感觉好多了，尽管还有些虚弱，多丽丝注意到"他唱了很多歌。扯着嗓子，声音很大，很不悦耳"。一首他喜欢在睡前洗澡时唱的一战时的歌曲是这样的：

> 用墙上的白涂料给我洗洗，
> 不要用水洗。

---

① 这封信于1951年在丘吉尔的回忆录中公开时，第一句话被完全省略了，关于戴高乐的愚蠢的词语也被省略了，"蛮横"改为"粗暴"。（丘吉尔，*TSSW* IV，第657页。）还有关于第八军团的一句话也被删了："敌人如果认为我们所有的军队都和我们的美国朋友一样毫无经验，他们就犯了一个巨大的错误。"同样，关于甘地绝食的评论也被删了："老骗子甘地活得这么长久，比我们确定他能活的时间长多了。真怀疑他的禁食是否是真的。"（RA PS/PSO/GVI/C/069/29。）

你去给你肮脏的女儿洗洗吧，

用墙上的白涂料给我洗洗。[56]

当他自己能够正常洗澡时，迈尔斯护士注意到，他会很自豪地用脚趾关掉契克斯庄园的水龙头。3 月初他就能工作了，带着“几位秘书和几杯威士忌”，一直工作到午夜后。经常有大笑的声音从他们的门里传出来。到 3 月 15 日，他已经康复。

隆美尔 3 月初在突尼斯发动了 4 次主要反击，但都遭到艾森豪威尔和蒙哥马利的有力回击。3 月 9 日，这只“沙漠之狐”宣布退役，被送回德国接受治疗，但实际上是为了躲避抓捕。然而，尽管来自非洲的消息让人欢喜，但英国本土仍经常遭到德国空军的轰炸。3 月 3 日晚，在贝瑟尔格林地铁站，173 名平民在轰炸中丧生，其中许多人是从台阶上摔下来，在恐慌中被踩踏而死的。丘吉尔希望审查这条新闻，声称他“反对把这件事放在如此显著的位置”，尤其是因为“我们早些时候说了‘没有恐慌’，而这条新闻表明确实出现了恐慌”。[57]

3 月 21 日，丘吉尔首次就战后英国即将面临的挑战做了广播演讲，这表明他对胜利即将到来越来越有信心。尽管由于病得太重，他未能参加 2 月 18 日针对贝弗里奇报告的辩论会，但在这次演讲中他还是对此做出了精辟的分析，这同时也是一次与工党争夺政治中间地带的尝试。他赞扬了威廉·贝弗里奇爵士的工作，“你们必须把我和我的同事们列为国家强制保险的坚定拥护者，所有阶层从摇篮到坟墓都要参加这一保险”。他补充说，每个人都必须工作，“无论他们是来自传统贵族家庭的人，还是现代富豪，或是普通的爱泡酒吧的人”。[58] 他毫不含糊地说：“我们必须在广泛而坚实的基础上建立起一个全国性的卫生服务机构。在这里，我要说的是，对于任何一个社会来说，没有比把牛奶放进婴儿身体里更好的投资了。健康的公民是任何国家都能拥有的最大财富。”他同样激进地承诺：“从根本上讲，任何人都不应该被剥夺接受高等教育的机会。没有足够的人才——那些在教育上花费了大量的时间和金钱的人，无论他们接受的是人文教育，还是技术教育或科学教育，我们就无法建立起一个现代化的社会。”[59] 这都是典型的托利式民主用语，参考并引用了他父亲和迪斯累里的话。他还谈到“城市和城镇的重新规划和重建”所能带来的就业机会，而且没有试图去掩盖这样一个事实：“战后税收要比战前更重，这应该是大家预料之中的事情。但是，我们也不打算制订那种过分的计划或征税方式，以至因磨灭了人的动力而破坏了大家的主动性和进取心。”[60]他还谈到经济发展“四年计划”，还有复员问题，以及建立一个“可以协调英国、美国和苏联的永久利益”的欧洲委员会，甚至还谈到电视的出现。他的演说很具有个人色彩。“我努力从已经发生的事情中总结经验，”他说：

> 也努力从我自己的错误中吸取教训，我要告诉你们，我的庄严信念是，如果我们以同志的情谊和忠诚的态度对待我们的国家、对待我们彼此，如果我们能使国有企业和自由企业都为国家利益服务，并肩拉动国家这架马车，那么我们就不会陷入1/4个世纪之前，我们取得了来之不易的胜利后所陷入的那种可怕的毁灭性衰退，以及那种肮脏的争吵和混乱，那是对胜利的嘲弄和浪费。[61]

3月24日，丘吉尔“带着天真的微笑”对他的新任秘书玛丽安·福尔摩斯说：“在我厉声说话的时候，你千万不要害怕我。我不是在对你发脾气，而是脑子里想着工作。”[62]福尔摩斯很快就成了他最喜欢的秘书之一。他带她参加了几次会议，对她的效率、勇气和美貌倍感珍惜。同年3月，在英国皇家空军服役18个月后，乔克·科尔维尔也回到了唐宁街自己的岗位上。他发现丘吉尔的“头脑和以往一样活跃，内心也一样坚定，但是外表却能够看出岁月的痕迹”。[63]

3月26日，星期五，就在蒙哥马利围攻马雷特防线一周后，突破防线进入突尼斯南部前，丘吉尔叫人去请布鲁克来。“等我到了附楼时，他已经进去洗澡了！”[64]这位具有保守思想的阿尔斯特人回忆道，“可是他一出来就接待了我，像个罗马百夫长，身上除了一条大浴巾，什么也没穿！他就以这样的打扮热情地握了我的手，让我在他穿衣服的时候先坐下。”布鲁克发现首相穿衣的“程序非常有趣”，先穿上白色丝绸背心，然后穿上白色丝绸内裤，他“穿着这身行头在房间里走来走去，看上去挺像童谣中的‘矮胖子’，他的身体很庞大，腿却很短很细”！白衬衫的领子不能围住脖子系好，丘吉尔索性不系了，用领结把领子系在一起，“就像奥利弗·哈代那样”。布鲁克继续观察着，这时“他注意到丘吉尔的头发（剩下多少算多少吧！）。一块手帕被喷上香精后，他在头上搓了搓”。“然后这几根头发又被梳理了一下，最后又直接喷上了香精。”在穿裤子、背心和外套时，丘吉尔“对蒙蒂的战斗和我们提议的北非之行一直赞不绝口”。尽管布鲁克在日记中对丘吉尔批评很多，他们之间的争吵也不少，但是这一次“他想说的主要是，他认为我在昨晚的会议上看起来很疲劳，我应该去过一个长长的周末”！[65]

尽管如此，布鲁克周一还是回到伦敦，向内阁汇报了隆美尔的败绩。随着第八军团在袭击突尼斯之前与来自西方的美国军队会合，整个 4 月，向突尼斯推进的行动仍在继续。1943 年 4 月，由于远程轰炸机的出现等原因，U 型潜艇被击沉的数量大幅增加，盟军的航运损失也随之减少。在第二次世界大战中，共有 793 艘德国 U 型潜艇被击毁或被俘。在 U 型潜艇上服役的近 4 万人中，3/4 死于海上。海军上将詹姆斯回忆说：“3 月底之前，确实存在敌人切断我们海上通信线路的危险，此后，抵抗力量缓慢但稳步地取得了针对 U 型潜艇的优势。”[66] 1943 年夏天，在托布鲁克沦陷近一年后，地中海终于可以对盟国航运重新开放了。

4 月 8 日，当艾森豪威尔暗示，德国增援部队抵达西西里岛可能会阻止盟军将于 7 月攻占该岛的“哈士奇行动”时，丘吉尔不出所料地与他针锋相对起来。他在写给参谋长们的信中说：“如果德国两个师的出现就可以让我们做出停止进攻行动或两栖作战的决定，而我们现在在北非可以参加行动的军力已经达到百万，那么很难看出战争该如何进行下去。几个月的准备，海上和空中的军事力量都很充足，可是德国的两个师就足以把一切都扳倒……我相信参谋长们是不会接受这种怯懦的失败主义信条的，不管这种信条来自何人……这会让斯大林怎么想？他的前线有 185 个德国师，我无法想象他会怎么想。”[67] 斯大林面对的德国军力实际上要略多于此。对于丘吉尔来说，少说或低估还是比较罕见的。“哈士奇行动”最终得以保全。

1943 年 4 月 18 日，德国宣布在卡廷森林发现了 1.4 万名波兰军官的乱葬坑。苏联否认需要对此负责，这个谎言一直持续到1990年，但是在波兰人和国际红十字会调查后，很快就真相大白了。5月底，流亡在伦敦的波兰政府联络大使欧文·奥马利给艾登发来一份文件，证据充足地详细解释了1940年3月苏联人是如何屠杀波兰军官的。[68]丘吉尔读到了这份报告，但在战时的紧急情况下，他和外交部都需要保持沉默。斯大林在莫斯科会议时对富农的“失踪”表现出的冷漠，意味着无论这件事令丘吉尔多么震惊，他都不可能完全出乎意料。丘吉尔早在1919年就写道：“苏俄的所作所为，比任何该由德皇本人负责的暴行都要更可怕，规模也更大、数量也更多。”但是现在，苏联却成了丘吉尔的一个重要盟友。[69]

4月23日，哈罗德·尼科尔森在日记中写道，当他问丘吉尔关于卡廷森林的事情时，丘吉尔冷冷地笑了笑说：“少说为好。”[70]“即使德国的说法被证明是真的，”丘吉尔对麦斯基说，“我对你的态度也不会改变。你们是一个勇敢的民族，斯大林是一个伟大的战士，目前我主要以一个致力于尽快击败共同敌人的军人身份对待一切。”[71]他补充说，“战争中什么事都可能发生”，下级指挥官在自主行动时也可能“做出可怕的事情”。[72]两人都知道，除非上级直接下令，否则不可能发生如此大规模的屠杀。从道义上讲，丘吉尔的立场是不可容忍的，但在政治上却是不可避免的。在他的职业生涯中，出现过几次为了追求更伟大的事业，让现实政治压倒道德，甚至是体面的情况，这就是其中一次。

到了4月中旬，丘吉尔确信，需要安排一个新的总督，以打破与印度国大党的政治僵局，印度国大党仍然拒绝为保护印度免受日本侵扰而进行的战争提供援助。在考虑了艾德礼、辛克莱、克兰伯恩和兰普森之后，他决定最终人选应该是安东尼·艾登。艾登在4月21日的晚餐后记录下他说的话：“赢得这场战争却失去印度，那将是多么大的灾难，他坚信只有我才能拯救印度。我是他的首席副官，他在同事中只有我一个真正的知心朋友，尽管他也不愿意失去我，等等。”[73]4天后，亚历克·哈丁爵士打电话给艾登，敦促他留在伦敦，“以便对温斯顿产生一些影响”，并暗示说，丘吉尔“甚至在潜意识中”也想要“一只可以更自由地掌控国内事务的手”。哈丁还写信给国王说，艾登是“唯一一个可以与首相平等交谈的人，他可以和首相争论，而不是‘争吵’！无论是白天还是晚上，在所有的时间里，首相还能抓住谁去倾诉或讨论事情？是比弗布鲁克吗？想想都觉得恐怖”。[74] 这样的场景实在太可怕了，第二天国王写信给丘吉尔，巧妙地提出艾登不能离开的想法。

直到 6 月 8 日，丘吉尔在与艾登进行了一次“非常坦率”的交谈后，终于不得不接受他无法说服艾登担任印度总督这一事实。一周后，他告诉艾登的妻子比阿特丽斯，她错过了骑大象的机会。[75] 他不同意安德森做印度总督，部分原因是众大臣认为他活泼的妻子艾娃不适合做总督夫人（尽管丘吉尔喜欢她）。辛克莱不能去，因为如果他走了，绥靖主义者塞缪尔爵士就将领导自由党。所以，最终韦维尔获得了这个职位，尽管对这一人选谁也没有倾注热情，尤以丘吉尔为甚。韦维尔是一个勇敢、迷人、真诚且有教养的军人，但只有像艾登那样的外交家及政治家才能与甘地和其他民族主义领导人进行更有效的谈判。

就在轴心国即将被驱逐出北非之际，在意大利战役前夕，金上将在美国参谋长联席会议的讨论中再次对“德国第一”政策提出质疑。消息传到伦敦，丘吉尔认为必须在华盛顿召开另一次重要会议。他对国王说，如果英国的总司令接受了目前对方发出的前往那里的邀请，他们就需要“更高层的政治支持，以防止被‘太平洋第一’那一派压得喘不过气来”。[76] 他想让美国人参与“雪崩行动”，一旦攻陷西西里岛，就立即攻打意大利本土。他还想为 1944 年的跨海峡打击定下日期，并与美国就核问题进行讨论。

对法国发动早期两栖攻击的一个重要反对意见，就是 U 型潜艇可能会阻止远征军得到补给。由于大西洋之战即将取得胜利，这意味着这一反对意见正在迅速消失。陆基飞机无法在格陵兰岛以南水域掩护护航队，这里一直被称为“空中缺口”。1943 年 5 月，通过使用例如解放者轰炸机等续航里程高达 600 英里的超远程飞机，这一缺口终于被封住了。当月，德国海军司令卡尔·德尼茨上将不得不从大西洋中部完全撤军。

有人批评丘吉尔，认为他在 1942 年和 1943 年上半年对稀缺的轰炸机中队的分配是错误的，他更喜欢轰炸机司令部而不是海岸司令部。[77] 事实上，问题出在海岸司令部自身。1942 年秋天之前，海岸司令部一直在使用缩小“空中缺口”所需的大部分飞机，在比斯开湾猎捕 U 型潜艇，而不是在大西洋中部提供护航支援。[78] 1942 年 11 月，丘吉尔成立并主持了反 U 型潜艇作战委员会第一次会议，会议讨论了如何缩小“空中缺口”的问题。经过对陆基和舰载飞机两种方案的探讨，最终确定陆基飞机为更好的解决方案。尽管卡萨布兰卡会议已经为缩小“空中缺口”分配了 80 架超远程飞机，但是将海岸司令部的“解放者 III”轰炸机改装成超远程轰炸机是需要时间的。承担这项任务的是位于苏格兰西海岸普雷斯特威克的一家公司。4 个月后，只有两架解放者轰炸机被改装成功。[79]“空中缺口”于 1943 年春天开始封闭，在德军的 200 个作战舰队里，3 月有 15 艘 U 型潜艇被击沉，4 月又有 15 艘，5 月是 41 艘。[80]

5 月 5 日，丘吉尔在韦维尔和布鲁克的陪同下，登上了丘纳德轮船公司的 8 万吨豪华旗舰“玛丽女王号”，她曾以最快速度横渡大西洋而赢得“蓝丝带奖”，现在被改装成一艘军舰，并被涂成海军灰色。他这趟旅行使用的是“空军准将斯宾塞”的身份（这无疑反映了他对自己这一姓氏的自豪感）。[81] 这艘船上还载有 5 000 名德国战俘，他们正在被转移到美国关押。6 天后，这艘船停泊在斯塔滕岛附近，丘吉尔乘坐专列前往华盛顿，并于当晚在那里受到罗斯福夫妇的欢迎。

“三叉戟会议”于第二天召开，一直持续到 5 月 25 日。会议做出了几项重大决定。“哈士奇行动”将于 7 月展开，在假设行动成功的情况下，除了 4 个美国师和 3 个英国师将撤出 1944 年 5 月 1 日的“围捕行动”，所有地中海部队都将去攻打意大利。在太平洋战区，英国军队被迫撤退到近 6 个月前的出发地——缅甸阿拉坎海岸线。华盛顿方面同意，在意大利投降后，盟军将对缅甸的日军采取联合行动。所有这些决策都是在 5 月 13 日丘吉尔收到亚历山大的电报后立即做出的。电报上说：“先生，我负责向您报告，突尼斯战役已经结束，敌人的一切抵抗都已停止。我们现在是北非海岸的主人。”[82] 7 月，美国人占领比塞大，英国军队进入突尼斯。自阿拉曼大捷以来，教堂的钟声再次在英国各地响起。

丘吉尔住在罗斯福位于马里兰的避暑山庄香格里拉（现在的戴维营）时，收到克莱门汀的来信，说伦道夫正在努力与帕梅拉和好，尽管他还酗酒，而且欠债，也痛苦地发现帕梅拉与哈里曼有染。克莱门汀写道：“我多么希望他们能和好啊！也许会的。”[83]第二天，还住在香格里拉的丘吉尔得知，“溃坝突袭”取得了成功。这是针对德国鲁尔区的莫恩大坝、索普大坝和埃德尔大坝进行的一次极其艰难的行动，需要非凡的技能和勇气。50平方英里的工厂厂房被洪水淹没。他对“轰炸机”·哈里斯说：“这次行动的完成显示了你的机组人员炽热、勇敢的精神，以及在你的指挥下各级官兵高度的责任感。”[84]那时候的空袭损失是非常大的，从统计学上讲，一架轰炸机的机组人员几乎不可能做到完成25次任务。

丘吉尔于5月19日在国会联席会议上发表了第二次讲话：“我的人生已经很长，我丰富的人生经验和我的一腔热血使我深信，对于这个世界的未来来说，没有什么比我们两国人民在正义的事业上如同兄弟般的合作更重要的了，无论是在战争时期还是和平时期。”[85]他对北非的最近一次战役进行了评估，并透露，“两个独裁者的非洲之旅”使他们损失了95万士兵、240万吨船只、近8 000架飞机、6 200门大炮、2 550辆坦克和7万辆卡车”。他引述了这样一句话：“德国鬼子总是要么准备弄死你，要么死在你脚边。”他最后说，在这场战争中我们已经达到了“这样一个里程碑，现在我们可以说，‘一个大陆已经得到救赎’”。[86]在他的讲话中，丘吉尔当然没有提及他在这一时期经常对英、美军队提出的各种抱怨。有一次他甚至对肯尼迪将军说，美国人“就像一只孔雀——几乎全是尾巴”。[87]但是他在2月初对麦斯基说这些话时却没有那么谨慎：美国一个师有1.8万多名士兵，“但是如果你把他们全体参战人员都数一遍的话，也就能数出1 000人”。[88]之后他又“以明目张胆的讽刺口吻开始一一列举……两个洗衣营、一个牛奶消毒营、一个理发师营、一个裁缝营、一个鼓舞士气营等”。[89]他说的也确实有些道理：美军在北非登陆后，就先建了三个完整的可口可乐装瓶厂。但是他对英国军队也进行了几乎一样的批评。他说：“我们已经向北非派遣了近50万名战斗人员，但实际上只有10~11个师。”

“三叉戟会议”结束后，丘吉尔、布鲁克和马歇尔经纽芬兰的博特伍德和直布罗陀飞往阿尔及尔，去查看攻占西西里计划的推进情况。在大西洋上空，他们的布里斯托尔飞艇被闪电击中。丘吉尔回忆说：“突然之间，飞艇强烈地震动并颠簸起来。我醒来后发现，应该是发生了什么事。还好没有出现什么严重后果，毕竟这才是空中旅行最重要的问题……对于地面人员来说，这似乎是一件相当危险的事情。后来我才知道，当时很多人感到非常焦虑。”[90]对20世纪40年代的飞机来说，被闪电击中要比现在的飞机更危险。发电机可能发生故障，造成仪器损坏，罗盘也可能受到影响。在接下来的旅程中，丘吉尔乘坐的是一架英国的四引擎高翼客机阿伏罗约克，飞机上有一个酒吧、带烟灰缸的桌子、窗户、书、报纸和一个电加热坐便器。（丘吉尔抱怨坐便器太热，所以没有通电。）[91]

从5月28日起，丘吉尔在阿尔及尔就住在海军上将坎宁安的别墅里。在那里，他可以享受从海上吹来的凉风，所以心情很好。[92]马歇尔和艾森豪威尔已经为“哈士奇行动”做好了准备。丘吉尔对艾德礼说：‘美国人对于公平对待总能做出最自然的反应。如果你对美国人好，他们总是想要对你更好。”[93]他很高兴伦道夫能和他在一起。他告诉克莱门汀，他们的儿子体重减轻了，“看起来很健康”。[94]丘吉尔要在阿尔及尔会见戴高乐，他向克莱门汀汇报说，预计会与他产生严重分歧，因为将军“将尽其所能地挑起争端，以维护他的个人野心”。[95]然而，至少在短期内，双方就未来的行动和影响区域达成了一定程度的一致意见。苏联人也表现得很好。当一位美国记者问他对斯大林废除共产国际这一致力于促进全球革命的组织有何看法时，丘吉尔只是说：“我喜欢这个决定。”[96]

这次旅行的一个亮点，就是他在迦太基的罗马圆形剧场向3 000多名英国士兵发表了演讲。那里的音响效果非常好，不需要扩音器。他告诉他们，突尼斯的胜利意味着“这场顽固的战争”缩短了，“我们朝着和平、家园和荣誉迈出了一大步”。[97]他以“上帝保佑大家”结束了讲话，并愉快地挥舞着手杖上的头盔。“在我讲话的地方，基督教的处女被咆哮的狮子吞噬着，她们的叫声撕碎了空气。”他后来对伊斯梅、布鲁克、艾登和伦道夫说：“但我既不是狮子，当然也不是处女！”[98]艾登后来回忆说，那天和第二天对他来说是战争中最快乐的两天，他和丘吉尔一起在非正式的游行中骑着马，走在欢呼的人群中间，人们“在胜利中感到轻松和快乐，因为他们有权利感到快乐”。[99]美国军报《星条旗报》的头版对比了丘吉尔演讲时的欢乐情景与突尼斯机场附近轴心国的飞机残骸一片狼藉的情景。前一个场景是“战士们（对丘吉尔）发出响彻云霄的欢呼声，这声音回响在象征着曾经伟大的罗马帝国的大碗型剧场的废墟中”；而后一个场景则已成为“一去不复返的墨索里尼帝国的遗迹”。[100] 马丁在6月5日回到英国时记录道：“首相的状态非常好，他非常享受这次‘探险活动’。”[101]

6月中旬，丘吉尔过早地任命了布鲁克为“围捕行动”的最高指挥官。“他说了很多对我充满信心之类的好听的话。”布鲁克当时写道。后来他又补充道：“这条消息成了战争期间最令我兴奋的消息，我觉得它将成为我所有战斗的完美高潮。”[102] 然而，他们都应该认识到，决定由谁指挥“围捕行动”（后来更名为“霸王行动”）的最终将不是英国人，因为他们只是这项事业的低级别合伙人。在1944年7月25日前登陆法国的145.2万部队中，约56%来自美国，44%来自英国、加拿大和其他派遣国。由于美军为这次行动提供了最多的兵力，所以只能预计这次行动的指挥官将是一个美国人。在那一年，英国生产了2.8万架战机，德国和苏联各生产了4万架，而美国生产了98万架。美国的军工力量如此强大，戏剧性地改变了战争的演进方式。丘吉尔希望在1943年7月召开一次帝国会议，原因之一，正如国王在4月初的午餐会后指出的，是“为了讨论建立一个统一的英联邦和帝国阵线的问题，向世界和美国表明我们是一个统一体。美国人总是说他们将会领导战后的世界”。[103]

在对科隆发动第一次千架轰炸机大袭击一年后，丘吉尔开始怀疑饱和轰炸策略。6月下旬，他在契克斯庄园观看了一部由英国皇家空军制作的对威斯特伐利亚地区的乌珀塔尔进行轰炸的影片，之后他问道：“我们是野兽吗？我们是不是走得太远了？”[104] 他委托一位法官——约翰·辛格尔顿爵士，撰写了一份关于轰炸策略的报告。该报告最终呼吁，要更多地强调战略轰炸，而不是对城市进行地毯式轰炸。[105] 然而，各德国城市仍在没日没夜地被摧毁。这场战役严重打击并限制了第三帝国的战争物资生产，也让超过5.5万名轰炸机司令部的飞行员失去生命。[106] 多丽丝·迈尔斯在写给她的丈夫的信中说：“即使是在病痛最严重的时候，他也会在凌晨给轰炸机司令部打电话，询问我们的伤亡数字（而不是轰炸机的坠毁数字）和安全返回的飞机数量。”[107]

丘吉尔对饱和轰炸开始心存疑虑，他却基本上没有把这一想法透露给别人。7 月 25 日，汉堡遭受了一场使用高能炸药的狂轰滥炸，飞机第一次使用了窗口反雷达保护装置。丘吉尔曾于 1940 年 9 月谴责过“这些对伦敦进行的残忍、肆意、不分青红皂白的轰炸”，现在他正在履行他对伦敦人的承诺，进行全面彻底的复仇。有人批评他允许轰炸机指挥部使用了太多稀缺资源，特别是原本就短缺，又急需用在坦克和船只上的金属。

英国的战争物资也遭遇了其他方面的问题。生产十字军坦克的材料匮乏是如此明显，到 1943 年 5 月不得不停止生产。即便如此，供应部也无法如愿迅速采取行动。当帝国副总参谋长罗纳德·威克斯将军建议，所有有缺陷的新坦克都可以不配载 17 磅反坦克炮塔使用时，丘吉尔摇摇头，借用他在 1929 年预算演讲中的一个笑话，慢慢地说：“将军，你让我想起了一个人，早晨起床后，他拿出一盒饼干，然后就到伦敦街头转悠，希望找到一只或几只狗，把饼干送给它们。”[108] 他对战争物资生产的方方面面都有着强烈的个人兴趣，不断地对相关部门进行督促和催促。①

7 月 2 日，在内阁讨论巴勒斯坦问题时，丘吉尔发现自己成了少数派。1942 年 12 月，下议院曾经起立默哀，以示对在东欧被别动队谋杀小队屠杀的犹太人的尊敬。然而 7 个月后，在内阁中，殖民地事务大臣奥利弗·斯坦利就开始指责巴勒斯坦的犹太人是“极权主义者、侵略主义者和扩张主义者”，他们“一心想要建立一个犹太国，并试图按照纳粹的模式建立一个国中国”。[109] 丘吉尔回答：“我坚决支持犹太人在巴勒斯坦建立自己的民族家园。我们要坚持下去，到战争结束时，我们将有足够的力量迫使阿拉伯人默许我们的计划，不要因为困难而推卸我们的责任。”[110]

艾德礼想推进战后巴勒斯坦政策的制定进程，但丘吉尔认为这不合时宜，因为他知道，这样的政策肯定会是反犹太复国主义的。斯坦利强调了

① 这一说法不仅适用于坦克、船只和飞机。1943 年 7 月，他在写给贸易大臣休·道尔顿的信中说：“我听说，尽管民用物资为我们提供了支援，但目前军队和产业工人使用的扑克牌仍然短缺。在部队的闲暇时间、在他们长时间等待的时候，当他们驻扎在生活单调的偏僻之地时，还有那些在船上被困数月的水兵，为他们提供娱乐手段的重要性怎么强调都不为过。没有什么比一副扑克牌更方便、更便携或更耐用的了。”（丘吉尔，*TSSW* V，第 578 页。）

“犹太民族家园和犹太国之间的区别，而犹太国才是极端分子现在所要求的”。艾登说，他不能支持“犹太人占领整个巴勒斯坦去建立一个民族国家”，并认为一份英美联合声明会很快出台，警告“极端分子”不要突破这条红线。丘吉尔汇报说，他曾向罗斯福提出在昔兰尼加和的黎波里塔尼亚建立犹太人聚居地的想法，但总统认为，逃离纳粹的犹太人在战后会“返回欧洲原籍国”。一位未透露姓名的大臣甚至说，他担心“巴勒斯坦地区的暴力可能会再次导致对全世界犹太人的迫害”。

艾登将犹太人的立场描述为：“你们离开，我们自己与阿拉伯人解决问题。”阿梅里补充说，政府“不能被犹太极端分子吓倒”。克兰伯恩则认为，“犹太人和阿拉伯人都在与我们作对”。韦维尔的观点是，从大英帝国的安全角度来看，巴勒斯坦犹太人目前的愿望对我们在中东以及随后在印度的地位是一个真正的威胁。“记住，当任何一个欧洲国家的犹太人比例超过一定水平时，”赫伯特·莫里森说，“就一定会出现反犹太主义。”[111]（内阁中犹太人的比例为零。）在阿梅里和利特尔顿发表了进一步的感慨之后，丘吉尔结束了讨论，他不同意内阁其他成员的意见，说他“更愿意让他们（犹太人）拿起武器为自己的目标去战斗”！他接着补充说：“犹太人的这些武器将转向对我们有利的方向。”[112] 丘吉尔任命了一个内阁委员会来负责制定长期政策，这是丘吉尔的一个典型策略，在对方的人数远远超过他时，这一策略会确保不做出任何决策。

两天后，即7月4日，西科尔斯基将军在发生于直布罗陀的一次飞机事故中丧生。丘吉尔在一次对波兰军队的广播中谈到这位他越来越喜欢和钦佩的首长。他说：“军人们必须做出牺牲，但他们的牺牲却可以滋养他们的国家。”①[113]

第二天，德国在奥雷尔附近发动了大规模的“库尔斯克攻势”。这场攻势一开始已经被严防死守的苏联人击溃，但是在后来历史上规模最大的坦克战中得到彻底逆转。1943年一年，包括轰炸机机组人员在内，共7万名西

① 有人认为是丘吉尔为了削弱波兰人相对于苏联人的影响力而暗杀了西科尔斯基。这种阴谋论是完全没有根据的。

线战场上的军人在与德国的战斗中丧生，而苏联军人的死亡数字是200万，几乎是前者的30倍。

丘吉尔的政策，即尽一切可能保证对苏联的物资供应，即使因为疏忽而牺牲了新加坡，显然也是正确的。然而，正如伊恩·雅各布战后在英国皇家联合兵种研究所的一次演讲中指出的："双方在事实或思想方面进行的交流很少，或者说根本没有，我们对苏联真正的军事思想也一无所知。苏联对西方根本不信任，由于德国对苏联的进攻和我们对其做出的迅速反应，这种不信任暂时减轻了，但是很快就重新出现，并在整个战争中占据了上风。幸运的是，苏联战区在地理上几乎彻底的隔离减轻了这些不利因素。"[114] 斯大林没有试图进行真正的接触，而是给丘吉尔发来电报，指控西方盟国打算背叛苏联。"他对我说，他对斯大林一系列粗鲁的电报感到非常恼火，"国王在6月29日的午餐会后写道，"尽管他、艾登和外交部都不认为斯大林会考虑与德国进行单独和谈。"[115]

就在"库尔斯克攻势"发动的同一天，擅长从崇高完美过渡到荒谬，再完美地回到崇高的丘吉尔，对澳大利亚外交部长赫伯特·埃瓦特博士表示了感谢。赫伯特送给他一只叫"溅溅"的鸭嘴兽毛绒玩具和一本内容丰富的配套书，书中介绍了鸭嘴兽的生活与习性。[116] 丘吉尔把"溅溅"放在了唐宁街10号的休息大厅，偶尔还向人们介绍一下鸭嘴兽的爱情生活，他已经成了这方面的权威。那一年的另一份四足礼物是罗塔，这个礼物是个活物，一只成熟的狮子，是汤普森先生和夫人送来的，丘吉尔将它送给了伦敦动物园。"如果你的工作有什么不足之处，我就派你去见罗塔，"丘吉尔对一个没有幽默感的公务人员说，"现在肉很短缺。"[117]（这个人把他的话当真了，随后去汇报说，首相"精神错乱"了。）1943年8月，丘吉尔去动物园探望罗塔时，还走进了天鹅笼。他对天鹅们说："我猜你们可能想喂喂我。"[118]

"哈士奇行动"于7月9日展开：16万名盟军士兵在全覆盖的空中掩护下冲上西西里岛南部海滩，约有3 000艘舰船负责支援。在大西洋之战取得胜利，轴心国部队被逐出北非海岸之前，是不可能集结这么多舰船的。[119] 1943年7月，德军在意大利和巴尔干地区共有12个师，到年底已发展到超过30个。[120] 为了防止盟军从意大利的机场袭击德国南部的目标，他们被迫与意大利争夺本希望在库尔斯克使用的资源，以及击退跨英吉利海峡进攻所需要的资源。这足以证明丘吉尔和布鲁克的计划是正确的。第二天，玛丽安·福尔摩斯在日记中写道："首相看起来精神抖擞。"[121]尽管丘吉尔决心要完成"霸王行动"，而且不打算违背在华盛顿达成的协议，但是他自然会偶尔感到恐惧，害怕这项异常困难的行动不会成功。7月中旬时，他对美国战争部长亨利·L.史汀森说，他能够看到"海峡上漂满了战败的盟军尸体"。[122]

与这些悲观的想法相反的是，当外交部反对20岁的南斯拉夫国王彼得二世迎娶他22岁的第三代表亲，希腊和丹麦的亚历山德拉公主①时，丘吉尔表现出明显的浪漫主义精神。外交部反对的理由是皇室成员不应该在战时结婚。他们声称，这一原则最初来自塞尔维亚人。但丘吉尔说，他不相信像塞尔维亚这样尚武的民族会剥夺国王延续其王朝的机会，会剥夺国王满足自己最原始本能的权利，即使最卑贱的人也会拥有这样的权利……乍看起来，这似乎是在纵容婚外的不正当关系。[123]他对艾登说："我们仿佛回到了路易十四时代的优雅精致，而不是20世纪的粗野肮脏……我给国王的建议是……去最近的婚姻登记处碰碰运气。能怎么样呢？"[124]第二年，他们结婚了。

到7月12日，由于戴高乐仍然固执地拒绝将盟军的利益置于纯法国的利益之上，丘吉尔决定与他决裂，但是艾登想支持他成为"自由法国"的领袖。两人的争执从晚饭后一直持续到凌晨2点，丘吉尔说："他将奋战到底，用一个对法国利益不采取极端沙文主义的人取代戴高乐。"[125]当吉拉德和戴高乐在法国民族解放委员会中形成不同派系时，艾登和内阁阻止了丘吉尔打算结束英国对戴高乐物质支持的决定。尽管直到1944年10月，也就是诺曼底登陆日之后的4个月，"自由法国"作为法国临时政府才获得官方认可。"我当然是非常亲法的，"丘吉尔说，"可糟糕的是，法国人却极其爱挑衅。"[126]在一次与戴高乐面对面的争吵中，丘吉尔用他那独特的法语说："你要是阻止我，我会杀了你！"[127]（另一位目击者所记录的是："还有，记住我的话，我的朋友——如果你把我逼到绝路上，我会杀了你。"）[128]

---

① 爱丁堡公爵菲利普亲王殿下的姑妈。

丘吉尔不希望当天晚上的谈话以争吵结束，于是把话题转到他和艾登意见一致的问题上："我们讨论了保守党，我们两个人都认为，我们非常不喜欢它，它也非常不喜欢我们。"（这两位当然就是1940年—1957年的保守党领袖。）"我们就在这个和谐的音符上分手了。"[129] 8月2日，他们就"救生圈行动"又进行了一次长达一小时的深夜吼叫比赛，丘吉尔想要攻击亚速尔群岛，艾登反对，最后丘吉尔为自己的大吵大闹道了歉。"恐怕我也一直在大吵大闹。"艾登在日记中写道。"哦，你啊，"丘吉尔回击道，"你一直在胡闹。"[130] 几天后，丘吉尔对艾登说，担任外交大臣和下议院领袖是对任职首相的"最好锻炼"。[131]

7月19日，丘吉尔与艾伦·汤米·拉塞尔斯爵士和阿科特·拉马萨米·穆达利尔爵士共进了午餐。拉塞尔斯爵士在哈丁于本月早些时候辞职后成为国王的新任首席私人秘书，穆达利尔爵士有时会代表印度出席战时内阁会议。丘吉尔不失时机地谈到他最喜欢的话题之一，即大英帝国给世居民族带来的许多好处。他说："这要归功于英国在印度统治时的仁慈与智慧，印度在很长一个时期内没有任何战争迹象，世界上任何一个国家几乎都没有维持过这么久的和平。"印度"人口的繁衍能力已经达到惊人的程度"。[132] 然而他认为，"人类的这种缺少远见的无度繁衍必须停止"。他对穆达利尔说："你们的人民必须进行节育。"拉塞尔斯写道："温斯顿说，必须摒弃那种认为印度人在任何方面都不如白人的旧观念。"相反，他说："我们必须都是好朋友。我想看到一个伟大而光辉的印度，我们可以为她感到骄傲，就像我们为一个伟大的加拿大或澳大利亚感到骄傲一样。"[133]

丘吉尔早就把20世纪头40年印度惊人的人口增长速度当作了帝国成功的标志。到了1942年11月，他还在向西班牙大使阿尔巴公爵吹嘘："自英国占领印度以来，原住民人口增加了1亿。而自美国独立战争以来，美洲印第安人实际上已经灭绝了。"[134] 然而，通过将丘吉尔偶尔发表的反印度言论断章取义，一些诋毁他的人坚持认为，丘吉尔利用1943年—1944年可怕的孟加拉邦饥荒，对孟加拉人实施了所谓的"种族灭绝"。[135] 事实绝非如此。根据官方估计，大饥荒共造成150万人死亡，尽管一些评论人士认为，这一数字应该翻倍，甚至更高。

1942年10月16日，一场旋风袭击了孟加拉和奥里萨邦，使水稻颗粒无收。1935年，根据《印度法》选举产生的以穆斯林为主的地方政府腐败且不负责任，以十分潦草的方式处理了这一问题，总督林利斯哥勋爵和其他英国派出的官员也未能尽早控制局势。[136]印度商人，尤其是粮食批发商和零售商，因为粮食价格飙升，并预计会进一步上涨，开始囤积货物。1943年10月出任总督的韦维尔在写给印度国务大臣利奥·阿梅里的信中说，“到处都是贪污和欺诈”，他还描述了“无良商人”的一些活动。[137]丘吉尔10月7日在内阁会议中表示，韦维尔担任总督的首要职责之一，就是确保“饥荒和粮食困难都得到解决”。[138]第二天，他写信给韦维尔，谈到印度的“实际饥荒情况”。他说:“世界大战的巨大压力多年来第一次给印度带来物质短缺的问题，在某些地方，印度正面临真正的饥荒。必须尽一切努力，甚至通过转移急需用于战争目的的航运，来解决当地的粮食短缺问题。”[139]糟糕的是，正如战争运输大臣莱瑟斯勋爵不久后指出的那样:“很显然，要想通过航运来满足印度政府提出的150万吨粮食的需求，这几乎是不可能的。”[140]丘吉尔于1943年11月拒绝了加拿大政府提供的10万吨小麦，因为这些粮食抵达印度需要两个月，而“在目前的情况下，对我们的航运资源施加任何额外的压力（特别是在需要寻求美国进一步援助的情况下）都是不合理的。他的批评者就此大做文章。然而，这些人却没有引用同一个战时内阁所做的另一项决定，那就是，作为替代方案，内阁考虑“尽早开会，审议向印度输送更多的粮食，很可能是从澳大利亚”——后来发生的事情正是这样。[141]

以前出现饥荒时，短缺部分是由缅甸和其他东南亚国家的水稻作物来补充的，但现在日本人控制了缅甸、泰国、越南、马来亚和菲律宾。事实上，日本军队已经进入印度境内，驻扎在那加兰邦的柯希马和曼尼普尔邦的英帕尔。1942年4月以来，日本在孟加拉湾维持着一支庞大的舰队，并轰炸了印度东部城市。甘地迫使英国人退出印度的行动令印度的军事形势变得更加困难。尽管日本的威胁迫在眉睫，但甘地并没有结束他所领导的运动。更糟糕的是，旋风破坏了印度北部过去帮助抵御饥荒的冬季收成，冲垮了运送粮食到灾区所需的铁路。印度有粮食盈余的省份，如旁遮普，省政府拒绝拿出自己的粮食，而政府的“印度本土化”政策不主张总督直接从德里发出指令，这也使粮食囤积问题变得更为严重。[142] 在 1943 年 6 月饥荒最严重时，旁遮普省税收官员乔图·拉姆爵士指示农民，不要将粮食在某个价位以下卖给中央政府。[143]

1943 年 8 月 4 日，丘吉尔同意将 15 万吨伊拉克大麦和澳大利亚小麦运往孟加拉，并坚持说 9 月 24 日“必须采取行动”。他还“坚持认为，在这场战争中，印度人并不是唯一挨饿的人”。[144] 这些话，以及阿梅里在日记中所记录的其他类似的话，今天听起来很刺耳，但是反映了现实。说了这些话后，丘吉尔同意再增运 5 万吨粮食。如果能获得粮食，而且容易运输，丘吉尔就会把粮食送去。正像任何关于印度人的政治不正确的言论都构不成种族灭绝的动机一样，丘吉尔这样的做法也根本不构成进行种族灭绝的意愿。阿梅里写到丘吉尔的话时几乎都是转述，而不是直接引述，对他所说的话，都应该从首相的一位私人秘书所说的“挑衅的幽默”角度来看待。[145] 这些带有种族歧视的玩笑，正如一位历史学家所说，在今天被认为是完全不可接受的，而在那时，“却是当时英国幽默的基本形态，也是战争年代和战争之后英国人经常使用的打斗手法”。[146] 这些玩笑当然不会对英国对待印度饥荒的政策有任何影响，英国依然会尽可能地送去任何她能够省下来的东西，同时要考虑日本潜艇可能造成的威胁。

韦维尔在 1944 年 2 月初向伦敦申请 150 万吨粮食，这一请求遭到伦敦内阁的拒绝。内阁回复，德里政府需要在整个印度次大陆实施有效的配给制度，提高税收，最重要的是在通货膨胀加剧的情况下实行商品价格管制。内阁还怀疑，短缺“部分是政治性质的，是由国民代表大会（党）的马尔瓦尔人（印度教）支持者为了让孟加拉现有的穆斯林政府难堪而故意制造的”。[147] 内阁希望总督对加尔各答政府更加严厉。如果旋风在和平时期袭来，政府很可能会以其自 19 世纪中叶以来处理以前自然灾害的能力来预防饥荒。但是战争肆虐，许多地方都成了前线，英国自身也存在粮食短缺问题，可利用的航运也严重匮乏。1943 年，尽管丘吉尔内阁确保到 1944 年 1 月，总共有 13 万吨大麦从伊拉克运出，8 万吨从澳大利亚运出，1 万吨从加拿大运出，另有 10 万吨从澳大利亚运出，还是有大批孟加拉人开始挨饿。[148]

1944 年 2 月，丘吉尔在给韦维尔发去的电报中说：“我当然会尽我所能帮助你，但你千万不要请求不可能的事。”[149] 同月，印度事务大臣利奥·阿梅里对总督说，丘吉尔对这一骇人听闻的局势“并非没有同情心”，但是由于大量军事行动正在进行，他根本无法腾出航运船只。把丘吉尔和其他许多人不得不做出的极其艰难的道德决断降低到指控其蓄意行进种族灭绝的水平，这是偏激的，也是违背历史事实的。如果像韦维尔、阿梅里和印度总司令克劳德·奥钦莱克这样的人，哪怕曾经有一刻怀疑过丘吉尔希望孟加拉人死去，他们都不会继续在自己的岗位上服务。

有关这次饥荒的一个可怕的事实是：自战争开始以来，航运业的损失意味着盟军在 1943 年—1944 年已经走到崩溃的边缘。而内阁一方面要安排前往苏联和跨大西洋的运输队，另一方面还需要运送在西西里岛和意大利大陆对抗德国的军事行动必需品，同时还要为在萨勒诺和安齐奥等地进行的两栖攻击等其他几项军事行动运送军需品，相对而言，这些任务的迫切性都超过了为数百万饥饿的孟加拉人提供食物——即使我们假设这些船只可以安全地通过孟加拉湾。诺曼底登陆后，已经解放了的意大利南部、希腊和荷兰也出现了严重的食物短缺问题，那里的人们普遍严重营养不良，这一点也必须给予考虑。莱瑟斯勋爵的观点是，德里政府需要自己解决食品分配不当问题。韦维尔正在利用军队向受灾最严重的地区运送食物，但这远远不够。

1944 年 4 月 24 日的内阁会议记录写道：“首相说，很显然，想要进一步缓解印度的局势，陛下的政府只能以在其他方面遭受严重困境为代价。与此同时，他对印度人民的苦难深表同情。”[150] 几天后，他要求罗斯福提供足够的船只来运送粮食，以弥补印度的粮食短缺，说他“严重关切”饥荒问题。他解释说，韦维尔还需要另外 100 万吨粮食，但是，尽管小麦就在澳大利亚，却没有运输的船只。罗斯福拒绝了他，理由是需要船只来为太平洋和诺曼底登陆行动进行供给。[151] 到 1944 年年底，澳大利亚和东南亚司令部已经确保向灾区提供 100 万吨粮食。一些人就此得出结论，认为如果没有丘吉尔，孟加拉的饥荒实际上会更加严重。[152] 一位研究这次饥荒的历史学家总结道：“丘吉尔和他的内阁不但没有想让印度人饿死，还想方设法在不破坏战争努力的前提下减轻灾民的痛苦。”[153]

7 月 19 日，丘吉尔得到消息，轰炸罗马铁路货运编组站的行动已经开始。他说："很好。我们有没有击中教皇？我们有没有在他的三重冕上打出一个洞？"[154]这是典型的丘吉尔式恶作剧：他清楚地知道，罗马的铁路货运编组站距离圣彼得大教堂近3.5英里，在泰伯河的另一侧。那天的午餐一直持续到下午3点15分，因为丘吉尔一直在责备布拉肯，说"你的那些BBC的男同性恋谈的是'西拉库萨'，而不是锡拉库扎"。[155]

第二天，张伯伦在唐宁街10号的宠物黑猫"慕尼黑捕鼠者"死在了外交部。"温斯顿说它是因为悔恨而死，并据此选择了它的临终之床。"艾登记录道。当首相说他害怕那只猫会被扔在灰烬堆上，而他很乐意把它安葬在唐宁街10号的花园时，艾登回答："是的，写着'愿死者安息，慕尼黑捕鼠者'的墓碑在那里会很好看的！这只可怜的猫给我们带来很多欢声笑语。"[156]丘吉尔后来对拉博·巴特勒说，捕鼠者的对手，丘吉尔自己的猫纳尔逊，比巴特勒对战争的贡献更大，因为他"起到了一个热水瓶的作用，节省了燃料"。[157]

7月25日晚，当丘吉尔正在观看一部20世纪30年代发行的音乐喜剧电影《巴黎屋檐下》时，BBC监听部将电话打到契克斯庄园，告诉首相"哈士奇行动"的成功鼓舞了维克托·伊曼纽尔国王和巴多利奥元帅，他们推翻了墨索里尼并将其逮捕。"电影停止播放，"玛丽安·福尔摩斯回忆道，"灯也亮了起来。首相宣布了这个好消息，所有人都鼓起掌来。"[158]丘吉尔在晚上11点半打电话给艾登，"我们回忆了内维尔和爱德华（哈利法克斯）在访问罗马时所遭遇的羞辱，并为今天的消息感到兴奋不已，之后我们讨论了下一步行动"。首先是要努力把意大利人拉到盟军这边来。"我们亲历了一件极其重要的历史事件。"丘吉尔说。[159]两天后，当丘吉尔进入下议院的会议厅时，受到热烈欢迎。他说："我们应该让意大利人，让我用家庭的语言来表述吧，在他们自己的菜汁里炖一会儿，把火开到最大来加速炖的过程。"[160]BBC接到指示，意大利语版翻译应该用"意大利浓菜汤"这个词，而不是"在她自己的油锅里煮一煮"。[161]

丘吉尔将于8月在魁北克举行的"四分仪会议"上再次与罗斯福会晤，而斯大林不会出席，丘吉尔担心这会"激怒"斯大林，尽管是他本人拒绝前往魁北克的。但是"如果我们能说服美国人今年帮助我们在波河河谷建起一条战线，从而开辟出真正的第二战场，”他对艾登说，“乔也许就会再次温和起来。”[162] 8月5日下午6点，丘吉尔和艾登乘坐“玛丽女王号”从克莱德港启航，经过5天零5小时的航行，抵达新斯科舍省的哈利法克斯。他们的随行人员包括克莱门汀、玛丽、埃弗雷尔·哈里曼和他的女儿凯瑟琳、伊斯梅、庞德、布鲁克、波特尔、马丁、莱瑟斯和蒙巴顿，丘吉尔用“年轻、热情和陆海空三栖”这三个词来描述蒙巴顿。[163] 在旅途中，他沉迷于在故事中遇见勇敢的人，皇家空军中队长盖伊·吉布森给他讲述了“溃坝突袭”行动，“钦迪特远程突击队”创始人奥德·温盖特准将则为他讲述了在缅甸日军后方进行的战斗。在离开克莱德港前，温盖特说他会想念他的妻子洛娜，因为他在回到丛林之前的假期很有限。丘吉尔让她在爱丁堡下了向南开的火车，登上这艘前往加拿大的船。

在横渡大西洋时，丘吉尔写了一份关于代号的备忘录。“在涉及可能会有很多人丧生的行动时，不应该用那些包含着夸耀或过分自信情绪的代号来描述，”他在开头这样写道：

> 比如“凯旋”，反过来也是如此，不应该给这类行动计划带上沮丧的色彩，比如“悲哀”“屠杀”“混乱”“麻烦”“烦躁”“脆弱”“可悲”和“乖戾”……活着的人——大臣或指挥官的名字应该避免，例如，“布拉肯”……聪明的头脑会想到无数听起来很棒的名字，这些名字不会暗示行动的性质，不会以任何方式贬低行动，也不会让某位寡妇或母亲说出她的亲人是在“兔子抱抱行动”或“大吹大擂行动”中死去的。在这一领域里，专有名词很好用。古代的英雄、希腊和罗马神话中的人物、星座和星星、著名的赛马、英美战争英雄的名字，只要符合上述规则，都可以使用。一个高效且成功的行政当局在大事和小事上都会表现得一样好。[164]

8月9日下午4点抵达哈利法克斯后，丘吉尔乘坐加拿大国家铁路公司总裁的私人专列前往魁北克。每一站都有人群聚集在一起向首相挥手致意，在他打出V形手势时发出欢呼声。[165] 他住在魁北克的旧城堡里，那是总督的夏季居所，俯瞰着圣劳伦斯河，此次会议将在那里举行。丘吉尔对麦肯齐·金说，他和从前那些年大不一样了，学到了很多经验教训。他在第一次战争中犯了许多错误，他在这场战争中因为先前所犯的错误而少犯了不少错误……最重要的是，他学会了非常认真地考虑问题，并且学会了谨慎。[166]（当时正试图劝他不要对马来亚和苏门答腊北部发动袭击的参谋长们不太可能认同这一点。）当天晚些时候，在前往罗斯福位于海德公园的住所时，丘吉尔和玛丽在路上参观了尼亚加拉大瀑布。他上一次看到大瀑布是在1900年。一个记者问他："瀑布看起来和上次一样吗？"丘吉尔回答："嗯，原则上说似乎是一样的，水还在不断地往下流。"[167]

在海德公园的两天时间里，丘吉尔和罗斯福就英、美两国——没有其他国家——相互交换核情报一事达成一致，并同意在没有对方许可的情况下，任何一方都不会使用核武器。又一次出现这样的情况：没有书面协议。不久之后，英国科学家开始在新墨西哥州的洛斯阿拉莫斯核设施基地工作。丘吉尔还交给罗斯福一份奥马利关于卡廷森林大屠杀的秘密报告，他称这是"一个冷酷的、写得很好的故事"，并补充说，他希望总统读过之后能交还给他，"因为我们还没有以任何方式正式传阅过"。[168]

在哈里·霍普金斯要求将"霸王行动"最高指挥官的职位交给马歇尔将军，而不是布鲁克时，丘吉尔默认了。他从海德公园回到魁北克时把这个消息告诉了布鲁克，用他自己的话说，帝国总参谋长一下子就"被绝望的乌云吞没了"。后来布鲁克写道："他没有意识到这对我来说意味着什么，一刻也没有。他完全没有对我表示同情，对自己不得不改变主意也没有表现出一点儿歉意。他把这件事当作一件完全无关紧要的事来处理！"[169]布鲁克对丘吉尔的部分敌意可以归结到这个彻底失望的梦碎时刻，尽管之前也有很多批评。

罗斯福于8月17日抵达魁北克参加"四分仪会议"时，整个西西里岛已被盟军控制，而德军正沿着苏联南部战线撤退。伊恩·雅各布回忆了在接下来的8天里举行的会议，当时：

> 随着美国的日益强大，1943年和即将到来的1944年，她开始逐渐对盟国的决策发挥越来越重要的主导作用……他们（美国

人）不准备像讨论欧洲或印度洋的计划时那样去讨论太平洋地区的未来计划，在讨论太平洋的设备分配时，他们也不允许任何人插手……他们不允许（在这次会议上成为东南亚最高指挥官的蒙巴顿）掌控通过飞越“驼峰航线”为中国提供物资的（飞越喜马拉雅山的一条危险航线）美国空军……令人惊讶的是，双方却能如此和谐地进行合作。[170]

丘吉尔和布鲁克之间却没有什么和谐可言。在英国对日本的主要战略上，布鲁克不同意丘吉尔关于现在就集中精力解放孟加拉湾周边的英国殖民地的想法，他更支持三军参谋长关于先在太平洋地区帮助美国的想法。在会议期间，布鲁克在日记中怒斥“某个脾气暴躁、爱慕虚荣的首相，对想象力的极限持怀疑态度，总是害怕军事上的联合会对抗政治统治……他这次比以往任何时候都更不讲理、更令人厌烦……真不知道未来的历史学家是否能够描绘出温斯顿的本色”。[171] 会议一结束，丘吉尔、布鲁克和波特尔就前往雪湖开始为期 6 天的钓鱼活动。他们住在配有热水澡盆和壁炉，由穿着猩红色大衣的骑兵把守的小木屋里。“我们这里一切顺利。”丘吉尔在离开前给伦敦的艾德礼发电报说：“斯大林自然是故意不理睬我们才提出一个为实现三方会谈而进行的更加漫长而危险的旅行建议的。尽管如此，我不认为他表现出这样的坏脾气和不礼貌，是因为准备要与德国和谈，因为他们两个民族之间的仇恨现在已经成为他们不可跨越的警戒线。”[172] 不久将与艾登分开让丘吉尔的情绪有些激动。丘吉尔对他说：“如果我失去了你，我不知道该怎么办，我会割断自己的喉咙。这不仅仅是爱，尽管爱是很重要的一部分，也是因为你是我的战争机器。布鲁克尔、波特尔、你和迪基。你们根本无法被别人取代。”[173] 丘吉尔在公众场合，甚至在“布鲁克尔”本人面前，都很少表扬他，但是在背后却对他大为赞赏，甚至非常深情。

9 月 3 日，当盟军成功进行“雪崩行动”，穿越墨西拿海峡登陆意大利大陆时，丘吉尔正在白宫。当天，由国王维克托·伊曼纽尔三世和前非洲司令皮埃特罗·巴多利奥元帅领导的意大利人与盟军签署了《卡西比莱停战协议》。协议在 5 天后正式宣布，意大利退出战争，为其正式投降铺平了道路，尽管德国人明确表示，他们将继续争夺半岛的每一寸土地。丘吉尔对语义学和词汇在政治上的歧义十分敏感，后来他写信给艾登，鼓励外交部规范其术语：

> 1. 我们“攻打”所有与我们交战的国家。
>
> 2. 我们“进入”所有我们希望“解放”的被征服的盟国领土。
>
> 3. 对于像意大利这样已经与我们签署了停战协议的国家，我们一开始是“攻打”，但是鉴于意大利的合作，我们就必须将我们在意大利的所有进一步的工作考虑为“解放”的性质。[174]

卡多根 9 月 4 日写信给妻子说：“首相的睡眠安排现在变得相当混乱。他与总统会谈到凌晨 2 点，因此白天的大部分时间都是在暴躁地上床下床，在不合适的时间洗澡，穿着睡袍在走廊里跑来跑去。”[175] 9 月 5 日，午餐后，在南柱廊上坐着印度独立的长期支持者奥格登·里德夫人，其丈夫是《纽约先驱论坛报》的出版商，她问丘吉尔：“你打算对那些可怜的印度人做些什么？”丘吉尔回答：“夫人，你指的是印度人还是美洲原住民？是指那个全球第二大的国家吗？这个国家在英国的善意和仁慈的统治下现在已经人口众多、繁荣昌盛。如果你指的是北美大陆上那些不幸的美洲原住民，那么在你们的统治下，他们几乎灭绝了。”[176] 安排这位女士坐在丘吉尔旁边的罗斯福，本来就希望可以看到丘吉尔爆发，这下他笑得浑身颤抖起来。①

丘吉尔在华盛顿停留了 11 天，比原先计划的时间长，但他想在意大利正式投降时和总统在一起，并决心在他所谓的“意大利故事的高潮”发生时，不要正好漂在大西洋上。[177] 在等待来自罗马的消息时，他驱车前往马里兰州贝塞斯达的国家海军医疗中心，探望椎间盘突出的皮姆上尉。他还任命了菲茨罗伊·麦克莱恩担任他与南斯拉夫共产党抵抗组织领袖铁托元帅的

① 不过总的来说，丘吉尔对里德夫人的评价很高。他曾于 1940 年 8 月告诉玛丽，里德夫人正在领导一场“新闻史上最宏伟的运动”，来支持美国积极参战。（CAC MCHL 1/1/2。）

联络官，英国从5月起就一直在协助铁托的游击队。① 接下来，他又提议让温莎城堡成为斯大林、罗斯福和他本人举行“三巨头”会议的地点（可是并没有提前知会国王）。[178] 但是斯大林仍然坚定不移地说他不会离开苏联，而艾登注意到，罗斯福“下定决心，不同意为任何目的去伦敦开会，他说这是出于选举的原因”。[179] 艾登认为这“几乎是一种侮辱”，因为丘吉尔已经拜访了罗斯福4次。

正是在这段空闲的时间里，丘吉尔于9月6日在马萨诸塞州剑桥市的哈佛大学获得荣誉学位。他戴着一顶牛津大学民法博士帽和一件在纽约匆匆借来的长袍（约翰·马丁认为这让他看起来像“一个和蔼可亲的亨利八世”），发表了他一生中最重要的一次演讲，表达了他对讲英语民族未来的憧憬。[180] 他说：“我的一生已经见证了两次，命运的长臂跨越大洋，将整个美国及其人民卷入一场殊死的搏斗。只是说‘我们不想参与，我们拒绝接受，我们的祖先离开欧洲就是为了避免这些争吵，我们已经建立了一个与旧世界没有联系的新世界’是没有用的。这样说没用。长臂无情地伸出来，每个人的生存、环境和观念都发生了迅速和不可抗拒的变化。”[181]

他对英国和美国的年轻人说：

> 走到这一步我们已经找不到可以停下来的地方，我们现在已经走到一个不能停止的阶段。我们必须继续下去。要么让这个世界陷入无政府状态，要么建立起世界秩序。在我们这个时代所特有的这一切磨难和斗争中，你会发现，在英联邦和大英帝国之中普遍存在的这种同志般的友好关系，并不只是建立在国家政策和公共需要的基础之上，你们还可以找到其他把他们联系在一起的纽带。在很大程度上，那就是血缘和历史的纽带。我，同时是这两个世界的孩子，自然会意识到这一点。

---

① 当一名南斯拉夫将军要求跳伞进入巴尔干半岛时，丘吉尔说：“我不确定我是否能够通过跳伞成功着陆，我会像鸡蛋一样碎掉。

在间接地承认西方诸帝国的日子已屈指可数，或者是对美国的反帝传统表示肯定时，丘吉尔说："未来的帝国将会是思想上的帝国。"[182]他颇具深意地引用了自己心目中的英雄拿破仑说过的话："唯一不会留下遗憾的胜利，是由于无知而获得的胜利。"①

丘吉尔提出，将说英语的民族联系在一起的是"法律、语言、文学——这些都是相当重要的因素，还有对什么是正确、什么是体面的共同认识，对公平竞争的明显重视——特别是对弱者和穷人参与公平竞争的重视，对司法公正的严肃认真对待，最重要的是对个人自由锲而不舍的追求"。[183]在《我的早年生活》一书中，当丘吉尔谈论19世纪90年代轻骑兵第四团的"健康心灵教"时，我们就可以找到上面他对英语民族共同点的类似描述。对那些认为美国不应该参战的孤立主义者，他说：

> 伟大的代价是责任。如果美国人民继续停留在一个平庸的阶段，与荒野斗争，专心于自己的事务，在世界的变化中不起作用，他们也许就会继续被遗忘，在保护他们的海洋的那一端不受侵扰地生存。但是，一个国家如果不能在很多问题上参与其中，不能被其中的痛苦震撼，也不能被这样的事业激励，她就不可能在许多方面成为文明世界的领导者。[184]

早在1932年，丘吉尔就签署了他的《英语民族史》合同，并从本世纪的最初几年起就一直在发表以英美统一为目标的主题演讲。现在他用这样几句话总结了自己的这些想法："拥有共同的语言，这是一份珍贵的礼物和遗

① 他在哈佛大学的演讲中有一部分很奇怪的内容，他专门讨论了一种叫作"基础英语"的新语言。这种语言是查尔斯·凯·奥格登在1930年发明的，它只有650个名词和200个动词。丘吉尔不知怎么就让自己相信了这样的说法，"对我们来说，广泛使用这种语言将比吞并几个大省更能带来持久和丰硕的成果。"（丘吉尔，*TSWW* V，第571页。）他也与罗斯福在"四分仪会议"上讨论了这个问题，因为这符合他关于英语国家人民的发展观。1945年7月，他对内阁说："最好的方法就是在全世界传播我们的语言，这个世纪将是一个讲英语的世纪。两到四周就可以学会这种语言。"（《内阁秘书长诺曼·布鲁克爵士日记》，2006年1月22日，《纽约时报》。）"基本英语"的实际词汇量之少让罗斯福不能相信其作用。他对丘吉尔说："如果1940年5月时，你能够提供给英国人民的只有'血液、工作、眼药水和爽肤水'这几个我所知道的最著名的'基础英语'单词，那么不知道历史的进程现在会是怎样的。"（金博尔编辑，《完整的通信》第三卷，第154页。）

产，将来有一天，它会成为某个公民资格的共同基础。我喜欢想象那样一种情形：英国人和美国人自由自在地走在彼此广阔的领地上，彼此几乎没有任何外国人的感觉。”[185]尽管他对美国在20世纪20年代的债务问题和巡航舰建造的问题上感到气愤，美国在20世纪40年代没有提供足够的战争物资也让他愤怒，但是他早就明白的一点是：英国的未来很大程度上取决于与美国的关系是否牢固。“如果我们在一起，没有什么会是不可能的。如果我们分裂了，一切都将失败。因此我一直在不断地宣讲，两国人民之间那种如兄弟般的关系是多么重要……对于人类的福祉来说如此，对于那些献身于伟大事业的人来说，他们的荣誉也将通过这种关系获得。”[186]这将成为他在余生中一直宣扬的教义。

1943年9月8日，意大利终于投降了。有那么一阵子，花园小径两侧似乎挂满了美味的水果。丘吉尔当时并没有冒险去猜测德国人还会继续战斗多久，但是当一位内阁大臣抱怨说，他们会像羊一样跟着任何人时，丘吉尔回答：“哦，比这要糟糕得多，他们是食肉羊！”[187]

第29章

难啃的软肋

（1943年9月—1944年6月）

只有一件事比与盟友一起作战更糟糕，那就是在没有盟友的情况下作战！

——丘吉尔在契克斯庄园，1945 年 4 月[1]

别担心，即使我现在死去也没关系。胜利的计划已经做好了，剩下的就只是时间问题。

——丘吉尔在迦太基写给萨拉的信，1943 年 12 月[2]

1943 年 9 月 12 日，丘吉尔在海德公园逗留期间，令人沮丧的消息传来，墨索里尼被德国伞兵在一次针对山顶监狱的大胆偷袭中救走。他后来被任命为以加尔达湖为基地，由残余力量组成的萨罗共和国的独裁者。从玛丽的日记中可以清楚地看到，这并没有破坏她父母的第 35 个结婚纪念日。丘吉尔告诉克莱门汀，“他每一年都更加爱她”。[3] 在返回英国时，丘吉尔和他的随行人员乘坐总统专列从海德公园前往新斯科舍省的哈利法克斯。约翰·马丁写道：“我们穿过了一路的秋色，四周都是几乎难以置信的红色与金色，哈德孙河谷正处于最美的时候。”[4] 9 月 14 日下午 3 点，英国这一行人乘坐皇家海军那艘老旧的战列巡洋舰“名声号”，离开了哈利法克斯。第二天，爱德华·帕里上尉以枪械练习的形式为玛丽庆祝了 21 岁生日。丘吉尔在旅途中玩了很多次比齐克牌和扑克。当他们在 19 日到达英国时，艾登写道：“他看上去很好，精神似乎也不错。”[5]

两天后，当丘吉尔在离开 6 周后再次进入下议院时，议员们大声欢呼起来。他做了一场两小时的演讲，但是被午餐分成了两个时段。他说：“当我听到人们以一种轻率的方式谈论着，要把现代军队抛到这里或那里的岸上去，好像这些军人是需要被送到海滩上但是又被遗忘了的一捆捆货物时，我感到非常惊讶，人们对现代战争的条件了解得依然如此之少。”[6] 这句话倒是很像布鲁克写的有关丘吉尔的一篇日记。最近几周，新闻界一直在对政府施压，他们所关注的问题，比起英国已经取得的胜利，让包括西西里岛、意大利南部、撒丁岛、科西嘉岛（在当月获得解放）和意大利舰队等落入盟军之手的胜利，简直显得微不足道了。丘吉尔嘲笑了这种批评，他说这就像那个故事，一个“水手跳进码头的水里——我想那是在普利茅斯，去救一个溺水的小男孩。大约一周后，一个女人跑来跟这位水手搭讪，她问他：‘你是那个前几天晚上把我儿子从码头救上来的人吗？’水手谦卑地回答：‘是我，夫人。’这个女人于是说：‘这样的话，你就是我要找的那个人。他的帽子在哪里’”？[7]

丘吉尔宣称：“纳粹暴政和普鲁士军国主义是德国人生活中的两大要素，必须予以彻底摧毁。如果欧洲和世界想要免遭第三次更可怕的冲突，就必须将它们连根拔起。”关于意大利，他说：“我们不能无谓地增加自己身上的担子，或是军人所承担的责任。那些曾经被唆使或是被威吓的卫星国的人民，如果他们能够帮助缩短战争，也许就可以将功折罪，返回家园。”[9] 尼科尔森记录下丘吉尔在讲到“被唆使或是被威吓”时，是如何“举起胳膊，仿佛是要从他那豪华的修辞军械库中发射出最可怕的霹雳一样”，只是他突然又放下手臂，摘下眼镜，然后咧嘴一笑继续说道：“也许就可以将功折罪，返回家园。”尼科尔森相信，“这一点正是丘吉尔能够控制下议院的关键所在，那就是将天马行空的激烈言辞，突然转变为亲密无间的对话。在他所有的技巧中，这是屡试不爽的一条”。[10]“温斯顿的这篇演讲是一篇杰作，即使对他本人来说也是如此，”艾登写道，“在批评家发声之前，他已经先下手为强了。”[11]

当天，国王在与丘吉尔共进午餐后记录道：“他看上去很好，对他在魁北克，以及后来在华盛顿与罗斯福相处期间所取得的成就感到满意。他确信他和罗斯福互相信任，参谋长联席会议在未来战略方面也达成了完全一致的意见。”不过丘吉尔对国王说：“美国人原本只是想要到撒丁岛去！”[12]

9月21日上午，金斯利·伍德爵士起床后，突然倒地身亡。在英国经济处于危险的时期，作为财政大臣，他的工作做得扎扎实实。尽管他在1940年5月曾经帮助丘吉尔，使其取代张伯伦，但丘吉尔对他从来没有任何热情，因为他是绥靖派中最亲德国的。他的去世使丘吉尔得以将约翰·安德森爵士调到财政部，将艾德礼调任枢密院大臣，将克兰伯恩调任自治领大臣这个老岗位。比弗布鲁克也因此有机会回到政府，成了掌玺大臣，并再次与丘吉尔保持着亲密关系。这再次证明了首相在胜利时的宽宏大量。现在战争进行得很顺利，他再也不用担心比弗布鲁克会对他的位置虎视眈眈了。

像张伯伦生前所做的那样，艾德礼的枢密院委员会接手了大后方许多方面的职责。在战争期间成立的内阁委员会和小组委员会不少于400个，它们举行了8 000次会议，考察了国民生活的各个领域。这些委员会随着需要出现或消失。例如，“重建委员会”在1941年只召开过4次会议，但是在1944次却召开了超过100次会议。到战争结束时，内阁办公室共有员工576名，比战前的人数还要少一些。[13]

10月，德国空军开始再次轰炸伦敦。玛丽在海德公园的炮台上见证了不少军事行动。丘吉尔有时会戴着钢盔，不请自来，拜访女儿，与她的同志们交谈，还带着他晚餐时的客人，有一次就是布鲁克。“有时我去玛丽亚的炮台，”丘吉尔用家人对她的昵称写信给伦道夫，“听到这孩子发出开炮的命令。”[14]他作为父亲的骄傲溢于言表。随着戴安娜志愿成为空袭监督员，克莱门汀承担了防火检查任务，萨拉在空军妇女辅助队通过空中侦察的照片来辨认敌军阵地，伦道夫于1944年1月跳伞进入被占领的南斯拉夫，整个斯宾塞·丘吉尔家族在个人勇气和公共服务方面所获得的声誉，足以让人感到自豪。

丘吉尔未能说服美国人参加对罗得岛和多德卡尼斯群岛发动袭击的“嘉奖行动”，这使他感到沮丧。“最困难的事情不是赢得战争，”他在10月7日对秘书玛丽安·福尔摩斯说，“而是说服人们让你赢得战争——说服傻瓜们。”[15]她在日记中写道：“他看起来很沮丧，说他感觉‘几乎不想干了’。”美国人认为，丘吉尔是在努力展开一场抢在苏联人之前进入巴尔干半岛的战役。他们的想法是正确的。布鲁克认为，为了攻占罗得岛，丘吉尔几乎走到了危险的边缘，“不但危及他与罗斯福总统和美国人的关系，也危及整个意大利之战的未来”。“我慢慢开始相信，到了晚年，温斯顿开始变得越来越偏执，我再也控制不了他了。”[16]

有一种说法是，在“三叉戟会议”后，丘吉尔想推迟原定于1944年5月1日进行的“霸王行动”，甚至取消行动。[17] 1943年10月14日，国王写信给他，建议打仗的地方应该是地中海，而不是法国北部。丘吉尔回答：“已经同意的事情就不可能再回头了，美军参谋长联席会议和斯大林都会强烈反对的。必须记住的是，美国是唯一一个能让我们的‘空军本土战斗机’证明自己实力的国家。我认为这两个战场都值得一试。”[18] 但是他也需要限制美国人的战略支配权。五天后，丘吉尔告诉国王：“美国不能既在这里（马歇尔）也在地中海地区（艾森豪威尔）拥有最高指挥权，我们不能允许这样的事情发生。地中海是我们的地盘，我们赢得了那里的战争。”[19]

丘吉尔自然会非常担心“霸王行动”带来的必然风险，尤其是自1915年以来，他在两栖进攻方面的实际经验只能说是零散的。那个月晚些时候，他对罗斯福坦承：“我对1944年将要进行的这场战役，比我参与过的任何战役都更加焦虑。”[20] 然而，担心行动是否成功与想要取消行动有着很大的不同。丘吉尔在10月底给艾登的信中说：“当然不存在放弃‘霸王行动’的问题，它将是我们1944年的主要行动。为了不输掉罗马战役，登陆艇可能会在地中海地区短期逗留。这可能会造成短暂的延误，也许会推迟到7月。”这个关于登陆艇的技术问题确实让“霸王行动”推迟到1944年6月初。[21]

10月14日，丘吉尔在与查尔斯·艾德共进午餐时，坚决拒绝了芝士通心粉这第一道菜。他说：“我们要攻占的主要位置是爱尔兰炖肉，所以不应该因为攻打这些纠缠在一起的带刺铁丝网而削弱自己的战斗力。”[22] 午餐期间，他几次把手缩进马甲的袖孔里，靠在椅子上说：“这是怎样的一年啊！多么壮丽的一年！”[23] 艾德即将前往远东担任蒙巴顿的新闻顾问，丘吉尔告诉他，在他看来，在不久的将来，东南亚战争的消息越少越好。艾德说：“他不希望东南亚的战争在目前被报道和公开。如果能把它忘了，就更好了。”[24] 当时在缅甸挣扎的第14军团官兵称自己为“被遗忘的军队”，这样说似乎不无道理。丘吉尔希望美国人不要在1943年因为准备“霸王行动”

而从意大利撤走美国的四个师和英国的三个师。任何关于战争进展的宣传都必须针对意大利。他相信，在进行“霸王行动”的同时，开展对法国北部的袭击是完全可能的，尽管同时开展对意大利南部的袭击是不可能的，对此他也一直持反对态度。

10 月 21 日，庞德去世。在魁北克会议的最后一天，他中风了，虽然他一度认为自己可以挺过来，但到了 9 月 8 日，他不得不告诉丘吉尔，他已经不再适合行使自己的职责。丘吉尔在庞德去世前拜访过他，为他争取到功绩勋章。丘吉尔回忆说：“他的脸已经僵硬，说不出话来。但是他抓住我的手。他死于特拉法加日。死亡是上帝赐予我们的最伟大的礼物。”[25] 庞德最好的朋友，海军中将杰弗里·布莱克记录道：“如我所料，首相非常动情，哭着走出病房。”[26] 丘吉尔说，有四个人在与他讨论战争的一般行为时让他受益匪浅，庞德就是其中之一，其他三位分别是比弗布鲁克、史末资和布拉肯。[27] 虽然这话会让布鲁克、艾登和波特尔很难接受，却很可能是真话。庞德的继任者、第一海务大臣、海军参谋长、海军上将安德鲁·坎宁安爵士也写日记，他对丘吉尔的评价与布鲁克一样尖刻。

10 月 28 日，针对战后重建应该采取的形式，下议院展开了一场辩论。丘吉尔强烈主张，应该按照原样完全复制被摧毁的一切。“我们先打造了建筑，”他说，“随后建筑会打造我们。我曾在原来的议会大厅里待了 40 余年，也在那里服务超过 40 年，从中获得过极大的人生乐趣和优势，所以我自然希望能看到它在所有重要方面都恢复到原来的模样，原来的便利性，以及原来的尊严。”[28] 他认为“长方形的议会大厅更有利于党派制度，而对于个人来说，从左（派）到右（派），穿过那些不明显的渐变色彩是很容易做到的，但是要横穿议会席，走向反对党，就需要认真考虑一番。我对这件事很了解”。[29] 丘吉尔还认为，会议室只需容纳 2/3 的议员，因为“如果下议院大到可以容纳所有议员，那么 9/10 的辩论会就将在一个几乎是空的或半空的会议厅里，在压抑的气氛中进行。好的下议院发言应该是对话式的风格，方便他人快速地、非正式地打断讲话并互动”。[30] 在别的地方谈到议员们时他说：“他们必须挤到他们的座位上去。在一些大型活动中，他们必须站在通道里，站在舷梯上。一定要有一种激动的气氛。为什么？因为如果人人都能找到可以坐下或跳舞的位子，即便那是个夜总会，也不会是个成功的夜总会。”[31]

1943 年 10 月 30 日，丘吉尔的朋友，南非矿主和金融家亨利·斯特拉科什爵士去世，丘吉尔获赠 2 万英镑（相当于今天的 80 多万英镑）遗产。① 第二天，玛丽安·福尔摩斯在日记中记录道，丘吉尔自然是“情绪高昂，他开始吟诵一首打油诗，‘有一位年轻的克鲁夫人’，但是没有朗诵完”。[32]（这样也好，因为这是一首下流的打油诗，不适合他那个年轻秘书听到。）11 月 4 日，第八军团攻占了距离罗马 90 英里的伊塞尔尼亚，两天后苏联夺回基辅，天气也终于允许摩尔曼斯克护航队在相对安全的情况下恢复通航了。现在，丘吉尔有充分的理由感到乐观。当他告诉国王，他正努力胁迫土耳其参战时，国王被逗笑了。他说：“外交大臣问我，‘我该对土耳其说什么’？我对他说，‘告诉他们，圣诞节快到了’。”[33]

1943 年 10 月，美国、苏联和英国的外交部设立了欧洲咨询委员会，将德国和奥地利分为几个不同的占领区，并且概述了在解放欧洲的过程中，每一支军队可以推进到什么位置。这些占领区将由首字母缩写为 AMGOT（占领区盟军政府）的机构来管理。② 柏林、布拉格和其他重要的中欧城市将会被红军占领，这既是操作上的原因——红军离得更近，也是因为对艾森豪威尔来说，攻占这些城市造成的伤亡人数，可能会大大超过西方民主国家所能接受的数字。因为所有重要的中欧城市都会落入苏联的势力范围，所以盟军政府确实想把将由英美军队解放的丹麦、比利时、荷兰、卢森堡和德国西部等地，划归西方列强来管理，这样就能确保在战争结束阶段，苏联军队和西方各国军队不会在领土上发生冲突。

到 1943 年 11 月，丘吉尔和参谋长们在讨论什么是抗击日本的最佳战略时出现了重大分歧。尽管参谋长们普遍认为，支持美国攻打日本占领的太

① 这也推翻了那个神话：富有的犹太人支持丘吉尔，是希望将来能有所收获。

② 不久之后，丘吉尔问亚历克·卡多根，“Amgot”这个词在土耳其语中是否指骆驼粪。卡多根向外交部的语言学家提出这个问题，然后回复丘吉尔说：“在土耳其语里并没有这样一个词。不过，有两个相似的土耳其语单词，“Ahm”和“Kot”，一位英国学者将其翻译成“女性阴部”和“肛门”（*TCD* 19，第 651 页和第 2 页）。了解到这一点后，“首相在一天中剩下的时间里都很愉快”。（罗素编辑，《恒量》，第 229 页。）

平洋岛屿才是胜利的保障，但丘吉尔希望可以集中精力收复缅甸、马来亚和香港等英国殖民的国家和地区，从而恢复帝国在1941年12月所痛失的威望。例如，他想发动针对苏门答腊北部的“火枪行动”，而且要利用好英国在中东、锡兰和印度的基地。因此，他提出的这个“孟加拉湾战略”基本上与参谋长们的战略是冲突的，参谋长们希望在中西部和西南太平洋地区更快取得胜利。伊斯梅认为：“在远东战略的基本问题上，我们已经争论了近9个月，这将是英国在把握更高层次的战争方向上最难决定的一点，虽然从总体上看，我们把握得非常不错。”[34]

为了在全球范围内确立优先权，“三巨头”准备于11月下旬在德黑兰会晤，这个地方不会使斯大林离苏联太远。在此次会晤之前，丘吉尔想与开罗的中东司令部进行一次会谈。11月12日日落时分，患了重感冒的丘吉尔在普利茅斯登上皇家海军的“名声号”。由于接种了伤寒疫苗，他还有些轻微发烧。在旅途中，他得到女儿萨拉这个临时助手的悉心照料。莫兰在进入船舱时摔了一跤，丘吉尔很喜欢假装成他的医生。“查尔斯在生病的时候，总是带着一种因为知道内情而悲伤的表情，并且拒绝服药。”[35]

丘吉尔于11月17日抵达马耳他，住在总督戈特勋爵的圣安东宫，并在那里会见了艾森豪威尔、亚历山大、英国的参谋长们以及特德。戈特坚持自己的食物配给不超过那些身陷困境的马耳他人所能获得的可怜的食物配给。但是，正如劳伦斯·伯吉斯回忆伊斯梅告诉他的那样，这种“崇高的斯巴达主义在实践中对首相并没有太强的吸引力。他颇为怜悯地把伊斯梅拉到一边，恳求道：‘要是你准备回到我们可爱的船上去，那就一定请他们给我送过来一磅黄油’”。[36] 丘吉尔读了一本克莱门汀送给他的关于小威廉·皮特的书，据萨拉说，这“让他高兴了好几个小时”。[37]

正是在马耳他的时候，丘吉尔得知了英国在多德卡尼斯群岛战败的消息，这是在托布鲁克战败后第一次真正意义上的败绩。他曾敦促亲盟军的意大利人守住他们于9月15日攻占的这些岛屿，等待英国援军的到来。在9月26日之后，意大利人的坚守招致德国人的猛烈轰炸，他们同时占领了罗得岛。德国人于11月12日入侵莱罗斯岛和多德卡尼斯群岛的其他岛屿，迫使英国军队4天后撤离，并造成600人死亡，100人受伤，3 200人被俘，3

艘驱逐舰沉没，115 架皇家空军飞机在塞浦路斯失踪。这场失败的规模并不像托布鲁克那么严重，但是如果丘吉尔听从了美国人的话，或者如果美国人没有在 10 月底将其空军撤离塞浦路斯，去参加位于意大利的战斗——虽然他们有权利这样做，并且警告过英国人——那么这一切就有可能不会发生。肯尼迪将军责怪丘吉尔，说他“对整个计划都催促得太紧”，并声称巨人威尔逊将军“既缺乏判断力，也缺少勇气，所以没有告诉首相这个行动已经出现问题和危险”。[38] 然而，肯尼迪也承认，“从书面材料上讲，首相所做的一切都得到了充分的专业支持。从相关文件上看，他不应该受到责备。但这是一个很好的例证，证明我们偶尔也不得不为他在军事上的无知以及他对自己在军事判断上的自信而付出代价”。[39]

丘吉尔这次的代号是“监管上校”①，他给克莱门汀发电报说：“我仍然为莱罗斯等岛屿感到悲伤，双手被绑在背后去战斗是可怕的。”[40] 萨拉在日记中写道：“莱罗斯岛让他非常不愉快，但有时他也会高兴起来，和这阵子一直很乖的伦道夫玩了很多次比齐克纸牌。”[41] 没过多久伦道夫就不那么乖了。“爸爸又对伦道夫有点儿不高兴了，”第二天她在驶往亚历山大的船上写信给克莱门汀说，“伦道夫对他自己和爸爸都有点儿不高兴。”然后她又神秘兮兮地补充说：“很多人都在谈论和解释一些我们谁都并不完全清楚的事，真不知道这是否真的有用。”[42]

丘吉尔于 11 月 21 日抵达亚历山大，之后乘坐军用运输机“达科他 C-47”飞往开罗。这一天，他写信给内政大臣赫伯特·莫里森，要求他支持一项极具争议的决定，释放英国法西斯联盟的领导人奥斯瓦尔德·莫斯利，因为德国入侵的威胁已经解除。自 1940 年 5 月以来，根据第 18B 条款，莫斯利一直未经审判而被关押。丘吉尔说：“在没有任何法律规定的情况下，行政长官将一个人投进监狱，尤其是无限期地拒绝让他的贵族同僚对他做出审判，这样的权力是最可恶的，是所有极权主义政府的基础，不管是纳粹还是共产主义……对于民主来说，没有什么比因为一个人不受欢迎而监

① 为了向他的五港同盟监管大臣之职致敬。

禁他，或是把他关进监狱更令人憎恶的了。这是对文明的考验。”[43]他后来也提到内阁的决定，如果特拉法加广场出现愤怒的示威游行队伍，内阁会支持莫里森：“那些不准备做不受欢迎的事、不愿意蔑视喧嚣和吵闹的人的大臣，在需要承担压力的时刻，他们就不应该当大臣。”[44]

代号为“六分仪”的开罗会议为期5天，在离金字塔不远的曼娜大厦酒店举行。参会的还有罗斯福和中国的蒋介石。丘吉尔住在理查德·凯西的豪华别墅里，那是他的大臣官邸。11月23日，他让萨拉查一查，是否可以找辆车送罗斯福去参观狮身人面像。当她发现可以找到车时，“我父亲跳到房间里，然后说，‘总统先生，你一定要去看看狮身人面像和金字塔。我已经安排好了’。”[45]正如丘吉尔所说的，这将是“世界上最健谈的两个人与世界上最沉默的一个人的会晤”。[46]在看到罗斯福身体向前倾，手扶着椅子扶手想要站起来，身体却向后一沉时，丘吉尔转过身去，然后说：“我们在车里等你。”外面此时正是阳光灿烂，萨拉“看到他眼里噙满了泪水。他只简单地说了一句：‘我爱那个人’”。[47]

蒋夫人也随同她丈夫一起来开会。“爸爸对她印象深刻，”萨拉评论道，“她无疑是最好的译者。”[48]布鲁克回忆说：“在一个关键时刻，她那紧身的配着黄色菊花图案的黑色缎子连衣裙露出一条缝，一直延伸到她的胯部，露出了一条曲线极为优美的腿。这在出席会议的人群中引起了一阵沙沙声，我甚至觉得我听到了一些年轻与会者发出压抑的嘶嘶声！”[49]萨拉告诉克莱门汀，蒋夫人“有些异国情调、阴险、圆滑，有点儿不诚实？但愿并非如此”！[50]丘吉尔和布鲁克认为，美国人对中国人的印象有些过于好了，罗斯福打算将战后的核心权力交给中国人，但是他们并没有做出任何配得上这一地位的事情。他又一次做出了以种族为依据的不公平假设。中国人抗战14年，从1931年到1945年至少失去了1 500万人，这是值得充分认可的。

11月25日，罗斯福举办了一个盛大的20人感恩节餐会，有一只巨大的火鸡，还有一支负责演奏背景音乐的军乐队。总统把火鸡切开，正如萨拉对她母亲说的那样，“爸爸和他此后都不怎么说话了。爸爸泪流满面”。然后他们唱起了《牧场上的家》这首歌。萨拉告诉克莱门汀，她父亲“想派飞机来接你”！[51]那天晚上可以被视为罗斯福与丘吉尔友谊的最高潮。丘吉尔对克莱门汀说："没有什么能够超越我与海军上将"Q"（罗斯福的代号）之间的友谊了，在英国及美国各大党派中也很难找出这样的友好关系。因此，观点的分歧可以通过达成一致的协议来解决。"[52] 这些分歧包括美国反对在地中海东部采取行动，对铁托施以任何可能引发巴尔干战争的援助，并向土耳其施压，要求其参战。令人惊讶的是，罗斯福也不想讨论斯大林到达德黑兰后该如何接近他的问题。[53]

"现在我们谈谈高空坠落问题，"丘吉尔在乘坐英国皇家空军"约克号"飞往德黑兰的 5 个半小时行程中对随行人员说，"我们将要穿越 4 条大河，底格里斯河、幼发拉底河、约旦河和尼罗河，还有荒野和山脉。"他补充说："要是我们觉得累了，可没有什么地方可以让我们落脚休息一下。"[54] 在旅途中穿越沙漠时，萨拉那艺术家般的眼睛注意到，沙漠的"大部分是深褐色的，但时不时会渐变成红色或宝蓝色，它们天衣无缝地衔接在一起"。[55] 也许是回想起自己在 1916 年 1 月前往战壕时给军官们的忠告，丘吉尔对萨拉说："战争是一场要微笑着去打的比赛，但你认为我内心真的会有笑声吗？我们的旅行风风光光，身边的设施豪华奢侈，看起来也安安全全，但我永远不会忘记身处前线的人们和他们艰苦卓绝的斗争，以及在空中、陆地上和海上随时都有人死去的事实。"[56] 到了伊朗首都，他们发现安保工作做得一点儿都不好，汽车在拥挤的街道上爬行。萨拉回忆说："任何人都可以近距离开枪射中我父亲，或者直接把一枚漂亮的小手榴弹扔到我们的大腿上。"[57] 有那么一阵子，这辆车完全静止了 3 分钟，人群在周围挤来挤去。丘吉尔向驻德黑兰的英国大臣雷德·布拉德爵士建议，以后他们身后装满士兵的吉普车应该是敞篷的。"这当然不是为了让他们来救我们，但至少可以让他们免于无所事事的尴尬。"[58] 到了英国公使馆后，丘吉尔开始读《雾都孤儿》，一直读到午夜。

德黑兰会议（代号为"尤里卡"）标志着斯大林将第一次与罗斯福真正会晤，两人都决心让这次会晤取得成功。罗斯福甚至同意，在保证安全的情况下，从美国公使馆搬到苏联大使馆去。[59] 丘吉尔不会想不到这一举措的意义有多么重大，以及苏、美之间的紧密关系会对英国的声望和影响力产生什么样的影响。8 个月后，丘吉尔对维奥莱特·博纳姆·卡特说："在德黑兰，我第一次意识到，我们的国家是多么小啊。”莫兰更是直言不讳地写道：“首相为自己的虚弱无能感到震惊。”[60]

到今天为止我们依然不知道，当斯大林在德黑兰向丘吉尔提议，一旦赢得战争的胜利，就应该枪毙5万名德国军官，以便消灭德国的军事力量时，对丘吉尔的刺激有多大。当罗斯福说这个数字应该是4.9万时，丘吉尔认为这完全是在开玩笑，直到艾略特·罗斯福发表了看似严肃的讲话，对斯大林的提议表示赞同。丘吉尔在他的回忆录中写道：“听到这样令人震惊的话，我起身离开桌子，走进隔壁那间昏暗的房间里。我刚到那儿不到一分钟，就有人从背后拍了拍我的肩膀，原来是斯大林，莫洛托夫站在他旁边。他们两人都咧嘴笑着，急切地宣布他们只是在开玩笑，根本不是认真的。”[61]斯大林、莫洛托夫和艾略特·罗斯福不知道的是——尽管罗斯福总统是知道的——丘吉尔是读过欧文·奥马利有关卡廷森林的报告的，他知道斯大林完全有可能在脸都不会红一下的情况下实施这样的犯罪。

丘吉尔后来写道：“斯大林沉溺于经常地‘嘲弄我’，对此我一点儿也没有怨言。”他没有用他那种极具杀伤力的机智和反讽来回应，他本可以很轻松地做到这一点，但这会使双方的关系恶化。丘吉尔表现出令人钦佩的自制力。丘吉尔在写给克莱门汀的信中是这样总结这次会议的：“气氛亲切友好，但三角关系问题很难解决。”[62]传闻说罗斯福在德黑兰会议上与斯大林站到了一起反对丘吉尔，这不是事实，尽管有时在斯大林说俏皮话时罗斯福确实也笑了。罗斯福还“提醒斯大林要小心，不要和丘吉尔提起印度问题，斯大林表示同意，说这无疑是一个不易触碰的话题”，但是丘吉尔对统治印度的热情并不算是什么秘密。[63]

总的说来，尤里卡会议取得了成功。斯大林第一次明确表示，在打败德国之后，“我们将形成统一战线去打败日本”。[64]他合理地坚持要求由西方盟国来决定谁将指挥“霸王行动”，而且在这次行动真正实施之前，他是不相信会有这样一次行动的。[65]当斯大林同意为“霸王行动”发布一些虚假计划时，丘吉尔说：“在战争时期，真相是如此珍贵，以至真相永远需要谎言来守护。”这话让斯大林感觉很有趣。[66]会议期间还出现了一个尴尬的时刻，丘吉尔把乔治六世赠送给斯大林的一把剑——由谢菲尔德制造的一把精美绝伦的“斯大林格勒之剑”，交给斯大林，斯大林转手把它递给了伏罗希洛夫元帅，剑刚到元帅手里立即就从剑鞘里滑落，掉在地上。

尽管一直有人指责罗斯福曾经在德黑兰与斯大林密谋对付丘吉尔，但是苏联外交部的一份关于 11 月 30 日在苏联大使馆进行的谈话记录显示，如果说有什么密谋，倒是丘吉尔试图与斯大林密谋。记录中写道：“首相说他是半个美国人，他对美国人民怀有深厚的感情。他要说的话不应被理解为对美国人的任何贬低，他会对美国人非常忠诚，但是还是有些事情更适合两个人交流。”[67] 他接着指出，在意大利部署的 13~14 个盟军师中，9 或 10 个是英国的。他说：“这一选择一直被认为是为了让部队在那里坚持到‘霸王行动’开始，或是为了继续推进在地中海的行动，但是这并不是故事的全部。”

美国人希望可以在 3 月实施“海盗行动”，通过两栖打击来重新占领孟加拉湾的安达曼群岛。丘吉尔对斯大林说他不喜欢这一行动，他解释说：“美国人把我们钉在了‘霸王行动’的日期上，过去两个月我们在地中海的行动受到了影响，我们的军队对调走了 7 个师感觉有些灰心。我们已经派了 3 个师回国，美国人也派去了他们的几个师，一切都是为了准备‘霸王行动’。这就是为什么我们没有更充分地去利用意大利的崩溃，但是这也证明了我们在‘霸王行动’的准备工作上是认真的。”[68] 丘吉尔不想让斯大林觉得英国对‘霸王行动’没有全力以赴，或者觉得丘吉尔想在行动日期上进行妥协。第二年 2 月，丘吉尔在一次晚宴后对拉塞尔斯和坎宁安说：“如果我的衬衫现在被脱掉，你们就会看到我在爬向那个人时肚皮上划出的伤痕。我这样做是为了国家的利益，没有别的原因。”[69] 他感受到了耻辱，也因此受到广泛的批评，尤其是此后不久，在讨论与苏联的边境线问题时，他不得不威逼英国勇敢的盟友波兰。但是在 6 月发动“霸王行动”之前，英国需要苏联的帮助才能继续赢得巨大的胜利。

丘吉尔的 69 岁生日正赶上会议结束的时候，他邀请罗斯福、斯大林和他们的高级官员到英国公使馆共进晚餐。[70] 萨拉认为斯大林是“一个令人恐惧的人物，长着一双狭长的熊眼，看起来心情很愉快”。[71] 她相信他“很有幽默感，与爸爸那种反应迅速、脱口而出的幽默感不相上下”。她认为当晚最棒的笑话就是斯大林讲的。“爸爸在许多的祝酒词中评论了其中一个，说

‘英国变得越来越粉红了’时，乔插话说：‘红润是健康的象征。’”[72]萨拉对伦道夫没有为父亲的生日祝酒感到失望。她告诉母亲：“我忍不住在想，几年前，他怎么也不可能站都不站起来！他变了很多。”[73]不过，祝酒的人还是很多的，大家彻夜畅饮。斯大林提议为保守党祝酒，作为回应，丘吉尔提议向“无产阶级群众”祝酒。[74]在罗斯福提议为萨拉的健康祝酒时，斯大林站起身来，绕过桌子来与她碰杯。丘吉尔在会议的最后一天给克莱门汀发电报说：“大家都很好，事情有了很大的转机。”[75]

12月2日上午9点半，丘吉尔飞回开罗。在巴格达上空，他喝了香槟和乌龟汤。兰普森当天晚些时候见到他时，说他看起来“非常健康，对德黑兰会议感到非常满意”。[76]由伊诺努总统率领的土耳其代表团两天后抵达。那天晚上，在把丘吉尔塞进蚊帐时，萨拉发现丘吉尔自己咯咯地傻笑起来，当问他为什么时，他说：“土耳其总统吻了我——两次。我的麻烦就是，别人无法抗拒我。”[77]然后他补充道：“但是不要告诉安东尼，他会嫉妒的。”[78]丘吉尔还是希望土耳其人可以向希特勒宣战，但是会谈没有取得什么进展。斯大林在德黑兰的催促让罗斯福在开罗下定决心，让艾森豪威尔成为“霸王行动”的总司令，他觉得自己在华盛顿离不开马歇尔。

12月8日，丘吉尔与伦道夫、菲茨罗伊·麦克莱恩和利奥·阿梅里的儿子朱利安·阿梅里在开罗大使馆共进晚餐。像伦道夫一样，阿梅里的儿子很快就要跳伞进入被占领的南斯拉夫。在被问及未来的政治计划时，丘吉尔说：“我是随想曲的受害者，在幻想的翅膀上旅行。”这话肯定会让当时也在场的艾登感到不安。当麦克莱恩批判铁托的共产主义时，丘吉尔说：“你打算战后在南斯拉夫安家吗？”麦克莱恩回答不。丘吉尔说：“我也不这样打算。既然如此，你不认为我们应该让南斯拉夫人自己来决定他们自己的政府形式吗？我们现在最关心的应该是谁可以对德国人造成最大的伤害。”[79]这样的想法是残酷的，甚至是愤世嫉俗的，但也是现实的。丘吉尔决定支持南斯拉夫的铁托，因为他相信游击队杀死的德国人比切特尼克保皇党要多。

那天晚上，史末资也出席了晚宴。第二天早晨，他把布鲁克带到一边说，对于首相的状况他一点儿都不满意。他认为首相工作太辛苦，精疲力竭，然后不得不依靠酒精来刺激自己。他说他开始怀疑首相是否会坚持下去，因为他注意到了首相身体上的变化。[80] 11 月 11 日，丘吉尔从开罗飞往突尼斯，打算与艾森豪威尔一起待上几天，然后去意大利拜访亚历山大。可是他再次染上了严重的急性肺炎，莫兰需要立即召集 6 名开罗医生，在 R. J. V. 布莱夫塔夫特准将的率领下组成医疗小组，同时还需要两名护士和一台 X 光机。约翰·马丁说，周围有那么多医务人员，他进不了办公室。丘吉尔需要再次服用 M&B，莫兰还给他开了洋地黄来增强心脏功能。他始终保持着幽默感，当布莱夫塔夫特打算在他身上抽取一些血液样本时，他说："你可以在我的手指或者耳朵上抽血，当然，我还有一个几乎无限辽阔的屁股。"[81]

丘吉尔对沃尔特·汤普森说："我身心俱疲。一切都已计划好，准备好了，对我来说，有什么地方比死在这里更好呢？在这个迦太基的废墟里。"[82] 克莱门汀立即乘坐一架没有取暖系统的解放者轰炸机，穿着软垫飞行服，在雾中起飞。在突尼斯，萨拉大声朗读《傲慢与偏见》给丘吉尔听，看着他睡觉。在他的战争回忆录中，丘吉尔声称："我并没有在任何时候放弃过我在各类事务中扮演的角色，也没有一丝一毫地迟延做出我需要做出的决定。"[83] 马丁写道，这样说"有些夸张"，实际上，"有好几天（他）病得非常厉害"。[84] 公众被告知他患了神经性咽喉痛。"他非常调皮，"萨拉在 12 月 22 日写给她的情人吉尔·温南特的信中说，"他的康复能力很强，生命力也很顽强，对于被人安排有着一种适度的不喜欢。"[85] 同一天，丘吉尔开始给他的医生们口述他的健康进展，他依然抽雪茄，尽管在他的肺部已经发现了斑点。[86]

圣诞前夜，大批高级指挥官赶过来，包括威尔逊、特德、艾森豪威尔、坎宁安和亚历山大 5 位总司令，商讨在那不勒斯北部的安齐奥进行两栖登陆作战的"鹅卵石行动"。丘吉尔希望这次行动可以在意大利取得决定性成果，甚至可以在"霸王行动"前就攻陷罗马。他穿着配有金龙图案的蓝色丝绸睡衣，参加了在餐厅召开的会议。[87] 圣诞午餐是他离开自己房间吃的第一顿饭。"首相已做好充分准备，"马丁写道，"他提议了一系列的祝酒活动。"[88] 当其他人都在吃圣诞布丁，给他上的却是一块蛋奶沙司时，他羡慕地说："任何可以把白兰地送进肚子里的工具都是值得称赞的。"[89] 节礼日那天，他得到了"沙恩霍斯特号"在北角战役中被击沉的绝好消息。

除了确定在 1944 年 1 月实施"鹅卵石行动"，丘吉尔康复后，立刻又做出了重要的人员调整，巨人威尔逊成为地中海区总司令，亚历山大成为意大利区总司令，特德成为“霸王行动”的盟军副总指挥，三个英国人获得了关键角色。丘吉尔于 12 月 27 日飞往马拉喀什（在 1.2 万英尺的高空吸着氧气），到泰勒别墅进行疗养，身边配了一个优秀的法国厨师。[90] 在那里，他向开罗索要了一枚少将的徽章，这样他就可以把它裹在莱斯利·霍利斯的餐巾里，作为他被提拔的第一条通知。[91] 丘吉尔还授予了比弗布鲁克的儿子、王牌勇士马克斯·艾特肯 1939—1943 的纪念勋章，这枚勋章是他从乔克·科尔维尔的第二件紧身衣上匆忙摘下来的。丘吉尔对周围的人所做的像这样的事情，还有许多，比如确保契克斯庄园里他的秘书们等候的房间里的火不能熄灭，这一定与他表现出的自私与偏执的相似事件的数量形成了鲜明对照。

“坐镇马拉喀什的温斯顿现在精力非常充沛，”回到伦敦后布鲁克写道，“结果，各种电报的三角传送逐渐导致了完全的混乱。我向上帝祈祷，希望他能回家，希望这一切能得到控制。”[92] 在过去的 5 个月里，丘吉尔只在英国待了 5 个星期。1944 年 1 月 5 日，在为从莫斯科前往伦敦途中的贝内总统举行的晚宴上，丘吉尔问在座的每一位，他们是否认为希特勒会在 9 月 3 日，即宣战 5 周年纪念日那天仍然执政。丘吉尔、比弗布鲁克和科尔维尔认为会，贝内、史末资、莫兰、汤米·汤普森、马丁、霍利斯和萨拉认为不会。[93]

贝内一直在试图说服波兰人，让他们接受战后以“寇松线”① 作为与苏联的边界，这也坚定了丘吉尔的决心，站到正在被斯大林施压的伦敦波兰人的对立面。斯大林希望波兰人在战后将自己的国家向西迁移几百英里，一方面为了迁就苏联，一方面也可以惩罚德国。“两次战争夺去了 2 000 万到 3 000 万苏联人的生命，”丘吉尔在 1 月 7 日发给艾登的电报中说，“苏联有权获得其西部边境不可或缺的安全……波兰现在拥有了欧洲中心一个伟大的独立国家的地位，拥有了很好的海岸线和比以前更好的领土。如果她不接受这一点，英国已履行了自己的全部义务，波兰人可以自行与苏联做出安排。”[94]

---

① 1919 年年初由寇松勋爵起草，划定了未来波兰–苏联边界。之后在 1939 年至 1941 年的《苏德互不侵犯条约》中涉及苏联–德国边界时，这一界定被大量使用。该线以西地区总体上占波兰裔人口的大部分，大致相当于今天波兰、乌克兰和白俄罗斯之间的边界。

第二天，伦道夫在醉酒后抨击了当时并未在场的艾登作为外交大臣的素质，而丘吉尔则为艾登挺身而出。正准备带伦道夫去与铁托取得联系的麦克莱恩事后向大家保证："到了南斯拉夫，不会再有威士忌，取而代之的是白菜汤，一切都会好起来的。"[95]

1月10日，从阿尔及尔飞过来的戴安娜·库珀夫人（她的丈夫是法国民族解放委员会的英国代表）写信给儿子约翰·朱利叶斯说："整个派对就像是在一个百万富翁的穹顶乐园里举办的一场马戏，到处都是大理石、橘子树、喷泉和瓷砖，带有最浓郁的伊斯兰风格。我们那位老宝贝穿着连衫裤，戴着10加仑重的牛仔帽，外面套着一件非常破旧的东方长袍，看起来身体健康、精力充沛、精神矍铄。我以前从来没听过他编造出如此离奇的东西，对英语和俚语进行胡编乱改。"[96] 关于俚语，她说得没错，丘吉尔偶尔会操起伦敦腔，对莱斯利·罗文说："那什么，别惹毛我！"有时他会对玛丽安·福尔摩斯说："我老长时间没瞧见你了。"或是在他偶尔不小心点燃了雪茄烟的另一头时，他会说："老天爷啊！看我干了什么！"[97]

在马拉喀什，1月12日，丘吉尔邀请戴高乐共进午餐的活动两次都差点儿被取消，因为戴高乐命令"自由法国"的让·德·拉特尔·德·塔西尼将军在没有他在场的情况下不许去拜访丘吉尔。后来他又在阿尔及尔逮捕了丘吉尔的朋友——法国前总理皮埃尔-蒂安纳·弗兰丁。然而，最终他还是邀请了戴高乐，因为"霸王行动"已经定好将于当年晚些时候实施，丘吉尔希望能与他缓和关系，尽管他个人对戴高乐并不信任。"你往这儿看！我是一个不败强国的领袖，"丘吉尔对他说，"可是我每天早上醒来想到的第一件事，就是如何取悦罗斯福总统，而第二个想法，就是怎样和斯大林元帅搞好关系。你的情况大不相同。可为什么你醒来后的第一个念头，竟然是怎么对英国人和美国人打个响指呢？"[98] 他的话对戴高乐没有产生什么影响。丘吉尔对马丁开玩笑说："既然那位将军的英语讲得那么好，他就一定能听懂我的法语。"[99]

那天晚上，丘吉尔批准了科尔维尔重新回到他的飞行中队。"你似乎觉得这场战争是为了你个人的娱乐而进行的。"丘吉尔对他说。停了一会儿后他接着说："但是，如果我像你一样在这个年纪，我也会这样觉得。所以，我可以给你两个月的战斗假。但是今年的假日就只有这么多了。”[100] 1月14日，丘吉尔飞往直布罗陀参加有关“鹅卵石行动”的另一次会议，他在那里搭乘皇家海军“国王乔治五世号”启航前往普利茅斯。旅途中他花了一个小时的时间在船上的军械库中回答了海军学校学员的问题，他鼓励大家：有关战争和政治的问题，想问什么就问什么。科尔维尔回忆说：“他们几乎忘记了他是首相，听他讲话真是太棒了。”[101]

1月18日上午，丘吉尔离开两个月后，在没有事先通知的情况下突然出现在下议院，哈罗德·尼科尔森看到：

> 惊愕的表情一一浮现在对面工党人的脸上。突然，他们跳了起来，开始大声呼喊，在空中挥舞着命令文件。我们也跳了起来，整个下议院都欢呼起来，而温斯顿面色粉红，有几分害羞，恶作剧般地咧嘴笑着，蹑手蹑脚地慢慢走过前排长凳，猛地坐到他惯常坐的座位上。他因为快乐和激动而满脸通红，人还没坐下来，两颊就淌下了两颗大大的泪珠，然后开始笨拙地用一块巨大的白色手帕擦拭泪水。[102]

到了首相问答时间，一位议员讨好地提出，下议院应该举杯祝酒：“祝所有独裁者早点儿死亡，祝所有解放者越活越长，而在解放者中，首相应该是第一人。”丘吉尔冷静地回答：“现在还是大清早呢。”[103]

“他看上去很好，休息得不错，”国王当天写道，“只是双腿还很虚弱，眼睛里似乎暂时失去了一些激情……拜美国人所赐，我们失去了攻占罗得岛的机会，罗马也还不属于我们。但是我们终于控制了地中海地区。”[104]

1月22日，“安齐奥登陆计划”在意大利西部海岸开始实施，艾森豪威尔的海军助手哈里·C. 布切尔上尉正确地将这次登陆称为“首相最得意的军事计划”。[105] 一个英美联合师，总共3.6万人和3 000辆车，在克拉克将军的第五军团前面、德军防线的后面登陆，几乎没有遭到抵抗。丘吉尔对亚历山大说：“我很高兴你能坚持自己的主张，而不是一心去攻滩头阵地。”[106] 然而，人们很快就发现，指挥官约翰·P. 卢卡斯将军太优柔寡断、行动迟缓，没有利用好这一局势。“我本来希望我们是把一只野猫扔到了岸上，”10天后丘吉尔抱怨道，“结果实际上却只是一只搁浅的鲸鱼。”[107] 这让人回想起在加里波利战役中，斯托福德在苏夫拉湾的那种灾难性的迟钝与谨慎。这样的回忆太可怕了。[108]

丘吉尔1月27日在“其他俱乐部”的晚宴上对科林·库特说：“德国人的仗打得依然精彩，绝不要幻想他们正在崩溃。他们的参谋工作非常灵活，他们利用残余人员临时组建的部队，其战斗力与新组建的部队一样好。”[109] 他考虑亲自飞往安齐奥滩头，但是被劝阻了。[110]

2月4日，盟军到达了始建于中世纪的卡西诺山修道院，这里能够控制利里山谷和通往罗马的道路。但是他们发现不可能突破德军的顽强抵抗跨越半岛。贝文在战时内阁会议上提议，丘吉尔应该给亚历山大送去一条鼓励的信息。首相说：“我会考虑的。”这很难算作同意。[111] 修道院于2月中旬在轰炸中被夷为平地——这是一个巨大的文化损失，但是那里的指挥官认为它在战术上非常重要。然而，这种重要性似乎并没有带来什么好处，之后的3个月也没有最终实现突破。

丘吉尔于2月11日对罗斯福说，保加利亚政府的和平提议不应该成为减轻对该国轰炸的理由，实际上，“如果服药效果好，就该让他们多服点儿”。[112] 自开罗会议以来，丘吉尔和罗斯福之间出现了越来越多的问题。美国人对延长意大利君主政体没有兴趣，其他分歧还包括阿根廷牛肉（罗斯福想抵制阿根廷牛肉，以惩罚阿根廷政府同情法西斯，但英国需要购买阿根廷牛肉。）、战后的民用航空权、中东石油、帝国的贸易安排，以及其他一些非军事话题——丘吉尔觉得在这些问题上，现在更加强大的美国正在侵犯大英帝国的权利。[113] 2月25日，丘吉尔甚至与布鲁克谈到了“总统最近不愉快的态度”。[114] 他的忠告并不总是能得到回复，更别说完整详尽的回复了，而总统本人亲自回复的就更是少得可怜了。战争期间，丘吉尔给罗斯福发去的信息比罗斯福发给他的多了373条。

2月20日，在1941年5月以来最严重的空袭中，唐宁街10号遭到毁坏。所有的窗户和窗框都被炸飞，灰泥从客厅的天花板上掉下来，留下了许多大洞。“唐宁街10号的地上满是玻璃碎片，一枚炸弹落在财政部的一角，炸毁了一个很大的水龙头。”科尔维尔写道。[115]已经搬回唐宁街10号开会并用餐的丘吉尔，被迫在大部分时间又回到附楼。他在那里所进行的一次广播演讲中说：“我非常高兴从斯大林元帅那里听说，他也决心建立和维持一个强大、完整、独立的波兰，使之成为欧洲的主要大国之一。他多次公开发表这样的声明，所以我相信这代表了苏联的既定方针。”[116]他对苏联的信任程度并不像他在公开声明中暗示的那么高。3月初，他在一种“仁慈而又忧郁的情绪”中向契克斯庄园的客人们承认，斯大林对波兰的态度让他感到不安，他说他想告诉苏联人：“就我个人而言，我反对一切暴政，不管他们穿什么制服，喊什么口号。”[117]

首相在大厅里一边看电影一边抽着土耳其香烟，他说这是他从土耳其人那里得到的唯一的东西。看过电影后，在留声机播放着《马赛曲》和《桑布尔与默兹军团》①的时候，他对包括伊斯梅和麦克米伦在内的客人说：“比印度或是殖民地，或是偿付能力更重要的，是空军。我们生活在一个满是狼的世界里——还有熊。”[118]他的意思是，只有空中优势才能抵御即将到来的苏联的威胁——这是他在密苏里州富尔顿发表“铁幕演说”前的两年零一天。然而，他感到沮丧的时间并不很长。几天后，当记者问他，谁将在即将到来的辩论会中为政府辩护时，丘吉尔回答：“如果糟糕到不能再糟糕了，我本人可能会试一试。”[119]

然而，丘吉尔在3月7日与国王共进午餐时，却情绪低落地抱怨了罗斯福在一次记者招待会上发表的一份“糟糕声明”，声明中说他准备将意大利舰队的1/3交给苏联。

> 这份声明，加上苏联在“寇松线”问题上对波兰政府的态度，以及苏联向塔尔诺波尔（乌克兰西部的捷尔诺波尔）进一步大规模推进，让温斯顿说出这样的话：东边有一头取得了胜利的醉熊，西边有一只蹒跚而行的大象，我们英国人就像一头驴子夹在他们

① 拿破仑三世第二帝国的军队进行曲。

中间，只有这头驴子知道回家的方向。他告诉我说，战时内阁非常清楚斯大林的危险态度，以及一个强大的苏联会对世界造成怎样的伤害。我们不想在德国战败后再与苏联作战。[120]

“随着时间的临近，我对这次行动的态度越来越坚定，”丘吉尔在3月13日写给马歇尔的信中谈到“霸王行动”时说，“也就是说，即使我们在莫斯科设定的前提条件没有完全实现，我也希望可以在人道的情况下发动袭击。”[121] 这些条件中的一条就是，在法国北部只能有15个德国师，而情报显示似乎会多几个。艾森豪威尔在5月15日对丘吉尔重复了他所说的“我的态度越来越坚定”这个说法，想说明丘吉尔以前从没有对“霸王行动”做出过承诺，但是从丘吉尔写给马歇尔的信中可以看出，情况远非如此。

丘吉尔和参谋长们之间关系的最低点出现在1944年3月底，在讨论关于太平洋战略的问题时。参谋长们不愿意为丘吉尔最喜欢的孟加拉湾战略提供资源，丘吉尔相信他在马拉喀什时他们背着他做出了一个临时的太平洋战略草案。他在一份伤人感情的5页备忘录中写道：“令我非常遗憾的是，参谋长们在这件事情上竟然走得这么远，他们已经拿出了既定结论，却没有以任何方式去了解并考虑他们所服务的最高民事政权的意见。他们当然有义务通知作为国防大臣的我，确保我能理解他们在怎样认识这个问题上的重要性。”[122] 教训参谋长们，尤其是像波特尔这样已经在这一职位上干了5年的人，告诉他们宪法赋予他们的职责，这样做既没有必要，也很粗鲁（可能是故意的）。但是这也提醒了他们，谁拥有最终的决定权。

然后，他改变了策略，开始强调私人关系。他写道：“考虑到我们已经在那么多困境中一起工作了那么久，始终保持着亲密的关系和真正的友谊，我真没有想到，像这样一项涉及重大政治和其他非军事考量的长期战略，参谋长们会没有想到与我一起制定完成，一起拿出我们的意见。”用一句话来说，丘吉尔在这里发出的是对同志友谊的请求，是因为他们闯入了无权干涉区域而对他们进行的指责，是对自己实际上被排挤出局的哀叹，是对他本可以被说服的暗示，最后也是对大家需要用一种声音对自治领和美国人说话的警告。“孟加拉湾战略将继续存在，”丘吉尔直言不讳地总结说，“直到1945

年夏天，大英帝国的战争重心才会转向日本。”[123] 在其回忆录的早期草稿中，丘吉尔在相关章节的结尾写道：“裁决被接受了，这个话题也被放下了。”但是这样的说法显然是不真实的，研究人员不得不提出另一种结局。指责参谋长们没有尽力“考虑他们所服务的民事政权的意见”，就已经拿出了“既定结论”的那个段落，被认为在情绪上太过激愤，于是在发表前的最后一刻被删掉了，那一页留下了很大一片空白。[124]

布鲁克于第二天写道：“我们讨论过……如何最好地处理温斯顿上一份很难处理的文件，文中到处都是错误陈述、错误演绎和策略缺陷。文件目前的样子是我们无法接受的。对我们来说，与其接受他的解决方案，还不如我们三个一起辞职。”[125] 他们起草了一份答复，列出丘吉尔文件中的 5 个事实错误，并提议参谋长们“与首相一起讨论这一话题……并且向他暗示，他的行动是不会带来好的结果的，这是在没有充分了解所有因素的情况下采取的行动，在目前这个阶段是完全没有必要的”。[126] 从布鲁克的答复中可以清楚地看出，这份文件被提交前曾呈请伊斯梅过目并评论，他没有对其做出任何修改。因此，几乎可以肯定，丘吉尔提前得到过关于这份答复的警告，这是很明智的做法。

3 月 28 日，参谋长们给丘吉尔的“私人绝密”回复文件送达首相手中。回复文件以一段看似波澜不惊的文字开场：“我们确信，对于我们的观点和建议仍然存在一些误解，我们希望有机会与你进一步讨论整个问题。”但是文件后面的内容却断然回绝了丘吉尔的所有指责。[127] “我们不能接受你的指责，”三位参谋长写道，“说我们在没有征求你的意见的情况下，就把陛下的政府交给了某种特定的政策路线。我们在‘六分仪会议’① 之前就尽力向你解释了我们对抗日战争中长期战略的看法，但是会议前及会议后的其他一些让你操心的事情，令你无心关注这一问题。因此，我们打算竭尽全力，确保参谋长联席会议的结论以最不置可否的措辞表达出来。”[128] 在这一事件中，由于最关键的决定并不需要在登陆日之前做出，所以集体辞职的情况并没有

① 指 1943 年 12 月召开的第二次开罗会议。

发生，整个事情也逐渐降温了，除了在布鲁克和坎宁安那些充满火药味的日记里，以及在布鲁克写给迪尔的那些信函中，信里多次轻蔑地提及丘吉尔在基本战略概念上的无知。[129]

丘吉尔在3月26日对英国人民发表讲话时说："我们现在不只是满怀希望，我也有理由这样说，我们将秩序井然地到达旅途的终点，这场威胁着整个世界，可能熄灭所有希望之光，把我们的孩子和后代留在也许长达几个世纪之久的黑暗和束缚中的灾难，这场悲剧不会降临了。"[130]在谈到即将到来的攻打欧洲大陆的计划时，他说："信号一旦发出，全世界所有想要复仇的国家就会扑向敌人，夺取那些曾经试图阻止人类进步的最残酷暴政的性命。"[131]托米·拉塞尔斯很不满意地抱怨说："这篇演讲老气横秋。"[132]而一个叫安妮·弗兰克的女孩儿显然不同意他的说法，在阿姆斯特丹的一个秘密阁楼上，她在自己的日记中写道，我为"我们深爱的温斯顿·丘吉尔的演讲"感到欣喜。[133]

让丘吉尔感到惊讶的一件事是，3月28日，政府在《巴特勒教育法案》第82款有关男女教师同工同酬的投票中，以一票之差失利，该条款以117票对116票被否决。"如果有人能够引诱财政大臣，让他一路小跑赶过来，"丘吉尔在谈到误了投票的安德森时开玩笑说，"政府就得救了。"[134]这是政府在战争期间的投票中第一次真正的失利。内阁一致同意将这一问题转化为信任投票，不久后，政府以425票对23票获胜。"我不会像一只受伤的金丝雀那样在笼子里四处扑腾，"丘吉尔对一位议会议员说，"你把我从栖木上推了下去，现在你得把我放回栖木上。否则我就不唱歌了。"尼科尔森写道："内阁做出将一个很小的国内投票作为不信任案的决定，这让所有人都感到愤怒和恼火。唯一真正喜欢这一决定的人就是温斯顿本人。他一直咧着嘴笑着。"[135]但是丘吉尔向国王发了牢骚。国王记录道："下议院总是让他忧心忡忡，因为它永远是政府的批评者。温斯顿已经有足够多的事情需要考虑，他觉得自己在指挥战争方面已经做了和正在做的事情，都没有获得应得的支持。"[136]

1944年4月，盟军向诺曼底投放了8万吨炸弹。丘吉尔坚持要仔细审查这项决策，因为它将对平民造成很大的影响。"对法国人来说，屠杀以及屠杀所引起的愤怒是有限度的，那是我们绝不能超越的限度。”他对战时内阁说。[137]我们在关于第二远征军的决策、1941 年的希腊远征决策，以及现在的孟加拉湾战略，即在美国打败日本之前夺回英国在远东的财产等几项战略中都可以看出，丘吉尔将政治考量置于纯军事考量之上。[138]但正如他自己在《第一次世界大战回忆录》一书中写的那样：“在最高层面上，真正的政治与战略是一回事。”[139]

布鲁克在 4 月 3 日的日记中写道：“首相老了、累了，无法真正掌控一切。他的情况越来越差，真是一派令人沮丧的景象。我不知道他还能坚持多久，他恐怕很难看到战争结束了。”[140]这只是一厢情愿的想法，其实没有什么能逃过丘吉尔的注意，10 年后他仍然身处英国政治的前沿，而年轻他 9 岁的布鲁克却早就退休了。布鲁克写下这些话的第二天，丘吉尔在艾登度假期间接管了外交部，他还要求内政大臣“交给我一份报告，说说为什么 1735 年的《巫术法》在现代法庭上还在使用，以及这样的审判给国家带来了怎样的损失”。[141]他想知道为什么法官们一直“忙着使用这些过时的愚蠢招数，并因此损害了法庭应做的工作”。[142]他还以同样的方式写信给运输大臣说：“因为一些新的道路工程，我在开往契克斯庄园的路上被耽搁了。你不知道现在正是战争时期吗？请停止这种愚蠢的做法。”[143]

玛丽安·福尔摩斯喜欢丘吉尔关于人的那些尖刻评论，在 4 月初她记录道，他把一位将军称为“一个有名字的气囊”。[144]有一次莱斯利·罗文不得不离开房间，因为丘吉尔的笑话让他笑到受不了了。首相仍然经常熬夜到凌晨 3 点半，这或许可以解释布鲁克为什么两头担忧。“他把自己逼得太厉害了，”福尔摩斯在登陆日前两天写到丘吉尔时说，“他几乎趴在文件上睡着了。”[145]毫无疑问，丘吉尔在担任战时首相的第五个年头里更容易疲劳了，但他仍能保持非凡、持久的耐力，这与他每天都要午睡一小时，让自己重新精神焕发不无关系。当他的车开到契克斯庄园时，如果他眼睛蒙着黑色眼罩睡着了，车就会停在前门外面，直到他醒来。[146]

1944 年 4 月中旬，丘吉尔发动了一场反对“龙骑兵行动”（原名为“铁砧行动”）的运动。这场准备攻打法国南部的军事行动的目的是要阻止德国人从那里撤回军队以对抗“霸王行动”。他于 4 月 16 日告诉马歇尔，他在德黑兰对“铁砧行动”表示支持，这是在盟军向罗马推进时在卡西诺山受阻之前。德国人现在派往意大利的那些师，正是当初设计“铁砧行动”时希望能把“霸王行动”吸引走的那些师。他写道：“我们必须全身心投入‘霸王行动’，不成功便成仁。”[147] 他不再相信“铁砧行动”会对其有所帮助。[148] 所有针对“霸王行动”的批评言论——比如外交部的会议记录中所记载的他的评论，“这场战斗是苏联和美国的军队强加给我们的”——都被从他的战争回忆录中删除了。[149] 我们很难不得出这样的结论，那就是：为了防备这次行动会像他在职业生涯早期发起的许多两栖攻击一样，最终变成一场灾难，他故意留下了一系列表示怀疑和批评态度的秘密文件。

4月21日，丘吉尔在下议院慷慨激昂地为大英帝国进行了辩护。他问道：“这是一个怎样的奇迹，竟可以号召人们从天涯海角赶过来？”

> 一些人骑行20天才能抵达征兵中心；一些军队在抵达战场之前，需要在海上航行1.4万英里。是怎样的力量，什么奇迹，可以使我们与往届一样骄傲和自主的政府，能够抛开一切恐惧，立即投身于一项正义的事业中，一起击败共同的敌人？你必须非常深入地去观察人类的内心，用灵魂的眼睛去搜寻，否则你将无法找到答案。只有那样你才会发现，支配人类的不是物质，而是那些人们愿意为之献出生命或是毕生精力的思想。[150]

然而就在5天后，他在“首相问答会”上却遭遇了科尔维尔所说的“惨败”。失去了首相的从容，答非所问，还忘记了重要的印度王公的名字。[151] 他确实经历了一些糟糕的日子，但是状态好的日子仍然远比糟糕的日子多得多，他的恢复能力是非凡的。

那个月，哈罗德·尼科尔森告诉莫德·罗素，丘吉尔的“声音听起来沉闷而疲惫，但是只要一有干扰因素出现，他就会在一瞬间恢复以往的速度、激情与才智”。[152] 詹姆斯·斯图亚特对国王的私人秘书助理埃里克·米维尔说：“我无法弄清楚温斯顿脑子里在想什么——他不停地说话，好像就要死了。”[153] 丘吉尔在这个时期也曾对布鲁克说：“他不再像以前那样从床上跳起来，他觉得自己很乐意整天躺在床上。”对于他那个年龄的人，在那样的压力下，这是很自然的事情。[154]

5月15日，整个盟军高层在蒙哥马利的第21军团总部举行了一次关于“霸王行动”的会议。总部就在蒙哥马利的母校，位于汉默史密斯的圣保罗公学。国王和丘吉尔坐在扶手椅上，其他人都坐在学生的长椅上（不过与学生不同的是，他们可以吸烟）。三个星期后，艾森豪威尔对他希望在诺曼底发生的事情进行了评估，随后丘吉尔进行了半小时的讲话，尽管他的话没有被录音，但是当时在场的肯尼迪少将在他的日记中写道，首相的讲话“风格既有力又幽默。最后，他用感人的语言表达了他的希望和良好祝愿。他的讲话充满了活力，一方面敦促了指挥进攻的领导层，另一方面也强调了战斗热情的重要性，他相信士兵们已经感受到了这种热情”。[155]

卡西诺山最终于5月18日被攻陷，因此罗马可能会在原定于6月5日的登陆日之前被攻占。英联邦、美国、法国和波兰军队都参与了对意大利首都的进攻，丘吉尔希望英国的贡献能够经常被新闻界提及。否则的话，正像他对战时内阁所说的，“看起来好像英国人在这场表演中落后了一样”。[156]

5月下旬，丘吉尔在与国王共进午餐时说，在登陆日，他将会登上一艘轰炸诺曼底的战舰。国王对此并不感到惊讶，并提出他也想去，对此丘吉尔“反应良好”。[157]王后支持这一想法，但拉塞尔斯、伊斯梅、艾森豪威尔，还有至关重要的海军上将拉姆齐总司令都坚决反对他们两个中的任何一个到那里去。尤其是丘吉尔，他选择了将要炮击法国海岸，从而可能会受到德国空军反击的皇家海军“贝尔法斯特号”。在6月1日的午餐会上，国王、他的私人秘书和首相进行了一系列不同寻常的交流。根据拉姆齐和其他人的建议，国王说他们两个都不应该去。丘吉尔反驳说，他不能向内阁提及国王应该去，但他自己肯定会去。当拉塞尔斯告诉丘吉尔，在我们大规模攻打法国之际，国王很难找到一位新首相时，丘吉尔回答：“哦，一切都安排好了。”他指的大概是他和国王一起写的那封加了封印的信，信中提议艾登作为他的继承人。[158]拉塞尔斯接着争辩说，从宪法上讲，没有国王的同意，丘吉尔不能离开这个国家。丘吉尔对此的回答是，他将在英国的船上，所以实际上并不算出国。拉塞尔斯指出，这艘船将在英国领海之外，所以事实上他还是出国了。

国王在当天的日记中写道:“我非常担心首相这种看似自私的看待问题的方式。他似乎不在乎未来,也不在乎我们在多大程度上依赖于他。”[159] 第二天早晨,他给丘吉尔写信说:

> 我想再次呼吁你不要在登陆日出海。在我的位置上考虑,我是一个比你年轻的人,我是一个水兵,作为国王,我是三军统帅。没有什么事情比出海更让我喜欢,但是我已经同意待在家里,如果你去做了我本来想做的事情,那么你觉得公平吗?你昨天说,国王像过去一样带领军队出征是一件很美好的事情。① 如果国王不能这样做,让他的首相替代他似乎是不对的。然后我们在你的位置上想一想,你将完全无法看到全局,你会冒相当大的风险,关键时刻,在需要做出重要决定时,可能根本找不到你。而且,不论你表现得多么不引人注目,只要你在船上,对将军和船长来说,你就必将是一个非常沉重的额外负担……我恳请你再次考虑一下整个问题,不要让你的个人愿望——对此我非常理解,使你背离你对国家的高度责任。[160]

丘吉尔正在去朴次茅斯的路上,国王没有立即得到丘吉尔的答复,于是拉塞尔斯打电话到丘吉尔的火车上,得到了丘吉尔“相当不礼貌”的承诺,他不会去了。[161] 丘吉尔对此深感失望,随后于 6 月 3 日给国王写了一封有点儿任性的信:

> 作为首相兼国防大臣,我应该被允许前往我认为履行职责必须去的地方……一个履行着我这样职责的人有权承受的风险限度是多少?对于这个问题的答案,我信赖自己的判断,在许多严肃

---

① 丘吉尔的团,即轻骑兵第四团,曾在 1743 年的德廷根战役中战斗过,当时的英王乔治二世是最后一位率领军队参战的英国君主。

的事情上我都是这样做出判断的。我必须诚恳地请求陛下同意，当我判断有必要去熟悉了解各战区的条件时，不要设定什么条条框框来妨碍我的行动自由。既然陛下这次如此关心我的个人安全，我深感荣幸，必须遵从陛下的意愿和命令。[162]

国王在当天的日记中写道："我并没有从宪法的角度提出任何问题。我以朋友的身份要求他不要危及自己的生命，以免让我和其他人陷入困境。"[163]

坎宁安在日记中写道："我个人认为这完全是虚张声势，他从来没有真正打算去。"但从他写给国王的这封信中我们可以清楚地看出，从我们所知道的丘吉尔一生对现场的热爱也可以推断——坎宁安说得不对。[164]丘吉尔下定决心要去参加登陆日行动，尽管他是君主制的狂热爱好者，但是在被阻止后，他还给国王写了一封近乎达到冒犯君主罪程度的信。丘吉尔和史末资登上一艘汽艇，沿着南安普顿湾，穿过索伦特河到达考斯，最后在朴次茅斯的一个码头上岸，他们看到了即将参加战斗的庞大舰队。

6 月 4 日，罗马在登陆计划实施前几小时被攻陷。戴高乐终于知道他的国家即将被解放，他来到首相专列上，与丘吉尔共进午餐。艾登的私人秘书瓦伦丁·劳福德当时也在场，他在日记中写道，午餐时间"很长，气氛并不亲切……戴高乐没有闲聊，对（坐在他左边的）贝文一句话也没说，也拒绝回应温斯顿的揶揄。有那么一刻，温斯顿在座位上稍稍向前倾了倾身子，转头面对着将军，脸上露出孩子气的笑容。戴高乐……只是淡淡一笑，看上去好像是有人向他提出了一个不恰当的建议。他们两人在一起时总是不快乐"。[165]他说得对。不久后，在一场关于"霸王行动"之后法国治理问题的争吵中，戴高乐称丘吉尔为"匪徒"，丘吉尔称戴高乐为"叛徒"。[166]戴高乐担心，未来几周和几个月，英国、美国在法国的军事优势会以某种方式影响法国的独立。他的好勇斗狠不仅源于他那傲慢和尖刻的个性，还源于他 4 年来一直做着丘吉尔和罗斯福的恳求者，他对他们的依赖让他感觉到，自己不断增长的自尊心已经蒙羞。

艾森豪威尔曾提议，戴高乐应该在登陆日向法国人民广播，他们的解放日已经到来，要求他们与盟军充分合作。第二天，丘吉尔在向内阁汇报他与戴高乐在火车上的讨论时说，看到我们提供给他的建议方案后，“戴高乐拒绝向法国人民广播。我告诉艾森豪威尔不要担心，如果他不愿意，就不愿意吧，我对他已经没有任何耐心了。这对结果不会产生丝毫影响”。[167] 艾登试图为戴高乐的做法做出解释，认为他是在美国强大的军事力量面前对法国的主权表示异议，但是丘吉尔对这样的解释不予理睬，他将戴高乐的拒绝描述为“他恶意的一个可憎的例子……如果不考虑我们共同的事业，让他暴露出自己的真性情，我们就会看到他那虚假和自大的个性……如果他现在不广播，那么我和他的关系会就此了断。什么也阻止不了我说话”。在后来的讨论中，丘吉尔重复道：“我不会为了戴高乐而和罗斯福争吵的。”[168] 登陆日前夕，戴高乐在伦敦建立“自由法国”已经 4 年后，英国和美国的领导人对他却还是不信任，这似乎有些非同寻常。但是他们憎恨他的法国沙文主义，而且也真的担心，他在战后可能会试图把法国变成一个反西方的戴高乐独裁政权。

6 月 5 日，星期一，所有船只和人手都已准备就绪，但是由于天气恶劣，袭击不得不推迟 24 小时。这反而增加了丘吉尔专列上的紧张气氛。“首相看起来很焦虑，但是很和蔼。”玛丽安 · 福尔摩斯写道。[169] 克莱门汀写信给丈夫说：“亲爱的，在这个难熬的时刻，我对你感同身受，心中充满不安，这让我对罗马被攻陷高兴不起来。”[170] 阿梅里在内阁也感到，“温斯顿显然非常激动，神经已经到了崩溃的边缘。这没什么好奇怪的，现在是整个战争中最焦虑的时刻”。[171] 丘吉尔宣布占领罗马，说他已经向亚历山大表达了内阁对他的“管理能力、判断力、坚忍不拔的精神和道德勇气的祝贺，我们对他心怀感激。这是他的胜利，不是任何其他人的胜利”。[172]（他不想把功劳归于马克 · 克拉克，事实上是他占领了这座城市。）阿梅里还写道，“因为布鲁克不能向他保证可以赶在”所有德国人从罗马撤退之前“消灭他们”，丘吉尔表示非常失望。[173] 关于“霸王行动”本身，他说：“在接下来的三四十天里，这次行动的危险会非常大。”但是他确实“认为，我们会登陆成功，并建立桥头堡”。这是对内阁有利的乐观预测。第一海务大臣安德鲁 · 坎宁安爵士在日记中写道：“一顿丰盛的午餐，和往常一样，还有很多酒。首相因为‘霸王行动’而筋疲力尽，几乎处于歇斯底里的状态，说了很多话。他确实是一个不可救药的乐观主义者。我一直认为我自己是过分乐观的，但他很轻松就超过了我。”[174]

就在同一天，斯大林在莫斯科城外他的乡间别墅，对南斯拉夫共产党领袖米洛万·吉拉斯非常清楚地表明了自己对罗斯福和丘吉尔的态度。他说：“也许你认为，就因为我们是英国人的盟友，我们就会忘记他们是谁，丘吉尔是谁。他们最喜欢干的事莫过于欺骗盟友……丘吉尔呢？丘吉尔是那种如果你不盯紧一点儿，他就会从你口袋里掏走唯一一个铜板的人。是的，掏走你口袋里唯一一个铜板！上帝啊，掏走你口袋里唯一一个铜板！罗斯福呢？罗斯福不是那样的。他要把手蘸一蘸，这样就可以拿到更大的硬币。但是丘吉尔呢？丘吉尔为了一个铜板就可以这样做。”[175] 斯大林对丘吉尔那种街头顽童的印象，可以追溯到他介入苏俄内战的时候。那天晚上才得知登陆日行动的斯大林说，海峡有雾就推迟了行动，“也许是因为他们会遇到德国人”！他再次指责了盟国的懦弱。

1942 年，丘吉尔曾拒绝接受“大锤行动”或“围捕行动”；1943 年，他在卡萨布兰卡积极推进地中海战略。这些都阻止了“霸王行动”的提前实施。1943 年 11 月，哈罗德·麦克米伦在其日记中写道：“除了他没有别人，能够以如此非凡的耐心和技巧，把美国人引到欧洲战争中来。”[176] 然而现在，盟军的优势日渐明显：1943 年夏天大西洋之战的胜利，1944 年年初取得的空中优势，攻占马尔伯里港湾的胜利，水下石油输送管道的修建，以及一支拥有 6 000 艘船只，已经整装待发的盟军舰队都表明了这一点。而德军的力量却因为盟军对意大利的持续进攻，更因为苏联人对他们的沉重打击而日渐削弱。正是在这个时候，这场伟大的、令人紧张至极的行动终于开始了。回到唐宁街 10 号的附楼后，丘吉尔一晚上三次进入地图室查看进展。[177] 在睡觉前，他对克莱门汀说：“你知道吗？在你早上醒来的时候，可能已经有 2 万人被杀了。”[178] 这是一个极度焦虑的时刻，但他的乐观并不是装腔作势或欺骗：那是充分的准备、合理的判断、坚定的决心和纯粹的领导力所带来的必然结果。

第30章

解放

（1944年6月—1945年1月）

我们没有理由认为，当最终结果已经明了时，战争就会停止。葛底斯堡之战宣告了北方的最终胜利，但葛底斯堡之战后，战场上流的血比以前更多了。

——丘吉尔在下议院的演讲，1942 年 6 月 30 日[1]

我们参加战争不是为了任何利益，但我们也不打算因此失去任何东西。

——丘吉尔写给乔克·科尔维尔的信，1944 年 9 月[2]

1944 年 6 月 6 日，星期二，也就是诺曼底登陆日，中午，丘吉尔向下议院宣布了罗马被攻陷的消息。之后他说："我还要向下议院宣布，从昨晚和今天凌晨开始，欧洲大陆上的一系列登陆行动已经开始。"[3] 有人用"庄严肃穆"一词描述了当时会议厅的气氛。[4] 丘吉尔随后在白金汉宫与国王共进午餐，并与国王一同前往斯坦莫尔，访问盟军空军总司令特拉福德·利-马洛里所在的盟军空军司令部，然后前往伦敦郊区布歇，访问艾森豪威尔的最高司令部——盟军远征军司令部。在那里，盟军在大型地图上向他们展示了这场战役的总体进展。没有人再对丘吉尔现在更想去的地方提出不同看法了。

丘吉尔最担心的是天气，尤其是他后来描述的"狂暴的海水、湍急的水流，以及 18 英尺高起起落落的潮水"，他担心这些天气因素会破坏两栖部队的进攻。他补充说："天气因素，也就是天气的这种可能的变化，无疑像一只秃鹰在天空中盘旋，笼罩着最乐观的人的思绪。"[5]在他的回忆录中，他指出："那些在过去两年里在我们的墙上用粉笔写着'开辟第二战场，就现在'！的傻瓜或无赖，他们从来没有为这类问题操过心，而我却已思考了很久。"[6]登陆日当天，雨停了，但是狂风掀起了巨浪，在英吉利海峡掀翻了几艘装载着坦克的登陆艇，但是这未能阻止登陆行动获得成功。超过16万人在24小时内登陆诺曼底，从飞机上跳伞，降落在5个目标海滩，代号分别是"奥马哈"和"犹他"（美国人），"剑"和"金"（英国人）以及"朱诺"（加拿大人）。尽管那天有超过9 000人伤亡，包括3 000人死亡，但是在人们担心会出现的伤亡率范围中，这个数字是最低的。[7]即使是在这些焦虑的日子里，丘吉尔也从未丧失过幽默感。6月8日，一名议员要求他保证，胜利后不会再犯像一战后那样的赔款错误，首相向他保证："这是我们考虑得最充分的问题。我相信，那时的错误绝不会重演，我们要犯也会犯其他方面的错误。"[8]

6月12日，丘吉尔乘坐"凯尔文号"驱逐舰前往诺曼底。他带上了布鲁克，但没有带戴高乐。他与戴高乐又一次就法国新临时政府的人事问题发生了激烈争吵，他对艾登说，戴高乐是"另一个希特勒"。[9]丘吉尔试图说服"凯尔文号"舰长"冲向德国鬼子"，对距离他们只有6 000码的德国炮台等目标开炮。此时，"空中堡垒""解放者"和其他轰炸机正蜂拥而至。[10]一行人乘坐一辆DUKW，一种2.5吨重的两栖运兵卡车在古尔塞勒登陆，蒙哥马利在那里迎接他们，他们开着吉普车前往位于克勒利的总部，路过了被破坏的海滨、坠毁的飞机、烧毁的汽车、雷区的标志和即将成熟的庄稼。"我们被躺在肥沃的牧场上交叉着蹄子的肥牛包围了！"丘吉尔对布鲁克说。经过5年的战争，他们俩谁也没有想到会看到马群、鸡群和管理良好的乡村。[11]马丁注意到，当一架德国轰炸机从头顶飞过时，响起了一阵防空炮火的轰鸣声，"而更大型的炮（主要是海军的）发出的更大的轰鸣声更是一直响个不停"。[12]首相看起来如鱼得水。

所有看到丘吉尔的士兵都会将他团团围住。他乘坐一艘汽艇从奥恩河上的阿罗芒什小镇出发，到海岸上来回巡视，看着从船只上卸下的大量军队、坦克、弹药和装备。“在我们两侧，目光所及的地方，能看到水面上覆盖着大小不一、数量惊人的木筏，延绵数英里，直到海平面。”马丁写道。[13]他们离卡昂很近，看到了战斗的硝烟，德国人正在那里进行激烈的抵抗。回到伦敦，在第二天召开的国防委员会会议之后，坎宁安写道：“滩头堡之旅让首相颇为兴奋，有时他甚至显得有点儿孩子气。”[14]丘吉尔告诉国王：“我们一周之内在法国登陆的人员和物资，比1939年—1940年在法国的帮助下登陆的数量的3.5倍还多。这是一个非常令人震惊的事实，让下一步的远征计划发生了彻底的改变。”[15]

6月15日，一位保守党议员在下议院对丘吉尔去前线访问进行了批评，暗示他太过自我放纵，不顾及危险，布拉肯对其进行了猛烈的抨击。在这场睿智而激昂的演讲的结尾部分，他说：“不论是尊贵而勇敢的军人议员，还是任何议员，都不能说服首相用药棉把自己包起来。他在思想、言语或行为上都是谨小慎微的敌人。我谨此断言，在未来的岁月里，一个充满感激和深情的民族将会说，温斯顿·丘吉尔是由命运造就的领袖。命中注定的人从不计算风险。”[16]

6月19日，亚历山大将军告诉丘吉尔，如果他的军队能够保持完好无损，那么他可以攻入波河河谷，“最终消灭（阿尔伯特）凯塞林将军的两支军队。没有什么能阻止我们直奔维也纳”。[17]这个计划对丘吉尔很有吸引力，但是对布鲁克和马歇尔没什么吸引力。布鲁克告诉丘吉尔，考虑到阿尔卑斯山的地形和冬天的天气，“即使按照亚历克斯的乐观估计……我们也应该有三个敌人，而不是一个”。[18]马歇尔同意布鲁克的说法，他认为德国人只能从意大利北部撤到阿尔卑斯山，那样的话，盟军只要利用自己的部队中很少一部分就可以轻松控制局面。

撇开名字不提，卢布尔雅那缺口极有可能是个陷阱，而丘吉尔和亚历山大关于英联邦军队比苏联军队先到达维也纳的梦想，也只能是梦想。要实现这一目标，必须取消罗斯福在德黑兰向斯大林承诺的8月中旬攻打法国南部的“铁砧行动”。然而，罗斯福和马歇尔决心履行这一承诺。尽管如此，丘吉尔还是竭尽全力，不惜使用大量政治资本，试图说服参谋长们和罗斯福，让亚历山大的计划通过。他的电报如潮水般涌向罗斯福总统，同时在国防委员会会议上，他一次又一次地提到这个问题。

9 521 枚 V-1① 火箭弹的第一枚于 6 月 13 日着陆英国，这些绰号为“飞弹”和“蜂鸣弹”的炸弹迫使丘吉尔再次回到附楼。9 月 8 日，约 1 500 枚 V-2 火箭弹的第一枚着陆英格兰南部，轰炸一直持续到 1945 年 3 月。以每小时 3 580 英里的速度飞行的 V-2 火箭弹，在毫无预警的情况下发动了攻击，其一吨的载重足以摧毁整条街道。V-1 和 V-2 火箭弹共杀害了 8 938 名英国平民和 2 917 名军人，使 2.5 万人严重受伤，摧毁了伦敦和英国东南部地区 10.7 万所房屋。[19] 当哈维-瓦特写到许多人无家可归时，丘吉尔圈出了“无家可归”一词，并用红笔写道：“为什么？他们应该挤到别人家里去，用一个火炉做饭就可以了！”[20] 当赫伯特·莫里森要求改变盟军在法国的战略，在完成其他更重要的战略目标之前，先派遣部队占领英吉利海峡沿岸的 V 型武器发射场时，丘吉尔拒绝了。他不能让 V 型武器改变战略。7 月 6 日，在提到 V-1 火箭弹时他对下议院说：“毫无疑问，这种形式的袭击是难以对付且令人忧虑的，因为它是在 24 小时之内分散进行的，但是我们必须学会适应它。”[21] 6 月中旬，皮姆上尉安排在附楼的地图室里安装了红灯和绿灯，V-1 火箭弹接近时它们会发出警告，尽管大家唯一能做的事情就是关闭钢窗，并警告那里的客人们。[22]

由于 V-2 火箭弹一旦发射就无法防御，丘吉尔不得不考虑另外一种可能性：德国人可能在弹头上增加化学或生物武器。“如果对伦敦的轰炸真的变成了严重的麻烦，巨大的火箭弹将会对许多政府中心和劳动中心造成深远的毁灭性影响，”丘吉尔在 7 月写给参谋长们的一封信中说：

> 我应该准备好做任何事情，以致命的手段来打击敌人。我很可能会不得不请求你们支持我使用毒气。我们可以让毒气灌满鲁尔区及德国的许多其他城市，让那里的大多数人都需要持续的医疗护理，以维持生命。我们可以在炸弹的起飞点停下所有的工作。

---

① V 代表复仇（*Vergeltungswaffe*）的武器。

我不明白为什么我们总是因为自己是绅士而吃亏，而他们却总是因为自己是无赖而占便宜。有时可以这样，但不是现在。[23]

参谋长们坚决反对这一建议。丘吉尔意识到盟军可能会被限制在滩头阵地，无法进入更广阔的法国腹地，所以他还要求参谋长们考虑，是否可以使用芥子气“来占领诺曼底更多的地盘，以免被困在一个小区域”。[24] 他认为，鉴于受到毒气袭击的“每一个人最终几乎都会康复，所以使用等量的烈性炸药却假装不会造成更大的残忍和痛苦，就相当于在一战中认为不可接受的城市轰炸，现在每个人都觉得是一件很自然的事情。这只是一个时尚变化的问题，就像女人在长裙和短裙之间来回变化一样”。[25] 参谋长们也拒绝了这条建议。7 月 28 日，丘吉尔很不情愿地放弃了这一建议，他抱怨道：“显然，我无法同时对付牧师和勇士。”[26]

6 月 18 日，白金汉宫附近的鸟笼路卫兵教堂遭到了 V-1 火箭弹的直接袭击，当时，丘吉尔在开罗会议上结识的爱德华 · 海伊勋爵正走上前来诵读经文。此次袭击造成至少 121 人死亡，其中包括海伊。此后不久，丘吉尔参观了该遗址。当时在场的一位年轻的威尔士卫兵，未来的历史学家肯尼斯 · 罗斯回忆道：“弧光灯照在现场，照亮了站在废墟上、正在哭泣的温斯顿 · 丘吉尔。”[27] 第二天，议会大厦被搬回教会大楼，人们认为它的结构比威斯敏斯特宫还要坚固一些。这似乎是个明智的选择。然而，7 月 4 日，在国王位于白金汉宫的一个靠近防空洞的地下室举行授勋仪式后，丘吉尔告诉拉塞尔斯，他认为这样做树立了一个坏榜样，因为政府的政策是无论是否拉响警报，都要继续“照常营业”，从今往后，所有的授衔仪式都必须在地面上进行。[28]

6 月 22 日清晨，当 V-1 火箭弹飞过头顶时，丘吉尔问正在记录他的口授内容的玛丽安 · 福尔摩斯是否感到害怕。她说没有，后来她在日记中写道：“跟他在一起的人怎么会感到害怕呢？”[29] 她还记录了丘吉尔当时的疲惫程度。6 月 28 日，当索耶斯给他的耳朵滴治疗耳痛的药水时，他几乎睡着了。丘吉尔虽然酒喝得不多，但是时间却很长，少量的一点儿威士忌或白兰地再加上大量的苏打水，他能连续喝几个小时。福尔摩斯记录道：“有一天晚上的某个时候，他指责我忽视了他，说我让他杯子里的酒干了。”[30] 他后来对约翰·派克说："这个姑娘漂亮得不得了，也可爱极了。她是那种宁死也不会被人挖出秘密的姑娘。"[31]对他来说，这是他给到人的最高赞美了。

1944年6月，出现了丘吉尔在他的回忆录中所说的"我们和美国朋友在高级战略上的第一次重大分歧"。[32]（出于外交目的，他忘记了1942年的"火炬行动"争议。）他全力以赴想要促成盟军放弃"铁砧行动"，把精力集中在意大利之战上。这是一场漫长而艰苦的斗争，偶尔也会很激烈，但得到了英国参谋长们的全力支持。可是由于这种做法背离了在德黑兰达成的协议，因此遭到罗斯福和马歇尔的拒绝。罗斯福6月28日致信丘吉尔说："我觉得我必须完全同意美国参谋长联席会议的立场。威尔逊将军建议继续使用几乎所有的地中海资源向意大利北部推进，而从那里向东北推进对我来说是不能接受的，我真的认为我们应该统一行动，而不是分散它们。"[33]丘吉尔把"铁砧行动"本身视为分散资源，事实也确实如此。

英国人用"超级解密"组织提供的情报向参谋长联席会议表明，为了保护奥地利，希特勒命令凯塞林将军不惜一切代价阻止盟军攻入波河河谷。但是没起作用。"我们对您的电报深感痛惜，"丘吉尔致信罗斯福说：

> 在下的想法是，把地中海战役分成两种行动，两种行动都无法起决定性作用，这是我们俩必须负责的第一个重大的战略和政治错误……我们最大的愿望是以最快、最有效的方式帮助艾森豪威尔将军。我们认为，这不一定就会使我们在地中海的所有重大事务彻底毁灭。我们坚决认为我们应该提出这一要求……我认为美国参谋长联席会议的语气是武断的，我当然看不出在目前这种情况下达成一致的前景。接下来会发生什么？[34]

丘吉尔在电报中没有提到巴尔干半岛，但罗斯福知道他想在攻占波河河谷之后继续向的里雅斯特推进。他回答："我的兴趣和愿望就是在艾森豪威尔面前击败德国人，然后开进德国。纯粹从政治角度考虑，如果人们知道有相当多的军队已经转移到巴尔干地区，那么'霸王行动'即使稍稍出现挫折我也受不了。"[35]国王写道："他对罗斯福的答复大为恼火，并且说我们所有深思熟虑的计划都被他和他的参谋长忽视了。”[36] 丘吉尔没有接受罗斯福给出的否定答案。这之后他写了很多在他的回忆录中没有发表出来的怒气冲冲的电报，还有许多别的电报，伊斯梅劝他不要发出去，这些电报后来都被销毁了。[37]“我希望你们意识到，必须给美国人留下一个深刻的印象，那就是我们受到了虐待，我们非常愤怒，”丘吉尔在写给参谋长们的信中说，“如果我们对所有的事情都逆来顺受，将来要遭遇的事情就会没完没了。”之后在谈到美国三军参谋长联席会议时他补充说：“阿诺德-金-马歇尔的三人组合是我所见过的最愚蠢的战略团队之一。”[38]

丘吉尔在他的战争回忆录中引用了一部分他的备忘录，但没有引用上面那最后一句话。“温斯顿对这件事耿耿于怀，”拉塞尔斯在7月6日谈到“铁砧行动”的决议时说，“他不太确定自己是否真的喜欢罗斯福了。”[39] 事实上，“铁砧行动”和巴尔干半岛都不具有最重要的战略意义，维也纳也不会很快被攻陷。1944年6月，盟军在法国西北部登陆后，无论是法国南部还是意大利北部，都没有跨过莱茵河占领鲁尔区那么重要。然而，丘吉尔也在关注着战后欧洲的政治。如果德国人投降时，在罗马尼亚、保加利亚、南斯拉夫、波兰和匈牙利，甚至奥地利等国家都没有盟国的部队，这些国家就会进入苏联的势力范围。这再次说明，在最高决策层面上，真正的政治与战略是一回事。

7月4日，一份有关“东部未知目的地”的报告传到英国外交部，很多在匈牙利被驱逐出境的犹太人于当年早些时候去了那里，现在它是德国党卫军在波兰奥斯威辛的集中营。[40] 报告总结了另一份来自从奥斯威辛集中营逃出的4个犹太人的报告，其中谈到了发生在集中营里的大屠杀。据估计，匈牙利犹太人在那里被以令人难以置信的速度屠杀，达到每天1.2万人。[41] 两天之后，犹太人领袖哈伊姆·魏茨曼与艾登会晤，要求他炸毁布达佩斯至奥斯威辛的铁路。“有必要向内阁提出这件事吗？”第二天，丘吉尔回答艾登，“直接到空军那里去拿走任何你想要的东西，有需要的话，就招呼我一声。”[42] 三天后，匈牙利摄政王霍尔蒂上将下令停止驱逐犹太人，因为美国碰巧在白天突袭了布达佩斯，几名相关人员的房屋被击中。幸运的是，匈牙利政府误以为这是一次警告。[43] 然而，奥斯威辛集中营及连接它的铁路仍然需要被摧毁，因为仍有成千上万的犹太人从欧洲其他地方被运到那里，之后遭到屠杀，而霍尔蒂也随时有可能改变主意。

丘吉尔支持犹太事务局提出的将驱逐事件公之于众的要求。他对艾登说："我完全同意尽可能表达出最大的抗议。"[44] 他们利用电台广播报道奥斯威辛集中营的事情，同时用匈牙利语警告匈牙利铁路工人，说他们正在犯下战争罪，将受到惩罚。[45] 10 月，BBC 再次播放了这条警告："如果这些计划得以实施，那些犯有此类谋杀罪的人将被绳之以法，为他们所犯下的令人发指的罪行受到惩罚。"[46] 然而，对奥斯威辛及连接它的铁路的远程轰炸需要在白天进行，而负责白天轰炸的美国空军拒绝了丘吉尔提出的在 6 月 26 日，以及之后在几个场合进行突袭的要求。[47]

"毫无疑问，这可能是整个世界历史上最严重、最可怕的犯罪，"丘吉尔在 1944 年 7 月 11 日写给艾登的信中说，那时离第二年 1 月和 2 月死亡集中营被解放尚早，"这种犯罪由科学机器来执行，由名义上的文明人以一个伟大的国家和欧洲主要民族之名来完成。很明显，所有与这一罪行有关的人，包括那些只是服从命令进行屠杀的人，在他们与谋杀的联系被证明之后，都应该被处死。"[48] 尽管丘吉尔想要放松针对犹太人移民巴勒斯坦的《关于巴勒斯坦问题白皮书》政策，轰炸奥斯威辛集中营，并向佛朗哥将军、铁托元帅和其他一些人施压，要求他们庇护犹太人，使其能逃避纳粹的追捕，但他在英国政府中的权力似乎并没有那么大。内阁、外交部、军队或政府部门几乎都不支持他，他们中的很多人对犹太人并不同情（或者更糟）。他的努力总是受到周围人的阻挠。[49] 例如，安东尼·艾登的私人秘书奥利弗·哈维在 1943 年 4 月的日记中写道："不幸的是，在巴勒斯坦问题上，是无法绕开阿拉伯酋长的。他爱阿拉伯人，恨犹太人。"[50] 1946 年 8 月 1 日，丘吉尔在下议院宣布："我必须说，在战争结束的时候，我并不知道发生了如此可怕的大规模屠杀，成千上万的人被屠杀了。战争结束后，我们才逐渐了解到这一点。"[51] 两年前他写给艾登的相关评论表明，他对大屠杀的真实程度已经略知一二，尽管他毕生都有亲犹太主义倾向，但也没能阻止事情发生。他已经做了自己能做的，比其他政客尽心尽力得多，但还是远远不够。

7 月 6 日，星期四，丘吉尔喝醉了。在下议院关于飞弹的演讲令他疲惫不堪。布鲁克在他称之为整个战争期间最糟糕的一次国防委员会会议结束后说：“他曾试图用酒来恢复健康，结果却是情绪低落、脾气暴躁。他喝得醉醺醺的，随时准备对任何事情发脾气，对任何人都起疑心，对美国人产生了强烈的报复心。事实上，他的报复心已经强烈到扭曲了他的整个战略观。”[52]他辱骂布鲁克一直维护着的蒙哥马利，与他连续争吵了4个小时，直到凌晨2点。当然他也辱骂其他将军。此外，他还对参谋长们在中东和远东战略中那些与自己的战略不一致的方面进行了进一步抹黑。当艾德礼、艾登和利特尔顿对参谋长们表示支持时，“这让他更加愤怒，他变得越来越粗鲁”，最后与艾德礼就印度的未来“大吵了一架”。[53]坎宁安也写道：“首相太累了，又喝了太多酒……他的心情糟透了，又粗鲁又爱挖苦人。”[54]艾登也写道：“这个名义上是讨论远东战略问题的糟糕透顶的国防委员会会议。温斯顿事先没有看报，也许有点儿紧张……总之，这是一个可悲的夜晚，一年前是不可能发生这样的事情的。他的情况肯定是越来越糟了。”[55]

他的工作给他带来了难以想象也难以承受的压力，那一天——在整个战争2 194天中的一天——他崩溃了。幸运的是，那天他们并没有做出任何决定，而且在战争中的任何其他会议上也没有人指责丘吉尔酗酒。争论的主要内容是亚历山大在意大利的战略，丘吉尔认为他可以更有想象力地利用侧翼战术，而不是在三个月内只是简单地一次又一次地攻打卡西诺山。今天，许多军事历史学家都更支持丘吉尔的酒后之论，而不支持布鲁克的清醒之言。但布鲁克经常抱怨丘吉尔，说他动不动就批评高级军官，这一点是没有错的。几天后的一个晚上，在契克斯庄园，首相对玛丽安·福尔摩斯这样表述了一位将军：他就像“一根没用的吹气管，整天吹呀吹的。他应该在他妻子的卧房里拍苍蝇。我常常把另一侧脸转过去让他吹打，现在我已经没有更多的侧脸可以给他打了”。[56]

在坚持了一个多月之后，卡昂终于在7月9日被攻克。第二天，丘吉尔向战时内阁报告说，向法国“每天运送”的士兵有2.5万人，车辆7 000辆，物资3万吨。他担心的是，德国士兵在被俘虏前不久刚安装了延期爆炸地雷，这些地雷在他们投降后就会爆炸。他希望让这些德国兵去“承担责任”。到这一时段，共有29个盟军师（15个美国师、14个英国师和英联邦师）在法国与23个德国师交战。

丘吉尔私下抱怨说，我们的时代最引人注目的一个方面就是“缺少夏绿蒂·科黛这样的人，真是可悲可叹”。他指的是1793年杀死正在沐浴的法国革命家让-保尔·马拉的年轻女子。[57]可是到了1944年7月20日，就有几个德国将军试图在希特勒位于东普鲁士的总部“狼穴”杀死他，虽然他们最终只是成功地撕碎了他的裤子。丘吉尔曾因在战争期间无意接触到德国的反希特勒分子而受到批评。英国情报部门试图接触德国政治或军事反对派的任何尝试，都会引起斯大林的怀疑，他认为西方盟国正计划单独与希特勒和谈。[58]当年9月，丘吉尔对英国下议院说：“希特勒7月20日逃过了炸弹袭击，他说自己能活下来是天意。我认为，从纯粹的军事角度来看，我们都可以同意他的看法，因为如果盟军在斗争的最后阶段被剥夺了与希克格鲁伯下士①这样的战争天才较量的机会，那么这无疑是非常不幸的，正是这位天才为我们的胜利做出了如此卓越的贡献。”[59]他随后表示：“即使是军事白痴，也很难看不出希特勒在某些行动中的错误……总之，我认为让官员们以适当的方式成长升迁要好得多。”他说，“炸弹密谋”显示出，“在盟国的复仇大军正逼近他们注定要灭亡的、日益缩小的势力范围时，德意志帝国的最高领袖正在互相残杀，或者试图这样做”。[60]

在“炸弹密谋”失败的第二天，丘吉尔参观了位于诺曼底卡尔瓦多斯省布莱附近的蒙哥马利总部。他视察了一个医院和一个野战面包房（他一直坚持认为，只要可能，部队应该得到新鲜面包，而不是“混合”配给）。他看到炮兵正在蒂利附近行动，一度离前线只有4 000码。他还参观了阿罗芒什、巴耶和支离破碎的卡昂。据马丁记录，卡昂“遭到了严重破坏”。[61]回来后他对战时内阁说，他“从未见过这么快乐的军队——看起来很壮观的军队”。[62]

莫斯科7月下旬在卢布林成立了波兰民族解放委员会，这是一个与流亡伦敦的合法的波兰政府直接对立的傀儡政府。两天后，效忠于伦敦流亡政府的华沙本土军在波兰首都华沙发起了一场反抗德国国防军的起义。到最后，

① 希特勒的祖母是玛丽亚·希克鲁伯，希特勒的父亲阿洛伊斯也曾姓希克鲁伯，直到他后来通过法律手段改了名字。

男人几乎被杀光，妇女和儿童被带到屠杀集中营。斯大林让他的军队驻守在华沙郊外，任由德国人摧毁波兰本土军。他谴责起义领导人是“罪恶的冒险家”，并拒绝让盟军使用飞机着陆权为他们提供补给。丘吉尔曾考虑暂停援助护航舰队前往摩尔曼斯克以示抗议，但最终还是决定不那么做。他后来写道：“为了达到总体目标，有时必须做出一些糟糕的甚至令人难堪的决定。”[63]

任何事情都无法改变这样一个重要事实：在与东欧的关系中，目前斯大林处于主导地位。在7月的“巴格拉季翁行动”中，红军打死、打伤或俘虏了德国位于白俄罗斯的军团中心的51万名士兵。这一行动的成功甚至让登陆日之后发生的所有事情都相形见绌。8月2日，丘吉尔向下议院坦承：“是苏联军队完成了把德军的内脏撕成碎片的主要任务。我要向伟大的战士斯大林元帅致敬，我坚信，我们与苏联签订的20年条约将会成为维护和平、维护良好秩序和欧洲进步的最持久、可靠的因素之一。”[64]他说，苏联军队“把解放波兰的任务交给了自己，他们提供了自由、主权和独立”——尽管那时他就知道，与其说有什么真正的可能性，这样的说法更多只是一种希望。[65]

8天后，丘吉尔从皇家空军诺斯霍尔特基地飞往阿尔及尔，前往意大利为亚历山大的第五军团鼓舞士气。在那里，他去医院看望了伦道夫。7月16日，伦道夫乘坐的一架从意大利巴里飞往南斯拉夫达科他的飞机在100英尺的高空失速并坠毁。机上19名乘客中有10人死亡，伦道夫和他的朋友，小说家伊夫林·沃都受伤了。伦道夫被送往巴里的医院，然后在阿尔及尔接受治疗。“我们两人都没有提到自己的家庭。”丘吉尔对克莱门汀说。克莱门汀给丘吉尔带了一封信，要他转交给伦道夫，请伦道夫允许三岁的温斯顿回到契克斯庄园。自从伦道夫的婚姻破裂后，小温斯顿就被从那里带走了。丘吉尔没有把这封信转交给伦道夫。丘吉尔在信中写道：“我相信他一定非常难过，然后把所有被压抑的感情都发泄到了我身上。请原谅我没有按你希望的去做。当言语无用时，保持沉默就是最好的。”[66]不过，小温斯顿还是在月底和他的保姆回到了契克斯庄园。

戴高乐在6月13日对巴耶进行了24小时的访问，一直到8月20日才返回法国。在阿尔及尔期间他拒绝去见丘吉尔，据丘吉尔的私人秘书说，这让他“相当难堪”。按照外交部官员皮尔逊·迪克森的说法，则是令丘吉尔“怒火中烧”。[67]戴高乐对英美两国尚未承认他的临时政府①感到愤怒，而丘吉尔则担心，未来的法国政府将会是半个世纪以来最反英的政府。[68]

丘吉尔随后飞往那不勒斯，并于8月12日在维多利亚女王的避暑别墅会见了铁托元帅。他曾大力援助游击队，希望能够说服铁托在胜利后与西方，而不是苏联结盟。他豪爽地对铁托说，他很遗憾自己年事已高，不能靠降落伞着陆，否则他真想亲自到南斯拉夫作战。“但是你已经把自己的儿子送来了。”铁托回答。听了这话，丘吉尔热泪盈眶。[69]看到铁托的两个令人望而生畏的保镖，博什科和普雷亚，丘吉尔开了一个危险的真实玩笑。紧握着F. E. 史密斯家送给他的一个很大的长方形金制雪茄烟盒，丘吉尔“大步朝他们走去。走到离他们不到两码时，我从口袋里把烟盒掏了出来，就好像掏出了一把手枪。幸运的是，他们都高兴地笑了起来，我们成了朋友。但是我不建议在类似的情况下这么做”。菲茨罗伊·麦克莱恩回忆说：“就在一刹那，我看到他们扣动扳机的手指绷紧了。”[70]之后不久，在他们坐下来吃饭时，麦克莱恩掏出一块大手帕，擦去了额头上的冷汗。尽管丘吉尔和南斯拉夫掌权者的个人关系很好，但铁托在战争胜利后，在西方和苏联之间进行了微妙平衡，让双方互掐互斗，直到他1980年去世。

8月14日，丘吉尔飞往科西嘉岛的阿雅克肖，他回忆起1910年和克莱门汀一起去拿破仑儿时故居度假的情景。第二天，他在皇家海军“金伯利号”驱逐舰的舰桥上观看了“铁砧行动”，现在改名为“龙骑兵行动”。早晨8点，敌人的枪炮停止了轰鸣。“我们从很远的地方看到了这一切……我本可以离行动的海滩很近，又能保证绝对安全，”[71]他不屑一顾地继续说道，“我把我的来访公之于众的一个原因，就是想让自己与这个执行得很好，但是与我们毫无关联也无关系的行动产生一点儿联系。”他对罗斯福的成功表示祝贺，但是在这次行动的必要性问题上却决不妥协。他在回忆录中坚持认为，如果拥有“我们被调走的兵力的一半……我们就可以闯进波河河谷，那里各

① 那个月早些时候，戴高乐在华盛顿接受的是一位高级将领的17响礼炮欢迎，而不是国家元首的21响礼炮。

种闪亮的机会和奖品，已经向维也纳敞开大门”。[72]

两天后，丘吉尔与地中海盟军最高指挥官亨利·“巨人”·威尔逊将军一起在卡西诺山野餐，他说那里的地形让他想起了他年轻时去过的西北前线。他接收到的一直都是盟军如何在“法莱斯缺口”击败德国第七军团的报告，那是盟军在整个法国展开行动所必须突破的最重要的瓶颈地带。现在他向罗斯福提议在魁北克召开一次新的会议，正如他对克莱门汀说的那样，在那里，“参谋长们之间存在的各种分歧，以及我和美国参谋长联席会议之间存在的分歧，必须得到解决”。[73] 他直截了当地把自己的观点告诉了克莱门汀。他说，在战场上的三个英国军团，一个在法国归艾森豪威尔指挥；而亚历山大将军所指挥的那个军团在意大利“陷入一种令人沮丧的次要地位”；第三个军团则是在缅甸，“在世界上最不健康的国家，在最恶劣的条件下战斗，守卫飞越喜马拉雅山通往中国的一条美国航线，而中国的重要性被美国高估了太多。因此，我们 2/3 的军队都被误用以实现美国人的便利，而另外 1/3 的军队还归美国人指挥”。[74] 为了强调他的沮丧，他补充说，1944 年的 6 个月，军队在缅甸的 4 万人员伤亡，大多是疾病造成的。

在参观了佛罗伦萨附近亚历山大的总部后，丘吉尔在罗马会见了教皇庇护十二世。在 8 月 24 日开始解放巴黎时，他已经到了锡耶那。他留在意大利，想亲眼见证第八军团越过敌人的哥特式防线向北进攻。他住在一辆舒适的大篷车里，车上有两把“被解放了的”路易十六的椅子。当他们到达梅托罗河，他从他所说的“过去几个世纪的城墙上看到了壮丽的景色”时，他那始终存在的历史感又显现出来。“在这里，哈斯德鲁巴的失败①决定了迦太基的命运，”他后来写道，“所以我提议我们也跨过去。”[75] 德国大炮在一刻钟前才停止开炮射击，丘吉尔和亚历山大看到坦克在向前移动、开火，机关枪在前方只有几百码的地方扫射。亚历山大后来回忆说：“到处都飞着炮弹，到处都是地雷。他绝对喜欢这样一种状态，这让他着迷——从他的内心来说，他是一个真正的勇士。”[76]

---

① 梅陶罗河战役（公元前 207 年）是第二次布匿战争的决定性战役。

8月29日，丘吉尔以华氏103度（约为39.44摄氏度）的体温[马丁说是104华氏度（40摄氏度）]回到诺斯霍尔特，这是他四年来第三次患肺炎。X光片显示他的肺上出现了另一块斑点。[77]“如果他现在发生什么事，那将是一场悲剧，”坎宁安在日记中写道，内容与他最近所写的关于丘吉尔的东西完全矛盾，“尽管他有这么多缺点（他是最让人生气的人），但是他为这个国家所做的工作非常了不起，他的贡献无人能及。”[78]他的病没有向公众提及。两天后，国王来到丘吉尔在唐宁街10号附楼的卧室拜访他，国王在丘吉尔的枕头上签署了将蒙哥马利提升为元帅的命令。

三天后，他的体温恢复正常，用科尔维尔的话说，他又“泪流满面”地活过来了。[79]他掏空了自己的红色大臣工作箱，找时间来处理那个古老的传说：猿猴离开岩山之时，就是英国人撤出直布罗陀之日。他对殖民地秘书说：“在直布罗陀养24只猿猴，要尽一切努力尽快达到这个数量，以后也要保持这个数量。”[80]在与科尔维尔的一次谈话中，他已经预料到将“霸王行动”推迟到时机成熟时这件事以后可能会遭到的批评，说“可能会有个别人提出，我们应该在1943年攻占欧洲”，但是他们说得不对。当坎宁安说，“龙骑兵行动”的裁决将取决于谁来书写历史时，丘吉尔回答，他打算参与其中。[81]这是他此后经常开的一个玩笑，但是《第一次世界大战回忆录》一书对公众对第一次世界大战的看法的影响，使他毫不怀疑他的战争回忆录会对人们对第二次世界大战的看法产生重大影响。

1944年9月初，英国和加拿大占领了安特卫普，摧毁了加来海峡以及其他地方的V型武器基地。此时，丘吉尔已经开始考虑在第二年2月举行大选。他对艾登说：“在魅力消退的时候，拖延只会让我们输掉比赛。”9月5日，也就是丘吉尔肺炎康复后的第4天，他乘坐“玛丽女王号”离开，前往魁北克参加“八边形会议”。[82]他带了一大群随行人员，包括克莱门汀、萨拉、莫兰、布鲁克、波特尔、坎宁安、切尔韦尔、莱瑟斯、伊斯梅、霍利斯、科尔维尔、马丁和输血专家莱昂内尔·惠特比准将。登船后的第一个晚上，他一边吃着牡蛎、喝着香槟，一边说，如果工党在下次选举中赢得多数席位，“那就随它去吧。对英国人来说足够好，对我也足够好”。[83]在旅途中，他读了特罗洛普的政治小说《菲尼亚斯·芬恩与公爵的孩子们》。

墨西哥湾暖流使气温上升到75华氏度（约为23.89摄氏度）左右，由于丘吉尔在意大利服用了抗疟疾药，加上他服用了治疗肺炎的药物，在药物的影响下，用萨拉对玛丽说的话就是，他“情绪低落，身体状态不太好”。[84]在意大利战役的问题上，他也和参谋长们吵得不可开交，他想继续对这场战役加大投入，但参谋长们认为（根据坎宁安的描述），意大利已经成为“次要的前线”——他们的观点是正确的。[85]在早前的每一次英美首脑会议上，丘吉尔和参谋长们对英国应持什么立场的意见都很统一，但这一次他们在欧洲和太平洋战略上都没有达成一致意见。坎宁安记录道：“他当时的情绪糟透了，指责参谋长们联合起来对付他、不让他看文件等。”[86]丘吉尔还认为联席会议的规划人员对很快就能取得胜利的估计过于乐观，他说：“到了圣诞节德国人还在继续战斗的概率是50%”。[87]

布鲁克想知道“他还能活多久。可悲的是，在目前的情况下，他很可能会造成难以估量的伤害！”[88]就连忠诚的科尔维尔也注意到，首相“非常暴躁”。[89]第二天，在又一次艰难的会议后，布鲁克写道：“我发现很难在他面前保持克制、礼貌。令人惊奇的是，世界上有3/4的人认为温斯顿·丘吉尔是历史上最伟大的战略家之一，是马尔伯勒第二，另外1/4的人根本不知道他是怎样具有公共威胁的一个人，而且在这场战争中一直如此！世人最好永远不要知道，永远不要怀疑这位在其他方面堪称超人的首相的致命弱点。没有他，英国必然会走向灭亡。有了他，英国一次又一次走到灾难的边缘……我从来没有同时对一个人如此敬佩又如此鄙视过。”[90]值得一提的是，布鲁克本人一直以来都完全支持丘吉尔的战略。丘吉尔在1941年12月华盛顿之旅的途中所写的关于宏大战略的4篇文章，阐述的正是他的战略：推迟跨海峡进攻，直到后来的“火炬行动”“哈士奇行动”和“雪崩行动”等地中海战略结出果实，从而将轴心国驱逐出北非，把意大利人——不是地理意义上的意大利——从战争中解脱出来。布鲁克的敌意使他无法看到，要把自己的战略通过政治手段传达给对方，丘吉尔需要承担多大的责任。

9月10日，午餐后，“玛丽女王号”停泊在新斯科舍省的哈利法克斯。人群聚在一起欢呼着，唱着《去蒂珀雷里的路很远》《收拾起你的麻烦》和《上帝保佑国王》，丘吉尔和克莱门汀热情地加入他们的行列。[91]一行人乘火车去魁北克，途中，丘吉尔的体温又升高了，医生给他吃了一片阿司匹林，让他上床睡觉。第二天早上，富兰克林和埃莉诺·罗斯福到魁北克火车站等候他们，带他们去了魁北克旧城堡。罗斯福总统看起来不太好，而且自从上次他们见面以来，体重明显下降了很多。丘吉尔告诉科尔维尔，他担心总统现在“非常虚弱”。[92] 但是没有迹象表明，罗斯福每况愈下的健康状况会对他在魁北克或后来在雅尔塔做出的决定有任何影响。在精神上，他和以前一样健硕。

美国军队在同一天从特里尔越过德国边境。丘吉尔在魁北克旧城堡与罗斯福和麦肯齐·金共进午餐时，提到了美国军事优势的话题。麦肯齐·金在日记中记录道：“丘吉尔对总统说，他是当今最强大的军事力量的领袖，在空中、海上和陆地上都是。总统说他很难意识到这一点，因为他自己并不喜欢这样。他没有那种感觉。”[93] 为了平衡他们在战时贡献的相对比重，维护英国的影响力，丘吉尔补充道，“如果英国在战争一开始，其他国家都放弃斗争时没有那样去战斗……美国后来将不得不为了生存而战。如果希特勒进入英国，某个卖国政府把英国海军和他们手里的法国舰队交给德国，就没有什么能拯救这片大陆了，更何况日本也做好了进攻准备。总统倾向于同意他的说法，因为那样的话，美国可能会来不及做好准备”。[94] 丘吉尔传达的信息很明确，和蔼可亲、态度温和的罗斯福对此也没有异议：今天，美国提供了绝大部分的人力和物资，而在 1940 年—1941 年，英国（也暗指加拿大）则提供了同样关键的时间因素。

9 月 13 日上午 11 点 45 分，“八边形会议”第一次全体会议在魁北克旧城堡举行。首先由丘吉尔概述了 12 月开罗会议以来的情况。他明确表示，他一直主张越过孟加拉湾并采取行动收复新加坡，失去新加坡对英国的声望是一个严重和可耻的打击，必须加以报复。让新加坡通过和谈归还给英国是不够的，英国应该通过战斗把她夺回来。这些话让他内心深处的帝国主义情结又一次凸显出来。他甚至向美国人表达了对“龙骑兵行动”成功的祝贺，说“这次行动产生了最令人满意的结果”，但他自己根本不相信这一点。[95] 实际上，丘吉尔总体来说是兴高采烈的，他说：“我们碰过的所有东西都变成了金子，在过去的 7 周里，我们取得了连续不断的军事胜利。”[96]

会议即将讨论的最重要的问题包括：德国战败后英国在太平洋地区应该扮演什么角色？在巴黎已经被攻陷，德国正在从法国东部撤退的情况下，意大利战役将何去何从？《租借法案》货运的规模下一步将如何调整？如果要攻入德国，那么盟军将采取怎样的总体军事战略？英国和法国应该占领德国的哪部分地区？为了防止德国在20世纪发动第三次世界大战，美国财政部长亨利·摩根索准备解除德国工业化的计划是什么？这些都是重大问题，但仅仅4天的全体会议就解决了这些问题。在每天的会议上，丘吉尔的发言都备受关注。

他提出让英国舰队在太平洋中部对日作战，即使是由美国指挥官指挥，海军上将金也希望整个行动完全由美国海军负责，他实际上也这样明说了。"我们已经给出了自己的提议，"丘吉尔说，"接受吗?""接受。"总统回答。尽管他知道将军的愿望是什么，可是他没有理会。[97] 坎宁安对此感到惊讶，因为这似乎与丘吉尔的孟加拉湾战略，以及他对解放新加坡和英国位于远东的领地的渴望相矛盾。丘吉尔之所以这样提议，是因为他并没有提供一个既定的时间框架。美国人同意亚历山大继续在意大利作战，以压制凯塞林的几个师，这一让步被称为"外围战略最后的残余行动"。[98]

丘吉尔试图警告罗斯福，"苏联人正在快速推进到巴尔干半岛，苏联在该地区的影响力也将因此迅速传播，达到危险的程度"。他计划在伊斯特拉部署一支部队，作为进入巴尔干半岛的中转站。但是美国人阻止了他的计划，他们拒绝提供该计划所需的登陆艇，说其他地方更需要。丘吉尔试图辩解说，他们是同一条生产链里的一部分，只不过英国把注意力集中在其他领域，但他没能赢得这场辩论。"即使战争突然结束，"8月下旬时他对史末资说，"我们的装甲部队也没有理由不溜过去到达（维也纳）。"[99] 事实上这里有两个主要原因：一方面是美国不支持，另一方面是德国人防守山口的能力极强，这一点在卡西诺山下的利里山谷得到了充分证明。美国对此的反应是如此之少，以至官方的会议纪要只是写道："巴尔干半岛，我们的空军和突击行动仍在继续。"[100] 在罗斯福和马歇尔看来，巴尔干半岛的价值都不值得一个健康的美国伞兵去冒险。在战争的那个阶段，这样做在战略上是正确的：盟军必须把注意力集中在德国身上。然而，正如丘吉尔担心的那样，这意味着在冷战期间，许多巴尔干半岛国家将进入苏联的控制范围。

在魁北克举行的一次三军参谋长会议结束时，丘吉尔告诉波特尔，他将不得不讨论德国将来的占领区问题。科尔维尔知道首相还没有读过简报记录，就在他洗澡的时候念给他听。“他接受了这个奇怪的做法，”科尔维尔写道，“但困难的是，他总是想要把自己完全浸泡在水里，结果有些段落他完全没听到。”[101] 尽管如此，美国人和英国人互换德国北部和南部占领区的协议还是达成了，这很有地理意义。

丘吉尔和罗斯福的个人关系已经从他们在“铁砧/龙骑兵行动”问题上产生了分歧的低谷中得以恢复。在关于战略的各种广泛讨论中，当然会穿插着一些社交场合。在一次招待会上，克莱门汀不得不与700人握手。“我以为自己的胳膊会脱臼。”她对萨拉说。[102]“首相和总统总是一起吃饭，这样就可以不用做任何小题大做的会议安排，还可以一直谈话。”马丁记录道。[103] 总统的一个想法，或者至少是罗斯福赞成将其提到正式会议上讨论的摩根索的一个想法，就是毁灭“鲁尔区和萨尔区用于发动战争的工业”，这样就可以把德国转化为“一个以农牧业为主要特色的国家”。[104] 丘吉尔甚至在9月15日，在极端仇视日耳曼的林德曼劝说下，就“摩根索计划”起草了一份备忘录。但是当布鲁克指出，他们需要一个人口众多的德国作为未来对抗苏联的盟友时，他很快改变了主意。此后，他曾以道德问题等理由谴责这一计划，之后关于该计划的消息变得少之又少。艾森豪威尔提出的集中主要兵力从北部包围鲁尔区，发动对波恩和斯特拉斯堡的袭击作为助攻的想法获得批准。这既没有满足蒙哥马利想要直取鲁尔区的想法，也没有满足乔治·S. 巴顿将军指挥美国第三军团进入柏林的愿望，但是对于一个有着如此强大反击能力的敌人，采取这样的战略是正确的。

9月16日中午最后一次全体会议结束后，丘吉尔和罗斯福穿着麦吉尔大学荣誉学位服，在旧城堡充满阳光的屋顶上举行了联合新闻发布会。丘吉尔告诉记者，第一次魁北克会议上做出的决定“现在已经铭刻在历史的纪念碑上”，其中包括“霸王行动”，它解放了“长期被德国鬼子蹂躏的法国，这片珍贵而美丽的土地”。在谈到对日本的战争时，丘吉尔对美国人说：“你不可能占有所有好东西，你必须共享。”[105]

第二天，“市场花园行动”（这几乎完全不符合丘吉尔设定的英雄或古典的代号标准）开始实施。这是蒙哥马利制订的一项雄心勃勃的计划，准备占领荷兰的埃因霍温、尼梅根和阿纳姆周围的一系列桥梁。这一计划的实施给英国第一空降师带来了灾难性的后果，该师损失了 7 000 多人，包括死亡、受伤、被俘。[106] 这一行动进一步加强了艾森豪威尔进攻德国和包围鲁尔区的“广泛战线”战略的论据，蒙哥马利和巴顿更快、更深入地向柏林推进的“纵深插入”战略的说服力下降了。然而，尽管丘吉尔对战略十分着迷，但自从盟军在诺曼底登陆后，他对欧洲战场的决策几乎无法再产生任何影响。到了 1945 年 3 月，罗文认为首相甚至“对战争失去了兴趣，因为他不再控制军事事务。‘霸王行动’之前，他觉得自己就是马尔伯勒，是所有军事决策都经过他手的最高权威。而现在，迫于环境，除了广泛而长期的战略问题，他在任何问题上都只不过是一个旁观者”。[107] 并没有人故意排挤他，但是如果他对整体做法根本就不同意，那么可能会带来很多麻烦。而且艾森豪威尔是盟军的最高指挥官，他不需要丘吉尔就一些问题发表意见，哪怕是关于进攻德国是采取“广泛战线”还是“纵深插入”战略这样的基本问题。

9 月 18 日，住在海德公园的丘吉尔遇到了纯粹来参加社交午宴的温莎公爵夫妇。丘吉尔曾向国王请求，希望他可以转达给这位哥哥一个来自弟弟的问候。但他只收到一封电报，上面写着：“在与他的未来有关的任何讨论中，也许你都要提出我的信念，你知道的，那就是，为了最大程度地增进他的幸福，让他把家安在美国。重复一遍，美国。”[108] 丘吉尔向科尔维尔口述了一封“相当具有说服力的回复电报”，但是，就像经常发生的情况一样，随后他就撕毁了它。[109] 尽管他与国王相互尊重、感情深厚，但退位危机所引起的感情上的裂痕显然还没有完全消失。最后，丘吉尔以一种和解的口吻回答，他没有把这条消息转达给温莎夫妇，以免他们去做完全相反的事情。

正是在海德公园，罗斯福和丘吉尔草签了一项核合作协议，协议坚决拒绝了约翰·安德森爵士和核物理学家尼尔斯·波尔所倡导的由国际社会控制核技术。那年早些时候，波尔逃离丹麦后，林德曼曾带他去见了丘吉尔，但这次会面以失败告终，因为丘吉尔憎恶波尔的观点，即整个世界应该分享所有的核知识，他认为这种观点太天真、太危险。他甚至考虑过监禁波尔，以防他把核机密泄露给苏联。这项协议本将成为英美核合作的基础，但是美国人毫无预警地突然于1946年8月签署了《麦克马洪法案》，并以此终止了该协议。

丘吉尔夫妇于9月20日上午9点15分在纽约登上"玛丽女王号"。在吃软壳螃蟹和大块牛排时，丘吉尔"看起来很健康，对自己也很满意"，他说，艾森豪威尔相信"德国离崩溃已经不远了"。[110]只有在与莱瑟斯、坎宁安和伊斯梅提到戴高乐时，他的好心情才会转向阴郁。他说，近几年，"我对法国人的幻想已经彻底破灭了"。[111]上个月戴高乐在巴黎市政厅发表的讲话中说，我们的首都已经"自我解放了，在法国军队的帮助下，在整个法国、战斗的法国的支持和帮助下，在只有法国自己的支持和帮助下，由我们的人民自己解放了"。他的这种说法显然是忘恩负义的。[112]戴高乐还直接给勒克莱尔的"自由法国师"下达命令，尽管该师当时仍归美国的伦纳德·杰罗将军的军团指挥。

大西洋上一艘U型潜艇的出现让他们不得不向南转向，这令丘吉尔非常恼火，因为他想在议会休会结束前回到下议院。他们以每小时30海里的速度前进，他及时赶到了，尽管这意味着他们的护卫舰——皇家海军"贝里克号"，只能通过不采取之字形的反U型潜艇预防措施前进。科尔维尔注意到，丘吉尔现在甚至比以前更爱回忆了。

9月28日，丘吉尔在下议院的演讲中对阿纳姆战役的灾难做出了最好的解释。"一句'并非徒劳'，既可以作为幸存者的骄傲，也可以作为逝者的墓志铭。"他说。[113]对那些认为蒙哥马利把事情搞砸了的人（他也确实搞砸了），丘吉尔补充道："我们绝不能忘记，我们需要感谢德国人，为他们所犯的错误——非常严重的错误。我讨厌把拿破仑和希特勒相提并论，因为把拿破仑和一个肮脏的党魁以及屠夫联系在一起，似乎是对这位伟大的皇帝和战士的一种侮辱。但在一个方面，我必须将他们进行类比。这两个人在性格上都不允许自己放弃任何一片领土，哪怕是特别小的一片领土，只要那是他们狂热的命运达到高潮时带给他们的。"[114]他接着列举了拿破仑在1813年—1814年的战略，认为它与希特勒现在的做法非常相似。"希特勒成功地把德国军队分散到欧洲各地，坚持让他们守住从斯大林格勒到突尼斯再到现在的每一个地点，他的固执已经让他丧失了集中力量进行最后斗争的能力。”[115] 哈维-瓦特认为他的演讲“非常精彩”，不过他补充说，有些议员认为他看起来很累，而且“在午餐间隙后，他的声音听起来不太好”。[116]

随着德国人分别在1944年9月、10月和12月被赶出罗马尼亚、南斯拉夫和匈牙利，人们的注意力转向了什么样的政府形式将取而代之。戴高乐的法国民族解放委员会最终得到盟军的承认，成为法国的合法政府。但是很显然，只有亲莫斯科的傀儡政府才会被苏联占领的东部国家接受。丘吉尔希望巴多利奥元帅能在意大利继续掌权，但罗斯福并不这么想。罗斯福在接下来的一个月将面临总统大选，他不想让人觉得，在这些被解放的国家里，他更喜欢那些君主论者，而不是进步论者。

10月2日，华沙起义最终被镇压，这预示着在波兰实施民主制度的可能性大大降低。丘吉尔对内阁形容波兰人时，说他们是“300年来被自己在政治事务中的笨拙困扰的英勇的人民”。[117] 即使他们并不笨拙，也很难想象，现在有超过100万的红军驻扎在他们的土地上，他们又如何能重新获得独立。再往南，EAM（希腊共产主义游击队的政治派别）和ELAS（希腊共产主义游击队的军事派别）正在准备夺取希腊政权，阻止希腊国王乔治一世及其流亡政府在自由派总理乔治·帕潘德里欧的领导下回国。①

丘吉尔对国王说，现在迫切需要再次与斯大林在莫斯科会晤，讨论波兰、巴尔干地区，特别是希腊问题。他解释说，斯大林必须明白，“这不是罗斯福和我站在一边，而苏联人站在另一边的问题”。[118] 这只是一种徒劳的愿望：斯大林认为资本主义列强是串通一气的，在莫斯科再举行一次私人会晤也不能消除他长期持有的这种观点。但是正如丘吉尔在“八边形会议”的新闻发布会上所说，电报“已死，只剩下了私人会晤这一种联系方式”。[119] 他对拉塞尔斯说：“下次，我们必须让乔·斯大林找个地方见我们（也许在海牙），尽管他总是喵喵喵地说着自己的健康问题，假装病得不行，不能旅行。”[120] 10月8日午夜，丘吉尔离开诺斯霍尔特空军基地，中途在那不勒斯

---

① 在所有这些重大问题都悬而未决的情况下，丘吉尔不知怎么还能抽出时间确保唐宁街10号的盥洗室里换上了新发刷。科尔维尔为此写道：“作为一个伟人，他处理琐事的方式通常是不同寻常的。”

和开罗稍事停留后，“我们飞过维苏威火山，”约翰·马丁记录道，“刚刚喷发的黑色熔岩流还在冒着烟。”9日中午，他们抵达莫斯科。此次会议的代号是“托尔斯泰”，这相当令人费解。

在克里姆林宫的第一次会晤结束时，丘吉尔从桌子对面倾过身子来，递给斯大林半张纸，他称其为“淘气的文件”。[121]他在纸条上亲自写下了自己关于战后苏联和西方盟国如何对东欧施加影响的建议。

> 罗马尼亚：苏联90%，其他国家10%。
>
> 希腊：英国与美国一共90%，苏联10%。
>
> 南斯拉夫：各50%。
>
> 匈牙利：各50%。
>
> 保加利亚：苏联75%，其他国家25%。[122]

从文件原稿上划掉的几个字和匆忙加上的“与美国一共”可以看出，丘吉尔最初是多么相信，希腊几乎是英国的一个保护国，因为罗斯福并不想参与即将到来的反对EAM/ELAS联盟的斗争。斯大林没有发表任何评论，他拿起一支蓝色铅笔，在“罗马尼亚”旁边打上一个大大的钩，但他明确表示支持整个文稿。

“之后是一段很长时间的沉默，”丘吉尔回忆道，“铅笔打过钩的文稿就放在桌子中央。最后，我说：‘如果我们以这样一种随随便便的方式来处理这些关系到千百万人生活的重大问题，难道不会被认为有点儿愤世嫉俗吗？我们把文稿纸烧了吧。’‘不用，你留着吧。’斯大林说。”[123]斯大林不在乎他是否显得愤世嫉俗，他得到了他想要的东西，而战后匈牙利和南斯拉夫得到苏联和西方平衡控制的真正机会为零。丘吉尔很高兴拿回了这份文稿，而这件事也并没有被记录在英国的官方记录中。[124]

1944年10月中旬，苏联人已经完全控制了保加利亚和罗马尼亚，匈牙利也即将被他们攻陷。铁托似乎也被拉进了亲莫斯科阵营。希腊正面临着一个由斯大林操控、指导并提供经济支持的共产党武装组织的威胁。考虑到此时的整个地缘政治形势，这份所谓的《百分比协议》对英国和西方来说算是一笔好的交易。[125] 1945 年时希腊没有消失在铁幕后面，这在很大程度上要归功于丘吉尔。由于没有美国人在场——哈里曼几乎每晚都和丘吉尔一起玩贝齐克纸牌，但是他没有参加与斯大林的双边会谈——丘吉尔敏锐地意识到自己需要让罗斯福了解事情每一步的进展。“我必须经常和总统保持联系，这是一件很微妙的事。”他致信克莱门汀，称呼她为“肯特夫人”，落款是“肯特上校”。[126] 然而，当他写信给罗斯福时，他并没有提到那份“淘气的文件”。“我和‘老熊’谈得很愉快，”他对克莱门汀谈到斯大林时说，“与他见面越多，我就越喜欢他。现在他们已经开始尊重我们了，我相信他们希望与我们合作。”[127] 10 月 16 日，也就是丘吉尔离开莫斯科的三天前，他已经足够确信斯大林会遵守这份《百分比协议》，于是命令理查德·斯考比中将率英国军队占领雅典，并在必要时向 ELAS 开火。

当然，在签署《百分比协议》时，一个明显缺席的国家是波兰。丘吉尔认为，将苏波边界大致维持在“寇松线”上对波兰来说是公平的，或者对波兰来说实际上至少没有什么可以改善的空间。10 月 14 日，波兰在伦敦的流亡政府总理斯坦尼斯瓦夫·米科瓦伊奇克在莫斯科告诉丘吉尔，他们是无法接受“寇松线”的，因为会有太多以波兰人为主的城市留在苏联。但是丘吉尔以波兰在这次对话的会议记录中所说的“非常暴力的方式”回复说：“你们这些无情的人就是想毁掉欧洲。我会把你们的麻烦留给你们自己去解决的。你们根本没有责任感，一心想着放弃自己在故土的人民，对他们的苦难无动于衷。”[128] 他接着补充说：“你们完全没有能力面对事实。我一生中从未见过你们这样的人……你们仇恨苏联人。”[129] 关于最后这件事，他说的当然是对的。他认为苏联的本质已经“改变”，这显然是（又一次）天真了，也或许是因为他的奸诈：他警告米科瓦伊奇克，如果他们不接受新的边界，他和他的人民将会被“清算”，这就相当于默认斯大林的政权一点儿也没有改变。1953 年，当莫兰问他，波兰人对他所说的话的描述是否公平时，丘吉尔承认：“你得知道，当时我们俩都很生气。”[130]

苏联在整个东欧拥有压倒性的军事力量，在卢布林已经建立了一个傀儡“波兰政府”，声称自己代表所有波兰人民发声。“陛下知道，我们从伦敦过去的那些人就是一群体面而软弱的傻瓜，”丘吉尔在写给国王的信中谈到波兰流亡政府时说，“而来自卢布林的代表则似乎是你能想象到的最邪恶的恶棍。”没有罗斯福政府的积极支持，来自伦敦的波兰人与来自卢布林的波兰人之间的问题很难得到解决。但是，这是美国政治中一个非常敏感的话题。美国有数百万的波兰籍选民，因此有关这一问题不太可能很快达成协议。在这种情况下，“我们必须把这件事搁置，在总统选举后再商量。”[131]这正是后来发生的事情。

在托尔斯泰会议上，布鲁克向苏联最高指挥部解释了艾森豪威尔的欧洲战略，美国的约翰 · R. 迪恩将军报告了太平洋的跳岛战略。当迪恩说，那些被绕过的岛屿上的日本士兵将“被迫一天到晚靠椰子和鱼类为生”时，丘吉尔补充说：“他们会完蛋的，他们会完蛋的。”[132]（这也是他对英吉利海峡群岛上的德国驻军采取的态度，直到 1945 年 5 月，群岛才获得解放，因为他不想负责喂养那里的 2.8 万名德国士兵。）[133]

与会者还经历了几次长达 6 小时、有 14 道菜的宴会，还有没完没了的祝酒——在一次宴会上，约翰 · 马丁数到第 20 次祝酒时就不再数了，此外还有燃放烟火庆祝红军的胜利。在莫斯科大剧院，丘吉尔获得了一次 15 分钟的起立鼓掌欢迎。一名观众记录道：“丘吉尔很喜欢这样的欢迎仪式，每当掌声似乎要落下去的时候，他就会适时地做出表示胜利的 V 形手势，让掌声再次响起来。灯一亮，斯大林就离开了包厢，与丘吉尔一起接受掌声，但 10 分钟后又回到包厢。[134]斯大林于 19 日上午 10 点 45 分从莫斯科机场送走丘吉尔，这在苏联几乎是史无前例的荣誉。[135]国王在 24 日写道：“他看上去很好，也不太累。（事实上，在莫斯科之行快结束时，他又发了一次高烧，直到回家前才退烧。）他告诉我……尽管在莫斯科大吃大喝，工作到很晚，他还是瘦了 5 磅。他说，他发现斯大林非常愿意与人交谈，也不是那么多疑。”①[136]

10 月 27 日，丘吉尔对下议院说，与苏联人和南斯拉夫人当面谈判比通

---

① 丘吉尔在与一位时代的巨人讨论完全球战略后，立刻就被带回世俗的国内政治，因为他发现保守党在反抗《城镇和乡村规划法案》。丘吉尔在与布拉肯的一次“激烈的讨论中，尽管脾气很好”，威胁，如果大多数保守党议员投票反对政府，他就辞职。结果他们没有那样做。（科尔维尔，《边缘》，第 526 页。）

过电报谈判要好得多，“面对面谈判时，那些远远看起来似乎真的无法克服的困难，常常会被从我们的道路上扫清移除”。[137]哈罗德·尼科尔森写道，他像“天使般纯真，脸颊红扑扑的，身体结实，说起话来慷慨激昂的”。①4天后，他要求议会再延长一年，但是他说，他认为对德战争一旦胜利，议会就可能立即提前结束。他对下议院说，他不会在胜利后立即举行选举。丘吉尔说：“在所有对民主的颂扬中，最根本的就是那个小人物，他拿着一支小铅笔走到投票小亭，在一张小纸片上画了一个小叉。再多的言辞和长篇大论都不可能削弱这一点的绝对重要性。”[138]现在他已经决定不进行提前投票，去利用他对艾登所说的胜利的“魅力”。与1900年的索尔兹伯里和1918年的劳合·乔治一样，丘吉尔宣布拒绝在拥有军队军权的时候进行选举，并因此赢得一片喝彩。“我从来没有像今天上午这样欣赏温斯顿的道德态度。”尼科尔森写道。[139]

11月4日，丘吉尔邀请哈伊姆·魏茨曼到契克斯庄园共进午餐。他说，战争可能会再持续3~6个月，尽管由于保守党的反对，他无法就在巴勒斯坦建立一个犹太国问题发表任何声明，但如果犹太人能得到“整个巴勒斯坦，那将是一件好事”。[140]他还说，他的朋友沃尔特·吉尼斯，也就是现在的中东公使莫恩勋爵，已经转变了态度，开始同意我们的想法，魏茨曼应该去开罗拜访他。[141]两天后，莫恩在住所外他自己的车里，被犹太复国主义者的一个恐怖组织“利希”枪杀。丘吉尔被激怒了，莫恩曾是“其他俱乐部”成员，曾用他的游艇接待过克莱门汀，而他的儿子布莱恩·吉尼斯从20世纪20年代末起就一直是伦道夫的至交好友。“如果我们的犹太复国主义梦想被暗杀者冒烟的手枪熄灭，我们为这一梦想所做的一切努力最后只是造就了一代与纳粹德国别无两样的匪徒，”11月17日他在下议院说，“许多像我这样的人，将不得不重新思考这个我们保持了这么久的一致立场。”[142]

尽管如此，他还是拒绝了殖民地事务部的一项关于限制犹太人移民到

① “柯林斯，”丘吉尔在演讲结束后对下议院的酒吧招待说，“我想要一杯威士忌加苏打水——单份。”他坐了下来，但又马上站了起来，回到吧台说：“柯林斯，把‘单份’这个词删掉，加进去‘双份’这个词。”（尼科尔森编辑，《日记与信件II》，第409页。）

巴勒斯坦的提案。他还拒绝任命两名资深保守党人成为莫恩的继任者，因为他知道他们反对犹太复国主义。虽然他从天性上来说并不是一个爱报复的人，但当他得知埃及政府正计划推迟对暗杀者的处决时，他在1月下旬给兰普森发去电报，警告说这将“导致英国和埃及之间的明显裂痕”。[143]暗杀者在3月被处以绞刑。

1944年11月7日，罗斯福总统以史无前例的432张选举人票、36个州的优势和2 560万张普选票，击败了获得99张选举人票、12个州的优势和2 200万张普选票的共和党候选人托马斯·E. 杜威，第4次连任总统。丘吉尔很高兴，也松了一口气。3天后，他飞往巴黎参加停战日游行，被邀请住在奥赛码头。他上一次到那里是在4年前，在德国国防军到来之前，他们正在院子里焚烧文件。11月11日，他与夏尔·戴高乐一起走过香榭丽舍大街（他们之间的分歧似乎已经被遗忘），经过了大量狂热的人群。人群聚拢在他们身边，很难驱散。伊斯梅后来告诉莫德·罗素，巴黎之行对丘吉尔来说“非常危险”，“本不应该允许他去，但没人能阻止他。没有什么比从那几百扇窗口中的任何一扇向他开枪更容易的事情了”。[144]伊斯梅紧跟在他后面，一旦枪声响起，他就准备把他绊倒在地。“他说从他踏上法国土地的那一刻起，首相就非常动情，他一直在哭，悲喜交加。”他们降落在一个他从未去过的机场，戴高乐来迎接他们。伊斯梅觉得他会对这个机场很感兴趣，并提出很多问题，“而他却一直在忙着哭。当他们走过巴黎的街道时，他的脸上流下了泪水”。[145]

艾登的私人秘书瓦伦丁·劳福德在日记中写道：“人群在不知疲倦地尖叫着，喊着戴高乐和丘吉尔的名字，我从来没见过那么多那样快乐的面孔围绕在身边，或是在大街两边的阳台上。”[146]丘吉尔来到香榭丽舍大道尼古拉二世大街（今天的温斯顿·丘吉尔大街），向位于那里的克里孟梭雕像敬献了花圈，对克里孟梭的女儿说了几句话，然后驱车前往巴黎荣军院，在离拿破仑墓很近的福煦元帅的墓前敬献了花圈，并会见了福煦的遗孀。“温斯顿一刻也没有停止过哭泣，”艾登对尼科尔森说，“等到他获得巴黎自由勋章时，他的眼泪就可以用桶盛了……人群一直在以一种丘吉尔从未听到过的呼喊声叫着他的名字。”[147]

第二天，丘吉尔在市政厅向人头攒动的人群发表了讲话。“我要给你们提个醒，你们要当心了，”他开始发言，“因为我要用法语，或者试着用法语讲话了。这是一项艰巨的任务，会对你们与英国的友情提出很高要求。”[148]他那 15 分钟的演讲虽然用的是完全不合语法的法语，却影响重大，有一部分内容他是含着眼泪说出的。他和戴高乐一起乘坐总统专列前往马伊什参观法国军队总部。因为下大雪，他们不得不砍去了部分计划。助手们一度不得不下来推车，因为车陷在了雪堆里。丘吉尔坚持要和戴高乐一起在雪地里视察法国陆军先遣队，这虽然可以给他拍出一些出色的宣传照片，但是他最近患了肺炎，这让随行人员非常担心。“我认为，让温斯顿在雪地里坐车出行，这趟可怕的行程对戴高乐一方来说绝对是犯罪。”查尔斯·波特尔在写给帕梅拉·丘吉尔的信中说，“他如果在这趟行程中没有死掉，我们就算走运了。”波特尔当时与帕梅拉有染，伦道夫、哈里曼和丘吉尔对此都不知情。[149]在参观了兰斯附近的艾森豪威尔先遣司令部后，丘吉尔乘飞机返回诺斯霍尔特。当天他收到消息，德国现存最大的战列舰“蒂尔皮茨号”被兰开斯特轰炸机在挪威峡湾击沉。

回到伦敦后，他继续为大事小情发布指示。其中一件大事，就是设法帮助艾森豪威尔向前推进，给他送去目前正在多佛的 12 英寸口径、13.5 英寸口径甚至 15 英寸口径的重炮，安装在法国的火车上。同时他也给英国陆军部大臣詹姆斯·格里格爵士写信说：“加把劲，要确保这些啤酒——每周 4 品脱，能够供应给在最前线战斗的士兵……在任何后面的队伍能够喝到哪怕一滴之前。”[150]他对 V–2 火箭弹的袭击不像以前那么担心了，尽管敌人还在使用这种火箭弹，但它所造成的死亡人数似乎比他最初担心的要少得多。坎宁安说：“尽管我们都应该准备好去见上帝，但是我们应该记住，这件事发生的概率只有 1/600 000！”[151]三天后，一枚 V–2 火箭弹在伦敦东南部的德特福德击中一家伍尔沃斯超市，造成 168 人死亡，短时间内让死亡的概率大大增加了。

到 1944 年春，大英帝国在全球与轴心国作战的师在总数上比美国多 1/4~1/3。但是到了 1945 年 1 月，美国的作战师总数已经比英国多了 60%。[152]美国这种军力日益增长的优势促使丘吉尔在 11 月坦率地写信给罗斯福说:“你们将拥有世界上最大规模的海军,你们将拥有(我希望如此)世界上最大规模的空军,你们将拥有世界上最大规模的贸易,你们会得到所有的金子。但是,这些事情不会让我感到恐惧,因为我相信,在你再次当选后,美国人民在你的领导下,一定不会向虚荣的野心屈服,正义和公平将成为指引他们的明灯。”[153] 事实是,丘吉尔在那个阶段对罗斯福是否能在战后依然领导美国并不肯定,他只是希望如此。这封信没有出现在他的战争回忆录中。

此时,两位领导人尽管依然互相尊重,但是在政策领域上的分歧甚至更多了。例如,美国人想要动摇佛朗哥将军在西班牙的政权,但丘吉尔反对。他认为,虽然佛朗哥是法西斯分子,但他也是反共分子,并且在危险的1940年—1942年始终保持了值得称赞的中立立场。同样,丘吉尔11月22日发给罗斯福的电报,也可以看到一丝温和的责备,他说:“我仍然待在你让我无条件投降的地方,一动不动。”[154] 罗斯福关于未来民用航空权的一份电报似乎也带着一种威胁,科尔维尔称其为“纯粹的勒索”,因为对方将航空权与《租借法案》物资供应的下一步行动联系起来。吉尔·温南特对此感到非常尴尬,他甚至不想留在契克斯庄园吃午饭,但丘吉尔兴高采烈地坚持说:“即使两国宣战也不应妨碍他们吃一顿丰盛的午餐。”[155]

丘吉尔在自己生日这天,也就是11月30日对拉塞尔斯说:“70岁简直就是地狱。”他当时想在床上完成自己关于政府计划的演讲稿,因此没有去参加议会的开幕式。[156] 与此同时,克莱门汀正在为是否要在他的生日晚宴上为每个人花6先令买一朵玫瑰花发愁。在他收到的大量信函和电报中,有来自波斯国王的,有来自娱乐明星哈里·兰德的,有来自玛丽女王的,还有来自卡文迪许饭店的传奇老板罗莎·刘易斯的。这些都证明了他的人脉之广。① 次年3月,丘吉尔听说保守党中央办公室宣布,下次选举不接受70岁以上的人作为候选人。于是他写信给保守党主席拉夫·阿舍顿说:“我自然希

---

① 他保留着这些卡片,就像他保留了一生中几乎所有的信件一样,他知道他的传记作者需要材料。在他的档案中,甚至还有一张一位私人秘书写的未注明日期的便条,上面写着:“帝国总参谋长急着明天见你10分钟。下午1点似乎很合适。”(CAC CHAR 20/139B/174。)

望尽早知道这项禁令是否适用于我。”[157]

12 月 3 日，一场全面的共产党起义在希腊爆发，雅典发生了巷战。英国军队负责保护希腊临时政府，来对抗 EAM 发动的共产主义政治运动和 ELAS 的准军队。君主主义者希望乔治国王从伦敦返回，尽管许多希腊人更希望东正教大主教达马斯基诺斯成为摄政王，至少目前如此。丘吉尔和斯考比将军的行动在英国左翼政党中是不受欢迎的，因为希腊共产党游击队曾经勇敢地抵抗了德国人。甚至克莱门汀也敦促丈夫不要公开谴责希腊共产党，因为他们曾经表现出如此大的勇气。出于共和的原则，罗斯福政府反对意大利和希腊的君主主义派系，也不支持盟国直接干预这两个国家。

丘吉尔看到的是一个更伟大的目标，那就是一个民主的希腊。他在给斯考比的一封电报中写道:“把雅典当作一个被征服的城市。”也就是说，他应该暂时把英国的统治强加于希腊。科尔维尔忘记在电报上写下“卫兵”这个词，这是外交部的暗语，意指不要把该电报分享给美国人。所以电报也被送到了位于意大利卡塞尔塔的美国总部，然后被转送到美国国务院和白宫，之后又被迅速泄露给了《华盛顿邮报》的仇英专栏作家德鲁·皮尔森。这激怒了已经开始反对丘吉尔立场的美国和英国媒体。当科尔维尔向他承认错误时，丘吉尔大度地说，让科尔维尔那么晚才睡觉是他的错。[158] 这是丘吉尔的领导准则中不可或缺的一条，即绝不让下属当替罪羊。

对希腊的政策总让丘吉尔有一种事业未竟的感觉。他没能帮助波兰人，而英国 1939 年参战就是因为波兰，但他决心拯救希腊人，尽管 1941 年他没能成功地保护他们。因此，12 月 5 日，他又给斯考比发了几条命令，他在电报里画了线，在回忆录里用了斜体来强调:“我们必须守住并控制雅典。如果在没有流血的情况下取得成功，那就太棒了。但是必要的话，流血也是可以的。”[159] 斯考比果断介入了这场几乎快要演变成内战的战争，帮助阻止了共产党组织 EAM 和 ELAS 夺取政权。

然而，丘吉尔对最终结果并不乐观。他当月晚些时候对史末资说:“如果邪恶势力在希腊占了上风（这种可能性很大），我们就得为一个由苏联领导的准布尔什维克巴尔干半岛做好心理准备，其影响可能会蔓延到匈牙利和意大利。因此，我在这些地区看到了巨大的危险，但是在不给政府带来巨大压力的情况下，在不与美国争吵的情况下，我没有能力去做任何有效的事情。”[160] 12 月 8 日，在另一场不信任动议的辩论会上，丘吉尔以疾风暴雨的姿态攻击了那些质疑他对意大利和希腊做出民主承诺的人。他说：“民主不是拿着冲锋枪的人在街上捡到的一个妓女。我信任人民，信任几乎所有国家的人民，但是我必须首先确定他们是人民，而不是从山上或乡下跑出来的一群强盗，惦记着以暴力推翻权威——在某些情况下，就是指古老的议会、政府和国家。”[161] 在回复安奈林·贝文的讲话时，丘吉尔说：“我感觉没有谁比他能更准确地说出与事实恰恰相反的话了……他不必因为整个下议院都在嘲笑他而火冒三丈，他应该感到高兴，因为大家只是在嘲笑他。”[162] 关于伊曼纽尔·辛韦尔，他补充说：“这位可敬的先生一次又一次无意间把真相泄露出来，我一点儿都不怀疑他。”[163] 他以 279 票对 30 票赢得了这场辩论。在接见一个关于希腊问题的工党代表团时，为了避免与贝文握手，丘吉尔请他们在他吃完午饭上楼之前先到内阁会议室坐下来。

12 月 15 日，国王提出授予丘吉尔嘉德勋章。国王在他的日记中写道，他“感动得哭了起来”，但还是拒绝了这一荣誉，因为欧洲的战争还没有取得胜利。[164] 12 月 16 日，随着“阿登攻势”的发动，这一点得到了更充分的证明，希特勒的 39 个师进行的这场德军的反攻行动触发了所谓的“突出部战役”。

圣诞前夜下午 5 点半，丘吉尔和艾登决定飞往雅典，尽管他们不确定到底会发生什么。他们没有征求战时内阁的同意，也没有通知美国人。玛丽回忆说：“我的母亲——那么坚忍，那么习惯于凡事都要有轻重缓急——感到非常难过。她哭了。”[165] 首相和外交大臣于圣诞节当天凌晨 1 点起飞。从雅典机场出来，路上他们经过了一个 ELAS 当天早晨用迫击炮轰击过的检查站。到达希腊首都后，他们住在了停泊在比雷埃夫斯港的皇家海军“阿贾克斯号”上。船长告诉他，他希望今晚不必开炮，但如果陆军需要支援，他还是会开炮的。丘吉尔“似乎对这件可能发生的事情感到高兴”，他回答道：“请记住，船长，我是作为一只咕咕叫的和平鸽，嘴里衔着一束槲寄生来到这里的——但我绝不是来妨碍必要的军事行动的。”[166]

在“阿贾克斯号”上举行的一次规划会议上，英国代表团，包括斯科比将军、亚历山大元帅、驻盟军总部大臣哈罗德·麦克米伦和英国驻希腊大使雷金纳德·利珀爵士等，不得不决定如何更好地接近希腊总理，君主主义者乔治·帕潘德里欧、未来的摄政王大主教达马斯基诺斯和共和党反共将军尼古拉奥斯·普拉斯蒂拉斯。（ELAS 的一个代表团将被邀请参加 12 月 26 日的一次会议，尽管与他们的战斗仍在继续。）“好吧，先生们，”丘吉尔说，“在我看来，我们现在就是泥菩萨过江，只希望他的脚不是泥做的。”①[167]丘吉尔后来把蓄着黑胡子的达马斯基诺斯称为“诡计多端的中世纪教士”和“中世纪的瘟疫神父”，但他相信大主教的参与是阻止全面内战、遏制共产党、为民主选举做准备的必要条件。“阿贾克斯号”上的船员们穿着化装舞会的服装庆祝圣诞节，他们把身着黑衣、蓄着胡子、戴着主教法冠，看起来得有 7 英尺高的达马斯基诺斯当成了他们中的一员，差点儿引发一场令人尴尬的国际事件。[168]

12 月 26 日早晨，丘吉尔走到“阿贾克斯号”的后甲板上，看到比雷埃夫斯港以西的战火硝烟，听到炮弹和机关枪开火的声音，也看到皇家空军的“英俊战士”轰炸机正在向雅典周围的一座小山一侧的 ELAS 据点进行低空扫射。[169]当天晚些时候，丘吉尔正在“阿贾克斯号”上向玛丽安·福尔摩斯口述时，一枚炮弹使船身摇晃起来。“嘿，”他喊道，“你这个混蛋还真是想念我们！来吧，再试一次！”[170]在他被一艘汽艇带到岸边时，另一枚炮弹落在了附近，由于迫击炮的轰炸，这艘船不得不在一英里外重新安顿下来。[171]丘吉尔前往英国大使馆对那里的工作人员表示感谢，然后在下午 4 点前往希腊外交部参加各方会议。由于电源被切断，会议在防风煤油灯的照明下举行。

会议开始后，三名被科尔维尔称为“衣衫褴褛的亡命徒”的 ELAS 代表，在被搜身检查是否有隐藏的武器后进入会场，丘吉尔的自然反应是要与他们握手，但亚历山大通过“身体干涉”阻止了他这样做。[172]不过，后来他还是与他们握了手。他告诉克莱门汀：“他们看起来肯定比那些卢布林的非法分子好多了。”[173] ELAS 战士向丘吉尔致敬，称他为“我们伟大的盟友”，

① 汤米·拉塞尔斯后来告诉一位朋友：“比起能写出格雷的《墓畔挽歌》，我更愿意自己能说出那样的话来。”（哈特-戴维斯编辑，《国王的顾问》，第 282 页和第 1 页。）

尽管不是每句话都能听得很清楚，因为头顶上一直有“英俊战士”轰炸机在飞行。会议持续了一整天，接着又开了一天，但没有任何签署协议的迹象。不过到最后，丘吉尔和艾登决定将英国的支持对象从乔治国王和帕潘德里欧转向达马斯基诺斯和普拉斯蒂拉斯。至少在短期内，这是将希腊从共产主义危机中拯救出来的最佳方式。

12月27日午饭前，丘吉尔再次遭遇到炮火袭击，一架远程机关枪在他头顶30英尺的地方击中了一堵墙，街上的一名妇女丧生。（丘吉尔试图为雅典大使馆的所有女性工作人员争取一枚大英帝国勋章，拉塞尔斯以在英国的每个人都表现出同样的勇敢为由拒绝了。）[174] 在做了所有能做的事情后，丘吉尔和艾登于12月28日离开雅典前往那不勒斯。“这些希腊人之间的仇恨是可怕的，”丘吉尔在写给克莱门汀的信中说，“当一方（ELAS）拥有我们提供给他们的所有用来与德国人作战的武器，而另一方，尽管人数要多出几倍，却什么武器也没有时，如果我们撤离，一定就会发生可怕的大屠杀。”[175] 回到伦敦后，丘吉尔和艾登试图说服希腊国王乔治接受达马斯基诺斯摄政，但乔治坚决地拒绝了。经过一场通宵的“疾风暴雨式”的会议后，丘吉尔微笑着从座位上站起来，把手放在国王的肩膀上说道：“先生，我们不应该这样跟你说话。再来点儿白兰地吧。”[176] 丘吉尔任命达马斯基诺斯为摄政王，达马斯基诺斯于1945年10月任命自己为首相，并于次年9月召回国王。

“在整个希腊事件期间，丘吉尔比战争中的任何时候都孤独。”伊恩·雅各布回忆道，“但他从未放弃，从未怀疑过自己的判断。”[177] 英国没有从希腊撤离的事实，以及《百分比协议》中关于苏联不支持希腊共产党的规定，意味着ELAS不得不在1945年1月11日投降，希腊继续走自己的民主道路。1/4个世纪后，莱斯利·罗文写道：“现在我们可以很清楚地看到，如果没有丘吉尔的勇气和他对事物本质的把握，希腊就不会成为一个自由的国家。”[178]

因为支持君主主义者、神职人员和“反动派”，却反对共产党人和“进步人士”，丘吉尔在英美两国遭受了大量的恶语辱骂。H.G.威尔斯不顾与丘吉尔在“其他俱乐部”的同志情谊，公开谴责他将成为“英国的元首”（Führer，希特勒曾被这样称呼）。这是这位在其他方面都很具有智慧的人所发表的最愚蠢的言论之一。① [179] 1945 年元旦，《泰晤士报》抨击了政府的希腊政策。丘吉尔给报社写了一封措辞非常严厉的信，但是像往常一样，他决定不寄出去。然而一年后，他终于可以引用撒迦利亚的话对克莱门汀说："中欧、东欧和南欧的所有内阁都在苏联的控制之下了，除了雅典，这个牌子是我在圣诞节时从大火中抢救回来的。"② [180]

丘吉尔在谈到差一点儿打到默兹河的德军进行反攻的阿登战役时曾说，他宁愿看到一只头伸出来的乌龟，即使它看起来像是要咬他。[181] 1945 年 1 月，蒙哥马利在北方发动了一场反攻战役，连同美军对巴斯托涅的英勇防卫，以及巴顿将军的另一次进攻，迫使德军在月底前撤退到其边境以外。盟军为这场战役付出了高昂的代价，超过 6 万名美军士兵伤亡。同一个月，苏联人占领了华沙，也几乎完全占领了东普鲁士，麦克阿瑟将军攻占了吕宋岛，威廉·斯利姆将军跨过了缅甸的伊洛瓦底江，解放了阿恰布（实兑）。所有这些都让丘吉尔觉得，现在应该召开另一次"三巨头会议"了，也是 1943 年之后的第一次。罗斯福说他只能出席会议五六天，丘吉尔对科尔维尔说，他觉得很"反感"。他写信给罗斯福说："我看不到任何……可能性，我们可以在五六天的时间内实现设立'世界组织'的愿望。全能的上帝也需要 7 天时间。"[182] 两天前他曾评论："这次会议很可能是一次生死攸关的会议，因为此时正是各大盟国之间分歧巨大、战争的阴影越拉越长的时候。目前，我认为这场战争的结局很可能比上一场战争更令人失望。"[183] 罗斯福对前美国驻莫斯科大使约瑟夫·E. 戴维斯说，丘吉尔"越来越像一个维多利亚时代中期的人，越来越退回到上个世纪的思维方式"。[184] 这样说是不对的，不过他确实开始在内阁会议上漫无目的地讲话，正如艾登、艾德礼、卡多根和其他几个人记录的那样，内阁会议现在要开 4 个半小时。事情变得如此糟糕，艾德礼亲自给丘吉尔（出于个人保护的原因）用打字机打了一封非常直截了当的信，批评他"在内阁进行长篇大论的演讲"，经常是关于他显然没有读

① 尽管他说了这些难听的话，但是丘吉尔在 1946 年为威尔斯的逝世建立纪念碑时依然表示，他"非常尊敬"威尔斯。（彻韦尔提供的文件，K69/11。）

② 《阿摩司书》4:11，《撒迦利亚书》3:2。

过的讨论性文件。他还抱怨说，比弗布鲁克和布拉肯的观点往往会压倒相关内阁成员的观点。丘吉尔勃然大怒，草拟了一封回信，反复修改，话语间充满讽刺意味，但是他很快就平静下来，礼貌地表示了感谢。

像很多时候一样，当一些人开始对丘吉尔满不在乎的时候，他就会利用毕其一生的演讲准备，创造出一场精彩的表演，足以让人们看到他还完全控制着局势。1 月 15 日，丘吉尔把一杯加了苏打水的威士忌泼到了床单上，玛丽安·福尔摩斯在擦拭时竟然发现丘吉尔的假牙也在那里。但三天后，他却以一篇 1.2 万多字、长达两个小时的演讲迷住了下议院，这是他在整个战争期间进行的最长的一次演讲。尽管他还在感冒，喉咙也疼，但还是击败了所有批评他的人，如贝文和共产党议员威利·加拉赫。他说："军事上的胜利可能还遥不可及，代价肯定也会很高昂，但这已经是毋庸置疑的事情。我们的敌人早年曾用物理和科学的力量来压制我们，而现在我们已经与他们交换了位置，英联邦、美国和苏联无疑已经拥有足够的力量，将制造战争的国家的巨大能量彻底击溃，让他们袭击我们的阴谋灰飞烟灭。"[185] 当巴林顿-沃德出现在下议院旁听席上的时候，丘吉尔决定，是时候向《泰晤士报》发起总攻了。他说："在我的经历中，当然也是在我的战时经历中，没有任何一个英国政府受到如此多的诽谤，政府的动机在我们国家被重要的新闻机构大肆宣扬。"他还问英国人怎么可以抱怨美国的报纸，"当我们在自己的国家正在见证这样一个沮丧悲哀的大展览时，布展的就是我们的一些久负盛名、最负责任的媒体，以及其他一些几乎配不上这种称呼的媒体"。[186] 欢呼声经久不息，根据《泰晤士报》的官方历史记载，这是"巴林顿-沃德出任编辑以来遭受的第一次沉重打击"。[187]

丘吉尔说："我们在这场战争中牺牲了一切，现在，我们比任何一个战胜国都更加穷困潦倒。这就是我们现在的处境。大不列颠及北爱尔兰联合王国与英联邦是唯一以其自由意志向德国宣战的完整力量。"[188] 考虑到美国的支持，丘吉尔借用了林肯总统在葛底斯堡演说中的话，说他对希腊的计划是"建立一个民有、民治、民享的政府，建立在自由普选的基础上，选票保密、不受恐吓"。[189] 他暗示说，美国国务院如果不支持这一点，就是没有恪守美国的原则。过了两个晚上，丘吉尔邀请所有的打字员、司机和仆人来到唐宁街10号，观看由贝蒂·戴维斯、亨弗莱·鲍嘉和罗纳德·里根主演的电影《黑暗的胜利》。当然，丘吉尔永远也不会知道，参演这部电影的明星之一将会在摧毁苏联的过程中发挥作用，而丘吉尔自己对苏联就像对纳粹一样深恶痛绝。

1945年1月24日，丘吉尔告诉科尔维尔，他的父亲已经去世半个世纪了。科尔维尔想知道伦道夫勋爵、他的儿子温斯顿和他的孙子伦道夫有什么共同之处，他断定一定是他们都具有不可否认的“完全不讲道理的能力”。[190]

第31章

胜利与失败

（1945年1月—7月）

漫长的战争一定会结束的，辛劳之后一定会有安息和荣耀。所有人都应该被安排到位。任何事情都不应该被忽视，任何事情都不应该被隐瞒。

——丘吉尔:《马尔伯勒传》[1]

英国人总是把矛头指向那些他们认为在困难时期为他们服务的不错的人。

——1944年丘吉尔写给约翰·科尔维尔的信[2]

1945年1月29日，星期一，阿登战役在上周刚刚结束，盟军取得了胜利。丘吉尔搭乘他的C-54空中霸王客机从诺斯霍尔特空军基地出发前往马耳他，带着萨拉作为他的副官，和罗斯福一起参加了一个（代号为“板球”）简短会议，然后他们一起前往克里米亚的雅尔塔参加（代号为“阿尔戈”）三巨头会议。丘吉尔一年前曾对柯林·库特说：“如果我能每周和斯大林一起吃一次饭，就不会有任何麻烦了。我们相处得如‘干柴烈火’一般。”[3]当他们在1月30日凌晨4点半降落时（现在他们可以飞越法国，这大大缩短了旅行时间），丘吉尔的体温达到了102.5华氏度（约为39.17摄氏度），只好待在飞机上，6个小时后才转移到皇家海军“猎户座号”巡洋舰上。[4]与此同时，莫兰差点儿把血液专家莱昂内尔·惠特比从布里斯托尔叫过来。“首相把我们都吓坏了。”马丁给科尔维尔写信说。[5]

第二天，丘吉尔的身体已经恢复，可以与陆军元帅亚历山大、马歇尔将军、海军上将金、哈里·霍普金斯和美国国务卿爱德华·斯特蒂纽斯进行一些有意义的交谈了，尽管“板球会议”的大部分时间他都是在床上度过的。[6]霍普金斯、艾登、哈里曼和卡多根也在那里，丘吉尔对克莱门汀说：“会议上的所有谈话都非常友好、令人愉快。”[7]即使是和伦道夫在一起的那些谈话也是如此。伦道夫从巴里飞过来，自从遭遇坠机事故后，他一直在那里养伤。①

2月1日，赶赴此次会议的另一架飞机在途中于兰佩杜萨坠毁，高级外交官彼得·洛斯利、布鲁克的副官巴尼·查尔斯沃思少校、皮姆上尉的地图室小组成员比尔·纽伊中校、艾登的医生和他的一名私人保镖丧生。如果约翰·马丁没有劝阻丘吉尔带上第二位私人秘书来参加会议，乔克·科尔维尔也会在飞机上。即使德国空军从地中海撤离，这些长途飞行也并非没有风险。这架飞机与丘吉尔飞往北非、意大利、德黑兰和莫斯科时所乘的飞机是同一机型。

丘吉尔正在读一本最新出版的书，书名叫《印度的裁决》，作者是前和平主义者，后来的法西斯同情者贝弗利·尼科尔斯。20世纪30年代中期，他也曾是地平线城堡的一位客人。丘吉尔致信克莱门汀说：“这本书无疑彰显了印度人的真实品格和不幸处境，而我们却对改善其处境的使命失去了信心，从而也降低了自己的地位。”

> 读到关于印度的文章让我很沮丧，因为我看到那里正在隐约出现的如此丑陋的风暴……可能会席卷我们。一段时间以来，我对英国与印度的关系感到绝望，也更加担心，如果英国与印度的关系突然破裂会发生什么。与此同时，我们却紧紧抓住这个庞大的帝国不肯撒手，得到的却只有全世界和我们自己人越来越多的辱骂与批评，以及印度人越来越深的仇恨。这些印度人不断接受

① 伦道夫因为没有被邀请去雅尔塔而大发雷霆，但是让他父亲感到宽慰的是，他把气撒在了艾登身上。

着要命的宣传，而我们对此却毫无反应。然而，面对我的对手，我下定了新的决心，那就是尽可能地战斗下去，在我执政掌舵期间，确保我们的旗帜不会落地。我同意这本书的观点，也同意它的最终结论——巴基斯坦。[8]

尼科尔斯认为，只有在印度次大陆西北部成立一个以穆斯林为主的国家，才能在英国人离开时保护穆斯林少数群体的权利。

罗斯福于2月2日乘坐美国军舰“昆西号”重型巡洋舰抵达瓦莱塔港。约翰·马丁写道：“当总统的船缓缓驶过港口，驶向我们前方的泊位时，海港上的人们为这一壮观景象创造出完美的气氛，仪仗队站在那里，水面上响起了《星条旗永不落》的音乐声。”[9]“昆西号”和“猎户座号”的水手们将船并排停好，所有人都上了甲板。坐在舰桥上的总统向丘吉尔挥手致意，丘吉尔挥手回敬，此时马耳他人已经挤满了港口上所有房屋的屋顶。萨拉发现索耶斯不断地鞠躬和挥手，“优雅地表示感谢”，好像欢呼是为他准备的，而其他人都立正站在那里。

丘吉尔向克莱门汀说：“我的朋友身体状况和精神状况都很好。”[10]他说的不是真的，也无法解释为什么他会这么说。几乎所有留下马耳他和雅尔塔会议回忆录或同期笔记的人，都说罗斯福看起来病得很重。1944年3月，他被诊断患有高血压和冠状动脉疾病，在随后的一年中病情恶化。英国外交官格拉德温·杰布回忆说，罗斯福“对自己的外表感到非常苦恼，坦率地说，他看起来很可怕”。这其实道出了许多人的心声。[11]那天晚些时候，萨拉见到了罗斯福，她当时不得不掩饰自己的震惊，因为罗斯福自德黑兰会议以来发生了太大的变化。“很显然，他是一个病重的人，”她写道，“他依然拥有闪亮的魅力和勇气，还有那颗开朗的心，但他的外表却让我的父亲，甚至每个人都感到非常痛心。”[12]罗斯福正在坍塌的健康（他将在10周内去世）肯定会影响会议的整体气氛。萨拉回忆说：“我父亲和同行的英国全体人员都感到，两位领导人之间已经不再像以前那样容易相互理解，尽管他们以前也存在许多分歧。”[13]即使是这样的交流也没有延伸到严肃的讨论中。丘吉尔向霍普金斯抱怨说，他和罗斯福之间没有进行任何实质性的讨论，他在他们前往雅尔塔的前一天才抵达这里，他对制定一项英美联合方针，来应对即将到来的与斯大林的会晤毫无兴趣。

从马耳他到雅尔塔的旅程令人筋疲力尽：坐 7 个小时飞机，再花同样长的时间开车翻山越岭。不过大家也确实在黑海岸边休息了片刻，据马丁回忆说："桌上摆满了鱼子酱，像机关枪一样，香槟瓶被砰砰打开的声音不断响起。"①[14] 在这次乘车旅行中，身穿轻骑兵第四团名誉上校制服，头戴一顶黑色毛皮高帽的丘吉尔背诵了一小时诗歌，尤其是拜伦的《恰尔德·哈洛尔德游记》，还睡了 30 分钟。到达英国代表团下榻的仿苏格兰贵族府邸的沃龙佐夫宫后，他就直接上床睡觉了。

英国人不喜欢沃龙佐夫宫，这里不但有臭虫，而且安装了窃听器，上下水设施很简陋，还不够用。（德国占领克里米亚时，这里曾是陆军元帅冯·曼施斯因的住所，但是已经遭到严重破坏。）有一次，萨拉发现有 3 名陆军元帅在排队取一桶水。到处都是苍蝇和蠓，丘吉尔称雅尔塔为"阴曹地府里的里维埃拉"。[15] 然而，当斯大林 2 月 4 日下午过来拜访他时，这些问题大家都没有提。"他的头发比我想象的更灰白一些，"瓦伦丁·劳福德说，"他说话时从不直视对方的眼睛。"[16]

雅尔塔会议无疑是战时会议中规模最大的一次，共有 750 人参加。会议在雅尔塔利瓦迪亚宫的大宴会厅举行。这里是美国人下榻的地方，有可以供罗斯福使用的最好的轮椅通道。这座宫殿是罗曼诺夫家族于 1911 年建造的，整个家族在 1918 年被布尔什维克杀害了。当时孩子们的育儿室在一楼，对劳福德来说，这里给人的感觉是"一个弥漫着悲伤气息的地方"。[17] 会议在这个从前的宴会厅里围绕一张白色大圆桌举行。[18] 会议需要考虑的重大问题包括：最终消灭纳粹的问题，苏联在抗日战争中的角色问题（自 1939 年以来，两国一直维持着不稳定的和平关系），成立一个新的"联合国组织"来帮助维持未来和平，南斯拉夫将何去何从的问题，英国对希腊的责任问

① 1946 年，丘吉尔对他的朋友奥杰特·波尔-罗杰说："没有香槟我活不下去。胜利时我应该喝，失败时我需要喝。"他将她的住址"埃佩尔内香槟大道 44 号"描述为"世界上最适合喝下的地址"。（*CIHOW*，第 537 页。）

题，柏林的占领区问题，非德国战俘的命运问题，波兰及其他东欧国家的完整与独立问题，难民问题以及战后金融结构的基本轮廓。

现在人们普遍认为，丘吉尔和罗斯福当时只是落入了斯大林设下的一系列陷阱，相信了他的谎言，天真地让他在雅尔塔得到了他想要的一切。这样的认识是完全错误的。罗斯福的随行人员确实有两个是为苏联工作的，那就是国务院的阿尔杰·希斯和财政部部长助理哈里·德克斯特·怀特，但几乎没有任何迹象表明，他们对最终达成的协议产生了重大影响。这次会议上发生的事情远比人们想象的更复杂、更微妙，协议的每一部分都能影响其他部分。所有事情背后始终存在的一个核心事实是：斯大林在东欧有 600 多万人的军队，包括当时波兰的每一个地区。西方盟国认为，一旦对德战争结束，他们就需要苏联对日本宣战，因为他们无法确定，原子弹（虽然在会上人们因为很明显的因素没有提及）是否真的会起作用。

丘吉尔和罗斯福希望苏联人能够真正参与到联合国的工作中，其宗旨就是作为一个全球性组织，实现《大西洋宪章》中提出的“建立一个更广泛、更持久的普遍安全体系”的承诺。丘吉尔提出一个安全理事会的概念，各强国最终将获得理事会的控制权。斯大林同意苏联成为这个新组织的创始成员国之一，该组织的首任秘书长是英国外交官格拉德温·杰布。当罗斯福屈从于苏联的要求，同意其附属国乌克兰和白俄罗斯在即将举行的联合国大会上拥有单独的代表权（并因此获得投票权）时，英国外交部表现出杰布所说的“异常的愤怒”，但是又无能为力。[19] 劳福德指责罗斯福“有点儿糊涂，在走下坡路”，这类指责其实很不恰当。他的智力和以前一样强大，只有他那可怜的、饱受折磨的身体越来越糟了。[20]

在雅尔塔举行的 8 次全体会议中，至少有 7 次将波兰列入议程。因为苏联人不会接受除了寇松线以外的任何东西作为他们与波兰的东部边界，所以在杰布看来，“我们也很难拒绝这一提议，即使我们有能力这样做”。[21] 丘吉尔主张对德国进行更为温和的兼并，他说，“如果给波兰鹅塞进满满的德国食物，使它死于消化不良，那将是一件非常遗憾的事情”。无论从人种还是历史的角度来说都不应该这么做，德国人的西部领土还是被划给了波兰，这一局面一直保持到今天。[22] 到 1950 年，大约有 1 200 万 ~1 400 万德国人从历史上的德国领土迁移到新德国边境的后面，这是现代欧洲历史上规模最大的一次人口迁移。

另一个问题是，苏联人显然蓄意在华沙政府中安插卢布林成员。劳福德记录道：“如果达不成某个可以保证波兰人不受干扰进行自由选举的协议，我们就不能回家。”[23] 2 月 11 日，丘吉尔和罗斯福说服斯大林签署了《欧洲解放宣言》，承诺“所有民族都有权利选择将生活在其领导下的政府形式”，“恢复被侵略国遭到强行剥夺的人民的主权和自治”，而“三巨头”将“共同协助”他们举行普选和不记名投票的“自由选举”。[24] 英国不承诺接受任何特定的波兰西部边界，并且提出，只有在英国对波兰政府的组成感到满意的情况下，才承认新的波兰政府。

艾登对没能在雅尔塔达成一个英美联合议程感到很不愉快，他向劳福德抱怨说：“我发现温斯顿（还有罗斯福，唉）一直在胡言乱语，根本不知道我们来是要讨论什么。”但是这样的说法与丘吉尔和罗斯福在那一周所取得的成就完全不符。[25] 此外，人们认为对德战争可能会延伸到 1945 年秋天，在欧洲战场取得胜利后，抗日战争还将持续 18 个月，可能一直要到 1947 年春天。[26] 因此，丘吉尔和罗斯福能够让斯大林承诺，在德国投降后，苏联将尽快对日本宣战，就算是啃下了一块了不起的硬骨头。会议还一致同意，如果允许法国像戴高乐所要求的那样，以战胜国而不是战败国的姿态出现，那么法国在德国的占领区就必须从分配给英国和美国的领土中匀出，而不是从分配给苏联的占领区中匀出。

丘吉尔承诺，继续对仍在用 V-2 火箭弹袭击英国的德国实施全面轰炸。2 月 5 日，苏联总参谋部要求对德国城市铁路枢纽德累斯顿进行轰炸，以阻止德国国防军从西线转移到东线。8 天后，依照艾德礼在伦敦签署的一项命令，英国皇家空军对德累斯顿发动袭击，将其彻底摧毁。铁路编组站本来就是合法的袭击目标，但是无能的纳粹地方长官只为该市很小一部分人口提供了防空掩体。这次空袭导致大约 2.8 万名平民丧生。但是，这次袭击在当时并没有被认为是特别不寻常的事情。丘吉尔从未向科尔维尔提及此事，如果他认为此事不同寻常，就一定会让科尔维尔知道。

雅尔塔会议既涉及现实中的政治，又包含理想主义成分，还涉及一些至关重要的决策。数以万计的苏联人，其中许多是哥萨克人，他们曾为希特勒而战，但后来向亚历山大将军投降或即将投降，会议将于2月10日讨论他们的命运。英国人不想收留这些囚犯，因为担心自己无法养活他们，而且觉得如果英国与铁托的游击队关系恶化，这些人可能会在军事上牵制自己。丘吉尔问斯大林要怎么处置他们，斯大林回复说，他“希望他们能尽快被送往苏联……苏联政府视他们为苏联公民……那些同意为德国而战的人回到苏联后将会被处置”。[27] 丘吉尔说，英国人“迫切希望这些囚犯被遣返”。当天晚些时候，艾登和莫洛托夫签署了一项《战俘协定》，斯大林的愿望得以实现。尽管艾登、麦克米伦和亚历山大更多地参与了协议的具体签订工作，但这终究是丘吉尔的责任，这也是体现他偶尔冷酷无情的另一个例子，因为他当时很可能对战俘的最终命运已相当清楚。

1945年5月18日—6月2日，占领了奥地利南部省份卡林西亚的英国第五军团第一警卫旅，以及其他几个英国军队，将大约4万名反苏的哥萨克人移交给红军，其中包括许多从未成为苏联公民的哥萨克人。同样，虽然没有条约要求他们这样做，但是曾经与铁托元帅对抗的3万名南斯拉夫人也被送到铁托那里。大多数哥萨克人和南斯拉夫人一被送过去就立刻被清洗了，其余的人则被监禁并受到多年的残酷惩罚。研究英国对这些事件的罪责的历史学家说，对相关的外交部官员来说，“强行将这些哥萨克人送回去是让他们做出了不幸的牺牲，但是为了达成那个更大目标，这一牺牲也不可避免”。[28] 唉，那个更大的目标——与苏联建立良好关系——却并没有实现，而且，考虑到斯大林的思想观念与偏执，可能永远都不会实现。这不是丘吉尔最辉煌的日子，尽管当时雅尔塔会议被认为——克莱门汀告诉他，是“一个相当于一次重大军事胜利或一场整个战役胜利的了不起的成果”。[29]

他在写给她的信中说：“我们已经讨论了很多问题，我对已经做出的决策非常满意。”[30] 需要成立一个赔款委员会，丘吉尔希望这个委员会能从第一次世界大战中吸取教训，把赔款定得低一些，因为正如他对罗斯福说的：“要想让马儿拉车，就得给它一些草料。”[31] 唯一提到希腊的场合，就是当斯大林说他“不希望干涉”希腊事务时，丘吉尔回复说，他会“担负起这个任务”。[32] 南斯拉夫问题也达成了协议，斯大林承诺他将利用他对铁托的影响使南斯拉夫举行自由选举，所有战前的政党都可以参加选举。丘吉尔说，他知道他可以“依靠斯大林元帅的善意”，斯大林回答，只要他做出了承诺，他总会兑现的。[33]

2月7日晚，在萨拉向父亲道晚安时，丘吉尔说：“我认为在历史上的任何时刻，这个世界的痛苦都没有像现在这样深、这样广。今晚，太阳是伴随着比以往任何时候都多的苦难落山的。”[34]雅尔塔会议并没有显著地减少这样的痛苦，但当时人们并没有认识到这一点。即使是愤世嫉俗的瓦伦丁·劳福德（在罗斯福和斯大林在沃龙佐夫宫共进晚餐的那晚）也写道：“当然，所有被温斯顿解读为他那个伟大伙伴的友好姿态的事情，总是能让他流下如白兰地般的感激的眼泪。”随后他不得不补充说：“但是我们可能真的开始与苏联人和睦相处了。”[35]然而事情并不是这样的。“我们充满希望的假设很快就被证伪了，”丘吉尔10年后在其战争回忆录中承认，“尽管如此，那些假设是当时唯一的可能。”[36]苏联军队已经在华沙驻扎了三个星期，现在已经到了奥得河畔。斯大林在雅尔塔开出的空头支票都基于这些确凿的、无可更改的事实。

“三巨头”用8天时间改造了世界，但是11日下午4点半，丘吉尔突然决定——没有给出任何理由，立即前往塞瓦斯托波尔（他自然坚持称其为塞巴斯托波尔），尽管他们原定在第二天离开。他给了秘书和家政人员一个小时的时间，让他们把所有的东西都收拾好然后出发，这引起了很大的恐慌。人们上次看到索耶斯时，他“那天一大早正在走廊上和几个苏联女仆跳着小步舞”，而现在他坐在一只大箱子上，把他那“奇怪的玫瑰色脑袋”托在手里，哀号着说：“他不能这样对我！”[37]在塞瓦斯托波尔，丘吉尔在丘纳德轮船公司的“弗兰科尼亚号”邮轮上工作了三个晚上。一路上，他参观了巴拉克拉瓦战场，那里是轻骑兵第四团曾经冲锋陷阵的地方。“要么他们认为自己打赢了这场战争，”在谈到他遇到过的苏联人时他说，“要么他们从未听说过这场战争。”[38]在“弗兰科尼亚号”上时，萨拉问他是否累了。“很奇怪，没有，”他回答，“但是我比以往任何时候都感到责任沉重，心中充满了焦虑。”[39]

2月14日，丘吉尔在早餐后离开塞瓦斯托波尔，开车三个半小时，前往萨基空军基地，从那里飞往雅典，飞越了“一个白雪覆盖的荒凉国家，看到了很多战后的景象”，包括一辆晃荡着的失事列车，悬挂在一座被炸毁的桥梁留下的缺口处。[40] 在飞过达达尼尔海峡时，人们将他的朋友鲁伯特·布鲁克的坟墓指给他看——斯基罗斯岛一个山顶上的小白点。着陆后，他们看到了雅典卫城。那天晚上，为了纪念他的来访，雅典卫城自德国占领以来第一次灯火通明。

丘吉尔与摄政大主教达马斯基诺斯①同乘一辆敞篷汽车前往宪法广场，在那里，他们通过扩音器向大约四五万人做了简短的即兴演讲，人群热情高涨，欢呼声一浪高过一浪。[41]“我从来没见过这么多人挤在一起，”他后来在内阁讲话时说，“如果安奈林·贝文在那里和我进行补选，那么他没有机会了。”[42]

第二天，丘吉尔启程飞往亚历山大，在那里，他登上“昆西号”航空母舰，与罗斯福总统共进午餐。“总统似乎很平静，但是很虚弱。我觉得他与生命的联系已经很微弱了，”他后来写道，“我们依依惜别。”[43] 他怀疑这将是他最后一次见到罗斯福总统。他的猜测是对的。接着，他又飞往开罗，这是他在 28 小时内去的第 4 座城市，尽管伦道夫，用兰普森的话说，“故意要反衬出他的父亲”，但是丘吉尔的俏皮话“在很多场合来得都出奇快，也出奇贴切，他比以往任何时候都更让我觉得他是个精力充沛的人”。

丘吉尔在金字塔附近度过了接下来的两天，然后去斐尤姆绿洲会见了海尔·塞拉西皇帝、埃及国王法鲁克一世、叙利亚总统舒克里·库阿特利和沙特阿拉伯国王伊本·沙特。[45] 伊本·沙特庞大的随从团队有一个占星家、一个食物尝验者、一个提供咖啡礼仪服务的人，以及一些“杂役、厨师、轿夫和厨房帮手”。[46] 他们从吉达乘一艘英国驱逐舰来到这里，带着他们将在甲板上宰杀并吃掉的羊。丘吉尔将伊本·沙特描述为“一个英俊的人……他夸耀了自己的男子气概，以及他是多么经常宠幸自己的后宫——他必须保存一份卡片索引”。[47] 国王催促丘吉尔喝一喝麦加的水，尽管丘吉尔不太喜欢

① 丘吉尔正确地称他为“上帝的祝福”。为了防止别人打扰他，达马斯基诺斯习惯在门上挂一个牌子，上面写着“上帝的祝福在祈祷中”。丘吉尔就此发表评论说：“我也想在唐宁街试试这一招，但是恐怕没人会信我。”

喝什么都不加的水，但事后他说："我不反对在这种场合只喝水。"当王室管家告诉他，《古兰经》规定，在国王面前禁止吸烟和饮酒时，丘吉尔回答："我的宗教规定，在用餐前、用餐后以及用餐期间（如果需要的话），吸烟和饮酒是绝对的神圣仪式。"[48] 对于皇室管家对此的回应，他只写下"完全投降"这几个字。[49]

当丘吉尔要求伊本·沙特协助英国，通过由他领导的中东联邦——犹太-巴勒斯坦将成为其中一个不可分割但自治的部分，争取促成"犹太人与阿拉伯人之间一个明确的永久性解决方案"时，国王没有表现出任何妥协的迹象。最终他断然拒绝了这一想法。在会议结束驱车回去的路上，丘吉尔坚持要停下来，仔细看看仪仗队中的骆驼。"他还记着《河上的战争》中关于骆驼的所有事情。"兰普森写道。[50] 晚餐时丘吉尔查看了国王送给他的礼物，里面有钻石戒指、镶有珠宝的剑和匕首、奇异的香料和一箱华丽的长袍，总价值 3 500 英镑（相当于现在的 12 万英镑）。所有这些物品都必须上交财政部。作为回报，丘吉尔说服财政部送给国王价值 100 英镑的香水。兰普森给他穿上长袍，佩戴上剑、戒指、头饰和匕首，这逗得丘吉尔非常开心。兰普森记录道："他当时的形象令人过目不忘。"不过可惜的是，没有照片留下来。[51]

2 月 19 日，经过 14 个小时的飞行，丘吉尔降落在威尔特郡的皇家空军莱纳姆基地。"他的健康状况非常好。"克莱门汀对玛丽说。[52] 整个内阁都在唐宁街 10 号的走廊等着他回来，然后跟着他进了内阁会议室，听他讲述这次旅行。"我得说，一切都很愉快，"丘吉尔这样总结他的这次旅行，"我从莫斯科带了些金鱼回来，让它们在我的池塘里游泳，我们一起对付臭虫。"[53] 尽管如此，他还是要求把自己的衣服进行熏蒸消毒，他怀疑他们在雅尔塔已经招上了一些"不受欢迎的居民"。[54] 第二天，他在下议院受到了热烈欢迎。包括邓格拉斯勋爵在内的一小撮保守党人对《雅尔塔协定》持反对态度，他们认为它未能保证波兰的独立和完整，尽管他们并没有解释如何才能实现这一点。后来，丘吉尔让戴安娜·库珀夫人和威尼西亚·蒙塔古夫人试穿了伊本·沙特送给他的华丽长袍，"戴安娜夫人穿着紫色的长袍，摆出引人注目的姿势"。[55]

科尔维尔记录了契克斯庄园那个周末的情况："想到苏联有一天可能会

反对我们，首相非常沮丧。他说张伯伦曾经信任希特勒，就像他现在信任斯大林一样（尽管他认为他们面对的情况并不一样）。”[56]爱德华·布里奇斯和“轰炸机将军”哈里斯也在庄园里过周末。晚饭前，当科尔维尔向哈里斯问到有关德累斯顿袭击的影响时，这位轰炸机指挥部的负责人回答：“德累斯顿？没有德累斯顿这样一个地方。”[57]丘吉尔若有所思地说，一旦胜利了，德国被摧毁了，“在苏联的皑皑白雪与多佛的白色悬崖之间会是什么呢？”[58]也许苏联人并不想“横扫大西洋，或者将会有什么东西可以阻止他们，就像成吉思汗的死阻止了蒙古骑兵一样，他们撤退后就再也没有回来”。当哈里斯问到苏联人是否打算主宰欧洲时，丘吉尔说：“谁知道呢？他们也许不想，但是很多人心中对此都有一种无法言说的恐惧。”[59]那天晚上，丘吉尔在大厅的留声机中听了歌剧《日本天皇》，他说这将他带回维多利亚时代，而这一时代“将与安东尼安时代（公元96年—180年的罗马和平与稳定时期）在我们岛屿的历史比肩而立”。

他向国王汇报自己这趟旅行时，心情也差不多。“斯大林的话可信吗？”国王在他们的午餐会后写道，“这还有待证明，但我们必须试一试。”[60]大约就是在这段时间，丘吉尔对休·道尔顿说：“可怜的内维尔·张伯伦认为自己可以相信希特勒。他错了，但是我认为我对斯大林的看法不会错。”[61]然而，他显然怀疑自己可能真的错了，因此始终留意苏联有没有背弃自己在雅尔塔所做的承诺。苏联的背弃来得并不慢。丘吉尔长期的反共经验让他意识到，需要信任但更要查实。一个简单的事实是：斯大林在雅尔塔会议上就波兰独立、东欧自由选举以及战后苏联在东欧的影响力等问题上，对丘吉尔和罗斯福撒了谎。不管当时他们两人有多么怀疑斯大林，都不可能确切地知道将要发生的事情。即使知道，他们也无能为力。然而，当丘吉尔得知自己被骗后，便于次年公开谴责了苏联，这让他更加怒火中烧。

然而，在公开场合，丘吉尔总说他信任苏联人。2月27日，他对挤满了人的下议院说道：“我在克里米亚以及其他所有与斯大林元帅接触的场合中得到的印象是，斯大林元帅和苏联的领导人愿意与西方民主国家建立体面的友谊和平等关系。我同时也感觉他们是说话算数的。据我所知，没有哪个政府在履行义务这件事上……比苏联政府更稳固可靠。我完全拒绝在这里讨论苏联的诚意，很明显，这些事情关系到整个世界的未来。”[62]尽管如此，丘吉尔还是为不想回国的波兰人提供了英国公民身份。正如他对哈罗德·尼科尔森和德·拉·瓦尔勋爵说的，驻波兰的苏联军队“就在那里，即使是大英帝国的威严也无法让他们离开那个地方”。[63]他还因为斯大林没有支持希腊的叛乱，所以相信他在波兰问题上的表态可能是可信的。第二天，在有关《雅尔塔协定》的辩论中，25 名议员（多数为保守党）投票反对政府，部分议员弃权，而投了赞成票的议员多达 396 名。

3 月 2 日—6 日，丘吉尔视察了西线，进入德国，参观了蒙哥马利的总部。不过与此同时，他仍然在为货品箱的事情忙碌着。“无论如何也不能减少制造威士忌的大麦产量，”他对农业大臣说，“它们需要数年时间才能成熟，出口价格高昂，能赚不少美元……如果不能保持英国的这一特有优势，那将是最缺乏远见的做法。”[64]当他到达齐格菲防线（德国的防御工事，也被称为西墙）时，他命令同行的 20 多辆小轿车和吉普车停下，下车告诉摄影记者：“这将是在与这场伟大战争有关的军事行动中，无法用图文再现的行动之一。”[65]说完，他转过身去，对着希特勒的防御工事撒起尿来。“我永远也不会忘记，在这个关键时刻，当他向下看的时候，他脸上流露出的那种特别满足的孩子气的笑容！”布鲁克写道。在那次旅行中，丘吉尔还把“希特勒本人”这几个字用粉笔写在一枚弹壳上，然后把子弹装进枪里，拉上枪索，开了枪。[66]在他从艾森豪威尔在兰斯的司令部回到伦敦的第二天，美国人从雷马根渡过了莱茵河。

3 月 23 日—26 日，丘吉尔再次前往前线，这一次是观看蒙哥马利的军队在威塞尔附近渡过莱茵河的“掠夺行动”。当科尔维尔回到蒙哥马利的战术总部时，紧身的制服上衣染上了鲜血，一枚 88 毫米口径的炮弹落在 10 码外，割断了他的吉普车司机的动脉。蒙哥马利批评他走得太近了，但丘吉尔对他的私人秘书说：“我真嫉妒你，你做了我没做到的事情。明天什么也别想阻止我。”最后他颇具诗意地说：“睡个好觉，你本来有机会睡得更好的。”[67]

3 月 25 日，也就是盟军跨过莱茵河两天后，丘吉尔乘登陆艇，从艾森豪威尔位于莱茵伯格的总部以北 6 英里处的比德里奇，渡过了河面宽达 400 码左右的莱茵河。“行动一开始，首相就到蒙哥马利那里去了，”国王写道，“最近他很不安分，在什么事情上都不愿意被落下。”[68]布鲁克回忆说：“温斯顿安全到家，我才能松一口气。我知道他总是渴望尽可能地暴露自己的位置。我真诚地相信，在这个胜利的时刻，他真的希望自己能死在前线。他经常告诉我，死亡的方式就应该是在战斗中热血沸腾，然后什么都感觉不到，就昏死过去了。”[69]丘吉尔之所以敬仰纳尔逊，其中一个原因就是他在胜利的那一刻光荣地离世了。他的表妹安妮塔·莱斯利告诉丘吉尔，当他为了“看得更清楚”而坚持站在河岸上最容易受炮击的地方时，他的手下“惊慌失措，担心他会发生什么事”。丘吉尔只是咧嘴笑了笑，回答：“你看，我是个老人，而且一直在努力工作。为什么我就不能找点儿乐子呢？”[70]

丘吉尔告诉科尔维尔，他认为他看到的德国人的面孔都“非常紧张”，这“让他很感动，也很不安”。[71]在将近6年的时间里，他一直试图轰炸、压垮这些人，让他们挨饿，所以他这样说可能会被认为是很虚伪的，但怜悯弱者是他天性的一部分。如果苏联人像“轰炸机将军”哈里斯在契克斯庄园里提出的那样，一心想在欧洲建立霸权，那么丘吉尔会认识到，需要尽快建立起一个去纳粹化的德国，这个国家不应该被肢解，更不要说被田园化了。对他来说，胜利时的宽宏大量一如既往地具有良好的战略意义和人道主义意义。在议会和自由媒体就德累斯顿袭击事件提出抗议之后，丘吉尔在3月下旬的一份备忘录中对伊斯梅说：“现在应该重新审视那些仅仅是为了增加恐怖气氛（尽管也有其他一些托词）而轰炸德国城市的问题了。否则，我们要去控制的，将是一片完全被毁坏的土地……德累斯顿的毁灭仍然是对盟军轰炸行为的严重质疑。”[72]这次空袭在英国教会和上议院引发了对政府轰炸政策的抨击，而丘吉尔的备忘录在空军部却引起了很大争议，不得不撤回，进行缓和的处理，删除所有关于德累斯顿的内容。

3月27日，也就是最后一枚V-2火箭弹落在伦敦的那一天，丘吉尔送克莱门汀踏上了前往苏联的漫长旅程。她当时是红十字会苏联援助基金会主席。就在同一天，丘吉尔得知，代表非共产党政党的14名波兰领导人，包括英勇的华沙本土军前指挥官卡兹米兹·奥古里基将军，在华沙附近被红军逮捕，尽管他们都拥有安全通行许可证。经过几周的沉寂之后，人们得知他们将在莫斯科受审。[73]如果有那么一刻，丘吉尔不得不承认斯大林在雅尔塔只是在对他撒谎，德国投降后他们与苏联的关系很可能会产生裂痕，那个时刻就是这个时刻。他在自己的回忆录中将其描述为“这一邪恶的插曲”。[74] 斯大林曾在5月5日声称，丘吉尔的态度使双方对波兰问题达成一致解决方案的可能性化为泡影。丘吉尔第二天写信给华盛顿，敦促说：“我们要牢牢地抓住我们的军队所占领或正要占领的阵地，无论是在南斯拉夫、奥地利、捷克斯洛伐克，还是美国在中部的主要前线，以及英国远达吕贝克的前线，甚至包括丹麦……我认为，我们必须认真考虑我们对苏联的态度，向其表明我们到底可以给予多少、保留多少。”[75] 美国人不愿与丘吉尔一起，对14名波兰人的问题采取强硬立场，他们中的11人被判处4个月到10年不等的监禁。

“温斯顿告诉我，他必须在波兰问题上慢慢来，”国王在3月中旬的一次谈话后写道，“因为他无法让美国人跟上他的步伐。没有美国的支持，我们不能向波兰做出任何承诺。”[76] 由于罗斯福很快就会离世，这一目标在短期内已不可能实现。4月2日，丘吉尔对还在莫斯科的克莱门汀说：“现在你是英苏关系中的一个亮点。”[77] 他认为，现在组建联合国这一组织的成功概率会很低，因为苏联人“在波兰问题上完全不合作”。[78]

劳合·乔治于3月26日去世。丘吉尔在下议院致悼词时，赞扬了他的品质，那些恰恰也是人们最欣赏丘吉尔本人的品质。在谈到劳合·乔治在1916年对战争的领导时他说：“他立即带来一股新的力量、新的激情，比当时已知的任何力量都强大，并扩展到了战时政府的全部领域，其中的每一部分对他来说都同样重要。”丘吉尔还谈到劳合·乔治“活在当下但并不短视的能力，以及他从不幸中吸取教训，使其成为未来获得成功的能力。作为一个实干家，一个有才智和创造力的人，他在巅峰时期无人能敌。他的名字在我们整个英联邦国家中家喻户晓”。[79] 丘吉尔当然没有提到劳合·乔治拜访希特勒的事情，以及那件能令他声名狼藉的事情——他在1940年曾反对英国继续战斗。两天后在午餐时，他决定在床上用餐，但是把醋倒进了杯子里，把威士忌倒在了沙丁鱼上。“我一定是昏了头。”在索耶斯处理这件事时他说。[80]

丘吉尔当然知道欧洲咨询委员会划定的占领区，但他还是对艾森豪威尔说：“我们与苏联人握手的地方越往东越好，我认为这一点非常重要。”[81] 但是仅柏林一个地方，红军就损失了20万人，所以艾森豪威尔不打算撕毁与苏联在雅尔塔及更早时候达成的协定。4月初，美国国务院建议就重新武装希腊的问题与苏联进行磋商，这让英国感觉到一丝明显的不快。丘吉尔就此写道："这就是美国国务院通常的做法，在对一个完全没有用处的角色发表评论时，会采用全然超脱的态度，对结果不负一点儿责任。"[82]

4月初，丘吉尔向各自治领发出了有关苏联背信弃义问题的警告。在一次有史末资、新西兰总理彼得·弗雷泽、印度政府的费罗兹·汉·努恩爵士、韦维尔总督和澳大利亚副总理出席的战时内阁会议上，丘吉尔说（根据伯吉斯的全文记录，但记录有断掉的地方）："雅尔塔会议带来了巨大的困境……从那以后，一种精神消失了。斯大林和莫洛托夫表面上看起来是主人，其实他们不是，他们是后屋里的男孩儿。他们换掉了原本的台词——那些粗鲁的信息，希望能先度过这段时间……我们并不是沙滩上最大的鹅卵石——苏联和美国拥有压倒性的力量，这是非常严肃的反思。芬兰、波兰、捷克斯洛伐克、被击败的德国、奥地利、匈牙利、巴尔干半岛封锁区都被苏联控制了。"[83]除了认为斯大林和莫洛托夫可能无法控制苏联的政策这一荒谬想法，这些话确实对即将出现的裂痕发出了明确警告。丘吉尔认为，只有英联邦的团结才能战胜这种裂痕。

斯大林指责英国人和美国人在瑞士的伯尔尼与德国人进行秘密谈判，而实际上亚历山大所做的只是告诉凯塞林如何无条件投降，这使得美苏外交关系进一步恶化。[84]斯大林的不信任和偏执是显而易见的。4月4日，罗斯福对斯大林做出强硬回应："坦率地说，我无法不对为你提供消息的人感到怨恨……因为他对我的行为做出了如此卑劣的错误陈述。"在罗斯福生命的最后几个月里，这一回应戳破了他对苏联软弱的传言。[85]丘吉尔很高兴，但也敏锐地意识到美国在当今世界事务中的绝对优势。"毫无疑问，当我看到我们的军队比美国的军队弱小得多时，我感到非常痛苦，"他对克莱门汀说，"我一直希望我们能保持平等，但是面对如此强大的国家和几乎是我们三倍的人口时，又怎么能做到这一点呢？"[86]那个周末，吃了千鸟蛋，喝了最好的南非白兰地后，他静穆地站在那里，对正在契克斯庄园的史末资说："历史上没有谁曾展示过比美国军队更强大的力量，她左手刚打响了阿登战役，右手就开始从一个岛屿到另一个岛屿地向日本推进。"[87]（他和史末资的关系一如既往地亲密，且并不为外人所知。他对驻伦敦的南非高级专员乔治·希顿·尼科尔斯说："史末资和我就像一对在栖木上一起换羽，但仍能啄食的老鸳鸯。"[88]

"希特勒现在能做出的最佳选择是什么？"4月初，丘吉尔在契克斯庄园举办的午餐会上问道。他提议这位元首可以像鲁道夫·赫斯那样飞来英国，然后说："我有责任，向我报仇，但不要伤害我的人民。"[89]马尔伯勒公爵夫人对此反驳道："在这种情况下，唯一的选择就是把他带回去，用降落伞把他扔回德国。"丘吉尔试图以史为鉴，用历史来指导目前在意大利和希腊的行动。他告诉英国外交部，如果哈布斯堡家族和霍亨索伦家族没有"在美国的压力下，以及增进现代化的压力下"被迫放弃王位，这场战争根本就不会爆发。通过"制造这些空隙，我们为希特勒这只怪兽打开了一个缺口，让他从下水道爬到了空着的宝座上。毫无疑问，这样的看法现在并不流行"。[90]这些看法确实并不流行，但并不意味着就是错误的。

丘吉尔曾希望他的联合政府能够继续执政，直到赢得对日战争的胜利，但是到了4月9日，他不得不接受工党不想继续留在联合政府的事实，尽管他先前曾承诺要避免刚一胜利就举行大选，但是现在看来，在德国投降后他必须这样做。重返政党政治对他而言并没有吸引力，而克莱门汀则劝他彻底不参加选举。她在谈到保守党时说："你不应该利用自己的威望再次把他们拉进来，他们不配。"[91]这不符合丘吉尔好斗的本性，而且，尽管他拥有巨大的权力，但是他还没有通过亲自参加大选赢得过首相职位。

1945年4月12日，星期四，富兰克林·D.罗斯福于佐治亚州的温泉镇逝世。"他非常痛苦，"科尔维尔这样写丘吉尔，"美国这位伟大的国际人物在此时离去，真是太糟糕了。"[92]第二天早晨，人们在丘吉尔身上很容易就看到他的悲伤。他对皮姆上尉说："这一损失让我在各方面都虚弱了不少。"[93]多年来，他与罗斯福总统在战略和政策上都存在着合理的分歧，但他们的个人友谊始终保持在一个更高的层面上。在战争的关键时刻，罗斯福对英国的帮助是巨大的：1940年美国提供了25万支步枪、大西洋中部的巡航舰、50艘驱逐舰、《租借法案》、托布鲁克战败后的谢尔曼坦克、推迟"围捕行动"、支持"火炬行动"以及地中海战略等。丘吉尔对沃尔特·汤普森说："他是我们的一个了不起的朋友。在我们最需要的时候，他给予了我们不可估量的帮助。”[94]

艾登在日记中写道：“罗斯福的死对我们来说是一个可怕的打击。杜鲁门什么都不知道，而（即将上任的国务卿）伯恩斯也一样。”[95] 丘吉尔还没有见过新任总统哈里·S. 杜鲁门，他后来写道：“在罗斯福总统的力量渐趋消失和杜鲁门总统对这个庞杂的世界完全掌控之间，存在着一段‘致命的间隙’。在这个悲哀的空当里，一个总统不能行动，另一个总统什么也不知道。”[96] 欧洲战争接近尾声，大量的重要决定需要迅速做出，国王和拉塞尔斯说服丘吉尔不要飞到纽约参加罗斯福的葬礼，不管与杜鲁门进行个人接触是多么重要。在离他预定的出发时间只剩下 45 分钟时，丘吉尔最终决定派艾登去参加葬礼。他给哈里·霍普金斯写信说：“出席富兰克林的葬礼对我来说会是莫大的安慰，但这里的每个人都认为，下周我的职责在国内。”[97]

4 月 17 日，圣保罗大教堂举行了悼念仪式。奇普斯·夏侬写道，吉尔·温南特①陪着泪流满面的丘吉尔走到门口。“回头再看圣保罗教堂时，”夏侬写道，“我们看到温斯顿光着头站在两根柱子中间，阳光照在他的脸上，照相机的声音响着，他在抽泣。”[98] 丘吉尔随后在下议院所致的悼词感人至深。他引用了朗费罗的诗句“国家之舟，起航吧”，并将《租借法案》描述为“历史上任何国家所做出的最无私、最纯洁的金融行为”。[99] 也许更多是想到了自己，他又补充说：

> 他的死多么令人羡慕！他带领国家度过了最严峻的危险，经历了最艰辛的劳动。胜利已经把其那坚定的光芒投射到他身上。在和平时期，他拓宽并稳定了国家和人民生活的基础。在战争中，他把这个伟大共和国的力量、威力和荣耀提升到历史上任何国家都没有达到的高度……对于我们来说，我们只需说，富兰克林·罗斯福的去世，让我们所认识的最伟大的美国朋友、最伟大的自由

① 温南特也没有比罗斯福多活多久。1947 年 11 月，他在抑郁和负债的情况下自杀，年仅 58 岁。

捍卫者，曾经把帮助和安慰从新大陆带到旧大陆的那个人离开了我们。[100]

4 月 21 日，丘吉尔在布里斯托尔大学为欧内斯特·贝文和 A.V. 亚历山大颁发了荣誉学位，尽管当时他自己的学位帽没有戴正。其间，他谈到了他对英国人民的信心，这种信心是他一直相信英国会赢得战争的一个重要原因，即使在头两年，在他还不清楚具体该如何赢得战争的情况下。他说："我们也有错误、弱点和缺点，但是，我们这个岛上的人民的抗争，如果不是那样艰辛猛烈，如果在英国人胸中燃烧的自由精神，不是那样一把纯粹、耀眼、不可熄灭的火炬，那么我们可能根本无法走到这场战争的结尾。"[101] 马丁记录道，不同于往常，这次讲话是完全即兴的。尽管布里斯托尔的所有街道都或多或少地被炸毁，但是丘吉尔还是对克莱门汀说，那里"人头攒动，大家愉快地接待了我们"。[102] 23 日，也就是圣乔治日，他在下议院餐厅进行了一次关于英国人的讲话。他说："有些人说，极度地自我压抑、害羞腼腆和沉默寡言，让我们不能总是站在胜利宣言的最前列。但是，我们几乎总是能以我们想要的方式解决问题。"[103] 同一天，他又谈到他的一个老爱好——外国地名的发音。他在写给外交部的会议记录中说："我认为不应该只是为了研究居住在那些地区的一些外国人的怪念头，就去更改那些在英国世代耳熟能详的名字。君士坦丁堡这个名字永远不应该被抛弃，尽管为了愚蠢的人，伊斯坦布尔可能会被写在后面的括号里……坏运气总是在追随那些改变自己城市名称的人……如果我们不站出来……BBC 就会把巴黎念成'帕雷'。外国名字是为英国人而生的，而不是英国人为外国名字而生。此记录写于圣乔治日。"[104]

4 月 25 日，当美苏两军在易北河上的托尔高会合时，柏林已经被红军包围。关于布痕瓦尔德集中营和贝尔森集中营的报道和照片让整个世界惊骇不已。那一天，海因里希·希姆莱通过瑞典国王的堂兄伯纳多特伯爵发来消息，表示愿意无条件投降，但前提是德国北部的所有军队都向西方盟国投降。这条消息还说，希特勒"行将死于脑溢血"，但是他没有。[105] 丘吉尔立即召开内阁和参谋长会议，拒绝了该提议，并通知了斯大林。尽管如此，他说，这表明“他们已经完蛋了”。①

4 月 28 日，墨索里尼被游击队俘虏，并在科莫湖岸边被枪杀。4 月 30 日，阿道夫 · 希特勒自杀，他的尸体在帝国总理府的院子里被焚烧。德国广播电台宣称，希特勒“在与布尔什维克的斗争中拼尽最后一口气”死去。对此丘吉尔说：‘好吧，我必须说，我认为他要是真的那样死去，就是完全正确的选择。”[106] 比弗布鲁克只是说了一句：“他显然没有。”

5 月 1 日下午，下议院会议厅座无虚席，大家期待丘吉尔来宣布胜利。但他在这一阶段只是做出这样的声明：“我对欧洲战场的战争形势没有什么要特别声明的，只是可以肯定地说，形势肯定比 5 年前这个时候更令人满意。”[107] 5 月 2 日，他终于可以向驻扎在意大利的陆军元帅亚历山大宣布德国无条件投降了，但是其他事态的发展看起来非常不妙。苏联单方面在维也纳建立了一个傀儡政府，预计其也将对土耳其施加压力。南斯拉夫电台宣布，铁托在苏联的支持下从意大利人手中夺取了的里雅斯特（尽管后来证明这是假的，是亚历山大在那里赢得了这场战斗）。美国人实际上占领了德国的大部分地区，蒙哥马利占领了汉堡和吕贝克。丘吉尔请克莱门汀“亲自向斯大林表达我的诚挚感情，以及我的决心和信心，我相信英语世界和苏联将会实现完全的理解，这一理解也将维持很多年，因为这将是世界的唯一希望”。[108] 当她把金制钢笔作为丘吉尔的礼物送给斯大林时，斯大林粗鲁地回答：“我只用铅笔写字。”[109]

玛丽安 · 福尔摩斯在 5 月 3 日的日记中写道：“首相很累、很忙，但是心情非常舒畅。跟我道晚安时，他笑着说：‘赢了真好，对吧？’”[110] 好消息继续如潮水般涌来。在荷兰的所有德国军队于 5 月 4 日向蒙哥马利投降，美国军队于 5 月 5 日到达林茨，因为艾森豪威尔报告说，德国所有军队现在都处于投降的边缘。但正如丘吉尔那天对克莱门汀所说：“我几乎不需要告诉你，在这些胜利的背后隐藏着有毒的政治和致命的国际竞争。”[111] 他让她赶

① 和往常一样，这些伟大的事件发生当天，总会有一些非常平凡的事情做伴。因此在同一天，他对工程大臣邓肯 · 桑迪斯说：“由于公众未能坚持走碎石路，圣詹姆斯公园的草地受到了极大损害。”他要求桑迪斯张贴更好的告示。（CAC CHUR，20/209。）

回家来，不要晚于8日，因为这一天被定为英国和美国的欧洲胜利日，虽然苏联人把他们的胜利日推迟到了这之后一天。[112]有传言说，为了抢在蒙哥马利之前解放丹麦，占领通往波罗的海的要道卡特加特海峡，苏联人对丹麦进行了空降袭击。传言是假的，但是表明了他们彼此的信任正在多么迅速地消失。[113]

5月7日，星期一，丘吉尔醒来时，皮姆上尉给他带来了一封电报：当日凌晨2点41分，德国的阿尔弗雷德·约德尔将军在艾森豪威尔的总部签署了德国全面正式投降协议。战争将于5月8日，星期二午夜正式结束。丘吉尔读了电报，签上自己名字的首字母，然后把电报递回去，"回想起这三四年，皮姆一直给他带来坏消息，但现在他为自己带来了战争中最伟大、最受欢迎的消息"。[114]

1945年5月8日，星期二，这一天被宣布为公共假日。丘吉尔整个早上都在床上工作。就在他准备离开唐宁街10号前往白金汉宫的时候，他看到了自己的厨师乔治娜·兰德尔，她从厨房走上来观看庆祝活动。他挣脱了围在身边的随从，走过去和她握手，感谢她这些年来对他的照顾。与国王共进午餐后，他回到了唐宁街10号。在他准备下午3点在内阁会议室进行胜利广播的时候，他用鼻子吹奏起音乐来，用玛丽安·福尔摩斯的话来说，那是"一把糟糕的小号"。因为那天天气晴朗，他要求把百叶窗拉了下来。[115]

广播一开始，丘吉尔就告诉英国人民，约德尔已经签署了无条件投降协议，"因此，对德战争结束了"。特拉法加广场和议会广场上的欢呼声在内阁会议室都能听到。他说到1941年苏联和美国参战后，"几乎全世界都团结在一起，对付现在趴在我们面前的这些恶人"。当时在议会广场的哈罗德·尼科尔森记录道，这句话"让所有人屏住了呼吸"。"我们可以让自己拥有一段短暂的欢乐时光，"丘吉尔接着说，"但我们决不能忘记，还有多少艰辛和努力在前方等待着我们。日本人奸诈贪婪，仍未被征服。日本对英国、美国和其他国家造成的伤害，以及其令人憎恶的残暴行径，需要正义和惩罚。我们现在必须把我们所有的力量和资源用于完成我们在国内外的任务上。前进，不列颠！自由事业万岁！上帝保佑国王！"[116]正在内阁会议室观看丘吉尔演讲的福尔摩斯注意到，丘吉尔在说到演讲稿的最后一行时，因为激动，声音有点儿劈了。

丘吉尔的敞篷汽车只能从唐宁街的后门开到议会大厦，因为一路上的人山人海总想围住它。议院里的议员们几乎和外面的人群一样兴奋。所有人（除了代表切尔姆斯福德选区的新成立的共同财富党议员欧内斯特·米灵顿）都起立欢呼，挥舞着手帕和命令文件。[117] 丘吉尔做了同样的演讲，大多数议员已经在议会广场上通过转播车上的扩音器听过了。他感谢了下议院在过去 5 年中给予他的所有“慷慨支持”——尽管，事实上下议院的支持常常都是不情愿的、不冷不热的、非常有条件的。[118] 他提议下议院像第一次世界大战胜利后一样，到马路对面的圣玛格丽特教堂去感谢胜利。在那里，下议院议长宣读了 21 名在战争中死去的议员名单，其中包括丘吉尔的朋友罗纳德·卡特兰和维克托·卡扎莱。回到下议院，一个小男孩儿从人群中冲出来，在中央大厅欢呼起来，并且问道：“先生，请给我签个名好吗?”丘吉尔慢慢地拿出眼镜，擦了擦，然后在相册上签了名。之后他抚弄着男孩儿的头发说：“这会让你想起这个光荣的日子。”[119]

下午 4 点半，丘吉尔在白金汉宫与三军参谋长和战时内阁成员聚在一起。他与国王、王后和两位公主一起走到阳台上，接受挤满了绿荫大道的广大民众的欢呼。为了响应民众的要求，王室当天要分别露面 8 次。布鲁克在日记中写道：“首相来得很晚，因为他坚持要坐敞篷车来。”[120] 丘吉尔随后前往内政部，在那里，他与参谋长们和战时内阁一起走上另一个阳台，接受从陆军部到议会广场的人群发出的欢呼声。[121] 当天晚上晚些时候，他在卫生部能够俯瞰议会街和白厅的阳台上发表了演讲。“这是你们的胜利！”他在开篇第一句说道，人群用吼声回应说，“不，是你们的！”丘吉尔随后说道：“这是所有国家的自由事业的胜利。在我们漫长的历史中，我们从未见过比今天更伟大的一天。每一个人，无论男女，都付出了自己的努力。每一个人都拼尽了全力，无论是漫长的岁月、任何的危险，还是敌人的猛烈进攻，丝毫都没有削弱英国人民独立的决心。上帝保佑你们大家。”[122]

丘吉尔与家人和坎罗斯勋爵一起在附楼餐厅用餐后，议会街和白厅的人群要求他再发表一次演讲，于是在晚上 10 点半，他回到卫生部的阳台上，用了一种近乎哑剧的方式，让他们回想起从 1940 年敦刻尔克大撤退到 1941

年希特勒入侵苏联之间这漫长而危险的一年。“我们独自站在那里，”他说，“有人想过屈服吗?”“没有!”人群吼叫着。“我们灰心了吗?”“没有!”人群大声回应着。“现在，我们已经从这场致命的战争中走了出来，一个可怕的敌人已经被扔在地上，等待我们的审判与怜悯。”[123]

第二天也是公共假日。当时，克莱门汀还在苏联访问，她敦促丘吉尔要确保民众在苏联的胜利日那天继续欢欣鼓舞。在访问了美国、苏联和法国大使馆后，丘吉尔回到卫生部的阳台上，带领大家唱起了《统治吧！不列颠尼亚!》。他对人群说:“你们从未让前方的将士失望。”

> 没有人因为伦敦遭受苦难而要求和平。伦敦，就像一头大犀牛，一头大河马，他说:“让他们使出最坏的招数吧，伦敦可以承受。”伦敦可以承受任何东西。我与伦敦人感同身受。我们今天在这里遇到的任何来访者——许多伟大的国家在这里都有代表，那些在斗争中与我们并肩作战的人——在我说出“美好古老的伦敦!”时，他们也都跟着重复着……我衷心地感谢你们，在漫长而单调的白天，在漆黑如地狱的长夜，你们从未放弃过。上帝保佑你们大家。愿你们永远是这个伟大而灿烂的城市的公民……愿你们永远是大英帝国的心脏。[124]

在他漫长一生中最伟大的日子，在胜利的巅峰时刻，他想到的是他为之献身的帝国事业，他的政治生涯中最强大、最永恒的爱。

5 月 13 日，丘吉尔进行了另一次强有力的胜利演讲，他向听众概述了这场战争，颂扬了英国人民及其盟友的勇敢。①然而，他也确实想阻止爱尔兰共和国领导层不负责任的公开诽谤行为。“由于德瓦莱拉先生的行动，”丘吉尔说，“南爱尔兰的港口和机场很容易就能守住的入口被敌方飞机和 U

---

① 口述广播稿的初稿时，他把雪茄点燃的那一头放进了嘴里。随之而来的是“一阵吐唾沫的喧嚣声”，但他向周围人保证，他没有烫伤自己的舌头。那天，他甚至比平时更爱流泪，“泪流满面”地背诵着丁尼生的诗句。他告诉福尔摩斯:“死亡是唯一的民主机制——它会降临到每个人身上。”（玛丽安·福尔摩斯日记，第 12 页。）

型潜艇封锁了。这确实是我们生命中一个致命的时刻，如果没有北爱尔兰的忠诚和友谊，我们将被迫与德瓦莱拉先生短兵相接，或者永远从地球上消失。”[125]他说，我们没有入侵爱尔兰共和国，“而是让德瓦莱拉政府与德国人以及后来的日本代表尽情嬉戏”。最糟糕的一个“嬉戏”的例子，就发生在丘吉尔演讲前几天，德瓦莱拉穿过都柏林去拜访了德国公使馆，在阿道夫·希特勒的死亡吊唁簿上签了名。这一行为是如此超出常规，《新政治家》当时发文说：“我们从中看到文明的信仰与标准之退化，希特勒和他的纳粹政权就是在此基础上出现的。”丘吉尔补充说：“我只能祈祷，在那些我看不到的岁月里，耻辱将被遗忘，荣耀将永存，不列颠群岛的人民，作为英联邦的一员，将在相互理解和宽恕中携手共进。”[126]当他口述“在我看不到的岁月里”这几个字时，他又哭了。①[127]

欧洲战场战争的结束让丘吉尔筋疲力尽。约翰·派克是唯一一位在整个战争时期一直担任首相私人秘书的人，他在几年后写道：“很难描述或想象，在温斯顿·丘吉尔的职位上，一个人会感到多么孤独，他所背负的责任有多重，无论有多少是与人一起承担或委派给别人的，最终的决定都是他做的。”[128]到1945年5月，尽管他在公开场合仍表现得精力充沛，但是那沉重的责任显然使他疲惫不堪，与他关系最密切的人明显能看出他身上的疲惫迹象。②科尔维尔记录道：“首相看起来很疲惫，必须打起精神来去解决他所面对的问题。”由于需要他处理的信件数量之多，几乎超过了战时的数量，丘吉尔对科尔维尔说，他怀疑自己是否有能力坚持下去。[129]他对即将于7月在波茨坦举行的另一次“三巨头”会议感到“压力太大”，“被责任和不确定性压得喘不过气来”。[130]他告诉其他政党领袖——艾德礼、辛克莱和国家自由党领袖欧内斯特·布朗——他希望他们能留在联合政府中，直到日本被

① 有人批评这篇演讲没有提及轰炸机司令部，而且因为他的战争回忆录没有谈及非常详细的战略轰炸进攻，也因为“轰炸机将军”哈里斯是唯一没有获得贵族封号的高级指挥官，还因为没有任何特别奖章专门授予轰炸机战役。所以有人认为，丘吉尔是在故意淡化轰炸机司令部的作用，因为在他的命令下，轰炸机给德国人带来的毁灭让他心怀愧疚。丘吉尔确实于1953年授予了哈里斯男爵爵位，但许多人认为这个爵位给得太低，也太迟了。

② 4月30日，派克发现丘吉尔把点着的雪茄烟灰掉在了睡衣上，阵阵浓烟从他的衣领上冒出来。“对不起，先生，”派克说，“你着火了。我可以帮你扑灭吗？”“可以，来吧。”首相回答道。（玛丽安·福尔摩斯日记，第21页。）

击败，但如果他们不同意，那就必须尽早举行选举，因为政府不能在“党派斗争和准选举的气氛”中继续下去。

5 月 18 日，艾德礼从在黑潭市进行的工党大会上打来电话说，联合政府必须立即解散。5 月 22 日，丘吉尔给国王写了一封“用来存档”的信。信中说，在 7 月 5 日大选之前，他需要组建一个纯保守党政府。① [131] 艾德礼发现，尽管保守党领袖很受欢迎，但保守党本身在这个国家根本没有实力。根据科尔维尔的记录，1944 年 1 月和 2 月，他们在两次补选中都输给了共同财富党和独立工党，这“将首相笼罩在最黑暗的阴霾中，他正切身感受着政府所遭遇的这一沉重打击”。[132] 哈罗德·尼科尔森认为，丘吉尔可能已经成为选举的负担，而不是资产。他在布莱克希思火车站的厕所里发现了写着“温斯顿·丘吉尔是个混蛋”的涂鸦。一名皇家空军中校告诉他：“形势已经变了，到处都能看到这样的涂鸦。”尼科尔森把这种现象归咎于人性。“一旦到达了公海，”他写道，“我们就忘了自己在暴风雨中是如何紧紧地抓住领航员不放的。”[133] 1945 年 4 月，保守党在切尔姆斯福德的补选中惨败，左翼共同财富党的候选人再次获胜，保守党的选票从 1935 年选举时的超过 70% 降至 42%。除了丘吉尔本人，保守党没有什么真正受欢迎的东西可以拿出来。

“他们的前方拉下了一块铁幕，”5 月 12 日，丘吉尔致信杜鲁门总统，谈到苏联时他首次使用了“铁幕”这个词，“我们不知道背后在发生什么。”[134] 他警告说，如果美国撤军，“苏联所占领的数百英里的大片领土将把我们与波兰隔离开……如果苏联人愿意，他们就可以在很短的时间内推进到北海和大西洋水域”。事实上，苏联人遵守了莫洛托夫在欧洲咨询委员会上商定的条款，这些条款在好几个月前就划定了红军向前推进的界限。“铁幕”这个词并不是丘吉尔发明的，自 1918 年以来这个词就已经存在，曾经在菲利普·斯诺登的妻子埃塞尔·斯诺登夫人 1920 年所写的一本关于布尔什维克的书中出现过，但丘吉尔将这个唤醒回忆的词语，在他异常强大的记忆中储存了 1/4 个世纪，到 1946 年才再次启用它，并将其发挥到极致。

---

① 被称为看守政府。

5月22日，丘吉尔收到一份来自战时内阁联合规划组，标注为“绝密”的备忘录（红色字体，大写字母下划线）。他们得出的结论是：如果美国继续完全将精力集中在太平洋战争，苏联就可以轻松地掌控西欧，对英国构成威胁。这样，英国将会发现自己的处境与1940年别无两样，需要依赖空军和海军来抗击入侵。不同的是，这次的敌人比德国拥有更多的火箭炮、更多的人力。[135] 为了防止出现这样的结果，丘吉尔下令此报告的作者们（但不包括三军参谋长，因为内容太敏感了）编制一份备忘录，探讨一下在1945年7月，为了强制苏联“与波兰达成公平交易”，如果大英帝国、美国、波兰和德国的军队不得不一起去对抗一个苏日联盟，那么会发生什么。[136]

6月8日，一份详细报告对代号为“不可想象行动”的所有设想进行了分析。代号取得恰如其分，报告附上了地图和对方的兵力情况。报告指出，苏联人在欧洲的人数是西方盟国的3倍。报告也研究了这场战争对欧洲、中东、印度和远东地区的影响。研究得出的结论是：这将是一场“漫长且代价高昂”的战争，在这场战争中，“我们能否取得有限但迅速的成功是很值得怀疑的”。[137]“不可想象行动”的相关文件并不意味着丘吉尔是一个根深蒂固的反共战争贩子，而是表明他正在为各种可能发生的情况做准备，无论这种情况是多么不可能或不受欢迎。这些文件还强调了让原子弹真正发挥作用对西方的重要性。

5月23日，星期三中午，丘吉尔辞去联合政府首相一职。4个小时后，他返回王宫，接受国王的邀请，组建一个保守党政府。克莱门汀称丘吉尔为“最后一个相信君权神授的人”，他之所以要离开王宫再返回去，是因为他急于证明一条有些神秘的宪法观念，即首相是由国王选定后派任的。国王利用丘吉尔第二次来访的机会，再次提出向他颁发嘉德勋章，但丘吉尔又拒绝了，这次的理由是大选在即。在为联合政府的所有大臣举办的庆功宴上，当丘吉尔对大家说，“历史之光将照耀在他们所有人的头盔上”（这是另一个复古的军事用语，大臣们现在戴的是帽子）时，他的泪水夺眶而出。[138]

丘吉尔的看守政府任命莱斯利·霍尔-贝里沙为国家保险大臣，尽管霍尔-贝里沙在1942年对他进行过责难——这是丘吉尔宽宏大量的另一个典型例子。在与丘吉尔就贸易政策进行了一场“老调重弹的争执”后，布拉肯拒绝了担任贸易大臣的提议，转而成为海军大臣。（“我讨厌这样的场面，”艾登写道，“这简直就是浪费时间，在我父亲大发雷霆后①，这些风暴只会令我生厌。”）[139] 1944年3月，保守党议员塞尔玛·卡扎莱特·基尔曾经领导了一场关于女教师同工同酬的叛乱，这几乎是政府在整个战争中遭受的唯一一次下议院投票失败，但这并没有阻止丘吉尔再次表现出宽宏大量，丘吉尔向她提供了教育政务次长的职位。“非常感谢你，亲爱的，”她回答，“那太好了。”[140]

5月28日，杜鲁门的特别顾问约瑟夫·戴维斯访问伦敦。他向艾登提议，杜鲁门总统希望在即将到来的波茨坦会议之前先私下见一见斯大林。对此，丘吉尔首先简明扼要地阐述了美国战时盟友之间的主要分歧，然后表示，杜鲁门与斯大林的首次会晤将英国排除在外，这将对英国造成“伤害”。“苏联政府拥有一种不同的哲学，即共产主义，他们尽其所能利用警察政府进行统治，并将这种统治模式应用于每一个沦为其武装解放牺牲品的国家，”他写道：

> 首相不能轻易接受的一个观点是，对于美国来说，英国与苏联只是两个大国，一个半斤，一个八两，必须与她们协调处理这场战争的麻烦。除了在武力方面，两国在是非对错上是完全不一致的。英国和美国的伟大事业与原则，两国为之付出痛苦的努力并取得胜利的事业与原则，并不仅仅是一个权力平衡的问题，实际上这是一个拯救整个世界的问题。[141]

尽管三个大国中90%以上的伤亡都是由苏联承受的，但丘吉尔不希望美国人表现得好像斯大林的极权独裁与西方民主有某种道德上的等同。尽管如此，杜鲁门还是与斯大林私下会晤了。

糟糕的是，丘吉尔对斯大林在东欧新政权的关注，以及他谈论纳粹的习惯，都延伸到了他的竞选辞令中。6月4日，他在契克斯庄园的一个小书

---

① 在一个下雨天，第七代准男爵威廉·艾登先生曾经一边把一个晴雨表扔到他乡间别墅的前台阶上，一边喊着：“你自己看吧，你这个傻瓜！”因为晴雨表预测，当天是狩猎集会的好天气。

房里发表广播讲话时对英国人民说:“任何一个社会主义政府，在其整个国家的人民生活和社会生产中，都不能允许公众自由地、尖锐地，或是用激烈的言辞表达不满。他们将不得不再回到某种盖世太保模式下，而盖世太保在最初的时候也肯定是以人道主义为指导的。这样的统治将会把意见扼杀在萌芽状态，通过常年洗脑来终止批评，把所有的权力都集中到至高无上的党和党的领导人手中，让他们像庄严的尖塔一样矗立在由公仆组成的庞大官僚机构之上，而这些公仆则既不是仆人也不再为公。”[142] 克莱门特·艾德礼是个温文尔雅的人，曾忠诚地为丘吉尔服务，在联合政府中从始至终表现很好，在很大程度上是丘吉尔的副手，把他与盖世太保相提并论显然是荒谬的，这让保守党失去了不少选票。人们认为是比弗布鲁克或布拉肯插手，将盖世太保一词插入了丘吉尔的演讲稿中，但是他们没有。科尔维尔捐赠给哈罗公学的演讲稿原稿被丘吉尔修改了很多，但没有修改有关盖世太保的那段糟糕的话。[143] 克莱门汀让他删掉那几句话，但是他最近刚刚读了弗里德里希·冯·哈耶克的《通往奴役之路》，所以还是把这句话留下了。[144] 丘吉尔演讲时，科尔维尔就坐在房间里，他“感到非常搞笑，因为丘吉尔对着麦克风做出的手势，和他在面对大量听众的政治演讲中所使用的手势一样有力，比他在普通谈话中所使用的手势更是要有力得多……这是他的第一次限时演讲，这使他表现得过于匆忙”。[145] 第二个月，丘吉尔对查尔斯·艾德说，总有一天，这篇演讲“会被认为是他发表过的最伟大的演讲之一”。但是到目前为止，这件事还没有发生。[146]

今天的许多历史学家认为，丘吉尔有关盖世太保的言论对选举结果影响甚微，而且大多数英国人完全有能力区分这位伟大的战时首相，这位他们在全国各地的选举会议上将其团团围住的丘吉尔，与他们投反对票的保守党领袖丘吉尔。玛丽·贝洛克·洛恩德斯认为，劳动人民投票给工党的理由与过去差不多。在她看来，这与丘吉尔无关，一切都与“这届政府在住房、煤炭和非常高的生活成本方面令人们感到痛苦的记录”有关。[147]

由于丘吉尔的埃平选区已经分裂成两个——伍德福德和埃平，丘吉尔成为保守党和联合政府在伍德福德的候选人。他对选民说:“我要表达自己衷心的感谢，在我 11 年的在野生涯中，没有你们始终如一的支持，我就不会有机会在国家危在旦夕之际，承担起最高的领导责任。”[148]他大度地把桑顿–凯姆斯利和他在奇格韦尔、纳泽宁以及其他地方的支持者所造成的危险抛在了脑后。他写道：“我觉得自己的各项官能和精力与以往一样好。因此，除非由国家来解除我的职务，否则我就不能逃避交付给我的责任。战争本身还没有结束。”[149]

6月20日，在与国王共进午餐时，丘吉尔说，他相信“军队中所有的年轻男女都会投票反对他”。[150]他的话基本上是对的：300多万服役选民坚定地支持工党，希望选出一个《贝弗里奇报告》在1943年承诺的福利国家。工党提供了国民保险、大规模住房建设、家庭津贴、国有化以及投票反对支持绥靖政策的亲张伯伦议员的机会。1943年，在德黑兰，他的生日聚会上，在一次祝酒时丘吉尔说过，“英国变得越来越粉红了”，这是真的。[151]工党更符合战时的平等和“公平分享”精神。它的宣言有广泛的吸引力，它的选举机制也不再逊色于保守党。它的领导人，如艾德礼、贝文、道尔顿、克里普斯和莫里森，也因其在战争时期的重要作用而为选民所熟知，理应得到他们的信任。

然而，当丘吉尔在利兹、布拉德福特、普雷斯顿、格拉斯哥和爱丁堡向热情的群众发表演讲时，他确信自己会赢，尽管科尔维尔明智地指出，这是一场议会选举而非总统选举。比弗布鲁克、保守党中央办公室和多数评论员都预测，保守党将获得100个席位的多数票。只有布拉肯认为保守党会输掉竞选。7月4日，也就是投票的前一天，丘吉尔告诉布鲁克，他的竞选之旅让他觉得自己比自布尔战争中越狱以来的任何时候都更加感到疲惫。[152]

7月5日投票结束后，在为期三周，从世界各地收集服役人员选票的过程开始时，丘吉尔前往亨达耶附近的比利牛斯山度假。科尔维尔写道：“首相像一头仁慈的河马，漂浮在一大群负责保护他的法国警察中间，他们为此也适时地穿上了泳衣。”[153]即使这样也没能阻止一位法国伯爵夫人、一个臭名昭著的通敌者，试图游过来和他说话。（她被游着泳的警探拦截了。）在丘吉尔离开之前，他让杜鲁门给他发电报，告诉他新墨西哥阿拉莫戈多钚原子测试的结果：“告诉我是扑通一声砸锅了还是啪嗒一声搞定了。”[154]如果试验成功，他就同意美国人对日本使用原子弹。第二年5月，他曾与威廉·麦肯齐·金讨论过这个决定的道德问题，他说，做出这样一个涉及杀害这么多妇女和儿童的决定，他必须给上帝一个交代，就像他必须对自己的良心负责一样。[155]他指出，如果没有原子弹，战争可能会再持续一年，导致更多人丧生，“文明会一点一点地崩塌”。在他所说的“由正义与权利的道德法则所统治的宇宙”中，他相信自己“做出了正确的选择”。

7月15日，丘吉尔从波尔多前往柏林参加波茨坦会议（代号为“终点站”）。参观希特勒帝国总理府废墟时，他被一群德国人认了出来。除了一个老头儿不以为然地摇了摇头，其余的人都对他欢呼起来。丘吉尔后来写道：“我对他们的憎恨随着他们的投降而消逝，他们的示威游行、他们憔悴的面容和破旧的衣衫令我动容。”[156]他拜访了位于主楼的希特勒办公室，以及这位元首在地下掩体中开枪自杀的房间。在爱娃·布劳恩的房间里，有一张桌子上还有一个花瓶，花瓶里插着一根树枝，直到最近还绽放着花朵。在他的战争回忆录中，丘吉尔写到他是如何“走到最下面，看到他和他的情妇①自杀的房间。当我们再次走上来时，他们带我们去看了他的尸体被烧的地方”。[157]他终于追踪到了这头野兽的巢穴。

7月17日，丘吉尔得知，阿拉莫戈多试验是一声响亮的“啪嗒”。一个月后，他对议员们说：“大家热切期盼的这条消息……会让极少数已经知道它的人百分之百地相信，人类事务中出现的这一新因素，会让拥有它的人具有不可抗拒的力量。”[158]“什么是火药？”几天后他问亨利·史汀森，“微不足道。什么是电？没什么意义。原子弹才是愤怒之神的第二次降临。”[159]波茨坦会议开始后，杜鲁门正式告知斯大林原子弹的存在。斯大林表现出适当地惊讶，没有泄露出他的间谍已经让他充分地了解了情况，而且他已经在试图制造自己的原子弹。与杜鲁门的会晤给丘吉尔留下了很深的印象，丘吉尔称他是“一个意志坚定的人。他不会注意脚下的地面有多么不平，只会把脚坚定地踏上去”。[160]

波茨坦会议从7月17日一直持续到8月2日。丘吉尔被分配到位于环

---

① 对爱娃·布劳恩的一条诽谤是，她死时已经是希特勒夫人。

城大道25号的一幢别墅里，夜晚很热，他的卧室里搭起了蚊帐。当汤米·拉塞尔斯的儿子约翰愤怒地向罗文抱怨，说丘吉尔的车上挂着皇家旗帜时，罗文告诉他那实际上是五港总督的旗帜。尽管艾登和卡多根在波茨坦都严厉地批评过丘吉尔，说他参与不够，但是他知道，他将于7月25日返回英国等待选举结果，在下半程的会议上，他可能已经不再担任首相。[161] 因此，他把艾德礼也带来了，如果工党获胜，艾德礼将接替他。

更无法解释的是他在波茨坦对艾登所说的关于斯大林的话——“我喜欢那个人”。这是在这位苏联领导人做过那些违背良心的事情之后，包括《苏德互不侵犯条约》、卡廷森林大屠杀、华沙起义、奥库利茨基等。1931年那个谴责斯大林“上午必须做出多少死亡预算”的丘吉尔去哪儿了？或者那个1945年5月曾经对约瑟夫·戴维斯说，共产主义与西方在行事上缺乏道德对等的丘吉尔去哪儿了？个人魅力是无法解释的，不过他的感觉并没有持续多久。当时，丘吉尔对报道这次会议的记者怨气很大。他写信给克莱门汀说，他被“围困了……被一群因无法全时接触我们而感到愤怒的记者围困住。只有在沉默和秘而不宣的情况下，才能处理重大的事情”。[162]

7月26日，周四，上午10点，选举结果陆续出炉。丘吉尔身着连体裤，与比弗布鲁克和玛格丽特坐在附楼的地图室里。一旦中央办公室报告了选举结果，并得到纸带机的确认，选举结果就会由皮姆上尉一个选区一个选区地公布在屏幕上。半小时后，情况已经很明显，事情进展很不顺利。布拉肯在早些时候以6 500票的劣势输掉了帕丁顿北部选区。萨拉回忆说：“我父亲坐在餐桌的首席位置上，对每一个出现的结果都点头表示认可，没有发表任何评论。当人们越来越明显地看出这将是一场海啸时，他的那种自然的幽默感又出现了。不管怎样，至少表面上是这样。”[163] 到中午时分，已经很明显，工党将取得压倒性胜利。“那是我所能想象的最压抑的气氛，”玛丽安·福尔摩斯在当天写道，“办公室里的每个人都惊呆了。”[164]

邓肯·桑迪斯在诺伍德选区输了，哈罗德·麦克米伦在斯托克顿选区输了，其他失去席位的大臣包括利奥·阿梅里、珀西·格里格爵士、理查德·劳、内政大臣唐纳德·萨默维尔爵士，以及其他几位大臣。不久之后，马杰森致信丘吉尔：“直到生命的最后一天，我也不会忘记你在得知败选后那个最不愉快的午宴上所表现出的勇气与宽容。这是一个泰山压顶，我自岿然不动的极好例子。”[165] 克莱门汀在午宴时说，这对他来说可能是因祸得福，丘吉尔回答：“现在看来，祸比福更明显一些。”[166] 那天，莱斯利·罗文见到丘吉尔的次数比其他任何官员都多，他记录道：“他没有说出一句谴责的话语。”[167] 莫兰后来说到人民的忘恩负义，丘吉尔回答：“哦，不，我不会用这个词，他们经历了一段非常艰难的时期。”[168] 伍德福德选区与他竞争的独立候选人获得了 10 488 张选票，这也让他震惊不已，尽管他自己赢得了 27 688 张选票。

工党赢得了 393 个席位，保守党 213 个，自由党 12 个（不包括失去凯思内斯选区的辛克莱），其他政党赢得了剩下的 22 个席位。工党以前从未获得过绝对多数的席位，更不用说是高达 146 个席位的多数了。工党共获得 1 199 万张选票，保守党 999 万张，自由党 225 万张，共产党 10.28 万张。保守党在普选中的得票率为 39.8%，根本不像他们在下议院获得的席位那么糟糕。下午 4 点，丘吉尔在附楼见到了拉塞尔斯。“他看上去并不沮丧，”拉塞尔斯写道，“他也没有那样说。他把自己的失败归结为人民对过去 5 年苦难的反应——他们忍受了战争带来的所有恐怖和不适，并自然而然地将其发泄在他们不适期间一直掌权的政府身上。”[169] 当拉塞尔斯把从国王那里带来的消息告诉他，说他会多么想念丘吉尔时，丘吉尔变得“激动”起来。他写信给艾德礼说：“我希望你能够在自己即将肩负的重担中获得成功。”敏锐的语法学家拉塞尔斯就此写道，他的意思是“在自己即将肩负的重担中获得成功”。[170]

当天晚上，丘吉尔到王宫去卸任。国王记录道：“我在晚上 7 点看到温斯顿，这是一次非常难过的会面。我告诉他，我认为他在战争中出色地领导了人民，他们这样做是非常忘恩负义的。他非常冷静地说：‘与其他政党相比，社会主义者占据了压倒性多数，只要精心治理，他们将会继续执政多年。’”[171] 丘吉尔拒绝了国王第三次授予他嘉德勋章的提议，据传，他后来说：“既然人民刚刚给了我一枚靴子勋章，我为什么还要接受国王的嘉德勋章呢？”[172] 回到附楼后，丘吉尔感谢了所有在地图室为他工作的人——皮姆将在卸任受奖时获得爵士头衔。他告诉劳伦斯·伯吉斯：“我不会闲着的。我要写作，还要通过无线电发表演讲，我仍将是一位首相，尽管我永远不会再回到唐宁街10号。”[173]第二天，当他准备搬离唐宁街时，他在内阁会议室对安东尼·艾登说：“我在这个房间里度过了我生命中的30年。我再也不会坐进来了。你会的，但我不会。”[174]

“我必须承认，我觉得星期四发生的事情相当不可思议。”败选三天后，丘吉尔颇有见地地写信给现在已经是奎克斯伍德勋爵的休·塞西尔说，“尤其是在此时，我在各阶层都如此受欢迎的时候。英国人心中有一种压抑了20年之久的东西需要释放，这就像1906年的翻版。”[175]选举结果对其他人来说也是一次巨大的冲击，尤其是外国人。美国空军第八军团司令弗雷德里克·刘易斯·安德森少将是帕梅拉·丘吉尔当时的情人之一，他写信给她说：“温斯顿败选的消息让我非常震惊。我的内心翻江倒海，我觉得一个非常私人的朋友受到了极大的不公平对待。”[176]阿维利尔·哈里曼试图安慰丘吉尔说，如果采取比例代表制，他仍然会是保守党-自由党联合政府的首相。丘吉尔愤怒地拒绝了这个想法。他说：“我将竭尽全力与比例代表制的弊端做斗争。”并解释，只有当人民知道该由哪个政党对政府的决策负责时，民主才能取得成功。[177]

在契克斯庄园的最后一个周末，萨拉注意到，丘吉尔那些自从1939年就挂在表链上，用来打开政府公文箱的钥匙已经不在了。“我想念那些箱子。”丘吉尔对她说。1945年7月30日，在契克斯庄园访客簿的底端，出现了“克莱门汀·S. 丘吉尔”和“温斯顿·S. 丘吉尔”的签名，下面是丘吉尔的笔迹，只有一个词：结束。

第32章

反对党

（1945年8月—1951年10月）

整个世界的苦难使我感到恐惧，我越来越担心，从我们成功地结束的那些斗争中，可能会产生新的斗争。

——丘吉尔写给克莱门汀的信，1945年2月[1]

有一次，丘吉尔问他当演员的女儿萨拉："你介意演出什么时候结束吗？""噢，是的，非常介意。"她回答。"我也是。"他说。[3]到1945年，他已经完成了他在哈罗公学时为自己设想的拯救伦敦的任务，但是，尽管年届古稀，而且不再当政，他还是不能让自己从政坛退休。在作为政党领袖参加的唯一一次大选中，他遭到了选民的反对，不管他自己怎么解释，他心里都非常难受。他对查尔斯·艾德说，他"不能在保守党遭遇失败时抛弃它"，但随后他就笑了起来，说出了更大的真相——"政治是他的生命线"。[4]战争结束后，人们向他提出了许多给他建造纪念碑的建议，他们甚至筹集了5万英镑，用于为他在多佛的白崖上雕刻一个200英尺高的面部塑像，为了保障航运安全，再配上一支一头永远为红色的雪茄。[5]但是在1945年败选后，他最想要的纪念碑就是选举胜利，即使这意味着安东尼·艾登在下一个10年的希望也将落空。

作为纪念，丘吉尔自费制作了136枚直径为4英寸的铜质奖章，由斯宾克父子公司铸造，分别送给他手下的大臣们、3位参谋长——史末资、蒙巴顿、陆军元帅蒙哥马利，以及亚历山大、内阁秘书长爱德华·布里奇斯、帕格·伊斯梅和威廉·麦肯齐·金①，以及为海军上将达德利·庞德爵士追授的一枚奖章，赠送给了他的长子，一名海军军官。每枚奖章上都刻有“向1940年—1945年伟大的联合政府致敬”的字样。“可以用它做镇纸，很不错。”丘吉尔对国王说，国王也收到一枚。[6]

从某种程度上说，失败对丘吉尔来说真的是因祸得福。现在政府所面临的问题，如印度独立及从帝国撤出、军队遣散、重建和财政紧缩、住房和英镑区的废止，都不能激发他的热情，或是发挥他的优势。他对休·塞西尔说：“未来两年将出现前所未有的行政困难，工党政府解决这些问题的机会很可能比我们大得多。”[7]他在与玛丽安·福尔摩斯相互道别时，流着眼泪坦陈了同样的事情。“也许他们能比我做得更好，尤其是在住房和煤炭方面。”他说。然后他感谢她能够保守秘密，飞来飞去参加各种会议，以及“忍受我所有的坏脾气”。[8]

卸任还有其他好处。如果丘吉尔不得不日复一日地与苏联打交道，他就不可能就苏联共产主义的威胁向英国提出警告。离开唐宁街10号也让他平生第一次摆脱了对金钱的担忧。他即将写作的6卷超过4 200页的《第二次世界大战回忆录》进展很快，这是他作为首相永远也没有时间做的事情。

丘吉尔没有被败选击垮的一个原因就是：他是一位历史学家，对许多先例都了如指掌。他的英雄马尔伯勒，在安妮女王向托利党求助时，也遭遇了第一代公爵所称的“同胞们卑鄙的忘恩负义”。[9]他的另一位英雄，克里孟梭，尽管赢得了第一次世界大战，却没有被选为1920年的法国总统。“在胜利到来的时候，”丘吉尔在《伟大的同时代人》中这样描述他，“在外国人眼里，法国人这样做似乎是忘恩负义的。”[10] 1941年8月，他曾对科尔维尔说，他“不指望能保全自己的声望，如果他能为我们赢得这场战争。在他之前，曾有威灵顿②和迪斯累里③等人的例子”。[11]因此，1945年的选举失败符合一个宏大的历史主题，即成功的英雄在奋斗之后被忘恩负义的人民赶

① 可能是因为主办了两场魁北克会议，因为澳大利亚和新西兰总理并不在名单上。
② 虽然赢得了滑铁卢战役，却在选举中落败的首相。
③ 尽管曾在柏林会议上拯救了欧洲，却在两年后，即1880年的大选中失利。

下权力宝座。

丘吉尔也知道自己已经精疲力竭，尽管他不能公开承认这一点，他迫切需要时间来放松，恢复体力和精力。在担任首相和国防大臣的 1 900 天里，他乘坐舰船、火车和飞机旅行了 11 万英里，到过开罗 4 次、华盛顿和莫斯科各 3 次、魁北克 2 次，以及百慕大、德黑兰、卡萨布兰卡、意大利、诺曼底、巴黎、马耳他、雅尔塔、雅典、比利时和柏林。早在 1944 年 8 月，他就对罗文说："这些日子我觉得自己就剩下半口气了。" 1945 年 11 月，他坦承，如果他赢得了选举，"现在我很可能已经死了"。[12] 在接下来作为反对党成员的几年里，丘吉尔一直在为自己再次登上首相宝座积蓄精力和体力。在冬天，他会远离寒冷的英国去各种温暖的地方度过长达一个月的只进行绘画和写作的半假期。①

丘吉尔完全是按照自己的意愿承担起反对党领袖的职责的。"我们的领袖并不经常出现在我们面前，" 保守党党鞭长詹姆斯·斯图尔特回忆道，"不过他有自己的原则，他想参加什么样的辩论就参加什么样的辩论。" [13] 如果人在英国，丘吉尔每周会主持影子内阁的事务。影子内阁的正式名称是领袖咨询委员会，其成员是不固定的、保密的。他还为党的领导层每两周举行一次午宴。[14] 由于工党占据了 146 席的多数席，反对本身是毫无意义的。为了弥补没有公务员提供详细的专业知识咨询这一缺憾，拉博·巴特勒在保守党中央办公室设立了一个非常高效的研究部门，由伊恩·麦克劳德、雷金纳德·莫德林、伊诺克·鲍威尔等人组成，他们开始提供论据充分、事实准确的新观点。

---

① 丘吉尔一家从唐宁街 10 号和契克斯庄园搬出来后先是住在克拉里奇酒店，他们正在伦敦寻找住所。一天晚上，丘吉尔在等车的时候，给看门人背诵了第凡尼音乐厅一首老歌的副歌部分：

我去过北极，
我去过南极，
去过东极，去过西极，
去过各种极，
理发店的彩柱在极速旋转，
我顺着油腻的滑竿冲上极点，
自从我被解雇，从单极旅馆被解雇，
现在我的处境极端困难。

（丘吉尔，《壁毯》，第 88 页。）"滑竿" 指的是迪斯累里所说的，要想登上首相宝座，你必须爬上政治滑竿的顶峰。

丘吉尔在选举后第一次走进下议院，那时下议院仍在上议院开会，所有的保守党议员都站起来高唱起《因为他是一个快乐的好人》。听到这歌声，数量多得多的工党议员，多到已经占去不少反对党座席，一直延展到第一道舷梯，都站了起来，高唱起《红旗》。新当选的工党议员伍德罗·怀亚特在他的日记中写道："这是第一次，也是最后一次上议院唱响这首荒谬的社团歌曲，而在此之前，这里唯一的红色就是议员席的颜色。一切都令人兴奋不已。"[15]

1945年8月6日，一颗原子弹在日本广岛爆炸，造成10多万人死亡。丘吉尔在败选前起草的艾德礼政府的公报中写道："大自然的秘密被长久地、仁慈地在人类面前隐藏起来，但秘密的揭示应该引起每一个有能力理解它的人，在思想和良知上进行最严肃的反省。我们确实必须祈祷，祈祷这些被揭示的秘密将被用来促进世界和平，祈祷它们将成为世界繁荣的永恒源泉，而不是对整个地球造成无法估量的浩劫。"[16]三天后，另一颗原子弹在长崎被投下，造成4万多人死亡，日本被迫投降。丘吉尔对下议院说，如果不这样做，我们唯一的选择就是再"牺牲100万美国人和25万英国人的生命"。[17]

"使用原子弹的决定是杜鲁门总统和我本人在波茨坦做出的，"丘吉尔在8月16日对下议院说，"我们批准了这项军事计划，解放了这种因恐惧而被压制的军事力量。"[18]他从1924年起就知道核裂变的力量，在投入大量的金钱、时间、专业知识和努力去制造核弹之后，为了安抚政治家在使用原子弹时的愧疚，依然让成千上万的士兵们去牺牲生命，这是不可接受的。当时，这种看法得到绝大多数民众的支持，尤其是军队。①

丘吉尔确实在晚年多次反思投下原子弹这一决定的道德问题，而且不仅仅是与麦肯齐·金一起讨论。1946年7月，他提出这样的观点：在他的职业生涯中，"投放原子弹的决定可能是唯一一个历史会对我提出严肃质疑的

---

① 在同一演讲中，为了改善忧郁的气氛，他对新一届议会说："我的一个朋友、一名军官在萨格勒布。当大选最后结果出来的时候，一个老太太对他说：'可怜的丘吉尔先生！我想现在他要被枪毙了。'我的朋友请她放心，他说，对他的宣判可减轻为某种不同形式的苦役，这种苦役一直都对陛下的臣民开放。"（*CS* VII，第7 215页。）

事情……创造我的神甚至可能会问我为什么使用它，但我将积极地为自己辩护，‘在人类正在进行激烈的战争时，你为什么要把这些知识传授给我们’”？[19] 正如他在 1945 年 8 月 16 日的辩论中所说：“原子弹带来了和平，但只有人类才能维护和平。从今以后，我们要把原子弹看作一种不仅会威胁人类文明，而且会威胁人类自身生存的惩罚。”[20]

1945 年 8 月中旬，丘吉尔在下议院批评艾德礼政府，为了补偿波兰因按照寇松线划分后割让给苏联的领土，将德国的西里西亚划分给波兰的那部分太多了。“波兰人几乎没有不具备的美德，”他打趣道，“他们也几乎没有没犯过的错误。”[21] 当然，在波茨坦会议上，即使是丘吉尔亲自谈判，为波兰人争取到比由艾德礼去谈判达成的更好的协议也是非常不可能的，但现在他是反对派的领袖，他有责任在允许的地方利用自己政党的政治资本。在谈到成百万的德国人被新波兰驱逐出来时，他还首次在公开场合使用了“铁幕”一词：“大规模的悲剧也许正在铁幕后上演，这并非没有可能。现在，铁幕把欧洲一分为二。”[22] 这完全符合丘吉尔在胜利后宽宏大量的信念，他应该表达对数百万德国人福祉的关心，这些德国人被驱逐出自己的家园，只带着自己能拿的，以及手推车能装的那些东西。他还谴责了波兰、匈牙利、南斯拉夫、罗马尼亚和保加利亚共产党政府的行为，谴责了这些国家的秘密警察在公民失踪前夜的“敲门”行为。[23]

1945 年 9 月 2 日，日本正式投降的这一天，丘吉尔乘坐亚历山大元帅的达科他运输机前往意大利的科莫湖度假，带着萨拉、莫兰、他的秘书伊丽莎白·莱顿、两名警探和索耶斯一家。他们一起住在拉罗萨别墅。拉罗萨别墅的主人曾经是墨索里尼的支持者。与此同时，克莱门汀正在购买海德公园门 28 号，这是他们在伦敦的住所，丘吉尔将在那里度过余生。“我的情况好多了，”他告诉她，“我什么也不用操心……这是这么多年来我第一次完全脱离这个世界。”[24] 他可能并不操心，但他现在不得不戴着疝带，直到 1947 年 6 月去做了两个小时的手术①。1893 年他从温伯恩大桥跳下后得了疝气，经

① 给他留下一道 8 英寸的疤痕。

过这么久之后，这次又发作了。这自然给他带来很多不便。[25]

亚历山大元帅也是一位业余画家，有时他和丘吉尔会画同样的场景。“过来，亚历克斯，过来，”丘吉尔会站在那位法西斯分子的别墅墙上挂着的一幅十分丑陋的画作前说，“好好看看这个，我们真的比画这幅画的那个浑蛋画得好。”[26] 在一个温暖的傍晚，丘吉尔望着平静的湖面，远处的羊铃声打破了这寂静，他告诉与他在一起的两名初级陆军军官：“经过漫长而多变的一生，我能给你们的最有价值的建议，就是知道如何把握余下的时光。”其中一人回答：“这就是我现在要做的，先生。”[27]

丘吉尔在意大利是如此放松，以至他甚至放弃了午睡——结果，自此后他永远放弃了午睡。然而，他并没有考虑放弃政治。关于他的影子内阁，他曾写信给克莱门汀说：“当我们再次相聚时，将会有很多话题可以讨论。”[28] 然而，等他回来后，却发现政治中能引起他真正兴趣的问题，包括印度和巴基斯坦的分裂问题、缅甸未来的问题，还有与苏联在原子弹方面的关系问题，却并不多。因此他基本上满足于将其他一切问题留给艾登、巴特勒、伍尔顿、利特尔顿和麦克米伦。

丘吉尔在议会中一直反对社会主义和工党，嘲笑政府的配给制度是“排队乌托邦”。他在 10 月的一次辩论中说：“资本主义的固有缺陷是不平等地分享福祉，社会主义的内在美德是平等地分担苦难。”[29] 安奈林·贝文成了他最喜欢抨击的对象。“我今天要说的是，如果这位尊贵的绅士不能毫不迟疑地改变他的政策、方法和行动，”他在 12 月谈到贝文抨击私人房屋建筑商时说，“那么他在和平时期就会成为这个国家的一个大祸害，就像战争时期他是一个卑鄙的讨厌鬼一样。”[30] 一位记者问他艾德礼为什么不去莫斯科见斯大林，丘吉尔回答：“他不敢离开自己的内阁。他很清楚，老鼠不在家，猫就要称大王。”[31] 当工党前内阁大臣威尔弗雷德·帕林冲着丘吉尔大喊“脏狗！”时，丘吉尔给他的回复是：“这位尊贵的议员应该记着脏狗对栅栏会做什么。”[32] 在描述斯塔福德·克里普斯时，他谈到“他在诸多损害国家的力量和福祉的话题上是如此敏锐与投入”。诸如此类的冷嘲热讽，再加上他反对党领袖的地位，意味着只要丘吉尔一站起来，议会大厅就会挤满人。[33]

丘吉尔最著名的妙语当属 1946 年那次——他可能（遗憾地）没有说过

如果他是阿斯特夫人的丈夫，他就要喝下她的毒咖啡那句话。当工党议员贝茜·布拉多克对他说：“温斯顿，你醉了，更重要的是，你醉得令人反感。”他回答：“贝茜我亲爱的，你真丑啊，更重要的是，你丑得令人反感。明天早晨我就会清醒过来，而你还是会丑得令人反感。”[34] 玛丽·索姆斯不相信这个故事，因为她的父亲从来没有对女人那么无理过。丘吉尔的警探则证实，那天晚上丘吉尔没有喝醉，更别说是令人反感地醉了，他“只是累了，摇摇晃晃的”。[35] 此外，同样的笑话几乎一字不差地出现在 W. C. 菲尔兹 1934 年的电影《礼物》中，只是代替“醉了”的是“疯了”。如果这一切真的发生了，布拉多克的话无疑是送给丘吉尔的一份礼物，让他能够凭借自己留声机式的记忆，在所有经典妙语中做出最著名的反击。

1946 年 2 月，把保守党留给艾登掌管后，丘吉尔访问了古巴，住在哈瓦那的国家酒店。在一次新闻发布会上他说：“在我的国家，人们可以想做什么就做什么，尽管他们常常不喜欢自己所做的事情。”[36] 之后他前往华盛顿拜访艾森豪威尔，下榻在英国大使馆。2 月 26 日，他成为迈阿密大学的法学博士，这是 1926 年—1954 年世界各地大学授予他的 16 项学术荣誉之一。他在迈阿密大学说：“我很惊讶，在我人生的后半程，我竟然在获得学位方面变得如此经验丰富，而在学生时代，我的考试成绩是那么差。事实上，人们几乎可以说，从来没有人考试成绩那么差，学位却获得了那么多。”[37] 他演讲的核心主题是：“任何一个年轻人，无论是男孩儿还是女孩儿，都不应该因为年轻时缺乏成功而灰心，而应该勤奋并满怀信心地坚持下去，弥补失去的时间。”而且，“专业知识，无论多么不可或缺，都不能替代我们看待人类故事时的宽厚与理解，那些充满悲伤和不灭希望的人类故事”。[38]

丘吉尔前往美国，是因为总统家乡密苏里州富尔顿市的威斯敏斯特学院授予了他荣誉学位，杜鲁门亲手写了请柬。在延长的旅程中，他将会有杜鲁门的陪伴，这一理由说服丘吉尔接受了邀请。在与杜鲁门一起乘坐总统专列“斐迪南·麦哲伦号”在夜间前往密苏里州的杰斐逊城期间，丘吉尔对杜鲁门的一位助手克拉克·克利福德说：“有一个国家，那里的每一个人都知道自己拥有无限的未来，这个国家就是美国。尽管我对你们的一些习俗感到不满……你们吃饭时不再喝酒了。”[39]

从他的秘书乔·斯图迪（后来的昂斯罗伯爵夫人）在火车上写给父母的一封信中，我们可以清楚地看出为丘吉尔工作是什么感觉。她在信中说，当她一直努力想把他在大使馆获得荣誉学位的获奖感言打印出来时，丘吉尔却不断用各种问题对她进行狂轰滥炸："来吧，来吧。我所有的电报都在哪里？没有从英国来的东西吗？我当然要看一份报纸。你把我的红笔放哪儿了？告诉大使我想见他。索耶斯在哪儿！你还没打开邮件吗？"[40]

演讲稿打印出来后，杜鲁门看过说，他没有什么可以批评和修改的。他反而提到了艾德礼："克莱门特·艾德礼前几天来看过我，他给我的印象是他是一个非常谦虚的人。""他值得谦虚的东西确实很多。"丘吉尔反驳道。[41]他说这话倒不一定是因为要真心表达这个意思，而是因为这是一句针对政敌的妙语，说起来又快又有趣。私下里，丘吉尔经常对批评艾德礼的声音表示不屑，艾德礼在罢免张伯伦的过程中发挥了重要作用，而且在他的领导下如此爱国地工作了这么长时间。事实上，1946年3月，当弗雷迪·伯肯黑德问丘吉尔，他最尊敬的前工党同事是谁时，他满心期待丘吉尔会说贝文，但"令我惊讶的是，他竟然毫不犹豫地说是艾德礼"。[42]

丘吉尔在富尔顿的演讲的正式题目是"和平的力量"，但很快这次演讲就被称为"铁幕演说"。在威斯敏斯特学院的大型体育馆中，他这样开始了自己的演讲："现在，美国已经雄踞世界权力的顶峰，这是美国民主的庄严时刻。与这一权力相伴而生的，还有对未来令人敬畏的责任。环顾四周，你们不会只感到自己责任已尽，也一定会感到焦虑，唯恐自己不能保持这样的成就。"[43]在谈到联合国时他说："我们必须确保它的工作卓有成效；确保它成为现实的存在，而不是一个摆设；确保它成为一种行动的力量，而不仅仅是空谈的泡沫；确保它成为一个真正的和平的庙堂，而不仅仅是言语不通、各自为政的巴别塔。"[44]之后他说，他现在"开始谈谈我到这里来要讲的关键问题。如果没有我所说的'英语国家人民兄弟会'，就不可能真正防止战争，也不可能使世界组织继续崛起。它意味着英联邦和大英帝国与美国之间的一种特殊关系"。[45]他甚至提出，希望"世界上所有国家的所有海军和空军基地都可以联合共享"。[46]

到目前为止，他所讲的一切似乎都是积极的，和1943年9月他在哈佛的讲话差不多。但随后他就发出警告，与他在绥靖政策时期发出的关于纳粹的警告一样严重、一样有先见之明。这才是他要讲的核心问题，是关于苏联的，而不是关于英语民族的。他的讲话很快就在全世界迅速传播开来。“从波罗的海的斯德丁到亚得里亚海的里雅斯特，”他说：

一幅横贯整个大陆的铁幕已经落下。铁幕的后面，坐落着古老的中欧和东欧国家的首都：华沙、柏林、布拉格、维也纳、布达佩斯、贝尔格莱德、布加勒斯特和索非亚，所有这些著名的城市及其居民，无一不处在苏联的势力范围之内。她们不但要以这样或那样的形式屈服于苏联的影响，而且要屈服于莫斯科日益加强的高压控制……在所有这些东欧国家原本都很弱小的共产党，其地位和权力却已上升到与其人数很不相称的高度。与此同时，他们还在四处寻求获得极权主义的控制机会。他们在各地建立的都是警察政府，到目前为止，除了捷克斯洛伐克，几乎没有真正的民主。[47]

“上次我曾目睹这一切来临，我向自己的同胞和全世界大声疾呼，但是没有人听得进去，”丘吉尔继续说道：

直到1933年，甚至1935年，德国还有可能被从可怕的命运中拯救出来，我们也有可能免于遭受希特勒施加给人类的灾难。如果我们能够通过及时的行动加以制止，就不会有这场我们刚刚经历的使地球满目疮痍的战争。在整个人类的历史上，没有哪一场战争是这样容易被制止的。我认为，我们本可以不开一枪一炮就阻止这场战争，而今天的德国也本可以是一个强大、繁荣、受人尊重的国家。但是没有人听得进去，于是我们这些国家被迫一个接一个地卷入这个可怕的旋涡。我们必须保证，一定不能让这种悲剧重演。[48]

丘吉尔说，战争并不是迫在眉睫，苏联想要的不是战争，“他们想要的是战争的果实，以及他们的权力和教义的无限扩张”。他认为，通过安抚苏联是无法消除这些危险的。“根据我在战争期间对苏联朋友和我们自己盟友的观察，我认为他们最钦佩的是实力，最不尊重的是弱小，尤其是军事上的弱小。”因此他提出，“旧的权力平衡理论是不合理的”，相反，美国和英国需要加入“兄弟会”来捍卫自由，“不仅是为我们自己，也是为全人类，不仅是为我们的时代，也是为未来一个世纪”。[49]

演讲的反响来得很快，几乎是一致谴责。总统遗孀埃莉诺·罗斯福宣称自己异常愤怒。联合国秘书长特里格夫·利对英国驻联合国代表说，这番讲话正中莫斯科反西方力量的下怀。[50]美国国会里的民主党人非常愤怒。英国和美国的媒体，不仅仅是左翼媒体，绝大多数的报道都是负面的，更不用说其他地方的媒体。100 多名工党议员签署了一项动议，谴责这一讲话。艾登也试图阻止丘吉尔“与斯大林进行进一步的争论”。[51]杜鲁门否认自己事先知道演讲内容，而他的副国务卿迪安·艾奇逊则拒绝参加为丘吉尔举办的招待会，尽管他已经接受了邀请。[52]

丘吉尔被指责为反动的战争贩子，不懂得感激苏联人在战争中的牺牲，也不懂得欣赏“乔叔叔”本质上的仁慈。即使在今天，修正主义历史学家有时仍会指责丘吉尔用“铁幕演说”发动了冷战，而不是指出冷战已经开始，而西方正在输掉这场战争。在仅有的少数几个不否定丘吉尔的人之中，外交大臣欧内斯特·贝文和后来成为共和党总统候选人的托马斯·杜威是其中的两个，对于斯大林的动机，他们两个也得出大致相同的结论。

丘吉尔并不介意别人攻击他，实际上就在几天后，他在《时代》杂志举办的午宴上一边吃着鱼子酱一边说，“乔叔叔”从 1941 年起就经常给他送日常用品，但他不指望再收到了。[53]“假如丘吉尔当初的预测被证明错了，”莱斯利·罗文在 1968 年写道，“那么他可能永远也无法释怀。但他有勇气坚持自己的信念。”[54]与 20 世纪 30 年代一样，在他的国民眼里，苏联的行动很快就会证明丘吉尔是正确的，而他的批评大军是完全错误的。此时的谩骂和谴责越是来得凶猛，就越会增加丘吉尔的正义感。与 20 世纪 30 年代不同的是，这一次他更加声名狼藉，但这并没有阻止他。

3月12日，丘吉尔在海德公园参观了罗斯福墓。他在墓前转过身去，“眼里闪烁着泪光”。离开时有人听到他说：“主啊，我多么爱那个人啊！”——这和他在战争期间在金字塔对萨拉说的话几乎一样。[55]。丘吉尔的这位老战友与这位新总统之间的明显差异很快也得到了证明。8月1日，杜鲁门签署了《麦克马洪法案》，关闭了任何其他国家获取美国核信息的渠道，甚至参与曼哈顿项目的英国和加拿也不例外。核伙伴关系结束了。直到1958年，该法案才得到修正。丘吉尔两次都未能以书面形式签署《海德公园协议》，这导致英国不得不耗费巨资建造自己的核弹。

到了1946年8月，艾登开始向克兰伯恩勋爵抱怨，说丘吉尔“很明显是喜欢干什么事就能一直干下去……并不是说我们有太多的分歧，尽管我们自然也会有分歧，因为我们的思维现在完全不在一个频道上。战争时期不是这样的，但现在是这样”。[56]艾登的悲剧就在于，尽管丘吉尔有种种缺点，还经常缺席，也缺少准备，而且常常发表保守言论，但他是世界性的历史人物，是国际舞台上的巨人——而且仍然是保守党赢得选票的重要因素。如果没有他，保守党很可能就会在1945年全军覆没。丘吉尔的这些优势艾登一个也没有，而且他常常病恹恹的。（例如，在1945年大选时，他的溃疡发作，非常严重，他竟然没能参加大选。）因此，尽管这位长期的法定继承人以及保守党的其他大多数人，都希望丘吉尔能在1947年退休，但是无法生硬地坚持，如果他们这样做，只会让情况变得更糟。[57]凭着他在政治上对权力和威望的本能感觉，丘吉尔已经知道了这一点，而且几乎是在享受这一点。当詹姆斯·斯图尔特终于鼓起勇气去试探他关于退休的口风时，他的反应非常激烈，用拐杖敲打着地板。[58]（他显然没有意识到，他的拐杖或许在他们的争论中起到了实质性作用。）不久之后他对自己的选民说，他将“战斗下去”，直到他把社会主义者赶出去。

5月，在获得威斯敏斯特自由奖章后，丘吉尔重申了自己20世纪30年代的观点，即“印度是一个与欧洲一样大、人口比欧洲多的大陆，其种族和宗教分歧并不比欧洲小。印度并不比欧洲更统一，除了表面上的统一，那是过去几百年在我们的统治和指导下形成的”。[59]鉴于工党已经承诺让印度独立，8月1日丘吉尔公开警告说，印度的独立将导致大量人员伤亡，最有可能是在印度次大陆的西北部。1942 年 11 月，他曾坚定地宣称，他“成为国王的首席大臣，并不是为了主持大英帝国的清盘工作”。现在他可以站在一边来批评了。“我们宣布准备放弃强大的帝国和印度大陆，放弃我们在过去 200 年里所做的一切工作，放弃我们拥有无可指摘的主权之领土。”他对下议院说，“很明显，政府已经准备好让 4 亿印度人陷入血腥内战的恐怖之中——与之相比，可能发生在巴勒斯坦的任何事情都是微不足道的。就好像是将大象的战争与老鼠的战争相比一样。”[60]

“把印度政府托付给实施种姓制度的印度人（贾瓦哈拉尔）尼赫鲁先生是一个重大错误，”1947 年 3 月，丘吉尔就此话题在下议院补充说，“我有充分的理由尽全力阻止印度与英联邦联系。”[①][61] 维多利亚女王即位后，丘吉尔就没有踏足过印度，除了“走一步看一步”，他对印度次大陆也没有别的计划。但是对工党在次大陆所做的事情，他总结了自己的感受，这些感受从未改变过：“我怀着深切的悲痛看着大英帝国轰然倒下，她为人类带来的所有荣耀，她为人类做出的所有贡献，也应声倒地了。我相信，在不久以前我们取得胜利的时候，我们本来有能力以令人尊敬的方式永久地解决自己的困难。许多人在英国面对敌人时能够保卫英国，但没有人能够在英国面对自己时保护她。”[62]

在 1946 年 10 月的保守党大会演讲中，丘吉尔对印度北部即将发生的事件也做了具有先见之明的预测。1947 年 8 月，在英国将权力移交给印度和巴基斯坦的继承国时，发生了大规模的人口转移，旁遮普省和西北边境省份的大量印度教徒、穆斯林和锡克教徒遭到屠杀。丘吉尔指责工党政府说：“英国统治下建立起来的印度统一将很快消失，没有人能测算出这数百万卑微无助的印度人将会遭受多少苦难、流多少鲜血。也没有人能估计到他们的未来和命运将会落在什么样的新权力之手中。这一切每时每刻都在发生，这

---

① 等到 1955 年，他却来了个 180 度大转弯。当时印度还是英联邦国家，他写信给时任印度总理的尼赫鲁说：“我希望你可以想到‘亚洲之光’这个词语。在我看来，在领导印度这个国家时，你可以做到亚洲国家任何其他人都无法做到的事情，至少在思想领域，用你的个人自由与尊严之理想，而不是共产党之操典”。（OB VIII，第 1 094 页。）他毕竟是丘吉尔，对自己如此彻底的转变，他甚至用了一句俏皮话来解释：“在我的一生中，我经常不得不食言，我必须承认，我一直认为这是一种有益健康的饮食。”（惠勒-班奈特编辑，《行动》，第 28 页。）

艘巨轮正在平静的海面上沉没。那些本应尽最大努力让船漂浮的人，却打开了船上的通海阀。”[63] 1947 年，在英属印度划分为印度和巴基斯坦期间，到底有多少人死亡？历史学家对此争论不休，大多数人估计有 50 多万人，但有些人认为死亡人数是这个数字的两倍，还有至少 1 600 万人永久地失去了家园。

丘吉尔并没有提出一个可行的替代方案，不过，他倒是缓和了批评的语气，因为帕格 · 伊斯梅是印度总督蒙巴顿的参谋长，但是蒙巴顿实施分治计划的时机不对，也缺乏监管，因此造成大量苦难和流血事件，关于这些问题丘吉尔说得没错。1947 年 10 月底，丘吉尔说：“屠杀 50 万人，让数百万人遭受苦难，即使是最冷酷无情、最残忍的人，也不会说这是件微不足道的事情，也不会让它成为一种哪怕是假设的选择。这不是微不足道的小事，这是一种恐怖，应该引起所有相关人士内心深处的悲痛与思索。”[64] 第二个月，丘吉尔了解到，政治家费罗兹 · 汗 · 努恩爵士发出呼吁，请求英国政府允许巴基斯坦购买武器自卫。他认为这是一份“最令人感动的文件”。[65]

1946 年 9 月 19 日，在苏黎世大学礼堂华丽的紫色大理石讲台上，丘吉尔进行了另一次重要演讲，重新提到自己在 1944 年 4 月的一次演讲中谈到的未来之欧洲合众国。[66] 丘吉尔认识到，他一生中两个最大的悲剧都源于德法战争，他承诺将建立新的德法友好关系，这将是欧洲统一道路上必须迈出的第一步，他还希望这将成为对共产主义苏联的一种抗衡。在苏黎世大学，他用了“让欧洲崛起！”这句话。[67] 这是西欧版本的富尔顿演讲，一个支持欧洲统一的激情宣言，时至今日读起来仍然朗朗上口。他在演讲中再次强调，他并不打算让英国加入欧洲统一组织，这与他在以往谈到这个话题时的态度是一致的，无论是在公共场合还是在私下交流中。他说：“这项紧迫的工作必须由法国和德国一起牵头。那样的话，英国与英联邦、强大的美国，我相信还包括苏联，大家都会好起来，都会成为新欧洲的朋友和赞助者，都会去捍卫其存在的权利，令其闪闪发光。”[68]

1947 年 5 月 14 日，在阿尔伯特大厅举行的一次欧洲统一组织的重要会议上，丘吉尔再次深情地呼吁，建立一个统一的欧洲大陆。德国和法国在战后的新世界“将会组成一个重要的区域实体”。他说：“美国及其所有的附属国、苏联、大英帝国与英联邦，还有欧洲——英国与欧洲深度融合在一起，将成为世界和平之殿堂的四大支柱。”他希望英国，用他的话说，成为一个朋友和赞助者，与一个统一的欧洲“深度融合”，尽管不是欧洲不可分割的一部分。1948 年 5 月，在海牙召开欧洲大会时，他再次传达出这样的信息。英国驻布鲁塞尔代表格拉德温·杰布很早就意识到：“丘吉尔本人显然根本不是一个‘欧洲人’。如果他能如愿以偿，英国将与一个从里斯本延伸到布列斯特—利托夫斯克的欧洲‘联合’起来……但英国永远不会成为其中的一部分。我一直不明白，为什么欧洲联邦的拥护者曾一度认为，他在考虑让英国加入欧洲联邦。他总是非常明确地表示，只要他还与英国有任何关系，英国就不会加入。”[69] 杰布是对的，正如丘吉尔在 1948 年 12 月 10 日的一次外交政策辩论会上所说：

> 我们不寻求欧洲运动……去篡夺政府的职能。我已经一次又一次地尽力让政府首脑明白这一点。我们要求建立一个没有行政权力的欧洲议会。我们希望，这种欧洲作为一个整体的情感和文化，能够让我们忘记旧的恩怨，减少并消除国家间的障碍，让我们越来越强烈地感受到自己是“一个很棒的欧洲人”，让那些目前使欧洲陷入苦难的问题最终都得到彻底解决。至于宪法结构、经济问题，还有军事方面的问题——这些都属于政府。我们不侵犯政府的领地。[70]

丘吉尔是新的民主德国的忠实拥护者。① “德国人在哪儿？”他咆哮着，怒视着 1949 年在斯特拉斯堡举行的欧洲理事会协商会议的会议厅。（他很清楚，他们将被邀请参加下次会议，但他喜欢这种戏剧性效果。）工党议员理查德·斯托克斯在整个战争期间都在批评他，而现在他也开始主张与德国建立友好关系。当他们离开下议院吸烟室时，斯托克斯问丘吉尔是否原谅了

① 纽伦堡审判中的 22 名最著名的纳粹分子，其中 12 人在 1946 年 10 月被处以绞刑。丘吉尔对帕格·伊斯梅说：“这说明，如果你卷入一场战争，取胜是极其重要的。如果我们输了，遭罪的就会是你和我。”

他。“我当然原谅了你，”丘吉尔说，“实际上，我非常同意你对德国人的看法。非常好。我内心留下的仇恨——当然并不多，我宁愿把它留给未来，而不是过去。”然后他离开了，对自己的随行人员补充说：“嗯，稍稍宣泄一下，很明智。”[71]

1947 年，由坎罗斯勋爵率领的一小群丘吉尔最亲密、最富有的朋友，以 8.5 万英镑（约合今天的 255 万英镑）的价格，联手买下了查特韦尔庄园，并将其交给了国家信托基金会，条件是丘吉尔和克莱门汀可以在余生免费居住在那里。丘吉尔获得了这笔房产交易中的 5 万英镑，国家信托基金获得了 3.5 万英镑。事实上，克莱门汀在丘吉尔死后不久就搬走了，但是这意味着丘吉尔心爱的房子保住了，他还得到了一笔巨款，可以用在他日益贵族化的生活上，包括精彩的假日，到蒙特卡洛去赌博，还将很快包括赛马。战争结束后不久，丘吉尔把查特韦尔的一座凉棚变成了一个蝴蝶屋，里面养满各种蝴蝶的幼虫，包括红纹丽蛱蝶、孔雀蝶、玳瑁蝶、纹黄蝶、赤蛱蝶和凡妮莎蛱蝶。他会在里面坐上几个小时，看着它们破茧而出，然后高高兴兴地把它们放出去。“在肯特郡这一带，蝴蝶数量大幅回升了，”鳞翅目昆虫学家休·纽曼记录道，“这要感谢丘吉尔先生。”[72]

1947 年 2 月 11 日，玛丽嫁给了克里斯托弗·索姆斯。索姆斯毕业于伊顿公学，曾经是冷溪近卫步兵军官，在中东参加“自由法国”运动时负伤，并荣获法国十字勋章，后来成为驻巴黎的助理武官。这是一段非常幸福的婚姻，但是仅仅 12 天之后，杰克·丘吉尔就因心脏病去世了。在弟弟生病期间，丘吉尔每天都去看望他，直到他生命的最后一刻。“他不在了，67 年的兄弟之爱结束了，我感到很孤独。”他告诉休·塞西尔。[73]他回忆起自己 5 岁的时候，父亲如何告诉他，他有了一个弟弟，以及战争期间杰克与他一起住在唐宁街的情景。“他没有恐惧，也没有痛苦，”在谈到杰克时，丘吉尔对休·塞西尔说，“走到了路的尽头，死亡似乎很容易。你觉得我们会被允许睡很长时间吗？我希望如此。”他对杰克的儿子说：“约翰尼，我将取代你爸爸的位置。有困难就来找我。我就是你的爸爸。”[74]父亲的慈爱，无论是否表现出来，始终是他性格中的一个重要因素。小温斯顿回忆说，在查特韦尔庄园时，“在他把沙子和水泥混合起来，制作出他所谓的‘哈巴狗’时，我会把砖头递给他……我毫不怀疑，就是因为他和他父亲的关系不太愉快，他才让我纵情尽享祖父的阳光”。[75]

1947 年 5 月，保守党出版了《工业宪章》手册，使保守党与工党的许多计划达成一致，包括福利国家计划和已实施的大部分国有化项目。手册共售出 250 万册。10 月的保守党大会采纳了该手册的意见，使其最终有机会助力保守党重新当选。丘吉尔对《宪章》的最初反应是，正如他对其主要作者巴特勒说的那样，“我一个字都不同意”，但是他也看到避免让自己看起来反对变革的重要性。[76] 与此同时，伍尔顿勋爵强制推行了党内改革，让年轻能干的议员来代替 1935 年吸收的年老的亲张伯伦分子。

9 月，丘吉尔对自己的选民说：“如果我今天再讲一遍我在富尔顿的演讲，你们会觉得那是一连串不冷不热的陈词滥调。”[77] 斯大林在苏联卫星国所进行的司法处决、对民主党派的残酷镇压、对选举制的碾轧，及其不断进行的对外军事行动，都证明丘吉尔是正确的。这一讲话出现的时机也非常关键，就此开始，美国的公众舆论转向了坚定地支持亲民主的杜鲁门主义。在随后的几年里，马歇尔计划（美国为恢复西欧经济活力提供的巨额补贴）、柏林空运计划和北约成立计划等也都在积极推进。1948 年，苏联将捷克斯洛伐克划入其势力范围，这只能让人们更加清楚地认识到，一直以来，丘吉尔都是正确的。

丘吉尔对共产主义的预测，与他对纳粹主义所发表的言论可谓异曲同工，但是这一次，他成功地制止了绥靖政策。否则，绥靖政策可能再次成为西方的默认机制。1947 年年末，在海德公园门，在丘吉尔为新保守党议员举行的一次午餐会上，其中一位议员问到原子弹的问题。“好吧，”他回答，“如果苏联人真的进攻，就让他们来吧，然后我就在他们身后扔几颗原子弹——轰，轰，轰！”他用手指猛敲着桌面，在桌布上留下了几个印子，之后补充说：“他们再也回不去了！”[78]

在 1947 年 10 月 28 日的一场辩论中，丘吉尔明确提出一个几乎是用自由主义的保守党替代社会主义的方案，并且使用了另一个即将广泛流传的词语。他说：“建立一个基本的生活与劳动标准，为所有人提供必要的食物。一旦实现了这一点，就要开始让百姓自由。别再挡道，让他们去做最好的自己，为他们的家庭和国家赢得任何他们能赢得的奖励……只有这样，才能建立起一个积极的、独立的财产私有民主制。”[79] 从安东尼·艾登到玛格丽特·撒切尔，每一位保守党首相都使用过“财产私有民主制”这个词语。弗里德里希·冯·哈耶克的《通往奴役之路》似乎推动了他从自己长期奉行的托利式民主家长制，向自由市场制度的转变。

11 月 5 日，丘吉尔对《缅甸独立法案》进行了抨击，尤其是对曾经支持日本的缅甸民族主义领袖昂山①的行为。用丘吉尔的话说，他“组建了一支我们可以称为‘卖国军’的军队，来帮助日本征服缅甸。他的军队犯下了极大的暴虐罪行。他们在打仗时倒不是很厉害，但是他们对忠诚的缅甸人——那些与英国和印度军队一起进行爱国抗争、保护缅甸领土不受日本侵略者侵扰的缅甸人，却极尽报复之能事，犯下了极大的暴虐罪行，只是因为这些人帮助我们抵抗过日本人。”[80]

回应他的是伍德罗·怀亚特，他说：“今天下午，关于保守党对帝国的真正信仰到底意味着什么这个问题，我们从伍德福德选区的尊贵议员那里得到了一个精彩的解释。保守党对帝国的信仰意味着‘被我们统治。如果你不喜欢，就滚出去’。”辩论结束后，丘吉尔在吸烟室外与怀亚特见了面。怀亚特记录道：“‘真是一篇精彩的辩论演讲。’他用在战争期间令全世界为之震颤、现在又令我为之震颤的低缓之音咆哮着说。我嘟囔着说，希望自己没有太粗鲁。‘我不要求怜悯，’他停顿了一下说，‘我也不会记仇。’我怎么可能不爱这样一个人呢？”[81]

“没有人假装民主是完美的或全能的。”11 月 11 日，丘吉尔在《议会法案》的二读中说，该法案修正并加强了下议院针对上议院的权力。“的确有人说过，民主是最糟糕的政府形式，除了那些人们不时尝试的其他形式。但是在我们国家有一种普遍的感觉，那就是人民应该统治这个国家，持续地统治，公众应该通过一切宪法手段获得表达权，用它来规范、指导并控制那些是他们的仆人而不是主人的大臣的行为。”[82] 他又顽固地回到他有关“盖

① 昂山素季的父亲。

世太保”那场选举演说的基调上，并且补充道：“作为一个生而自由的英国人，我所憎恨的是那种任人摆布或受人摆布的感觉，不管他是希特勒还是艾德礼。我们这个国家正在渐渐靠近一种准独裁，也就是——我想坦率地告诉下议院——那种既没有其罪孽也没有其效率的独裁。”[83] 对于曾经任命艾德礼为其副首相，丘吉尔现在感到非常荒唐。

11 月 20 日，伊丽莎白公主与菲利普·蒙巴顿亲王（希腊和丹麦的前亲王菲利普）在威斯敏斯特教堂举行婚礼。丘吉尔来晚了，这是他的一贯作风。当他走下中殿时，全场起立为他鼓掌。当然这不是他唯一一次为了获得某种欢迎仪式而迟到。在富尔顿，他曾拦住整个车队，直到找到一根火柴点燃雪茄。有时他甚至会“计时”抽雪茄，以确保烟蒂足够长，可以供摄影师拍照。[84] 这样的作秀向来是他作为政客的职业生涯的一部分。

11 月下旬，丘吉尔与伦道夫和萨拉在查特韦尔庄园共进家庭晚餐时，萨拉指着餐桌旁的一把空椅子问父亲：“如果你愿意让谁坐在那里谁就会坐在那里，你会让谁坐在那里呢?”她以为他会说马尔伯勒、恺撒或拿破仑。“噢，当然是我父亲。”他立即回答道。[85] 他告诉伦道夫和萨拉，他曾梦到自己的父亲到画室来看望他，两个孩子鼓励他把这件事写下来。几个月后，他口述了一篇文章，即短篇小说《梦》。[86] 文章最初被称为“私人文章”，只供家人传阅，在遗嘱中他把它遗赠给了克莱门汀。

文章的开头是这样的：“1947 年 11 月，在一个雾蒙蒙的晚上，我正在查特韦尔庄园山下小屋的画室里画画。”[87] 有人给他画了一幅他父亲的肖像，他正在临摹这幅肖像。“尽管我很怕画人脸，”他接着说，“我正想调整一下他的胡子，突然间产生了一种奇怪的感觉。我转过身来，手里拿着调色板，只见我那红色的扶手皮椅上坐着一个人，那正是我的父亲。他看上去就像我在他壮年的时候看到的那样，也像我所读到的他在自己短暂的胜利之年（1885 年—1886 年）那样。他个头不高、身材纤细，留着我刚才画的大大的八字胡，还有他那明亮、迷人和洋洋得意的神情。他的眼睛闪闪发光，看起来显然是脾气正好。”

然而，他父亲的鬼魂说的第一件事却是，他不认为他儿子“能以这种方式谋生”，即绘画。[88] 虽然他的脾气很好，但是他还是希望儿子有自知之明。“1894年以后的事情我什么都不记得了，”鬼魂在谈到他去世前的一年时说，“那一年我非常困惑。”这里暗指伦道夫勋爵的病情。鬼魂想要谈论政治，问及君主政体是否幸存下来，并允许丘吉尔回答，“比维多利亚女王时代更强大了”。然后鬼魂问起“卡尔顿俱乐部”，丘吉尔说正在重建中，但因为鬼魂不知道已经发生了两次世界大战，他认为重建是由于破败，而不是因为蓓尔美街100号那座巨大的维多利亚时代石头建筑在1940年10月14日晚上被德国炸毁了。他说：“我原以为它会存在得更久些，结构似乎相当坚固。”[89]就这样，温斯顿创造出这个故事的中心思想——父亲从来没有想到过，他的儿子是一个赢得了战争的伟大政治家，而是认为儿子并不比他在1894年时所认为的更好。

接下来他们又讨论了赛马，美国式说法“OK”，以及已经“再也没有任何成员”的樱草联盟。在观看温斯顿的画作时，鬼魂“露出了他那种好奇的、古怪的笑容。这微笑稍纵即逝，令人不知所措”。[90]他们讨论了英国国教，丘吉尔还透露：“我们现在的政府是一个社会主义政府，占据绝对多数的议席”，但没有提及他们是从谁那里赢得了选举。他们反倒谈到了阿瑟·贝尔福，温斯顿汇报说，他“在选举中惨败”，却没有提到他自己也负有部分责任。丘吉尔还谈到工党。他说：“你知道，爸爸，尽管他们很愚蠢，但他们很受人尊敬，而且越来越像资产阶级了。他们一点儿也不像以前的激进分子那样凶猛。”[91]在谈到女性选举权时他告诉吃惊的父亲，女性“是保守党强有力的支持者”，“女性选举权并不像我想的那么糟糕”。[92]

温斯顿告诉他的父亲，他以写作为生，布莱尼姆宫仍然掌握在他们家族的手中，尽管绝大部分地方都被在战争中新成立的一个政府部门——军情五处占用了。“你是说战争？发生过战争？”“自从民主掌权以来，除了战争，我们什么也没有过。”丘吉尔说。[93]这时，鬼魂谈到他的儿子：“我过去从来不想和你这样的孩子谈政治。学校的底层！除了参加骑兵队，没有通过任何考试！给我写的信里都是呆板的套话。我看不出你怎么能靠我留给你和杰克的那一点点钱生活，而且是在你母亲……当然那时你还很小，我非常爱你。老年人对年轻人总是很不耐烦。父亲总是希望儿子能具有他的优点，却没有他的缺点。”[94]

得知温斯顿已成为义勇骑兵队的一名少校——出于某种原因，丘吉尔没有告诉他自己曾在战壕里当过中校——“他似乎很不以为然”。关于世界大战，温斯顿解释说，英国赢得了所有的战争，“我们甚至让他们无条件投降了”。鬼魂说：“不应该强迫任何人那样做，伟大的民族会忘记苦难，却不会忘记屈辱。”“嗯，事情就是这样发生的，爸爸。”[95] 在那次交锋中，对于在没有充分提醒的情况下，罗斯福就迫使丘吉尔在卡萨布兰卡接纳那样的政策，丘吉尔心中是否有一丝的不满？丘吉尔不得不向他的父亲解释，英国不再像父亲所处的那个年代，是世界最强国了，现在的世界最强国是美国。“我不介意这一点，”鬼魂说，“你自己也有一半美国血统。”[96] 他们接着谈到加拿大、澳大利亚、新西兰与英国的兄弟情谊，但当鬼魂问起印度和缅甸时，温斯顿不得不承认：“唉！她们已经付诸东流了。”他的父亲听到后“呻吟了一声”。[97]

当被问及苏联时，丘吉尔说，那里仍然有一个沙皇，但他不是罗曼诺夫王朝的人，“他更强大，也更专制”。接着，他给父亲讲述了二战期间的大屠杀：“在最后一次大屠杀中，有 700 万人被冷血地杀害，主要是德国人干的。他们制造了人类屠宰场，就像芝加哥的牲畜围场一样。”[98] 他父亲的鬼魂接着说：“我从没有想过你会得到这么长久、充分的发展。当然，你现在年纪太大了，不能再考虑这些事情，但是我听你说话时，感觉真的很奇怪，你为什么不从政呢……你甚至可能已经成名了。”[99] 然后鬼魂就开始点烟，但是当火柴燃烧起来时，他消失了。“幻觉已经过去了……但是这幻觉是如此生动，让我觉得太累了，无法继续下去。还有，我的雪茄也熄灭了，烟灰散落在所有的颜料中。”[100]

这篇文章很有趣，充满了讽刺。“工党和工会认为君主政体不仅是国家的，而且是国有化的，”他写道，“他们甚至会去白金汉宫参加派对。那些恪守极端原则的人会穿套头毛衣去。”[101] 文章中提到“愚蠢的”工党，提到民主是战争的根源，提到印度走向没落，也提到“专制的”斯大林，所有这些都意味着它只能是“私人文章”，必须保密，直到他去世一周年才得以发表。尽管如此，可以很明显看到的一点是，丘吉尔仍有强烈的心理需求，需要得到他死去父亲的认可。在伦道夫勋爵去世半个多世纪后，丘吉尔让他说出这样的话："我从没有想过你会得到这么长久、充分的发展"，以及"我非常爱你"。[102] 当朋友问他这个梦是不是虚构时，他会笑着说："不完全是。"[103]

《梦》也可以被解读为是对英国霸权之终结的哀叹，对维多利亚时代那种稳定性之终结的哀叹。在大英帝国皇冠上的宝石丢失的那一年，这些无疑给丘吉尔带来了严重打击，丘吉尔一直认为这是一场悲剧。1947 年 11 月下旬，正是西北边境和旁遮普的大屠杀达到顶峰之时，他提出这种想法，应该并非巧合。印度权力的转移对他来说是彻底的创伤，而《梦》几乎可以被视为一种疗伤的方法。

然而，这个故事的绝大部分内容，都是丘吉尔对父亲关于他的看法的一种迟到的、巧妙的回应——父亲曾认为他一生都会失败。尽管丘吉尔看起来很谦虚，没有向他父亲提起他曾是首相，是西方文明的拯救者这一事实，但是读者还是不可避免地得出这样的结论：丘吉尔在动荡的 20 世纪所取得的成就，远远超过了他父亲在相对平静与和平的 19 世纪所取得的成就。避免直接这样说反而使这一观点更加有力。这背后是对一个男孩儿敏锐的心理的测评——男孩儿只想得到父亲的认可，却从未得到过。

在他的文学经纪人埃默里·里夫斯（他们在反绥靖斗争中相识）所谈的一项惊人的交易中，《第二次世界大战回忆录》的版权在美国卖到了 140 万美元（大约是今天的 1 610 万美元），在英国卖到了 55.5 万英镑（大约是今天的 1 670 万英镑）。丘吉尔是在 70 多岁时写的这套书，他在文学助理的大力帮助下完成了初稿。"你的任务，我的孩子，是把宇宙从混乱中拯救出来。"他在查特韦尔庄园的文件室里对其文学助理丹尼斯·凯利说。他把自己庞大的战时会议记录和文件档案搬到了文件室，将其视为自己的私人财产，尽管其中许多都标明属于不列颠王国政府。[104] 内阁秘书长诺曼·布鲁克下令，公务人员要确保丘吉尔及其助手"得到一切可能的便利和帮助"。[105] 有人谴责说，这是严重的偏袒，但这本书最终成了英国在美国及全世界最好的宣传品。

1947 年 12 月中旬，丘吉尔在美国出版商的安排下前往马拉喀什，在马穆尼亚酒店住了一个月。他带着另一位文学助理威廉·迪肯一起工作。迪肯曾空降到被占领的南斯拉夫，与铁托取得联络。他负责《第二次世界大战回忆录》第一卷的样稿工作，这一卷的书名是《风云紧急》。与丘吉尔共度这种写作和绘画假期的有家人、朋友、秘书、索耶斯、文学助理和负责其他各种杂事的工作人员。玛丽在一次假期里清点了100多件行李。[106] 即使是王室成员现在也不这么奢侈地旅行了。

圣诞节前夕，丘吉尔和萨拉去了马拉喀什的一家夜总会，他注意到一位美丽的女士在独自用餐。“那位绅士回家去了。”萨拉解释说。“你怎么知道的?”他问。“绅士们不都是要回家与家人在一起的吗?”她回答。[107] 于是他站了起来，带着萨拉在舞池里跳舞，一直跳到房间另一边那位“孤独而骄傲”的女士面前。丘吉尔对她说:“这位圣诞仙女，可以请你跳舞吗?”于是他们一起翩翩起舞，直到丘吉尔把她送回桌旁。警探们担心她可能是个间谍。第二天，他收到一份电报，上面写着:“你永远都不会知道我的名字，但是能与温斯顿·丘吉尔共舞我感到很自豪。”

丘吉尔在美国的出版商沃尔特·格雷布纳回忆说，他们一起参观阿特拉斯山脉时，丘吉尔特别喜欢他的野餐习俗，“并很快就把这些习俗提升到正式仪式的级别”。[108] 习俗之一是喝酒时说古代印度军队的祝酒词。在野餐结束时，每个人都会起身为当天祝酒。星期天“为不在身边的朋友”祝酒，星期一“为男人”，星期二“为女人”，星期三“为宗教”，星期四“为我们的宝剑”，星期五“为我们自己”，星期六“为妻子和情人”。“你知道吗，大多数人到了天堂都会非常惊讶，”丘吉尔在这次旅行中对格雷布纳说，“他们很期待见到像拿破仑和尤利乌斯·恺撒那样让人着迷的人，但他们可能永远也找不到那些人，因为那里还有千百万其他的人——印度人、中国人以及诸如此类的人。每个人在天堂都有平等的权利，那才是真正的福利国家。”[109]

尽管丘吉尔在摩洛哥的大部分时间都和迪肯一起工作，但是他们毕竟远离了伦敦的冬天，工作都是在温暖的阳光和清新的空气中完成的。“我不需要休息，”他告诉克莱门汀，“变化就是一种很好的提神剂。”[110] 有一次他支气管炎发作，莫兰和克莱门汀飞了过来，以防他肺炎复发。有传言说丘吉尔快要死了。拉塞勒斯甚至为国王写了一份声明草案，以防他的死讯真的传来。[111] 让乔·斯图迪感觉特别好笑的是，来自世界各地的数十名记者“乘专机蜂拥而至，希望能在他死亡之际赶到马拉喀什，结果却发现这只老狐狸就坐在餐厅里他的老位子上，看上去和以前一样圆润健康”。[112]

《风云紧急》从第一次世界大战结束写到1940年5月，由霍顿·米夫林出版社于1948年6月在美国出版，同年10月由卡塞尔公司出版。（出于版权的原因，英国版总是几个月后才出版。）这是一本一出版就很畅销的巨著，是丘吉尔迄今为止最畅销的一本书。第一版的销售量是《第一次世界大战回忆录》的25倍，而且销售速度也快得多。书稿内容在全球80家杂志上连载，并以26种语言在50个国家出版。

1948年1月，在一场关于外交事务的辩论中，丘吉尔宣称：“就我个人而言，我认为所有党派都觉得，把过去留给历史会更好些，尤其是在我打算亲自书写那段历史的时候。”[113]他的话引起一阵哄堂大笑，而他的书显然并不打算从客观的角度讲述第二次世界大战的故事。“这不是历史，”他煞费苦心地对迪肯和其他人指出，“这是我的个人案例。”[114]历史学家抱怨说，这部作品没有对战争中丘吉尔没有直接参与的某些方面给予足够重视。其实，他们没有认识到，尽管这部作品的标题《第二次世界大战回忆录》看起来非常客观、包罗万象，但正如丘吉尔所说，像《第一次世界大战回忆录》一样，这6卷书虽然都有文献佐证，却是丘吉尔的故事。讲述丘吉尔的故事，这一写作模式取得了压倒性成功，不仅在书籍销售量方面，在人们如今依然普遍对二战的战略和进程的接受方式上也是如此。

丘吉尔对第一代马尔伯勒公爵为数不多的批评之中的一条，是他从未写过回忆录：“他似乎确信事实自己会讲述故事。”[115]丘吉尔自己的纪念碑，用他的话说，则不会“用巨石堆砌而成”，而是要由这些战争回忆录来建造。初稿的大部分是由一个有才华的文学写作团队完成的，团队的绰号为“财团”，其中包括凯利、迪肯、帕格·伊斯梅、陆军中将亨利·鲍纳尔爵士、海军准将戈登·艾伦、皇家空军上将盖伊·加罗德爵士和牛津大学学者莫里斯·阿什利。把初期的草稿变成最终的作品，丘吉尔需要做大量的重写工作，这是一个艰难的过程。大多数章节都写了十几个版本，最后5个版本分别是“暂时半终稿”“暂时终稿”“接近终稿”“终稿”和“接受各种校对的校样”。

1919年，法国方面请丘吉尔为一座战争纪念碑题词，他的建议是“战争中：愤怒。失败中：蔑视。胜利中：宽容。和平中：友善”。[116]对方拒绝这一题词，所以他就把这个内容当作“这部作品的寓意”，用“坚定”代替了“愤怒”。就在这本书出版的同一个月，斯大林切断了西柏林与德国其他地区的联系，食物和物资不得不通过空运才能送到那里。与此同时，捷克的共产党在布拉格发动了一场政变。因此，这本《风云紧急》对这一事态也进行了谴责。

并不是所有人都感到满意。奇普斯·夏侬写道：“我认为，我们党对丘吉尔对慕尼黑进行的毫无保留的批评很不满意。”[117] 斯坦利·鲍德温于 1947 年 12 月去世，但他的朋友们都对丘吉尔在书中对他的描述感到愤怒，因为丘吉尔把他描述成“保守党有史以来最伟大的政党经理人”，而且索引内容显示，鲍德温承认，在 1935 年大选之前的一次未能实际举行的大选中，在重整军备问题上，他将政党利益置于国家利益之上。[118] 艾登向克兰伯恩抱怨说，丘吉尔弄错了他对墨索里尼的政策，但是对其恶语相加的当属伊曼纽尔·辛韦尔，他将这本书斥为一部“小说”。新当选的工党议员迈克尔·富特[①]则这样评说这本书，虽然这本书比希特勒的《我的奋斗》“有趣得多，也更有教育意义”，但是在“个人的自负与傲慢方面，两本书有些相似之处”。[119] 尽管这一说法完全是一派胡言，但书中有关莱茵兰危机的内容确实具有误导性。当然，人们总觉得丘吉尔应该无所不知，而事实并非如此。[120]

1949 年 3 月，丘吉尔出版了第二卷战争回忆录《最光辉的时刻》，内容涵盖了从1940年5月—1941年1月发生的一系列事件。（法文本的标题是《悲剧时刻》）[121] 当然，这本书不可能提到“超级解密”组织，但是在其他方面，第二卷的争议性比第一卷小，也比后面即将出版的几卷小。“在我们这个岛千百年的历史中，从前何曾出现过这样的主题与文笔如此完美配合的作品？”《旁观者》提出这样一个问题。丘吉尔的 6 卷战争回忆录总共 200 万字，至今仍然可以作为一部历史著作和文学作品来阅读。

1948 年 7 月 4 日，卫生大臣安奈林·贝文在描述保守党人时说，他们“比害虫还低劣”，长期以来对他极为反感的丘吉尔自然会做出回应。6 天

① 在伦道夫最后一次试图进入议会时，富特在普利茅斯（德文波特）选区击败了他。

后，丘吉尔在伍德福德对选民说："我们称他为卫生大臣，难道我们不应该称他为疾病大臣吗？难道病态的仇恨不是一种精神疾病、一种道德疾病、一种高度传染性的疾病形式吗？事实上，让一个明显需要精神病治疗的人来做第一批病人，并以此来作为国家卫生大臣就职的标志，我想不出比这更好的措施了。"[122]（后来，丘吉尔在一次谈到贝文对富人的仇恨时说："仇恨不是一个好的领路人。我从来不认为自己是一个很会仇恨的人——尽管我知道，仇恨会让人更加好胜斗勇。"）[123]

8 月，在普罗旺斯地区的艾克斯，丘吉尔在寻找他所说的"可以入画的"地方时向布思比明确表示，在柏林空运这样的危机中，如果他还在唐宁街 10 号，就会利用西方的核垄断优势。在谈到苏联时他说："我现在就和他们解决这个问题。如果我们不这样做，战争可能就会来临。我会很有礼貌地对他们说：'我们从柏林撤离的那一天，你们也必须撤离莫斯科。'我认为没有必要解释原因。"他认为，美国人让克里姆林宫以为，他们已经放弃了核武器这个选项，"但有我在的话，他们就不会那么肯定了"。[124] 这些话他是不愿意在公开场合说的，每当他蹑手蹑脚地靠近这样的内容时，左翼媒体，甚至《泰晤士报》，都会迅速地跳出来，谴责他是战争贩子。

10 月 9 日，在威尔士的兰迪德诺举行的保守党会议上，丘吉尔发表了这样一个观点：英国应该成为"自由和民主国家的三个大圈子"——大英帝国与英联邦、美国，以及统一的欧洲之间的一个纽带。他还提到苏联的"侵略性和恶意"。他说："和平和防止战争的唯一可靠基础就是强大。"他谴责了可能导致捷克外长、他的朋友扬·马萨里克被谋杀的捷克政变："斯大林在 1948 年所进行的侵略行为，与希特勒在 9 年前，即 1939 年进军布拉格的侵略行为别无二致……这一切都清楚地摆在我们面前，与希特勒在《我的奋斗》一书中写到他的计划时告诉我们的一模一样。我希望西方国家，特别是我们自己的国家和美国，不会两次陷入同一个致命的陷阱中。"[125] 辛韦尔第二天对此回应道："丘吉尔先生是一位伟大的战争领袖，他当然是。这就是为什么他希望发生另一场战争。"[126]

《真理报》称丘吉尔是表现"英国反应的野牛"，《每日工人报》称他为"原子无赖"，《泰晤士报》称他的观点"简单到危险"。[127] 丘吉尔并没有改变立场，他在 1949 年 1 月的一场辩论中明确指出：“我认为，有一天人们必将认识到，如果布尔什维克主义在其诞生时被扼杀，将是对人类不可言喻的祝福，不仅对一方来说如此，对整个文明世界来说也如此。”[128] 在 1949 年 8 月苏联成功试射自己的核弹之前，丘吉尔私下里一直都主张利用西方的核垄断优势。而现在，唯一的解决办法就只有通过谈判达成妥协，结束军备竞赛，同时继续在意识形态方面施压，希望共产主义能够在内部崩溃。

1948 年 11 月，在他 74 岁生日前夕，丘吉尔和“老萨里与伯斯托狩猎俱乐部”的人在查特韦尔庄园碰面，一起骑马外出，他展示了自己不减当年的充沛体力。“这真是一次了不起的出行”，玛丽回忆道，“不过，通过这次行动证明自己之后，温斯顿倒是没有再次养成骑马的习惯，我们都松了一口气。”[129] 1949 年，在克里斯托弗·索姆斯的鼓励下，丘吉尔开始赛马，他选了父亲赛马的颜色，腿部和头部为栗色的铬锡红马。在买下一匹灰色的法国小马“殖民者二世”后，他在接下来的几年里又投资了 37 匹赛马。他会在比赛前和他的马交谈，有一次，“殖民者二世”跑了第四名，他解释说：“我告诉它这是一场非常大的比赛，如果它赢了，它就再也不用跑了，而是会与一位赏心悦目的女性伴侣共度余生。‘殖民者二世’刚才没有把心思放在比赛上。”[130] 1950 年 5 月，“殖民者二世”在赫斯特公园跑赢了国王的战马“光明磊落”，他写信给伊丽莎白公主说：“我真希望我们双方都能获胜——但是那样的话，草皮就不会兴奋地活跃起来。”[131] 在去世之前，丘吉尔已经赢了 70 场比赛。赛马给他带来兴奋和快乐，尽管克莱门汀从未表示过完全赞同。“殖民者二世”在赫斯特公园取得胜利的几年后，有人建议把它送去做种马，丘吉尔说：“之后就让别人说，英国首相是靠一匹马获得的不道德收入过日子吗？”① [132]

1948 年 5 月，以色列成立，丘吉尔对此表示热烈欢迎。1949 年 1 月，他对持怀疑态度的下议院和仍不承认以色列的工党政府描述说，这是“世界历史上的一件大事，不能从一代人或一个世纪的角度来看待，而是要从一千

---

① 丘吉尔信奉主旋律。“把这个布丁拿走！”20 世纪 50 年代，他曾对一位服务员说：“它没有主旋律。”（克里斯托弗·索姆斯，《黄金时刻》，第 50 期，第 16 页。）

年、两千年甚至三千年的角度来看待。我们要用时间价值的标准来看待它，它所体现的时间价值，似乎与我们今天这种分分秒秒都在快速变化的情绪，以及我们所处的这个分秒必争的时代非常不一致”。[133] 两个月后，他到美国与杜鲁门总统会晤，并前往麻省理工学院演讲。在纽约，他对一些主要为犹太人的听众说：“请记住，在那些黑暗的岁月里，在我的许多最杰出的同胞都持不同观点的时候，我就支持成立一个自由、独立的以色列。所以，你们一时一刻都不要以为，我会在你们的荣光时刻抛弃你们。”[134]

3 月 25 日，在时代生活公司创始人亨利·卢斯于纽约举办的晚宴上，丘吉尔说，苏联政治局“这 14 个人有他们自己的等级制度，以及一个在每个国家都有传教士的共产主义教会作为他们的第五纵队”。[135] 回忆起他在富尔顿的演讲所引起的公愤时，他说：“我记得我父亲在我小的时候说过——一个不能出重拳击倒别人的人一文不值。我呢，一直努力要做到这一点。总的来说，这是一个相当健康的过程。”但是他又补充说：“你不会想要出重拳击倒别人，除非你能够帮他以更好的心态重新站立起来。”[136]

丘吉尔接着问，在富尔顿演讲之后的三年里，是谁创造了这个变化了的世界？他说：“除了斯大林，还能是谁？就是他。”[137] 在波茨坦会议上，他说“我喜欢那个人”，他再也不会那样说了。现在他说：“我告诉你们，跟一个共产党员争论是没有用的，试图改变共产党员的信仰或说服他是没有用的。”相反，你们唯一能做的，就是“让苏联政府相信，你比他的武力更强大”，而且，“即使这种武力的使用可能会导致非常残酷的后果，你们也不会受到任何道德约束。这才是实现和平的最大机会，是通向和平的最可靠道路”。[138]

3 月 31 日，丘吉尔在位于波士顿的麻省理工学院①演讲时说：“我们没有想到，在这个所谓的‘平民世纪’，我们见证了它的一个突出特点，那就是，更多的平民在用更大的武器互相残杀，这个世纪比世界历史上任何其他 5 个世纪加起来杀死的平民还多。”[139] 在共产主义运动在欧洲失败的前 40 年，丘吉尔就预测到：

---

① 丘吉尔在麻省理工学院的积极体验促使他要求，作为对他的纪念，在剑桥大学建立一个科学技术学院。

> 法律，无论公正与否，支配的是人的行为。专制可以限制或规范人们的言论，宣传机器可以让人们头脑中充满谬误，让他们世世代代无法得到真相。但是，人们在昏睡中被掌控或是在长夜中被冻结的灵魂，可能会被一粒小小的火星唤醒，这粒火星来自某个只有上帝才知道的地方，一瞬间，它就会让整个谎言和压迫体系接受生死考验。被奴役的人民永远不必绝望。[140]

当柏林仍处于封锁状态，柏林空运计划仍在继续进行时，这个讲话释放出一个积极的信号。1953 年 1 月，他预言科尔维尔将会见证共产主义运动在欧洲的失败。他差不多预测对了，科尔维尔死于 1987 年，就在柏林墙倒塌的前两年。[141]

1949 年 8 月 24 日，在法国南部度假的丘吉尔患了轻度中风，后来那些年曾多次复发。他在凌晨 2 点玩牌时，发现右腿和右臂有些抽筋，当天早上晚些时候睡醒后还在抽，写作也有困难。但是他的演讲没受影响，莫兰告诉他："一个很小的血块阻塞了一条很小的动脉。"[142] 这件事是保密的，但现在回想起来，这原本是丘吉尔离开下议院并把权力移交给下一代的好时机。然而，5 天之后，苏联人成功地试验了他们自己的原子弹，这让他感觉到自己必须留在政治前哨。

1949 年年初，工党政府的受欢迎程度开始下降，因为紧缩政策仍在继续，配给也没有取消的迹象。当一位党内工作人员告诉丘吉尔，2 月的汉默史密斯南部选区的补缺选举投票意向"杂乱无章"时，丘吉尔问道："你是什么意思？有多杂乱、多无章？"[143] 选举结果显示，保守党增加了 5.2% 的选票，虽然不足以获胜，却是一个积极的信号。9 月 18 日，斯塔福德 · 克里普斯将英镑贬值了 31%，从 4.03 美元降至 2.80 美元，严重损害了工党政府在经济能力方面的声誉（尽管丘吉尔在第二年 1 月曾不得已私下向克莱门汀承认："贬值的恶果还没有真正显现出来，只是在路上"）。[144] 克里普斯自 1947 年以来一直担任英国财政大臣，他曾 9 次否认自己会让货币贬值——但是为了保护英镑，他不得不这样做。因此受到丘吉尔不公平的指责，称他欺骗了议会。作为回应，克里普斯指责丘吉尔"玩弄政治"，并拒绝在当年晚些时候接受由丘吉尔颁授的布里斯托尔大学荣誉博士学位。

“温斯顿那孩子气的一面永远是迷人的。”1949年9月28日，奇普斯·夏依记录道：

> 今天我看见他走进下议院大厅……（问到）鼻烟，服务员用一个银盒子递给他。然后，令人惊讶的是，温斯顿看了看（守门警卫官的）椅子，（他认识这把椅子的时间一定有40年了），好像以前从来没有见过一样，然后坐了上去，坐了整整5分钟，向其他议员鞠躬，眉开眼笑的……一个孩子气的恶作剧……然而，几分钟后，他就在一个挤满焦虑的议员的大厅里进行了（关于英镑贬值的）演讲——他最伟大的演讲之一。[145]

丘吉尔拒绝遵守规定和惯例，甚至无视所有“禁止吸烟”的标志。他继续给下议院员工小费，尽管由工党控制的厨房委员会已禁止一切小费。

同年11月，丘吉尔在接受《泰晤士报》文学奖颁奖时说：“写作是一种探险。起初，它是一个玩具、一种乐趣，然后它变成了一个情妇，然后它变成了主人，再然后它就变成了暴君，在最后阶段，就在你马上要甘心接受奴役时，你杀死了这只怪物。”[146]当月晚些时候，在海德公园门举行的庆祝他75岁的生日宴会上，他依然是俏皮话不断。当摄影师表示希望可以拍摄他的100岁生日聚会时，丘吉尔回答：“年轻人，我看没什么不可以的。你看上去结实又健康。”[147]有人问他是否害怕死亡，他说：“我已准备好去见我的造物主。但是造物主是否准备好接受与我见面这一严峻考验则是另一回事。”[148]

1950年1月11日，艾德礼突然宣布解散议会，并将于2月23日举行大选。丘吉尔在马德拉岛的假期不得不提前结束。他召集了保守党的领导人，在9个小时内，他们一起研究制定了在很大程度上基于《工业宪章》的选举宣言。①

① 当他召来普林斯顿大学的选举学家戴维·巴特勒博士，就此次选举进行4个小时的讨论时，他惊讶地发现巴特勒只有25岁。“年轻人，抓紧时间吧，”他对他说，“拿破仑跨过洛迪桥的时候只有26岁。”巴特勒回忆说：“我当时完全处在敬畏之中，我并不是保守党的支持者，但是我知道我面对的是这个世界上最伟大的人。”（《每日电讯报》，2015年4月7日。）

“这就是我们的路”承诺，“保持并改善医疗服务”，同时将“国家的生产能力从专横的国家控制和官僚管理的束缚中解放出来”。他对克莱门汀说：“我为这个国家感到沮丧，因为不管谁赢，我们都只能去面对痛苦和冲突，就像人们在快要散架的小筏子上野蛮地打斗一样。”[149] 至于结果，“一切都是未知的。然而，如果我们一开始就知道结局，生活就不会有乐趣了”。[150]

2 月初，投身到这场竞选运动中的丘吉尔在加的夫的一次演讲中，攻击了一种早期形式的政治正确性。

> 我希望你们都掌握了社会主义的官方术语，那是我们那些所谓的主人希望我们能够学习的。你不能用“穷”这个词，要用“低收入群体”来称呼他们。在谈到冻结工人工资的问题时，英国财政大臣说的是“遏制个人收入增长”……还有一个关于房子和家的可爱表述，未来它们将被称为“住宿单元”。我不知道我们要怎么唱那支老歌《甜蜜的家》了。‘住宿单元，甜蜜的住宿单元，没有任何地方能像我们的住宿单元一样。’我希望有生之年能够看到英国的民主制度把这些垃圾语言从嘴里吐出去。[151]

6 天后，他对爱丁堡的听众开玩笑说：“我很怀疑，那些普通的社会主义者早上醒来会对自己说，‘嗬，我拥有英格兰银行，我拥有所有的铁路，我拥有所有的煤矿’，并因此感到非常快乐。不过，如果这真能给他带来什么实际的快乐，那么他为此付出的代价肯定会非常高昂。”[152]

丘吉尔知道自己可能会被指控为战争贩子，而且也充分意识到苏联现在已经是一个核大国，所以在谈到苏联人时，他创造了一个新词：“有一个想法吸引了我，我要尽最大努力填补两个世界之间的鸿沟，让每个人都能过上自己的生活，如果没有友谊，至少也没有冷战的仇恨。你们在这些事情上一定要注意我说的话，因为我并不总被证明是错的。有可能的话，召开一次峰会进行谈判总不会让事情变得更糟。”[153] 工党将这一想法斥为“噱头”，但是丘吉尔在推广“照常营业”和“铁幕”等词语方面的能力是如此之强，以至此后所有领导人之间的会议都被称为“峰会”。

丘吉尔及其政党需要攀登的是一座很难跨越的高山。1945年—1950年的议会通过了不少于347项《议会法案》，全面实施了《贝弗里奇报告》、1946年的《国家保险法》和1948年的《国家援助法》，建立了国家卫生服务机构，建造了100多万栋新房子，并规定孩子至少要在学校接受教育到15岁。工党还将煤矿、铁路、天然气、电力、公路运输和英格兰银行收归国有，让印度、巴基斯坦、锡兰和缅甸获得独立，从巴勒斯坦撤军，并协助建立了北约。这其中许多都是真正的成就，但代价是资源短缺、物资必须采取配给的形式、财政紧缩、高税收、党派分裂、英镑贬值和内阁的精疲力竭：贝文和克里普斯都将在未来两年里相继死去。

在在野的这段时间里，保守党维持了一支强大的下议院前座团队，包括安东尼·艾登、哈罗德·麦克米伦、拉博·巴特勒、奥利弗·斯坦利和奥利弗·利特尔顿。丘吉尔选择了一个他喜欢和欣赏的影子内阁，这20人中有6人持有军功十字勋章，8人是“其他俱乐部”的成员。会议记录显示了他们的讨论是多么随意、学院式，他们有时甚至是在闲聊。[154]

这次选举的投票率为84%，是自1906年以来的最高投票率，也是自此以后的最高投票率。工党赢得了315个席位，保守党298个，自由党9个，其他党派3个，这使得艾德礼（不算议长）实际上获得了5个多数席位。保守党增加了85个席位（实际增加了40%）。工党赢得了1 327万张选票，保守党1 250万张，自由党262万张。“温斯顿今天在国防辩论会上演讲了一个多小时，看起来精神很好，”夏侬在3月中旬记录道，“他是从不熄灭的火山。”[155]

丘吉尔一直在深入思考轰炸苏联的后果，以及此后被称为“同归于尽”的概念。3月底，他在下议院发表了一场非同寻常的演讲，分享了自己在这方面的看法。他说：“和平最高贵的基础莫过于相互恐惧，道德家可能会觉得这种想法很可悲。”[156]他重复了富尔顿讲话中的一些想法，并得出结论：“在历史的这一时刻，人类凌驾于自然力量之上的实力，比自己曾经梦想的实力更强大。他有能力很容易地解决自身存在的物质问题。他征服了野兽，甚至征服了昆虫和微生物。正如希望的那样，一个和平与进步的黄金时代正展现在他的面前。一切都在他的掌握之中，他只需要征服他最后的，也是最坏的敌人——他自己。”[157]正如他在5年后所说，他担心“这种威慑吓不倒那些疯子或独裁者，如果他们正处在发现自己已陷入绝境的希特勒的情绪中。”[158]

1950年4月，丘吉尔出版了《伟大的同盟》，这是《第二次世界大战回忆录》的第三卷，内容涵盖了苏联与美国参战这一时期。考虑到这本书的主题和作者，现在一些评论家将其比作尤利乌斯·恺撒的《高卢战记》就没什么可奇怪的了。[159]“我必须在历史面前为自己辩护。”丘吉尔向一位一直在查特韦尔庄园工作的保守党官员公开承认。[160]仅仅《生活》杂志在美国的连载版权就为他带来了50万美元（约合今天的525万美元）的收入。“我不是在写书，”他说，“我是在掘金。”[161]

6月，丘吉尔略显虚伪地抨击了工党对舒曼计划会议的抵制，该计划预言了欧洲钢铁同盟的出现。两个月后，在斯特拉斯堡，他对建立一支欧洲军队表示支持，尽管艾登告诉克兰伯恩：“对于法国和德国的团结，这可能是有益的，但是温斯顿从未打算让其走得更远。”[162]但是就在同一个月，在下议院有人追问时，丘吉尔承认，“目前”他还看不到英国成为“欧洲联盟中一个普通成员”的可能性。[163]他接着解释，这主要是因为英国“是大英帝国和英联邦的中心”，以及“我们与美国在英语世界的兄弟关系”。反对当然是反对党的职责，但事实很快证明，他本人并不打算在执政期间做那些他批评工党拒绝做的事情。

“在我们的欧洲运动中，我们曾与欧洲联邦的支持者合作，”他在同一场合对下议院说，“我们一直明确表示，尽管他们与我们在同一条道路上前进，但我们并不为他们的最终结论负责。”[164]亲欧洲的英国人对他很绝望，杰布抱怨说：“丘吉尔的决定是两面三刀的。”并进一步得出结论：他并不是真的……支持加入任何超越国家的欧洲组织。[165]他是对的，1948年8月12日，丘吉尔对维奥莱特·博纳姆·卡特说，“成立联邦的解决方案”行不通，因为“组织欧洲议会的做法是完全不切实际的”。[166]

1950年6月下旬，斯大林鼓励朝鲜共产党领导人金日成入侵韩国，并以此试探西方的决心。杜鲁门和艾德礼做出强硬的反应，对韩国进行了国防支援。“这位老人对我非常好，”丘吉尔对议会成员、律师、未来的内政大臣戴维·麦克斯韦尔·费夫爵士说，“如果我处在艾德礼的位置，我不可能处理好这种事情。我应该会被称为战争贩子。”[167]由于杜鲁门比丘吉尔小 10 岁，麦克斯韦尔·费夫自然会问：“哪位老人？”“天哪，唐纳德爵士啊。”丘吉尔回答。我们只能推测，这是因为丘吉尔总是称戴维爵士为唐纳德爵士。

9 月 11 日，80 岁的陆军元帅简·史末资去世，丘吉尔继续了自己在写给朋友的悼词中谈论自己的传统。他对“其他俱乐部”的成员说，史末资是“我们在世的成员中最伟大的”。[168]他早在半个世纪之前就认识了史末资，毫无保留地崇拜他，接受他提出的建议。如果那些建议是任何其他人提出的，除非是克莱门汀，否则他可能都不会接受。[169]在布尔战争中他曾是丘吉尔的敌人，然后成了丘吉尔的好朋友和值得信赖的顾问，尤其是因为丘吉尔知道，史末资并不觊觎他的职位。现在，比弗布鲁克几乎成了他与第一次世界大战那一代人仅存的联系。

11 月，他的第四卷战争回忆录《命运的关键》出版，内容涵盖了从日本偷袭珍珠港到突尼斯沦陷的那段时期。随着冷战逐渐升级，丘吉尔在 1942 年的叙述中尽量减少了他与美国人在战略上的分歧。他对戴高乐也很大度，戴高乐于 1958 年再次当选法国总统。他说：“他总是，即使是在他表现最差的时候，表现出法国的特色——一个伟大的国家，充满骄傲、权威和雄心。”[170]因为乔治·马歇尔是美国国防部部长，艾森豪威尔则被认为有做总统的抱负，而丘吉尔离重返唐宁街也只有选举的一步之遥。他意识到，也许不久之后，他们三个人又要合作了。他的这卷回忆录，虽然写得又很美，却没有详细描写盟军内部的争执与不和。也有人批评该书低估了奥钦莱克的防守在第一次阿拉曼战役中的作用，却夸大了蒙哥马利的进攻在第二次阿拉曼战役中的作用。①[171]

12 月中旬，在一场关于国际形势的辩论中，丘吉尔竟然出人意料地赞扬了至少是在某些情况下的绥靖政策。艾德礼宣布不可能对苏联采取绥靖政策后，丘吉尔回答：“绥靖政策本身是好是坏，要视情况而定。因软弱和恐惧而绥靖，既是徒劳，也会致命。因为强大而绥靖，则是宽宏大量的、高尚

① 奥钦莱克的一个参谋，少将埃里克·多曼·奥高恩甚至提出了诽谤诉讼，迫使丘吉尔在随后的版本中减少了对奥钦莱克的批评。

的，也许是通往世界和平最可靠的，甚至是唯一的道路。”[172]他接着谴责了那些越来越多“不首先使用”核武器的运动，认为这意味着“除非你先被人枪杀，否则你永远不会开枪。在我看来，这种说法无疑是愚蠢的，采取这种立场更是轻率的。此外，这样的决心无疑会使战争离我们更近一步”。夏依记录道，在丘吉尔被“数百名愤怒地咆哮着的社会主义者”喝倒彩时，“这给我的印象是，他是故意想要创造出这样的情形的”。[173]

丘吉尔又回到马穆尼亚酒店过圣诞节，当他再次返回伦敦时，关于他去世的谣言又开始流传。丘吉尔在2月中旬说：“我从很多方面得到消息，有传言说我今天早上去世了。这根本不是真的。然而，这却是一个有人已经开始散布流言蜚语的好例子。如果把它留到投票日，会更有艺术感。”[174]丘吉尔愉快、乐观的态度与政府明显的疲惫不堪形成了鲜明的对比，所以他继续保持着这种风格。当斯大林指责艾德礼在朝鲜战争和重整军备问题上是战争贩子时，丘吉尔说，工党本打算在下次选举中称丘吉尔为战争贩子，“因此，斯大林的罪过在于他不仅说了假话，而且侵犯了版权”。[175]

尽管贝文在战争期间确实是一个“卑鄙的讨厌鬼”，但是在1951年4月，他对保守党却大有用处。他和另外两名大臣，包括后来的首相哈罗德·威尔逊，在重整军备时因为征收医疗服务费问题而辞职。丘吉尔在阿尔伯特大厅对听众说：“艾德礼视野有限，抵抗力却很强，他现在又去领导并指挥那群拥有一颗狮子心的爬虫了……他们团结在一起，就是要不惜一切代价保住执政地位，哪怕以牺牲自己的名誉和国家的前途为代价，并尽其所能把与民主选民的一切接触推迟到最后一刻。”[176]在这些讲话中，我们可以看到他在1905年攻击贝尔福政府的影子。7月，在伍德福德选区，丘吉尔又犯了一个严重夸大事实的错误，他声称：“6年的社会主义政府对我们财政和经济的打击比希特勒造成的打击更大。”[177]这是完全不符合事实的——第二次世界大战使英国损失了近1/3的净财富——尽管这篇演讲很吸引眼球，但是几乎不值一提。

9月19日，艾德礼宣布将于10月25日举行大选，希望将他在议会中的多数席从目前的5个增加到5个以上。影子内阁采用了“让英国强大而自由”的口号，并承诺在三年内建造30万套住房。丘吉尔想邀请当时的自由党议员维奥莱特·博纳姆·卡特为保守党做一次选举广播，甚至希望两党能够合并。① [178] 自由党代表她拒绝了这一要求。经过三天的劝说之后，丘吉尔不得不放弃此举。但是在那一刻，人们似乎已经可以清楚地看出，对他来说，比他那短暂的自由主义信仰更重要的，是他政治思想中的托利式民主因素。（“我们从来不是保守党人，也永远不会是！”几年前，醉醺醺的伦道夫曾对伍德罗·怀亚特大喊道，“我们只是在利用保守党。”）[179]

10 月 6 日，面对对手斥责他为战争贩子的指控，丘吉尔对埃塞克斯的听众说：“可以肯定，我们不希望任何一根手指触碰扳机……我不认为第三次世界大战是不可避免的。我甚至认为，现在的危险比美国大规模重整军备之前还要小。但我现在必须告诉你们，无论如何，触发第三次世界大战的不会是英国人的手指。”[180] 两天之后，丘吉尔在一次广播讲话中进一步支持了这一观点，他说：“我不认为我们应该为了打仗而重整军备，我认为我们重整军备是为了和谈。”他在普利茅斯的一次演讲中重申了这一点：“在这个紧要关头，如果说我还在参与公共事务，那么只是为了（和平）……这是我想要赢得的最后一个奖品。”[181] 尽管如此，在投票日前，支持工党的《每日镜报》在头版还是刊登了一张左轮手枪的图片，标题是“谁的手指放在了扳机上？”选举中工党的另一个口号是：“投票给丘吉尔，伸手拿枪；投票给工党，老有所养。”而丘吉尔却将工党描绘成一个软蛋的形象，因为它允许伊朗总理穆罕默德·摩萨德去挖波斯国王的墙脚，还允许他将英国拥有的石油设施收归伊朗国有，包括英伊石油公司的阿巴丹炼油厂，这是英国在整个中东地区的一大耻辱。[182]

1951 年 10 月 25 日，星期四，保守党赢得了 321 个席位，工党 295 个席位，自由党 6 个席位，其他党派 3 个席位。工党赢得了 1 395 万张选票，保守党赢得了 1 372 万张选票，自由党赢得了 73 万张选票。因此，保守党以 17 个席位的微弱优势赢得了选举，但是获得的选票却比工党少，这是战后至当时

---

① 由于丘吉尔在 1949 年的一次电视屏幕试镜中表现糟糕——他立即就强烈地讨厌上这种媒体——保守党在选举中的唯一一次政治电视转播是由更上镜的艾登完成的。丘吉尔在谈到电视时说：“即使我们必须降到这个水平，也要永远跟上现代的进步。”（*CIHOW*，第 474 页。）

唯一一次出现这样的选举结果。1945 年，大多数评论员认为工党至少会执政 10 年，有些人甚至预测工党会执政两个 10 年，但是它仅仅执政 6 年就下台了。[183] 丘吉尔在他的小说《萨伏罗拉》的结尾写道："在骚乱平息后，人民的心又转向了这位杰出的流亡者，他为他们赢得了自由，在胜利的时刻却被他们抛弃。"在这本书出版 51 年后，丘吉尔的人生仍在模仿他的艺术。[184]

第33章

梅开二度

（1951年10月—1955年4月）

许多人说，我应该在战后退休，成为某种老人政治家，但是我怎么能这样做呢？我已经奋斗了一辈子，现在也不能放弃奋斗！

——丘吉尔写给 R.V. 琼斯的信，1946 年[1]

他仍然统治着内阁，但现在他更像佛陀，而不是阿喀琉斯。

——约翰 · 科尔维尔谈丘吉尔第二次首相任期[2]

1951 年 10 月 26 日，星期五，丘吉尔在距离自己 77 岁生日还有一个月的时候再次当选首相。1945 年大选失败 6 年后，在经历了这场动荡的历史性大选后，他重返政坛，担任了整整一个任期的首相，这是他的英雄们——马尔伯勒、惠灵顿、迪斯累里、克里孟梭或劳合 · 乔治都没能做到的。和战争期间一样，丘吉尔自己兼任国防大臣，艾登成为外交大臣。尽管艾登想担任副首相，就像艾德礼和莫里森一样，但内阁秘书长诺曼 · 布鲁克和艾伦 · 拉塞尔斯爵士认为，这是对王室优先权的侵犯，丘吉尔则不顾近期已经出现的先例，对他们表示支持。乔克 · 科尔维尔成为丘吉尔的联合首席私人秘书，两位勋爵——伊斯梅和切尔韦尔（林德曼教授），尽管按照他们拥有的更好的判断力——认为自己不适合，还是同意加入内阁。

丘吉尔任命拉博 · 巴特勒为财政大臣，凯恩斯主义者哈罗德 · 麦克米伦为住房大臣，律师沃尔特 · 蒙克顿爵士为劳工大臣，并授权他们不惜一切代价维护工业领域的和平，所有这些都凸显了托利式民主政府的“一个国家”的本质。鲍德温的政府曾经被大罢工搞得几乎停摆，而这次必须把工会收买过来，可以不惜一切代价。[3]虽然沃尔特·艾略特想成为卫生大臣，但他因为和妻子出去遛狗而错过了唐宁街10号的电话。[4]加上丘吉尔从来就不怎么喜欢这位前绥靖主义者，所以这份工作就交给了在战争期间担任邮政大臣的哈里·克鲁克香克。布拉肯又当上了议员，但他的鼻窦炎太严重，不能在内阁任职，他很快就被封为贵族，但从未到上议院去履行过议员的职责。得利斯勒子爵之所以被任命为空军大臣，很大程度上是因为他获得了维多利亚十字勋章。[5]邓肯·桑迪斯去了供应部，另一位“其他俱乐部”成员，大卫·劳合·乔治的儿子格温林，担任了非常重要的粮食大臣一职，受命尽快废除定量配给制度。

仍然希望把自由党人拉进联合政府的丘吉尔把教育部交给了自由党领袖克莱门特·戴维斯（他曾于1940年帮助丘吉尔成为首相，但在1942年7月的信任动议中给丘吉尔投了反对票）。当戴维斯出于政治原因不得不拒绝时，丘吉尔含泪称赞了他的自我克制。[6]政府的组建持续了一周：丘吉尔忘了他应该给尼格尔·伯奇提供什么职位（应该是航空部的副大臣），而且花了一个小时才把财政部财务次长的职位提供给约翰·博伊德·卡彭特，因为这令他追忆起自己在1905年拒绝这个职位的经历。

丘吉尔想到一个办法，可以让他组建一个小一点儿的内阁：任命一些大臣，由他们负责监管多个部门的政策。[7]伍尔顿勋爵被任命为枢密院大臣，负责监管农业、渔业和食品部门，莱瑟斯勋爵负责协调交通、民航、燃料和电力部门。林德曼接管了科学和原子的研究、开发和生产等职责，并监管丘吉尔的统计办公室。这三位贵族——很快被称作“三霸主”，他们在战争期间都表现出色，但是在和平时期这种与战争时期截然不同的政治环境下，他们的表现却令人失望。他们的职责是负责执行还是仅仅负责咨询，他们与负责各个部门的大臣之间的关系应该是什么样的？以及他们是否对议会负责，还是只对内阁负责？这些问题都令人困惑。给他们安排的人手不足以让他们扮演干预者的角色，即使他们想要干预——至少伍尔顿并不想这样做。此外，这三个人都是贵族，被从下议院最核心的立法部门剥夺了权力。反对党、公务人员和各部门的大臣们都非常不喜欢这个制度，对于长期以来一直在威斯敏斯特和白厅工作的丘吉尔来说，丰富的执政经验本应该让他能够预见，建立一个新的政府层级可能带来的问题。该制度最终在 1953 年 9 月被废弃。

1952 年 3 月 23 日，在契克斯庄园，丘吉尔将大臣们的工作议程总结为“房子与肉，不能沉船”。[8] 政府将避免采用保守党中激进主义者的观点，他们认为，如果英国不能在 20 世纪 50 年代改变其在贸易和产业上的一贯做法，那么英国将落后于德国和日本等全球竞争对手。在国内，丘吉尔在住房建设问题上支持麦克米伦，反对财政部，结果政府在三年内新建了 30 万座房屋，到 1955 年已达 100 万座。在废除定量配给制度方面，丘吉尔一开始对英国的粮食状况到底有多糟存在严重的误解。他请格温林 · 劳合 · 乔治制作一个模型，模拟每个英国成年人所能获得的实际口粮配给。所以劳合 · 乔治带着一个大锡盘来到唐宁街 10 号，盘子里面画好了一块肉、一小堆假的食用糖等。“很不错的一顿饭。”丘吉尔满意地说。“这不是一顿饭或一天的口粮，”劳合 · 乔治说，“而是一周的口粮。”“一周！”丘吉尔愤怒地回答：“这么说，人们正在挨饿。必须纠正这一点。”[9] 然而，由于收支平衡危机的存在，配给制依然不能取消。尽管丘吉尔经常为此烦恼，并努力缓解这种情况，但他深知配给制在政治上的重要性。最终配给制于 1954 年 7 月被全部废除，这是这届政府最值得骄傲的成就之一。钢铁和公路运输行业的国有化被取消，但在其他方面，艾德礼政府的计划基本上没有改变。丘吉尔完全同意打破 BBC 对广播业的垄断。长期以来，他一直将 BBC 视为左翼组织，在 20 世纪 30 年代反对绥靖政策的斗争中，BBC 也曾疏远他，不给他广播的机会。商业电视公司于 1955 年 9 月开始广播。

丘吉尔发现，和平时期的问题——经济、公路运输、贸易争端、收支平衡等，比战争时期的问题乏味多了。除了“房子与肉”，他把精力主要集中在外交政策上。他对朝鲜战争的参与相对有限，因为这是美国领导的行动，尽管确实有大量的英军在那里英勇作战。当有人提出入侵中国的建议时，他发表了自己非常正确的观点：“那将是最大的愚蠢，就像让苍蝇入侵捕蝇纸一样。”[10] 他敏锐的历史感准确无误地告诉他，对于他晚年时梅开二度的首相任期，正如大家所知，他感兴趣的程度不会超过他在战时任期的百分之一，按出版术语说应该是千分之一，所以他经常会产生长时间的怀旧情绪。他偶尔会发布一些非常幽默的反进步言论，当时大家都以玩闹的心情接受了这些言论，很多人是故意表现出这种心情的，比如他曾说："我一直认为，用内燃机代替马，是人类进步中一个非常伤感的里程碑。"[11]

尽管对于他的年龄来说他的健康状况还算不错，但逐渐加重的耳聋现在成了一个问题，他最终不得不把一个带扩音器的助听系统放在内阁他面前的桌子上。"他插入耳机，佩戴好，打开扩音器，敲一两下，然后就滔滔不绝地讲一刻钟。"蒙巴顿勋爵作为北约军队地中海指挥官访问唐宁街10号时回忆说。[12]当轮到蒙巴顿回复时，丘吉尔才关掉扩音器。"我今天看到温斯顿把手扶在耳后，在分组表决厅里倾听另一位议员说话，"奇普斯·夏侬写道，"当他想摆脱一个讨厌的人，或者想保护自己不被纠缠时，他就会装聋。"[13]一位记者写道，当丘吉尔作为反对党成员第一次不得不求助于助听器时，他是不愿意被人看到在公共场合使用助听器的，"但从那以后，他就把助听器当成了辩论中的武器，就像他的眼镜一样"。[14]

丘吉尔那曾经惊人的记忆力也开始令他失望。他任命一位政府副大臣之后不久，就忘记了对方的名字，更不可能指望他记住后座议员的名字了。不过他仍然可以拿他们的名字开玩笑。谈到阿尔弗雷德·博瑟姆爵士时，他对艾登说："这也太荒谬了，他们不能又是阿尔弗雷德，又是博瑟姆。"[15]为了方便记忆，他使用了外号。例如，托马斯·帕德摩爵士是"波茨坦"，内维尔·布朗约翰将军是"短号"。[16]不过，偶尔他的记忆力也会震住整个下议院。比如，当有人问他负责威尔士事务的副大臣的名字时，他在正确回答后，又用流利的威尔士语补充道："Môr o gân yw Cymru i gyd"（整个威尔士是一片歌的海洋）。[17]他后来解释说，他是在30多年前和劳合·乔治一起参加"皇家国家诗歌音乐艺术节"时学会这句话的。

哈罗德·麦克米伦在内阁成立之初说："他意识到许多人觉得他太老了，无法组建一届政府，就利用这些日子来展示自己的精力和活力。他参与各个部门的投票，做了一系列精彩的小演讲，展示了自己所有的幽默和讽刺。在这一切之上，他还要吃一顿丰盛的早餐（早上7点半），有鸡蛋、培根、香肠和咖啡，然后是一大杯威士忌和苏打水，还有一支大雪茄。最后这一壮举赢得了普遍的赞赏。”[18]丘吉尔私下里说，他只打算做一年首相，然后就把职位移交给艾登。“他说，他只希望他能有足够的时间重建与美国的亲密关系……”科尔维尔写道，“并在国内恢复被战时限制及战后社会主义措施所侵蚀的自由。”[19]但是由于在过去的6年里，工党将国民生产总值的1/4收归国有，废除社会主义措施需要的时间显然要多于一年。此外，他对外交政策的专注，也将不可避免地导致他与艾登的冲突。他尊重艾登的勇气、正直和精力，但并不总是尊重他的判断力。在他梅开二度的首相任期内，丘吉尔更倾向于听取克里斯托弗·索姆斯和诺曼·布鲁克的意见，而不是艾登的意见。

丘吉尔与艾登关系的另一个复杂之处是，杰克美丽迷人的女儿克拉丽莎·丘吉尔正在与这位外交大臣约会，当时外交大臣已与他的第一任妻子比阿特丽斯离婚。虽然艾登比克拉丽莎大23岁，但他们还是于1952年8月结了婚。婚礼在唐宁街10号举行。当年10月，丘吉尔利用克拉丽莎给他未来的侄女婿发出信息，艾登的私人秘书在日记中这样写道：“首相告诉克拉丽莎他想放弃职位。她说他在寻找机会，安东尼必须对他温和一些。”[20]丘吉尔如果真对他的侄女说了担任一年首相那样的话，而实际上却担任了三年半首相，他说的就不是真心话。就在第二个月，在契克斯庄园，艾登直截了当地问丘吉尔打算什么时候离开。沉默了许久后，他回答：“我常常想，如果我不是首相的话，有些话我就可以更轻松地去说，有些演讲我就可以更轻松地去做。”[21]这几乎就是欺骗。

丘吉尔已经放弃了战时养成的下午小睡和深夜阅读第二天报纸初版的习惯，但他抽的雪茄还是一样多。据科尔维尔回忆：“尽管他从未喝多过（或者事实上，他在两餐之间除了配了威士忌的苏打水别的什么都不喝），但他仍然会在午餐或晚餐时喝不少香槟和白兰地。这些酒足以让一些酒量逊色的人失去控制力，而对他却不会有丝毫的不良影响。”[22]1952年1月，丘吉尔对国王说：“我年轻一些的时候，午餐前绝不喝烈性酒。现在我的规矩改了，早餐前绝不喝烈性酒。”[23]

丘吉尔还不失时机地让那些希望英国加入欧洲联盟计划的人感到了失望，包括他的两个女婿——邓肯·桑迪斯和克里斯托弗·索姆斯。1951年11

月 29 日，他就罗伯特·舒曼建立欧洲钢铁同盟（后来成为欧洲经济共同体的基础）这一富有远见的计划撰写了一份备忘录，明确指出：

> 我们对沿着舒曼路线进一步发展经济的态度，与我们对建立欧洲军队的态度是相似的。我们提供帮助，我们奉献，我们积极参与，但是我们不会与欧洲联盟合体，也不会丧失我们岛国或英联邦的特性。我们的首要目标是统一和巩固英联邦……第二是建立英语世界的“兄弟协会”；第三是建立一个统一的欧洲，但我们与其将是有着特殊密切关系的独立盟友和朋友……只有当统一欧洲的计划采取联邦形式时，我们才不会参与，因为我们不能把自己或对英国政策的控制置于联邦当局的管控下。[24]

“我们现在在哪儿？”18 个月后，他向下议院发问。

> 我们不是欧洲防务共同体的成员，我们也不打算被并入一个联邦制的欧洲体系。我们觉得我们与两者都有一种特殊的关系。这种关系可以用介词来表达，用介词“with（与）”而不是“of（属于）”来表达——我们与他们在一起，但不属于他们。我们有我们自己的英联邦和大英帝国……我们将继续在西欧北大西洋联盟的政治、军事和经济计划中发挥充分且积极的作用。[25]

上台后不久，丘吉尔就削减了自己和同僚大臣们的薪水，为国民树立了自愿节约的榜样。伍德罗·怀亚特谴责这是一种“廉价的、蛊惑人心的姿态”，但是这种做法似乎得到了国民的赞赏。丘吉尔对怀亚特的回应是：“我认为这位可敬的先生很善于判断那些廉价的、蛊惑人心的姿态，但是当他自己想要做出这样的姿态时，却总是不成功。”[26] 他的另一项早期举措是确保为波兰英勇的塔德乌什·波尔-科莫罗夫斯基将军提供养老金。将军曾领导华沙起义，但此时却住在英国，成了一名家具装饰商。他还授予了自己在战壕时的指挥官，现在的乔治·“马”·杰弗里斯将军贵族爵位。

尽管丘吉尔在其梅开二度的首相任期内，像其他政客一样，喜欢从对手那里得分，但他通常会避免赤裸裸的党派之争。在 1951 年 12 月 6 日的一场关于国防的辩论中，他称赞了艾德礼，甚至是辛韦尔在征兵问题、原子弹问题，以及重整军备等方面因爱国而做出的努力。麦克米伦记录道，他在说这些话的时候，“眼睛里充满了泪水”。[27] 在同一场辩论中，丘吉尔甚至还说了一句对安奈林 · 贝文的恭维话，尽管用的是挖苦的语气。他说他要充满敬意地提到安奈林 · 贝文，“因为他碰巧是对的，尽管这似乎只是出于偶然因素，而且也未必是出于最好的动机”。[28] 这种不在意识形态上进行党派之争的做法，经常表现在他对工会的态度上。1940 年 12 月，他告诉科尔维尔，战后“他不希望去领导一场反对工党领袖的政党斗争或阶级斗争，这些人现在在他的政府服务得很好”。[29] 他的这种感情一直延续到和平时期，被劳工组织充分利用，他们的要求随着政府的绥靖做法不断增加。英国工会联合会主席汤姆 · 奥布莱恩将前往法国南部与正在那里度假的丘吉尔会面。政府不惜一切代价寻求工业领域和平的决心，导致了通货膨胀式的工资结算。最为突出的一个例子，就是公共服务部门的工会要求参照私营公司的标准发放薪酬，而政府未能指出两者的差异，尤其是在工作保障方面。在丘吉尔的第二次首相任期，一系列被称为“工业慕尼黑”的案件出现了。1954 年时，丘吉尔有一次就曾给巴特勒打电话，吹嘘他逆转了一场声称要在圣诞节进行的铁路罢工。这位财政大臣理所当然地问，争端是按照谁的条件解决的？“他们的，老兄！”首相轻松愉快地回答道。[30]

如果当时的首相是艾登而不是丘吉尔，这一切也未必会有很大的不同。尽管工作人员把整个氛围烘托得好像是战争辉煌时期重现一样，但正如丘吉尔对鲍德温 1924 年—1929 年内阁的评价一样，这也将是一届“能干的、稳重的政府”。[31] 在丘吉尔重登首相之位的那天，褪了色的红色“今日行动”标签被留在了内阁的桌上。由于从未被使用过，它后来又被放回了抽屉。

12 月，丘吉尔在前往美国参加峰会前夕的一次广播讲话中说：“我们决心要让我们这个岛国有偿付能力、有谋生能力，能够支付自己的生活费用。我们不能指望其他人把我们这头英国狮子当宠物养着。”[32] 新年前夕，丘吉尔在南安普顿登上“玛丽女王号”，随行人员包括艾登、伊斯梅、林德曼、威廉·斯利姆爵士（帝国总参谋长）和科尔维尔等人，这个团队不禁令人想起战时的那些伟大的横渡大西洋之旅。由于开船前才发现船锚打了结，他们不得不在港口过夜。蒙巴顿从附近布罗德兰兹的乡间别墅赶过来，但是，据科尔维尔说，他“谈了谈政治，完全是胡言乱语……首相嘲笑了他，但是帕格·伊斯梅认为，首相并没有有意冷落他”。[33]

在横跨大西洋期间，所有人都在为堆积如山的文件而辛苦忙碌，除了丘吉尔，他说他去美国“是为了重建关系，不是为了办理业务”。[34]事实上，丘吉尔想要做的远不止是建立关系：在埃及要求英国放弃在苏伊士运河区的军事基地这件事上，他想要获得美国的支持；同时，他希望美英两国可以拟定因《麦克马洪法案》而中断了的新的正式核合作条款。

丘吉尔住在英国驻华盛顿大使馆，会谈在白宫举行。杜鲁门总统的个人态度一如既往地友好，但他在苏伊士运河问题和核问题上都没有采取行动。1 月 10 日，丘吉尔乘火车前往渥太华，在那里，科尔维尔为他写了一篇演讲稿，他将在加拿大议会两院发表演讲。丘吉尔对他说：“我觉得自己有可能需要使用这篇稿子，如果是那样的话，这将是我职业生涯中第一次使用别人写的演讲稿。”[35]最后，他还是自己写了一篇。在得知加拿大政府决定不再让其海军和空军演奏《统治吧！不列颠尼亚！》之后，他差点儿取消了这次行程。克莱门汀劝他不要这么做，据科尔维尔说，她威胁他，如果他这么做，她就要“关掉查特韦尔庄园，搬到布莱顿海边的一套公寓去”。[36]到了渥太华，当他从火车卧铺上走下来时，加拿大皇家空军乐队奏起了《统治吧！不列颠尼亚！》。不用说，丘吉尔哭了。

1 月 17 日，返回华盛顿的丘吉尔在美国国会联席会议上发表了他的第三次也是最后一次演讲。（到了该离开的时候，他还在大使馆他的床上研究着演讲稿，等他赶到国会大厦时就只剩下两分钟时间了。）他说：“我相信，通过积聚起各种抵抗侵略的威慑力量，我们实际上就可以防止可怕的灾难发生。这种对灾难的恐惧使我们的生活变得暗淡无光，也阻碍了全世界各国人民的进步。”[37]在谈到朝鲜战争时他说：“我们两个国家一致认为，如果我们所寻求的停火协议达成后又被打破，我们将会做出迅速、坚决和有效的反应。”[38]他的这一说法在美国很受欢迎，但是在英国国内，工党则对他提出了批评，认为他似乎在主张对中国发动核战争。丘吉尔指出，“迅速、坚决、有效”这几个词并没有原子弹的含义，而且，“从一般意义上讲，它们当然比‘拖沓、胆怯、愚蠢’要好得多”。[39]

在苏伊士运河问题上，丘吉尔与艾登意见相左。艾登认为英国应该单方面放弃运河区，与埃及建立良好的关系。丘吉尔嘲讽地对科尔维尔说，他“以前从来不知道慕尼黑就坐落在尼罗河上”。他私下里把艾登描述为一个失败的外交大臣，“疲惫、病态、被细节束缚”。[40]长期以来，他一直为自己担任过政府所有重要职务，却没有担任过外交大臣而感到遗憾。他对科尔维尔说，如果艾登因苏伊士运河问题辞职，他将亲自接管外交部。

1952年2月6日，年仅56岁的英王乔治六世在桑德灵厄姆于睡梦中去世，丘吉尔的另一位帕拉丁圣骑士朋友不幸英年早逝。上午9点15分，国王的私人助理爱德华·福特找到还躺在唐宁街10号床上的丘吉尔。他说：“首相，我有个坏消息要告诉你。”然后告诉了他国王的死讯。“坏消息？”丘吉尔说，“这是最坏的消息。”福特回忆说：“他像一个受到惊吓的人一样瘫倒在地，显然深受打击。然后他把文件推到一边，说：‘这些事情看起来多么无关紧要。’”[41]丘吉尔打电话给艾登说：“安东尼，想象一下有可能发生的最糟糕的事情……”[42]不久后，科尔维尔发现丘吉尔眼里噙着泪水独自坐在那里，眼睛直视前方，既不看文件，也不看报纸。“我没有意识到国王对他有那么重要，”科尔维尔记录道，“我说他会和新女王相处得很好，想让他高兴起来，但他只是说他不认识她，她还只是个孩子。”[43]

“在最后几个月的时光里，国王与死神同行。他将死神视为伙伴，视为熟人，他已经认识了他，所以并不畏惧，”丘吉尔当晚在广播中讲道，“最后，死神以朋友的身份降临。他在享受过一整天的阳光与运动后，向那些挚爱他的人道了晚安。之后，他像所有敬畏上帝的男男女女所向往的那样，陷入长眠。”[44]

丘吉尔在听到国王去世的消息时哭了，在向他的秘书、空军中将的侄女简·波特尔口述悼词时他又哭了，之后在排练广播演讲时也哭了，在去希思罗机场迎接新女王伊丽莎白二世的途中他再次哭了。伊丽莎白二世和爱丁堡公爵从肯尼亚返回后，国王的葬礼于2月15日在温莎城堡举行。[45]更加不同寻常的是，葬礼后，在执事室，他拒绝了一杯加威士忌的苏打水。[46]放在国王灵柩上的那张字条上是由丘吉尔写的“致敬勇敢”，那是维多利亚十字勋章上的题字。

丘吉尔以一种更加积极的方式结束了关于国王离世的广播演讲，他借鉴了自己的历史：“我的青春已经消失在维多利亚时代那庄严、宁静、不可撼动的荣耀中，但内心的激情依然会让我再次祈祷和歌颂‘天佑女王！’”2月11日，他在下议院谈到年轻的女王时说：“女王的统治必将让我们更加面向未来。这位美丽而年轻的公主、妻子和母亲，是我们所有传统和荣耀的继承者，也是我们所有困惑和危险的承袭人。这些传统和荣耀在她父亲的时代得以发扬光大，而这些困惑和危险在和平时期已达到无以复加的程度。同时，她也将承袭我们团结、勇敢与忠诚的品质。”[47]女王现在25岁，但是丘吉尔很早就在她身上发现了无限潜力。1944年1月，他曾提议在伊丽莎白18岁那一年的4月，授予她威尔士公主伊丽莎白的头衔。国王拒绝了这一提议，但是这显示了丘吉尔对女王能力的信心。他很早就与这位新君主建立了良好关系，他身边的人一眼就能看出，他对这位新君主非常着迷。

拉塞尔斯曾在日记中写道：“温斯顿每周都会在白金汉宫的会客室觐见女王，我领他进去后就坐在隔壁，直到他出来，我们一起喝上半小时的威士忌和苏打水。我听不清他们在说些什么，但他们的言谈中常常夹杂着一阵阵笑声，温斯顿常常擦着眼泪走出来。‘今晚她太美了。’有一天晚上他用自己像小学生一样的法语说道。”[48]还有一次他对莫兰说：“在全世界所有的电影人中，即使寻遍全球，也找不到如此适合扮演女王这个角色的人。”[49]

1952年2月21日，清晨醒来后，丘吉尔发现，很难找到词语来形容自己，脑动脉痉挛再次来袭。按照一位研究丘吉尔健康状况的历史学家的说法，有“证据表明，他的左脑外侧一大片区域出现了普遍的供血不足”。[50]莫兰警告说，这“可能是中风的前奏。即使现在还没有，这也是一个明确的警告。如果压力得不到缓解，可怕的后果将在6个月或更短的时间内随之而来”。[51]因此，丘吉尔将国防部的管理权移交给陆军元帅亚历山大（现在的伯爵），但是他对莫兰劝他放弃首相职位的建议毫无兴趣，最关键的是，克莱门汀并没有坚持要他这样做。

不久，他非凡的康复能力使他再次恢复了元气。当月晚些时候，在唐宁街10号的一次聚会上，即将出任北约秘书长的伊斯梅在发表演讲时说，他得把自己在格洛斯特郡饲养的泽西奶牛留在这里，这让他感觉很遗憾。“这好办，”丘吉尔起哄说，“早上你挤好牛奶再飞去巴黎，下午就挤美国人的奶！”[52]（拉塞尔斯紧张地查看了一下，发现没有美国人在场。）在被问及陆军应该采用哪种自动步枪，是比利时的，还是英国的，或是美国的时，威廉·斯利姆爵士说：“我想我们最终会采用一种杂种武器，一半英国种，一半美国种。”“请注意你的措辞，陆军元帅，”丘吉尔说，“这正是对我的准确描述。”[53]

在临近午餐时，丘吉尔不喜欢大臣们在他之前离开会议室，但是如果他感到无聊，他自己会想办法提前离开。初级内阁大臣约翰·博伊德·卡彭特曾经回忆了一次发生在国防委员会会议上的情景：

> 他突然用手指着窗户，大声插嘴说：“那是什么鸟？”大臣们、将军们以及其他人都开始迅速地确认鸟的身份。其中一人说：“我想是一只松鸦，首相。”“一只大海鸥，首相。”另一个人说。在一片混乱中，他从椅子上站起来，准备离开内阁会议室。出门前，他从我身边经过，我大胆地说：“首相，我没有看到那只鸟。”“根本就没有什么鸟。”他咧着嘴笑着说，然后高兴地走出了房间。他显然喜欢看到这些显要人物为了取悦于他而愚弄自己。[54]

（这种策略在战争中是行不通的，因为布鲁克是一位杰出的鸟类学家，而且无意取悦于他。）

丘吉尔华丽的语言有时会从公开会议和议会会议蔓延至他的日常谈话。1952年3月，英国供应部的制导武器和电子设备主管斯图亚特·米切尔爵士给丘吉尔和克莱门汀看了一段导弹的视频，丘吉尔对克莱门汀说：“这个充满奇思妙想的装置能找到自己的敌人，闻出他们的气味。若无人类倾力相助，它就会彻底摧毁自己的敌人。”[55]在首相问答会上，他总是能表现出不露声色的机智。1952年，一位自命不凡的保守党议员雷蒙德·高尔提出设立一个全国祈祷日，他问道："首相是否可以向下议院保证，在我们尽力妥善处理国防以及其他需求问题时，也不应该忽视曾经激励过这个国家的这些精神资源？没有它们，最崇高的文明也会衰败。"丘吉尔回答："我认为我的责任绝不仅限于此。"[56]

工党议员发现自己很难从丘吉尔身上得分，即使是在他的讲话明显自相矛盾的时候。未来的工党首相詹姆斯·卡拉汉指出，关于地中海地区盟军海军司令这一岗位，丘吉尔在野时说的是一回事，当政后说的是另一回事。丘吉尔只是笑了笑，说："我的观点会随着目前事情的发展产生一个和谐的运动过程。"[57]有几位工党议员不断试图给他制造麻烦，主要包括贝文、辛韦尔、卡拉汉、怀亚特和埃米瑞斯·休斯等，丘吉尔对这些人进行了无情的奚落。对他们的一些最具代表性的贬斥，就出现在1954年出版的那些小册子里。"我可以向这位可敬的绅士保证，看到我的政治对手们——一群处于骚动与愤怒中的中年绅士，我真的感到很兴奋。"他对赫伯特·莫里森说。[58]

1952年4月，查特韦尔庄园的常客蒙哥马利请丘吉尔定义一下"伟人"，比如，希特勒是否伟大。"不，"丘吉尔回答，"他犯的错误太多了。"[59]蒙哥马利又用拿破仑向丘吉尔施压，称他为"19世纪的希特勒"。遗憾的是，丘吉尔对这一错误说法的反驳没有被记录下来。"伟大的宗教领袖肯定是真正的伟人吧？"蒙哥马利继续问道。首相说："他们的伟大无可争辩，但他们的伟大是另一种伟大。基督的故事是无与伦比的，他为拯救罪人而死，他的死是无与伦比的。而且，《登山宝训》是伦理学上的终极定论。"丘吉尔并没有确切地承认基督的神性，但是说他被钉死在十字架上拯救了罪人，这是他最接近基督神性的说法。

5月23日，丘吉尔在自己漫长的政治生涯中，第一次进行了一次由别人撰写的演讲，听众是参加一场晚宴的税务稽查官。撰写演讲稿的人是科尔维尔，他认为这是丘吉尔"衰老的迹象"。[60]尽管丘吉尔可以拿他的年老开玩笑，但他还完全没有衰老的迹象。一名工党议员说，首相提供给下议院的信息比格莱斯顿在克里米亚战争时期提供的信息还少，他回答："恐怕我还没有掌握格莱斯顿先生在克里米亚战争中所掌握的那些信息，那个时代甚至比我出生还早。"[61]他总能不断地引发下议院通道两旁的笑声，这使他避开了很多严肃的批评。

到了6月，丘吉尔已经看出来，德怀特·艾森豪威尔可能在11月的总统大选中胜出。这是他继续留任的另一个理由，他希望促成另一次“三巨头峰会”，与苏联达成长期和解。否则，就像他告诉科尔维尔的那样，“他的热情就会消减”。[62]他在查特韦尔庄园的图书室里安装了一个鱼缸，养了很多色彩鲜艳的热带鱼。科尔维尔抱怨说，喂鱼的事情“常常会分散自己对正经工作的注意力”。[63]7月，由比弗布鲁克出资在查特韦尔安装了一部电梯，从一层通往二层——丘吉尔的卧室和书房。

1952年夏天，坎特伯雷教堂的“红衣主教”休利特·约翰逊从苏联和中国回来，带着他所谓的美国在朝鲜进行细菌战的“铁证”，丘吉尔拒绝了所有他提出的调查请求。丘吉尔说：“言论自由必然会与邪恶为伴，那些愚蠢、恶毒以及令人不快的言论所带来的邪恶，但总的来说，我们宁愿忍受这些东西，也不愿取消言论自由。”[64]（那些证据后来被证明是伪造的。）丘吉尔成功地说服杜鲁门与他一起，对穆罕默德·摩萨德8月表达的反西方立场发出严厉警告。这是自1945年以来，美国人首次站到英国人这边来对抗第三方势力。当时正在度蜜月的艾登对此表示赞同。

《收紧包围圈》是丘吉尔战争回忆录的第五卷，记录了直到诺曼底登陆前夕的情况。该书于9月美国总统大选期间出版，书中没有任何指责共和党候选人艾森豪威尔的内容。丘吉尔在唐宁街10号的一次午宴上说：“我不想在吃饭时听到对美国的批评。美国人对自己的批评已经太多了。”[65]非常令人惊讶的是，丘吉尔私下里却希望民主党候选人阿德莱·史蒂文森击败他战时的老朋友，因为他认为艾森豪威尔“严重仇苏”，不会希望与苏联就广泛的话题进行协商，而他本人已经开始渴望与苏联人一起开会协商，并把这件事当成了他政治生涯的压轴大戏。[66]丘吉尔没有意识到的是，当时美苏都对达成协议不感兴趣，即使他们感兴趣，也不再需要他来帮忙。

1952年10月3日，当地时间上午9点15分，“飓风行动”使英国成为世界上第三个拥有核武器的国家。一颗原子弹在太平洋的蒙特贝洛群岛爆炸，其威力比摧毁广岛和长崎的原子弹的能量总和还要大。丘吉尔为原子能研究所所长威廉·彭尼爵士准备了两封电报，如果失败，就说“谢谢你，彭尼博士”；如果成功，就说“干得好，威廉爵士”。[67] 丘吉尔是在巴尔莫勒尔堡获得这一消息的，那里现在还有一些他和查尔斯王子聊天的视频。视频中，他在和王室成员一起钓鱼，手里挥舞着一根漂流木。（查尔斯王子后来回忆说，丘吉尔说他是在“等待尼斯湖的水怪”。）[68] 核技术很快就飞跃到热核氢弹，其潜在能量数百倍于长崎和广岛爆炸的原子弹的总和。1954 年 6 月，丘吉尔下令研制生产英国自己的氢弹，其中一枚在 1957 年试验成功。他对科尔维尔说：“我们现在与原子弹时代的距离，就像原子弹本身距离弓箭时代一样遥远。”[69]

德怀特·艾森豪威尔于 1952 年 11 月 4 日当选总统。“我想悄悄地告诉你，”丘吉尔对科尔维尔说，“我感到非常不安，我认为这会使战争发生的可能性更高。”[70] 甚至在艾森豪威尔就职之前，丘吉尔就决定要再续前一年的华盛顿之行。“他越来越疲惫，明显变老了，”科尔维尔写道，“撰写一篇演讲稿对他来说已经是一件困难的事，他的思路也不再流畅。”[71] 但是丘吉尔前往美国之前，不得不先处理 12 月初的不信任投票。“我今天要处理的是一项谴责动议，”他说，“因此，如果我没有完全采用自己平时那种毫无争议的做法，我希望大家能够原谅我。”[72] 他不能放过眼前这个挖苦贝文的机会，说他“用为自己赢得名声的谩骂，继续着自己义愤填膺的正义使者角色”。贝文在战争期间曾要求丘吉尔辞职，他还说保守党“比害虫还低劣”。这些都说明，首相经常对其进行严厉指责不是没有道理的。在与贝文并无直接关系的一些特定问题上，丘吉尔甚至也会对他进行攻击。例如，在回忆起 1949 年时他自己提出的“应该承认中华人民共和国”的建议时，丘吉尔说：“你承认谁，并不意味着就喜欢谁。例如，我们都承认这位正直尊贵的先生就是埃布韦尔的议员。”[73]

12 月 30 日，丘吉尔再次登上“玛丽女王号”，与克莱门汀、玛丽和克里斯托弗·索姆斯一起前往纽约。在开往南安普顿的火车上，他们谈论起 1812 年的战争和巴基斯坦的未来。他希望与候任总统能够就广泛的话题进行协商，包括摩萨德问题、欧洲军队、朝鲜战争、苏伊士战争，以及基库尤部落针对肯尼亚英国白人农民的“茅茅恐怖主义”问题。他说他打算“向艾森豪威尔宣讲英美共同战线的重要性，‘从朝鲜到基库尤，再从基库尤到加莱'"。[74] 当选总统是否有心情继续听丘吉尔宣讲则是另一回事。

旅途中，丘吉尔向科尔维尔哀叹，艾森豪威尔的胜出让他不得不在《胜利与悲剧》——他的战争回忆录的第六卷，也是最后一卷中，删除"美国是如何为了取悦苏联而放弃她所占领的欧洲大片土地，以及美国对他所提出的警告又是多么不信任的故事"。[75] 他声称，1945 年的大选占据了他太多精力，让他无法阻止"这股致命的潮流"。如果罗斯福能够活下来，他也会及时看到红灯亮起，重新审视美国的政策，毕竟，杜鲁门只是个新手，他对事态的发展和他从未预料到的责任自然会感到困惑。他的这个历史版本是错误的，欧洲咨询委员会的成立和《雅尔塔协定》的签署都早于杜鲁门就任总统的时间。1945 年，丘吉尔曾对波兰将会保持完整和独立表现出极大的信心并寄予极大的希望。在波兰问题上，盟军已无力回天，因为苏联红军已完全占领东欧，而依然在伦敦的波兰合法政府在即将遭遇监禁，甚至更糟糕的情况的威胁下，根本无法返回华沙。丘吉尔这是在篡改历史，使之对自己有利，对杜鲁门不利，尽管他一定知道，科尔维尔是知道真相的，因此他也只是在宣泄不满而已。

在"玛丽女王号"游廊的烧烤厅吃过晚饭后，科尔维尔向丘吉尔提了 30 个问题，在抵达纽约后的新闻发布会上，丘吉尔可能会被问到这些问题。比如：

科尔维尔："丘吉尔先生，你对目前朝鲜半岛的僵持局面有什么看法？"

丘吉尔："僵持总比将死好。"

科尔维尔："你怎么解释在英国的财政如此困难的时候，你们的女王却要花那么多钱搞加冕仪式？"

丘吉尔："每个人去看女朋友时都喜欢戴朵花。"

科尔维尔："难道不是英国在波斯的政策把波斯拱手送到了共产党的手里吗？"

丘吉尔："如果英国和美国拒绝分裂，那么灾难就不会降临。"[76]

1953年1月5日上午，“玛丽女王号”停靠在纽约，丘吉尔一家住到了位于第五大道的伯纳德·巴鲁克的公寓里。在就任总统前15天那个下午的5点，艾森豪威尔前来拜访丘吉尔。“温斯顿说，原生质本来没有性别，”科尔维尔记录道，“后来才分为两种性别，在适当的时候，为达到共同的利益，获得共同的满足，它们又会以一种不同的方式结合起来。这也应该是英国和美国的故事。”[77]艾森豪威尔在日记中写道，丘吉尔“还是那样迷人、有趣，但是他毫不遮掩地展示了岁月的痕迹”。[78]在谈到英国积极参与欧洲统一工作的重要性时，他写道：“我们努力想让温斯顿明白，推动这一进程重要的是（英国需要展现出）领导力，结果却令人非常沮丧……他已形成了一种近乎天真的信念，即所有的答案都只能在英美伙伴关系中找寻……温斯顿是在试图重温第二次世界大战的日子。”在针对实质性问题进行会谈时，两人还在印中、伊朗、从苏伊士运河区撤离、英国加入拟议中的欧洲军队，特别是与苏联签署核不扩散协议等问题上产生了分歧。丘吉尔承诺要对艾森豪威尔进行宣讲的言辞确实不受欢迎，尽管他们之间战时的怀旧之情仍在。在这次访问中，丘吉尔还在纽约会见了温莎公爵夫妇，但是会面只持续了半小时。他们在战争时的所作所为已经抹去了丘吉尔心中对他们的任何温情。

1953年1月7日，在艾森豪威尔的授意下，即将宣誓就任国务卿的约翰·福斯特·杜勒斯直截了当地告诉丘吉尔，他在2月初，艾森豪威尔刚要就任总统时访问华盛顿，这“绝对不是好”主意，因为美国人已经开始认为，丘吉尔对美国外交政策的影响过大了。[79]丘吉尔在临睡前“说了一些关于共和党的刻薄话，特别是关于杜勒斯的”，索姆斯和科尔维尔认为这些话“既不公正又很危险”。丘吉尔说他不想再和杜勒斯有任何瓜葛，他不喜欢，也不信任杜勒斯那张“厚板脸”。[80]仅仅几天之后，丘吉尔就把艾森豪威尔描述为“格局非常有限的人”。[81]自从伯克·科克兰时代以来，当然也是从20世纪20年代起，丘吉尔就一直更赞同美国政治中的民主党人。

1月8日，丘吉尔在英国驻华盛顿大使馆与杜鲁门总统共进晚餐。他进行了一场支持犹太复国主义的演讲。在场的所有美国人几乎都不喜欢这个演讲，尽管他们向科尔维尔承认：“大量的犹太人选票会阻止他们公开表示反对。”[82]就在那次晚宴上，丘吉尔对杜鲁门说：“我希望你能准备好自己的答案，因为当你和我站在圣彼得面前时，他会说，‘我知道是你们两个引爆了那些原子弹’。”[83] 杜鲁门还没来得及回答，美国国防部部长罗伯特·洛维特就插嘴进来：“首相，你确定在总统接受质询的地方也有你的位置吗？”“洛维特，”丘吉尔回答，“我对宇宙和众生的创造者无限敬重，这也让我确信，他不会在没有听取情况介绍前就谴责一个人。”

总统离开后，几个美国人——哈里曼、艾奇逊和沃尔特·比德尔·史密斯将军团结在一起，在拟议中的欧洲军队问题上对付丘吉尔。他们都支持组建一支欧洲军队，但是据科尔维尔所说，丘吉尔却将其称为“一摊烂泥”，认为它的效率会远远低于一支各个国家军队的大联盟。[84] 由于丘吉尔反对将欧洲国家的武装部队融合成北大西洋公约组织以外的另一支军队，因此这次会晤没有取得任何进展。那支军队也从未被组建起来。

丘吉尔在谈到圣彼得时所说的话，完全代表了他当时的想法。1 月 24 日，早上刮胡子时他对科尔维尔说：“今天是我父亲去世的日子，我也应该在这一天死去。”[85]

1953 年 3 月 5 日，约瑟夫·斯大林在莫斯科去世，这意味着丘吉尔成了三巨头中最后一个在世的，而论年龄他才是老大。丘吉尔在同一天说道：“所谓冷战——这不是一个法律术语——仍在继续。我们所面临的不是剧烈的震荡，而是长时间的拉扯。我们必须组建起能够真正起到威慑作用的部队，才能阻止侵略的发生，在战争真的到来时也能够提供某种程度的防御。”[86] 斯大林去世的消息是第二天公布的，丘吉尔致电艾森豪威尔，敦促他积极利用莫斯科的新形势，并暗示，他自己愿意去做一次他所谓的“孤独的朝圣之旅”，希望有机会看到西方和苏联一起，书写出历史上新的一页，让这个世界上的两个阵营在各种接触中，除了碰撞出那一系列的偶发和危险事件，还能够更多一些和谐与统一。[87]

4 月，艾登因胆囊手术失败前往波士顿接受治疗，直到秋天才回来。他的病情如此严重，以至《观察者报》的编辑戴维·阿斯特试图委托克兰伯恩勋爵（他于 1947 年成为第五代索尔兹伯里侯爵）为他撰写一份讣告。[88] 丘吉尔认真地考虑要搬到外交部工作，就像第三代侯爵担任首相时那样。5 月，在既没有与内阁商议，也没有与外交部商议，更没有与艾森豪威尔和杜勒斯商议的情况下，丘吉尔利用艾登不能上岗的机会，向下议院发表了一份引起轰动的声明。他宣布："在各国领导人峰会上，应该尽快召开一次由主要大国参加的最高级别会议。至少，参与者……可以建立更亲密的联系。理想的话，我们还可能缔造一整代人的和平。"[89]内阁中的一些人考虑要为丘吉尔擅自做主的行为提出辞职抗议。为了摆平这件事，艾森豪威尔于6月在百慕大匆忙召开了一次会议，但令丘吉尔恼火的是，他还邀请了法国人。当时没有人知道丘吉尔会这么做，但这将是未来5个月里首相在议会进行的最后一次演讲。

1953年4月，丘吉尔最终接受了嘉德勋章，在两个月后的加冕典礼上，戴着这枚奖章（他把它佩戴在五港总督的制服上），他看起来英气十足。现在他成了"温斯顿爵士"，可以开玩笑地说，"现在克莱米终于成为贵夫人了"。[90]在授勋仪式上，他戴上了与1702年第一代马尔伯勒公爵相同的徽章。当埃米瑞斯·休斯在下议院问他，他是否会去"另一个地方"（他指的是上议院）时，丘吉尔回答："如果'另一个地方'指的是严格意义上的议会术语，那么我很乐意给予肯定的答复。"[91]

1953年6月2日，女王伊丽莎白二世的加冕礼似乎是丘吉尔提出退休的另一个好时机，就像鲍德温在上一个加冕礼之后提出退休一样。但是由于艾登不在，他无法离开，而且他仍然想要追求自己结束冷战的梦想。丘吉尔在谈到退位危机时说："我很高兴我错了，没有比他更好的国王了。现在，我们又有了这位了不起的女王。"①[92]

加冕仪式后不久，就出现这样一个问题：女王的妹妹玛格丽特公主是否可以嫁给她已故父亲的侍从武官、离过婚的空军上校彼得·汤森。"最重要的是，"丘吉尔对汤米·拉塞尔斯说，"一场车祸就可能让这位年轻的女士成为我们的女王。"[93]（事实上，查尔斯王子和安妮公主也得死于同一场车祸才行。）尽管从感情上讲，丘吉尔很喜欢参加了不列颠之战的一位勇敢、英俊的战斗机飞行员迎娶一位美丽公主的故事，但是一旦他在查特韦尔庄园听

---

① 5月27日，在威斯敏斯特大厅举行的加冕午宴开始之前，丘吉尔给一位年轻的美国学生提出这样一个睿智的建议："学习历史，学习历史。历史中有一切治国之道。"

到拉塞尔斯说，一些英联邦国家可能不会接受一个离婚者的孩子成为他们未来的君主，他就做出了决定，玛格丽特公主如果要嫁给汤森，就必须放弃王位继承权。[94] 他强调，最主要的是，尽量不要给女王带来痛苦和焦虑。这段感情结束了，玛格丽特公主指责拉塞尔斯毁了她的生活。事实上，毁了她的生活的是丘吉尔，这是他在与索尔兹伯里勋爵和拉博·巴特勒商议之后做出的决定，但是他没有与仍在波士顿也离过婚的艾登商议。

1953 年 6 月 23 日，星期二，在唐宁街 10 号为意大利总理阿尔契德·加斯贝利举办的晚宴结束时，丘吉尔突发中风。[95] "他坐了下来，几乎动弹不得，"科尔维尔记录道，"客人们走后，他重重地靠在我的胳膊上，但还是设法走进了卧室。"[96] 似乎没有人对首相讲话含糊不清、走路摇摇晃晃感到惊慌，这是他爱喝酒的名声带来的好处之一。莫兰对他做出的诊断是中风，但丘吉尔非凡的体质让他得以在第二天早上主持了内阁会议，因为他并没有因此丧失思考能力。[97] 丘吉尔的神经科医生，人如其名的罗素·"布莱恩"爵士（后来成为勋爵）所做的大脑医疗记录显示，丘吉尔恢复得很平稳，而且相对迅速，尽管当时人们都忧心忡忡。

麦克米伦在回忆 6 月 24 日上午的内阁会议时说："除了发现他脸色苍白，其他的我肯定什么都没注意到。他说话很少，但很清楚。"[98] 巴特勒也认为，首相除了比平时安静一些，谁也没有注意到有什么不寻常的事情。[99] 然而会议记录显示，在会上讨论的 5 个不同话题中，他在 4 个话题中都至少讲了一段话。[100]

第二天中午，丘吉尔被送到查特韦尔庄园。"我很难过，但是我必须告诉你，首相病得很重，"科尔维尔当天下午在写给林德曼的信中说：

> 在参加了周二的加斯贝利晚宴后，他出现了动脉痉挛，或者可能是血栓。他的发声和动作受到严重影响，除非（这是可能的）在未来 48 小时内出现奇迹般的恢复……他的办公室将不得不被暂时废弃。他的勇气可圈可点，克莱米也一样。但是在这里看着他的身体状况恶化是令人心痛的。他觉得说话很困难，从今天早上起，他的左臂也几乎不能动了。[101]

莫兰担心他可能活不过周末。

拉塞尔斯（也就相当于女王）、艾登、诺曼·布鲁克、索尔兹伯里、巴特勒、林德曼和帕特里克·布坎–赫本（1948 年接任保守党党鞭长）等，都获悉了丘吉尔中风的情况。这样的通知范围，几乎是战时才需要的。然而，关于这次中风，却没有一个字被公开发表，直到一年后丘吉尔本人在下议院的一场演讲中偶然提到。[102] 丘吉尔与几乎所有重要的新闻界大亨，特别是比弗布鲁克、布拉肯、坎罗斯和埃斯蒙德·罗瑟米尔等人亲密、长久的友谊，使这一点成为可能，而他与朋友之间“坚守秘密”的相处之道，使这一切最终得以实现。

在接下来的三周里，丘吉尔被困在查特韦尔，丧失了行动能力。几个重要的议题将要提交内阁，包括朝鲜战争、东西方贸易、英国在中国海域的航运、欧洲防务共同体、与利比亚的协议、食品价格、《摄政法案》、波斯湾的酋长国、议会开幕典礼的电视转播、皇家新闻委员会的任命、铁路票价、盖特韦克机场的建设进展，还有埃及局势。[103] 由于艾登正在接受另一次胆囊手术，拉博·巴特勒在首相中风后的那个星期一主持了内阁会议。他说，首相“因过度劳累病倒了”，他将“至少在一个月的时间里减轻自己的责任”，但仍将“继续阅读重要的官方文件”。[104]

一周后，丘吉尔开始好转。不过根据科尔维尔的记录：“他的注意力似乎还不能集中，比起工作，他更喜欢看特罗洛普的政治小说。”[105] 克里斯托弗·索姆斯协助处理政府事务，看到了一些通常不允许议会私人秘书这个级别的人阅读的秘密内阁文件。（当时，用科尔维尔敏锐的心理学表述来说，索姆斯“在丘吉尔心中占据了那个留给伦道夫的位置，而伦道夫本人却没有能力填补这个位置”。）[106] 首相的女婿和一位未经选举产生的私人秘书（乔克·科尔维尔），通过同样未经选举产生的内阁秘书长，共同掌握了英国的行政大权（即使他们并没有使用这一权力），这样一种违宪的状况持续了几个星期，直到 7 月底，丘吉尔彻底恢复了自己对国家事务的兴趣。[107]

与此同时，莫兰和布莱恩签署了一份误导性公报，这份不痛不痒的公报并没有提及中风问题，却声明说，由于加冕仪式带来的紧张感，丘吉尔“需要彻底休息”。美国人也不知道为什么百慕大会议现在需要推迟整整 6 个月才能召开。回想起来，丘吉尔在身体遭受如此重创后，还能继续执政近两年，这一点似乎很不寻常。克莱门汀和女王本可以插手干涉，但她们都没有插手。内阁大臣们也不希望被人看到他们在密谋反对他。虽然艾登在7月14日写给索尔兹伯里的信中说："我承认，他还没有做出最后的决定，这让我很吃惊。"但是他却没有罢工所需要的冷酷与无情。[108]

莫兰在他的（并非完全可靠的）日记中说，中风后13天，丘吉尔就能高声朗诵朗费罗的诗歌《西西里的罗伯特国王》的前34行了。在250多个单词中，只有6个单词说错了。[109]然而，大多数丘吉尔的随行人员则认为，莫兰捏造和夸大的东西太多了，这令他的那些说辞不值一提。布莱恩勋爵1966年在《泰晤士报》上撰文说："我无法接受莫兰勋爵报告的所有关于会诊内容的准确性。"[110]然而，莫兰记录的有些事情听起来确实很真实。比如，丘吉尔在7月2日说，他"不相信会有另一个世界，只相信会有黑色天鹅绒——永恒的睡眠"。[111]丘吉尔还注意到，在詹姆斯·格思里爵士的《第一次世界大战中的一些政治家》群像中，共有17位政治家，他现在是唯一在世的。①第二天，丘吉尔谈到自己长期以来都爱落泪的问题，说他甚至在读《菲尼斯·芬恩》时也哭了，"虽然那根本就不是一个感人的故事"。[112] 1952年4月，他在斯塔福德·克里普斯的追悼会上也哭了，尽管他并不喜欢他。[113]

1953年7月24日，丘吉尔的身体基本恢复了健康，但他抱怨说，自己的记忆力受到了损害。他打算在10月辞职，但仍然热衷于"与苏联人达成协议……与（斯大林的继任者）格奥尔基·马林科夫面对面谈一谈"。[114]尽管朝鲜战争已经结束，至少是停战，丘吉尔仍对艾森豪威尔的政府评价不高，并对前一年阿德莱·史蒂文森的败选感到遗憾。他对女王说，如果到了10月，他不能在马尔盖特保守党大会上发表保守党领袖的演讲，他就会退休。不过，他仍然有能力编造出一些典型的俏皮话。当索姆斯说，应该免除哈里·麦奇逊海外贸易大臣的职务，而且不应该授予他贵族爵位时，丘吉尔回答："不应该，不过也许可以给他一个被废的爵位。"[115]（他获得了准男爵爵位。）

① 澳大利亚前总理威廉·休斯在前一年去世。

中风8周后，丘吉尔于8月18日主持了一次内阁会议，会议进展顺利。第二天他决定，一旦完成《第二次世界大战回忆录》（该书的最后一卷将于11月出版），他就开始出版自己的《英语民族史》。1939年开始，他暂停了这本书的写作。“我每年要下一个蛋，”他说，“每12个月出一本书并不意味着要做很多工作。”[116] 即使对一位中过风的首相来说也是如此。8月19日，由美国中央情报局和英国军情六处支持的德黑兰政变推翻了摩萨德政府，为伊朗国王回国铺平了道路。这将产生极为深远的国际影响，甚至直到今天，影响犹在。“年轻人，”他对组织这次行动的一位中情局特工（人们认为他就是小克米特·罗斯福，西奥多·罗斯福总统的孙子）说，“如果我年轻几岁，我最大的心愿就会是在你的指挥下参加这次冒险行动。”[117] 一直以来，丘吉尔因为干涉伊朗内政而备受批评，但他却使伊朗在西方阵营中坚守了25年之久，这超出了所有政治家的预料。

10月10日，丘吉尔在马尔盖特召开的保守党大会上进行了近一个小时的演讲，证明他已经康复，这终结了有关他退休的传言。演讲前他吃了一粒安非他明，他给这种药起了个绰号叫“莫兰”。事后他问：“这粒药棒极了，里面有什么？”[118] 得到的答案是苯丙胺，但不清楚剂量。[119] 他在演讲中说，前几个月是“我政治生涯中第一次这么长时间保持沉默”，但是没有解释原因。[120] 他对德国“重新成为世界强国”表示欢迎，并且说：“我暂时以如此高龄继续留任，不是因为我喜欢权力或官职，这两样我都得到过很多。我留下来是因为我觉得我可以……对我最关心的事情产生影响，那就是建立稳定而持久的和平。”[121] 莫兰勋爵在同一时间记录道，他的其他病人在中风后唯一关心的是如何活下去，而丘吉尔却“似乎一时一刻都没有想过这个问题”。[122]

10月15日，丘吉尔得知自己被授予诺贝尔奖。“是你吗，安东尼？”他给正在巴黎的艾登打了电话，“你好吗？我想你一定想知道这件事，我刚刚获得了诺贝尔奖。”停了一会儿，他咯咯地笑了笑又说道：“亲爱的，别担心，是文学奖，不是和平奖。”[123] 丘吉尔总共写了37本书，颁奖大会主持人特别引用了其中的7本，分别是《河上的战争》《伦道夫·丘吉尔勋爵》《第一次世界大战回忆录》《马尔伯勒传》《思与行》《我的早年生活》和《伟大的同时代人》。不巧的是，颁奖典礼的时间与将于12月召开的重新安排的百慕大会议发生冲突，所以由克莱门汀代表他去奥斯陆领奖。在获奖感言中，他选择对世界现状发出警告。她在瑞典学院念道："人类战场上从未出现过如此严酷的事情，可以让人性变得如此卑微。个人思想受控于残酷的事实，广泛的个人美德让位于集体主义关注，这在人类历史上都十分罕见。我们面临着一个可怕的问题：我们是否已无法控制自身的问题？毋庸置疑，我们经历的这个阶段也许正是如此。[124] 他给出的解决方案是"宽容忍耐、随机应变和沉着冷静"。

10 月 20 日，丘吉尔又吃了一粒"莫兰"药丸，然后去下议院参加 17 周以来的第一次首相问答会。伍德罗 · 怀亚特捕捉到了议会大厅的情绪，他说："我可否先问问首相，他是否知道……没有他，下议院就会变得很无聊？"[125]

11 月 30 日，丘吉尔在自己 79 岁生日那天出版了《胜利与悲剧》。他在标题页之后给出了全书的主题：伟大的民主国家如何取得了胜利，也因此能够继续那些几乎使她们付出生命代价的愚蠢行为。早在 8 月，丘吉尔和蒙哥马利就列出了他们认为美国人在战争中犯下的 5 个"重大错误"，其中大部分都是艾森豪威尔犯下的。① [126] 然而，《胜利与悲剧》并没有对艾森豪威尔进行任何批评。第二天丘吉尔就飞赴百慕大与他会晤了。法国总理约瑟夫·拉尼埃也将出席会议。在出发的路上，有人拍摄到丘吉尔带着 C. S. 佛瑞斯特的小说《法国人的死亡》（故事发生在半岛战争时期，轻骑兵第四团在这场战争中表现出色）。

他们抵达百慕大首都汉密尔顿时，皇家威尔士燧发枪团带着团吉祥物正在游行。丘吉尔给正在斯德哥尔摩的克莱门汀发去电报："旅途很愉快。一切都很好。山羊很棒。"[127] 在发现黑人没有被邀请来参加在政府大厦举行的宴会后，丘吉尔坚持认为应该邀请他们来。[128]

---

① 1. 他们阻止了亚历山大第一次向突尼斯推进，而他本可以很容易做到这一点。2. 他们在安齐奥做了斯托普福德在苏夫拉湾做过的事：坚守海滩，未能在内陆建立阵地，而他们本可以这么做……3. 他们坚持"铁砧行动"，因此阻止了亚历山大夺取的里雅斯特和维也纳。4. 在"霸王行动"中，艾森豪威尔拒绝让蒙蒂集中兵力从左翼推进。他坚持要进行全面进攻，但这种进攻无法得到支援，因此伦德施泰特得以对阿登地区进行反攻，这样就把战争延长至 1945 年春天，带来了可怕的政治后果。5. 艾森豪威尔让苏联人占领了柏林、布拉格和维也纳——这些地方本来都可能由美国人占领。（科尔维尔，《边缘》，第 674~675 页。）

在百慕大，丘吉尔完全没能说服艾森豪威尔和杜勒斯，他们不相信与马林科夫和新苏联领导人会晤有什么好处。在12月4日的第一次全体会议上，他谈到了与苏联的“关系缓和”，这不是绥靖，因为提出的一方处在一个强大的位置上。然而艾森豪威尔回应说，苏联就是“一个娼妓，不管她穿的是新衣服，还是打了补丁的旧衣服，衣服里面肯定是同一个妓女”。[129] 听到他这样说，科尔维尔注意到，“在场的人都露出了痛苦的表情”，但法国人支持美国。[130] 休会前，艾登问到下次会议什么时候举行，艾森豪威尔回答：“我不知道。我的是加了威士忌的苏打水。”[131]

早些时候，丘吉尔和艾森豪威尔讨论过，如果朝鲜违反7月27日签署的停战协议会怎样。停战协议只是规定了停火，并没有签订和平协议。当美国人宣布，如果中国再次支持朝鲜，他们可能会使用原子弹时，丘吉尔和艾登表示了强烈反对，因为西方列强已经不再拥有原子弹的垄断地位。[132] 12月5日—8日，美国人威胁要为埃及提供武器，但是关于埃及问题、中南半岛问题，以及欧洲军队问题等其他讨论，都完全被核问题遮盖了。当艾森豪威尔呼吁，英国应该派兵支持法国在中南半岛的行动时，丘吉尔回答，他已经80岁了，却从来没听说过“柬埔寨”这个词，现在他也不打算开始担心这个地方。[133]

12月7日，另一轮会议结束后，至少根据莫兰的说法，丘吉尔这样评价了杜勒斯：“如果是10年前，我肯定能对付他。即使是现在，我也没有被这个混蛋打败。让我羞愧的是我自己的衰弱。”[134]（尽管丘吉尔平时不怎么说粗话，但是玛丽·索姆斯证明：“在情况需要时，他也可以说粗话。”）[135] 第二天午饭前，艾森豪威尔离开了百慕大，丘吉尔没能说服他让德国加入北约，总统也没能说服丘吉尔认可加入欧洲军队的好处。丘吉尔回来后不久对巴特勒说：“我感觉自己就像一架飞机，黄昏时分飞行结束了，油也用完了，我却在寻找一个可以安全着陆的地方。”[136]

1954年2月3日，丘吉尔在内阁会议上说：“如果很多有色人种定居在我们这里，就会出现问题。我们英国难道还要为肤色问题伤脑筋吗？他们是被福利国家吸引来的。这一问题一旦超过一定的限度，英国的舆论就不会容忍。”[137] 尽管如此，丘吉尔还是认为，应该允许英联邦国家的移民继续进入英国，而且政府需要等一等，“在采取行动之前，让公众舆论再扩散一下”。[138]当时英国的外国出生人口为6万，而总人口为3 860万。尽管丘吉尔不希望他深爱并为之奋斗的帝国从内部坍塌，并谴责了他所谓的“垃圾回收站”的做法，但他并没有试图对移民施加限制。这种限制是20世纪60年代初才开始实施的。他在另一次内阁会议上说，在西印度群岛的移民问题上，一个很好的口号就是“让英格兰保持白色”。这表明对于种族问题，他的看法从青年时代开始就没有发生过实质性的变化。[139]

丘吉尔对内阁秘书长诺曼·布鲁克说：“记住，我们不能指望着以18票的多数来纠正全世界的错误。”[140]他意识到自己缺少的似乎不只是政治热情。1954年3月，在下议院议员的厕所里，他站在伍德罗·怀亚特旁边，“伤感地微笑着”说：“可怜的小鸟，它甚至不再能跳出巢了。”[141]1954年5月，在阿尔伯特大厅召开的保守党妇女大会上发表演讲之前，丘吉尔甚至也服用了几粒安非他明。

因为大选必须在1956年10月之前举行，所以艾登越来越坚决地要求丘吉尔为他的辞职设定一个合适的日期，而且不能再变，这样，他就可以在选举之前在唐宁街待上足够长的时间，来确立自己的地位。6月，丘吉尔告诉艾登，他将在秋天辞职。但是后来突然发生的一个情况是：艾森豪威尔似乎突然改变了自己反对与苏联举行会谈的立场。这样，至少在丘吉尔自己看来，就出现了这样一种可能性：西方和苏联在叙利亚、越南、伊朗、泰国、匈牙利、英属圭亚那和中非的代理人问题上展开竞争之际，他真的有可能成为冷战中的牵线人。

6月24日，他从希思罗机场起飞前往华盛顿，带着艾登、林德曼、莫兰、科尔维尔和索姆斯等人，一方面是为了增强所谓“峰会”的理念；另一方面，正如科尔韦尔所说，也是为了“消除分歧，创造更好的氛围”。[142]因此，此次议程还将包括中南半岛、德国和埃及问题。这一次，丘吉尔被邀请入住白宫。会谈的第一天，艾森豪威尔似乎就答应了英国、美国、德国在伦敦举行会议，在与苏联人进行进一步会谈之前达成共同立场。6月26日，丘吉尔对美国国会领导人说：“唠叨唠叨，总比打仗要好。”（后来这句话被解释为“君子动口不动手”。）[143]

然而，就在丘吉尔认为有了真正的突破时，杜勒斯于6月27日将伦敦会议的想法降级为英国与苏联举行双边会谈，美国不会反对。[144]丘吉尔私下里这样评价杜勒斯："他是我所认识的人中唯一一头到处闯祸的蛮牛。"①[145][146]英国一行人从华盛顿回来，收获寥寥无几。

1954年7月，丘吉尔勉强同意从苏伊士基地撤军，但埃及从来就不是大英帝国直接统治的属地。他在肯尼亚与茅茅党叛乱分子坚决地进行了最后一搏，并在马来亚危机期间大力支持杰拉尔德·坦普尔将军与共产党游击队进行斗争。在肯尼亚，双方的争斗演变成一场肮脏的战争，双方都犯下了暴行，约1.2万人丧生。丘吉尔看到了战后人们反对殖民主义的情绪。后来他对一名助手说："我可以保卫大英帝国不受任何人的侵犯，除了帝国人民的自我侵犯。"[147]他履行了自己1942年的诺言，他本人不会主持大英帝国的清盘工作，在他担任首相期间，大英帝国没有任何一部分独立。但是在他卸任的第二年，苏丹就独立了，然后在1957年，加纳和马来亚（现在的马来西亚）独立，1964年肯尼亚独立。

由于在华盛顿的努力失败了，7月初，丘吉尔将1954年9月20日暂定为向艾登移交权力的日子。在此之前，他于8月初访问了莫斯科，在那里他提出削减军备和其他旨在促进冷战全面缓解的措施。现在内阁成员私下里都希望丘吉尔辞职，他们对安抚苏联人的做法表示怀疑，对美国在该地区的领导地位更加尊重，大家集体反对接近莫斯科。索尔兹伯里甚至为此威胁要辞去枢密院大臣一职。丘吉尔私下里说，如果他真辞职，他"一点儿也不在乎"。"你的祖父讨厌我。"丘吉尔在一次拜访哈特菲尔德庄园时对7岁的罗伯特·塞西尔（后来的第七代索尔兹伯里侯爵）说。这不是真的，尽管正如索尔兹伯里对艾登说的那样，他确实对"温斯顿在内阁中反复推行这一政策的方式"感到不满。[148]

正如伦道夫·丘吉尔勋爵在1886年评价格莱斯顿时说的那样，现在温斯顿·丘吉尔是个"行色匆匆的老人"。他向科尔维尔承认，他"准备好

---

① 后来他又造出一个词尾变化："Dull，duller，Dulles"。（译者注：参照了英语最高级的变化，但是不完全规律。乏味、更乏味、最乏味，其中最乏味正好与杜勒斯的名字拼写相同。）

采取任何方式与苏联人安排会晤”。[149] 这次最为关键的内阁会议于7月23日（星期五）召开，索尔兹伯里（再次）与哈里·克鲁克香克威胁说，如果丘吉尔发出与苏联人会晤的邀请，他们就辞职。关键是丘吉尔本人是否会辞职，从而造成内阁和政党的分裂。整个周末，大家都在悬念中度过。7月25日，星期日，苏联人自己解决了这个问题，他们要求召开32国外长会议，商讨一项泛欧安全计划。“全世界的外交部部长团结起来，”丘吉尔打趣道，“你们没有什么可失去的，除了工作。”① [150]

这样一来，周一的内阁会议毫无争议地结束了。索尔兹伯里勋爵“再次露出微笑”，而丘吉尔“觉得他至少是想要努力地笑一笑”。[151] 由于与苏联人会晤的提议是由艾登而不是丘吉尔提出的，苏联人便没有表现出接受的热情，这一提议也就石沉大海了。谈到自己无力阻止核扩散时，丘吉尔对劳伦斯·伯吉斯讽刺地说：“这是一个非常令人愉快的世界，充满了新奇的事物。我们这些即将离世的人会把最美好的祝愿留给你们。”[152] 由于他对自己在内阁中成为少数派深感失望和恼怒，8月初，他改变了主意，不再考虑在秋季将权力移交给艾登。他享受着权力，也真心认为自己能与后斯大林时代的苏联政治局实现外交突破。同时，他也越来越觉得艾登并不是一个合适的继任者。正如科尔维尔所说，他知道，“他们想要在不破坏下次选举获胜机会的情况下把他赶下台是多么困难”。[153] 他在查特韦尔庄园抱怨说，以前从来没有一个首相“仅仅因为他的副手想要这份工作”就被赶下台。他给艾登写了一封信，说他决定继续担任首相，直到1955年11月举行大选。这封信一共修改了6稿。他在信中强调说，如果艾登接受一个新的大臣职务，情况就会好得多。他甚至试图让人觉得他是在帮艾登的忙。丘吉尔也给克莱门汀送去了一封信，他知道克莱门汀希望他能更早退休，于是他说：“我希望你能给我你的爱。”[154] “艾登沮丧至极，”科尔维尔记录道，“但是他对此完全无能为力。”[155] 11月，丘吉尔在自己80岁生日当天收到了3万张贺卡和900件

① 科尔维尔的一个意大利厨娘曾因天黑后在维罗纳的一条街上与一名男子私通而怀孕。那个月，当这位身怀六甲的厨娘来上班时，丘吉尔打趣道：“干这事的显然不是那两位绅士中的任何一位。”（科尔维尔，《边缘》，第701页。）

礼物，由此可见，他的声望可谓经久不衰。

为了纪念这一时刻，议会两院送给丘吉尔一幅由格雷厄姆·萨瑟兰为他画的肖像。丘吉尔在威斯敏斯特大厅举行的上议院和下议院联席会议上故意含糊其词，将这幅画作描述为“现代艺术的杰出典范，充满力量和真诚”。[156]这之前，克莱门汀与萨瑟兰共进午餐后，曾经给丘吉尔看了这张画作的照片。当时他冲着他的律师安东尼·莫埃尔几乎大喊起来：“这是不是诽谤？我不会接受的。我不想像那样被载入史册。”[157]他对自己的新任也是最后一任私人秘书安东尼·蒙塔古·布朗说：“我看起来就像一个落魄的醉汉，刚刚被人从斯特兰德大街的排水沟里捞出来。”[158] 1944 年 9 月，克莱门汀住在海德公园时，发现了一幅保罗·马泽所作的丘吉尔画像，她认为这是一幅“可怕的漫画”。她对萨拉说：“我大胆地告诉了首相我不喜欢这幅画，他说：‘我也不喜欢。’所以我说：‘可以不让它挂在这里吗’？他回答：‘可以。’于是这幅画就被毁掉了。”[159]以同样的方式，1955 年或 1956 年的某个时候，她、格蕾丝·汉布林（当时是克莱门汀的秘书）和格蕾丝的哥哥在查特韦尔焚烧了萨瑟兰画的肖像。由于克莱门汀曾向丘吉尔保证让“它永不见天日”，我们可以得出这样的结论：这种貌似自发的行为其实是为了迎合丘吉尔的心意。[160]

在威斯敏斯特大厅举行的纪念仪式上，丘吉尔重申了自己在二战期间对英国人民的看法：“他们的意志不可动摇，事实证明，他们是不可征服的。如果我能找到合适的字眼，我就有责任把它表达出来。你们得记着，我一向是靠我的笔和我的嘴谋生的。我们的国家和民族雄踞世界各地，我们有一颗狮子般的心。我很幸运被召唤而出，发出雄狮的吼声。”在谈到他本人对宏大战略的贡献时，他又补充说：“我也希望自己有时可以给狮子提一些建议，让它的利爪用在合适的地方。”[161]在这次演讲和其他演讲中，例如 1949 年和 1950 年他在为 1 万名退伍军人举办的阿拉曼聚会上所做的演讲中，丘吉尔小心翼翼地避免了那种会损害蒙哥马利和蒙巴顿等人声誉的夸夸其谈和过度夸张。

当天晚上，丘吉尔在唐宁街举行了 250 人的生日派对。一位客人回忆道：“鲜花和各种珍贵的装饰将国事厅装扮一新，尽显其最美姿态。女士们穿着漂亮的衣裙，戴着华丽的首饰，争奇斗艳。”[162]到了午夜，帕格·伊斯梅提议为丘吉尔的健康祝酒，丘吉尔回答：“如果没有我亲爱的克莱米的帮助，我根本就不会活到今天。”[163]此时显然是一个宣布辞职的好时机，但是他又错过了。现在，伍德罗·怀亚特已经将他称作“依然活着的一座古老的纪念碑”，更微妙的是，“丘吉尔”这个名字已经出现在各种各样的菊花、雏菊、樱草、剑兰、风信子、麝香豌豆花和玫瑰上。[164]

在提到自己的接班人时，丘吉尔对雕塑家奥斯卡·雷蒙开玩笑说：“那些饥渴的眼睛，那些饥渴的眼睛！我真的应该辞职，不能指望安东尼长命百岁。”[165]在1939年和1940年，张伯伦当然也可以这样描述丘吉尔的眼睛，尽管他那时候绝不是自然的接班人。1954年12月21日，丘吉尔与艾登进行了一次“很不情愿”的谈话，他在谈话中表示愿意在1955年6月或7月辞职。“那老头儿对我的态度很不好，”艾登说，“可是我也没办法。同僚们一致认为，现在的内阁拖拖拉拉，决策能力很差，完全是一派‘我死后哪管它洪水滔天’的氛围，必须有人站出来说话了。”[166]具有讽刺意味的是，丘吉尔离任后，确实来了一场滔天洪水，那是艾登对1956年苏伊士危机处理不当引来的。相比之下，丘吉尔梅开二度的首相任期却表现出了他非凡的搭桥能力：他欢迎从前的对手德瓦莱拉和尼赫鲁到唐宁街来；支持朝鲜的战事尽早结束；为了甩掉自己阶级斗士的名声，他经常屈服于工会对工资和工作条件的要求。

1955年2月1日，在另一次关于移交日期的讨论中，丘吉尔告诉艾登，他将于当年4月5日（星期二）离任。3月1日，他在人头攒动的下议院进行了最后一次重要讲话。他完全没有按照外交部给他的简报去讲，而是将它撕了个粉碎。他说，在核问题上，“安全必将成为恐怖的健硕之子，生存必将成为毁灭的孪生兄弟”。[167]他补充说：“最重要的是，我认为，我们也绝不能允许英国、美国以及整个英语世界之间日益增长的团结和兄弟情谊，受到任何伤害或阻碍……公平竞争、对同胞的热爱、对正义和自由的尊重，将会引导饱受磨难的几代人平静而胜利地向前，将这个丑恶时代远远抛在后面。这一天终将到来。同时，我们将永不退缩、永不疲倦、永不绝望。”[168]他对后来被称为“同归于尽”策略的公开认可，是他对公众生活所做的最后一次重要的政治干预，也是一次发人深省的政治干预。

3月11日，星期五，英国驻华盛顿大使罗杰·马金斯爵士汇报说，艾森豪威尔建议5月初在巴黎与丘吉尔和阿登纳举行会谈，商讨与苏联人会晤的问题。丘吉尔决定，他要在4月5日以后继续执政，正如科尔维尔说的那样，他把它当作了另一个“逃离那越来越让他难以接受的时间表的机会”。[169]艾登被激怒了，在周一早上的内阁会议上，他直截了当地问首相打算什么时候辞职。丘吉尔冷冷地说：“在这个问题上我不需要指导，内阁通常也不会讨论这样的问题。”[170]同一天晚些时候，美国驻伦敦大使温斯罗普·奥尔德里奇证实，艾森豪威尔实际上根本没有打算与苏联人会晤。丘吉尔对克莱门汀说，这“让我摆脱了继续留任的职责，也让我可以去喂喂那个饥渴的人了”。[171]丘吉尔不知道的是，艾登的外交部常务副大臣伊沃内·柯克帕特里克爵士与奥尔德里奇曾暗通款曲，科尔维尔后来偶然发现了这一点。[172]艾登最终还是背着首相与美国人联系，才让丘吉尔离开了唐宁街。

丘吉尔厌恶离任。“这是他的第一次死亡，”克莱门汀对玛丽说，“对他来说，这是活着的死亡。”[173]他的心里凝结出科尔维尔所说的“对艾登的一种冷酷的仇恨”，他“想让亲朋好友们相信，他是被赶出办公室的”。[174]他还说，放弃从事了近60年的政治工作是一场“生离死别”。[175]到了3月28日，他还在试图逃避必须离去的事实。当他得知马林科夫的接班人尼古拉·布尔加宁曾表示支持四方会谈时，他对科尔维尔说，由于码头罢工、报纸罢工①，以及预算与选举日期仍未确定，“他不可能在这样的时刻去满足安东尼个人对权力的渴望”，并威胁要就此召开一次党的会议。[176]

科尔维尔再次表现出敏锐的心理洞察力，他建议艾登“必须打出一张温情牌”，因为“首相从反对党的位置上和各种摊牌中一路走来，越战越勇，但他永远无法抗拒温情”。[177]3月29日，丘吉尔一家在与艾登夫妇共进晚餐后，丘吉尔想了一晚上，第二天早上他决定第四次改变主意，同意于4月5日卸任。在科尔维尔看来，这一决定令丘吉尔变成了“一个哀伤的老人”。[178]他曾嘲笑艾德礼政府像爬虫一样紧握权力不放，但与80多岁的丘吉尔的不屈不挠相比，他们就相形见绌了。

---

① 这意味着辞职的事情不会得到媒体的报道。

在他离任的前一天晚上，女王和菲利普亲王来到唐宁街 10 号与他们共进晚餐，这对于一位首相来说是前所未有的荣耀。伦道夫喝醉了，威斯敏斯特公爵夫人的脚踩进了克拉丽莎的裙裾里——“它被撕裂了，不只是从一种意义上来说”。爱丁堡公爵开玩笑地说。但除此之外，晚宴还是很成功的。[179] 那天晚上，丘吉尔佩戴着自己的嘉德勋章和功绩勋章，穿着及膝短裤坐在床上，然后突然激动地对科尔维尔说：“我不相信安东尼能做到。”[180] 这样评价这位 15 年来一直是他得力助手的人，英国政治史上作为法定继承人时间最长的人，似乎是一件非常不公平的事情，但事实证明他说得完全没错。

1955 年 4 月 5 日，星期二，穿着礼服大衣的丘吉尔在前往白金汉宫辞职之前，在他的最后一次内阁会议上，向同事们阐明了这样一个哲学观点：“人即精神。”[181] 他也给他们提出一条更实用的建议：“永远不要与美国人分开。”[182] 在告别时他说：“我相信，我们将会进一步推动已经取得的进展，恢复英国的国内稳定和经济实力，而且会将英联邦（他仍然喜欢称之为帝国）的各个国家之间的纽带编织得更加紧密。”[183]

令人吃惊的是，他的这些话语与他 1897 年 12 月写给母亲的信中的政治信条非常相似，当时他才 23 岁：“我将毕生致力于保护我们伟大的帝国，致力于维护英国人民的进步。”[184] 丘吉尔在自己梅开二度的首相任期内见证了朝鲜战争的结束，英国建造了 100 万所房屋、废除了配给制度、结束了财政紧缩、开始了新一轮经济繁荣。英国成为一个核国家，大英帝国的任何一部分都没有因独立而被清盘，加冕仪式取得巨大的成功，珠穆朗玛峰也被英国人征服了。[185] 回想起来，尽管政府对工会采取了绥靖政策，但是 20 世纪 50 年代的前半部分对英国来说仍然算是一个黄金时代，这样的成绩至少应该部分归功于当时的首相。

在海外，他尽量阻止、拖延大英帝国的瓦解。迪斯累里关于“权力与自由”的信条和他父亲的托利式民主思想贯穿了他整个职业生涯。尽管他更换过政党，但他从未改变过这些信念。[186] 对于一个政治家来说，支持同一个指导方针长达 58 年之久是极为罕见的，与之相辅相成的是，他作为首相对内阁说的最后一句话，依然是关于帝国的。

女王曾提议封他为公爵，她的私人办公室早前已经与丘吉尔那边商议过，但他拒绝接受。他不想妨碍伦道夫和他的孙子温斯顿的政治生涯。正像他对科尔维尔说的那样：“说正经的，我希望自己作为温斯顿·丘吉尔死在下议院。”[187] 自从丘吉尔出生的那一年起，威斯敏斯特就再也没有建立过非王室的公爵领地，人民认为它不适合平民时代。但是如果确有一人值得拥有一个公爵领地，很难想象谁会比丘吉尔更合适。他喜欢开玩笑地谈一谈，如果他接受了，那么会发生什么。当时他已经买下了查特韦尔附近 120 英亩的巴多格斯农场，他说：“巴多格斯公爵听起来不错，伦道夫可能会是查特韦尔侯爵。”[188] 他对科尔维尔说：“我得做查特韦尔公爵，伦道夫将成为托莱多侯爵。”[189] 事实上，他可能更愿意占据伦敦领地，以纪念自己在闪电战中的义无反顾。

辞职前的最后一个周末，在契克斯庄园，丘吉尔让人把鲁本斯的巨幅油画《狮子与老鼠》从大厅里取了下来，画面描绘了伊索寓言中的一个情景。“温斯顿爵士总是为此烦恼，”格蕾丝·汉布林回忆说，“因为他看不见画作上的老鼠。”[190] 于是他拿起画笔，把老鼠画得更清楚些，想以此来改进彼得·保罗·鲁本斯的作品。[191] 蒙巴顿后来说：“如果那不是勇气，我不知道还有什么可以叫作勇气。”[192]

第34章

“夕阳漫漫”

（1955年4月—1965年1月）

浪费时间为人生大门最后关闭高唱哀歌是愚蠢的。高贵的灵魂会心甘情愿地将自己交付给这接二连三落下的阴影，让它们把自己带到一个更美好的世界，或者被遗忘。

——丘吉尔谈马尔伯勒公爵的逝世[1]

“热情、高贵、勇敢”是他的本性。此生此世就是他唯一的一生一世，他必须坚持到底。

——丘吉尔：《萨伏罗拉》[2]

“我期待着以一种愉快而激动的心情度过一段闲暇时光。”从首相职位上退休后，丘吉尔有一次在查特韦尔庄园对艺术史学家约翰·罗森斯坦爵士说：“我很难在写作、阅读、绘画、砌砖以及其他三四件我想做的事情之间做出选择。”[3]他在肯特郡的生活积极活跃，在下议院参加活动时也一样。每次他一出现，议员们都会在吸烟室或酒吧里把他团团围住，一方面渴望听他发表评论，另一方面也希望自己可以告诉别人，他们和一个活着的传奇人物说过话了。比如，年轻的保守党议员安格斯·莫德回忆，丘吉尔对一群人说过这样的话：“喝酒的秘诀就是总要喝多一点儿。”[4]

在1955年5月26日，在安东尼·艾登呼吁举行的临时大选中，保守党赢得344个席位，工党赢得277个席位，自由党赢得6个席位，保守党获得

1 330 万张选票，工党获得 1 240 万张选票，艾登获得了 59 个多数席位。这是对丘吉尔作为领导人的一种致敬。丘吉尔以 15 808 票的多数票再次当选伍德福德选区议员。

7 月 11 日，牛津大学教授 A. L. 罗斯博士到查特韦尔庄园拜访了丘吉尔。丘吉尔派车去万灵学院接他，车上飘扬着五港总督的旗帜。“幸运的是，我写下了他对我说的每一句话，”罗斯说，“回头一看，我倒觉得他是有意让我这么做的，他是那么有历史感的一个人。”[5] 环顾图书馆，罗斯看到了历史、传记、政治回忆录、沃尔特·斯科特、麦考利、塞缪尔·约翰逊、马尔伯勒、伦道夫·丘吉尔勋爵的信件，以及最近出版的一本艾登的传记。罗斯是工党的支持者，让他感到最为震惊的是，丘吉尔“完全不以某个党的党员身份讲话”，他称保守党为“他们”。他在谈到国有化和征税时所说的话，听起来几乎就是一个自由党人：“你不能靠从别人那里拿走财富来创造财富。应该为人们设定最低标准，并在此基础上自由运营。”[6] 他们在午餐前喝了哈维·布里斯托雪利酒，午餐时还喝了一种很棒的德国白葡萄酒，餐后丘吉尔又坚持让他就着奶酪①喝了一杯波特酒，最后在喝咖啡时丘吉尔又让他喝了君度甜酒。

午餐后，“有点儿醉意”的罗斯走到丘吉尔的书房，与丘吉尔讨论了查理一世国王，并让丘吉尔阅读了他的一本关于早期丘吉尔家族的书稿，这本书正是他来访的原因。关于詹姆士一世处决沃尔特·罗利爵士这一部分内容，丘吉尔说：“我一直认为这是那个滥交的同性恋者身上最大的污点。”（他显然不知道罗斯本人的性取向。）对于第一代马尔伯勒公爵与查理二世的情人卡斯托曼夫人的风流韵事，他评论道：“16 岁（实际上是 21 岁）就被国王的情妇勾引，这一定是一段有趣而宝贵的经历。”[7] 然后他去喂了金鱼，他称它们为“亲爱的”。在给罗斯看了布尔战争中的悬赏海报后，丘吉尔说：“25 英镑，我就值这么多。”罗斯后来回忆说：“这是我一生中度过的最美妙的一天。”[8]

---

① 斯蒂尔顿干酪和波尔图葡萄酒就像夫妻一样，”丘吉尔说，“它们永远不应该分开。”（格莱布纳，《我亲爱的丘吉尔先生》，第 61 页。）

丘吉尔喜欢邀请游客到查特韦尔庄园里来。有一次，他给一位摩门教徒拿来一杯加了威士忌的苏打水，那人回答："温斯顿爵士，我可以喝点儿水吗？狮子是喝水的。""驴也喝水。"丘吉尔回答。在场的另一位摩门教徒说："烈酒就像蛇一样火辣辣的。""我一直在找这种酒。"丘吉尔反驳道。后来，在他此后的终身私人秘书安东尼·蒙塔古·布朗为这些精彩的反驳向他表示祝贺时，他咧嘴笑着说："这些都不是原创的，只不过他们给了我寻开心的机会。"[9]不喝酒的人成了他打趣的对象。1944年10月，大主教威廉·坦普尔去世，丘吉尔一直不喜欢坦普尔的左翼观点，用科尔维尔的话说，这给了他"插科打诨"的机会。[10]"你看看他，只活了63岁，他是个不喝酒的人，"他这样评论大主教，"再看看我，一个喝酒的人，已经70岁了。"[11]作为一个喝酒、抽烟和吃肉的人，比不喝酒和吃素的人活得更长久，这从来都能给丘吉尔带来巨大的满足感。

到1955年8月，在蒙哥马利拜访丘吉尔，与他一起追忆战争，奥斯卡·雷蒙为他塑造雕像时，丘吉尔已经重新拾起《英语民族史》的写作。1939年年底他还在海军部时，这项工作就已经到了收尾阶段，但此后他一直忙于其他事情。最初他于1932年10月以2万英镑的价格签署出版合同时曾说，该书将涉及英语民族的"争吵、不幸与和解"，写作该书的"目的是强调大不列颠人民和美国人民所拥有的共同遗产，并以此加强他们之间的友谊"。[12]1955年年底，在莫里斯·阿什利、比尔·迪肯和丹尼斯·凯利的帮助下，他完成了这项工作。"他血管里流淌着美国的血液，这一点对这本书起到了决定性作用，"阿什利写道，"他的贵族习性从未减弱他对民主的同情，即使他把人类过去的成就归功于伟人而不是人民大众。"[13]这是一本激励人心的书，他甚至把阿尔弗雷德大帝焚烧蛋糕的传说作为历史事实记录下来。当迪肯指出，这个故事几乎可以肯定不是真实发生的事情时，丘吉尔对他说："在危机时刻，神话自有其历史重要性。"这一评论既是对阿尔弗雷德国王在维京战争时的洞察，也是对1940年和1941年时事的见解。[14]第四卷，也就是最后一卷，一直写到维多利亚女王1901年离世，丘吉尔称这是"一个风暴与悲剧的世纪"的开始。这部分内容他在《第一次世界大战回忆录》和《第二次世界大战回忆录》中已全部谈及。尽管丘吉尔对罗伯特·E.李和南方联邦的军人推崇备至，但是亚伯拉罕·林肯才是最后一卷的英雄。丘吉尔把美国内战描述为“迄今为止所有有记录的大规模冲突中最为高贵的、最不可避免的”。[15]

除了写作，丘吉尔还继续如饥似渴地阅读，伦敦图书馆为他提供了狄更斯、吉卜林、奥斯汀和康拉德的作品，以及弗雷斯特、史蒂文森、芬尼莫尔·库珀的冒险故事和 H.C. 麦克尼尔（“萨珀”）的斗牛犬德拉蒙德的故事。他也经常读一读莎士比亚作品来放松一下。①尽管丘吉尔在查特韦尔庄园每天都会散步，也在继续他的砌砖工作，但是到了 80 多岁，他的身体动作自然会慢下来。他说：“我的很多朋友一生都在锻炼，我锻炼只是为了给他们抬棺。”[16]丘吉尔仍然定期去伦敦。蒙塔古·布朗把他送到布德尔俱乐部后，他说：“我确实喜欢这个俱乐部，你们的大多数成员都是正派的乡绅。”当布朗提出，那里有一半人都是股票经纪人时，丘吉尔装出愤慨的样子说：“你不应该这样说与自己同一个俱乐部的成员！真的，亲爱的，你必须避免做出这种悲观的判断。”[17]

1956 年 1 月，丘吉尔第一次拜访了埃莫里·里夫斯和温迪·罗素美丽的拉波萨庄园，这座庄园位于蒙特卡洛附近的罗克布伦。这座庄园最初是本铎·威斯敏斯特为他的情妇可可·香奈儿建造的。里夫斯夫妇直到 1964 年才结婚，所以克莱门汀不愿见他们，称他们的同居式婚姻是“不合规矩、令人不安的婚姻”，除了让她有这种感觉，他们之间的关系却没有任何令人不安的地方。[18]丘吉尔从不刻板地对待别人的人际关系，他尽情享受这里的阳光、热情好客、社交活动以及与朋友们打趣的机会。2 月 6 日，他在希腊船主、大富豪亚里士多德·奥纳西斯的游艇“克里斯蒂娜号”上吃了晚餐。克莱门汀不赞成她的丈夫和这些富豪在一起，但丘吉尔觉得，多年呕心沥血的工作后，他应该在晚年获得一些乐趣和奢侈的享受。

4 月 23 日，也是圣乔治日，丘吉尔出版了《英国的诞生》，这是四卷本

---

① 1953 年，当丘吉尔到老维克剧院观看理查德·伯顿主演的《哈姆雷特》时，伯顿可并没有感到放松。丘吉尔在演出时和伯顿一起大声背诵了台词，然后走到后台问道：“尊敬的殿下，哈姆雷特，我可以用一下您的洗手间吗？”（*FH*，第 141 章，第 29 页。）

《英语民族史》的第一卷。克莱门特·艾德礼认为，这本书应该起名为“我感兴趣的历史事件”。[19] 哈罗德·尼科尔森在《纽约时报》的评论中指出，对于丘吉尔来说，“在历史的命运中，几乎每一个关键的转折都与一个伟大历史人物有关，他们会突然出现在混乱与衰败的时代”，就像阿尔弗雷德大帝、女王伊丽莎白一世和小皮特等。[20] 丘吉尔写道：“阿尔弗雷德保卫了我们的岛上家园。”他盛赞了阿尔弗雷德国王对历史的研究，说“正是他至高无上的能力让他能够超越所有外部力量，在完胜和惨败时依然保持客观冷静，在灾难面前依然锲而不舍，冷静地等待命运的反转，在经历多次背叛后依然对人类充满信心”。[21] 尽管最后一卷以维多利亚女王之死来收尾，但读者很清楚，谁才是这部英雄史的最后一人。这本书非常畅销，已经被翻译成 11 种语言。11 月，戴维·麦克斯韦尔·法伊夫爵士（如今已是基尔缪尔勋爵）撰文，感谢丘吉尔出版该书的第二卷。他敏锐地写道：“我一直认为，对历史的真知灼见是成为政治家的必要条件。你的作品不仅证实了这一点，而且会让无数人产生这样的感觉。”[22]

1956 年 6 月初，根据丘吉尔担任首相期间艾登与对方达成的协议，最后一批英国军队离开了苏伊士运河区。三周后，阿卜杜勒·纳赛尔上校当选埃及总统。然后，7 月 26 日，纳赛尔突然在毫无预警的情况下，将英法共有的运河国有化，使运河的所有者和使用者陷入全面危机。起初，丘吉尔赞成采取“强有力的行动，如果有必要还可以动用武力”来逆转这一决定，推翻纳赛尔。他把自己的想法告诉了艾登。他还对克莱门汀说，他担心因为艾森豪威尔正在进行连任竞选，艾登可能会“等待美国的消息，而美国会第三次迟到”。[23] 现在回想起来，如果艾登真的等一等美国，那么倒是明智的选择，也符合丘吉尔对内阁的最后建议：永远不要与美国人分开。[24] 然而，艾登并没有理睬这一建议，在夏天和秋天，他和法国、以色列组建了联合部队对付埃及，没有预先通知艾森豪威尔，而丘吉尔赞赏的艾森豪威尔正处于总统连任竞选的中期。10 月 20 日，在英法联军占领苏伊士运河前三天，丘吉尔又患了一次轻微中风，于是从拉波萨庄园回到自己的家中。艾森豪威尔于 11 月 6 日再次当选，但是在安全返回白宫后，他对英法联合军事行动充满敌意的立场并没有明显变化。

不管丘吉尔是否真的对莫兰说过“安东尼真是活该，他接过了他让我放弃的职责”，我们都不难从他在苏伊士运河问题上对艾登的态度中看出一丝幸灾乐祸的意味。[25]他确实说过，苏伊士运河行动是“人们能够想象得到的考虑最不周详、执行最不力的行动……我完全不敢采取这样的行动，如果我敢的话，我肯定也不敢再停止行动。”[26]在最后一批英国军队被迫屈辱地撤出埃及之前，丘吉尔就已经开始努力重建英美两国之间的特殊关系了。他在 11 月底写给艾森豪威尔的信中说：“我在这个世界上已经没有多少事可做了，我既不想也没有力量卷入当前的政治压力和动荡中。但我坚信，英美联盟这个主题在今天比二战以来的任何时候都更重要。”[27]

然而，丘吉尔对艾森豪威尔的个人感情还是一如既往地冷淡。第二年 9 月，当住在法国南部的埃尔卡普渡区，比弗布鲁克的别墅拉卡彭西纳时，他谈到了内维尔·舒特新出版的关于核战争影响的启示录小说《在海滩上》。“我觉得地球很快就会被摧毁了，”丘吉尔说，“如果我是全能的上帝，我就不会再创造一个新的地球，以免下次他们把上帝也摧毁了。”[28]他觉得自己可以寄一本给苏联的新任领导人尼基塔·赫鲁晓夫，但是当有人问他要不要给艾森豪威尔寄一本时，他说那是“浪费钱”。

1958 年，丘吉尔曾经对蒙塔古·布朗说：“中东是这个世界上最铁石心肠的地区之一，那里的战争几乎就没有停止过。只有当一个主要大国能够建立起强大的影响力，并且表明自己的意志和决心时，和平才会出现。你必须全力支持自己的朋友，必要时还必须为他们报仇。武力，或者武力加贿赂，是唯一值得尊重的事情。这很令人难过，但我们最好还是要认识到这一点。目前，我们的友谊不受重视，我们的敌意也无人畏惧。”[29] 1957 年 1 月 9 日，在中东发生的灾难导致艾登辞职。对丘吉尔来说，这既是一场政治悲剧，也是一场家庭悲剧，因为克拉丽莎是他的侄女。“他们勇敢地接受了自己的命运。”丘吉尔对克莱门汀说。[30]艾登的继任者哈罗德·麦克米伦是一位坚定的反绥靖主义者，丘吉尔一向喜欢他，也曾一直提拔他。

切尔韦尔勋爵弗雷德里克·林德曼教授于 1957 年 7 月 3 日在睡梦中去世。林德曼与 F. E. 史密斯和布兰登·布拉肯是丘吉尔一生中最亲近的三个朋友，两个人的友谊已经持续了 36 年。丘吉尔参加了在牛津大学基督教堂举行的葬礼。尽管他自己身体虚弱，但是他坚持伴着灵柩去了墓地。“他是一个很有个性的人，在道德上和身体上都具有极大的勇气。”丘吉尔在“其他俱乐部”这样说道。[31] 第二个月，萨拉的前夫安东尼·波尚自杀了，这对她产生了很大的影响，她开始变本加厉地酗酒。而此时的伦道夫仍然酗酒成性，戴安娜也总是烦躁不安。[32] 丘吉尔的四个子女中，玛丽是唯一一个没有因为自己是伟人的孩子而受到伤害的人。

1958 年，剑桥大学成立了一项基金，用来设立剑桥大学丘吉尔学院，专门研究科学技术。当有人问他是否愿意以他的名字命名时，丘吉尔说：“毕竟，它会让我和三位一体的上帝①并列而立。”[33] 他希望学院能够平等地招收男生和女生。“想到女性在战争中所做的一切，”他说，“我坚定地认为，她们理应得到平等对待。”[34] 这也可以视为他 40 年前如此短视地反对女性拥有选举权的一个迟来的道歉。

1958 年上半年，2 月时，丘吉尔在拉波萨庄园染上肺炎，3 月复发，4 月跌了一跤后又患上胸膜炎。罗伊·豪厄尔斯现在成了他的专职护理员。“你知道吧，你对我很粗鲁。”丘吉尔有一次对他说。“是的，但你也很粗鲁。”豪厄尔斯答道。于是“丘吉尔微微一笑”，说道：“是的，但我是个伟人。”[35]

1958 年 8 月初，丘吉尔曾三次前往威斯敏斯特医院看望因患食道癌已经病危的布拉肯。8 月 8 日，当时丘吉尔正在法国的里维埃拉，住在比弗布鲁克那里，他接到了年仅 57 岁的布拉肯的死讯。丘吉尔问布拉肯的朋友帕特里克·亨尼西爵士：“告诉我一件事，帕特，他死得勇敢吗？”当得知布拉肯死得非常勇敢时，丘吉尔“泪如雨下”，只说了一句“可怜的布兰登，亲爱的”。[36] 布拉肯曾预言：“我将英年早逝，被人遗忘。”他的确是英年早逝。布拉肯一辈子抽烟都抽得很凶，但是作为丘吉尔的“忠实门徒”和最值得信赖的政治顾问，作为丘吉尔在野岁月中义无反顾地站在他身边的人，作为第二次世界大战期间成功的信息大臣，作为《金融时报》和《今日历史》的创办人，他却并没有被人遗忘。一年多一点儿的时间里，丘吉尔失去了两位最

① 三位一体也是三一学院的名称。——译者注

好的朋友。11 月 20 日，他对“其他俱乐部”的成员说：“我们遭受了如此沉重的打击，布兰登走了。我们都记得，在黑暗的时候，他的精神、他的魅力与智慧是如何超越个人悲伤或重大事件的。他勇敢而耐心地忍受了疾病。现在他去了，我们都为失去他而感到难过。”[37]

从 1958 年 9 月 22 日到 10 月 10 日，丘吉尔在“克里斯蒂娜号”上进行了第一次巡游。在接下来的 5 年里，他将在这艘游艇上巡游 8 次。他的外孙女西莉亚·桑迪斯回忆说，这些巡游“奢华至极”。[38] 他在地中海航行，在加勒比海航行，还有一次去了纽约，尽管那一次他病得太厉害，下不了船。玛丽计算了一下，从 1956 年到 1962 年，她父亲平均每年有 17 个星期是在阳光灿烂的国外度过的。1958 年 10 月 14 日，丘吉尔对克莱门汀说：“人生的最后几天或几年都是灰暗而沉闷的，但我很幸运有你在我身边。”[39] 20 世纪 50 年代末，丘吉尔的记忆力开始衰退。他不得不问别人赫伯特·莫里森是谁，虽然他记得在普拉特河之战中他曾是海军大臣，但他想不起来那是哪一场战争。[40] 在参加下议院的辩论会时，他会坐在舷梯下面的角落，在那些在野岁月里，他一直都坐在那儿。尽管在 20 世纪 20 年代初他曾离开过议会，但是到 1959 年时，他还是成了下议院之父，即连续任职时间最长的议员。

1959 年，丘吉尔乘坐“克里斯蒂娜号”游览了尼斯、蒙特卡洛、意大利的里维埃拉、希腊群岛和伊斯坦布尔（当然，他仍然称伊斯坦布尔为“君士坦丁堡”）。[41] 旅行中他一直带着托比，邓肯·桑迪斯送给他的一只虎皮鹦鹉。奥纳西斯的女朋友、歌剧天后玛丽亚·卡拉斯也在船上。西莉亚·桑迪斯记得，当丘吉尔唱起他最喜欢的歌剧时，“玛丽亚·卡拉斯假装很喜欢地跟着一起唱着“黛西，黛西”，让人觉得不太协调”。[42] 在苏尼翁看到波塞冬神庙时（拜伦曾在那里的圆柱上刻下自己的名字），丘吉尔背诵了《唐璜》。在罗得岛上，他最喜欢的当然是蝴蝶谷。

“我们从士麦拿出发，在晚上驶过达达尼尔海峡，”西莉亚记录道，“免得引起这位主宾不好的回忆。”[43] 然而，丘吉尔实际上非常清楚是怎么回事。那天晚上吃饭的时候，他提到达达尼尔海峡，但没有多谈，别人也没有多谈。[44] 当他们从一个了不起的地方巡游到另一个地方时，不断变化的场景“似乎明显地刺激了他”。他也没有失去谴责的能力。一天晚上，1919 年嫁给了丘吉尔堂兄弟的黛西·费洛斯正好在埃尔卡普别墅，在丘吉尔似乎睡着了的时候，她在他身边说道："很遗憾，这么伟大的一个人，却只能在奥纳西斯和温迪·里夫斯的陪伴下度过晚年。"之后就听到有人咆哮道："黛西，温迪有三个方面你永远做不到，她年轻、漂亮、又善良。"[45]

1959年1月和2月，丘吉尔在最后一次访问马拉喀什时去画了画。"天气一直很好，"在这次度假的最后一天，蒙塔古·布朗在马穆尼亚酒店给比弗布鲁克写信说，"但是他越来越麻木和倦怠。并不完全是忧郁，但是他对正在发生的事情越来越不感兴趣了。"[46]那个月，丘吉尔发表了他的最后一部原创作品，即经过删节的一卷本《第二次世界大战回忆录》，包括一篇关于1945年—1957年的后记。3月，他在皇家美术学院举办的个人画展取得了巨大成功，吸引了几乎两倍于前一年达·芬奇画展的参观者。

1959年4月19日，丘吉尔又遭受了一次轻微中风。这一次他感受到一些疼痛，说话也有些吃力。[47]然而，仅仅三天之后，他就参加了"其他俱乐部"的活动。几天之后，他在伍德福德的一次人头攒动的选区会议上发表演说，宣布他将再次参加议会竞选。人群为他发出巨大的欢呼声。一个月后，他又在纽约被人群团团围住，人们高高举起自己的孩子，这样在以后的人生中，孩子们就可以说，他们见过温斯顿·丘吉尔。

丘吉尔在白宫住了三晚，第一次乘坐了喷气式飞机。他还大度地看望了即将死于癌症的约翰·福斯特·杜勒斯，和即将死于当年10月，中风后已经无法说话的乔治·马歇尔。丘吉尔见过艾森豪威尔后，总统难过地对自己的儿媳说："我真希望你在他年轻时就认识他。"[48]在回家的飞机上，丘吉尔右手的小指感到刺痛。大概是由于他的图章戒指像止血带一样让血液无法通过，小指的血液供应中断了。他的指尖因为干性坏疽不得不被切掉。

1959年9月29日，丘吉尔在伍德福德的竞选活动中发表了他的最后一次政治演说。他说："我们的社会主义竞选对手在思想上非常混乱。有些人认为私营企业是一只必须被枪毙的老虎，另一些人视其为可以挤奶的牛。"[49]说这话时，他做了一个挤牛奶的动作。"只有少数人看清了私营企业的本质——它就是那匹拉着整个马车的强壮而又心甘情愿的马。"他的选举传单上宣布："我们永远不能忘记自己作为英联邦和大英帝国的心脏和中心，以及作为大西洋联盟的主要伙伴的独特地位。”[50] 84 岁时，在人生中第 15 次也是最后一次选举中，他以 1.5 万票的优势再次当选，而麦克米伦和保守党赢得了 100 个席位的多数席。他最后一次公开演讲是在 10 月 31 日，是在伍德福德为他自己的雕像揭幕后进行的演讲，主题是英国人民。他说：“通过我们的勇气、耐力和智慧，我们在这个世界上为人类带来了持久的福祉。我们不要失去信心。我们的未来充满了希望。”[51]

然而，在 20 世纪 60 年代，丘吉尔本人对未来的设想实际上却陷入一种黑暗的绝望。他经常对蒙塔古·布朗等人说：“我这一生都在非常努力地工作，取得了很大的成就，但是在最后阶段却一事无成。”[52] 他指的也许是他没能解决冷战问题，但是更可能是指苏伊士运河事件所反映出的英国之威风不再，以及他所钟爱并誓死保卫的大英帝国之分崩离析。1961 年，他试图说服麦克米伦推迟女王访问加纳的时间，理由是该国首任总理夸梅·恩克鲁玛是一位仇英的独裁者。[53] 访问如常进行，并且取得了巨大成功。

1961 年 1 月，在蒙特卡洛的巴黎酒店，鹦鹉托比从丘吉尔房间的窗户里飞了出去，再也没有回来。“我真为托比感到难过，”他对克莱门汀说，“我一直抱着一线希望，盼着能听到它平安健康返回的消息。”[54] 他喜欢在蒙特卡洛赌博，尤其是轮盘赌。他的侦探埃德蒙·默里记得，每次他来到赌桌旁边时，其他顾客都会为他鼓掌，这掌声是“自发的、恭敬的，许多人眼含着热泪”。[55] 4 月 19 日，他搭乘“克里斯蒂娜号”抵达纽约，观看了“玛丽女王号”离开丘纳德轮船公司码头，开始横渡大西洋的航行，就像它 1943 年和 1944 年的战时历史性航行一样。两天后，他乘飞机返回英国。

1962 年，丘吉尔创作了最后一幅画——《查特韦尔的金鱼池》，并把它送给了默里。6 月 28 日，他在蒙特卡洛的巴黎酒店自己的卧室里摔倒，左髋关节和大腿骨折。X 光片还显示出 1893 年他在温伯恩大桥上跳下时造成的骨折。那是他最后一次被飞机送回家。他对蒙塔古·布朗说：“记住，我想死在英国。你要答应我负责此事。”[56] 不顾法国医生不要让丘吉尔转移的劝告，哈罗德·麦克米伦于次日派去了一架皇家空军彗星空中救护飞机。丘吉尔在米德尔塞克斯医院住了 55 天，当蒙哥马利去医院看望丘吉尔时，发现他正在抽着雪茄“抗议英国加入欧洲共同体”。[57] 丘吉尔的家人指责蒙哥马利向新闻界透露了这一情况，蒙塔古·布朗给新闻界写了一封他后来所说的“骑墙信”。但实际上没有人真的否认丘吉尔说过这句话，而且，记者们还从垃圾桶里翻出了雪茄头。

在摩纳哥摔倒是他5岁时从三轮车上摔下来开始的一系列事故中的最后一次。这些事故包括从马上和楼梯上摔下来、几次撞车事故和飞机坠落、一次房子着火、一次跳桥、一次差点儿溺水，还有一次被汽车碾过。1899年，他在焦特布尔从楼梯上摔下来时曾对他母亲开玩笑说：“我相信我的这次不幸会使诸神得到抚慰，也许是我在别处的成功和幸运触怒了他们。”[58]诸神当然会要求泄愤：在摩纳哥摔的这一跤使他的情况变得如此不稳定，到1964年9月，他已经认不出蒙哥马利了。

丘吉尔多年来一直在查特韦尔种植灌木，专门为了吸引他引进的许多品种的蝴蝶。在晴朗的日子里，他会坐在一张椅子上，正像玛丽回忆的那样，“被安置在盛开的醉鱼草前最具战略意义的位置上，兴高采烈地欣赏蝴蝶那鲜艳的、闪动的光辉——红纹丽蛱蝶、孔雀蝶，还有小苎麻赤蛱蝶——看着它们抖动着翅膀，享用盛开着的、布满花蜜的紫色花朵”。[59]他曾在古巴观察过蝴蝶，在印度搜集过蝴蝶，在南非的监狱里为蝴蝶着迷，他在东非时，在加利福尼亚时，都写过关于蝴蝶的文章。在他漫长的一生中，在他的思想慢慢地消失的时候，这将是他最后的热情。

1963年4月，肯尼迪总统在华盛顿宣布丘吉尔为美国荣誉公民，他通过闭路电视观看了伦道夫宣读他的演讲稿。10月19日，戴安娜死于过量服用安眠药。丘吉尔在查特韦尔写信给克莱门汀，倾诉他们的悲痛，也倾诉他们的爱。[60]一个月后，他观看了肯尼迪总统遇刺的电视报道，流下了眼泪。

1964年7月27日，丘吉尔最后一次前往议会。第二天，首相亚历克·道格拉斯·霍姆爵士和其他一些高级政要在海德公园门共进午餐，向他提交了下议院关于他在担任议会议员60多年后退休的一致决议。他在海德公园门庆祝了自己的90岁生日，10天后他最后一次参加了“其他俱乐部”的活动。蒙塔古·布朗在那篇记述丘吉尔过去10年的感人至深的文章《夕阳漫漫》中回忆说：“要唤醒他的思想火花已经变得越来越困难，那火花曾经是那样耀眼。我只能说他知道自己身处何处，也很高兴待在那里。”[61]

1964年12月，丘吉尔遭受了一次脑动脉痉挛。他对克里斯托弗·索姆斯说的最后几个连贯的单词是："我对这一切都感到厌倦了。"[62] 1965年1月9日晚，他又遭受了一次大面积中风，从此再也没有恢复知觉。尽管如此，他还是活了15天，一直躺在海德公园门28号的客厅里，一张从卧室搬来的床上。他的猫乔克也躺在那里，房间里摆着鲜花和蜡烛。1965年1月24日，星期天，上午8点刚过，温斯顿·斯宾塞–丘吉尔爵士高贵的心脏停止了跳动。

1953年，丘吉尔曾告诉乔克·科尔维尔，他将在父亲忌日那天死去，他真的死于父亲的忌日。这也不是他最后一次向父亲致敬：丘吉尔原本打算让自己葬在查特韦尔的槌球草坪下，但是参观了父亲、母亲和弟弟位于布雷顿圣马丁教堂，可以看到布莱尼姆宫的墓地后，他在20世纪50年代末改变了主意，决定和他们一起安息。今天，伦道夫·丘吉尔勋爵的坟墓上有一块牌子，上面写着"父亲"。今天的人们怀念他是因为他是一位父亲，而他对自己的儿子曾经那么轻视，这真是具有讽刺意味。

自1959年以来一直担任法国总统的戴高乐在听到丘吉尔去世的消息后喃喃地说："英国再也不是真正的强国了。"[63] 当时，工党政府正考虑从苏伊士以东撤出所有英国军队，这就等于为大英帝国拉下了帷幕。历史学家阿瑟·布莱恩特爵士在《伦敦新闻画报》上撰文说："巨人的时代一去不复返了。"小说家V.S.普里切特写道："我们眼看着自己的过去一去不复返了。"[64]

女王指示典礼官诺福克公爵，丘吉尔的葬礼应该"在规模上体现出他在历史上的地位"。因此，这将是自1852年惠灵顿公爵的葬礼以来最盛大的非王室葬礼，甚至超过了1898年格莱斯顿的葬礼。这场代号为"希望不发生的行动"经过了多年的计划与安排，由于丘吉尔的长寿，需要不断更新。丘吉尔本人在这项行动的策划中所起的作用相对较小，尽管他确实对哈罗德·麦克米伦承诺，葬礼上会唱响"生动的赞美诗"，并且对蒙塔古·布朗说："记住，我想要很多的军乐队。"他最终得到了至少9个军乐队。

在威斯敏斯特大厅举行的丘吉尔遗体瞻仰仪式持续了三天三夜，他的灵柩上覆盖着一面英国国旗，上面有他的嘉德勋章。超过32万人走过灵柩台，每个角落都有如雕像般伫立在那里的士兵守卫着，他们一动不动，头低着，表示对丘吉尔的尊敬与爱戴。[65]“今晚有两条河流静静地流淌过伦敦，”一位吊唁者写道，“其中一条是人流，它像夜晚的泰晤士河一样幽暗而沉静，流经威斯敏斯特大厅，在被称作丘吉尔的那块磐石下百转千回，依依不舍。”如果不是温度降到冰点以下，也许前来吊唁的人会更多。的确，葬礼那天非常冷，就连警察的马匹也出现了伤亡。全英国各地降半旗致哀，报纸上刊登了长长的讣告，人们戴上了黑臂章，足球比赛被推迟，商店关了门，全英国校长协会甚至取消了自己的罢工。

印度总统萨瓦帕利·拉达克里希南致信女王说：“获悉我们所知道的最伟大的英国人温斯顿·丘吉尔爵士去世，印度政府和人民深感悲痛。在二战最艰难的岁月里，他的人格魅力和他在语言上的炉火纯青让人们重拾对自由的信心。他在欧洲和世界的面孔上留下了自己的印记，他令人难忘的贡献将被人类铭记几个世纪。对于你们的巨大损失，我向您、英国政府和英国人民表达我们最深切的同情。知道全世界千百万人都在分担你们的悲伤，这对你们来说一定是一种安慰。”[66]

圣保罗大教堂很显然应该是举行这场葬礼的地方。战争期间，有不少于28枚炸弹落在这里，其中一枚是500磅重的巨型炸弹。然而，克里斯托弗·雷恩爵士的杰作却奇迹般保存下来。此外，纳尔逊和惠灵顿的葬礼也曾在这里举行。女王亲自出席葬礼的决定打破了先例，这是王室的特别优待，因为君王们不参加非家族成员的葬礼。当天出席葬礼的有6位君王、6位总统和16位首相。

在1月30日举行葬礼这一天，上午9点45分，灵柩离开威斯敏斯特宫时，大本钟敲响，此后一整天都没再响起。灵柩台摆放在1901年维多利亚女王去世时用过的同一座拖拽炮架上。104名皇家海军水兵将它拖行过伦敦的街道，这让人们想起丘吉尔曾两度担任海军大臣。在离开威斯敏斯特宫时，现场的一名观众将整个葬礼的队伍比作一艘驶离港口的大型战舰。队伍中的其他部队，包括来自不少于18个军事单位的支队，全部都枪口朝下列队前进。女王的皇家爱尔兰轻骑兵团（原来的轻骑兵第四团）的4名少校走在炮架后面，拿着丘吉尔所有的奖章和勋章。

当送葬队伍经过白厅的阵亡将士纪念碑时，来自法国、丹麦、挪威和荷兰的战时抵抗运动组织中的男人、女人们手里拿着100面旗子，在致以最后敬礼时将它们举起。灵柩经过后，一队丹麦地下组织战士在纪念碑前献上百合花圈。当一位记者问他们的姓名时，其中一位在退回人群前回答："我们在战争中默默无闻，现在也必须一样。"

正如丘吉尔承诺的，葬礼上确实唱响了"生动的赞美诗"。他母亲的出生地、他与罗斯福总统的友谊，以及他对讲英语民族的力量的信仰，都反映在对《共和国战歌》的选择上。而《谁会是真正的勇敢者》和《全力以赴去打仗》这两首歌，则是对他的个性与事业的追忆。棺木是用布莱尼姆庄园的橡树凿成的，8位戴着白手套的卫兵抬着它走上圣保罗大教堂西面的台阶。仪式结束后，伴着圣经赞美诗《主啊，我们永远的保障》的歌声，灵柩被抬出大教堂。整个葬礼仪式庄严、隆重而又壮观。丘吉尔成为历史上唯一一位在圣詹姆斯公园接受皇家骑兵炮兵90响礼炮的平民。

全世界约有3.5亿人通过电视观看了这场葬礼，事实上，美国的观众甚至比15个月前肯尼迪总统葬礼时的观众还多。派代表出席葬礼的国家不少于112个，中国没有派出代表，爱尔兰共和国没有对葬礼进行现场直播。葬礼结束后，美国前总统艾森豪威尔和罗伯特·门基斯爵士发表了精彩的演说。

灵柩被抬上一艘名为"海文格号"的汽艇。汽艇逆流而上，16架闪电战机低空飞行护航，这让人想起，是他建立了英国皇家空军，以及他在不列颠之战中对皇家空军的敬意。1965年时，伦敦仍然是世界上最大的海港之一，不计其数的码头上都有巨型吊车提供服务。当"海文格号"驶过时，吊车操作员依次将每只吊车的吊臂浸入水中，就好像这些巨大的吊车也低下头来，向这位死去的国家领导人致敬。

外国游客惊讶地发现，他们觉得本该是喜怒不形于色的英国人竟然会在公共场合痛哭流涕。小说家劳丽·李写道："自二战以来，民众从来没有表现出这样的情绪。"一位为了看到这一盛况而专门访问英国的美国历史学家记录道："人群中徘徊着一种1940年的精神，戴着圆顶礼帽的男人们和优雅的女人们与伦敦佬和装卸工并肩而立，英国人掀起的这样一场民主热潮扑面而来。"灵柩在节日码头从"海文格号"上被卸下，由一队近卫兵抬上一辆灵车，运往滑铁卢车站广场后，被抬上火车。火车驶过乡间时，站在车站和田野里的人们脱帽致敬。在牛津郡，罗斯博士看到“西边的天空充满了冬天落日的绚丽光芒，大英帝国的太阳落下了”。[67]

在布雷顿，丘吉尔的坟墓上放着两个花圈。一个上面手写着“致我亲爱的温斯顿，克莱米”，另一个写的是“国家和英联邦敬挽，伊丽莎白·R.”。在场的每个人都认为克莱门汀，按照一位记者的话说，“言行举止宛如一位女王”。经历了令人精疲力竭、情绪激动的一天之后，在上床睡觉时，她骄傲地对女儿玛丽说：“这不是一场葬礼，这是一场胜利！”[68] 克莱门汀于 1977 年 12 月去世，享年 92 岁，骨灰撒在了丘吉尔的坟墓里。

尾声

“与命运同行”

我见过更优秀、更伟大的人格，更睿智的哲思，更通情达理的性格，但是从未见过比他更伟大的人。

——1954 年 12 月，德怀特 · 艾森豪威尔总统评价丘吉尔[1]

他是大自然的孩子。他尊崇传统，但嘲笑习俗。

——伊斯梅将军评价丘吉尔[2]

当一个人的财富减少时，他的精神就必须扩展，以填补空白。

——1915 年 12 月 20 日，丘吉尔在战壕中写给克莱门汀的信[3]

丘吉尔对林德曼教授说：“关于我的报道一直以来都太多了，现在也是。”那是在 20 世纪 20 年代。[4] 尽管关于丘吉尔的文学创作活动已经很多（现在也没有减少的趋势），但是 1943 年 8 月，艾伦 · 布鲁克将军曾经写道：“我不知道未来的历史学家能否有一天真的描绘出丘吉尔的真实面貌。”[5] 1960 年，伊斯梅勋爵开始写回忆录，他告诉艾森豪威尔总统，客观的丘吉尔传记至少要到 2010 年才能写出来。事实上，直到最近 10 年，研究人员才获得了拼图中的最后一部分档案——国王乔治五世和伊万 · 麦斯基未删节的日记、劳伦斯 · 伯吉斯关于战时内阁会议的全文记录、丘吉尔孩子们的私人文件等。在丘吉尔逝世 50 年之后，人们终于有可能把他描绘得接近他的真实面貌了。

“要公正地对待一位伟人，”丘吉尔本人写道，“有辨别力的批评是必要的。滔滔不绝的宣泄，无论怎样逞一时之快，都是令人生厌的。”[6]本书也不乏批评之处，我希望这些批评是有辨别力的。丘吉尔出生那一年，加内特·沃尔斯利将军签署了一项条约，迫使战败的阿善堤国王科菲停止用活人祭祀；在他去世那一年，宇宙飞船“双子星5号”已经环绕地球飞行，披头士乐队发行了歌曲《一张车票》。90年间，我们从事后来看，很多时候，丘吉尔的判断都并非不容置疑，包括：他反对妇女拥有选举权；参加“围攻西德尼街”；解雇海军上将布里奇曼；在第一次世界大战中任命杰基·费舍尔；在第二次世界大战中任命罗杰·凯斯；1915年3月之后继续加里波利行动；在爱尔兰雇用准军事组织“黑衣棕裤”；在“查纳克危机”期间采用外交冒险政策；实施“十年原则”；重返金本位制；在“退位危机”期间支持爱德华八世；在挪威战役中安排失误，却让比利时国王利奥波德三世做替罪羊；在1940—1941年帮助希腊，却错误地评估了日本的军事能力；将意大利半岛描述为“柔软的腹部”；低估斯图卡飞机与舰船和坦克相比的能力；恫吓斯坦尼斯瓦夫·米科瓦伊奇克接受“寇松线”作为波兰战后边境线；在1943年力推多德卡尼斯群岛战役；允许将克里米亚的哥萨克人遣返，并交给斯大林；把反铁托的南斯拉夫人遣返，并交给铁托；在1945年的大选中做了攻击工党为“盖世太保”的演讲；在第二次首相任期建立“三霸主”管理体系，并且对工会做出妥协；在1953年中风后继续担任首相；等等。然而，正如他在第一次世界大战的战壕中写信给克莱门汀时说的那样：“我如果没有犯过错误，我就会一事无成。”[7]其中有几个错误是他习惯于坚持亲自观察事情的习惯造成的。这一点经常给他带来麻烦，比如在纳塔尔、西德尼街和安特卫普等事件中，但是也给他带来了更多的真知灼见。他曾对罗斯伯里勋爵说：“一个人在政治上犯了多少错并不重要，只要他继续犯错就行了。这就像把孩子丢给狼群，一旦你停手，它们就会撵上你的雪橇。”[8]

克莱门特·艾德礼在为丘吉尔撰写的讣告中说：“他最卓尔不群的素质不是智慧、判断力或远见，而是精力。”[9]这样说公平吗？在丘吉尔的整个职业生涯中，缺乏判断力这样的评价对他来说一直是一个挥之不去的问题。我们能看到，有时这种评价也不无道理。然而，对于那三个对西方文明构成致命威胁的问题——1914 年的普鲁士军国主义、20 世纪三四十年代的纳粹，以及二战后的苏联共产主义——丘吉尔的判断力远高于那些曾嘲笑他的人。在这三个关键的转折点上，丘吉尔的判断被证明是正确的，而他周围的人，借用他最喜欢的诗人之一鲁德亚德·吉卜林的话说，则失去了理智，且归咎于他。二战前，艾德礼本人就一直反对重整军备，也反对征兵，尽管丘吉尔早就开始呼吁这两件事。当涉及英国、大英帝国和英联邦生活中那些生死攸关的事情时，到底是谁的“智慧、判断力和远见”更卓尔不群？

一个人如果在 2/3 个世纪的时间里都是公众人物，需要在许多问题上做出重要决定，对他所看到的一切发表意见，他就会犯错误——有时是严重的错误。他对很多事情的态度在今天并不被广泛接受。然而，与他的失败和错误相比，他的成功清单则要长得多，也重要得多。希腊诗人阿尔齐洛科斯曾经写道：“狐狸知道很多事情，而刺猬只知道一件大事。”丘吉尔的批评者把他描述成一个会犯无数错误的刺猬，只是在一件重要的事情上，即在希特勒与纳粹的崛起问题上，他蒙对了，这完全符合平均法则。但是他们错了。亨利·基辛格在谈到丘吉尔时说：“他对历史潮流的判断是敏锐而深刻的。在第一次世界大战之前，丘吉尔认识到法国不再有能力单独对抗德国，英国需要放弃一直以来的孤立政策，与法国结盟。20 世纪 20 年代，他希望通过《凡尔赛和约》来安抚柏林的不满情绪，让德国参与到世界秩序的建立中。”[10] 丘吉尔也是 1914 年带领主力舰队为战争的爆发做好准备的那个人；他还是坦克之父；他发起了许多社会立法，来减轻爱德华七世时期英国穷苦人民的痛苦；他是那个大胆改革的开明内政大臣；他是曾经帮助建立爱尔兰自由邦的人之一；他也是约旦国的缔造者；他解决了第一次世界大战的债务问题；在大罢工发生后他主张对工人宽宏大量；他推出了减税预算，是在和平时期建造了 100 万套住房并废除了配给制度的首相；他指出了共产主义和纳粹主义的危险性，提出了应对这两种危险的方法。丘吉尔是一只典型的狐狸，而不是刺猬，他知道并且做了很多事情。

丘吉尔能够从错误中吸取教训，并且善加利用。达达尼尔海峡的灾难教会了他不要去推翻参谋长们的决定；大罢工和汤尼潘帝事件让他在二战期间把劳资关系交给了工党的欧内斯特·贝文；金本位制的灾难教会了他在战时紧急状态允许时，在金融体系中运用通货复涨刺激经济，并尽力保持资金的流动性。他也从自己的成功中总结了经验。第一次世界大战期间，海军部“40 号房”在密码破译方面取得的突破，教会他支持艾伦·图灵和“超级解密”组织；1917 年的反 U 型潜艇作战让他明白了护舰系统的优势；他鼓励使用坦克；他推动由霍巴特将军和军情局苏联处发起的新武器发明活动——他早就明白毛瑟枪比长矛更优越。

丘吉尔曾经写道，他过去所有的一切，都是在为担任战时首相之职做准备，为接受这一职位所带来的考验做准备。他早期对“贵族式”英语句式的掌握，以及作为中尉时广泛的阅读，为他那些精彩的战时演说奠定了基础。他在古巴的时光教会了他如何在炮火中保持冷静，以及如何通过午睡来延长工作时间。他在布尔战争中的经历让他能看到将军们的不足。早在不列颠之战前，他作为飞行员和空军大臣的经历就使他成了皇家空军的优秀战士。《马尔伯勒传》的写作让他为盟国之间的同步决策做好了准备。他总喜欢亲自去观看行动现场，比如“围攻西德尼街”和安特卫普的行动，这为他在闪电战期间去英国各地鼓舞士气做好了准备。他对科学的痴迷，在他与林德曼友谊的激发下，让他明白了核裂变如何用于军事领域。他关于伊斯兰原教旨主义的写作让他为纳粹的狂热做好了准备。他对布尔什维克主义的先见之明和准确分析为他的“铁幕演说”奠定了基础。他在第一次世界大战前曾与劳合·乔治一起引进“全民保险”和“养老金”政策，这为他在第二次世界大战后适应福利国家的需要做了准备。最重要的是，他在第一次世界大战中的经历——筹备海军、在达达尼尔海峡溃败、在战壕中服役以及担任军需大臣，这些都给他带来了至关重要的深刻见解，让他在第二次世界大战中能够加以运用。

他是一个多面手。罗伯特·罗兹·詹姆斯是为丘吉尔作传的传记作家之一，他将丘吉尔描述为“政治家、运动员、艺术家、演说家、历史学家、议员、记者、散文家、赌徒、军人、战地记者、冒险家、爱国者、国际主义者、梦想家、实用主义者、战略家、犹太复国主义者、帝国主义者、君主主义者、民主主义者、利己主义者、享乐主义者、浪漫主义者”。[11] 他确实是所有这些角色，但除此之外，他还可能是蝴蝶搜集者、大型猎物猎人、动物爱好者、报纸编辑、间谍、砌砖工、智者、飞行员、骑手、小说家和爱哭的宝贝（温莎公爵和公爵夫人给他起的最后一个绰号）。激发他身上所有这些角色的，更多的是他深厚的感情，而不是理性的分析。正是这一点让人们认为，在生命的大部分时间里他缺乏判断力。例如，他坚信（而且是错误地坚信）他的父亲曾经遭受保守党的残酷对待；他相信他的自由贸易原则会让他横穿议会席，走向反对党的选择看起来合情合理；他相信（再次错误地相信）自己会英年早逝，因此需要走捷径，以便早日成就伟业。他热切地想成为一名将军，最好是另一个拿破仑。他深信（也很可能是错误地相信）他本可以通过强行突破达达尼尔海峡来成功地提早结束第一次世界大战。

他爱克莱门汀和他的孩子们（甚至是伦道夫），他也爱他那些（通常是奢华的）乐趣。他爱他的朋友们，他们中有许多人去世得很早，他与他们中的大多数人都在某个阶段或其他什么时候发生过争执，但是他对他们的感情是真挚的。他打心底里憎恨列宁、托洛茨基和希特勒——但是对其他人的仇恨却少之又少。他极度自负、生性好斗，还爱故意夸大事实。他总是低估这些性格特征给人留下的负面印象。读者在我的这本书里应该已经注意到不少能够表现出丘吉尔自私、麻木和冷酷的例子。在整个二战期间担任他的私人助理的汤米·汤普森中校曾经写道："他全神贯注于自己的事情，在很多人看来，他粗鲁、自负、偏执、专横。"[12] 他还可能是一个古怪、固执、爱干预别人，事无巨细什么都要管的管理者。然而，他也能将这些失败因素中的其中几项转化为力量，帮助自己度过和平与战争时期的危机。当然，如果我们只把他当作他自己来看，他也很可能特别可爱。很少有最高级别的政客会没有那种强大的自我中心意识，但是丘吉尔的自我中心意识，就他的才能而言，并没有膨胀到不可理喻。

在这一时期，以及他人生的其他时期，比如在加里波利战役期间，丘吉尔确实情绪低沉，但这并不意味着他得了抑郁症，更不意味着他得了狂躁症或躁郁症。第 10 章讨论了他唯一一次提及"黑狗症"的事情。丘吉尔是个抑郁症患者的传说，就像普遍存在的他是个酒鬼的传说一样，是毫无根据的。让他感到抑郁的事情，也会让其他任何人感到抑郁。他也确实喝了很多酒，与 20 世纪 30 年代的其他人一样。（据估计，他一生一共抽了 16 万支雪茄，但是没有吸进肺里一口。）在第一次世界大战中，丘吉尔对他的营队发表告别演说时宣称："无论人们对我作为一名军人怎么评价，至少没有人会说，我没有对酒精表现出正确的认识和欣赏。"[13] 读者肯定会同意他对自己在喝酒方面的评价："我从酒精中得到的东西比酒精从我身上拿走的东西要多。"[14]

1932 年 7 月，丘吉尔在维多利亚大厅发表演讲，庆祝乔治·华盛顿 200 周年诞辰。他问道："至于勇气，至于华盛顿无时无刻不显现的那种作为个人和公民的无畏精神，我们在过去的战争中需要它，今天，在面对和平时代的焦虑与危险时，我们难道不是同样需要它吗？"[15] 彼时希特勒距离总理的职位只有 6 个月之遥，勇气自然已经成为必不可少的东西。他的一生都在体力和道义上表现出非凡的勇气，因为正像他在《伟大的同时代人》中写的那样："无论是对普通人还是对国王的评价，都必须在他们的生命接受考验时做出。勇气被视为人类的首要品质，这样的看法是合理的，因为……它是其他一切品质的保障。"[16] 除了 1939 年之前他在亲自参战的 5 场战争中所表现出的可圈可点的勇气，他的勇气还表现在第二次世界大战期间他在英国以外的多次旅行中——不少于 25 次的往返旅行，行程超过 11 万英里，远超任何其他战时领导人。有些是 1940 年、1944 年和 1945 年横渡英吉利海峡的快速冒险之旅，但有些持续了数周，穿越了大陆和海洋。[17] 他在 60 多岁的中后期经历的这些旅行，大多发生在身体超重、不适的情况下，有些还是在很不舒服的、嘈杂的、没有进行增压的飞机上，有时他还需面对飞机坠毁或被击落的高度危险。战争期间因乘飞机死去的著名人物包括斯特拉弗·戈特将军、拉姆齐上将、奥德·温盖特将军、弗拉斯迪劳·西科尔斯基将军、肯特公爵、海军上将山本、演员莱斯利·霍华德和格伦·米勒。然而，为这些旅行冒险是值得的，因为最终，他对其他世界领导人的了解远远超过了这些人对彼此的了解。罗斯福、斯大林和丘吉尔仅有的聚在一起的两个场合是 1943 年的德黑兰会议和 1945 年的雅尔塔会议。然而，丘吉尔和罗斯福单独会晤了 11 次，和斯大林单独会晤了 3 次，而罗斯福和斯大林除了在两次三边会谈中的间隙时间会晤过，再未单独会晤。丘吉尔在第二次世界大战期间的旅行为三巨头提供了黏合剂。

除了身体和道义上的勇气，丘吉尔还是一位非常宽宏大量的政治家，无论是对战败的敌国还是对个人对手。1915 年 5 月，费舍尔曾试图毁掉他，他却建议次年重新任命费舍尔为第一海务大臣，他们一直保持着友好关系，直到费舍尔去世。博纳·劳坚持要把他从海军部撵出去，但他们也保持着良好的个人关系。日德兰战役结束后，阿尔弗雷德·道格拉斯勋爵曾就公报问题恶意诽谤他，但丘吉尔说："请替我转告他，时间会让一切都过去。"[18] 1934 年，在丘吉尔调查曼彻斯特商会事件期间，德比勋爵严重误导了特权委员会，但是他原谅了他。科林·桑顿-凯姆斯利在慕尼黑事件后曾试图让他在埃平选区落选议员，但是在战争爆发后，丘吉尔写道："在我看来，过去已经死了。"[19] 艾略特·克劳奇-威廉姆斯 1940 年写给他的那封失败主义论调的信函被丘吉尔退还，并让他"烧掉并忘记"它。[20] 马克斯·比弗布鲁克和斯塔福德·克里普斯也得到了原谅，虽然他们在二战期间曾经明目张胆地谋求首相职位，而劳合·乔治也获得了原谅，虽然他曾经一心要等到"温斯顿完蛋"。在给内维尔·张伯伦、劳合·乔治和斯塔福德·克里普斯写的悼词中，丘吉尔大度地忽略了过去的蔑视、争吵和错误。他在 1945 年为莱斯利·霍尔-贝里沙提供了内阁职位，1951 年为克莱门特·戴维斯也做了同样的事情，虽然他们曾经在 1942 年这一"命运的关键"之年投票反对他做首相。他不愿意报复自己在国内的政治对手，却愿意"很明智地稍稍宣泄一下"。[21] 他对那些背景较弱的人所表达出的许多善意，都来自他天生的同情心和一种强烈的贵族责任感。这种同情心和责任感在他的一生中随处可见，与他的托利式民主观念可谓一脉相承。

丘吉尔的同时代人进入政坛，大多是出于社会责任感、雄心、意识形态信念，或者仅仅是想过有趣的生活。比起其他人，丘吉尔在政治中投入的感情则更强烈、更丰沛。对丘吉尔来说，从政无异于为死去的父亲辩护，用他的话说，就是"重新举起那面破旧的旗帜"。这让他比别人更有优势，特别是在 1940 年和 1941 年，当他有机会把他所有的能力、经验和热情投入摧毁"那个人"的行动中时。

1940 年 5 月，丘吉尔向英国人民承诺，要奉献自己的"鲜血、辛劳、眼泪和汗水"，他准备把这 4 样东西都奉献出来——尤其是第三样。他的激情和强烈的感情常常使他热泪盈眶。的确，就像他的幽默一样，有时他也可以把眼泪当作一种政治武器。他对自己最后一位私人秘书安东尼·蒙塔古·布朗说:“你知道，我经常哭。你必须习惯这一点。”[22]布朗回忆说，丘吉尔的眼泪通常会被“英雄主义故事”引出来，“一只高贵的狗在雪地里挣扎着奔向它的主人也会令他流泪。这一点很让人感动，我完全可以接受”。他对自己的医生说，他认为他这么爱流泪几乎是一种病，从1924年在威斯敏斯特大教堂进行的那次补选，他以43票之差落选时就开始了。然而在那之前，他也曾哭过很多次。一个更准确的诊断是，他是一个情感丰沛，实际上可以说是多愁善感的摄政贵族。他出生在维多利亚时代晚期，他所属的阶层在那个时代更注重喜怒不形于色。1806年1月，抬着霍雷肖·纳尔逊灵柩的8名海军上将破例都哭了。

丘吉尔的父亲对他的影响是这本书的中心主题。他写了一本两卷的《伦道夫勋爵传》，他的第一次演讲是关于父亲的，此后在辩论会上他也经常提及父亲。他的政治生涯始于为他父亲进行有意识的辩护，他相信自己一直在推动伦道夫勋爵的托利式民主原则（伦道夫勋爵从本杰明·迪斯累里那里继承了这一原则），甚至在他进入自由党创建福利国家的时候也这样认为。伦道夫勋爵之死丝毫没有减轻他对赢得父亲认可的痴迷，他在1947年所写的短篇小说《梦》充分说明了这一点。他给自己唯一的儿子取了父亲的名字，他继承了父亲的很多习性，甚至还和他在同一天去世，这是他对父亲的终极致敬，而那时他的成就已远远超过父亲。如果丘吉尔认为自己是在和冷漠、疏离的父亲竞争，那么是可以理解的，但是他认为自己是在放大父亲的思想，宣扬他的原则，这正是他性格中的伟大之处。1941年12月，他对美国国会说:“我是下议院的孩子。我在我父亲的家里长大，因此相信民主。‘相信人民’——这就是父亲传达给我的信息。我过去常常看到，在会议室、在街道上，成群的劳动者向他欢呼着，而那是很久以前的维多利亚时代，是贵族的时代。正如迪斯累里所说，那个世界还属于少数人，属于极少数人。”[23]

由于他的家人很多都英年早逝，丘吉尔相信自己也活不长久，而他与死亡的无数次亲密接触，无论是在战场上还是在战场外，都让他产生了强烈的个人命运意识。剑桥大学的丘吉尔档案如此之多，原因就是他保留了一切，因为他从小就相信自己会成为一个伟大的人，在历史上最伟大帝国的伟大时刻做出伟大的决定。他甚至保留了爱德华七世时期他的家庭开支账单（从账单上我们可以看到，他至少从1908年起就开始喝宝禄爵香槟）。他保留着与他的宠物以及他所收到的礼物有关的信件（包括在战时，收到古巴国家烟草委员会送来的一份大礼之后，工作人员对雪茄进行测试的信函），以及菜单和座位安排计划。丘吉尔留下的大量文件、文档、演讲稿和出版物被称为“人类事业最丰富的记录之一”。[24]

丘吉尔的书面作品同样数量巨大。他在37部著作中写了610万字——比莎士比亚和狄更斯著作的总和还多。他还发表了500万字的公开演讲，这还不包括他的长篇书信和备忘录。他如此博学、多产，有时又会让他看起来像一个充满矛盾的人。他的《大西洋宪章》宣布了一种民主信念，但是并未将此信念延伸到印度的独立中；他支持弱者，却又相信优生学；他是一位公爵的孙子，却又是那个终结了贵族否决权的人；他下令发动了“轰炸机联合进攻”，却又喜爱蝴蝶；他是一个粗犷的军人，却因其“敏感的角质层”而穿着丝绸内衣；他穿过下议院，走向反对党，不是一次，而是两次。在政治上，他表面上的大部分矛盾都可以用这样一个事实来解释：他那富于同情心的保守主义托利式民主原则是高度灵活的，并且几乎可以涉及广义上的“治权与自由”之各个方面。余下的可以用他在1927年的一句话来解释：“一个人在不断变化的环境中要保持一致，唯一的方法就是与环境一起变化，同时却保持同样的主导目标。”[25]

1956年，基尔穆尔勋爵在给丘吉尔写信，感谢他赠送第二卷《英语民族史》时写道：“我一直认为，具有鲜活的历史感是一个政治家的必备条件。”[26] 作为一名历史学家，他在为内维尔·张伯伦撰写的悼词中提到的在“历史的无情审判”面前如何为自己辩护，对于他来说至关重要。1895年离开桑德赫斯特学院后的35年，是“一部无休止的电影，演员却只有一人”。[27] 他知道自己会被写进书里——不仅仅是被他自己，所以他担心自己会“名不副实”。他在自己的剧目中表演着各种场景，知道自己还会把这些讲给读者听。[28] 正如他的女儿玛丽所言：“他看到的事情和人物都像在舞台上一样，他自己的历史知识、他强烈的命运意识和事件的发展就是舞台上的灯光。”[29] 克莱门特·艾德礼在为丘吉尔撰写的讣告中写道：“实际上，他总是在问自己，'英国现在必须做些什么，才能让历史的评价对我们有利'？"[30] 1940年6月，在与法国领导人举行会晤后返回的路上，到达布里亚雷机场时，伊斯梅恳求道，那些用来增援法国的军力部署应该在不被察觉的情况下推迟进行，因为法国人显然马上就要投降了。"这可不成，"丘吉尔答道，"做这种事情，会在历史上留骂名的。"[31]

在那件事情上，伊斯梅是对的，但是在其他大多数事情中，丘吉尔那鲜活的历史感，尤其是他用英国历史来恰当地比照现实的能力，对他和他的国家都大有裨益。这种历史感让他意识到，绥靖政策完全不符合英国外交政策的传统。几个世纪以来，在阻止任何势力在欧洲大陆称霸的问题上，英国的外交政策一直是主动的、好斗的，偶尔还会采取海盗式的做法。他还可以将1940年—1941年英国的困境放进一个恰当的历史背景中，告诉英国人民，他们过去经历过类似困境，并最终取得了胜利。更有说服力的是，这位既是历史学家也是传记作家的首相，做过关于德雷克如何挫败了无敌舰队，纳尔逊如何摧毁了拿破仑的入侵威胁的演讲。他的历史想象力如此丰富，也如此实用，其目的就是要为现实提供指导和信息。他写的每一本历史书都是如此，这也是他生前售出的历史书比历史上任何一位历史学家都多的原因之一。

在一定程度上，正是这种鲜活的历史感促使他试图在富兰克林·罗斯福身上，复制马尔伯勒公爵与萨沃伊的尤金王子在西班牙王位继承战争中的那种关系。1942年陆军部曾提出，联合参谋长委员会这一概念所隐含的权力集中，在以前从未出现过。丘吉尔却不这么认为。正如他在1934年写的那本关于他伟大的祖先与尤金之间友谊的传记中所说："如果在盟军总部没有出现这一新的组织，这些章节中所描述的如此错综复杂、如此漫长，在许多场合都与公认的战争原则背道而驰的非凡行动，就永远不可能完成。"[32]

通过丘吉尔在周二的午餐会上对国王乔治五世所提及的一连串抱怨，我们可以估计丘吉尔与罗斯福之间关系的紧张程度。这些抱怨足以让我们清楚地看到，丘吉尔在战争关键时刻对他最重要的盟友罗斯福有多怨恨。然而，当罗斯福于1944年11月再次当选总统时，丘吉尔和国王却都松了一口气，感到非常高兴。次年4月，总统逝世，国王在日记中记录道："丘吉尔所写的悼词堪称前无古人。人们在钦佩一个人的同时也有可能对他感到失望或愤怒，所以尽管丘吉尔曾经私下里指责罗斯福，但是当他至少在三个不同场合提到罗斯福，并且说‘我爱那个人’时，我们没有理由怀疑他。”

和罗斯福一样，丘吉尔也来自上流社会。他喜欢引用埃德蒙·伯克的话说：“从不追根溯源的人，是不会展望未来的。”[33] 丘吉尔不断地回顾自己的祖辈先人。在今天看来，他的贵族背景与他作为民主救世主的形象很不和谐。但是，他如果没有自己的阶级背景所赋予的那种不可征服的自信，他就有可能会按照20世纪30年代的政治环境调整自己的政治原则，而不是对这一想法不屑一顾。他从不需要去承受作为中产阶级的那种毕恭毕敬或社交焦虑，原因很简单：他不是中产阶级。那些令人尊敬的中产阶级认为重要的东西，对于一个在布莱尼姆宫出生的孩子来说并不重要。亚历克·道格拉斯·霍姆是最后一位担任英国首相的贵族，但是他只以微弱多数当选，性格也与丘吉尔完全不同，而且在唐宁街10号只待了不到一年。丘吉尔是最后一位统治英国的贵族。

尽管他有着贵族的血统，但他并不势利。他最亲密的朋友来自非常广泛的地域并拥有广泛的社会背景。他们的父亲包括一个加拿大牧师（马克斯·比弗布鲁克的父亲）、一个威尔士教师（劳合·乔治的父亲）、一个爱尔兰建筑工人（布伦丹·布拉肯的父亲）、一个伯肯黑德房地产经纪人（F. E. 史密斯的父亲）和一个阿尔萨斯工程师（林德曼教授的父亲）。他还（错误地）认为史密斯有吉卜赛血统。[34] 诚然，他对马尔伯勒公爵（他的堂兄）和威斯敏斯特公爵也很友好，但一个真正的势利小人是不会从如此广泛的社会背景中寻找最亲密的友谊的。他还把这种广泛而伟大的友谊运用到政治上，从1940年5月的挪威战役辩论中，以及此后“其他俱乐部”对他的支持，我们就可以看出这一点。

丘吉尔对他的朋友穆兰·埃文斯预测说：“我看到这个和平的世界即将发生巨大的变化，剧变中的动荡，可怕的争斗，无法想象的战争，我告诉你吧，伦敦将处于危险之中——伦敦将受到攻击，而我将在伦敦保卫战中发挥非常重要的作用……我可以洞见未来。不知为什么，我们国家将遭受一场严重的侵略，用什么方法我不知道，但是我告诉你，我将指挥伦敦的保卫战，我将把伦敦和英国从灾难中拯救出来……我再说一遍——伦敦将处于危险之中，而我将身居高位，承担起拯救首都和帝国的重任。”[35]这不是丘吉尔在1931年、1921年、1911年甚至1901年说的话，而是在1891年他只有16岁时说的。他在十几岁时就预见了自己的命运，并且成就了这样的命运。到了65岁，当已经被包括希特勒在内的许多人视为毫无希望的“过气者”时，丘吉尔才获得最高权力，按照半个世纪前他为自己制订的计划做了这一切。

即使是那些不能从命运的角度思考问题的人也必须承认，丘吉尔是非常幸运的，即使是在他失败的时候。他在选举中的失利或是其他一些挫折，反而让他摆脱了棘手的政治局面，使他有机会重新调整自己的方向。这类例子在本书中可谓星罗棋布：他在1922年—1924年的三次议会选举中的失利，使他从自由党转向保守党；麦克唐纳1931年决定不任命他担任政府职务，鲍德温1935年重申了这一决定，反而让他获得了谴责绥靖政策的机会。1932年3月，他在纽约接受CBS（哥伦比亚广播公司）的采访时说：“我做过很多愚蠢的事情，结果却很好，也做过很多明智的事情，结果却很糟糕。今天的不幸有可能带来明天的成功。”[36]在整个20世纪30年代，连续几届政府都拒绝雇用他，这在当时似乎是毁灭性的。但是后来他感觉到，有一双“隐形的翅膀”保护了他，使他不至于参与商讨那些他完全不同意的政策，这些政策最终对他的国家造成了极大的损害。在野岁月是有益的，但也很伤人。他写道：“在一个关乎国家生死存亡的问题上，自己是如此确信，完全能证明自己是正确的，却不能使议会和国家听从警告，采取行动向证据低头，这是一种最痛苦的经历。”[37]

丘吉尔一生都在为像1940年那样的一场危机做准备，而他这个人和当时的情境也恰好吻合。如果比他小15岁的希特勒把德奥合并计划和捷克危机推迟几年，丘吉尔可能就不会有机会在政治上走到最前沿，也就无法成为一个自此以后不可或缺的人物。丘吉尔在第二次世界大战中是无可替代的，因为他对胜利充满信心，这是其他高级官员无法做到的。而且，他还能提供内维尔·张伯伦不能提供的东西——希望。

历史学家J. H. 普拉姆在丘吉尔去世后不久指出，他“远不止是历史书的作者丘吉尔”，他也是“英国的天命这一历史主题的最后一位伟大践行者”。[38]这不仅仅源于他的自信，更源于他对英国人民——他称为不列颠“民族”的一种天生的信仰，以及他对他们帝国的信仰，他确信他们的帝国是人类历史上最伟大的正义力量。1952 年，他对哈罗公学的学生说：“在这个小岛上，我们必须做出极大的牺牲，才能保住我们的身份和地位。”[39] 在 19 世纪晚期丘吉尔成长的环境中，生物种族主义，即对社会达尔文主义的错误解读，在社会上还占有优势地位。坚持这种主义的人认为人类组织是由种族按等级构成的，白人在最上层。甚至连比阿特丽斯·韦伯、休·道尔顿和 H. G. 威尔斯这种坚定的左翼人物也同意这样的观点。尽管在今天看来这是荒谬的，但当丘吉尔开始了解这个世界时，这样的观点是理所当然的。

另一个令人不安的事实是：丘吉尔一生都相信英国人比其他国家的人更优越，到头来这一信念却很好地服务于他的民主事业，使他在身边的一些人想要寻求和平时，深信与德国人继续战斗才是正确的选择。他在演讲中不断提到大不列颠民族——他经常用的是英格兰民族这个说法，当时其他任何一位可能的首相都不会这样讲话。例如，西蒙、哈利法克斯和霍尔这三位争取印度自治领地位运动的主要领导人，他们三个是对德国的主要绥靖主义者，这并非巧合。他们往往不愿使用丘吉尔自然会使用的更本土化的语言，因为丘吉尔的思维既包括他的记忆、他的历史知识，也包括他的民族与帝国假设。这些假设有时会让他碰钉子，就像在加里波利战役中，以及在 1941 年的战场上，这些假设让他对土耳其人和日本人的好斗本质产生了错误的认识。

20 世纪 30 年代，丘吉尔曾经为印度问题与西蒙、哈利法克斯和霍尔交手。尽管他彻底输了，但他并不介意因为绥靖政策再次与他们交手。丘吉尔读过并引用过埃德蒙·伯克在《对法国大革命的反思》一书中提到的“偏见”，他认为偏见“让人在做决定的时候不会犹豫不决、疑虑重重或困惑不解……公正的偏见会让职责变成人性的一部分”。丘吉尔相信英国人比世界上任何其他国家的人都优越——包括德国人。这无疑是一种不容置疑的偏见，但是这却让他在 1940 年这样的危机中没有像其他人一样“犹豫不决、疑虑重重或困惑不解”。

1941 年 5 月，伊万·麦斯基在日记中写道：“这些年来，丘吉尔不止一次地告诉我，我没有理由不相信，大英帝国是他的一切。”[40] 丘吉尔对大英帝国的信仰不仅是政治上的，也是精神上的。他虽然对基督教持怀疑态度，但是帝国就是他的信仰。在很大程度上他是根据对辉格党历史的阅读，创立了一个历史进步理论，把讲英语民族的《大宪章》、1689年的《人权法案》、美国《宪法》和议会制度置于文明发展的最高点。根据进步理论，这些内容将会被仔细地、系统地扩展到帝国在世界各地的粉红色版图上。“丘吉尔所代表的帝国主义有很强的利他主义成分。”乔克·科尔维尔得出这样一个结论。[41]这种对帝国的热爱和信仰充分解释了为什么他有几次采取了损害自己政治生涯的行动，因为他认为对帝国来说这样的选择是正确的。例如，20世纪30年代初，他投入注定失败的拒绝印度自治的运动。他相信帝国会是他的时代被后人敬仰的原因。他的父亲将缅甸添加到粉红色地图中；他自己曾在印度、苏丹和南非的战场上战斗过；他也游历了这地图中的许多地方；在殖民地事务部时，他曾试图让帝国更上一层楼；他的几位最亲密的朋友，包括马克斯·比弗布鲁克和扬·史末资等也出生在帝国。二战期间他一直坚持的一项战略，就是通过英国而非美国的力量，将帝国于东方的领地从日本手中解放出来。在他的第二次首相任期内，他没有让帝国的任何一部分领地实现独立。在生命的最后阶段，他认为自己的事业失败了，因为他没能成功地捍卫自己的帝国。

丘吉尔在他的战争回忆录中写道：“无论是穆斯林还是印度教徒、印度士兵和军官，他们那无与伦比的勇气，都将永远闪耀在战争史册上。超过250万印度人自愿参军……印度人民的所作所为，也与军人的表现一样，他们在我们印度帝国的历史上书写下光辉的最后一页。”[42]尽管他的批评者说他憎恨印度人，但这不是一个憎恨印度人的人能够说出的话。我们不能选择性地看待丘吉尔，要么就全面地看待他，要么就不要关注他（用费舍尔在另一个语境中的话说，就是要看到他“整个人”）。那个蔑视希特勒、宣扬自由美德的人，正是那个厌恶圣雄甘地的人。人们不能只为他的冥顽不灵和顽固不化而哀叹，因为他的这种顽固不仅体现在20世纪30年代的印度问题上，也体现在1940年的纳粹问题上：这前后的两个人实际上是同一个人，在他的心目中，他是在保卫同一个帝国。历史学家曼弗雷德·魏德豪恩曾经写道：“我们都希望天才既能够明辨事理，又能够或多或少更像我们其他人一样，保持温和。但是很少有天才会是这样的。丘吉尔有他的美德，也有他的瑕疵。”[43]

历史学家和传记作家经常认为，20 世纪 30 年代，丘吉尔不应该在印度问题上浪费自己的政治资本，他应该用这些资本来反对绥靖政策。事实上，他在 1940 年的政治信誉与公众对他的看法密切相关。公众认为他是一个可以说出不受欢迎的真相的人，一个能够跟随自己的内心，为帝国挺身而出的人。最重要的是，他不像其他政客那样精于算计。反对印度自治的斗争就是他人生的一部分，这与他在竞选中获胜别无二致。1940 年，公众之所以信任他并很快爱上他，并不是因为他们相信他过去是对的，而是因为他们相信他一贯忠于自己的信仰。从某种程度上说，许多在整个 20 世纪 30 年代任职的自私自利的政客都不是这样的。

丘吉尔在 1940 年的重要之处，并不在于他阻止了德国入侵，而在于他阻止了英国政府与德国进行和谈。如果丘吉尔不是当时的首相，那么哈利法克斯一定会是，而他至少想知道希特勒的和谈条件是什么。丘吉尔错误地认为（或者至少声称自己是这样认为的）这些条件会非常烦琐苛刻。事实上，希特勒的条件可能会是非常合理的，因为希特勒最终是想要与苏联打一场单线战争。人们有时将哈利法克斯描述为半个叛国者，他当然不是，他只是看不出，一旦英国被逐出欧洲大陆，在法国即将沦陷，苏联是德国的盟友，意大利将成为德国的另一个盟友，美国没有心情对德国宣战的情况下，英国怎样才能赢得这场战争。当国家需要一个固执的、情绪化的浪漫主义者时，哈利法克斯却只是一个逻辑理性主义者。丘吉尔明白，德国在东欧的胜利很快就会给英国带来灾难。签署一份不光彩的和平协议不但会使英国人士气低落，还会破坏他们在美国人心目中的信誉，并且在历史上留下骂名。直到 1941 年希特勒入侵苏联，日本偷袭珍珠港，德国对美国宣战，丘吉尔才为英国人提供了一个现实的胜利计划，但在那之前，他让英国留在了战争中。1916 年 3 月，他向克莱门汀描述了自己在战壕中死亡的可能性，他说：“这会让这个国家在战争能力上雪上加霜，但是没有人知道这一点，更没有人去探究、去哀悼。”[44] 到了 1940 年，他对英国在战争能力上的巨大贡献是显而易见的。

丘吉尔拒绝和谈，这一点至关重要，但是他在其他方面却遭到很多批评。正如约翰·肯尼迪少将所说：“只有丘吉尔本人杰出和勇敢的领导才能弥补他那可悲的战略意识。”[45] 按照这样的分析，只有参谋长们才配在战略上获得赞扬，而丘吉尔往好了说也只是一个刺激物，而往坏了说就是一个威胁。这当然是布鲁克的观点，从他的日记中可以清楚地看出这一点。然而，1944年9月，丘吉尔在与乔克·科尔维尔谈话时，把二战的宏大战略比作斗牛。在非洲和意大利的行动“就像预先的准备，长矛手、斗牛士助手等。然后，‘霸王行动’出现了，斗牛士在关键时刻来了，准备最后杀死公牛，他会一直等到牛头垂下来，气力耗尽”。[46]这就是西方盟国所采取的“地中海战略”，它正确且充分地利用了英美的合力与成功，从而削弱了德国的力量，把第二战场的建立推迟到成功机会很高的那一刻。[47]

这是丘吉尔在1941年12月横渡大西洋时向参谋长们提出的战略，他们也真心实意地赞同这一战略。此外，在1942年和1943年间，在日益紧张的谈判中，他向美国人兜售的也是这套战略方案，单靠布鲁克自己是不可能说服美国人采用它的。大部分战斗都在东线战场进行，每5名阵亡的德军士兵中就有4名死于东线战场。然而，有人说罗斯福和斯大林赢得了第二次世界大战，而丘吉尔只是没有输掉这场战争，这并非事实。[48]实际上，丘吉尔和布鲁克的策略是赢得战争的关键。布鲁克日记里的那些抱怨很容易让人们忘记，在这一战略的真正主旨上，他和丘吉尔的意见是完全一致的。在这一战略的实施过程中，他们彼此也迫切需要对方。虽然1943年为地中海战略制订规划方案的是布鲁克，但是说服美国人采取这一战略的是丘吉尔。在第二次世界大战期间，丘吉尔曾经说：“美国的加入弥补了一切，只要我们有时间、有耐心，就一定会取得胜利。”[49]他之所以这么说，部分是因为他曾访问过美国48个州中的28个，他比与他同时代的任何一位英国政治家都更了解美国。

除了肯尼迪的批评，伊恩·雅各布也说过：“如果参谋长们坚定地支持他们认为正确的立场，他就会认同他们的观点。”[50]他提议袭击潘泰莱里亚、北苏门答腊、北挪威和其他地方，但是遭到参谋长们的反对。最终是参谋长们赢了，而不是他。同样，所有的失利，不论是挪威、达喀尔、希腊还是新加坡，其细节也都是由参谋长们正式商议并批准的。尽管历史学家一直在关注布鲁克对丘吉尔的指责，但战后他也曾写道：“我感谢上帝给了我与这样一个人并肩工作的机会，他让我见识到，这个世界上偶尔也会有他这样的超人存在。”[51]

在危难之时，丘吉尔为英国的灵魂注入了钢铁意志，与这一至高无上的贡献相比，丘吉尔所犯的错误可谓轻如羽毛。1954 年 11 月 30 日，在威斯敏斯特大厅庆祝自己 80 岁生日的演讲中，丘吉尔重申了自己早些时候经常说的一句话："我们的国家和民族雄踞世界，我们有一颗狮子般的心。我很幸运迎着召唤，发出雄狮的吼声。"[52] 可是，真的是这样吗？在虚张声势的战争初期，和平主义运动依然开展得如火如荼，共产党和英国法西斯联盟都反对战争。如果 1940 年夏天，哈利法克斯能与希特勒经过谈判达成和平条约，那么议会上、下两院一定都会以多数票通过，英国王室也一定不会拒绝。丘吉尔在威斯敏斯特大厅里表现得过于谦恭了，更确切地说，应该是丘吉尔有一颗狮子般的心，是他还要发出吼声。他这样做教会了英国人重新审视自我，找到自己内心深处潜藏着的雄狮心态。9 年后，丘吉尔说："如果我在这个关键时刻在领导国家方面有一点儿动摇，可能就会被赶下台。"但是他没有动摇，他的领导确保了英国能够继续战斗。[53]

1938 年 11 月，阿道夫·希特勒曾嘲讽道："难道万能的上帝把民主的钥匙交给了丘吉尔这样的人？"[54] 答案是肯定的。早在 1897 年，前线的记者就曾发回新闻报道，提及丘吉尔的"勇敢和坚定"，以及他"在关键时刻能够发挥重要作用"。[55] 43 年后，他依然如此。

"通情达理的人使自己适应世界，"萧伯纳在《革命家手册》中写道，"不讲道理的人想让世界适应自己。因此，一切的进步都依赖于不讲道理的人。"无视校规曾让丘吉尔在学校陷入无尽的麻烦，这一点在 1940 年却被证明无比珍贵。当时，丘吉尔在白厅的晋升和采购的传统问题上、在"绅士战争"的概念上、在政治甚至王室礼节上，以及在陆军部的程序问题上，都可谓恣意妄为。丘吉尔"今日行动"的做法，与 1922 年劳合·乔治下台到 1940 年内维尔·张伯伦下台期间统治英国的各政治党派那种冷静、严肃，以及中产阶级商人政治家那种受人尊敬的做法大相径庭。他不遵守所谓的"形式"，这是一种公立学校、牛津大学和剑桥大学、BBC、公务员、法院、伦敦金融城、英国教会、绅士俱乐部和各个政党都谆谆教导，让人从本能上产生尊重的行为模式。丘吉尔与这一切充其量只能保持一种摇摆不定的关系，或者根本就不与之产生任何关系。

从这个意义上说，丘吉尔是现代最伟大的个人主义者之一，因为他自从1899年离开军队的那一刻起，就开始完全以个人而非集体的方式对待生活中的一切。他鄙视学校，从未上过大学，也从未从事过贸易、公务员或殖民地工作。他曾在6个团服役（因此从未对其中任何一个团有过奴性的依附），被一个俱乐部拒绝，被迫从另一个俱乐部退出，离开过保守党和自由党。从任何意义上讲，他都算不上基督徒。尽管他是财政大臣的儿子和公爵的孙子，却是一个叛逆者和局外人。他甚至拒绝加入排斥犹太人的俱乐部，而这种排犹倾向当时在很大程度上就是一种受人尊重的社会黏合剂。相反，他是一名积极的犹太复国主义者。他的同时代人之所以认为他极其乖僻，是因为他确实如此。

他从不介意做少数派。1927年2月，当他以财政大臣的身份谈到下议院的工会立法时，他回忆起“过去在军事法庭开庭，囚犯被带上来时，军队的常规做法是应该先问他是否反对接受主席或组成军事法庭的任何军官的审判。有一次，一个非常不听话的犯人回答：‘我反对你们所有这些该死的人’”。[56]20世纪30年代，丘吉尔拒绝屈服于英国当局在安抚希特勒和纳粹方面几乎完全一致的态度，并对此表示出一种彻底的蔑视。20世纪40年代，同样的态度使他在思考开启战争的方式时能够超越所有的当权派。

在他与他的国家处于危急关头的时候，他非凡的精神尤其体现在他开玩笑的方式上。在1940年5月国王任命他为首相时，在他试图说服法国人在接下来的一个月在图尔作战时，在1942年的两次不信任辩论中，在许多不同场合的战时演讲和与参谋长会面时，丘吉尔都发表了不少幽默的、经常也是自嘲的言论。事实上，情况越糟，他就变得越风趣。在1942年7月的信任投票动议中，莱斯利·霍尔–贝里沙因A22坦克的缺陷对丘吉尔进行了抨击。丘吉尔回答：“可以预料，它确实有许多缺陷和生产初期会出现的问题。当这些缺陷和问题表现得非常明显时，这款坦克就可以被恰当地更名为‘丘吉尔’了。”[57]一些人将他的幽默贬斥为轻浮，另一些人则认为他是在用玩世不恭的武器为自己赢得名声。而事实上，他的幽默反映的是他在重压之下的非凡冷静，以及他拒绝放弃（至少在很长一段时间内）的决心，他相信越是在危机期间越需要通过展示信心来保持士气。他是可以与奥斯卡·王尔德、诺埃尔·考沃德甚至塞缪尔·约翰逊比肩的警句作者，但与他们不同的是，他在机智的同时，还在一场世界大战中领导了自己的国家。

自互联网发明以来，一个修正主义的“黑色传奇”就一直附着在丘吉尔的名字上。在这个黑色传奇里，丘吉尔是“泰坦尼克号”和“卢西塔尼亚号”沉船事件的罪魁祸首，他在汤尼潘帝屠杀了罢工的矿工，他下令炮轰并扫射无辜的爱尔兰示威者，他用毒气杀害了伊拉克的部落族民，他宣扬反犹太主义，他在考文垂面临毁灭时故意不去解救，他暗杀了海军上将达兰、西科尔斯基将军和其他几个人，他在大饥荒时期让饥饿的孟加拉人种族灭绝，等等。这些错误大多源于（有时是故意的）对原始资料的误读，或者是断章取义，而有一些则完全是虚构的。我们只需要回到原始的档案和文件中，正如本书所做的那样，就可以拨开这些讹传的迷雾，尽管它们还是会在网络空间继续存在下去。

在 2008 年对 3 000 名英国青少年所做的一项调查中，不少于 20% 的人认为温斯顿·丘吉尔是一个虚构的人物。[58]（在同一项调查中，58% 的人认为夏洛克·福尔摩斯是真人，47% 的人认为埃莉诺·里格比[①]是真人。）当然，这是对丘吉尔几乎从学校课程中被剔除的控诉，但从某种意义上来说，人们认为丘吉尔，就他们所知，从他的人生故事来看不可能是一个真实的人，他是一个被神化了的人。一个真正的人却能过上如此不平凡的生活，这似乎是不可能的。麦克卡勒姆·斯科特在谈到丘吉尔时写道：“他是巨人中的一员。”这在 1905 年看起来一定更像一部圣徒传，但是 40 年后看起来却显得异常具有先见之明。[59] 斯科特在这第一部传记的结尾写道：“他游走在巨大的风险中，却波澜不惊，洞察一切。无论如何他都要为之而战，这将是一场值得为之而活，值得亲眼见证的战斗。”[60] 这和丘吉尔自己的预言一样准确。

“人即精神。”丘吉尔在 1955 年 4 月辞职前对他的内阁大臣们说。[61] 他所说的精神，就是指他毕生所表现出的冲劲、智慧、勤奋、毅力，以及在身体和道德上的巨大勇气，尤其是钢铁般的意志力。有了这些精神，人们就可

---

①（译者注：披头士所创作的一首歌的名字）

能超越物质条件的限制而取得成功。他自己就是这样取得成功的，尽管曾经受到父母的忽视、同时代人的反对、牢狱之灾、与死亡擦肩而过、政治上的诽谤、经济上的不安全感、军事上的灾难、媒体和公众的嘲笑、同事的背后中伤、无休止的歪曲、在某些领域甚至是几十年的仇恨，以及无数的其他挫折。有了足够的精神，他相信我们就可以超越这一切，创造出我们生命中真正的绚烂与壮丽。他心目中的英雄约翰·丘吉尔，即马尔伯勒公爵，打了一些了不起的胜仗，建造了布莱尼姆宫。他心目中的另一个英雄拿破仑，打了更多了不起的胜仗，建立了一个帝国。温斯顿·丘吉尔比他们两个做得都好：他打赢的那些胜仗拯救了人类的自由。

注释

第1章　名门望族
（1874年11月—1895年1月）

1. WSC, *Marl* I p. 33 **2.** James, 'Churchill, the Man' p. 5 **3.** OB I p. 2 **4.** CAC EADE 2/2 **5.** Plumb, 'Dominion' p. 2 **6.** *CS* VII p. 6869 **7.** WSC, *Marl* I p. 740 **8.** BU Avon Papers 20/1/24 **9.** OB I p. 19 **10.** CAC EMAR 2 **11.** *CV* V Part 2 p. 820 **12.** Birkenhead, *Churchill* p. 115 **13.** Murray, *Bodyguard* p. 92 **14.** Browne, *Sunset* p. 118 **15.** *CV* I Part 1 p. 192 **16.** OB I p. 171 **17.** Marian Holmes's Diary p. 3 **18.** WSC, *TSWW* I p. 65 **19.** Carter, *Knew Him* p. 24 **20.** ed. Hart-Davis, *King's Counsellor* p. 93 **21.** *CV* V Part 3 p. 1325 **22.** WSC, *MEL* p. 1 **23.** Ibid. p. 2 **24.** Ibid. p. 7 **25.** Gilbert, *A Life* p. 2 **26.** Sheridan, *Nuda Veritas* p. 14 **27.** Brendon, *Churchill* p. 8 **28.** Jenkins, *Churchill* p. 10 **29.** CAC CHAR 28/43/42 **30.** Ibid. **31.** Ibid. **32.** Ibid. **33.** WSC, *MEL* p. 3 **34.** CAC CHAR 28/44/2–8 **35.** Langworth, *Myth* p. 13 **36.** CAC CHAR 28/44/5–7 **37.** CAC CHAR 28/44/7 **38.** Baring, *Puppet Show* p. 71 **39.** Muller, 'Churchill's Understanding' p. 293 **40.** WSC, *MEL* p. 19 **41.** *CV* I Part 1 p. 221 **42.** WSC, *MEL* p. 87 **43.** Ibid. p. 9 **44.** Churchill, *Tapestry* p. 43 **45.** Jackson, *Churchill* pp. 14–15 **46.** CAC CHAR 28/44/9–10 **47.** *CIHOW* p. 519 **48.** Sandys, *From Winston* p. 70 **49.** Addison, *Unexpected* p. 12 **50.** *CS* VII p. 7357 **51.** Vale and Scadding, 'Pneumonia' p. 2 **52.** Ibid. passim **53.** James, *Lord Randolph Churchill* p. 207 **54.** WSC, *MEL* p. 12 **55.** Jablonsky, *Churchill and Hitler* p. 206 **56.** Foster, *Randolph* p. 216 **57.** Ibid. p. 270 **58.** CAC CHAR 28/11/42–3 **59.** Roberts, *Salisbury* p. 288 **60.** WSC, *LRC* II p. 301 **61.** RA GV/PRIV/GVD/1887: 8 August **62.** OB I p. 97 **63.** Gilbert, *A Life* p. 17 **64.** Colville, *Fringes* p. 444 **65.** ed. Eade, *Contemporaries* p. 18 **66.** WSC, *MEL* p. 27 **67.** Ibid. p. 52 **68.** Harrow School Archives Box H4/8 **69.** ed. Eade, *Contemporaries* p. 18 **70.** Jones, 'Knew Him' p. 3 **71.** WSC, *MEL* p. 15 **72.** *CIHOW* pp. 58–9 **73.** OB I p. 179 **74.** ed. Nicolson, *Diaries and Letters* III p. 268 **75.** ed. Eade, *Contemporaries* p. 19 **76.** Ibid. p. 20 **77.** Harrow School Archives Box H4/8 **78.** Gardiner, *Prophets* p. 235 **79.** Harrow School Archives Box H4/8 **80.** Ibid. **81.** Ibid. **82.** Ibid. **83.** Ibid. **84.** Ibid. **85.** Gilbert, *Search* p. 215 **86.** *CS* VIII p. 8425 **87.** ed. Eade, *Contemporaries* p. 19 **88.** Ibid. p. 18 **89.** *CV* I Part 1 p. 227 **90.** OB I p. 174 **91.** Ibid. p. 130 **92.** Ibid. p. 131 **93.** Ibid. p. 163 **94.** Ibid. pp. 163–4 **95.** Ibid. p. 164 **96.** Ibid. p. 165 **97.** Ibid. p. 167 **98.** *FH* no. 140 p. 18 **99.** OB I pp. 112–13 **100.** Ibid. **101.** WSC, *MEL* p. 17 **102.** Golland, *Not Winston* p. 31 **103.** WSC, *MEL* p. 24 **104.** Ibid. p. 30 **105.** Ibid. p. 18 **106.** Ibid. p. 29 **107.** Ibid. pp. 34–5 **108.** *CV* I Part 1 pp. 390–91 **109.** Blake, 'Conservative' p. 2 **110.** Mather, 'Maladies' pp. 24, 26 **111.** OB I p. 198 **112.** Ibid. p. 200 **113.** Birkenhead, *Contemporary Personalities* p. 113 **114.** WSC, *MEL* p. 34 **115.** Scott, *Churchill at the Gallop* passim **116.** *CV* I Part 1 p. 413 **117.** OB I pp. 219–20 **118.** WSC, *MEL* p. 43 **119.** *CV* I Part 1 p. 531 **120.** Browne, *Sunset* p. 122 **121.** WSC, *MEL* p. 42 **122.** Carter, *Knew Him* p. 27 **123.** Harrow School Archives Box H4/8 **124.** WSC,

MEL p. 51 **125.** Searle, 'Fuller' p. 46 **126.** WSC, *MEL* p. 56 **127.** Churchill, *Crowded Canvas* p. 181 **128.** CUL Add 9248/4526 **129.** CUL ASH/B/32/6a and 6b **130.** WSC, *LRC* II p. 820 **131.** Gardiner, *Prophets* pp. 230–31 **132.** ed. Muller, *Thoughts* pp. 31–2

第 2 章　战火纷飞凌云志
（1895 年 1 月—1898 年 7 月）

1. WSC, *RW* I p. 37 **2.** Gardiner, *Prophets* p. 228 **3.** Lough, *Champagne* pp. 35–6 **4.** WSC, *MEL* p. 76 **5.** BL RP 6688/19 **6.** WSC, *MEL* p. 57 **7.** CAC CHAR 28/152A/53–4 **8.** OB I p. 259 **9.** Clarke, *Lloyd George Diary* pp. 97–8 **10.** ed. Muller, *Thoughts* pp. 49–50 **11.** McMenamin and Zoller, *Becoming Winston Churchill* p. 15 **12.** Gilbert, *Search* p. 269 **13.** Ibid. **14.** *New York Times* 27 March 1893 **15.** OB I pp. 282–3 **16.** *CV* I Part 1 p. 597 **17.** Ibid. p. 599 **18.** Ibid. p. 600 **19.** WSC, *MEL* p. 91 **20.** Ibid. p. 73 **21.** Russell, *Churchill's Decorations* p. 17 n. 17 **22.** WSC, *MEL* p. 96 **23.** Klepak, *Comes of Age* p. 129 **24.** WSC, *MEL* p. 75 **25.** Ibid. p. 75 **26.** Ibid. p. 78 **27.** ed. Midgley, *Heroic Memory* p. 12 **28.** Sandys, *Chasing Churchill* p. 33 **29.** WSC, *MEL* p. 79 **30.** Ibid. p. 107 **31.** *CV* I Part 1 p. 676 **32.** Ibid. **33.** WSC, *MEL* p. 91 **34.** Ibid. p. 116 **35.** Ibid. pp. 101–2 **36.** Jackson, *Churchill* p. 53 **37.** *Daily Telegraph* 9 October 1897 **38.** Marian Holmes's Diary p. 6 **39.** WSC, *MEL* pp. 98, 100 **40.** CAC CHAR 28/23/10–11 **41.** Birkenhead, *Personalities* p. 115 **42.** CAC CHAR 28/23/10–11 **43.** Bod Bonham Carter Papers 298/7 **44.** *CV* I Part 2 pp. 757–68 **45.** Ibid. p. 760 **46.** CAC Churchill's *Annual Register* 1874 p. 2 **47.** Ibid. p. 94 **48.** Ibid. 1875 pp. 48–9 **49.** Ibid. p. 51 **50.** Ibid. pp. 56, 119 **51.** Ibid. 1877 p. 64 **52.** *CV* I Part 2 p. 762 **53.** Ibid. p. 766 **54.** CAC Churchill's *Annual Register* 1881 pp. 58, 68, 72, 109 **55.** Ibid. 1885 pp. 119–20 **56.** Ibid. p. 134 **57.** *CV* I Part 2 p. 763 **58.** Ibid. p. 765 **59.** A reference to a chapter in William James, *The Varieties of Religious Experience* (1902) **60.** Cowling, *Religion and Public Doctrine* p. 285 **61.** WSC, *MEL* p. 103 **62.** OB VIII p. 1161 **63.** Best, *Greatness* p. 10 **64.** *CV* I Part 2 p. 697 **65.** Ibid. p. 1044 **66.** Lough, *Champagne* p. 68 **67.** WSC, *MEL* p. 119 **68.** Ibid. p. 114 **69.** WSC, *MFF* p. 9 **70.** *CV* I Part 2 p. 696 **71.** Ibid. **72.** *CS* I p. 27 **73.** Ibid. p. 28 **74.** WSC, *MEL* p. 185 **75.** Ibid. p. 110 **76.** *CV* I Part 2 p. 833; WSC, *MEL* p. 110 **77.** Coughlin, *First War* p. 207 **78.** *CV* I Part 2 p. 807 **79.** Gilbert, *A Life* p. 79 **80.** *CV* I Part 2 p. 793 **81.** WSC, *MEL* p. 119 **82.** Coughlin, *First War* p. xiv **83.** Gilbert, *A Life* p. 80 **84.** OB I pp. 355–6 **85.** *CV* Part 2 pp. 816–18 **86.** OB I p. 293 **87.** Gilbert, *A Life* p. 173 **88.** Gardiner, *Pillars* p. 62 **89.** *CV* I Part 2 p. 819 **90.** Ibid. **91.** Ibid. p. 820 **92.** Ibid. pp. 816–20 **93.** Ibid. p. 821 **94.** Ibid. **95.** Ibid. p. 839 **96.** Gilbert, *A Life* p. 86 **97.** *CV* I Part 2 p. 839 **98.** Ibid. p. 856 **99.** Gough, *Soldiering On* p. 62 **100.** OB I p. 371 **101.** *CV* I Part 2 p. 879 **102.** WSC, *MFF* pp. 117, 97 **103.** Ibid. p. 294 **104.** *The Times* 1 October 1897 **105.** Coughlin, *First War* p. 1 **106.** Ibid. p. 21 **107.** WSC *MFF* pp. 26–7 **108.** *CV* I Part 2 p. 936 **109.** WSC, *MEL* p. 137 **110.** Sheffield, *The Chief* p. 34 **111.** WSC, *WC* I p. 234 **112.** *CV* I Part 2 p. 971 **113.** WSC, *MEL* p. 149 **114.** Hatfield 3M/E41 **115.** WSC, *MEL* p. 151

第 3 章　从恩图曼经比勒陀利亚到奥尔德姆
（1898 年 8 月—1900 年 10 月）

1. WSC, *Savrola* p. 114 **2.** Riddell, *More Pages* p. 139 **3.** WSC, *MEL* p. 153 **4.** Jackson, *Churchill* p. 65 **5.** OB I p. 402; *CV* I Part 2 p. 968; WSC, *RW* II pp. 34–7 **6.** WSC, *MEL* p. 157 **7.** Ibid. p. 160 **8.** Ibid. p. 163 **9.** ed. Langworth, *Conover* p. 23 **10.** WSC, *RW* II pp. 72–3 **11.** WSC, *MEL* p. 166 **12.** My thanks to Ben Strickland; the original is in 17th/21st Lancers Museum **13.** WSC, *MEL* p. 171 **14.** Ibid. p. 172 **15.** Ibid. **16.** Ibid. p. 174 **17.** ed. Midgley, *Heroic Memory* p. 13 **18.** WSC, *MEL* p. 175 **19.** OB I p. 414 **20.** WSC, *MEL* pp. 192–3 **21.** WSC, *RW* II pp. 221, 222 **22.** Blunt, *Diaries* II

p. 280 **23.** OB I pp. 438–9 **24.** Blunt, *Diaries* II p. 417 **25.** WSC, *MEL* p. 177 **26.** Moran, *Struggle* p. 556 **27.** *CV* I Part 2 p. 989 **28.** Lough, *Champagne* p. 68 **29.** Ibid. p. 56 **30.** Colville, *Churchillians* p. 112; Lough, *Champagne* p. 68 **31.** OB I pp. 438–9 **32.** CAC CHAR 28/26/5, CHAR 28/152B/168 **33.** Mather, 'Hardiness and Resilience' pp. 83–97 **34.** ed. Langworth, *Conover* p. 23 **35.** Ibid. p. 24 **36.** Hatfield House 3M/E41 **37.** WSC, *RW* I p. 156 **38.** Ibid. p. 116 **39.** Ibid. p. 6 **40.** Ibid. pp. 280–81 **41.** Ibid. p. 290 **42.** Davis, *Real Soldiers* p. 108 **43.** WSC, *RW* II p. 162 **44.** Ibid. pp. 248–50 **45.** Harrow School Archives Box H4/8 **46.** ed. Vincent, *Crawford* pp. 54–5 **47.** ed. Langworth, *Conover* p. 26 **48.** *CS* I p. 43 **49.** OB I p. 449 **50.** Ibid. p. 446 **51.** WSC, *MEL* p. 240 **52.** Ibid. **53.** ed. Langworth, *Conover* p. 25 **54.** BL Add MS 62516 **55.** OB I p. 449 **56.** BU JC10/9/70 **57.** Atkins, *Incidents* p. 122 **58.** Ibid. p. 123 **59.** Pakenham, *Boer War* p. 157 **60.** Atkins, *Incidents* p. 124 **61.** Ibid. p. 125 **62.** Ibid. p. 126 **63.** Pakenham, *Boer War* p. 171 **64.** Atkins, *Incidents* p. 128 **65.** Pakenham, *Boer War* p. 172 **66.** Ibid. p. 73 **67.** Ibid. p. 278 **68.** Ibid. p. 172 **69.** Scott, *Churchill* p. 43 **70.** Atkins, *Incidents* pp. 193–5 **71.** Courtenay, 'Smuts Dimension' p. 55 **72.** OB I p. 477 **73.** WSC, *L to L* p. 134 **74.** Pilpel, *America* p. 30 **75.** WSC, *MEL* p. 273 **76.** RA VIC/MAIN/W/25/92 **77.** OB I pp. 487–8 **78.** eds. Barnes and Nicholson, *Empire at Bay* p. 50 **79.** *Strand Magazine*, December 1923 **80.** WSC, *L to L* pp. 176–7 **81.** *CS* I p. 63 **82.** WSC, *L to L* pp. 195–7 **83.** *CS* I p. 405 **84.** Churchill, *Crowded Canvas* p. 106 **85.** *CS* I p. 63 **86.** Millard, *Hero* pp. 223–4 **87.** ed. Pottle, *Daring* pp. 317–18 **88.** *Natal Mercury*, 25 December 1899 p. 5; *FH* no. 88 p. 43 **89.** BL RP 6515 **90.** WSC, *MEL* p. 271 **91.** OB I p. 507 **92.** Dundonald, *Army Life* pp. 117–18 **93.** Ibid. p. 147 **94.** WSC, *L to L* p. 292 **95.** Jackson, *Churchill* p. 81 **96.** WSC, *L to L* p. 137 **97.** Ibid. p. 376 **98.** Bossenbroek, *Boer War* p. 208 **99.** WSC, *MEL* p. 341 **100.** Jackson, *Churchill* p. 82 **101.** Hamilton, *Listening* p. 248 **102.** Ibid. p. 249 **103.** ed. Langworth, *Conover* p. 18 **104.** ed. Eade, *Contemporaries* p. 69; WSC, *MEL* p. 139 **105.** WSC, *Savrola* p. 42 **106.** ed. Eade, *Contemporaries* pp. 69–79 **107.** WSC, *Savrola* p. 344 **108.** *CV* I Part 2 p. 1162 **109.** BL Add MS 49694 fols. 20–21 **110.** James, *Failure* pp. 20–21 **111.** *CS* I p. 61 **112.** Millard, *Hero* p. 313 **113.** ed. Blake, *Churchill* p. 9 **114.** Hatfield 3M/E41 **115.** Gardiner, *Pillars* p. 61

第4章 横穿议员席，走向反对党
（1900年10月—1905年12月）

1. *CWP* I p. 833 **2.** WSC, *Marl* I p. 322 **3.** *CV* II pp. 1043–4 **4.** *CS* I p. 61 **5.** Hamilton, *Listening* p. 250 **6.** NYPL Churchill Papers Microfilm 1 **7.** Pilpel, *America* p. 36 **8.** *New York Times* 9 December 1900 p. 28; *FH* no. 149 p. 40 **9.** Pilpel, *America* pp. 36–7 **10.** Gilbert, *Churchill and America* p. 36 **11.** OB I pp. 542–3 **12.** Pilpel, *America* pp. 54–5 **13.** *CV* I Part 2 p. 1225 **14.** Ibid. p. 1231 **15.** *Daily Telegraph* 11 March 2016 **16.** Stuart, *Within* p. 124 **17.** Jackson, *Churchill* p. 280 **18.** WSC, *MEL* p. 377 **19.** Ibid. pp. 378–80 **20.** *CS* I pp. 65–6 **21.** Ibid. p. 66 **22.** Ibid. p. 65 **23.** Ibid. p. 68 **24.** Ibid. p. 70 **25.** Ibid. **26.** Lucy, *Balfourian Parliament* pp. 62–4 **27.** *CS* I p. 83 **28.** Ibid. p. 79 **29.** Ibid. p. 80 **30.** Ibid. p. 83 **31.** *CIHOW* p. 113 **32.** Mallinson, *Too Important* p. 28 **33.** BU JC/11/9/3 **34.** Halle, *Irrepressible* p. 61 **35.** *CS* I pp. 110, 107 **36.** *CV* II Part 1 pp. 104–5 **37.** Rowntree, *Poverty* pp. 304–5 **38.** *CV* II Part 1 p. 111 **39.** Ibid. **40.** eds. Mackenzie, Norman and Jeanne, *Diary of Beatrice Webb* II p. 287 **41.** Ibid. pp. 287–8 **42.** OB II p. 35 **43.** WSC, *GC* p. 178 **44.** James, *Failure* p. 16 **45.** ed. Eade, *Contemporaries* pp. 86–7 **46.** *CS* I p. 112 **47.** Halle, *Irrepressible* p. 50 **48.** Ibid. p. 49 **49.** Ramsden, 'Greatest' p. 13 **50.** WSC, *MEL* p. 385 **51.** OB II p. 47 **52.** BL Add MS 49694 fols. 39–40 **53.** Blake, 'Conservative' p. 4 **54.** *CS* I pp. 197–8 **55.** BL Add MS 49694 fols. 41–2 **56.** ed. Muller, *Thoughts* p. 10 **57.** *CS* I pp. 192–3 **58.** CAC EADE 2/2 **59.** *CS* I p. 215 **60.** Willans and Roetter, *Wit* p. 40 **61.** BL Add MS 62156 fol. 7 **62.** *Monthly Review* no. 13 November 1903 pp. 28–9 **63.** *CV* II Part 1 p. 243 **64.** Blunt, *Diaries* II p. 77 **65.** Gardiner,

Pillars p. 58 **66.** *CS* I p. 221 **67.** Ibid. p. 224 **68.** Ibid. p. 236 **69.** Ibid. p. 237 **70.** Ibid. p. 259 **71.** Ibid. p. 261 **72.** Jackson, *Churchill* p. 93 **73.** Blake, 'Conservative' p. 4 **74.** Gardiner, *Prophets* p. 228 **75.** *CS* I p. 270 **76.** Ibid. pp. 272–3 **77.** Hansard vol. 133 cols. 958–1012 **78.** Jackson, *Churchill* p. 88 **79.** Carter, *Knew Him* p. 115 **80.** *CS* I p. 293 **81.** Ibid. p. 441 **82.** Carter, *Knew Him* p. 116 **83.** *CV* I Part 2 p. 104 **84.** George, *My Brother* p. 210 **85.** *CS* I p. 368 **86.** Carter, *Knew Him* p. 116 **87.** Pawle, *Warden* p. 179 **88.** Rowse, *Later Churchills* p. 454 **89.** James, *Failure* p. 21 **90.** *CIHOW* p. 408 **91.** ed. Muller, *Thoughts* p. 10 **92.** Birkenhead, *Contemporary Personalities* p. 118 **93.** OB II p. 92 **94.** Ibid. p. 93 **95.** *The Times* 31 May 1904 **96.** *Manchester Guardian* 31 May 1904 p. 5 **97.** Gilbert, *Churchill and the Jews* p. 1 **98.** Ibid. p. 13 **99.** Ibid. p. 3; *CV* II p. 975 **100.** CAC CHUR 1/55; Gilbert, *Churchill and the Jews* p. 14 **101.** Gilbert, *Churchill and the Jews* p. xvi **102.** Ibid. p. 9 **103.** Scott, *Churchill* p. 240 **104.** *CS* I p. 346 **105.** Ibid. p. 414 **106.** Ibid. pp. 416–17 **107.** Scott, *Churchill* pp. 1–2 **108.** *CV* II Part 1 p. 393 **109.** Gilbert, *A Life* p. 171; Petrie, *Carlton* p. 145 **110.** *CS* I p. 482 **111.** Ibid. p. 483 **112.** James, *Failure* p. 21 **113.** ed. Brett, *Esher* II p. 92 **114.** ed. Vincent, *Crawford* p. 83 **115.** *CS* I p. 503 **116.** Marsh, *Number* p. 149 **117.** Ibid.

第5章　一个自由帝国主义者（1906年1月—1908年4月）

1. WSC, *LRC* I p. 217 **2.** Brendon, *Churchill* p. 43 **3.** *CV* II Part 1 p. 423 **4.** WSC, *LRC* I p. 11 **5.** Foster, *Randolph* p. 383 **6.** D'Este, *Warlord* p. 74 **7.** Foster, *Randolph* p. 395 **8.** Ibid. **9.** Ibid. pp. 396–9 **10.** Ibid. **11.** Johnson, *Churchill* p. 26 **12.** WSC, *LRC* I p. 217 **13.** Ibid. II p. 489 **14.** Gilbert, *Churchill and the Jews* p. 13 **15.** *CS* I p. 553 **16.** Marsh, *Number* p. 150 **17.** *CS* I p. 523 **18.** Ibid. **19.** Ibid. pp. 530–31 **20.** Ibid. p. 545 **21.** Foster, *Randolph* p. 383 **22.** Lord Winterton in *The Illustrated London News Eightieth Birthday Tribute* p. 3 **23.** Hyam, *Elgin* p. 208; Gilbert, *A Life* p. 183 **24.** *CS* I p. 605 **25.** Gilbert, *Other Club* p. 203 **26.** *CS* I p. 658 **27.** *TCD* 18 p. 59 **28.** Courtenay, 'Smuts Dimension' pp. 55–6 **29.** RA GVI/PRIV/DIARY/COPY/1942: 14 October **30.** *CS* I p. 562 **31.** Ibid. p. 571 **32.** Best, *Greatness* p. 25 **33.** *CS* I p. 598 **34.** Marsh, *Number* pp. 151–2 **35.** Winterton, *Orders* p. 19 **36.** Wilson, *CB* p. 503 **37.** *National Review* no. 287 January 1907 p. 758 **38.** OB II p. 185 **39.** BU NC1/15/3/83 **40.** *CS* I p. 649 **41.** Ibid. p. 669 **42.** Ibid. p. 693 **43.** Morgan, *Rise to Failure* p. 202 **44.** OB II p. 196 **45.** Ibid. **46.** WSC, *Liberalism* p. 163 **47.** *CS* I p. 677 **48.** Ibid. pp. 674–7 **49.** Ibid. p. 677 **50.** Campbell, *FE* p. 461 **51.** *FH* no. 56 p. 17 **52.** OB V p. 374 **53.** Bod Bonham Carter Papers 298/6 **54.** Carter, *Knew Him* p. 15 **55.** Bod Bonham Carter Papers 298/7 **56.** Carter, *Knew Him* p. 19 **57.** RA VIC/MAIN/W/7/80 **58.** *CS* I p. 714 **59.** Ibid. p. 715 **60.** Ibid. p. 807 **61.** Ibid. pp. 808–9 **62.** George, *My Brother* p. 211 **63.** *CS* VII p. 7357 **64.** WSC, *MAJ* p. 101 **65.** Gardiner, *Prophets* p. 228 **66.** WSC, *MAJ* pp. 11–12 **67.** Ibid. pp. 121, 104 **68.** Ibid. p. 112 **69.** Ibid. p. 14 **70.** Ibid. p. 15 **71.** Ibid. p. 21 **72.** Ibid. p. 42 **73.** Ibid. p. 94 **74.** Ibid. **75.** Ibid. p. 84 **76.** Jackson, *Churchill* p. 101 **77.** Bell, *Glimpses* p. 167 **78.** Ibid. p. 168 **79.** Ibid. pp. 179–80 **80.** Ibid. p. 170 **81.** OB II pp. 228–9 **82.** Ibid. p. 51 **83.** Ibid. p. 46 **84.** Ibid. pp. 23–4 **85.** Ibid. pp. 25–6 **86.** Ibid. p. 127 **87.** Ibid. p. 27 **88.** Ibid. **89.** Ibid. p. 56 **90.** Ibid. pp. 56–7 **91.** RA VIC/MAIN/W/8/87 **92.** WSC, *MAJ* p. 60 **93.** Ibid. pp. 122–3 **94.** Ibid. p. 124; Marsh, *Number* p. 162 **95.** *CS* I p. 860 **96.** Ibid. p. 863 **97.** Ibid. p. 868 **98.** Ibid. p. 903 **99.** Ibid. **100.** *FH* no. 137 p. 58 **101.** Addison, *Unexpected* p. 43 **102.** Masterman, *Masterman* p. 97 **103.** Ibid. p. 98 **104.** Ibid. pp. 97–8 **105.** ed. Soames, *Speaking* p. 5; Birkenhead Papers 65/A3 **106.** Best, *Greatness* p. 28 **107.** Colville, *Fringes* p. 195 **108.** OB I p. 252 **109.** ed. Soames, *Speaking* p. 6 **110.** Birkenhead Papers 65/A3

第6章　爱情与自由主义
（1908年4月—1910年2月）

1. ed. Soames, *Speaking* p. 37 **2.** *CS* II p. 1099 **3.** Marsh, *Number* p. 163 **4.** *CS* I p. 944 **5.** Ibid. p. 945 **6.** ed. Soames, *Speaking* p. 7 **7.** Ibid. p. 8 **8.** Ibid. p. 9 **9.** OB II p. 451 **10.** RA GV/PRIV/GVD/1908 **11.** Ramsden, *Man of the Century* p. 39 **12.** ed. Soames, *Speaking* p. 9 **13.** *CS* I p. 1025 **14.** Ibid. p. 1027 **15.** Shelden, *Titan* p. 176 **16.** *CS* I p. 1041 **17.** Lough, *Champagne* p. 67 **18.** Carter, *Knew Him* p. 230 **19.** Singer, *Style* p. 54 **20.** *CIHOW* p. 579 **21.** Gilbert, *A Life* p. 195 **22.** *CS* II p. 1060 **23.** ed. Soames, *Speaking* p. 10 **24.** Marsh, *Number* p. 166 **25.** *The Times* 7 August 1908 p. 11; Tolppanen, 'Accidental' p. 10 **26.** Birkenhead Papers 65/A3 **27.** ed. Soames, *Speaking* p. 13 **28.** OB II p. 267 **29.** ed. Soames, *Speaking* p. 12 **30.** Ibid. p. 14 **31.** Ibid. **32.** Dilks, *Dominion* p. 31 **33.** Soames, *Clementine* p. 30. **34.** Ibid. p. 45 **35.** ed. Soames, *Speaking* p. 15 **36.** Ibid. p. 16 **37.** Ibid. p. 17 **38.** *CV* II Part 2 p. 810 **39.** Riddell, *More Pages* p. 1 **40.** Soames, *Clementine* p. 49 **41.** BU CFGM 4/1/2/4 **42.** *CV* II Part 2 p. 820 **43.** ed. Soames, *Speaking* p. 19 **44.** Birkenhead Papers 65/A3 **45.** Ibid. **46.** Best, *Greatness* p. 29 **47.** BU Lucy Masterman Papers CFGM 29/2/2/2 **48.** *CS* II p. 1099 **49.** Ibid. p. 1102 **50.** Ibid. p. 1105 **51.** OB II p. 322 **52.** *CS* I pp. 1151–2 **53.** 'Gracchus', *Your MP* p. 26 **54.** *CS* II p. 1252 **55.** *CV* II Part 3 p. 1874 **56.** Gilbert, 'Churchill & Bombing Policy' **57.** *CS* II p. 1257 **58.** James, *Failure* p. 35 **59.** ed. Soames, *Speaking* p. 21 **60.** *CS* II p. 1273 **61.** Nicolson, *Carnock* p. 23 **62.** *CS* II pp. 1254–5 **63.** Ibid. pp. 1258–9 **64.** ed. Soames, *Speaking* p. 23 **65.** Birkenhead Papers 65/A3 **66.** BU Lucy Masterman Papers CFGM 29/2/2/2 **67.** Toye, *Lloyd George and Churchill* p. 59 **68.** *CS* II p. 1322 **69.** Ibid. p. 1324 **70.** James, *Undaunted* p. 200 **71.** *CV* II Part 2 p. 908 **72.** Marsh, *Number* p. 167 **73.** ed. Vincent, *Crawford* p. 134 **74.** ed. Soames, *Speaking* p. 30 **75.** *CV* II Part 2 pp. 958–61 **76.** Blunt, *Diaries* II p. 289 **77.** *CS* II p. 1339 **78.** ed. Soames, *Speaking* p. 32 **79.** Ibid. p. 35 **80.** Ibid. p. 36 **81.** Ibid. pp. 37–8 **82.** Ibid. p. 37 **83.** Gilbert, *A Life* p. 210; *The Times* 15 November 1909 **84.** Gilbert, *A Life* p. 210; *The Times* 15 November 1909 **85.** Butler, *British Political Facts* p. 266 **86.** ed. Brett, *Esher* II pp. 404–5, 422–3 **87.** *CS* II p. 1382 **88.** Ibid. p. 1422 **89.** Ibid. p. 1424 **90.** Ibid. p. 1429 **91.** Addison, *Unexpected* p. 46 **92.** BU Lucy Masterman Papers CFGM 29/2/2/2 **93.** Birkenhead Papers 65/A3 **94.** Ibid. **95.** Colville, *Fringes* p. 444 **96.** OB II p. 365

第7章　内政大臣
（1910年2月—1911年9月）

1. Donaldson, *Edward VIII* p. 78 **2.** Kersaudy, *Churchill and de Gaulle* p. 200 **3.** Lee, *Lady Hamilton* p. 197 **4.** OB II p. 418 **5.** Addison, *Home* p. 119 **6.** Blunt, *Diaries* II p. 416 **7.** OB II p. 418 **8.** Riddell, *More Pages* p. 29 **9.** Lee, *Lady Hamilton* p. 197 **10.** Blunt, *Diaries* II p. 461 **11.** Ibid. p. 288 **12.** Colville, *Fringes* p. 519 **13.** ed. Vincent, *Crawford* p. 153 **14.** Gilbert, *Other Club* p. 11 **15.** BU CFGM 29/2/2/2 **16.** ed. Soames, *Speaking* p. 50 **17.** Devine, 'Top Cop' p. 21 **18.** OB II p. 358 **19.** Addison, *Home* p. 128 **20.** Ibid. p. 132 **21.** Devine, 'Top Cop' p. 22 **22.** OB II p. 1453 **23.** *CS* II p. 1583 **24.** BU CFGM 29/2/2/2 **25.** *CS* II p. 1587 **26.** OB II p. 341 **27.** *CS* I p. 1598 **28.** OB II p. 373 **29.** Addison, *Home* p. 114 **30.** OB II p. 387 **31.** Devine, 'Top Cop' p. 23 **32.** Addison, *Unexpected* p. 52 **33.** OB II p. 391 **34.** CAC EADE 2/2 **35.** CAC EMAR 2 **36.** Higgins, *Dardanelles* p. 19 **37.** *CV* II Part 2 p. 1023 **38.** Blunt, *Diaries* II p. 336 **39.** Gilbert, 'Eugenics' p. 45 **40.** Bod Asquith Papers MS 12 fols. 224–8 **41.** Devine, 'Top Cop' p. 21 **42.** Ibid. **43.** ed. Eade, *Contemporaries* p. 369 **44.** Ibid. p. 367 **45.** Ibid. p. 370 **46.** James, *Failure* p. 38 **47.** *CS* II p. 1872 **48.** Hansard vol. 26 col. 1015 **49.** Tillett, *Transport Workers' Strike* p. 35 **50.** BU CFGM 4/2/3 **51.** OB II p. 399 **52.** Ibid. p. 400 **53.** Ibid. **54.** Ibid. p. 401 **55.** *CS* II p. 1630 **56.** Ibid. pp. 1630–31 **57.** BU CFGM 29/2/2/2 **58.** Ibid. **59.** Ibid. **60.** *CV* II Part 2 pp. 1030–33 **61.** *CS* I p. 794 **62.** Martin, *Battle* p. 85 **63.**

Devine, 'Top Cop' p. 21 **64.** Martin, *Battle* p. 87 **65.** Ibid. p. 88 **66.** *CV* II Part 2 p. 1033 **67.** Ibid. **68.** Brendon, *Churchill* p. 58 **69.** *CV* II Part 2 p. 1033 **70.** BU CFGM 29/2/2/2 **71.** James, *Failure* p. 19 **72.** Rumbelow, *Houndsditch* p. 152 **73.** Hansard vol. 21 cols. 44–122 **74.** WSC, *Thoughts* p. 67 **75.** OB II p. 418 **76.** Ibid. p. 423 **77.** Ibid. **78.** *CS* II p. 1711 **79.** ed. Vincent, *Crawford* p. 179 **80.** *CS* II p. 1744 **81.** ed. Soames, *Speaking* p. 43 **82.** Gilbert, *Other Club* pp. 33, 31 **83.** Coote, *Other Club* p. 111 **84.** Gilbert, *Other Club* p. 239 **85.** Ibid. p. 70 **86.** CAC RDCH 1/2/46 **87.** Ibid. **88.** Interview with Minnie Churchill 7 November 2017 **89.** ed. Soames, *Speaking* p. 45 **90.** Ibid. p. 50 **91.** Ibid. p. 54 **92.** Ruane, *Bomb* p. 5 **93.** ed. Soames, *Speaking* p. 52 **94.** NA CAB 38/19/50 **95.** Mallinson, *Too Important* p. 26 n. 1 **96.** WSC, *WC* I p. 58 **97.** Collier, *Brasshat* p. 119 **98.** Mallinson, *Too Important* pp. 27–8 **99.** Ibid. p. 29 **100.** PA Lloyd George Papers C/3/15/12 **101.** Bod Bonham Carter p. 249

第 8 章 海军大臣
（1911 年 10 月—1914 年 8 月）

1. WSC, *WC* I p. 188 **2.** Ibid. pp. 13–14 **3.** Higgins, *Dardanelles* p. 31 **4.** Hough, *Former Naval Person* p. 47 **5.** Higgins, *Dardanelles* p. 15 **6.** WSC, *WC* I p. 73 **7.** *CV* II Part 3 p. 1929 **8.** Fisher, *Memories* pp. 209–14 **9.** Callwell, *Wilson* I p. 109 **10.** Jackson, *Churchill* p. 121 **11.** Roskill, *Hankey* I p. 104 **12.** Jackson, *Churchill* p. 128 **13.** WSC, *WC* I pp. 107–8 **14.** Brown, *Grand Fleet* p. 23 **15.** ed. Eade, *Contemporaries* p. 142 **16.** BU CFGM 29/2/2/2 **17.** ed. Marder, *Fisher Correspondence* I p. 437 **18.** Ibid. p. 469 **19.** *CV* II Part 3 p. 1549 **20.** BL Add MS 49694 fol. 84 **21.** Riddell, *More Pages* p. 82 **22.** Best, *Greatness* p. 46 **23.** ed. Nicolson, *Diaries and Letters* III p. 193; *CIHOW* p. 77 **24.** Hanson, *Wars* p. 149 **25.** Blunt, *Diaries* II p. 415 **26.** WSC, *WC* II p. 280 **27.** ed. Soames, *Speaking* p. 58 **28.** ed. Eade, *Contemporaries* p. 142 **29.** ed. Soames, *Speaking* p. 62 **30.** Carter, *Knew Him* p. 262 **31.** *CV* II Part 3 p. 1678 **32.** *CS* II p. 2042 **33.** RA PS/PSO/GV/C/G/414/18 **34.** Roskill, *Churchill and the Admirals* pp. 20–21; Hough, *Former Naval Person* pp. 36, 42–6 **35.** Gilbert, *Other Club* p. 48 **36.** Thompson, *Yankee* p. 180 **37.** BL Add MS 49694 fol. 62 **38.** RA PS/PSO/GV/C/F/285/1 **39.** RA PS/PSO/GV/C/F/285/5 **40.** *CV* II Part 3 p. 1665 **41.** RA PS/PSO/GV/C/F/285/13 **42.** Gretton, *Naval Person* p. 88 **43.** RA PS/PSO/GV/C/F/285/1 **44.** Massie, *Castles* p. 781 **45.** ed. Soames, *Speaking* p. 66 **46.** Addison, *Unexpected* p. 125 **47.** ed. Soames, *Speaking* p. 59 **48.** Ibid. p. 60 **49.** *CS* II p. 1907 **50.** Riddell, *More Pages* p. 37 **51.** Ibid. **52.** James, *Failure* p. 44 **53.** Bew, *Churchill and Ireland* passim **54.** OB II p. 473; Gilbert, *A Life* p. 250 **55.** *CS* II p. 1928 **56.** Maurer, 'Averting' p. 29 **57.** Ibid. **58.** WSC, *WC* II p. 112 **59.** Maurer, 'Averting' p. 29 **60.** WSC, *Step* p. 155 **61.** ed. Soames, *Speaking* p. 65 **62.** CAC CSCT 2/5/4 **63.** ed. Soames, *Speaking* p. 62 **64.** Soames, *Clementine* p. 93 **65.** Riddell, *More Pages* p. 51 **66.** Ibid. p. 103 **67.** CAC RDCH 1/2/46 **68.** ed. Nicolson, *Diaries and Letters* II p. 451 **69.** CAC NEMO 3/3 **70.** Riddell, *More Pages* pp. 130–31 **71.** BU CFGM 29/2/2/2 **72.** Ibid. **73.** OB II p. 554 **74.** Riddell, *More Pages* p. 131 **75.** George, *My Brother* p. 203 **76.** *CS* II p. 2110 **77.** Ibid. p. 2111 **78.** *CV* II Part 3 pp. 1744–5 **79.** OB II p. 557 **80.** RA GV/PRIV/GVD/1913, 18 September **81.** ed. Soames, *Speaking* p. 76 **82.** Gilbert, *Other Club* p. 52; Bew, *Churchill and Ireland* passim **83.** Gilbert, *Other Club* p. 53 **84.** Maurer, 'Averting' p. 33 **85.** Ibid. p. 30 **86.** *National Review* no. 369 November 1913 p. 368 **87.** Addison, *Unexpected* p. 63 **88.** Riddell, *More Pages* p. 186 **89.** ed. Soames, *Speaking* p. 78 **90.** Ibid. p. 79 **91.** Ibid. p. 80 **92.** Ibid. p. 82 **93.** Miller, *Boom* p. 98 **94.** Gilbert, *A Life* p. 259 **95.** ed. Soames, *Speaking* p. 89 **96.** Ibid. p. 90 **97.** Ibid. p. 91 **98.** Ibid. p. 92 **99.** Beaverbrook, *Politicians* p. 25 **100.** *CS* VIII p. 8137 **101.** Riddell, *More Pages* pp. 192–3 **102.** Ibid. p. 193 **103.** Henriques, *Waley-Cohen* p. 189 **104.** Ibid. pp. 189–90 **105.** Riddell, *More Pages* p. 197 **106.** Ibid. p. 198 **107.** Ibid. p. 199 **108.** *CS* III p. 2245 **109.** Ibid. p. 2251 **110.** Ibid. p. 2253 **111.** Scott, *Galloper* p. 145 **112.** *CS* III p. 2233 **113.** Amery, *My Political Life* I pp. 444–5 **114.** OB II p. 498 **115.** Blake, 'Conservative' p. 5 **116.** Scott, *Galloper* p. 147 **117.** Gough,

Soldiering On p. 110 **118.** Blake, *Unknown Prime Minister* p. 189 **119.** ed. Vincent, *Crawford* p. 327 **120.** Ibid. p. 332 **121.** James, *Failure* p. 48 **122.** *Daily Mail* 6 April 1914 **123.** OB II pp. 499–500 **124.** eds. Thorpe and Toye, *Parliament* p. 157 **125.** *CS* III p. 2294 **126.** Fitzroy, *Memoirs* I pp. 290, 544 **127.** Bew, *Churchill and Ireland* passim **128.** WSC, *CE* I p. 275. **129.** Jackson, *Churchill* p. 136 **130.** WSC, *WC* I pp. 192–3 **131.** Gilbert, *A Life* p. 265 **132.** Morley, *Memorandum on Resignation* p. 4 **133.** Ibid. p. 5 **134.** George, *My Brother* p. 242 **135.** WSC, *WC* I pp. 212–13 **136.** ed. Soames, *Speaking* p. 96 **137.** Gilbert, *A Life* p. 269 **138.** ed. Soames, *Speaking* p. 96 **139.** Ibid. **140.** Ibid. p. 100 **141.** Hastings, *Catastrophe* p. 85 **142.** Ibid. p. 88 **143.** Gilbert, *Other Club* p. 54 **144.** RA GV/PRIV/GVD/1914: 29 July **145.** ed. Soames, *Speaking* p. 97 **146.** Beaverbrook, *Politicians* p. 86 **147.** WSC, *WC* I pp. 216–17; ed. Eade, *Contemporaries* p. 142 **148.** BL Add MS 51073 fol. 99 **149.** Gilbert, *A Life* p. 274 **150.** *The Times* 4 August 1914 **151.** WSC, *WC* I p. 224 **152.** Gilbert, *A Life* p. 275 **153.** WSC, *WC* I p. 122 **154.** Lee, *Lady Hamilton* p. 114 **155.** Hastings, *Catastrophe* p. 115 **156.** Gilbert, *A Life* p. 275 **157.** Gardiner, *Pillars* pp. 58, 63 **158.** Ibid. pp. 57–8

第9章 “这场光荣、美味的战争”（1914年8月—1915年3月）

1. *CS* III p. 2331 **2.** Ibid. p. 2343 **3.** ed. Roskill, *Hankey* I pp. 143–4 **4.** Hastings, *Catastrophe* p. 385 **5.** Callwell, *Wilson* I p. 163 **6.** ed. Taylor, *Lloyd George* p. 41 **7.** Riddell, *Intimate* p. 15 **8.** Jerrold, *Naval Division* p. xvii **9.** Ibid. p. xv **10.** Gilbert, *A Life* p. 279 **11.** Stafford, *Secret Service* p. 60 **12.** Hastings, *Catastrophe* pp. 364ff **13.** eds. Brock, *Asquith Letters* p. 203 **14.** Brendon, *Churchill* p. 64 **15.** *CV* III Part 1 p. 97 **16.** *CS* III p. 2331 **17.** Ibid. **18.** WSC, *Thoughts* p. 95 **19.** Ibid. p. 99 **20.** *TLS* 5 December 1997 p. 28 **21.** Hastings, *Catastrophe* p. 97 **22.** *CS* III p. 2337 **23.** ed. Eade, *Contemporaries* p. 143 **24.** Riddell, *War Diary* p. 14 **25.** Ibid. **26.** Olsen, 'Antwerp Expedition' p. 19 **27.** eds. Brock, *Asquith Letters* pp. 258, 262 **28.** Olsen, 'Antwerp Expedition' p. 36 **29.** eds. Brock, *Asquith Letters* p. 260 **30.** Mallinson, *Too Important* p. 72 **31.** Marder, *Dreadnought to Scapa* II p. 85; Addison, *Unexpected* p. 74 **32.** OB III pp. 111–12 **33.** *CV* III Part 1 p. 166 **34.** Mallinson, *Too Important* p. 72 **35.** Halle, *Irrepressible* p. 68 **36.** Olsen, 'Antwerp Expedition' p. 32 **37.** *Scribner's Magazine* January 1915 **38.** OB III p. 111n. **39.** Best, *Greatness* p. 56 **40.** eds. Brock, *Asquith Letters* p. 271 **41.** ed. Taylor, *Lloyd George* p. 5 **42.** OB III p. 124 **43.** *CV* III Part 1 p. 178 **44.** eds. Brock, *Asquith Letters* pp. 266–7; Asquith, *Memories* II pp. 45–6 **45.** PA Bonar Law 37/4/21 **46.** eds. Brock, *Asquith Letters* p. 275 **47.** *Morning Post* 23 October 1914 **48.** WSC, *Thoughts* pp. 11–12 **49.** ed. Eade, *Contemporaries* p. 145 **50.** ed. Vincent, *Crawford* p. 279 **51.** Massie, *Castles* p. 175n. **52.** RA GV/PRIV/GVD/1914: 29 October; WSC, *WC* I p. 177 **53.** WSC, *WC* I p. 360; Brodhurst, *Anchor* p. 27 **54.** *CV* II Part 2 p. 932 **55.** Thompson, *Gallipoli* p. 3 **56.** ed. Wilson, *Scott* pp. 110–12 **57.** ed. Eade, *Contemporaries* p. 143 **58.** Strachan, *First World War* p. 77 **59.** *CS* III p. 2340 **60.** Ibid. p. 2348 **61.** *CV* III Part 1 p. 25 **62.** Travers, *Gallipoli* p. 20 **63.** *CV* III Part 1 p. 361 **64.** Strachan, *First World War* p. 113 **65.** Gooch, *Plans of War* p. 259 **66.** Strachan, *First World War* p. 113 **67.** Ibid. p. 114 **68.** Bew, *Citizen Clem* pp. 13, 86 **69.** ed. Cowley, *Great War* p. 182 **70.** OB III p. 233 **71.** Ibid. p. 236 **72.** Ibid. p. 234 **73.** *CV* III Part 1 pp. 377–8 **74.** WSC, *WC* II p. 71 **75.** NA CAB 41/1/12 **76.** Penn, *Fisher* p. 124 **77.** Ibid. **78.** eds. Brock, *Margot* p. 68 **79.** Penn, *Fisher* p. 124 **80.** WSC, *WC* II pp. 102, 121–2 **81.** Penn, *Fisher* p. 125 **82.** eds. Brock, *Asquith Letters* p. 375 **83.** Roskill, *Hankey* I p. 265 **84.** eds. Brock, *Asquith Letters* p. 374 n. 6 **85.** WSC, *WC* II p. 543; Penn, *Fisher* p. 126 **86.** *CS* III p. 2396 **87.** Penn, *Fisher* p. 127 **88.** Bell, *Dardanelles* p. 359 **89.** WSC, *WC* II p. 91 **90.** Bell, *Dardanelles* p. 85 **91.** eds. Brock, *Asquith Letters* p. 118 **92.** Ibid. p. 375 **93.** Ibid. p. 376 **94.** ed. Taylor, *Lloyd George* p. 21 **95.** Penn, *Fisher* p. 126 **96.** WSC, *WC* II p. 551 **97.** Marder, *Fear God* III p. 133 **98.** Ibid. pp. 141–2 **99.** PA LG/C/4/11/3 **100.** Ibid. **101.** ed. Taylor, *Lloyd George* p. 7 **102.** PA LG/C/4/11/3 **103.** Bell, *Dardanelles*

p. 234 **104.** *CS* III p. 2397 **105.** ed. Brett, *Esher* III p. 212 **106.** OB III p. 273 **107.** James, *Failure* p. 71 **108.** Ibid. p. 70 **109.** ed. Brett, *Esher* III p. 217 **110.** ed. Pottle, *Champion* p. 25 **111.** Ibid. **112.** James, *Failure* p. 69 **113.** NA CAB 42/1/47 **114.** Philpott, '29th Division' pp. 384–407 **115.** WSC, *Thoughts* p. 12 **116.** BL Add MS 82379 fol. 1 **117.** Bell, *Dardanelles* p. 112 **118.** ed. Cowley, *Great War* p. 183 **119.** WSC, *WC* II p. 272

第10章 加里波利
（1915年3月—11月）

1. WSC, *Savrola* p. 317 **2.** WSC, *GC* p. 131 **3.** ed. Cowley, *Great War* p. 183 **4.** Thompson, *Gallipoli* p. 5 **5.** WSC, *WC* II p. 244 **6.** Ibid. I pp. 254–76; Bell, *Dardanelles* p. 356; Strachan, *First World War* p. 116; ed. Cowley, *Great War* p. 183 **7.** Roskill, *Hankey* I p. 168 **8.** Ives, 'Dardanelles and Gallipoli' p. 3 **9.** WSC, *WC* I pp. 254–76 **10.** John Lee in *Journal of Military History*, vol. 64, no. 2 April 2000 **11.** WSC, *RW* I p. 235 **12.** *CV* III Part 1 p. 559 **13.** James, *Failure* p. 75 **14.** ed. Roskill, *Hankey* I p. 182 **15.** Bell, *Dardanelles* p. 357 **16.** Thompson, *Gallipoli* p. 6 **17.** NA CAB 42/2/17 **18.** BU NC7/11/8/6 **19.** ed. Taylor, *Lloyd George* p. 41 **20.** BL Add MS 49694 fols. 108–10 **21.** Bell, *Dardanelles* p. 157 **22.** *The Times* 26 April 1915 **23.** NYPL Berg Collection Winston Churchill **24.** Jerrold, *Naval Division* p. xvii **25.** James, *Failure* p. 76 **26.** Lee, *Soldier's Life* p. 162 **27.** *Morning Post* 29 May 1915 **28.** Soames, *Clementine* p. 138; Charmley, 'Churchill's Darkest Hour' p. 47 **29.** eds. Brock, *Margot* pp. 107–8 **30.** Ibid. p. 108 **31.** Langworth, *Myth* pp. 69–73 **32.** *CV* III p. 501 **33.** WSC, *WC* III p. 166 **34.** eds. Brock, *Margot* pp. 109–10 **35.** Ibid. p. 113 **36.** Addison, *Unexpected* p. 78 **37.** French, *1914* p. 357 **38.** WSC, *WC* II p. 350 **39.** ed. Taylor, *Lloyd George* pp. 49–50 **40.** OB III p. 431; CAC FISR 1/24/35 **41.** OB III p. 884 **42.** ed. Cowley, *Great War* p. 121; eds. Brock, *Margot* p. 114 **43.** Brodhurst, *Anchor* p. 28 **44.** Marder, *Fear God* III p. 328 **45.** Nicolson, *George V* p. 263 **46.** ed. Taylor, *Lloyd George* p. 50 **47.** eds. Brock, *Margot* p. 116 **48.** Ibid. p. 84 **49.** James, *Failure* p. 54 **50.** ed. Taylor, *Lloyd George* p. 53 **51.** PA Bonar Law 37/2/33 **52.** eds. Brock, *Margot* p. 118 **53.** Carter, *Knew Him* p. 19 **54.** ed. Brett, *Esher* III p. 237 **55.** Hamilton, *Listening* p. 253 **56.** eds. Brock, *Margot* p. 118 **57.** Ibid. p. 120 **58.** ed. Taylor, *Lloyd George* p. 51 **59.** Ibid. **60.** Lee, *Lady Hamilton* p. 123 **61.** ed. Taylor, *Lloyd George* p. 52 **62.** Ibid. **63.** Ibid. **64.** Ibid. **65.** OB III p. 456. **66.** Bell, *Dardanelles* p. 186 **67.** *CV* III Part 2 p. 911 **68.** Bod Asquith Box 27 fols. 172–5 **69.** eds. Brock, *Margot* pp. 133–4 **70.** OB III p. 459; Soames, *Clementine* p. 142 **71.** Best, *Greatness* p. 71 **72.** OB III p. 457 **73.** *CV* III Part 2 pp. 922–4 **74.** Ibid. p. 924 **75.** Ibid. pp. 925–6 **76.** Ibid. pp. 925–7 **77.** Roskill, *Hankey* I pp. 174–5 **78.** RA GV/PRIV/GVD/1915: 22 May **79.** Carter, *Knew Him* pp. 427–8 **80.** WSC, *WC* I p. 234 **81.** Ibid. II pp. 374–5 **82.** James, *Failure* p. 80 **83.** *Observer* 23 May 1915 **84.** Soames, *Clementine* p. 142 **85.** CAC RDCH 1/2/46 **86.** Soames, *Painter* p. 20 **87.** Thompson, *Gallipoli* p. 32 **88.** *CS* III p. 2380 **89.** CAC THSO 1/1/2 **90.** ed. Taylor, *Lloyd George* p. 59 **91.** NA CAB 37/130/14 **92.** NA CAB 37/130/16 **93.** *CV* III Part 2 p. 1042 **94.** CAC CHAR 28/43/42 **95.** OB VIII p. 1154 **96.** Soames, *Painter* p. 24 **97.** WSC, *Thoughts* p. 336 **98.** *CIHOW* p. 458 **99.** Sandys, *From Winston* p. 141 **100.** WSC, *Thoughts* pp. 331–2 **101.** *CIHOW* p. 455 **102.** ed. Soames, *Speaking* p. 111 **103.** Lee, *Lady Hamilton* p. 129 **104.** CAC THSO 1/1/3 **105.** OB III p. 473 **106.** Soames, 'Human Being' p. 3; Birkenhead Papers 65/A3 **107.** ed. Soames, *Speaking* p. 53 **108.** Attenborough, *Black Dog* pp. 214–15 **109.** Ibid. pp. 212–13 **110.** *CV* IV Part 1 p. 8 **111.** CAC THSO 1/1/3 **112.** BU Austen Chamberlain C18/4/8 pp. 50–111 **113.** ed. Taylor, *Lloyd George* p. 57 **114.** Roskill, *Hankey* I p. 215 **115.** ed. Taylor, *Lloyd George* p. 59 **116.** Roskill, *Hankey* I p. 222 **117.** ed. Wilson, *Scott* p. 142 **118.** *CV* III Part 2 p. 1204 **119.** WSC, *WC* II p. 489 **120.** NA CAB 37/136/12 **121.** Roskill, *Hankey* I p. 232 **122.** ed. Taylor, *Lloyd George* p. 74 **123.** *CV* III Part 2 pp. 1249–50 **124.** ed. Taylor, *Lloyd George* p. 74 **125.** Roskill, *Hankey* I p. 230 **126.** *CV* III Part 2 p. 1255 **127.** *CS* III pp. 2400–401 **128.**

Ibid. p. 2399 **129.** Ibid. p. 2401 **130.** WSC, *WC* II p. 4 **131.** WSC, *TSWW* II p. 3 **132.** ed. Soames, *Speaking* p. 149 **133.** D'Este, *Warlord* p. 295 **134.** CAC RCDH 1/2/46 **135.** Fraser, *My History* p. 109 **136.** *The Times* 16 November 1915

第11章 从塞子街走向胜利（1915年11月—1918年11月）

1. WSC, *Thoughts* p. 111 **2.** WSC, *WC* IV p. 304 **3.** Ibid. II p. 500 **4.** WSC, *Thoughts* p. 110 **5.** ed. Smart, *Bernays* p. 124 **6.** ed. Soames, *Speaking* p. 113 **7.** Ibid. p. 114 **8.** Ibid. pp. 114–15 **9.** Ibid. p. 115 **10.** Ibid. p. 114 **11.** WSC, *Thoughts* p. 110 **12.** ed. Soames, *Speaking* p. 123 **13.** OB III pp. 578–81 **14.** ed. Soames, *Speaking* p. 119 **15.** Ibid. p. 115 **16.** Ibid. p. 128 **17.** Jeffrey, *1916* pp. 15–16 **18.** Beckett, *Attlee* p. 61 **19.** ed. Soames, *Speaking* pp. 152–3 **20.** Ibid. p. 116 **21.** WSC, *Thoughts* p. 114 **22.** ed. Soames, *Speaking* pp. 118–19 **23.** WSC, *Thoughts* p. 116 **24.** ed. Soames, *Speaking* p. 119 **25.** WSC, *Thoughts* p. 116 **26.** ed. Soames, *Speaking* p. 119 **27.** Ibid. p. 133 **28.** Ibid. p. 124 **29.** ed. Pottle, *Champion* pp. 25–6 **30.** ed. Soames, *Speaking* p. 120 **31.** Ibid. **32.** Ibid. p. 121 **33.** Colville, *Fringes* p. 127 **34.** CAC SPRS 1/76 **35.** ed. Hunter, *Winston and Archie* passim **36.** ed. Soames, *Speaking* p. 132 **37.** WSC, *WC* II p. 87 **38.** ed. Soames, *Speaking* p. 132 **39.** Ibid. p. 130 **40.** Ibid. pp. 132–3 **41.** Ibid. p. 137 **42.** Ibid. p. 139 **43.** Ibid. pp. 141–2 **44.** Sheffield, *The Chief* p. 324 **45.** WSC, *WC* III Part 1 p. 193 **46.** ed. Soames, *Speaking* p. 142 **47.** Ibid. p. 143 **48.** Ibid. p. 148 **49.** *CV* III Part 2 p. 1354 **50.** Gibb, *Winston* p. 68 **51.** Ibid. p. 139 **52.** OB III p. 658 **53.** Gibb, *Winston* p. 106 **54.** Ibid. p. 117 **55.** Ibid. p. 115 **56.** ed. Soames, *Speaking* p. 156 **57.** Ibid. p. 143 **58.** CAC RCDH 1/2/46 **59.** ed. Soames, *Speaking* pp. 163–4 **60.** Ibid. p. 164 **61.** Gibb, *Winston* p. 71 **62.** ed. Soames, *Speaking* p. 166 **63.** Ibid. pp. 167–8 **64.** *CV* III Part 2 p. 1416 **65.** ed. Soames, *Speaking* p. 169 **66.** *Strand Magazine* March 1931; WSC, *Thoughts* p. 7 **67.** ed. Soames, *Speaking* p. 175 **68.** *CV* III Part 2 pp. 1432–3 **69.** George, *My Brother* p. 253 **70.** *CS* III p. 2410 **71.** eds. Brock, *Margot* p. 242; Gilbert, *Other Club* p. 63; Bod Dawson Papers 66/35–6 **72.** Bod Bonham Carter Box 323 pp. 45–6 **73.** Ibid. p. 47 **74.** Carter, *Knew Him* p. 454 **75.** Bod Bonham Carter Box 323 pp. 48–50 **76.** ed. Soames, *Speaking* p. 195 **77.** Ibid. p. 196 **78.** *CV* III Part 2 p. 1467 **79.** ed. Soames, *Speaking* p. 196 **80.** Ibid. p. 198 **81.** Ibid. p. 199 **82.** Ibid. p. 200 **83.** Ibid. p. 202 **84.** ed. Hart-Davis, *Era* pp. 196–7 **85.** *CS* III p. 2421 **86.** Ibid. p. 2341 **87.** WSC, *WC* III Part 1 p. 112; Hastings, *Catastrophe* p. 357 88. Dean, *Hatred, Ridicule* p. 40 **89.** Lee, *Lady Hamilton* p. 137 **90.** Hamilton, *Listening* pp. 253–4 **91.** ed. Roskill, *Hankey* I p. 286 **92.** WSC, *WC* III Part 1 p. 187 **93.** Best, *Greatness* p. 89 **94.** ed. Roskill, *Hankey* I p. 286 **95.** Bod Asquith Papers Box 129 fols. 15–17 **96.** WSC, *GC* p. 99 **97.** ed. Jolliffe, *Raymond* pp. 297–8 **98.** WSC, *WC* II p. 21 **99.** *Daily Mail* 3 October 1935 **100.** *CV* III Part 2 p. 1533 **101.** *CS* III p. 2485 **102.** Ibid. p. 2503 **103.** OB III pp. 801–2 **104.** Gilbert, *A Life* p. 367 **105.** *The Spectator* 2 September 1916 **106.** Keohane, 'Sitting' p. 56 **107.** James, *Davidson* pp. 53–4 **108.** Gilbert, *Other Club* p. 67 **109.** Eden, *Reckoning* p. 277 **110.** WSC, *GC* p. 185 **111.** Dardanelles Commission Part I pp. 105–6 **112.** Ibid. p. 78 **113.** Ibid. p. 160 **114.** CAC FISR 8/12/4726 **115.** OB IV p. 10 **116.** NA CAB 19/1 **117.** *CS* III p. 2539 **118.** ed. Lowndes, *Belloc Lowndes* p. 80 **119.** WSC, *WC* III Part 1 p. 214 **120.** WSC, *Thoughts* p. 137 **121.** Other Club Betting Book **122.** OB IV p. 17 **123.** Ibid. pp. 5, 16–17 **124.** Gardiner, *Prophets* p. 228 **125.** ed. Brett, *Esher* IV p. 121 **126.** Birkenhead Papers 65/A3 **127.** Ibid. **128.** *Morning Post* 18 July 1917 **129.** *CV* IV Part 1 p. 107 **130.** Ponting, *Churchill* p. 207 **131.** Blake, *Unknown* p. 361 **132.** Beiriger, *Munitions* passim **133.** WSC, *WC* III Part 2 p. 300 **134.** Roskill, *Hankey* I p. 415 **135.** BL Add MS 48992 fol. 97 **136.** BL Add MS 82379 fols. 109–22; Brodhurst, *Pound* p. 38 **137.** Brodhurst, *Pound* p. 38 **138.** WSC, *WC* III p. 339 **139.** *History Today* January 2015 pp. 36–7 **140.** Birkenhead, *Contemporary Personalities* p. 121 **141.** OB IV p. 38 **142.** Jackson, *Churchill* p. 164 **143.** Churchill

Museum, London **144.** Marsh, *Number* p. 252 **145.** Ibid. **146.** Ibid. p. 257 **147.** Ibid. p. 259 **148.** Ibid. p. 256 **149.** Sassoon, *Siegfried's Journey* p. 78 **150.** Ibid. p. 79 **151.** Ibid. **152.** Ibid. **153.** OB IV p. 268 **154.** Reynolds, *Long Shadow* p. 71 **155.** WSC, *WC* II p. 511 **156.** Lloyd George, *The Truth* p. 325 **157.** *CS* III p. 3011 **158.** Ibid. p. 2583 **159.** Miller, *Boom* p. 192 **160.** ed. Soames, *Speaking* p. 205 **161.** WSC, *WC* III Part 2 p. 293 **162.** RA GV/PRIV/GVD/1918: 19 April **163.** WSC, *WC* III Part 2 p. 410 **164.** Colville, *Fringes* p. 574 **165.** ed. Soames, *Speaking* p. 206 **166.** Ibid. **167.** ed. Muller, *Contemporaries* p. 297 **168.** Ibid. p. 298 **169.** Ibid. p. 299 **170.** Ibid. p. 300 **171.** Ibid. **172.** Gilbert, *A Life* pp. 389–90 **173.** WSC, *WC* III Part 2 p. 371 **174.** CAC THSO 1/1/26 **175.** Ibid. **176.** ed. Soames, *Speaking* p. 207 **177.** *The Lady* 20 April 1999 p. 49 **178.** Lee, *Lady Hamilton* pp. 198–9 **179.** *CS* III p. 2615 **180.** Ibid. **181.** Ibid. pp. 2613–16 **182.** CAC THSO 1/1/26 **183.** ed. Muller, *Contemporaries* p. 300 **184.** ed. Kimball, *Complete Correspondence* I p. 355 **185.** Roskill, *Hankey* I p. 424 **186.** Ibid. p. 425 **187.** ed. Soames, *Speaking* p. 214 **188.** Hassall, *Marsh* p. 456 **189.** WSC, *WC* IV p. 273 **190.** NA CAB 23/14 **191.** WSC, *WC* III Part 2 pp. 541–4 **192.** Ibid. II p. 6 **193.** Ibid. pp. 52–4 **194.** Ibid. p. 22 **195.** Ibid. p. 20

第12章　联盟政治
（1918年11月—1922年11月）

1. WSC, *CE* III p. 28 **2.** OB VII p. 1008 **3.** WSC, *MEL* p. 73 **4.** Ibid. p. 37 **5.** Marsh, *Number* p. 156 **6.** *CS* III p. 2615 **7.** *CV* IV Part 1 p. 422 **8.** *CS* III p. 2645 **9.** *The Times* 27 November 1918 **10.** WSC, *WC* IV p. 47 **11.** OB IV p. 278 **12.** Ibid. p. 179 **13.** Ibid. pp. 179–80 **14.** Hansard vol. 113 col. 72 **15.** Riddell, *Intimate* pp. 15–16 **16.** Borthwick Institute, York, Lord Halifax Diary 30 November 1941 **17.** Miller, *Boom* p. 241 **18.** CAC TREN 1 **19.** Ibid. **20.** Miller, *Boom* p. 235 **21.** Roskill, *Hankey* II p. 47 **22.** Callwell, *Wilson* II p. 165 **23.** *CV* IV Part 1 p. 479 **24.** Maynard, 'Tory Splits' p. 25 **25.** James, *Failure* p. 110 **26.** WSC, *WC* IV pp. 128–9 **27.** *CS* III p. 2671 **28.** Maynard, 'Tory Splits' p. 25 **29.** *CS* IV in speeches delivered on 3 January 1920, 28 July 1920, 20 September 1924, 21 October 1924, 27 October 1924, 29 November 1925, 19 June 1926, 22 June 1926 and 23 July 1927 **30.** 'Gracchus', *Your MP* p. 16 **31.** James, *Failure* p. 112 **32.** *CS* IV p. 2798 **33.** James, *Failure* p. 117 **34.** ed. Soames, *Speaking* p. 219 **35.** Ibid. p. 220 **36.** Hansard vol. 131 cols. 1725–30 **37.** *CS* III p. 3009 **38.** Ibid. p. 3010 **39.** *CV* IV p. 649 **40.** ed. Middlemas, *Whitehall Diary* I p. 86 **41.** CAC BRGS 1/2 **42.** WSC, *WC* IV p. 41 **43.** James, *Failure* p. 109 n. 1 **44.** Miller, *Boom* p. 243; CAC CHAR 1/132/12 **45.** CAC SPRS 1/76 **46.** Miller, *Boom* p. 243 **47.** James, *Failure* p. 119 **48.** *CV* IV Part 2 p. 869 **49.** Ibid. p. 870 **50.** Ibid. pp. 870, 871 **51.** Ibid. pp. 871–2 **52.** Ibid. pp. 873–4 **53.** Ibid. p. 907 **54.** Ibid. p. 874 **55.** Ibid. p. 918; James, *Failure* p. 121 **56.** *CS* III p. 2868 **57.** Ibid. p. 2871 **58.** WSC, *WC* IV p. 74 **59.** James, *Failure* p. 123 **60.** WSC, *WC* IV p. 377 **61.** WSC *MEL* pp. 60–61 **62.** Gilbert, *Other Club* p. 80 **63.** WSC, *WC* IV pp. 287, 289 **64.** *CV* IV Part 2 p. 1135 **65.** Bennett, *Black and Tans* p. 37 **66.** WSC, *WC* IV p. 290 **67.** *Illustrated Sunday Herald*, 8 February 1920 **68.** Ibid. **69.** Addison, *Unexpected* p. 99 **70.** Thompson, *Shadow* p. 17 **71.** Udy, *Labour* p. 52 **72.** Ibid. pp. 53–4 **73.** Roskill, *Hankey* II p. 173 **74.** *CV* IV Part 2 pp. 1260–61 **75.** Ibid. p. 1261 **76.** ed. Soames, *Speaking* p. 224 **77.** Ibid. p. 228 **78.** Ibid. p. 225 **79.** OB IV p. 528 **80.** ed. Soames, *Speaking* p. 230 **81.** *CV* IV Part 2 p. 1355 **82.** CAC SPRS 1/76 **83.** WSC, *GC* p. 117 **84.** LHC Coote Papers Box 1 **85.** Ibid. **86.** Ibid. **87.** *FH* no. 89 p. 17 **88.** ed. Eade, *Contemporaries* p. 164 **89.** *CS* VI p. 5715 **90.** *FH* no. 89 p. 16 **91.** LHC Coote Papers Box 1 **92.** Ibid. **93.** Ibid. **94.** Ibid. **95.** OB IV p. 559 **96.** *CS* III p. 3085 **97.** Ibid. IV p. 3349 **98.** *FH* no. 90 p. 13 **99.** ed. Taylor, *Lloyd George* p. 210 **100.** Ibid. p. 219 **101.** Roberts, *Holy Fox* p. 13 **102.** ed. Soames, *Speaking* p. 281 **103.** *CV* IV Part 3 p. 1532 **104.** Ricks, *Orwell* p. 7 **105.** *CV* IV Part 3 p. 1525 **106.** CAC RDCH 1/2/46 **107.** Ibid. **108.** ed. Soames, *Speaking* p. 239 **109.** Churchill, *Tap-*

estry p. 21 **110.** ed. Soames, *Speaking* p. 239 **111.** Ibid. p. 245 **112.** Jones, 'Knew Him' p. 7 **113.** Ibid. p. 8 **114.** Moran, *Struggle* p. 729 **115.** Churchill, *Tapestry* p. 37 **116.** Birkenhead, *Prof* p. 162 **117.** Cherwell Papers K62/2 **118.** ed. Soames, *Speaking* p. 238 **119.** *CS* III p. 3133 **120.** ed. Muller, *Thoughts* pp. 161–2 **121.** WSC, *WC* IV pp. 305–6 **122.** Ibid. p. 317 **123.** *CS* III p. 3199 **124.** Ibid. V p. 348 **125.** OB IV p. 499 **126.** *CV* IV Part 2 p. 1055 **127.** ed. Soames, *Speaking* p. 258 **128.** Gilbert, *A Life* p. 375 **129.** BL Add MS 52516 **130.** James, *Failure* p. 143 **131.** Nel, *Personal Secretary* p. 187 **132.** Roskill, *Hankey* II p. 287 **133.** ed. Vincent, *Crawford* p. 440 **134.** OB V p. 865 n. 1 **135.** Stuart, *Within* p. 85 **136.** *CIHOW* p. 409 **137.** Chisholm and Davie, *Beaverbrook* p. 190 **138.** OB IV p. 873 **139.** Bod Conservative Party Archive [CPA] PUB 229/2/16/fol. 11 **140.** ed. Soames, *Speaking* p. 264 **141.** Ibid. p. 265 **142.** ed. Muller, *Thoughts* p. 180 **143.** *CV* IV Part 3 p. 2161 **144.** Ibid. **145.** *Strand Magazine* September 1931; ed. Muller, *Thoughts* p. 154

第13章 救赎
（1922年11月—1926年5月）

1. *CS* IV p. 3871 **2.** *CIHOW* p. 518 **3.** CAC RDCH 1/2/46 **4.** Churchill, *Tapestry* p. 28 **5.** ed. Soames, *Speaking* p. 268 **6.** WSC, *WC* II p. vii **7.** Bell, *Dardanelles* p. 369 **8.** Dugdale, *Balfour* II p. 337 **9.** WSC, *WC* I p. 322 **10.** ed. Taylor, *Darling Pussy* pp. 154, 161 **11.** OB V p. 7 **12.** Read, *Prose* p. 192 **13.** Bell, *Dardanelles* p. 369; LHC Edmonds Papers II/3/6 **14.** ed. Beckett, *Edmonds* p. 463 **15.** Ibid. **16.** LHC Edmonds Papers II/3/passim **17.** LHC Edmonds Papers II/3/16 **18.** Ibid **19.** LHC Hamilton Papers 13/24 **20.** Riddell, *Intimate* p. 409 **21.** Colville, *Churchillians* p. 63 **22.** Bowra, *Memories* pp. 205–6 **23.** ed. Soames, *Speaking* p. 267 **24.** Dean, *Hatred, Ridicule* p. 41 **25.** Ibid. p. 45 **26.** Mather, 'Maladies' p. 28 **27.** ed. Soames, *Speaking* p. 271 **28.** Ibid. **29.** Ibid. **30.** Ibid. p. 239 **31.** Churchill, *Tapestry* p. 23 **32.** *CIHOW* p. 13 **33.** CAC HAMB 1/2/6 1/6 **34.** Soames, 'Human Being' p. 4 **35.** CAC HAMB 1/1/17; WSC, *TSSW* I p. 62 **36.** *FH* no. 130 pp. 34–6 **37.** ed. Soames, *Speaking* p. 259 **38.** Soames, 'Human Being' p. 3 **39.** Cherwell Papers K63/15 **40.** Cherwell Papers K63/16 **41.** Cherwell Papers K63/18 **42.** Peck, *Dublin from Downing Street* p. 71; *CIHOW* p. 534 **43.** Churchill, *Tapestry* p. 28 **44.** *CIHOW* p. 535 **45.** Soames, 'Human Being' p. 3; Pawle, *Warden* p. 119; Churchill, *Tapestry* p. 99 **46.** CAC HAMB 1/1/20 **47.** Churchill, *Tapestry* p. 27 **48.** Howells, *Simply Churchill* p. 123; CAC HAMB 1/1/17 **49.** Buczacki, *Chartwell* p. 188 **50.** *FH* no. 67 p. 4 **51.** CAC BRGS 1/2 **52.** ed. Soames, *Speaking* pp. 370, 371 n. 3 **53.** Ibid. p. 275 **54.** Lysaght and White, *Irishman* p. 36 **55.** Ibid. p. 14 **56.** ed. Cockett, *My Dear Max* p. 2 **57.** Ibid. p. 7 **58.** ed. Ball, *Conservative Politics* p. 407; ed. Pimlott, *Dalton Diary* p. 358 **59.** CAC BBKN 2/3 **60.** Stuart, *Within* p. 107; CAC NEMO 3/3 **61.** Stuart, *Within* p. 106 **62.** ed. Muller, *Thoughts* p. 13 **63.** *CS* IV p. 3399 **64.** Ibid. p. 3423 **65.** ed. Muller, *Thoughts* p. 13 **66.** *CS* IV p. 3396 **67.** *The Times* 18 January 1924 **68.** ed. Soames, *Speaking* p. 280 **69.** James, *Davidson* p. 194 **70.** Bod CPA PUB 229/1/2/fol. 9 **71.** Ibid. **72.** CAC SPRS 1/76 **73.** James, *Failure* p. 153 **74.** WSC, *Thoughts* p. 13 **75.** *CS* VII p. 7315 **76.** Ibid. IV p. 3453 **77.** ed. Muller, *Thoughts* p. 274 **78.** Ibid. **79.** Bod CPA PUB 229/4/9/fol. 56 **80.** OB V p. 57; CAC CHAR 2/136/4 **81.** Feiling, *Chamberlain* p. 110 **82.** OB V p. 59 **83.** Moran, *Struggle* p. 612 **84.** OB V p. 60 **85.** ed. Soames, *Speaking* p. 290 **86.** ed. Middlemas, *Whitehall Diary* I p. 303 **87.** Cowles, *Era* p. 257 **88.** OB V p. 91 **89.** James, *Conservative* p. 213; ed. Middlemas, *Whitehall Diary* II p. 28 **90.** *CS* IV p. 3505 **91.** Halle, *Irrepressible* p. 53; Colville, *Fringes* p. 345 **92.** Birkenhead, *Contemporary Personalities* p. 113 **93.** Ibid. p. 114 **94.** Ibid. p. 115 **95.** *CS* VI p. 6862 **96.** James, *Failure* p. 158n; Grigg, *Prejudice* pp. 174–7 **97.** James, *Failure* p. 156 **98.** ed. Middlemas, *Whitehall Diary* I p. 307 **99.** BBC Broadcast 'Personality and Power' 24 November 1970 **100.** *CV* V Part 1 p. 305; CAC CHUR 18/2 **101.** *CV* V Part 1 p. 305; CAC CHUR 18/2 **102.** BU Austen Chamberlain Papers

51/67 **103.** *CV* V Part 1 p. 306 **104.** Ibid. p. 385 **105.** Ibid. p. 366 **106.** Maurer, 'Mad' p. 776 **107.** ed. Ranft, *Beatty Papers* II p. 277 **108.** NA FO 371/10634 and 371/10965/5787 **109.** Roskill, *Hankey* II p. 402 **110.** Maurer, 'Mad' passim **111.** Ibid. p. 793 **112.** Jackson, *Churchill* p. 189 **113.** WSC, *TSWW* I p. 20 **114.** *CV* V Part 1 p. 334 **115.** ed. Soames, *Speaking* p. 288 **116.** OB V p. 82 **117.** *CV* V Part 1 p. 339 **118.** *The Times* 6 March 1925 **119.** Rowse, *Later Churchills* p. 439 **120.** Roskill, *Hankey* II p. 411 **121.** *CV* V Part 1 p. 437; Grigg, *Prejudice* pp. 182–3 **122.** Skidelsky, *Economist as Saviour* pp. 199–200 **123.** Keynes, *Economic Consequences* p. 10 **124.** *CV* V Part 1 p. 412 **125.** *CS* IV p. 3599 **126.** Ibid. p. 3634 **127.** Smith, 'Return to Gold' p. 66 **128.** Moggridge, *Monetary Policy* p. 233 **129.** Smith, 'Return to Gold' p. 64 **130.** Grigg, *Prejudice* p. 185 **131.** Moran, *Struggle* p. 303 **132.** Hansard vol. 183 cols. 71–83 **133.** *CS* IV p. 3570 **134.** *CV* V Part 1 p. 473 **135.** ed. Guedalla, *Slings* p. 204 **136.** ed. Middlemas, *Whitehall Diary* I p. 316 **137.** BU AP 20/1/5/p118 **138.** BU AP 20/1/2/p217 **139.** *CV* V Part 1 p. 533 **140.** ed. Soames, *Speaking* p. 293 **141.** Gilbert, *Other Club* p. 92 **142.** *CS* IV p. 3821 **143.** Ibid. p. 3824 **144.** Ibid. p. 3849 **145.** ed. Soames, *Speaking* p. 295 **146.** Ibid. p. 297 **147.** Ibid. p. 298 **148.** *CS* IV pp. 3952–3 **149.** Middlemas and Barnes, *Baldwin* p. 411 **150.** James, *Davidson* p. 242 **151.** Brendon, *Edward VIII* p. 32 **152.** Blake, 'Conservative' p. 8 **153.** *British Gazette* 5 May 1926 **154.** James, *Failure* p. 172 **155.** James, *Davidson* p. 245 **156.** ed. Ball, *Conservative Politics* p. 39; James, *Davidson* p. 243 **157.** ed. Stuart, *Reith Diaries* p. 96 **158.** Charmley, *Glory* p. 219 **159.** ed. Middlemas, *Whitehall Diary* II p. 41 **160.** ed. Ball, *Conservative Politics* p. 28 **161.** *CV* V Part 1 p. 717 **162.** *New Statesman* 22 May 1926 **163.** Earl of Birkenhead Papers Box 1

第14章 撞车
（1926年6月—1931年1月）

1. WSC, *TSWW* I p. 21 **2.** *CV* V Part 1 p. 1444 **3.** CAC CHAR 1/196/30 and 39 **4.** *The Times* 26 February 1920 **5.** Marian Holmes's Diary **6.** *CS* IV p. 4034 **7.** Ibid. **8.** ed. Ball, *Conservative Politics* p. 76 **9.** Ibid. pp. 77–8 **10.** Ibid. p. 242 **11.** OB V p. 185 **12.** Ibid. p. 218 **13.** 'Ephesian', *Churchill* p. 267 **14.** ed. Soames, *Speaking* p. 302 **15.** Ibid. **16.** CAC RDCH 1/2/46 **17.** Toye, *Lloyd George and Churchill* p. 302 **18.** OB V p. 226 **19.** BL Add MS 82379 fol. 28 **20.** WSC, *WC* III Part 1 pp. 53–4 **21.** Ibid. Part 2 pp. 541–4 **22.** OB V p. 229 **23.** *CV* V Part 1 p. 1291 **24.** Ibid. p. 985 **25.** *CS* IV p. 4189 **26.** ed. Midgley, *Heroic Memory* p. 15 **27.** *CS* IV p. 4223 **28.** *CV* V Part 1 p. 1082 **29.** Addison, *Unexpected* p. 125 **30.** *CV* V Part 1 p. 1033 **31.** Ibid. p. 1342 **32.** ed. Roskill, *Hankey* II p. 455 **33.** Ibid. p. 456 **34.** ed. Ball, *Conservative Politics* p. 172 **35.** Ibid. p. 173 **36.** Ibid. p. 176 **37.** BL Add MS 51073 fol. 132 **38.** ed. Ball, *Conservative Politics* p. 176 **39.** *CV* V Part 1 p. 1154 **40.** ed. Ball, *Conservative Politics* p. 239 **41.** *CV* V Part 1 p. 1169; CAC CHUR 18/85 **42.** CAC RDCH 1/3/1 **43.** ed. Soames, *Speaking* p. 318 **44.** Ibid. p. 320 **45.** Ibid. p. 321 **46.** Ibid. p. 320 **47.** *CS* IV p. 4403 **48.** *CV* V Part 1 p. 280 **49.** Ibid. p. 1274; CAC CHUR 18/76 **50.** *CV* V Part 1 p. 1278; CAC CHUR 18/76 **51.** NA CAB 23/15 **52.** James, *Failure* p. 167 **53.** ed. Soames, *Speaking* pp. 327–8 **54.** *CV* V Part 1 p. 1333 **55.** ed. Soames, *Speaking* p. 325 **56.** Kershaw, *Making Friends* p. 306 **57.** ed. Soames, *Speaking* p. 328 **58.** *CV* V Part 1 pp. 1349–50 **59.** ed. Soames, *Speaking* p. 329 **60.** Ibid. **61.** Ibid. p. 331 **62.** Ibid. p. 332 **63.** Gilbert, *Other Club* p. 95 **64.** Other Club Betting Book **65.** WSC, *WC* IV p. 451 **66.** OB V p. 319 **67.** *CS* V p. 4575 **68.** OB V p. 325 **69.** Ibid. p. 1464 **70.** OB V p. 325 **71.** Bod CPA PUB 229/5/10/fol. 73 **72.** Ibid. **73.** WSC, *MEL* p. 87 **74.** Cherwell Papers K64/7 **75.** ed. Middlemas, *Whitehall Diary* II pp. 186, 191 **76.** BU NC/7/11/22/1 **77.** eds. Barnes and Nicholson, *Empire at Bay* p. 48 **78.** Gilbert, *Search* p. 227; eds. Barnes and Nicholson, *Empire at Bay* p. 50 **79.** Gilbert, *Search* p. 227 **80.** OB V p. 373 **81.** eds. Barnes and Nicholson, *Empire at Bay* p. 49 **82.** Ibid. pp. 49–50 **83.** OB V p. 341 **84.** ed. Soames, *Speaking* p. 338 **85.** Gilbert, *A Life* p. 493 **86.** Churchill, *Crowded Canvas*

p. 67 **87.** ed. Soames, *Speaking* p. 338 **88.** *CV* V Part 2 pp. 61–2 **89.** Churchill, *Crowded Canvas* p. 69 **90.** *CV* V Part 2 p. 96 **91.** Pilpel, *Churchill in America* p. 89 **92.** Chaplin, *Autobiography* p. 332 **93.** Tolppanen, 'Churchill and Chaplin' p. 17; Chaplin, *Autobiography* p. 335 **94.** OB V p. 348 **95.** CAC CHAR 1/208/92 **96.** ed. Soames, *Speaking* p. 345 **97.** Ibid. **98.** Ibid. p. 347 **99.** *CS* V p. 4980 **100.** Clarke, *Profession* p. xiv **101.** Vickers da Costa Ledger Nos. 9, 12, 13, 16 and 25 **102.** Lough, *Champagne* p. 187 **103.** Ibid. p. 158 **104.** Vickers da Costa Ledger No. 13 **105.** *News of the World* 20 June 1937 **106.** ed. Soames, *Speaking* p. 349 **107.** OB V p. 350 **108.** Stuart, *Within* p. 28 **109.** *New York Times* 26 October 1929 **110.** Lough, *Champagne* p. 199 **111.** Ibid. p. 199 **112.** ed. Pimlott, *Dalton Diary* p. 126 **113.** Blake, 'Conservative' p. 9 **114.** OB V p. 600 **115.** *CV* V Part 2 p. 1042 **116.** Mayo, *Mother India* pp. 285–6, 287–314, 346–62 **117.** Tirthankar Roy, book review in *Cambridge Review of International Affairs*, 2018 **118.** Mayo, *Mother India* pp. 139–64, 165–200, 226–42 **119.** *CS* V p. 4689 **120.** ed. Eade, *Contemporaries* p. 149 **121.** Ibid. **122.** James, *Failure* p. 168 **123.** *CS* V p. 4800 **124.** BL Add MS 71183 fol. 1 **125.** *CS* V pp. 4853–4 **126.** ed. Ball, *Conservative Politics* p. 334 **127.** Addison, *Home Front* p. 300; Clarke, *Lloyd George Diary* p. 95 **128.** Addison, *Home Front* p. 301 **129.** Gilbert, *Wilderness* p. 36 **130.** *Strand Magazine* April 1931; WSC, *GC* p. 163 **131.** Gilbert, *Other Club* pp. 100–101 **132.** *News of the World* 1 March 1936 **133.** Birkenhead Papers 65/A3 **134.** Ibid. **135.** ed. Ball, *Conservative Politics* p. 366 **136.** ed. Vincent, *Crawford* p. 542 **137.** *The Times* 20 October 1930 **138.** Ramsden, *Century* p. 205 **139.** CAC CHAR 8/286/1 **140.** *CIHOW* p. 195; WSC, *MEL* p. 346 **141.** WSC, *MEL* p. 81 **142.** Ibid. p. 59 **143.** Ibid. p. 75 **144.** Ibid. p. ix **145.** James, *Davidson* p. 356 **146.** Addison, *Unexpected* p. 134 **147.** Ibid. **148.** James, *Davidson* p. 355 **149.** Ibid. **150.** ed. Pottle, *Champion* p. 25 **151.** CAC SPRS 1/76

第15章　在野岁月
（1931年1月—1933年10月）

1. *Sunday Chronicle* 8 November 1931 **2.** WSC, *TSWW* I p. 9 **3.** ed. Nicolson, *Diaries and Letters* I p. 67 **4.** *CS* V p. 4965 **5.** Ibid. p. 4971 **6.** Ibid. p. 4968 **7.** Ibid. p. 4972 **8.** Cherwell Papers K64/9–10 **9.** Cherwell Papers K64/14 **10.** Thomas, *Woodford* p. 55 **11.** *CS* V p. 4985 **12.** Thomas, *Woodford* p. 55 **13.** ed. Soames, *Speaking* p. 354 **14.** ed. Muller, *Thoughts* p. 9 **15.** *Strand Magazine*, March 1931; ed. Muller, *Thoughts* p. 10 **16.** *CV* V Part 2 pp. 282–3 **17.** James, *Davidson* p. 172 **18.** *CS* V p. 5007 **19.** Ibid. p. 5008 **20.** ed. Ball, *Conservative Politics* p. 417 **21.** *CS* V p. 5011 **22.** Ibid. p. 5017 **23.** Ibid. p. 5019 **24.** ed. Muller, *Thoughts* p. 15 **25.** *CS* V p. 5023 **26.** CAC EMAR 2 **27.** WSC, *TSWW* I p. 29 **28.** ed. Muller, *Contemporaries* p. 235 **29.** *CIHOW* p. 3 **30.** ed. Muller, *Contemporaries* p. 34 **31.** Wrigley, *Biographical Companion* p. 28 **32.** Bod CPA PUB 229/6/9/fol. 22 **33.** Ibid. **34.** *CV* V Part 2 p. 699 **35.** ed. Muller, *Thoughts* p. 200 **36.** Ibid. p. 199 **37.** Ibid. p. 289 **38.** Ibid. p. 294 **39.** Ibid. **40.** Ponting, *Churchill* p. 351; Jenkins, *Churchill* p. 457 **41.** ed. Muller, *Thoughts* p. 294 **42.** CAC THRS II 85/3 **43.** Tolppanen, 'Accidental' p. 12 **44.** WSC, *CE* IV pp. 90–91 **45.** *Daily Mail* 5 January 1932 **46.** Tolppanen, 'Accidental' p. 12 **47.** Ibid. **48.** CAC THRS II 85/3 **49.** Cherwell Papers K65/4 **50.** WSC, *CE* IV p. 94 **51.** My thanks to Henry and Benita Black for this information **52.** Clifford, *Proconsul* p. 188 **53.** Ibid. p. 189 **54.** CAC CHAR 1/400A/46 **55.** OB V p. 425 n. 1 **56.** *Chicago Tribune* 3 February 1932 **57.** Gilbert, *Churchill and America* p. 140 **58.** CAC CHAR 1/399A/66–79 **59.** Ibid. **60.** Ibid. **61.** *CV* V Part 2 p. 442 **62.** Ibid. p. 394n **63.** Lough, *Champagne* p. 478 n. 15 **64.** KCL Hamilton Papers 13/25 **65.** Other Club Betting Book **66.** *CS* V pp. 5193–4 **67.** eds. Blake and Louis, *Churchill* p. 21 **68.** *CV* V Part 2 p. 475 **69.** *CIHOW* p. 539 **70.** WSC, *TSWW* I p. 65 **71.** Hanfstaengl, *Hitler* p. 184. **72.** WSC, *TSWW* I p. 65 **73.** Ibid. **74.** *CS* V pp. 5199–200 **75.** ed. Smart, *Bernays* p. 30 **76.** Ibid. p. 45 **77.** Parker, *Appeasement* p. 320 **78.** *CS* VII p. 7251 **79.** LHC Liddell Hart Papers 1/171/22 **80.** *CS* V p.

5220 **81.** Hatfield House QUI Bundle 63 **82.** *CS* V p. 5220 **83.** OB V p. 457 **84.** *CS* V p. 5220 **85.** ed. Smart, *Bernays* p. 55 **86.** *CS* V p. 5236 **87.** ed. Eade, *Contemporaries* p. 23 **88.** *CS* V p. 5263 **89.** Ibid. **90.** Ibid. p. 5261 **91.** Ibid. p. 5268 **92.** Ibid. **93.** Ibid. p. 5267 **94.** ed. Smart, *Bernays* p. 85 **95.** OB V pp. 480–81 **96.** Other Club Dining Book vol. 1 **97.** Ibid. **98.** Ibid. **99.** Ibid. **100.** Gilbert, *Other Club* p. 116 **101.** Ibid. **102.** Muller, 'Good Englishman' pp. 89–90 **103.** OB I p. 198 **104.** *FH* no. 164 p. 19 **105.** Coote, *Other Club* p. 112 **106.** Ashley, *Historian* pp. 143–4 **107.** WSC, *Marl* I pp. 19, 132 **108.** Ibid. II p. 485 **109.** Ibid. I p. 774 **110.** Ibid. I p. 905 **111.** Ibid. pp. 740–41 **112.** Ibid. pp. 570–71 **113.** Ibid. p. 59 **114.** Ibid. p. 108 **115.** Ibid. II p. 135 **116.** Ibid. I p. 264 **117.** Ibid. **118.** ed. Soames, *Speaking* p. 370 **119.** WSC, *Marl* I p. 309 **120.** Ibid. **121.** *FH* no. 140 p. 43 **122.** Rose, *Literary Churchill* passim **123.** WSC, *Marl* I p. 364 **124.** Ibid. p. 773 **125.** Muller, 'Englishman' p. 86 **126.** Halle, *Irrepressible* p. 6. **127.** Ibid. **128.** *C V* V Part 2 p. 693

第16章 拉响警报 （1933年10月—1936年3月）

1. *CS* V p. 5377 **2.** Bod CPA PUB 227/7/9/fol. 40 **3.** James, *Davidson* p. 398 **4.** *CS* V p. 5297 **5.** ed. Smart, *Bernays* p. 87 **6.** Ibid. **7.** *CS* V pp. 5302–3 **8.** Todman, *Into Battle* p. 67 **9.** *CS* V p. 5324 **10.** Ibid. **11.** Ibid. p. 5325 **12.** ed. Smart, *Bernays* p. 119 **13.** Gilbert, *Wilderness* p. 106 **14.** *CS* V p. 5343 **15.** ed. Smart, *Bernays* p. 122 **16.** OB V p. 51 **17.** Bridge, 'Privileges' p. 217 **18.** Templewood, *Troubled Years* pp. 91–9 **19.** Bridge, 'Privileges' passim **20.** Hansard vol. 290 col. 1738 **21.** ed. Smart, *Bernays* p. 142 **22.** ed. Evans, *Killearn Diaries* p. 41 **23.** *C V* V Part 2 p. 843 **24.** Ibid. p. 678 **25.** *History of the Times* IV Part II p. 887 **26.** *CS* V p. 5377 **27.** Gilbert, *Wilderness* p. 113 **28.** Todman, *Into Battle* p. 68 **29.** Interview with Jasper Rootham 22 October 1988 **30.** ed. Gorodetsky, *Maisky Diaries* p. 28 **31.** Ibid. p. 50 **32.** ed. Soames, *Speaking* p. 360 **33.** ed. James, *Chips* p. 234 **34.** Forbes-Robertson, *Maxine* p. 208 **35.** Nichols, *All I Could* p. 101 **36.** Pearson, *Citadel* p. 234 **37.** ed. Soames, *Speaking* p. 362 **38.** Jackson, *Churchill* p. 234 **39.** Halle, *Irrepressible* p. 77 **40.** ed. Smart, *Bernays* p. 160 **41.** CAC MCHL 1/1/2 **42.** *C V* V Part 2 p. 923 **43.** *CS* V pp. 5434–5 **44.** BL Add MS 82379 fol. 47 **45.** Hansard vol. 295 col. 863 **46.** *CS* V p. 5443 **47.** Ibid. p. 5449 **48.** Ibid. **49.** Carter, *Knew Him* p. 149; ed. Russell, *Constant* p. 93 **50.** ed. Soames, *Speaking* p. 390 **51.** Ibid. **52.** Ibid. p. 366 **53.** Ibid. p. 368 **54.** Ibid. p. 366 **55.** Ibid. p. 370 **56.** Ibid. p. 376 **57.** Ibid. **58.** WSC, *CE* III p. 176 **59.** Soames, *Speaking* p. 374 **60.** Ibid. **61.** Ibid. p. 376 **62.** Ibid. p. 395 **63.** Spence, *Mistress* pp. 101–2 **64.** CAC CHOH/3/CLVL/Tape 2/Side 3 **65.** ed. Soames, *Speaking* pp. 415–16 **66.** Vickers, *Cocktails* p. 68 **67.** https://spectator.org/the-churchill-marriage-and-lady-castlerosse/ and also https://www.winstonchurchill.org/publications/churchill-bulletin/bulletin-117-mar-2018/an-affair-not-to-remember/ **68.** ed. Soames, *Speaking* p. 416 **69.** Sheean, *Thunder* pp. 78, 48 **70.** CAC CHAR 1/299/77 **71.** Dockter and Toye, 'Who Commanded History?' passim **72.** Piers Brendon in *FH* no. 180 p. 49 **73.** Spence, *Mistress* p. 179 **74.** ed. Muller, *Contemporaries* p. 289 **75.** James, *Davidson* p. 403 **76.** Cowling, *Impact of Hitler* p. 215 **77.** James, *Davidson* p. 403 **78.** Ibid. **79.** ed. Soames, *Speaking* pp. 390–91 **80.** *CS* V p. 5551 **81.** ed. Self, *Diary Letters* IV p. 119 **82.** WSC, *TSWW* I p. 96 **83.** Ibid. p. 110 **84.** Pawle, *Warden* p. 212 **85.** Todman, *Into Battle* p. 74 **86.** ed. Soames, *Speaking* p. 396 **87.** Ibid. p. 399 **88.** Ibid. **89.** *CS* VI p. 5592 **90.** *C V* V Part 3 p. 143 **91.** Hansard vol. 301 col. 666 **92.** *CIHOW* p. 249 **93.** CAC CHAR 2/235/79–86. **94.** *C V* V Part 2 pp. 1169–70. **95.** ed. Vincent, *Crawford* p. 562 **96.** OB V pp. 618–19 **97.** *C V* V Part 2 pp. 1244–5 **98.** *CS* VI p. 5662 **99.** Ibid. pp. 5653–56 **100.** Ibid. pp. 5662–3 **101.** Roskill, *Hankey* II p. 407 **102.** Cherwell Papers F8/1/1 **103.** Cherwell Papers F8/1/6 **104.** Hansard vol. 303 cols. 540–50 **105.** *CS* VI p. 5680 **106.** Ibid. p. 5681 **107.** Hansard vol. 305 col. 368 **108.** Bod CPA PUB 227/7/9/fol. 40 **109.** Ibid. **110.** WSC, *TSWW* I p. 141 **111.**

OB V p. 587 **112.** ed. Muller, *Contemporaries* p. 258 **113.** *Strand Magazine* November 1935 **114.** ed. Soames, *Speaking* p. 402 **115.** Ibid. p. 408 **116.** CAC RDCH 1/3/1 **117.** ed. Soames, *Speaking* p. 407 **118.** Gilbert, *Wilderness* p. 13 **119.** Gilbert, *Churchill and the Jews* p. 136 **120.** Oliver, *Mr Showbusiness* p. 100 **121.** ed. Soames, *Speaking* p. 404 **122.** Ibid. p. 412 **123.** Ibid. **124.** Ibid. p. 410 **125.** RA EDW/PRIV/MAIN/A/2853 **126.** Todman, *Into Battle* p. 94

第17章 绥靖政策的鼎盛时期（1936年3月—1938年10月）

1. WSC, *L to L* pp. 172–3 **2.** *CS* V p. 5721 **3.** Kershaw, *Nemesis* p. xxxv **4.** WSC, *TSWW* I pp. 153–4 **5.** *CS* V p. 5701 **6.** Gilbert, *A Life* p. 552 **7.** *CS* VI p. 5699 **8.** Ibid. p. 5701 **9.** Ibid. p. 5703 **10.** Ashley, *Historian* pp. 163–4 **11.** James, *Davidson* p. 410 **12.** ed. Soames, *Speaking* p. 414 **13.** WSC, *TSWW* I p. 156 **14.** ed. Self, *Diary Letters* IV p. 179 **15.** ed. Nicolson, *Diaries and Letters* I p. 251 **16.** Langworth, 'Rhineland' pp. 20–21 **17.** ed. Gorodetsky, *Maisky Diaries* p. 68 **18.** BU AC 41/3/77 **19.** *CS* V p. 5721 **20.** Ibid. **21.** Hansard, vol. 310 col. 2489 **22.** BL Add MS 51073 fols. 140–41 **23.** Ibid. fol. 142 **24.** Churchill, *Tapestry* p. 32 **25.** OB V p. 723 **26.** ed. Nicolson, *Diaries and Letters* p. 258 **27.** *CS* VI pp. 5734–5 **28.** Hansard, vol. 310 col. 2307 **29.** ed. Vincent, *Crawford* p. 570 **30.** ed. James, *Chips* p. 62 **31.** *CS* VI p. 5755 **32.** Ibid. p. 5757 **33.** OB V p. 741 **34.** ed. Gorodetsky, *Maisky Diaries* p. 70 **35.** Ibid. **36.** *CS* V p. 5765 **37.** Cherwell Papers F8/1/12 **38.** Cherwell Papers F8/1/14 **39.** Cherwell Papers F8/5/6 **40.** ed. Nicolson, *Diaries and Letters* II p. 266 **41.** Ibid. **42.** *CV* V Part 3 p. 113 **43.** Baldomero, 'Spain' passim **44.** WSC, *Step* pp. 38–40 **45.** *CS* VI p. 5783 **46.** Ibid. p. 5785 **47.** Ibid. p. 5717 **48.** Ibid. pp. 5718–19 **49.** Langworth, *Myth* p. 76 **50.** CAC SCHL 1/1/5 **51.** Ibid. **52.** ed. Soames, *Speaking* p. 404; Churchill, *Keep on Dancing* p. 47 **53.** PA LG/G/19/16/8 **54.** Gilbert, *A Life* p. 581 **55.** Addison, *Unexpected* p. 144 **56.** *News of the World* 26 May 1935; ed. Muller, *Contemporaries* p. 104 **57.** Browne, *Sunset* pp. 201–2 **58.** Alkon, 'Imagining Scenarios' p. 37 **59.** Ibid. p. 38 **60.** Ibid. p. 39 **61.** Ibid. **62.** Ibid. p. 41 **63.** *CS* VI p. 5801 **64.** CAC CHAR 2/260/93 **65.** Hansard vol. 317 cols. 309–19 **66.** *CS* VI p. 5809 **67.** Ibid. p. 5813 **68.** Coote, *Other Club* p. 86 **69.** *CS* VI p. 5813 **70.** Middlemas and Barnes, *Baldwin* p. 972 **71.** OB V p. 799 **72.** WSC, *TSWW* I p. 615 **73.** *CV* V Part 3 p. 1307 **74.** ed. Soames, *Speaking* pp. 418–19 **75.** ed. Vincent, *Crawford* p. 575 **76.** ed. Lowndes, *Diaries and Letters* p. 155 **77.** ed. Hart-Davis, *King's Counsellor* p. 270 **78.** Zeigler, 'Churchill and the Monarchy' passim **79.** ed. Hart-Davis, *King's Counsellor* p. 414 **80.** Williams, *People's King* passim **81.** Taylor, *Beaverbrook* p. 370 **82.** WSC, *TSWW* I pp. 217–18; *Daily Telegraph*, 11 March 1965; Citrine, *Men and Work* p. 357 **83.** ed. James, *Chips* p. 90 **84.** RA EDW/PRIV/MAIN/A/3045 **85.** ed. Hart-Davis, *King's Counsellor* p. 414 **86.** Stuart, *Within* p. 132 **87.** WSC, *MEL* p. 380 **88.** ed. James, *Chips* p. 95 **89.** Winterton, *Orders of the Day* p. 223 **90.** James, *Failure* p. 275 **91.** James, *Davidson* p. 415 **92.** ed. Nicolson, *Diaries and Letters* II p. 284 **93.** Bod CPA PUB 1922/3/109 **94.** *CS* VI p. 5822 **95.** *CV* V Part 3 p. 521 **96.** OB V p. 829 **97.** Windsor, *A King's Story* p. 373 **98.** OB V p. 828 **99.** Brendon, *Edward VIII* p. 64 **100.** Colville, *Fringes* p. 196 **101.** ed. James, *Chips* p. 116 **102.** James, *Boothby* pp. 166–7 **103.** Owen, *Cabinet* p. 47 **104.** Boothby, *Fight to Live* p. 164; McDonough, *Chamberlain* p. 108 **105.** ed. Soames, *Speaking* p. 431 n. 6 **106.** RA EDW/PRIV/MAIN/A/3098 **107.** RA PS/PSO/GVI/C/069/01 **108.** Bodleian MS Eng c 2708/42 **109.** OB V p. 834 **110.** ed. Soames, *Speaking* p. 420 **111.** Oliver, *Mr Showbusiness* p. 110 **112.** Ibid. p. 107 **113.** Ibid. p. 110 **114.** Ibid. p. 116 **115.** Ibid. p. 142 **116.** ed. Soames, *Speaking* p. 426 **117.** WSC, *Marl* I p. 243 **118.** CAC PJGG 2/4/55 **119.** *CIHOW* p. 254 **120.** *CS* VI p. 5826 **121.** *CV* V Part 3 pp. 604–5 **122.** Ibid. p. 616 **123.** https://richardlangworth.com/churchill-anti-semite/ **124.** *CS* VI p. 5850 **125.** *Guardian* 28 November 2002 **126.** WSC, *CE* II p. 395 **127.** *CS* VI p. 5854 **128.** ed. James, *Chips* p. 119 **129.** Gilbert, *Other Club*

p. 131 **130.** CAC RMSY 7/6 **131.** Ibid. **132.** Soames, *Clementine* p. 274 **133.** CAC CHAR 2/300/39 **134.** RA EDW/PRIV/MAIN/A/3266 **135.** RA EDW/PRIV/MAIN/A/3475 **136.** Gilbert, *Churchill and America* p. 157 **137.** ed. Soames, *Speaking* p. 341 **138.** *CS* VI p. 5857 **139.** Blake, 'Conservative' pp. 10–11 **140.** ed. Rose, *Baffy* p. 39 **141.** Dilks, *Dominion* p. 265 **142.** Halle, *Irrepressible* p. 134 **143.** *CS* VI p. 5858 **144.** Ibid. **145.** ed. Soames, *Speaking* p. 427 **146.** ed. Muller, *Contemporaries* p. 275 **147.** Ibid. p. xii **148.** Ibid. p. 10 **149.** Ibid. p. xxv **150.** Ibid. **151.** Ibid. p. xxvi **152.** Ibid. p. 59 **153.** WSC, *GC* p. 302 **154.** WSC, *Step* p. 156. **155.** ed. Muller, *Contemporaries* p. xxvi **156.** WSC, *CE* IV p. 397. **157.** WSC, *Step* p. 174 **158.** Interview with John Forster, Blenheim Archivist 22 March 2017 **159.** Gilbert, *Other Club* p. 133 **160.** Ibid. p. 134 **161.** Other Club Betting Book **162.** *CS* VI pp. 5908–9 **163.** WSC, *Step* pp. 189–90 **164.** WSC, *TSWW* I p. 199 **165.** Cherwell Papers K67/8 **166.** Sheean, *Thunder* p. 62 **167.** Ibid. pp. 61, 66 **168.** ed. Soames, *Speaking* p. 433 **169.** Ibid. **170.** WSC, *TSWW* I p. 201 **171.** Feiling, *Chamberlain* p. 306 **172.** BU AP 20/1/23 **173.** BU AP 20/1/21 **174.** ed. James, *Chips* p. 122 **175.** Blake, 'Conservative' p. 11 **176.** ed. Nicolson, *Diaries and Letters* I p. 377 **177.** CAC EMAR 2 **178.** *CS* VI p. 5924 **179.** Ibid. pp. 5925–7 **180.** Ibid. p. 5927 **181.** ed. Nicolson, *Diaries and Letters* I p. 332 **182.** Interview with Jasper Rootham 22 October 1988 **183.** ed. Gorodetsky, *Maisky Diaries* p. 107 **184.** Ibid. **185.** Ibid. p. 108 **186.** Ibid. **187.** Ibid. pp. 108–9 **188.** Ibid. p. 110 **189.** Hansard vol. 333 cols. 1405–46 **190.** *CS* VI p. 5943 **191.** WSC, *WES* p. 403; WSC, *Arms* pp. 465–6 **192.** ed. Smart, *Bernays* p. 348 **193.** WSC, *Arms* pp. 465–6 **194.** ed. Self, *Diary Letters* IV p. 312 **195.** McDonough, *Chamberlain* p. 60; Hansard vol. 332 cols. 235–47 **196.** *CS* VII p. 7326 **197.** ed. James, *Chips* p. 155 **198.** Bew, *Churchill and Ireland* p. 152 **199.** Amery, *My Political Life* III p. 245 **200.** Other Club Betting Book **201.** *CS* VI pp. 5955–6 **202.** WSC, *CE* II p. 185 **203.** Ibid. IV p. 438 **204.** Ibid. **205.** *CS* VI pp. 5972–3 **206.** Ibid. p. 5973 **207.** *FH* no. 179 p. 41 **208.** OB V p. 952 **209.** ed. Self, *Diary Letters* IV p. 332 **210.** Gilbert, *Other Club* p. 139 **211.** Gilbert, *Wilderness* p. 184 **212.** Ibid. **213.** *CV* V Part 3 p. 1117 **214.** CV V Part 3 p. 1119 **215.** Ibid. p. 1121 **216.** WSC, *Step* pp. 264–5 **217.** Kershaw, *Making Friends* p. 243 **218.** CAC INKP 1 p. 13 **219.** ed. Self, *Diary Letters* IV pp. 348–9 **220.** Langworth, *Avoidable War* p. 58; Meehan, *Unnecessary War* p. 178 **221.** ed. Rose, *Baffy* p. 104 **222.** Jenkins, *Churchill* p. 525 **223.** ed. Nicolson, *Diaries and Letters* I pp. 370–71 **224.** OB V p. 987 **225.** KCL Liddell Hart Papers 1/171/31 **226.** *Daily Telegraph* 12 March 1965 **227.** Ibid. **228.** WSC, *CE* IV p. 444 **229.** OB V p. 898 **230.** Gilbert, *Other Club* p. 140 **231.** Ibid. **232.** Cooper, *Old Men Forget* p. 241 **233.** Gilbert, *Other Club* p. 141 **234.** James, *Undaunted* p. 143 **235.** Hansard vol. 339 cols. 29–40 **236.** CAC DUFC 2/14 **237.** Hansard vol. 110 col. 1394 **238.** Ibid. col. 1397 **239.** *CS* VI p. 6004 **240.** Ibid. pp. 6004–5 **241.** Ibid. p. 6005 **242.** Ibid. p. 6007 **243.** Ibid. p. 6009 **244.** Ibid. p. 6008 **245.** Ibid. p. 6010 **246.** Ibid. pp. 6008–9 **247.** Ibid. p. 6011 **248.** Ibid. p. 6013; CAC CHAR 9/130/354–79 **249.** ed. James, *Chips* p. 173; ed. Barnes and Nicholson, *Empire at Bay* p. 527; Thomas, *Woodford* pp. 92–3 **250.** ed. Self, *Diary Letters* IV p. 351 **251.** Gardner, *Churchill in his Time* p. 11 **252.** Thomas, *Woodford* p. 93 **253.** ed. Self, *Diary Letters* IV pp. 351–2 **254.** ed. Muller, *Contemporaries* p. 297

第18章　辩护
（1938年10月—1939年9月）

1. WSC, *Marl* I p. 919 **2.** *CS* VI p. 6030 **3.** Ibid. p. 6017 **4.** Ibid. p. 6016 **5.** Ibid. **6.** Ibid. p. 6017 **7.** Ibid. p. 6016 **8.** Griffiths, *What* p. 76 **9.** *CS* VI pp. 6018–19 **10.** Ibid. p. 6019 **11.** ed. Eade, *Contemporaries* p. 209 **12.** Ibid. p. 210 **13.** *CV* V Part 3 p. 1264 **14.** ed. Vincent, *Crawford* p. 591 **15.** Kershaw, *Making Friends* p. 260 **16.** Watt, *How War Came* p. 89 **17.** *CV* V Part 3 p. 1277 **18.** *CS* VI pp. 6020–21 **19.** *CV* V Part 3 p. 1280 **20.** *CS* VI p. 6047 **21.** ed. Self, *Diary Letters* IV p. 369 **22.** *CV* V Part 3 p. 1305 **23.** The letter is not in the companion volumes to the official biography but among Randolph's recently opened private papers: CAC RDCH 1/3/1 **24.** *CV* V Part 3 p. 1305 **25.** CAC RDCH 1/3/1 **26.** *CV* V Part 3 p. 1309 **27.** CAC DSND 11 **28.** Ibid. **29.** ed. Soames, *Speaking* p. 443 **30.** Ibid. p. 442 **31.** *CV* V Part 3 p. 1316 **32.** Ibid. p. 1318 **33.** Ibid. p. 1325 **34.** Ibid. p. 1320 **35.** *CS* VI p. 6004 **36.** *CV* V Part 3 p. 1332 **37.** Ibid. p. 1213 n. 3 **38.** *New Statesman* 7 January 1939 **39.** ed. Soames, *Speaking* p. 446 **40.** Ibid. p. 448 **41.** *CV* V Part 3 p. 1345 **42.** ed. Soames, *Speaking* p. 449 **43.** Gilbert, *Search* p. 23 **44.** *CV* V Part 3 pp. 1349–50 **45.** Ibid. p. 1349 **46.** ed. Domarus, *Essential* p. 579 **47.** Hatfield House 5M/62/1 **48.** Thomas, *Woodford* p. 98 **49.** Ibid. **50.** Thornton-Kemsley, *Winds and Tides* p. 96 **51.** Thomas, *Woodford* p. 100 **52.** Ibid. p. 101 **53.** Ibid. p. 102 **54.** Ibid. p. 104 **55.** OB V pp. 1043 and 1043 n. 2 **56.** Ibid. p. 1044 **57.** *CS* VI p. 6082 **58.** Ibid. **59.** ed. Gorodetsky, *Maisky Diaries* p. 163 **60.** *CS* VI p. 6095 **61.** Ibid. **62.** Macmillan, *Winds* p. 592 **63.** ed. Self, *Diary Letters* IV p. 403 **64.** *CS* VI p. 6105 **65.** ed. Self, *Diary Letters* IV p. 407 **66.** Ibid. **67.** ed. James, *Chips* p. 194 **68.** Hansard vol. 346 col. 497 **69.** ed. James, *Chips* p. 195 **70.** WSC, *Step* p. 344 **71.** Addison, *Unexpected* p. 154 **72.** James, *Davidson* p. 424 **73.** Ibid. **74.** ed. Pickersgill, *Mackenzie King* p. 78 **75.** *CS* VI p. 6123 **76.** Ibid. pp. 6123–4 **77.** Ibid. p. 6125 **78.** ed. Nicolson, *Diaries and Letters* I p. 403 **79.** Ibid. **80.** OB V p. 866 **81.** Ibid. p. 1103 n. 1 **82.** ed. Gorodetsky, *Maisky Diaries* p. 206 **83.** ed. Self, *Diary Letters* IV p. 431 **84.** OB V p. 1081 **85.** Ibid. p. 1082 **86.** Gilbert, *Other Club* p. 148 **87.** Hansard vol. 350 col. 2440 **88.** ed. Self, *Diary Letters* IV pp. 437–43 **89.** Hatfield House 5M/62/1 **90.** *CS* VI p. 6151 **91.** Pawle, *Warden* p. 42 **92.** OB V p. 1101 **93.** Ibid. p. 1102 **94.** ed. Soames, *Speaking* p. 451 **95.** WSC, *TSWW* III p. 316 **96.** Thompson, *Shadow* p. 11 **97.** Ibid. p. 15 **98.** Ibid. p. 14 **99.** Ibid. **100.** Ibid. p. 16 **101.** Ibid. p. 17 **102.** Hansard vol. 351 col. 35 **103.** CAC INKP 2 p. 38 **104.** Watt, *How War Came* p. 580 **105.** Ibid. p. 579 **106.** *CV* V Part 3 p. 1603 **107.** Watt, *How War Came* p. 588 **108.** Pawle, *Warden* p. 81 **109.** WSC, *TSWW* I p. 319 **110.** Thompson, *Shadow* p. 19 **111.** *CS* VI p. 6152 **112.** Ibid. p. 6153 **113.** ed. Self, *Diary Letters* IV p. 445 **114.** Addison, *Unexpected* p. 154 **115.** WSC, *TSWW* I p. 320 **116.** Thompson, *Shadow* p. 20 **117.** Oliver, *Mr Showbusiness* p. 126 **118.** Ibid. pp. 126–7 **119.** ed. Vincent, *Crawford* p. 603 **120.** *Life* 3 September 1939 **121.** ed. Eade, *Contemporaries* p. 397 **122.** WSC, *TSWW* I p. 321 **123.** Pawle, *Warden* p. 19 **124.** OB V p. 1115 **125.** Ibid.

第19章 “温斯顿回来了”（1939年9月—1940年5月）

1. WSC, *GC* p. 137 **2.** Longford, *Churchill* p. 205 **3.** Hanson, *Wars* p. 149 **4.** ed. Eade, *Contemporaries* p. 150 **5.** Ibid. p. 151 **6.** Ibid. **7.** Pawle, *Warden* p. 39; *CWP* I pp. 487, 914 **8.** Marder, *Dardanelles to Oran* p. 110 n. 10 **9.** Ibid. p. 110 **10.** Colville, *Fringes* p. 368 **11.** Brodhurst, *Pound* p. 133 **12.** BL Add MS 52565 **13.** NA ADM 205/4, ADM 199/1928 **14.** Brodhurst, *Pound* p. 132 **15.** *CWP* I p. 497 **16.** WSC, *TSWW* I p. 365; Brodhurst, *Pound* p. 132 **17.** Potter, *Pim* p. 1 **18.** Ibid. p. 2 **19.** Pawle, *Warden* p. 30 **20.** Ibid. **21.** Ibid. **22.** *The Churchillian* Spring 2014 **23.** Colville, *Fringes* p. 129 **24.** Fort, *Prof* p. 201 **25.** Pawle, *Warden* p. 31 **26.** RA GVI/PRIV/DIARY/COPY/1939: 5 September **27.** Fleming, *Invasion* p. 146 n. 1 **28.** ed. Self, *Diary Letters* IV p. 448 **29.** *CWP* I pp. 111–12 **30.** ed. Kimball, *Complete Correspondence* I p. 24 **31.** McGowan, *My Years* p. 120 **32.** CAC BRGS 1/3 **33.** Ibid. **34.** Roberts, *Holy Fox* p. 177 **35.** ed. Self, *Diary Letters* IV p. 448 **36.** ed. Eade, *Contemporaries* p. 150; CAC INKP 2 pp. 52–3 **37.** ed. James, *Chips* p. 220 **38.** Pawle, *Warden* p. 29 **39.** Ibid. **40.** Shakespeare, *Let Candles* pp. 230–32 **41.** CAC CHUR 19/3 **42.** Baxter, 'Military Strategist' p. 8 **43.** CAC INKP 2 p. 54 **44.** CV V Part 3 pp. 13–37; CAC INKP 2 p. 56 **45.** ed. Nicolson, *Diaries and Letters* II p. 37 **46.** Ibid. **47.** ed. James, *Chips* p. 222 **48.** ed. Vincent, *Crawford* p. 603 **49.** *CS* VI p. 6159 **50.** ed. Nicolson, *Diaries and Letters* II p. 37 **51.** Ibid. p. 36 **52.** Ibid. p. 38 **53.** *CS* VI p. 6161 **54.** Ibid. **55.** Davenport-Hines, *Ettie* p. 334 **56.** RA GVI/PRIV/DIARY/COPY/1939: 2 October **57.** Carlton, *Soviet Union* p. 1 **58.** ed. Nicolson, *Diaries* *and Letters* II p. 38 **59.** A recurring feature of the writings of the revisionist historians Maurice Cowling, Alan Clark and John Charmley **60.** Gilbert, *A Life* p. 627 **61.** ed. Russell, *Constant* p. 70 **62.** ed. Gorodetsky, *Maisky Diaries* p. 230 **63.** Ibid. **64.** Ibid. p. 231 **65.** Ibid. **66.** Ibid. p. 232 **67.** Ibid. **68.** RA GVI/PRIV/DIARY/COPY/1939: 9 October **69.** Roberts, *Holy Fox* p. 177 **70.** ed. James, *Chips* p. 223 **71.** Ibid. p. 224 **72.** CAC INKP 2 p. 77; Brodhurst, *Pound* p. 129 **73.** Thompson, *Shadow* p. 23 **74.** Colville, *Fringes* p. 310 **75.** Ibid. p. 170 **76.** Gilbert, *Other Club* p. 153 **77.** Thompson, *Shadow* p. 26 **78.** ed. Eade, *Contemporaries* p. 396 **79.** BU NC 18/1/1125 **80.** CAC INKP 2 pp. 78–9 **81.** Ibid. p. 79 **82.** Pawle, *Warden* p. 28 **83.** Halle, *Irrepressible* p. 159 **84.** ed. Eade, *Contemporaries* p. 150; Pawle, *Warden* p. 28; Gladwyn, *Memoirs* p. 96 **85.** ed. Taylor, *Crozier* p. 105 **86.** ed. Gorodetsky, *Maisky Diaries* p. 237 **87.** Ibid. p. 238 **88.** Ibid. p. 239 **89.** Gilbert, *Other Club* p. 155; Pawle, *Warden* p. 38; Thompson, *Shadow* p. 24 **90.** Pawle, *Warden* p. 40 **91.** CAC MCHL 1/1/2 **92.** Pawle, *Warden* p. 40 **93.** *CS* VI p. 6193 **94.** Ibid. **95.** Ibid. **96.** Thompson, *Shadow* p. 34 **97.** WSC, *TSWW* I pp. 432–3 **98.** ed. Eade, *Contemporaries* p. 396 **99.** Ibid. p. 398 **100.** RA GVI/PRIV/DIARY/COPY/1940: 16 January **101.** *CS* VI p. 6184 **102.** Ibid. **103.** ed. Self, *Diary Letters* IV p. 492 **104.** Roberts, *Holy Fox* p. 189 **105.** ed. Self, *Diary Letters* IV p. 492 **106.** CAC MCHL 1/1/2 **107.** *CS* VI p. 6185 **108.** Ibid. pp. 6185–6 **109.** Ibid. p. 6184 **110.** *CWP* I pp. 668–9 **111.** Ibid. p. 679 **112.** *CIHOW* p. 305 **113.** ed. Thorne, *Seven Christmases* p. 89 **114.** Niestlé, *U-Boat Losses* p. 188 **115.** Ibid. pp. 189–97 **116.** *CWP* I p. 1134 **117.** CAC GDFY 1/7/327–8 **118.** Waldegrave, *Weather* p. 193 **119.** *CS* VI pp. 6186–9 **120.** Ibid. p. 6187 **121.** Thompson, *Shadow* p. 32 **122.** Pawle, *Warden* p. 46 **123.** ed. Vincent, *Crawford* p. 613 **124.** ed. Dilks, *Cadogan* p. 252 **125.** CAC AVAR 5/4/1 **126.** Pawle, *Warden* p. 46 **127.** CAC GDFY 1/7/326 **128.** ed. Dilks, *Cadogan* p. 264 **129.** CAC CHAR 9/143/107–14 **130.** Ibid. **131.** ed. James, *Chips* p. 234 **132.** ed. Vincent, *Crawford* p. 614 **133.** Hansard vol. 358 cols. 411–529 **134.** *CWP* I p. 914 **135.** BU AP/20/1/20 **136.** Pawle, *Warden* p. 49 **137.** *CWP* I pp. 925–6 **138.** ed. Taylor, *Crozier* p. 155 **139.** Ibid. **140.** *CS* VI p. 6199 **141.** Ibid. p. 6200 **142.** Griffiths, 'What' pp. 66–7 **143.** BU AP/20/1/20 **144.** Gilbert, *Other Club* p. 158 **145.** ed. Russell, *Constant* p. 268 **146.** ed. Wheeler-Bennett, *Action* p. 250 **147.** Butler, *Facts* p. 268 **148.** Dix, *Norway* p. 206 **149.** Ibid. p. 83 **150.** CAC INKP 2 p. 104 **151.** Robert Blake in *TLS* 22 April 1994 **152.** ed. Eade, *Contemporaries* p. 153 **153.** Kersaudy, *Norway* passim; Shakespeare, *Six Minutes* passim **154.** Pawle, *Warden* p. 50 **155.** Marder, *Winston is Back* p. 54 **156.** WSC, *TSWW* I p. 495 **157.** Ibid. p. 480 **158.** Dix, *Norway* p. 204 **159.** BU AP/20/1/20 **160.** CAC INKP 2 p. 105 **161.** *CS* VI p. 6209 **162.** ed. Gorodetsky, *Maisky Diaries* pp. 270–71 **163.** RA GVI/PRIV/DIARY/COPY/1940: 17 April **164.** *CWP* I p. 1152 **165.** ed. Self, *Diary Letters* IV p. 520 **166.** Ibid. **167.** ed. Nicolson, *Diaries and Letters* II p. 73 **168.** RA GVI/PRIV/DIARY/COPY/1940: 24 April **169.** Gilbert, *Other Club* p. 156 **170.** ed. James, *Chips* p. 242 **171.** ed. Self, *Diary Letters* IV p. 522 **172.** ed. Nicolson, *Diaries and Letters* II p. 74 **173.** RA GVI/PRIV/DIARY/COPY/1940: 30 April **174.** ed. Self, *Diary Letters* IV pp. 526–7 **175.** *CWP* I p. 1169 **176.** ed. James, *Chips* p. 243 **177.** Colville, *Fringes* p. 115 **178.** ed. James, *Chips* p. 244 **179.** Ibid. **180.** CAC GLLD 5/9 Part I **181.** Dix, *Norway* p. 205 **182.** ed. Self, *Diary Letters* IV p. 527 **183.** Ibid. p. 528

第20章　成为首相
（1940年5月）

1. Scott, *Churchill* p. 153 **2.** ed. Muller, *Contemporaries* p. 141 **3.** Hansard vol. 360 col. 1290 **4.** Roberts, *Holy Fox* p. 196 **5.** Hansard vol. 360 cols. 1075, 1082 **6.** Ibid. col. 1081 **7.** Ibid. cols. 1093–4 **8.** Ibid. cols. 1173, 1296 **9.** Ibid. cols. 1127–8 **10.** Ibid. cols. 1129–30 **11.** Ibid. col. 1150 **12.** Ibid. col. 1165 **13.** Ibid. cols. 1252, 1263 **14.** Ibid. col. 1266 **15.** Ibid. col. 1281 **16.** Ibid. cols. 1282–3 **17.** Roberts, *Holy Fox* p. 265 **18.** Hansard vol. 360 col. 1283 **19.** Ibid. cols. 1307–8 **20.** ed. Nicolson, *Diaries and Letters* II p.

78 **21.** Ibid. pp. 78–9 **22.** ed. James, *Chips* p. 246 **23.** Ibid. **24.** Hansard vol. 360 col. 1361 **25.** Ibid. cols. 1361–2 **26.** ed. Gorodetsky, *Maisky Diaries* p 274 **27.** ed. Stuart, *Reith Diaries* p. 249 **28.** CAC ATLE 1/16 **29.** Amery, *My Political Life* p. 368 **30.** RA GVI/PRIV/DIARY/COPY/1940: 8 May **31.** CAC MCHL 1/1/2 **32.** ed. Gorodetsky, *Maisky Diaries* p. 275 **33.** Ibid. **34.** ed. Nicolson, *Diaries and Letters* II p. 79 **35.** ed. James, *Chips* p. 246 **36.** Colville, *Fringes* p. 310 **37.** Lysaght, *Bracken* p. 172 **38.** PA BBKN 2/3 **39.** BIYU Halifax Diary **40.** Gilbert, *Other Club* p. 175 **41.** BU AP/20/1/20, AP 20/1/23 **42.** BU AP 20/1/23 **43.** BIYU Halifax Diary 9 May 1940 **44.** Roberts, *Holy Fox* p. 199 **45.** Feiling, *Chamberlain* p. 422 **46.** ed. Taylor, *Crozier* p. 175 **47.** Thompson, *1940* p. 91 **48.** CAC ATLE 1/16 **49.** Thompson, *1940* p. 87 **50.** Attlee, *As It Happened* p. 113 **51.** RA GVI/PRIV/DIARY/COPY/1940: 9 May **52.** ed. Dilks, *Cadogan* p. 280 **53.** WSC, *TSWW* I p. 523 **54.** Thompson, *1940* p. 85 **55.** PA BBK/G/11/11 **56.** Ibid. **57.** BU AP/20/1/20 **58.** ed. Smith, *Hostage to Fortune* p. 476 **59.** BIYU Halifax Diary 31 March 1942 **60.** ed. Evans, *Killearn Diaries* p. 234 **61.** Moran, *Struggle* p. 323 **62.** Stuart, *Within* p. 87 **63.** Pawle, *Warden* p. 53 **64.** RA GVI/PRIV/DIARY/COPY/1940: 10 May **65.** ed. Self, *Diary Letters* IV p. 407 **66.** Gilbert, *Search* p. 215 **67.** *CWP* I p. 1264 **68.** BU AP/20/1/20 **69.** *CV* VI Part 1 p. 1276 **70.** Roberts, *Holy Fox* p. 207 **71.** BU AP 20/1/23 **72.** CAC ATLE 1/16 **73.** ed. James, *Chips* p. 249 **74.** Ibid. **75.** RA GVI/PRIV/DIARY/COPY/1940: 10 May **76.** WSC, *TSWW* I p. 525 **77.** RA GVI/PRIV/DIARY/COPY/1940: 10 May **78.** Thompson, *Shadow* p. 37 **79.** CAC ATLE 1/16 **80.** Colville, *Fringes* p. 122 **81.** Ibid. **82.** Halle, *Irrepressible* p. 135 **83.** ed. James, *Chips* p. 248 **84.** Ibid. p. 250 **85.** Howard, *Rab* p. 94 **86.** Bod Dawson Papers 56/89 **87.** WSC, *TSWW* I pp. 526–7 **88.** Moran, *Struggle* p. 324

第 21 章　法国沦陷
（1940 年 5 月—6 月）

1. ed. Soames, *Speaking* p. 475 **2.** WSC, *TSWW* II p. 105 **3.** WSC, *RW* II p. 162 **4.** *CS* I p. 83 **5.** CS I pp. 197–8 **6.** *CV* II Part 3 p. 1874 **7.** *CS* III p. 2245 **8.** WSC, *TSWW* I p. 124 **9.** OB IV p. 38 **10.** WSC, *Thoughts* p. 264 **11.** WSC, *WC* III Part 1 p. 193 **12.** Jackson, *Churchill* p. 162 **13.** *CS* III p. 2331 **14.** Ibid. p. 2348 **15.** Ibid. V p. 5203 **16.** Ibid. III p. 2341 **17.** WSC, *Marl* II p. 485 **18.** Gilbert, *A Life* pp. 389–90 **19.** Jackson, *Churchill* p. 130 **20.** WSC, *Marl* I p. 774 **21.** *CS* V p. 5268 **22.** ed. Muller, *Contemporaries* p. 300 **23.** WSC, *TSWW* I p. 328 **24.** ed. Self, *Diary Letters* IV p. 530 **25.** Lysaght, *Bracken* p. 176 **26.** Dalton, *Fateful Years* p. 321; ed. Young, *Bruce Lockhart* p. 532; Lysaght, *Bracken* p. 176; ed. Gorodetsky, *Maisky Diaries* p. 280 **27.** Colville, *Fringes* p. 128 **28.** OB VI p. 454 **29.** ed. Gorodetsky, *Maisky Diaries* p. 239 **30.** ed. James, *Chips* p. 257; PA BBK G/11/11 **31.** Moran, *Struggle* p. 26 **32.** *CIHOW* p. 324 **33.** Ibid. **34.** Gilbert, *Other Club* p. 175 **35.** BU AP/20/1/20 **36.** ed. Stuart, *Reith Diaries* p. 251 **37.** Colville, *Fringes* p. 130 **38.** ed. Eade, *Contemporaries* p. 274 **39.** James, *Boothby* pp. 245–6 **40.** *CS* VI p. 6333 **41.** PA LG F/9/1/5 **42.** Harriman, *Special Envoy* p. 59 **43.** ed. Stuart, *Reith Diaries* p. 250 **44.** WSC, *TSWW* II p. 15 **45.** Boothby, *Fight to Live* p. 145 **46.** Bew, *Citizen Clem* p. 23 **47.** ed. Eade, *Contemporaries* pp. 68–9 **48.** Jacob, 'High Level' p. 365 **49.** WSC, *TSWW* II p. 20 **50.** Colville, *Fringes* p. 129 **51.** Soames, *Daughter's Tale* p. 153 **52.** Ismay, *Memoirs* p. 116 **53.** ed. James, *Chips* p. 252 **54.** ed. Nicolson, *Diaries and Letters* II p. 85 **55.** Foot, *Bevan* I p. 316 **56.** ed. Gorodetsky, *Maisky Diaries* p. 277 **57.** Blake, 'Conservative' p. 12 **58.** BIYU Halifax Diary 13 May 1940 **59.** Hansard vol. 360 cols. 1502 **60.** ed. Nicolson, *Diaries and Letters* II p. 85 **61.** *CS* VI p. 6219 **62.** ed. James, *Chips* p. 252 **63.** Hansard vol. 360 col. 1511 **64.** ed. Cross, *Life with Lloyd George* p. 281 **65.** ed. Gorodetsky, *Maisky Diaries* p. 521 **66.** ed. Dilks, *Cadogan* p. 283 **67.** Pawle, *Warden* p. 57 **68.** *CV* VI Part 2 p. 32 **69.** WSC, *CE* I pp. 394–5 **70.** Ibid. pp. 424–5 **71.** Wright, *Dowding* p. 10 **72.** Ibid. **73.** Lewin, *Warlord* p. 31 and n **74.** Ibid. p. 31 **75.** Wright, *Dowding* p. 112 **76.** Owen, *Cabinet* p. 97. **77.** ed. Dilks, *Cadogan* p.

264 **78.** ed. Kimball, *Complete Correspondence* I p. 37 **79.** Ibid. **80.** Ibid. **81.** Ibid. pp. 37–8 **82.** RA GVI/PRIV/DIARY/COPY/1940: 16 May **83.** ed. Harvey, *Diaries* p. 359 **84.** WSC, *TSWW* II p. 42 **85.** Owen, *Cabinet* pp. 97–8 **86.** Spears, *Assignment* I p. 148; Colville, *Fringes* p. 261; Ismay, *Memoirs* pp. 128–9 **87.** Spears, *Assignment* I p. 148 **88.** Colville, *Fringes* pp. 177, 261 **89.** Pawle, *Warden* p. 57 **90.** LHC Dill Papers 3/1/8 **91.** Ibid. **92.** ed. Dilks, *Cadogan* p. 285 **93.** Colville, *Fringes* p. 134 **94.** Ibid. p. 132 **95.** *CWP* II p. 62 **96.** Colville, *Fringes* p. 133 **97.** Ibid. **98.** Ibid. p. 134 **99.** Karslake, *1940* p. 82 **100.** ed. Dilks, *Cadogan* p. 285 **101.** Karslake, *1940* p. 83 **102.** ed. Nicolson, *Diaries and Letters* II p. 86 **103.** ed. Self, *Diary Letters* IV p. 531 **104.** Ibid. p. 532 **105.** Ibid. pp. 535–7 **106.** RA GVI/PRIV/DIARY/COPY/1940: 17 May **107.** Colville, *Fringes* p. 135 **108.** NA PREM 4/19/5 **109.** Colville, *Fringes* pp. 134–5 **110.** ed. Dilks, *Cadogan* p. 286 **111.** BU AP/20/1/20 **112.** Colville, *Fringes* p. 135 **113.** Ibid. **114.** *CS* VI pp. 6222–3 **115.** eds. Addison and Crang, *Listening to Britain* p. 12 **116.** ed. Dilks, *Cadogan* p. 287 **117.** ed. Kimball, *Complete Correspondence* I p. 40 **118.** Ibid. **119.** *CV* VI Part 2 p. 93 **120.** Colville, *Fringes* p. 136 **121.** *CWP* II p. 97 **122.** Colville, *Fringes* p. 137 **123.** Ibid. p. 138 **124.** PA BBK C/92 **125.** ed. Dilks, *Cadogan* p. 288 **126.** Colville, *Fringes* p. 177 **127.** WSC, *TSWW* V p. 635 **128.** Griffiths, 'What' pp. 97–8 **129.** eds. Blake and Louis, *Churchill* p. 422 **130.** Christopher Andrew in *Literary Review* June 2006 p. 16 **131.** Hinsley, *British Intelligence* I p. 160 and Appendix 6 **132.** eds. Blake and Louis, *Churchill* p. 410 **133.** ed. Dilks, *Cadogan* p. 288 **134.** Owen, *Cabinet* p. 116 **135.** Potter, *Pim* p. 5 **136.** Ibid. **137.** RA GVI/PRIV/DIARY/COPY/1940: 23 May **138.** *CWP* II pp. 138–9 **139.** WSC, *TSWW* II p. 53 **140.** *CWP* II p. 139 **141.** WSC, *TSWW* II p. 73 **142.** Ibid. **143.** Colville, *Fringes* p. 213 **144.** *FH* no. 136 p. 51 **145.** NA CAB 66/7 WP (40) 168 **146.** ed. Dilks, *Cadogan* p. 289 **147.** Ibid. p. 290 **148.** Ibid. **149.** Ibid. **150.** NA CAB 65/13 WM 142 (40) **151.** BU NC 2/24A; NA CAB 65/13 Confidential annexes **152.** BU NC 2/24A **153.** Owen, *Cabinet* p. 21 **154.** WSC, *TSWW* II p. 157 **155.** NA CAB 65/13 WM 142 **156.** Owen, *Cabinet* p. 127 **157.** *CWP* II p. 168 **158.** ed. Dilks, *Cadogan* p. 291 **159.** Langworth, 'Feeding the Crocodile' passim **160.** RA GVI/PRIV/DIARY/COPY/1940: 30 May **161.** Colville, *Fringes* p. 182; Habsburg, *Naissance* p. 175; RA GVI/PRIV/DIARY/COPY/1940: 30 May **162.** *CWP* II pp. 169–80 **163.** Colville, *Fringes* p. 141 **164.** ed. Dilks, *Cadogan* p. 291 **165.** Colville, *Fringes* p. 141 **166.** Ibid. **167.** *CS* VI p. 6224 **168.** RA GVI/PRIV/DIARY/COPY/1940: 28 May **169.** NA CAB 65/13 WM 145 (40) 1 **170.** OB VI p. 419 **171.** ed. Dilks, *Cadogan* p. 290 **172.** WSC, *TSWW* II p. 81 **173.** CAC BRGS 1/3 **174.** Reynolds, *World War* p. 82 **175.** *CWP* II pp. 182–3, 183 n. 2 **176.** Thompson, *Shadow* p. 56 **177.** Pawle, *Warden* p. 59; Browne, *Sunset* p. 204 **178.** Plumb, 'Dominion' p. 2 **179.** Colville, *Fringes* p. 344 **180.** Rowse 'Visit' pp. 8–13 **181.** WSC, *TSWW* II p. 88 **182.** Potter, *Pim* p. 6 **183.** Ibid. p. 11 **184.** LHC Dill Papers 3/1/8 **185.** Colville, *Fringes* p. 143 **186.** *CWP* II p. 200 **187.** ed. Harvey, *Diaries* p. 374 **188.** Thompson, *Shadow* p. 41 **189.** Karslake, *1940* p. 122 **190.** Pawle, *Warden* p. 59 **191.** ed. Harvey, *Diaries* p. 375 **192.** ed. Dilks, *Cadogan* p. 293 **193.** OB VI p. 449; NA PREM 7/2 **194.** Colville, *Fringes* p. 145 **195.** Karslake, *1940* p. 122 **196.** Colville, *Fringes* pp. 146–7 **197.** Holland, *Rise of Germany* p. 308 **198.** Jackson, *Churchill* p. 269; RA GVI/PRIV/DIARY/COPY/1940: 9 June **199.** Pawle, *Warden* p. 68 **200.** *CS* VI p. 6226 **201.** Ibid. p. 6227 **202.** Ibid. **203.** Ibid. p. 6229 **204.** Ibid. **205.** Ibid. p. 6230 **206.** ed. James, *Chips* p. 256 **207.** ed. Nicolson, *Diaries and Letters* II p. 93 **208.** Ibid. **209.** Ronald Golding to Richard Langworth, 1985 **210.** ed. Dilks, *Cadogan* p. 294 **211.** Colville, *Fringes* pp. 148–9 **212.** Ibid. p. 149 **213.** Gilbert, *D-Day* p. 24 **214.** Colville, *Fringes* p. 152 **215.** Ibid. p. 163 **216.** Pawle, *Warden* p. 62 **217.** Karslake, *1940* p. 173; LHC Dill Papers 3/1/8 **218.** *TCD* 19 p. 573 **219.** Pawle, *Warden* p. 62 **220.** RA GVI/PRIV/DIARY/COPY/1940: 12 June **221.** Pawle, *Warden* p. 63 **222.** RA GVI/PRIV/DIARY/COPY/1940: 12 June **223.** Ismay, *Memoirs* p. 139 **224.** Ibid. p. 140 **225.** Ibid.; LHC Ismay Papers 2/1/25 **226.** Ismay, *Memoirs* pp. 141–2 **227.** OB VI p. 522 **228.** Ismay, *Memoirs* p. 142 **229.** eds. Blake and Louis, *Churchill* p. 249 **230.** Colville, *Fringes* p. 175 **231.** RA

GVI/PRIV/DIARY/COPY/1940: 12 June **232.** Colville, *Fringes* p. 154 **233.** Thompson, *Shadow* p. 55 **234.** Pawle, *Warden* p. 59 **235.** KCL Beaumont Papers Chapter 8 fol. 146 **236.** Pawle, *Warden* p. 64 **237.** ed. Dilks, *Cadogan* p. 298 **238.** Pawle, *Warden* p. 64 **239.** Thompson, *Shadow* p. 56 **240.** Pawle, *Warden* p. 64 **241.** Spears, *Assignment* II pp. 205–6; OB VI p. 507 **242.** CAC CHAR 23/2 **243.** PA BBK/D/480 **244.** Thomson, *Vote of Censure* p. 45 **245.** WSC, *TSSW* II p. 162 **246.** Pawle, *Warden* p. 65 **247.** ed. Russell, *Constant* p. 105 **248.** Thompson, *Shadow* p. 56 **249.** eds. Danchev and Todman, *War Diaries* p. 81 **250.** Jackson, *Churchill* p. 26 **251.** Pawle, *Warden* p. 119 **252.** *CIHOW* p. 534 **253.** ed. Dilks, *Cadogan* p. 299 **254.** Colville, *Fringes* p. 157 **255.** Ibid. p. 158 **256.** Ibid. **257.** Ibid. **258.** Ibid. **259.** Ibid. p. 161 **260.** Ibid. p. 504 **261.** Ibid. p. 160 **262.** Ibid. **263.** Ibid. **264.** Roberts, *Holy Fox* p. 232 **265.** Ibid. **266.** Ibid. p. 161 **267.** Martin, *Downing Street* p. 11 **268.** ed. Dilks, *Cadogan* p. 304 **269.** Martin, *Downing Street* p. 6

第 22 章　不列颠之战
（1940 年 6 月—9 月）

1. Colville, *Fringes* p. 194 **2.** *Washington Post* 23 September 1940 **3.** Stuart, *Within* p. 34 **4.** WSC, *TSWW* II p. 451 **5.** Martin, *Downing Street* p. 14 **6.** *CS* VI p. 6232 **7.** Ibid. pp. 6238–9 **8.** Ibid. p. 6234 **9.** Fleming, *Invasion* p. 141 **10.** *CS* VI p. 6328 **11.** ed. Gorodetsky, *Maisky Diaries* p. 287 **12.** ed. Nicolson, *Diaries and Letters* II p. 97 **13.** RA GVI/PRIV/DIARY/COPY/1940: 19 June **14.** Colville, *Fringes* p. 165 **15.** Ibid. pp. 165–6 **16.** OB VI pp. 584–5 **17.** Aldrich and Cormac, *Black Door* p. 17 **18.** WSC, *TSWW* II p. 339 **19.** Jones, 'Knew Him' pp. 10–11 **20.** Jones, *Most Secret* pp. 107–8 **21.** Capet, 'Scientific' p. 4 **22.** Ibid. **23.** Colville, *Fringes* p. 197 **24.** ed. Dilks, *Cadogan* p. 307 **25.** James, *Davidson* p. 427 **26.** Colville, *Fringes* p. 170 **27.** RA GVI/PRIV/DIARY/COPY/1940: 25 June **28.** Bloch, *Operation Willi* passim **29.** RA GVI/PRIV/DIARY/COPY/1940: 25 June **30.** CAC MCHL 1/1/2 **31.** Colville, *Fringes* p. 172 **32.** ed. Soames, *Speaking* p. 454 **33.** Colville, *Fringes* p. 281 **34.** Ibid. pp. 172–3 **35.** Colville, 'Second' p. 7 **36.** Colville, *Fringes* p. 273 **37.** ed. Russell, *Constant* pp. 121–2 **38.** CAC MRGN 1/6/1 **39.** NA PREM 3/479 **40.** *CWP* II p. 436 **41.** Christie's Manuscripts Sales Catalogue 2003 **42.** Colville, *Fringes* pp. 186–7 **43.** Ibid. p. 178 **44.** Martin, *Downing Street* p. 13 **45.** Colville, *Fringes* p. 179 **46.** Ibid. pp. 179–80 **47.** Ibid. p. 180 **48.** Ibid. p. 182 **49.** ed. Harvey, *Diaries* p. 378 **50.** Bryant, *Turn of the Tide* p. 199 **51.** Montgomery, *Memoirs* p. 69 **52.** Pawle, *Warden* p. 70 **53.** Gallup, *Opinion Polls* p. 34 **54.** Colville, *Fringes* p. 217 **55.** Gallup, *Opinion Polls* pp. 34–61 **56.** Leasor, *War at the Top* p. 45 **57.** Holland, *Rise of Germany* p. 327 **58.** CAC CHUR 20/9; OB VI p. 705 **59.** Colville, *Fringes* p. 184 **60.** CAC CHAR 20/31A/16 and 30 **61.** CAC CHAR 20/31A/51 **62.** RA GVI/PRIV/DIARY/COPY/1940: 7 July **63.** Pawle, *Warden* p. 71 **64.** PA BBK/D/480 **65.** ed. Eade, *Contemporaries* p. 154 **66.** Ibid. **67.** Colville, *Fringes* pp. 183–4 **68.** CAC MCHL 1/1/2 **69.** Martin, *Downing Street* p. 14 **70.** CAC MCHL 1/1/2 **71.** ed. Nicolson, *Diaries and Letters* II p. 100 **72.** Colville, *Fringes* p. 185 **73.** Mitter, *China's War* pp. 221–2 **74.** CAC GLLD 519 part 1 **75.** ed. Dilks, *Cadogan* p. 311 **76.** ed. Rose, *Baffy* p. 173 **77.** WSC, *TSWW* II p. 238 **78.** Colville, *Fringes* p. 187 **79.** RA GVI/PRIV/DIARY/COPY/1940: 10 July **80.** Soames, *Clementine* p. 322 **81.** Martin, *Downing Street* p. 6 **82.** Fleming, *Invasion* p. 98 **83.** Colville, *Fringes* p. 189 **84.** Ibid. p. 190 **85.** ed. Norwich, *Monster* p. 38 **86.** Colville, *Fringes* p. 192 **87.** Ibid. **88.** Ibid. **89.** Ibid. pp. 192–3 **90.** Ibid. p. 193 **91.** Ibid. p. 194 **92.** Ibid. p. 195 **93.** Best, *Greatness* p. 187 **94.** *CS* VI p. 6247 **95.** Ibid. p. 6248 **96.** Ibid. p. 6249 **97.** eds. Addison and Crang, *Listening* p. 232 **98.** ed. Nicolson, *Diaries* II p. 102 **99.** Colville, *Fringes* p. 197 **100.** CAC MCHL 1/1/2 **101.** Colville, *Fringes* p. 197 **102.** *CWP* II pp. 532–3 **103.** Ibid. p. 533 **104.** Ibid. p. 534 **105.** ed. Eade, *Contemporaries* p. 211 **106.** Colville, *Fringes* p. 200 **107.** BU AP/20/1/20 **108.** WSC, *TSWW* III p. 663 **109.** ed. Midgley, *Heroic Memory* p. 42 **110.** WSC, *TSWW* III p. 660 **111.** ed. Pimlott, *Dalton*

Diary p. 62 **112.** Colville, *Fringes*, p. 306; *New Statesman* 29 January 1965 **113.** Milton, *Ungentlemanly* p. 63 **114.** Foot, *SOE* p. 105 **115.** For criticisms of SOE see Keegan, *Intelligence in War* passim; Richard J. Aldrich in *Contemporary British History* Autumn 1997 pp. 159–60; Roger Fontaine in *History: Reviews of New Books* vol. 26 no. 4 1998 pp. 217–21, http://www.tandfonline.com/doi/abs/10.1080/03612759.1998.10528264 **116.** Milton, *Ungentlemanly* passim **117.** BU AP/20/1/20 **118.** eds. Danchev and Todman, *War Diaries* p. 100 **119.** BU AP/20/1/20 **120.** PA BBK C/92 **121.** eds. Addison and Crang, *Listening* p. 309 **122.** CAC BRGS 1/3 **123.** De Gaulle, *War Memoirs* p. 104 **124.** Colville, *Fringes* pp. 214–15 **125.** BA AP/20/1/20 **126.** RA GVI/PRIV/DIARY/COPY/1940: 16 July **127.** Colville, *Fringes* p. 223 **128.** Ibid. p. 219 **129.** Ibid. p. 220 **130.** Ibid. p. 223 **131.** Colville, *Churchillians* p. 143 **132.** Colville, *Fringes* p. 223 **133.** Ibid. p. 224 **134.** CAC MCHL 1/1/2 **135.** Martin, *Downing Street* p. 19 **136.** Colville, *Fringes* p. 196 **137.** *CS* VI p. 6265 **138.** Ibid. p. 6267 **139.** Ibid. **140.** Ibid. p. 6269 **141.** Colville, *Fringes* p. 227 **142.** ed. Gorodetsky, *Maisky Diaries* p. 305 **143.** ed. Wheeler-Bennett, *Action* p. 257 **144.** *CS* I p. 365 **145.** CAC EADE 2/2 **146.** *CS* VII p. 7885 **147.** Colville, *Fringes* p. 258 **148.** BU AP/20/1/20 **149.** Ibid. **150.** Colville, *Fringes* p. 229 **151.** NA CAB 65/14 WM (40) 232 **152.** RA GVI/PRIV/DIARY/COPY/1940: 24 August **153.** Hancock and Gowing, *British War Economy* p. 234 **154.** Kimball, 'Beggar my Neighbour' p. 765 **155.** Colville, *Fringes* p. 232 **156.** Pawle, *Warden* p. 74 **157.** Colville, *Fringes* p. 230 **158.** OB VI p. 803 **159.** ed. Nicolson, *Diaries and Letters* II pp. 121–2 **160.** RA GVI/PRIV/DIARY/COPY/1940: 27 August **161.** Colville, *Fringes* p. 231 **162.** Ibid. pp. 232–3 **163.** ed. Wheeler-Bennett, *Action* p. 112 **164.** Colville, *Fringes* p. 233 **165.** Ibid. p. 238 **166.** Ibid. p. 234 **167.** Ibid. **168.** Ibid. p. 235 **169.** Ibid. p. 237 **170.** Ibid. pp. 234, 238 **171.** Ibid. p. 238 **172.** NA CAB 65/8 WM (40) 227 **173.** Colville, *Fringes* p. 223; ed. Kimball, *Complete Correspondence* I p. 60 **174.** ed. Eade, *Contemporaries* p. 154 **175.** RA GVI/PRIV/DIARY/COPY/1940: 3 September **176.** NA CAB 66/11 WP (40) 352 **177.** Stargardt, *German* pp. 111–12 **178.** *CS* VI p. 6275 **179.** Gilbert, *Other Club* p. 166 **180.** Skidelsky, *Fighting for Britain* p. 80

第23章 闪电战
（1940年9月—1941年1月）

1. WSC, *TSWW* II p. 555 **2.** Ibid. p. 246 **3.** Gilbert, *Other Club* p. 166 **4.** Ismay, *Memoirs* p. 183 **5.** Ibid. pp. 183–4 **6.** WSC, *TSWW* II p. 308 **7.** Calder, *Myth of the Blitz* passim **8.** Colville, *Fringes* p. 231 **9.** Sitwell, *Eggs or Anarchy* passim **10.** Colville, *Footprints* p. 98 **11.** CAC CHOH/3/CLVL **12.** James, *Undaunted* p. 207 **13.** Ibid. p. 209 **14.** *CS* VI p. 6277 **15.** Ibid. **16.** CAC CHOH/3/CLVL **17.** ed. Gorodetsky, *Maisky Diaries* p. 311 **18.** WSC, *TSWW* II pp. 295–6 **19.** Martin, *Downing Street* p. 25 **20.** Ibid. **21.** WSC, *TSWW* II p. 297 **22.** *CS* VI p. 6283 **23.** Ibid. **24.** ed. Nicolson, *Diaries and Letters* II p. 114 **25.** Colville, *Fringes* p. 241 **26.** *CS* VI p. 6279 **27.** Martin, *Downing Street* p. 26 **28.** Colville, *Fringes* p. 243 **29.** Thompson, *Shadow* p. 63 **30.** Ibid. **31.** Colville, *Fringes* p. 243 **32.** Ibid. p. 245 **33.** Ibid. **34.** Ibid. **35.** Ibid. p. 246 **36.** Ibid. p. 248 **37.** RA GVI/PRIV/DIARY/COPY/1940: 1 October **38.** ed. Dilks, *Cadogan* p. 328 **39.** Colville, *Fringes* p. 249 **40.** ed. James, *Chips* p. 268 **41.** WSC, *TSWW* II pp. 436–7 **42.** RA GVI/PRIV/DIARY/COPY/1940: 1 October **43.** RA GVI/PRIV/DIARY/COPY/1940: 25 September **44.** RA GVI/PRIV/DIARY/COPY/1940: 24 September **45.** Colville, *Fringes* p. 252 **46.** *CWP* II p. 845 **47.** Ibid. p. 890 **48.** BU AP/20/1/20 **49.** Ibid. **50.** BU NC 20/1/202 **51.** PA FLS/5/6 **52.** Kennedy, *Business* p. 275 **53.** Ibid. p. 173 **54.** BU AP/20/1/20 **55.** Colville, *Fringes* p. 248 **56.** *CS* VI p. 6315 **57.** BA AP/20/1/20 **58.** *CS* VI pp. 6286–7 **59.** BU AP/20/1/20 **60.** OB VIII p. 308 **61.** Churchill, *His Father's Son* p. 183 **62.** WSC, *TSWW* II p. 439 **63.** *CS* VI p. 6295 **64.** *CV* II Part 1 p. 243 **65.** Colville, *Fringes* p. 262 **66.** Ibid. **67.** Ibid. p. 264 **68.** Ibid. p. 265 **69.** Ibid. p. 266 **70.** Ibid. p. 265 **71.** WSC, *TSWW* II p. 305 **72.**

Ibid. p. 306 **73.** Martin, *Downing Street* pp. 30–31 **74.** CAC BRGS 1/2 **75.** Thompson, *Shadow* p. 59 **76.** CAC GLLD 519 part 1 **77.** RA GVI/PRIV/DIARY/COPY/1940: 15 October **78.** Ibid. **79.** Peck, *Dublin from Downing Street* p. 72 **80.** Jones, *No. 10 Downing Street* p. 138 **81.** Colville, *Fringes* p. 341 **82.** Pawle, *Warden* p. 82 **83.** Martin, *Downing Street* p. 29 **84.** Colville, *Fringes* p. 268 **85.** Hastings, *Finest Years* p. 102 **86.** Colville, *Fringes* p. 280 **87.** Pawle, *Warden* p. 80 **88.** Ibid. **89.** Ibid. p. 81 **90.** Colville, *Fringes* p. 270 **91.** Pawle, *Warden* p. 81 **92.** Thompson, *Shadow* p. 62 **93.** Ibid. **94.** Colville, *Fringes* p. 341 **95.** Thompson, *Shadow* p. 58 **96.** Ibid. p. 60 **97.** Ibid. **98.** Peck, *Dublin from Downing Street* p. 71 **99.** Thompson, *Shadow* p. 61 **100.** Colville, *Fringes* p. 244 **101.** LHC LH 15/15/1 **102.** Ibid. **103.** Martin, *Downing Street* p. 11 **104.** Colville, *Fringes* pp. 154–5 **105.** ed. Wheeler-Bennett, *Action* pp. 50–51 **106.** Pawle, *Warden* p. 101 **107.** ed. Wheeler-Bennett, *Action* p. 20 **108.** Stuart, *Within* p. 96 **109.** *FH* no. 84 p. 8 **110.** Thompson, *Shadow* p. 47 **111.** WSC, *TSWW* III p. 639 **112.** Ibid. II p. 560 **113.** CAC CHOH/3/CLVL **114.** Colville, *Fringes* p. 291 **115.** Marsh, *Number* p. 246 **116.** Laird and Graebner, *Hitler's Reich* p. 55 **117.** WSC, *MEL* p. 95 **118.** Thompson, *Shadow* p. 44 **119.** Ibid. **120.** WSC, *TSWW* I p. 201 **121.** Singer, *Style* p. 172 **122.** Colville, *Fringes* p. 245 **123.** ed. Eade, *Contemporaries* p. 397 **124.** Peck, *Dublin from Downing Street* p. 76 **125.** Martin, *Downing Street* p. 8 **126.** *CS* VI p. 6297 **127.** *CIHOW* p. 485 **128.** Colville, *Fringes* p. 272 **129.** Ibid. p. 283 **130.** ed. Dilks, *Cadogan* p. 340 **131.** WSC, *WC* IV p. 302 **132.** *CS* VI p. 6341 **133.** Stuart, *Within* p. 90 **134.** Colville, *Fringes* p. 366 **135.** Ibid. p. 273 **136.** Ibid. **137.** Carr, *Fall of Greece* p. 38 **138.** Colville, *Fringes* p. 277 **139.** Tree, *When the Moon* p. 136 **140.** WSC, *TSWW* II p. 472 **141.** Colville, *Fringes* p. 284 **142.** Ibid. p. 283 **143.** Kimball, *Unsordid* p. 235 **144.** ed. Kimball, *Complete Correspondence* I p. 40 **145.** Colville, *Fringes* p. 278 **146.** OB VI pp. 949–50 **147.** Colville, *Fringes* p. 282 **148.** Ibid. p. 284 **149.** Ibid. p. 291 **150.** *CS* VI p. 6303 **151.** ed. Nicolson, *Diaries and Letters* II p. 125 **152.** WSC, *TSWW* II p. 489; CAC MCHL 1/1/2 **153.** WSC, *TSWW* II p. 501 **154.** Ibid. **155.** ed. James, *Chips* p. 276 **156.** Ibid. p. 273 **157.** Ibid. **158.** *CS* VI p. 6307 **159.** Ibid. **160.** ed. James, *Chips* p. 276 **161.** Colville, *Fringes* p. 292 **162.** *CIHOW* p. 331 **163.** ed. Nicolson, *Diaries and Letters* II p. 129 **164.** Stuart, *Within* p. 87 **165.** Tree, *When the Moon* p. 130; *FH* no. 165 pp. 38–41 **166.** *CIHOW* p. 518 **167.** Martin, *Downing Street* p. 33 **168.** CAC MCHL 1/1/2 **169.** *The Times* 28 August 1976; CAC SOAM 7/6c **170.** Martin, *Downing Street* p. 33 **171.** Colville, *Fringes* p. 295 **172.** *Standpoint* November 2015 p. 55 **173.** Langworth, *Myth* pp. 132–6 **174.** Colville, *Fringes* p. 297 **175.** Ibid. p. 299 **176.** Best, *Greatness* p. 198 **177.** ed. Kimball, *Complete Correspondence* I p. 103 **178.** Ibid. pp. 108, 100 **179.** WSC, *TSWW* III p. 35 **180.** BU AP/20/1/20 **181.** Pawle, *Warden* p. 95 **182.** Aspinall-Oglander, *Keyes* p. 399 **183.** Colville, *Fringes* p. 305 **184.** BU AP/20/1/20 **185.** RA GVI/PRIV/DIARY/COPY/1940: 10 December **186.** Colville, *Fringes* p. 312 **187.** ed. James, *Chips* pp. 278–9 **188.** *CS* VI p. 6317 **189.** Colville, *Fringes* p. 309 **190.** Ibid. p. 275 **191.** Ibid. p. 310 **192.** Ibid. pp. 215–16 **193.** Ibid. p. 216 **194.** Ibid. pp. 312–13 **195.** WSC, *TSWW* III p. 638 **196.** Pawle, *Warden* p. 77 **197.** Colville, *Fringes*, p. 319 **198.** Ibid. **199.** *CS* VI p. 6314 **200.** CAC CHOH/3/CLVL **201.** Colville, *Fringes* p. 321 **202.** RA GVI/PRIV/DIARY/COPY/1940: 24 December **203.** Colville, *Fringes* p. 322 **204.** BU AP/20/1/20 **205.** Birkenhead Papers 65/A3 **206.** BU AP/20/1/21 **207.** Martin, *Downing Street* p. 36 **208.** Ibid. **209.** Colville, *Fringes* p. 314 **210.** Martin, *Downing Street* p. 37 **211.** CAC MCHL 1/1/2 **212.** Colville, *Fringes* p. 323 **213.** Ibid. p. 325 **214.** Ibid. p. 327 **215.** RA PS GVI C 069/07 **216.** Hamilton, *Listening* p. 238 **217.** eds. Blake and Louis, *Churchill* p. 407 **218.** Ibid. p. 414 **219.** Ibid. p. 415 **220.** Ibid. **221.** *CS* VI p. 6328 **222.** ed. Wheeler-Bennett, *Action* p. 252 **223.** WSC, *TSWW* III p. 21 **224.** Pawle, *Warden* p. 92 **225.** Colville, *Fringes* p. 333 **226.** Ibid. **227.** Ibid. p. 394 **228.** ed. Sherwood, *Hopkins* I p. 242 **229.** Colville, *Fringes* p. 335 **230.** Ibid. **231.** Ibid. **232.** Ibid. **233.** ed. Dilks, *Cadogan* p. 349 **234.** Martin, *Downing Street* p. 40 **235.** Pawle, *Warden* p. 92 **236.** Martin, *Downing Street* p. 42 **237.** Gilbert, *A Life* p. 688

第24章 “以守为攻”
（1941年1月—6月）

1. Churchill, *Marl* I p. 569 2. LHC Edmonds Papers II/3/53b 3. *CS* VI p. 6337 4. ed. Nicolson, *Diaries and Letters* II p. 140 5. Colville, *Fringes* p. 340 6. *CS* VI p. 6333 7. Colville, *Fringes* p. 340 8. Ibid. p. 341 9. Ibid. 10. Gallup, *Opinion Polls* p. 41 11. Colville, *Fringes* p. 341 12. Ibid. p. 342 13. Ibid. 14. ed. Sherwood, *Hopkins* I p. 257 15. James, *Undaunted* p. 231 16. Colville, *Fringes* pp. 345–6 17. Ibid. p. 346 18. Ibid. p. 348 19. Ibid. p. 346 20. Ibid. 21. Ibid. 22. Ibid. p. 347 23. Ibid. pp. 347–8 24. Johnsen, *Origins* passim 25. Potter, *Pim* p. 13 26. Colville, *Fringes* p. 349 27. RA GVI/PRIV/DIARY/COPY/1941: 4 February 28. *CS* VI p. 6343 29. ed. Dilks, *Cadogan* p. 353 30. Colville, *Fringes* p. 355 31. *CS* VI p. 6344 32. Ibid. p. 6346 33. Ibid. p. 6351 34. RA GVI/PRIV/DIARY/COPY/1941: 8 and 9 February 35. WSC, *TSWW* III p. 63 36. Kennedy, *Business* p. 79 37. Ibid. 38. ed. Norwich, *Monster* p. 108 39. Ibid. 40. Martin, *Downing Street* p. 43 41. ed. Gorodetsky, *Maisky Diaries* p. 238 42. RA GVI/PRIV/DIARY/COPY/1941: 25 February 43. Colville, *Fringes* p. 358 44. *CS* VI p. 6355 45. Colville, *Fringes* p. 361 46. Ibid. p. 360 47. Ibid. 48. Ibid. p. 361 49. CAC EADE 2/2 50. Ibid. 51. Ibid. 52. Ibid. 53. Ibid. 54. Ibid. 55. RA GVI/PRIV/DIARY/COPY/1941: 4 March 56. *CS* VI p. 6505 57. eds. Danchev and Todman, *War Diaries* pp. 144–5 58. RA GVI/PRIV/DIARY/COPY/1941: 11 March 59. ed. Dilks, *Cadogan* p. 431 60. Kimball, *Unsordid* p. 237 61. Pawle, *Warden* p. 141 62. ed. Dilks, *Cadogan* p. 364 63. ed. Thorne, *Seven Christmases* p. 134 64. Thompson, *Shadow* p. 21 65. CAC EADE 2/2 66. Colville, *Fringes* p. 366 67. ed. Thorne, *Seven Christmases* p. 107 68. Ogden, *Life of the Party* p. 128 69. Churchill, *Dancing* p. 58 70. CAC SCHL 1/2/1 71. ed. Eade, *Contemporaries* p. 155 72. WSC, *TSWW* III p. 107 73. Ibid. II p. 529 74. ed. Dilks, *Cadogan* p. 364 75. Pawle, *Warden* p. 98 76. WSC, *TSWW* III pp. 100–101 77. Ibid. p. 142 78. *CS* VI p. 6373 79. Colville, *Fringes* pp. 367–8 80. *CS* VI p. 6367 81. Ibid. 82. Ibid. p. 6369 83. Colville, *Fringes* p. 368 84. Ibid. p. 369 85. Ibid. pp. 366–8 86. ed. Dilks, *Cadogan* p. 368 87. WSC, *TSWW* III p. 668 88. *FH* no. 140 p. 17 89. Colville, *Fringes* p. 372 90. Pawle, *Warden* p. 105 91. Stewart, *First* p. 104 92. Hinsley, *British Intelligence* I p. 395 93. Colville, *Fringes* p. 371 94. Kotkin, *Waiting for Hitler* pp. 850–51 95. RA GVI/PRIV/DIARY/COPY/1941: 8 April 96. ed. Nicolson, *Diaries and Letters* II p. 162 97. *CS* VI p. 6377 98. Moran, *Struggle* p. 612; Cannadine, *Heroic Chancellor* passim 99. Gilbert, *Search* p. 236 100. Colville, *Fringes* p. 373 101. Pawle, *Warden* p. 102 102. Ibid. p. 4 103. Ibid. p. 103 104. *CS* VII p. 6823 105. Ibid. VI p. 6377 106. Addison, *Unexpected* p. 169 107. Pawle, *Warden* p. 4 108. CAC BRGS 1/2 109. ed. Dilks, *Cadogan* p. 372 110. RA GVI/PRIV/DIARY/COPY/1941: 23 April 111. ed. James, *Chips* p. 301 112. Colville, *Fringes* pp. 432–3 113. Leasor, *War at the Top* p. 148 n. 1 114. *CS* VI p. 6381 115. Ibid. p. 6379 116. Ibid. 117. Ibid. p. 6381 118. Ibid. p. 6385 119. Ibid. 120. *CWP* III p. 556 121. Ibid. pp. 556–7; Farrell, *Defence and Fall* p. 399 122. ed. Wheeler-Bennett, *Action* p. 241 123. Ibid. p. 245 124. Ibid. p. 263 125. Ibid. pp. 248–9 126. Ibid. pp. 221–2 127. Peck, *Dublin from Downing Street* p. 69 128. BU AP/20/1/21 129. ed. Hassall, *Ambrosia* p. 165 130. Colville, *Fringes* p. 381 131. Ibid. p. 382 132. Ibid. p. 383 133. Ibid. p. 382 134. Ibid. 135. Colville, 'Second' p. 7 136. *CS* VI p. 6387 137. ed. Eade, *Contemporaries* pp. 207, 212 138. Schroeder, *Chief* p. 55 139. RA GVI/PRIV/DIARY/COPY/1941: 6 May 140. Ibid. 141. NA CAB 69/2 DO (41) 24, 25 and 26 142. *CS* VI p. 6388 143. Ibid. p. 6390 144. Ibid. p. 6393 145. Ibid. p. 6396 146. Ibid. p. 6399 147. Colville, *Fringes* p. 384 148. ed. Gorodetsky, *Maisky Diaries* p. 354 149. Ibid. 150. Pawle, *Warden* p. 107 151. Colville, *Fringes* p. 387 152. WSC, *TSWW* III p. 43; ed. Sherwood, *Hopkins* I p. 294; Addison, *Unexpected* p. 185 153. Colville, *Fringes* pp. 387–8 154. Pawle, *Warden* p. 108 155. OB VI p. 1087 156. RA GVI/PRIV/DIARY/COPY/1941: 13 May 157. Ibid. 158. Ibid.: 4 March 159. eds. Blake and Louis, *Churchill* p. 421 160.

Jackson, *Churchill* p. 284 **161.** Pawle, *Warden* p. 106 **162.** Colville, *Fringes* p. 389 **163.** BU AP/20/1/21 **164.** Colville, *Fringes* p. 391 **165.** Rowse 'Visit' pp. 8–13 **166.** Pawle, *Warden* p. 108 **167.** Ibid. p. 106 **168.** Oliver, *Mr Showbusiness* p. 143 **169.** Colville, *Fringes* p. 391 **170.** ed. Dilks, *Cadogan* pp. 380–81 **171.** BU AP/20/1/21 **172.** Potter, *Pim* p. 15 **173.** ed. Nicolson, *Diaries and Letters* II p. 169; Martin, *Downing Street* p. 50 **174.** RA GVI/PRIV/DIARY/COPY/1941: 27 May **175.** *CWP* III p. 750 **176.** RA GVI/PRIV/DIARY/COPY/1941: 5 June **177.** ed. James, *Chips* p. 307 **178.** ed. Dilks, *Cadogan* p. 386 **179.** RA GVI/PRIV/DIARY/COPY/1941: 10 June **180.** *CS* VI p. 6417 **181.** Ibid. p. 6426 **182.** Colville, *Fringes* p. 400 **183.** eds. Blake and Louis, *Churchill* p. 418 **184.** Pawle, *Warden* p. 118 **185.** ed. Dilks, *Cadogan* p. 389 **186.** BU AP/20/1/21 **187.** Gilbert, *Other Club* p. 176 **188.** Colville, *Fringes* p. 404 **189.** Ibid. **190.** Ibid. p. 405 **191.** *CS* VI p. 6428 **192.** Ibid. p. 6429 **193.** Ibid. p. 6431 **194.** Ibid. **195.** Colville, *Fringes* pp. 405–6 **196.** Ibid. p. 406 **197.** OB VI pp. 1122–3 **198.** ed. Hassall, *Ambrosia* p. 178 **199.** Colville, *Fringes* p. 405

第 25 章 “相约相聚”
（1941 年 6 月—1942 年 1 月）

1. ed. Muller, *Contemporaries* p. xxix **2.** WSC, *Marl* I p. 775 **3.** RA GVI/PRIV/DIARY/COPY/1941: 24 June **4.** ed. James, *Chips* p. 308 **5.** *CS* VI p. 6432 **6.** Ibid. **7.** Ibid. p. 6438 **8.** Ruane, *Bomb* pp. 24–6 **9.** Farmelo, *Bomb* pp. 37–8; Ruane, *Bomb* passim **10.** Ruane, *Bomb* p. 26 **11.** Capet, 'Scientific' p. 9 **12.** Pawle, *Warden* p. 123 **13.** Colville, *Fringes* pp. 412–13 **14.** Ibid. p. 412 **15.** Ibid. **16.** *CS* VI p. 6450 **17.** Ibid. p. 6451 **18.** WSC, *TSWW* III p. 344 **19.** ed. Gorodetsky, *Maisky Diaries* p. 374 **20.** Kennedy, *Business* p. 80 **21.** CAC HARV 3/1/part 2 **22.** CAC HARV 1/1; BU AP 20/1/23 **23.** Colville, *Fringes* p. 415 **24.** WSC, *Unrelenting* p. 198 **25.** *Spectator* 22 October 2016 p. 33 **26.** Colville, *Fringes* p. 416 **27.** Ibid. p. 417 **28.** CAC EADE 2/2 **29.** Ibid. **30.** Ibid. **31.** Pawle, *Warden* p. 123 **32.** James, *Undaunted* p. 226 **33.** *CS* VI pp. 6460–61 **34.** ed. Gorodetsky, *Maisky Diaries* pp. 377–8 **35.** Colville, *Fringes* p. 423 **36.** Ibid. p. 424 **37.** CAC ACAD 7/2 **38.** Ibid. **39.** Martin, *Downing Street* p. 56 **40.** CAC ACAD 7/2 **41.** Pawle, *Warden* p. 126 **42.** WSC, *TSWW* III p. 381 **43.** Potter, *Pim* p. 18 **44.** ed. Stuart, *Reith Diaries* p. 283 **45.** Pawle, *Warden* p. 127 **46.** ed. Dilks, *Cadogan* pp. 396–7 **47.** Pawle, *Warden* p. 127 **48.** Martin, *Downing Street* p. 57 **49.** Pawle, *Warden* p. 126 **50.** ed. Dilks, *Cadogan* p. 396 **51.** Ibid. **52.** Potter, *Pim* p. 18 **53.** Pawle, *Warden* p. 127 **54.** CAC ACAD 7/2 **55.** WSC, *TSWW* I p. 345 **56.** ed. Ward, *Closest Companion* p. 141 **57.** WSC, *Marl* I p. 825 **58.** Colville, *Fringes* p. 624 **59.** WSC, *TSWW* III p. 724 **60.** CAC ACAD 7/2 **61.** WSC, *TSWW* III p. 384 **62.** Martin, *Downing Street* p. 58 **63.** CAC ACAD 7/2 **64.** Potter, *Pim* p. 21 **65.** Pawle, *Warden* p. 128 **66.** Martin, *Downing Street* p. 60 **67.** ed. Dilks, *Cadogan* p. 402 **68.** RA GVI/PRIV/DIARY/COPY/1941: 19 August **69.** Roberts, *Eminent Churchillians* pp. 256–8 **70.** Gretton, *Naval Person* pp. 300–301 **71.** *CS* VI p. 64 **72.** Snyder, *Black Earth* p. 146 **73.** *CS* VI p. 6477 **74.** WSC, *Unrelenting* pp. 310–11 **75.** Colville, *Fringes* p. 432 **76.** Ibid. p. 434 **77.** Ibid. p. 433 **78.** Ibid. p. 434 **79.** ed. Gorodetsky, *Maisky Diaries* p. 386 **80.** Ibid. **81.** Ibid. pp. 386–7 **82.** Ibid. p. 387 **83.** Ibid. pp. 386–7 **84.** Colville, *Fringes* p. 437 **85.** CAC BRGS 1/3 **86.** ed. Dilks, *Cadogan* p. 405 **87.** BA AP/20/1/21 **88.** Ibid. **89.** Martin, *Downing Street* p. 61 **90.** RA GVI/PRIV/DIARY/COPY/1941: 11 September **91.** Colville, *Fringes* p. 439 **92.** NA CAB 65/23 WM (41) 94 **93.** NA CAB 65/23 WM (41) 98 **94.** ed. Kennedy, *Grand Strategies* p. 59 **95.** Ibid. p. 60 **96.** BU AP/20/1/21 **97.** Colville, *Fringes* p. 439 **98.** *CIHOW* p. 548 **99.** Colville, *Fringes* p. 440 **100.** WSC, *TSWW* III p. 737 **101.** Colville, *Fringes* p. 441 **102.** Ibid. **103.** Ibid. p. 442 **104.** Pawle, *Warden* p. 134 **105.** Colville, *Fringes* p. 443 **106.** Ibid. **107.** NA PREM 8/724 **108.** LHC Dill Papers 3/1/12 **109.** Ibid. **110.** Colville, *Fringes* p. 275 **111.** Ibid. p. 443; CAC SCHL 1/2/1 **112.** *CS* VI p. 6495 **113.** Aspinall-Oglander, *Keyes*

p. 409 **114.** Martin, *Downing Street* p. 64 **115.** RA GVI/PRIV/DIARY/COPY/1941: 7 October **116.** Pawle, *Warden* p. 133 **117.** Bryant, *Turn of the Tide* p. 261 **118.** eds. Blake and Louis, *Churchill* p. 423 **119.** BU AP/20/1/21 **120.** Ibid. **121.** Ibid. **122.** Ibid. **123.** ed. Kimball, *Complete Correspondence* I pp. 249–50 **124.** Farmelo, *Bomb* p. 195 **125.** Ibid. pp. 191–2 **126.** Churchill, *Twenty-One Years* p. 127 **127.** NA CAB 69/2 D (41) 64 **128.** eds. Danchev and Todman, *War Diaries* p. 192 **129.** Greenberg, *Welchman* p. 46 **130.** ed. Nicolson, *Diaries and Letters* II p. 189 **131.** CAC HARV 1/1 **132.** *CWP* III pp. 1391–2 **133.** *CS* VI p. 6499 **134.** Ibid. p. 6501 **135.** WSC, *Dawn* p. 24 **136.** ed. James, *Chips* p. 313 **137.** *CS* VI p. 6510 **138.** Colville, *Fringes* p. 188 **139.** eds. Todman and Danchev, *War Diaries* p. xvi **140.** WSC, *WC* III p. 193 **141.** Moran, *Struggle* p. 113 **142.** ed. Taylor, *Crozier* p. 142 **143.** *FH* no. 130 pp. 34–6 **144.** Howarth, *Intelligence Chief Extraordinary* p. 166 **145.** Macmillan, *War Diaries* p. 295 **146.** Martin, *Downing Street* p. 64 **147.** CAC BRGS **148.** CAC EADE 2/2 **149.** Ibid. **150.** Ibid. **151.** Ibid. **152.** Ibid. **153.** eds. Danchev and Todman, *War Diaries* p. 207 **154.** Sherwood, *Roosevelt and Hopkins* p. 349; Pawle, *Warden* pp. 143, 6–7; Martin, *Downing Street* p. 67 **155.** *CS* VI p. 6504 **156.** Hansard vol. 376 col. 1359 **157.** WSC, *TSWW* III pp. 542–3 **158.** CAC EADE 2/2 **159.** WSC, *TSWW* III pp. 539–40 **160.** Ibid. p. 540 **161.** Ramsden, 'Historian' p. 14 n. 46 **162.** WSC, *End* p. 173 **163.** WSC, *TSWW* III p. 568 **164.** ed. Kimball, *Complete Correspondence* I p. 283 **165.** WSC, *TSWW* III p. 608 **166.** RA PS/PSO/GVI/C/069/12 **167.** ed. Nicolson, *Diaries and Letters* II p. 194 **168.** ed. James, *Chips* pp. 313–14 **169.** RA GVI/PRIV/DIARY/COPY/1941: 9 December **170.** RA GVI/PRIV/DIARY/COPY/1942: 23 January **171.** Pawle, *Warden* p. 144 **172.** WSC, *TSWW* IV p. 43 **173.** Pawle, *Warden* p. 144 **174.** *CS* VI p. 6533 **175.** CAC HARV 1/1 **176.** Ibid. **177.** Martin, *Downing Street* p. 68 **178.** OB VI p. 1274 **179.** RA GVI/PRIV/DIARY/COPY/1941: 12 December **180.** ed. Thorne, *Seven Christmases* p. 103 **181.** ed. Soames, *Speaking* p. 459 **182.** Ibid. **183.** Ibid. **184.** Martin, *Downing Street* p. 69 **185.** Pawle, *Warden* p. 146 **186.** ed. Thorne, *Seven Christmases* p. 104 **187.** ed. Soames, *Speaking* p. 460 **188.** ed. Thorne, *Seven Christmases* p. 104 **189.** *CWP* III p. 1633 **190.** Ibid. p. 1634 **191.** Ibid. p. 1635 **192.** Ibid. p. 1636 **193.** Ibid. p. 1639 **194.** Ibid. p. 1642 **195.** Ibid. **196.** Ibid. p. 1643 **197.** Ibid. p. 1650 **198.** ed. Thorne, *Seven Christmases* p. 111; CAC JACB 1/12 **199.** Stelzer, *Dinner with Churchill* p. 65 **200.** ed. Thorne, *Seven Christmases* p. 122 **201.** Pawle, *Warden* p. 151; Martin, *Downing Street* p. 69 **202.** Symonds, *Neptune* p. 33 **203.** Pawle, *Warden* p. 150 **204.** ed. Soames, *Speaking* p. 548 **205.** *CS* VI p. 6535 **206.** BIYU Halifax Diary 25 December 1941 **207.** Meacham, *Franklin and Winston* p. 86 **208.** *CS* VI p. 6537 **209.** Ibid. **210.** Ibid. p. 6539 **211.** Ibid. p. 6540 **212.** Moran, *Struggle* p. 16 **213.** Vale and Scadding, 'Myocardial Infarction' passim; Mather, 'Hardiness and Resilience' pp. 83–97 **214.** ed. Kennedy, *Grand Strategies* p. 53 **215.** NA CAB 80/33 COS (42) 77 **216.** *CS* VII p. 6776 **217.** WSC, *WC* II p. 22 **218.** Freudenberg, *Churchill and Australia* p. 1 **219.** Ibid. **220.** Hancock and Gowing, *British War Economy* pp. 367–8, 373; Postan, *Production* p. 247 **221.** Pawle, *Warden* p. 152 **222.** *CS* VI p. 6543 **223.** Ibid. p. 6545 **224.** Weidhorn, *Rhetoric* p. 134 n. 14 **225.** Karsh, 'Portraits' pp. 13–14 **226.** Pawle, *Warden* p. 152 **227.** Dilks, *Dominion* p. 220 **228.** WSC, *TSWW* III pp. 605–7 **229.** *CIHOW* p. 365 **230.** Pawle, *Warden* p. 153 **231.** Martin, *Downing Street* p. 72 **232.** Pawle, *Warden* p. 155 **233.** BIYU Halifax Diary 18 February 1942 **234.** Martin, *Downing Street* p. 73 **235.** BIYU Halifax Diary 18 February 1942 **236.** Martin, *Downing Street* p. 73 **237.** WSC, *TSWW* IV pp. 727–8 **238.** Bryant, *Turn of the Tide* p. 231

第26章 灾难
（1942年1月—6月）

1. WSC, *TSWW* IV p. 78 **2.** ed. Nicolson, *Diaries and Letters* II p. 238 **3.** CAC BRGS 2/11 18 January 1942 **4.** Ibid. **5.** Ibid. **6.** Ibid. **7.** RA GVI/PRIV/DIARY/COPY/1942:

19 January **8.** *Manchester Guardian* 19 January 1942 **9.** ed. Dilks, *Cadogan* p. 429 **10.** OB VII p. 40 **11.** ed. Kimball, *Complete Correspondence* I p. 337 **12.** ed. James, *Chips* p. 317 **13.** ed. Nicolson, *Diaries and Letters* II p. 206 **14.** NA CAB 69/4/23 **15.** BU AP 20/1/22 **16.** WSC, *TSWW* II p. 15 **17.** CAC HARV 2/1 part 1 **18.** *CS* VI p. 6555 **19.** Ibid. **20.** Hansard vol. 377 col. 685 **21.** *CS* VI p. 6559 **22.** Ibid. p. 6565 **23.** Ibid. p. 6558 **24.** OB VII p. 51 **25.** *CS* VI p. 6571 **26.** ed. Nicolson, *Diaries and Letters* II p. 209 **27.** ed. Dilks, *Cadogan* p. 433 **28.** Ibid. p. 4 **29.** CAC BRGS 2/11 2 February 1942 **30.** WSC, *TSWW* IV p. 87 **31.** RA GVI/PRIV/DIARY/COPY/1942: 3 February **32.** ed. Dilks, *Cadogan* pp. 432–3 **33.** RA GVI/PRIV/DIARY/COPY/1942: 10 February **34.** Brodhurst, *Anchor* p. 208 **35.** ed. Dilks, *Cadogan* p. 433 **36.** ed. Nicolson, *Diaries and Letters* II p. 211 **37.** ed. Soames, *Speaking* pp. 463–4 **38.** ed. James, *Chips* p. 321 **39.** Overy, *Air War* pp. 122–5 **40.** LHC Kennedy Papers 4/2/4 **41.** *CS* VI p. 6587 **42.** Ibid. p. 6584 **43.** Ibid. p. 6585 **44.** Ibid. p. 6587 **45.** Ibid. **46.** ed. Nicolson, *Diaries and Letters* II p. 212 **47.** LHC Kennedy Papers 4/2/4 **48.** ed. Lochner, *Goebbels Diaries* p. 9 **49.** Pawle, *Warden* p. 163 **50.** Potter, *Pim* pp. 22–3 **51.** ed. Kennedy, *Grand Strategies* p. 55 **52.** OB VII p. 34 **53.** Other Club Betting Book **54.** James, *Undaunted* p. 224 **55.** RA GVI/PRIV/DIARY/COPY/1942: 16 February **56.** ed. Gorodetsky, *Maisky Diaries* p. 411 **57.** ed. James, *Chips* p. 322 **58.** *CS* VI p. 6597 **59.** Lloyd George, *David & Winston* p. 238 **60.** BIYU Halifax Diary 20 February 1942 **61.** ed. Hart-Davis, *King's Counsellor* p. 210 **62.** Chisholm and Davie, *Beaverbrook* p. 429 **63.** CAC MRGN 1/4/8 **64.** CAC MRGN 1/4/9 **65.** ed. Nicolson, *Diaries and Letters* II p. 213 **66.** ed. Stuart, *Reith Diaries* p. 59 **67.** RA GVI/PRIV/DIARY/COPY/1942: 24 February **68.** Brodhurst, *Anchor* p. 208 **69.** CAC CHAR 20/53A/98–9 **70.** ed. Dilks, *Cadogan* p. 440 **71.** LHC Kennedy Papers 4/2/4 **72.** Ibid. **73.** ed. Nicolson, *Diaries and Letters* II p. 223 **74.** *Sunday Dispatch* 8 March 1942 **75.** CAC BRGS 2/11 9 March 1942 **76.** Ibid. **77.** RA GVI/PRIV/DIARY/COPY/1942: 21 March **78.** *CS* VII p. 7445 **79.** ed. Riff, *Dictionary* p. 170 **80.** ed. Coward, *Gandhi* p. 243 **81.** Tunzelmann, *Indian Summer* pp. 110–11 **82.** Herman, *Gandhi and Churchill* p. 446 **83.** Roberts, *Holy Fox* p. 72 **84.** RA GVI/PRIV/DIARY/COPY/1942: 10 March **85.** Ibid.: 17 March **86.** ed. Gorodetsky, *Maisky Diaries* p. 417 **87.** Ibid. p. 419 **88.** Ibid. p. 420 **89.** Ibid. p. 421 **90.** Ibid. **91.** CAC BRGS 2/12 23 March 1942 **92.** Borneman, *MacArthur at War* p. 173 **93.** Ibid. **94.** ed. Kimball, *Complete Correspondence* I p. 421 **95.** WSC, *TSWW* IV p. 202 **96.** Ibid. p. 454 **97.** CAC BRGS 2/12 30 March 1942 **98.** eds. Danchev and Todman, *War Diaries* p. 243 **99.** LHC Kennedy Papers 4/2/4 **100.** BU AP 20/1/22 **101.** Ibid. **102.** Hatfield House 5M/62/1 **103.** eds. Blake and Louis, *Churchill* p. 424 **104.** Roberts, *Masters and Commanders* pp. 137–66 **105.** ed. Kimball, *Complete Correspondence* I p. 446 **106.** Sherwood, *Roosevelt and Hopkins* pp. 530–31 **107.** WSC, *TSWW* IV p. 195 **108.** Lowenheim, *Wartime Correspondence* p. 204 **109.** WSC, *TSWW* IV p. 185 **110.** ed. Kimball, *Complete Correspondence* I pp. 448–9 **111.** NA CAB 69/4/59 **112.** NA CAB 69/4 COS Committee no. 118 14 April 1942 **113.** OB VII p. 89 **114.** NA CAB 69/4 Defence Committee no. 10 14 April 1942 **115.** NA CAB 69/4/61–2 **116.** WSC, *TSWW* IV pp. 289–90 **117.** Ismay, *Memoirs* p. 250 **118.** Moran, *Struggle* p. 35 **119.** eds. Danchev and Todman, *War Diaries* p. 248 **120.** Ibid. **121.** Ibid. p. 249 **122.** ed. Kimball, *Complete Correspondence* I p. 450 **123.** Pawle, *Warden* p. 168 **124.** ed. Kimball, *Complete Correspondence* I p. 523 **125.** Ibid. **126.** Ibid. pp. 458–9 **127.** ed. Nicolson, *Diaries and Letters* II p. 223 **128.** *CS* VI p. 6615 **129.** Ibid. **130.** ed. Nicolson, *Diaries and Letters* II p. 223 **131.** Ibid. p. 224 **132.** ed. James, *Chips* p. 327 **133.** ed. Soames, *Speaking* p. 464 **134.** Ibid. p. 465 **135.** Ibid. **136.** CAC RDCH 1/2/46 **137.** PA BBK C/92 **138.** Colville, *Fringes* p. 195 **139.** Fladgates Archives Moir Doc ch. II **140.** NA CAB 195/1 WM (42) 53rd **141.** WSC, *TSWW* IV p. 755 **142.** LHC Kennedy Papers 4/2/4 **143.** *CS* VI p. 6631 **144.** Ibid. p. 6633 **145.** Ibid. p. 6637 **146.** RA GVI/PRIV/DIARY/COPY/1942: 19 May **147.** Pawle, *Warden* p. 172 **148.** ed. Kimball, *Complete Correspondence* I p. 497 **149.** ed. Gorodetsky, *Maisky Diaries* p. 432 **150.** WSC, *TSWW*

I pp. 288–9 **151.** ed. Dilks, *Cadogan* p. 450 **152.** RA GVI/PRIV/DIARY/COPY/1942: 28 May **153.** ed. Kimball, *Complete Correspondence* II p. 494 **154.** *FRUS*, 1942, III p. 594 **155.** WSC, *TSWW* V p. 66 **156.** RA GVI/PRIV/DIARY/COPY/1942: 30 June **157.** ed. Dilks, *Cadogan* p. 456 **158.** BU AP 20/1/22 **159.** James, *Undaunted* p. 238 **160.** RA PS/PSO/GVI/C/069/17 **161.** CAC BRGS 2/12 8 June 1942 **162.** Ibid. **163.** NA CAB 195/1 WM (42) 74th **164.** Ibid. **165.** LHC Kennedy Papers 4/2/4 **166.** eds. Danchev and Todman, *War Diaries* p. 279 **167.** LHC Kennedy Papers 4/2/4 **168.** *TCD* 17 p. 795 **169.** Pawle, *Warden* p. 173 **170.** Martin, *Downing Street* p. 81 **171.** WSC, *TSWW* IV p. 341 **172.** Reynolds, *Command* p. 334 **173.** Ibid. **174.** Ibid. p. 335 **175.** Ruane, *Bomb* p. 43 **176.** Ibid. pp. 44–5 **177.** LHC Kennedy Papers 4/2/4 23 June 1942 **178.** WSC, *TSWW* IV p. 344 **179.** Halle, *Irrepressible* p. 200 **180.** WSC, *TSWW* IV p. 344 **181.** ed. Ward, *Closest Companion* p. 167

第27章　沙漠中的胜利（1942年6月—11月）

1. *CS* VI p. 6661 **2.** WSC, *Marl* II p. 381 **3.** Birkenhead Papers 65/A3 **4.** ed. James, *Chips* p. 333 **5.** Gallup, *Opinion Polls* p. 61 **6.** CAC HARV 2/1 part 1 **7.** WSC, *TSWW* IV p. 347 **8.** CAC RDCH 1/3/1 **9.** eds. Danchev and Todman, *War Diaries* p. 271 **10.** ed. Dilks, *Cadogan* p. 429 **11.** ed. Hassall, *Ambrosia* pp. 220–21 **12.** WSC, *TSWW* IV p. 353 **13.** ed. James, *Chips* p. 334 **14.** Hansard vol. 381 col. 528 **15.** *CS* VI p. 6646 **16.** Ibid. p. 6649 **17.** Ibid. p. 6657 **18.** Ibid. p. 6661 **19.** ed. Dilks, *Cadogan* p. 460 **20.** RA GVI/PRIV/DIARY/COPY/1942: 7 July **21.** ed. Gorodetsky, *Maisky Diaries* p. 440 **22.** Ibid. p. 442 **23.** Ibid. **24.** Ibid. p. 443 **25.** NA CAB 65/30 WM (42) 64 **26.** ed. Gorodetsky, *Maisky Diaries* p. 449 **27.** Ibid. p. 448 **28.** Vego, 'PQ17' p. 84 **29.** ed. Dilks, *Cadogan* p. 461 **30.** Ibid. p. 462 **31.** eds. Danchev and Todman, *War Diaries* p. 282 **32.** Jacob, 'Grand Strategy' p. 532 **33.** ed. Dilks, *Cadogan* p. 463 **34.** Jacob, 'Grand Strategy' p. 533 **35.** RA GVI/PRIV/DIARY/COPY/1942: 28 July **36.** Gallup, *Opinion Polls* pp. 61–113 **37.** ed. Wheeler-Bennett, *Action* p. 252 **38.** Eden, *Reckoning* p. 333 **39.** RA PS/PSO/GVI/C/069/19 **40.** Pawle, *Warden* p. 189 **41.** Ibid. **42.** ed. Dilks, *Cadogan* p. 466 **43.** Courtenay, 'Smuts' p. 59 **44.** ed. Keegan, *Churchill and his Generals* pp. 129–30 **45.** ed. Dilks, *Cadogan* p. 467 **46.** WSC, *TSWW* IV p. 414 **47.** ed. Evans, *Killearn Diaries* p. 245 **48.** Ibid. pp. 245–6 **49.** WSC, *TSWW* IV pp. 412–24 **50.** Keegan, *Churchill and his Generals* p. 11 **51.** ed. Nicolson, *Diaries and Letters* II p. 259 **52.** Ibid. **53.** ed. Wheeler-Bennett, *Action* p. 254 **54.** WSC, *TSWW* IV p. 412 **55.** *CS* VI p. 6751 **56.** ed. Dilks, *Cadogan* p. 469 **57.** ed. Soames, *Speaking* p. 467 **58.** Ibid. **59.** WSC, *Marl* I p. 569 **60.** ed. Soames, *Speaking* p. 467 **61.** Macintyre, *Rogue Heroes* p. 167 **62.** ed. Soames, *Speaking* p. 466; OB VII p. 172 **63.** CAC ACAD 7/2 **64.** Pawle, *Warden* p. 5 **65.** Ibid. p. 194 **66.** Owen, *Tedder* p. 171 **67.** Pawle, *Warden* p. 195; WSC, *TSWW* IV pp. 428–9 **68.** *FH* no. 140 p. 29 **69.** NA FO 800/300/50 p. 123 **70.** Owen, *Tedder* p. 171 **71.** CAC ACAD 7/2 **72.** Pawle, *Warden* p. 6 **73.** Ibid. pp. 6, 194 **74.** CAC ACAD 7/2 **75.** CAC KENN 4/2/4 p. 302 **76.** Gillies, *Radical* p. 131 **77.** WSC, *TSWW* IV p. 433 **78.** Ibid. p. 432; OB VII p. 178 **79.** Gillies, *Radical* p. 131 **80.** Pawle, *Warden* p. 5 **81.** *Daily Telegraph* obituary of Patrick Kinna 18 March 2009 **82.** NA FO 800/300/138–45 **83.** Ibid. **84.** Gillies, *Radical* p. 135 **85.** NA FO 800/300/138–45 **86.** Gillies, *Radical* p. 133 **87.** ed. Wheeler-Bennett, *Action* p. 255 **88.** CAC ACAD 7/2 **89.** Ibid. **90.** Birse, *Memoirs* p. 103; Moran, *Struggle* p. 63 **91.** Gillies, *Radical* p. 133; Pawle, *Warden* p. 194 **92.** Reynolds, *Command* p. 345 **93.** Ibid. p. 346 **94.** CAC CHUR 4/25A/21–3 **95.** CAC ISMAY 2/3/261/1 **96.** Reynolds, *Command* pp. 347–8, 503 **97.** Ibid. p. 348 **98.** eds. Danchev and Todman, *War Diaries* p. 313 **99.** Soames, *Speaking* p. 469 **100.** Martin, *Downing Street* p. 84 **101.** Stuart, *Within* p. 130 **102.** CAC EADE 2/2 **103.** Ibid. **104.** Andrew and Mitrokhin, *Mitrokhin Archive* p. 157 **105.** Dilks, 'Churchill and the Russians' p. 8 **106.** *CS* VI p. 6675 **107.** RA GVI/PRIV/DIARY/COPY/1942: 27 August **108.** *CS* VI p. 6665 **109.** Colville, *Fringes* p.

350 **110.** eds. Barnes and Nicholson, *Empire at Bay* p. 833 **111.** Herman, *Gandhi and Churchill* p. 498 **112.** *CS* VII p. 6995 **113.** CAC EADE 2/2 **114.** ed. Dilks, *Cadogan* p. 480 **115.** Ibid. p. 477 **116.** ed. Nicolson, *Diaries and Letters* II p. 241 **117.** Browne, *Sunset* p. 76 **118.** Gallup, *Opinion Polls* p. 62 **119.** Cripps Papers SC11/2/74, 75, 76, 81, 82 **120.** Cripps Papers SC11/2/84 **121.** ed. Nicolson, *Diaries and Letters* II p. 241 **122.** Ibid. p. 244 **123.** Martin, *Downing Street* p. 88 **124.** OB VII p. 239 **125.** PA BBK C/92 **126.** *CS* VI p. 6680 **127.** WSC, *End* p. 241 **128.** Ibid. p. 243 **129.** ed. Dilks, *Cadogan* p. 483 **130.** *TCD* 17 p. 1278 **131.** ed. Hart-Davis, *King's Counsellor* pp. 66–7 **132.** ed. Dilks, *Cadogan* p. 486 **133.** RA GVI/PRIV/DIARY/COPY/1942: 3 November **134.** James, *Undaunted* p. 223 **135.** RA GVI/PRIV/DIARY/COPY/1942: 3 November **136.** ed. Dilks, *Cadogan* p. 488 **137.** Lord Chalfont in ed. Hastings, *Anecdotes* p. 413 **138.** ed. Hassall, *Ambrosia* p. 259 **139.** ed. Dilks, *Cadogan* p. 489 **140.** ed. Nicolson, *Diaries and Letters* II p. 260 **141.** *CS* VI p. 6693

第28章　一个大陆的救赎（1942年11月—1943年9月）

1. *CS* VI p. 6704 **2.** ed. Gorodetsky, *Maisky Diaries* p. 510 **3.** eds. Danchev and Todman, *War Diaries* p. 340 **4.** *CS* VI p. 6695 **5.** Ibid. **6.** Ibid. p. 6707 **7.** Ibid. p. 6701 **8.** Ibid. p. 6698 **9.** Ibid. p. 6702 **10.** Hinsley, *British Intelligence* I pp. 456–7 **11.** eds. Blake and Louis, *Churchill* p. 424 **12.** Ossad, *Bradley* p. 240 **13.** RA GVI/PRIV/DIARY/COPY/1942: 17 November **14.** Howard, *Grand Strategy* IV p. 231 **15.** WSC, *Secret* p. 81 **16.** Ibid. p. 83 **17.** Roosevelt, *As He Saw It* p. 73 **18.** Halle, *Irrepressible* p. 212 **19.** Ibid. p. 213 **20.** ed. Hart-Davis, *King's Counsellor* p. 76 **21.** *TCD* 18 pp. 59–60 **22.** RA GVI/PRIV/DIARY/COPY/1943: 1 January **23.** Ibid.: 12 January **24.** Pawle, *Warden* p. 3 **25.** Colville, *Fringes* p. 461; OB VII p. 634 **26.** Ismay, *Memoirs* p. 287 **27.** *CS* VII p. 6893 **28.** ed. Soames, *Speaking* p. 473 **29.** Ibid. p. 475 **30.** Ibid. **31.** WSC, *TSWW* IV p. 622 **32.** Rogers, *Folly* p. 25 **33.** Ibid. p. 24 **34.** NA CAB 120/77 **35.** CAC BRGS 1/3 **36.** NA CAB 120/77 **37.** ed. Gorodetsky, *Maisky Diaries* p. 482 **38.** NA CAB 120/77 **39.** Ibid. **40.** Ibid. **41.** *CS* VII p. 6741 **42.** eds. Danchev and Todman, *War Diaries* p. 379 **43.** Sandys, *Chasing Churchill* p. 159 **44.** BU AP 20/1/23 **45.** Stuart, *Within* p. 157 **46.** PA BBK/D/480 **47.** *CS* VII p. 6742 **48.** Ibid. p. 6749 **49.** Ibid. p. 6751 **50.** Ibid. p. 6752 **51.** ed. Nicolson, *Diaries and Letters* II p. 279 **52.** RA PS/PSO/GVI/C/069/29 **53.** ed. Nicolson, *Diaries and Letters* II p. 284 **54.** Rose, *Nursing Churchill* p. 158 **55.** Ibid. p. 159 **56.** Ibid. p. 164 **57.** *New York Times* 22 January 2006 **58.** *CS* VII p. 6760 **59.** Ibid. p. 6762 **60.** Ibid. p. 6763 **61.** Ibid. p. 6765 **62.** Marian Holmes's Diary p. 1 **63.** ed. Hart-Davis, *King's Counsellor* p. 117 **64.** eds. Danchev and Todman, *War Diaries* p. 389 **65.** Ibid. pp. 389–90 **66.** ed. Eade, *Contemporaries* p. 155 **67.** Howard, *Grand Strategy* IV p. 369 **68.** Dilks, 'Churchill and the Russians' p. 11 **69.** *CS* III p. 2771 **70.** ed. Nicolson, *Diaries and Letters* II p. 291 **71.** ed. Gorodetsky, *Maisky Diaries* p. 509 **72.** Ibid. p. 510 **73.** BU AP 20/1/23 **74.** RA PS/PSO/GVI/C/069/31 **75.** BU AP 20/1/23 **76.** RA PS/PSO/GVI/C/069/34 **77.** Roskill, *Admirals* pp. 229–30; O'Connell, 'Air Power Gap'; Dimbleby, *Battle of the Atlantic* passim **78.** Bell, 'Air Power' p. 693 **79.** Ibid. p. 717 **80.** Ibid. p. 718 **81.** Sterling, 'Getting' p. 14 **82.** CAC CHAR 20/111 **83.** ed. Soames, *Speaking* p. 481 **84.** WSC, *Victory* p. 174 **85.** *CS* VII p. 6775 **86.** Ibid. p. 6782 **87.** Kennedy, *Business* p. 274 **88.** ed. Gorodetsky, *Maisky Diaries* p. 481 **89.** Ibid. **90.** WSC *TSWW* IV p. 727 **91.** Sterling, 'Getting' p. 13 **92.** ed. Soames, *Speaking* p. 484 **93.** WSC *TSWW* IV p. 730 **94.** ed. Soames, *Speaking* p. 484 **95.** Ibid. **96.** ed. Gorodetsky, *Maisky Diaries* p. 522 **97.** *Stars and Stripes* 7 June 1943 **98.** eds. Danchev and Todman, *War Diaries* p. 416 **99.** Eden, *Reckoning* p. 389 **100.** *Stars and Stripes* 7 June 1943 **101.** Martin, *Downing Street* p. 104 **102.** eds. Danchev and Todman, *War Diaries* pp. 420–21 **103.** RA GVI/PRIV/DIARY/COPY/1943: 6 April **104.** OB VII p. 437 **105.** Gilbert, *Other Club* p. 168 **106.** Overy, *Bombing War*

p. 408 **107.** Rose, *Nursing Churchill* p. 152 **108.** Weeks, *Organisation and Equipment* p. 8 **109.** NA CAB 195/1 WM (43) 92nd **110.** Ibid. **111.** Ibid. **112.** Ibid. **113.** WSC, *Onwards* p. 136 **114.** Jacob, 'High Level' p. 367 **115.** RA VI/PRIV/DIARY/COPY/1943: 29 June **116.** *TCD* 18 p. 1811 **117.** WSC *TSWW* IV pp. 651–2 **118.** Martin, *Downing Street* p. 109 **119.** ed. Eade, *Contemporaries* p. 155 **120.** ed. Kennedy, *Grand Strategies* p. 64 **121.** Marian Holmes's Diary p. 3 **122.** Lamb, *War Leader* p. 225 **123.** WSC *TSWW* V p. 572 **124.** Ibid. **125.** BU AP 20/1/23 **126.** ed. Hart-Davis, *King's Counsellor* p. 138 **127.** Kersaudy, *Churchill and de Gaulle* p. 248; ed. Nicolson, *Diaries and Letters* II p. 303 **128.** ed. Hart-Davis, *King's Counsellor* p. 231 **129.** BU AP 20/1/23 **130.** Ibid. **131.** Ibid. **132.** ed. Hart-Davis, *King's Counsellor* p. 143 **133.** Ibid. **134.** ed. James, *Chips* p. 345 **135.** Mukerjee, *Churchill's Secret War* passim; Langworth, *Myth*, pp. 149–54; Herman, 'Absent Churchill'; Mitter, *China's War with Japan* p. 273; https://winstonchurchill.hillsdale.edu/did-churchill-cause-the-bengal-famine/ **136.** James, *Churchill and Empire* p. 304; Fort, *Wavell* p. 361 **137.** Fort, *Wavell* p. 362 **138.** *TCD* 19 p. 414 **139.** CAC CHUR 23/11; Langworth, *Myth* p. 150 **140.** NA CAB 65/41 14 February 1944 **141.** *TCD* 19 p. 755 **142.** Fort, *Wavell* p. 364 **143.** Collingham, *Taste of War* p. 148 **144.** eds. Barnes and Nicholson, *Empire at Bay*, pp. 933–4 **145.** Browne, *Sunset* p. 133 **146.** James, *Churchill and Empire* p. 184 **147.** NA CAB 65/41 7 February 1944 **148.** *TCD* 19 p. 1543 **149.** Herman, 'Absent Churchill' p. 51 **150.** *TCD* 19 p. 2554 **151.** ed. Kimball, *Complete Correspondence* III p. 117 **152.** *FH* no. 142 p. 35 **153.** https://winstonchurchill.hillsdale.edu/churcills-secret-war-bengal-famine-1943/ **154.** ed. Hart-Davis, *King's Counsellor* p. 143 **155.** Ibid. **156.** BU AP 20/1/23 **157.** Gilbert, *Search* p. 225 **158.** Marian Holmes's Diary pp. 3–4 **159.** BU AP 20/23 **160.** *CS* VII p. 6811 **161.** ed. Nicolson, *Diaries and Letters* II pp. 308–9 **162.** BU AP 20/23 **163.** OB VII p. 467 **164.** WSC, *TSWW* V p. 583 **165.** Martin, *Downing Street* p. 110 **166.** Dilks, *Dominion* p. 265 **167.** OB VII p. 469 **168.** ed. Kimball, *Complete Correspondence* II pp. 389–402 **169.** eds. Danchev and Todman, *War Diaries* pp. 441–2 **170.** Jacob, 'Grand Strategy' p. 534 **171.** eds. Danchev and Todman, *War Diaries* pp. 447, 450–51 **172.** WSC, *TSWW* V pp. 83–4 **173.** OB VII p. 484 **174.** CAC CHUR 20/152 **175.** ed. Dilks, *Cadogan* p. 559 **176.** Pawle, *Warden* p. 150: Pilpel, *America* p. 199; ed. Midgley, *Heroic Memory* pp. 25–6 **177.** ed. Hart-Davis, *King's Counsellor* p. 158 **178.** Ibid. **179.** BU AP 20/23 **180.** Martin, *Downing Street* p. 116 **181.** *CS* VII pp. 6823–4 **182.** WSC, *Onwards* p. 185 **183.** *CS* VII p. 6824 **184.** Ibid. **185.** Ibid. p. 6825 **186.** Ibid. p. 6827 **187.** *CIHOW* p. 139

第29章　难啃的软肋
（1943年9月—1944年6月）

1. eds. Danchev and Todman, *War Diaries* p. 680 **2.** Churchill, *Tapestry* p. 69 **3.** Soames, *Clementine* p. 340 **4.** Martin, *Downing Street* p. 116 **5.** BA AP 20/23 **6.** *CS* VII p. 6839 **7.** Ibid. **8.** Ibid. p. 6840 **9.** Ibid. **10.** ed. Nicolson, *Diaries and Letters* II p. 321 **11.** BA AP 20/23 **12.** RA GVI/PRIV/DIARY/COPY/1943: 23 September **13.** Wilson, *Cabinet Office* p. 45 **14.** OB VII p. 710 **15.** Marian Holmes's Diary p. 5 **16.** eds. Danchev and Todman, *War Diaries* p. 459 **17.** Hamilton, *Mantle of Command* passim **18.** RA PS/PSO/GVI/C/069/340 **19.** RA GVI/PRIV/DIARY/COPY/1943: 14 October **20.** WSC, *TSWW* V p. 280 **21.** CAC CHUR 20/122 **22.** CAC EADE 2/2 **23.** Ibid. **24.** Ibid. **25.** Moran, *Struggle* p. 122 **26.** Brodhurst, *Anchor* p. 5 **27.** Potter, *Pim* p. 38 **28.** *CS* VII p. 6869 **29.** Ibid. p. 6871 **30.** Ibid. **31.** ed. Midgley, *Heroic Memory* p. 23 **32.** Marian Holmes's Diary p. 5 **33.** ed. Hart-Davis, *King's Counsellor* p. 176 **34.** Baxter, 'Strategist?' p. 8 **35.** Churchill, *Tapestry* p. 59 **36.** CAC BRGS 1/2 **37.** Churchill, *Tapestry* p. 58 **38.** LHC Kennedy 4/2/5 **39.** Ibid. **40.** ed. Soames, *Speaking* p. 485 **41.** CAC SCHL 1/1/7 **42.** Ibid. **43.** WSC, *TSWW* V p. 635 **44.** Ibid. p. 637 **45.** Churchill, *Tapestry* p. 62 **46.** Martin, *Downing Street* p. 127 **47.** Churchill, *Tapestry* pp. 62–3 **48.** CAC SCHL 1/1/7 **49.** eds. Danchev and Todman, *War Diaries* p. 478 **50.** CAC SCHL

1/1/7 **51.** Ibid. **52.** ed. Soames, *Speaking* p. 487 **53.** Ibid. **54.** Churchill, *Tapestry* p. 63 **55.** Ibid. **56.** Ibid. **57.** Ibid. p. 64 **58.** Ibid. **59.** Martin, *Downing Street* p. 122 **60.** Moran, *Struggle* p. 141 **61.** WSC, *TSWW* V p. 330 **62.** ed. Soames, *Speaking* p. 489 **63.** ed. Sherwood, *Hopkins* II p. 772 **64.** Ibid. p. 774 **65.** *TCD* 19 p. 999 **66.** WSC, *TSWW* V p. 338 **67.** NA CAB 120/113 **68.** Ibid. **69.** ed. Hart-Davis, *King's Counsellor* p. 194 **70.** Stelzer, *Dinner with Churchill* pp. 105–13 **71.** Churchill, *Tapestry* p. 65 **72.** CAC SCHL 1/1/7 **73.** Ibid. **74.** OB VII p. 586 **75.** NA CAB 120/120 **76.** ed. Evans, *Killearn Diaries* p. 267 **77.** Churchill, *Tapestry* p. 67 **78.** Eden, *Reckoning* p. 429 **79.** *CIHOW* p. 184 **80.** eds. Danchev and Todman, *War Diaries* p. 493 **81.** *CIHOW* p. 510 **82.** Thompson, *Sixty* p. 77 **83.** WSC, *TSWW* V p. 373 **84.** Martin, *Downing Street* p. 124 **85.** CAC SCHL 1/8/1 **86.** Martin, *Downing Street* p. 132 **87.** Colville, *Fringes* p. 457 **88.** Martin, *Downing Street* p. 132 **89.** CAC BRGS 1/3 **90.** Martin, *Downing Street* p. 1303 **91.** Major Buckley recollections in Astley Papers **92.** Bryant, *Triumph in the West* pp. 93–4 **93.** Colville, *Fringes* p. 463 **94.** CAC CHUR 20/179 **95.** Colville, *Fringes* p. 464 **96.** ed. Norwich, *Monster* pp. 165–6 **97.** Marian Holmes's Diary pp. 5, 20 **98.** OB VII p. 646; ed. Rose, *Baffy* p. 211 **99.** Martin, *Downing Street* p. 134 **100.** Colville, *Fringes*, p. 465 **101.** Colville, 'Second' p. 6; Potter, *Pim* p. 47 **102.** ed. Nicolson, *Diaries and Letters* II pp. 344–5 **103.** WSC, *Dawn* p. 53 **104.** RA GVI/PRIV/DIARY/COPY/1944: 18 January **105.** Butcher, *Three Years* p. 404 **106.** WSC, *TSWW* V p. 426 **107.** Ibid. p. 432 **108.** Colville, *Fringes* pp. 674–5 **109.** OB VII p. 663 **110.** Colville, *Fringes* p. 476 **111.** CAC BRGS 2/19 **112.** CAC CHUR 20/156 **113.** Meacham, *Franklin and Winston* p. 274 **114.** eds. Danchev and Todman, *War Diaries* p. 525 **115.** Colville, *Fringes* p. 475 **116.** *CS* VII p. 6893 **117.** Colville, *Fringes* p. 476 **118.** Ibid. **119.** WSC, *Dawn* p. 54 **120.** RA GVI/PRIV/DIARY/COPY/1944: 7 March **121.** WSC, *TSWW* V pp. 521, 542–3; OB VII p. 706 **122.** CAC CHAR 20/188A/64–5 **123.** CAC CHAR 20/188A/67–8 **124.** Reynolds, *Command* pp. 403–4 **125.** eds. Danchev and Todman, *War Diaries* p. 533 **126.** LHC ALAB 6/3/9 **127.** Ibid. **128.** CAC CHAR 20/188B/128 **129.** LHC ALAB 6/3/10 **130.** *CS* VII p. 6907 **131.** Ibid. p. 6916 **132.** ed. Hart-Davis, *King's Counsellor* p. 209 **133.** ed. Frank, *Anne Frank Diary* p. 239 **134.** ed. James, *Chips* p. 391 **135.** ed. Nicolson, *Diaries and Letters* II p. 358 **136.** RA GVI/PRIV/DIARY/COPY/1944: 28 March **137.** CAC CAB 69/6 DO (44) 6 **138.** Cohen, 'Churchill at War' pp. 40–49 **139.** WSC, *WC* II p. 21 **140.** eds. Danchev and Todman, *War Diaries* p. 537 **141.** WSC, *TSWW* V p. 618 **142.** Ibid. **143.** James, *Within* p. 112 **144.** Marian Holmes's Diary p. 9 **145.** Ibid. p. 11 **146.** Colville, *Fringes* p. 486 **147.** eds. Bland and Stevens, *Marshall Papers* IV p. 405 **148.** Ibid. **149.** Reynolds, *Command* p. 393 **150.** *CS* VII p. 6921 **151.** Colville, *Fringes* p. 485 **152.** ed. Russell, *Constant* p. 245 **153.** ed. Hart-Davis, *King's Counsellor* p. 230 **154.** eds. Danchev and Todman, *War Diaries* p. 544 **155.** ed. Fergusson, *Business of War* p. 328 **156.** CAC BRGS 2/20 **157.** RA PS/PSO/GVI/C/069/47 **158.** James, *Undaunted* p. 256 **159.** RA PS/PSO/GVI/C/069/34 **160.** James, *Undaunted* p. 257 **161.** Ibid. p. 258 **162.** RA PS/PSO/GVI/C/069/45 **163.** RA GVI/PRIV/DIARY/COPY/1944: 3 June **164.** BL Cunningham Add Mss 52577/28 **165.** CAC LWFD2/7 **166.** Beevor, *D-Day* p. 21 **167.** CAC BRGS 2/21 **168.** Ibid. **169.** Marian Holmes's Diary p. 11 **170.** ed. Soames, *Speaking* p. 496 **171.** eds. Barnes and Nicholson, *Empire at Bay* p. 986 **172.** CAC BRGS 2/21 **173.** eds. Barnes and Nicholson, *Empire at Bay* pp. 986–7 **174.** BL Cunningham Add Mss 52577/8 **175.** Djilas, *Conversations with Stalin* p. 61 **176.** Macmillan, *Blast* p. 423 **177.** Potter, *Pim* p. 50 **178.** Pawle, *Warden* p. 302; ed. Soames, *Speaking* p. 497; OB VII p. 794

第30章　解放
（1944年6月—1945年1月）

1. *CS* VI p. 6657 **2.** Colville, *Fringes* p. 510 **3.** *CS* VII p. 6947 **4.** ed. Nicolson, *Diaries and Letters* II p. 375 **5.** *CS* VII p. 6972 **6.** WSC, *TSWW* V p. 67 **7.** Stacey, *Victory*

Campaign III pp. 119, 652 **8.** WSC, *Dawn* p. 120 **9.** BU AP 20/1/24 **10.** OB VII p. 807 **11.** eds. Danchev and Todman, *War Diaries* p. 557 **12.** Martin, *Downing Street* p. 152 **13.** Ibid. p. 153 **14.** BL Cunningham Add Mss 52577/32 **15.** RA GVI/PRIV/DIARY/COPY/1944: 13 June **16.** Hansard vol. 400 cols. 2293–300 **17.** Nicolson, *Alexander* p. 259 **18.** Bryant, *Triumph in the West* p. 223 **19.** *CIHOW* pp. 290–91 **20.** CAC HARV 4/1/part 2 **21.** *CS* VII p. 6957 **22.** Potter, *Pim* p. 51 **23.** OB VII p. 841 **24.** Ibid. **25.** eds. Blake and Louis, *Churchill* p. 426 **26.** Ibid. **27.** *Spectator* 8 February 2014 p. 11 **28.** ed. Hart-Davis, *King's Counsellor* p. 240 **29.** Marian Holmes's Diary p. 12 **30.** Ibid. **31.** Ibid. p. 14 **32.** WSC, *TSWW* VI p. 50 **33.** eds. Bland and Stevens, *Marshall Papers* IV p. 498 **34.** ed. Kimball, *Complete Correspondence* III pp. 212–13 **35.** Ibid. p. 223 **36.** RA GVI/PRIV/DIARY/COPY/1944: 4 July **37.** ed. Hart-Davis, *King's Counsellor* p. 240 **38.** OB VII p. 843 **39.** ed. Hart-Davis, *King's Counsellor* p. 240 **40.** Gilbert, *Churchill and the Jews* p. 211 **41.** Ibid. **42.** NA PREM 4/51/10 **43.** Gilbert, *Churchill and the Jews* pp. 212–13 **44.** NA PREM 4/51/10 **45.** Gilbert, *Churchill and the Jews* p. 213 **46.** NA FO 371/39454 **47.** OB VII p. 847 and n. 1 **48.** Ibid. p. 847 **49.** Gilbert, *Churchill and the Jews* pp. 189–90 **50.** ed. Harvey, *Diaries* p. 249 **51.** *CS* VII p. 7376 **52.** eds. Danchev and Todman, *War Diaries* p. 566 **53.** Bew, *Citizen Clem* p. 316 **54.** BL Cunningham Add Mss 52577/42 **55.** BU AP 20/1/24 **56.** Marian Holmes's Diary pp. 13–14 **57.** Colville, *Fringes* p. 419 **58.** Deakin, '1944' p. 19 **59.** *CS* VII p. 6996 **60.** Ibid. p. 6982 **61.** Martin, *Downing Street* p. 157 **62.** CAC BRGS 2/2 **63.** WSC, *TSWW* VI p. 124 **64.** *CS* VII p. 6977 **65.** Ibid. p. 6982 **66.** ed. Soames, *Speaking* p. 498 **67.** OB VII pp. 887–8 **68.** ed. Soames, *Speaking* p. 501 **69.** Churchill, *Father's Son* p. 264 **70.** CIHOW p. 285 **71.** ed. Soames, *Speaking* p. 500 **72.** WSC, *TSWW* VI p. 96 **73.** ed. Soames, *Speaking* p. 501 **74.** Ibid. **75.** WSC, *TSWW* VI pp. 106–7 **76.** OB VII p. 915 **77.** Colville, *Fringes* p. 506; Martin, *Downing Street* p. 158; BL Cunningham Add Mss 52577 **78.** BL Cunningham Add Mss 52577/60 **79.** Colville, *Fringes* p. 507 **80.** WSC, *TSWW* VI p. 607 **81.** BL Cunningham Add Mss 52577/94 **82.** BU AP 20/1/24 **83.** Colville, *Fringes* p. 509 **84.** CAC SCHL 1/2/1 **85.** BL Cunningham Add Mss 52577/70 **86.** Ibid. **87.** Colville, *Fringes* p. 511 **88.** eds. Danchev and Todman, *War Diaries* p. 590 **89.** Colville, *Fringes* p. 511 **90.** eds. Danchev and Todman, *War Diaries* p. 590 **91.** Potter, *Pim* p. 53 **92.** Colville, *Fringes* p. 513 **93.** eds. Pickersgill and Forster, *Mackenzie King Record* II p. 67 **94.** Ibid. **95.** LHC ALAB 6/1/5/p236 **96.** WSC, *TSWW* VI p. 132 **97.** Buell, *Master of Sea Power* pp. 470–71 **98.** Deakin, '1944' p. 6 **99.** OB VII p. 914 **100.** Deakin, '1944' p. 6 **101.** Colville, *Fringes* p. 513 **102.** CAC SCHL 1/2/1 **103.** Martin, *Downing Street* p. 161 **104.** OB VII p. 965 **105.** Ibid. p. 967 **106.** Beevor, *Arnhem* passim **107.** Colville, *Fringes* p. 574 **108.** CAC CHUR 20/148 **109.** Colville, *Fringes* p. 516 **110.** BL Cunningham Add Mss 52577/75 **111.** Colville, *Fringes* p. 517 **112.** Lacouture, *De Gaulle* I p. 575 **113.** *CS* VII p. 6991 **114.** Ibid. p. 6996 **115.** Ibid. **116.** CAC HARV 4/1/part 2 **117.** CAC BRGS 2/22 **118.** RA PS/PSO/GVI/C/069/51 **119.** OB VII p. 968 **120.** ed. Hart-Davis, *King's Counsellor* p. 261 **121.** OB VII p. 992 **122.** NA PREM 3/434/2 **123.** WSC, *TSWW* VI p. 198 **124.** Deakin, '1944' p. 11 **125.** Ibid. **126.** ed. Soames, *Speaking* p. 506 **127.** Ibid. **128.** OB VII p. 1015 **129.** Dilks, *Churchill & Company* p. 195 **130.** Moran, *Struggle* p. 200 **131.** RA PS/PSO/GVI/C/069/52 **132.** Deane, *Strange Alliance* p. 245 **133.** CAC BRGS 2/22 **134.** Deane, *Strange Alliance* p. 155 **135.** Martin, *Downing Street* p. 167 **136.** RA GVI/PRIV/DIARY/COPY/1944: 24 October **137.** *CS* VII p. 7015 **138.** *CS* VII p. 7023 **139.** ed. Nicolson, *Diaries and Letters* II p. 409 **140.** Gilbert, *Churchill and the Jews* p. 223 **141.** Ibid. pp. 224–5 **142.** *CS* VII pp. 7034–5 **143.** ed. Evans, *Killearn Diaries* p. 318 **144.** ed. Russell, *Constant* p. 268 **145.** Ibid. **146.** CAC LWFD 2/7 **147.** ed. Nicolson, *Diaries and Letters* II p. 412 **148.** *CS* VII p. 7031 **149.** Pamela Harriman Papers 13 November 1944 **150.** Best, *Greatness* pp. 198–9 **151.** BL Cunningham Add Mss 52577/102 **152.** Hancock and Gowing, *British War Economy* p. 367 **153.** ed. Kimball, *Complete Correspondence* III p. 421 **154.** Ibid. p. 409 **155.** Colville, *Fringes* p. 528 **156.** ed. Hart-Davis, *King's Counsellor* p. 274 **157.** WSC, *TSWW* VI p. 632 **158.** Colville,

Fringes p. 533 **159.** WSC, *TSWW* VI p. 252 **160.** Ibid. p. 311 **161.** *CS* VII p. 7052 **162.** Ibid. p. 7055 **163.** Ibid. p. 7059 **164.** ed Hart-Davis, *King's Counsellor* p. 277 **165.** ed. Soames, *Speaking* p. 508 **166.** Pawle, *Warden* pp. 338–9 **167.** ed. Hart-Davis, *King's Counsellor* p. 282n **168.** Information from Mark Foster-Brown, grandson of Rear Admiral Roy Foster-Brown **169.** Colville, *Fringes* p. 540 **170.** OB VII p. 1121 **171.** Colville, *Fringes* p. 552 **172.** Ibid. p. 540 **173.** NA CAB 120/169 **174.** ed. Hart-Davis, *King's Counsellor* p. 281 **175.** NA PREM 3/208 **176.** ed. Hart-Davis, *King's Counsellor* p. 278 **177.** ed. Wheeler-Bennett, *Action* p. 258 **178.** Ibid. **179.** Hastings, *Finest Years* pp. 528–9 **180.** ed. Soames, *Speaking* p. 541 **181.** BL Cunningham Add Mss 52577/109 **182.** OB VII p. 1138 **183.** ed. Kimball, *Complete Correspondence* III p. 502 **184.** Papers of Joseph E. Davies, Library of Congress Box 16 **185.** *CS* VII p. 7100 **186.** McDonald, *The Times* V pp. 121–2 **187.** Ibid. p. 122 **188.** *CS* VII p. 7102 **189.** OB VII p. 1151 **190.** Colville, *Fringes* p. 555

第 31 章　胜利与失败
（1945 年 1 月—7 月）

1. WSC, *Marl* II p. 603 **2.** Colville, *Fringes* p. 537 **3.** OB VII p. 664 **4.** Martin, *Downing Street* p. 175 **5.** Ibid. p. 178 **6.** Ibid. p. 179 **7.** ed. Soames, *Speaking* p. 512 **8.** Ibid. **9.** Martin, *Downing Street* p. 179 **10.** ed. Soames, *Speaking* p. 513 **11.** Gladwyn, *Memoirs* p. 153 **12.** Churchill, *Tapestry* p. 76 **13.** Ibid. **14.** Martin, *Downing Street* p. 179 **15.** CAC SCHL 1/1/8 **16.** CAC LWFD 2/8 **17.** Ibid. **18.** Gladwyn, *Memoirs* p. 153 **19.** Ibid. p. 155 **20.** CAC LWFD 2/8 **21.** Gladwyn, *Memoirs* p. 153 **22.** OB VII p. 1189 **23.** CAC LWFD 2/8 **24.** Gilbert, *A Life* p. 823 **25.** CAC LWFD 2/8 **26.** *CS* VII p. 7293 **27.** Tolstoy, *Victims of Yalta* p. 96 **28.** Ibid. p. 430 **29.** ed. Soames, *Speaking* p. 517 **30.** NA PREM 4/78/1 **31.** Gilbert, *A Life* p. 818 **32.** Ibid. p. 820 **33.** Ibid. p. 821 **34.** Churchill, *Tapestry* p. 80 **35.** CAC LWFD 2/8 **36.** WSC, *TSWW* VI p. 352 **37.** CAC LWFD 2/8 **38.** CAC BRGS 1/2 **39.** Churchill, *Tapestry* p. 83 **40.** Martin, *Downing Street* p. 185 **41.** Ibid. p. 177 **42.** CAC BRGS 1/3 **43.** WSC, *TSWW* VI p. 348 **44.** ed. Evans, *Killearn* p. 325 **45.** ed. Soames, *Speaking* p. 518 **46.** Martin, *Downing Street* p. 186 **47.** CAC BRGS 1/3 **48.** Gilbert, *A Life* p. 825 **49.** Ibid. **50.** ed. Evans, *Killearn Diaries* p. 325 **51.** Ibid. p. 331 **52.** ed. Soames, *Speaking* p. 518 **53.** CAC BRGS 1/3 **54.** *Daily Telegraph* obituary of Patrich Kinna 18 March 2009 **55.** Colville, *Fringes* p. 562 **56.** Ibid. **57.** Ibid. **58.** Ibid. p. 563 **59.** Ibid. **60.** RA GVI/PRIV/DIARY/COPY/1945: 28 February **61.** ed. Pimlott, *Dalton Diary* p. 835 **62.** *CS* VII p. 7117 **63.** ed. Nicolson, *Diaries and Letters* II p. 437 **64.** WSC, *TSWW* VI p. 638 **65.** eds. Danchev and Todman, *War Diaries* pp. 667–8 **66.** Taylor, *Winston Churchill* p. 388 **67.** Colville, *Footprints* p. 187 **68.** RA GVI/PRIV/DIARY/COPY/1945: 25 March **69.** eds. Danchev and Todman, *War Diaries* p. 678 **70.** Leslie, *Train to Nowhere* p. 210 **71.** Colville, *Fringes* p. 579 **72.** OB VII p. 1257 **73.** WSC, *TSWW* VI p. 434 **74.** Ibid. **75.** Ibid. p. 437 **76.** RA GVI/PRIV/DIARY/COPY/1945: 13 March **77.** ed. Soames, *Speaking* p. 521 **78.** Colville, *Fringes* p. 581 **79.** *CS* VII pp. 7138–9 **80.** Marian Holmes's Diaries p. 21 **81.** WSC, *TSWW* VI p. 409 **82.** Colville, *Fringes* p. 582 **83.** CAC BRGS 2/24 **84.** Colville, *Fringes* p. 582 **85.** ed. Butler, *Dear Mr Stalin* p. 315 **86.** ed. Soames, *Speaking* p. 523 **87.** Colville, *Fringes* p. 583 **88.** Courtenay, 'Smuts' p. 61 **89.** Colville, *Fringes* p. 585 **90.** WSC, *TSWW* VI p. 640 **91.** ed. Pottle, *Champion* p. 314 **92.** Colville, *Fringes* p. 587 **93.** Potter, *Pim* p. 62 **94.** Thompson, *Shadow* p. 153 **95.** BU AP 20/25 **96.** WSC, *TSWW* VI p. 399 **97.** OB VII p. 1294 **98.** ed. James, *Chips* p. 402 **99.** *CS* VII p. 7139 **100.** Ibid. p. 7141 **101.** Ibid. p. 7149 **102.** ed. Soames, *Speaking* p. 528 **103.** *TCD* 21 p. 658 **104.** WSC, *TSWW* VI pp. 642–3 **105.** Colville, *Fringes* p. 592 **106.** Ibid. p. 596 **107.** *CS* VII p. 7149 **108.** ed. Soames, *Speaking* p. 529 **109.** Ibid. p. 524 **110.** Marian Holmes's Diaries p. 21 **111.** ed. Soames, *Speaking* p. 530 **112.** Ibid. **113.** Colville, *Fringes* p. 596 **114.** Potter, *Pim* p. 62 **115.** Marian Holmes's Diaries p. 22 **116.** *CS* VII p. 7153 **117.** ed. James, *Chips* p. 402 **118.** OB VII p. 1345 **119.** ed. Nicolson, *Diaries and Letters* II p. 458 **120.** eds.

Danchev and Todman, *War Diaries* p. 688 **121.** Ibid. **122.** *CS* VII p. 7154 **123.** OB VII p. 1348 **124.** *CS* VII pp. 7156–7 **125.** Ibid. p. 7158 **126.** WSC, *TSWW* VI p. 667 **127.** Marian Holmes's Diaries p. 22 **128.** Peck, *Dublin from Downing Street* p. 68 **129.** Colville, *Fringes* p. 599 **130.** Ibid. **131.** Ibid. p. 601 **132.** Ibid. p. 474 **133.** ed. Nicolson, *Diaries and Letters* II p. 347 **134.** OB VIII p. 7 **135.** NA CAB 120/691 **136.** Ibid. **137.** Ibid. **138.** Dalton, *Fateful Years* p. 462 **139.** BU AP 20/25 **140.** Stuart, *Within* p. 138 **141.** *TCD* 21 p. 1530 **142.** *CS* VII p. 7172 **143.** Harrow School Archives Box H4/8 **144.** Soames, *Clementine* p. 382 **145.** Colville, *Fringes* p. 606 **146.** CAC EADE 2/2 **147.** ed. Lowndes, *Belloc Lowndes* p. 260 **148.** Bod CPA PUB 229/8/8/fol. 73 **149.** Ibid. **150.** ed. Hart-Davis, *King's Counsellor* p. 336 **151.** CAC SCHL 1/1/7 **152.** eds. Danchev and Todman, *War Diaries* p. 702 **153.** Colville, *Fringes* p. 610 **154.** Ibid. **155.** eds. Pickersgill and Forster, *Mackenzie King* III p. 236 **156.** WSC, *TSWW* VI p. 545 **157.** Ibid. pp. 545–6 **158.** *CS* VII p. 7211 **159.** Mee, *Potsdam* p. 164 **160.** *CIHOW* p. 375 **161.** BU AP 20/25; ed. Dilks, *Cadogan* p. 765 **162.** ed. Soames, *Speaking* p. 532 **163.** Churchill, *Tapestry* p. 86 **164.** Marian Holmes's Diaries p. 25 **165.** Gilbert, *Other Club* p. 191 **166.** Potter, *Pim* p. 66; WSC, *TSWW* VI p. 583; ed. Soames, *Speaking* p. 536 n. 3 **167.** ed. Wheeler-Bennett, *Action* p. 262 **168.** Moran, *Struggle* p. 307 **169.** ed. Hart-Davis, *King's Counsellor* p. 342 **170.** Ibid. p. 343 **171.** RA GVI/PRIV/DIARY/COPY/1945: 26 July **172.** *CIHOW* p. 41 **173.** CAC BRGS 1/3 **174.** Eden, *Reckoning* p. 551 **175.** Hatfield House QUI Bundle 63 **176.** Pamela Harriman Papers 1/8/1945 **177.** Pawle, *Warden* p. 7

第32章 反对党（1945年8月—1951年10月）

1. ed. Soames, *Speaking* pp. 512–13 **2.** WSC, *Unite* p. 347 **3.** Churchill, *Tapestry* pp. 18–19 **4.** CAC EADE 2/2 **5.** Ramsden, 'Greatest' p. 9 **6.** Gilbert, *Search* p. 307; CAC CHUR 2/495 **7.** Hatfield House QUI Bundle 63 **8.** Marian Holmes's Diaries p. 25 **9.** WSC, *Marl* III p. 25 **10.** ed. Muller, *Contemporaries* p. 301 **11.** Colville, *Fringes* p. 428 **12.** Marian Holmes's Diaries p. 25; RA PS/PSO/GVI/C/069/34 **13.** Stuart, *Within* p. 139 **14.** Ibid. **15.** Woodrow Wyatt Papers 9 April 1946 **16.** WSC, *TSWW* VI p. 224 **17.** *CS* VII p. 7211 **18.** Ibid. **19.** OB VIII p. 249 **20.** *CS* VII p. 7211 **21.** Ibid. p. 7213 **22.** Ibid. p. 7214 **23.** Ibid. pp. 7214–15 **24.** ed. Soames, *Speaking* p. 535 **25.** Mather, 'Hardiness and Resilience' pp. 83–97 **26.** Churchill, *Tapestry* p. 95 **27.** Ibid. p. 98 **28.** ed. Soames, *Speaking* p. 541 **29.** *CS* VII p. 7235 **30.** Ibid. p. 7269 **31.** ed. Nicolson, *Diaries and Letters* III p. 82 **32.** Colville, 'Second' p. 7 **33.** *CS* VII p. 7417 **34.** *CIHOW* p. 550 **35.** Ibid. **36.** Gilbert, *A Life* p. 864 **37.** *CS* VII pp. 7283–4 **38.** Ibid. p. 7285 **39.** Halle, *America and Britain* pp. 34–5 **40.** CAC ONSL 2 part 2 **41.** *CIHOW* p. 321 **42.** Earl of Birkenhead Papers 65/A3 **43.** *CS* VII p. 7286 **44.** Ibid. p. 7287 **45.** Ibid. p. 7289 **46.** Ibid. **47.** Ibid. p. 7290 **48.** Ibid. pp. 7292–3 **49.** Ibid. **50.** Gladwyn, *Memoirs* p. 185 **51.** Hatfield House 5M/62/1 **52.** Sebestyen, *1946* p. 185 **53.** Ramsden, 'Historian' p. 22 **54.** ed. Wheeler-Bennett, *Action* p. 258 **55.** Pilpel, *America* p. 225 **56.** Hatfield House 5M/62/1 **57.** OB VIII p. 341 **58.** Stuart, *Within* p. 147 **59.** *CS* VII p. 7317 **60.** Ibid. p. 7377 **61.** Ibid. p. 7443 **62.** Ibid. p. 7447 **63.** Ibid. p. 7386 **64.** Ibid. p. 7549 **65.** CAC CHUR 2/174/146, CHUR 2/100/57-8, CHUR 2/43/214 **66.** WSC, *Sinews* p. 134 **67.** *CS* VII p. 7379 **68.** Ibid. p. 7382 **69.** Gladwyn, *Memoirs* p. 218 **70.** *CS* VII p. 7765 **71.** ed. Eade, *Contemporaries* p. 433 **72.** Newman, 'Butterflies at Chartwell' p. 39 **73.** Hatfield House QUI Bundle 63 **74.** Churchill, *Crowded Canvas* p. 181 **75.** WSC, *Dream* p. 59 **76.** Howard, *Rab* p. 156 **77.** *CS* VII p. 7525 **78.** PA DR/182 **79.** *CS* VII p. 7545 **80.** Hansard vol. 443 col. 1848 **81.** Woodrow Wyatt Papers **82.** *CS* VII p. 7566 **83.** Ibid. p. 7571 **84.** Ramsden, 'Greatest' p. 18 **85.** OB VIII p. 364 **86.** WSC, *Dream* p. 10 **87.** OB VIII p. 364 **88.** Ibid. p. 365 **89.** Ibid. **90.** Ibid. p. 366 **91.** Ibid. p. 368 **92.** Ibid. **93.** Ibid. p. 369 **94.** Ibid. p. 370 **95.** Ibid. **96.** Ibid. **97.** Ibid. p. 371 **98.** Ibid. **99.** Ibid. p. 372 **100.** Ibid. **101.** Ibid. p. 367 **102.** CAC BRDW/V/2/9 **103.** WSC, *Dream* p. 12 **104.** OB VIII p. 331 **105.** Reynolds, *Command* p.

405 **106.** Soames, *Life as a Painter* p. 180 **107.** CAC SCHL 1/1/9 **108.** Graebner, *My Dear* pp. 77–8 **109.** Ibid. p. 25 **110.** ed. Soames, *Speaking* p. 548 **111.** CAC LASL 8/7/2 **112.** CAC ONSL 2 part 2 **113.** *CS* VII p. 7587 **114.** OB VIII p. 315 **115.** WSC, *Marl* II pp. 1036, 754 **116.** WSC, *MEL* p. 346 **117.** ed. James, *Chips* p. 426 **118.** WSC, *TSWW* I pp. 26, 615 **119.** Hatfield House 5M/62/1 **120.** Ashley, *Historian* p. 163 **121.** Reynolds, *Long Shadow* p. 317 **122.** *CS* VII p. 7679 **123.** Ibid. p. 8123 **124.** Boothby, *My Yesterday* p. 212 **125.** *CS* VII p. 7709 **126.** *The Times* 11 November 1948 **127.** Ibid. **128.** *CS* VII p. 7774 **129.** Soames, *Churchill Family Album* p. 370 **130.** Halle, *Irrepressible* p. 285 **131.** OB VIII p. 613 **132.** Halle, *Irrepressible* p. 285 **133.** *CS* VII p. 7777 **134.** Pilpel, *America* p. 235 **135.** *CS* VII p. 7797 **136.** Ibid. **137.** Ibid. **138.** Ibid. p. 7799 **139.** Ibid. p. 7803 **140.** Ibid. p. 7807 **141.** *CIHOW* p. 500 **142.** Moran, *Struggle* p. 334 **143.** PA DR/182 **144.** ed. Soames, *Speaking* p. 553 **145.** ed. James, *Chips* p. 439 **146.** *CS* VII p. 7883 **147.** *CIHOW* p. 552 **148.** McGowan, *Years* p. 96 **149.** ed. Soames, *Speaking* p. 453 **150.** Ibid. **151.** *CS* VIII p. 7927 **152.** WSC, *Balance* p. 201 **153.** *CS* VII p. 7944 **154.** CPA LCC 1/1/6 p. 6 **155.** ed. James, *Chips* p. 442 **156.** *CS* VIII p. 7985 **157.** Ibid. p. 7987 **158.** Ibid. p. 8360 **159.** Ramsden, 'Historian' p. 4 **160.** Ibid. p. 10 **161.** Booth, *True* pp. 135–6 **162.** Hatfield House Papers **163.** Hansard vol. 476 cols. 2157–8 **164.** Ibid. col. 2156 **165.** Best, *Greatness* p. 285 **166.** ed. Pottle, *Daring* p. 55 **167.** ed. Nicolson, *Diaries and Letters* III p. 178 **168.** Gilbert, *Other Club* p. 203 **169.** Courtenay, 'Smuts' passim **170.** WSC, *TSWW* IV p. 611 **171.** Jackson, *Churchill* p. 358 **172.** *CS* VIII p. 8143 **173.** ed. James, *Chips* p. 451 **174.** OB VIII p. 511 **175.** *CS* VIII p. 8170 **176.** Ibid. p. 8196 **177.** Ibid. p. 8226 **178.** Bod CPA LCC 1/1/6 p114 **179.** Woodrow Wyatt Papers **180.** *CS* VIII p. 8253 **181.** Ibid. p. 8283 **182.** Pearce, '1950 and 1951 Elections' passim **183.** Ibid. **184.** WSC, *Savrola* p. 344

第33章 梅开二度（1951年10月—1955年4月）

1. Jones, 'Knew Him' p. 11 **2.** Colville, *Fringes* p. 632 **3.** Roberts, *Eminent Churchillians* pp. 243–85 **4.** Gilbert, *Other Club* p. 107 **5.** Colville, *Fringes* p. 127 **6.** Interview with Christopher Clement-Davies 1 March 2017 **7.** Seldon, *Indian Summer* pp. 102–6 **8.** Colville, *Fringes* p. 644 **9.** Macmillan, *Tides* p. 491 **10.** Browne, *Sunset* p. 437 **11.** Halle, *Irrepressible* p. 312 **12.** ed. Midgley, *Heroic Memory* p. 30 **13.** ed. James, *Chips* p. 461 **14.** Willans and Roetter, *Wit* pp. 18–19 **15.** ed. Midgley, *Heroic Memory* p. 30 **16.** Colville, *Fringes* p. 635 **17.** *CIHOW* p. 88 **18.** Ramsden, *Age* p. 99 **19.** Colville, *Fringes* pp. 632–3 **20.** Shuckburgh, *Descent* p. 62 **21.** Ibid. p. 66 **22.** Colville, *Fringes* p. 635 **23.** Ismay, *Memoirs* p. 457 **24.** NA CAB129/48C(51)32 **25.** *CS* VIII p. 8481 **26.** *CIHOW* p. 550 **27.** Macmillan, *Tides* p. 493 **28.** *CS* VIII p. 8310 **29.** Colville, *Fringes* p. 310 **30.** Butler, *Art of Memory* p. 137 **31.** WSC *TSSW* I p. 21 **32.** *CS* VIII p. 8317 **33.** Colville, *Fringes* p. 637 **34.** Ibid. **35.** Ibid. p. 639 **36.** Dilks, 'Solitary' pp. 10–11 **37.** WSC, *Stemming* pp. 226–7 **38.** *CS* VIII p. 8327 **39.** Ibid. p. 8333 **40.** Shuckburgh, *Descent* p. 75 **41.** Interview with Sir Edward Ford **42.** *FH* no. 135 p. 51 **43.** Colville, *Fringes* p. 640 **44.** *CS* VIII p. 8338 **45.** OB VIII p. 697; Moran, *Struggle* p. 372 **46.** Murray, *Bodyguard* p. 145 **47.** *CS* VIII p. 8342 **48.** ed. Hart-Davis, *King's Counsellor* p. 430 **49.** Moran, *Struggle* pp. 425, 429 **50.** Mather, 'Hardiness and Resilience' pp. 83–97 **51.** Colville, *Fringes* p. 642 **52.** ed. Hart-Davis, *King's Counsellor* p. 406 **53.** Cawthorne, *Legend* p. 32 **54.** Boyd-Carpenter, *Way of Life* pp. 90–91 **55.** OB VIII p. 714 **56.** Hansard vol. 498 col. 204 **57.** Lyttelton, *Chandos* p. 168; Hansard vol. 500 cols. 32–3 **58.** Hansard vol. 501 col. 529 **59.** Colville, *Fringes* p. 648 **60.** Ibid. p. 649 **61.** Hansard vol. 501 cols. 1366–7 **62.** Colville, *Fringes* p. 651 **63.** Ibid. **64.** Hansard vol. 503 col. 1978 **65.** CAC NEMO 3/3 **66.** Gilbert, *A Life* p. 916 **67.** Ruane, *Bomb* p. 214 **68.** Ibid. p. vii **69.** Colville, *Fringes* p. 676 **70.** Ibid. p. 654 **71.** Ibid. **72.** *CS* VIII p. 8435 **73.** Hansard vol. 503 col. 286 **74.** Colville, *Fringes* pp. 657–8 **75.** Ibid. p. 658 **76.** Ibid. p. 659 **77.** Ibid. **78.** ed. Ferrell, *Eisenhower Diaries* pp. 222–3 **79.** Colville, *Fringes*

p. 661 **80.** Ibid. p. 662 **81.** Ibid. p. 665 **82.** Ibid. p. 663 **83.** Ibid. **84.** Ibid. **85.** Colville, 'Second Best' p. 7 **86.** *CS* VIII p. 8455 **87.** Dilks, 'Solitary' p. 13 **88.** Hatfield House 5M/E41 **89.** Hansard vol. 515 cols. 897–8 **90.** ed. Hart-Davis, *King's Counsellor* p. 344 n. 1 **91.** Hansard vol. 514 col. 1757 **92.** *CIHOW* p. 352 **93.** ed. Hart-Davis, *King's Counsellor* p. 399 **94.** CAC LASL 8/7/6/25A/21 **95.** Dilks, 'Solitary' p. 14 **96.** Colville, *Fringes* p. 668 **97.** Mather, 'Hardiness and Resilience' pp. 83–97 **98.** Macmillan, *Tides* p. 516 **99.** Colville, *Fringes* p. 668n **100.** NA CAB 128/26/36 **101.** Cherwell Papers K70/6 **102.** Colville, *Fringes* p. 669; Cherwell Papers K70/6 **103.** NA CAB 128/26/38–44 **104.** NA CAB 128/26/37 **105.** Colville, *Fringes* p. 668 **106.** Ibid. p. 669 **107.** Ibid. p. 670 **108.** Hatfield House 5M/E41. **109.** Moran, *Struggle* pp. 425–6; *Sunday Express* 22 May 1966 **110.** *Sunday Express* 10 and 22 May 1966 **111.** Moran, *Struggle* p. 444 **112.** Ibid. pp. 419–20 **113.** Clarke, *Cripps Version* p. 538 **114.** Colville, *Fringes* p. 672 **115.** Ibid. p. 675 **116.** Moran, *Struggle* p. 486 **117.** Rose, *Unruly*, p. 336 **118.** Moran, *Struggle* p. 477 **119.** *British Medical Journal* vol. 310 10 June 1995 p. 1537 **120.** *CS* VIII p. 8496 **121.** Ibid. **122.** Moran, *Struggle* p. 528 **123.** CAC HAIS 4/3 **124.** *CS* VIII p. 8515 **125.** Hansard vol. 518 col. 1803 **126.** Colville, *Fringes* pp. 674–5 **127.** ed. Soames, *Speaking* p. 576 **128.** Colville, *Fringes* p. 682 **129.** Ibid. p. 683 **130.** Ibid. **131.** Ibid. **132.** Ibid. p. 685 n. 1 **133.** ed. Hart-Davis, *King's Counsellor* p. 430 **134.** Moran, *Struggle* pp. 540–41 **135.** Lady Soames to Richard Langworth in September 2005 **136.** Best, *Greatness* p. 315 **137.** Norman Brook diaries, *Sunday Telegraph* 5 August 2007 **138.** Roberts, *Eminent Churchillians* pp. 217–41 **139.** Addison, *Unexpected* p. 233 **140.** Norman Brook diaries, *Sunday Telegraph* 5 August 2007 **141.** Woodrow Wyatt Papers **142.** Colville, *Fringes* p. 691 **143.** *FH* no. 122 p. 15 **144.** Colville, *Fringes* p. 693 **145.** Halle, *Irrepressible* p. 305 **146.** *CIHOW* p. 32 **147.** Ibid. p. 93 **148.** Hatfield House 5M/E41 **149.** Colville, *Fringes* p. 702 **150.** Ibid. **151.** Ibid. p. 703 **152.** CAC BRGS 1/3 **153.** Colville, *Fringes* p. 703 **154.** ed. Soames, *Speaking* p. 587 **155.** Colville, *Fringes* p. 705 **156.** WSC, *Unwritten* p. 202 **157.** Fladgate Archives Moir Doc ch. III **158.** Browne, *Sunset* p. 171 **159.** CAC SCHL 1/2/1 **160.** Soames, *Clementine* p. 549 **161.** *CS* VIII pp. 8608–9 **162.** Fladgate Archives Moir Doc ch. III **163.** Ibid. **164.** Ramsden, 'Greatest' p. 15; Brendon, *Churchill* p. xx **165.** CAC NEMO 3/3 **166.** BU AP 20/25 **167.** *CS* VIII p. 8625 **168.** Ibid. p. 8633 **169.** Colville, *Fringes* p. 706 **170.** Ibid. p. 705 **171.** ed. Soames, *Speaking* p. 590 **172.** Colville, *Fringes* p. 706 **173.** ed. Soames, *Speaking* p. 590 **174.** Colville, *Fringes* p. 706 **175.** Ibid. **176.** Ibid. p. 707 **177.** Ibid. **178.** Ibid. p. 708 **179.** Ibid. **180.** Ibid. **181.** OB VIII p. 1123 **182.** Ibid. **183.** Ibid. **184.** *CV* I Part 2 p. 839 **185.** Seldon, *Indian Summer* passim **186.** Gilbert, *Churchill's Political Philosophy* passim **187.** Colville, *Fringes* p. 709 **188.** OB VIII p. 327 **189.** Ibid. p. 704 **190.** CAC HAMB 1/1/8 **191.** Ibid. **192.** ed. Midgley, *Heroic Memory* p. 29

第34章 "夕阳漫漫"（1955年4月—1965年1月）

1. WSC, *Marl* II p. 1036 **2.** WSC, *Savrola* p. 35 **3.** ed. Marchant, *Servant* p. 141 **4.** Interview with Francis Maude 26 July 2016 **5.** Rowse 'Visit' pp. 8–13 **6.** Ibid. **7.** Ibid. **8.** Ibid. **9.** Browne, *Sunset* p. 305 **10.** Colville, *Fringes* pp. 526–7 **11.** ed. James, *Chips* p. 396 **12.** OB V p. 441 **13.** Ashley, *Historian* p. 210 **14.** Reynolds, 'Churchill the Historian' **15.** WSC, *HESP* IV pp. 182, 263 **16.** *CIHOW* p. 522 **17.** Browne, *Sunset* p. 120 **18.** ed. Soames, *Speaking* p. 604 **19.** Halle, *Irrepressible* p. 313 **20.** *New York Times* 22 April 1956 **21.** WSC, *HESP* I pp. 95, 99 **22.** CAC KLMR 6/9 **23.** ed. Soames, *Speaking* p. 610 **24.** OB VIII p. 1123 **25.** Moran, *Struggle* p. 748 **26.** Colville, *Fringes* p. 392 **27.** Macmillan, *Riding* p. 175 **28.** Lees-Milne, *Mingled Measure* p. 68 **29.** Browne, *Sunset* pp. 166–7 **30.** ed. Soames, *Speaking* p. 619 **31.** Gilbert, *Other Club* p. 216 **32.** ed. Soames, *Speaking* p. 622 **33.** CAC CHOH/3/CLVL **34.** Colville, *Churchillians* p. 123 **35.** Howells, *Simply Churchill* p. 61 **36.** Lysaght, *Brendan* p. 349 **37.** Gilbert,

Other Club p. 218 **38.** Sandys, *Chasing Churchill* p. 1 **39.** ed. Soames, *Speaking* p. 627 **40.** Halle, *Irrepressible* p. 337; ed. Midgley, *Heroic Memory* p. 30 **41.** Sandys, *Chasing Churchill* p. 1 **42.** Ibid. p. 9 **43.** Ibid. p. 13 **44.** Ibid. p. 14 **45.** *CIHOW* p. 368 **46.** PA BBK/3/70 **47.** ed. Soames, *Speaking* p. 632 **48.** CIHOW p. 341 **49.** WSC, *Unwritten* p. 324 **50.** Bod CPA PUB 229/12/7/fol. 44 **51.** *CS* VIII p. 8707 **52.** *CIHOW* p. 530; Churchill, *Tapestry* p. 17 **53.** *CIHOW* p. 161 **54.** ed. Soames, *Speaking* p. 635 **55.** Murray, *Bodyguard* p. 202 **56.** Gilbert, *A Life* p. 957 **57.** *FH* no. 117 p. 7; Browne, *Sunset* pp. 273–4; OB VIII p. 1337 **58.** CAC CHAR 28/26/5 **59.** Soames, 'Human Being' p. 8 **60.** ed. Soames, *Speaking* p. 646 **61.** Browne, *Sunset* p. 325 **62.** Soames, *Clementine* p. 535 **63.** Ramsden, *Man of the Century* p. 3 **64.** *Commentary Magazine* 1 October 1966. **65.** The best account of the funeral is to be found in Croft, *Final Farewell* p. 62 **66.** *The Times* 25 January 1965 **67.** Rowse, *Memories* p. 12 **68.** Soames, *Clementine* p. 545

尾声 “与命运同行”

1. eds. Blake and Louis, *Churchill* p. 406 **2.** Ismay, *Memoirs* pp. 269–70 **3.** *CV* III Part 2 p. 1339 **4.** Cherwell Papers K70/4 **5.** eds. Danchev and Todman, *War Diaries* pp. 450–51 **6.** WSC, *RW* II p. 375 **7.** ed. Soames, *Speaking* p. 149 **8.** OB II p. 34 **9.** *Churchill by his Contemporaries*, https://winstonchurchill.hillsdale.edu/clement-attlee-part-2/ **10.** *New York Times Book Review* 16 July 1995 **11.** ed. Muller, *Peacemaker* p. 6 **12.** Pawle, *Warden* p. 179 **13.** Taylor, *Winston Churchill* p. 291 **14.** ed. Eade, *Contemporaries* p. 248 **15.** *CS* V p. 5197 **16.** WSC, *GC* p. 137 **17.** Sterling, 'Getting' p. 10 **18.** Dean, *Hatred, Ridicule* p. 45 **19.** OB V p. 1115 **20.** Christie's Manuscripts Sales Catalogue 2003 **21.** ed. Eade, *Contemporaries* p. 433 **22.** Browne, *Sunset* p. 119 **23.** *CS* VI p. 6537 **24.** Arnn, *Churchill's Trial* p. xiv **25.** *Pall Mall Magazine* July 1927; WSC, *Thoughts* p. 23 **26.** CAC KLMR 6/9 **27.** WSC, *MEL* p. 73 **28.** Rose, *Literary Churchill* passim **29.** Soames, 'Human Being' p. 4 **30.** ed. Eade, *Contemporaries* pp. 14–35 **31.** Ismay, *Memoirs* p. 142 **32.** WSC, *Marl* II p. 331 **33.** *CS* VIII p. 8321 **34.** ed. Muller, *Contemporaries* p. 189 **35.** Gilbert, *Search* p. 215 **36.** CAC CHAR 1/399A/66–79 **37.** WSC, *TSWW* I p. 96 **38.** Reynolds, 'Churchill the Historian' **39.** *CS* VIII p. 8422 **40.** ed. Gorodetsky, *Maisky Diaries* p. 353 **41.** CAC CHOH/3/CLVL **42.** WSC, *TSWW* IV p. 182 **43.** WSC, *India* pp. xxxix–xl **44.** *CV* III Part 2 p. 1467 **45.** Kennedy, *Business* p. 115 **46.** Colville, *Fringes* p. 507 **47.** Baxter, 'Military Strategist' p. 9; Howard, *Mediterranean Strategy* pp. 31–2 **48.** *FH* no. 140 p. 31 **49.** OB VI p. 1274 **50.** Jacob, 'High Level' p. 373 **51.** eds. Danchev and Todman, *War Diaries* p. 713 **52.** *CS* VIII p. 8608 **53.** WSC, *TSWW* II p. 88 **54.** ed. Eade, *Contemporaries* p. 209 **55.** Gilbert, *A Life* p. 79 **56.** *CS* IV p. 4143; *CIHOW* p. 72 **57.** *CS* VI p. 6655 **58.** http://www.telegraph.co.uk/news/uknews/1577511/Winston-Churchill-didnt-really-exist-say-teens.html **59.** Scott, *Churchill* p. 2 **60.** Ibid. p. 266 **61.** OB VIII p. 1123.

1 丘吉尔认为，威廉·奥宾为他所作的这张画像是他的众多画像中最像他的。画像的创作时间是1916年，当时丘吉尔正处于达达尼尔战役失利后的在野时期。

2　位于牛津郡的布莱尼姆宫的正面，历代马尔伯勒公爵的家。1874 年，丘吉尔出生在这里，国王乔治三世在参观布莱尼姆宫时说：“这场胜利无与伦比。”

3　伦道夫·丘吉尔勋爵，温斯顿冷漠、疏远、总爱责备的父亲。温斯顿一生都在努力给父亲留下好印象。

4　珍妮·杰罗姆，温斯顿漂亮、任性、在他的生活中出现不多的母亲。美国人，社交名媛。

5 伊丽莎白·埃佛勒斯特，丘吉尔深爱的保姆。

6 一个 7 岁小贵族的姿态。

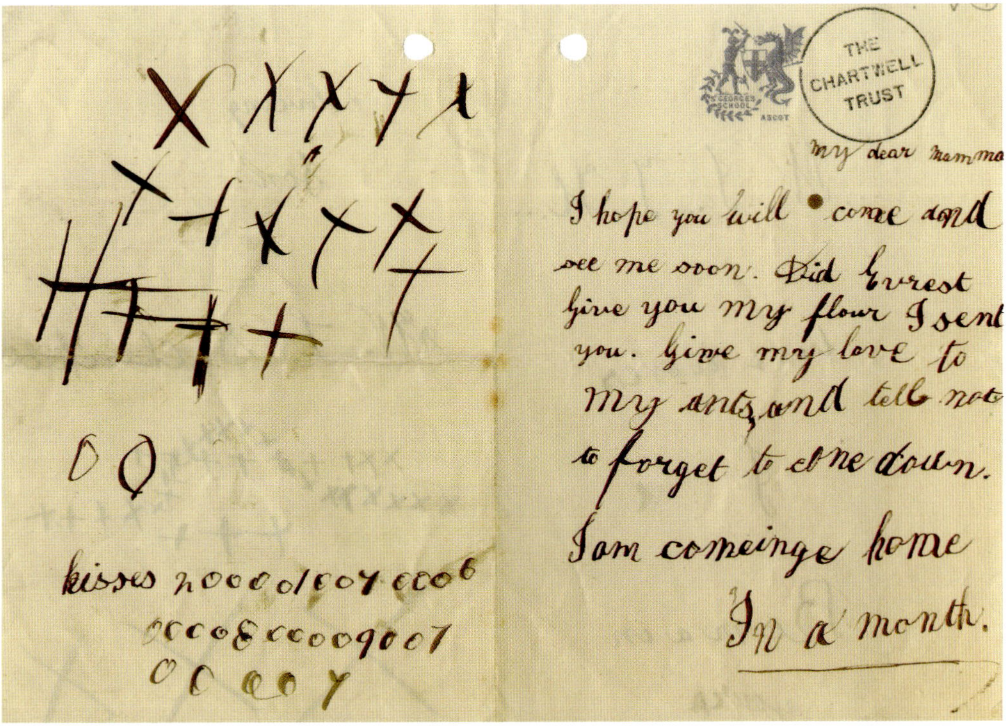

My dear mamma

I hope you will come and see me soon. Did Everest give you my flour I sent you. Give my love to my ants, and tell not to forget to come down.

I am comeinge home In a month.

kisses

7 温斯顿 8 岁时写给妈妈的信，他请她到学校来看望自己。这些信多数没有得到回应。

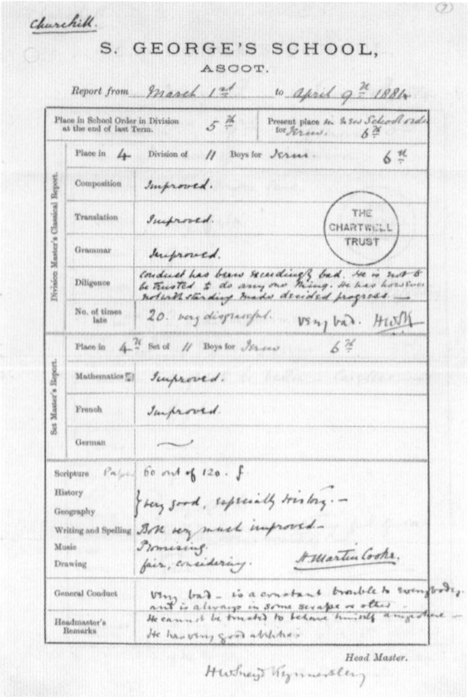

Churchill.

S. GEORGE'S SCHOOL,
ASCOT.

Report from March 1st to April 9th 1884.

Place in School Order in Division at the end of last Term.	5th	Present place in School order for Term. 6th
Division Master's Classical Report. Place in 4 Division of 11 Boys for Term.		6th
Composition	Improved.	
Translation	Improved.	
Grammar	Improved.	
Diligence	Conduct has been exceedingly bad. He is not to be trusted to do any one thing. He has however notwithstanding made decided progress.	
No. of times late	20. very disgraceful.	Very bad. H.M.K.
Set Master's Report. Place in 4th Set of 11 Boys for Term	6th	
Mathematics	Improved.	
French	Improved.	
German	—	
Scripture	Paper 60 out of 120. f	
History / Geography	very good, especially history.	
Writing and Spelling	Both very much improved.	
Music	Promising.	
Drawing	fair, considering.	H. Martin Cooke.
General Conduct	Very bad – is a constant trouble to everybody and is always in some scrape or other.	
Headmaster's Remarks	He cannot be trusted to behave himself anywhere – He has very good abilities.	

Head Master.

H. W. Sneyd Kynnersley

8 总体表现：很差。持续不断地给所有人制造麻烦，总是出现这样或那样的状况。校长评语：在任何地方都不能相信他会举止得体。他的能力很强。丘吉尔的学校报告显示，他并不像他的自传中所描述的那样是个白痴，尽管在他所就读的每一所学校里，他都是最淘气的学生之一。

9 1892 年，在哈罗公学时，在韦尔登博士家拍摄的照片。丘吉尔靠在栏杆上，他身后是因 1915 年受枪伤去世的乔治·霍尔。第一次世界大战结束时，照片中的男孩有 11 个已经死去。

10 丘吉尔的弟弟杰克是“缅因号”医疗船上接待的第一位受伤军官，这艘船由他们的母亲珍妮帮助配齐装备并带到布尔战争的战场。

11 1899 年，丘吉尔在南非。他违反军队规定，佩戴着西班牙十字勋章绶带。他很快就刮掉了照片中的小胡子，因为胡子的颜色太浅了。

12 1899 年 11 月，逃离比勒陀利亚的战犯营后，丘吉尔返回德班，成为英雄。

13　1906年，与德皇威廉二世一起观看德意志帝国军队演习。

14　在东非，丘吉尔坐在火车头前面的排障器上。4个人从左至右分别为：埃迪·马什、丘吉尔的姑父戈登·威尔逊上校、乌干达专员詹姆斯·海斯·萨德勒爵士和丘吉尔。

15 克莱门汀·霍齐尔正要嫁给丘吉尔的时候。

16 1908 年 9 月 12 日，婚礼后，夫妇二人从圣玛格丽特的威斯敏斯特教堂走出来。

17 1908 年 5 月，在邓肯的补选中，爱尔兰妇女参政论者玛丽·马洛尼在丘吉尔巡回演讲时总是摇响一个大铃铛，把他的声音压下去。

18　1912 年，在地中海英国皇家海军“魔女号”游艇上。从左至右分别为赫伯特·阿斯奎斯、赫伯特的女儿维奥莱特（后来的维奥莱特·博纳姆·卡特夫人）、丘吉尔、丘吉尔的两个私人秘书詹姆斯·马斯特顿–史密斯和埃迪·马什。

19　海军大臣“杰基”·费舍尔，丘吉尔的一个反复无常的同事、朋友和克星。

20　大卫·劳合·乔治，他与丘吉尔一起播下了福利国家的种子，但此后他们的关系时好时坏，直到劳合·乔治于 1945 年去世。

21　1927 年，丘吉尔的朋友沃尔特·西克特为其所作画像，当时丘吉尔正担任财政大臣。

22 1912年的阿瑟·贝尔福。他遭到丘吉尔的讥讽长达5年，但后来他们成为朋友。

23 1915年的陆军元帅基钦纳勋爵，比起做陆军大臣，他的海报做得更好。

24 1921年的寇松勋爵。丘吉尔一家给他起的绰号是“至高霸主”，因为他总是有一种优越感。

25 保守党政治家、大律师F. E. 史密斯，丘吉尔最好的朋友，也是他为数不多的妙语连珠的上级之一。

26-27 在达达尼尔战役失利后，丘吉尔在人生最低潮时开始练习绘画。他和克莱门汀当时住在赫特福德郡的哈茨伯恩庄园，美国女演员玛克辛·艾略特的家中。

28 丘吉尔 1926 年的画作《瓶逸》。丘吉尔派家人围着查特韦尔庄园到处寻找，收集画作中这些东西。

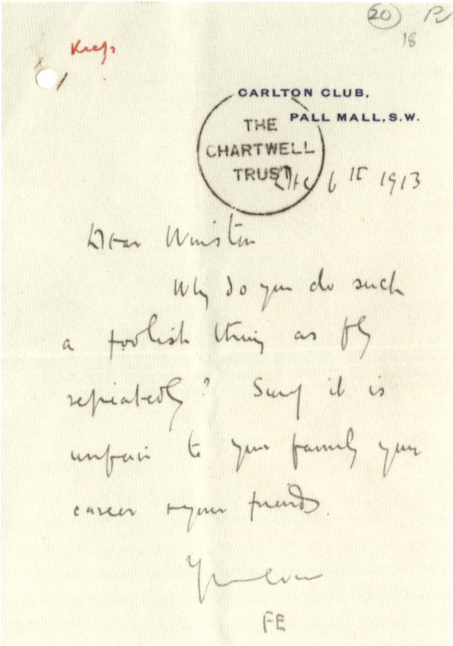

CARLTON CLUB,
PALL MALL, S.W.

THE CHARTWELL TRUST

1913

Dear Winston

Why do you do such a foolish thing as fly repeatedly? Surely it is unfair to your family your career & your friends.

Yours ever

FE

29　1913年12月，F. E. 史密斯因为丘吉尔冒着生命危险学习飞机驾驶而告诫他。

30　1915年，丘吉尔与飞行员杰拉德少校一起飞抵汉普郡希尔西。

31　1916年1月5日，丘吉尔中校在苏格兰皇家毛瑟枪团第六营，比利时普卢赫斯泰尔特前线。左边是他的副手和朋友，后来的自由党领袖阿奇·辛克莱少校。

32　丘吉尔在战壕中头戴法国士兵钢盔。该画像为约翰·莱弗里爵士1916年所作。

33 1921 年 3 月 20 日，丘吉尔在开罗会议期间参观金字塔。骑着骆驼的前排 5 人（从左至右）分别是：克莱门汀 · 丘吉尔、丘吉尔、格特鲁德 · 贝尔、阿拉伯的劳伦斯和探警沃尔特 · 汤普森。

34 1921 年 5 月，丘吉尔与堂兄伦敦德里侯爵在罗汉普顿马球俱乐部打马球。伦敦德里后来成为主要的绥靖主义分子之一。

35 位于肯特郡的查特韦尔庄园。丘吉尔 1922 年买下该庄园，并钟爱一生。

PLEASE PASS ON THIS COPY OR DISPLAY

The British Gazette

Published by His Majesty's Stationery Office.

No. 8 LONDON, THURSDAY, MAY 13, 1926 ONE PENNY

GENERAL STRIKE OFF

UNCONDITIONAL WITHDRAWAL OF NOTICES BY T.U.C.

Men To Return Forthwith.

SURRENDER RECEIVED BY PREMIER IN DOWNING STREET.

Negotiations To Be Resumed In The Coal Dispute.

The General Strike, which began at midnight on Monday, May 3, ended yesterday in an unconditional withdrawal of the strike notices by the General Council of the Trades Union Congress. The news of the settlement was conveyed to the public in the following official communiqué :—

WHITEHALL, May 12.

It was intimated to the Prime Minister that the Trades Union Council desired to come and see him at Downing-street, and they arrived soon after 12 noon. Mr. Pugh made a statement, in which he stated that the Trades Union Council had decided to call off the strike notices forthwith.

The Prime Minister then spoke briefly. He stated that he was very glad to hear what Mr. Pugh had said, and he would report it to his colleagues in the Cabinet.

As regards the coal industry, the Prime Minister said that negotiations would be resumed, and the Government would consider as to what steps should be taken.

The whole proceedings lasted a very few minutes.

THE DECISION OF THE T.U.C.

NO RESUMPTION BY MINERS.

Mr. Cook And End Of The General Strike.

"Nothing To Do With Us."

THE KING TO THE NATION.

Appeal For Lasting Peace.

DIFFICULTIES STILL AHEAD.

"Let Us Forget Elements of Bitterness."

The King last night issued the following message from Buckingham Palace :—

TO MY PEOPLE.

The Nation has just passed through a period of extreme anxiety. It was to-day announced that the General Strike had been brought to an end.

At such a moment it is supremely important to bring together all my people to confront the difficult situation which still remains. This task requires the co-operation of all able and well-disposed men in the country. Even with such help it will be difficult, but it will not be impossible.

Let us forget whatever elements of bitterness the events of the past few days may have created, only remembering how steady and how orderly the country has remained, though severely tested, and forthwith address ourselves to the task of bringing into being a peace which will be lasting because, forgetting the past, it looks only to the future with the hopefulness of a united people.—GEORGE R.I.

REINSTATEMENT. No Obligations Incurred.

MINERS NOT CONSULTED.

CIVIC SERVICE. Home Secretary And Volunteer Labour.

POSTAL SERVICES. Delivery Of Parcels To Be Resumed.

VOLUNTARY SERVICES.

APRIL TRADE RESULTS.

MR. BALDWIN ON THE FINISH.

Victory Of Common Sense.

STATEMENT IN PARLIAMENT.

NATURE OF THE PEACE.

THE NEWS IN PARIS. Profound Relief In British Circles.

RESUMPTION OF RACING.

"British Gazette" Circulation.

May 5	232,000
May 6	507,000
May 7	655,000
May 8	836,000
May 10	1,127,600
May 11	1,801,400
May 12	2,209,000

THE BIRTH AND LIFE OF "BRITISH GAZETTE"

An Unexampled Achievement in Journalism.

HOW AN IMPROVISED NEWSPAPER REACHED A CIRCULATION OF 2,209,000.

THE GOVERNMENT

A FAMOUS LETTER.

A CRUCIAL TIME

The Morning Post

ON FRIDAY, MAY

THE MORNING POST

will

RESUME PUBLICATION

Price ONE Penny

36 在1926年的总罢工中，丘吉尔一直编辑出版的《英国公报》印刷了第8期，也是最后一期。

37 1927 年秋天，在查特韦尔庄园喝茶：（从左至右）特蕾莎 · 西克特、戴安娜 · 米特福德（后来的戴安娜 · 莫斯利）、埃迪 · 马什、丘吉尔、弗雷德里克 · 林德曼教授、伦道夫 · 丘吉尔、戴安娜 · 丘吉尔、克莱门汀和沃尔特 · 西克特。

38 1929 年，丘吉尔穿着阿斯特拉罕羔羊皮大衣发表竞选演说。

39 1929 年，丘吉尔当选布里斯托尔大学名誉校长，穿着父亲的财政大臣长袍参加仪式。

40 “其他俱乐部”1911年由丘吉尔和F. E.史密斯创建，成员一直在萨沃伊酒店的皮纳福尔厅用餐。

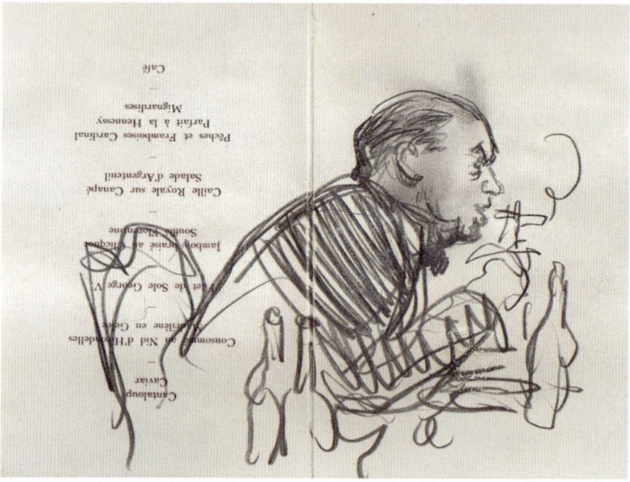

41 “其他俱乐部”成员阿尔弗雷德·芒宁斯作品，创作于1929年7月。

42 “其他俱乐部”成员阿尔弗雷德·芒宁斯作品，创作于1934年圣诞节。

Walking with Destiny

丘吉尔传 上

与命运同行

[英] 安德鲁·罗伯茨（Andrew Roberts） 著
李晓霞 译

中信出版集团 | 北京

图书在版编目（CIP）数据

丘吉尔传：与命运同行 / (英) 安德鲁 · 罗伯茨著；李晓霞译. -- 北京：中信出版社, 2021.5（2025.5 重印）
书名原文: Churchill: Walking with Destiny
ISBN 978-7-5217-2413-4

Ⅰ. ①丘… Ⅱ. ①安… ②李… Ⅲ. ①丘吉尔(Churchill, Winston Leonard Spencer 1874-1965)—传记 Ⅳ. ①K835.617=5

中国版本图书馆CIP数据核字（2020）第214232号

Original Title: Churchill: Walking with Destiny

丘吉尔传：与命运同行（上）

著　　者：［英］安德鲁 · 罗伯茨
译　　者：李晓霞
出版发行：中信出版集团股份有限公司
（北京市朝阳区东三环北路 27 号嘉铭中心　邮编　100020）
承 印 者：北京盛通印刷股份有限公司

开　　本：787mm × 1092mm　1/16　　印　　张：36.25　　字　　数：520千字
版　　次：2021年5月第1版　　印　　次：2025年5月第6次印刷
京权图字：01-2020-6372
书　　号：ISBN 978-7-5217-2413-4
定　　价：198.00元（全二册）

目 录

第二部分

考 验

感谢的话

首先，我要感谢伊丽莎白二世女王陛下，她的慷慨许可，才使得温莎皇家档案馆的材料能够为我所用。她毫无保留地允许我查阅她的先父，乔治六世国王的全部战时日记，使我成为第一个自由查阅这些资料的丘吉尔传记作者。对于这一点，我尤为感激。

我的素材来源，很多都属于非公开文献。为此，我要特别感谢以下诸位友人。感谢戴维·卡梅伦允许我查阅契克斯庄园 1940 年—1945 年，以及 1951 年—1955 年期间的访客簿；感谢乔治·奥斯本与弗朗西斯·奥斯本夫妇允许我查阅多恩伍德庄园的访客簿，以及那里记录柯林斯式小型台球得分情况的“黄金册”；感谢尼古拉斯·索姆斯爵士允许我成为继马丁·吉尔伯特爵士之后第一位研究“其他俱乐部”资料的丘吉尔传记作家；感谢彼得罗内拉·怀亚特允许我查阅伍德罗·怀亚特的日记；感谢沃克一家为我提供玛丽安·福尔摩斯的战时日记；感谢约翰·汤森允许我查阅第二代伯肯黑德伯爵的文件；感谢索尔兹伯里侯爵对丘吉尔所做的回忆，感谢他允许我引用哈特菲尔德庄园里加斯科因–塞西尔的文件，罗宾·哈考特·威廉姆斯在那里为我提供了很大的帮助；感谢雨果·维克斯友善地允许我使用他的祖父，维高达证券行创始人塞西尔·维克斯所保存的大量账本，来调查丘吉尔的股票交易记录；感谢理查德·帕克斯法官允许我引用他祖父未出版的安特卫普和加里波利回忆录，本·思特里克兰德允许我引用史密斯上尉对恩图曼战役的叙述，尼克·索恩允许我引用维维安·考克斯中校的日记；感谢美国华盛顿特区国家丘吉尔图书馆与中心（NCLC）的迈克尔·F. 毕晓普，他同时也是国际丘吉尔学会的主任，还要感谢乔治·华盛顿大学盖尔曼图书馆的伊丽莎白·卡普兰，他们允许我在NCLC正式开放前研究丘吉尔在战时的活动月卡，对此我不胜感激。

我还要感谢埃尔维尔的威廉姆斯夫人讲述有关为丘吉尔工作的事；感谢杰里·德密希尔陪同我在古巴中部进行了500英里[①]的往返旅行，去看了丘吉尔第一次听到愤怒的枪声的地方；感谢乔伊·亨特对战时内阁联合规划秘书处工作的回忆；感谢默文·金审核了我关于丘吉尔决定重新加入金本位制的那段内容；感谢国际丘吉尔学会的劳伦斯·盖勒和戴维·弗里曼；感谢公立学校击剑比赛组织的罗德尼·弗朗西斯；感谢比尔·罗迪与亚历克斯·罗迪夫妇让我参观了丘吉尔在莫佩斯大厦11号的公寓；感谢丘吉尔的Fladgate's律师事务所的西蒙·厄金斯；感谢Hurlingham俱乐部的凯莉·斯塔仁；感谢布莱尼姆宫的约翰·佛斯特，亨利塔·斯宾塞-丘吉尔夫人，卡伦·怀斯曼和迈克·戴伊；感谢牛津大学博德莱恩图书馆之韦斯顿图书馆的杰里米·基尔维恩；感谢皇家档案馆的比尔·斯多金和艾莉森·德里特；感谢斯坦福大学胡佛研究所的简·坎农；感谢帝国战争博物馆的简·菲施；感谢约尔·克里帕克和里卡多·瓜尔达拉莫·罗曼在古巴为我提供的帮助；感谢苏珊·斯科特，科琳·康拉斯和埃尔维尔的威廉姆斯夫人在“其他俱乐部”的资料方面所提供的帮助；感谢拉里·阿恩，苏林·盖革以及密歇根希尔斯代尔学院丘吉尔档案小组的所有成员，感谢他们为记录丘吉尔所有的文字遗产所做的杰出工作；感谢克莱尔·卡瓦纳和牛津大学纳菲尔德学院档案馆的工作人员；感谢英国上议院档案办公室的克莱尔·巴特利，感谢她在查阅政府资料方面的帮助；感谢马克·福斯特-布朗提供了他的祖父、海军少将罗伊·福斯特-布朗关于1944年12月丘吉尔访问雅典时的回忆录；感谢哈罗公学档案馆的苔丝·福克斯；感谢马赫迪对他祖父马赫迪的追忆；感谢英国科学院的P. W. H. 布朗；感谢朗利特档案馆的凯特·哈里斯博士；感谢

① 1英里≈1.61千米。——编者注

乔治·C. 马歇尔基金会的罗伯·哈弗斯博士；感谢伦敦国王学院战争研究系利德尔·哈特档案馆的戴安娜·曼尼普德；感谢罗德尼·梅尔维尔和弗朗西斯卡·麦科伊允许我用一天的时间查看契克斯庄园的访客簿；感谢苏黎世大学的佳妮娜·格鲁纳尔让我参观了丘吉尔1946年演讲的讲台；感谢约翰·李带我去了丘吉尔1945年3月横渡莱茵河的地方，参观了丘吉尔在普洛格斯蒂尔的战壕阵地；感谢拉斐尔·塞拉诺带我参观了老海军部大楼；感谢埃文女士准许我研究了安东尼·艾登的文件；感谢格雷旅馆的蒂莫西·沙特尔沃恩，那是丘吉尔和富兰克林·罗斯福首次见面的地方；感谢英国国家海军博物馆的希瑟·约翰逊；感谢查特韦尔庄园的佐伊·考贝克和凯瑟林·巴内特；感谢美国“温斯顿·丘吉尔号”军舰的船长和船员；感谢约翰·马瑟博士与我们探讨了丘吉尔的健康问题；感谢克里斯托弗·克莱门特–戴维斯对其祖父与丘吉尔的关系所发表的深刻见解；感谢巴纳比·列侬邀请我在哈罗公学丘吉尔歌会上发表演讲；感谢桑德赫斯特学院的格雷戈里·弗里蒙特–巴恩斯和安东尼·莫顿博士；感谢杰弗里·帕丁顿所做的回忆。多那泰拉·弗里克友好地带我参观了海德公园门28号，那是丘吉尔去世的地方。

与其他历史学家一起讨论丘吉尔的经历令我受益匪浅。我要特别感谢乔纳森·阿肯、拉里·阿恩、威尔弗雷德、克里斯托弗·M. 贝尔、约翰·比尤、保罗·比尤、康拉德·布莱克、杰里米·布莱克、乔纳森·布莱克、罗宾·布罗德、赫斯特、斯蒂芬·布扎奇、迈克尔·伯利、彼得·卡迪克–亚当斯博士、戴维·卡纳迪恩、罗纳德·I. 科恩、保罗·库尔特奈、罗德尼·克罗夫特、巴里德·摩根、戴维·迪尔克斯、沃伦·多克特、安东尼亚·弗雷泽夫人、马库斯·弗雷斯特、苏林·盖革、理查德·格里菲思、雷夫·黑德尔–曼科、詹姆斯·霍兰德、迈克尔·霍华德爵士、约翰·休斯–威尔逊、伊恩·科莎爵士、沃伦·金伯尔、阿尔伯特·科纳普、吉姆·兰卡斯特、西莉亚·李、约翰·李、刘易斯·E. 莱尔曼、迈克尔·麦克曼米恩、艾伦·马林森、约翰·H. 毛雷尔、威廉·莫里西、詹姆斯·马勒、菲利普·里德、肯尼斯·伦德尔、拉里·罗宾逊、凯文·鲁安、道格拉斯·拉塞尔、西莉亚·桑迪斯、彼得·萨维尔、理查德·W. 史密斯、吉莉安·萨默斯凯尔斯、尼古拉斯·斯塔卡德、齐塔·施特尔策、本·思特里克兰德、布莱德利·P. 托尔帕宁和库尔特·佐勒等人。著名的丘吉尔历史学家保罗·艾迪生阅读了此书的校样，非常感谢他所做的相关评论。

我还要感谢以下部门的工作人员：古巴阿罗约·布兰科博物馆、英国皇家植物园国家档案馆、伯明翰大学吉百利研究图书馆、剑桥大学图书馆、纽约公共图书馆伯格藏书馆、达克斯福德的帝国战争博物馆、丘吉尔作战室，为我展示丘吉尔 1895 年和 1946 年访问古巴时所住的哈瓦那 Inglaterra 和 Nacional 酒店、马拉喀什马穆尼亚酒店、比利时普洛格斯蒂尔的塞子街体验中心，以及伦敦国王学院的李德·哈特中心。

我要感谢那些在本书出版前阅读了书稿并提出修改建议的人，包括保罗·艾迪生、格雷格·伯曼、迈克尔·F. 毕晓普、罗宾·布罗德赫斯特、鲁迪·卡门特、理查德·科恩、保罗·库尔特奈、我的妻弟保罗·戴利、马克·法伊格、艾伦·霍布森、理查德·兰沃兹、约翰·李、杰里·德密希尔、理查德·芒罗、斯蒂芬·帕克、李·波洛克、伊莱休·罗斯教授、彼得·萨维尔、马克斯·夏皮罗、吉勒斯·沃克莱尔、摩西·万德及彼得·怀利。我还要感谢默林·阿姆斯特朗、理查德·科恩、我的儿子亨利·罗伯茨、马修·萨德勒和加布里埃尔·怀特曼等人为我提供了非常有益的帮助。

还要特别感谢艾伦·帕克伍德以及剑桥大学丘吉尔学院丘吉尔档案中心的所有工作人员，包括凯瑟琳·汤姆森、海蒂·埃吉曼、萨拉·里维利、娜塔莎·斯文斯通和安德鲁·莱利等人。几年来，这些出色的档案工作者对电视摄制组表现出了容忍和大度，为我转译了丘吉尔那些难以辨认的文字，为我提供了照片，并与我共进午餐。他们一直都非常友善、友好、乐于助人，而且非常高效。

丘吉尔的家人给予了我极大的支持和鼓励，尤其是伦道夫·丘吉尔、埃德温娜·桑迪斯、西莉亚·桑迪斯、明妮·丘吉尔、艾玛·索姆斯和尼古拉斯·索姆斯爵士，以及已故的玛丽·索姆斯夫人。同样，迈克尔·F. 毕晓普也是一块我可以依靠的磐石。

我对理查德·兰沃斯的感激之情溢于言表，他是了不起的“希尔斯代尔丘吉尔项目”负责人，没有他，这本书就不可能完成。多年来，我们与他，以及保罗·库尔特奈之间关于丘吉尔方方面面的电子邮件数量已经达到四位数，他们的知识和智慧渗透到本书的每一页，尽管，毫无疑问，本书仍有许多与他们的意见相左的地方。与他们的互动是我写作本书的最大乐趣之一。

丘吉尔在《英语民族史》一书中曾经写道:“写一本内容丰富、长篇大论的书就像身边拥有一个朋友和伴侣,你总可以从他们那里寻得安慰和快乐。随着一个崭新的、不断扩大的兴趣领域在我们的头脑中被点亮,他们的社会也会变得更有吸引力。”我要感谢我的编辑斯图尔特·普罗菲特和乔伊·得门尼尔,我的经纪人乔治娜·卡佩尔,我的技术编辑,目光如炬的彼得·詹姆斯,还有我的图片编辑塞西莉亚·麦凯,以及企鹅出版社的理查德·杜吉特和本·辛尼,感谢他们的友谊、幽默、劳模式的工作和高超的专业技能。斯蒂芬·瑞恩再次担任了一名出色的校对人员。

非常感谢我的妻子苏珊,她陪我游历了加里波利、古巴和广岛,也非常感谢她四年多来一直与这本书生活在一起,给了我源源不断的帮助、支持和鼓励。正如丘吉尔在《我的早年生活》一书的最后一句话中所说的那样:“我结了婚,从此过着幸福的生活。”

安德鲁·罗伯茨

2018年7月

引 言

1945 年 12 月 20 日，星期四，在伦敦骑士桥温斯顿·丘吉尔的新家，《星期日电讯报》编辑查尔斯·艾德正在与丘吉尔及其夫人克莱门汀共进午餐。艾德当时正在编辑这位前首相的战时讲话，准备出版，他们今天要商讨的是最新一卷。

午餐前，艾德在房间里等待。他后来描述道："那房间很漂亮，书架嵌入墙里，装满了精装本的法文和英文书籍。"丘吉尔把这儿称作自己的"自命高雅图书馆"。房间的墙面上装饰着丘吉尔的先祖，第一代马尔伯勒公爵的画像，还有一战时期约翰·拉威利爵士为丘吉尔所作的画像。

这顿午餐反映出战后英国的定量供给政策：一盘鸡蛋、冷盘火鸡和沙拉、李子布丁，还有咖啡。他们还喝了一瓶波尔多市长刚送过来的红葡萄酒。丘吉尔告诉艾德，在前一天晚上法国大使馆的晚宴上，他"喝得酩酊大醉"，然后咯咯笑着补充道："比平时还醉得厉害。"丘吉尔对这位记者非常信赖，他们在战争期间曾经多次共进午餐。

在喝了几杯白兰地，抽了一支雪茄后（艾德拿走了那支雪茄的环标做纪念），丘吉尔开始专心讨论那些战时下议院秘密会议时期的演讲怎么出版才好。在长达一小时的谈话中，丘吉尔还向艾德展示了 1940 年—1945 年，他发给各位内阁部长和参谋长的 68 卷会议记录、信息和备忘录，并允许艾德随意翻看。

对于首相丘吉尔完成的巨大工作量，艾德表现出由衷的惊讶。"他向我解释说，他之所以能够把控所有这些重要事务，是因为他的一生，都在为战争期间他所居之高位做着准备。”这是两年前，在 1943 年 8 月召开的魁北克会议上，丘吉尔对加拿大总理威廉·麦肯齐·金表述的观点。1940 年，当金对丘吉尔说，除了他，没有人能够拯救大英帝国时，丘吉尔回答：“他受过超凡的训练，经历过前一场战争，对政府工作也颇具经验。”金回答：“是的，这几乎证实了长老会关于预定目标人选或圣职的古老观念，他就是那个被选中完成这项任务的人。”在丘吉尔的战时政府中担任过副部长的保守党政治家海尔什勋爵，也表达过同样的观点。他说：“在当代历史中，我认为自己看到了上帝之手的一个例子，那就是 1940 年丘吉尔成为英国首相的那一刻。”

三年后，在《第二次世界大战回忆录》第一卷《风云紧急》的最后几行中，丘吉尔把对金和艾德所说的话更有诗意地写了下来。当回忆起 1940 年 5 月 10 日，星期五的晚上，他成为首相才几小时后，阿道夫·希特勒就发动了闪电战时，丘吉尔写道：“我觉得自己似乎是在与命运同行，过去所有的一切，都是在为此时此刻，为今天的这份考验做准备……我不会因为迎战受到指责，也不会因为准备不充分遭到谴责。我觉得自己对这一切了如指掌，我敢肯定我不会失败。”

至少是从 16 岁起，他就开始相信“自己的命运”。当时他告诉一个朋友，他要把英国从外国侵略者手中拯救出来。他一生对拿破仑和他自己的先祖——第一代马尔伯勒公爵约翰·丘吉尔的崇拜，使他坚信自己也是一个由命运铸就的人。出身贵族，同时拥有斯宾塞和丘吉尔这两个望族之名，这些都给了他极大的自信——批评的声音是不会对他造成伤害的。当面对法西斯主义和共产主义的双重挑战时，他果敢地，也常常是孤独地，采取了反对的立场。这时候他更关心的，是那些在二战中倒下的战友如果活着会怎么想，而不是那些坐在下议院里毫发无损的同僚会怎么看。

对死于战争、意外事故（比如阿拉伯的劳伦斯）或是酗酒（比如 F. E. 史密斯）的朋友们的回忆，常常会使丘吉尔动情、落泪。还有许多其他事情，正像本书将要讲述的那样，也会让丘吉尔潸然泪下。情感常常支配着丘吉尔，即使作为首相，且在一个崇尚不苟言笑的年代，他也从不介意在公共场合落泪。有很多事情都能证明丘吉尔是个非同寻常的人，这个例子只是其中之一。

本书探究了在多大的程度上，丘吉尔 1940 年之前的生活，为他在第二次世界大战中发挥领导作用做了准备。本书同时调查了丘吉尔在成为首相之前的 65 年的生命中所吸取的各种经验教训，那是充满错误和悲剧的 65 年，也是他个人努力奋进的 65 年，更是激发了他领导力的 65 年。之后，本书探讨了在人类文明经受最大考验的危急时刻，丘吉尔是如何利用这些经验教训来应对这一考验的。尽管在 1940 年 5 月时，丘吉尔确实是在与命运同行，但他是有意识地用一生塑造了这一命运。

第一部分

准备

第1章

名门望族

（1874年11月—1895年1月）

人们常说，但凡名人，童年往往是不幸的。对于一个孩童来说，环境的压迫，苦难的磨砺，讥讽与奚落的鞭挞，恰恰可以唤醒他身上的坚毅果敢与超凡天赋。没有这些，伟大的行动便无从谈起。

——丘吉尔：《马尔伯勒传》[1]

一半是英国贵族，一半是美国赌徒。

——哈罗德·麦克米伦谈丘吉尔[2]

1874年11月30日，星期一，凌晨1点半，牛津郡布莱尼姆宫，在一楼一间离正门最近的卧室里，温斯顿·伦纳德·斯宾塞-丘吉尔出生了。无论是这个孩子的出生，还是他母亲的分娩，都曾令人担心忧虑。先说这个婴儿，他至少早产了6周；而他的母亲，美丽的美国社交名媛珍妮·杰罗姆，则在几天前摔了一跤。在分娩的前一天，他的母亲还在马车上被狠狠颠了一下，她的阵痛就是从那时开始的。孩子的父亲伦道夫·丘吉尔勋爵，第七代马尔伯勒公爵的小儿子，很快就开始这样描述自己的孩子了：他“漂亮得出奇”，长着“一双黑色的眼睛，头发的颜色也很深，非常健康”。[3]（孩子的头发很快就变成了草莓金色。而从他5岁起，人们在宫殿那间曾经的产房里看到的，就是他那一头浓密的红发了。）

“温斯顿”这个名字纪念的是两个人。一个是丘吉尔的先祖，温斯顿·丘吉尔爵士，他曾在英国内战中效忠英国国王查理一世；另一个是伦道夫勋爵的哥哥，他在 4 岁时就夭折了。“伦纳德”这个名字纪念的是孩子的外祖父。他是一位敢于冒险的美国金融家，同时也是一位铁路实业家。而“斯宾塞”这个名字，则从 1817 年起，就与丘吉尔家族联系在一起了，这是他们与富有的斯宾塞家族联姻的结果。斯宾塞家族是北安普敦郡阿尔索普的望族，当时就已经拥有桑德兰伯爵的爵位，后来成为斯宾塞家族世袭爵位。对于自己的斯宾塞先祖，丘吉尔感到非常骄傲，我们从他的签名“温斯顿 · S. 丘吉尔”上就能看出这一点。1942 年时，丘吉尔曾经对一位美国工会会员说，他真正的名字当然就是斯宾塞-丘吉尔，比如他去参见国王时，宫廷通报中他的名字就是这样的。[4]

孩子父亲这边的先祖之一，正是布莱尼姆宫的主人约翰 · 温斯顿 · 斯宾塞-丘吉尔。布莱尼姆宫被誉为英国的凡尔赛宫，同时也是“有史以来最伟大的战争纪念馆”。[5] 作为第一代马尔伯勒公爵，约翰 · 丘吉尔参加了 1704 年西班牙王位继承战争，布莱尼姆宫的命名，就是纪念他所打的胜仗中最具荣光的那一场。宫殿的结构、挂毯、半身像、绘画和家具之恢宏，都在纪念着这场胜利。这一仗让法国的路易十四梦想破灭，欧洲也因此没有形成超级大国统治的局面，英国得救了。对于这一点，年轻的丘吉尔心里一清二楚。国王乔治三世在 1786 年参观布莱尼姆宫时也承认：“这场胜利无与伦比。”

“我们先打造了建筑，”温斯顿 · 丘吉尔后来说，“而随后，建筑会打造我们。”[6] 布莱尼姆宫可谓气势宏伟，正身高达 500 英尺①，房屋面积达 7 英亩②，而整个庄园占地更是高达 2 700 英亩。尽管丘吉尔从未在布莱尼姆宫居住过，但是宫殿恢宏的气势还是深深地影响了他。在很多个假日和周末，他和堂兄弟们会一起到那里去，感受这座宫殿的富丽堂皇。时至今日，那里仍然弥漫着第一代公爵的精神。他是英国历史上最伟大的军人政治家，正如丘吉尔在他的先祖传记中所描述的那样，他是一位真正的公爵，是“公爵时代

---

① 1 英尺 = 0.304 8 米。——编者注
② 1 英亩 ≈ 4 046.86 平方米。——编者注

的公爵”。[7]

对于维多利亚时代晚期的人来说，小温斯顿·丘吉尔的名字会与两个形象联系在一起：一个是第一代公爵显赫的军事声誉和他那气势恢宏的宫殿，另一个就是孩子的父亲伦道夫·丘吉尔勋爵冒险的职业生涯。伦道夫勋爵在丘吉尔出生 9 个月前当选议会议员，从孩子 6 岁起，他就做了保守党的领袖之一。他饱受争议、机智善变、善于投机，在政治上冷酷无情。无论是在公共场合，还是在下议院，他都是位才华横溢的演讲者。他注定是未来的首相人选——只要他能克服自己那天性中的鲁莽。在政治上，他遵循保守派领袖本杰明·迪斯累里的训诫，要将海外帝国主义与国内渐进式的社会改革计划结合起来。伦道夫勋爵把他的版本称为“托利式民主”，后来，他儿子温斯顿全盘吸收了这一理念。他的口号“相信人民”，在他儿子的职业生涯中也多次被使用。

虽然伦道夫勋爵是公爵的儿子，但是他并不富裕，至少与他那个社会等级的大多数人相比是这样。在长子继承制时代，作为一个贵族的小儿子，他不能指望从父亲那里继承多少遗产，尽管他的美国妻子珍妮·杰罗姆的父亲近些年已经变得非常富有——甚至曾经被戏称为“纽约之王”——但是在 1873 年的美国股市崩盘时，他也遭遇了巨大的逆转。尽管如此，伦纳德·杰罗姆仍然住在一栋豪宅里，整个宅院覆盖了麦迪逊大道和第 26 街之间的整整一个街区。宅院里有宽敞的马厩，还有一个全尺寸的剧院。他曾经拥有今天的杰罗姆公园水库所在的全部土地，并创办了美国赛马会，还曾与人共同拥有《纽约时报》。

然而，股市崩盘一年后，到珍妮举行婚礼时，杰罗姆每年就只能为他漂亮的女儿解决 2 000 英镑的开销。马尔伯勒公爵每年可以为儿子贡献 1 200 英镑。再加上杰罗姆交给他们的一栋位于伦敦梅费尔高档住宅区查尔斯街 48 号的房屋的租赁权。如果这对夫妻不是出了名的挥霍无度，那么他们就会过上舒适的生活。他们的儿子在二战期间回忆说：“我们并不富有。我想我们一年大概有 3 000 英镑的收入，而花费是 6 000 英镑。”[8]

伦道夫勋爵是 1873 年 8 月在怀特岛的考斯赛艇会上遇见珍妮的。仅仅三天后，他就求了婚，她也接受了。1874 年 4 月 15 日，在订婚 7 个月后，他们在英国驻巴黎大使馆结了婚。尽管马尔伯勒家族也为他们的结合发来了正式的贺电，但是家人并没有来参加婚礼，因为公爵曾派人去纽约和华盛顿查实杰罗姆的真正净资产，他觉得他们的结合并非门当户对，杰罗姆是“那种粗俗的男人”，是来自“投机阶层”的“恶棍”。[9]

父母为爱结合让丘吉尔感到骄傲。他曾经对一本书提起诽谤诉讼，那本书把他说成是“著名的势力加美元婚姻的第一颗果实”。1937 年，他曾对一个朋友说：

> 书中对我父母婚姻的指摘令我非常痛苦，而且你也知道，那是完全没有根据的。如果真要说般配的话，在爱情方面他们倒是势均力敌，双方都没有多少钱。事实上，在伦敦社会里，他们只能以最简单的方式生活。如果说这桩婚姻后来出了名，那是因为我父亲——一个不为人知的贵族子弟，还有我母亲，她是大家公认的那个时代的美人之一，这一点我们从她所有的照片中都能看出来。[10]

（最终，出版商因为诽谤罪对他进行了赔偿，包括 500 英镑的精神损失费和 250 英镑的诉讼成本，但是他最想得到的道歉始终没能获得。）

温斯顿·丘吉尔出身于上流社会家族，出生在世界历史上最大的帝国里，他的家族拥有巨大的政治和经济实力。当时，这个阶层还没有受到不安全感和自我怀疑的困扰。丘吉尔身上那种超凡的自信和自立精神，完全来自他对自己是谁、来自哪里的本能的自信。在他的堂兄，第九代马尔伯勒公爵“桑尼”（Sunny）①[10] 的讣告中，丘吉尔写道，“在英国三四百年的历史中，有三四百个家族一直在引领着国家的命运”[11]，而“桑尼”就出生在这样一个家族。丘吉尔知道自己来自社会金字塔的顶端，而那个阶层当时的一大特点，就是不太在意更低阶层的人对他们有什么看法。他最好的朋友，保守党

---

① 人们给他取这个绰号并不是因为他的性格，而是因为他早年的尊称就是“桑德兰伯爵”，也就是“阳光德兰伯爵”。

议员、大律师 F.E. 史密斯，就是后来的伯肯黑德勋爵，曾经这样写丘吉尔："他的大脑可以屏蔽任何不自信"。[12] 事实证明，这一点对丘吉尔来说弥足珍贵，因为后来他要多次面对的情况之一就是：别人似乎都不信任他。

在维多利亚和爱德华时代，到朋友和熟人的乡村别墅去，共度"周五至周一"的加长版周末，在一定程度上就是上流社会的社交生活。丘吉尔后来常去度周末的地方，以及与他共度周末的家庭主要有：内布沃斯庄园的利顿一家，斯图瓦特庄园他的堂兄伦敦德里一家，特林庄园的罗斯柴尔德一家，塔普洛庄园和潘尚格庄园的格伦费尔一家，达尔蒙尼庄园的罗斯伯里一家，哈特菲尔德庄园的塞西尔一家，伊顿堂庄园的威斯敏斯特公爵（也可能是到他的"飞云号"游艇上去），坎福德马诺尔庄园他的堂兄温伯恩勋爵及夫人，海韦尔庄园的约翰·阿斯特一家，以及克莱夫登庄园的华尔道夫·阿斯特一家。他还常常去拜访布莱尼姆宫，以及很多其他类似的地方。虽然他在后来的政治生涯中偶尔会受到社会的排斥，但是他的社交网络始终庞大无比，是可以依靠的。就是这张以友谊和亲属关系为主的贵族关系网，在他后来所经历的几个困难时期支撑他走了出来。

维多利亚时代的英国贵族是一个非常独特的群体，他们有自己的等级制度，自己的口音，自己的俱乐部、中小学、大学，自己的职业道路、词汇选择、荣誉准则、爱情仪式、忠诚模式，自己的传统和体育项目，还有自己的幽默感。其中有些东西相当复杂，外人几乎无法理解。年轻的丘吉尔在做副大臣时，有人给他介绍了印度的种姓制度，他立刻就弄懂了。他的政治观点主要源于迪斯累里于 19 世纪 40 年代发起的"年轻英国"运动，贵族的责任感给了他永恒的优越感，同时，特权阶层必须为较低阶层承担一些责任，这也是他由衷赞赏的。对于贵族的责任，丘吉尔的解释是：他和他的阶层对国家有着深远的责任，国家有权利要求他终身为其服务。

19 世纪最后 25 年的英国上层社会，与社会的其他阶层有些时候似乎是彻底分离的。比如德文郡公爵领地的继承人哈廷顿勋爵，他就从未听说过餐巾扣这个东西，因为他认为餐巾和桌布是每顿饭后都会洗的；政治家寇松勋爵也做过一件出名的事情，他一生中只坐过一次公共汽车，当司机拒绝载他到他指定的地方去时，他感到特别愤怒。同样，丘吉尔第一次亲自拨电话号码，是在他 73 岁的时候。（他还会礼貌地向为他报时的钟表道谢。）他并不觉得自己那么依赖仆人，在 20 世纪 50 年代，有一次他很自豪地对妻子说："我应该自己做饭，我可以煮鸡蛋，我见过别人煮鸡蛋。"[14]（不过最终他并没做。）15 岁时，有一次他在信的附言中写道："我洗澡时米尔班克为我写了这封信。"[①] [15] 两年之后，有一次他因为不得不坐二等舱旅行而怨声连连，他写道："天哪！我再也不坐二等舱了。"[16] 上了年纪后，他很少在没有贴身男仆的情况下出门，甚至在布尔战争和第二次世界大战的战场上也是如此。在南非的战俘营里，他还要理发师来给他刮胡子。他在萨沃伊酒店点餐时，要了不在菜单上的食物。作为首相的他，要是想拍死一只苍蝇，就会让秘书叫他的贴身男仆来"拧断那苍蝇该死的脖子"。[17] 很显然，丘吉尔是不能代表那即将到来的平民时代的。

作为一个真正的贵族，他一点儿都不势利。"仅仅因为一个人的出身就反对他，这有什么意义呢?"他想问问阿道夫·希特勒，那样对待犹太人意义何在？[18] 他的好朋友来自各个社会阶层，实际上，如果说他确有偏爱的话，那就是他对新贵们情有独钟，比如他的朋友布兰登·布拉肯和玛克辛·艾略特。一位亲密的朋友写道："虽然始终浸润在历史感极强的传统生活中，他却完全不受传统的束缚。"[19] 这一点可以从他颇为古怪的着装品位中看出来，比如他喜欢穿警笛服和拉链鞋，也可以从他那极不规律的作息中看出来。他喜欢无视等级制度，这常常会惹恼别人。"我傲慢，"他曾这样敏锐地剖析自己，"但不自负。"[20] 在现代社会，贵族的特权意识是会受到谴责的，但丘吉尔满脑子都是这种观念。这影响了他对一切事物的态度。例如，这解释了为什么他总是乐于挥霍自己并不拥有的钱。他过着贵族的生活，即使他根本过不起这样的生活，但是这种活法本身就是很贵族的。他要求提高信贷额度，他在赌场豪赌，一旦有了足够的债务偿还能力——那已经是他 70 多岁的时候，他就开始买赛马。

很多人在回忆录中都谴责丘吉尔，说他对他人和他人的观点不够关注。

---

① 后来，约翰·"杰克"·米尔班克爵士在布尔战争中赢得维多利亚十字勋章。

但他们没有意识到，对于像丘吉尔这样一个常常处在争议中的人来说，这只不过是他必须披上的一层犀牛皮。他在写给克雷加文勋爵的信中说："确实有那么几个人有能力做出让我敬重的判断，你就是其中之一。"克雷加文勋爵参加过布尔战争，担任过北爱尔兰总理。在 1938 年 12 月写这封信时，丘吉尔正处在人生的一个低谷。[21] 与第一次世界大战期间和第二次世界大战期间曾分别努力与德国求和的兰斯顿侯爵和塔维斯托克侯爵一样，丘吉尔体内流淌着的贵族血液，始终都在激励他完全准确地说出自己的想法，不计后果。尽管两位求和的贵族的做法更应受到谴责。

丘吉尔早年是在都柏林度过的，他的父母住在"小官邸"，靠近凤凰公园的总督府①。伦道夫勋爵在那里做总督的私人秘书。第七代公爵于 1877 年 1 月被迪斯累里任命为爱尔兰总督，而伦道夫勋爵正好不得不离开伦敦，因为他在社交领域受到威尔士亲王的排挤。为了掩盖他哥哥布兰福德侯爵的一桩丑闻，伦道夫曾经试图要挟威尔士亲王，说要把亲王的几封有损名誉的情书和他的一位已婚前情妇公之于世。他的要挟没有成功。在他短暂、动荡，却绝对是激动人心的一生中，伦道夫勋爵曾经多次陷入不那么光彩的困境，这便是其中的一次。爱记仇的亲王记性很好，伦道夫勋爵有 3 年多没被允许回到伦敦。

丘吉尔最早的记忆便与武力有关，他记着在 1878 年，祖父于凤凰公园为盎格鲁-爱尔兰帝国英雄高夫勋爵揭幕一尊雕像时，曾发表一篇演说。其中有一句是这样说的："他以摧枯拉朽之势，粉碎了敌人的防线。"那时丘吉尔只有 3 岁，但是他坚称自己听懂了这句话。[22] 祖父是维多利亚女王的代表，并在爱尔兰履行女王的礼仪职责，这让丘吉尔对君主政体产生了深深的敬意，这种崇敬将伴随他一生。丘吉尔记着的第二件事发生在 1879 年，也就是来年的 3 月。当时他正在公园里骑着驴，突然遇到一队人马，他的家庭教师担心那是爱尔兰共和军在游行，但实际上那很可能只是步兵旅在行军。他后来回忆说："我摔了下来，摔出了脑震荡。这是我第一次接触爱尔兰政治！"[23]

---

① 就是现在的总统官邸，爱尔兰总统所住的地方。

丘吉尔的下一个记忆是关于托马斯·伯克遇刺的事，他曾经送给丘吉尔一个玩具鼓。1882 年，爱尔兰共和军恐怖分子在凤凰公园刺杀了新上任的爱尔兰首席大臣弗雷德里克·卡文迪什勋爵和副大臣托马斯·伯克，这一消息令丘吉尔一家深感震惊。

1880 年 2 月，丘吉尔的弟弟杰克出生了，也是早产儿，当时他们一家还在爱尔兰。同年 4 月，伦道夫勋爵的社交流放解除，他回到伦敦，在圣詹姆斯广场 29 号安了家。丘吉尔的下一个有关政治的记忆，是 1881 年 4 月迪斯累里去世，当时他 6 岁。他回忆说："我每天都非常焦虑地关注着他的病情，因为每个人都在说，他若离去会给国家带来多么大的损失，再也没有人能阻止格莱斯顿先生把他的恶意强加于所有人了。"[24] 在丘吉尔夫妇返回伦敦的那个月，自由党人威廉·格莱斯顿赢得大选，第二次成为首相。1883 年，伦道夫勋爵创立了樱草联盟，这是保守党的一个草根政治组织，以迪斯累里最喜爱的花命名。联盟的创建主要是为了促进伦道夫的事业和托利式民主的政治计划，温斯顿 12 岁时加入了樱草联盟布莱顿分部。

1882 年 1 月，丘吉尔在布莱尼姆宫写下他现存的第一封信，那时他父母刚刚在别处过了圣诞节。信中写道："亲爱的妈妈，我希望您一切都好。我非常非常感谢您送给我这些漂亮的礼物，士兵、旗帜、城堡，真是太好了。您和亲爱的爸爸对我太好了，我向你们献出我的爱和许多个吻，你们亲爱的温斯顿。"虽然说许多男孩儿都有玩具士兵，但是丘吉尔的一位堂兄弟后来回忆说："丘吉尔的游戏室有一张从房间一端到另一端的厚木搁板桌，上面有成千上万个准备战斗的士兵。他会组织战争，领头的几个营被调动起来投入战斗，"豌豆营"和"鹅卵石营"遭受重大伤亡，堡垒被攻陷，骑兵冲锋，桥梁被摧毁。"[26] 他在这些战斗中投入的兴趣，"在一般的儿童游戏中是根本看不到的"。庞大的先头部队意味着父母对孩子的慷慨，那时他的祖母把他形容为"一只淘气的、满头黄棕色头发的斗牛犬"。[27] 然而，他的父母并没有和他一起过圣诞节。这就表明，他们与他在身体和情感上一直都保持着距离。在今天，这种距离几乎可以被视为一种虐待。他弟弟杰克的儿子佩雷格林说的很可能是对的，他认为伯伯被父母忽视的程度，并不比大多数维多利亚时代上流社会的孩子高，只是伯伯敏感的天性让他在这件事情上比大多数人更加叛逆。

伦道夫·丘吉尔勋爵的政治生涯，加上妻子珍妮活跃的社交生活，意味着他们没有多少时间可以陪伴儿子。有一次，伦道夫勋爵在布莱顿做了一次演讲，他竟然没有顺便去温斯顿的学校看看儿子，而学校就在2英里外的霍夫。20世纪30年代末，有一次吃过晚饭后温斯顿对自己的儿子说："今天晚上我们在一起连续交谈的时间，比我父亲一辈子和我交谈的时间还长。"[28]珍妮在日记里记录了她在1882年的头7个月里13次见到儿子们的情形，例如"觉得孩子们都很好"，或是"见到了孩子们"[29]。她还写到购物11次，绘画25次，与朋友布兰奇·霍齐尔夫人共进午餐或一起喝茶26次，与保守党议员阿瑟·贝尔福一起喝茶10次。她晚上经常出去，所以她的日记里提到的反倒是很稀罕的没出去的那几次："太困了，不出去聚会了。"其他时候她会去打猎，到乡村别墅参加周末聚会，与著名的纨绔子弟贝·米德尔顿上尉喝茶聊天、打情骂俏，与朋友们共进午餐、打趣嬉戏，或是弹弹钢琴，去皇家咖啡厅用餐，打打台球，到圣詹姆斯宫吃午餐，去剧院看看莎拉·伯恩哈特和莉莉·朗特里的戏，"在床上待到下午2点"，打打网球。总的说来就是过着一种大众追求的上流社会的忙碌生活。[30]

珍妮日记中很典型的记录是这样的："去参加索尔兹伯里家的晚会，然后去科妮莉亚的舞会。王子和公主在那里。不是特别好玩儿。"[31]鉴于她不可能发现7岁的"小温"特别好玩儿，他就不得不排在长长的队伍里等待她的关注和关爱。她过的是维多利亚时代贵族和政治家的妻子所过的生活，在社交上充满成就感，却也难免空虚。有一次，她和马尔伯勒公爵夫人康休洛一起出去给穷人"送毯子之类的东西"，为此两天前她"去采购了整整一个上午"。[32]温斯顿后来在描写他母亲的文章中说："她照耀着我，就像启明星。我深爱着她——只是隔着一段距离。"[33]

丘吉尔的淘气在他所就读的各种学校都记录在案，究其根源，他似乎总是想要引起人们的关注。不同于典型的维多利亚时代的孩童，丘吉尔一心想要别人看到他，听到他。很少有人在描述自己时，会把自己描述得没有本人聪明，但是丘吉尔在他1930年撰写的自传《我的早年生活》中就这么做了。他在学校的成绩与他自称为学术白痴的说法完全不符。1882年，就在他8岁生日前夕，他进入了位于阿斯科特的圣乔治预备学校。该校记录显示，他的学习成绩连续6个学期排在班级前一半，或前1/3。[34]

在圣乔治学校时丘吉尔经常挨打，并不是因为他的功课——他的历史成绩总是"好""很好"或"非常好"——而是因为校长H. W. 斯尼德-金纳斯利是一个施虐狂。有个校友把他描述为一个"潜意识中的同性恋者"，他喜欢击打小男孩儿裸露的臀部，直到流血。[35]从表面上看，丘吉尔两周挨一次打是因为表现不好，学校的描述是"非常淘气""还是找麻烦""特别糟糕""非常丢脸"等等。[36]"他在任何地方都不能让人相信他会有很好的表现，"斯尼德-金纳斯利在1884年4月写道，但是他写的下一句话却是，"他的能力很强。"[37]

"关于温斯顿·丘吉尔的那些传说相当可怕，"与他几乎同期在圣乔治上学的作家莫里斯·巴林回忆道，"顽皮成了他的头等大事。他因为从食品室里私自取糖而挨了鞭打，他非但没有悔过，反而取下了校长挂在门上的那顶神圣的草帽，把它踢得粉碎。他在这所学校上学期间一直都与校方不和，孩子们似乎并不同情他，他们的观念都很传统，一个个都一本正经的。"[38]（同时代的人过于传统、自负，让他无法获得友善的支持，这种情况几乎贯穿了丘吉尔一生。）

由于时间已过去太久，现在我们已无法弄清，是丘吉尔的不良行为真的应该受到惩罚，还是斯尼德-金纳斯利伤害孩子的欲望才是主要原因。丘吉尔还不到10岁时，挨打已经损害了他的健康，他的父母带他离开了圣乔治学校，把他送到了一所对学生要好得多的学校。学校位于霍夫，是汤姆逊姐妹俩开办的。

在《我的早年生活》中，丘吉尔把圣乔治称为"圣詹姆斯"。也许他是有意为之，但更有可能是因为近半个世纪以来，他一直很理智地把圣乔治学校抛在了脑后。[39]第一个发现斯尼德-金纳斯利打在这孩子身上的鞭子印的人，是丘吉尔52岁的保姆伊丽莎白·埃佛勒斯特，她是个老姑娘。丘吉尔后来回忆说："我的保姆就是我的红颜知己，许多烦恼我都会向她倾诉。"[40]丘吉尔给老保姆取的绰号是"娘胎"或"胎母"，对于一个在寻找代理妈妈的孩子来说，其中的心酸大概是不需要用弗洛伊德心理学来解释的。而此时此刻，他的亲生母亲正在用她超凡的美丽、高昂的情绪和性感的魅力，让威尔士王子的马尔伯勒宫聚友们①神魂颠倒。祖母经常让他住在布莱尼姆宫，姑母温伯恩夫人，伦道夫勋爵的妹妹，在学校放假的时候也会在伯恩茅斯招待他，但是和他最亲近的那个女人依然是埃佛勒斯特夫人。不在一起的时候，她会给“我亲爱的小温”写信说：“把来自‘娘胎’的无尽的爱和亲吻送给你。”[41] 在他19岁，弟弟杰克13岁时，丘吉尔家毫无先兆地解雇了她，这令他心烦意乱，烦躁不已。不久之后，她因腹膜炎病倒，丘吉尔为她付了护理费。在她62岁临终前，丘吉尔赶到了她的病床边。他后来在谈到她的离世时写道：“她一生都过着一种为他人服务的纯真而充满爱心的生活，坚守着一种非常简单的信念，她一点儿也不害怕，似乎也不怎么在意。在我人生的前20年里，她一直是我最亲爱、最亲密的朋友。”[42] 后来他一直为她的坟墓支付维修费。②在他的一生中，后来有很多亲密的朋友都比他去世得早，却很少有人比伊丽莎白·埃佛勒斯特与他更亲密。

除了臀部的伤疤，丘吉尔从圣乔治学校带走的，还有他的音像记忆。或许是为了避免被鞭打，他把自己理解不好的东西都背了下来。他在自传中说，在无法掌握拉丁语的第一个词形变化时，“有一件事我可以做：我可以背下来”。[43] 他一生都具有记忆大量散文和诗歌的能力，直到晚年，这一点令同时代的人感到十分惊讶。在许多场合，他引用的大量诗歌、歌曲或演讲，都是他半个世纪之前所学的。在他的脑海中，那些被选中保留的东西无所不包，其中包括莎士比亚的长篇戏剧独白，也包括许多音乐厅表演者的作品，比如玛丽·劳合、乔治·罗比、“小蒂奇”和乔治·切格温（也就是“白眼卡菲尔”）。[44]

在霍夫时，丘吉尔如饥似渴地阅读各类书籍，尤其是关于英雄的，特别是帝国英雄的探险史诗故事，比如《金银岛》《所罗门宝藏》，以及G. A. 亨蒂的作品。[45] 1885年，他的经典作品阅读考试排名第一，法语考试排名第三，英语考试排名第四，这进一步说明，他后来说自己学习成绩很差，那并不是

---

① 之所以这么说，是因为这些人聚会的地方就是王子的伦敦官邸，马尔伯勒宫。
② 今天，丘吉尔家族墓地信托基金会承担了这项任务。

事实，尽管他的品行成绩是垫底或几乎垫底的。[46]不守时这一条后来跟了他一辈子，即使是做了首相，他也会迟到，或者只留下几分钟来面见内阁和国王，与议会进行辩论。他妻子曾经非常气恼地说："温斯顿总是喜欢给火车一个大好的机会，让它跑掉。"[47]

丘吉尔从小就知道他的父亲很有名，他就向父亲要签名卖给同学们。[48]有一次他被带到布莱顿看一场哑剧表演，当观众向一位扮演伦道夫勋爵的演员发出嘘声时，他哭了，并且转过头来对身后的一个男人怒吼道："别吵了，你这个塌鼻子的激进分子！"[49]1883年夏天，在丘吉尔8岁时，他的父亲带他去了巴黎。当他们开车经过协和广场时，丘吉尔注意到在那些纪念碑中，有一座上面覆盖着黑纱，他问父亲这是为什么。"这些是法国各省的纪念碑，"伦道夫勋爵回答，"但是阿尔萨斯-洛林在上一场战争（1870年—1870年的普法战争）中被德国人从法国人手里夺走了。对这件事法国人很不高兴，他们希望有一天能把这个地方夺回来。"丘吉尔清楚地记得："我当时心里就在想，我希望他们有一天真能夺回来。"[50]这是他第一次听人介绍所谓"条顿和高卢的长期不和"。1919年，《凡尔赛和约》将阿尔萨斯-洛林归还给法国，而丘吉尔的亲法倾向，却在此后的很多年一直未变。

霍夫的学校对学生比圣乔治要好得多，但是丘吉尔在那里发生了两次意外。第一次是在1884年12月，10岁的温斯顿被一个男孩儿用铅笔刀捅中胸部，当时他正拽着男孩儿的耳朵。所幸他只受了一些皮肉之伤。第二次是在1886年3月，他患了肺炎，体温高达104.3华氏度（约为40.2摄氏度），神志不清，病情严重到他父母决定去看望他。[51]治疗的一部分是在口腔和直肠定期给药，药品则是大剂量的白兰地。[52]他父亲后来告诉保守党领袖，第三代索尔兹伯里侯爵说："我在布莱顿上学的儿子上周差点儿死于双肺炎症①。"[53]不过总的来说，丘吉尔在霍夫是很开心的，在那里他可以追求自己的个人爱好，主要包括学习法语、历史、骑马、游泳，还有就是背诵大量诗歌。[54]

---

① 实际上他只是右肺发炎。

1885年6月，索尔兹伯里勋爵任命伦道夫·丘吉尔为印度事务大臣。这个任命与其说是对他所表现出的忠诚的肯定，不如说是对他在制造麻烦方面的天赋和才能的认可。作为所谓保守党议员第四党的领袖，伦道夫勋爵在下议院经常和保守党领导者唱反调，拿保守党开涮，索尔兹伯里希望一个重要的内阁岗位能够约束他。

1886年2月，伦道夫勋爵将缅甸，这个面积是英格兰5倍大的国家，并入了大英帝国（当时大英帝国的面积已经是罗马帝国鼎盛时期的3倍）。[55]此前，1882年格莱斯顿轰炸亚历山大时，他持反对态度，认为这简直就是帝国主义政策的“前锋”。但是仅仅4年之后，他自己所做的却有过之而无不及。同样，1885年时他曾向爱尔兰民族主义领袖查尔斯·斯图尔特·帕内尔保证，他将支持爱尔兰自治，但是仅仅一年后他就出尔反尔，宣称那些北方的新教徒在加入统一的爱尔兰之前就会发动内战。他在1886年5月7日的一封公开信中挑衅道：“阿尔斯特会斗争的，斗争才是阿尔斯特正确的选择。”在公开倡导自由贸易之前，伦道夫勋爵还私下发表了支持“公平贸易”（当时帝国贸易保护主义的符号）的言论。他的原则或许弹性较大，但是他的演讲听众的数量依然十分庞大，有时多达数万人，因为他是一位令人振奋的演说家。然而，他那明显的野心和机会主义倾向，却让索尔兹伯里勋爵和保守党建制派无法信任他。

1886年夏天，温斯顿11岁的时候，伦道夫勋爵和珍妮分居了，有关他们正式分居的传言四处传播。[56]珍妮甚至把更多的时间花在与马尔伯勒宫聚友们的聚会上，她寻求与派头十足的奥地利驻伦敦公使卡尔·金斯基王子的外遇，直到1892年，她又开始追求英俊的弗雷迪，即沃尔弗顿勋爵。[57]与此同时，伦道夫勋爵如果不是在下议院或“卡尔顿俱乐部”，就会花大量的时间待在巴黎，人们认为他在那儿沉溺于女色。有一次他给珍妮写信提到他们的两个朋友：“告诉玛丽，不原谅比利她就太傻了，偶尔和某个厨师或女仆人有点儿关系有什么大不了的?”[58]这封信足以让我们看清他的态度，但是在给妻子的信中表达这种态度，真是太令人吃惊了。

在1886年7月的大选中，保守党和与他们一同反对爱尔兰自治的自由党（此后他们一起结为“联盟党”）取得了彻底胜利。鉴于伦道夫勋爵在调动全国广大听众的热情，用机智与雄辩打击格莱斯顿等方面功不可没，首相索尔兹伯里勋爵任命他为财政大臣和下议院领袖。索尔兹伯里比伦道夫年长20岁，而且他是上议院而不是下议院的议员。显而易见，伦道夫勋爵似乎能成为首相继承人。他所处的位置，对于促进他的政治哲学，也就是迪斯累里的托利式民主理念，也是至关重要的。1885年时，有一次一位朋友让他解释一下所谓托利式民主的意思，他半开玩笑地说："我认为基本上就是机会主义。"[59] 三年后，当不得不公开其明确含义时，他含糊其词地说："托利式民主援引了那样一种政府理念……一个激荡着崇高和自由思想的理念。"

在任仅5个月后，伦道夫勋爵就威胁要从内阁辞职，因为他认为军事预算（概算报告）过高，尽管在作为反对党时他曾支持更高的国防开支。这背后的企图是从首相手中争夺内阁的权力。索尔兹伯里勋爵没有像过去几次那样做出让步，而是干脆接受了他的辞职。从此，伦道夫勋爵再未担任过公职。多年来，他一直让人感觉恃才傲物，对同事总是盛气凌人，结果没有一个内阁大臣在这件事情上支持他。

在丘吉尔后来为他父亲所著的传记中，他把这次辞职与一种神秘疾病的发作联系起来，10年后伦道夫正是死于这种疾病："他那虚弱的身体，靠着精神的力量，在过去的5年里已经达到了最高负荷。是好运在支撑着他，可是灾难、诽谤和不作为，却以压倒一切的力量突然而至，那伤害是致命的。"[60] 这个男孩儿深受他父亲这次自作孽的影响，并且从中学到了几点重要教训。最重要的一点就是：除非做好了要走进荒野的准备，否则不要威胁辞职。如果没做好这种准备，就应该这样做出威胁：和其他几个有能力推翻政府的人一起辞职。

在试图夺权的努力化为泡影后，伦道夫勋爵在政治、精神和个人生活上都开始走下坡路。尽管丘吉尔夫妇已非正式分居，但他们仍然住在同一屋檐下，一家人有时还会有一些公开的集体活动，尽管这种场合越来越少。1887年8月8日，威尔士王子乔治（未来的国王乔治五世）的日记记录道，在维多利亚女王登基50周年的庆典上，"伦道夫·丘吉尔夫妇和他们的小温、杰克"登上了停泊在斯皮特海德的皇家游艇"奥斯本号"。[61] 在皇家游艇上航行，穿过由海军中将威廉·休伊特·VC 爵士指挥的 12 艘战舰组成的舰队，这让 12 岁的丘吉尔激动不已。在英国历史上，这些战舰的名字很多都是流芳千古的，其中包括“阿金库尔号”“黑王子号”和“铁公爵号”。那天晚上，他们还登上了新下水的装甲旗舰“科林伍德号”。

“你上的是哈罗公学还是伊顿公学？”1887 年 10 月的一天，丘吉尔这样问自己的父亲。[62] 他不知道父亲上的是伊顿公学，这似乎有些不同寻常。但他自己注定要去哈罗公学，这主要是因为哈罗山在阳光普照的高地上，应该更有益于健康，而伊顿却是在雾蒙蒙的低地上。哈罗公学始建于 1572 年，是英国最伟大的公立学校之一。学校古建筑众多，同样古老的，是它为那些未来绅士们所提供的偏向古典的精英教育传统，学生以后会成为这个国家和帝国的领导者。读完维吉尔的《埃涅阿斯纪》第 2 本书后，丘吉尔于 1888 年 3 月通过了入学考试。[63] 丘吉尔的私人秘书约翰·“乔克”·科尔维尔也是哈罗公学毕业生。1941 年 9 月，丘吉尔回顾自己在哈罗公学的遭遇时对科尔维尔说：“在那里我度过了一生中最不愉快的时光。”[64] 第二年 11 月，他在给父母的信中写道：“别幻想我在这里会快乐。”尽管如此，1938 年—1962 年，他还是经常会回到哈罗公学。

在《我的早年生活》中，丘吉尔沾沾自喜地讲述了自己的入学考试多么糟糕。与他同时代的一位校友，杰拉尔德·伍兹渥拉斯顿爵士（后来的嘉德纹章官）回忆说：“其入学问题上的不便，有可能是伦道夫·丘吉尔勋爵的儿子自己有意拒绝而造成的。”[65] 丘吉尔曾声称：“在我上学的 12 年里，除了字母表，没有人能让我写出拉丁文，也没有人能让我学会希腊语。”[66] 但是他的成绩报告显示，这是不真的。尽管如此，他在回忆自己的学生时代时，还是说那是“我人生旅途中的一段灰暗时光”，是“一段充满不安感、束缚感的漫无目的的枯燥日子”。[67] 1888 年 4 月 17 日，他进入哈罗公学的那天，学校名单上在他前面三位的男孩儿，就是阿奇博尔德·坎贝尔-科尔克霍恩，当时住在肯特郡韦斯特汉姆的查特韦尔庄园。[68]

尽管丘吉尔后来一再否认，但实际上他在哈罗公学的学习可以说是成功的。14 岁时，他因为能够一字不差地背诵出 1 200 多行的麦考利的《古罗马方位》而获奖。一位同时代的校友回忆说：“他能够整幕地引用莎士比亚戏剧，如果老师们引用错了，他就会毫不犹豫地予以纠正。”[69]他喜欢麦考利以古代世界为背景的英雄主义故事。1946年，他对一位熟人说：“如果我非得写出自己在文学方面的愿望与感谢，我必须承认，我对麦考利的感谢，比英国任何其他作家都多。”[70]才华横溢的罗伯特·萨默维尔校长在哈罗公学教丘吉尔英语语法。“就这样，英国句子的基本结构深入我的骨髓，”丘吉尔写道，“这是一件高贵的事情。”[71]他唯一一次作诗的尝试倒是没显得那么高贵，那是一首题为“流感”的颂诗，共12节，其中第4节是这样写的：

在莫斯科的集市和名镇上，
在拿破仑第一次丢了皇冠的地方，
凄惨惨它飞扑而至；
高贵者、低贱者、富人、穷人，
相同的症状席卷了人们，
灰溜溜它垂下双翅。[72]

丘吉尔也会忙于形形色色的消遣活动，可谓兼收并蓄。他是常胜的豪斯游泳队队员，他为学校杂志《哈罗公学人》撰稿，他收集邮票、鸟蛋和各种签名，他建了一个模型剧场，他下棋、养蚕、画风景画、拉大提琴。1892年4月，在奥尔德肖特，他赢得了公立学校击剑锦标赛花剑冠军。据《哈罗公学人》报道，尽管他比其他选手年龄小、体重轻，他还是赢得了比赛，“这主要是因为他快速有力的进攻让对手措手不及”。[73]

对丘吉尔后来的人生很重要的一点是：在哈罗公学，他还磨炼出一种嬉皮笑脸地巧妙应答的本领。梅奥先生是哈罗公学的一名教师，他在课堂上煞有介事地劝诫学生们：“真不知道该拿你们这些孩子怎么办！”14岁的丘吉尔反驳道：“教我们呗，先生！”[74]之后还有一次，令人敬畏的校长韦尔登博士对他说：“丘吉尔，我很有理由生你的气。”他得到的回答虽然没那么机智，但同样勇敢：“而我，先生，也很有理由生您的气！”[75]丘吉尔曾带着他的保姆埃佛勒斯特夫人转遍了整个哈罗公学，那时他也表现出同样的勇气。沃拉斯顿回忆说：“让埃佛勒斯特夫人特别高兴的是，丘吉尔并不满足于此，他还在大街上挽着她的胳膊大步流星，就是要让所有愿意看的人都看到。”[76] 丘吉尔的表兄沙恩·莱斯利回忆说，丘吉尔和保姆的故事“在学校里像野火一样疯传，很遗憾，故事对他当时在学校的名声可没什么好处。当他和她一起散步时，一些朋友嘲笑他，跟着他走到了车站，他竟然勇气十足地吻了她”。[77] 丘吉尔不打算让他同龄人的势利与嘲笑破坏这个一生都珍爱他的女人的幸福。正如莱斯利所说:“他的健康，甚至他的生命，都离不开她的奉献。”

丘吉尔喜欢听关于滑铁卢战役和色当战役的讲座，在色当，德国曾先后于 1870 年和 1940 年两次对法国一剑封喉。他也喜欢听著名登山家，瑞士策马特的爱德华·温普尔关于登山的讲座，还有关于蝴蝶的自然选择的讲座，这可能就是他毕生热爱蝴蝶的原因。当被问及他的职业打算时，他回答:“当然是军队，只要能打仗就行。等仗打完了，我会尝试一下从政。”[78] 哈罗公学档案馆收藏了一份丘吉尔 14 岁时撰写的堪称非比寻常的文档，全文 1 500 字，背景设定是未来英国入侵俄国，后面还附着 6 页的作战计划。文章主人公是第一人称的“西摩上校”，日期设定是 1914 年 7 月 7 日。文章通篇都是军事演习、“闪闪发光的刺刀”、“如黑云压境的哥萨克人”，还有英勇无畏的英雄和副官，他们在尸横遍野的战场上冲锋陷阵，在指挥官之间传递着紧急命令。丘吉尔还写道:“早晨还是绿油油的田野，现在已经染上了 1.7 万人的鲜血。”[79] 在第一次世界大战爆发前 25 年，他已经明白，由于军事技术的进步，“前线已不再是骑兵的阵地”。但是与丘吉尔心中的英雄拿破仑一样，“西摩上校”却总是在马背上忙活着。“当我骑马离开去执行命令时，”他写道，“我回头望了望 C 将军站着的地方，这时，一颗 9 磅①重的炮弹在离他不到三步远的地方爆炸了，而那正是我刚才站了半小时的地方。你会说:‘碰巧了!’那可不仅仅是碰巧了。”[80]

在一次英勇的骑兵冲锋中，第 17 枪骑兵团和第 10、第 11 轻骑兵团袭击了敖德萨和第聂伯兵团，英军损失了 1/3 的兵力，特别是在“一阵枪炮混合的轰炸声”后，英军损失惨重。[81] 文章中写了许多军令，例如“100 码②

① 1 磅 ≈ 0.45 千克。——编者注
② 1 码 ≈ 0.91 米。——编者注

外准备射击，开火”“开始行动”“分散成队”，以及他从哈罗公学步枪义勇军社团学到的其他命令。西摩被敌人抓获，但在混乱的战斗中，“我看准了机会，跨上一匹失去主人的马逃脱了”。[82] 在后面的战斗中，“敌人开始缓慢而谨慎地撤退，但到了伏尔加河，他们就彻底溃败了，我们的轻骑兵和重骑兵发起了一次漂亮的冲锋，一举结束了当时的混乱状况”，显示出“约翰牛对俄国熊的优势”。[83] 这样，故事的主人公“今晚就在胜利的感染下睡着了，胜利是这世上最好的催眠曲”。丘吉尔最后写道，1914 年 9 月 21 日，“试图在沃隆佐夫高地上加强防御工事时”，“西摩上校”英勇牺牲。[84]

丘吉尔十几岁所写的少年作品似乎并不值得记录，但是在后面的日子里，他真的参加了一次第 21 枪骑兵团（后来与故事中的第 17 枪骑兵团合并）的骑兵冲锋，而且被敌人抓获，但后来逃脱了。他也真的见证了英国远征军到苏联后的命运，见证了在他不久之前刚刚站过的地方，一颗炮弹落了下来，令他差点儿丧命的过程。丘吉尔参加的这场战争，就爆发于他那篇文章所推测日期的 25 年之后的一个月之内。斯大林格勒就位于伏尔加河畔，1943 年，德国对苏联的侵略战争就是在这里爆发的。“碰巧了，你会说……”

他非凡的预见力并不只是表现在这一次。1891 年 7 月的一个星期日晚上，教堂晚祷结束后，在韦尔登博士家地下室的一个房间里，丘吉尔正在和他的朋友穆兰·埃文斯讨论他的人生计划。他告诉埃文斯：“我看到这个和平的世界即将发生巨大的变化。”

> 剧变中的动荡，可怕的争斗，无法想象的战争，我告诉你吧，伦敦将处于危险之中——伦敦将受到攻击，而我将在伦敦保卫战中发挥非常重要的作用。我比你看得更远，我可以预见未来。不知为什么，我们国家将遭受一场严重的侵略，用什么方法我不知道，但是我告诉你，我将指挥伦敦的保卫战，我将把伦敦和英国从灾难中拯救出来……关于未来的梦是模糊的，但主要目标却很清楚。我再说一遍——伦敦将处于危险之中，而我将身居高位，承担起拯救首都和帝国的重任。[85]

埃文斯后来去了陆军部，他的记忆力是可以信赖的。

丘吉尔在1952年说过这样的话："我总是乐于学习，尽管并不总是乐意让别人教我。"[86] 在哈罗公学他还是继续挨打，因为正像与他同时代的同学后来回忆的那样："他总是打破老师或同学们制定的几乎所有规则，相当不可救药，而且回起嘴来词汇量大极了。"[87] 例如，1891年5月25日，在学校一间废弃的厂房里，他"闯入房舍损坏财物"，屁股被鞭子（藤条）抽了7下。这倒没有使他显得特别，因为哈罗公学的惩罚簿记载，那个月有14个男孩儿被鞭打了7下。丘吉尔不顾校规，养了一只斗牛犬，还经常和镇上的一个人一起遛狗。他为学生头目纽金特·希克斯做过零活儿，希克斯因为他没有履行职责而"狂揍"了他。"我会成为一个比你更伟大的人。"在一次遭到鞭挞时丘吉尔对希克斯说。他选择说这话的时间太早了，后来成为林肯主教的希克斯回答："那就再给你两顿鞭子。"[88]

没有什么能吸引他的父母到学校去看望一下他。1891年2月他写信请求道："请一定一定一定一定一定一定要来看看我，一定要来，你们不能来的事情已经让我失望好多次了。"[89] 他们还是没有来。"最亲爱的儿子，不要这样懒，这样对写信的事情不上心。"这是珍妮写给他的信中很典型的一封："只有当你想要什么东西的时候，你似乎才写信来——这时你的笔就停不下来了！"[90] 她的虚伪是可以精确衡量的：从1885年到1892年的7年里，丘吉尔给父母写了76封信，而他们只给他写了6封信。丘吉尔在绝大多数的书信里，除了在字里行间寻求爱与关注，没有提过任何要求。另一方面，父母写给他的信永远是指责。1890年6月，珍妮在信中写道："我是想过去看看你，但是下周的阿斯科特晚会有太多事情要安排，我实在忙不过来。我有许多话要对你说，恐怕不会是让你高兴的话……你父亲非常生气（因为你是用打字机写的信）。"[91] 关于丘吉尔的功课，"你父亲和我都说不出有多失望……我敢说你肯定有一千个借口……你让我很不开心……你的功课是对你智力的侮辱……你最大的敌人就是你的粗心大意……我必须说，你没能很好地报答他的恩情"。[92]

1891年，17岁的丘吉尔曾试图拒绝在圣诞节时被送到一个法国家庭去学法语。珍妮在给他的信中写道："你的信我只读了一页，我把它退回给你，因为我不喜欢这封信的风格。”[93]“我亲爱的妈咪，”他回信说，“我永远不相信你会这么狠心。我非常痛苦……我无法形容你让我感觉多么悲惨……哦，我的妈咪！……我想你一定是太忙于聚会和圣诞节的安排了。我以此安慰自己。”[94]在附言中他补充说：“我的难过几乎无法用语言来形容……你亲爱的儿子，小温。”[95]

这样的信还有很多。12月18日，他写道：“我太痛苦了。直到现在我还在哭泣。亲爱的妈妈，请善待爱你的儿子吧，别让我那封愚蠢的信再惹你生气。至少让我觉得你爱我吧——亲爱的妈妈，我绝望了。我真可怜。我不知道该怎么办。别生气了，我很痛苦。”[96]珍妮甚至都懒得给儿子回一封信。她在写给她丈夫的信中说：“和温斯顿之间的麻烦我无法说清楚。当然，不能回家过圣诞节是一件非常令人失望的事情，但是他的反应夸张到好像要他去澳大利亚待两年……我想我已经把一切都安排得令人满意了。”[97]珍妮不想让她的儿子回到伦敦，因为那会给她与金斯基伯爵的婚外情带来不便。唯一安慰温斯顿并支持他和家人一起过圣诞节的人是埃佛勒斯特夫人，当然，她在这件事上没有发言权。

各个学院每学期都要一起演唱哈罗公学的校歌，全校师生每年也要一起演唱校歌。校歌由大师们创作，旨在鼓励学生认同学校、著名的校友和英国辉煌的过去。其中一首名为《愿幸运之神降临此地》的歌曲于1891年成为校歌，当时丘吉尔是个在校生。这首歌的一段歌词是这样的：

今晚我们在爱国者的合唱中，
赞美往昔，
赞美善良伟大的攀登者，
我们的先辈；
谢里丹和皮尔从这里出发，
在辉格和托利时代，
艾希礼在这里立下服务于民的宏愿，
拜伦从这里冉冉升起。

另一首歌曲《当罗利站起来的时候》将学校与打败西班牙无敌舰队的英雄们联系在一起。那首《巨人》则要求哈罗公学人记住："英雄一族可能去去来来 / 但绝不会真正死去！我们所有人 / 无论是谁 / 都要走上前来，迎接历史上的巨人。"还有一首最著名的歌曲叫作《四十年后》，写于 1872 年，有一段歌词是这样的：

失败与混战，冲锋与集结，
占领基地的尝试，拯救与胜利，
争而不怒，毫无恶意的技艺，
四十年后，你会怎么想？
到那时，你会说，我虚弱的心脏，
和颤抖的膝盖，没有一分钟，紧张过。
战斗从没有激烈过，但是在战斗中，
我们既不是最后一个，也不是最弱一个！[98]

"听孩子们唱着这些我记忆犹新的歌曲，"1940 年伦敦大轰炸期间，去学校拜访后丘吉尔对儿子说，"我仿佛看到 50 年之前的自己，在与他们一起歌唱着伟人和伟大事迹，畅想着我如何才能为国家做些光荣的事情。"[99] 他的儿子认为："这些歌曲唤起的激荡人心的爱国主义伴随了他一生，是他政治行为的主要动力。"[100] 学校和这些歌曲传达的信息非常明确：哈罗公学人要成为伟人，义不容辞。丘吉尔曾经把一个小个子同学利奥波德·阿莫里推进学校的游泳池（达克泳池），当时他并没有意识到阿莫里实际上已经是即将毕业的高年级学生了。丘吉尔在随后的道歉中说道："我父亲，他是个伟人，也是个小个子。"[101]

在哈罗公学学习期间，丘吉尔经历了长期的病痛和各种事故，包括牙痛、胆汁分泌过多（用 Eno 盐治好的）、从自行车上摔下来造成脑震荡、"高烧"、麻疹，还有腹股沟早期疝气。[102] 1893 年 1 月，18 岁的他和堂兄弟们在温伯恩庄园里追逐嬉戏时，从一座人行桥上跳了下来，他希望下面的树枝会折断并接住他，但是事情并没有按照他的预想发生。他从近 30 英尺高的地方直接摔到坚硬的地面上，他的脑震荡持续了3天，卧床近3个月，肾脏破裂，腰部骨折（直到1962年的一次X光检查才发现了这次骨折）。他写道："有一年的时间，我在生活中会加倍小心。"[103]

在休养期间，丘吉尔参观了议会。他旁听了维多利亚时代晚期政要们的讲话，偶尔还有机会与他们见面。这些政要包括阿瑟·贝尔福、约瑟夫·张伯伦、罗斯伯里勋爵、赫伯特·阿斯奎斯和约翰·莫利等。"在那些日子里，政治在我看来非常重要，也非常生动有趣。"他回忆说。[104] 1893年4月21日，他在旁听席目睹了也许是当时最激烈的议会辩论，讨论的是威廉·格莱斯顿向下议院提交的第二份爱尔兰自治法案。作为议会的一项重要议题，爱尔兰自治这场戏一直持续了半个世纪，才被丘吉尔本人出色地演完。丘吉尔的计划是在进入下议院继承他父亲的"托利式民主"遗产之前，先做一名杰出的军人。

丘吉尔从哈罗公学毕业后加入英国陆军，伦道夫勋爵同意儿子从军，温斯顿相信，是因为"父亲凭借他的经验和感觉，已经在我身上看出了军事天才的品质"。[105]他的这一幻想持续了好几年，直到有人告诉他，他父亲实际上只是认为他不够聪明，当不了律师，更不用说在他的政治生涯中帮忙了。丘吉尔回忆说："只要我表现出一点点想与他并肩战斗的想法，他立刻就会发火。当我提出想帮他的私人秘书为他写几封信时，他的眼神几乎把我冻僵了。"他还提到1892年秋天："我和他进行了三四次亲密的长谈，这就是全部我可以夸耀的。"他发现父亲很有魅力，尽管伦道夫勋爵是以一种完全自我陶醉的方式结束谈话的："记住，我的事业并不总是一帆风顺。我的每一个行动都被误判，每一句话都被曲解……所以，该让步时也要让步。"[106]他的儿子后来后悔没有早点儿离开哈罗公学。他写道："我应该早点儿去了解父亲，对我来说那会是一件乐事。"其实不会是这样。[107]

1893年6月，丘吉尔参加了桑赫斯特皇家军事学院的入学考试，由于他的高等数学太差，他还专门找人进行了考前辅导。他考了三次，第三次才通过，但是在389人中排在第95名，这意味着他只能加入骑兵而不是步兵。"我亲爱的温斯顿，"他父亲在8月9日给18岁的儿子的信中说：

考试成功可以分为两种，一种是值得夸赞的，另一种则相反。不幸的是，你选择了后一种，并且你似乎对你的成功还非常满意。这次你最丢人的失败，首先是没能加入步兵，在这一失败中，你表现出的那种马马虎虎、随随便便的工作作风是无可否认的，你在之前所上的学校里，全都以这种作风著称。我从未从任何一位老师或导师那里，获得你在学习上表现非常好的报告……“总是落后”“在班上从来没有进步”“学习上完全不能投入”，这些批评可谓层出不穷……凭着你所拥有的一切优势，凭着你愚蠢地认为自己所拥有的一切能力……你取得的伟大成绩就是成了一个二三流的、只适合去完成骑兵团任务的人……你强加给我一年大约 200 英镑的额外费用。别以为我还会在你的每一次失败、每一次愚蠢行为后不辞辛苦地给你写长信……因为我不会再看重你对自己的造诣和成绩所做的任何评价。你千万要牢牢记住，如果你的表现和行为还是和你在其他学校时一样……那么……我对你的责任就结束了。我只能让你做一个依靠自己的人了，除了给你一些必要的帮助，使你能够过上体面的生活。因为我确信，你如果不能终止自己在学生时代及其之后几个月所过的那种懒散无益的生活，你就会成为一个纯粹的社会渣滓，成为公学中成百上千的失败者之一，沦为一个低劣的、寡欢的、徒劳的存在。如果是那样的话，你自己将不得不为这一切不幸负责。

爱你的父亲　伦道夫 · SC [108]

那时，伦道夫勋爵的判断力已经被他的神经退化遮蔽。[109] 一种尚未确诊的疾病引起的抑郁和暴怒，使他的语言能力、听力、平衡能力和注意力都出了问题。[110] 尽管如此，37 年后，丘吉尔仍能从记忆中引用那封信，从中可以看出，他所崇拜的那个人传达的不信任和蔑视，曾经让他痛苦万分。伦道夫勋爵也不是因为盛怒才写了那样一封信，因为他在 4 天前写信给他的母亲公爵夫人的信中也说了类似的话：“我经常跟你说，而你总是不相信我，他根本谈不上聪明，也谈不上有学识和有解决问题的能力。在夸张和伪装方面，他表现出的本领倒不小。……毫不隐瞒地说，这让我失望透顶。”[111] 珍妮也写信说：“对于你几乎是侥幸考进军校，差了18分没能加入步兵这件事，你爸爸并不是很高兴。对于你的成绩，他并不像你看上去那样欢喜！”[112] 多年后，丘吉尔最亲密的朋友注意到，伦道夫勋爵“在一个如此非凡而有创见的孩子身上，竟然没有看出任何不同凡响、前途和希望”。[113]

在温斯顿进入桑赫斯特学院之前的那个夏天，他和弟弟杰克在一位家庭教师的陪同下徒步游览了瑞士。在泽马特逗留期间，他们花了16小时，爬上了1.5万英尺高的蒙特罗莎山和维特霍恩山。他们去了很多地方，之后在日内瓦湖上，温斯顿又遭遇了一次死里逃生。他和一个被他描述为“同伴”的人从湖中央的一条船上下来游泳，只有他们俩，突然一阵风把船吹走了。他在《我的早年生活》中写道：“我相信这是死神离我最近的一次，我看到他就在我们身边的水域游着泳，在越来越大的风中不时低语着，而风继续以我们能游出的最快速度，把船一点点从我们身边吹走。附近没有人可以帮忙，而没有帮助，我们永远无法回到岸边……我开始拼命地游……我爬进船里，把船划回来搭救我的同伴，他虽然很累，但显然没有意识到，刚刚突然出现的那惊心动魄的一幕，对于我们来说是多么致命的危险。”[114] 这位年轻的同伴其实就是杰克，但丘吉尔大概不希望他的读者知道，他曾经把弟弟置于如此致命的危险之中吧。

1893年9月1日，丘吉尔进入桑赫斯特学院。他身高5英尺6.5英寸①，胸部测量的尺寸却只有31英寸。他皮肤娇嫩，面容英俊，淡蓝色的眼睛略微突出。在英国首屈一指的军事学院，他度过了一段快乐时光。尤其使他愉快的，是学习战术和防御工事，还有就是总可以骑马。他的骑术越来越高，开始参加障碍赛跑、马球比赛，偶尔还参加业余赛马。[115] 然而，与父母通信时的痛苦并未改变。9月17日，他写信告诉母亲：“父亲不赞同我信中的说法，我感到非常遗憾。写这些信让我遭受了巨大的痛苦，经常会整页整页重写。如果我在信中描述一下我在这里的生活，你就会暗示我，说我太

---

① 1英寸 = 2.54厘米。——编者注

过依赖格言警句，风格太生硬了。但是另一方面，如果我写的是一封平淡无奇、过于简单的信，就会被说成是马马虎虎糊弄事儿。我怎么做都不对。”[116] 有一次，丘吉尔一不小心，把父亲给他的一块怀表掉进河里。他太害怕承认这一损失了，于是不顾一切地展开搜索行动。他从一个步兵连调集了 23 人来搜寻怀表，然后雇用一个消防车在河水里打捞。最终，他通过从源头改变河流的方向，找回了那只怀表。当伦道夫勋爵从修表工人那里得知发生了什么事时，果然不出所料，他勃然大怒，对儿子再次表现出不屑。[117]

1894 年，一种罕见的、无法治愈的脑部疾病，使伦道夫勋爵开始步入死亡的殿堂。由于这种疾病的一些症状与梅毒相同，他的医生就为他下了梅毒的诊断。伦道夫勋爵和珍妮在 6 月做了一次环球旅行。丘吉尔后来回忆说：“我再也没见过他，眼前只闪现过他那迅速消失的身影。”[118] 后来他和父亲的医生，罗布森·鲁斯和托马斯·巴泽德聊过父亲的病情，他们把自己的诊断告诉了他。于是在 1894 年 11 月初，他给母亲写了一封提醒她注意的信，她当时在新加坡：“我问过鲁斯医生，他把一切都告诉我了，也给我看了诊断书。我没有告诉任何人……不必说你也知道我有多担心，我从来没有意识到爸爸病得那么重，直到现在我才相信这件事有多么严重……我亲爱的妈妈，你来信时一定要把你确切的想法告诉我。”[119]

对于父亲的病因，丘吉尔几乎从没有说过或写过，这也是可以理解的，只在一个场合他提到了这一点。1951 年或 1952 年，他告诉他的私人秘书安东尼·蒙塔古·布朗：“你知道，我父亲死于运动共济失调，是梅毒引起的。”[120] 实际上，运动共济失调是对神经紊乱的一种一般性描述，当然也不是梅毒独有的症状。丘吉尔很可能一辈子都在为父亲死于一种其实他压根儿就没得过的病而感到羞耻。然而，这并没有减少他对这样一个高傲、冷漠、不可一世的人的英雄崇拜。丘吉尔在谈到父亲时写道：“他身上蕴含着只有天才才能表现出来的力量、任性和魅力。”[121] 正如丘吉尔的挚友维奥莱特·博纳姆·卡特（娘家姓阿斯奎斯）所说：“他把他那并不熟悉的父亲奉若神明。”[122]

当丘吉尔的父母正在世界的另一端旅行时，丘吉尔发表了他平生第一次公开演讲，而且是在一个最不可能的讲台上。那年夏天，伦敦郡议会议员奥米斯顿·钱特夫人领导了一场纯洁社会运动。她针对的是莱斯特广场帝国剧院的休闲区，就是剧院花楼座位背后的酒吧区，年轻人会在那儿喝酒，去见无年长女士陪伴的年轻女士，其中有一些是水性杨花的女人。愤怒的钱特夫人设法搭建了一些木头和帆布隔板，将男女两性隔离开来。1894 年 11 月 3 日，包括丘吉尔在内的一大群人吵吵闹闹地将隔板摧毁了。一位目击者回忆说，丘吉尔和他的朋友们“拆除了隔离他们和镇上女士们的栅栏，向暴乱者发表了讲话。之后他和一位未来的将军挥舞着战利品，开着一辆双座出租车离开了”。[123] 遗憾的是，他在那些废墟上发表的讲话没有被录下来，人们只记住演讲开头的那句双关语：“帝国的女士们，我站在自由这边！”[124] 在场的另一个人回忆说，他“在大厅里躲来躲去”，拍着女人们的屁股，有个保安在他身后紧追不舍。[125] 这就是下个世纪最伟大的演说家的公共演讲职业生涯中的第一次亮相？简直不可思议。

1894 年 12 月，丘吉尔从桑赫斯特学院毕业，在 130 名学员中排名第 20①，在艰苦的骑马比赛中名列第二。那时，伦道夫勋爵病得太厉害了，根本注意不到儿子，更不用说祝贺儿子了。“我父亲是在 1 月 24 日凌晨去世的，”35 年后丘吉尔回忆道，“当时我正在附近的一幢房子里睡觉，被叫过去的时候，我在黑暗中跑过了裹挟在大雪中的格罗夫纳广场。他死得并不痛苦。实际上，他长期处于昏迷状态。我想和他并肩战斗，与他一起进入议会并在他身边支持他的那些梦想全部破灭了。我能做的余下的事情，就只有追寻他的目标，完成他的遗愿。”[126] 半个世纪后，他告诉女儿，他父亲的死令他悲痛欲绝，一天一夜都是痛不欲生的感觉。[127]

尽管珍妮和伦道夫已基本分居，但在伦道夫生病的后期，她一直尽职尽责地照料他。尽管有些荒唐，但是珍妮坚决认为，伦道夫的死应该归罪于托利党领袖索尔兹伯里勋爵。她对一位朋友说：“毫无疑问，他的病是由担忧和过度劳累引起的，我知道你会同意我的看法，S. 勋爵需要负很大责任。几年前那个时候，如果他能慷慨地伸出一只手，就可能拯救一切，现在 R 勋爵也会像以前那样依然和我们在一起。但是 S. 勋爵和其他人都太嫉妒

---

① 并不是他自己在《我的早年生活》里面所说的，150 人中排名第 8 的优等生。

R了——我深切地感受到这一点——希望有一天这些事会为人所知。”[128] 对丘吉尔来说很幸运的一件事，就是他父亲是在担任下议院议员期间去世的。如果他活到6个月后从下议院退休，就几乎肯定会被授予贵族爵位，并很快传给他的长子——这就意味着丘吉尔不可能拥有他在下议院的事业，1940年当选首相的机会也相应地会小很多。

葬礼在布莱尼姆宫附近布雷顿村教区的教堂举行。会众唱了《万古磐石》和《现在，劳动者的工作结束了》，其中可以听见这样的歌词：“凡夫俗子，生命短暂，人生悲惨。”[129] 1894年3月成为首相的第五代罗斯伯里伯爵致了悼词。随后，丘吉尔、珍妮和杰克站在白雪覆盖的坟墓前，将铃兰撒在棺木上。他后来回忆当时的情形说：“阳光灿烂，大地一片苍茫，白雪铺成一层闪闪发光的棺罩。”[130]

如果丘吉尔没有那么强大，那么父母对他的不在乎和感情上的残酷很可能会把他压垮，但是丘吉尔却产生了一种无法抑制的对成功的渴望，他渴望的不仅是在总体上成功，而且是在他父亲所选择的政治道路上成功。他对父亲的崇拜延伸到背诵伦道夫勋爵的几篇著名演讲；还有拜访他父亲的朋友，如罗斯伯里勋爵和大法官杰拉尔德·菲茨吉本勋爵，主要是为了听一些关于父亲的故事；采用父亲特有的说话姿势，就是手朝下放在胯上。后面我们还要讲到，他还为父亲写了一部两卷的传记，以示孝心；他经常在演讲中提到父亲；在担任了与父亲相同的职位后，他穿上了父亲的财政大臣长袍；他给自己唯一的儿子取名伦道夫，并且写过关于父亲去世半个多世纪后他遇到父亲的白日梦。

丘吉尔告诉议会新闻采访记者A.G.加德纳，为了吸引听众的注意力，他模仿父亲讲话时使用停顿的做法，甚至故意在口袋里摸索他根本不想拿或是不需要的纸条。[131] 他如果一直反叛他严厉、疏远的父亲，那么这也许是可以理解的，但是他性格中那些伟大的成分，却使他把自己毕生的工作，视作推广他父亲基于“权力与自由”的迪斯累里主义和托利式民主主义思想。1931年，他写道：“毫无疑问，我的政治理念可以说是从他那里继承来的。”他说，尽管他的父亲生前和死时都是一名忠诚的托利党人，“但他认为，教会与政府、国王与国家这些光荣传统，没有理由不与现代民主相调和。为什么劳动人民不应该成为那些使他们获得自由和进步的古老制度的主要捍卫者”？[132]如果可能的话，温斯顿希望能够对被他称作“托利党建制派阴谋集团”的群体进行可怕的报复，他指责这个阴谋集团害死了他的父亲。

人们常说，拿破仑三世的名字既成就了他，也毁掉了他。温斯顿·伦纳德·斯宾塞-丘吉尔的名字也让他从同时代人中脱颖而出，人们对他的期望也是超乎常人的。他曾写道：“奖牌会发光，但也会投下阴影。”他的名字也是这样。众所周知，父母如果很出名，做他们的孩子就会异常艰辛，但是对丘吉尔来说并非如此。他取得了各种成就，而且在为人子方面也取得了成功。

丘吉尔认为自己不会活得很长久，他经常提到父亲45岁就去世了，以此来解释他那奋蹄扬鞭、时不我待的个性。他同时代的人认为他咄咄逼人，他也的确如此，但这背后的原因却是经过精打细算的冰冷事实。他父亲有三个兄弟早亡，一个10个月，一个2岁，一个4岁。他的姐妹们也分别在40岁和51岁的时候死去，他们的哥哥，第八代马尔伯勒公爵在48岁的时候死去。丘吉尔一直担心自己会英年早逝，这表明他认为，可能是一种与性活动无关的运动共济失调导致了父亲的死亡。不管怎样，他认为自己想要在这世上留下痕迹，留给他的时间并不是很长。

如果说创造一位未来的帝国英雄需要一些理想的条件，到1895年1月底，丘吉尔已经完全具备了这些条件：出身名门；父母自私自利、毫无恻隐之心；接受了爱国主义教育，也许并不系统，但是他明白了伟人如何通过伟大的壮举改变历史；接受了一流的军事教育；具有一个男人想要拯救帝国的雄心壮志；没有足够的钱去好逸恶劳；欣赏英语散文、崇敬英国历史，觉得这些都流淌在他贵族的血脉里；最重要的一点是，有一个以孤傲而著称的父亲，他36岁吞并了缅甸，45岁去世。丘吉尔现在20岁了，已经挣脱父亲的影响，即将成名。很少有人会有他那样冷静的深思熟虑，他决心先做英雄，再做伟人。

第2章

战火纷飞凌云志

（1895年1月—1898年7月）

离群索居的树木，只要有机会生长，就会异常茁壮；一个失去父爱的孩子，如果能避开青年时期的危险，就会成长为独立自主、思想活跃的人，或许之后的生活还可以弥补他早年的沉重损失。

——丘吉尔：《河之战》[1]

学校就是他的兵营；大学就是他的战场。

——A. G. 加德纳在《先知、牧师和国王》一书中对丘吉尔的评价[2]

“要了解一个人，”拿破仑曾经说，“就要看看他20岁时世界是什么样的。”丘吉尔20岁时，大英帝国占据了地球陆地面积的1/5以上，其海军——无疑是世界上最庞大的海军——主宰着海洋。伦敦是一个伟大的海港和金融之都，英国宪法在国内还没有受到过挑战，虽然一些国际争端——主要是与美国在商业问题上的争端一触即发，与法国和俄国在遥远的殖民边界上的争端，但是这些争端都不涉及生死存亡的问题。对丘吉尔来说，只要像他这样的人能够全心全意为之奋斗，维多利亚时代晚期的帝国世界似乎就会是安全的、永久的、悲天悯人的。一种塑造了他人生的心态就是：要成就空前绝后的伟人，就必须承担起毕生的责任。

丘吉尔在谈到父亲去世后的那段时期时写道：“我现在基本上是自己命运的主人了。”在《我的早年生活》中，他宣称他父亲的财产“几乎与他的债务完全相等”，其实并非如此。所有债务已经还清，家里还剩下 54 237 英镑（约合现在的 550 万英镑）的托管资金，其收入部分归珍妮一生使用，本金属于温斯顿和杰克。如果珍妮再婚，受托人可以酌情把收入的一半分给她的儿子们。[3] 因此在短期内，温斯顿要依靠他的母亲。现在他不再是一个无聊的孩子，他和母亲之间的距离缩小了，他们的关系变得——用他的话来说——“更像姐弟而不是母子”。[4] 现金是一个问题：他在军队的薪水每年只有 120 英镑，几乎都不够支付各种乱七八糟的账单；他每年至少还需要 500 英镑支付其他一些重要的军用装备，比如华贵的制服、第二匹军马、马具和马球用马。

1895 年 2 月初，他在给桑赫斯特军事学院的一个朋友的信中说：“最近 6 个星期左右的时间里，我感到非常痛苦，但现在一切都过去了，人是可以把痛苦抛在一边，重新开始生活的。”[5] 4 月 1 日，丘吉尔少尉被正式分配到“女王轻骑兵第四团”，当时由他母亲的朋友，魅力超凡的约翰 · 布拉巴宗上校指挥。该团成立于 1685 年，曾参加半岛战争，并于 1854 年参加了轻骑兵旅的冲锋。在接下来的几年里，丘吉尔曾提出各种接触权力、获得晋升的请求。自从他父亲去世后，他就成了马尔伯勒公爵爵位的第一继承人，这一身份对他来说不无帮助。直到 1897 年 9 月，未来的第十代公爵出生，他才丧失这一身份。

加入第四团不久，丘吉尔就拉伤了缝匠肌。缝匠肌一直延伸到大腿，骑手就是靠它来夹紧马匹的。他后来回忆说：“我因此大受折磨。在那种情况下，你唯一的选择就是继续撕裂已经拉伤的肌肉，如果你乞求休息哪怕一天，就会被认为是个蠢货。”[6] 在另一起事故中，丘吉尔在障碍赛中被摔了下来，险些摔断了腿，不得不卧床休息三天。他向母亲保证不再参加比赛，但 5 天后，“斯宾塞先生”就在桑赫斯特挑战杯比赛中，骑着一个同僚中尉的马匹获得了第三名。[7] 丘吉尔热爱骑兵军官的生活，即使是那些表面上看起来单调乏味的东西。他曾写道：“马群的骚动、装备的叮当声、运动的刺激感、与一台活着的机器融为一体的感觉、制服的优雅与尊严，所有这些因素加在一起，使骑兵训练本身成为一件美好的事情。”他参加了由 2.5 万人组成的奥尔德肖特驻军阅兵式，在敬礼的地方，从乘坐马车的维多利亚女王身边走过。在负责训练他们的人之中，还有一位道格拉斯·黑格上尉。

尽管丘吉尔很喜欢军队，但是军队只是达到目的的一种手段：他想通过当兵先积累名气，最终他还是想成为一名伟大的政治家，因为他认为他父亲就曾经是一位伟大的政治家。1895 年，索尔兹伯里勋爵赢得大选后，他对母亲说："这是一场好玩儿的游戏——一场政治游戏，在真正发力前，耐心地等待一手好牌是非常值得的。"他这样描述自己"四年健康愉快的生活……在军营中生活越久，我就越喜欢当兵，但也越觉得当兵不应该是我的专职"。[8] 果然，在发出这封信四年后，他参加了议会竞选。不过当时他们团驻扎在奥尔德肖特，没有任何作战行动，他又能通过什么来赢得奖章和荣誉呢？

1895 年夏天，在 10 周的假期即将到来时。因为没有足够的资金购买合格的马匹在英国度过猎狐季，丘吉尔开始找寻一个能够实际参战的地方。他在世界地图上详查细看，想要搜索到一个尽可能引人注目的冒险之地。那时，古巴人正在和来自西班牙帝国的统治者打游击战，所以他说服了该团的另一位军官雷金纳德·"雷吉"·巴恩斯中尉和他一起去古巴，又从他父亲的朋友，时任驻马德里大使的亨利·德拉蒙德-沃尔夫爵士那里获得了陪同西班牙军队的许可资格。临行前，军事情报部门负责人爱德华·查普曼上校要求丘吉尔和巴恩斯找出他们能找到的任何关于西班牙军队新型子弹的穿透力和攻击力的东西。这是丘吉尔进入秘密情报领域的第一遭。

珍妮支付了他横渡大西洋的旅费，但是为了支付这次远征余下的费用，丘吉尔说服了《每日画报》雇用他做战地记者，每篇文章 5 基尼（英国旧货币名）稿费，他父亲 5 年前就曾为这家报纸写过稿。只要指挥官同意，也不妨碍军官的本职工作，他们可以为报纸写一些关于某些战役的文章，尽管军队并不积极鼓励大家这样做。

在他长久以来已经建立的贵族行事风格中，几乎是身无分文的丘吉尔开始学习如何不让债权人急着催债，或是如何让他们耐心等待。尽管他是公爵爵位的第一继承人，离拥有布莱尼姆宫只有咫尺之遥，他还是需要另一种形式的收入，而不只是依靠母亲的慷慨。新闻记者职业为他提供了这种形式的收入。此时的珍妮，已经开始大规模地重新装修她在香榭丽舍的新公寓，还有那套她拥有租赁权的7层别墅，就在大坎伯兰广场，挨着伦敦大理石拱门纪念碑。她给这套7层别墅安装了一个秘密电梯，这样她的情人，肥胖的威尔士亲王，就可以乘着电梯从一层到她的闺房了。

丘吉尔清楚地知道母亲的生活有多么奢侈，他也知道尽快养活自己是多么必要。多年后丘吉尔回忆说："除了我的名字，其他所有的一切都需要我为之工作、为之奋斗。22岁时，军队给我的那点儿薪水根本不够用，我意识到我……无法过上自己想要的生活。我需要学习，需要资金，也需要自由。我意识到没有资金就没有自由。我必须赚钱才能获得基本的独立，而只有独立，才能让自己生活随意并自由地表达自我。被束缚在别人的日常生活中，做你不喜欢的事情——那不是生活——我不要那样的生活……于是我开始工作。我学习，我写作，我演讲……我几乎记不起有任何一天我曾无事可做。"[9]

关键是要写出"高贵"的英语句子。一发现自己有能力在战场上非常紧迫的期限内，写出篇幅适中的生动文章，丘吉尔就要求提高稿酬，在5年的时间里，他成了世界上薪水最高的战地记者。连同他的著作和相关讲座赚的钱，到1901年时，他积累了相当于今天100万英镑的财富，这足够让他进入政坛。新闻写作教会他要精练，要抓住读者的注意力。这样的清晰与生动，在他的政治演说和可读性极强的文章中都表现得淋漓尽致。但在他一生的大部分时间里，钱仍然是一个问题，直到1939年，他一直定期为媒体撰稿。

1895年11月初，丘吉尔启程前往古巴。他先是坐船前往他母亲出生的城市纽约，这是他在随后的67年里对美国的14次访问中的第一次。珍妮的崇拜者，41岁的国会议员伯克·科克兰到码头迎接他，把他和雷吉安顿在他位于第五大道的豪华住宅里。在接下来的10年里，作为一个父亲般的角色和政治上的榜样，科克兰在丘吉尔的生活中扮演了重要的角色。更重要的是，他深刻地影响了丘吉尔的谈话和演讲风格。20世纪30年代初，丘吉尔写道："我从未见过他这样的人，或者在某些方面与他不相上下的人……他是和平主义者、个人主义者、民主主义者、资本主义者，还是个'金虫'（金本位的拥护者）。"最重要的是，他是一个自由贸易主义者，正如丘吉尔所言："因此，他也就反对社会主义者、通货膨胀论者和保护主义者，而且他对于这些人的抵制从来不分场合。因此，他的生活中从来不缺少战斗。”[10]丘吉尔从未做过和平主义者，但是在他的政治生涯中，他会采取科克兰所有其他的立场。科克兰曾4次更换政党，他的党派关系甚至比丘吉尔本人还要不稳定。

从1887年起，直至1923年科克兰去世，他前前后后一共担任了5次纽约州国会议员，并以其对诘难者机智的反驳而闻名。他的传记作者将他的演讲（他有时会在麦迪逊广场花园给超过2万名听众做演讲）描述为“一位炉火纯青的文学匠人”的演讲。[11]尽管丘吉尔从未听过科克兰在公众场合讲话，但他阅读了科克兰的所有演讲记录，学习了他的演讲技巧。丘吉尔曾经写道：“他教会我像演奏管风琴一样，运用人类声音的每一个音符。他能调动人们的每一种情绪，在大型政治集会上，他的演讲能吸引成千上万人的注意力。”[12]还有科克兰的私人谈话，“在紧扣主题、变化声调、声音圆润、对比明确和助人理解方面，都超越了我所听过的任何东西”。[13]他对经典和历史典故的运用，他奢华的词汇使用，他丰富的面部表情和偶尔戏剧性的手势，都为年轻的丘吉尔所接受、吸收。在此后的几十年里，丘吉尔经常引用他的话语。科克兰在两年前谈到爱尔兰自治法案时曾说：“从没有人，在英语国家的历史上，像格莱斯顿先生那样，取得如此巨大的胜利。”[14]这样的抑扬顿挫，这样的词句表达，一直留在了丘吉尔已经惊人地丰富的记忆里。1955年，有一次，当丘吉尔开始引用科克兰60年前演讲中的大段语录时，美国政治家阿德莱·史蒂文森大吃一惊。丘吉尔告诉他说：“他（科克兰）是我的榜样。”[15]

“美国人是多么不同寻常啊！”丘吉尔在11月10日写给母亲信中说，“他们的好客对我来说是一种启示，他们让你有宾至如归的感觉，这是我以前从未经历过的。”[16]他和巴恩斯去华尔道夫阿斯托里亚酒店共进晚餐，参观了西点军校，旁听了一场谋杀审判，观看了纽约消防局专门为他们安排的一场灭火表演，并出席了纽约马展的开幕式。“这是一个非常伟大的国家，我亲爱的杰克，”丘吉尔告诉他弟弟，“不漂亮也不浪漫，却是既伟大又实在。这里似乎没有崇敬或传统这类东西，每件事情都非常实际，对事情的评判因此也都是以事实为依托的。”[17]

“你可以把美国人想象成一个伟大的精力充沛的年轻人，”丘吉尔继续说道，“他绝不会过于敏感，也不会对所谓举止不够文明说三道四。年龄和传统不是让他产生敬畏的理由。他宽厚善良，做起事来精神饱满——这地球上更为古老的国家对这一点很可能会羡慕不已。”[18] 这又何尝不是丘吉尔本人在那个年龄的写照呢？

11 月 17 日，丘吉尔和巴恩斯乘火车离开纽约，前往佛罗里达州坦帕市，准备第二天乘船前往哈瓦那。后来在谈到古巴时丘吉尔说：“那是一个肯定会发生什么事情的地方，也许我的尸骨将会被埋葬在那里。”[19] 他们参见了西班牙总司令马丁内斯·坎波斯将军。将军允许他们访问前线，他们先是乘火车去圣比里特斯，然后与一个纵队一起，于 28 日抵达戒备森严的布兰科前哨。丘吉尔后来对西班牙军队的行动方式提出批评，他说西班牙军队“行动起来就像拿破仑的护卫队在半岛上那样”，也就是说，行动非常迟缓。拿破仑和坎波斯都在和游击队作战，阿罗约·布兰科城外同样是靠近丛林的环境，时至今日还是如此。

丘吉尔后来在谈到那次远征时写道：“你可能会说这是愚蠢之举。长途跋涉数千英里，很难支付得起旅程的费用，早上 4 点起床，在完全陌生的人群中，希冀着干上一仗，这当然很难说是理性的做法。”[20] 而且，他们在浴血奋战，而家里的那些同僚军官却在猎狐。在古巴，丘吉尔赢得了他的 37 枚勋章中的第一枚——西班牙红十字一等勋章。这是一种荣誉勋章，后来他公然违反军规，高高兴兴地佩戴着的，正是这枚勋章。[21]

丘吉尔是同情古巴叛军的，尽管他不能公开表示同情，因为西班牙才是他的东道国。他在描述古巴与西班牙的关系时，用了一个引人联想的比喻：“就像一个哑铃被举在一臂远的地方”。[22] 虽然他宣布，自己在 21 岁生日那天，听到了怒火喷发的第一波枪声，但其实并不是那样。事情发生在第二天，12 月 1 日，在他们从阿罗约·布兰科赶往拉雷福马的路上。[23]“刺耳的枪声从森林边上传过来，”他后来写道，“紧挨在我身边的那匹马——不是我的马——猛地跳了起来。”[24] 子弹打中了它的肋骨，“我突然反应过来，打中这匹栗色军马的那颗子弹，一定是从我头上不到一英尺的地方穿过去的。因此不论怎么说，我也算‘冒过枪林弹雨了’，这可不是小事。然而，我也开始对打仗产生了比以前更深刻的认识”。[25]他遭遇了十多分钟的重火力袭击，零星射击持续了一天半。“我们周围的声音有时像叹息，有时像哨声，有时又像被激怒的大黄蜂发出的嗡嗡声。”但是在密不透风的丛林里，我们很难采取应对措施。[26]

正是在这次战役中（如果18天的行军可以用这个术语来升华的话），丘吉尔表现出高超的素描技能，多年后发展为对绘画的热爱。蒙巴顿勋爵后来这样说：“他带着自己一生中的三大嗜好——当兵、午睡、抽雪茄——离开古巴。”[27]然而事实并非如此。丘吉尔早就开始抽雪茄了[①]，而午睡的习惯，则是直到1914年才开始有的。不过此次旅程确实是他第一次到欧洲以外的地方，第一次获得间谍活动的经验，第一次撰写在全英国范围发表的文章（署名W. S. C.），第一次经历战火的洗礼。12月14日准备再渡大西洋时，在纽约的码头上，他与采访他的记者开玩笑说，叛乱分子们“谈不上是好士兵，但是论起逃跑来，没人能打败他们”。[28]

在轻骑兵第四团1896年9月被派往印度之前，丘吉尔度过了他后来称为“一生中唯一一段闲散时光”——打马球，和母亲生活在一起，与资深政客交往。他还从宾顿·布拉德将军那里获得一个承诺。这位上次率领远征军前往印度西北边境马拉根德山口的指挥官答应他，如果他能够再次率领远征军出征，一定会让丘吉尔加入他的队伍。[29]除此之外，和其他出身名门的英国上流社会的年轻人一样，他还参加了各种社交活动。“我意识到我必须表现出最好的言谈举止，”他后来说，“守时、克制、矜持，简而言之，就是展示出我最不具备的所有品质。”[30]

1896年8月4日，丘吉尔在伦敦西部的亨斯洛陆军基地给母亲写了一封信，信中他表现出强烈的使命感。当时他正准备前往“印度这片乏味的土地”，前往他所谓“无用且无利可图的流放之地”。[31]他不想把自己的生命浪费在负责班加罗尔的守备上，在得知枪骑兵第九团可能被派去镇压非洲南部马塔贝列兰的起义后，他提出作为一个编外（即无薪）的中尉加入第九团的

① 他认为香烟（普通香烟，不包含雪茄）是“糟粕”，尽管他偶尔会对土耳其香烟破个例。（莫里，《保镖》，第87页。）

申请。否则，“我会因为犯下一个懒惰的愚蠢错误而后悔终生。在南非待上几个月，我就能获得南非奖章，而且很有可能成为（英属南非）连队之星。①我会从那里赶往埃及——一两年后再多带两个奖章回来做饰品，之后就把宝剑打造成公文箱，解甲从政……对我说教让我耐下心来是无用的。其他的年轻人都在奔跑，我还有什么机会追上他们呢？”[32]

由于马塔贝列兰人投降得太快，丘吉尔的计划未能实现。于是，丘吉尔于9月11日和部队一起从南安普敦起航，开始了为期23天的孟买之旅。在汽艇驶近沙逊码头时，他伸手去拉一个嵌在石墙上的铁环，这时一个5英尺高的巨浪掀起船的一侧，在他所在的这一侧向下晃动时，他的右肩严重脱臼了。“我爬了起来，感觉还好，”他回忆说，“顺口说了几句一般人都会说的口头禅，大多是从字母表的前几个字母开始的（这里指一些骂人的话），然后我抱住自己的肩膀，很快就不再想这件事了。”[33]其实他受了伤，这是一辈子都没再好起来的伤，打马球时他必须把手臂的上半部分绑在身上。他仍然能够击球，但是向前和向后击球再也没有达到过最高点。“当你犯了重大错误时，”他充满哲学意味地说，“它可能比最明智的决定更容易给你带来好处。生活是一个整体，运气也是一个整体，不能单看其中的某一个部分。”[34]之后在孟买发生的事故就说明了这一点。

1896年10月3日，他们抵达班加罗尔，马德拉斯（今天的金奈）首府的军事总部，丘吉尔、巴恩斯和他们的战友雨果·巴林动用了所有资源，住进一处舒适的平房，有仆人、马夫和管家。这是丘吉尔第一次来到大英帝国属地，他很快就无可救药地爱上这里，心中充满了对帝国的崇敬。这种崇敬将伴随他一生，一次又一次地对他的事业产生深刻的影响。正是在班加罗尔，他学会了欣赏他后来所说的“英国在印度所做的伟大工作，以及她的崇高使命——统治这些原始但讨人喜欢的种族，为了他们的福祉，也为了我们自己的福祉”。[35]他告诉一位朋友，尽管帝国主义有时对英国来说是一种负担，“但是如果我们所做的一切，都是为各属地民族的利益而无私奉献，那就是

① 他最终获得了南非奖章，但是没有成为“连队之星”。

值得的、合理的”。他对此毫不怀疑。[36] 在印度的 15 万左右的英国人，如果没有 3 亿多印度人的积极合作，就无法维持其“统治”。丘吉尔明白，这只能通过维护统治者的威望和权力来实现。一年后，他在信中写道：“没有什么比英国军官对本土士兵所保持的权威地位更引人注目的了。”“皮肤黑黑的当地骑兵们跟在一个年轻的英国士兵后面，英国士兵发号施令，而本地骑兵随时准备献身，这难免令人奇怪……为了救这个英国士兵的命，本地士兵愿意牺牲自己的生命。”[37]

当然，今天我们已经懂得，帝国主义和殖民主义属于邪恶和剥削的概念，但丘吉尔在英国统治印度时期的亲身经历，却并没有给他留下那样的印象。他欣赏英国为印度带来的一切：印度历史上首次全国和平、铁路、大面积的灌溉工程、大众教育、报纸、进行广泛国际贸易的可能性、货币兑换的标准化单位、桥梁、道路、沟渠、码头、大学、没有腐败的法律体系、医疗进步、抗饥荒协作、印度第一个国家通用语——英语、电报通信，还有使其免受俄国、法国、阿富汗、非洲等威胁的军事保护，同时也废除了印度的“suttee”（在火葬柴上将寡妇烧死的做法）、“thugee”（谋杀旅行者的仪式化行为）和其他虐待行为。对丘吉尔来说，这些并不是我们现在认为的所谓阴险的家长式压迫，因此他毅然决然地打算要献身于保卫大英帝国，让帝国本土和属地不受敌人侵犯的事业。在他的政治生涯中，他一次又一次地把对帝国理想的拥护置于个人的最大利益之上。

丘吉尔的一位秘书回忆说，丘吉尔 1944 年说过：“作为驻印度的一位年轻中尉，我常常发现自己无法理解与人谈话时提及的一些内容。”于是他决定更好地了解情况。他开始在午睡后躺在“charpoy”（印度吊床）上看书。[38] 哈罗公学的学历给他的教育留下了很多空白，所以从 1896 年冬天起，他开始了一项雄心勃勃的阅读计划，这一计划使他在两年内，在博览群书方面已经能够与那些读过牛津或剑桥大学的同龄人比肩了。“我同情大学生，”他后来写道，“尤其是当我看到他们中的许多人，在稍纵即逝的宝贵机遇面前却过着非常无聊的生活时。由思想和行动构成的十字架，却只允许一个人在生活中做出其中一种选择。”[39] 他自己的生活即将证明，一个人可以同时选择两者。

丘吉尔的阅读计划是从爱德华·吉本的《罗马帝国衰亡史》开始的。这本长达4 000页的书他一生中读了两遍，其中一些内容他可以凭记忆引用。之后他读了吉本的自传，还有麦考利所著的《英格兰史》，一本他非常喜欢的书（除了攻击第一代马尔伯勒公爵那部分），还有那本《古罗马方位》。[40]那之后他读了乔维特翻译的柏拉图的《理想国》，还有叔本华、马尔萨斯、达尔文、亚当·斯密、亨利·哈勒、塞缪尔·拉宁、威廉·莱基、罗什福尔侯爵以及其他很多人的重要著作——虽然没有小说。他的阅读范围之广令人咋舌，这给了他极大的知识自信，让他在原有的各种自信的基础上又增加了一种自信。一位朋友回忆说，他曾经把韦尔登博士翻译的亚里士多德的《伦理学》借给丘吉尔，丘吉尔评价说，书很好，“但是书里的内容有很多我之前就考虑过了，这实在是不可思议”。[41]丘吉尔告诉母亲，他希望他的阅读能为他建立一个“符合逻辑的连贯观点的基础框架”。[42]母亲回答他说，银行拒付了他的一张11英镑的支票，而她对这张支票还是挺看重的。丘吉尔这种自学成才的模式意味着他的知识不可避免地会有一些漏洞。直到1906年，他还没有听说过济慈的《夜莺颂》，他还会把诗人威廉·布莱克和海军上将罗伯特·布莱克搞混。但是一旦有人指出这一点，他的一位朋友记录道：“下次我再见到他时，他不仅记住了这首诗，而且把济慈所有的颂词都背了下来——他从头到尾地背诵给我听，绝不放过一个音节！”[43]

在班加罗尔，丘吉尔还花了大量时间学习政治。他请母亲尽可能多地寄给他一些政治年鉴《年度纪事》，这些刊物现在保存在剑桥大学的丘吉尔档案馆中，上面保存着丘吉尔做的许多注释，可以看出他是怎样自学这门功课的。他选择了本杰明·迪斯累里1874年—1880年担任英国首相期间的那几卷，阅读得极其仔细，书中有批注，偶尔也会有一些下划线，主要强调的是帝国主义、外交政策和保守党社会改革日程等内容。1874年、1875年和1876年这三卷，涵盖了他出生时以及婴儿时期所有的议会立法辩论，他甚至设想自己在那个时期参政，并为自己拟写了讲话稿，然后粘贴到书上。[44]《苏格兰教会赞助法案》《捐赠学校法案修正案》《司法修正案法案》，对于丘吉尔来说，他所设想的这些行动安排，都是深思熟虑、毫不含糊的。例如，在谈到1873年—1874年的印度饥荒时，他想象自己支持当时的印度总督诺斯布鲁克勋爵，不能停止谷物出口："竟然有人建议发布谷物出口禁令，这让我惊讶不已。饥荒带来的价格暴涨自然会吸引粮食留在本地，根本不需要任何法律规定。我反对政府干预私人贸易。"[45] 丘吉尔甚至批评了《纪事》的语言。在书中将格莱斯顿的声明比作"从平静的天空中坠落霹雳"的地方，他在空白处写道："为什么不说是晴天霹雳呢？"[46]1874 年卷他是用铅笔标出重点的，有些重要段落甚至标记了 5 次，比如迪斯累里攻击索尔兹伯里勋爵的地方，他说索尔兹伯里勋爵是"嘲笑、讽刺和挖苦大师"，还有就是提到他的祖父马尔伯勒公爵的地方。[47]

在 1875 年卷中，丘吉尔加了批注的地方，包括主张社会改革的内政大臣 R. A. 克罗斯的演讲，以及塞缪尔·普林索尔议员——发起"船身必须画出一条最大吃水线"运动的改革家——对演讲者所说的话，"那些让勇敢者去送死的人，我将揭开他们的面具"，以及"我决不退出，我将把他们全部揭露出来"。[48] 丘吉尔的评论是："我想不出还有什么比'普林索尔标线'更能纪念这位献身于人类福祉的高贵者典雅而光荣的一生的了。"[49] 通过孜孜以求的阅读，以及对议会上这些戏剧性的沟通与活动的了解，政治对他的吸引力渐渐渗透到血液中。

在外交政策上，丘吉尔加了批注的一篇文章谈了"缓冲国的想法"。该文指出，一个明智的做法，就是在大英帝国和俄罗斯帝国之间建立几个缓冲国，将两个帝国分开。[50] 迪斯累里关于英国"下定决心保存帝国"的说法得到丘吉尔的赞许，而自由党人罗伯特·劳对于英国对印度的统治权的质疑，则是被圈掉了，代之以贯穿整个页面的一条批注："穷凶极恶的演讲。W. S. C."

他在这些书卷中粘贴的笔记，为我们观察这位初学政治的思想者提供了极为敏锐的视角。在 1877 年卷中，他在提出把选举权扩大到工人阶级的建议上写道："进步是人类的原则。"[51] 在谈及《工匠居住法案》时，针对贫民窟可以被强制购买用于再开发这一条，他提出这样的问题："谁会不愿意伸出援手，帮助邻居扑灭大火？慈善和怜悯是不可能激励政府采取行动的，我们必须用整个社会的利益去引导政府的行动。"[52] 他支持死刑，因为他认为，"在这个不完美的世界里，我们所做的很多艰难的抉择和不仁慈的事情，都是不得已而为之的”。他相信死刑的威慑作用，尽管他也承认：“在希望之门被关上时，用机器残忍地杀死一个人的想法会引起人类的恐惧。”[53]

在1880年卷中，他记录下关于他父亲的一些笔记，包括父亲曾经被描述为爱尔兰土地问题上的“偏激的自由作家”“说话带有讽刺意味”，参与了“愤怒的讨论”，并发表了“尖锐的演讲”，对一项法案给予了“勉强的支持”，等等。[54]在1882年卷中，有不少关于第一次英布战争前布尔控诉英国的内容。在记录那些内容的书页里，丘吉尔写下了大量的批注。还有约瑟夫·张伯伦的演讲，他也在空白处做出大量标注。在1885年卷中，他的笔记谈到“保守党的《工人阶级住房法案》和《医疗救助法案》”，如何“证明新托利主义对国家社会主义的偏见”。[55]

在父亲去世后不久，丘吉尔就开始认识到，社会改革并非自由党的专利，而是可以被他所谓的“托利式民主”利用。[56]在社会改革方面，他赞成累进所得税，对穷人实行完全免税，对非劳动所得征收比劳动所得更高的税。他的这些观点并非完全从他父亲那里继承而来，这也是他熟读近代政治史的结果。

这些笔记偶尔也会闪现出后来成为典型的丘吉尔式幽默的火花。根据《皇家头衔法案》，维多利亚女王成为印度女皇。1875年，有批评者指出，该法案吸引了“那些爱好新奇与响亮头衔的人”。对此批评，丘吉尔写道：“我必须把自己也归到‘喜爱响亮头衔’的队伍里，因为如果头衔不够响亮，就不值得拥有。被人称为‘渺小陛下’或‘肮脏阁下’是不会得到多少满足感的。”[57]在妇女投票问题上，年轻的丘吉尔完全是个大男子主义者，他认为“只有最不受欢迎的那种妇女才会渴望这种权利”，“那些通过结婚生子来履行其对国家的责任的女性，她们的丈夫就能够充分地代表她们”。因此，“我会坚定不移地反对这一荒谬的运动”。这在一定程度上是因为“如果给予女性投票权，最终就必须允许女性担任议会议员”，那之后不可避免的事情就是：“所有权力都要交到她们手上。”[58]后来他的观点变了，他娶了一位支持女性选举权的女士，但是在女性选举权被提上政治议程的10年前，一个维多利亚时代的贵族军官的观点如果不是这样，那么反倒会令人惊讶。

从这些《年度纪事》中我们可以看出，他心目中的英雄业已成形，那就是作家与道德家吉本，政治家与演说家迪斯累里，还有伦道夫·丘吉尔勋爵，在他的演讲稿上，丘吉尔的标注颇多。另一位对丘吉尔产生巨大影响的作家是查尔斯·达尔文，影响有好也有坏。像他的许多同时代人一样，他将达尔文思想的影响扩展到人类领域，开始相信不同的种族进化速度不同，就像千万年来动物和植物的进化一样。与其他社会达尔文主义者完全不同的是，丘吉尔相信，更强大、更“高级”的种族——包括盎格鲁-撒克逊人和犹太人——对于他所认为的更羸弱、更落后的种族，负有相对来说更深刻的道德责任。这与他强烈的贵族责任感和他的托利式民主原则非常吻合。

与当时的许多帝国主义者不同，丘吉尔认为统治者对被统治者负有道德责任，这与基督教无关。虽然他在后来的生活中偶尔暗示，他相信全能上帝的存在——上帝的主要职责似乎就是保护温斯顿·丘吉尔——但他不承认耶稣基督的神性。他的演讲内容达到500万字，但从来没有说过“耶稣”这个词，只提到过一次“基督”，而且不是在承认他是救世主的语境中提到的。他对宗教的看法受到吉本的作品和温伍德·瑞德《人类殉难记》的影响。《人类殉难记》出版于1872年，认为所有宗教本质上都是相同的。

丘吉尔的确有一套信仰体系，是在班加罗尔轻骑兵第四团军官食堂（一个最不太可能的地方）获得的。“在团里，我们有时会讨论一些问题，比如‘我们是否会在此生结束后再到另一个世界生活？’以及‘我们以前是否生存过？’……”在《我的早年生活》中他这样回忆道：“大家一致认为，如果你能尽力过一种体面的生活，尽职尽责，忠于朋友，不亏待弱者和穷人，你相信什么或不相信什么并没那么重要。我想这就是今天所谓的‘健康心灵教’吧。”[59]这种观念被描述为吉本自然神论的一种形式，从任何意义上说，它都肯定不是基督教。[60]

尽管丘吉尔不信仰任何公开的宗教，但他一生都是名义上的英国国教徒，就像当时几乎所有的保守派政客一样，他在二战演讲中经常提到“万能的上帝”。[61]不过，正如他在20世纪50年代对私人秘书所说的：“我不是教会的栋梁，只是一面支撑墙，从外部支撑它。”[62]他当然不反对其他人信仰基督教（或其他任何信仰），他完全承认耶稣基督是历史上最好的道德家，但他自己的核心信仰是另一种。一位机敏的传记作者曾经写道：“丘吉尔强调英国和大英帝国的文明使命，相信历史进步这种世俗观念，并以此替代正统宗教。”[63]他一生中做出的许多关键决定，都体现出他相信英国和大英帝国不仅是政治实体，而且是精神实体。帝国主义实际上是宗教的替代品。他大量阅读了麦考利和辉格党历史学家的作品，并从中汲取了一种历史进步理论，该理论将英语国家人民对《大宪章》《权利法案》《美国宪法》和议会制度的采纳，置于文明发展的顶点。这些优势被慢慢地、小心翼翼地传授给他们所统治的那些地区。因此，在没有基督教信仰的情况下，从某种意义上讲，大英帝国本身成了丘吉尔的信条。

丘吉尔在班加罗尔的生活不仅包括自学自修、政治阅读和精神思考，他还经常打马球。轻骑兵第四团来到这里后不到两个月，就在海得拉巴赢得了久负盛名的戈尔康达杯，他们下定决心还要赢得骑兵团杯，尽管还从来没有一个来自印度南部的骑兵团赢得过这个奖杯。此外，他还搜集蝴蝶。“我的花园里到处都是紫帝王、白将军、燕尾蝶和许多其他美丽而稀有的昆虫。”他这样告诉杰克，那时他搜集的蝴蝶还没有被老鼠吃掉。

1896 年 11 月 3 日，在塞康德拉巴德，丘吉尔遇到了 22 岁的帕梅拉·普洛登。普洛登是印度行政院高级官员特雷弗·齐切利·普洛登爵士的女儿，这位父亲也曾任议会议员。“我必须说她是我见过的最漂亮的女孩儿，”第二天丘吉尔写信给他母亲时说，“我们打算一起试一下骑大象去海得拉巴游玩。”[64]对她的追求持续到 1899 年 8 月，尽管她还有其他活跃的追求者，丘吉尔感觉这时可以告诉母亲：“她现在爱上我了。”[65]然而他没有钱娶她。尽管他们已经非正式地订了婚，但是杰克听说，至少还有 3 个男人也认为自己和他处境相同。[66]

在 20 世纪 30 年代关于印度自治的辩论中，经常有人指出丘吉尔并不真正了解印度。虽然到那时他已经有 30 年没有访问过印度了，但是当年在印度时，他的确曾广泛游历这个国家，他的信函曾经寄自班加罗尔、上斯瓦特山谷、浦那、位于德干的特里马尔格里、马蒙德山谷、赛奥尼、圭因迪、通德、伊塔尔西、讷沃盖、汶巴拉、伊纳亚特希拉、巴焦尔、海得拉巴、赖久尔、密拉特、白沙瓦、巴拉山谷、孟买、乌塔卡蒙德、马德拉斯、焦特布尔、加尔各答等地。在提到印度的夏季时他说：“那种热浓重到可以用手拿开，它像背包一样压在你的肩上，像噩梦一样置于你的头顶。”[67]

也是在印度，丘吉尔学会了喝酒（主要是威士忌，兑上大量苏打水），尤其学会了如何不喝醉。他这一辈子都喜欢把自己描绘成一个嗜酒的人，但值得注意的是，很少有人看到他喝醉。（在整个二战期间，他只喝醉了一次，那是由于紧张和压力。）他曾经写道：“我从小的教育告诉我，对醉酒的人应该极度蔑视，除非是在非常特殊的场合，或是一些周年纪念日。”[68] 尽管后来纳粹进行了各种宣传，丘吉尔也拿自己的酗酒开玩笑，但他对酒精有着非凡的掌控力，很少会因为喝酒影响自己的判断力。他写道：“一杯香槟就能让人兴奋起来，精神为之一振，想象力被巧妙地激发，思维也变得更加敏捷。但是一瓶香槟会产生相反的效果。过量饮用会让人昏沉麻木。战争也是如此，双方的实力通过小口慢品一次次较量才能体现出来。”[69] 所以说，丘吉尔并不酗酒，最有力的证据就是他虽然爱酒，但总是小口慢品，他身体强健，很少受酒精影响。

意外再次降临在他身上。那年 3 月，他从一匹小马上摔了下来，左肩撞在坚如岩石的地面上受了伤，但他仍然坚持打马球，把缰绳套在手腕上。他已经积累了 3 个月的假期，到了 5 月，他打算乘船回趟英国。他渴望离开，称印度是“一片不信神，势利和无聊的土地”。[70] 在回家的旅途中，他虽然经历了几次“可怕的”晕船发作，但是也与在印度负责火枪训练的伊恩·汉密尔顿上校交上了朋友，还参观了庞贝城和罗马（这对于罗马来说是件幸运的事，1944 年丘吉尔拒绝支持对罗马的轰炸）。[71]

1897 年 7 月 26 日，丘吉尔在巴斯附近的克拉弗顿，向大约 100 名樱草联盟成员发表了他的第一次官方公开演讲。在简短地提到维多利亚女王登基 60 周年庆典后，他谈到了《工人补偿法案》。他神采飞扬地说：“从托利式民主浪潮的日益高涨中，英国工人可以获得的希望，比从干涸的激进派排水管中能够获得的更多。”[72] 听众既发出了嘲笑声，也发出了欢呼声。之后他又拿激进派和自由党开了几个玩笑，最后他对大英帝国做了一番总结：

> 有人……有人说，在女王登基 60 周年之际，我们的帝国达到了她的荣耀和权力的顶峰，现在我们将开始衰落，就像巴比伦、

迦太基、罗马的衰落一样。不要相信这些哇哇乱喊的人，我们要通过行动来证明，我们民族的生机与活力毫发无伤，作为英国人，我们有决心维系从父辈那里继承而来的大英帝国，我们的旗帜将会继续在大海上高高飘扬，我们的声音将会在欧洲理事会上空回响，我们的主权将会由臣民的热爱支撑起来，到那时，我们将继续沿着万能之手为我们指明的道路前进，执行我们的使命，把和平、文明和良好的政府体系带到地球最遥远的地方。[73]

这是维多利亚时代晚期好战帝国主义者的经典宣言。在《我的早年生活》中，丘吉尔回忆当时那些观众时说："当我故意停下来给他们机会时，观众在所有该发出欢呼的地方都欢呼不止，甚至在我没有预料到的其他一些地方也是如此。演讲结束时，观众发出雷鸣般的掌声，一直持续了很久。所以说，我还是可以做到的！"[74] 支持托利党的《晨邮报》派来一名记者，发表了一篇简短的社评，宣布英国政治舞台上又出新人了。但是《东方早报》对他嗤之以鼻，说"政治才能是人们的各种倾向中最不容易遗传的"。实际上，丘吉尔的政治天赋比他父亲高出很多，克拉弗顿的这次演讲使他坚信，只要多加练习，在公众场合演讲就会变得游刃有余。

1895 年 8 月，再次当选的索尔兹伯里勋爵采取了一项"向前进"的政策：为了保卫大英帝国，在任何边境受到威胁的地方，都要主动进行防御。丘吉尔很快获得了到"最遥远的地方"为大英帝国完成使命的机会。1897 年 8 月，他听说了西北边境的帕坦起义，宾顿·布拉德爵士受命指挥一支由三个旅组成的 MFF（马拉根德野战军）。他立即请求布拉德给他一个职位，尽管轻骑兵第四团本不属于 MFF。但是他得到的回答是："非常困难，没有职位空缺，以记者的身份来，会设法安置你。"[75] 于是丘吉尔又请了 6 周假，离开他所在的团，在酷暑中乘火车从班加罗尔前往瑙谢拉，MFF 驻军铁路所在地。行程超过 2 000 英里，历经 5 天时间，他终于到新岗位报了到。他还买了一匹灰色的马，也可以说就是白马，这是一种有意识的自我宣传行为，也是一种潜在的自杀行为。丘吉尔告诉母亲："我非常希望获得血气方刚、勇敢无畏的好名声，这是我在这世上最想获得的东西。"那时他母亲也在帮他谈合同，为《每日电讯报》撰写专栏，每篇5英镑稿酬。[76]不管怎么说，他首先还是战士，穿着轻骑兵第四团的制服，然后才是记者。

1897年9月16日，由1.2万多人组成的马拉根德野战军开进马蒙德山谷。这是一次惩罚性的征讨，为了报复敌人对英国控制地区的多次袭击，野战军所到之处烧毁庄稼、砍倒树木、填塞水井、摧毁水库、夷平村庄，可谓无所不为。“与战争中的其他一切一样，这当然是残酷且野蛮的，”丘吉尔写道，“但只有不具备哲学思维的人，才会认为夺去一个人的生命是合理的、正当的，摧毁他的财产则是不合理的、不正当的。”[77]当地部落的人时不时也会发动突然且致命的反击，被俘虏就意味着被折磨致死。丘吉尔个人并不赞成这次征讨，尽管不是出于人道主义考量。他喜欢并崇拜布拉德，但是他谴责这次行动，将它归咎于索尔兹伯里勋爵的帝国“向前进”政策。他对母亲说：“这次行动从经济上讲是毁灭性的，从道德上讲是邪恶的，从军事上讲还没有定论，从政治上讲则是完全错误的。但是现在我们已经停不下来了。”[78]

丘吉尔作战勇敢，记者发回的新闻报道说他“勇敢、坚定”“在关键时刻能够发挥重要作用”，但是他并没有获得他所渴望的英勇勋章。[79]“我骑着小灰马沿着散兵线前行，而敌人就匍匐隐蔽在那里，”他向母亲吹嘘道，“这或许是愚蠢的，但是我之所以要下这样大的赌注，就是为了让现场的人们看到，没有什么比我所做的事情更加勇敢、高贵了。倘若现场没有可以充当观众的人，那就大不一样了。”[80]过些年后，他对这次远征的看法就更多了些听天由命的感觉：“他们想对我们开枪，我们也想对他们开枪。所以很多人丧生了，留下的寡妇不得不由帝国政府养起来。还有一些人受伤严重，以后都不得不跳着四处走动。这一切都令人激动不已。对于那些既没有死掉也没有受伤的人来说，这一切简直可以说令人兴高采烈。”[81]但是当死去的是他的朋友，皇家西肯特团中尉威廉·布朗-克莱顿时，他就没有那么兴高采烈了。他对母亲说，他的朋友“真的是在担架上被撕成了碎片”。“我哭了——我必须说这种情况非常罕见。”[82]他写道。事实上，在后来的生活中，丘吉尔是一个特别容易哭的人。

10月回到班加罗尔后，他发现自己发表在《每日电讯报》上的文章，署名竟然是“一个年轻的军官”，而不是他本人的大名。他怒火万丈，于是决定撰写自己的第一本书：《马拉根德野战军纪事：边境战亲历》。他向母亲诉苦说，他写这些文章，就是为了“让选民了解我的性格。我原本希望，我的一些政治优势可能就此积累起来”。[83] 母亲回信说，作为一名军官，撰写新闻稿件是“非同寻常的，可能会给你带来麻烦”。[84] 他则回信说：“如果要避免做‘不寻常’的事情，我就很难看出自己有什么可以超过常人的机会。那些文章令我感到骄傲，我急于想把自己的声誉像押宝一样押在这些文章上。”年轻的丘吉尔害怕成为普通人，那种心理几乎达到恐怖的程度，要争取到议会选民，他迫切地需要脱颖而出：当时的政治团体在选举代表上拥有自主权，而那些有钱的保守党候选人如果承诺为他们的金库捐款，就会比丘吉尔有优势。

1897 年 11 月，23 岁的丘吉尔撰写了一篇题为《修辞学要领》的文章。虽然到目前为止，他只做了两次演讲，其中一次还是在一场半暴动中，在音乐厅后面对着耙子和妓女所做的演讲。这表明他已经完全掌握了公共演讲的理论，虽然也许需要进一步实践。他早年所写的很多东西，在他之后的人生中被一次又一次地证明是正确的：

> 在人类被赐予的所有才能中，没有一种比雄辩的天赋更加宝贵。拥有了这种天赋，就拥有了比伟大的国王更持久的权力。雄辩就是这世界上的一支独立部队，即使遭到政党的抛弃、朋友的背叛、官职的罢免，只要拥有这一力量，你就仍然无比强大……即使演讲者面对的是严肃的公民，带着他们平凡乏味的生活里所产生的玩世不恭，雄辩的魅力也是无法抗拒的。观众从毫无反应的沉默，一点点发展到勉强同意，直至完全同意演讲者的说法，欢呼声越来越响亮，越来越频繁，人们的热情瞬间高涨，直到被无法控制的情感震撼，被自己迷失了方向的激情感染……似乎所有最好的英语语言演讲都有一些共同的特点……修辞的能力不完全是一种天赋，也不完全是后天习得的，它是培养出来的。演说家的独特气质和才能一定是天生的，但是这种气质和才能的发展，

则是靠实践来鼓励的。演说家是真实的，其言辞在一定程度上则是虚假的……演说家是大众激情的化身……让大众感动落泪之前，他自己必须先流泪。要说服大众，他必须先说服自己。他可能会前后不一致，但他绝不会故意不诚实。[85]

没有人比丘吉尔本人更能证明这一点。

丘吉尔在文章中写道："有时，轻微的口吃或磕巴，虽然令人不悦，却有助于吸引听众的注意力，但通常情况下，清晰而洪亮的嗓音才最能表达思想。"丘吉尔从小就把字母"s"读作"sh"，因此接受了皇家医生费利克斯·西蒙爵士的治疗。西蒙爵士告诉他，只有通过练习和坚持不懈的努力才能治愈，因为他的口腔和舌头并没有先天缺陷。因此，他一遍又一遍重复那句话："西班牙的船我看不见，因为它已经驶出了视线。"[86] 1905年，他曾提出让西蒙切除他认为是舌头上的一根多余的韧带，还好医生拒绝了。[87]那之后的许多年里，他发出的"s"音一直都很引人注意，甚至到了1913年，一名采访议会的新闻记者还写下这样的内容："单是讲话时出现的这个缺陷，就足以毁掉大多数演讲者。而丘吉尔先生却可以凭借自己思想和举止的魅力，让听众忘记这一点。"[88]丘吉尔也曾撰文说，他认识到这是一个障碍，但并不认为它会成为自己政治生涯的障碍。

丘吉尔认为，伟大的演讲艺术有五个"要素"。首先是"用词精准"，即"一直都要使用最为恰当的词语"。他举了用"不苟言笑"来形容苏格兰人这个例子。他认为应该多使用"简短、朴实的词语"。虽然单词应该用短的，但是句子不需要用短的，只要有内在节奏就好。演讲艺术的第二个要素是声音。"声音对人脑的影响是众所周知的，"他写道，"当演说者求助于声音的艺术时，他的语句听起来就更婉转悠扬，更铿锵有力。词语之间的特殊平衡会产生一种韵律，类似于无韵诗而不是散文。"[89]他在这里提到无韵诗，这也反映了他一生对莎士比亚的钟爱，莎士比亚的作品对他的演讲艺术、写作风格以及英国例外论意识产生了深远影响，他后来用无韵诗形式写演讲稿，也是受莎士比亚作品的影响。（他还开玩笑地用"仿莎士比亚体"写了一句话，那些不如他熟悉莎剧的人经常会上当。）

演讲艺术的第三要素是论点的不断积累。“一系列事实都指向一个共同方向，”他写道，“观众期待着最后的结论、最后的话语在雷鸣般的掌声中落下。”[90] 第四要素是类比的使用，即“把一个既定事实转化为简单的语言”。他举出的演讲案例既有索尔兹伯里勋爵的，也有麦考利的，还有他父亲的一段话：“我们在印度的统治，曾经是，现在也是，一层铺散开去的油，保护着博大而深邃的人性的海洋，使它不受暴风雨的摧残。”[91] 丘吉尔在演讲中经常使用类比，看似自然而然，但正如从这篇文章中我们可以看出的，对丘吉尔来说，类比是一项极受重视的技艺。

在谈到第五项也是最后一项要素时，丘吉尔写道：“在大多数结语处，人们在语言使用上都会明显地倾向于奢华——语言的奢华会让理性退缩。说者和听者的情感起伏是相似的，必须找到那个能代表他们所有感受的表达，这一表达通常还会以极端形式体现他们所支持的原则……各种语言上的奢华与铺张对政治斗争的影响是巨大的，它们会成为党派的口号和民族的信条。”[92] 他引用了老威廉·皮特和美国著名演说家威廉·詹宁斯·布莱恩的演讲，认为演说家无法“抗拒以极端形式表达自己观点，或将观点发挥到极致的欲望”。[93]

在整个政治生涯中，丘吉尔都因在演讲中使用夸张的、极端的语言而受到批评。很少有人意识到他这样做完全是故意的，实际上这是他演讲技巧中不可或缺的一部分。这些“奢华”，按照他自己的措辞，是他故意设计的，是为了给自己赢得名声与关注，使自己成为辩论的中心。但是这些表达也使他身陷争论，引来了一些不信任。到二战临近时，希特勒的崛起终于完全证明，几十年来，丘吉尔在各种不太重要的问题上所使用的夸张说法是合理的。

他也喜欢故意使用旧式词汇。1898 年，他在给母亲写的一封信的结尾处写道：“恐母生厌，不再赘述……再会。”即使是在维多利亚时代晚期，这也算是古文了。他在战时演讲中也经常使用那些与时代相左的表达方式，效果甚好。比如，他使用“仇家”（foe）而不是“敌人”（enemy）这样的词语，使用“宛如旧时”（as in the olden time）这样的短语。

对丘吉尔来说幸运的是，他的《修辞学要领》一文从未发表，因为要是真出版了，很可能会影响他后来的演讲。但非常神奇的是，二战期间他的那些最伟大的演讲，很多都符合这篇他 40 多年前撰写的奠基性文章中的五要素：精心挑选的词汇、精心设计的句子、观点的累积、类比的使用、奢华的语言。这是他那个时代最伟大的演说家的修辞五大要领。丘吉尔在文章的结尾引用了吉本的一句话："学修辞学的学生可以满怀希望，大自然最终会屈服于人类的观察力和毅力，用它们打开人类的心灵之门。"[94]

丘吉尔写给母亲和其他人的信一直给人一种感觉，那就是他已经知道子孙后代会读到这些信。1897 年圣诞节前，丘吉尔在班加罗尔给母亲写信说："子弹——对于一个热爱哲学思考的人来说，我亲爱的妈妈——是不值得考虑的。此外，我这个人太自负了，我不相信上帝会创造出一个像我这样强大的存在，却只是为了一个平淡的结局。无论如何，这并不重要……名声、被嘲笑、被戏剧化、被贬低、仍然是这世上最好的东西。"[95] 丘吉尔信函中的话，很多至少都是半开玩笑的，记住这一点非常重要。他的批评者却经常忽略这一点，即他所说的和所写的很多内容，都是为了引人注目或使人发笑，而不是确切的字面意思。他的虚荣心具备一种自我嘲讽的特质，他通过自嘲来保持吸引力。正如他在给母亲写的另一封信中说的那样："当然——你已经知道一阵子了——我是相信自己的。"[96]

1897 年 12 月，他在同一封信中写道："我将毕生致力于保护我们伟大的帝国，致力于维护英国人民的进步。谁也不能通过人身安全这类卑劣的问题影响我。我很了解自己，也不是看不到自己性格中庸俗和阴暗的一面，但是这世上如果说只有一个地方不会让我觉得羞愧，那就是战场。"[97] 战场上的怯懦是"卑劣的"。

1898 年 1 月，丘吉尔在加尔各答度过了 10 天的圣诞节假期。他与印度总督埃尔金伯爵住在一起，并借机游说，希望自己可以在提拉山谷西北边境的新远征军中获得一个职位。他竭尽所能，动用了各种关系，甚至包括总司令这样的高官。给他帮助最大的是伊恩·汉密尔顿和远征军总司令的副官阿雷默·霍尔丹上尉，但令丘吉尔大为懊恼的是，远征军最终与部落进行了谈判，他的《提拉野战军纪事》中的故事还没有发生就结束了。"这是一个时不我待的年代，我们必须全力以赴。"他对母亲说。[98] 所以，如果同时代的人认为他咄咄逼人，急于自我推销，还是个猎奖高手，也许并没有什么好奇怪的。“我经常看到一个面色红润、金色头发的轻骑兵第四团中尉，他话很多。”休伯特·高夫上尉回忆说：

> 他是温斯顿·丘吉尔。他刚从白沙瓦北部战场回来……他总是站在炉火前……他会满怀信心地向所有人讲述如何实施军事计划……我是在第16枪骑兵团成长起来的，一点儿也不赞成这种傲慢的态度。这种风格在我们的队伍中是绝不会被容忍的，但是在白沙瓦的枪炮手的队伍中，那里的许多将军还有其他人都没有试图纠正他。我过去常常想知道将军们是如何忍受他的，但即使在那时，我也隐隐约约意识到了，他们相当忌惮丘吉尔，还有他的笔。[99]

丘吉尔总是冲向最危险的地方，而不是远离这些地方，对于这一点，高夫和其他一些丘吉尔在军队中的批评者并未表示出赞许。

丘吉尔于1月底返回班加罗尔，获知一条令人不安的财务方面的消息。珍妮为了重建她的财务结构，想要申请1.7万英镑（约合今天的170万英镑）的贷款，这需要丘吉尔的同意——杰克还未达到法定年龄，因为这笔钱需要以伦道夫勋爵的信托做担保。“坦率地讲，”丘吉尔对她说，“毫无疑问，我们，你和我，都不是考虑周全的人——花钱大手大脚，铺张挥霍。我们都知道什么东西好，也都喜欢拥有好东西，付款的事情就留待以后安排了……但问题的关键是，我们穷得要命。”[100] 尽管如此，他还是在文件上签了字，然后给杰克写了一封信表达沮丧的心情。信中说：“我生活中唯一担心的东西就是——钱。”[101]

3月15日，《马拉根德野战军纪事》出版，获得极大好评，也给作者带来了相当于两年薪金的收入。这本书的校对错误百出，令人震惊，丘吉尔后来把负责校对的莫尔顿·弗勒旺，他的姨夫，戏称为“致命·毁灭”。尽管如此，这本书的英国古典主义文学风格还是跃然纸上，包含了大量体现丘吉尔风格的警句和概括语，如“勇气不仅常见，而且没有国界”“能够引发人类谋杀的因素和动机，也会把铤而走险者带上背叛和暴力之路”“做新闻的主角比做新闻的读者更好，做一个行动者比做批评者更好”“生活中没有什么比被枪击中却没什么事更令人兴奋的了”。[102]

这本书不仅涵盖了马拉根德战役的战术，也包含了更广泛的战略思考，对于大英帝国在今日的阿富汗与巴基斯坦边境所面临的敌人的性质，丘吉尔也进行了分析。书中批评了英国的将军，但是并没有针对宾顿·布拉德本人。他写道：“一个避免发起任何‘冲击’的将军，绝不会是一个一大早就出发，去寻找战斗机会的将军，他也不会有任何明确意图。他是个盯着手表算时间的将军，绝不会努力英勇作战。这样的将军不会带来多少伤亡，也不会带来多少荣耀。”[103] 他还严厉地批评了塔利班人，今天的塔利班就是根据这个部落的名称而得名的。他写道，他们“像老虎一样凶猛，却没有老虎的果敢；像老虎一样危险，却没有老虎的风采”。[104] 他认为，他们严格遵从伊斯兰教旨，使阿富汗人民“陷于迷信之中”。[105] 他的观点是，他们的宗教极端主义，“首先是建立在刀剑的基础上，也是由刀剑传播的……时刻刺激着一种狂热”。[106] 他进一步指出：

> 宗教极端主义增加而不是减少了人们那种绝不宽容的愤怒。由于它最初就是由刀剑传播，它的信徒从一开始就屈从于这种疯狂的形式，将自己凌驾于所有持有其他信仰的人群之上。顷刻之间，耐心之土壤所培育的果实、物质繁荣的美好前景、对死亡本身的恐惧，统统都会被抛诸脑后。越是情绪激动的帕坦人，越无力抵抗这种疯狂。所有理性的思考都被遗忘。一旦拿起武器，他们就化身伊斯兰教殉道者（反异教徒的狂热分子）——像疯狗一样危险，做着疯狗才会做的事情，所以也只配像对待疯狗一样被对待。

“文明遭到好战的宗教极端主义的挑战，”他总结说，“进步的力量与反动的力量相互冲突，崇信鲜血与战争的宗教与崇尚和平的宗教怒目而视。幸运的是，崇尚和平的宗教常常拥有更好的武器装备。”[107] 在西北边境，不久之后又在苏丹，丘吉尔近距离看到了宗教极端主义。这是一种狂热的形式，在许多关键特征上——冷酷无情、蔑视基督教、反对西方自由主义价值观、沉迷暴力、要求绝对忠诚等——与他在40年后遇到的政治狂热并无不同。20世纪30年代的三位英国首相——拉姆齐·麦克唐纳、斯坦利·鲍德温和内维尔·张伯伦——都未曾亲身经历这种极端主义，所以他们才迟迟未能认清纳粹意识形态的本质。丘吉尔年轻时就曾与狂热主义进行斗争，他比任何人都更早认清了狂热主义的特征。

在离印度很远的地方，大英帝国和伊斯兰强国之间正在酝酿一场谈判已无法解决的冲突。1898年，阿卜杜拉·阿尔-塔希领导的马赫迪帝国，即著名的哈利法，在其鼎盛时期不但统治了苏丹和南苏丹，还有埃塞俄比亚和厄立特里亚的部分地区。在哈利法的前任穆罕默德·艾哈迈德（即“马赫迪”）占领喀土穆，并杀死英国将军查尔斯·戈登整整13年后，索尔兹伯里勋爵政府终于决定派遣一支英埃远征军，在赫伯特·基钦纳爵士少将的带领下展开报复，保护英国控制的埃及南部地区。

丘吉尔特别渴望参加这场即将到来的苏丹战争。“请在这方面为我多多努力，”他指示母亲说，“这次参战对我以后的计划会产生很大影响。”[108]他对母亲可能有些刻薄了，在促进他的事业，为他进行合同谈判方面，母亲已经付出了相当大的努力。在母亲去世后，他也承认：“为了我的利益，母亲想尽了办法，寻遍了关系，碰遍了钉子。”[109]她对丘吉尔的雄才大略的欣赏，终于点燃了她的母性本能。他们要解决的问题是，基钦纳和他的参谋官道格拉斯·黑格都坚决反对记者参加远征军，尤其是像丘吉尔这样咄咄逼人、姿态过高，以在媒体上批评将军而出名的记者。[110]丘吉尔后来写道：“这就是未曾谋面，已不喜欢。”[111]然而他们的决定并不是针对丘吉尔个人的。基钦纳告诉《泰晤士报》记者，丘吉尔无意留在军队，“只是借个方便”，这就意味着他不应该“占去那些军人职业已经岌岌可危之人的位置”。[112]

在英国休假期间，丘吉尔收到索尔兹伯里勋爵私人秘书的来信，请他到外交部的首相办公室参见首相。丘吉尔后来回忆道：“他在门口迎接我，用一个迷人的欢迎和致敬的手势把我领到他宽敞的房子中间的一张小沙发上。”[113]索尔兹伯里曾一夜之间毁掉了伦道夫勋爵的政治生涯，但是他表示自己愿意帮助伦道夫的儿子。这也许只是一句客气话，但丘吉尔立刻抓住这个机会。[114]索尔兹伯里写信给埃及高级专员克罗默勋爵，请他代表丘吉尔给基钦纳写封信——不过后来的事实证明，基钦纳还是没有同意丘吉尔的请求。最后，丘吉尔是通过一位家族朋友的妻子热恩夫人，她也是高级副官伊夫林·伍德爵士的朋友，才得到一个第21枪骑兵队团编外中尉的职位，而这也仅仅是因为一位叫作P.查普曼的中尉去世了，留下一个空缺。这是基钦纳英埃远征军中唯一的一支英国骑兵团部队。

丘吉尔被紧急调往位于开罗的团部。英国陆军部的信中说："需要说明的是，你们将自行承担费用，如果你们在即将到来的军事行动中被打死或受伤，或出了任何其他问题，任何形式的费用都不会由英国陆军承担。"[115] 丘吉尔的朋友奥利弗·博思威克的父亲是《晨邮报》老板，通过他的安排，丘吉尔将以每篇15英镑的价格为该报撰写报道，这个价格是他在马拉根德时的3倍。他向驻印度的军队请了假，在6天之内就到了开罗。为了避免与印度驻军正面接触，因为他已经请了很多的假，他从法国马赛搭乘了一艘流动汽船。他推断，一旦到了埃及，驻军想要召回他就没那么容易了。

第3章

从恩图曼经比勒陀利亚到奥尔德姆

（1898年8月—1900年10月）

想要出人头地？那就在别人娱乐时努力工作吧。想要获得英勇的声誉？那就拿自己的生命去冒险吧。

——丘吉尔：《萨伏罗拉》[1]

那景象真是非同凡响。我哭了，我的心狂跳不止。我们的队伍看上去粗糙、肮脏、风尘仆仆、黑黝黝的，像钢铁般坚硬；守军则穿着整齐的制服，脸色病态苍白。

——丘吉尔向乔治·里德尔爵士介绍英国军队进入莱迪史密斯的情况[2]

1898年8月2日，在开罗的阿巴萨兵营，丘吉尔身穿卡其色制服，扎着绑腿和武装带，佩着左轮手枪和野外双筒望远镜，参加了阅兵式。之后他从那里出发，取道卢克索、阿斯旺、菲莱神庙和瓦迪哈勒法，沿着专为这次战役修建的铁路穿越了400英里的沙漠，前往喀土穆郊外基钦纳的总部。两周后他到达喀土穆，“阿特巴拉大河就是从那里汇入大尼罗河”的。[3]沿途并非没有危险：在他之前，一名军官从开罗带了一队枪骑兵过来，结果在路上遭遇伏击，所有人都被杀了。[4] 8月中旬与护送队分手后，丘吉尔在沙漠中迷路，没有食物，也没有水，度过了一个痛苦的夜晚。他徘徊了足足70英里，才借助“光荣的猎户座”再次找到去路。他后来写道：“猎户座巨人从未像那天那样光芒闪耀。”巨人把他引向尼罗河，可以说是救了他的命。[5]

8月28日，英埃联军出发了。丘吉尔回忆说："我们感觉太阳直接烤在我们身上，炽热的光线穿透了我们的身体。"[6]仅仅4天之后，他就被团指挥官罗兰·马丁上校派去向基钦纳报告，由5万多名托钵僧组成的哈利法军队正在快速向他们推进，队伍长达4~5英里。

丘吉尔跑步前进，用40分钟时间穿越了超过6英里长的沙漠，发现基钦纳的军队正在列队前进。基钦纳问丘吉尔，他认为两支部队还有多久会遭遇。丘吉尔估算说："至少有一个小时的时间，先生，也许是一个半小时，即使按他们目前行进的速度来计算。"[7]然而，托钵僧们却在喀土穆郊区的恩图曼停了下来，等待早晨的到来。这时，由2.58万人组成的基钦纳的队伍已经背靠着尼罗河做好了作战准备。

丘吉尔返回骑兵团时，戴维·比提中尉，尼罗河上一艘炮艇的指挥官，向他扔来一瓶香槟以示欢迎。"香槟掉进了尼罗河里，"丘吉尔回忆说，"但幸运的是，仁慈的上帝让它落在了很浅的地方，河床很软。我跳进没至膝盖的水里，一伸手抓住了这珍贵的礼物，然后我们得意扬扬地把它带回营地。"[8]第二年丘吉尔曾告诉一位美国朋友，那天晚上，年轻的军官们一起背诵童谣自娱自乐，丘吉尔自己就"记着一大堆童谣，一旦需要，他就可以非常诙谐机智地加以引用"。[9]

第二年丘吉尔写道："太阳似乎不再炙热，时间也不再漫长。毕竟，他们（托钵僧们）就在那里。我们所做的一切都不是白忙活，行军的劳累、酷热的难耐、蚊虫的叮咬和种种不适全都被抛在脑后。我们就要"交战"，这是一件荣耀的事情，它令我们感受到一种明快而生动的兴奋，我们从追求、艺术、智力或爱情中获得的乐趣，是永远无法超越这种兴奋的，甚至不能与之媲美。"[10]30年后，他再次写道："说起乐趣，没有比这更有趣的！黎明时分你骑在马背上，就在一支前进的军队的射程内，你能看到一切，还一直保持着与总部的通信联系。"[11]写过这种话的人，获得一个好战的名声也就不很奇怪了，尽管丘吉尔总是要煞费苦心地指出，他所描述的战争，与第一次世界大战的那种工业化战争的恐怖相去甚远。除此之外，关于那次行动开始之前那段时间的记录，另外一个已知的第一手资料，就是罗伯特·史密斯上尉的描述。他称丘吉尔为"通信员"，因为在一次侦察任务中，在别人下马后，丘吉尔却一直骑在马背上，结果暴露了自己。“中间的步枪手看到了他，连射了两梭子弹，”史密斯写道，“子弹呼啸着落在附近的岩石上，噼啪乱溅。”[12]幸好这时他们接到了立即撤退的命令。当团副官指责史密斯本可以不让队伍暴露时，他回答：“是‘通信员’的错，是他‘通风报信’了。”他说得没错。

1898年9月2日，星期五，第21枪骑兵团在恩图曼战役中发起冲锋，这是自44年前克里米亚战争以来英国骑兵发起的最大一次冲锋。虽然后来在布尔战争和第一次世界大战中也有过几次骑兵冲锋，但这一次是英国历史上最后一次具有重大意义的骑兵冲锋。丘吉尔骑着“一匹灵巧、稳健、灰色的马球用阿拉伯矮种马”，指挥着一支由25名枪骑兵组成的队伍。兵团出发时，他们将要打击的托钵僧很多都藏在干涸的水道里，直至发起冲锋后兵团才意识到，他们与敌人的人数之比大约是1∶10。[13]丘吉尔后来写道：“我们当时正在平稳而快速地前进，到处都是马蹄声和步枪开火的声音，根本听不见子弹声。我左顾右盼，看了看自己的队伍，又望了望敌人，发现场面似乎完全变了。原本那一帮人还在那儿，看起来是深蓝色的一片，但他们身后出现了一片洼地，就像一条稍微下沉的道路。那里挤满了从刚才他们躲藏的地方站起来的人。鲜艳的旗帜飘了起来，像变魔术一样。”

再前进几步，丘吉尔很快就反应过来该怎么做了。

> 托钵僧队伍有10~12人，他们看起来像河道里的一大片灰色物质，闪着钢铁的光。与此同时，我看见我们的右面和他们的左面是重叠的，我的队伍正好可以打击敌人阵线的一侧。我右边的队伍则可以发起另一侧的冲锋。右侧的副官同志，轻骑兵第七团的沃莫尔德，也看清了这一情况。我们都加快了步伐，以最快的速度疾驰，以月牙形内弯角的线路冲向敌人。当时真的没有时间害怕，除了这些特别必要的行动，也没有时间去想别的……军事行动完全占据了我们的头脑和感官。[14]

当他骑马冲下河道时，由于刚才不得不改变路线，他的冲锋失去冲击力，丘吉尔陷入他人生中最危险的时刻。他回忆说："我发现自己似乎被几十个人包围了。"

> 就在我眼前，一个人扑倒在地……他刚刚拔出弯剑来（对丘吉尔的马腿）砍了下去，在收回剑时，我看到了剑上的寒光。我有足够的空间和时间把矮马掉转到他够不着的地方，把身体靠在马身外侧，在大约3码的地方朝他开了两枪。我直起身来坐上马鞍，看见前面又有一个人举着剑过来。我举起手枪，开了火。我们离得太近了，手枪实际上都碰到了他的身体，人和剑一起消失在我的马下和身后。在我左边10码远的地方，有一个阿拉伯骑手，穿着鲜艳的长袍，戴着钢盔和锁甲挂链。我向他开枪，他转向一边。[15]

丘吉尔看到中队的另外三名士兵正在附近重新集结。"突然在队伍中间出现了一个托钵僧……我在不到一码远的地方打死了他。"[16]在这场短兵相接的混战中，他用十发毛瑟自动手枪子弹杀死了4个人。由于在孟买时肩部受伤，这次他用的是毛瑟枪，而不是剑，真是太幸运了。[17]"这时，"丘吉尔回忆说，"从敌人的方向跑过来一队如厉鬼般可怕的兵马，喷血的马用三条腿挣扎着，跌跌撞撞的人群流血不止，伤口非常恐怖，鱼钩梭镖刺穿了他们的身体，胳膊和脸被砍成了碎片，肠子流了出来，他们在喘息、哭泣、瘫倒、奄奄一息。"[18]以后每当他想提醒人们战争是多么恐怖时，他都会引用这一幕。

两天后，他在写给母亲的信中谈到这次冲锋："我没有感到一丝紧张，从未感到如此冷静。"恩图曼一战生动地说明了在困难面前保持冷静和高昂士气的重要性。[19]冲锋过后，他发现有20多名枪骑兵"被砍得血肉模糊，几乎认不出来了"。[20]在两三分钟的战斗中，骑兵团就失去了5名军官，还有另外65名死伤人员——几乎是参加冲锋人员的1/4，外加120匹马。丘吉尔后来写道："托钵僧们死得一点儿也不高贵体面（dulce et decorum）①，

① 在贺拉斯的颂歌中，"Dulce et decorum est pro patria mori"被译为"为国家而死是甜蜜和高尚的"。

没有什么男子汉不可征服的气概与尊严，一切都是肮脏腐烂的。然而，这些人却是有史以来地球上最勇敢的人……可以被机器摧毁，而不是被征服。”[21]

在恩图曼战役中，哈利法的军队被纪律严明、武器现代的英埃联军彻底击败，至少有52挺马克西姆机枪对阵托钵僧的长矛和刀剑。丘吉尔在有关这场战役的著作《河上的战争》的第一版中，谴责了基钦纳在战后下令亵渎马赫迪坟墓的做法——马赫迪的坟墓在尸体（除了头骨）被扔进尼罗河后被炸毁。丘吉尔在1909年曾向诗人威尔弗里德·斯科恩·布伦特透露过自己的怀疑，他说：“基钦纳在这件事上表现得就像黑帮。他假装把（马赫迪的）头颅装在煤油罐里送回苏丹，但是罐里装的可能是任何东西，也许就是火腿三明治。他留下了那颗头，现在还在他手里……我一直讨厌基钦纳，虽然我们并不认识……他炸碎了尸体，把头颅留下来。”[22]丘吉尔发现，基钦纳禁止手下的工作人员向他提供任何可以帮助他写书的信息，于是他就用极其势利的语气向母亲描述了这位将军，说他是“一个粗鄙的普通人”。[23]

恩图曼战役后，敌人的伤兵遭到野蛮对待，几千人被残忍地杀害。这件事情在丘吉尔的记忆中一直挥之不去，尽管丘吉尔本人并没有参与其中。三年后，他告诉一个朋友，那次冲锋之后他曾看到，第21枪骑兵团的战士用长矛枪刺向伤兵，然后用全身的重量压在长矛枪上，让矛头刺穿躺在地上的托钵僧伤兵厚实的衣服。矛头一刺进身体，托钵僧们的脚和手就会弹起来。一名骑兵曾吹嘘说自己很善良，他的长矛枪头只刺进伤兵的身体里4英寸长。他说：“落在一个像我这样心地善良的人手里，伤兵应该感到庆幸。”①[24]

9月5日，第21枪骑兵团开始回程行军。在开罗时，丘吉尔发现西夫顿伯爵的儿子理查德·莫利纽克斯少校手腕上的剑伤严重，急需植皮。丘吉尔主动提出用自己的皮肤来拯救战友。“你知道活剥人皮的感觉吗？”丘吉尔回忆起那位爱尔兰医生用他那浓重的爱尔兰口音对他说的话，“对了，就是你现在的感觉。”[25]他从丘吉尔的左前臂上取下今天的10便士大小的一块皮

---

① 与此相反的是，丘吉尔也看到当时只有27岁的图里巴丁勋爵，阿索尔公爵的继承人，“通过纽扣钩的帮助”，为一个托钵僧从腿上拔出一颗子弹。丘吉尔是在1941年图里巴丁主持的一次晚宴上说到这件事的。（CS II，第2 221页。）

肉，没有任何麻醉，直接移植到莫利纽克斯的伤口上。伤口愈合了。“在他的剃刀刮来刮去时，我的感觉完全符合他的描述。”他后来回忆说。1954年莫利纽克斯去世时，丘吉尔说：“他会带着我的皮肤进入下一个世界，那是我自己进入下一个世界的先遣部队。”[26]

回到伦敦后，他继续追求帕梅拉·普洛登。他提出要在再次回到印度兵团之前见她一面。11月28日，他在母亲位于大坎伯兰广场的家中写信问帕梅拉：“你为什么说我没有爱的能力？打消这个念头吧。我爱着一个人，比爱所有人都爱，我会永不变心。我并不是心血来潮，或是随波逐流。我的爱是深刻而强烈的，没有什么能够改变它。”[27]他在这封信更靠前的位置上写道：“前几天我遇到一位年轻的女士，她——我认为，我只是从理性的角度来判断——几乎和你一样聪明伶俐。”丘吉尔显然是想让她吃醋，但没有成功。[28]1899年3月丘吉尔给她写信说：“我一生看到的都是伦敦出产的最漂亮的女人，后来我遇到了你……如果我是个敢于做梦的梦想家，我会说……‘嫁给我吧——我要征服世界，然后把它放在你的脚下。’可是婚姻，必须满足两个条件，即金钱，还有双方的同意。我们现在至少缺一个条件，也许两个都没有。”[29]虽然他正式求婚的日期现在还有争议，但是大家一致认为，他是在他们一同住在沃里克城堡时，在一艘平底船上向她求的婚。她拒绝了。[30]1902年4月，她嫁给了第二代利顿伯爵，之后她和丘吉尔成了终生好友。

苏丹的战斗刚一结束，丘吉尔就开始撰写《河上的战争》一书，在埃及、在伦敦、在赶回印度兵团的船上，他一直都在写作。赶回印度兵团，他主要是为了参加团际马球锦标赛，直到4月退伍。12月中旬，在孟买开往班加罗尔的火车上，他写信给霍尔丹上尉，担心自己那枚带着“旁遮普前线1897—1898”扣环的印度服役奖章还没到。他抱怨说：“我自然想要在还穿着制服的时候佩戴奖章，那枚埃及奖章已经送到了我手里，我想不出为什么这枚‘前线’奖章没有到。……请尽快帮我拿到那一枚，否则我就永远没机会戴了……请你设法把奖章寄给我好吗？只有一个普通扣环，应该不会太困难。”结尾他写道：“把写给我的信寄到班加罗尔，尽你所能为我尽早拿到奖章。”[31]

丘吉尔于2月8日抵达印度。不久之后，在离开焦特布尔前往密拉特参加锦标赛的前一夜，他从一段石阶上摔了下来，右肩再次脱臼，双脚踝扭伤。他对母亲说："我相信我的这次不幸会使诸神得到抚慰，也许是我在别处的成功和幸运触怒了他们。"[32] 此后，在一次打猎的事故中，他的右肩第三次脱臼。后来在下议院时，有一次他做了一个比较大的手势，右肩几乎再次脱臼。[33] 2 月 24 日，他右上臂缠着绷带参加了比赛。轻骑兵第四团获胜，成为这次团际马球锦标赛的冠军。在这项运动的 62 年历史上，这还是第一次。尽管受了伤，丘吉尔还是打进了 4 个进球中的 3 个，为球队以 4∶3 锁定胜局。

4 月底，丘吉尔辞去了军职，回到伦敦开始追求自己的政治生涯。在"迦太基号"轮船上，他遇到了一位年轻漂亮的美国女士，克里斯汀·康诺夫，她回忆说：

> 跳板就要抬起来的时候，码头上跑来一个满脸雀斑、红色头发、穿着皱巴巴西装的年轻人，手里拿着一个巨大的锡制蛋糕盒。虽然他差点儿错过了那艘船，但他看起来镇定自若……午餐（那时叫作印度清淡午饭）时，我们发现自己正坐在丘吉尔先生对面。他刚坐下来，就从桌子对面弯下腰来对我们说："美国人，对吗？"我们对他说，他说得没错，他就大声喊起来："我爱美国人，我母亲就是美国人。"

很多年后她回忆起当时的情景时写道："虽然他长得一点儿都不帅，但他的笑容很迷人，言谈话语中带着一点儿犹豫。"[34] 蛋糕盒里装着的是《河上的战争》的手稿，他在旅途中也在继续写作。"他这次表现出的一个缺点，也许就是对每件事都有点儿太过肯定了，"康诺夫小姐写道，"其他年轻人并不总是欣赏这一点。"[35]

7 个月后，即 11 月 6 日，朗文出版社出版了两卷本的《河上的战争：苏丹重新被征服的历史记述》，全书共 950 多页。这本书是献给索尔兹伯里勋爵的，他没有要求丘吉尔删除任何关于基钦纳的负面信息。[36] 丘吉尔选择了索尔兹伯里关于边境战争的一篇演讲中的一句话，当作这部作品的题词——"它们（边境战争）标志着文明浪潮的到来与前进"——这也是在写作《修辞学要领》中的第四个演讲艺术元素时，丘吉尔选择的关于类比的一个例子。

在《河上的战争》这部作品里，随处可见的格言与概括语清楚地体现了吉本对丘吉尔作品的影响。在描写苏丹士兵时，他写道："他邋里邋遢却溺爱老婆；他有多讨厌训练，就有多溺爱老婆。"[37] 他这样写哈利法的妻子们在他倒台时的喜悦："从此她们注定要被迫保持其不可侵犯的贞洁，她们竟然感到满意，其中的原因就像她们有违自然的表现一样，很难说清。"书中也写到一些富有诗意的时刻，比如他对非洲之夜的描述："我们在黑暗中感到忧伤难过，直到星星照亮了我们，提醒我们总会有一些东西在远方。"[39] 丘吉尔在书中还写到苏丹的一所学校："学生们的热情简化了教学的过程，比起那些更了不起的文明学校，也许棕榈树下的学习速度反而更快。"[40] 有时，把 18 世纪的成语用在 20 世纪初期的事情上，就多少显得有些可笑了。就像这句话，在蒸汽机的烟雾中，"文明那令人反感的香火被献给了受惊的埃及众神"。[41] 丘吉尔在他的著作中经常提到文明，这凸显了他的信念，即在这些帝国边界战争中，穆斯林代表着野蛮，而大英帝国则直接继承了希腊、罗马和基督教的伟大文明。

在这本书的第一版中，丘吉尔用明褒实贬的方式谴责了基钦纳。他说，在摧毁托钵僧帝国的英国人名单中，基钦纳应该"位列第三，甚至第二"，紧跟在索尔兹伯里和克罗默勋爵之后。在 1902 年出版的第二版第一卷中，基钦纳被提前到第二名，但书中有 1/3 的内容被删除，其中包括这一行："按照赫伯特·基钦纳爵士的命令，（马赫迪的）坟墓遭到亵渎，并被夷为平地。"第一版获得了普遍好评，尽管《星期六评论》说："这本书令人讨厌的地方，就是作者无法抑制的自我中心主义。"在军队里，这本书被称作"中尉写给将军的暗示"。[42]

丘吉尔赞扬了托钵僧敌人为他们的生活方式而战的勇气。他写道："我希望，如果灾难的日子降临到我们自己的国家，如果我们正在崩溃的帝国还可以调动的最后一支可以保卫伦敦的军队已经七零八散、溃不成军……也会有一些人——即使在今天——不肯让自己去适应一种新秩序，恭顺地度过劫难。"[43] 1940 年 5 月 28 日，在讨论纳粹可能入侵英国时，丘吉尔向他的大臣们表达了同样的感想。在 1902 年出版的简本中，因为那时他正希望自己能在一个由数千万穆斯林组成的帝国中任职，他还删去了另一段话。[44]

回到伦敦后，丘吉尔心事重重，一心想着自己的未来。5月3日，他写信给住在怀伯尔街的手相算命师鲁滨逊夫人，给她寄去了一张两基尼的支票，还称赞了她“看手相的奇异本领”。她曾告诉丘吉尔，他需要克服重重困难，但是会到达事业的巅峰。三天后丘吉尔就此写信给她说：“我宁愿不把我的手公之于众，尽管我相信你的预言可能是正确的。”[45] 两天后，布尔塔洛克领地第17代领主、马尔科姆家族族长、苏格兰托利党议员伊恩·马尔科姆组织了一次午餐会，让丘吉尔见一见1895年与他一起入职的其他议员。他们中的一位，后来成为第27代克劳福德伯爵的戴维·林赛在日记中写道：“他是一个未来之星，好斗、固执、紧张——不能静静地坐一会儿。他的声音里带着一种令人好奇的拖延和迟疑，让听众很难听清楚……他有一种狂妄傲慢的神情，相信这很快就会被消磨掉……如果他愿意谦卑并默默无闻几年，他就没有理由不会成为这片土地上的一个强者。在某些方面他和他父亲很像。”[46] 丘吉尔当然不愿意卑微或默默无闻，一刻也不成，更不用说几年了。但是这位下院议员的预言，最终被证明和那位手相算命师的预言一样，非常准确。

丘吉尔回到英国时，发现当时的政治形势很复杂。索尔兹伯里勋爵领导的保守党与约瑟夫·张伯伦和德文郡公爵领导的自由联盟党结成了永久联盟。因为反对格莱斯顿的爱尔兰自治法案，联盟党成员于1886年脱离自由党。1898年，格莱斯顿去世，自由党内部非正式地分裂为激进派和由前首相罗斯伯里勋爵领导的自由帝国主义派。

6月20日，丘吉尔同意了兰开夏郡的奥尔德姆保守党协会提出的为该联盟在补缺选举中争取席位的提议。该选区在上届议会中有两位保守党代表，其中一位已去世，另一位已退休。丘吉尔在选区活动中努力拼搏，每晚发表三四场演讲，尽管他不得不给自己红肿的左扁桃体喷一种鲁斯医生送来的特殊混合药物。他敏锐地意识到自己是在追随父亲的脚步，并在几次演讲中提到了他。有一次在谈到父亲留下的思想时他说：“现任政府欠下的债总比其记得的要多，至少比其承认的要多。”[47] 在奥尔德姆的合作大厅他承认：“毫无疑问，激进派会说我在利用我父亲的名义做交易。好吧，可我为什么不呢？难道你们不觉得这个名字用来做交易还是蛮不错的吗？”[48]

奥尔德姆面临的一个紧迫问题，是《神职人员什一税法案》，该法案让圣公会的神职人员受益颇多，却牺牲了在选区中占很大比例的新教徒和卫理公会教徒的利益。在投票前三天丘吉尔说，如果他是下议院议员，那么他会投反对票。这是纯粹的机会主义行为，但并没有说服那些新教徒投他的票，却让索尔兹伯里勋爵的外甥，也是珍妮的老朋友，阿瑟·贝尔福退出了选举。阿瑟曾打趣说：“我原以为他是个有前途的年轻人，但现在看来他是个有不止一种前途的年轻人。”[49] 丘吉尔也意识到自己做错了，他后来说：“捍卫政府或政党没有丝毫用处，除非你捍卫的是他们遭受最猛烈攻击的事情。”[50]

7 月 6 日，丘吉尔在选举中赢得 11 477 张选票，以微弱劣势输给了激进派自由党人阿尔弗雷德·埃默特和沃尔特·朗西曼，他们分别赢得了 12 976 张和 12 770 张选票。他后来嘲讽地写道：“大家都把责任推到我身上。我注意到他们几乎总是这样，我想那是因为他们认为我最能忍受得了。”[51] 他回到伦敦，正如他在回忆录中写的那样：“带着一种泄了气的感觉，就像一瓶香槟酒，甚至是苏打水，喝了一半之后一晚上没盖瓶塞。”[52] 与他保持了数月联系的克里斯汀·康诺夫在日记中透露：“尽管他非常失望，但是他告诉我，他打算再试一次，甚至希望有一天能成为英国首相。”[53]

据《曼彻斯特信使报》报道：“尽管他可能被打败了，但他意识到，在这场战斗中，他并没有蒙羞。”丘吉尔完全同意这一观点，他在《每日邮报》上发文，感谢了《信使报》老板诺斯克利夫勋爵对他的支持，他认为自己的职业生涯不会因为这次失败而“严重受损”。[54] 他向贝尔福请求原谅，贝尔福则以鼓励的态度回答：“这个小小的波折不会对你的政治前途产生永久的不良影响。”[55] 那时他还只有 24 岁。

这是丘吉尔的人生中经常发生的情况——当时看似是波折的事情，后来竟然成了好事。如果 1899 年他侥幸进入下议院，他就不会去南非，也就不会有机会为自己在当地赢得声誉，也不会为自己赢得全国范围的声誉，更不会赢得真正的国际声誉。

索尔兹伯里勋爵的“向前进”政策在非洲并没有得到彻底贯彻。在 1880 年—1881 年南非第一次布尔战争中，荷兰裔南非白人打败英国，控制了独立的德兰士瓦和奥兰治自由邦共和国，其控制范围一直延伸到英国控制的开普殖民地和纳塔尔的北部。之后，英国殖民地事务大臣约瑟夫·张伯伦和开普殖民地高级专员米尔纳勋爵开始对南非白人共和国进行蚕食，涉及面积如此之大，以至到1899年10月，南非白人共和国领导人保罗·克鲁格突然发动对开普殖民地和纳塔尔的袭击，希望在大英帝国反应过来之前迅速拿下该地区。

张伯伦在殖民地事务部接受了丘吉尔的一次采访后警告米尔纳说："人们历来认为他这个人很自以为是，我们得看清这个人。"[56]这场战争是丘吉尔四年来参加的第四场战争，如果他想参与其中，就需要钱。《晨邮报》答应在战争的前四个月为他付1 000英镑的巨额薪水，此外还有每个月200英镑的花销。他给自己预订了皇家邮政船"达诺塔城堡号"的船票，英军总司令雷德弗斯·布勒将军也将乘同一条船前往开普敦。像大多数其他评论员一样，丘吉尔不相信只有25万人口的布尔人，能够在超过3.5亿人口的大英帝国面前坚持很久。他期待着自己能在5月底前回来参加德比赛马比赛。

10月14日，宣战三天后，丘吉尔带着6箱红葡萄酒、香槟酒和烈酒乘船出发了。（这不仅仅是为了个人消费，酒在战争区也是一种可用的货币。）一起乘船的还有《曼彻斯特卫报》的记者约翰·阿特金斯，他这样描述丘吉尔："身材修长，一头淡红色的头发，面色苍白但充满活力。他经常跳上甲板，'翘首眺望'，就像诗人勃朗宁想象的拿破仑那样……每当憧憬像他父亲伦道夫勋爵那样的事业前景时，他就兴奋起来，这时他脸上的光芒，让人不禁想到'容光焕发'这个词。我以前从未遇到过这样表现自己雄心壮志的人，他毫不掩饰、坦率自大，兴奋之情溢于言表，善于博取赞誉和同情。"[57]阿特金斯随后补充说："他并不是没有自我批评的能力，他可以嘲笑自己光荣的梦想，还有一颗顽皮的童心。"[58]这种不加掩饰的雄心可能会从阿特金斯那里博得同情，但是在那个人们更崇尚票友文化的环境中，这种一心要做主角的雄心壮志往往会带来不满和怨愤。

10月29日，"达诺塔城堡号"与三天前从开普敦离开的一艘小型流动汽船不期而遇。经过汽船时，他们看到船上一块长长的黑板上用粉笔写着这样一条消息：布尔败北——三场战役——佩恩·西蒙斯阵亡。[59]尽管威廉·佩恩·西蒙斯在塔拉纳山之战中受了致命的重伤，他的军队也撤退到纳塔尔的莱迪史密斯镇，但是丘吉尔和其他乘客最担心的并不是这些，而是战争可能在他们两天后到达开普敦登岸时已经结束了。丘吉尔一下船就立即设法赶往德班西北140英里的莱迪史密斯镇，可那时，布尔人已经切断了图盖拉河上的铁路，并于11月2日包围了该镇。丘吉尔再一次经历了不幸中的万幸：如果他成功地进入莱迪史密斯镇，就会被囚禁在那里，直到近4个月后围困被解除，他的新闻报道才能寄给报社。乔治·怀特将军和丘吉尔的朋友伊恩·汉密尔顿上校都被围困在莱迪史密斯镇。丘吉尔决定前往纳塔尔的埃斯特科特，等待进入莱迪史密斯镇的机会。他和阿特金斯一起住在埃斯特科特铁路场院的一个帐篷里。有一天，他把阿特金斯发表在《晨邮报》上的文章拿给他本人看，并问道："对我感兴趣是因为我有什么优点吗？还是仅仅因为我是伦道夫的儿子？"阿特金斯回答，他认为如果丘吉尔自己把这些内容写下来发给报社，就不会引起那么大的兴趣。"这话说得很公道，"丘吉尔回答，"但是人们对我父亲的记忆又能帮我多久呢？"[60]阿特金斯觉得还应该有两三年，丘吉尔于是说："我父亲去世得太早了。我必须尽力在40岁之前完成我所能做的一切。"[61]

在与阿特金斯的这一次讨论中，丘吉尔还谈到，他认为军事战略和战术"只是常识问题"。"把一个问题的所有要素都放在一个具有一流能力和足够想象力的文官面前，他同样会找到正确的解决方案，之后任何一个士兵都可以把他的解决方案再用军事术语表达出来。"[62]这种观点，再加上他在布尔战争中亲眼看到的英国将军们犯下的严重错误，深刻地影响了他在20世纪更大规模的战争中，对民事与军事之间关系的思考。

1899年11月15日，星期三，一个愚蠢的军事决定改变了丘吉尔的一生。天亮后不久，埃斯特科特驻军的英国指挥官查尔斯·朗上校派阿雷默·霍尔丹上尉乘装甲列车执行巡查任务，三节敞篷车厢里搭载着都柏林火炮连和达勒姆轻步兵连，还有一门能发射7磅重炮弹的舰炮。他们竟然没有带骑兵，布勒后来把这一决定称作"难以置信的愚蠢"错误。[63]丘吉尔本不必去冒险，但正如他后来承认的那样，他"渴望麻烦"，他告诉阿特金斯："我有一种感觉、一种直觉，如果我去了，就会有收获。虽然我也知道，这与逻辑推理无关。”[64]阿特金斯放弃了这次机会，《泰晤士报》驻南非首席战地记者、丘吉尔的哈罗公学同时代校友利奥·阿梅里也放弃了这次机会。

对于布尔突击队队长路易斯·博塔来说，这列火车是一个极其容易遭受攻击的目标，容易到荒谬的地步。在列车返程途中，博塔先是由着列车向北开到基韦利，之后当列车接近布劳乌克兰茨河附近的一个拐弯处时，他们在铁轨上放了一些大石块。[65]尽管在开往基韦利的路上他们已经发现了博塔的人，但是丘吉尔说服霍尔丹不要回去，这就给了布尔人足够的时间来伏击他们。丘吉尔在这件事情上应该负有一定责任。[66]后来，他在和 H. J. T. 希尔德亚德少将讲到这件事时，强调了那天他和霍尔丹的狂妄，他承认说，他们信心满满地跑到布尔人的射程内，不知道对方带着（火）炮，而且做好了要给他们点儿教训的准备。[67]当火车撞上石块时，机头不知怎么留在了铁轨上，但三节敞篷车厢都脱了轨，最前面那节完全跑出了轨道。

布尔人的炮手和狙击手一起向翻倒的车厢开火，炮弹和子弹齐发，列车上那门舰炮很快就哑了火。

丘吉尔在随后的行动中展示出了惊人的勇气和胆识。他带领一些幸存者爬出车厢，走上轨道，然后用半个小时时间把翻倒的两节车厢推离轨道，这样，严重损坏的机车就可以带着 50 名幸存者逃回埃斯特科特，这些幸存者大多是伤员。而他留下来，准备把其他受困的士兵集结起来，余下的人显然已经是寡不敌众了。[68]在几乎连续不断的火力攻击下，他花了大约 90 分钟才完成这一任务。布尔人的狙击手是出了名的精准，他能活下来还真是幸运。留在埃斯特科特的阿特金斯遇见十几个逃回去的人，这才把已发生的事情拼凑起来。“我们听他们讲到丘吉尔是如何在子弹不停地打在铁皮上的时候，绕着火车的残骸看了一圈又一圈，叫志愿兵把机车拆下来；他又是如何一次又一次地对大家说‘保持冷静，伙计们’，‘这对我要写的文章来说会是非常有趣的！’；当火车司机的头被擦伤，正要逃跑的时候，他又是如何跳进机车去帮助他，并且对他说：‘没有谁会在同一天里被击中两次。’”[69]（11 年后，在丘吉尔的推荐下，这位司机和他的司炉获得了阿尔伯特勋章。）那些坐着机车活下来的人，把他们能够逃命的功劳主要归于丘吉尔，而丘吉尔本人留了下来，与大部队待在一起。

机车开走后，留下的120人中有6人死亡，35人受伤（伤亡率超过1/3，甚至比恩图曼冲锋那次的伤亡率还要高），剩下的人别无选择，只好投降。丘吉尔后来告诉阿特金斯，布尔人把俘虏圈起来，“像圈牲口一样，这是我一生中最大的耻辱”！①[70]丘吉尔后来声称，俘虏他的人是路易斯·博塔，其实博塔当时并不在现场。鉴于他在其他方面的表现都是那么值得称颂，我们就把这个小小的瑕疵当作一个小小的修饰吧。幸运的是，他被捕时没有携带武器，因为在把车厢推离轨道时，他把毛瑟枪放在了机车里。即便如此，布尔人对他是否应该作为间谍被枪毙仍有一些争议，而他对布尔战争部长路易斯·德·苏扎说，作为一名记者，他应该被释放。

审问他的邦检察官是剑桥大学毕业的扬·克里斯蒂安·史末资律师，一个南非白人。最先反对释放丘吉尔的就是他。半个多世纪后，丘吉尔说：“我记得我们会面的时候，我浑身湿透了，狼狈不堪。他正在审查我的身份……一个艰难的时刻。”[71]因为丘吉尔本能的表现更像一名参战军官，而不是一名非参战的战地记者，他被关进监狱。

丘吉尔通过66封电报和35封信，从前线把相关报道发给《晨邮报》。第一封在11月6日见报，但是其余的则不会在近期出现，因为丘吉尔正在前往位于比勒陀利亚“国家示范校监狱”的路上。这座监狱原本是一所学校，为了应急匆匆转为监狱。11月18日到达监狱后，他在给母亲的一封信的附言中写道：“通知考克斯（银行），把我所有的支票都兑现。”[72]他认为囚禁生活没有理由妨碍他的物质享受。

正是在被囚禁的这段时间里，丘吉尔明白了为什么布尔人如此厌恶英国的统治，他将之归因于“那个让原住民与白人平起平坐的运动，这让他们充满了恐惧和憎恨”。[73]丘吉尔对南非白人激进的白人至上主义毫不同情，这与他自己天生的那种大家长作风完全不同。在写到南非社会的未来时他说，

① 1902年12月，他为波士顿的刊物《青年伴侣》撰写了一篇短篇小说——《在军队的侧翼》。这是一篇令人兴奋的虚构故事，讲的是一位名叫亨利·莫朗德的枪骑兵中尉，来自上流社会，毕业于哈罗公学。他被布尔突击队俘虏，但在一个布尔人的帮助下逃脱了。中尉曾经大度地救了这个布尔人的儿子。莫朗德（丘吉尔）被俘时感到万分惊恐：“羞耻、厌恶和愤怒使中尉陷入阴暗的深渊……此后就会失去所有参战的机会——沦为一个悲惨的阶下囚！”他大声地呻吟道。（《温莎杂志》，1903年3月。）

那将是一个“黑人与白人平等的”社会，“这种平等将写入宪法，他们的政治权利也将得到保护”。这种对未来的展望激怒了南非白人，就像“一只母老虎被夺走了幼崽”。

丘吉尔渴望尽快在生活中取得尽可能多的成就，所以一想到要在牢笼里虚度光阴，他就陷入了绝望。这不难想象。“我今天 25 岁，”他在 11 月 30 日写给科克兰的信中说，“想想剩下的时间是多么少，真是太可怕了。”[74] 他后来写道：“时间像被麻醉的蜈蚣一样爬行，没有任何娱乐，很难进行阅读，写作更是不可能。我当然会恨自己被囚禁的每一分钟，比恨我一生中的任何一个时期都恨。”[75] 他在院子里锻炼身体，沉溺在蝴蝶迅速长大的兴趣中。[①] 这里也允许他写信，他写的第一封信就是上面这一封。

丘吉尔在给威尔士亲王的信中写道：“我冒昧地认为，殿下会有兴趣收到我从这个地址寄来的一封信，尽管审查制度不允许我随意写信……我觉得自己很不幸，在我们的军事行动初期就被俘虏了，我本想写一写这场战争。然而，还健健康康活着就是一件好事，当我看到那么多战士和志愿兵伤势如此严重，整个人都被撕裂了时，我不禁庆幸自己活了下来——尽管是个囚犯。”[76] 信是用监狱发放的很薄的纸写的。他说，他把铁道上的残骸挪开是“非常危险但也令人兴奋的”，并补充说，“巨大的炮弹在铁制车身上爆炸和碰撞，发出了多么惊人的轰鸣声啊！”

1899 年 12 月 12 日，星期二。夜晚降临时，借着卫兵转过身去的机会，丘吉尔从厕所后面监狱的铁格栅栏上爬了出去。“我得出的结论是，如果这件事不能被一劳永逸地解决，整个晚上我们就只能在犹豫中浪费时光。”他后来在谈到打算一同越狱的同伴霍尔丹和一位布罗基中士时写道，他们俩对爬过栅栏的时机心存疑虑：“在哨兵转过头去点燃烟斗时，我跳到墙边的壁架上，几秒钟后就安全落到墙那边的花园里了。我蹲下来等着其他人过来，每一分钟都期待着他们会来。我在花园里的位置令我非常紧张，因为只有几丛光秃秃的小灌木可以藏身，人们在不停地来回走动，房子里的灯也都亮着。我在

① 蝴蝶专家休·纽曼后来形容丘吉尔时，说他“如果不算是一个训练有素的鳞翅目昆虫学家，至少也是这个领域的一个学子。”（FH，第 89 期，第 35 页。）

花园里等了一个半小时还多，等着其他人跟过来。其间有两次有人从房子里走出来，走过离我七八码远的一条小路”。[77] 30 年后，他对利奥·阿梅里说："他给另外两个人留足了机会，但他们不肯接受，还怂恿他回去，他当然不肯（他们隔着栅栏进行了交流），所以他们只好送给了他……他们的祝福。"[78]

不能再等了，借着黑夜，丘吉尔独自穿过布尔首都，打算前往中立的葡萄牙属东非（现在的莫桑比克）。他必须在没有地图、指南针、食物、金钱、武器，不懂南非荷兰语的情况下，穿越 300 英里的敌军领土。没有指南针他似乎并不担心，因为他会根据星座确定自己的方位，尤其是猎户座。"猎户座发出明亮的光芒，"他后来回忆道，"将近一年前，我在尼罗河畔的沙漠中迷失时，这颗星就曾引导过我。那时它带领我找到了水，现在它会带领我奔向自由。"[79] 在星座这件事上人们通常都是泛泛而谈，丘吉尔却具体指出了到底是哪一颗星。

他走时，在牢房里给德苏扎留了一封堪称厚颜无耻的信，他说，因为他认为比勒陀利亚政府没有权利拘留他，所以"我决定从你的监护中逃脱"。不过，他能够接受布尔人对待囚犯的方式，认为可以说是"正确且人道的"。他还承诺说："回到英国，我会就此发表公开声明。"他还对德苏扎个人的礼貌表示感谢，并表示希望"不久我们就能在比勒陀利亚见面，那时就时过境迁了"。[80]

一年后，他在纽约华尔道夫阿斯托里亚的一次演讲中总结了自己的逃生路线："我在没人注意的情况下，穿过比勒陀利亚的街道，成功登上了一列运煤列车，藏在了煤包之间。当我发现火车没有朝着我要去的方向行驶时，我跳下了车。"[81] 跳上行驶的火车，又跳下来，丘吉尔觉得饿了。他走进一个深谷旁边的小树林里，等待黄昏的到来。"我感到安慰的是，"他后来写道，"这世上没有人知道我在哪里——连我自己也不知道……我唯一的伴侣是一只巨大的秃鹫，它对我的处境表现出极大的兴趣，不时发出可怕的、不祥的叫声。"[82] 6 年后，在曼彻斯特的中央大厅，他在热烈的掌声和笑声中对听众说："我搭着运煤车走了一段距离，晚上从车上跳下来，打了个滚，翻进了一个灌木丛。就是在这片灌木丛中我遇到了秃鹫。没有人相信我说的秃鹫，我不在乎别人是否相信，那儿就是有一只秃鹫。"[83] 他后来对侄子说，在那次逃跑的过程中，他做了一生中唯一一次“非常认真的祈祷”。[84]“我漫无目的地游荡了很长时间，忍受着饥饿的折磨，”他回忆说，“最后我决定，不管冒多大风险都得去寻求帮助。在一个有围栏的村庄里，我敲了一户人家的门，觉得一定会是个布尔人来开门。令我高兴的是，那里住的是一个叫赫伯特·霍华德的英国人，他最终帮助我逃到了大英帝国边境。”[85]

约翰·霍华德——为了保护他，丘吉尔稍微改了一下他的名字，是一名英国矿业工程师，他把丘吉尔藏在他的矿下躲了三天，与老鼠为伴。当蜡烛熄灭时，老鼠从他脸上迅速窜过。这位工程师和其他一些勇敢的英国人，包括德斯纳先生，一起把丘吉尔藏在一列铁路运煤车的底部，火车开往洛伦索马贵斯（现在的马普托），葡萄牙属东非的首都。如果丘吉尔事先取消了与理发师的预约，那么他的逃离可能不会这么早被发现。第二天早上，理发师来给他理发和刮胡子，却找不到他，于是拉响了警报。[86]他似乎从没有想过，在监狱里生活需要自己负责自己的梳妆打扮。布尔人对他展开了长达数百英里的追捕，挨家挨户地搜查，但一无所获。①

当他于 12 月 22 日抵达英国驻洛伦索马贵斯领事馆时，一些携带武器的英国人赶来，以防他被当地的布尔人重新抓捕。英国领事让他洗了个热水澡，然后让人把他那身肮脏的衣服烧掉了。“真遗憾，”丘吉尔发现后说，“我原想把衣服送到杜莎夫人蜡像馆去呢。”[87]之后他乘船去了德班，12 月 23 日到达那里后，他成了一位大受欢迎的英雄。他还不知道，在帝国的这个灾难时期，他那骇人听闻的逃亡让大家看到了一线光明。英军在斯特龙伯格、马格尔斯方丹和科伦索等不少于三场战斗中都失利了，这就是 12 月 10 日—17 日那个臭名昭著的“黑暗的一周”，有 2 700 人被杀、受伤或被俘。

激动的人群在码头上欢迎丘吉尔上岸，他爬上一辆人力车，发表了即兴演讲。他说：“我们正在与一个庞大的军事力量进行激烈的斗争，它决心不惜一切代价将英国赶出南非，以满足自己那完全不计后果的野心。”人群

---

① 可惜的是，关于抓捕丘吉尔的那份著名的“25 英镑，不论死活的布告”，其实是伪造的。没有人提供这样的奖励。布尔警方并没有公布这样的布告。宣称签署了这份文件的人，其实当时并没有在相应的岗位上工作；有些版本使用的打印字体直到 1928 年才出现。但是丘吉尔并不知道这一点，布告的事情给他后来的生活带来很多乐趣。

大喊着“绝不会!”还有一个声音喊道:“绝不会，我们还有像你这么优秀的人!”丘吉尔接着说道:

> 英国的国旗是否还要继续在这个国家的上空飘扬，南非人民、开普殖民地人民和纳塔尔人民说了算。看到在我身边有这样一群人，有着这样的决心和这样的热情，我感到欣慰。不管前方还有什么样的困难，什么样的危险，什么样的武力威胁，我们最终都会取得胜利。

欢呼声一浪高过一浪，一位老人喊道:“上帝保佑你，我的孩子。”[88]

在接下来的几年里，有人开始质疑丘吉尔在越狱时所体现的英雄气概。1912 年的一宗诽谤诉讼指控丘吉尔是故意把霍尔丹和布罗基留在了后面。布罗基确实在丘吉尔离开后说过他的坏话，因为他觉得丘吉尔的行为不像个绅士，霍尔丹却在 1931 年 4 月时指出，丘吉尔关于越狱的叙述在《我的早年生活》一书中发表后，《陆军条令》就做出一条规定(用霍尔丹的话说):任何被俘坐牢的军官，如果看到逃跑的机会却没有抓住，就可以受到惩罚。[89]丘吉尔看到了机会，也抓住了机会，而其他人没有。正如他后来在《我的早年生活》一书中承认的那样，这段越狱的经历，以及这一经历给他在英国乃至世界各地带来的巨大声誉，“为我后来的生活奠定了基础”。[90]

1941 年 1 月 6 日上午，当时心里正有许多更紧迫的事情要考虑的丘吉尔对他的私人秘书说，他总是记得 1900 年的这一天，布勒将军授予他中尉军衔，就职于由 700 多人马组成的南非轻骑兵团①，但并不要求他放弃战地记者的工作。[91]布勒曾对丘吉尔说，丘吉尔在军队服役是没有薪水的，但这对丘吉尔并不重要，因为他可以从《晨邮报》获得稿酬。

到了这个时候，相信多数战地记者会选择不再回到战场去冒险，在成功越狱后，有些人也许会选择回家。丘吉尔却直接回到前线，又正式成了士兵。

---

① 这个团也被称作“弯嘴鸟”，因为他们的帽子上有羽毛帽徽。

4天后，他主动承担了为自己的长官朱利安·邦戈·拜恩上校送消息的任务。消息是送给18英里外的弗朗西斯·克莱里将军的。拜恩“认为丘吉尔主动承担这项任务是一个勇敢的举动，因为我们俩都不知道，是不是有些布尔人可能就潜伏在附近”。[92] 他告诉拜恩，他想获得“杰出服役勋章”，“因为那样穿上财政大臣的长袍会很好看”。[93] 拜恩告诉他：“那你必须先获得某个选区的支持，然后进入议会！”此时，丘吉尔已经基本明确了自己的想法，一旦回到家乡，他就要选择自己的选区。

“啊，可怕的战争，”丘吉尔在1900年1月22日的《晨邮报》上发表的一篇文章中写道，“光荣与肮脏、可悲与崇高交织在一起，令人惊叹。也许今天的有识之士和领袖们能够近距离地看到你的脸，但是普通百姓无法看到。”[94] 在接下来的两天里，丘吉尔作为查尔斯·沃伦将军与亚历山大·桑尼克罗夫特上校的联络官，见证了战争中那可悲和肮脏的一面。沃伦将军是布尔战争中最糟糕的将军之一，而桑尼克罗夫特上校，则是指挥斯皮恩山战役首次进攻的指挥官，那场进攻指挥相当不利，是英国的另一场军事灾难。① 丘吉尔是位资历较浅的军官，不会因此受到任何指责，但这让他近距离地看到军事上的无能是如何困扰着军队的。在战斗中，他几次差点儿被子弹击中，其中一次，他帽子装饰上的长长的萨卡布拉鸟的尾羽被子弹打断了。[95] 正如他在早些时候说的：“子弹是残酷的，也是不分青红皂白的，在它面前，英雄的大脑或马的四肢被射中的概率是相同的。”[96] 2月12日，他与做了志愿兵的弟弟杰克在胡瑟山上做侦察时，杰克腿部中弹。② “这是对他进行的战火洗礼，”丘吉尔后来写道，“从那以后，我一直想知道，为什么会有这么奇怪的所谓不测风云？有时候有的人第一次参战就会被击中，而有的人一再得到保护。但我想所有人最终都会被击中。对我弟弟的不幸我表面上表示了同情……但私下里我承认，能让这位年轻的先生体面地远离危险一个月，是一件令人满意的事情。”[97] 而阿特金斯却认为：“杰克似乎是在替他哥哥还债。”[98]

---

① 在同一战场的另一个地方，莫汉达斯·甘地正在担任担架手的任务。

② 杰克不得不在他们母亲所搭乘的前往开普敦的医疗船上待了一个月，什么也干不了。母亲通过自己的积极努力和爱国之心，为这艘船找到了捐助者，让这艘船得以配齐装备。

1900年2月28日，经历118天艰苦卓绝的围困，在守军的口粮仅剩下半个星期的时候，莱迪史密斯镇终于解困了。对于正在现场的丘吉尔来说，这是这次战争中最重要的独家新闻。在《我的早年生活》中，他描述了自己如何与两个中队的南非轻骑兵一起，"驰骋在点缀着灌木的平原上"，挺进莱迪史密斯镇。"我们继续前行，在一条两边布满破旧铁皮屋顶的街道尽头，我们见到了乔治·怀特爵士，他骑着马，衣冠整洁。我们一起骑马进入长期被围困，几乎因饥饿而死掉的莱迪史密斯镇。那真是一个激动人心的时刻。当晚我和司令部人员共进了晚餐。"① [99]

解围莱迪史密斯镇后，丘吉尔的布尔战争历险有增无减：4月底，他骑着的一匹马中弹；5月底，他穿着便服骑车穿过布尔人控制的约翰内斯堡；他在开普敦遇到米尔纳，并在桌山与他的副官威斯敏斯特公爵一起猎捕豺狼。[100] 5月16日，他出版了一本关于这些历险的书：《从伦敦经比勒陀利亚到莱迪史密斯镇》。第一版印数为1万册，很快就售罄。1900年6月5日，他带着南非轻骑兵团进入比勒陀利亚，解放了曾经关押他的监狱，扯下布尔人的旗子，挂上英国国旗。他的前狱友塞西尔·格里姆肖少校用牙叼着国旗送上了旗杆。

6天后，丘吉尔参加了钻石山战役。英国指挥官伊恩·汉密尔顿说，丘吉尔在战斗中表现出的"英勇令人侧目"。[101] 他收藏起一大块弹片，这块弹片在开战时落在了他和他表兄马尔伯勒公爵中间。他打算把弹片送给公爵，上面刻上银字："这是一枚30磅重的榴弹壳的碎片，它落在我们中间，原本可能会永远把我们分开，现在却成了我们联合的象征。"（这块弹片现在在布莱尼姆宫展出。）汉密尔顿本想为英勇作战的丘吉尔颁发一枚英勇勋章，

---

① 这段叙述暗示，下午6点怀特被解围时丘吉尔是在场的，在解围当天晚上，他与怀特共进了晚餐。但是，1954年休伯特·高夫将军在他的自传《迎难而上》中却写道，直到晚上8点，在夜幕降临后，丘吉尔和他的指挥官邓唐纳德伯爵才出现在莱迪史密斯镇，那时帝国轻骑兵和纳塔尔火枪队已经解放了小镇。高夫还写道，丘吉尔所写的内容"可能不会让人觉得他是一个非常令人愉快的、特别受欢迎的年轻人，但从中人们也可以认识到他的能量，他调动激情的能力，这可能会深深地激起他内心的情感，这也是他领导力的基础"。（高夫，《迎难而上》，第81页。）如果高夫说的是真的，丘吉尔肯定不会是第一个粉饰事实的战地记者，但是，邓唐纳德和陆军元帅伯德伍德勋爵的自传却是完全支持丘吉尔的说法的。两人都是目击者，他们的回忆录分别出版于1934年和1941年，比高夫早很多年。

但这一努力被——可能是基钦纳——阻止了，理由是丘吉尔首先是一名新闻记者，其次才是一名士兵。[102] 丘吉尔有一张这个时期的照片，留着一撮小胡子。胡子的颜色太浅，他很快就刮掉了。照片上他还佩戴着西班牙勋章。[103] 丘吉尔的女王南非勋章上总共获得了不少于 6 枚的环扣：钻石山、约翰内斯堡、莱迪史密斯镇解围、奥兰治自由邦、图盖拉高地和开普殖民地。丘吉尔在布尔战争中的经历为他赢得了了不起的声誉，给了他几次展示巨大勇气的机会，作为记者让他赚了不少钱，这也让他结交了几个终生的朋友，比如汉密尔顿和威斯敏斯特——1930 年，丘吉尔为威斯敏斯特做了伴郎。

1900 年 2 月，丘吉尔 7 万字的小说《萨伏罗拉》在波士顿和伦敦出版。三年前在印度时，丘吉尔写出了这本书的 1/4，但后来不得不停下来，先出版了另外两本书。这是丘吉尔所著的唯一一部小说，献给他在轻骑兵第四团的战友们，尽管他后来开玩笑说："我一直催促我的朋友们不要读这本书。"按照许多年后小说家康普顿·麦肯齐爵士的说法，《萨伏罗拉》值得仔细研读，因为这部小说给我们机会，"去探视一个天命注定的年轻人的梦想，这不仅关乎他自己的未来，也关乎独裁者和共产主义者的政治前途"。[104] 据说，大多数人的第一部小说至少有一部分是自传性质的，《萨伏罗拉》也不例外，尽管以萨伏罗拉的名字命名的主人公似乎也有丘吉尔父亲的影子。（埃佛勒斯特夫人也出现在小说中，她的角色是男主角忠心耿耿的管家贝蒂娜。）

小说以一个虚构的巴尔干国家为背景，国家的名字是劳拉尼亚，在一场残酷的内战结束 5 年之后，由独裁总统安东尼奥·莫拉拉统治。民主国民党领袖是 32 岁的萨伏罗拉，他相貌英俊、教养良好，是一位思想家，也是一位实干家。故事开始时，莫拉拉正打算剥夺一半选民的选举权，以确保在即将到来的选举中获胜。萨伏罗拉实际上就是反对党领袖，他读书很多——"一卷麦考利的《随笔》放在写字台上"。"野心是动力，"书中写道，"他无力抗拒。"[105] 莫拉拉美丽的妻子露西尔在离开总统府时，正赶上萨伏罗拉来到总统府，抗议前一天 40 名示威者被杀，两人都被对方深深地吸引了。莫拉拉的秘书，可恶的、像伊阿古一样的米格尔向莫拉拉建议，应该让萨伏罗拉在当选参议员之前遇到"一场意外"，但莫拉拉担心这样会引发革命，他想让露西尔去打探萨伏罗拉的计划。

在萨伏罗拉面对7 000观众进行一次振奋人心的演讲时，露西尔悄悄混入观众中。萨伏罗拉及时发现了差点儿被人群踩踏的她，把她救了出来。然后是叛乱、入侵、英国军舰的干预，还有萨伏罗拉和露西尔的亲吻，莫拉拉和米格尔的到来中断了他们的亲吻。有人掏出左轮手枪对准了仇敌，许多其他情节也接踵而至，包括莫拉拉用手背打他的“混蛋!”妻子。[106] 在最后几幕中，莫拉拉死了，米格尔两次改变立场，萨伏罗拉被迫和露西尔一起流亡。但“在骚乱平息后，人民的心又转向了这位杰出的流亡者，他为他们赢得了自由，在胜利的时刻他们却抛弃了他”。[107]

《萨伏罗拉》为丘吉尔赚了700英镑，这是他在军队大约6年的薪水，这可以说是丘吉尔在财务上取得的一次成功。书里有几句话非常令人难忘，比如，“侠义豪情从不是爱激动的民主党人的特征”，以及“指责一个漂亮女人是很难办到的一件事，即使不是不可能的。她们就那样兀自美丽着，任何责备都会知难而退”。不过，此后他再也没有写过长篇小说。

战胜对方后却表现出宽宏大量，这是丘吉尔在整个职业生涯中经常采取的一项政策。1900年3月，在写给《纳塔尔观察》的一封信中，他提出对布尔人宽大处理的主张，认为复仇思想是错误的:“首先，复仇在道德上是邪恶的；其次，它实际上是愚蠢的。复仇可能是甜蜜的，但也是非常昂贵的……我们还是要使敌人易于接受失败，在强迫的同时，也要诱惑。”[108] 那时他还不知道，日后把德兰士瓦和奥兰治自由邦并入大英帝国的责任，会落在他的身上。

1900年7月20日，丘吉尔作为民族英雄回到英国。他收到了至少11个保守党选区协会的邀请，要他参加9月底的大选。索尔兹伯里勋爵希望保守党能够在大选中积极利用人们对布尔战争的支持。丘吉尔选择再次对奥尔德姆选区的两个席位发起冲击，他对阿瑟·贝尔福说，他相信他的名声不仅可以为自己赢得一个议会席位，也可以为他的保守党竞选搭档赢得一个席位:“我可以选择其他那些更容易获得的席位，但是我特别渴望为保守党赢回这两个席位，实际上我觉得成功的机会很大。”[109]

在演讲中，丘吉尔当然是像他在《修辞学要领》中建议的那样，语言奢华、比喻丰富。他将自由党人称作“伪君子、假正经的人和跟风者”，指责他们把自己的思想观念藏了起来，“就像躲在洞里的癞蛤蟆一样，不让大众看见。但是当它带着自己全部的丑恶站出来时，保守党将不得不把这个肮脏的东西一截一截砍掉”。在这次选举中，他第一次威风凛凛地挫败了敌人的诽谤。“有人说我经常喝醉，”他在奥尔德姆的一次会议上说，“还说我被军队开除了，还说我（在奥尔德姆）和我的（保守党的）搭档克里斯普先生吵了一架，我打了他的脸，自己却已经忘记这回事。为了使谎言显得更真实饱满，一个声名狼藉的恶棍朝克里斯普先生扔了一块砖，把他的脸砸伤了。”[111]

在奥尔德姆皇家剧院举行的一次选举会议上，丘吉尔称赞了丹·杜那普。杜那普是奥尔德姆的居民，也是他越狱期间的救命恩人之一。“他妻子就在旁听席上！”一名观众突然喊道。这一下子引发了“全体观众的欢呼”。[112]这种政治广告不是金钱可以买到的。丘吉尔很幸运，他的实际竞选开支大部分都是由马尔伯勒公爵支付的。[113]丘吉尔向贝尔福吹嘘，说他的名声可以为保守党赢得两个席位，可是他错了。10 月 1 日，他以 12 931 票当选，仅次于阿尔弗雷德·埃默特的 12 947 票，从而取代了沃尔特·朗西曼。朗西曼获得 12 709 票，领先于查尔斯·克里斯普的 12 555 票。特别不同寻常的是，一共 5 万多张选票，得票最多的候选人与得票最少的候选人只差 392 张选票。

他向索尔兹伯里勋爵报告说：“从这些数据来看，我很清楚，这次能够入选，全凭南非战争后期给我带来的个人声望。如果没有这些私人因素——很可能是非政治的，我的选票应该会低于朗西曼。”[114]不久之后，《名利场》杂志上刊登的一幅题为《间谍》的漫画在文字说明部分完美地分析了这种情况：“他雄心勃勃，想要出人头地。他热爱祖国，但很难被视为任何政党的奴隶。”丘吉尔以极其微弱的优势获胜，这是索尔兹伯里勋爵的联盟党联合政府以压倒性优势获胜的一部分，402 名保守党和自由党联合派成员当选议员支持政府，184 名自由党成员，两名新工党成员（当年 2 月成立）和 82 名爱尔兰民族主义者成员当选。

在我们这位新当选的议员就职之前，他已经参加了 4 场战争，出版了 5 本书（他当选后 12 天，就出版了最新一本书《伊恩·汉密尔顿的征程》，是《从伦敦经比勒陀利亚到莱迪史密斯镇》的后续），撰写了 215 篇报纸和杂志文章，参加了半个世纪以来最伟大的骑兵冲锋，完成了一次令人叹为观止的越狱。“25 岁时，他征战过的大陆比历史上除拿破仑以外的任何一个士兵都多。”当时给他写的一个简介曾这样赞扬他：“他亲眼见证的战役不比任何一位在世的将军少。”[115]

不可否认，丘吉尔是个不达目的誓不罢休的人。他会抄近路，为了达到政治效果，他会故意使用“华丽的语言”和夸张的手法；他还曾被批评为“钻营之人”；他学会了如何才能写得特别好，说得特别好；他有无限的自信；对于批评，他早已织就一张厚厚的隔离网；他能够很好地在公众面前发表演讲；他表现出极大的道德和身体上的勇气；他的成功越狱也表明他能抓住机会。简而言之，他已经为从政做好了准备。

第4章

横穿议员席，走向反对党

（1900年10月—1905年12月）

下议院……就是一种大学或剧院，有才华的人不仅有机会在那里展示自己在议会事务和公共事务方面的才能，而且有机会展示他们的个性与人格。

——丘吉尔 1940 年 2 月在议会大厅午餐会上的演讲[1]

合理地关照自身利益，于公于私都谈不上邪恶。假模假式地说，那些在历史上曾经声名鹊起的政治家和军人，对自己的进步都漠不关心，对伤害从不介怀，或者说他们所采取的任何行动都是为了大众利益，这些都很矫揉造作。

——丘吉尔:《马尔伯勒公爵》[2]

1900 年 7 月 28 日，珍妮·丘吉尔嫁给了乔治·康沃利斯-韦斯特，一位英俊的军官，一个几乎没有什么财产保障的人。乔治比她的大儿子只大两周。丘吉尔早在前一年就警告她，“美好的感情无法与空空的胃和谐共处”，结果被丘吉尔说中了，这对夫妇很快就没钱可花了。[3] 这场暴风雨般的婚姻以康沃利斯-韦斯特公开抛弃珍妮，两人最终于 1913 年离婚而告终。但是很显然，丘吉尔现在还不能对他的信托基金抱太大期望。议会议员直到 1911 年才开始有薪俸，所以他需要赚钱。

1901 年 2 月中旬前，在议会休会期，当选后的丘吉尔在英国和北美做了一系列公开演讲，主要讲他在南非的冒险经历，配以用早期“幻灯”投影仪播放的幻灯片。这次巡回演讲给他带来了丰厚的收入。演讲中他小心翼翼，不想表现得过于虚荣。在一次晚宴上，他开玩笑说：“我一直在读一本叫作《两次被俘》的书，这本书的书名很特别，因为被俘虏本是一件很容易的事情。这样的话，写一本叫作《两次破产》的书也一样简单。”[4] 丘吉尔在英国国内做了 29 场演讲，收入 3 782 英镑。常去丘吉尔位于梅费尔山街 105 号的公寓（桑尼·马尔伯勒免费借给他的）拜访的伊恩·汉密尔顿曾回忆说：“他特别兴奋地告诉我，他发现自己能像鸟一样，从大树的枝干上跳开，远离准备好的演讲进行即兴发挥，然后在任何人都没有察觉或抓到他之前，再跳回来。”[5] 1900 年 11 月，丘吉尔被选为“卡尔顿俱乐部”的会员，这几乎是成为保守党政治家的一个先决条件。巧合的是，丘吉尔和另一位新议员、加拿大出生的商人安德鲁·博纳·劳同一天当选“卡尔顿俱乐部”会员。

1900 年 12 月 8 日，丘吉尔乘坐丘纳德公司的“卢卡尼亚号”轮船抵达纽约。他对科克兰说：“这次来美国我追求的是利益而不是乐趣。”他承认，“在登上美国思想与讨论的海洋风暴之船时”，感觉到“不小的恐慌”。[6] 他对在码头等待的记者说：“我来这里不是为了找人结婚。我不打算结婚，我希望这一点能得到正面报道。”[7] 当被问及是南非白人姑娘还是上帝帮助他成功越狱时，他神神秘秘地回答：“有时是一回事。”[8] 当晚，在新闻俱乐部享受餐后白兰地和雪茄时他说：“在游历许多国家后，在行遍整个欧洲后，在做过布尔人的囚犯后，我发现，讲英语的人终究都有一个与其他白人不同的特点，那就是他们都爱洗澡，定期洗澡。英国和美国被浩瀚的海水分割开来，却被浴缸里永恒的肥皂泡和洗澡水连接起来。”[9] 对于他日后倡导的“英语国家兄弟般的联合”概念，这很难说是一个崇高的开场白。

12 月 10 日，丘吉尔在纽约州首府奥尔巴尼会见了已当选尚未就职的副总统西奥多·罗斯福，但两人相处得并不好。罗斯福在给朋友的信中写道：“我在这里看到了英国人[①] 温斯顿·丘吉尔，虽然他算不上一个有魅力的

---

① 这样说是为了把他和美国著名的同名小说家区别开来。

人，但是我对他说的一些话还是感兴趣的。”[10] 罗斯福的女儿后来很机敏地指出，他们之所以没有建立起友谊，是因为他们俩太相似了。就像马克·吐温在6天后丘吉尔的第一次纽约演讲中介绍的那样：“丘吉尔的父亲是英国人，母亲是美国人，这样的结合无疑会创造出一个完美的人。”[11]

和许多美国人一样，马克·吐温也反对布尔战争。在丘吉尔造访密歇根大学安娜堡分校时，学校里嘘声四起。不过他想出了一个巧妙的方法转移芝加哥爱尔兰裔美国人对他支持布尔战争的敌意。这些听众是带着仇恨和威士忌酒喝倒彩的。在对一场战斗的描述中，丘吉尔没有严格地尊重历史，他把英国描绘成一个濒临惨败的国家。“在这种绝望的情况下，都柏林燧发枪团来了！冲锋的号角吹响，敌人被一扫而光。”[12] 观众们在仇英情感与血缘关系之间纠结了片刻，然后就满腔热情地为想象中的爱尔兰的胜利欢呼起来。

“我非常自豪，100万人里也没有一个人能像我这样，在这个年龄，在没有任何资金的情况下，不到两年的时间就赚到了1万英镑（约合现在的100万英镑）。”新世纪的第一天丘吉尔对母亲吹嘘道，“但有时这也是一个令人很不愉快的工作。例如，上周我来到美国的一个小镇做演讲，却发现（组织者詹姆斯·B.）庞德少校没有为我安排任何公开演讲，而是花40英镑聘请我来一个私人住宅做表演——就像请来一个魔术师一样。”[13] 丘吉尔赚来的钱由他父亲的朋友、金融家欧内斯特·卡塞尔爵士为他做投资，以便继续获利。

1901年1月22日，维多利亚女王去世，当时丘吉尔正在温尼伯做演讲。“我很想知道有关国王的事情。”丘吉尔以讽刺的口吻询问母亲，爱德华七世是她从前的情人之一。“他是否会因此而彻底改变自己的生活方式？他会卖掉自己的马，赶走身边的犹太人（因为这位威尔士亲王从犹太金融家那里借过不少钱）吗？还是会把鲁本·沙逊像皇冠上的珠宝或其他象征王权的徽章那样供奉起来？他会变得特别严肃吗？他会继续对你友好吗？吉宝①会被任命为皇室第一夫人吗？”[14] 第二天，他与明尼阿波利斯的美国实业家詹姆斯·C.扬赌了100英镑，扬认为大英帝国将会在未来10年内“大幅缩减”，

① 在新国王众多的情妇里，爱丽丝·吉宝是他最喜欢的。

他认为不可能。[15] 他当然赢了，但是没有人知道他当时是不是真做了权衡和选择。

他在 2 月 2 日启程回英国时买了一辆汽车——法国梅瑟（他拥有的唯一一辆非英国车），尽管他还不会开车。几年后他告诉一位朋友，他从未想过要别人教他怎么开车，而是拿到车，直接开走。他承认曾经在海德公园角和“一辆公共汽车发生了一点儿小麻烦”，“造成一些损伤”但是“修补好了”。第二年他用一天的时间从伦敦开车去了约克。[16] 丘吉尔习惯开快车，经常闯红灯，遇到交通堵塞时偶尔还会开上人行道。[17] 他开车时没有耐性，无视交通规则，这似乎与他对生活的总体态度完全一致。

1901 年 2 月 14 日，丘吉尔开始就职下议院。他后来写道：“能够参加这个著名立法机构的讨论商议活动，我感到非常荣幸。几个世纪以来，是它指引英国渡过了帝国之路上的无数危险。”[18] 令他惊讶的是，他到议会后的第一次发言，竟然不是他自己主动要做的。在他前面发言的人，是自由党新的形象代表大卫·劳合·乔治，他对正在讨论的法案提出一条措辞适度的修正案，但是他的整个演讲对保守党进行了活灵活现的猛烈抨击。[19] 因此，在保守党议员托马斯·鲍尔斯的鼓动下，丘吉尔于 2 月 18 做了自己在议会的“处女演说”。他说：“总的来说，比起只发表演说而不提出修正案，这位可敬的议员如果能够只提出修正案而不发表演说可能会更好些。”[20] 这句俏皮话让保守党人笑声四起，下议院的同僚们发现，做丘吉尔的听众可能会是一件既愉快又有收获的事情。但是丘吉尔处女演讲的其余部分，却让他们笑不出来了。他提出一旦布尔人被完全打败，就要对他们宽宏大量，其中一句话是这样说的：“如果我是一个在战场上战斗的布尔人——如果我是一个希望自己在战场上战斗的布尔人……”[21] 这时，有人听到坐在前排座位的约瑟夫·张伯伦说：“这话会让我们丢掉议会席位的。”[22] 丘吉尔接着说：“我所看到的这场战争——我有时确实能从这场战争中看到些东西——我相信，相比其他战争，尤其是那些内战，这场发生在南非的战争从整体上说是在不同寻常的人道主义和宽宏大量中进行的。”（将布尔平民拘留在集中营，最初是为了在她们的丈夫和兄弟不在的情况下保护她们，只是到了后来，疾病暴发才导致 1.6 万人死亡。）

丘吉尔说，他希望英国胜利后，布尔“那些在战场上勇敢但并没有快乐地战斗的人”，可以获得“对其财产和宗教安全的充分保证，对平等权利的保证，对代表机构的承诺，最后，但并非最不重要，（希望他们可以获得）英国军队最愿意给予勇敢而持久的敌人的东西——战争的荣誉”。他的结束语颂扬了用战争来巩固帝国统一的方式。“无论我们在持怀疑态度的开普殖民地朋友那里失去了什么，”[23] 他说，“在加拿大和澳大利亚，我们得到了10倍，也许是20倍的补偿。那里的人民，哪怕是在最遥远省份的最卑微的农民，亲身经历了冲突后，都已经能够意识到，他们属于帝国，帝国也属于他们。这是他们以前从未意识到的。”[24] 在演讲结束时，他动情地提到自己的父亲：“如果不把我的感激之情表达出来，我将无法就座。感谢诸位带着善意与耐心到下议院来听我演讲，我知道，大家把这种善意与耐心赐予我，并非出于我本人的原因，而是因为很多尊敬的议员至今仍然还保留着某种美好的记忆。”[25] 这次讲话得到广泛的报道，因为丘吉尔事先就向新闻界公布了讲稿，这在当时被解读为一种无礼的、实际上几乎可以说是粗暴的做法。

伦道夫·丘吉尔勋爵在1874年进入下议院时，加入了一个反叛者的队伍。这些人后来被称为“第四党”，因为他们经常背叛保守党的领导层。他的儿子在议会任职的头几年也做了同样的事情，加入了一小群贵族反叛者，为首的是索尔兹伯里侯爵的儿子休·林基·塞西尔，这个小集体后来被取了一个“休里干”① 的诨名。虽然塞西尔是一个反动派分子，丘吉尔是托利式民主派分子，“休里干”成员却经常一起吃饭，一起投票。总的说来，他们被视为几个聪明的年轻人，其叛逆的目的是吸引人们的注意力，从而获得官职。不出所料，那些出身没那么好但是更忠诚的保守党的后座议员对他们产生了一些不满。

没等多久丘吉尔就有了反叛的机会。1901年3月，当英国陆军大臣圣约翰·布罗德里克宣布将陆军的规模扩大50%时，丘吉尔看到一个为父亲申辩的机会。他跟财政部的朋友弗朗西斯·莫瓦特爵士学习了一门主流经

---

① “休里干”发音与“hooligan”一词相同，“hooligan”是流氓无赖的意思。——译者注

济学的速成课程，之后提出将所得税在目前水平上降低5.8%的主张，有人认为降幅之大已达到危险程度。要实现这一点，就要削减而不是增加军费。丘吉尔花了6周时间来准备对布罗德里克的军队预算进行抨击。5月13日，他在下议院发表的第二次演讲，距离他的处女演说已过去近三个月。他对一名记者说："我把演讲内容背得滚瓜烂熟，从哪儿开始都可以，可以说倒背如流。"[26] 他讲了整整一小时，一次也没有低头看稿。①

雄心勃勃的布罗德里克计划组建一支由6个军团组成的英国陆军，其中3个军团在战争爆发时将被派往欧洲大陆。丘吉尔在谈到这6个军团时说："要激怒别人，6个军团够用了，但是要吓倒别人可还不够。"[27] 他认为只有海军才能够保卫英国，而陆军只需要成为帝国警察部队，不需要参加英国在欧洲大陆的任何军事行动。他引用他父亲在辞职前几天写给索尔兹伯里勋爵的信："那些鼓励好战的陆军部和海军部去冒风险的人，我拒绝与你们站在一起。那些风险是其他国家在不得已时才会去承担的，是一种孤注一掷的行为。"在演讲结束时他说："我很高兴下议院允许我在时隔15年之后，再次举起缩减开支、振兴经济的大旗"。[28] 他将自己描述为"一个传统的保守党人，与托利党的命运紧紧相连"，但是，他坚持要为"削减国防开支"这一事业发声，虽然这样做不受保守党欢迎，"因为这是我继承而来的一项事业，为了这一事业，伦道夫·丘吉尔勋爵曾做出任何一位现代的大臣都未曾做出的牺牲"。[29]

"欧洲战争必定是残酷的、令人心碎的，"丘吉尔预测说，"如果想要享受胜利的苦涩果实，可能在几年的时间里，我们必须贡献出我们整个国家的成年男子，我们在和平时期的产业会整个搁浅，每个社区都需要调集所有生命力送往前线。"他认为，战争的整个性质已经发生了根本改变，过去那种由专业士兵组成的小规模正规军发动有限作战行动的日子已经一去不复返了。与此相反，在1916年征兵和全面战争爆发前15年，他就敏锐地指出：

---

① 丘吉尔在下议院的前11个月里，在议会只发表了9次演讲，但是在乡村还发表了30次演讲，在城镇发表了另外20次演讲，这清楚地说明他希望自己能够在全国范围内继续保持知名度。在这段时间里，他还花了12天打马球，14天打猎，2天射击，18天在国外度假。（OB II，第29页。）

“欧洲战争只能以被征服者的毁灭和征服者同样致命的贸易断层与枯竭而告终。民主比内阁更具报复心，人民战争比君王战争更可怕。”[30]

这篇极具先见之明的演讲稿，在背下之前丘吉尔至少写了6稿。用一位政治记者的话说，它“对国防问题的把握让下议院兴奋不已”。虽然只有17名保守党人对丘吉尔形容为“荒诞加荒谬”的布罗德里克计划投了反对票，但是布罗德里克还是撤回了他的计划。丘吉尔在议会中一战成名——尽管这一战是与自己的党派进行的。

1903年年初，布罗德里克提出英国陆军扩张新计划，丘吉尔也应声发起进一步的反攻。一有可能，丘吉尔就会使用嘲笑和幽默的措辞。1月时他曾对奥尔德姆的听众说：“有一天我路过白厅，看到新的陆军办公大楼即将建在精神病院理事会和精神失常管理委员会的旧址上。”[31]丘吉尔相信的是一支强大的海军，而不是庞大的常备军。他说，他“并不是在为没有做好充分的战争准备做辩护，但是有了一支强大的海军，准备不足就可以得到弥补。没有它，一切的准备，无论多么精心、多么费力、多么巧妙，都无济于事”。[32]4月，他出版了一本关于这一问题的演讲集，名为《布罗德里克先生的陆军》。在之后他整个的职业生涯中，他都会将自己就某一问题发表的演讲结集出版。

同一时间，丘吉尔写信给英国殖民地事务大臣约瑟夫·张伯伦，询问自己是否会因为在火车伏击中的英勇表现而“获得军队的嘉奖或勋章”。他写道：“我怀疑当局会认为这整件事就是一个新闻骗局，事实并非如此。当然，和所有其他议会议员一样，如果只是为了自身利益，我对那些闪闪发光的代表荣誉的小玩意儿毫不在乎。但是，正如你所知道的，我也像其他人一样，要‘为我的选民着想’——也许我还应该考虑一下任何一位可能成为我妻子的女士的感情。”[33]但是最终，除了他那个争强好胜的名声变得更加深入人心，其他的他什么都没得到。还有一个流传很广的故事：《晨邮报》的编辑把丘吉尔的一篇演讲稿的校对稿寄给他，在他的一段发言之后，稿子中有一处用括号括起来，写着“欢呼声”。丘吉尔返回的稿件中却增补了这样的编辑内容：“热烈而持久的掌声。”[34]

丘吉尔开始到全国各地进行演讲，他的听众越来越多，每一次成功的出行都能让他更加自信。[35] 他还设法控制了自己对那些毁掉他父亲政治生涯的保守党高级官员的不满情绪，至少目前是这样。最终，他还是把《河上的战争》一书献给了索尔兹伯里勋爵，并加入由索尔兹伯里之子领导的“休里干”小集体。下议院的保守党领袖阿瑟·贝尔福是索尔兹伯里的外甥，还是他的指定继承人（所以有时人们会说，“朝里有人好做官”）。19 世纪 70 年代末至 80 年代初，贝尔福曾是伦道夫·丘吉尔勋爵的朋友，偶尔也是他的盟友，但在伦道夫勋爵辞职的危急时刻，他毅然与索尔兹伯里站在了一起。

到 1901 年 12 月，丘吉尔开始获得强烈的对社会的良知，主要是因为他阅读了本杰明·西博姆·朗特里的著作《贫穷：城镇生活研究》。他在给父亲的朋友 J. 摩尔·贝利的信中写道：“我觉得一个能够统治大海，却不能冲刷下水道的帝国没有什么荣耀可言。我们需要的是一个平衡良好的政策……一个可以协调国家的发展扩张与社会的舒适安康的政策。”[36] 朗特里的这本 400 页的书在两年内发行了五版，它对约克郡可怕的贫穷和肮脏的贫民窟进行了极为详细的调查。该书的结论是：在这片富饶的土地上，在一个或许史无前例的繁荣时期，可能有超过 1/4 以上的人口生活在贫困之中。”[37] 该书所要传达的信息与托利式民主所要进行的社会改革完全吻合。正如大家知道的，托利式民主是丘吉尔从他父亲那里继承而来的，而他父亲是从迪斯累里那里继承而来的。

丘吉尔为朗特里的书写了一篇很长的评论，但并未发表。在谈论了贫困的定义、穷人的营养匮乏、打零工的悲惨生活和住房与房租等问题后，他重点强调了他思考的核心问题：贫困是一个“阻碍”陆军和海军“征兵工作”的严重问题，“如果百姓的身体发育不良，残疾变形、不适合当兵入伍，而军队又正缺兵源”，他哀叹道，那么大英帝国的未来“简直不堪设想。因此，尽管这看起来很奇怪、很古怪，几乎难以置信，但是我必须说，实际上我们的帝国声誉与他们的处境不无关系”。[38] 丘吉尔最后的结论是，“如果英国成年男性人数锐减，以致国家征不到足够的新兵与帝国殖民地的兄弟们并肩作战”，那么那些政治家“必须要承担一定的责任”。[39] 他对社会改革的兴趣不但没有背离他对帝国的信仰，反而与之密切相关。

对社会改革和消除贫困的兴趣让丘吉尔认识了一些左翼知识分子，要不是这样，他根本不可能认识这些人。1903 年 7 月 8 日，社会主义先锋思想家比阿特丽斯·韦伯在日记中写道："和温斯顿·丘吉尔共进晚餐。第一印象：好动，到了几乎令人无法忍受的程度。没有能力从事持久而枯燥的劳动。任性、傲慢、浅薄、反动，但具有某种个人魅力，胆识过人，还具有一些独到之处，不是智力方面，而是性格。更像一个美国投机分子，而不是英国贵族。只谈论他自己和他的竞选计划……'我从不做别人能替我做的脑力劳动'。"[40]（这显然是个玩笑，但这位缺乏幽默感的社会学家却把它当真了。）她接着写道："但我敢说，他也有好的一面，他那样地位和职业的人，如果不懂科学研究、哲学、文学和艺术，对宗教更是知之甚少，通常就会利用自己身上那种低劣的玩世不恭，在一个一起吃饭才刚刚认识的熟人面前将这一面遮掩起来。但是他没有，他的胆识、勇气、机智和了不起的渊源可能会带领他走得更远，除非他会像他父亲那样摔得粉身碎骨。"[41]

韦伯的判断在几个方面相当令人信服。当然，丘吉尔是了解宗教的，他只是不认同而已，但是她对丘吉尔的个人魅力和独到之处提出了一些可取的见解。在丘吉尔是否能够努力工作方面，她的判断是完全错误的。如果丘吉尔觉得某件事很重要，他就可以把注意力完全集中起来，将自己强大的记忆力全部用于对相关事实、引文和统计数字的掌握上，这样一来，就没有记者、故意找碴儿的诘问者或议会的对手能够战胜他。

随着丘吉尔关于社会的思想的不断发展，他对建立一个政治上的中间政党的想法产生了兴趣，这个政党可以把保守党和自由党中最优秀、最温和的元素结合在一起，砍去现有两个政党极端的羽翼。这样一个将理性和自由思想的中间派政客联合起来的梦想一直伴随着丘吉尔，直到 20 世纪 50 年代初期。1901 年 12 月，在前首相罗斯伯里勋爵在切斯特附近发表一个大致遵循这一中间原则的演讲时，休·塞西尔提醒丘吉尔说："想要加入一个'中间党'，本来有个中间党就再好不过了。但是现在没有……举个例子，如果你被任命为罗斯伯里政府的一员，而你不能毫不含糊地表明自己的联盟党立场，那么你简直是疯了。"[42]丘吉尔仍然渴望着建立这样一个同盟，去占据英国政治的中心地位，同时将社会主义者拒之门外。困难在于，任何能够引起英国政治重组的谋划，迟早都会被人知晓，那时他就会被视为密谋者和政党叛徒。当然这也是可以理解的。

1902 年，丘吉尔开始为撰写他父亲的一部两卷本传记做调研工作。这一过程对他产生了影响，重新揭开他心里那道“伦道夫勋爵可能在托利党的层级统治中遭遇不公”的伤疤。索尔兹伯里于 1902 年 7 月辞职，贝尔福继承了首相的职位，而丘吉尔可能会认为，换一种情况的话，这一职位会归他的父亲所有。贝尔福去世后，丘吉尔出版了《伟大的同时代人》一书，对贝尔福的智慧和魅力赞赏有加。但他随后写道：“在这一切的背后，是一种涉及公共事务的冷酷无情。他不会允许政治上的敌意成为私人生活中的障碍，他也不会……让他的个人友谊，无论多么紧密和牢固，妨碍他解决国家问题。”[43]

在该书写作的调研过程中，丘吉尔借用了父亲的朋友们与他之间的信函，不过最体现父亲苦涩心情的，却是母亲手里的信函。他曾于 1891 年给她写信说：“真正的托利式民主已经结束了。世界上没有任何力量能让我再为托利党举手、投足、发声。”“我明白自己确实犯了一个大错，但是也不该遭遇这样一个完全没有任何体贴、任何宽纵、任何旧情、任何感激的境况——我得到的只有怨恨、恶意和谩骂。我累了，也厌倦了这一切，我不想继续自己的政治生涯了。”[44] 这样一封自艾自怜的信——他试图把自己的政党领袖赶下台，却为什么会期望得到宽纵或感激呢？——却让他的儿子与贝尔福和托利党领导层的关系疏远起来，尽管他与他们还坐在同一党派的议席上。另一位保守党议员温特顿勋爵回忆说，早期的丘吉尔“似乎就喜欢去引起别人的怨愤，用现代的话说就是，他似乎就喜欢‘和人叫板’”。[45]

“经常有一些知名人士会问我为什么总爱到处引用我父亲的话，”1902 年 1 月，丘吉尔告诉布莱克浦保守党协会，“我的回答是，我也很愿意引用其他任何人的话，如果我发现他们所发表的意见从道德上到精神上都能够确切表达我自己的观点。但是现在我们特别缺少能够领导这个国家的人。当然，我们还有一些老人，但是已经不能指望他们对任何事情都能集中注意力了；我们也有一些年轻人，但是谁也不能指望会有人注意他们。”[46] 听了这话，大家哄堂大笑，他讲的许多笑话都会有这样的效果。

1902 年，在一次采访中，当丘吉尔被问及政治家应具备何种素质时，他说：“能够预测明天、下周、下个月、明年将会发生什么，以及……解释为什么没有发生。”[47] 他还会拿议员的工作说俏皮话：“要求他站着，他却想坐着，人们却知道他会躺着 / 撒谎（英语中“lie”是躺着的意思，也是撒谎的意思）。”[48] 对丘吉尔来说，机智是至关重要的，他把机智变成了他政治武器库里的一件特效武器，可以用来转移批评、嘲笑对手、缓和紧张局势。他知道，在崇尚长篇政治演讲的维多利亚时代，如果想要指导别人、说服别人、鼓舞别人，他就需要知道如何让大家获得乐趣。人们把他当作幽默大师，拿他与同时代的希莱尔 · 贝洛克、诺埃尔 · 科沃德和 P. G. 沃德豪斯相提并论，将他对笑点的时间把握与格劳乔 · 马克斯相媲美。了不起的议会智多星 A. P. 赫伯特曾指出，印刷在纸上的文字是无法公正地描述丘吉尔的，因为“那上面没法体现现场的情形、当时的环境、独特而充满活力的声音、停顿、笑声，还有闪烁在脸上的顽皮和孩子气”。[49] 即使在二战最糟糕的日子里，丘吉尔也总是设法在他的演讲中注入一些幽默成分。相比之下，斯坦利 · 鲍德温、拉姆齐 · 麦克唐纳和内维尔 · 张伯伦等首相却很少在内阁中进行机智对答，有时是因为他们做不了，有时是因为他们觉得不合适。相反，丘吉尔经常运用幽默的手法，既有自嘲式的幽默，也有刺穿对手自负的幽默。当他在议会大厅站起来发言时，大家都期待着他能说出些可以引用的俏皮话。

丘吉尔对托利党的感情充满矛盾，这意味着他在下议院的政治活动主要围绕着“休里干”小集团展开，而“休里干”和正式的联盟党只有一半的附属关系。上议院档案馆里的“休里干”用餐簿，实际上就是爱德华七世时期的联盟党名人录。俱乐部在周四晚上为部长们和有影响力的议员们举行晚宴，丘吉尔几乎出席了所有晚宴。人们会为“纯洁、吝啬和波斯湾”祝酒，也会为“挥霍、个性和媒体”干杯。排在塞西尔和丘吉尔之后的“休里干”领军人物包括苏格兰贵族伊恩 · 马尔科姆，第 16 代德比伯爵的儿子阿瑟 · 斯坦利，以及诺森伯兰郡第七代公爵的长子珀西伯爵。作为一个存在时间虽短却颇具影响力的议会反叛集团，“休里干”赞扬过的人物包括圣约翰 · 布罗德里克（尽管丘吉尔曾对他进行猛烈抨击）、约瑟夫 · 张伯伦的儿子奥斯汀、阿瑟 · 贝尔福、自由党议员爱德华 · 格雷爵士、罗斯伯里勋爵和自由党演说家约翰 · 莫利。

有时他们也会在布莱尼姆宫会面，但“休里干”有史以来最重要的一次会面，则是 1902 年 4 月 25 日在下议院进行的。他们请来约瑟夫 · 张伯伦，他将在关税改革问题上让联盟党走向分裂，就像 1886 年他在爱尔兰自治问题上分裂了自由党一样。这位 19 世纪末的政治巨人临走的时候，在门口停下来，转过身，很慎重地说："你们这些年轻绅士对我的招待非常周到，作为报答，我要告诉你们一个无比珍贵的秘密。那就是关税！它是未来的政治，也是近期的政治。"[50] 这次会面让丘吉尔反对"关税改革"（也被称为帝国优先）的立场更加明确，正是这一立场最终使他被逐出联盟党。张伯伦即将提议的关税革命，要对从帝国以外国家进口的商品征收保护主义高关税，这将会鼓励帝国内部的贸易，但也不可避免地会导致食品价格上涨，让工人阶级为食物付更多的钱。这是像丘吉尔这样的自由主义保守党人所深恶痛绝的。他在写给罗斯伯里的信中说，如果张伯伦是认真的，那么他成立"中间同盟的可能性"就比较大，他觉得"'托利自由党'这个名字比'托利民主党'或'自由帝国党'要好得多……我必须面对的一个真正困难，就是有人怀疑我只是被无休止的野心驱使：如果出现了关税这样的问题，这一困难就会迎刃而解"。[51] 他的父亲在关税问题上完全没有自己的原则，在他那个年代，他几乎是同时提出了自由贸易和帝国优先原则，丘吉尔在他那部表孝心的传记中没有引用任何这方面的信函，这也可以说明这一点。

张伯伦说到做到，他开始倡导一套全面的关税改革方案，这时，丘吉尔知道他的机会来了。5 月 25 日，他在写给贝尔福的信中警告说，张伯伦最近那些鼓吹对殖民地征收特惠关税的讲话"带有明显的保护主义意图"。他接着警告说："我坚决反对任何改变我们这个国家自由贸易性质的事情，我认为这个问题比目前摆在我们面前的任何其他问题都重要。特惠关税……是危险的，也是令人反感的……这项政策一旦开始，就必然会带来一套完整的保护主义制度，也必然会带来商业灾难和英国政治美国化。"[52] 省略号的使用是丘吉尔在表达尖锐论点时经常采用的一个表现戏剧性的例子，因为在全面的自由贸易和保护主义之间当然有很多的停歇点。在提及美国政治时他表示的轻蔑，可能是对一位历史学家所说的"美国当时的关税制度所引发的掠夺、阴谋和腐败"的肯定。[53] 尽管总体上说，丘吉尔对美国是钦佩的，他也承认美国在世界舞台上日益重要，但他还是这样说了。一个月后，也就是

6 月 22 日，他在一场有关预算的辩论中说，他一直认为，发展与美国的良好关系应该是英国治国的一个长期的主要目标。[54] 在布尔人投降并于 5 月签署了《弗里尼欣和约》之后，发展与美国的良好关系就更加容易了。

“亲爱的温斯顿，”贝尔福在回信中冷冷地说，“我从来不知道张伯伦主张保护主义，不过，毫无疑问，他已经准备好了，而且是很急迫地——要对食品征税，这确实有那么一点儿保护主义的味道……但毫无疑问，这件事运作起来是极其困难的，需要极其小心谨慎。”[55] 贝尔福试图走一条中间路线，结果却毁了自己的首相之路，也引起丘吉尔的强烈不满，但是现在回想起来，我们很难看出他还能做些什么，因为那时他的政党正在经历从上至下的四分五裂。多年后，丘吉尔承认，由于他对保守党粗暴对待战败的布尔人的极端反感，以及对军队改革和该党对最近一次选举胜利的利用等问题的深恶痛绝，到“保护主义问题被提出来”时，“我已经倾向于要以最具批判性的眼光看待他们的所有行动”。[56] 换句话说，他就是想要干一仗。

1903 年 5 月 28 日，冲突终于公开化。在殖民地事务大臣张伯伦正式提出关税改革主张后，丘吉尔立即在下议院发表了讲话。经过莫瓦特的初步介绍，丘吉尔对贸易政策已经进行了深入研究。他加入了由大约 60 名反对关税改革的保守党人组成的“食品自由贸易同盟”，并主动成为该组织的领导人之一。他开始发表讲话，故意表现得夸夸其谈：“这些问题的解决需要一个长期的过程，它将成为我们国家历史上最大的争议。”他预测，在保护主义的政策下，“老保守党及其宗教信仰和宪法原则将会消失，一个新的，也许就像美国共和党那样的政党将会出现，它富有、物质化、世俗，它的意见将会转向关税，它将使议会的游说大厅挤满兜售受保护产业的人”。[57]

在接下来的 30 个月里，联盟党内部关于关税改革的斗争仍在继续，双方内阁都辞了职。丘吉尔曾经告诉查尔斯·艾德，他父亲之所以能够声名鹊起，原因之一就是“他对格莱斯顿的攻击比任何人都更加粗暴”。[58] 确实如此，而丘吉尔自己对阿瑟·贝尔福在关税改革问题上骑墙态度的抨击，也是为了达到同样的目的。1903 年 7 月 29 日，在关于《食糖公约法案》的辩论中，丘吉尔称自己这一方的前排座位议员“都是好人，都是诚实的人，他们愿意为自己的观点做出巨大牺牲，但是他们根本没有观点。他们愿意为真理而死，要是他们知道真理是什么的话。他们的意见还处于‘预审阶段’，在正式公布之前，首相还会认真修改，再修改”。[59]这种攻击很快激起了坐在他周围的托利党人的激烈反应，克劳德·罗瑟上校说，丘吉尔恐怕是在南非感染了脚气，“因为我听说这种病最显著的特征是头部严重肿胀”。[60]

到 1903 年 8 月时，丘吉尔已经确信，下一次选举将会是自由党人一统天下。他在写给《泰晤士报》老板诺斯克利夫勋爵的信中说：“即将到来的局面会让政府的洋洋自得和自我满足大吃一惊。稍加小心，我们就可能建立一个既非保护主义派也非亲布尔派的大中间政府，也就是激进自由派政府，这样就可以解决目前普遍存在的行政效率惊人低下的问题。”[61]那年秋天，他在《每月评论》上发表了这一观点，他认为“许多温和且理性的人今天都处在十分困难的位置上，他们处于党的各种组织中间”。谈到索尔兹伯里和张伯伦在和平条约中强加给布尔人的那些苛刻条件时，丘吉尔说，温和的人“会为帝国的发展与巩固感到真诚的自豪与快乐，但是他们不会愿意看到帝国主义被利用，最终成为一个竞选的伎俩……其中最大的问题就是：政治组织为人而设，还是人为政治组织而生？”[62]

10 月 24 日，丘吉尔写信给休·塞西尔，这位他在政治上最亲密的朋友，致力于从内部改革保守派所主导的联盟党的保守党同僚。他写道：“我属于英国自由派。我恨保守党、恨保守党人、恨他们的言行举止。我对他们没有一点儿同情—— 除了对我在奥尔德姆的同胞。我想采取一种大众能理解的、明确的实质性立场。”[63]这封信丘吉尔并未寄出。多年来他写了很多没有寄出的信，这样的信函更应该被看作发泄情绪的一种方式，而不是对信仰的理性分析，但从中我们可以看出丘吉尔在政治上的动向。

威尔弗里德·斯科恩·布伦特在 10 月 31 日写道：“他是个个头不高、方头的小伙子，相貌平平，但机智、聪明、有创意。在思维和举止上，他简直就是他父亲的翻版。他像他父亲一样坚决果断，但是我得说，他在能力上却超过了他父亲。对于传统的东西，他们有着同样的顽皮和蔑视的态度，也具有同样坦率直言、乐于理解的迷人个性。”[64]

11 月 11 日，丘吉尔在位于张伯伦区中心地带的伯明翰市政厅发表了演讲，这充分展示了他的勇气。当地警察局长不得不在大楼外设置特殊障碍物，并使用消防车驱散外面“怒吼的人群”。一位记者记录道：“突然一辆两匹马拉的马车闯进了充满敌意的人群，马车里只有丘吉尔先生一个人。他的态度是那么公开、明显，可以说是明目张胆，简直就是一个将要面对私刑的孤胆英雄。有那么一刻，一切都静止了，人群为其中的某种精神所折服，之后大家爆发出一阵欢呼声。”[65]

一进大厅，丘吉尔就被各种吵闹声和“把他赶出去！”的呐喊拦住。丘吉尔说：“我请求这个伟大的英国人群体，在这个乘坐着进步和启蒙列车前进的伟大城市里，能给我和休·塞西尔勋爵一个公正的听证机会。”[66]人群做到了。在演讲过程中，丘吉尔至少赢得了部分听众的支持。“大家别忘了，政府什么都不创造，它给予的都是它事先拿走的，”他说道，“你们可以通过任意妄为和徒劳无果的政府行为，把钱放在某些英国人的口袋里，但是那些钱是从另一些英国人的口袋里掏出来的，在这个掏出来放进去的过程中，大部分的钱还会撒在路上。”[67]在结尾处他说：“高保护性关税虽然可能增加资本的利润，但对穷人和最最贫穷的人来说，却是一台被诅咒的抢劫和压迫的发动机。”

12月，贝尔福建议成立一个关税改革调查委员会——一种典型的政府拖延战术——丘吉尔在哈利法克斯的一次公开会议上质问道：“委员会是由首相任命吗？我们有首相吗？”[68]当笑声渐渐平息下来时，丘吉尔——此时他已经熟练掌握了对笑点的时间把控——问道：“贝尔福先生在哪儿？他从哪儿进来的？在这场奇怪的演出中他扮演了什么角色？”[69]对本党领袖的这种攻击势必会带来一些后果，两天后，奥尔德姆保守党协会的人给他写信说，他们对他不再有信心。他提出辞职，并且提出强制进行补缺选举，但协会担心会输掉选举，所以同意在下次选举前，丘吉尔可以继续代表它。1904年1月下旬，丘吉尔正式摆脱了保守党的鞭子。

2月，丘吉尔曾在曼彻斯特说：“有人说保护主义制造商支持张伯伦的提议，是出于对工人的爱。他们爱工人，更爱看着工人工作。”[70]在后面的演讲中他接着说：“你如果认为通过征税可以让人变得更富有，那就像一个人认为自己可以站在水桶里，拎着桶柄就能把自己举起来一样。”[71]3月29日，在下议院，正当丘吉尔起身准备发言时，贝尔福走出了会议厅。当丘吉尔抗议说这是“缺少尊重与敬重”时，整个大臣座椅区的人集体走了出去，之后是在场的后排座位议员，总数超过200人，其中一些人还在隔离围栏那边对丘吉尔发出嘲笑声。约翰·戈斯特爵士，伦道夫勋爵的第四党同僚，将这个情形描述为“我所见过的最肆无忌惮的无礼举动”。[72]只有一小群联盟党自由贸易主义者还坐在丘吉尔旁边的座椅上。[73]一位政治记者写道：“这是有史以来给予议会演说者的最高敬意。似乎他一出现，敌人就逃跑了。”[74]

丘吉尔说，人们想知道，“首相对这个正在纷扰整个国家的话题到底是怎么想的，他认为提出这个问题没有什么不合理的，因为毕竟我提出一项政策，到底是为了信仰或民众利益，还是出于一种与己方便的政治策略，那是完全不同的”。[75]过了两周多一点儿的时间，1904年4月15日，在奥尔德姆举行的自由贸易联盟成立大会上，他宣布：“在这次巨大的保护主义风潮平息之前，对我来说，政治就是自由贸易。我可以与任何自由贸易主义者合作，或是为他服务，无论他有什么样的政治主张，也无论他属于哪个政党；我会和任何保护主义者唱反调，无论他有什么样的政治主张，也无论他属于哪个政党。”[76]

丘吉尔所做的各种演讲都是脱稿的，甚至是那些长达一个小时的演讲。4月22日，在一场关于《贸易争端法案》的辩论中，发言45分钟后，他突然完全忘记了自己想说的话，就冷不丁坐了回去。议会的官方记录员汉萨德记录道：“这位尊贵的议员在演讲的结尾部分支支吾吾起来，在同情的笑声中，他感谢过下议院的听众后，重新回到座位上。”[77]第二天的头条新闻是“丘吉尔崩溃了”，还有“下议院里令人动情的一幕”。[78]说“令人动情”，是因为丘吉尔的父亲在生病后，也发生过类似的事情。丘吉尔曾对科克兰说，“这次忘词纯粹是机械性的”，但从那以后，他一直确保把每句话的关键词都用他所谓赞美诗的形式写下来，记成便条。据丘吉尔的一位朋友回忆说，那件丢脸的事并没有让他感到气馁，但他从中吸取了教训。[79]

丘吉尔不想在奥尔德姆与他的老战友们作战，一周后的公报宣布，在自由党的支持下，他被选为曼彻斯特西北选区的自由贸易联盟候选人。莱斯利·霍尔-贝里沙，当地一名10岁的小学生，在回忆一次拜访他叔叔——当地一位声名显赫的自由党人时说，丘吉尔是一个“派头十足、有些驼背的人，粉红色的脸庞，上面顶着金红色的头发……他穿着一件丝绸镶边的长礼服，下巴下面是一个很大的翼领，打着黑色的蝴蝶领结。他大踏步走进房间，说话时口齿不清，但也能听懂”。不过，选中丘吉尔的并不是霍尔-贝里沙的叔叔，而是丘吉尔自己的姑父——自由党前内阁大臣特威茅斯勋爵——他娶了伦道夫勋爵的妹妹范妮。丘吉尔的名声几乎可以确保他会在某个地方获得一个席位，但特威茅斯可以确保他在自由贸易大本营获得一个席位。

5月13日，丘吉尔在曼彻斯特自由贸易大厅发表了一次强有力的演讲。他将联盟党人描述为“一个强大的既得利益集团，捆绑在一起组成一个可怕的联盟；在国内极尽腐败，再通过对外侵略来掩盖这一点；要弄帽子戏法般的关税诡计，实施政党机器的暴政；自己的情感以桶计，爱国主义情感以品脱[①]计；看见国库就张开手，看到酒吧就打开门；提供给百万民众的，是昂贵的食品，提供给百万富翁的，是廉价的劳动力”。在一片欢呼声中，他宣布：“这就是伯明翰的政策。而我们要做的，就是反对伯明翰的政策，竖起曼彻斯特的政策大旗。”[80]他在全国各地的大厅和剧院，在成千上万的观众面前继续一遍遍宣讲自己的观点。这些演说虽然有不少搞笑逗乐的内容，但也有很多经过严密思考的推理论证。丘吉尔之所以信仰自由贸易，部分原因基于这样一个普遍认识：自由贸易会促进世界和平。1905年3月，他说了这样一番话：“那些威胁现代世界之宁静的危险，不会来自那些相互依存的大国，那些与别国商务往来密切，并交织在一起的大国，而是会来自那些寻求或多或少远离他国的大国。他们或多或少会表现出对人类一般交往行为的冷漠，而且相对来说会更加追求独立自主、自力更生。”[81]。遗憾的是，这是一个似是而非的论点，因为到1914年时，英国最大的贸易伙伴就是德意志帝国。

丘吉尔在5月16日的最后一次政府演讲中，抨击了张伯伦和他所谓的“新帝国主义”，他将英国军队高贵的帝国主义与政治“核心小组”[②]的帝国主义彻底区别开来。尽管他父亲在生前和去世时都是保守党人，但是29岁的丘吉尔心目中的另外两位大英雄却在职业生涯早期都改变了立场，尽管引

---

① 1品脱（英）=568.261 25毫升。——编者注
② 他后来经常用这个词表示贬义，称希特勒为“卑鄙的核心小组头目与屠夫”。

人注目，但是非常成功。马尔伯勒第一代公爵为了奥兰治的威廉亲王背叛国王詹姆士二世时，年仅38岁；拿破仑推翻督政府并自封为第一执政官时，年仅30岁。对于丘吉尔即将采取的行动来说，这样的先例是极好的。

1904年5月31日，星期二，在《曼彻斯特卫报》所说的“雨后黄昏”，丘吉尔走进下议院会议厅，向前走了几步，向议长的座椅鞠了躬。但是之后，他没有左转坐在保守党的长凳上，而是突然右转，坐在了自由党人中间，他旁边坐着大卫·劳合·乔治，卡那封郡选区的威尔士议员，一个他在三年前的议会处女演说中曾经那样贬损过的人。[82]

劳合·乔治是自由党激进派的领袖人物，也是自由党最伟大的演说家之一。丘吉尔在刚认识他的时候并不喜欢他，形容他是“一个粗俗的、喋喋不休的小无赖”。[83]然而，到了1903年7月，他对他已经产生足够的热情，邀请他去布莱尼姆宫。到了来年10月，他们的友谊更加牢固，至少在丘吉尔这一方是这样的。他“非常有抱负、非常聪明”，劳合·乔治当时对他哥哥描述丘吉尔时就是这样说的。[84]在谈到劳合·乔治在卡那封郡选区选民中所表现出的“能量与勇气”时，丘吉尔称他为“自由党诸君中最出色的战斗将军”。[85]他们喜欢彼此的陪伴，但是心里也都清楚，总有一天他们会成为竞争对手。

丘吉尔在反对党一侧的楼梯下面的角落座位上坐了下来。这是一个他梦寐以求的座位，他父亲有很多年都是坐在这里，对着格莱斯顿和保守党议席大加奚落的。[86]不久，他的表兄弟艾弗·格斯特和弗雷迪·格斯特，还有他的朋友杰克·希利也都转到反对党一方。尽管近20年前的爱尔兰自治危机期间，自由党联合派曾集体“横穿议会席，走向反对党”，但很少会有个人这么做，尤其是在爱德华时期的政治环境下，比起摄政时期或维多利亚时期，各政党都更加不稳定，走出这一步就显得更为严重。很快，托利党议员席上的人对丘吉尔的憎恨，就超过了对劳合·乔治的憎恨，而劳合·乔治作为一个威尔士激进的反国教主义者，本是最敌视托利党的人。丘吉尔不再被视为一个吵吵闹闹、目空一切、咄咄逼人的人——在当时的词汇里，就是所谓“钻营之人”——如今，他被视为党内的叛徒，而且很快将被视为他所在阶层的叛徒。

一位助手后来谈到丘吉尔时说：“他总是专心于自己的事情，所以在许多人看来，他显得粗鲁、虚荣、偏执、傲慢。”[87]经常有人批评他缺乏“一些直观感觉，来了解他人有什么想法，（尤其是）有什么感受”。[88]然而，1904年的夏天，他几乎是完全不需要这种直观感觉的，因为当时的联盟党在让这位新议员准确地了解他们对他的想法和感受方面，几乎可以说是不遗余力的。许多人认为他的“背叛”是为了个人进步。约瑟夫·张伯伦的儿子，英国财政大臣奥斯汀说，丘吉尔“向激进主义的转变与他的个人利益碰巧吻合”。另一位内阁大臣阿尔弗雷德·利特尔顿则认为，“每一阵风吹过，他都会调整方向”。《国家评论》的编辑利奥·马克斯写道，他是“半个外国人，但整个人都不受欢迎”。未来的英国首相安德鲁·博纳·劳称他为“叛徒”，他的首次演讲完全被丘吉尔当晚的演讲盖过了风头。[89]人们并不是只在他背后表达这样的观点，一年后丘吉尔说，横穿议会席，走向反对党的选择，让他遭受了“所有令人作呕的恶语相加”。[90]

这一选择也很可能会导致他政治生涯的终结。毕竟，丘吉尔对自由党曾经进行过猛烈抨击，所以不能保证自由党人会接受他。在大家看来，其实他自己也这样认为，他已经失去了任何可以重返老东家的机会。正如他后来所说，他从小就是在这个党里长大的，几乎所有的朋友和家人都属于这个党。[91]而且，他的密友，议会议员 F. E. 史密斯后来曾说，如果他没有走向反对党阵营，到 1914 年时，“在我看来，他毫无疑问会成为联盟党领袖”。[92]为他的自由贸易原则，丘吉尔付出了高昂的代价。

英国前首相之子索尔兹伯里第四代侯爵断绝了和丘吉尔的社交往来。他写信解释道：“我从心里觉得，我这样粗鲁地对待你，并不是因为你的所作所为，而是因为你的举止态度。”[93]丘吉尔回信说：

> 我欣然承认，我的行为很容易受到批评，不是——感谢上帝——从真诚度上说，而是从品位的角度说。我必须在战斗和袖手旁观之间做出选择。毫无疑问，后者更为端庄典雅，但我想要去战斗——我感觉自己可以全心全意地去战斗——所以就这么做了……当然，政治是一种竞赛，在这种竞赛中，诽谤与谩骂是公

认的武器。但在我看来，参加这样一场丑陋的争吵并不会伤害个人之间的关系。[94]

最后一句话表达的态度丘吉尔坚持了一生。将政治与个人友谊区分开来，私下里他与公开谴责过的人，或是以类似言辞谴责过他的人保持着友好关系，丘吉尔这一非凡的能力却往往被人误解，认为他在友谊和政治上都不够真诚。事实上，这两点都不属于他。

在走向反对党阵营当天，丘吉尔在《泰晤士报》《曼彻斯特卫报》和《犹太纪事报》上发表了一封公开信，谴责联盟党政府旨在限制从沙俄大屠杀中逃离的犹太人进入英国的《外国人法案》。关于该法案他写道："预计该法案将会迎合针对外国人的狭隘偏见，针对犹太人的种族偏见，以及针对竞争的劳工偏见。"[95] 英国当时的人口为 3 250 万。他指出，每 140 人中只有一人不是在英国出生的，而犹太移民每年只有大约 7 000 人。[96] 这封信本身就是一项竞选策略——丘吉尔的新选区选民中有 1/3 是犹太人，而总人口中只有 0.7% 是犹太人——但是它也反映了在这个维多利亚上层社会成员身上的一个非常奇怪的反常现象：他是一个终生亲犹太和犹太文化的人。

就像他早期的许多观点一样，丘吉尔对犹太人的喜爱源自他的父亲，他的父亲与纳撒尼尔·迈耶、第一代罗斯柴尔德男爵、费利克斯·西蒙爵士和欧内斯特·卡塞尔爵士都是好友。"什么？伦道夫勋爵，你没带你的犹太朋友来?"在一个乡间别墅的周末,有人揶揄地问他父亲。"没带,"他反驳说,"和你们这些人为伴我想他们不会觉得有趣。"[97] 父亲和儿子都是迪斯累里的崇拜者。丘吉尔年轻时曾经在巴黎与莫里斯·德·赫希男爵住在一起，1906 年暑假又与卡塞尔、莱昂内尔·罗斯柴尔德和德·赫希男爵的养子德·弗雷斯特男爵一起在欧洲度假。[98] 在恩图曼战役 6 天后的德雷福斯事件期间，丘吉尔给母亲写信说："太棒了！我很高兴看到这个可怕的阴谋彻底失败。"[99]

因此，他反对《外国人法案》的行动并非完全出于政治机会主义。他开始为选区的犹太施舍处、犹太少年俱乐部、犹太网球和板球俱乐部捐款，还参观了犹太医院、犹太律法宗教学校和犹太劳动人民俱乐部。在这些地方，他表扬了大家对社区自助的重视。[100] 丘吉尔的官方传记作者马丁·吉尔伯特爵士曾写道："虽然他从来不是犹太复国主义的不加批判的支持者，但他是犹太复国主义最坚定的朋友和倡导者之一。在当时的世界，犹太人常常成为轻蔑、厌恶、不信任和敌意的对象，丘吉尔却非常尊重他们，希望他们在这个世界上找到自己应有的位置。"[101] 这一点在20世纪30年代帮助丘吉尔，让他有能力很早就清楚地发现阿道夫·希特勒是什么样的人，而很多政治上倾向于反犹太的人却没能做到这一点。在希特勒成为德国总理之前的超过25年时间里，丘吉尔是他的阶层和出身中少有的亲犹太主义者之一，而且他还是犹太人占多数人口的选区议员。比起其他的议会同僚，他的触角要灵敏得多。①

1904年6月8日，丘吉尔在反对党的席位上发表了他的第一次演讲，反对《外国人法案》。(《太阳报》宣称，是罗斯柴尔德勋爵命令他这样做的，这是有关他被犹太人收买了的诸多毫无根据的指控中的第一条。)[102] 丘吉尔和另外三个自由党人在法案的预审阶段（也就是条款详细审查阶段）如此坚持己见，以至政府最初放弃了该法案，不过第二年重新提出，并获得通过。1905年12月，丘吉尔与出生于俄国的化学讲师哈伊姆·魏茨曼共同发表了反对沙皇大屠杀的演讲。魏茨曼后来在他对犹太复国主义的思考中发挥了重要作用。

1904年7月，一位名为威廉·凯尼恩-斯莱尼上校的保守党议员指责丘吉尔和艾弗·格斯特对布尔人的宽容态度是"叛徒和卖国贼"行径，丘吉尔因此获得了一次尖酸刻薄的回击机会。他说："我经常发现，当政治上的争议变得愈发激烈时，脾气暴躁、智力有限的人很容易变得粗鲁无礼。我曾有幸驰骋沙场、报效祖国，而那时，这位英勇善战、咄咄逼人的上校却只满足于在英国本土的安逸中口诛克鲁格。"[103] 丘吉尔这里借用的是鲁德亚德·吉卜林所做《健忘的乞丐》一诗中的第二行——"当你用嘴杀死克鲁格之后"——听众马上就听出来了。对于凯尼恩-斯莱尼来说，这样的说法是

---

① 当身为犹太人的吉尔伯特采访丘吉尔的同事路易斯·斯皮尔斯将军时，将军所说的"就是温斯顿也会有错"让他饶有兴趣。他向前倾了倾身子，急切地想找出他心目中的英雄的阿喀琉斯之踵，结果听到的却是："他太喜欢犹太人了。"（吉尔伯特，《丘吉尔与犹太人》，第15页。）斯皮尔斯本人就是犹太人，不过为了掩盖这一事实，他把自己的名字从斯佩尔斯（Speirs）改成了斯皮尔斯（Spears）。

尖刻的，他曾在1882年的特尔-埃尔-凯布尔战役中获得勋章，10年后从军队退役。但这也提醒人们，如果想要攻击丘吉尔，就必须做好准备去面对一场无情的反击。

在接下来的一个月里，丘吉尔不屑一顾地指出，贝尔福“对下议院的领导能力受到了报纸的高度赞扬，因为他让这些报纸的编辑得到了更多的尊贵和更高的职位”。[104]不久，辱骂首相似乎成了他最喜欢的消遣。1905年1月，在曼彻斯特谈到关税改革时他说：“我的建议是，在政治领域里，当你不知道该做什么的时候，就什么也别做。在政治领域里，当你拿不准该说什么的时候，就说出你的真实想法。如果首相在这场争论一开始时就按照这些原则行事，那么对我们的国家会好得多，对他自己的声誉也会好得多，对他特别重视，甚至是有些过分重视的党组织来说，更会好得多。”[105]当月晚些时候，丘吉尔发表了这样的观点：“世界历史上确有主动退位的事情发生，但是如果你看看历史的进程，就会发现主动退位的通常是男性而不是女性君王。有国王退位的，但从来没有女王退位的，而贝尔福先生的魅力之一就在于他的天性中带有某种女性气质。”[106]丘吉尔的这番话让大家普遍觉得过头了，可是他仍然在不断地发动这种攻击，这让他更加引人注目，也让他更加不受欢迎。

1905年，记者亚历山大·麦卡勒姆·斯科特出版了丘吉尔的第一本传记。“这位30岁的年轻人的崇拜者们满怀信心地说，他就是未来的首相。”斯科特这样写道。他把丘吉尔对张伯伦的攻击比作戴维和歌利亚之间的斗争，而在提到贝尔福时他写道：“首相匆匆逃离了现场。”[107]1905年出现了丘吉尔来自“巨人族”的推测，这似乎太夸张，所以并没有给所有人留下深刻印象。1905年5月，伦敦的赫林汉姆俱乐部拒绝了丘吉尔的加入申请，丘吉尔对自由党首席督察、埃利班克的主人①说，这在“该俱乐部历史上几乎没有先例——马球运动员总是受欢迎的。我想你和你的自由党朋友们很难意识到对方阵营对我在政治上的强烈不满”。[108]一个月前，他辞去了“卡尔顿俱

---

① 这是授予埃利班克的苏格兰男爵继承人的礼遇头衔。

乐部”的职务，并告诉他的表兄伦敦德里勋爵：“旧日友情已戛然而止，而新的责任已箭在弦上。”[109]

7月下旬，贝尔福在下议院的一次投票中以200∶196失利，但是他拒绝辞职。丘吉尔对此表现出一如既往的义愤填膺，他大声疾呼：“权力从索尔兹伯里勋爵手里交到另一个人手上，而这个人与我们的国家还从未有过直接交涉，他的性格在议会里也才刚刚显露出来。”[110]丘吉尔把攻击重点对准了贝尔福那“粗鄙的、不可原谅的无知”和“做事马虎、草率、随意的态度”。他开玩笑说：“首相的尊严，就像女士的美德一样，不会遭遇局部的削减。”[111]他补充说：“为了多执政几个星期或几个月，没有什么原则是政府不打算违背的，没有哪些尘埃与污秽是政府不打算吃下的。”[112]丘吉尔并不真的相信贝尔福这位哲学家、英国科学院院士，是真的无知，或者任何其他这里所说的事情。对他来说，这些华丽而铺张的语言运用，就是伟大的政治游戏中的搏杀。他已经做好了充分的准备，接受联盟党愿意回抛给他的任何“尘埃与污秽”。然而，对许多古板的爱德华七世时代的绅士来说，包括国王爱德华七世本人在内，这样做是他们不能接受的。

“我听说温斯顿做了议会有史以来最张狂无礼的一次演讲。”朝臣伊舍勋爵在给儿子的信中写道。[113]克劳福德勋爵在日记中写道：“温斯顿·丘吉尔对A. J. B.的攻击，令国王感到极为愤怒。他毫不掩饰自己的观点，认为丘吉尔是个天生的无赖。”[114]这种尖刻的政治谩骂似乎暗示着，在议会的语言交流中出现了一种新的邪恶，但是那些历史知识好一些的人肯定明白，这样的攻击实际上是几个世纪以来的常态。

他继续发表那些令人侧目的演说。1905年8月，印度总督寇松勋爵与总司令基钦纳勋爵因军队重组发生冲突，导致寇松辞职。这给了丘吉尔一个对基钦纳实施报复的机会。在10月的一次辩论中谈到寇松时，他说：“将他逐出印度的轻蔑行径，造就了总司令成为军事独裁者的事实，总督的权力和文官的威望遭受了即使不能说是永久的，至少也是严重的影响。”[115]为了达到效果，他又一次故意使用了夸张手法，并且首次使用了带有贬义的“独裁者”一词。

1905年12月4日，贝尔福最终辞职，于是国王召见了反对党即自由党领袖亨利·坎贝尔-班纳曼爵士，为了大选，亨利组建了少数派过渡政府。1906 年 1 月 12 日，选举如期举行，爱德华·格雷爵士被任命为外交大臣，阿斯奎斯被任命为财政大臣，劳合·乔治被任命为贸易大臣。坎贝尔-班纳曼提议让丘吉尔担任财政部财务次官一职，这是内阁级别以下的最高职位，但他礼貌地拒绝了，选择了名义上地位较低的殖民地事务次官一职。这是一个明智的选择，因为殖民地事务大臣埃尔金伯爵，也是前印度总督（他的爷爷就是购买帕特农神庙大理石的那个人），是上议院议员，这就使得丘吉尔可以在下议院代表这样一个重要部门。

丘吉尔邀请埃迪·马什担任他的私人秘书。马什是殖民地事务部西非分部的一名职员，也是丘吉尔的前女友帕梅拉·普洛登（现为利顿伯爵夫人）的一个朋友。①

马什在这个岗位上一干就是 30 多年，历经了 8 个政府部门。“我比我未来的雇主大两岁，”马什回忆说，“而且我有点儿怕他……虽然我认为他是我见过的最聪明的人，但他给我的印象却是相当好斗和专横。”[116] 在接受这项工作之前，马什征求了利顿夫人的意见。夫人说：“你第一次见到温斯顿，就能看到他所有的缺点。之后你就可以用余生去发现他的优点。”[117]

① 马什是一位同性恋者，但是在丘吉尔的脸上一点儿也看不出偏见的痕迹。他的朋友不但有同性恋者，也有双性恋者和性冷淡者，比如鲁伯特·布鲁克、诺埃尔·科沃德、哈罗德·尼科尔森、菲利普·沙逊、艾弗·诺韦洛、鲍勃·布思比以及 T. E. 劳伦斯等。

第5章

一个自由帝国主义者
（1906年1月—1908年4月）

他具有演员的才能，能把公众的注意力吸引到他说的每句话或做的每件事上。

——丘吉尔 1906 年谈父亲[1]

让我们只用一种方法来对待我们统治的人民，那就是公正的方法。

——1906 年 7 月，在德兰士瓦河畔的丘吉尔[2]

1906 年新年，丘吉尔向曼彻斯特西北区的选民们发表了他的竞选宣言，他谴责了这样一个观念："再躲闪、救济、磨蹭 7 年！再修补、加税、浪费 7 年！再拖延、呼吁、欺骗 7 年！不要再上当了。"[3] 就在第二天，他出版了自己撰写的父亲传记。出版前，他已经获得了 8 000 英镑的预付稿酬。像他所有的作品，哪怕是关于历史的作品一样，这本书包含着强烈的自觉或不自觉的自传元素。他这样写道："没有一条任人唯亲的平坦大道向他敞开，没有王室恩宠那金光闪闪的车轮助他加速前行。他获得的任何权力都心不甘情不愿地让于他人，或是被迅速剥夺。像迪斯累里一样，他前进道路上的每一英里，都要靠战斗去推进。"[4]

这里描述的很可能是丘吉尔本人的感受，很难说是伦道夫勋爵的真实感受。出生在贝尔格莱维亚，生下来就是公爵的儿子，曾就读于伊顿公学和牛津大学，25 岁几乎可以说是继承了布莱尼姆宫附近的伍德斯托克区的议员席位。如果没发生试图勒索威尔士亲王这件事，他本可以轻易地享受王室恩宠的光环。书中没有一个地方试图去解释为什么他父亲会引起别人的不喜欢和不信任，或者为什么他对这种不喜欢和不信任缺乏自我意识。还好这些性格特征并不是儿子与父亲共有的。

当代的伦道夫勋爵传记作者罗伊·福斯特敏锐地指出，《伦道夫·丘吉尔勋爵》"一书的作者在写作该书时，至少在一定程度上想要解释那些所谓的政治陷害，而那些陷害只不过是作者本人加在他父亲身上的"。[5] 这本书读起来不错，但它并没有像历史那样经受住时间的考验，因为它缺乏客观性，而且作者愿意，实际上是热切希望，忽略任何可以揭开事件真相的证据。1897年12月，他对母亲谈起自己的新闻工作时说："我常常禁不住诱惑，要按照自己的措辞调整事实。"[6] 这本书也是如此。伦道夫·丘吉尔勋爵对已故前同事粗鲁无礼的事情被删去，表现他机会主义倾向的证据被忽视。作者大量进行有选择性地引用，所有当时及后来的对他吞并缅甸的批评都被忽略了，伦道夫在1885年对爱尔兰自治的秘密同情也未被提及。他选择跳过他父母的婚姻困难和关于梅毒的传言是可以理解的，但是像纳撒尼尔·罗斯柴尔德这样重要的人物也没有出现，尽管他是伦道夫勋爵在财政部最亲密的知己。[7] 关于伦道夫把政府业务交给罗斯柴尔德勋爵的银行，而他去世时欠着这家银行12 758英镑的债务这件事，这本书也选择了忽视。[8]

在删掉一些句子的地方，丘吉尔没有使用省略号。他甚至更改了一些直接引语，这样"我要从（约瑟夫·张伯伦）那里拿到一切"，就改成了"我要了解更多"；"为了组建政府，我什么都可以做"就改成了"我想组建政府"。伦道夫勋爵出于政治私利的粗俗行为不知怎么的就被描绘成伟大的利他主义行为，这本书中的伦道夫比现实中的他更像一个中间派。他不断试图干涉索尔兹伯里勋爵的外交政策，在这本书里却被表述为双方合议，而事实并非如此。[9] 还不止这些，伦道夫勋爵故意激发记者的兴趣，或是向记者们泄露情况的事情也被忽略了，而将他的辞职说成是在未经准备的情况下即兴提出的，这与事实完全不符，而丘吉尔本人也知道这些事实。

在随后的一些年里，丘吉尔始终把持着那些与他的描述相矛盾的资料，不允许别人拿到。福斯特认为，"这些文件被公开之前，一定经过了很多审慎的筛选”，所以在最终出现的对伦道夫的描写中，“丘吉尔不仅找到了父亲，而且按照自己的形象重塑了他”。[10]在丘吉尔优雅地招募已故的父亲成为自己的精神导师时，他不允许任何让他感觉不舒服的事实妨碍他。神话和现实之间的距离并不是没有人注意到。艾弗·格斯特认为，“很少有父亲（像伦道夫那样）为儿子做了那么少，很少有儿子（像丘吉尔那样）为父亲做了那么多”。[11]这本书一夜之间成为畅销书，丘吉尔终于拖着父亲为他做了点儿有用的事情。

丘吉尔在书中写道：“他具有一种奇特的气质，时刻都能引人注目，成为人们谈论的中心。这种气质是不自觉地表现出来的，难以模仿。”[12]丘吉尔一定知道，对于他父亲来说，没有什么是不自觉地表现出来的，包括他那令人难以置信的高高的衣领、他浓密的胡须、他说话时倒扣在胯骨上的手、他对自己政党的蓄意攻击，以及他在保守党内部建立第四党派系等，都是他有意为之的。对丘吉尔来说，这些故意吸引人们注意力的做法，在面对众多选民时是完全可以接受的策略，也是他铭记于心的训诫。书的结论部分写道：“有这样一个英国，她拥有一群明智的人，他们紧盯着两大政党的失败和愚蠢，而不是自欺欺人；她拥有一群勇敢而真诚的人，他们发现这两大派系内部，都不具有可以让人努力拼搏的公平空间……伦道夫勋爵想要寻求的，就是这样一个英国，而且他差一点儿就赢得了这样一个英国，也只有这样的英国才能公正地评判他。”[13]这本书一经出版便好评如潮，不过《每日电讯报》的一位匿名评论员并未被书中完全理想化的人物描写说服，他写道：“他对朋友糟糕透了，有时甚至没有起码的尊重，他也经常罔顾事实。”[14]

丘吉尔第一天发表了竞选宣言，第二天就出版了他写的传记，这绝非巧合。当时他正处在一场具有挑战性的竞选中，他必须为自己放弃本党而辩护，并且要说服曼彻斯特选民，让他们相信，他对他们会更忠诚。1906年1月11日，他在投票前夕的演讲中对曼彻斯特的民众说：

> 我承认自己换了政党，我不否认这一点。我为这一点感到骄傲。当我想到伦道夫·丘吉尔勋爵为了保守党的前途命运而付出的一切努力时，想到没有他保守党就永远不可能获得那样的权力，

而获得权力后它又是怎样对待他时，我就为自己现在的境况感到高兴，因为我可以在自己还这样年轻时就与它分道扬镳，在生命中最初的能量还在时，就将其献给大众的事业。[15]

父亲的幽灵一直萦绕在他心头，但刚刚萌发的社会良知也在促使他另辟蹊径。前一个星期在与埃迪·马什一起穿过曼彻斯特的贫民窟时，他说："想象一下住在那样一条街道上，从来没有看到过美丽的东西，从来没有吃到过美味的东西，从来说不出聪明的话语！"①[16]这样的说法被认为是势利和傲慢的，从某种程度上说的确如此。但是，这也反映了他关于社会改造的想法，即需要通过社会立法来改善教育和生活条件，而不是征收食品税，那会让贫民窟居民更加贫穷。

尽管丘吉尔1904年3月在下议院投票时是支持早期的妇女选举权问题的，但是在1906年的选举中，他的高调使他成为妇女参政论者"扰乱策略"的靶子，妇女参政激进派采纳这些策略已经长达几个月了。在曼彻斯特的一次竞选集会上，一名旁听席上的年轻妇女打断了他的演讲，于是他提议在结束前给她5分钟发言时间，并承诺回答她关于妇女选举权的任何问题，但是她拒绝了。扰乱策略所造成的混乱持续半小时后，丘吉尔指出，公众集会的权利是人民所拥有的最宝贵的民主特权之一，"承认某个个体可以拥有将其化为泡影的权利，这简直是荒谬的"。[17]在会议结束时，丘吉尔邀请另一名竞选者，妇女参政协会的女发言人弗洛拉·德拉蒙德上台陈述了自己的观点，她的发言很有力度。

丘吉尔随后被问及他的看法。他字斟句酌地说："我在上一届会议上对是否赋予妇女选举权投了赞成票。虽然我认为这是一个非常难回答的问题，但我一直在稳步走向一个肯定的答案，直至能够全心全意地支持她们的提案。但是，过去几个月发生的事情使我开始感到迟疑。"他不想让人看到他对"在选举集会上被粗暴地打断表示让步"。[18]他总是想在胜利时表现出大

① 马什写道：斜体字是丘吉尔写的，而不是他写的，因为"口语中无法更好地表现斜体字"。（马什，《数字》，第150页。）

度，但当他感到自己受到攻击时，就会本能地做出反击。1906 年 1 月 5 日，他在奇特姆山的会议被妇女参政领袖艾美琳·潘克赫斯特的女儿阿德拉·潘克赫斯特打断。丘吉尔同样提出让她上讲台来，他告诉观众：

> 这位年轻女士的姓名在曼彻斯特是非常受人尊敬的。我认识到她这样做是出于良知与热忱，但却完全是不民主的，对于任何想要展示女性是适合获得选举权的人来说，我想不出还有什么比这更愚蠢的做法了。其实我并不像我刚才所讲的那样反对这个提案，但是在这样一个对公众十分重要的问题上，我是不会做个“妻管严”的。[19]

4 天后，在另一场会议被扰乱时，他坚持了应该以“礼貌和骑士精神”对待涉案女性的观点。但他显然对妇女参政论者的做法感到恼火。现在，他就妇女选举权问题所要说的，就只有“考虑到这次选举中公众集会一再受扰，我完全拒绝做出保证”。[20]

1906 年 1 月 13 日，丘吉尔以 5 639 票当选曼彻斯特西北选区议员，他的保守党对手威廉·乔因森-希克斯获得 4 398 票。大约 89% 的选民参加了投票。在 1900 年的选举中，曼彻斯特的 9 个席位的代表分别是 8 名联盟党成员（包括阿瑟·贝尔福）和一名自由党成员，但是 1906 年，自由党赢得 7 个席位，工党赢得另外两个席位。贝尔福在此次大选遭遇了那个时代最大的一次溃败，他也丢掉了自己的席位，给了丘吉尔一个更甚于幸灾乐祸的机会。由于投票工作要持续几周，丘吉尔开始在其他几个选区做名人发言。最终结果直到 2 月 7 日才出来。400 名自由党议员将与 157 名联盟党、83 名爱尔兰民族主义者和 30 名工党议员一起组成下届议会。丘吉尔对一位家族朋友说：“这次选举澄清了我父亲的一生，也指明了我那本书的寓意。他一直害怕的那场无可挽回的大灾难，现在已经降临到那帮老家伙的头上，也降临到他们所领导的那个大党身上。”[21] 丘吉尔对时机的选择并不总是成功的，但是他选择离开保守党的时机确实是具有远见卓识的，因为不久之后，保守党就进入了超过 10 年的在野时期，尽管有一段时间，正像温特顿后来回忆的那样，这个选择让丘吉尔获得“下议院里最不受欢迎之人的名声”。[22] 托利党最终再次上台后，对他进行了一次极为可怕的报复，但那将是很久以后的事了。

头一年 12 月，丘吉尔到殖民地事务部就职后的第一个动作，就是在办公桌上摆放一尊拿破仑的青铜半身像，但他的帝国主义政策远比这一举动所暗示的要温和。1905 年的最后一天，尼日利亚的孟希部族烧毁了尼日尔公司在阿宾斯的车站，高级专员弗雷德里克·卢格德爵士提议对他们进行惩罚性征讨。丘吉尔曾在印度进行过这样的远征，他认为这种征讨耗资巨大，而且往往收效甚微。他在写给埃尔金勋爵的信中说：“长期的征战血染了西非的四季，非常令人憎恶、不安。此外，整个征讨大业很可能会由不熟悉帝国律法和规定的人来代表实施，这会导致谋杀当地人并窃取其土地的事情发生。”[23] 埃尔金同意丘吉尔的说法，但这时远征军已经走出去太远了，不能再停下来。当年 4 月，丘吉尔再次采取了类似的立场，他谴责南非纳塔尔政府在军管令之下对 12 名祖鲁叛军军人进行审判。（他在谴责中使用了一个比喻，这是他在公众演讲中极力推荐的一个元素：“当然，所有的军管令都是非法的，军管令不是军事法，试图说明它有违法的成分，就像试图往大海里添加盐水一样”。）[24] 他的殖民地政策经常同情帝国范围内的当地人，尽管作为次官，他并不总是能如愿以偿。

选举结束后，坎贝尔–班纳曼返回了唐宁街，丘吉尔也回到了殖民地事务部继续任职。他接手的一个非常棘手的问题，就是如何处理战败的布尔共和国。布尔共和国于 1902 年投降，到 1906 年时，似乎已准备好开始实行自治的责任政府制度。这是一个复杂的问题，未来两年内他需要回答 500 个关于南非问题的议会提问。1906 年 1 月 19 日，他会见了扬·史末资，就是 1899 年他被布尔人抓捕后审问他的人。史末资离开了法律行业，成为一名成功的突击队将军，但他一直都是签署于 1902 年并结束这场冲突的《弗里尼欣和平条约》的支持者。“一个年轻而未经考验的大臣会见这么一个可怕又阴险的人，官员们对此感到震惊。”丘吉尔在半个世纪后回忆起在殖民地事务部的那次会面时开玩笑地说：“所以，他们在房间的角落里竖起了一块大屏风，艾迪·马什就在屏风后面，意思就是，如果我说了什么不利于国家的话，艾迪可以否认我说过。”[25]

丘吉尔和史末资一致认为，英国和布尔应该重新开始，但是这依赖于两国之间的公平政策。内阁接受了这一建议，两个共和国在一年内实现了内部自治。1910 年建立的南非自治联盟就是在此基础上形成的，那是一片与加拿大、澳大利亚和新西兰享有同等地位的帝国自治领土。在对待非洲原住民的问题上，丘吉尔完全被《弗里尼欣和约》中的条款束缚了手脚。他对下议院表示："毫无疑问，在我们首次将参政权延伸至任何非白人，或者有色人种身上时，布尔人会认为这是违反条约的。我们可能会为签订了这样的条约感到后悔，因为在开普殖民地这样做并没有任何害处，而德兰士瓦和奥兰治河殖民地却不愿意接受这样的安排。但是我们必须接受条约的约束。"[26] 尽管如此，丘吉尔还是确保了英国对巴苏陀兰（现在的莱索托）、贝川纳兰（博茨瓦纳）和斯威士兰等大型部族地区的控制，这些地方的原住民得到了比布尔人对他们更为仁慈的宽待。[27]

尽管托利党指责丘吉尔对英国的宿敌表现出软弱，但这一和解被誉为告别 1902 年之痛的出色举动。南非在后来的两次世界大战中都与英国并肩作战，这是对丘吉尔、史末资以及他们之间友谊的褒奖。[28] 1942 年 10 月，史末资对英王乔治六世回忆起相关的情况时说，温斯顿不明白，为什么之前的一个敌人在被打败了仅仅 4 年之后，就来要求归还他的国家。他问史末资以前是否有过这样的情况，史末资回答："我觉得没有。"[29]

在担任次官期间，丘吉尔遇到几个有争议的问题，其中争议最大的，当属 5 万多名中国工人在南非被矿主压榨的问题。问题如此严重，以至一些自由党报纸和政界人士顺理成章地使用了"中国奴隶"一词。丘吉尔 2 月时对议会说："把他们划归为'奴隶'，并且欣然接受了这个词，这不会是陛下之政府的观点。否则，我们将会面临术语使用不准确带来的风险。"①[30] 丘吉尔坚持认为不应该称他们为奴隶，他毫不含糊地谴责了中国劳工在南非遭受的待遇，称这是"可耻、丑陋、可悲的，就像这个文明的基督教国家在现代社

① 丘吉尔采用的是"术语使用不准确"这个说法，这表明他知道，如果真的使用"谎言"一词，在议会礼仪制度下他不可能走多远。例如，称对手是愚昧人就是违反议会用语规定的，但是有一次，在被嘲笑声打断后他说："锅下面柴火的噼啪声打扰不了我。"他借用的是《传道书》7:6："愚昧人的笑声，好像锅下烧荆棘的爆声，这也是虚空。"

会所做的其他一些事情一样”。[31]当时的高级专员米尔纳勋爵批准了对中国劳工实施体罚，雇主认为他们偷懒或有“违反自然的恶习”（即鸡奸）。[32]米尔纳争辩说，这是按照当地劳工法做出的合法行为，但是激进的自由党议员不这样认为，他们希望查办米尔纳。1906年3月21日，丘吉尔提出了一项政府修正案，要求“本议院强烈谴责违法鞭打中国劳工的行径，并进行了如实记录，但是为了南非的和平与和解，希望大家保持克制，不要将这种谴责转嫁到个人身上”。

丘吉尔关于启动修正案的演讲，是他的职业生涯中最具争议的演讲之一，尽管争议是他的职业生涯中早已司空见惯的事情。已于1905年4月退休的阿尔弗雷德·米尔纳，在布尔战争之前、期间和之后，一直都在一心一意地推动英国在南非的利益。在许多联盟党议员眼中，他就是一位英雄。他们希望政府能够直截了当地为他辩护，使他免受激进分子的攻击。丘吉尔既要批评米尔纳的政策，又要为他本人辩护。他说：“他曾行使巨大的权力，而现在却不再拥有任何权力；他曾担任政府要职，现在却不再拥有任何职位；他曾处理影响历史进程的事件，现在却不再能够哪怕是在最低程度上转变当时的政策……值得继续追究他吗？（他）看到了那些自己曾经勤勤恳恳努力追求的理想、原则和政策现在是多么名誉扫地……米尔纳勋爵已不再是公共事件中的一分子了。”[33]修正案以355票对135票获得通过，米尔纳安全了。

埃迪·马什说，演讲前丘吉尔在办公室练习时，他（马什）“被演讲中那种慷慨大度的精神深深打动了！…… 但是到了议会，演讲的效果却大不相同——讲话的过程出了问题……丘吉尔似乎是在用一位名誉扫地的政治家所坠入的不幸来嘲弄他”。[34]很难把马什提到的借口同丘吉尔的实际措辞联系起来。联盟党人的愤怒达到顶点。温特顿勋爵回忆说：“他在保守党的许多敌人都得意扬扬地宣称他完蛋了。”[35]内政大臣的那位尖刻的妻子玛戈·阿斯奎斯认为，他的演讲“不够大度、傲慢无礼、很不得体”。[36]《国家评论》杂志曾这样评价丘吉尔：“他总是迎合那些旁听席里喊声最高的人，他是一个横跨大西洋的蛊惑人心的政客。”[37]国王称他的行为“简直可耻”。[38]约瑟夫·张伯伦的女儿希尔达当时正在旁听席，她向哥哥内维尔报告说：“丘吉尔的举止可能比他的言谈更傲慢、更无礼。”[39]在这种背景下，7月时，丘吉尔在争取跨党派支持给予南非共和国自治时遭遇惨败也就不足为奇了。他说：“作为多数党通过提案，那只能是来自一个政党的礼物，但是他们（联盟党人）可以把它当作一个来自英国的礼物。”[40]但是他们拒绝了。

1906年，丘吉尔已经发现一个在未来几年里会变得越发严重的问题：联盟党主导的上议院正在越来越多地使用其对自由党立法的否决权。“我是一个爱好和平的人。”8月时他在姑姑的庄园坎福德公园对观众这样说，结果却引起观众的哄堂大笑。他接着说道：“我们是不得已才与那些贵族进行一场愤怒的争吵的，没有什么比这更让我感觉痛苦的了。”[41]他的“我是一个爱好和平的人”这句话之所以引来哄堂大笑，说明丘吉尔已经获得了一个好斗的名声，至少也是一个易怒的名声。11月时他在美国记者协会的晚宴上说：“就我个人而言，我一直觉得，判断一个政客的标准就是看他在对手中激起了多少敌意。我总是让自己不仅要细细品味他们的谴责，而且要让自己完全值得被他们谴责。”[42]他开始喜欢带有正式公文味道的表演，尽管在关于米尔纳的案例中他开局不利。他对《威斯敏斯特公报》编辑J. A. 斯彭德说：“我希望你能够欣赏我在发表殖民声明时的大臣风度，空虚、晦涩、含糊和浮夸，这些词的使用并不比它们的反义词容易多少。”[43]

丘吉尔是一名预备役军官，自1902年起，他就在女王牛津郡轻骑兵自卫队中担任军职。1906年9月，他在应德皇威廉二世之邀参观德军在布雷斯劳的演习时，就穿着女王轻骑兵的制服。威廉二世会说英语，他们交谈了20分钟。丘吉尔对埃尔金勋爵说：“他非常友好，个性也非常迷人。”[44]德国军队的“数量、素质、纪律和组织”给丘吉尔留下了深刻印象。他告诉他的姑妈利奥妮·莱斯利，他对“那支军队和英国之间隔着一片大海这件事心存感激”。[45]他在1906年以及随后的1909年与德皇有过两次会面，这帮助他避免了一些英国政客所犯的错误，即认为阿道夫·希特勒只不过是个脾气暴躁的皇帝的翻版。

1906年10月，在格拉斯哥的一次演讲中，丘吉尔讨论了他的政治哲学。他说，他一生都在反对社会主义，但现在他转向了这样一种观点：“对于那些劳动力来说，国家应该越来越多地承担起替补雇主的角色。”[46]他还支持

“普遍确立最低生活标准和劳动标准，随着生产力的增长，还要逐步提高这些标准”。[47] 这个“最低标准”的概念后来演变成现代福利国家，当时，其他有影响力的自由党人，如大卫·劳合·乔治和查尔斯·马斯特曼也持这一观点。为了安抚那些自由党议员对工党议员的担忧，丘吉尔将工党比作一个气球，“在一定距离内上升得容易，但是超过一定距离后就会拒绝飞得更高，因为空气太稀薄了，无法再托着它向上飘动”。[48] 丘吉尔在他的职业生涯中做过许多特别糟糕的预测，这一条就是其中之一。

托利式民主对自由市场和竞争的支持对他来说仍然很重要。“我们不想拆掉科学和文明的基础结构，”他对格拉斯哥的观众说：

> 而是要临渊撒网。一个公平的乌托邦的愿景会让人欢欣鼓舞，会点亮劳苦大众的想象力，但是要实现这一愿景，就必须通过或发展，或调整，或改进现有社会的竞争结构……在国有企业很可能会无效的地方，就要利用私营企业，不要因为它们所获得的利润而心生不满。[49]

由于受到伯克·科克兰、劳合·乔治、比阿特丽斯·韦伯等人的影响，甚至在某种程度上也是受到终身都是自由党人的克莱门汀的影响，丘吉尔的政治立场一直在不断变化。然而，他的观点从根本上来说是属于托利式民主的，其核心就是自由企业的概念，这一点从未改变。

1906 年，丘吉尔与保守党议员、他那一代最杰出的律师之一 F. E. 史密斯，即后来的伯肯黑德勋爵和赫伯特·阿斯奎斯的女儿维奥莱特·阿斯奎斯，即后来的维奥莱特·博纳姆·卡特夫人建立了极为重要的友谊，成为终生挚友。不过这种友谊也有实用的一面。众所周知，“F. E.”是丘吉尔与保守党沟通的一个有用渠道，而维奥莱特的父亲是英国财政大臣，也是自由党领袖继承人。进入 1906 年的几个月后，在一次重要的投票之前，丘吉尔正要进入议会大厅时，有人把他介绍给比他大两岁的史密斯。[50] 史密斯是个酗酒的人，但正如丘吉尔未来的妻子后来说的那样：“温斯顿总是愿意与那些并不完美的人为伴。”[51] 1907 年夏天，他们一起去度了假，F. E. 的长子弗雷迪在那年12月出生，丘吉尔做了他的教父。这两个具有大智慧的人不断碰撞出思想的火花，丘吉尔后来说，史密斯是他一生中最亲密的朋友。[52]

丘吉尔是在1906年初夏的一次宴会上遇到维奥莱特·阿斯奎斯的。出席宴会的还有贝尔福、乔治·温德姆和希莱尔·贝洛克等其他杰出人物，但是维奥莱特的眼睛只看到丘吉尔，还有丘吉尔身上那种她后来形容为“毫不掩饰的自信、坚韧不拔的耐力、始终要走人生捷径的冲劲和气度，以及他对平庸与随波逐流的蔑视”。[53]她被安排坐在他旁边，而他“在我看来，与我所遇到的任何其他年轻人都大不相同”。他问她多大了，当她告诉他自己只有19岁时，他说自己已经32岁了[①]，“不过比其他的重要人物都年轻”。他接着说：“诅咒这无情的时间！诅咒我们的死亡！分配给我们的时间太短了，我们要把必须做的一切挤进这段时间里！”[54]，两位姑母的去世（范妮·特威茅斯于1904年51岁时去世，乔治亚娜·豪于1906年45岁时去世）使丘吉尔更加清楚地认识到，他活着的时间不长了。“我们都是虫子，”他直截了当地对维奥莱特总结道，“但我相信我是一只萤火虫。”[55]

维奥莱特对丘吉尔产生了一种从才智到情感上的迷恋，这种迷恋将伴随她一生。“当我向别人宣布我的感受时，”她后来回忆说：

> 我发现……我对温斯顿·丘吉尔的评价没有得到认同。实际上，我还被许多人嘲笑了一番。当时公众对他的态度，往好里说，是一种有所期待的兴趣、一种好奇、一种尚可容忍的取乐；往坏里说，就是一种不信任，一种尖刻的指责。在托利党内部和社交圈里，他多年来一直就是一块红布头，可以把最温顺的母牛变成暴怒的公牛。在党内时他是一个局外人、一个争强好胜的人、一个急功近利的人、一个喜欢自我宣传的人。等到他横穿议会席，走向反对党之后，他们又给他加上这些罪名：一个卑鄙小人，一个叛徒，一个一心想要发迹的人。而最糟糕的罪名就是：他还真的发迹了。[56]

① 实际上，他那时是31岁。她记错了。

作为一个年轻的大臣，丘吉尔磨炼了自己直击问题要害的能力。后来的生活证明，这样的素质是弥足珍贵的。1907年1月，一份殖民地事务部备忘录谈到一个难题，就是澳大利亚的州长们是否应该被邀请参加在伦敦召开的殖民地大会。备忘录是这样开头的："邀请澳大利亚的州长们来参加殖民地大会的主要原因，就是他们想来参加。"[57]他欣然承认，"这次会议不可能取得什么重大的实际成果"，因为新政府反对帝国优先，而殖民地政府也没有兴趣为帝国的舰队和军队做出有意义的贡献。

尽管丘吉尔的大臣职责鼓励他将目光投向海外，但是他明白，自由党的国内事务议程才是最终决定他选举命运的东西。当联盟党主导的上议院开始破坏民选政府的立法程序时，丘吉尔充分展示了他的决心，他要将自己新加入的政党之议程，高高置于他自己阶层那来自古老传统的立法权利之上。"今晚我没有时间讨论我们世袭议院的基本准则中那些明显的荒谬，"1907年2月，他对曼彻斯特的观众说：

> 在世袭议院，一个人只要通过一出生就带着的美德，就可以获得参与立法的职位；在世袭议院，绝大多数的成员一年到头从来就没有靠近过议院这个地方；在世袭议院，如果它的成员疯了，或是被定罪，或是在心智上已不具备管理自己财产的能力，或是与能让人喝醉的饮料成为损友，他们仍然会被认为完全适合去行使最高立法权。这些事就这样吧，我什么也不说了。如果说的话，有可能就会被告发，说我使用失礼的语言，那样的话，我相信你们也会感到难过的。[58]

丘吉尔接着指出，尽管贝尔福输掉了选举，但是他那时已经作为另外一个选区的代表回到了议会，"他的一只手就放在能够阻碍议事的节流阀上"，因为他"有能力做到在半张信纸上写个字条，交给信使，沿着走廊走200码，把它交给上议院。通过这样一个字条，下议院花费数周时间讨论出的任何条款或法案就可以任由他生杀予夺，任由他要么毁掉，要么否决，要么使其获准入法"。[59]

6月，丘吉尔再次抨击了上议院，说他们是“一边倒、世袭而来、未经筛选、不具代表性、不负责任的缺席者”。[60] 根据上议院在一系列问题上所采取的一贯反动立场，包括天主教解放运动问题、犹太人担任议员的权利问题、选举权的延伸问题、选举中的秘密投票问题、买通军事委员会问题等，他质疑上议院是否曾经做过任何正确的事情。他说：“我敢打赌，在已经解决的争端中，我们的反对党举不出哪怕一个可以证明上议院做对了的例子。”[61] 尽管这样的攻击激怒了保守党，却使他获得了自由党的喜爱，尽管他们仍然对他在自由党即将获胜时加入该党的做法有所怀疑。劳合·乔治在7月时对他的兄弟威廉说：“议会里的掌声就是他鼻孔中的呼吸。他就像一个演员，他喜欢站在聚光灯下，也喜欢来自观众席的认可。”[62] 劳合·乔治说得没错——不过，劳合本人也是这样。用他自己也具有的特点，去批评另一位政治家，这多少有些虚伪。

那年夏天，丘吉尔参加了法国的军事演习，并且爱上了法国军队。“当我看到众多法国步兵冲入阵地，听到乐队演奏起《马赛曲》时，我觉得就是这些勇敢的刺刀为我们赢得了人权，也忠诚地保卫了欧洲的权利和自由。”[63] 他说得没错，但他没有完全推算出捍卫这些权利和自由对法国军队和这个国家的影响。

1907年10月下旬至1908年1月初的秋季休会期间，丘吉尔对英国在东非的领地进行了一次巡回访问，足迹遍及埃及、苏丹、英属东非（现在的肯尼亚和坦桑尼亚）和乌干达。他乘一艘英国军舰抵达蒙巴萨，巡访就是从那里开始的，最终在亚历山大结束，其间他走访了内罗毕、肯尼亚山、奈瓦沙湖、恩德培、坎帕拉、默奇森瀑布（在那里，“为了真切地看到下面的泡沫地狱”，他还匍匐了一段距离）、维多利亚湖和里彭瀑布，以及喀土穆和开罗等地。这次旅行让他对帝国的爱变得更加深刻，也让他对帝国的机会与问题了解得更加深入。[64] 他希望这次旅行除了在教育方面和思想意识方面能让他受益，还能让他在经济上受益，这一点他也做到了。他与《滨海杂志》签订合同，为其撰写5篇文章，每篇稿费150英镑，再出一本书——《我的非洲之旅》，稿费500英镑。与丘吉尔同行的还有他的姑父戈登·威尔逊上校，即伦道夫勋爵的妹妹萨拉的丈夫，他的男仆乔治·斯克里弗斯，还有埃迪·马什。他还打包了大量有关社会主义的书籍，并对一位朋友说："我要看看社会主义到底是什么。"[65]（这些书坚定了他的反对立场。）

1907年10月，丘吉尔一行抵达蒙巴萨，他们沿着吉尔所谓的"这世界上最浪漫、最美妙的铁路"前进，一路上看到了成群的羚羊和瞪羚、500匹炫目的斑马、黑色角马的大长角、成群的红色东非狷羚和野生鸵鸟、十几只懒洋洋地躺着的长颈鹿，还有6只在光天化日之下悠闲地穿过铁轨的狮子。[66]在其他一些地方，他还看到成群结队的狒狒，"看起来和人一样大"。

除了实地调查，体育运动也是这次旅行的一个重要方面。尽管丘吉尔射杀的动物在当时并不算濒危物种，但其数量大得惊人。他猎杀了几只鳄鱼（他似乎一生都不喜欢这种动物）、一匹河马（"它在刺耳的尖叫声中倒下"）、几只非洲大羚羊、两只非洲小苇羚、几只瞪羚和两只粟马羚（"它们缓缓地经过我们埋伏的地方走到水里"）。[67]他还用一把双筒450来复枪猎杀了一头白犀牛。[68]"在野外猎杀犀牛的方式极其简单……"丘吉尔写道，"你可以从任何一个方向走过去，但不要是顺风的地方，尽量靠近它，然后朝它的头部或心脏开枪……我开枪了。一颗子弹以1.25吨的冲击力，带着无烟火药那可怕的能量，击穿了它的皮肤、肌肉和骨头，枪声回荡。"[69]丘吉尔这一枪并没有把它打死，它"以一种奇特的快跑姿势朝我们直冲过来，几乎像马的疾驰一样快。这么大一只野兽做出这样的动作着实让人感到吃惊，它本能地冲向的目标也是准确无误的。敌人前进所能带来的士气是巨大的，所有人都开了枪"。[70]

丘吉尔对狮子的尊敬甚至超过了对犀牛的尊敬。"破碎的四肢、破碎的下颚，这是一具从头到尾被撕裂的尸体，肺部被一遍遍地刺穿，内脏被撕裂后暴露出来——这些都不算数，"他写道，"对狮子来说，唯一算数的就是死亡——立即的、彻底的死亡——要是一个人倒下没死，就会遭到它那化脓的爪子和发臭的牙齿的摧残，被嘎吱嘎吱地撕咬得粉碎，然后被它下毒，以确保万无一失。"[71]另一种运动——刺疣猪——比马球危险得多，因为"要想追上一头疣猪，用长矛刺死它，就必须骑上马全速奔跑"。如果一个人从马上摔下来，"疣猪肯定会攻击那落马的骑士"。[72]有一次，一队他"无法抗拒地想去干扰"的工蚁把他撵到了"一个可以敬而远之的距离"。[73]相比之下，丘吉尔更喜欢他看到的那么多的蝴蝶，他发现自己“完全不需要任何网子，就可以用手指轻轻地把它们捏起来”。[74]

这一行人用到了各种可能的交通方式：火车、马背、人力车、独木舟和钢制帆船。有时他们需要轿夫抬着走，丘吉尔形容这“像听起来一样挺不舒服”，不过对于轿夫来说，情况可能更糟。[75] 为了勘查阿尔伯特湖和维多利亚湖之间的铁路延长线，丘吉尔一行带了 400 多名搬运工，他们每人每天要搬运平均 65 磅重的货物行走 10~12 英里。[76] 在去往维多利亚湖的火车上，他将一把扶手椅固定在火车头前面的排障器上，这样就可以完全放心地欣赏过往的风景，而不用担心火车撞上奶牛了。

乌干达保护国总督亨利·赫斯基思·贝尔 11 月 19 日记录道：“丘吉尔昨天抵达这里，他身穿白色制服，佩戴着的奖牌灿若繁星。”[77] 三天后，丘吉尔和贝尔一同乘坐由三个乌干达人连推带拉才能前进的人力车。在这三个小时中，丘吉尔问了贝尔的年龄。当得知他已经 43 岁时，32 岁的丘吉尔说：“真不知道到了你这个年纪我会走到哪里。”“你觉得你会走到哪里？”贝尔问道。丘吉尔用贝尔称为“不可动摇的”语气说：“首相的位子。”[78] 当他们会见穿着华丽节日服装的乌干达酋长们时，丘吉尔被描述成“一个十足的讨厌鬼，总是闪烁其词，不停地拿着相机抓拍”。在试图向酋长们解释丘吉尔是英帝国的殖民事务部次官时，翻译告诉他们，丘吉尔就是个“小跟班”，一个“黑小子、淘气鬼”，在餐桌上帮帮忙，拿点儿残羹剩饭当作报酬。[79] 贝尔在日记中写道：“他是个很难对付的家伙，但我忍不住喜欢他。他看事全面、高瞻远瞩，还能够欣赏我们这个非凡国家所蕴藏的巨大潜力。”[80]

至于丘吉尔回国后殖民事务部是否会按照他的建议行事，则是另一回事。部里的高级公务员弗朗西斯·霍普伍德爵士 12 月给埃尔金写信说：“和他打交道非常烦心，我担心，他会像他父亲一样，在他所就职的任何可能的职位上都会给人添麻烦。他身上那种躁动的能量，那种无法控制地想要出恶名的渴望，以及道德观念的缺失，真的无法不令人焦虑！”[81] 不过，随着时间的推移，就连霍普伍德也渐渐地开始赞赏他了。

艾迪·马什一路上都在欣赏丘吉尔的双关语和笑话。一位官员谈到性病在当地蔓延，非常令人遗憾，丘吉尔就把这种病冠名为“不列颠之痘”。还有一件有意思的事情，就是他喜欢拿自己的喋喋不休开玩笑。在谈到文明与丛林之间的斗争时他说："我们谈论过这个话题，或者至少是我谈过，就在我们爬过倒下的树桩时，或者在翠绿的暮色中跋涉，从一束阳光走向另一束阳光，涉过漫延的洪水时。"[82] 还有一次他说："我讨厌做'简短而得体'的演讲，我的同伴们一定觉得太短了。"[83]

在当时的历史和科学发展阶段，正如人们预料的那样，丘吉尔在他的文章和后来的著作《我的非洲之旅》中都明确地提出了白人种族优越论的假设。他在书中写道："东非黑人应该培养自己对文明着装的品位，这将无疑会成为一种优势。他们的生活将逐渐变得更加系统化、多样化，不再那么原始野蛮，而他们自己的经济地位也将获得提升。"他还在另一处写道："政府侵入当地的时装领域必然会带来风险，但是，当知识和科学的鸿沟把统治者和被统治者分开时，当政府当局面对的是一个仍然陷于其原始的污秽的世居民族时，当我们发现他们没有宗教、没有服装、没有道德，却愿意拥有这些，也有能力拥有这些时，这种危险就可以被欣然接受了。"[84] 他似乎从没想过，当地人有他们自己的宗教、自己的部落服饰，以及自己的道德及司法体系。在肯尼亚时他写道："现在他们部落之间的争斗已经停止，白人军官甚至不用携带手枪就可以在各村之间自由骑行了。"很少的几个英国人就能够让大片土地保持平静祥和，这一点给他留下深刻印象。他写道："两个年轻的白人军官，在远离本土权力中心，远离电报、和平与秩序的一个地方主持着工作，管理着相当于英国一个郡那么大面积的地方，掌控着大约 7.5 万当地人的行为与命运，这些人以前从来不知道或者不承认什么法律，他们只相信暴力与恐怖。"[85]

丘吉尔对大英帝国的原住民有着一种真正的、强烈的家长式责任感。在他看来，政府有责任保护当地人不受他所谓"'白人小集团'的伤害，这些人苛刻、自私，在种族间的接触中经常表现出嫉妒和对弱者进行剥削的愿望"。[86] 让他感到高兴的是，当地的英国行政当局"认为自己是保护原住民利益和原住民权利的卫士，坚决反对只关心如何剥削这个国家和当地人民"。[87] 他写道："在基库尤部落中旅行，哪怕是一小段时间，也会让你喜欢上这些无忧无虑、野性十足而又驯良恭顺的孩子，他们不会让人感觉没有能力接受教育，而是让人觉得，他们会从目前的穷困潦倒中成长起来。对这些原住民来说，如果有一天，他们的命运不再掌握在公正而威严的王权政府手中，而是落在一小撮白人极端利己主义者手中，那将会是极为不幸的一天。”[88]

尽管丘吉尔使用的语言可能会让当今最不讲求政治正确的人感到震惊，但是他相信文明的进步与潜力。他曾写道：“我扪心自问，在这个世界上是否还有其他地方，可以像这里一样，让那些关心黑人利益的人去幸福地实现他们的梦想和希望，那些常常被最终结果和顽固现实嘲弄的梦想和希望。”[89]他把乌干达王国描述为“一个童话世界”，在那里“一种优雅的举止从天真单纯的性格中脱颖而出，渗透到各个阶层”。[90]

国王让丘吉尔给他写信，谈谈他在东非的领地，丘吉尔的长信大部分是关于螺旋菌扁虱和“可怕的采采蝇”的。[91]他后来写道：“乌干达是一个由昆虫守卫着的国家。”[92]由于采采蝇所携带并传播的昏睡病是无法治愈的，所以整个地区的人口都在减少。曾经有一只采采蝇刚刚落在丘吉尔裸露的肩膀上就立刻被打飞了，丘吉尔侥幸又躲过一劫。

在喀土穆，丘吉尔见证了自恩图曼战役以来近10年的巨大变化：奴隶制被废除，铁路延伸到了青尼罗河南岸，宽阔的街道有了电灯，教育、工艺和农业都有了转变，有了欧洲的商店、蒸汽电车和渡船，还有了可以培训小学老师的戈登纪念学院……总而言之，所有这些都是大英帝国统治带来的好处。[93]然而，悲剧也发生在喀土穆。斯克里弗斯突然死于亚细亚霍乱，那是一种严重的体内炎症。丘吉尔为他安排了一场让马什觉得“极为感动的”军事葬礼，并且记录下在埋葬了恩图曼的战友们9年之后，“我又发现自己站在了敞开的墓穴旁，落日余晖仍然笼罩在沙漠上，葬礼上的鸣枪声打破了寂静”。[94]

1908年1月17日，他回到英国，不久之后就在国家自由俱乐部发表演讲，宣传在乌干达修建135英里铁路的想法（后来并没有修建）。他认为，原住民永远不应该“脱离英国官员那谨慎而无私的控制，而被交到只关心自身利益的当地社区手上”。[95]他激情澎湃地争辩说，如果要维持帝国的运行，就必须进行社会改革。他对观众说：“如果英国人民想要的是一个伟大的帝国，如果他们想让真正的荣耀降临在帝国身上，就需要一个属于帝国的民族来支撑起这一荣耀。他们永远不会想让那几百万挤在城市贫民窟里，在灰暗泥泞的街道中被践踏的潦倒的人，去扛起帝国那面伟大的旗帜。肩负英国未来的民族不应该是这样的。”[96]

丘吉尔继续在全国各地发表公开演讲，有时还会批评“以《每日邮报》和《每日快报》为首的强大的新闻集团”。他对社会主义提出了尖锐的批评，比如，“基督教时代的社会主义建立在‘我的一切都是你的’的理念上，而（工党独立议员）（维克多）格雷森先生的社会主义则是建立在‘你的一切都是我的’的理念上”。[97]

他关于非洲之旅的文章分9部分发表在3月的《滨海杂志》上，而《我的非洲之旅》随后在12月出版。2月，他出版了另一本演讲集，是关于自由贸易的。当月，他还在作家俱乐部发表了演讲。“能够把工作变成乐趣，”他说，“是这世界上值得为之奋斗的一种阶级差异。”[98]关于从写作中获得的乐趣，他说：“在一个阳光明媚的早晨，临桌而坐，有整整4个小时不受打扰的时间，有足够数量的雪白稿纸，还有一支‘吸水式’钢笔①，那才叫真正的幸福。”他热情洋溢地表达了自己对英语的表现力之强和表现范围之广的钦佩：

> 如果一个英国作家不能用英语说出他想要说的话，而且是用简单的英语，那么这话必定是不值得说的……有人②——我忘了是谁了——说过：“文字是唯一永恒的东西。”在我看来，这始终是一个美妙的想法。靠人的力量建起的最经久耐用的石头大厦，可以说是体现人类力量的最伟大的纪念碑，可最终还是会粉碎成尘。而那些随着呼吸稍纵即逝的话语，那些对头脑中一闪而过的念头的表达，却会永久留存，并不是作为过去的回声，也不仅仅是作为考古学奇谈或历史遗迹，而是作为一种强大的新生命，一种有时甚至比这些话语初次说出时还要强大的力量，跨越了3 000年的海湾，照亮了我们今天的世界。[99]

① 一种用橡胶吸墨水的钢笔。
② 威廉·赫兹里特。

丘吉尔的这些演讲充满了莎士比亚风格，这让丘吉尔显得与那些只专注于政治的政客大为不同。这些演讲让公众对他更感兴趣，也使他跨越了政治分歧。但最重要的一点是，当他在政治上不顺利时，这些演讲对他来说就是避风港，给他以安慰，这让他愿意，实际上是巴不得，与党内正统观念分手。这种情况经常发生。

3月7日，丘吉尔给中间偏左派杂志《国家》的编辑写了一封长信，题目为“政治未涉足之领域”。在这份相当于他的个人宣言中，他提出了实施“最低标准”的理由，列出了他希望看到国家进行干预的领域，主要包括：劳动力交易所、应对“过度饮酒”的许可证法案、某些“臭名昭著的血汗工厂”的工资委员会、技术学院、铁路国有化和应对失业的公共工程（“以推动社会前进”）等，所有这些都要通过征收股息税来完成。[100] 这些理念（铁路国有化除外）大多数属于托利式民主的理念。丘吉尔所拥护的德国式社会改革，与奥托·冯·俾斯麦的社会改革相比，从源头上不再倾向于社会主义和平等主义。他有意将德国作为榜样，部分是为了采纳社会主义最受欢迎的政策，并将其转化为自己的政策，部分是为了推广他毕生坚持的托利式民主的理念。他对自由党议员查尔斯·马斯特曼开玩笑说：“我支持政府的民有、民享，但不支持民治。”[101] 这就是大家长式的托利式民主与自由主义或社会主义的区别。

“温斯顿满脑子都是穷人，他刚刚才发现这些人的存在，”马斯特曼彼时给妻子露西写信说，“他认为是上帝在召唤他为他们做点儿什么。”他引用了丘吉尔在呼吁进行社会改革时所说的颇具戏剧性的话：“为什么我到现在还是安全的，虽然离死亡只有一根头发的距离？难道不是为了做一些这样的事情？我已来日无多。”[102] 马斯特曼最后总结说：“他只是一个有着非凡天赋的男孩儿，拥有天才和惊人的能量。”[103] 当他取笑丘吉尔喜欢在众人面前讲话时，丘吉尔回答：“我确实喜欢。牛在场上踹谷的时候，不可笼住它的嘴。① 这将是我在审判日的恳求……有时我觉得我能把整个世界扛在

① 《申命记》25:4。

肩上。”[104]

1908年3月，33岁的丘吉尔参加了他母亲的朋友圣·赫利尔夫人举办的一个晚宴。在晚宴上，他遇到了美丽、聪明、意志坚强的克莱门汀·霍齐尔，那年她23岁。他们以前见过一次面，那是在1904年夏天，在克鲁侯爵及其夫人举行的一次舞会上。虽然那一次他请母亲为他做了引荐——克莱门汀的母亲布兰奇·霍齐尔夫人多年前就是珍妮最好的朋友——但是当时他完全失语了，一句话也说不出来。另一个人请克莱门汀去跳舞，他们到了丘吉尔听不到的地方后，他对她评论道，他觉得很奇怪，她刚才居然在和“那个可怕的温斯顿·丘吉尔”说话。[105]

到丘吉尔与她再次见面前，克莱门汀曾与皮尔子爵的三儿子西德尼·皮尔订婚，后来又与一个年龄几乎大她一倍的公务员莱昂内尔·厄尔订了婚。当她意识到这两位并不适合她的时候，她取消了婚约——其中一次是在结婚礼物到达之后。[106]（她母亲曾希望她嫁给贝斯伯勒勋爵，她“被留在迷宫，与他一起待了整整一个下午”。）[107]与此同时，丘吉尔也曾与帕梅拉·普洛登非正式订婚。1906年，他还在一次他对母亲描述为“波澜不惊”的求爱后，向一位富豪船王的女儿穆里尔·威尔逊求了婚，女方因为嫌他太穷拒绝了他。他还向美国女演员埃塞尔·巴里摩尔求过婚，而女方觉得自己无法“应付伟大的政治世界”。[108]这一切，无非是爱德华时代那种正式的行为举止中的风流韵事，没有一件比得上那召唤着他们一生的伟大爱情。

所以，丘吉尔和克莱门汀在圣·赫利尔夫人家重逢时都还未婚。克莱门汀是在最后一刻才被邀请来的，为的是让围在桌边坐着的人数不是13人。她本想拒绝，因为太累了，又没有干净的白手套。在殖民地事务部工作了一天的丘吉尔同样不想去，但艾迪·马什对他说，在最后一分钟退出是不礼貌的。他虽然来晚了，但一进门就被克莱门汀迷住了，完全没有理会他对面的女士。[109]根据克莱门汀多年后的回忆，他的开场白有点儿唐突：“你读过我的书吗？”她承认说没读过，于是他说第二天他要叫一辆双轮马车送过去。[110]

晚餐后，男士们加入女士的谈话，克莱门汀一直被特威茅斯勋爵缠着。特威茅斯勋爵是伦道夫勋爵的妹妹范妮的丈夫，当时是海军大臣。丘吉尔请姑父到走廊里去看看纳尔逊的画像，然后“迅速占领”了克莱门汀旁边的座位。他们谈了一晚上，两个人最后离座，他把她送回了家。他虽然一直没有把《伦道夫·丘吉尔勋爵》一书送过去，但他已经爱上她了。1908 年 4 月 11 日—12 日的那个周末，他邀请了克莱门汀和她母亲到珍妮位于圣奥尔本斯附近的乡间别墅索尔兹伯里庄园去玩。

政治介入了，而且这并非最后一次。

第6章

爱情与自由主义

（1908年4月—1910年2月）

我想象不出自己还会生出什么别的恋情，除了我把一生的幸福都维系于其上的这一次。

——1909 年 11 月丘吉尔致克莱门汀的信[1]

我完全相信，我们正朝着更美好的生活前进。

——丘吉尔，1908 年 10 月[2]

1908 年 4 月 8 日，亨利·坎贝尔–班纳曼爵士在一次心脏病突发后辞去了首相职务。14 天后，他在唐宁街 10 号去世。继任者是赫伯特·阿斯奎斯，他任命丘吉尔担任贸易大臣一职，负责劳资关系。在这一岗位上，他将会努力实施他的《政治未涉足之领域》中提出的理念。（他说他很高兴没有被派往地方政府事务部，因为“我拒绝和比阿特丽斯·韦伯太太一起，被关在救济厨房里”。）[3]33 岁的丘吉尔成为 40 多年来最年轻的内政大臣。由于经济衰退导致工资大幅下降，他不得不去应对各种大罢工事件：1 月的造船工人罢工、2 月的工程师罢工、5 月的泰恩、克莱德和默西塞德郡造船商罢工，以及整个夏天的服装行业罢工。爱德华时代通常被描述为英国国内的一个祥和时期，但对工厂和造船厂来说，却处于一个极为不安宁的时期。丘吉尔深度参与了公平解决各种争端的工作。

但是，在开始做任何工作之前，他需要重新参加竞选。因为宪法中有一条古老的规定，新的内政大臣必须重新当选下议院议员。反对党经常会放弃这一条款，以免除用于竞争的花费，但既然需要竞选的是丘吉尔，保守党宣布派威廉·乔因森-希克斯再次参选曼彻斯特西北区议员。想要与克莱门汀共度的期盼已久的周末，就这样被一系列的选举会议中断了。

在曼彻斯特的每一次演讲他都全力以赴。4 月，他在大剧院进行了一次演讲，演讲稿长达 7 600 字。而另一场演讲因为参加的人太多了，他在结束后就站在门外街上的一辆汽车的车顶上，一字不差地又讲了一遍。在回答诘问者的问题时，他倒是有一些轻松时刻。“如果自由主义者和自由贸易主义者输掉了这个席位，结果会怎样？”他对观众反问道。有人喊道：“那就喝杯啤酒！”丘吉尔立即回答：“那可能是原因，而我说的是结果。”[4] 又一个诘问者就他的某个观点喊道：“胡说八道！”丘吉尔反驳说：“旁听席上的这位朋友在说出‘胡说八道’时，无疑是在非常充分地表达自己脑子里的想法。”[5] 这样的俏皮话是人们来到这里的一个原因，在一份关于其中一次集会的报纸报道中，“笑声”一词出现了 40 多次。

“我抓紧这短暂的一小时休闲时间给你写信，告诉你我是多么喜欢我们周日的长谈，”4 月 16 日丘吉尔写信给克莱门汀说，“能遇到你这样一个学识渊博、情感高尚的姑娘，是一件多么令人欣慰和愉快的事情啊……我们可以建立起一种坦率而纯洁的友谊，而我自然会心怀崇敬地去珍惜这份友谊。”[6] 这封用爱德华时代的语言风格撰写的信，在那个时代读起来一定更浪漫。这是温斯顿和克莱门汀一生中写给对方的 1 700 多封书信、情书和电报中的第一封。克莱门汀回信说：“如果不是每天能从迟来的报纸上读到有关曼彻斯特的新闻，并因此兴奋不已的话，我就会觉得与我们在索尔兹伯里庄园一起度过的那愉快的一天相比，我简直是生活在另一个世界里。”[7] 她说她正在读他所撰写的他父亲的传记（她自己不知从哪儿弄到一本），并仿着他签上了一句：“来自你真诚的朋友。”

4 月 23 日，令丘吉尔极度失望的事情发生了，乔因森-希克斯以 5 417 票对 4 988 票赢得了曼彻斯特西北区的选举，超过丘吉尔 429 票，得票率高出 6.4%。丘吉尔公开将他的失败归咎于保守党媒体“明目张胆的低劣影响”，但私下里，他却将失败归咎于“那些在最后一刻因牧师施压改变立场的愤怒的爱尔兰天主教徒”。[8]（自由党的教育法案似乎威胁到了天主教义务学校。）丘吉尔的失败给了他的政治对手们幸灾乐祸的机会。爱德华·卡森爵士，一位爱尔兰出生的联盟党议员，告诉嫁给了丘吉尔表兄的伦敦德里夫人：“我认为W.丘吉尔真的拉低了公共生活的层次，他比政治领域内任何职位上的任何人做得都过分。对于他是否会成长为那种多数人可以信任的严肃可靠的政治家，我持怀疑态度。”[9]威尔士王子（后来的国王乔治五世）在日记中写道：“当我们听说温斯顿·丘吉尔落选时，我们都特别兴奋。”[10]国王最近曾对他的儿子说，丘吉尔“在任职时比做反对党时更像个无赖”。[11]

4月27日，丘吉尔在给克莱门汀的信中说：“经历了那场令人厌倦的选举，以及那些努力与兴奋之后，周六我一直处在低沉郁闷的情绪中。”不过，他在自由党的受欢迎程度真是太高了，有八九个必然胜选的席位提出让他做代表。他对克莱门汀说：“这次选举很可能是塞翁失马。如果我现在赢得了曼彻斯特的席位，就很可能会在大选中失利。现在失掉了这个席位，我就可以期待获得一个能稳坐许多年的席位。”他在信的结尾写道：“我多么希望你在那儿啊！再给我写信吧——我在人群中是孤独的。对我好一点儿。”[12]写出这样落款的人，不大可能是一个只想要发展一种坦率而纯洁的友谊的人。

丘吉尔接受了苏格兰邓迪选区自由党联盟的邀请，这是一个坚定的工人阶级选区。在邓迪，长期的威胁似乎更有可能来自工党，而不是保守党。现任议员埃德蒙·罗伯逊是一位健康状况不佳的次官，为了创造出一个空缺，罗伯逊被授予贵族爵位——洛奇勋爵。这进一步表明了丘吉尔在自由党内的重要性。5月初，在邓迪参加竞选的第二天，丘吉尔被问及苏格兰的自治问题。他回答：“我不会拒绝给予苏格兰任何自由，只要这自由你们也给予了爱尔兰。但有一点我不能确定，那就是苏格兰自身是否急于放弃她对英国政府所能施加的巨大影响。”[13]对爱尔兰没有“自由”的这种暗示，是丘吉尔从他父亲的政治遗产中最早继承的内容。在谈到自由党对爱尔兰自治的支持时，他说：“《泰晤士报》无语了，并且用了三个专栏来表达它的无语，成千上万以前从未在任何情况下投票给自由党的人说，以后在任何情况下他们都不会再投票给自由党了。”[14]

丘吉尔在邓迪的整个竞选过程中，爱尔兰妇女参政论者玛丽·马洛尼一直跟着他。每当他站起来讲话时，马洛尼都会摇起一个大铃铛，把他的声音压下去。他所做的一切就是向她脱帽致敬，然后开车走掉，希望赶在她去之前完成下一件事。[15]在人们终于可以听到他的声音时，他谈到英国上议院。他说："那里有老态龙钟的贵族、样貌乖巧的金融巨头、聪明乖觉的幕后操纵者、圆鼻头的大啤酒商。进步的所有敌人都在那里：那些软弱无能的人，那些时髦、自大、舒适、自私的个体。"[16]他对于上层社会成员的"时髦"和"舒适"的抨击有些虚伪，因为他自己每年也要花费 80 多英镑（约合今天的 8 000 英镑），从陆军和海军商店购置丝绸内衣。[17][在维奥莱特·阿斯奎斯针对这一点挖苦他时，他说："这对我的生活很重要。我的外壳（皮肤）非常娇嫩敏感，需要有巢穴的保护。"][18]他只光顾那些最好的商店，比如圣詹姆斯街和牛津街上最好的鞋匠（Lobb's）、拖鞋店（Hook、Knowles & Co.，他喜欢灰羚羊）、书店（Hatchard's）、烟草商（Robert Lewis）、帽商（Scott's、Chapman&Moore）、制服裁缝店（E. Tautz&Sons）、酒商（Berry Bros.、Randolph Payne&Sons）以及文具店（Smythson's）。[19] F. E. 史密斯说："丘吉尔先生很容易对最好的东西感到满意。"[20] 1908 年 5 月 9 日，丘吉尔以 7 079 票，超出联盟党参选人 2 709 票的绝对优势，当选邓迪选区议员。禁酒党参选人埃德温·斯克林杰仅仅获得 655 票，但是正如我们即将看到的，他并没有气馁。丘吉尔告诉他的母亲，他认为邓迪议员的席位对他来说是"终身制的"，但是反对者也大有人在。[21] 6 月，当他再次到访时，至少有 6 名妇女参政论者因为被丘吉尔称作"滑稽的哑剧表演"而被赶出金奈德大厅的会议现场，尽管他一如既往地坚持，必须以最低限度使用武力。[22]

丘吉尔和克莱门汀在 6 月和 7 月的社交场合见过几次面，都有年长女伴在场。他们计划 8 月中旬在索尔兹伯里庄园与他们的母亲一起再次聚聚。[23]其他的时间，他都在内阁参与陆军成本预算问题的讨论，尽管这并不属于他的工作职权范围；或是发表支持禁酒立法的演讲——尽管没有什么比全面禁酒这件事更不像丘吉尔这个人的做派了；他还被指派为古德鲁伊派阿尔比恩分会成员。

8 月 4 日，丘吉尔的弟弟杰克与阿宾顿第七代伯爵的女儿格温德林·伯蒂[①]女士举行了婚礼。婚礼结束后，丘吉尔和一些朋友继续住在拉特兰郡奥克汉姆附近的伯利庄园，这个“英格兰最高贵的住宅之一”是他的堂兄弗雷迪·格斯特租下的。8月6日凌晨1点，大家都已就寝，一个女仆突然发现新的供暖系统出了故障，并且引起了火灾。大火蔓延到房梁上，房屋的一侧整个被夷为平地。客人们穿着“单薄的衣服”从卧室里爬出来。丘吉尔抢救出他的内阁文件，F. E. 史密斯却损失了他全部的衣服。埃迪·马什回忆说：“温斯顿征用了一个消防员的头盔，把控着整个救火行动的方向。”但是他们没能保住珍贵的伊丽莎白女王手稿。[24]《泰晤士报》报道说：“丘吉尔正搬着两个大理石半身像向外走，想要把它们抢救出去，这时燃烧的屋顶在他身后坍塌了。”[25]幸运的是，在这次火灾中，失去生命的只有一只金丝雀。

达德利·沃德家族的一个成员残忍地告诉克莱门汀，丘吉尔在火灾中丧生了，之后就跟着她去了邮局，希望能在那里得到更多的消息。与此相反，马尔伯勒公爵发来的一封电报却说丘吉尔安然无恙。[26]她如释重负地发电报说：“亲爱的，我的心恐惧到停止了跳动。”她最后的签名是：“你的克莱门汀·H。”[27]他在回信时，眼睛仍然因为大火而感到刺痛，但是他写道：“着火很好玩儿，我们都玩得很尽兴。遗憾的是，这种娱乐活动的代价是如此昂贵。”[28]他建议在去索尔兹伯里庄园之前那个周末，他们到布莱尼姆宫去小住：“那里会有很多地方可以谈话，而那些地方本身也值得谈论。请写信告诉我……你是否曾经想过我，如果不是那些报纸勾起你对我的回忆！你知道我想要的答案。”[29]他最后的签名是：“永远属于你的人。”

1908年8月11日，星期二，温斯顿·丘吉尔在布莱尼姆宫的黛安娜神庙，这个浪漫到让人难以置信的地方，向克莱门汀·霍齐尔求了婚。那个早晨，打算早饭后带她到花园里去散步求婚的丘吉尔睡过了头。克莱门汀懊恼万分，很认真地考虑要不要返回伦敦，但桑尼·马尔伯勒带着她坐着轻便马车绕着庄园转了转，并让仆人去提醒丘吉尔，他的行为太失礼了。他们回来时，丘吉尔已经在那里等待了，他把她从马车上接下来，带着她去了黛安娜神

① 发音为“Barty”（巴蒂），她的绰号是“信天翁”。

庙。[30]他向她保证，他会保守订婚的秘密，直到她告诉她母亲，但是穿越草坪仅仅几分钟后，他就按捺不住，把这个消息透露给了桑尼和他的客人。[31]“我并不富有，也没有了不起的权势，”他在给布兰奇·霍齐尔夫人的信中写道，“但您的女儿爱我，这种爱让我感觉无比强大，足以让我承担起这一重大而神圣的责任。我想我能使她幸福，让她获得配得上她的美貌与美德的地位和事业。”[32]

尽管克莱门汀的堂兄是艾尔利伯爵，但霍齐尔家的人大都比较穷，克莱门汀不得不以每小时2先令①6便士的价格教授法语课，以贴补她那点儿零花钱。[33]（她能说一口流利的法语，在她6岁父母离异后，她母亲因为经济原因搬到了迪耶普。）玛丽·索姆斯后来回忆说，她父亲丘吉尔求婚时，克莱门汀“正穿着她最后一套浆洗过的衣裙，没有私人女仆，她得保证这件衣服能挺得过这次意外造访”布莱尼姆宫。[34]这对夫妇知道，他们结婚时不会有多少钱。婚后前6个月，他们只能住在位于波顿街12号丘吉尔的单身公寓里。后来他们搬进一套大了很多的公寓，在低端人口聚集的皮姆利科区，埃克莱斯顿广场33号。

“我爱你，非常爱。”（这一句为法语。）克莱门汀在订婚两天后写道：“写成法语我就不那么害羞了。”[35]丘吉尔回答：“我整个人都被爱和喜悦占有了，我无法用言语向你表达这种感觉。”[36]那个月的晚些时候，她写道：“我真的很想你。真不知道我是怎么活过这没有你的23年的。”[37]丘吉尔请休·塞西尔做他的伴郎，在接到索尔兹伯里勋爵的祝贺信后，他在贸易部写了回信：“这件好事把我和你的家庭联系在了一起，虽然这种联系并没有那么紧密。丘吉尔家族和塞西尔家族的两代人在政治领域都没有成功地结合在一起，但是现在，从私人方面来说，我们也许可以更多更好地接近彼此了。”[38]即使在那样的幸福时刻，丘吉尔也忍不住要提到他父亲在政治上被索尔兹伯里的父亲毁灭的事情。

1908年9月12日，星期六，婚礼在位于圣玛格丽特的威斯敏斯特教堂

① 1先令=12便士。——编者注

举行。丘吉尔竟然在小礼拜室注册签字时与劳合·乔治谈起他的事业。乔治告诉一位他们共同的朋友，说“他从未见过如此热爱政治的人”。[39] 教堂里挤满了人，外面也站着热情高涨的人群。丘吉尔在哈罗公学的前任校长，后来在加尔各答曾短暂地担任过主教的韦尔登博士发表了讲话，1 300 名宾客出席了之后在圣·赫利尔夫人家举行的招待会。《裁缝与剪裁者》杂志将丘吉尔的服装描述为“我们所见过的最失败的婚礼套装，让穿着它的人看起来像一个荣耀的马车夫”。[40] 国王送给丘吉尔一根刻有马尔伯勒家族族徽的金冠马六甲手杖，内阁则赠送了一个有同事签名的银盘。① 就在同一天，杜莎夫人蜡像馆开始永久展出丘吉尔的蜡像，近 10 年前丘吉尔向英国驻洛伦索马贵斯领事所做的预言终于成真了。

他们先后在布莱尼姆宫、巴韦诺的马焦雷湖和威尼斯度了蜜月，最后又回到布莱尼姆宫。但是政治却一直没有离开丘吉尔的脑海。甚至在巴韦诺期间，丘吉尔还写信给 LGB（地方政府委员会）的议会秘书马斯特曼，请求他：

> 私下告诉我，LGB 真正在做的是什么，没有做的是什么。我曾向内阁通报目前的工业状况，并警告他们冬天会给穷人带来困苦，但阿斯奎斯给我的回答，就只是说伯恩斯 ② 的想法并不一样……请务必告诉我，在官方厚颜无耻嬉皮笑脸的面具后面，实情到底是什么样的……但是你最好以“保密”的方式把信寄到贸易部。[41]

这就是丘吉尔这个人的特别之处：让一个在其他部门工作的朋友帮他去秘密地打探白厅里正在发生的事情的真相，甚至在度蜜月的时候也会为此担心。丘吉尔在威尼斯写给母亲的信中说：“我们所做的一切就是闲逛和热恋，这是一个很严肃的良好职业，历史为此提供了值得尊敬的先例。”[42]

尽管他们的婚姻属于真正的爱情组合，但蜜月过后，丘吉尔和克莱门

---

① 两件礼物现在都陈列在丘吉尔的作战室里。

② 地方政府委员会主席约翰·伯恩斯当时“对劳合·乔治和温斯顿咄咄逼人的主张非常敌视，称他们是一对‘上蹿下跳的兄弟’”。（索普和托伊编辑，《议会》，第 35 页。）

汀在余生几乎再也没有一起共度假期。他们彼此通了那么多信函、情书和电报，其中一个原因就是他们经常不在一起。这也许对他们的婚姻是有好处的，因为丘吉尔是个会令人疲惫的伙伴。他意识到这一点，所以当克莱门汀觉得她必须离开他一阵子时，他并不介意。他们很快就给彼此起了爱称。他给她写信说："你可怜的哈巴狗愁闷地低泣着。小甜猫，我明天 6 点 15 分以前回来。"他的爱称有"大黄狗""汪汪哈巴狗""小哈巴狗"，然后是"哈巴狗"，之后是"猪"；她的爱称是"猫"或"克莱猫"，有时也会是"鸟""小克莱门猫""求爱的克莱猫"，甚至是"克莱门猫咪鸟"。他会在写给她的信上画上猪、哈巴狗和猫，当她怀孕时，他画的猫也会跟着怀上孕。[43]

他们结婚后不久，有一次，丘吉尔说他晚餐想吃烤鸭，克莱门汀却想搪塞他，告诉他烤鸭太贵了，因为已经过季了。但是他在报纸上读到，动物园里的短吻鳄正在以鸭子为食，他就说，如果它们能吃鸭子，他不知道为什么他不能吃。[44] 克莱门汀在晚年曾向弗雷迪·伯肯黑德承认，他们的财务状况"不可能真的很糟，因为他们有 5 个仆人，但是在那个年代，（有很多仆人）是理所当然的事"。[45] 结婚一个月后，比阿特丽斯·韦伯与他们共进了一次午餐，她记录道："他的新娘——一位迷人的女士，有教养、漂亮，还很真诚——并不富裕，他们很不相配，是温斯顿配不上她。"[46]

克莱门汀在 1909 年 7 月 11 日生下了他们的第一个孩子黛安娜。丘吉尔给她起了绰号"奶油金色小猫""小狗小猫"，还有"P. K."（哈巴狗和克莱猫的首字母）。据说劳合·乔治曾经对马斯特曼一家人说，他曾问过丘吉尔戴安娜是不是个漂亮的孩子。"是我见过的最漂亮的孩子。"温斯顿灿烂地笑着说。"我想是像她母亲吧？""不，"温斯顿严肃地说，"她长得完全随我。"① [47]

"我们短暂的生命很快就会逝去。"他在 10 月对邓迪的听众说：

> 一代一代的后人将会毫不在意地践踏我们的坟墓。如果我们不为崇高的事业而奋斗，不去为那些我们死后即将生活在这里的

---

① 在露西·马斯特曼众多的日记中，几乎每次劳合·乔治提到丘吉尔，都是在贬低他。所以这个故事很可能是杜撰的。

人，努力把这个混乱的世界变成一个更美好的地方，那么生活还有什么意义呢？如果我们不这样做，又怎能配得上我们所获得的无限且永恒的真理与慰藉呢？……人类不会被打倒，我们会继续前进——沿着大路勇敢地前进——在远山后面，太阳的光芒已经出现。[48]

他在二战期间那慷慨激昂的演说风格，在30多年前就已经明显地展现出来。

在1908年这一年中，丘吉尔发表了不少于96次演讲，行程近5 400英里，主要是乘火车前往英国各地的会场。1899年，他发表了14次演讲（行程700多英里），1900年10次（行程1 500英里），1901年21次（行程1 600英里），1902年13次（行程800多英里）。这些早期的数字和里程对于一名议员来说是正常的，他必须至少偶尔访问一下他的选区。然而在1903年之后，他出行的里程数开始大幅上升，这不仅标志着他对自己的演讲越来越有雄心和信心，也标志着他从全国各地收到的演讲邀请越来越多，因为越来越多的人开始知道，他是一个有趣的，实际上可以说是令人振奋的公共演说家。发表演讲是与地方议员建立友好关系的一个好方法，可能有一天，他会需要这些议员在领导人竞选中支持他。因此，1903年他发表了29次演讲（行程2 200多英里），1904年38次（行程5 500英里），1905年44次（行程3 700多英里），1906年59次（行程3 800多英里），1907年42次（尽管这一年他曾出行东非）。这些演讲稿通常都超过了5 000字，每一篇都需要非常专注地写出来——他很少重复自己的话——并且需要不断练习。甚至在1908年的演讲高峰之后，他仍然保持着这种水准极高的活动。1909年他发表了69次演讲，1910年77次，1911年65次，演讲总行程达到近1万英里。到第二次世界大战爆发时，丘吉尔已经发表了大约1 700次演讲，演讲行程达到大约8.2万英里——超过地球周长的3倍。这是一场非凡的精力展示，远远超过普通政客，甚至超过那些身居要职的政客。他已经成为一个经验丰富、信心十足的演说家，能够在瞬间判断出听众的任何倾向。

他对联盟党的抨击，尤其是对党领袖的抨击，并没有随着他在邓迪补选中的胜利而结束。丘吉尔在谈到《许可证法案》时说：“贝尔福在这个问题上使用了非常强硬的措辞。”丘吉尔希望该法案能通过限制酒馆的数量遏制酗酒行为。“现在，软弱的人却常常使用强硬的措辞，而且案子越弱，措辞越硬。”[49]加入自由党后，丘吉尔成了一个杰出的——尽管也是最难让人想到的——禁酒倡导者，就像支持爱尔兰自治和其他自由措施一样，他在做托利党人时对这些措施几乎没有兴趣。酒类产业几十年来都与保守党关系紧密，这在很大程度上解释了丘吉尔所处的讽刺局面：他尽情地享受着烈酒（虽然几乎从不过度饮用），同时也在抨击它。现在，由于上议院威胁要否决该法案，他指责托利党成为“私产的疯狂捍卫者，私权的盲目拥护者”。[50]

丘吉尔对上议院持续不断的攻击，至少在自由派的眼中，尤为令人钦佩，因为他的很多家人都在上议院，除了他的堂兄马尔伯勒公爵和表兄罗克斯伯勒公爵（伦道夫勋爵的姐姐安妮的儿子），其他亲戚还包括他的姑父特威茅斯和温伯恩两位勋爵，他的远房堂兄伦敦德里侯爵，他的姑父豪伯爵，克莱门汀的堂兄艾尔利伯爵和杰克的岳父阿宾顿伯爵。不出所料，其中有几位并不欣赏他的反贵族立场，这甚至让他与自己的堂兄桑尼·马尔伯勒产生了嫌隙，他们既是好友也是布尔战争中的战友。11月，上议院否决了《许可证法案》，马斯特曼就此做了这样的记录：丘吉尔“用刀扎着面包，几乎说不出话来”，然后宣布说：“我们将在6月提交给他们一份预算，他们会害怕的。他们已经发动了阶级之间的斗争，他们最好小心点儿。”[51]他威胁着要攻击的，正是他自己的阶级，但他对此似乎无动于衷。

1909年1月30日，在诺丁汉的一次会议上，丘吉尔发表了一段后来很多年都拴着他脖子的评论。他将托利党描述为“一个富人反对穷人的政党，一个各阶级和他们的依赖者反对大众的政党，一个幸运的人、富有的人、幸福的人、强大的人，反对被拒之门外的、数以百万计的弱者和穷人的政党”。[52]甚至到了1944年，还有左翼记者引用这些话来反对他。[53]

1904年，英国与法国签订了《友好协议》（实际上是结盟），对德意志帝国日益增长的侵略倾向表示关切，尤其是在海军建设规划方面，其明显动机就是要威胁英国皇家海军。尽管如此，丘吉尔仍然坚持他那个不受欢迎的观点，即国防开支应该尽可能保持在低水平。2月9日，丘吉尔、劳合·乔治、爱德华·格雷爵士，以及和平主义者、印度国务卿约翰·莫利等向阿斯奎斯提出，如果海军大臣雷金纳德·麦肯纳的6艘新无畏战舰真的造出来，他们就集体辞职。第一海务大臣约翰·“杰基”·费舍尔坚持认为，有必要跟上德国海军建设新计划的步伐，这些铁甲战列舰的重型火炮与蒸汽涡轮推进装置相结合，令其他战舰都成了过时之物。丘吉尔从他父亲的经历中学到，想要就国防预算问题提出辞职，就需要集体行动，而不是单独行动。他曾对曼彻斯特的听众说："有些政客认为，通过鼓吹一项夸大其词、耸人听闻的军备开支政策来赢得廉价喝彩是值得的。更有一些人会崇拜这样的政客，而我并不是其中一员。我一直反对这样的政策，就像我父亲在我之前所做的那样。"[54]然而，其他内阁成员都反对这4位大臣的做法，白厅的人们纷纷开玩笑说，麦肯纳想要建造6艘无畏战舰，劳合·乔治和丘吉尔却只想让他建4艘，所以政府折中了一下，决定建8艘。

丘吉尔一直在寻找军事领域的技术突破，一方面是为了省钱，另一方面也是因为他那天生就不安分的性格。早在1909年2月，在航空史的最早期，他就开始思考空中力量在军事领域的应用，当时他告诉帝国防务委员会的航空导航委员会说："飞机的使用问题是重中之重，我们应该与怀特先生本人沟通，要积极有效地运用他的知识。"[55]丘吉尔后来一直都是空中力量的有力倡导者，一旦获得了相应的职位，他就建立了英国海军航空兵，并主张为皇家飞行部队，也就是后来的皇家空军提供适当的资金。[56]

3月24日，丘吉尔提出《贸易委员会法案》。这是他提出的第一项重要法案，目的就是在以服装行业为主的"血汗"行业内，建立最低工资标准和最低工作条件标准。该法案特别具有托利式民主特色，政府需负责处罚虐待工人的雇主，同时工人的最低工资标准也首次进入立法程序。通过大量努力，丘吉尔掌握了所有那些令人头脑发胀的细节，学会了如何促使一项法案最终成为法律。在之后那些年坚持不懈、埋头苦干的立法工作中，委员会及专责委员会，条例草案的一读、二读、三读、修正案、辩论过程、议会断头台（关闭动议），以及议会制定法律的所有其他程序，几乎都成了他的第二天性和本能。

1908年—1911年，丘吉尔与当时已经成为财政大臣的劳合·乔治密切合作，确立了他们作为那个时代最重要的社会改革者之声誉。自1907年至1908年的经济衰退以来，失业率的上升促使丘吉尔引入了职业介绍所，给失业工人提供与潜在雇主接触的机会。他聘请威廉·贝弗里奇负责建设职业介绍所，到1910年3月，总共建成214个。他还为商店的店员争取到了一周放假半天的机会。1908年的《老年人养老金法案》首次颁布了给60万老年人每周发放5先令（约合今天的23英镑）养老金的条款，这项开支每年共计400万英镑。丘吉尔在谈到这笔数额非常有限的养老金时说："这笔钱并不多，但总比没有要好得多。"[57] 1911年，劳合·乔治和丘吉尔一起推出了第一个全国性强制失业保险计划，到1913年10月，通过236个地方保险委员会和2.35万个协会及分支机构，该计划开始为1 470万人提供保险。他们还一起创立了伦敦港务局，一起通过了1908年的《煤矿（八小时）法案》和1911年的《煤矿法案》，前者减少了矿工被迫工作的时间，后者改善了煤矿安全（顺便也为矿井下工作的小马减少了生活的严酷）。他们还计划给身为父母的人提供所得税补贴，这项计划很快就被戏称为"顽童"。

丘吉尔发现了一个军事上的隐喻，可以用来比喻帮助穷人的过程，那就是"返回去把殿后的队伍带过来"。他认为所有这些都是渐进的托利式民主措施，它们将使英国在未来的危机中更加强大，尤其是在战争的情况下。丘吉尔的家长式作风，用马斯特曼具有批判性但本质上也是非常准确的话来说，就是想要达到"这样一种状态，善良的上层阶级可以将利益分配给勤劳、本分和感恩的工人阶级"。[58]

这些改革措施，以及其他一些正在进行的改革，都需要大笔资金。要增加8艘无畏战舰的开支，财政部就需要一个新的重大收入来源以提供资金。1909年4月，劳合·乔治发动了丘吉尔5个月前就预言到的赤裸裸的阶级战争，他的《财政法案》很快就被自由党戏称为"人民预算"。为了筹集到1 600万英镑的额外税收，所得税将从每英镑1先令，调高至1先令2便士（即从5%调至5.83%），此外还要对高收入者征收附加税，同时还要征收烟草税、酒税、汽车税和汽油税，对未开发的土地按价值征收每英镑半便士土地税，对价值超过100万英镑的财产征收25%的遗产税，对土地征收20%的资本利得税。这些举措代表着财富的再分配达到近代英国历史上前所未有的规模，而且肯定会在上议院激起联盟党的强烈反对。① 如果联盟党的反对不能得到缓解，或是继续下去，上议院拒绝通过预算案，就会出现严重的宪法危机。

“明天会是个震怒之日！”4 月 28 日，在对《财政法案》进行一次关键性投票前，丘吉尔对克莱门汀说，“这个预算案的通过与否，将会是一个生死存亡的问题：要么我们为明年的重大改革争取到足够的资金，要么上议院将在 9 月被强制解散。”[59] 6 月，丘吉尔在伦敦自由党人俱乐部中说，他相信“所有税收都是不好的”，但他认为新增的这些税收是必要的。[60] 国王对这次危机的反应，则是开了一个相当幼稚的玩笑，他说丘吉尔的“姓名缩写——W.C.——起得很好！”[61]

5 月，丘吉尔在曼彻斯特向高声喝彩的观众保证说：“本预算案一定会获得通过的，它将证明下议院的权力。”[62] 他说，该议案就相当于一份保险，可以确保我们免于陷入国内外的各种危机。他补充道：

> 如果有办法的话，我会在每座小屋的门上，在每位公务员的吸墨纸上，写上“保险”一词，因为我确信，通过那些几乎难以察觉的微小牺牲，那些哪怕是最穷的人，只要拥有固定职业就可以负担得起的牺牲，家庭就可以抵御灾难。如果没有保险，这些灾难就会将他们的家庭撕得粉碎……当家里负责养家糊口的人死去、生病或身体残疾时，那只载着家庭财富的易碎的小船就会沉没，妇女和儿童就得在无依无靠的黑暗水域中漂泊挣扎。[63]

过了一星期，在参加本土防卫自卫队的战地演习后，丘吉尔告诉了克莱门汀一件她可能已经猜到的事情：他本来是想要成为一名将军的。参加演

---

① 为了捍卫“人民预算”，丘吉尔制作了一张 3 分钟的黑胶唱片，发行非常广泛。这是他最早的声音记录，虽然有一些节奏起伏是可以从二战时期著名的演讲中辨识出来的，但是在这张唱片中，他的音调更高，更抑扬顿挫，而且有一种更明显的嘶嘶声。他当时的发音与他在后来的职业生涯中的发音有所不同，比如“pro-tective”和“systeem”这两个词的发音。在接下来的 30 年里，他的发音和音色会逐渐成熟，他后来那种沙哑咆哮的声音特色在 30 多岁时还并不明显。

习的还有女王的牛津郡轻骑兵团和另外7个团。“我对自己的判断力非常自信，”他对她说，“这一点我看得很清楚，但是在任何其他事情上，我似乎都无法感受到在战术阵型中所能感受到的那种真实。这话说起来既虚荣又愚妄，但是我知道你是不会耻笑我的。我相信这件事的根源就在我的身体里，但是我从来没有担心害怕过，如果我身体里的那个东西有机会开花——开出鲜红的花朵，那么事情会变成什么样子。”[64]

多年后，克莱门汀告诉弗雷迪·伯肯黑德，在这段时间里，温斯顿“完全听命于劳合·乔治”。他完全被他迷住了。[65]相比之下，财政大臣本人却嫉妒丘吉尔的那些频繁的、听众出席率很高的演讲，觉得丘吉尔窃取了自己的预算案所能带来的知名度。劳合·乔治在带着查尔斯和露西·马斯特曼驱车前往布莱顿时，“对温斯顿·丘吉尔是预算案的作者这个说法表现出一种轻蔑的态度。‘温斯顿’，他说，‘几乎反对预算案中的每一项条款，除了“顽童”那一项，那是因为他自己很快就要当爸爸了’”。[66]事实并非如此。实际上，劳合·乔治刚刚给他的弟弟写过信，信中提到丘吉尔对预算案的支持。但是这足以表明，劳合·乔治对竞争对手的领先优势感到担忧，尽管这个对手在立法上的成就仍比他小很多。[67]

9月4日，丘吉尔在莱斯特皇宫剧院对上议院进行了进一步的极具煽动性的谴责。这场演讲长达7 000词。“富人们，”他说道，“根本不能自食其力，他们的生活依赖于数十名，有时甚至是数百名受雇于他们，服务于他们需求的人，依赖这些人持续的关注和伺候。”[68]（他显然忘记了，在东非时，曾有400名搬运工帮他搬运行李。）那时，预算案在下议院委员会已经讨论了600个小时，政府做出一些让步，但是愤怒的情绪已经开始爆发。他在莱斯特的演讲中继续说道：

> 问题是，在1909年这个恩典之年，英国人是否会……听任少数可悲却有权有势的人摆布和支配，这些人不代表任何人，不对任何人负责，他们只是匆匆赶到伦敦，为了自己的党派利益、阶级利益和自己的利益投下选票。[69]

他现在所希望的，是能够剥夺上议院与下议院的平等权利，这样上议院就不能再否决由民主选举产生的下议院所提交的法案。丘吉尔对上议院的批评当时并没有延展到要建立一个只有一个议院的立法机构，或是通过选举产生的第二议院。但是如果18世纪的辉格党人，如查尔斯·詹姆斯·福克斯和墨尔本勋爵还活着，他们一眼就能辨认出他的立场。

丘吉尔的演讲让许多托利党人感到震惊，也引起了国王和首相的抗议。诺利斯勋爵还给《泰晤士报》写了一封抗议信。[70]“他和国王一定是疯了。”丘吉尔对克莱门汀说，“在我看来，这是一次很明显的王室干预，恰恰体现了他们那些圈子所感受到的苦痛。我是不会在意他们的痛苦的。”[71]不过，就是阿斯奎斯也认为丘吉尔做得过分了，而阿斯奎斯是丘吉尔必须在意的人。

9月下旬，丘吉尔和马什参观了普法战争的战场，特别是起了决定性作用的色当，并再次作为德国君主的客人观看了德国军队的演习，这次是在维尔茨堡附近。马什发现丘吉尔对那场战争解释得“如此清晰，以至有那么一瞬间，我通过历史之眼清楚地看到了那场战争，至少从地形上看清了那场战争”。[72]保守党议员克劳福德勋爵记录下一条关于“丘吉尔的鲁莽无理”的传言，据说他要求请一位法国军官带着他参观色当。[73]这完全不可能是真的。丘吉尔在维尔茨堡的克朗–普林茨酒店写信给克莱门汀说：“战争以其恢宏的气势吸引着我，令我着迷，我的这种感受一年比一年深刻……这是多么卑劣、邪恶、愚蠢和野蛮啊。”①[74]早在那次访问期间，丘吉尔就开始对德国海军实力的增长感到担忧。“罔顾事实地闭上眼睛是没有用的。”9月初，他对德国大使康特·保罗·冯·梅特涅说：“无论政府和个人多么努力地想要在两国之间建立起真正的信任和信心，如果德国海军的政策依然是继续不断扩张，这种努力就不会取得多少进展。”[75]

在接下来的一个月里，尽管作为贸易大臣的丘吉尔在情报事务上并没有正式的参政权，但是鉴于德国的威胁迫在眉睫，他还是深度参与了特勤局

---

① 丘吉尔对维尔茨堡宫楼梯上方天花板上的提埃坡罗的画作一点儿都不感兴趣，他认为它们属于“鲜奶油与松糕式的绘画风格”。（CV II，第2部分，第911页。）

的建立，特勤局后来成为军情五处和军情六处。这项任务是在没有通知议会的情况下完成的。1911 年 8 月，作为内政大臣，他还帮忙促成《官方保密法案》在几乎没有经过辩论的情况下在立法机关迅速通过。这一法案在法令全书中保留了 78 年之久。这些活动是建立在丘吉尔毕生对间谍、信号情报和人工情报的迷恋上的。到 20 世纪 20 年代时，丘吉尔研究的与间谍有关的文件，比任何当时在世的政治家都更多，他的研究更用心，研究的时间也更长。

10 月，国王召集贝尔福和上议院联盟党领袖兰斯顿勋爵前往白金汉宫，敦促他们通过预算案，这样才可以保住他们的立法否决权，但是这两位却对国王说，他们无法控制那些“铁杆儿追随者”。“我视他为敌人”，丘吉尔在谈到贝尔福时说，但他也是“当今最勇敢的人。我相信，如果你拿枪对着他的脸，他是不会害怕的”。[76] 自由党人似乎真的是在拿枪对准上议院领袖，但贝尔福不打算让步。10 月，丘吉尔发动了一轮更猛烈的攻击，他对邓迪的听众说，“实际上，拥有大不列颠全部土地的，应该只有 1 万人，其余的人虽然生于斯长于斯，却应该说是这片土地的擅自闯入者”，这真是“一件非同寻常的事情”。[77]

演讲前一天，住在邓迪女王旅馆的丘吉尔在用餐时，一条腌鱼吃到一半，“一只大蛆爬了出来，对着我龇牙咧嘴”，他对克莱门汀说，“这就是伟大善良的人们在为国家服务时所经受的考验！”[78] 另一个考验是他们的经济状况。他在 10 月给克莱门汀寄了 60 英镑的家政服务费，并告诉她：“目前，哈巴狗处于 décassé（缺钱）状态。”[79]（和她一样，在使用法语时他也明显没那么害羞了。）他们将不得不留在英国度假，不过，他的另一本演讲集《自由主义与社会问题》，即将于 11 月出版，他会获得 50 英镑的稿酬。这说明这对儿新婚夫妇的经济状况有时是多么糟糕。她回信说，他们就待在埃克莱斯顿广场自己的家里也不错，让假期完全错过，因为“对我来说极致的快乐，是真正能在你的生活中帮助你，是在你失望和受骗后安慰你”。[80] 克莱门汀开始担心丘吉尔是否会有不忠的行为，尽管没有证据。在接下来的一封信中，他在附言中写道：“除了我妈妈，我没有和任何一只猫说过话！！！！！”他在一个星期后的一封信中写道：“最亲爱的，我非常担心，你竟如此肆无忌惮地猜疑，这是对我对你的爱和忠诚的侮辱，愿上帝时时刻刻保佑你——对于你我来说，这些猜疑是完全不值得的。我们并不是生活在一个由小诡计组成的圈子里，而是生活在一个由严肃而重要的事情组成的世界里。（这些言辞也许不太恰当。）你应该相信我，因为除了你，我不爱也不会爱上这世界上的任何其他女人……你的甜蜜和美丽给我的生活带来了荣耀。”[81]他说的是真话。信上的哈巴狗图片下面写着“情意绵绵但问心无愧”。克莱门汀在半个世纪后重读这封信时，甚至想不起信上说的事情是关于什么的。

1909 年 11 月 4 日，下议院以 397 票支持、156 票反对通过了“人民预算”。即使做出了一些让步，预算案还是保留了提高土地税，以及对收入超过 3 000 英镑（约合今天的 30 万英镑）者征收附加税等条目。在辩论中，丘吉尔代表阿斯奎斯做出明确表示，上议院如果否决该法案，后果只能是重新进行大选。[82]10 天后，一位名叫特丽莎·加内特的妇女参政论者在布里斯托尔米德思神殿火车站用马鞭袭击了丘吉尔，尽管他身边围着的都是警探。[83]《泰晤士报》写道：“他看到鞭子就要落下来，就和那个女人争夺起来。有那么一会儿，搏斗在进行中……”人们听到那个女人发疯似的喊着：“拿去吧，你这个畜生，畜生！”丘吉尔先生从袭击他的人手中夺过了鞭子。[84]他继续前往科尔斯顿大厅开会，尽管有一些妇女参政论者在会上闹场，不过她们要破坏的是所有自由党政客参加的会议，而不仅仅是针对丘吉尔。加内特因扰乱治安被判处一个月监禁。

《自由主义与社会问题》于 11 月 26 日出版。同一天，保守党顽固派领袖米尔纳勋爵在谈到预算案时说：“我们有责任阻止它，并谴责其后果。”[85]4 天后，克莱门汀在埃克莱斯顿广场的家里为丘吉尔举办了 35 岁生日聚会。客人中的一位艾舍尔勋爵对他儿子这样讲道：

> 他家一楼有一间漂亮的双人房，里面全是书……生日蛋糕上插了 35 支蜡烛。还有一些彩色拉炮①。整个晚上他都坐在那儿，头

---

① 彩色拉炮是英国人在圣诞节等聚会和聚餐时玩的一种一拉就响的爆竹，包装里通常还装有纸帽、小礼品及笑话纸条。——译者注

上戴着一顶买彩色拉炮赠送的纸帽子。如果成千上万参加他演讲会的人能看见他现在的样子，一定都会觉得很奇怪……他和她坐在同一张沙发上，他握着她的手。我从未见过两个如此相爱的人。如果他下了台，就一分钱都不会有，他就得自行谋生。但是他说，如果你能和你爱的人生活在一起，就是值得的。尽管他讨厌住在一个只有两个房间的出租屋里，但是，只要能和她还有孩子在一起，他就乐意！[86]

晚宴提前结束，这样大家就可以去上议院观看投票情况了。预算案以350票对75票被否决。两天后，议会解散，必须重新进行大选。投票将于1910年1月14日开始，自由党将会以“选择同伴，还是选择人民”的口号继续斗争。

在竞选期间，丘吉尔迅速出版了《人民的权利》一书，这是他关于上议院改革、预算案、自由贸易和税收的演讲精选集。他积极投入竞选活动，对他最喜欢的那个敌人进行了进一步的冷嘲热讽。“贝尔福先生当然是一个领导人，他会做他的追随者们让他做的任何事情，”在一次演讲中他对观众这样说道，“只有当他知道他的追随者错了时，他才会做得三心二意。”[87]印度前总督寇松勋爵在为奥尔德姆的贵族辩护时，诘问丘吉尔是不是在某些地方欠了他父亲点儿什么。几天后丘吉尔在伯恩利回答：“那还用说？我当然欠他的，我的一切都是他给予的。”

但是，世袭议会立法者们的这种辩护又有什么意义呢？我不认为如果我的父亲是伍德斯托克音乐节的成员，我就永远得是伍德斯托克音乐节的成员，不管伍德斯托克的人怎么看待我。的确，我们可以举出一些例子，说明有些人继承了自己杰出的父亲的衣钵，他们自己也取得了同样甚至更大的成就。但是，又有多少例子却是相反的情况呢？你几乎可以用手指就能数出子承父业的例子。事实上，寇松勋爵引用的例子还没有他的手指多，但是，想一想那些相反的事例吧，它们虽然常常被体面和仁慈的面纱遮盖，却是数量巨大。[88]

他很清楚，一个人，如果他的父亲很杰出，他自己在生活中也获得成功的例子就很少。

寇松引用了19世纪法国哲学家欧内斯特·勒南的名言：“所有文明都是贵族的杰作。”丘吉尔在谈到他的工人阶级占多数的前选区时说：“他们喜欢奥尔德姆的那种状态，在那里，没有一个公爵、侯爵、伯爵、子爵不会觉得自己时刻被恭维着……准确地说，是所有文明的辛勤劳动，才使得贵族制度得以维系。”[89]寇松抱怨丘吉尔，说他的“举止简直就像一个挖泥工人”，牛顿勋爵则说“温斯顿·丘吉尔那些下层社会的黑话简直令人作呕”，博福特公爵说，他希望能看到丘吉尔和劳合·乔治两个人“站在20对儿猎犬中间”。没过多久，丘吉尔就兴高采烈地把这一切说法汇报给了沃林顿的听众。[90]对这场冲突的报道是如此广泛，以至第二天《华盛顿邮报》报道说，丘吉尔在赛马俱乐部被砍伤，俱乐部的仆人们为他提供了“明显是很不乐意”的服务。[91]

丘吉尔在选举中收到许多名为“老鼠的奖励”的明信片，上面有一张图片，一只小红鼠正在吃一罐蜂蜜，旁边写着“贸易大臣的薪水：每年2 000英镑”[92]。各种关于丘吉尔家的恶毒谣言也在四处传播。①弗雷迪·伯肯黑德后来记录了克莱门汀告诉他的这一时期的情况：“他们身边的气氛恶劣极了。像伦敦德里夫人那样的人恨不得把他们砍死；佩吉·克鲁（侯爵夫人）虽然是自由党人，却也是举止乖张，她告诉克莱门汀，温斯顿与劳合·乔治的交往让她感到尴尬，应该阻止他们的交往；玛戈·阿斯奎斯……则是充满敌意和不友好。”[93]不过，克莱门汀却可以“把仇恨视为一种恭维”。当她被卷进一场出租车事故中，人行道上以及他们位于埃克莱斯顿广场的家中大厅里出现了一些血迹时，“立刻就有人传谣说温斯顿有打老婆的习惯”。[94]丘吉尔不

---

① 12月30日，休里干小集团成员珀西伯爵被发现神秘地死在巴黎北站附近的一家廉价旅馆的卧室里。他用珀西先生的名字预订了房间。有传言说，他是克莱门汀的情人，是被杰克·丘吉尔杀死后，送往巴黎的，因为他的哥哥太懦弱了，不可能自己动手杀了他（伯肯黑德65/A3号文件）。尸检报告说他死于胸膜炎，但也有传言说他是在决斗中被杀的。

再阅读关于他自己的新闻剪报。他到哈罗公学访问时遭到了嘘声攻击。[95]

大选投票从1910年1月14日开始，一直持续到2月10日。1月22日，获得10 747票的丘吉尔以微弱优势再次当选邓迪选区议员，工党获得10 365票、保守党4 552票、联盟党4 339票，顽固的禁酒主义者埃德温·斯克林杰1 512票。从全国的选举结果看，票数也非常相近，275名自由党人当选，273名联盟党人当选，82名爱尔兰民族主义者当选，40名工党人当选。自由党获得288万张选票，工党获得50.5万张选票，联盟党获得313万张选票。自由党失去了104个席位和1906年所获得的多数党地位，本来7年的任期变成4年。但自由党仍然是最大的党，阿斯奎斯继续留任，在爱尔兰民族主义者和工党的支持下，自由党有足够的票数可以通过“人民预算”。

在最后的结果公布两天后，阿斯奎斯提出让丘吉尔担任爱尔兰首席秘书一职。“至于我自己，我想去海军部，”丘吉尔大胆地回答，“或者到内政部去。如果你允许我这样说，我认为大臣们应该在政府中担任与他们对整个国家的影响比较相称的职务。”[96]阿斯奎斯答应了他的请求。这样，35岁的丘吉尔就成为继1822年罗伯特·皮尔爵士以来最年轻的内政大臣。他也是（到当时为止）唯一一个进过监狱的内政大臣，更不用说他还从监狱里逃出来过。

第7章

内政大臣
（1910年2月—1911年9月）

如果你想强调一个重要的观点，就不要拐弯抹角或耍小聪明。要直接打桩定位，一语中的。然后再打一次，之后打第三次。

——1919年丘吉尔就公共演讲给威尔士亲王提出的建议[1]

我的良心是个好姑娘，我总能与她和解。

——1942年8月丘吉尔致戴高乐将军[2]

1910年2月21日，星期一，丘吉尔就任内政大臣一周后，签署了第一个死刑令。由于每个被判死刑的人在上绞刑架前都有最后上诉请求宽大处理的权利，丘吉尔必须审核每一个案件。那天晚上，在晚餐时，他在与伊恩·汉密尔顿的妻子琼交谈时说，很明显，做这样的决定“给他带来了压力”。涉案男子把一个小孩带到一条小巷里，然后残忍地割断了她的喉咙。“想想看，”他相当野蛮地说，“什么样的社会才会迫使一个人做那样的事情。”她认为他正处在一种“情绪敏感、容易激动的状态下——活生生的”。[3] 丘吉尔认为就这些案件做出决定是“最痛苦的”。就像他儿子多年后说的那样：“一旦意识到自己的直接责任，每一件案子他就会深思熟虑。”[4] 在提交给他审核的43起死刑案中，丘吉尔改判了21起缓刑，高于他的前任在过去10年中判决的40%的缓刑率。[5] 他对威尔弗里德·布伦特说，在死刑案中，平均每两周他就要行使一次生杀大权，这对他来说简直就是一场噩梦。几乎所有的谋杀案都是爱情与酒精的结合。[6]尽管如此，他还是支持死刑的，他对爱德华·格雷爵士说："对大多数人——包括所有最优秀的人来说，无期徒刑比死刑更糟糕。"[7]这反映了他的个人信念，也是军人们普遍具有的一种坚忍的态度。他还认为，在某些情况下，比如"得了不治之症，或是遭受了羞辱"，自杀是可以接受的。[8]他对琼·汉密尔顿说："我们终究是把死亡看得太重了。"[9]

1909年8月17日，虽然丘吉尔对印度国王的爱并未改变，但是他承认了印度革命领袖马丹·拉尔·德辛格拉的勇敢。德辛格拉因暗杀前总督副官，中校寇松·威利爵士而在彭顿维尔监狱被处决，他所推动的这场恐怖活动的目的就是敦促英国退出印度。"印度现在唯一需要学习的一课，就是学会如何去死。"德辛格拉在上绞刑架前说："而唯一能教会大家的方法，就是我们自己去死。所以我要去死，以我的殉道为荣。"[10]丘吉尔对威尔弗里德·布伦特说，德辛格拉将会在未来2 000年中被人们铭记，就像我们记着雷古拉斯、卡拉克塔克斯和普卢塔克笔下的英雄们一样。他还引用德辛格拉的遗言，称其为"爱国主义的最好表达"。[11]他认为"如果减刑，那将是对他的一种额外的折磨"。丘吉尔对敌人的勇敢表现出公开的尊重，无论是对帕坦人，对托钵僧，对布尔人，对印度革命者，还是对后来的爱尔兰共和党人迈克尔·柯林斯，以及对德国将军欧文·隆美尔，这是他的天性中极富魅力的一个特点。

多年后，丘吉尔对一名助手说，他在做内政大臣时，"经常神经紧张，忧心忡忡"。[12]他发现最好的补救方法，就是"把带来麻烦的所有事项都写在纸上，这样就能清楚地看出来，哪些事情其实仅能算作寻常琐事，还有哪些事情是压根儿就无法补救的。这样一来，需要我们集中精力去处理的，也就只剩下一两件事了"。在过去的几个世纪里，内政部已经变成一个杂货箱，适合其他部门处理的任何事情都可以放进这里。所以除了轻判和减刑，丘吉尔现在还不得不担心的其他事情包括治安、监狱、缓刑、关于工作条件的规定、酒馆执照和工人的伤害赔偿。

3月31日，劳合·乔治向议会提交了一项议案，要求结束上议院对任何与钱相关的议案之立法否决权。与此同时，阿斯奎斯半公开地威胁称，如果该议案未获通过，他将在一夜之间组织出500名新议员来压倒联盟党反对派。面对这一局面，加之联盟党人已经连续输掉了两场选举，4月，上议院未经表决就通过了“人民预算”。然而，这还不足以安抚自由党政府，他们希望从根本上修改宪法，并将英国贵族作为一种政治力量加以阉割。上议院的顽固派不打算不再战斗就放弃他们的否决权，而阿斯奎斯、劳合·乔治和丘吉尔都非常愿意给他们一次战斗的机会。尽管预算案获得了通过，议会的议案仍然没有被撤回。

作为内政大臣，丘吉尔必须履行各种礼仪职责。1910 年 5 月 6 日英王爱德华七世的突然去世本可以给他提供与英王乔治五世进一步建立良好关系的机会，但这样的事情并没有发生。根据克劳福德勋爵的说法，新国王本人感觉自己受了屈辱，因为在预算案和《议会法案》危机期间，像丘吉尔这样的自由党高级官员几乎是欺辱了他的父亲，尽管没有证据表明，即使有证据也无法拿到，国王的健康也因此受到了影响。“他确实深深地感到受了屈辱，”克劳福德记录道，“这种感觉如此强烈，以至新国王几乎无法掩饰他在这件事上的感情。塞西尔·曼纳斯①告诉我，当丘吉尔作为内政大臣被传唤到宫里时，老国王的死亡似乎正在到来，他被留在楼下，甚至没有被允许进入皇家公寓的前厅。”[13] 克劳福德忍不住补充道：“我们都知道，丘吉尔这个人没有良知，无所顾忌，没有一丝一毫在公共场合的矜持和顺从，所有人，甚至是他最亲密的朋友们都承认这一点。”实际上他最亲密的朋友们并没有这样承认过。

公共葬礼期间，政治上短暂休战，丘吉尔向 F.E. 史密斯提出建议，允许自由党与保守党结盟，就可以在上议院改革、爱尔兰联邦自治、国家资助的强制国民保险、土地改革和强制兵役等事情上达成共识。[14] 劳合·乔治在一开始是支持这一想法的，史密斯则力促贝尔福和安德鲁·博纳·劳跟进，尤其重要的是，国王的私人秘书诺利斯勋爵也支持这个想法。但是一切努力都是徒劳的。曾经帮助劳合·乔治设计预算案的查尔斯·马斯特曼反对结盟，他认为丘吉尔对中间派政府那种“充满激情的”、持之以恒的渴望，透露出他与生俱来且从未改变的保守党本性。[15] 6 月，丘吉尔与劳合·乔治在皇家

---

① 塞西尔·曼纳斯勋爵是前保守党议员，在法院有一定的关系。

咖啡厅共进晚餐后告诉克莱门汀："我们俩续签了7年的结盟条约。"[16]

丘吉尔新工作中的一项重要内容就是维持公共秩序，由于经济普遍疲软，工会的力量不断增强，很多持久的罢工不时发生。5月份，纽波特码头发生了骚乱。丘吉尔同意地方当局的请求，派出250名步兵和50名骑警维持秩序。[17]内政部常务副秘书长爱德华·特鲁普爵士指出，丘吉尔"最担心"的是军队会被调来维持秩序。[18]他回忆道："丘吉尔先生每周，或许更经常，会带着一些冒险的或是不可能的项目走进办公室。但经过半个小时的讨论后，事情就会发生变化，项目虽然依然是冒险的，但并非不可能了。"[19]

7月，下议院通过了一项关于妇女选举权的温和的《议会法案》。春天时，丘吉尔曾一度支持由他的朋友利顿勋爵任主席，诺埃尔·布雷斯福德任秘书，成立一个多党调解委员会，以便将妇女选举权问题从党派政治中剔除。当时，对房屋所有权标准的投票权只限制在600万~700万名男人之间，如果把对这一标准的投票权扩大到妇女，有投票资格的人就会增加大约100万，在许多人看来，这样一种妥协似乎应该是最基本的了。[20]在下议院就该法案进行辩论之前，丘吉尔写了一份备忘录，详细记录了他就女性选举权问题进行的所有谈话和会面，他的结论是，他不打算投反对票。然而，在辩论前两天，他改变了主意。他说，他认为这"对自由党事业造成了严重伤害"，并且决定，既然阿斯奎斯和劳合·乔治反对这一做法，他如果投弃权票就会显得很懦弱。[21]布雷斯福德就此开始用"阴险"一词来形容丘吉尔，利顿则指责他虚伪。但丘吉尔回答，他之前可能支持的任何私人观点都必须服从自己作为内政部公仆的观点。这是一个令人有些难以信服的借口，因为他以前也从未将自己隐藏在官方专家的建议后面。[22]

毫无疑问，这是党内的政治因素在起作用。如果有房产的女性投票给托利党会怎样？①丘吉尔在辩论中说："我不认为大多数女性会想要投票权。我认为目前地方政府和市政府已经提供给她们的巨大机会，她们也很少利用。虽然也有很多了不起的例外，但是这些例外不能改变基本事实。"[23]双方对

① 正像她们在1955年、1959年和1970年的选举中所做的，在纯男性选举的情况下，工党本可以赢得这些选举。

他的立场都不以为然，尽管该法案在一次自由投票中以超过100票的多数票获得通过，但并没有更进一步，因为自由党对它投了反对票。

露西·马斯特曼曾这样记录道：“温斯顿是个相当温和的妇女参政论者（他的妻子非常热心），他在早晨刚到内政部时，本打算投票支持这项法案。”但是这时，她的丈夫查尔斯，一个妇女参政的反对者，却对丘吉尔说出一番夸大其词的话。他谈到如果法案获得通过，一些离婚女人或是“堕落女人”（妓女）因为拥有房产就可以获得投票权，而身处家庭之中的那些毫无过错的妈妈却不能获得投票权。“温斯顿此时看到就这些想法发表一次演讲的机会，他在房间里踱来踱去，把这些话语编成长句。快到中午的时候，他相信自己一直对这个法案怀有敌意，而且他之前就已经想到过所有这些观点。结果就是，他的演讲暴力而严厉，以至麦克莱恩夫人（自由党议员唐纳德爵士的妻子）在旁听席里哭了起来，利顿勋爵则当众打断了他。”[24] 丘吉尔对下议院说，尽管他肯定知道这样的情况毕竟只是少数，“但是这一法案一旦通过，荒唐怪诞的事情就会没完没了地出现。靠卖淫生活的妇女有可能拥有选举权，如果她结了婚，成为一个诚实的女人，她将失去那张选票，但她可以通过离婚重新获得”。[25] 丘吉尔经常受到的一条批评就是，像阿斯奎斯对他的密友威尼西亚·斯坦利①所说的那样，“温斯顿用嘴思考”。意思是说，他采用某些政策，是因为这些政策在演讲中听起来很好听。[26]（第二次世界大战期间，参谋长们有时也会提出这一指控。）通常来讲，这样的说法是不公平的，但是在女性选举权这个问题上却并非如此。所以当妇女参政论者在这之后更加肆无忌惮地去扰乱丘吉尔的公开会议时，丘吉尔丝毫不会感到惊讶。

与此相反，丘吉尔7月10日关于监狱改革的演讲却反映出一种深刻的自由主义。他自己曾经被监禁的短暂经历使他对被囚禁充满了恐惧。他对下议院说：

> 公众对待犯罪和罪犯的情绪和态度，是最能考验一个国家文

① 阿斯奎斯给她写了很多情书，但他们并没有拥有一个团圆的结局。

明程度的试金石。如果每个人都能够平和冷静地承认被告面对政府指控时的权利，哪怕是被判有罪的罪犯面对政府指控时的权利；如果所有承担惩罚义务的人都在不断地审视自己的内心；如果能够在工业界恢复人们积极缴纳税费的愿望和渴望，而不是用严苛的货币惩罚来强迫缴纳税费；如果我们能够不知疲倦地努力去找寻一个治愈人性或使其重生的程序，并且坚信，只要我们肯努力去找寻，就会发现每个人的心中都有一个宝藏——所有这些，在对待犯罪和罪犯时，都能够标识并衡量一个国家所积蓄的力量，也能够表明并证明这个国家所具有的美德。[27]

1908 年和 1909 年两年，英国有超过 18 万人入狱，其中大约一半是因为没有按时缴纳罚款。[28] 丘吉尔认为，应该为人们提供更长的付费时间，因为监狱系统的最佳原则，应该是“尽可能阻止更多的人入狱”。[29] 他启动了一系列程序，在接下来的 10 年里，因酗酒未缴纳罚款而被监禁的人数从 6.2 万人锐减到 1 600 人。[30]

丘吉尔还寻求对轻微罪行，特别是儿童轻微罪行的替代性惩罚，因为他认为监狱是罪行严重的罪犯才该去的场所。[31] 他在 10 月访问本顿维尔监狱时，释放了因轻微犯罪而被监禁的年轻人，虽然他在内政部的时间不够长，无法改革整个刑事制度，但是他减轻了近 400 人的刑罚。[32] 他还把音乐和图书馆引进监狱，设法改善了因扰乱治安而被监禁的妇女参政论者的生活条件，并将囚犯单独关押的最长时间减少到 30 天。

当达特穆尔的一个名叫戴维·戴维斯的牧羊人在被释放后因再次入室盗窃被抓后，丘吉尔遭到了媒体和议会的猛烈抨击。因为丘吉尔曾经为他减刑。[33] 多年后克莱门汀回忆道，戴维斯“在放羊的时候很好，但是每当遇到困难的时候，他就会回去翻找教堂里可怜的箱子。当有人问他为什么要这样做时，他总是回答箱子上写着‘给穷人的’，因为他确实很穷，钱显然是给他的”。[34]

1910 年夏天，丘吉尔乘坐弗雷斯特男爵的“荣誉号”游艇，在地中海进行了为期两个月的巡航。弗雷斯特男爵是一位自由党议员，他早年对航空感兴趣，也经常招待丘吉尔。丘吉尔在那不勒斯给马什写信说：“要是你听说了我去蒙特卡洛赌博地狱赌了4次，并且从那儿总共带走了160多英镑，你一定会很高兴的。”[35]在雅典和士麦那时，他收到内政部的官方工作文件袋。通往土耳其爱琴海地区艾登省的铁路是由英国修建的，全长260英里，在整个旅途中他都坐在一辆专列的排障器上。他对爱德华·格雷爵士说：“想要迅速浏览一个国家，没有比这更好的办法了。”之后他们乘船穿过达达尼尔海峡，航行到君士坦丁堡（现在的伊斯坦布尔），在那里，他了解到德国与土耳其在外交上的成功，以及英国与土耳其在外交上的困境。[36]

他对英国外交大臣说：“我对这个文明已被破坏、种族严重混杂的地区的唯一看法是，英国和德国为什么不能为了共同利益而一起采取强有力的行动？”[37]尽管他对自己的提议能否实现抱怀疑态度，但是在10月中旬的一个狩猎周末，他还是对威尔弗里德·布伦特说出了自己的想法：“我们应该像坚守印度一样坚守埃及。这并不是说它会给我们带来什么好处，而是我们已经不可能回到过去所做的事情上，这是帝国的必然。埃及的命运将由即将与德国开打的这场战争决定。”[38]

可能是因为阅读达尔文著作的缘故，丘吉尔一度变成一位坚定的优生学论者。1910年10月时他指出，英国至少有12万“智能低下的人就在我们中间”，他认为这些人应该“在适当的条件下被隔离开来，这样他们所受的诅咒就会随着他们一起死去，不会传给后代”。[39]他对绝育的可能性很感兴趣，12月时他告诉阿斯奎斯“（精神）疾病的繁殖对我们的种族”会构成“非常可怕的危险”。[40]他认为绝育是一种解放措施，可以保护智能低下的人免受监禁。但绝育从未被引入英国。

丘吉尔是1912年7月召开的第一届国际优生学会议的一位（缺席）成员，同时他也是1913年的《智力缺陷法案》最初的一位起草人。该法案将可能遭受监禁的所谓“智力缺陷”人群分为4类，即“白痴”“低能”“弱智”“道德残缺”，尽管该法案拒绝了对这些人实施绝育。在那个年代，这种想法在所有政党中都是毫无争议的，以至该法案在仅有3票反对的情况下获得通过。至于他对种族的看法，我们必须看到，丘吉尔对优生学的支持是以当时的科学信仰为背景的，与他观点一致的左派思想家还包括H. G. 威尔斯，西德·韦伯，约翰·梅纳德·凯恩斯和威廉·贝弗里奇，还有奥利弗·温德尔·霍姆斯等杰出的法学家。

11月初，因为工资问题，南威尔士的隆达山谷爆发了有2.5万名矿工参加的大罢工。格拉摩根的总警长手下有1 400名警察，但他要求增派更多警察，同时还申请派军队增援。丘吉尔派去了300名伦敦警察，虽然他也向该地区派遣了由内维尔·麦克雷迪将军指挥的军队，但是在11月7日和8日隆达山谷汤尼潘帝爆发严重暴乱之前，派去的军队并没有进行具体部署。在那次暴乱中，63家商店遭到破坏和抢劫。有一名罢工者被打死，尽管警察只是用卷起的雨衣来控制暴力。[41] 丘吉尔不使用军队抗暴的决定被《泰晤士报》批评为软弱，但《曼彻斯特卫报》却盛赞他"拯救了许多生命"。[42] 然而，在工党编造的神话中，丘吉尔几十年来一直被认为是通过军事行动残酷镇压汤尼潘帝无辜工人的罪魁祸首。

时任高级工会成员、后来担任工会联盟主席的乔治·艾萨克斯承认："现在回想起来，很难看到一个果敢的内政大臣还能做些别的什么。在后来的一些事情上，我们可以说丘吉尔太爱动用军队了，但是这一次，他的行动似乎是比较温和的。"[43] 丘吉尔实际上远非他表面看起来的那样，是一个反对将劳工组织起来的人。当时他与工会的关系非常不错，1911年3月，他对英国工会联盟议会委员会说："工会的工作非常重要，这一点（给我）留下极为深刻的印象……对于像内政部这样的公共部门来说，（劳资关系）问题的研究是非常有用的……这样的研究应该以你们这些先生的经验来不断补充……而你们只需要凭借自身的经验，就可以弄明白问题之所在。"[44]

1911年8月，在南威尔士兰内利举行的一次大罢工中，事态发展到失控的地步，丘吉尔这次确实派去了军队。军队开枪打死了两名暴徒，他们袭击了一辆受到军事保护的火车，之后拒绝散开，并将火车司机打昏。蒙茅斯郡和格拉摩根东部地区的骚乱呈现出更黑暗、更令人不安的一面，250名暴徒袭击了犹太人的企业，这一行动后来被称为"特雷迪加大屠杀"。丘吉尔和战争大臣霍尔丹勋爵迅速派兵前往那里去保护犹太人。在平息利物浦的骚乱时他们也使用了军队，包括遵照命令向人群头顶上方开枪的骑兵（没有人受伤）。

为了应对英国8月中旬的第一次全国铁路罢工，丘吉尔向全国各地的铁路中心派遣了数千名士兵，每人携带20发弹药，并赋予地方指挥官很大权力。[45]工党领袖拉姆齐·麦克唐纳称这一举动“邪恶至极”。他说：“我们不是处在中世纪，我们也不是俄国，我们甚至不是德国。”甚至马斯特曼也提及丘吉尔几乎是“用小霰弹镇压群众”的态度，这一说法指的是1795年拿破仑镇压巴黎暴民的做法。[46]

在为打击罢工行动辩护时丘吉尔说，他这样做是因为英国的大部分食品要靠铁路运输。他以习惯性的华丽措辞说道：“如果（罢工）没有被中断，大片社区就会被推入恐怖的深渊，这是任何人都不敢想象的。”[47]尽管如此，他还是为工会官员摆脱了造成混乱局面的责任，并带领下议院通过了允许工会将资金用于政治目的的《1913年工会联盟法案》。他说：“对工会来说，在议会拥有代表是绝对必要的。我认为每个工人都应该加入工会……以寻求对劳动者权益的保护。”[48]

7月底爆发的伦敦码头罢工在8月初得到和平解决。码头工人领袖本·蒂利特曾经写道，丘吉尔在此次罢工中所施加的影响是非常温和的：

> 他微微弯着腰，说话有些吞吞吐吐，几乎是带着一种抱歉的姿态，敏捷的动作中闪现着青春的气息，孩子气的乐趣在他身上随时可见，对公事的关注就落在他那硕大的额头上，眼睛里闪烁着渴望的，几乎可以说是甜蜜的光芒——这就是现代的尼禄，他可怕的力量已经威胁到我们。他是南威尔士骚乱和枪击事件的责任人，最终他也要为兰纳利的枪击事件负责。

蒂利特承认，丘吉尔“对那些胆小鬼的吵闹声充耳不闻，他们……当自己的同类被杀害时，只会幸灾乐祸地袖手旁观”。[49]

11月18日，在爆发于伦敦议会广场及周围的一场全面暴乱中，117名妇女和1名男子被捕，那一天被女权主义者称为“黑色星期五”。丘吉尔下令释放他们，但妇女参政论者的领袖们却因为警察的野蛮执法而指责丘吉尔，她们给出不少实例，包括布雷斯福德对马斯特曼描述的：“（警察）从背后用膝盖顶在她们的两腿之间，这种做法不但令人恶心，而且也是既危险又令人痛苦的。（警察）还朝着她们的乳房又拧又抓。当然还有扭曲手臂和掰大拇指这些做法。”[50] 马斯特曼在这封信上写下“呈报国务大臣”的字样。但是这些并不意味着丘吉尔真的像人们说的那样，对所发生的一切睁一只眼闭一只眼，更不用说他会表示赞同了。事实上，他很可能会像布雷斯福德一样感到厌恶。当克丽斯特贝尔·潘克赫斯特指控他下令警察施暴时，他考虑以诽谤罪起诉她，但副总检察长约翰·西蒙爵士劝他不要这样做，因为这会开创一个危险的先例。丘吉尔确实斥责了伦敦警察厅负责人爱德华·亨利爵士，他说，“发生这样一幕真是太令人遗憾了，我本来希望即使冒一些风险也要避免这种情况发生……今后，我必须要求警察严格遵守一项政策”，那就是，对待女性一定要尊重，要尽量减少暴力。[51] 然而，他并没有下令调查此事。

4 天后，爱尔兰事务大臣奥古斯丁·比勒尔被一群妇女参政论者围殴，造成一时的跛足，并有失去一只膝盖骨的危险。就在同一天，在后来被称为“唐宁街之战”的事件中，一群妇女参政论者，包括丘吉尔在社交场合认识的一个叫安妮·科布登–桑德森的女人，在唐宁街 10 号外面攻击了阿斯奎斯。丘吉尔碰巧正在现场。“把那个女人带走，”他对警察说，“她显然是主谋之一。”[52] 剑桥大学凯厄斯学院的本科生休·富兰克林正好听到这句话，他是一名激进的妇女参政论者，也参加了“黑色星期五”游行。11 月 26 日，丘吉尔在布拉德福德举行的一次会议上发表讲话后，在回家的火车上，当他走向餐车时，富兰克林用马鞭袭击了他，嘴里嚷着：“吃鞭子吧，你这个肮脏的坏种！”[53] 他被制伏，并因袭击罪被判处 6 周监禁。丘吉尔曾考虑以诽谤罪起诉富兰克林，因为他发表文章称，在黑色星期五那天，是丘吉尔下令让“他那数千名训练有素的仆人变成一群真正的流氓”，但就像潘克赫斯特的诽谤案一样，西蒙说服他不这么做，这一次的理由是，这会让对手免费获得知名度。

1910 年 11 月议会被解散，同年 12 月 2 日—19 日将举行第二次大选，以决定上议院否决权这一重大问题。国王曾向阿斯奎斯承诺，如果自由党获胜，他将为更多的人封爵，使新贵族的数量能够通过《议会法案》（其中两位应该是伊恩·汉密尔顿和威尔弗里德·布伦特，是丘吉尔推荐的）。竞选期间，在丘吉尔于 11 月 22 日、26 日、28 日和 30 日以及 12 月 9 日召开的会议上，妇女参政论支持者，不论是男性还是女性，不得不被赶出会场。这次选举为丘吉尔提供了一个机会来澄清自己，他并不认为女性的性别是他反对女性选举权的原因，正如 1910 年 12 月 2 日他在邓迪选区说的那样，他“支持女性被赋予选举权的原则”。但是他说，他“绝不会投票支持任何无疑会让拥有财富的一方（也就是托利党）获得绝对优势，却会不公平地改变两党之间平衡的法案。他不会投票支持任何法案，除非他确信在这法案背后支持着的，确实是多数选举人”。[54]

丘吉尔对那些女性捣乱分子始终保持着一贯的彬彬有礼，但可以预料，他对那些男性捣乱分子却选择了吵吵闹闹，他在兰贝斯的一次演讲中说：“有人告诉我，某些人将被挑选出来进行恶毒的攻击。如果是那样的话，我这儿就准备好了一个词，那就是‘来吧’。一个公众人物如果仅仅因为个人有可能受到暴力的威胁就改变自己的路线，他就不配获得丝毫的尊重或信任。”[55] 在同一篇演讲中，他攻击了他最亲密的朋友，支持上议院否决权的托利党人史密斯，他说：“劳合·乔治先生总是机智诙谐，而 F. E. 史密斯总是庸俗无比。”[56] 一如既往地，他的政治永远不会妨碍友谊，反之亦然。

其他人也一样。12 月 8 日，查尔斯·马斯特曼写道，当有人向劳合·乔治提到丘吉尔时，财政大臣“有些愤愤不平，很难说是不是有点儿嫉妒的成分”。因为丘吉尔曾反对对富人征收“没收性赋税”，劳合·乔治在谈到丘吉尔时说，他不得不“提醒丘吉尔，任何人都不能一再食言。哦，他当然会随风而动，当他看到风向时，他总是这样做。问题是他这样做需要花多长时间，又会造成多大伤害”。[57] 虽然丘吉尔并没有意识到这一点，但劳合·乔治与他的政治联盟却始终都是政治的。劳合·乔治说：“如果我们在预算案中加入一项可以免除桑尼的税务的特别条款，温斯顿会由着我们这样做的。”[58] 这完全是不实的，也是不公平的，却是人们在背后嘲讽他时的一个典型玩笑。丘吉尔完全不知道劳合·乔治私下里对他的反感，因此才会接受他的盛情与殷勤。那年，在劳合·乔治位于威尔士克里基厄斯的家中，丘吉尔在与他一起出去散步时掉进了河里。“他丝毫没有生气，”一位客人回忆说，“在河里站起来后他愉快地说：‘既然我已经湿透了，干脆就此找点儿乐子吧。’于是他就在河里待了半小时，逐浪嬉戏，垒石筑坝，在此期间，他妻子就坐在河沿上，她把短裙拉到远高于膝盖的位置。（劳合·）乔治就站在那里看着他。”[59]

最后的选举结果是，自由党和联盟党各赢得272个席位，爱尔兰民族主义者和工党各赢得84和42个席位。联盟党获得242万张选票，自由党获得230万张选票，工党获得37.2万张选票。阿斯奎斯虽然可以继续掌权，但必须依赖爱尔兰民族主义者的支持，而他们的最低要价就是民族自治。

1911年1月3日早上，丘吉尔在位于埃克莱斯顿广场的家中给阿斯奎斯写了一封信。他认为自由党应该在立法计划的大部分领域里与联盟党妥协，但前提是他们得同意彻底修改宪法，包括那项结束上议院立法否决权的《议会法案》。他写道，“在否决权受到限制后，我希望我们可采取一种绥靖政策①”，包括授予约瑟夫·张伯伦“功绩勋章”，私下授予博纳·劳和史密斯上议院议员的职位，授予联盟党议会领袖和报纸大亨“自由荣誉奖章”，同意就爱尔兰问题、穷人法问题、童工和全民保险等问题进行“磋商”，承诺贝尔福“可以全权了解海军部的一切信息”。与此同时，在25年内对同一片地产的遗产税征收不应超过一次。[60]他甚至愿意对法国和葡萄牙的葡萄酒征收少量关税，这与他早些时候毫不退让、锱铢必较的立场相比，已经是一种重大让步了。[61]

就在丘吉尔写这封信的时候，内政部的一个信使过来传递消息，说当天早些时候，三名手持毛瑟枪的俄国无政府恐怖主义者盗窃珠宝未遂，被警察围困在位于伦敦东区西德尼街的一所房子里。这三人中的头目，是一个出生在里加，名叫彼得·斯特劳姆（别名“油漆匠彼得”）的神秘人物。上个月16日，他们曾杀死三名警察，打伤两名警察，随后警察在附近的金街上他们的藏身处找到一把手枪、750发子弹、一些炸药和几瓶硝酸。1月3日上午，双方再次交火，一名警官受伤。[62]丘吉尔赶到西德尼街查看情况，当地警察正在进行紧急处理。[63]一位记者记录道：“不时会有一颗手枪子弹从100号的阁楼窗户里射出来，红红的，与其说是瞄准了目标，不如说是故意挑衅。”[64]

---

① 他第一次在有记录的文字中使用“绥靖”这个词，表达的是正面意义，而且用的是法语。

丘吉尔没有下达任何命令，但他确实提出一个非常明智的建议，从伍尔维奇军械库取出一些钢板来，为狙击手提供便携式掩护。[65]（当时在场的人里，通过自身经历了解过恐怖分子所使用的毛瑟全自动手枪之威力的人没有几个，而丘吉尔是其中之一。）除此之外，他唯一的贡献就是召集了一个排的苏格兰卫队，他们当时正在伦敦塔保护皇冠上的珠宝。下午1点过后不久，那栋楼突然起火。丘吉尔做的另外一件事就是，他同意了对大火不采取任何措施的决定。[66]他后来对阿斯奎斯解释说："我想，与其用英国人美好的生命去拯救这些凶残的恶棍，还不如让房子烧毁。"[67]

丘吉尔被人拍了照片，他戴着一顶礼帽，穿着一件带仿羊皮领子的毛皮衬里大衣，与刑事调查局、伦敦警察厅和苏格兰场政治部等部门的负责人一起，隐蔽在一个仓库的门口，偶尔在一个拐角处朝100号方向望一望。这次行动很快被冠以围攻西德尼街或斯特普尼之战等名称。在烧焦的房子残骸中发现了两具尸体，一个受了枪伤，另一个窒息而死。而"油漆匠彼得"一直没有被抓获。

回到内政部后，马斯特曼批评丘吉尔不该去西德尼街，丘吉尔发音含混地说道："查理啊，你别僧（生）气，那儿挺好玩儿的。"[68]回到埃克莱斯顿广场后，他继续给首相写那封被打断的信，生动地描述了当时的情景："每扇窗户都发出鸣响，子弹击裂砖墙，警察和苏格兰卫队全副武装，大炮轰鸣，等等"。[69]然而，由于这次行动并不需要内政大臣亲自到场，他的判断力很快就受到质疑，这似乎正符合丘吉尔式自我推销的模式。在另一个情景下，露西·马斯特曼将其描述为："他对掌声几乎贪得无厌地渴望……他无法抗拒聚光灯以任何形式照在他身上。"[70]甚至连通常都支持他的记者A. G. 加德纳第二年也写出这样的话："他总是下意识地扮演一个角色——一个英雄的角色。对这个角色最惊叹不已的观众，就是他自己。"[71]

事件发生后，丘吉尔的形象出现在百代电影公司报道这次围攻事件的新闻短片中，该片在影院播放时，丘吉尔一出现就会遭到一片嘘声。[72]这次围攻事件也给了贝尔福一个等待已久的嘲弄丘吉尔的机会。2月6日，他在下议院发言时说："我明白，用军事术语来说，他当时正身处所谓的射击目标区内，他和一位摄影师都在冒着宝贵的生命危险。我知道摄影师在做什么，但是我们这位可敬的绅士在做什么呢？”[73]多年后丘吉尔承认自己做错了，他不该去现场，他的“职责信念是由强烈的好奇心支撑的，而这种好奇心或许应该受到约束”。[74]然而，从长远来看，他这种愿意亲赴行动现场的做法，将对他的国家大有好处。

除了参加王室成员出生和死亡的仪式，内政大臣的另一个职责就是定期给国王写信，总结议会每天发生的事情。爱德华七世喜欢丘吉尔使用的口吻——比内政大臣们通常使用的语气更诙谐——但乔治五世不喜欢。丘吉尔在2月10日写道：“至于流浪汉和败家子，我们应该建立合适的劳工聚居地，可以把他们送到那里去。但是我们不能忘记，在社会等级的两端都有游手好闲之人和败家子。”[75]国王发现这些观点“非常具有社会主义倾向”，于是他们努力促成丘吉尔与国王的私人秘书诺利斯进行通信往来。丘吉尔在信中建议，在国王态度软化并承认丘吉尔的信件“总是很有趣”之前，其他人，而不是忙碌的内政大臣，可以承担每天的议会事务汇报任务。[76]诺利斯完美地代表了当权派的保守思想，并且用人们完全可以预见的陈词滥调表达了这一思想，他觉得丘吉尔“就是个冒失鬼，像一头在瓷器店里的公牛”。[77]

3月9日，在围绕《税收法案》进行辩论时，丘吉尔无疑就是这样表现的。休·塞西尔指责政府食言，他说如果一个人在金钱问题上如此表现，那么他会坐牢。丘吉尔则是这样评说自己的伴郎的：“我早已习惯了这位贵族勋爵那富有争议的做法，他总是以奚落和侮辱的方式解决问题。”[78]第二天克劳福德写道：“丘吉尔不分青红皂白同时恶心了他的朋友和敌人，他真是个无赖。”[79]但是，小人物可能无法承受的尖刻话语，对于丘吉尔来说却是毫发无伤。他在1911年4月4日就《议会法案》进行的辩论中说：“我从来没有抱怨过在我走向反对党时人们评说我的那些尖刻的言辞，我只要求让我做出与他们的言辞可以比肩而立的反击。”——他一直都是这样做的。[80]

这一时期，内阁面临的一个问题是阿斯奎斯的饮酒问题（他的绰号之一就是“微醺”）。“周四晚上，首相表现得非常糟糕。”丘吉尔对克莱门汀说：

> 我感觉十分尴尬，羞愧难当。他几乎说不出话来，许多人都注意到了。晚饭后，他依然非常友好、和善，把一切都托付给我。

直到那时，他还处于最佳状态——但从那以后！这真是太遗憾、太可怕了，全靠下议院同行之间的情谊才避免了丑闻的发生。我喜欢这个老男孩儿，钦佩他的才智和性格。但是他这样做是多么冒险啊！几天前的一个晚上，我们才刚刚把他弄走了一次，就在与贝尔福开始（就《议会法案》）进行谈判之前。我主持了这次谈判，否则的话，这个任务就会落到他头上——那自然会带来灾难性后果。第二天，他依然平静、高效、不受打扰。[81]

1911 年 8 月 10 日，上议院最终通过了《议会法案》。这虽然耗费了两年时间和两届大选，但是现在民选的下议院比世袭和任命的上议院更加权威了。最终协议的大部分内容是由丘吉尔进行谈判的，这使保守党内的顽固派和他自己阶级中的很多人对他产生了极度的不信任和不喜欢，但是它使英国距离一个完善的现代民主国家更近了一步。

1911 年 5 月 18 日，星期四，一个名为“其他俱乐部”的组织进行了第一次会面。该俱乐部成立得恰逢其时，它成了丘吉尔社会生活和政治生涯的一个重要组成部分——这一点在某种程度上并没有被充分认识到。有人说丘吉尔和 F. E. 史密斯因为被当时一个名为“俱乐部”的著名保守派餐饮俱乐部拉入黑名单，所以才成立了“其他俱乐部”，这个说法是不对的。“其他俱乐部”有自己非常明确的政治目的，那就是促进跨党派合作，甚至或许有一天会促成丘吉尔渴望已久的自由-保守党联盟。这样，理性的中间派就可以统领国家，不需要再去迎合爱尔兰民族主义者、社会主义者，以及联盟党和自由党中的极端分子了。

“其他俱乐部”原计划在议会开会期每两周进行一次会面，地点设在萨沃伊酒店的皮纳福尔厅。大厅的桌子只有 21.5 英尺宽，目的就是鼓励俱乐部的创立者寻求更友好的氛围。尽管该厅在 1925 年进行了翻修，但从那时起它就一直保持了原样。① 关于俱乐部成员构成的设想，是要拥有来自两大

① 走廊尽头的便池也和 1911 年时一样。

政党的各12名议员，以及一些卓越的局外人。为了强调俱乐部背后的无党派理想，诺利斯勋爵主持了第一次晚宴，国王的副私人秘书阿瑟·比格爵士（后来的斯坦福德汉姆勋爵）也出席了晚宴。

由于负责承担“所有未预见之义务”的两位联合秘书，博尔顿·艾尔斯-蒙塞尔和弗雷迪·格斯特，都是本党的党鞭，所以议会的投票配对工作很容易安排，这样晚宴就不会因为下议院的分歧被中断。俱乐部早期的自由党成员包括查尔斯·马斯特曼、威廉·达德利·沃德（他的妻子弗雷达在沃利斯·辛普森之前是威尔士亲王的情妇）和鲁弗斯·艾萨克斯。保守党成员则包括海军上将查尔斯·贝雷斯福德勋爵，一个丘吉尔观点的严厉批评者，华尔道夫·阿斯特以及几位支持托利式民主的社会改革议员，丘吉尔在转向自由党之前曾经与这几位共事。温特顿勋爵也是成员之一，尽管有时他也会对丘吉尔进行猛烈的批评。丘吉尔的朋友、自由党议员杰克·希利也是成员之一。希利是布尔战争中的英雄，曾与丘吉尔并肩作战，并且接替他担任了殖民地事务部次官的职位。激进的自由党议员阿瑟·庞森比曾被施压，要求他加入俱乐部，但是他完全不信任丘吉尔，所以没有加入。

要成为该俱乐部会员，还必须有相当强健的体质：早期的一次晚宴上公布的一份六道菜的食单（丘吉尔更喜欢用“菜单”这个词）包括珩鸟蛋、清炖肉汤、泰式鲑鱼、圆切小牛肉、英式馅饼和法式吐司。俱乐部的规则包括：“执行委员会的名单应该被包裹在无法刺探的神秘之中”，以及“俱乐部的规则与交往，不得牵扯党派政治中的仇恨与严苛”。[82]俱乐部的成立，正是为了缓和敌意，让自由党和保守党的高级官员可以在这个论坛上进行社交活动，然而仅仅三个月后，《议会法案》就导致两党产生了严重分歧。劳合·乔治和博纳·劳最初经常会来俱乐部——他们两人在1911年5月和6月都在那里吃了三次饭。劳合·乔治在1912年—1913年也来过三次，博纳·劳则是在1911年11月之前又来过三次。在那之后，政党之间的攻讦使得博纳·劳再也没回来过，直到战争爆发，当时俱乐部只在1914年8月5日，也就是宣战后的第二天，举行了一次会面，这是在1916年3月之前举行的最后一次会面。博纳·劳（和贝尔福）是联盟党最为关键的人物，他不再出席，意味着丘吉尔对俱乐部抱有的最大梦想实际上已经破灭。

俱乐部存在的直接理由消失后，丘吉尔和史密斯各自的私人友谊就开始体现在俱乐部里，尽管俱乐部的其他很多功能还一直存在。用一位会员的话说："这个俱乐部从来就不仅仅是丘吉尔亲信们的集会之所，它还是大家的羽绒褥,更是大家的提神酒。"[83] 俱乐部的成员后来还包括丘吉尔的弟弟杰克、表兄卡斯尔雷子爵，堂兄桑尼·马尔伯勒，以及像 J. L. 加文、乔治·里德尔爵士、诺斯克利夫勋爵、比弗布鲁克勋爵和罗瑟米尔勋爵等很有实力的报界人士。非政治领域的成员包括史密斯和丘吉尔多年来的一些朋友和熟人，主要有演员经纪人赫伯特·比尔博姆·特里爵士、建筑师埃德温·卢修斯爵士、实业家哈里·麦高恩爵士，以及 H.G. 威尔斯、P. G. 沃德豪斯、约翰·巴肯和安东尼·霍普等众多作家，其中安东尼·霍普是《泽达的囚犯》一书的作者。其他成员还包括几位军人，如约翰·弗伦奇爵士，还有扬·史末资，以及基钦纳勋爵，鉴于他与丘吉尔过去的关系，他的加入也许让人感觉吃惊。另外还有几位对中东问题颇有见解的成员，主要包括与人合写了《赛克斯–皮科特协定》的马克·赛克斯爵士，该协定在第一次世界大战后将该地区划分为多个势力范围；还有空军上将约翰·萨蒙德爵士，他于 1919 年对伊拉克实施了空中管制。新成员还包括一位爱尔兰民族主义者议员，T. P. 奥康纳，尽管他有可能是因为自己的著作才当选议员的，其中一本是关于拿破仑的。该俱乐部也不可避免地会有害群之马——凯尔森特勋爵因欺诈而入狱，奥斯瓦尔德·莫斯利爵士则因支持法西斯主义而被监禁。

俱乐部的投注簿显示出大家讨论的话题具有折中主义性质，主要包括解散议会的日期、一些诉讼案和网球比赛的结果、妇女参政论者轰炸了劳合·乔治的乡下住宅后几位暗杀未遂者的命运、战场上军事进步的程度、某些希腊诗句谁翻译得更好、"A 和 B 在 1920 年 12 月 1 日的婚姻结合结果会不会比较完美"①、谁会成为下一任首相、② 一些书籍的内容、大萧条期间的股票价格、全国越野障碍赛马冠军、赛艇比赛、肯尼斯·克拉克爵士的年龄、下一

① 马尔伯勒公爵 45 岁的女儿诺拉·斯宾塞–丘吉尔夫人嫁给了 46 岁的弗朗西斯·布拉德利–伯特，他们的婚姻确实有问题。

② 伯肯黑德与约翰·希利打赌，300 英镑对 10 英镑，赌下一任总统不会是伯肯黑德自己。

任美国总统等等。很遗憾，还有一些话题也许是因为写的人喝了酒，字迹难以辨认。每次桌上坐着 13 个人的时候，丘吉尔就会把一只名叫卡斯帕的 2 英尺高的木制黑猫放在空椅子上。① 卡斯帕的脖子上会绑上一张餐巾，整顿饭中的每一道菜都会被一盘接一盘地端到它面前。

丘吉尔将会参加“其他俱乐部”的 300 多顿晚宴，除了与自己的家人一起吃饭，这是丘吉尔在同一个地方吃饭次数最多的地方。[84] 克莱门汀并没有因为他在俱乐部度过那么多个晚上而不高兴，尽管他“很晚才回家。我不介意。他应该去见见朋友”。[85] 然而对丘吉尔来说，友谊也经常会体现出自身的政治角度，1940 年他的那次重大危机就是一个最强有力的证明。当时，大批“其他俱乐部”的成员走到一起，以几种不同的方式来帮助他成为首相，之后又服务于他的战时政府。在第一次世界大战之前，“其他俱乐部”也许没能为国家内部的联盟做出贡献，但是丘吉尔用了 30 年时间去维系它，最终使它在第二次世界大战中做出了真正的贡献。而那时，俱乐部的许多创始人都已经去世很久了。

1911 年 5 月 28 日，绰号“小胖墩儿”（波斯语，指胖乎乎的健康新生儿）的伦道夫·丘吉尔在位于埃克莱斯顿广场的家里出生。婴儿名字的选择，体现了对长辈的孝敬，而他的中间名，弗雷德里克和爱德华，则是取自他的教父 F. E. 史密斯和爱德华·格雷爵士。[86] 伦道夫于 1959 年 1 月在其自传中回忆道，伦道夫在孩提时代“非常淘气”，曾经把保姆的手表通过顶层的窗户扔了出去。很少有保姆能待久，在每个继任者选择离开时，他都会高兴地唱起来：“保姆走了，保姆走了，万岁！万岁！”“戴安娜比我温顺多了，”他自己也承认，“我容忍不了权威和纪律。”[87] 伦道夫最大的不幸是，他虽然完全继承了父亲的野心勃勃、不拘小节和自信满满，却丝毫没有继承父亲的魅力、自律和敏锐。他和母亲克莱门汀的关系特别糟糕，在他和父亲发生争执时，克莱门汀总是站在丈夫一边。[88]

因为伦道夫刚刚出生，克莱门汀担心她不能去参加 6 月 22 日英王乔治

---

① 在萨沃伊酒店的大堂里，我们今天依然可以看到这只猫。

五世的加冕，但是国王在自己的私人包厢里为她留了座位，还派了一辆皇家四轮马车把她从埃克莱斯顿广场接到威斯敏斯特大教堂，之后又送回去。（一听说这件事，珍妮就赶紧把丘吉尔身边克莱门汀原本的那个位子预订了。）[89] 作为内政大臣，丘吉尔与德文郡公爵夫人和明托伯爵夫人一起乘坐一辆国王御用马车来参加加冕仪式。沿途的人们发出很多欢呼声，也有不少嘘声。他对克莱门汀说："这两位托利党夫人感到相当难堪。当欢呼声非常大的时候，她们非常沮丧，当敌意的示威活动在伦敦市政厅附近开始多起来的时候，她们就振作起来……我没有向欢呼的人们致谢，完全没有去理会周围的人群。"[90] 作为内政大臣，丘吉尔在 7 月 14 日卡那封城堡授予威尔士亲王爱德华（即后来的国王爱德华八世和温莎公爵）爵位的仪式上也发挥了重要作用。他在皇家游艇"维多利亚和阿尔伯特号"上写道："他是个好孩子，非常单纯、非常守规矩。"[91] 事实证明，这位王子在国王去世后，没人再管着他，让他恪守规则时，就根本不是什么好孩子了。丘吉尔与王子的友谊在以后的日子里将会给他带来许多麻烦。

就在同一个月，德国将炮艇"美洲豹号"派往摩洛哥港口阿加迪尔，引发了一场战争恐慌。这显然是对法国的挑衅，因为阿加迪尔就在法国的势力范围之内。这一事件对丘吉尔产生了深远影响。他相信英国需要与法国结盟，而且如果要阻止德国一统欧洲大陆的企图，他也希望英国能够与俄国结盟。[92] 他支持劳合·乔治对德国提出的反对冒险主义的警告，也支持派遣一支英国舰队前往摩洛哥去监督事态发展。"面对那些背信弃义的德国人，我希望我们能够态度坚决，立场坚定。"他对克莱门汀说。[93]

阿加迪尔危机促使丘吉尔撰写了一份名为《欧洲大陆军事行动问题》的内阁备忘录。在这份引人注目的文件中，丘吉尔阐述了他认为与德国开战初期会发生什么。他写道："德国军队如果先进入比利时，再进攻法国，其力量将会有所减弱。"

> 到第 40 天时，德国在国内和战争前线的压力都应该会达到最大负荷，这种压力将日益严重，最终压倒一切。除非它在法国取得决定性的胜利，才能释放其压力。如果法国军队没有在仓促应

战或孤注一掷的行动中浪费自己的力量，那么40天后，将出现双方军力平衡的有利局面，并且随着时间的推移，这一局面会进一步稳中向好。[94]

英国陆军部军事行动局长亨利·威尔逊准将驳斥了丘吉尔关于德国会违背比利时中立原则的说法，并形容这份文件“荒谬绝伦”。三年后的1914年9月9日，也就是德军发动战争动员后的第40天，英国远征军在马恩河对岸发起反击，帮助法国阻止德军攻占巴黎。那时候，法国的伤亡人数已经达到21万，其中10%为军官。[95]

1911年8月23日，在阿斯奎斯的主持下，帝国防务委员会进行了一整天的讨论，如果德国入侵法国，陆军部和海军部应该拿出什么样的应对计划。丘吉尔作为内政大臣和阿加迪尔报告的作者应邀参加了讨论，他是除苏格兰事务大臣彭特兰勋爵之外唯一一位曾在军队服役的内阁大臣。这次会议引发了一场严重危机，以至丘吉尔在上任仅20个月后不得不调离内政部，被派去处理英国在战略上的混乱局面。

威尔逊准将站在一张巨大的地图旁，研究着德国可能的作战计划，即调动110个师攻击法国西北的85个师，并解释了为什么需要派遣一支由6个师组成的英国远征军到法国最西部去，帮助法国击退德国的第一轮攻击。海军上将阿瑟·威尔逊爵士，第一海务大臣，英国皇家海军最高级别军官，紧接着阐述了紧密封锁敌人港口的原则，这样陆军的作用就被降低，只是在德国公海舰队一旦被击败时，陆军才需要在波罗的海发动突袭。丘吉尔回忆说：“陆军部和海军部的观点存在严重的分歧，这一点很快就显露出来。”[96]

海军部认为，如果不把英国远征军派往法国，而是让其在德国海岸线上进行反击，就会吸引德国从战线上撤出比远征军自身数量更多的兵力。威尔逊准将“猛烈抨击”了威尔逊上将的观点，会议陷入“彻底的纷争”。[97]（不出所料，这次纷争后来被称作“威尔逊之战”。）[98]当海军上将威尔逊拒绝提供保证，战争一旦爆发，海军就会把6个师调往法国时，丘吉尔认识到，威尔逊和海军的政治首脑，海军大臣雷金纳德·麦肯纳，必须尽快被替换下来。8月31日，阿斯奎斯告诉战争大臣霍尔丹，陆军的计划将被采纳，因为他认为海军的计划“幼稚且完全不切实际”。[99]丘吉尔对此表示赞同。他对劳合·乔治说：“海军部让我感觉很不舒服。他们是那么自以为是，那么漫不经心，那么麻木不仁……威尔逊（上将）几天前的表现让我对他的智慧信心不足。”[100]

防务委员会的这次会议暴露出，英国在战略上处于完全混乱的状态。9月30日，在与丘吉尔一起打了高尔夫球之后，在他位于苏格兰阿彻菲尔德的家中，首相问丘吉尔是否愿意与麦肯纳交换工作岗位，担任海军大臣。“我当然愿意。”他回答。

“你父亲刚刚把海军部交给了我。”他马上告诉了维奥莱特，当时“夜色渐暗，从远处的福思湾缓缓驶出的两艘战列舰渐渐驶入视野。它们似乎赋予了我一种新的意义……看看到目前为止我不得不应对的那些人——法官和罪犯！这真是件大事——我人生中遇到的最大的一件事——一个我必须首先选择的机会。我要把我的一切都倾注其中”。维奥莱特后来写道：“无论是从前还是以后，我都再未见过他表现出如此彻底的、发自内心的兴奋。”[101]

第8章

海军大臣

（1911年10月—1914年8月）

处在灾难边缘的这个世界真是太妙了。长期和平所积蓄的财富，给了各个国家、各个帝国，以及他们的王孙公子和王侯将相大义凛然、坦然面对的勇气。

——丘吉尔:《第一次世界大战回忆录》[1]

德国倔强地、鲁莽地、笨拙地、叮当作响地走向了火山口，把我们也都拖了进去。

——丘吉尔:《第一次世界大战回忆录》[2]

1911 年 10 月—1915 年 5 月是温斯顿·丘吉尔管理英国海军部的时间，那是海军部漫长的历史中最高效也最动荡的时期之一。丘吉尔很快就成了最富争议的海军大臣。他上任时的任务，是要改变世界上最强大的海军的战争策略，可是除此之外，他还改变了那里的许多其他事情。在 1940 年之前的这段时间里，他的名声之大在很大程度上取决于这样一个事实：他使海军为第一次世界大战爆发“做好了准备”。但是在此过程中，他也在这个与保守党关系密切、在权贵中影响力很大的机构中树起了一些强大的敌人。

后爱德华时代的英国，海军上将们属于一个有权势的阶层，其中一些人是当时名声最大的名流。但是 1913 年年底，四个海务大臣却不约而同都在考虑辞职。[3] 丘吉尔可能确实有些专横：他对海军上将没有表现出比对别的将军更多的尊重；他还曾经指责一个在他两岁时就在海军服役的上将，说他的报告“纯粹就是随便写了几笔眼前飘过的印象，匆忙攒在一起，根本谈不上什么顺序”；他甚至还教导另一位年长他22岁的海军上将要重视舰队演习的重要性。[4]丘吉尔一直以来都是削减国防支出的鸽派支持者，但是现在，他与自由党的鹰派帝国主义派系结盟，该组织曾由罗斯伯里勋爵领导，现在的领导人是爱德华·格雷爵士。他自然会被指责是机会主义者，尽管在阿加迪尔危机之后，现在的国际局势可以证明，他的这个大转弯的选择是完全合理的。曾支持奥匈帝国在巴尔干半岛煽动反俄国暴乱的德国，现在已经与土耳其签订了战略协约，建立了强大的海军来补充其业已强大的陆军，在耶路撒冷和阿加迪尔炫耀武力，秘密制订了施利芬计划，想要通过横扫中立的比利时占领巴黎。德国希望自己能够以一种在拿破仑、路易十四和菲利普二世之后就再也没有见过的方式，来统领欧洲大陆。英国曾经举着维护欧洲大陆力量平衡的旗帜反对这三位君主，拒绝让野心勃勃想要占领整个欧洲的敌人利用英吉利海峡的港口入侵不列颠群岛。现在，对第四位君主，英国也在做着同样的事情。

传统上，海军大臣的职责是维护皇家海军在内阁中的利益，并向议会提交年度海军预算。在战略、任命、海军建设、枪炮、技术、培训等方面，他应该听取海军部董事会的建议。丘吉尔则是一个完全另类的海军大臣，宪法赋予海军大臣的广泛权力在沉寂了几十年之后，在他身上即将复苏，这一权力还将被拓展，并且被不断行使。

丘吉尔的主要盟友之一是魅力超凡的前第一海务大臣，海军上将“杰基”·费舍尔勋爵。在1906年至1910年的任期内，费舍尔一直是无畏战舰的倡导者。无畏战舰是一种由蒸汽涡轮驱动，速度快、装备精良的战舰，它使海军建设发生了革命性变革。丘吉尔第一次见到费舍尔是1907年在比亚里茨度假时，费舍尔“不可救药地爱上了丘吉尔”（用他自己的话说），他发现丘吉尔是“我见过的最好的人，他的头脑非常敏捷，和他交谈是一件乐事”。[5]后来发生的事情证明，这是丘吉尔一生中最富有成效，但随后也变得最有害的一段工作关系。丘吉尔16年后回忆道：“他给我讲关于海军的精彩故事以及他的计划。”话题涉及无畏战舰、潜艇、海军的新教育体系、霍雷肖·纳尔逊、《圣经》以及德国西北部海岸的博尔库姆岛，费舍尔渴望能占领这个岛，将它用作英国海军基地。[6]

1912年6月，丘吉尔邀请费舍尔回到海军部，担任他的最高顾问。“你需要的就是一个称手的工具，”丘吉尔告诉他，把两个比喻巧妙地结合在一起，“你的螺旋桨已经急速转动起来。”[7]费舍尔并没有正式回到海军部，但是为了丘吉尔，他担任了一个皇家委员会的主席，定期为丘吉尔提供必要的建议。[8]1912年至1915年间横扫海军部的飓风，就是一种丘吉尔-费舍尔联合现象，当时他们所做的几乎每件事都激起了强烈的反对。和约翰·布拉巴宗、宾顿·布拉德和伯克·科克兰等其他在丘吉尔职业生涯中帮助过他的人一样，费舍尔也比丘吉尔大很多，他俩的年龄差达到33岁。

丘吉尔的第一项改革是建立一个由作战、情报和动员三个部门组成的海军作战参谋部。威尔逊上将提出反对意见，认为这会使海军部董事会在作战事务中被边缘化。这一反对意见为丘吉尔提供了一个迫使他退休的机会，威尔逊于1911年12月退休，同时被授予“功绩勋章”。接替他出任第一海务大臣的弗朗西斯·布里奇曼爵士同意了海军部成立作战参谋部的提议。1912年1月8日，也就是作战参谋部成立的当天，在一次会议后，陆军部军事行动局长威尔逊准将这样写丘吉尔：“他，不管怎么说，都意识到了德国很危险”。[9]

海军作战参谋部一经成立，并配备了适当的人员后，动员部就制订了一项包括吨位、时间表、登船和下船等内容的计划，以实现在德国袭击法国的情况下，把英国远征军运送到英吉利海峡对岸的目标。从1911年的阿加迪尔危机开始，人们对德国袭击法国的担心就没有停止。动员部与帝国防务委员会秘书莫里斯·汉基合作，一起制订了这项计划。汉基是费舍尔的门生，脾气急躁，但办事效率极高。[10]1912年3月，汉基第一次见到丘吉尔，他对丘吉尔的第一印象是“有点儿急躁，但工作异常努力”。[11]

丘吉尔着手建造新的伊丽莎白女王级战列舰，舰上装备有15英寸口径的火炮，这是迄今为止战列舰上的最大口径火炮。①炮口速度为每秒2 458

① 在兰贝斯的帝国战争博物馆外，今天还可以看到其中的两门火炮。

英尺，射程为1.9万码，远远超过任何德国海军炮的最大射程。海军的支出从每年3 900万英镑增加到5 000万英镑，这让他在其他大臣那里很不受欢迎，因为他们的部门必须因此削减开支。[12] 他敦促政府制订政策，建造出超过德国60%的军舰。1912年2月，他在给费舍尔的信中写道："没有什么比这一铁证更让德国沮丧的了，不论德国目前和未来多么努力，它只会更加绝望地落后于人。"[13]

为了给这些新型的"超级无畏战舰"提供动力，丘吉尔坚持认为海军的燃料应该从煤炭改为石油。这会使船只更轻、速度更快，皇家海军因此能领先于世界其他国家。德国则是很晚才进行了燃料变更。[14] 战列舰现在在海上停留的时间长了很多，不再需要从一个煤站航行到另一个煤站。同时，这一变化对英国在中东的战略也具有非常深远的意义。为了确保优质石油顺利供应，丘吉尔与壳牌石油公司和英国-伊朗石油公司进行了大量谈判，签订了很多长期合同，并监督英国政府在战争爆发前数周收购了英国-伊朗石油公司51%的股权。[15] 对丘吉尔所做的一切，劳合·乔治却不为所动，他向马斯特曼抱怨，说丘吉尔"越来越沉迷于锅炉了"。[16] 他略带鄙视地告诉报社老板乔治·里德尔爵士，丘吉尔脑子里想的，只有战争一旦爆发，就立即击沉德国舰队。

丘吉尔做出的一个重大战略转变，就是从地中海舰队调动至少6艘战列舰，来加强北海舰队的实力。为此，他需要法国承诺对地中海承担更多责任，作为回报，英国承诺保护英吉利海峡的港口，在德国入侵和封锁的情况下派遣远征军。由于没有正式的英法防御条约，这就需要双方的高度信任。1912年3月5日，费舍尔在给丘吉尔的信中写道："你的北海舰队组织新规划令人钦佩，让法国人来管理地中海吧。"[17] 5月，他再次就此写道："如果不能在战争的决定性战场上表现得至高无上，在附属战场上表现得多么强大都是徒劳的。"[18]

丘吉尔试图说服颇具影响力的上议院大法官、前战争大臣霍尔丹勋爵接受这一战略，5月时他对霍尔丹说，德国人在北海被打败之前，英国不可能控制地中海，也不可能保证在那里的利益。"为了保卫埃及而丢掉英国是非常愚蠢的。当然，如果英国内阁和下议院愿意再为地中海建造一支无畏战舰舰队，那么海军部倒是乐见其成。但我不认为这会付诸实践。”他引用了克劳塞维茨的“首要战争法则——在决定性时刻要调动一切可能的力量”。[19]

丘吉尔的新战略遭到了外交部、陆军部、海军部的重要人物以及埃及总司令基钦纳勋爵的反对，但它还是被采纳了，后来的事实证明了新战略的正确性。丘吉尔将帝国防务委员会的决定悉数告知贝尔福，并将所有绝密文件（在阿斯奎斯的允许下）都发给了他，目的就是如果政府下台，那么他所做的事情不至于被推翻。[20] 博纳·劳将丘吉尔与贝尔福的和解解释为促进跨党派联盟的另一种尝试，但这一次并非如此。[21]

然而，海军战略只是丘吉尔在海军部推行的变革的一部分。他还为13.6万名海军士兵增加了薪饷，尽管劳合·乔治将加薪的资金从75万英镑减少到35万英镑。那些有前途的优秀水兵的晋升前景也得到改善。在军衔更高的群体里，他提拔的高级军官，如巴顿伯格的路易斯王子、戴维·比提、罗杰·凯斯和约翰·杰利科爵士，都比他促使其提前退休或被他解雇的许多高级军官要好得多。[22] 对于那些抱怨他违反海军传统的顽固派，据说他是这样反驳的：“海军传统吗？海军传统？简直荒谬。除了朗姆酒、鸡奸、祈祷和鞭打，什么都没有。”[23]（这段著名的语句被引用时，有时会省略“祈祷”这一条。）

丘吉尔还创建了英国皇家海军航空队，到1914年时它已经拥有50架飞机，并且开创了对齐柏林飞艇机场和德国通信线路进行空中轰炸的概念。1912年1月，一架飞机首次从战列舰甲板上成功起飞，一些军事历史学家将丘吉尔视为现代航空母舰之父。[24] 他创办了《海军评论》杂志，还任命了一名新的驱逐舰准将和海军军械部主管。1912年10月，威尔弗里德·布伦特记录道：“他坚信潜艇就是武器的未来，正在尽一切努力推动这一领域的工作。”[25] 他认为潜艇只应该用来对付军舰，1914年1月他告诉费舍尔，他不相信“用潜艇击沉商船……会是一个文明大国能干出来的事情”。[26]

丘吉尔还主持创建了第一个英国信号情报机构，将其命名为“40号房”，以该机构在海军部创建时的房间号命名。他亲自起草了“40号房”的章程，明确规定密码电文的传阅范围必须限制在海军参谋部最高级别的6名成员之间。他喜欢在委员会处理原始情报数据之前，亲自接收这些原始情报。

他继续实践着自己亲力亲为的风格。1914年前的3年里，丘吉尔在吨位3 800，船员80人的海军部“魔女号”（Enchantress）快艇上待了不少于8个月，在国内水域或去地中海参观海军造船厂、修船厂、培训机构、军舰和潜艇。[27] 他在南海岸的波特兰角与当时由17艘无畏战舰组成的本土舰队进行了一次夜间射击演习，向旗舰的军官们询问了有关控制系统、火炮和探照灯性能等各个方面的问题。[28] 1912年3月，当他得知皇家海军“无敌号”的电炮塔需要以15万英镑的巨额成本被换成液压系统时，他走进一个炮塔，坐在那里，命令火炮连续发射8次。他将这段经历描述为“一幅表达人类愤怒的严肃而可怕的画”，不过他显然很享受这一刻。[29]

1912年5月，赫伯特、玛戈和维奥莱特等几位阿斯奎斯家人与丘吉尔一家一起登上“魔女号”，启程前往马耳他，观看地中海的海军演习。玛戈和维奥莱特相处得不太好，除了这一点，“魔女号”上一直充满一种友好的家庭氛围。几年后，维奥莱特回忆说，当我们并排靠在船尾的栏杆上，沐浴在阳光中，快速划过亚得里亚海那可爱迷人的海岸线时，我说：“多么完美！”他的回答让我大吃一惊：“是的——射程完美，能见度完美——如果我们的船上有一门6英寸口径的火炮，想要进行轰炸该多么容易……”等等，等等。[30] 维奥莱特曾经想嫁的这个年轻人和她父亲之间的一个不同之处，就在于丘吉尔每次停靠在一个港口时，都渴望收到报纸和工作文件袋，而她的父亲，尽管身为首相，却会在没收到这些时松一口气。

直到1913年4月，丘吉尔一家才搬进白厅的海军部大楼，因为海军大臣要付给那里12个仆人的钱，远远超过他们在埃克莱斯顿广场付给四五个仆人的钱。丘吉尔不仅会和首相一起度假，还经常以信函的形式向他提供详细而冗长的备忘录。二战期间，丘吉尔还为罗斯福总统做了同样的事。他需要阿斯奎斯的支持，因为海军部内部对他的大部分改革都意见不一。

1912年12月，第一海务大臣、海军上将布里奇曼被解职。整件事情处理得非常糟糕。丘吉尔这样做是因为考虑到他身体欠佳，但是布里奇曼义愤填膺地抗议说他身体好得很。[31] 博纳·劳表示支持布里奇曼，国王也对他表示同情。对丘吉尔在解雇布里奇曼一事上最激烈的批评，来自保守党议员、海军上将查尔斯·贝雷斯福德勋爵。丘吉尔在一次辩论中谈到贝雷斯福德时说："我不是那种把贵族爵爷特别当回事儿的人。他就属于那种人们常说的演说家——'站起来之前，不知道自己要说什么；说话的时候，不知道自己在说什么；坐下之后，不知道自己说了什么'。"[32] 解雇布里奇曼是一件令人不快的事情。在这一过程中，丘吉尔的行为很恶劣，他引用了本不应该引用的私人信件，有一次他威胁说要爆料，布里奇曼只能参加帝国防务委员会6次会议中的3次，其中一次他还因为突然晕厥而被迫离开。[33] "温斯顿·丘吉尔似乎把事情搞得一团糟。"国王在日记中写道。就这件事而言，这个评价非常准确。

还有一次，丘吉尔不得不面对整个海军部各位大臣集体辞职的威胁，当时他宣布解雇诺尔基地总司令、海军上将理查德·普尔爵士。普尔对丘吉尔采纳下级军官而不是他的意见感到不满，这也变成了政治化事件。[34] 最终，丘吉尔在这些事件和许多其他争议中占了上风，尽管付出的代价比他当时意识到的更惨重。

1911年11月，疲惫不堪、三次败北的贝尔福请求辞职，安德鲁·博纳·劳当选保守党领袖。丘吉尔给博纳·劳写了一封友好的祝贺信，劳回信说，他期待着在"其他俱乐部"见到丘吉尔，却同时写信给里德尔说，这个俱乐部必须解散。[35] 在丘吉尔这一方，他已经为自己在下议院关于博纳·劳当选的发言打好了这样一句腹稿："这位毫无经验、吵吵闹闹的次官，在国家未做好准备的状态下，在比他优秀的人的嫉妒中，获得了托利党的领导地位。"不过在真正发言时他并没有用这句话。[36] 他也给贝尔福写了信，说很遗憾一直以来不得不"与您处在一种敌对和不愉快的政治关系中：毫无疑问我自己的性格缺陷及行为方式不妥使事态进一步恶化"。但是他补充说："我们之间的一些谈话一直是我一生中最愉快和难忘的经历。"[37] 他这话指的是他们一起谈论他父亲的事情。考虑到丘吉尔在过去7年里对他的攻击是如此之多，如此之重，如果贝尔福对这种半道歉的话语感到相当愤愤不平，那么也是可以理解的。

11月27日，丘吉尔将4艘新战列舰分别取名为："非洲号""自由号""勤勉号"和"奥利弗·克伦威尔号"，送交国王审批。[38] 国王同意"非洲号"，但不同意其他名字，而是建议取名"德里号""惠灵顿号"和"马尔伯勒号”。丘吉尔并没有把最后一个名字当作一种恭维，然后就此罢手，而是坚持己见。国王也一样。一年过去了，丘吉尔试图让“克伦威尔号”这个名字再次得到认可，这次是为1912年出厂的伊丽莎白女王级别的4款超级无畏战舰之一取的名字。丘吉尔的理由是：“奥利弗·克伦威尔”是海军的创始人之一，他对海军的贡献几乎无人能比”。[39] 尽管克伦威尔留下的遗产也包括镇压异己，丘吉尔还是钦佩他重新允许犹太人进入英国，并且结束了君主专制的举动。国王不会愿意去纪念一个弑君者，但是丘吉尔并没有接受国王的暗示，而是坚持己见，并且试图说服斯坦福德汉姆勋爵：“陛下是这个国家所有荣耀的继承者，英国历史中没有哪一个章节他应该觉得是与他割裂的。”[40]

他表现出的固执和他提出的巧妙论点虽然可以说颇具喜剧效果，但都无济于事。国王和斯坦福德汉姆也有自己的论点，尤其重要的是，他们觉得使用这个名字会激怒爱尔兰民族主义者，因为1649年在德罗赫达和韦克斯福德，克伦威尔曾经进行了臭名昭著的大屠杀。1913年，丘吉尔提出了“方舟·皇家号”和“皮特号”这两个名字。国王对“方舟”这个名字提出各种不同意见，认为这个名字以后会被起出“挪亚方舟”这个诨号，但他拒绝“皮特”这个名字却是因为直觉，多年的海上生活告诉他，“这个名字会存在这样的风险：会有人给这艘船起外号，用与之押韵的某些病态词语来称呼它”。[41] 丘吉尔牢骚满腹，说这个建议“根本不值得出现在国王的头脑中”。[42] 这4艘船最终以“铁公爵号”（比起“惠灵顿号”丘吉尔更喜欢这个名字）、“马尔伯勒号”“印度皇帝号”和“本葆号”（以17世纪末伟大的海军上将约翰·本葆的名字命名）的名字试水。如果不是丘吉尔所仰慕和信任的新任第一海务大臣、海军上将巴顿伯格的路易斯王子说服他放弃这场斗争，丘吉尔很可能会无限期地将这场不平等的斗争继续下去。[43] 他不得不又等了32年，才把“克伦威尔”这个名字用在了一辆中型坦克上。

1913年试水的无畏战舰，属于战前最后一个造船计划，最后分别被命名为“君权号”“皇家橡树号”“决心号”“复仇号”和“拉米伊号”。最后这个名字再次向马尔伯勒致敬，因为这是他1706年取得的那场伟大胜利的名字。[44] 1912年5月，丘吉尔悄悄给克莱门汀写信说：“国王谈论海军时所说的话，比我以前听他说过的话都要愚蠢，听着他满口胡言乱语地说着那些低俗愚蠢的话，真叫人心灰意冷。”[45]

如果说在战列舰命名的事情上丘吉尔是争论不休，那么在支持爱尔兰自治的事情上他就是直言不讳，这也让他自己的小船驶向更加危险的水域。1911 年 12 月他写道：“爱尔兰自治问题必须永远是英国政治家的指路明灯，这不仅是为了把帝国联合起来，也是为了拉近与美国的友谊和联系。英语民族团结的道路无疑是漫长的，永远没有终点。但这也是一条开放的道路，爱尔兰议会，如果能够忠于王室，让绿宝石岛（爱尔兰的别称）的优势得到自由发挥，无疑就会成为这条道路上的第一个里程碑。”[46] 尽管一个独立的爱尔兰从长远来看是不可能继续忠于王室的，但是丘吉尔的思想已经开始沿着英语民族联盟的线路发展，其制高点，就是他于 1943 年在哈佛提出的英美联合国籍的建议。这是他最早关于英语民族联盟的声明之一，他将率先探索这一概念，并将其视为英国继续在世界上发挥其作用的核心。

然而，他对爱尔兰自治的支持哪怕是以非常有限的形式出现，在信奉新教的北方也是极不受欢迎的。1912 年 2 月，他在贝尔法斯特就这一问题发表演讲，表现出极大的个人勇气。克莱门汀勇敢地跟着他，尽管这看起来有些鲁莽，因为奥兰治的抗议者在他正要讲话的时候占领了阿尔斯特大厅——正是在这个大厅里，他父亲曾于 1886 年宣布，斗争才是阿尔斯特正确的选择。形势看起来可能会走向暴力，陆军部想派 3 个旅待命以维持秩序，但丘吉尔阻止了这一命令，同时告诉当局他将继续演讲。[47] 警察在贝尔法斯特的两个地区之间设置了警戒线，演讲最终被转移到位于贝尔法斯特福尔斯路那个区域的凯尔特人足球场，这个区域是爱尔兰民族主义者的地盘。[48]

丘吉尔和克莱门汀在他们下榻的酒店受到一群充满敌意的忠君派（反对爱尔兰自治的爱尔兰人）暴徒的威胁，他们的汽车在前往福尔斯路的途中差点儿被掀翻，但是当他们到达凯尔特人足球场时，立刻受到 5 000 名民族主义者在瓢泼大雨中的热烈欢迎。“在现代世界灯火辉煌的舞台上，爱尔兰议会的到来难道不会为大英帝国增光添彩吗？”他问众人，“关于分裂的那些愚蠢的空谈又怎么样呢？爱尔兰从大不列颠分离出去是绝对不可能的。”[49] 此行结束后，克莱门汀告诉里德尔：“温斯顿并不紧张，反对与威胁的声音似乎能‘让他更加振作’。”[50] 事实上，男性参政论者比爱尔兰反独立者制造的麻烦还多，“温斯顿威胁要扇一个男性抗议者的脸，因为他在火车上强行闯入他们车厢”[51]。

爱尔兰自治法案于4月16日进行了首次审议。丘吉尔曾经把在都柏林成立爱尔兰议会形容为“危险和不切实际的”，但正如他在足球场上的讲话表明的那样，由于爱尔兰民族主义者现在掌握着权力的平衡，他已经完全转变了立场，支持成立爱尔兰议会，尽管他也确实相信，阿尔斯特人需要“暂缓几年再加入其中”。[52] 这是一种非英雄主义的立场，却是一种合乎常理的妥协。联盟党从来都没有因为他坚持向阿尔斯特新教徒让步而对他表示赞许，而支持他的许多激进分子和爱尔兰民族主义者都不愿做出让步。[53] 他谈到这一法案时说：“从来没有人要求得这样少，也从来没有这么多人有这样的要求。”

在4月30日对该法案进行二读时，丘吉尔对博纳·劳和阿尔斯特统一党领袖爱德华·卡森爵士进行了严厉抨击。他批评他们“煽动奥兰治人”，说博纳·劳关于阿尔斯特将以武力反对爱尔兰自治的声明“几乎是叛国行为”。在这一年中，爱尔兰自治的斗争日趋激烈。11月11日，保守党出人意料地在一项小修正案的投票中获胜，自由党的阁僚们离开议会会议厅时，他们齐声高呼“辞职！辞职！”，并且喊出“再见，再见；拿上你的养老金，再见！”。13日，投票结果被推翻，丘吉尔在与杰克·希利一起离开会议厅时，反对党对他们高呼着“小人！”，而他们嘲弄地向对方挥舞着手帕，这时罗纳德·麦克尼尔，一位出生在阿尔斯特的老保守党议员，从他所坐的肯特郡选区的位子上，把一小本皮面的《演讲者守则》① 扔向丘吉尔，正打在丘吉尔的脸上，血流了出来。[54]（他第二天道了歉。）

尽管一直在为战争做准备，丘吉尔也向德国提出了几项全面和平的建议。1912年3月18日，当他向挤满人的下议院提交他的第一个海军预算时，他提出后来被称为“海军假日”的建议，即暂停两国所有新的海军建

① 具有讽刺意味的是，这本书本身就是议会规则手册。

设。他首先宣称，德国每建造一艘新的主力舰，英国就会多建造 60%，“因为我们在考虑自己的海军实力时，考虑的不是我们的商业，而是我们的自由”。[55] 随后他承诺：“如果德国的海军建设出现任何速度放缓或规模缩减的现象……我们都会及时跟上……进行大比例全方位缩减。”[56] 如果德国不再建造计划于 1913 年试水的三艘主战舰，丘吉尔承诺将“抹掉”英国计划建造的五艘超级无畏战舰。他宣布说：“这种激烈且代价高昂的海上竞争随时可能减弱。”[57]

德国拒绝了这一提议。德国君主写了一封“客气的”回信，说这“只可能发生在盟友之间”，但私下里却说丘吉尔的演讲“傲慢无礼”。[58] 德国总理特奥巴登·冯·贝特曼-霍尔维格对丘吉尔的说法则不屑一顾，认为这是新瓶装旧酒。他并没有对此做出公开回应。丘吉尔没有气馁，1913 年两次提出同样的建议，他对格雷说，不应该“仅仅因为德国统治阶级不欢迎就遏制这一提议”。[59] 丘吉尔后来一直在想，正如他在 1937 年 9 月《标准晚报》的一篇文章中所说：“如果德国接受了这一提议，就会大大缓解欧洲的紧张局势，并且很有可能会避免那场灾难。”[60] 也多亏该提议，丘吉尔在之后 30 个月中所发生的事情中未受谴责：海军假日通常可不是好战分子的政策。

1912 年 4 月 15 日，泰坦尼克号沉没，让丘吉尔感到无比自豪的是，妇女和儿童首先被救出遇难船只。正如他对正在巴黎疗养的克莱门汀说的那样，他觉得这“反映的不是别的，而是我们的文明之荣耀”。像以往一样，他以历史性的眼光看待这一事件，得出了与民族和政治相关的一些结论：

> 我不禁为我们的民族及由这次事件所证明的我们的传统感到自豪。妇女和儿童坐在那些小船上，虽然在海面上颠簸，却安然无恙，而其他的人，其他的一切，陷入了沉寂。让我们纪念他们吧。尽管现代生活中存在着种种不平等和人为因素，但是从根本上讲，从文明的基础上说，我们的文明是人道的、基督教的、绝对民主的。如果这发生在古罗马帝国或古希腊帝国，他们处理这件事的方式会是多么不同啊！权贵和名流们会带着他们的小妾、宠物、奴隶和士兵卫队首先离开，还有……谁贿赂船员谁就能得到优先权，

其余的人就会下地狱。但是，在这样的伦理基础之上是无法用科学建造出泰坦尼克号的，人们当然也不可能在失去泰坦尼克号时表现出尊严。[61]

1912 年 3 月下旬，克莱门汀流产了，随后数月身体欠佳。在怀孕期间，她继续定期狩猎，而阿尔斯特之旅可能也是让她紧张的原因之一。丘吉尔在“魔女号”上给她写信说：“亲爱的，我真是希望你一切都好，不要着急。这可能是最好的结果。你身体刚一恢复，我就把这么重的任务压在你身上，我感到非常内疚。① 难怪你上个月会感觉不舒服。可怜的羔羊。不管怎样，你将会度过愉快的一年，到冬天又可以打猎了，而且时间会很充裕。”[62]

克莱门汀以一种略显克制的诚实态度回复道：“这感觉与生出一个真正的孩子后的感觉是一样的，却没有结果。这实在是太奇怪了。我希望在我身上不会再发生这样的事情。”[63] 尽管经历了痛苦和失望，她调动起自己内心凝聚的力量，很快就恢复了战斗力。一周之内，她就给《泰晤士报》写了一封很幽默的信，对报上所发表的那些反妇女参政论者自命不凡的来信嘲笑道：“问题似乎不再是‘女性应该拥有投票权吗？’而是‘难道妇女不应该被全体废掉吗？’”信的署名是“C. S. C.”（一个命中注定的人）。[64] 阿斯奎斯虽然坚决反对女性参政，但他觉得这是他读过的有关这方面问题的“最好的东西”。可惜的是，就在第二天，她的丈夫听起来正像她讽刺的那种人一样对乔治·里德尔爵士说：“事实是，我们已经有足够的无知选民了，不需要再多一些。”[65]

11 月 13 日，丘吉尔和克莱门汀在剧院遭到妇女参政论者的攻击，当时也在现场的珍妮“去找妇女参政论者理论，告诉他们应该用常识好好填充一下自己的脑子”！[66] 包裹他们不敢在家中打开，因为担心妇女参政论者会寄来炸弹，这种炸弹在劳合·乔治位于萨里郡的家里爆炸过，在威斯敏斯特教堂加冕典礼的椅子下以及其他地方也爆炸过。成百上千的商店橱窗被锤子

---

① 这句话指的是丘吉尔在戴安娜出生后不久就使妻子再次怀孕，所以感到内疚。但玛丽·索姆斯所编辑的她父母的信件中用省略号替代了这句话。（索姆斯编辑，《演说》，第 61 页。）

砸得粉碎，艺术画廊的画作被砸烂，数百个邮箱被灌进了酸液。丘吉尔警告克莱门汀说："这些恶妇很有本事，能把我们搞得精疲力竭。"有人发出对丘吉尔家孩子进行绑架的威胁，这意味着他们在公园散步时也必须得到警察的保护。[67]

在大战爆发时，妇女参政运动暂停。1918 年 2 月，30 岁及以上女性终于有权在议会选举中投票，这就是妇女的贡献，丘吉尔对此也投了赞成票。1919 年 12 月，阿斯特夫人南希成为第一位在下议院就座的妇女。她感到丘吉尔对她态度冷淡，他们原本在社交圈是认识的。她问丘吉尔为什么，他回答："我觉得你好像走进了我的浴室，而我只有一块海绵来保护自己。"[68]（他有时也会不仗义，虽然这种情况很少出现。20 世纪 50 年代，当一位朋友告诉他公共汽车上男士给女士让座的传统正在消失时，他回答："她们活该！她们想要平等，就让她们站着吧！"）[69]

即使在战前那种恶劣的政治环境中，伴随着爱尔兰自治、女性选举权、重整军备、社会改革、上议院否决权和劳资关系等各种问题的激烈争议，丘吉尔也没有放弃建立一个中间派政党的梦想。1913 年 3 月，在沃尔顿希思的一场高尔夫球赛上，他对乔治·里德尔说："两党融合的时机很快就会成熟。"保守党将同意为农业工人设定最低工资标准，作为回报，自由党将接受义务兵役制。他说："两党在党内的一端都有一些傻瓜，在另一端也都有一些疯子，但中间这一大段却是健全的、明智的。"[70]劳合·乔治对丘吉尔的这一追求不感兴趣，他拒绝给予丘吉尔任何可以促进其梦想实现的赞誉。1912 年 11 月下旬，他向马斯特曼斯抱怨道："跟温斯顿谈原则之类的事，根本没有什么用。我直截了当地对他说：'对我来说你就像一位首席律师，如果不希望对手在某一案件中胜诉，就要把你留在自己这边。不过我认为你的收费太高了，但是只要还没有超出合理范围，我愿意尽可能与你在一起'。"[71]这就说明，劳合·乔治后来把丘吉尔留在政府大臣的岗位上，远不是因为感情、尊重或政治共识。他继续说道："我不知道还有谁会像他那样，在私人关系中遵循着良好而健康的标准，但在涉及公共事务时却完全没有任何明显的原则。"[72]很长一段时间，丘吉尔都把劳合·乔治视为自己在政界最亲密的朋友之一，但劳合·乔治对这段关系的看法并非如此。

1912年夏天发生的事情，让双方的裂痕进一步加深：当时还是财政大臣的劳合·乔治和司法大臣鲁弗斯·艾萨克斯爵士，在告知下议院他们在英国马可尼公司没有股份的情况下，却购买了其姊妹公司美国马可尼公司的股份。艾萨克斯的哥哥是英国马可尼公司的总经理，英国政府与这家英国公司签订了一份大合同，致使公司的股价上涨了两倍。有消息称这些大臣参与了内幕交易。由于两家公司从官方角度讲是两个不同的实体，因此这件事并未涉及真正的腐败，但是事情的发展似乎非常不妙。[73]

丘吉尔公开且毫不含糊地支持他的朋友们。他对里德尔说，他“非常关心LG（劳合·乔治的首字母）和鲁弗斯·艾萨克斯在马可尼事件中的境况，并说他为他们感到心痛。他将LG形容为‘一个勇敢、诚实的小个子男人，我对他非常依赖’”。[74]里德尔得出的结论是，丘吉尔是一个“忠诚、深情的人”，劳合·乔治的弟弟也同意这一观点。他在回忆录中回忆道，“这段日子里，他的声誉受到极大影响，在他身边支持他的朋友中，温斯顿·丘吉尔和《曼彻斯特卫报》的C. P. 斯科特是两大主力。据说，丘吉尔对此事的担心程度不亚于劳合·乔治本人”，他对“丘吉尔为控制局势和防止事态蔓延所做的努力”表示敬意。[75]丘吉尔说服诺斯克利夫勋爵不要让《泰晤士报》继续攻击他，还说服F. E. 史密斯代表劳合·乔治和鲁弗斯·艾萨克斯爵士成功地对法国《晨报》提起诽谤诉讼。在就调查此事的下议院特别委员会的报告进行辩论时，丘吉尔还对阿斯奎斯演讲的确切措辞提出建议。

当一名证人暗示丘吉尔本人也参与了购股时，他接到了传票，被要求在特别委员会出庭一小时。一位观察人士写道：“丘吉尔像旋风一样冲进了会议室，坐了一下，气得脸色惨白，之后立即被传唤到证人席上。”[76]委员会主席问他是否参与了马可尼股票的任何交易，丘吉尔所给出的愤怒的否定回答简直就是雄辩的杰作，令整个会议室充满了笑声和掌声：

> 我从来没有在任何时候，在任何情况下，直接或间接地对马可尼电报公司，或是其他任何此类公司的股票进行过投资，不论是在这个国家，还是在我们所居住的这个星球上的任何其他国家。我也没有任何兴趣去投资，哪怕是一丁点儿兴趣。在任何时候，

如果有人说我进行了这样的投资，那个人就一定是个说谎者和诽谤者，如果有人去重复别人说我购买了股票的话，并且说他自己也没有证据，相信这样的传言是假的，那么这个人与说谎者和诽谤者之间唯一的区别，就是他还是个胆小鬼。”[77]

当休勋爵的哥哥，保守党议员罗伯特·塞西尔勋爵提出，丘吉尔一定对能得到这个为自己正名的机会而感激万分时，丘吉尔回答，除了一个道听途说的谣言，再也没有任何其他证据，而这个传谣的人自己都不相信这个谣言。既然如此，他根本就不应该被传唤。[78]特别委员会的8名自由党人在票数上击败了6名保守党人，因此鲁弗斯·艾萨克斯和劳合·乔治逃过了官方正式的批评。丘吉尔还利用7月1日在国家自由俱乐部发表演讲的机会，为劳合·乔治和艾萨克斯进行了辩护，并且抨击了攻击他们的塞西尔，因为塞西尔演讲中的影射是那么“可恶、可鄙……而说出这些话的人，却一直在虚伪地将自己假扮成一个公正无私的人，并且还给自己所从事的肮脏工作添上了一种绅士文化的假象”。[79]这是丘吉尔与塞西尔家族长期爱恨交加的关系中的一个最低点。

9月下旬，丘吉尔受邀前往巴尔莫勒尔城堡猎鹿——在那里，国王发现丘吉尔这个人“很明智，而且相当理性”——这就给了他与19岁的威尔士亲王接触的机会。丘吉尔把王子的红色急件箱翻了一遍，就其中的政府文件提出一些建议。[80]丘吉尔对克莱门汀汇报说：“他很好，我们几乎交上了朋友。他需要爱上一只漂亮的小猫，这只猫可以防止他太过辛劳。”[81]后来的情况却并非如此。

他们在巴尔莫勒尔的大部分时间都花费在追逐乡间的猎物上了，而不是讨论政治。丘吉尔非常高兴，因为他发出“非常难射中的一枪——下坡，猎物半隐蔽着，跑得很快”，成功地打死了一头牡鹿。他试图说服另一位客人博纳·劳同意爱尔兰自治，哪怕让阿尔斯特在整体框架之外拥有特殊权利，但是不怎么成功。丘吉尔对他说：“历史告诉我们，在这种情况下，英国人的常识通常会取得胜利。”[82]他提出，那些信奉天主教的爱尔兰人不会“袖手旁观，眼看着到了嘴边的鸭子又飞了”，但博纳·劳主意已定。[83]

1913年10月，丘吉尔在曼彻斯特自由贸易大厅的一次演讲中，第三次提议与德国海军一起缩减军力或“休假”，4个月后，仇英的德国海军元帅阿尔弗雷德·冯·蒂尔皮茨正式在德国国会大厦前做出回应，再次拒绝了这一提议。蒂尔皮茨服役时间很长，权势也很大。德国君主将英国的军备限制提议描述为“对德意志人民和他们的皇帝的一种严重侮辱”，并且补充说：“他们这是徒劳。”[84] 丘吉尔之所以在公开场合进行这些提议，是因为私下里那些提议已经被拒绝，他希望动员德国公众舆论支持提议。让德国君主感到愤怒的部分原因，可能就是他已认识到，丘吉尔的提议不可否认地把他塑造成海军军备竞赛中的好战分子。一份保守的报纸，《德国日报》评论说，丘吉尔本人应该去休个假，不再发表演讲。[85] 但是英国的反对派媒体对同行给丘吉尔提的这个建议并没有太大的反应。《国家评论》谴责“海军部的江湖郎中”力促“裁军热潮”，该报称，这股热潮“涌入了鼓吹反英圣战的庞大的仇英军队中”。[86] 他们不知道的是，丘吉尔深信战争即将来临，私下要求再增加四艘超级无畏战舰，并大幅增加海军开支，尤其是潜艇开支。[87] 他在内阁里准备打仗，对外却公开提出和平，这并不是虚伪。面对咄咄逼人的德国军国主义，这样做不无道理。

1912年起，丘吉尔开始学习跳舞，而现在，他又开始学习驾驶飞机。他告诉一位朋友，这些学习“帮了他很多忙，给他的生活注入了新的活力”。[88] 1913年10月22日，他驾驶一架单翼机做“侧滑”飞行，但是飞机完全失控，但他没有被吓倒。[89] 就在第二天，他又驾驶一架5年前发明的阿斯特拉–托里斯型飞船，飞行了一个小时。在视察了希尔内斯造船厂的水上飞机后，他写信给克莱门汀说：“这就像南非战争中的一段旧时光一样美好，我完全活在当下，不用关心那些令人厌烦的政党政治和无处不在的报纸，不用关心那些令人尴尬的补选和严肃阴郁的奥兰治人，不用关心令人讨厌的塞西尔和朗西曼那种心里总是怀着小小的自鸣得意的人。”[90] 克莱门汀回信说：“请你行行好，从现在起不要再去飞行了。”[91] 丘吉尔自私地拒绝了她的请求，尽管当时航空业还处于起步阶段，就像他那两个不到5岁的孩子一样。11月29日，他对她说：“别生我的气。”他还说，飞行不是“真的很冒险”。[92] 三天以后，他的教官吉尔伯特·怀尔德曼–勒欣顿上尉在一次飞行事故中丧生。朴次茅斯中央飞行学校的校长休·特伦查德中校不认为丘吉尔具有飞行天赋。他回忆说："总的说来他似乎太没有耐心，做不成好学生。他会不期而至……看看他想看的，然后就在这儿过夜——或者是等他讲完话，留下来度过余下的夜晚时光。所有的事情，包括飞行，在他看来都服从于一个唯一的目的——让舰队为一场战争做好准备，目标敌人就是德国。"[93]

1914 年 5 月 29 日，丘吉尔告诉克莱门汀，他之所以没有写信，是因为他一直在中央飞行学校飞行，不想让她担心。6 天前，他是德国飞行员古斯塔夫·哈梅尔的欢迎委员会成员。当时，古斯塔夫·哈梅尔正在穿越英吉利海峡，但在途中因飞机坠海身亡。还有一名中尉，前一周还带着丘吉尔飞行，一周后死在他们上次飞行时驾驶的飞机上，他的副驾驶也死在同一架飞机上。[94] 克莱门汀回信说，她的请求"就像石沉大海"。[95] 他不得不承认，保险公司"试图对我的生命收取过高的保费——政治的压力、父亲的短命，当然还有飞行这件事"。[96] 在评估过他之前的生活后，任何一个保险代理人——尤其是如果他能够猜到未来还会发生什么——如果依然给他做保险，那么他一定是疯了。6 月 6 日，他终于承诺，虽然他马上就能获得驾驶执照或"翅膀"了，"我还是要果断地放弃飞行，几个月，或许是永远。学习飞行对我来说是一件天赐的礼物，虽然我在这方面天生愚钝，它比任何能用钱买到的东西都要珍贵"。[97] 他在 7 个月的时间里，与许多飞行员一起，驾驶不同类型的飞机，一共飞行了近 140 次。他觉得自己现在所了解的事情，已经足够用来"理解在不久的将来出现的所有政策问题"。[98]

丘吉尔对农业大臣沃尔特·朗西曼的负面评价，源于内阁在海军支出问题上的争吵。他要求增加 300 万英镑的军费，这遭到朗西曼的强烈反对，反对者还包括邮政大臣赫伯特·塞缪尔、检察总长约翰·西蒙爵士、内政大臣雷金纳德·麦肯纳和劳合·乔治。只有阿斯奎斯和陆军大臣杰克·希利支持他。报业巨头马克斯·艾特肯，也就是后来的比弗布鲁克勋爵，简略地总结了当时联盟党对"内阁中的备战领袖"的态度："他让人憎恨，他让人不信任，他也让人害怕。"[99] 内阁对丘吉尔的态度也差不多如此。

最后，阿斯奎斯的支持让内阁发生动摇，同意提供新增的 300 万英镑军费。"我永远不会忘记他给我的支持，"丘吉尔在 1950 年回忆道，"我们召开了20多场内阁会议（讨论预算），如果不是因为他的威严，我作为内阁大臣是不可能谈成这件事的。”[100] 为了刺激丘吉尔，劳合·乔治在1914年元旦接受《每日纪事报》的采访时说，世界和平的前景从未像现在这样好，庞大的军费开支是愚蠢的，作为前任财政大臣之一的伦道夫·丘吉尔勋爵宁愿辞职，也不愿接受“臃肿”的军事预算。丘吉尔正确地将此解读为蓄意挑衅，但是他拒绝就“内阁正在考虑的问题”发表声明。[101] 对于丘吉尔来说非常幸运的是，如果让他下台的话，那么他的对手们无法就可能的继任者达成一致：麦肯纳怀疑赫伯特·塞缪尔是否适合做海军部的工作，因为“他们不会喜欢一个犹太人海军大臣”。[102]

1913年12月31日，丘吉尔与壳牌石油公司签订长期合同，公司每年向皇家海军供应20万吨石油。他在下议院说：“他们总是彬彬有礼、体贴入微、乐于助人，急于为海军部服务，为促进英国海军和大英帝国的利益而努力——当然是以较高的价格！”[103] 他后来强调了这一点：“唯一的困难就是价格。当然，在这一点上，我们受到最为苛刻的对待。”这为丘吉尔赢得了工党议员的支持，但在6天后的壳牌石油公司年度股东大会上，董事长马库斯·塞缪尔爵士否认了对丘吉尔的指控，并邀请丘吉尔披露价格，或是让他披露价格。这两个提议丘吉尔都拒绝了。直到1966年丘吉尔去世后，这些数据才最终公布。数据表明，事实上，壳牌石油公司最初向海军供应石油的价格，远低于当时普遍的市场价格，造成了企业亏损。公司甚至还向海军部提供了一个董事会席位。[104]

1914年1月底，因为丘吉尔坚持增加国防开支，以麦肯纳为首的几位内阁大臣打算把他赶出内阁。“如果辞了职，”丘吉尔在2月中旬对里德尔说，“我将在邓迪附近的卡诺斯蒂租一小套房子，发表一系列阐述我政治观点的演讲。那将成为我的讲台。”[105] 当被问及是否会重新加入托利党时，他说：“不会，当然不会！任何情况下都不可能。我是一个自由贸易支持者，而且对于他们对待工人阶级的态度很不认同。”[106] 在谈到面对德国的22艘军舰，他坚决拒绝将英国本土水域的军舰数量减少到29艘以下时，他对里德尔说：“劳合·乔治已经习惯了和那些可以被吓住、被愚弄的人打交道，但我是不会被吓住、被愚弄的！他说一些内阁成员将会辞职，那就让他们辞职去吧！”[107]

3月17日，丘吉尔在一场马拉松式的长达两个半小时的演讲中，介绍了新的海军预算。在演讲中，他谈到实现空中防御的重要性，不论是通过“向空中开炮，还是用探照灯瞄准整个天穹，但是正确的军事原则所能依赖的唯一的实物担保，则是控制自己的领空”。[108]他用一个令人吃惊的形象，解释了现代战舰的防御力量与进攻力量是多么不成比例。他说：“如果你想在脑海中真实地描绘一场现代大型铁甲战舰之间的战斗，就不能把它想象成两个身着盔甲的人用重剑互相攻击，它更像两个蛋壳在用锤子互相攻击。”[109]他还谈到“潜艇的力量，以及这种武器在未来海战中可能发挥的决定性作用，尽管在某些方面它可能需要得到水上飞机的协助”。[110]丘吉尔对新一代武器的兴趣贯穿了他的一生，直至原子弹被发明出来。

1914年春天，爱尔兰爆发危机，几乎导致了全面内战。爱尔兰地方自治法案在下议院提出时——这是自1886年以来的第三个——阿尔斯特新教徒领袖爱德华·卡森爵士在北部建立了准军事组织UVF（北爱尔兰志愿军）。作为回应，爱尔兰志愿军很快在信奉天主教的南方出现了。3月9日，联盟党，它的官方名称——保守党和联盟党——很显然就是它存在的理由，却拒绝了阿斯奎斯关于建立联盟的折中解决方案，两党达成协议的希望彻底破灭。两天后，考虑到北爱尔兰志愿军构成的威胁，阿斯奎斯任命了一个内阁委员会，由克鲁勋爵担任主席，丘吉尔和希利都是该委员会的委员。

贝尔法斯特第15步兵旅指挥官，准将格雷琴勋爵报告说，一支装备着机枪和8万支步枪的忠君派队伍，正准备袭击阿尔斯特军火库，破坏阿尔斯特通信设备。[111]三天后，指挥爱尔兰军队的将军阿瑟·佩吉特爵士接到陆军部命令，让他接受预防“邪恶分子”袭击弹药库的“特殊任务”。他回复说，他已经发出保护仓库的指令，但没有提议派去更多的部队，于是他被传唤到伦敦讨论局势。

3月14日，丘吉尔在布拉德福德的圣乔治大厅发表演讲，相当于给本已高度易燃的局势火上浇油。阿斯奎斯授权他明确表示，政府已做好应对阿尔斯特叛乱的准备。但是，这并不是丘吉尔故意使用华丽辞藻的好时机。“在某些方面，博纳·劳先生确实是一种公共危险。”丘吉尔对众多听众说：

> 从他的讲话来判断，他非常真诚地认为，他只能继续恐吓政府，来破坏爱尔兰地方自治法案，为自己强行进入主权委员会铺路……在他每一句强硬的话语背后，你总能听到党的领导人在低语："我们必须进行选举……阿尔斯特是我们最好的名片，也是我们唯一的名片。"……流血，先生们，无疑是可悲的。我见到过一些流血的事情——可能比许多轻浮地谈论流血的人要见得更多。但是还有比流血更糟糕的事情，哪怕是大规模的流血。大英帝国中央政府的垮台就是更糟糕的事情。我们的公职人员抛弃了他们在荣誉中所承诺的正义目标，这也是更糟糕的事情。行政部门懦弱地放弃责任，这还不是更糟糕的事情。在一个文明国家，法律和秩序是生命、自由和追求幸福的保障，而对它们的践踏，更是比流血还糟糕的事情。

丘吉尔总结说，如果他们没有和平的愿望，我们的每一次让步都被一脚踢开，特别是如果忠君派真的心存"邪恶的、想要革命的目的——那么，先生们，我只能对你们说，让我们一起前进，把这些严重的问题揭露出来"。①[112] 利奥·阿梅里写道：丘吉尔的讲话以"最不妥协和最具威胁性的形式"宣布了政府的政策。阿梅里的这一想法代表了许多保守派的想法。[113]

佩吉特将军于 3 月 18 日抵达伦敦。杰克·希利、帝国总参谋长约翰·弗伦奇爵士和陆军副官长约翰·尤尔特爵士对他说，尽管英军没有攻击阿尔斯特人的可能性，但在紧急情况下，还是需要将军队调遣到那里以维护统治。第二天，丘吉尔命令正在西班牙演习的第三战队 8 艘战舰"立即以正常速度前进"，驶往距离阿尔斯特 60 英里的克莱德湾阿伦岛上的拉姆拉什。与此同时，英国皇家海军舰艇"直布罗陀号"和"阿瑟王号"即将前往爱尔兰金斯

---

① 这是丘吉尔第二次说到"让我们一起前进"这句话，第一次是在 1910 年 3 月，与《议会法案》有关。每当他发现一句效果很好的话语时——这句话在布拉德福德演讲时赢得了"热烈的欢呼"——他习惯在不同的场合一再使用它。这句话他至少在 19 个场合对观众说过（对他的狗鲁弗斯至少也说过一次）。通常在号召大家团结时他会说这句话，但是 1914 年 3 月这一次，这句话的含义却被认为是相反的，是一种挑衅性的武力号召。

敦，第二天将会有550名步兵登船，每艘舰艇225人，开往（位于都柏林和贝尔法斯特之间的）敦达克”。[114]他还派了5艘驱逐舰在爱尔兰港口待命，准备运送军队，因为忠君派的铁路工人威胁要关闭铁路线。这一预防措施得到内阁的批准，以防备卡森的北爱尔兰志愿军建立临时政府。尽管错得离谱，许多托利党人还是坚持认为，丘吉尔是故意在北方挑起武装抵抗，这样就可以粉碎其武装，在整个爱尔兰岛强行实施地方自治。[115]

3月21日，当舰队开到锡利群岛时，阿斯奎斯却撤销了命令。当时的情况已经变得非常复杂，英军驻爱尔兰主要营地库拉赫的第三骑兵旅准将J. E. 高夫，以及驻军的70名军官中的另外57名一起宣布，他们宁愿被解除职务，也不愿意服务于针对阿尔斯特的高压政治。虽然没有一个军官曾拒绝服从任何一项实际下达的命令,大家还是把这次行动称作“库拉赫兵变”。“温斯顿放出话来，说要把军官们用战舰带到军事法庭受审，”尤尔特回忆说，“不过我敦促大家等一等，看看涉事的高级军官们会怎么说。”[116]高夫被召集到陆军部，他和希利都认为这是一场误会，并且达成一份备忘录，这份三段式备忘录也得到内阁的批准。希利后来又补充了他自己的两段话，说军队不会被用来胁迫反对地方自治的阿尔斯特人。这件事被泄露给媒体后，给人的印象是“兵变”迫使政府做出了让步。当内阁否决了这额外的两段内容后，希利和弗伦奇被迫辞职。

丘吉尔深度参与了这一切。在危机期间，他拜访了自己的朋友希利在伦敦切斯特广场的家、阿斯奎斯在唐宁街10号的家以及白金汉宫，参加了内阁会议，还向舰队发布了命令。但是，与他的参与相关的谣言，最后竟变成一个阴谋论。这个所谓的阴谋被命名为“阿尔斯特大屠杀”，尽管并没有发生过实际的流血事件。甚至直到1954年，将军休伯特·高夫爵士（J. E. 高夫的兄弟）还这样写道：“在那令人激动的几天里，我的印象是，丘吉尔是准备与阿尔斯特开战的背后推动力量，希利仅仅是他手里的一个工具，佩吉特也一样。”[117]据说丘吉尔曾经告诉弗伦奇：“如果贝尔法斯特首先开战，他的舰队将在24小时内把这座城夷为平地。”[118]

1912年，正担任保守党首席督察的克劳福德勋爵，自然会对丘吉尔的参与做出最糟糕的解释。他写道：“有明显证据表明，这是一个精心策划的阴谋，我不怀疑是丘吉尔策划的，可能也没有与阿斯奎斯和受人尊敬的内阁成员沟通。”[119] 克劳福德把原因归结为血统和“丘吉尔血液中那一股印第安–墨西哥①血液，这也解释了为什么丘吉尔会一次次疯狂到不可理喻”。[120] 支持卡森的 F. E. 史密斯同样无理地指责丘吉尔“巧妙地策划了整个事件的第一枪”（当然，这第一枪发出后枪筒肯定不是红色的）。[121] 贝雷斯福德在海德公园的一次工会集会上指责丘吉尔是“一个小人国中的拿破仑，一个头脑不平衡的人，一个自大狂”。并补充说：“只要温斯顿·丘吉尔还在位，国家就处于危险之中。”[122]

下议院的气氛在这几个星期里一直很狂热。4 月 1 日，利奥·阿梅里问丘吉尔，“他是否想到并且希望，商店里发生的那些纯粹防备性行动最终会导致战争和流血冲突？”[123] 丘吉尔称这是“魔鬼般的影射”，议长要求阿梅里收回他说的话。保守党人冲着丘吉尔大喊着“辞职！叛徒！撤回！”，让事情变得更糟的是，丘吉尔接着说，博纳·劳总是愿意“证明士兵们开枪打死激进分子或工党人是正确的”。然而，3 月 27 日，在与阿尔斯特相关的这场动乱期间，自由党议员塞西尔·哈姆斯沃斯却发现，“温斯顿在议长座椅后面的洗手间里快活地哼唱着歌曲。我感谢他给予我们这种让人安心的快乐，他告诉我说，他习惯于用外表的平静来面对困难”。[124]

4 月 27 日，在北爱尔兰志愿军卸下一大批枪支弹药两天后，丘吉尔在下议院对保守党的攻击做出这样的描述：“简直不可思议到像是犯罪集团对警察进行不信任投票。”贝尔福反驳说，只有一种人比最卑鄙的罪犯更不道德，那就是怂恿政治人物犯法以便将之逮捕的密探。[125] 尽管丘吉尔根本就不可能把他所热爱的帝国大城市贝尔法斯特夷为平地，但“阿尔斯特大屠杀”的谣言仍然留在了保守党人的记忆中。丘吉尔在布拉德福德的那场极具煽动性的演讲，也被用来质疑丘吉尔一直以来的判断力。枢密院职员阿尔梅里克·菲茨罗伊爵士在日记中写道：“说温斯顿的判断力不足以与他的能力相提并论，这并不是对他非凡才能的轻蔑。他的能力也不足以与他的野心相提并论。他

① 杰罗姆家族被（错误地）认为具有印第安人血统，至于墨西哥的想法从何而来还不清楚。

的缺陷就在于，他所看到的一切，都是通过他那面自信的放大镜看到的。”[126]这的确是他一生中大部分时间里的一个缺陷，直到某个时刻，它却转化成了一种强大的力量。实际上，与当时许多人所认为的情况比起来，丘吉尔真正的阿尔斯特政策要温和得多。[127]

《爱尔兰政府法案》（被称为《爱尔兰地方自治第三法案》）于 1914 年 5 月 21 日在下议院进行了三读，也是最后一读。因为《议会法案》不允许上议院连续三次拒绝通过任何法案，该法案于 9 月 18 日获得国王批准。但是战争爆发时，联盟党和自由党宣布了战时政治休战，自治法案中的条款也被搁置。因此，自该法案在议会被提出以来的两年里，双方主要参与者曾经威胁的后果都没有发生。实际上，倒是有大约 20 万爱尔兰人参加了与德国的战斗。

丘吉尔后来写道：“（第一次世界）大战的任何部分都比不上它的开局有意思。巨大的军力经过精心策划，悄无声息地集结在一起，其运动方向和具体位置的不确定性，以及无数未知和不可知的事实，使第一次冲突成为一出从未被超越的好戏。”[128] 6 月 17 日，他为皇家海军争取到壳牌石油公司的订单。11 天后，奥地利大公弗兰茨·斐迪南在萨拉热窝被暗杀，引发了一系列事件，直到 7 月战争爆发。7 月初，丘吉尔一家在诺福克郡克罗默附近奥弗斯特兰德的梨树小屋度假，丘吉尔喜欢在那里的海滩上和孩子们玩耍。尽管如此，他还是参加了 7 月 17 日和 18 日的斯皮特海德阅舰式，他称这是“世界历史上最伟大的一次海军力量集结”。[129]

7 月 25 日，内阁正在讨论爱尔兰的自治问题时，爱德华·格雷爵士打断了他们，宣读了他收到的一份照会，宣布奥匈帝国对塞尔维亚提出严厉谴责，因为塞尔维亚被控窝藏了与暗杀大公有关的恐怖分子。维也纳得到德国的全力支持，德国认为这是一个激怒塞尔维亚的保护者——俄国的机会，而俄国又与法国结盟。听了格雷的话，丘吉尔意识到：

> 这份照会显然是最后通牒，但现代社会里从未有谁写过这样的最后通牒。越往下读，你会越确定，世界上没有哪个国家会接受这样的最后通牒。即使有谁会接受，无论是多么卑微地去接受，

也不会让挑衅者获得满足。在欧洲的地图上，一束怪异的光开始出现，并以人们可察觉的变化逐渐强烈起来。[130]

丘吉尔在那次会议上对阿斯奎斯和格雷的观点表示支持，如果德国对法国宣战，英国将积极干预欧洲危机，以支持法国。这并不是因为丘吉尔是好战分子，而是因为英国的立场如果足够坚定，就有可能说服德国和奥地利退出战争。7 月 25 日晚，丘吉尔与德国船王阿尔伯特·巴林共进晚餐，巴林对德国君主非常了解，他告诉丘吉尔，法德战争很可能引发英德战争。丘吉尔眼含热泪，请求巴林尽其所能阻止德国向法国开战。[131] 然而，在约翰·莫利和约翰·伯恩斯的领导下，大多数内阁成员却希望英国保持中立。莫利在其去世后才出版的《辞职备忘录》中写道，主张干涉欧洲危机的工作“是温斯顿使出其浑身恶魔般的力量公开去做的”。[132] 在 7 月 25 日—27 日的某个时刻，莫利“在温斯顿坐到我旁边的座位上时拍了拍他的肩膀说，‘温斯顿，我们终究还是打败了你’”。莫利说丘吉尔的回答就是“一个很开心的微笑”。[133]

曾经反对布尔战争的劳合·乔治，用他弟弟威廉的话说：“极不愿意致力于一项会让国家卷入战争的政策……温斯顿·丘吉尔先生对这件事却毫不犹豫，以个人名义强烈呼吁我的哥哥站到他这边来，用强有力的言辞提醒他想一想他们之间过去的那种紧密的关系。从他的呼吁中可以看出，丘吉尔和达夫德（戴维）实际上已经分道扬镳。丘吉尔摆在我哥哥面前的选择就是，要么做一辈子的‘战友’，要么做一辈子的‘敌人’。”[134] 丘吉尔特别提到劳合·乔治在阿加迪尔危机中扮演的挑战者角色：“毫无疑问，你那精明的一击达到了目标。”7 月底，劳合·乔治宣布自己支持战争，莫利将其归功于丘吉尔，“海军部那个了不起的最高层”。事实上，劳合·乔治当然完全有能力做出自己的决定。

7 月 26 日，星期日，丘吉尔回到奥弗斯特兰德，在南海岸波特兰的试航动员演习结束后，第一海务大臣巴顿伯格的路易斯王子决定不让舰队解散。在没有得到内阁批准的情况下，丘吉尔很快就表示了对此举的认同，并乘下一班火车回伦敦。舰队被派往斯卡帕湾奥克尼群岛的避风锚地，那里可以抵御来自北海的突然袭击。舰队在黑暗中穿过多佛海峡，丘吉尔的《第一次世界大战回忆录》中一段诗意的文字就此产生了：

> 我们现在可以想象一下这支庞大的舰队，它的舰艇支队和巡洋舰队，一支一支缓缓驶出波特兰港，几十座巨大的钢铁城堡，像一个个陷入焦虑思考中的巨人，在薄雾中穿过波光粼粼的大海。我们可以再想象一下，当夜幕降临的时候，蔓延18英里长的舰队，在死寂的黑暗中全速前进，穿过狭长的海峡，带着它们重要的国防任务，进入北方广阔的水域……国王的战舰出海了。[135]

7月28日，奥地利对塞尔维亚宣战。就在第二天，英国舰队抵达其位于奥克尼的战斗岗位。

7月28日午夜，丘吉尔给克莱门汀写了一封信。“我亲爱的漂亮宝贝，”信上写道：

> 一切都在走向灾难，走向崩溃。我感到有趣、兴奋、幸福。我怎么会是这样一个人？太可怕了。对于我来说，备战完全是件引人入胜的事情。愿上帝原谅我这种轻浮到可怕的情绪。不过，我将尽我最大的努力去争取和平，任何事情都不会诱导我去错误地出击——我不认为我们英伦三岛上的人对席卷基督教世界的疯狂浪潮负有严重责任……我在想，那些愚蠢的国王和皇帝难道不能聚在一起，通过把国家从地狱中拯救出来而复兴王权吗？但我们都随波逐流，神情恍惚，就像那乏味的僵尸。好像这一切都是别人的行动！[136]

丘吉尔的批评者很少会引用前几句以后的话，但是只有通读全文，才能看到这封信真正的意义。丘吉尔不仅对战争的准备工作着了迷，而且对战争本身也着了迷，他近距离地看到过四场战争，知道战争有多可憎，因此也不赞成自己对战争的迷恋。他本性如此，这并不可怕。幸运的是，内阁在这样的时刻至少还有这样一位成员是一个军迷。他甚至在7月29日的内阁会议上提出“国王会议”的想法，但最终没有任何结果。[137]

在和克莱门汀谈到圣詹姆斯公园的黑色“可爱小天鹅”这几句题外话之后（此处他用了四个形容词，分别是“灰色、毛茸茸、珍贵和独特”），丘吉尔特意又自豪地说到海军：“一切都已准备就绪，从来没有过如此充分的准备。我们从头到脚保持着警惕……我相信，一旦战争来了，我们一定会迎头痛击。”[138] 他叫克莱门汀在固定的时间给他打电话，并且警告她说：“但是说话时要多用比喻，因为他们都会听的。”[139] 他指的是邮政总机接线员，而不是外国情报人员。但是在这种时候，安全意识还是很重要的，而且丘吉尔夫妇已经有了一套可以使用的暗号语言。他还担心万一德军突袭克罗默，对他的家人来说奥弗斯特兰德可能就是一个危险之地了，因为它“附近有一个很好的登陆点”。[140]

7月29日，星期三，丘吉尔仍然试图让劳合·乔治在内阁中站在他的一边。他对乔治说：“如果我们在一起，就可以推行较为宽泛的社会政策。海战将会很便宜。”[141] 当时他还不知道英国远征军会被派往欧洲大陆：这支部队本身已经准备就绪，计划自1911年起就已实施，但内阁尚未就英国卷入欧洲冲突的性质做出决定。甚至直到8月3日，德国人开始入侵比利时，唐宁街才告知即将指挥英国远征军的约翰·弗伦奇将军，肯定会有一支军队被派往法国。[142] 如果英国只是打一场海战，那么确实会很便宜，至少比之前的那一场海战便宜。也是在这次内阁会议上，丘吉尔隔着桌子递给劳合·乔治一张纸条，上面写着：“周五晚上（也就是7月31日）留出时间，F. E. 要问一些事情”。[143] F. E. 史密斯正在接近博纳·劳和马克斯·艾特肯（也就是后来的比弗布鲁克勋爵）等人，希望他们与自由党联合组建一个国家政府，但博纳·劳再次拒绝了这个想法。

“温斯顿·丘吉尔来看了我，”国王在7月31日星期五的日记中写道，“海军已经完全做好了战争的准备，但是上帝，请不要让战争降临。”[144] 丘吉尔完全同意这些看法，这一点从他那天给克莱门汀的信中可以看得很清楚。丘吉尔在信中对克莱门汀说：“不要随便走动，而是要把自己锁起来，不然会被战火点燃。”他写道：“尽管乌云密布，但还是有希望的。”

我认为德国已经开始意识到反对其的力量有多么强大，也在试图约束其那愚蠢的盟友，尽管有些心不甘情不愿。我们正在努力安抚俄国。但是，每一个人都在迅速地为战争做好准备，袭击在任何时候都有可能发生。我们准备好了……德国已向我们提出一项建议，如果其承诺不占领法国领土或不入侵荷兰，希望我们就能保持中立，但其必须占领法国殖民地，也不能保证不入侵比利时。根据条约，德国不仅要尊重比利时，而且要保卫比利时。格雷回答，这些可耻的建议是不可能被接受的。现在，这些问题成了一切矛盾的核心。希望仍然在。[145]

8 月 1 日，星期六的晚些时候，德国对俄国宣战。当格雷、霍尔丹和掌玺大臣克鲁侯爵带着这个消息来到唐宁街 10 号时，他们不得不等了一个小时，等阿斯奎斯和女士们打完桥牌。（克鲁把这比作在棺材顶上玩耍。）丘吉尔又一次在没有内阁授权的情况下立即给海军发出动员令。艾特肯后来回忆说："他没有沮丧，没有兴奋，也没有表现出惊讶，直接就走了出去，就像一个人要去干一份很平常的工作一样。"[146]他通知了阿斯奎斯，阿斯奎斯什么都没说，但看上去"很满意"。第二天上午，内阁正式同意了。[147]

当晚 10 点半，丘吉尔在英国海军部给罗伯特·塞西尔勋爵写了一封信："今晚的消息再次打开了希望之门。奥地利和俄国似乎有望就德国提出的方案恢复谈判，并将为达成协议竭尽全力。但是，两军之间的冲突可能随时发生，不论是由于敌对行为还是因为意外事故。我认为，在任何情况下，如果我们任由比利时的中立地位被德国践踏，而不是尽力帮助法国，我们的利益和荣誉都将处于非常可悲的境地。"[148]

8 月 3 日，星期一下午，德国军队按照早在 1905 年就设计完成的旨在打败法国的施利芬计划开始入侵比利时。丘吉尔则早在 1911 年就以惊人的准确性预测出施利芬计划的主要条款。在当天上午的内阁会议上，格雷承认，英国在援助法国时，将不受任何已签署的协议约束。下午 3 点，他在下议院重申了这一点。尽管如此，他仍然认为英国的荣誉、威望和战略利益处于危险之中——与德国一样，英国在 1839 年也为确保比利时的独立做出过努力。

下议院同意了他的提议，尽管对于这么重要的决定，议会竟然不同寻常地没有进行投票。一份期限为24小时的最后通牒被发往德国，到期时间是8月4日星期二晚上11点。

丘吉尔请求阿斯奎斯和格雷在最后通牒的时间到来之前，就开始实施英法海军作战计划，以保护英吉利海峡。他对他们说，这“并不意味着我们将发动进攻，或是其他类似战争的行动，除非我们受到攻击”。[149]第二天早上，《泰晤士报》将丘吉尔描述为“对形势的把握和为应对形势所做的努力得到了极大赞扬的”一位大臣。[150]8月4日，在英国的最后通牒时间到来之前，德国巡洋舰“戈本号”在法属阿尔及利亚轰炸了菲利普维尔（现在的斯基克达），轻巡洋舰“布雷斯劳号”轰炸了波尼（现在的安纳巴）。然后两艘船一路向东逃往土耳其，尽管英国皇家海军一直在跟踪他们。丘吉尔在乞求允许他们与这两艘船交战时对阿斯奎斯和格雷说：“如果在黑暗中我们跟丢了这两艘船，那么将是极大的损失。”[151]

“温斯顿身上已经涂满了战争的色彩，他渴望明天凌晨会有一场海战，好让‘戈本号’葬身大海。”阿斯奎斯在给威尼西亚·斯坦利的信中写道：“这一切都使我感到悲伤。”内阁拒绝在当晚11点之前采取任何进攻行动。在海军部吃过晚饭后，一个法国海军代表团问丘吉尔，他们是否可以在地中海再建一个海军基地。“就把马耳他当土伦来使用吧。”丘吉尔这样回答。[152]

最后通牒于8月4日晚11点到期，丘吉尔当时正在海军部。他后来回忆说：“沿着购物中心，很多人一起高声唱起了《天佑吾王》，歌声从宫殿的方向飘过来。这时候，大本钟敲响了报时的第一声，打破了这深情的声浪。房间里响起了一阵沙沙的移动声，一封宣布‘与德国成为敌对国’的宣战电报，正在发往世界各地挂着英国皇家海军旗帜的船只和机构。”[153]

地中海第一巡洋舰中队指挥官、海军少将特鲁布里奇虽然在收到这封电报时仍然在追踪着“戈本号”和“布雷斯劳号”，却没有与其交战，两艘船安然无恙地穿过达达尼尔海峡，加入土耳其海军。这使本就渴望得到英占塞浦路斯，同时也憎恨俄国的土耳其，更加坚定地站在由德国和奥匈帝国组成的轴心国一边。（“戈本号”后来成为“亚武兹号”，1950年以前一直是土耳其的主要旗舰。）不久后，丘吉尔在与汉密尔顿夫妇共进晚餐时说：“特鲁布里奇将军已经完了，他很可能会被送上军事法庭并被枪毙——就像（18 世纪那个未能占领米诺卡岛的）拜恩将军一样。”[154] 最终，特鲁布里奇在军事法庭被判无罪，但他的职业生涯实际上结束了。

为了防止类似事件再次发生，丘吉尔从舍伍德福里斯特斯团派了一个连到泰恩河的阿姆斯特朗造船厂，扣押了一艘几乎完工的土耳其无畏战舰。“利沙蒂埃号”被重新命名为“艾林号”后送往斯卡帕湾。另一艘正在建造中的土耳其战列舰“苏丹奥斯曼一世”，被更名为“阿金库尔号”。尽管英国提出只在敌对期内使用这些军舰，并且支付一大笔经济补偿，土耳其人还是震怒了。[155] 土耳其的这些战舰是通过公众捐款购买的——土耳其妇女甚至卖掉她们的头发来筹钱——对于这次战舰被没收的事情，整个国家一片哗然。麦肯纳、劳合·乔治和其他许多人后来声称，是丘吉尔的这些扣押行动迫使土耳其站在了轴心国一边，但这不是实情：8 月 2 日，土耳其秘密承诺，一旦时机成熟，就加入德国和奥地利。

在 8 月 4 日 11 点最后通牒到期后，丘吉尔走到唐宁街 10 号。虽然劳合·乔治后来回忆说，应该是在他与阿斯奎斯坐在内阁会议室等待最后通牒到来时，会议室的双扇对开门突然打开，丘吉尔走了进来，说他正要下令舰队采取军事行动。“温斯顿冲进房间，容光焕发，敏锐犀利，说起话来有如连珠炮，”劳合·乔治说，“你可以看出他当时是一个多么快乐的人。我想知道，在这样一场可怕的战争开始时，人们是否应该是这样的心态。”[156] 那天晚上丘吉尔所表现出的兴高采烈一直被批评者用来指责他，他之所以情绪高涨，是因为尽管他不希望战争爆发，曾经三次邀请德国海军“一起休假”，但是他还是一丝不苟地计划好了，战争一旦爆发，他的部门就会严阵以待。

1913 年，A. G. 加德纳曾经指责丘吉尔描绘了一幅“德国威胁的可怕画面。丘吉尔相信关于德国威胁的一切，是因为他的头脑一旦抓住一个念头，就会以极快的速度围绕这个念头运转，使它变强、变大，使它笼罩整个天空。他的脑海里上演的，总是生死攸关的时刻和世界末日的来临……他将把自己的名字大大地写进我们的未来。我们要小心，他会不会用鲜血写出自己的名字来”。[157] 加德纳在那篇文章的另一个地方写道：“丘吉尔想到了拿破仑，也想起了他的先祖，他们就是这样支撑着自己度过了艰难的时刻。因此，在这坎坷而艰险的危机中，他也将这样支撑着自己。这不是虚情假意，也不是缺少真诚，只是在这种热烈而生动的想象中，他总是将古希腊阿伽门农的命运安排到自己身上，并据此铸造出自己伟大的业绩。”[158] 在开战前的最后一个和平年里，加德纳这样说显然是在刺激这位 39 岁的海军大臣。但是如果丘吉尔在 1939 年之前去世，那么人们确实会认为他的主要功绩就是让英国皇家海军为一战做好准备。

第9章

“这场光荣、美味的战争”
（1914年8月—1915年3月）

这将是一场旷日持久、令人伤感的战争。

——丘吉尔，1914年9月[1]

批评总是有益的。我一生中的每个阶段都在不断从批评中获益，没有哪个阶段不是这样。

——1914年11月，丘吉尔在下议院[2]

丘吉尔精神饱满、全力以赴地投入第一次世界大战。他成立了海军战争小组，组员包括他自己、第一海务大臣（巴顿伯格的路易斯王子）、第二海务大臣（副海军上将弗雷德里克·汉密尔顿爵士）、海军作战参谋长（副海军上将多夫顿·斯图蒂爵士）和海军部次官（海军少将贺拉斯·胡德）。小组每天会面，有时一天几次，巧妙地将传统上由海军部委员会拥有的权力转移过来。战争小组成员一致认为，目前，英国皇家海军压倒一切的战略目标应该包括：将英国远征军送往法国；封锁德国；将德国公海舰队的活动范围限制在波罗的海和北海港口，如果出现在别处就击沉它；保持大英帝国全球贸易航线的畅通。丘吉尔和费舍尔还梦想着能够占领一些战略要地，例如博尔库姆岛的埃姆斯河口，或是黑尔戈兰岛（这是个让费舍尔始终着迷的地方），他们甚至希望等法国的局势稳定后，英国陆军能够登陆德国北部。但是海军部的多数其他同僚并不这么想。

然而，除了海军部，其他部门对战争的组织却是出奇地随意。在紧急情况下，几位部长被临时召集在一起做出决定，甚至没有人做会议记录。直到1914年11月底，战争委员会才正式成立。由8名成员组成的小组委员会围坐在一张八角桌边，由汉基担任委员会秘书。不过小组成员很快就增加到13人。到9月，内阁已设立22个小组委员会，到1916年3月时已增至38个，其中许多小组委员会的职责和人员都有重叠。[3]阿斯奎斯一直没有像丘吉尔和其他极少数人那样完全弄明白，这场战争将与他们以往看到的完全不同。

尽管就在两天前，唐宁街10号还在反对派远征军前往法国，但是两天后，德国入侵比利时，第二天英国对德宣战。一切都在改变。在1914年8月5日的战争委员会会议上，丘吉尔提出，应尽快将英国远征军派往法国，这一提议得到普遍支持。他不希望远征军只加入法国在莫伯格的前线，他认为这支部队应该集中精力，在位于圣纳泽尔和巴黎之间，并与两个城市等距离的图尔建立起自己的军事力量。这样，这支部队就可以作为一支战略储备力量，利用德国防线的弱点展开机动战。然而，当天刚刚根据丘吉尔的提议被任命的陆军大臣基钦纳勋爵并不支持丘吉尔的提议，他力挺陆军部军事行动局局长亨利·威尔逊少将的计划，即将英国远征军安置在法国防线的左翼。这一计划早已完成，只不过长期以来一直对内阁保密。

当晚在“其他俱乐部”，基钦纳提议，海军上将杰利科应该入选俱乐部。在丘吉尔的坚持下，杰利科不久前刚刚被任命为本土舰队总司令，负责在8月9日—22日将英国远征军的四个步兵师和一个骑兵师运往法国的行动。这次行动取得了巨大成功。（事实上，到1914年年底，英国海军横渡英吉利海峡运送的人员达到80.9万、马匹20.3万、物资25万吨，且未损一兵一卒。）[4]晚餐结束时，丘吉尔站起来说，他打算要无视一次“只为国王干杯”这个规定，他提议俱乐部为“英国军队的胜利”干杯。

第二天，在动身前往法国前，威尔逊将军来到海军部告别。在所谓的“阿尔斯特大屠杀”后，在爱尔兰出生的威尔逊对丘吉尔产生了不信任，那时这位将军曾积极鼓励库拉赫叛乱分子。他对丘吉尔说，虽然他们“经常意见相左，且从不害怕交锋”，但是在坚持英国必须在欧洲大陆上支持法国方面，丘吉尔“5日在唐宁街的表现简直就是个英雄”。威尔逊在日记中写道：

“我希望和他握手道别。他说他确信我会‘走向胜利’，之后就彻底崩溃，哭了起来。我从来没有这么喜欢过他。”[5] 威尔逊按计划把英国远征军安置在位于法军防线左翼的蒙斯。

国王、劳合·乔治和基钦纳等人庄严地承诺，战争期间他们将滴酒不沾。丘吉尔显然并没有加入其中。这种做法对战争本身没有什么帮助——毕竟，英国的盟友法国是需要出口的——但是可以在一定程度上显示出自我牺牲的决心。国王和基钦纳遵守了诺言，虽然戒酒让两个人变得有些暴躁。劳合·乔治却很快食言了，尽管他假装没有。“丘吉尔摆出一副高高在上的样子，”劳合·乔治的秘书兼情妇弗朗西斯·史蒂文森回忆道，“他宣布自己不会受国王的影响去戒酒——他认为整件事都是荒唐可笑的。”[6] 1919 年 1 月，他曾大笑着对禁酒主义者里德尔说：“适量的烈酒可以改变一个人的人生观。在麻烦不断、阴郁低沉的一天结束时，它会让事情看起来更乐观。作为演讲和社交活动的小帮手，它的价值也无可估量。”[7]

8 月 16 日，当丘吉尔意识到船上并没有安排 2 万～3 万皇家海军预备役人员的位置时，他组建了新的“皇家海军陆战师”中的前三个旅。这是一支新的步兵部队，由海军而不是陆军控制。这个师最终参加了这次战争中最血腥的几次战斗，包括加里波利战役、索姆河战役和伊普尔第三次战役（即帕斯尚德尔战役）。丘吉尔的许多朋友和熟人都在这个师里服役——丘吉尔称他们为“出生在火炉中的火蜥蜴”，有几位在战争中阵亡，包括鲁伯特·布鲁克、维尔·哈姆斯沃思、帕特里克·肖-斯图尔特、艾伦·坎贝尔和威廉·克尔。伯纳德·弗雷伯格和首相的儿子阿瑟·“奥科”·阿斯奎斯虽然活了下来，身上却留下了十几处伤口。[8]

“皇家海军陆战师”官员保留了海军的军衔、习俗、语言和传统，他们蓄着胡子，坐着为国王的健康干杯，几个营分别以纳尔逊、德雷克、霍克和胡德等上将的名字命名，这一切都使他们与英国远征军中的陆军师有所不同。丘吉尔一向对战士的心理很熟悉，他写道：“这是多么奇怪的事情。男人……在最残酷的考验面前，在几乎肯定会带来死亡的各种威胁下，从一些小事中就可以找到安慰和复活的力量，而这些事对于那些没有生活在这种环境中的人来说，对于生活在舒适和高端的圈子里的人来说，只会显得微不足道，甚至荒谬可笑。”[9]在战争即将结束时，有人试图解散这个师。时任英国海军大臣的爱德华·卡尔森爵士拒绝了这一计划。丘吉尔难过地称之为卡尔森“充满争议的权力”，他也因此获得了丘吉尔的尊重。1923 年丘吉尔为这个师撰写的师史前言，成为他最感人的作品之一。

按照自己一定要亲自到现场看一看的惯例，丘吉尔于 8 月 19 日拜访了加来市长和敦刻尔克市长，一起讨论了他们为牵制德国人而建造的堡垒。8 月 22 日—24 日，协约国联军在那慕尔和蒙斯战败，敦刻尔克、加来和布洛涅等几个德军可以入侵的主要港口，用丘吉尔的话说已经“暴露无遗”。“没有人知道这次伟大的冒险会把我们带到哪里。”他对弟弟杰克说，“除非我们获胜，否则我不想再活下去。但是我们会获胜的。”[10]

8 月 26 日，英国的俄国友军在搁浅于爱沙尼亚海滩的德国“马格德堡”号轻型巡洋舰上，搜查到密码与密码本。这样，“40 号房”的密码员就可以实时解码德国信号了。丘吉尔既没有把这个消息告诉内阁，也没有告诉任何可能在海上被俘的人，而是把这个秘密留在了海军战争小组。[11]

8 月 26 日，当远征军第二军团正在勒卡托进行绝望的最后抵抗时，1912 年被丘吉尔任命为潜艇指挥官的罗杰·凯斯，开始实施一项突袭并摧毁黑尔戈兰湾德国轻型部队的计划，凯斯设置了陷阱，让德国无敌舰队在退潮时穿越玉栏沙洲，借机捕获这些德国驱逐舰。由于风险太大，该计划被海军部拒绝了。凯斯把计划直接呈交给丘吉尔，丘吉尔同意了。杰利科派比提去指挥这次行动。8 月 28 日，三艘德国轻型巡洋舰被击沉，另有三艘受损，蒂尔皮茨的儿子被俘获。之后，丘吉尔在希尔内斯登上英国旗舰，为他所谓的“辉煌时刻”欢呼。[12]“温斯顿实施了一个小计划，”阿斯奎斯对威尼西亚说，“效果很好……抵消了我们在陆地上的一些损失。”[13]

9 月 1 日，丘吉尔致信新任帝国总参谋长查尔斯·道格拉斯爵士，要求陆军部和海军部开始“考核并制订一项计划，让一支实力雄厚的希腊军队占领加里波利半岛，这样英国舰队就能进入马尔马拉海”。[14]达达尼尔是一条狭长的海峡，它将东地中海与马尔马拉海分隔开，从而也将亚洲与欧洲分隔开。上一次强行攻占达达尼尔海峡，还是在拿破仑战争期间，是海军上将约翰·达克沃斯爵士发动的进攻。值得注意的是，丘吉尔认为，为了让英国舰队穿越海峡，陆军必须首先占领加里波利半岛的西部。

9月7日—13日，德军挺进巴黎的进程终于在马恩河战役后被终止。1911年时丘吉尔曾预言，在开战后的第40天，德国挺进巴黎的进程将受阻，算来正好应该是9月13日。不过此时又出现一种新的威胁。9月7日，比利时政府请求英国派出一支2.5万人的部队去保卫安特卫普，德国军队正在全速逼近该地。丘吉尔对阿斯奎斯、基钦纳和格雷说："海军部认为，保卫安特卫普事关重大，对其持续、有效的保护就是对比利时民族生命线的保护，这样一个战略要地如果被占领，那么将是极大的威胁。"[15]他提议经斯海尔德河运送兵力去支援安特卫普，但内阁拒绝了。没有人再提出其他建议，也没有人再考虑任何其他应急计划。

丘吉尔在9月11日的一次演讲中对国家自由俱乐部说："我们并不情愿加入这场战争，为了避免被卷入战争，我们尽了一切应该获得尊敬的努力，但最终还是被卷了进来。我们在加入这场战争时，就已充分认识到我们的行动将会给我们带来的痛苦、损失、失望、烦恼和焦虑，以及我们将要付出的令人震惊的持久努力。"[16]他不相信战争的危险或恐怖可以被人为地降到最低。他父亲的座右铭是"相信人民"，这使他相信，人民是可以承受最坏的消息的，只要这样的消息不会让他们失去战斗的勇气。他还把英国的海上力量比作"斗牛犬的鼻子被向后撸起，这样它就可以舒舒服服地呼吸，不让人松手"。[17]《曼彻斯特卫报》指出，他当时说话的样子就像一只斗牛犬。

9月中旬，在前往苏格兰高地视察海军设施的途中，丘吉尔卷入一场意外事件。多年后，他在一篇题为《我的间谍故事》的有趣文章中描述了这一事件。当时陪同他的还有三名身穿制服的高级军官，其中包括海军情报局局长亨利·奥利弗爵士。几个人中的一人发现，海岸上一所房子的屋顶上有一盏探照灯，他们担心这是用来给德国U型潜艇发送消息的。丘吉尔回忆说："疑心和好奇心是相伴而生的，而探险的兴奋会同时刺激两者。"[18]他们带着左轮手枪走近前门，结果发现这所房子属于一位德高望重的前议员阿瑟·比格诺尔德爵士，他的管家"似乎被这样的拜访吓了一跳"。探照灯原来是给坡地游戏定位用的，这样可以让追踪者抢先一步。但丘吉尔还是让人把它拆掉了。[19]尽管有人批评丘吉尔，说他"不折不扣地分享了（当时正流行的）那种间谍妄想症”，但实际上，只是在战争爆发初期，就有不少于22名德国间谍被捕，其中一半被伦敦塔的警卫队击毙。[20]在内政部的授权下，由丘吉尔开创的英国情报体系通过截获德方的通信内容，抓捕了其中的大多数人。[21]

9月21日，在利物浦的锦标赛大厅各党派征兵工作集会上，丘吉尔在面对1.5万人发表讲话时，犯了一个错误，但不是政策上的错误。他说：“我们希望海战可以成为这场战争的一大特色，我们的人能够有机会与德国舰队解决争端，但是如果它们在战争期间不露面，不出来打，我们掘地三尺像挖老鼠洞一样也要把它们挖出来。”[22]这句话在现场赢得了热烈的欢呼，但是建制派不喜欢这种喧闹的语气。国王觉得它“有失尊严，不够绅士”，而托利党资深政治家塞尔伯恩伯爵认为：“他那套东西的根本错误，就在于他本人的躁动不安。”在18个月后的一次辩论中，有人提到丘吉尔的上述言论，丘吉尔说：“我那话说得非常愚蠢，我很后悔让这些话顺嘴溜了出来。”丘吉尔那些富有修辞色彩的表达当然不是“顺嘴溜了出来”——和他的其他演讲一样，那都是用诗篇的形式精心写出来的。但是就在他发表讲话的第二天，一艘德国U型潜艇就在光天化日之下击沉了“阿布基尔号”“霍格号”和“克雷西号”3艘巡洋舰，造成1 459人死亡。如果没有发生这样的事，丘吉尔的那些话也许就会被忘记，甚至被原谅。几艘巡洋舰被戏称为“活诱饵中队”，出事时它们正在北海南部“广阔十四英寻”海域巡逻。丘吉尔4天前曾写信给巴顿伯格说：“那些巡洋舰不应该继续这样航行。不论它们能提供的服务多么重要，也不应该去冒这么大的风险。”[23]有人听到国王冷嘲热讽地说：“老鼠不请自来，受害的却是我们。”随时准备出击的托利党媒体也从丘吉尔在海军部的敌人那里得到情报，于是开始磨刀霍霍。一直在私下里严厉批评丘吉尔的麦肯纳，现在在内阁辩论中又多了一些攻击丘吉尔的弹药。[24]（麦肯纳还在为1911年时不得不与丘吉尔交换工作而耿耿于怀，战争爆发仅10天后，他就对里德尔说，丘吉尔让“戈本号”“从我们的手指缝儿溜走了”，他不应该去扣押正在建造中的土耳其船只，而应该去德国的海岸线布雷。）[25]

9月28日，正如丘吉尔预测的那样，曾经摧毁那慕尔和列日的奥地利造斯科达榴弹炮开始攻击安特卫普。3天后，西线法军总司令约瑟夫·若弗尔将军答应派两个师为这座城市解围，但最后他只派出自己的海军陆战部队，协约国联军可能的救援部队人数从5.3万人锐减至2.2万人。约翰·弗伦奇爵士也转了方向，他从阿尔芒蒂耶尔一路飞奔去了伊普尔，而最初他曾对基钦纳说，他认为解救安特卫普才是“最重要的”。[26]因此丘吉尔建议，在亨利·罗林森爵士领导的那支新组建的正规部队来救援之前，可以让皇家海军陆战师先投入安特卫普的战斗。目前，那支新组建的救援部队还远没有做好部署准备。阿斯奎斯私下的想法是：“派温斯顿的这样一支小部队到那里去，也只能充当炮灰。”但是他并没有正式地反对这一部署，尽管他自己的儿子阿瑟就在这支部队里。他对儿子说，你“三天后就要奔赴前线了”，多让人羡慕啊！[27]

10月3日，星期六，凌晨，首相当时正在威尔士，格雷和基钦纳批准了丘吉尔与皇家海军陆战师一起出发，亲自前往安特卫普去评估局势，加强比利时人控制这座城市的决心。大臣在战区指挥军队当然是极不合规矩的做法。丘吉尔告诉比利时当局，2 000名皇家海军陆战队员将于当天抵达，皇家海军陆战师的8 000兵力将在3天内抵达，而整个（罗林森的）大部队将在10天内抵达。由于当时海军陆战师各旅的人数只有6 000人，丘吉尔显然是打算把刚刚征来的新兵也派去。[28]阿斯奎斯对这一想法表示支持，他对威尼西亚·斯坦利说：“我觉得他一定能让比利时人坚持到底的。”[29]丘吉尔确实做到了，他说服了比利时首相，如果协约国联军能够保护比利时野战军穿过安特卫普成功撤退，比利时就不放弃对安特卫普的防卫。[30]

对于丘吉尔到底想用皇家海军陆战师做什么，海军部内部疑虑重重。这一点我们从英国海军部军事行动局助理局长赫伯特·里士满上尉尖酸刻薄的日记内容中就可以看出来。他在10月4日（星期日）写道：“海军在这个时候竟然落入这样一个疯子的手里，简直就是一场悲剧。”贝蒂也告诉他的妻子：“这个人一定是疯了，他以为派去8 000名训练不足的士兵，就真的能够解救（安特卫普）了……”[31]安特卫普阵地拥有三重防御工事和三倍漫灌水位线，防御能力应该是非常强大的。

丘吉尔于10月5日，星期一，正式致信内阁说：“我愿意辞去我现在的职务，留下来与比利时军队一起指挥安特卫普的救援与防御部队，前提是我需要获得必要的军衔和权威，以及指挥一支独立作战部队的全部权力。我觉得我有责任献身军营，因为我相信，这样的安排将为我们取得胜利提供最好的前景。”[32]这封信在内阁中被宣读时，引起了阿斯奎斯对威尼西亚所描述的“荷马式”笑声——也就是说，众神都放声大笑了。[33]而另一方面，基钦纳则认为这是一个完全合理的建议，他愿意在亨利·罗林森爵士还在为派往安特卫普的军队做准备时，任命丘吉尔为中将。[34]

丘吉尔立即动身前往安特卫普，他没有穿军装，而是穿着英国灯塔管理局的制服，其特色是一顶海军帽、一枚徽章和一件薄外套。灯塔管理局成立于1514年，正式名称是领港公会，其成立宗旨是保护海员的福祉。据说，当一位比利时大使级官员问丘吉尔他穿的制服是什么意思时，丘吉尔用他那难懂也难听的法语回答：“Moi，je suis un frère aîné de la Trinité。”①比利时人回答：“我的天啊，三位一体！”[35]10月7日，星期三，丘吉尔还在安特卫普，他的第三个孩子萨拉在海军部出生。给她起这个名字，是为了纪念伟大的萨拉·丘吉尔，那位建造了布莱尼姆宫的马尔伯勒公爵夫人。但是很快，萨拉就被戏称为“大黄蜂”了。

7日当天和8日，比利时国王阿尔伯特率领野战军从安特卫普向南向西出发，在伊泽河上建立了防线。皇家海军陆战师加入这条防线，而比利时第二师和驻防部队则负责野战军从斯海尔德河上撤离的掩护工作。[36]丘吉尔与未经训练的士兵一起进驻安特卫普，这样做是否明智是可以质疑的，但是他那大无畏的勇气是不容置疑的。美国记者E. 亚历山大·鲍威尔报道：“他一次次把自己暴露在敌人的射程范围内。有一次，在靠近威勒姆的一个地方，一颗炮弹就在他身边爆炸了，他死里逃生。”[37]

“我当时觉得，对我来说那是个大好的机会。”丘吉尔在多年后谈到安特卫普那次远征时说。[38]然而，若弗尔当初答应派遣的大批法国援助部队并没有来，比利时人开始失去信心。由于只有8 000名勇敢但未经训练的皇家海军陆战师守城，没有人期待丘吉尔真的能阻止安特卫普落入德军手中。令人惊讶的是，他们坚持了那么久，最终到了10月10日才失守。大约215名英军

① “我呀，我是领港公会（三位一体）大哥。”

士兵被杀或受伤，936 名被俘，1 500 名被中立的荷兰人扣押到战争结束。[39]

派遣皇家海军陆战师进入安特卫普这件事让丘吉尔一直以来饱受诟病。但需要我们注意的是，这支队伍是当时英国唯一可调用的部队。比利时人原本预计于 10 月 3 日放弃安特卫普，结果又拖延了一周，而这一拖延在很大程度上可以归功于丘吉尔的迅速行动。阿斯奎斯在给威尼西亚·斯坦利的信中说："上一周，安特卫普的沦陷至少推迟了 7 天，阻止了德国人把自己的队伍串联起来。这一周不但不能说是白白浪费了，反而可以说是生死攸关，价值无限。"[40] 一些军事历史学家认为，这一周为约翰·弗伦奇爵士赢得了时间，使他在伊普尔战役中阻止了德国人的进攻，敦刻尔克和加来才没有落入德国人手中。

10 月 9 日，也就是安特卫普投降的前一天，丘吉尔回到英国。劳合·乔治对他的"杰出表现"表示了祝贺。弗朗西斯·史蒂文森在日记中写道："温斯顿回来了，他承认失败了，将问题归咎于基钦纳和陆军部缺乏远见。"[41] 基钦纳则反过来指责若弗尔。[42] 霍尔丹则把这次行动称为"一次伟大的英雄壮举"，还有格雷，他说感觉到"自己身上也熠熠生辉，因为想到自己就坐在一个英雄身旁"。[43] 丘吉尔请求阿斯奎斯给予他军事指挥权。"基钦纳新组建的军队让他垂涎欲滴。"首相写信给威尼西亚·斯坦利说：

> 这些"金光闪闪的指挥权"是要交付给那些"被重新启用的垃圾"① 吗？他们赖以生存的还是 25 年前那些过时的战术，"他们平庸、胆怯，一直躲在防空洞里过日子，在军队的例行程序中发着霉"。等等，等等。在大约一刻钟的时间里，他滔滔不绝地谩骂、恳求。我感到非常遗憾的是，当时没有速记员在一旁听到这些话，因为他的一些未经深思熟虑的词句是非常值得珍藏的。不过，有三部分内容他是认真的。他宣称，与军事上的荣耀相比，政治生涯对他来说微不足道……他是一个求知欲很强的人，带着些许学童般的

① "Dug-out"是一个俚语表达，指重新受聘于军事任务的前军官，也指防空壕，即战壕中的躲避处。丘吉尔指的是前者。

好奇与单纯……他的“大脑里也有那种灵光一现”，就像人们提到天才的时候所说的那样。[44]

几天之后，由于从比利时返回的皇家海军陆战师表现出明显的新兵特征，关于安特卫普的这次远征，形势对丘吉尔开始变得不利，尤其是在新闻媒体上。“温斯顿正在变成一个巨大的危险。”劳合·乔治对里德尔说，他把丘吉尔比作一枚自毁的鱼雷。博纳·劳写道：“他的大脑似乎完全没有平衡感，在这样的时刻这真的是一种危险。”[45]阿斯奎斯也转变了看法，他现在相信丘吉尔派去的是“一群初出茅庐的新兵蛋子，他们中的大多数人从来没有开过枪”，这种做法“既愚蠢又邪恶”。他对威尼西亚·斯坦利说：“这就像把牛羊送进屠宰场一样。”[46]《晨邮报》将安特卫普远征描述为“一个代价高昂的错误”，对《每日邮报》来说，这是“一个极其严重的组织不当的例子”。10月19日，《晨邮报》补充道：“这次严重的教训应该教会他认识到，他不是……拿破仑，他是一个没有时间在战场上组织或领导军队的皇家大臣……在安特卫普冒着枪林弹雨被拍照或被拍摄是完全没有意义的，一点儿也不会减轻战争的风险和恐怖。”4天后，《晨邮报》的报道步步紧逼：“丘吉尔成为海军大臣后，他更直接地开始削弱海军部委员会的权力，以确立自己独裁者的地位……海军的领导权不再属于一个由专家组成的委员会，而是交到一个虽然才华横溢却反复无常的业余人士手中。”[47]

1931年，丘吉尔在他的文章《第二选择》中对整个事件进行了反思。“举个例子，如果我没去安特卫普，”他写道，“我留在了伦敦……那么那些负责把握重要事务方向的人，一定会高高在上地坐在山顶上遥控一切，他们绝不会身体力行地深入山谷。”[48]对于他在西德尼街的抛头露面，他也会说出同样的话。他在参加安特卫普保卫战这件事情上表现出的任性，在未来的日子里会一再表现出来。比如，伦敦大轰炸期间，他爬上屋顶，非要从英吉利海峡亲眼观看诺曼底登陆，他在军舰上参加“龙骑兵行动”，他访问意大利前线，他乘坐登陆艇穿越莱茵河，等等。他不仅仅是喜欢下到山谷里去，这样做他可以洞察在山顶上永远无法看到的矛盾冲突。

10月24日，丘吉尔在与里士满上尉共进晚餐时，发泄了一番他在战略上的那种挫败感。上尉说他“情绪低落，因什么事也做不成而感到压抑。一直受到潜艇的威胁，却无法对敌人的舰队进行反击[他们的舰船就躲在（基尔）运河、埃姆登或威廉港的坞门后面]，参谋人员也提不出任何建议，这种等待的态度让他感到烦躁不安。我以前从未见过他如此沮丧”。[49]尽管封锁是一种不够浪漫的策略，不适合丘吉尔那不安分的大脑，但是非常有效，这使德国陷入严重的物资匮乏。约221艘德国商船停泊在德国港口无事可干，另有245艘被协约国联军扣押，还有1 059艘停泊在中立国港口。

三天后，“无畏号”战舰在进行射击练习时，在斯威利湾附近触雷，但没有人员伤亡。通常情况下，船只的损失情况会告知公众，但丘吉尔决定保守这个秘密，因为正赶上土耳其宣战。比利时沿海的军事行动正在进行，他不想让所有人都知道，英国大舰队正在爱尔兰以北，因此无法帮助比利时。“信任人民”的理念偶尔也会被常识冲淡。

同一天，丘吉尔接到一个令人不愉快的任务：要求巴顿伯格辞去第一海务大臣的职务。这位海军上将出生在德国，针对他的仇外情绪和窃窃私语并不是唯一的原因，尽管这些现在已经演变成公开演讲、写恶毒信件和媒体攻击等各种运动。（克劳福德勋爵在他的日记中写道，巴顿伯格“不仅是德国人，而且雇了德国仆人”。）[50]对他个人的攻击、海上的损失，也许还要加上巴顿伯格长期享用的美食——他那丰盛的早餐，用亨利·奥利弗的话说，“足以让一位军官撑得七荤八素”——这一切累加在一起，让巴顿伯格情绪低落，状态不佳。[51]丘吉尔必须小心行事，因为巴顿伯格是国王的姻亲。还好这位海军上将在辞职后被任命为枢密院成员，这使他的心情得以平复。

丘吉尔不顾国王和其他人的反对，把73岁的费舍尔勋爵安置在巴顿伯格的位子上。他形容费舍尔勋爵是“一座名副其实的知识和灵感的火山”。[52]尽管按照丘吉尔的说法：“在我的印象中，他虽然年迈，头脑和身体却燃烧和悸动着无限能量”。但是费舍尔自己的海军助理指挥官达德利·庞德却告诉一位朋友说，事实上费舍尔是“一个纯粹的老人，他每天真正在海军部工作的时间差不多只有两小时”。[53]费舍尔在写信时总是称他为“敬爱的温斯顿”，但同时会把消息泄露给媒体，并且与保守党反对派进行密谋，给他们写去满满都是三行下划线和多重感叹号的长信，他也公开地反对丘吉尔的几项政策。总体说来，从表现上看，他就是一个脾气暴躁、没有一定规矩的人。[54] 他本可以做个很好的顾问，但丘吉尔任命他担任了仅次于他自己的海军职位，这是一个错误决定。

费舍尔上任当天，“戈本号”和“布雷斯劳号”这两艘刚刚归属土耳其的舰艇，在黑海炮击了敖德萨和塞瓦斯托波尔。土耳其关闭了达达尼尔海峡，这意味着如果协约国想要为俄国提供援助或军备，就不能再通过地中海运送。同时，协约国的威望在该区域的中立国家，包括意大利、希腊、罗马尼亚和保加利亚等，也受到损害。丘吉尔命令英国地中海舰队总司令、海军中将萨克维尔·卡登，轰炸土耳其达达尼尔海峡赛迪尔巴希尔和库姆卡尔的沿岸堡垒。轰炸于 11 月 4 日如期进行，正是英、法对土宣战的头一天。[55] 没有正式宣战前就开始敌对活动是一个很严重的问题，但丘吉尔还是这样做了，而且这也不会是最后一次。

大约就是在这个时候，劳合·乔治开始故意与丘吉尔作对，不再使用过去那种狡猾的半开玩笑的方式。他们的同盟关系在战前因国防开支问题而严重受损，可以说已经破裂。如果战争是在海上取胜的话，以劳合·乔治在财政部的贡献所能获得的赞誉，他就不可能再与那位他昔日的朋友、所谓的内阁盟友媲美。“丘吉尔挥剑走到前线，”劳合·乔治对《曼彻斯特卫报》的编辑 C. P. 斯科特说，“但最终的结果只是让撤离和疏散拖延了几天，比利时损失了 2 万人，我们损失了大约 2 000 人，安特卫普城也毁了大半。”[56] 斯科特问他拖延这几天是否带来了什么战略上的好处，劳合·乔治的回答很不诚实：“完全没有。”“在所有这些讲述中，他对丘吉尔的个人恩怨都显而易见。”斯科特私下写道。1910 年 6 月在皇家咖啡厅达成的 7 年“结盟条约”，最终只持续了不到一半的时间。

还是在 10 月 1 日的时候，率舰队在南美洲西海岸执行任务的海军少将克里斯托弗·克拉多克爵士发来一封电报，丘吉尔在上面做了这样的记录：“无论是在（麦哲伦）海峡，还是在福克兰群岛附近，英国船只最好都能够保持相互支援的距离，而且要尽量推迟在西海岸的巡航，直到彻底弄清‘沙恩霍斯特号’和‘格奈森瑙号’（的下落）。”[57] 11 月 1 日，在格拉夫·马克西米利安·冯·斯佩上将的指挥下，这几艘战列舰在智利的科罗内尔港附近突然出现，这让克拉多克大吃一惊。两艘英国巡洋舰被击沉，克拉多克本人阵亡。12 月 8 日费舍尔派出两艘现代巡洋舰，“无敌号”和“坚不可摧号”，到福克兰群岛附近追踪冯·斯佩的部队。他们成功了，德国海外舰队被摧毁，冯·斯佩阵亡。这是皇家海军在这场战争中取得的唯一一场决定性海战胜利。然而，保守党媒体在普遍将科罗内尔的失利归咎于丘吉尔的过度干涉时，却没有把福克兰群岛的胜利归功于他。[58]

11 月 9 日，丘吉尔在伦敦市政厅举行的市长晚宴上宣布：“英国人民已经接受了这样一句箴言，‘在欧洲地图被修改期间，我们照常营业’。”[59] 丘吉尔在二战期间也多次使用“照常营业”这个说法。在伦敦大轰炸期间，丘吉尔用“照常营业”来描述那些几乎被炸毁的企业，大大提振了士气。1914 年 11 月晚些时候，丘吉尔公开提出，即使没有了法国，英国仍需继续战斗的前景：“但是，即使我们只能单打独斗，就像我们在拿破仑战争时期那样，我们也没有理由失去信心——当然，我们肯定会遭遇各种不适、贫困和损失——但是我们依然没有理由对自己永远战斗下去的能力失去信心。”[60]

11 月 25 日，在新成立的战争委员会第一次会议上，丘吉尔提出这样一个想法：让皇家海军强行冲破达达尼尔海峡，穿过马尔马拉海，在君士坦丁堡抛锚靠岸，然后要么炮击该城，要么占领该城，要么先炮击后占领。然而，这一行动不再像他最初设想冲破海峡封锁那样，属于纯粹的陆地军事行动。虽然基钦纳、劳合·乔治和汉基都很喜欢这个想法，但是对于是否付诸实施，战争委员会没有给予足够的支持。尽管如此，丘吉尔还是在苏伊士保留了一支舰队，为未来可能的军事行动护航。

12 月 16 日，海军上将弗兰茨·冯·希佩尔率领的一支德国海军舰队从北海皇家海军的封锁中悄悄溜了过去，轰炸了哈特尔普尔和斯卡伯勒。对于一支拥有 1 000 多艘舰船的世界上最强大的海军部队来说，这似乎是一种无可辩驳的耻辱。事实上，这些德国军舰当时几乎落入了比提的手中，本可以将它们一网打尽，但丘吉尔无法在不泄露行动秘密的情况下透露这一点，所以不得不忍受媒体对他本人和英国海军的更多批评。

法国和弗兰德斯前线很快就陷入原地堑壕战。丘吉尔在 12 月 29 日写给阿斯奎斯的信中说：“我认为双方都不太可能有实力在西线舞台上突破对方的防线。两军的位置不太可能发生任何决定性的变化——尽管毫无疑问，军方想要维持这样状况，仍需要把几十万人继续部署在那里……除了派我们的军队去弗兰德斯啃咬带刺的铁网，难道就没有别的办法了吗？”[61] 仅仅 4 天之后，完美的选择似乎现身了。

1915 年 1 月 2 日，俄国大公尼古拉斯敦促英国对土耳其进行一次佯攻，正如他所说，这不过是一次“示威”，土耳其在高加索地区对俄国进行了猛烈的攻击。[62] 当丘吉尔和基钦纳讨论这一提议时，基钦纳说，陆军规模太小，而且必须完全致力于承担重大的任务。但是他提醒丘吉尔别忘了他们在战争委员会的讨论，并且给丘吉尔提出建议，他认为达达尼尔海峡将会是一个很好的攻击目标，“特别是如果……这时候关于君士坦丁堡正在受到威胁的消息可以同时传播出去”。[63]

可是，丘吉尔不得不面对的问题是：长达 41 英里的达达尼尔海峡最宽处只有 4 英里，最窄处不到 1 英里，水下雷区密密麻麻，两岸还有土耳其的堡垒，以及可移动的迫击炮和火炮。此外，从黑海流向地中海的强大洋流还将给清障的扫雷艇带来麻烦。费舍尔早在 1904 年就提出，任何想要袭击达达尼尔海峡的想法都是“极其危险的”。[64] 霍尔丹在同一年也说过，强大的洋流可能会带来让扫雷艇“倒退的严重危险”。[65] 丘吉尔本人在 1911 年曾经写道：”强行冲破达达尼尔海峡的防线已经没有可能性了，任何人都不应该让一支现代舰队去面对这样的危险。”[66] 1914 年时，当若弗尔被问道是否能为突破达达尼尔海峡这一计划做出贡献时，他说他可以做到不放任何人从西线过去。

尽管该计划有如此多的作战上的问题，但是如果能以某种方式实现的话，它在战略上似乎还是有着巨大的优势的：英国皇家海军将被赋予除了封锁北海以外的其他任务；土耳其第一路军将在加里波利半岛被切断；它甚至可能引发君士坦丁堡政变和建立一个新的亲协约国土耳其政府；它还可能会把罗马尼亚和保加利亚拉过来，帮助塞尔维亚对抗奥地利，同时可以鼓励意大利和希腊加入协约国。除此之外，如果协约国日后在人力和物力上能富裕一些，这一计划的实施还可以帮助它们开辟一条暖水海洋线路，向处境艰难的俄国提供补给。[67] 在加里波利作战的军人中，有一位就职于南兰开夏团的 32

岁上尉，名叫克莱门特·艾德礼，他这辈子都深信，用他自己的话来说就是，这一计划的“战略构想是完美的”。[68]

1915年1月3日，丘吉尔给卡登发电报征求他的意见。卡登回答，闯过海峡是不可能的，但一支庞大的舰队加上有条不紊的军事会战是有可能取得成功的。[69]卡登的计划是清除沿岸堡垒，清理雷区，摧毁狭窄地带的内陆堡垒，然后穿过马尔马拉海，轰炸土耳其的重要设施，最终进入君士坦丁堡。土耳其的主要军火库位于博斯普鲁斯海峡，完全处于英国大炮的射程之内。丘吉尔要求海军部负责计划的人员进行调研，弄清楚是否有可能使用一些已经处于备用状态但装备了重型装甲的前无畏战舰，强行冲破海峡封锁，这些计划人员对该计划的态度是高度怀疑的。他发电报给卡登说：“结果的重要性将证明，即使损失严重也是值得的。”这听起来很无情，但是，如果结果确实是土耳其被迫退出战争，这话说得也没错。[70]

1月4日，费舍尔第一次提出了之后将会提出许多次的辞职威胁，不是针对达达尼尔海峡，也不是针对他关于从北海或波罗的海攻击德国海岸的计划，而是因为他的一项提议遭到拒绝，即为每一个在齐柏林飞艇袭击中丧生的英国人处决一名德国人质。丘吉尔没有理会他的辞职威胁，费舍尔也表现得若无其事。①回想起来，丘吉尔本应该直接接受费舍尔早期提出的辞职，但他喜欢并钦佩这名魅力十足（尽管极度神经质）的水兵，尽管费舍尔正在越来越公开地表达自己的反对意见。

他没有同意费舍尔辞职，而是在同一天给他写信说：“我认为我们最好先听听其他人对土耳其计划的看法，再做出决定。我不会因为巴尔干半岛巨大的政治影响而仇恨10万人，但德国是我们的敌人，在战争中去寻求更便宜的胜利和更容易的对手，那将是非常糟糕的做法。”[71]就在第二天，卡登发来电报表达了自己的观点：“如果有大量的战舰采取长期的行动，是有可能冲破达达尼尔海峡的封锁的。”[72]丘吉尔24小时前的那种保留态度一消而散，他回电说：“这边的最高当局同意你的意见。”这是一种误导，丘吉尔曾与两

---

① 英国皇家海军航空兵一直在试图轰炸齐柏林飞艇，无论是在机库，还是在制造地点，甚至远至德国南部的腓特烈港。在战争的第一年就有6架飞艇被摧毁。

名海军上将稍稍讨论了这个问题，这两名海军上将在回复时都相当谨慎，而且，他还没有向海军作战参谋团提及此事。

当时，达达尼尔海峡并不是丘吉尔议事日程上最重要的项目。就在他给卡登发电报的当天，他还在为自己的一项发明向阿斯奎斯施压，希望这一发明的应用可以打破西线的僵局。在西线，连绵不断的战壕和带刺的铁网从英吉利海峡一直延伸到瑞士，长达 400 英里。他的建议是：在很短的时间装配一些配有小型装甲掩体的蒸汽拖拉机，做到这一点并不难。在掩体中可以部署一些人员和机关枪，掩体要能够防弹。如果在晚上使用，它们不会受到任何程度的火炮袭击的影响。履带式系统的使用可以使车辆很容易地越过战壕，而机器自身重量可以摧毁所有的铁网缠结。[73] 正像他后来在那些战争回忆录中写的："既然我们不能绕过战壕，就有必要越过它。"[74] 他从海军预算中为坦克概念的研究提供了 7 万英镑这样一大笔资金，尽管它显然是一个陆战武器。他对坦克早期发展持续有力的支持，使他当之无愧地成为"坦克之父"。

尽管博尔库姆岛与埃姆登德国海军基地哪怕是最近的地方，也有着相当长的一段距离，1 月 7 日战争委员会还是批准了费舍尔的提议，准备进行详细规划，攻占位于下萨克森州的博尔库姆岛。费舍尔自从成为第一海务大臣后，就一直在为该计划集结海军力量。在达达尼尔海峡的冒险计划展现出一个更诱人的前景之前，丘吉尔一直都是支持费舍尔征战博尔库姆岛的。海军部的很多人都坚决反对博尔库姆远征，费舍尔后来反对加里波利远征，部分原因是那支队伍的风头盖过了他多年来一直在大力促成的这个项目。

1 月 8 日，基钦纳向战争委员会宣读了陆军部的一份报告："如果与舰队合作，达达尼尔海峡就是一个最合适的进攻目标。"[75] 现在基钦纳不再觉得这一计划仅仅是海军的任务了，而是觉得需要 15 万人才能完成——这样一支部队肯定还无法到位。劳合·乔治则认为需要得更多。[76] 约翰·弗伦奇爵士认为，在西线已经不可能取得胜利的结论达成前，不应在东线发动进攻。他的这一观点被推翻。[77] 但是，由于希腊继续保持中立，丘吉尔希望希腊地面部队支持这次行动的初衷也无法实现。

1 月 10 日，在肯特郡的一次宴会上，丘吉尔坐在玛戈·阿斯奎斯的身旁。他告诉她，他不再想当印度总督了，那曾是他通往首相之路的一个临时抱负。现在他只关心战争。“天哪，”他对她说，“这是活生生的历史……它将被千百代人传阅——想想看！！所以说，不论这世界用什么东西诱惑我，我都不愿意走出这场光荣、美味的战争……那个，别告诉别人我说过‘美味’这个词——你懂的。”[78]她只告诉了自己的日记，但对一个如此不信任他的人说这样的话是愚蠢的。她的丈夫和许多建制派人士都为战争的道德恐怖所冒犯，以至对战争的任何热情——更不用说丘吉尔表现出的那种兴高采烈和痴迷——都被认为是既不得体也不合时宜的。

1月11日，卡登为达达尼尔海峡制订了一项包含四点内容的行动计划，包括摧毁沿岸堡垒，对海峡采取军事行动，在1 000码范围内炮击内陆堡垒，然后在雷区扫出一条通道。[79]丘吉尔对这一计划表示热烈赞同，他后来说：“第一海务大臣和参谋长（海军上将亨利·奥利弗爵士）似乎都赞成这一观点……海军的四大或者说五大权威人物……所有人都认为这是一个非常有意思且前景很好的提议。”丘吉尔补充说，海军作战参谋总长、海军上将亨利·杰克逊爵士“对报告的细节表示赞同。无论对错，这都是一项真正的军事计划……我没有制订出这样的计划，也无法制订这样的计划”。[80]实际上，杰克逊一直对此项计划持高度怀疑的态度。海军火炮专家珀西·斯科特爵士认为，这是一项“不可能完成的任务”，费舍尔则否认当时曾问及他的意见。第二天，丘吉尔给军事委员会写了一份备忘录，支持强行突破达达尼尔海峡的行动。[81]人们很难摆脱这样一种印象，那就是到了1月11日，他已下定决心远征，认为这可能是打破西线僵局的关键。

1915年1月13日，星期三中午，战争委员会举行了一次持续4小时的关键会议。阿斯奎斯的两边就座的是约翰·弗伦奇爵士和阿瑟·贝尔福（尽管他是反对派成员，但还是被邀请来参加战争委员会的会议）。弗伦奇旁边就座的依次是基钦纳、费舍尔、丘吉尔和阿瑟·威尔逊爵士（威尔逊爵士在72岁时被丘吉尔召回海军部，打算在战时暂时忘记过去的分歧），再远处依次就座的是克鲁、格雷和劳合·乔治。“都是熟悉的人，你不会经常看到一群陌生人围坐在桌旁。”阿斯奎斯对威尼西亚·斯坦利说。[82]弗伦奇一开始提出一个沿着达达尼尔海峡的海岸线推进的计划，但是遭到了劳合·乔治和贝尔福的反对。关于西线的消耗战，大家也进行了长时间的讨论。

就在这次漫长而毫无成果的会议看似要结束时，丘吉尔宣布了卡登的想法，提出单独由海军攻打达达尼尔海峡的计划。“这个想法立刻就点燃了大家的热情。”汉基后来写道：

> 整个气氛都变了。疲劳被遗忘了……丘吉尔展开了他的计划……清醒、平静，没有夸张的乐观。战争委员会急切地把目光从沉闷的西线“苦战”，转向了地中海地区那看似更为光明的前景。人人都对海军充满信心，虽然到目前为止，海军的机会少之又少。海军就要走上前线了。[83]

汉基后来怀疑，丘吉尔推出达达尼尔海峡计划是为了挽回他在安特卫普失去的声誉，但当时他自己也和其他人一样热衷于该计划。[84]

丘吉尔表示，土耳其的堡垒将在“几周内”被海军轰炸摧毁，海峡两岸的野战炮也“只是会带来不便而已”。一旦突破封锁，舰队就会击沉“戈本号”。因为丘吉尔似乎是在表达海军部的集体意见，所以没有一个政客向费舍尔或威尔逊征求意见，他们在整个会议期间都一言未发。人们以为他们是赞成的，其实不然。丘吉尔后来写道：“两人都没有发表任何评论，我当然认为他们同意了。”[85]“他是我的领导，”费舍尔会这样说，“要么一言不发，要么辞职走人。”正如丘吉尔在1915年11月时强调的那样：“战争委员会对该计划一旦实施所能带来的政治优势印象深刻，他们向海军部施压，要求海军部找到实施计划的方法。没有人提出反对意见，没有专家顾问表示异议。”[86]

基钦纳提出，西线战场没有可用的多余部队可以派往海峡。尽管之前陆军部预测，这次军事行动需要15万人，但是卡登的观点，即仅靠舰艇就可以突破达达尼尔海峡，让战争委员会认为，海军部“还应该为2月轰炸并占领加里波利半岛的海军远征做好准备，最终目标是进入君士坦丁堡”。然而，这样的说法毫无意义：没有陆军的支持，海军既不能“占领”半岛，也不能“进入”君士坦丁堡。[87]参会者对“准备”一词的解释也大为不同。对丘吉尔来说，准备意味着“准备出发”，而对阿斯奎斯来说，准备意味着“准备进一步调查”。费舍尔和其他海军部官员之所以允许他们的沉默被视为认可，真正的原因就是一开始时，这次探险似乎风险很低。他们认为，如果前无畏战舰无法突破海峡封锁，他们的损失也不会很大。[88] 即使这些战舰被击沉，海军在北海至关重要的地位也不会受到威胁。与最终可能获得的奖励比起来，即使有损失也是值得的。

丘吉尔在他的战争回忆录中写道：“每个人似乎都认识到这一计划的好处，如果成功，这次行动就会打开与俄国的交流通道，让其能够出口小麦、接收弹药。”[89] 贝尔福在一份笔记中也激动地强调了这一点，他指出，如果俄国能够恢复小麦出口，“这将恢复俄国的对外交易”，同时“将土耳其军队一分为二”，“将君士坦丁堡置于我们的控制之下”，“开辟出一条通往多瑙河的通道”。[90] 然而，1915 年春天，协约国联军在西线遭遇了严重的炮弹短缺。如果说向俄国人提供军火是这次行动的动机之一，那么这次行动看来只可能是一次长期行动了。

在那次重要会议召开的当天，62 岁的阿斯奎斯给 27 岁的威尼西亚 · 斯坦利写了两封长长的情书，实际上在前一天午夜之后他也写过一封。“还有你——我最亲爱的人，”他写道，“我每天每夜都把自己交给了你，我最好的思想、最亲密的信任，我不断的奉献，我的恐惧和希望，我的优点和弱点，我的过去、现在和未来。”[91] 有一封信是在下午 3 点半的军事委员会会议上写的，他在信中说：“这是一次非常有趣的讨论，但内容太过机密，我不会把任何东西写在纸上，明天会和你详谈。”[92] 在会议期间，他还读了她写给他的上一封情书。在第二封信中他补充道：“委员会的会议现在结束了，我提出的 4 个结论获得一致认可。看来海军和陆军要一直忙到明年 3 月了。我很想告诉你这一切，看看你是否赞同……温斯顿的表达相当流利，但有时也磕磕巴巴。”[93] 1913 年 1 月—1915 年 5 月，阿斯奎斯写给威尼西亚的 30 万字，让我们有机会从一个独特的视角去了解第一次世界大战初期英国首相的想法。但是同时我们也看到，他的精力并没有完全集中在加里波利战役上，那可是一场很快就会让成千上万的生命处于极度危险中的战役。

当阿斯奎斯将这些秘密军事行动泄露给威尼西亚时（这直接违反了他自

己的政府起草的《官方保密法》），劳合·乔治也正在告诉弗朗西斯·史蒂文森："丘吉尔之所以希望通过卡特加特海峡发动进攻，是因为这会给他自己带来更多的荣誉和荣耀。"[94] 事实上，一旦战争委员会表明其对达达尼尔海峡行动的支持，对于费舍尔在波罗的海的军事行动，以及在石勒苏益格-荷尔斯泰因的登陆问题，丘吉尔就不那么支持了。

然而，就在这些会议正在进行时，达达尼尔行动的最初动机，却随着土耳其在高加索萨里卡米什战役中惨败给俄国而消失了。到1月17日，参战的9万人中已经有7.8万人伤亡。[95] 俄国不再受到土耳其的威胁，但是此时，达达尼尔海峡已经为处境艰难的战争委员会打开了更加光明的前景，而不仅仅是帮助高加索地区的俄国人，包括改变巴尔干半岛的力量平衡和把土耳其赶出战争。1月19日，丘吉尔写信给尼古拉斯大公，说："强行突破达达尼尔海峡封锁的决心已定"。但是这样说并不完全正确，因为他获得的授权只是为这次远征做"准备"。[96]

看到自己的博尔库姆行动不得不靠边站了，费舍尔开始联合那些达达尼尔海战的反对力量。"只有一条出路，那就是辞职！"费舍尔1月19日对杰利科说，"对这次行动的每一步我都不赞同。"[97] 两天后，他写道："我讨厌达达尼尔海峡行动，除非彻底改变作战方案，部署20万人与舰队一起实施军事行动。"[98] 然而他没有辞职。丘吉尔告诉官方调查加里波利溃败的达达尼尔海峡战事调查委员会，他第一次看到费舍尔的反对意见是在1月25日他读到的一份备忘录上。这份备忘录的标题是《英国舰队的地位及其稳压政策》，在文中他写道："海上力量的压力……需要我们有极大的耐心……来保护我们的资源。"[99] 文章并不反对对达达尼尔海峡本身的攻击，但不鼓励任何纯粹的海军攻击，他说："在没有陆军配合的情况下，如果我们冒险在任何附属军事行动中与敌方军舰作战，例如炮击海岸或攻打防御工事，我们就是将自己送到德国人手中……即使是老旧的舰船也不应该被拿去冒险，因为失去这些船也就失去了船上的人，更何况这些舰船还是我们大舰队身后唯一的后备船只。"[100]

费舍尔是对的，如果2月那次突击行动采取的是大规模联合作战形式，那么比起3月18日海军的单独打击和4月25日的陆军袭击，成功的概率要大得多。但那时基钦纳的军力还没有到位。“人们开始对温斯顿表示不满，”弗朗西斯·史蒂文森在日记中重复了自己情人的想法，“费舍尔说他们在海军部内部开始与他争论，但是他总是一味地凌驾于他们之上，让他们屈服。如果他继续他的霸道路线，他们担心可能会有一场灾难降临。”[101]

丘吉尔决定不在战争委员会传阅费舍尔的备忘录，尽管其中唯一直接提及达达尼尔海峡的内容，就是支持联合作战，迫使土耳其海军抛头露面。也许丘吉尔心里反对的，是附录中援引的一位未具名海军军官在《纽约时报》上发表的看法。这位军官认为，时间和“观察等待的政策”对协约国联军来说是极为有利的，“那些业余的战略家要求英国舰队不顾一切地闯入雷区以接近德国人，无异于让英国人去自杀”。[102]

然而，费舍尔还是把自己的备忘录送到了阿斯奎斯那里，阿斯奎斯提出要在1月28日上午11点半举行下次战争委员会会议之前与他和丘吉尔会面。会面时，费舍尔告诉阿斯奎斯，比起达达尼尔海峡计划，他更喜欢在北海实施的替代方案，但最关键的是，根据1917年《达达尼尔军事行动报告》进行事后反思时的说法，他“并没有对袭击加里波利半岛计划本身提出批评”。丘吉尔随后用一幅巨大的海峡地图，向战争委员会详细介绍了这一行动计划。汉基在报告中写道，他详细阐述了海军的计划，包括所有潜在的风险和不利因素。汉基回忆说：“他全面地解释了这一计划，解释得非常详细。他站在一张长桌的一端，手里拿着一张地图，周围的人都围着他……他正从一份文件中读取一些材料，并且详细解释着整件事情。”[103]

费舍尔和威尔逊都出席了会议，随后大家进行了长时间的讨论。丘吉尔后来指出：“和上次一样，没有人表达反对意见，而且……费舍尔勋爵也只是提出，他已向首相表达了自己的意见——这次行动肯定会被批准，我们只要受命执行就好了。”[104]开会期间，费舍尔气愤地从桌子边站起来，走到窗前。基钦纳走到他身边，劝他不要辞职。[105]同一天晚些时候，丘吉尔再次与费舍尔讨论了这次行动，费舍尔最终同意支持这一方案。正如他后来向委员会承认的那样：“我整个人都陷进去了，整个人。”[106]

阿斯奎斯对斯坦利透露说：“另一件让我相当担心的事情，就是温斯顿和费舍尔之间的摩擦越来越大。”

他们今天上午到战争委员会来见我，表达了彼此的不满。我试图通过折中的方法化解他们之间的分歧，让温斯顿暂时放弃轰炸泽布吕赫，费舍尔则撤回对达达尼尔海峡行动的反对意见。在委员会的会议上，我们也曾讨论这个问题，这一折中的方法得到了基钦纳和格雷的热烈支持，也得到了 A. J.（贝尔福）的热烈支持。但老“杰基”（指费舍尔）始终保持着一种顽固的、带着不祥预感的沉默。他一直在威胁要辞职，几乎每天都给温斯顿写一封信。

“温斯顿非常无知，以为不用军队协同，他就可以拿下达达尼尔海峡。”里士满上尉 2 月 9 日在日记中写道。[107] 在提交给委员会的证据中，威尔逊上将表示，丘吉尔认为“不用陆军配合，他也可以成功”；另外一个重要的原因，就是“他总是将移动火炮的风险估计到最低”。[108] 海军部各种不同人员都曾试图说服丘吉尔，让他相信在海军的进攻中，陆军元素是非常重要的，这样的作战模式至少可以帮助海军陆战队去占据海军已经摧毁的堡垒，舰队虽已通过，但肯定是要回来的，所以他们不希望回来时堡垒已经被敌人占领。这可能是丘吉尔为数不多因其渊博的历史知识而误入歧途的例子之一。1807 年，海军上将约翰·达克沃斯爵士仅靠舰船就成功地强行进入了海峡，途中只损失了 10 人，返途时损失了 29 人。只可惜从那时到现在的 108 年中，军事武器的精确性，尤其是水雷的使用已经改变了一切。

尽管里士满表达了自己的不同意见，而且战争委员会还没有正式授权远征，皇家海军陆战师的残余部队还是被派往爱琴海，到利姆诺斯去建立基地。2 月 16 日达成的一致意见是，派英国正规军第 29 师从英国出发前往海峡，驻埃及的澳大利亚与新西兰陆军兵团也被指定参与未来部署。基钦纳在战争委员会会议上对丘吉尔说：“你去突破海峡封锁吧！我会找到你想要的人手。”[109] 但仅仅过了 4 天，基钦纳就改变了主意，他下达给第 29 师的命令被撤销。

2 月 19 日，卡登开始炮轰达达尼尔海峡南部库姆卡尔和赛迪尔巴希尔的沿海堡垒。随后，在 3 月 16 日之前，海峡内的其他堡垒遭到零星炮击。2 月 22 日，丘吉尔在英国海军部的晚宴上对维奥莱特·阿斯奎斯说：“我知道我应该受到诅咒——因为我热爱这场战争。我知道，这场战争每时每刻都在粉碎、碾压着成千上万人的生命。然而，我情不自禁，我享受这期间的每一秒钟。”[110] 当皇家海军陆战师“行军……进入君士坦丁堡时……他们会吃上一惊的”。他指的是在安特卫普的历险中“那些对海军部怒吼的猪猡”。维奥莱特总结说：“这样的反思似乎比奥斯曼帝国即将垮台的前景更能给他带来安慰。”[111] 2 月 25 日他向战争委员会表示：“通过适当的陆军和海军合作，依靠现有的部队，我们能够确保在 3 月底前攻占君士坦丁堡，俘虏或摧毁土耳其在欧洲的所有军队。这将对整个巴尔干半岛产生决定性影响，也将消除土耳其的军事作用。”[112] 尽管丘吉尔绝对相信自己所说的话，但是把这种预言写在纸上是愚蠢的。第二天，他对战争委员会说，突破海峡封锁的行动不需要陆军部队配合，只是“在舰队获得马尔马拉海的指挥权之后”，在攻占君士坦丁堡时才需要陆军。他甚至用了“收获海军成功的果实”这样的说法。[113]

丘吉尔后来试图将加里波利之战失利的部分责任推卸给基钦纳是完全有道理的。在 1 月 7 日—3 月中旬，关于第 29 师何去何从的问题，基钦纳至少改变了 5 次主意。[114] 基钦纳在海报上那个坚定不移的形象，掩盖了他也会在痛苦中犹豫不决的那一面。丘吉尔多年后写道：“现在来看已经很清楚，当基钦纳勋爵食言，没有准时派第 29 师前往达达尼尔海峡，以加强正在埃及集结的陆军部队力量，而是推迟了三周才派兵时，我本应该谨慎行事，终止海军发起攻击的行动。这样做很容易，所有的安排都是在陆军配合的基础上做出的。我没有这样做，所以从那一刻起，我开始对一次重要的控制权已经落入他人之手的军事行动负责。”[115]

基钦纳任命伊恩·汉密尔顿将军，丘吉尔在军队中最好的朋友，指挥加里波利战役，而汉密尔顿又选择了杰克·丘吉尔做参谋。汉密尔顿远非后来人们所认为的——是一个白痴，他经验丰富、受过良好的教育，在政治上是一个自由党人（在参加第一次世界大战的将军中，这是非常罕见的）。他还是一个发表过作品的诗人，一个在布尔战争中取得胜利的有思想的军人。如果他有什么错的话，就是他在与领导他的那些不合格的将军打交道时往往过于绅士。

3 月 12 日，英国扫雷艇抵达达达尼尔海峡的凯佩兹湾雷区边缘，但是在大炮和榴弹炮的攻击下，扫雷艇只能选择撤退。扫雷艇大多是来自北海的拖网渔船，船身为木质，船员大多是渔民。他们行驶得很慢，因为从黑海流经达达尼尔海峡的海水流速有时达到 6 海里/小时，船只很难操纵。让事情变得更糟的是，卡登开始遭受一种类似于精神崩溃的疾病的袭击。攻击定于 3 月 18 日进行，而两天前，他的副手、海军中将约翰·德·罗贝克接替了他的位置。尽管有主战的罗杰·凯斯做副手，德·罗贝克本人却对这次行动持怀疑态度。[116] 从有利的一方面看，法国的地中海舰队将会密切配合这次行动。在 2 月 25 日成功轰炸沿海堡垒后，法国舰队指挥官、海军上将埃米尔·盖普拉特说，这是“非常美好的一天，是这次战役取得成功的良好预兆”。[117]

与这个良好的预兆相悖的是，土耳其人已经在达达尼尔海峡埋设了 350~400 颗水雷。3 月 17 日晚，布雷艇“努斯雷特号”在艾伦奎伊湾平行于海岸线的位置，又布置了 26 颗水雷，而这个地方，正是联军计划在卸下敌人在沿岸堡垒的武装后，舰队向右转舵的地方。[118] 丘吉尔后来在谈到达达尼尔战役的时候写道：“越是看似波澜不惊的时刻，越是紧张和紧要的时刻。”[119] 也许这算不上什么突然之举，因为卡登已经在去年 11 月轰炸过沿海堡垒，但是德·罗贝克的 9 艘战舰 3 月 18 日准备进攻达达尼尔内陆堡垒，其火力强度也不容置疑。难道这还不够吗？

第10章

加里波利
（1915年3月—11月）

海军上将示意半速前进，选择好要走的线路……小心地向海峡口驶去。敌人的设计如此精妙，每艘经过的船只都必然会暴露在炮台的重炮交叉火力之下。实际的航道差不多有一英里宽，但可通行的航道本身却狭窄危险，很难通过。

——丘吉尔：《萨伏罗拉》[1]

搞政治的人靠辛勤耕耘和努力奋斗立身。他们知道自己会有跌倒的时候，也期待自己再次立起来。

——丘吉尔：《伟大的同时代人》[2]

1915 年 3 月 18 日，星期四，海军少将约翰·德·罗贝克的英法舰队试图强行突破海峡封锁，但失败了。两艘英国前无畏战舰主力舰，“海洋号”和“不可抗拒号”，以及一艘法国战舰“布维号”因撞击水雷沉没。德·罗贝克在傍晚取消进攻之前，又有三艘舰艇严重受损。内陆堡垒遭到重创，但土耳其的 176 门固定阵地火炮，只有 4 门被摧毁。盟军战舰被击中 139 次。[3]一排水雷被成功扫除，但是还有九排完好无损。[4]

在《第一次世界大战回忆录》一书中，丘吉尔以不屑一顾的语气提到，只损失了“不到 30 个英国人的性命和两三艘毫无价值的舰船”，从而忽略了“布维号”的倾覆，该船上 674 名船员中，有 35 人遇难。[5]他还争辩说，“如果他们肯再试一次，也许就会畅通无阻”，但这无法得到证实，一方面是由于雷区的问题，另一方面（正如最近的研究已经证实的那样）也是因为土耳其人还留有大量弹药，而且还有更多在路上。[6]

进攻达达尼尔海峡的第二天早上，在战争委员会的会议上，汉基记录道，所有人“都对丘吉尔正在读着的电报感到非常不安……费（舍尔）勋爵和我的境况可以说相当不令人羡慕，我们现在不可以说出那句‘我跟你说过的’”。汉基说他曾经“恳请丘吉尔让陆军部队配合，但是他不听”。[7]委员会随后就土耳其的分割问题进行了长时间的讨论，汉基轻描淡写地写道：“我认为现在讨论还为时过早。”丘吉尔想让德·罗贝克将军坚持继续进攻，在提到罗贝克时他无法抵抗自己使用双关语的冲动，他后来戏称罗贝尔克为“落荒而逃将军”。[8]费舍尔、威尔逊和杰克逊都坚决反对这一提议。丘吉尔回忆说：“自战争开始以来，围坐在八角桌旁的人们第一次使用了激烈的措辞。”[9]

战争委员会决定，联军的步兵应该占领加里波利半岛，为海军创造另一个突破海峡封锁的机会。加里波利半岛长50英里，宽4~12英里，位于海峡的欧洲一侧。联军如果能够控制半岛，就可以清除欧洲一侧的土耳其机动野战炮兵部队，对舰船来说，机动野战炮兵所能造成的破坏与堡垒本身一样大。之后，联军步兵可以尝试让亚洲那一侧的炮兵部队保持中立，这样扫雷艇——届时将被改造成驱逐舰，不再是民用拖网渔船——清除雷区的通道就会更容易些。

一旦通过了海峡，罗贝克强大的舰队就可以到达君士坦丁堡，如果土耳其政府还没有疏散并搬往内陆，就可以迫使其放弃与轴心国的结盟。①[10]丘吉尔在《河上的战争》一书中写道：“我们生活在一个充满‘如果’的世界里。”[11]我们现在知道了，委员会在这灾难性的第一天之后，就应该放弃这一战略，因为这场战役最终使大英帝国损失了11.4万多名士兵，没有取得任何战略优势。2月底基钦纳曾宣称：“在东方的失败将造成非常严重的

---

① 1916年1月，土耳其领导人恩维尔·帕夏说，即使英国舰队突围并出现在君士坦丁堡附近，他也有应急计划，那就是“到周围的山丘和小亚细亚去休整我们的军队”。(《泰晤士报》，1916年1月26日。)

后果。”[12]人们觉得，承认在战争中败给一个伊斯兰强国，会削弱统治着数千万穆斯林的大英帝国，在印度尤其如此，威望比纯粹的军事力量更为重要。由于帝国是丘吉尔的世俗宗教，这个论点对他尤其具有说服力。因此，战争委员会不但没有尽力去减少损失，反而计划进行更大的投入。这一切都没有经过表决，战争委员会也一直没有从帝国的资源和目标等整体角度来考虑这次战役。

丘吉尔等人不但高估了海军火炮攻击陆地防御力量的火力强度，他们还从土耳其在最近的巴尔干战争和圣地之战的失败中推断，土耳其人注定不会是好士兵。[13]丘吉尔对伟大的不列颠民族的信仰是不容置疑的，但是在这一信仰的背后，是一种危险的假设，那就是其他民族的信仰是低劣的。这种假设虽然在二战中给予了他极大的力量，但是在1915年面对土耳其人，以及1942年面对日本人时，却让他遭了殃。

对于接下来发生的一切，汉基的总结非常好：“在每一段情节的背后，都有一段关于谣言、矛盾、猜想、计划、初步行动、讨论、决定、犹豫不决、命令、反命令的完整历史，在高潮到来之前，往往是一场流血和毁灭的混战。”[14]一位现代历史学家指出：“关于如何进行下一步行动，有四种截然不同的想法——单独由海军发动攻击；先海军，后陆军；海军和陆军共同行动；先陆军，后海军。”对于最终目标，“在同一时间内，不同的参与者有着不同的看法，实际上每个人的看法也会随着时间的推移而改变”。[15]

1913年版的《海陆军联合作战手册》没有设想过对任何地方的防御海滩发动全面攻击的可能性，而汉密尔顿只有33天的时间，来计划有史以来第一次对由现代战争武器防御的海岸发动两栖攻击。他的部队当时驻扎在亚历山大，这意味着他不得不先去那儿然后再回来。而当时德国在半岛的指挥官利曼·冯·桑德斯正在率领土耳其第五军兴奋地做着防御准备：他们修公路、挖战壕、铺铁网、选择便于机枪开火的阵地等。[16]4月6日，丘吉尔仍然在对汉基说：“预计着陆不会有什么困难。”[17]

还有一个潜在的问题，那就是英国根本无力负担1915年的两次主要进攻行动。远征军的每一个人、每一支枪和每一枚炮弹都是法国和比利时战争前线需要的。然而，基钦纳现在必须按照内阁的命令向加里波利派兵，尽管这将使英国在两条战线上投入同一场战争，但是也只有这样做才可能让德国血流成河。陆军部试图以较低的成本开展这项行动，起初只给汉密尔顿派去7.5万人，而此前的每一份报告都说，这一行动需要15万~20万人。

战前曾经在陆军部的规划部门工作过的赫伯特·斯塔德准将写信给他的朋友内维尔·张伯伦，伯明翰市长约瑟夫·张伯伦的小儿子说：“我担心在达达尼尔海峡的战事即使取得成功，也会消耗大量弹药，严重分散我们本应在法国和比利时投入的主要精力。如果失败了，事情就会更加严重。我担心大家没有设想过温斯顿·丘吉尔的一时冲动可能带来的后果，他本人肯定是不会满足于德国人给舰队提供的有限战斗机会的。”[18]

这时候的丘吉尔是不是只呈现出自己勇敢的一面呢？4月8日，劳合·乔治对他的情妇说：“丘吉尔对整件事都很担心，看起来像是病得很重的样子，而且也变得非常暴躁。”[19]他当然不再吹嘘达达尼尔海峡计划完全是他的主意，他的支持也更加温和。当贝尔福向他表示自己对即将进行的攻击非常担心时，丘吉尔回答：

> 你不要过分担心这次军事行动，军人们认为他们能做到……陆军的攻击将会是对海军攻击的有益补充，而不是替代或拖后腿。这两种攻击方式互相辅助，任何一种取得成功，都将是决定性的……我想除了把这件事继续到底，我们没有别的办法。走到今天这一步，我一点儿也不后悔。在打仗的问题上，没有人有十足的把握。但时机对我们是有利的，我们将承担的风险并非致命，但是可能获得的利益却极其重大。[20]

人们对这次行动的疑虑与日俱增，如果行动出了差错，几乎没有人怀疑责任该落在谁身上。查尔斯·贝雷斯福德勋爵在给《国家评论》的保守党编辑利奥·马克斯的信中写道：“丘吉尔对国家是一个严重的威胁，安特卫普之后，现在又是达达尼尔海峡，政府真应该除掉他。”[21]

4月23日，诗人鲁伯特·布鲁克在前往加里波利的途中因蚊子叮咬感染，死于败血症。一个月后，丘吉尔的另一位朋友朱利安·格伦费尔也死在战场上。丘吉尔是通过他们共同的朋友埃迪·马什认识布鲁克的，并且非常欣赏他的诗歌。“鲁伯特·布鲁克死了。”他在《泰晤士报》的悼词中写道：

> 驻扎在莱姆诺斯的海军上将发来的一封电报说，他的生命在春天即将到来的那一刻结束了。一个声音回响起来，一个音符已被敲响，更真实，更令人激动，更能证明投身这场战争的年轻军人的高贵——比任何其他人都更高贵，更能表达他们的献身思想，为那些从远处如此专心地注视他们的人带来安慰。葬礼的声音很快就凝固了，只有回声和记忆会留下，永久回荡。[22]

在最初手写的讣告初稿中，丘吉尔在海军部的信纸上写下了“异教徒”一词，称赞布鲁克“对异教徒的感同身受”。后来改成了“经典”一词，可能是为了避免与宗教徒产生冲突。[23] 1923年，丘吉尔写到皇家海军陆战师的军官时说：“在气味芬芳的斯基罗斯岛上，一群朋友，他们自己几乎也都被死神做上了标记，聚集在鲁伯特·布鲁克的坟墓前，他们在那里埋葬了自己的好友，还有他那崭露头角的天赋。”[24] 丘吉尔的余生始终被“迷惘的一代”的幽灵困扰，这将深刻地影响他“在野岁月”的人生观。

1915年4月25日，星期日，陆军第29师、皇家海军陆战师、澳新军团的两个师以及一个法国师被布置妥当，准备对6个土耳其师发起进攻。土耳其人已经得知对方就要发起进攻，而他们是在保卫自己的领土，更何况那些军事战略家坚信，发起攻击的部队想要获胜，需要3倍于防御部队的兵力。即使是在海军大规模轰炸的支援下，第29师登陆5个海滩的9 000名士兵中，还是死伤了3 000人。[25] 当天，澳新军团士兵伤亡超过2 000人，还一度考虑过撤离。但汉密尔顿下达的达命令是“挖，挖，挖，直到安全为止”。[26] 最终他们还是挖出了战壕，这个西部战线的复制品，而这本是这次战役想要避免的。

汉密尔顿在库姆卡尔的一次出色的迷惑战中确实取得了成功，他的法国师在那里控制了两个土耳其师。海军对布莱尔的佯攻拿下了另外两个土耳其师，在佯攻过程中，新西兰人伯纳德·弗雷伯格游上岸，吸引了岸上的火力。汉密尔顿派四个师在海丽丝岬和加巴特佩登陆，可是皇家海军未能以其足够强大的火力压制住土耳其的海滩防御。第一天的目标——阿奇巴巴和丘纳克拜尔——在当天没有实现，可以说根本没有实现。

这一失败导致保守党的《晨邮报》谴责丘吉尔是“国家的危险”。[27]他似乎从来没有意识到，是费舍尔在向那家报纸泄露有关这次行动的机密信息。后来，在5月初，费舍尔做了一件比违反《官方保密法》更应受到谴责的事情。丘吉尔在法国商讨意大利参战的事情时，克莱门汀曾邀请费舍尔共进午餐。费舍尔告诉克莱门汀，丘吉尔其实是与一个情妇在一起。克莱门汀对丘吉尔的爱充满了自信，当场就把费舍尔顶了回去：“别说了，你这个傻老头儿。出去！”[28]

如果丘吉尔能够获得阿斯奎斯和劳合·乔治的支持，他可能还会在托利党媒体的猛烈抨击下挺过来。但是在5月8日，劳合·乔治却对玛戈·阿斯奎斯说：“温斯顿是个很难相处的家伙，他不只是判断力差，可以说根本就没有判断力。达达尼尔海峡的远征让这次战役陷入一个漫长到可怕的初始阶段。他……让我们和土耳其人开战，他本不该也没必要这样做……现在费舍尔到处吹牛，说他反对远征——他当时确实反对，但他应该说出来……温斯顿说他用舰船就能解决达达尼尔海峡问题。”[29]玛戈回答：“温斯顿没有心灵的想象力。”劳合·乔治表示同意说：“他确实没有。”[30]

1915年5月7日，完全没有武器装备的英国客轮“卢西塔尼亚号”被德国U型潜艇击沉，超过1 400人丧生，包括128位美国人。丘吉尔当时就遭到阴谋论者的指控，后来在20世纪30年代和20世纪70年代，甚至是今天，依然有人认为他与此事脱不了干系。但是这种说法大错特错。[31]的确，在德国人宣布引入无限制的潜艇战之后，丘吉尔看出一种可以用来对付他们的无情手段。“亲爱的沃尔特，”他在2月12日给贸易大臣朗西曼的信中写道，“最重要的一件事就是吸引一些中立国的航船到我们的海岸来，尤其希望能把美国卷入与德国相关的事情中……我们需要海上交通流量——越多越好。如果其中一些陷入麻烦，就更好了。”[32]这封不理智的信函为阴谋论者提供了所谓的证据，他们声称是丘吉尔指挥“卢西塔尼亚号”直接航行到U-20待命的地方（尽管根本没有这样的命令）。丘吉尔当然为伍德罗·威尔逊没能出于愤怒而对德宣战感到遗憾，他在《第一次世界大战回忆录》一书中写道，如果威尔逊没有再等两年才参战，“就可以省去多少杀戮，减轻多少痛苦，阻止多少破坏与灾难啊！今天，又会有多少家庭那把空空的椅子上还坐着人啊！胜利者和被征服者都注定要生活于其中的这个支离破碎的世界，又将会是多么不同啊！”[33]

1915年5月的第二和第三周，一系列事件引发了一场大臣危机，丘吉尔被迫离开了海军部。5月11日，威尼西亚·斯坦利向阿斯奎斯透露了她将与内阁的一位部长埃德温·蒙塔古结婚的消息。首相说这将使他心碎。第二天早晨，他走进妻子玛戈的卧室寻求安慰。“我太同情他了，”她在日记中写道，“我从床上跳起来，用双臂抱住他，并安慰他说，这也许不会发生。”[34]但是事情还是发生了，之后几周他都心不在焉。第二天，费舍尔再次试图辞职，但又被说服了。媒体上出现很多关于组建联合政府的言论，保守党进入联合政府的条件是丘吉尔必须离开海军部。

“温斯顿曾经吹嘘了那么久的联合政府即将成立，可是他却不在其中，那将是多么讽刺的事啊！”5月13日，玛戈·阿斯奎斯在她的日记中几乎笑出声来，“毫无疑问，如果（她的丈夫）亨利想让自己在每个政党，也就是我们的政党和其他政党中都极受欢迎，他就会把温斯顿排除出去。”[35]同日，丘吉尔发出一封电报，将两艘潜艇从本国舰队调往地中海增援部队。费舍尔表示反对，并告诉丘吉尔，这会成为他俩“开战的理由”。[36]丘吉尔被迫撤回电报，转而发了一封经过费舍尔批准的电报。

5月14日，受人尊敬的《泰晤士报》军事通讯员查尔斯·雷平顿上校说，欧洲大陆远征军的高爆弹就快用光了，这让人们不由得想到，士兵们将会由于政治无能而死亡，于是一下子就引发了预料中的轰动。约翰·弗伦奇将军显然是这个故事的幕后主使，后来他甚至都懒得费心去否认这一点。[37]尽管丘吉尔与此事毫不相干，但随之而来的危机最终加快了他的倒台。

那天，战争委员会在一种他后来称为“硫黄味”的气氛中开会。[38]基钦纳说，在他看来，他们永远也无法穿过达达尼尔海峡，并说他在军队所需的人数方面被误导了。[39]当战争委员会通知费舍尔，因为加里波利行动和其他一些任务，“北部水域的那些伟大计划”（比如攻占博尔库姆）将不会再实施时，他决定真的辞职，他声称自己从一开始就反对这次行动。[40]这促使丘吉尔写信给阿斯奎斯说："第一海务大臣已书面同意了执行有关这些行动的每一份行政电报命令。"[41]

5月15日，星期六，费舍尔最终真的辞了职——这是他重返海军以来的第8次也是最后一次辞职尝试。在威斯敏斯特大教堂经过一段时间的冥想后，他消失了，去查令十字酒店隐居起来。[42]唐宁街10号终于找到了他，阿斯奎斯"以国王的名义"命令他回到海军部。[43]费舍尔没有答应，而是给首相提出一长串条件，包括将"伊丽莎白女王号"调离达达尼尔海峡，将丘吉尔调离海军部，并称海军大臣"比德国人更加危险"。[44]阿斯奎斯对国王说，这封信"显示出一些精神失常的迹象"。[45]阿斯奎斯不打算接受这种敲诈，所以他接受了费舍尔的辞呈。

博纳·劳听到这个消息后拜访了唐宁街10号，表面上是为了证实谣言，实际上是为了告诉阿斯奎斯和劳合·乔治，费舍尔的辞职意味着，除非丘吉尔被调离海军部，否则两党之间的政治休战就结束了。两党休战是经过一场世界大战才实现的，而现在却在最动荡的时刻受到威胁。经过数天的磋商，加之炮弹丑闻的困扰，阿斯奎斯、劳合·乔治和博纳·劳就组建一个新的联合政府达成一致意见，条件是丘吉尔和大法官霍尔丹勋爵被调离现岗位。霍尔丹是阿斯奎斯的密友，在德国上过大学，人们都知道他欣赏德国文化。最后，保守党占据的重要部门只有海军部和殖民地办公室了。阿斯奎斯当时不可能知道的是，自从他签订了这个浮士德式契约之后，再也没有一个纯粹的自由党政府在英国再次掌过权。

劳合·乔治不需要被劝说就抛弃了他的老朋友兼盟友。保守党加入国家联合政府的条件是：丘吉尔应该被派去一个没有行政职务的闲职。"对于这个为这场战争奋斗了这么多年的人来说，这就是报应，"劳合·乔治当天对弗朗西斯·史蒂文森说，"战争来临的时候，他看到了为自己赢得荣耀的机会，所以他加入一场冒险的战役，丝毫不顾及这会给成千上万人带来苦难，他的愿望只有一个，那就是成为这场战争中最杰出的人物。"[46]这句话里有辛酸，有嫉妒，就是很少有准确的事实。当时，丘吉尔天真地认为劳合·乔治依然是他的支持者。

保守党即将对丘吉尔这十多年来的背叛行为进行报复，包括他对米尔纳勋爵的嘲笑，对贝尔福的软弱与温和的抨击，他与劳合·乔治的亲密关系，围攻西德尼街，“人民预算”和《议会法案》，威尔逊与布里奇曼的解职，《爱尔兰自治法案》辩论期间他嘲笑地挥舞着手帕，所谓阿尔斯特大屠杀，他在布拉德福德的演讲以及关于“老鼠洞”的演讲（指1914年9月丘吉尔在利物浦所做的演讲），安特卫普的冒险，达达尼尔海峡之战，以及科罗内尔战役。没有一个自由党高级官员愿意说出丘吉尔应该继续留任海军的话。事实上，麦肯纳甚至对阿斯奎斯说：“温斯顿确实是个危险人物。”[47]

“温斯顿真的是我在内阁的同事们最不喜欢的人，”阿斯奎斯对妻子说，“天哪！他简直让人难以忍受！吵吵闹闹，没完没了，总是夸夸其谈。”[48]他接着说道：“很遗憾，温斯顿把握分寸的能力实在不敢恭维……尽管他的天赋如此出色，但他永远无法登上英国政坛的顶峰。”[49]劳合·乔治的情妇曾经写道：“奇怪的是，丘吉尔这么多年来一直从政，却没有赢得英国任何一个政党或内阁任何一位同事的信任。”[50]他们说得都不错，直到他成为首相。他变幻莫测的热情、才华横溢的见解、突如其来的转身，以及乐于接受逆境中的事业却拒绝接受顺境中的事业的勇气，这些都让他很难拥有自己的追随者。只有他的表兄弗雷迪·格斯特和杰克·希利肯这两人例外。在下议院丘吉尔没有追随者，他是一个可有可无的人。

亨利·威尔逊爵士在写给博纳·劳的信中写说：“一个能策划阿尔斯特大屠杀、制订安特卫普计划、造成达达尼尔海峡之战惨败的人，值得我们好好盯着。他和政府一定会掩盖他们的行踪，而他们能使用的手段一定不会太好。”[51]那天晚上，丘吉尔和克莱门汀去了阿斯奎斯在牛津郡的乡间别墅“码头”。一贯尖刻的玛戈记录道：“通过提高嗓门，他才让桌边的人安静下来。他像一个小学生那样兴高采烈地用他惯常的那种色彩极为鲜艳的、有趣的方式高谈阔论起来。”[52]丘吉尔知道，他现在是在为自己的政治生涯而战，尽管维奥莱特·阿斯奎斯认为，他“就像在潜水钟里的潜水员一样不受外界影响”。[53]

丘吉尔在5月17日写给阿斯奎斯的信中说：“我强烈支持建立一个国家联合政府，在当前的危机中，任何个人主张或利益都不应成为绊脚石。”他还写信给博纳·劳和费舍尔，希望能保住自己热爱的工作。而费舍尔与此同时对伊舍勋爵所说的话，根据后者的记录则是，他不可能再在海军部与丘吉尔一起工作了。他从一开始就不赞成达达尼尔海峡的行动，他当时把所有的理由都告诉了首相，但是被否决了。[54] 同一天，伊恩·汉密尔顿想到一个从滩头堡垒进行突围的计划，而这需要大量增援部队。他发电报给伦敦请求批准，但是由于正在发生的大臣危机，他的计划整整三个星期没有得到战争委员会的审议。一份官方报告总结说："结果，伊恩·汉密尔顿爵士心怀感激地请求增援的部队，推迟了6周才被派出。"在这6周里，军人们在牺牲着生命，土耳其人也进一步加强了他们的防御工事。[55]

"我将要组建一个联合政府，"阿斯奎斯17日对妻子说，"我刚才见了博纳·劳。他高兴极了。"[56] 对于费舍尔和丘吉尔，博纳·劳只是简单地说了一句："他们两个最好都离开。"[57] 博纳·劳和贝尔福曾一度提出让劳合·乔治担任首相，但劳合·乔治出于对阿斯奎斯的忠诚拒绝了，至少他是这样告诉他的情妇的。[58] 据推测，劳合·乔治最终能够接手陆军部，是因为基钦纳"在弹药（主要是炸药）的问题上误导了政府，不能再负责陆军部"。[59] 阿斯奎斯政府没有充分调动战时经济才是炮弹短缺的真正原因。令事情雪上加霜的是，在欧洲战线和达达尼尔海峡严重的军事扩张，以及在中东和非洲的军事扩张，尽管没有那么严重。但是，找个替罪羊总是有用的。尽管基钦纳在陆军部行事隐秘、反复无常、盛气凌人，甚至会傲慢到拒绝向战争委员会通报他所做决定的原因，但是他在英国国内广受欢迎，没有人能够撼动他。他也知道自己实际上是不能被解雇的，这让他变得很危险。他的征兵海报虽然做得非常了不起，但是与他做同事却是一件完全办不到的事情。

只有既不是政治家也不是军人的人，才能对形势做出一个简洁的评估。"内阁垮台了！"伊恩·汉密尔顿的妻子简在5月18日的日记中写道，"所以我担心，在支援部队到来之前舰队就轰炸达达尼尔海峡前线，温斯顿也许做错了。而那只老耗子费舍尔勋爵在下沉的船上又钻了一个洞。"[60]"我感觉自己像个伤员，"丘吉尔那天对劳合·乔治说，"知道自己受了伤，但到目前为止，还说不出伤势有多严重。以后我会知道自己受伤的程度有多深的，但是现在，我只感到震惊。"[61] 到了第二天，我们就知道他已经恢复得差不多了，因为弗朗西斯·史蒂文森在日记中写道："今天，丘吉尔似乎已经准备要战斗了。”[62] 他给劳合·乔治和格雷看了一封他正打算发表的长信，来证明他的所作所为的正当性。劳合·乔治指出，这将成为对达达尼尔海峡远征能否成功的第一次公开质疑。当丘吉尔发现格雷和劳合·乔治都认为他必须辞职时，他“大发雷霆”。[63] 这封发火的信，就像许多丘吉尔多年来用来发泄感情的信一样，从来没有寄出过。

他对劳合·乔治说：“你不在乎我会怎么样，你不在乎我是否被敌人踩在脚下，你不在乎我的个人名誉。”“我是不在乎，”劳合·乔治说他早就回答过了，“在目前的情况下，我根本不在乎我自己。我现在唯一在乎的是我们要赢得这场战争。”[64] 这听起来更像是一场情人之间的拌嘴，而不是政治家之间的讨论，但这让丘吉尔明白，友谊在政治上是多么无足轻重。很快，霍尔丹勋爵也学到这一点。那天晚上，丘吉尔为了保住自己的职位，孤注一掷地向费舍尔提出，他如果撤销辞呈，就可以在内阁中获得一个席位，尽管丘吉尔根本没有达成许诺的权力。费舍尔装腔作势地对博纳·劳说：“我拒绝为这 30 枚银币背叛自己的国家。”[65] 与此同时，《晨邮报》的编辑宣称，他对丘吉尔即将下台感到“欢欣鼓舞”。[66]

国王对建立国家联合政府感到非常高兴。他在日记中写道：“只有这样，我们才能把丘吉尔从海军部撵走。他也参与了弗伦奇对抗基钦纳的密谋，他是真正的危险人物。”[67] 威尔士亲王同意他父亲的说法，他对父亲说：“得知温斯顿要离开海军部，我感到很欣慰……人们确实觉得，他将这个国家带入疯狂的冒险模式，让我们在人员和弹药方面都付出了惊人的代价，而且没有达到目的。”就是为了这个不负责任的年轻人，丘吉尔后来几乎牺牲了他的事业。

5 月 20 日，克莱门汀给阿斯奎斯写了一封的信，信的内容感人肺腑。她试图在最后关头挽救自己的丈夫。“亲爱的阿斯奎斯先生，”她写道：

> 近四年以来，温斯顿一直在努力掌握海军科学里的每一个细节。在这个国家里，没有一个人会拥有同样的知识、能力与活力。如果他离开，对海军部业务的损害在未来数月里将无人能弥补……你为什么要和温斯顿分道扬镳？难道你确实对他的工作和能力失

> 去了信心？但我知道肯定不是这样的。“恢复公众信心”并不是一个合适的借口。我倒是觉得，温斯顿的倒台只会恢复德国公众的信心……如果你把温斯顿推下船，那将是一种软弱的行为，你的联合政府作为战争机器也不会像现在的政府这样强大。温斯顿在你和与他共事过的人的眼里可能是有缺点的，但他有一种至高无上的品质，我敢说，在你现在或将来的内阁中很少有人具备这种品质，那就是与德国作战的超强能力和想象力，以及奋战至死的决心。如果你把他派到别的岗位上，他将不再战斗——如果你浪费了这样宝贵的战争资源，你将伤害到这个国家。[68]

阿斯奎斯让玛戈看了这封信，她在日记中吐露了自己的想法：“这封信展示了一个仆人的灵魂。看来我对这对儿肤浅的夫妇的一切看法都是有道理的，看看他们身上那种敲诈勒索和傲慢无礼的劲头，还有黑人的那种忘恩负义和缺少感情的样子。”[69]当阿斯奎斯辩解说，这只是“一个妻子的信”时，玛戈回答：“你的意思是，一个渔夫的妻子！！”

关于丘吉尔是否在克莱门汀寄出之前就看了这封信，阿斯奎斯一家争论了一番。他的私人秘书莫里斯·博纳姆·卡特（他后来娶了维奥莱特）称这封信是“蠢事一桩”，他发现，尽管丘吉尔并没有启发他妻子写这封信，但他还是让克莱门汀寄出了这封信。阿斯奎斯甚至都懒得回信，尽管他确实曾“津津有味地”给午餐的客人大声念了这封信，并告诉威尼西亚·斯坦利，这是一封“疯子写的信”。[70]对这封信的一个更为正确的评判来自一位历史学家，他认为这封信“是一个如此富有激情的请求，尽管它显得那么轻率，但是读到它的人都禁不住会想，任何一个男人，如果能拥有一个如此信任他的妻子，都会感到欣喜”。[71]

仍在海军部工作的丘吉尔当天对里德尔说：“我完了！”里德尔表示惊讶，说他只有 40 岁，而且仍有“非凡的能力”。丘吉尔回答：“是的，但是就我所关心的一切——发动战争、打败德国人——来说，我完了。”[72] 5 月 21 日，他写信给博纳·劳，敦促他别允许“一场由报纸发动的充满无知与偏见的运动”迫使他辞职，要让人们对他“进行公正、审慎和以事实为依据的评判”。[73]博纳·劳回答，他的辞职现在已经“不可避免”。[74]丘吉尔随后写信给阿斯奎斯说：

> 我的责任重大，但是我知道我可以承受，而且会毫发无伤……我可以让这个庞大的达达尼尔海峡事业安全过关……阿瑟·威尔逊和我两个人一起，一定可以做到。我们了解整个局势。但是，想想我的感受吧，如果在这个关键时刻，仅仅因为并不了解情况的报纸所表现出的敌意，就把这件错综复杂的事情整个从我们的手中夺去，然后放进一个完全不了解情况的陌生人手中，最糟糕的是，甚至把整个计划放到一个致命的敌人手中。打动我的，并不是继续任职，或是继续任现职，也不是继续自己的兴趣或优势。我所坚持的是继续自己的任务和责任。我正在努力把我们所从事的这项艰巨的事业做好。我知道，只要与阿瑟·威尔逊一起努力，我是可以完成这项任务的。我不相信有谁能忍受这样的焦虑……我只能指望你。让我在达达尼尔海峡站着或倒下，但不要把它从我手中夺走。[75]

阿斯奎斯只是回答：“你必须明白，你不能继续留在海军部了……我希望你能继续在新内阁中服务，真诚地感谢你在战前及战后所做的出色工作。”[76]阿斯奎斯之所以可以这样严苛地对待丘吉尔，部分原因是这位海军大臣的支持者太少了，而丘吉尔的私人秘书詹姆斯·马斯特顿·史密斯就是少数几位支持者之一，他勇敢地告诉阿斯奎斯一家以及博纳姆·卡特，在他心里，“丘吉尔仍然是海军大臣，因为他内心那种强大的动力以及他的工作能力无人能及”。[77]

英国国王在5月22日的日记中写道：“我希望贝尔福可以取代已经不可能再做海军大臣的丘吉尔。”[78]贝尔福真的取代了丘吉尔。值得注意的是，尽管威尔逊上将在战前曾被丘吉尔解职，但他拒绝在丘吉尔以外的任何人手下担任第一海务大臣，所以这份工作就交给了海军上将杰克逊。政府被重组为联合政府，阿斯奎斯任首相，劳合·乔治任军需大臣（以应对炮弹短缺），博纳·劳任殖民地事务大臣，麦肯纳任财政大臣，格雷留任外交部。“我本来希望在我们强大的时候去联合保守党，”丘吉尔对维奥莱特说，“而不是在我们倒霉的时候像个女人一样去证明自己的清白。”[79]

丘吉尔永远不会忘记1915年5月，他的手指被从海军部掰开时他所遭受的耻辱。在晚年时他告诉自己的助手，5月一直是他最不喜欢的月份。多年后丘吉尔在写到基钦纳时说：“我不能忘记1915年5月1日我离开海军部时，只有一位同事过来做了一个礼节性拜访，那就是这位工作量超大的巨人，他对我的不认可曾令年轻时的我尴尬不安。”[80]那次会面，基钦纳，这个没有参与过铲除丘吉尔阴谋的人，“以他那种令人印象深刻、近乎庄严的方式对丘吉尔说：‘嗯，无论如何，有一件事他们已经无法从你身上拿走，舰队已经做好了准备’”![81]

至少在私下里，海军部对丘吉尔的离开感到欣慰。杰利科称丘吉尔是“帝国的公共危险”。比提写道：“海军摆脱了丘吉尔的魔爪，现在可以更自由地呼吸了。”里士满谴责他那种“大喊大叫的业余爱好者”的“个人虚荣心”。[82]媒体对他的倒台同样幸灾乐祸——除了J. L. 加文，他在《观察家》上预言：“他胜利的时刻终将到来。”[83]

然而，丘吉尔并没有被完全革职。他保住了自己在内阁和战争委员会中的位子，但是没有行政权力。从指挥1 000艘皇家海军，改为担任兰开斯特公爵领地大臣，这一职务赋予他的职责是任命乡村治安法官，他的薪水减半至2 000英镑。他的官方职责是监督国王私人庄园（兰开斯特公爵领地）的管理，每周不到一天的时间就可以完成任务。在剩下的时间里，他是一个没有具体职责的大臣。贝尔福允许丘吉尔和克莱门汀在海军部住到6月中旬，之后（因为格雷已经租了他们在埃克莱斯顿广场的公寓），他们搬到阿灵顿街21号和艾弗·格斯特住在一起，然后搬进克伦威尔路41号杰克的房子，差不多就在自然历史博物馆对面。

5月26日，埃德温·蒙塔古拜访了还住在英国海军部的克莱门汀，之后给他的未婚妻威尼西亚·斯坦利写信说：“她那么甜美，却非常悲惨，一直在哭泣。”[84]这场动荡渗透到丘吉尔家庭生活的各个方面，其深入程度在4岁的伦道夫每晚的祈祷词中可见一斑：“上帝保佑妈妈和爸爸。愿上帝保佑达达尼尔海峡，保佑我做个好孩子。阿门。”[85]

在接下来的6个月里，丘吉尔继续参加会议并提出建议，但他的职位没有任何权力。他说服贝尔福继续为“陆地战舰”（即坦克）的原型研制工作提供资金，甚至还为达达尼尔海峡争取到额外的增兵。他后来回忆说：“就像从深水中被捕捞出来的海兽，或一个突然被抛出水面的潜水员，因为压力骤然下降，我的血管几乎到了破裂的边缘。在那一刻，我的每根神经都在燃烧，我被迫继续旁观这场悲剧，而且被残忍地安排在前排座位上。”[86]

尽管丘吉尔已被降职，但是他关于战争的各种专业知识是大家公认的，这意味着内阁仍需要他，尤其是他的继任者贝尔福在海军事务方面经验非常少的情况下。他在6月1日的内阁备忘录中写道：“达达尼尔海峡的局势既充满希望，又充满危险。”6月初，克里西亚第三次战役之后，在丘吉尔的敦促下，由13位政府大员组成的达达尼尔委员会决定再增加6个师来援助汉密尔顿。[87]“穿过达达尼尔海峡的狭窄之处，沿着加里波利半岛的山脊，”他在6月5日对邓迪的听众发表演说时说，“通往胜利与和平的捷径就在那里……在延绵几英里的山脊与灌木丛的那一边，我们的士兵，我们的法国同志们，我们勇敢的澳大利亚人，还有我们的新西兰同胞子民，正在英勇奋战。我们即将在那里看到一个敌对帝国的衰落，看到敌人的舰队和军队被摧毁，看到一个世界名都的沦陷，还有可能看到强大盟友的加盟。”[88]

6月9日，他告诉自己的朋友，皇家近卫第二骑兵团少校阿奇·辛克莱：

> 一个人必须努力微笑着忍受不幸……但现实是苦闷的，无事可做简直就是一种折磨。担任着一个挂名的肥差，我受到了新内阁的欢迎和礼遇，他们采纳了我的政策，采取了我极力要求的所有步骤……但是现在一切都解决了，我不能忍受坐在这里等待政治风向的转变。我不想要官位，只想要一个与战争直接相关的职位，也许这永远都实现不了了。其他的都有可能，但是这一条不可能了，至少在我最难过的时候我会这么想……费舍尔是个谜。他是真的精神崩溃了，还是发动了政变，或是兼而有之？更有可能是最后一条。与此同时，劳合·乔治与诺斯克利夫正在联手争夺

权力：阿斯奎斯虽然情真意切，但又软弱懒惰，不惜一切代价寻求自我保护。我的事情还没有定论，我的天赋只能闲置……我觉得我的判断不会错，冒着一切可能的风险坚决奉行我的政策也不会错……政治前途一点儿也吸引不了我，更何况政治游戏也在排斥我。我和劳合之间的一切都结束了。我想出去吸一口新鲜空气。[89]

这场危机终于使他看透了劳合·乔治。“你是个聪明的家伙！”他对他当面说道，“这事你已经策划了好几个月，为了得到你想要的，你真是无所不用其极。”[90]

在允许自己离开政府，到战壕中去寻找救赎之前，丘吉尔需要为伊恩·汉密尔顿争取到最大限度的支援。他希望自己可以扭转达达尼尔海峡战役，从而可以使那些迫使他离开海军部的混蛋的说法不攻自破。如果加里波利战役取得胜利，就证明他是正确的。西部前线那些可怕的事实也证明他的观点是正确的，若弗尔在西线战场的防御仅仅在5月一个月伤亡人数就达到25万。此后，正如丘吉尔6月18日对同事所说：“在德国手中的近1.85万平方英里的法国和比利时国土，只有8平方英里被夺回。”[91] 针对西线战场这样惨淡的战绩，丘吉尔继续坚持他所谓的君士坦丁堡“奖励”，“这个奖励，也是唯一的奖赏，今年就可望获得。这场仗一定会赢，不但不会有不合理的费用，而且会在一个相对较短的时间内取胜”。[92]

1915年夏天，丘吉尔与杰克一起，在萨里郡合租了一座由都铎王朝时期的农舍改造的庄园，叫作“耕耘农场”。丘吉尔一家在那里共度周末。“夏天的珠宝让花园闪闪发光，”丘吉尔对正在汉密尔顿手下服役的杰克说，“我们的生活非常简单，但我们对生活中必不可少的东西了解得非常清楚，也准备得非常充分——热水澡、冰香槟、新鲜的豌豆和陈酿的白兰地。”[93] 丘吉尔在那里发现了自己生命中另一个重要的东西。7月初，他观看弟媳古尼作画，决定自己也要试试。[94] 绘画开始成为一种治疗他离开海军部综合征的方法。他说：“如果没有绘画，我简直活不下去，我承受不了这些事情带来的压力。”但是很快，绘画就变成他一生的爱好。他一生画了540多幅油画，画得确实非常好。[95] 这个领域的权威人士，他的老师、画家约翰·莱弗里爵士曾经说：

"如果他当初选择的是绘画而不是从政，我相信他会成为一位伟大的油画大师。"[96]

丘吉尔相当大的艺术天分是由沃尔特·西克特培养出来的，在他的指导下，丘吉尔发展了自己的技术技能。西克特曾在斯莱德美术学校学习，也曾师从J. A. 惠斯勒——德加的朋友。除了莱弗里和西克特，教过丘吉尔的人还包括威廉·尼科尔森爵士和英法混血画家保罗·梅兹。丘吉尔经常被贬斥为"业余画家"，但他的画技水平实际上很高。1925年，一个由奥斯瓦尔德·伯利爵士、杜威勋爵和肯尼斯·克拉克组成的艺术评审团在一场面向业余爱好者的公开比赛中，评出了一幅名为《冬日阳光》的匿名画作。杜威不想把这个奖项授予这幅画作，因为在他看来，这幅画显然是由一位专业画家所做。克拉克说，他们必须相信参赛者没有作弊。这幅画是丘吉尔作的。

丘吉尔曾写道："绘画完全就是一种消遣，我不知道有什么东西，能够在不使身体疲惫的情况下，却完全吸引你的心灵。"[97] 他把大部分他谦虚地称为"涂鸦"的东西送给了家人和朋友，偶尔也会送给工作人员。在第二次世界大战期间，他还送给了富兰克林·罗斯福和哈里·杜鲁门，以及艾森豪威尔将军、蒙哥马利将军和马歇尔将军。他画过各种类型的画——静物、花卉、建筑场景（包括金字塔）、布莱尼姆宫的挂毯、风景、泉水城的杂草，以及肖像——有时也画照片。当一名助手看到他在画布上投影出一个魔术灯的图像时说："这看起来有点儿像作弊。"丘吉尔反驳道："看起来有点儿像作弊，但是如果最后的作品看起来像一件艺术品，那么它就是一件艺术品！"[98] 当被问及为什么他喜欢风景画甚于肖像画时，丘吉尔回答："树不会抱怨我没把它画好。"[99]

1921年丘吉尔所写的一篇文章《绘画消遣》，于1948年以书的形式出版。书中写道："我不能假装对颜色没有偏见。我喜欢那些明亮的颜色，而对于棕色系，我为它们感到难过。到我上天堂的时候，我想把最初100万年的大部分时间都用在绘画上，这样就能弄清绘画问题的真相。"① [100] 20世纪

---

① 在这篇文章中，他还写道："没有什么比图书馆更能让人肃然起敬了。"（丘吉尔，《绘画》，第10页。）

30年代，有一次有人送了他一大瓶白兰地做礼物，他派孩子们和侄子佩雷格林到房子的周围去收集更多的瓶子，用来创作一幅画。他说："去给我找一些关系密切的、好兄弟般的瓶子来，给这个了不起的大家伙做保镖。"[101]孩子们很快就找到11个瓶子和一些大雪茄盒。他把那幅画命名为《瓶逸》。丘吉尔的兴趣并不局限于绘画，20世纪50年代，当奥斯卡·雷蒙为他做雕塑时，他坐在那里也在为奥斯卡·雷蒙做雕塑。

1915年7月中旬，基钦纳邀请丘吉尔访问达达尼尔海峡，希望他可以从伊恩·汉密尔顿那里了解到，为什么这场战役会沦落为战壕僵局，其糟糕程度丝毫不亚于西线的战壕僵局。临行前，他写了一封信给克莱门汀，让她在他死亡后打开。他给了她一份不多的财务资助，每年450英镑。他请她"保管好我所有的文件，尤其是那些提到我在海军部的管理工作的文件"，因为她是他的文学执行人，他希望最后能出一本书：

> 我希望总有一天会真相大白，伦道夫将会继续负责提灯去寻找真相。不要为我太悲伤。我是一个坚信自己权利的人。死亡只是一个事件，而且并不是此生发生在我们身上的最重要的事情。总的来说，我亲爱的，我一直很幸福，尤其是我遇到了你，你让我懂得了一个女人的心是多么高贵。如果我死后还会去别的什么地方，那么我会一直看着你。与此同时，你要向前看，随自己的心意（大可以再婚），珍惜孩子，守护住我的记忆。上帝保佑你。[102]

在丘吉尔出发前一天，琼·汉密尔顿与丘吉尔夫妇共进午餐，她记录道，他"仍然认为，即使没有陆军部队在海峡最狭窄处的帮助，舰队也是可以通过海峡的"。[103]他还"满怀信心地认为，达达尼尔海峡即将迎来一场伟大的胜利，他想目睹这一胜利——他明天一早就要出发了"。内阁在最后一刻取消了他的行程，不希望他带着更多的理由回来，为即将失败的这场战役再提出增援的要求。他告诉阿奇·辛克莱："我手上现在有很多时间，可以彻底去感受每一次刺痛。留在这里，什么都知道，什么都关心，也知道自己有能力为之服务，却总是瘫在那里，什么都干不了，这种体验太可怕了。这就像你整个人都处在危险之中，身体却被念了定身咒。”丘吉尔知道，只要加里波利远征仍有胜利的机会，他就需要留在伦敦做说客，但是他对辛克莱说，他很清楚自己今后的职责所在：“出去几个月，到我们团去服役，那会让我的灵魂得到安慰。这种想法越来越成为我的一块心病。但是在达达尼尔海峡战役取得胜利之前，我的职责显然就在这里。”[104]

在此之前或之后，也有许多大臣因其签署的政策失败而被降职或解职。然而对于丘吉尔来说，因屈辱而带来的痛苦，以及他急于证明自己清白的绝望，在他不在画架旁的时候，一直都在啃噬着他。“达达尼尔海峡会成为他一辈子的梦魇，”克莱门汀对马丁·吉尔伯特说，“他一直对这次战役很有信心。在离开海军部时，他以为他这辈子都完了……我也以为他永远都跨不过达达尼尔海峡这道坎儿了，他会为这件事悲伤而死。”[105]她对弗雷迪·伯肯黑德具体描述了事情是怎样的：“温斯顿心中充满了绝望，他觉得自己永远也无法从绝望中走出来，甚至一度担心自己会自杀。”[106]和罗马人一样，他认为用自杀的方式来救赎自己的耻辱并不可耻。

1911 年 7 月 11 日，丘吉尔与表兄艾弗·格斯特以及他的妻子爱丽丝共进晚餐。“爱丽丝谈起她在德国的医生，我非常感兴趣。”之后他在国内事务部给正在东萨塞克斯郡西福德度假的克莱门汀写信说：“她的抑郁症完全治愈了。我想这个人可能对我有用——如果我的‘黑狗症’再犯的话。这一疾病现在似乎已经远离了我，这真是一种解脱。所有的色彩又都回来了，尤其是你那可爱的面孔，我的宝贝，是最最明亮的。”[107]这是丘吉尔唯一一次提到他所谓的“黑狗症”（这是维多利亚和爱德华时代的保姆常说的话，形容孩子心情不好或脾气暴躁）。他的医生莫兰勋爵在他那本关于丘吉尔的厚达 800 页的书中，只有 5 次提到丘吉尔的抑郁症，而且大部分都是推测性的。莫兰在 1944 年 8 月 14 日和 1945 年 8 月 2 日发表了 224 篇日记，几乎所有关于丘吉尔可能患有“黑狗症”的证据，都基于这些日记，但这些日记的内容与丘吉尔私人文件中的手稿并不相符。[108]

丘吉尔从未因为大家猜测的抑郁症而请过一天假，尽管他偶尔也会情绪低落，比如在二战初期几次战败的时候。他的私人秘书和家人从来没有听他提过“黑狗症”这个词，尽管有些人确实说过，他们在某些时候会对他的情绪感到担心，比如在做那些精心布置的演讲前，他会变得“容易争吵”。[109]丘吉尔根本不可能成为一个抑郁症患者，更不用说狂躁症患者了。1911年7月那次唯一提及此类病症的情况，可以解释为丘吉尔的一次错误的自我诊断——他断定自己有强迫症，因为他每天都要量体温，并且相信自己的“角质层很敏感”。（更靠近现在的一些业余人士推断说，丘吉尔患有躁郁症，这同样是无稽之谈。）在达达尼尔海峡战役这样的灾难性事件发生时，像其他任何处在同样境况中的人一样，丘吉尔也会感到沮丧。

丘吉尔在联合政府就职仅两个月后就写信给辛克莱说：“这个由能人和反对党组成的政府不具备战争所需的任何素质。个人因素和党派因素相互抵消：观点很多，礼貌很好，礼节周到——但行动很少。消极的倾向是很明显的。与此同时，他们也有一些躁动不安的动作，而我只是聚精会神地看着，没有加入。”[110]当然，这也可能是因为，反对党人依然觉得邀请他加入有害无益。他大度地写道，劳合·乔治“是国家必用之人，他具有应对战争的素质。我不打算让任何个人感情影响我与他的工作，但是经由个人经历所产生的不信任是一个可怕的障碍。现在回首一年前，感觉真的很奇怪……我在重大事件中的作用减少到了可悲的程度。但我仍然认为我会有工作做的，虽然不会持续很久。这场战争我们必须苦战到底，任何半途而废的和平只会是临时休战。我们必须不惜一切代价取得决定性结果。有些我们该做的事情却没有做。你相信吗？我每天都在画画，它使我的心灵平静……在德国人袭击你们的战壕时，不要让我的信落入他们手中，这些猪会高兴的……信最好烧掉”。[111]最后一句话其实常常是为了让对方把信仔细保存好。

汉密尔顿计划在苏夫拉湾转向土耳其的侧翼，从澳新军团所在区域发起突袭。这一富有想象力的计划于8月6日启动。尽管澳大利亚人和新西兰人勇敢地冲上了海岸，但是计划还是失败了。当时土耳其人在半岛上有16个师，与汉密尔顿的14个师对峙。联军部队的登陆地点出现错误，面对悬崖与深壑，加之地图又绘制得很糟糕，联军迷失了方向。参加战斗的高级军官水平普遍都很低，因为西线才是一直都要保障的第一要务。（其中一位将军在1912年以前还住在疯人院。）好不容易有了一些进展，第九兵团司令弗雷德里克·斯托普福德中将却放弃了这永远不会再出现的机会。8月16日，斯托普福德被解除了指挥权，但为时已晚：所有战线都已陷入僵局。

尽管丘吉尔将兰开斯特公爵领地大臣这一可以追溯到14世纪的职务描述为一个闲职、一潭死水，但是有这样一个职务，8月中旬时他至少还可以坐在权力巨大的内阁委员会里，“为了战争的实施，查看1916年年底自己的国家和盟友还能有多少可用资源”。在为时三个多星期的12次会议上，委员会从几十名高级政治和军事人物那里搜集证据，其中包括半数的内阁成员。丘吉尔向所有人提出了尖锐的问题。他向贝尔福询问有关商船管理的问题；要求征兵主任提供更准确的数字；向劳合·乔治提出关于18磅重的炮弹和义务兵役的问题；对于近25万英国人因健康原因被迫退役，他向陆军部长表示了震惊；他还向沃尔特·朗西曼询问了如何将铁路雇用的20万人解放出来一些，让他们到军队服役；他向政治家和公务员询问有关人口统计和法国出口的情况，对17~40岁从事家具和木材贸易的男性人数了如指掌；他向海军少将摩根·辛格询问了来自美国的马克西姆舰炮、霍奇基斯高射炮、自动引信、炮弹、步枪和卡宾枪的情况。他问道：“你们现在适应了无烟火药了吗?”[112]没有哪种话题或问题对他来说是太小的，他对统计学的兴趣可以说无穷无尽。

9月初，听说西线法国的一次主要突袭行动将被取消，原定行动的几个师将被调往达达尼尔海峡，丘吉尔在内阁给劳合·乔治递送了一张字条：“我觉得自己就像一个原本就要被枪毙，最终却获得了一大笔财产的人。”[113]不幸的是，汉密尔顿突破苏夫拉湾的勇敢尝试再次以失败告终。此时克莱门汀感觉到丘吉尔对政治的失望，在她的鼓励下，丘吉尔决定离开内阁，到前线去。他希望成为一名少将，统领一个陆军军团，但基钦纳觉得这很“尴尬”，因为他知道如果他答应了，那么将会“冒犯军队”。[114]

丘吉尔对劳合·乔治在他被免职一事中扮演的角色非常清楚。“我帮过你很多忙，”他在9月中旬对他说，也许指的是马可尼丑闻，“你说一句话我可能就会被留下来。”[115]劳合·乔治直言不讳地回答，达达尼尔海峡的行动就是个错误。到了9月底，开始出现关于完全撤离加里波利的传言，以及组建一个新的战争委员会，把丘吉尔排除在外的说法。尽管在丘吉尔被免职时基钦纳表现得很宽宏大量，但现在他特别提出，自己不能再与丘吉尔共事了。汉基回忆说，基钦纳“几乎达到歇斯底里的程度”，他威胁说宁可辞职，也不能让丘吉尔继续留在战争委员会。[116] 当时他们之间的感觉完全是相互的：当《曼彻斯特卫报》的编辑 C. P. 斯科特在丘吉尔位于唐宁街的兰开斯特公爵领地大臣办公室拜访他时，他发现丘吉尔“对几乎没有工作要做感到非常恼火，还谈到辞职并重新回到团里”。当斯科特“问他，想要带来真正的利好转变，他会做些什么时，他犹豫了片刻，然后满怀信心地说，首先要除掉基钦纳”。[117] 丘吉尔向斯科特建议，陆军大臣和总战略师的角色应该分开。他说，目前这两个角色组合在一起的做法，“现在看来是错误的，将永远不会再出现。此外，还应该创立一个内部内阁，负责指挥战争和每天的会议”。这正是丘吉尔在 1940 年成为英国首相后所创立的。

1915 年 10 月上半月，英国在法国的卢斯战役中战败，保加利亚决定加入轴心国。丘吉尔认为，没有比重新发动对达达尼尔海峡海军的进攻更能挽救局势的办法了。他在 10 月 6 日给贝尔福的信中写道：“相信我们这几个月以来的处境，都很像那个西班牙囚犯。他在地牢里煎熬了 20 年，直到有一天早上，他突然想到去推一下门，而这门一直都没有锁。”[118] 这是一个可怕的类比。加里波利不是一个简单的、显而易见的解决方案。那时，地面战完全陷入僵局。土耳其炮兵会对试图通过海峡的船只做什么？土耳其的堡垒也许已经被一次纯属大胆的突袭扫平，但那时土耳其人已经在半岛上部署了大量的大炮，他们会对任何海军攻击做出迅速和激烈的反应。即使一些舰船遭遇大炮袭击后幸存下来，接下来迎接他们的还有雷区。

10 月 14 日，战争委员会决定召回伊恩·汉密尔顿爵士，接替他的是查尔斯·门罗爵士，而门罗很快就提议从半岛撤离。“门罗将军是一位决策迅速的军官，”几年后丘吉尔打趣道，“他来了，他看到了，他投降了。”[119]（他把同意门罗撤军计划的中将詹姆斯·沃尔夫（狼）·默里爵士称作“系普（绵羊）”·默里。）在回应博纳·劳的撤离要求时，丘吉尔在内阁备忘录中写道：“军事计划执行不力，执行计划的人在不断的争吵中变得不温不火，没有什么是比这更大的灾难了。即使是在政治上，这样的方式也是不健康的。在战争中，这就是犯罪。”[120]

丘吉尔接着又预言，撤离计划将是失去美国殖民地以来最糟糕的军事决定。这一预言对他自己来说也有些夸张。博纳·劳不为所动，他坚持撤离计划，否则就威胁要辞职。到了这个时候，他这样做肯定是对的。11 月 5 日，重组的战争委员会第一次会面，成员包括阿斯奎斯、贝尔福、劳合·乔治、博纳·劳、麦肯纳、格雷和基钦纳，但是没有丘吉尔。[121] 劳合·乔治告诉弗朗西斯·史蒂文森，丘吉尔“没能进入这个小型战争委员会，他肯定气坏了”，但是事情已经到了这一步，他对这个结果不应该感到吃惊。[122]

三天后，阿斯奎斯全力支持撤离，1915 年 11 月 11 日，星期四，丘吉尔从政府辞职。他在给阿斯奎斯的信中说：“我真心同意组建一个小型战争委员会的决定。”

> 我一点儿也不会抱怨，说你的计划应该改变。但是我在政府的工作因此自然也就结束了。我知道在目前的局势下，作为行政权力的工具我该做些什么。如果不能真正分享对战争政策的指导权和控制权，我就不能接受战争委员会成员这样一个对战争政策负总责的职位……在这样的时候，我觉得自己也不能继续留任在这个高薪又无所事事的岗位上。因此，我请求你向国王递交我的辞呈。我是一名军官，我愿意毫无保留地听命于军队当局的调遣，因为我知道我所在的团现在正在法国。我问心无愧，可以泰然自若地为过去的事情承担责任。时间将证明我对海军部的管理是正确的。对于我所参与的大量军事准备与行动，时间将为我带来那份我应得的认可，因为没有这些工作，就没有我们对海洋的控制权。我怀着敬意和不变的个人友谊向你告别。[123]

最后一句话并不是真心话，但其他的话都令人赞叹。

对于派遣丘吉尔去东非指挥英国军队，曾有过一些讨论。令人惊讶的是，博纳·劳和卡森都支持这一计划，但是陆军部不同意。[124] 汉基建议应该把他派往俄国北部，以加强那里的弹药输入。[125] 这两个地方离伦敦都很远，这也许不是巧合。同一时间，维奥莱特·阿斯奎斯送给丘吉尔一首鲁德亚德·吉卜林的诗：《如果》。她选了这首诗，可能是因为其中那句非常应景的关于如何面对胜利与失败的诗句，对待成功与失败，“这两个彼此冒名顶替者，要一视同仁”。她还补充说：“记住，英格兰信任你，也需要你。”[126]

11 月 15 日，丘吉尔在下议院发表辞职演说，在谈到达达尼尔海峡问题时他说：

> 我不允许别人说这是一个老百姓的计划，是一个在军事上非常业余的政治人士强加给不情愿的军官和专家的。今天下午我没打算声讨谁、指责谁，但是我必须说的是，事前，我没有从第一海务大臣（费舍尔）那里接到过明确的示意；而事后，我也没有从他那里获得我有权期待的坚定支持。他如果不赞成这一行动，就应该在军事委员会上讲出来。战争是一项艰难而残酷的工作，不应该有任何疑虑或保留的余地……行动的时刻到了，疑虑的时刻就过去了。战争采用的路线往往是不可能倒退回去的。对于重大的问题，我们必须回答“是”或“不是”，决定一旦做出，就必须服从。[127]

尽管如此，他还是承担了海军行动的全部责任：

> 没有一行字，没有一个词，没有一个音节，不是由海军和高水平的专家想出来的，没有一点儿非专业的干扰，但是计划是我批准的，我支持这个计划。让我感到满意的是，在我所了解的所有领域——军事、经济和外交——这都应该是一个值得尝试、再尝试的计划。[128]

这之后他有些认命地说：“我将这一计划推荐给战争委员会，还有法国政府，不是作为一件确定的事情，而是作为一场合法的赌博，输了的话赌注我们也负担得起，赢了的话，我们所能获得的奖励将会价值无限——而这个奖励，我们最高级的专家认为我们是很有机会获得的，也是我们用别的方法根本无法获得的。”[129] 把这次远征称为“一场合法的战争赌博”，那之后诋毁他的人就可以说，他的赌徒本性让他输掉了很多人的生命，而且造成无法弥补的可怕损失。大英帝国的死伤人数为 114 743 人，其中 21 882 人在战斗中死亡，8 899 人住院治疗。法国的葬礼记录达到 17 235 次。

丘吉尔绝不是做出占领加里波利决定的唯一责任人，但他是与这场灾难联系最紧密的政治家，他允许自己成为领头替罪羊。在一定程度上说，这是因为该计划确实是他的原创计划——不管最初有多少人支持它，因为是他坚持要把计划执行到底的，尽管其他人早已与它划清界限。如果伊恩·汉密尔顿不是陆军司令，丘吉尔有可能会在这次军事行动能够影响他的职业生涯之前退出，但是也并非一定如此。在第二次世界大战中，人们看到了他那斗牛犬般的固执是多么珍贵无价，在加里波利战役中，这种坚持却让他陷入批评的旋涡。

达达尼尔海峡的溃败教会了丘吉尔很多东西，也为他在第二次世界大战时提前占据了非常有利的位置。他在《第一次世界大战回忆录》一书中写道："如果 1915 年 1 月，联军的军政首脑们能够举行一次长时间的会议，只这一次会议，就可以使我们免于遭受难以估量的不幸。"后来，他自己曾多次举行这样的会议。[130] 他对自己的局限性也了解很多，所以当参谋长们一致反对他的计划时，他从没有一次反驳过他们。即使他们不同意他的意见，他也不鼓励他们改变主意，不会像他们那样一言不发，就像当初他对费舍尔做的那样。丘吉尔还认识到，有时减少损失比大幅增加赌注要好。因此，在挪威、达喀尔、希腊和其他地方——尤其是在 1940 年 5 月中旬，在法国上空与英国皇家空军战斗机中队并肩作战时——他小心翼翼地不让任务偏离轨道，不让自己借着威望而深入参与甚至干涉军事行动。

最重要的是，他以后不会再允许权力过大的军事首长，把本应属于民选政治家的权力敛到自己手中。丘吉尔将军队的"铜帽"和政治家的"礼服"区别开来，认为在第一次世界大战中，"铜帽"往往利用其在新闻界和公众中的巨大权威，决定在哪里进行战斗和战役，而"礼服"往往不得不接受。在二战后的战争回忆录中，他宣称在 1915 年 3 月 18 日的海军袭击失败后，他错误地"试图在一个从属的地位上，去组织实施一场重大的军事行动"。[131] 因此，在 1940 年成为首相后，他又任命自己为国防大臣。在第二次世界大战中，他会遇到一些强硬甚至专横的军官，包括艾伦·布鲁克、安德鲁·坎宁安和阿瑟·哈里斯，但他们都明白自己总是处于从属地位。

“我如果没有犯错误，就什么都学不会。”丘吉尔辞职后不久给克莱门汀写信说。[132] 在达达尼尔海峡的溃败这件事上，他犯了巨大的错误，但是他从错误中吸取的教训在 1/4 个世纪后表现出巨大的价值。根据斯托普福德将军的表现，尤其是在苏夫拉湾的表现，丘吉尔把他列入布尔战争的将军行列，成为没有军事指挥能力人员的一长串名单中的一个。丘吉尔在第二次世界大战中解雇了那么多将军，其中一个原因就是：在他此前的个人经历中，他对这个群体的评价很低。

“达达尼尔海峡怎么样了？！”即使多年后，人们在各种公开会议上还是会冲着丘吉尔这样大喊。就是 5 岁的伦道夫，也会有同龄人告诉他：“你父亲在达达尼尔海峡杀死了我的父亲。”[133]（“我现在感觉很抱歉，因为当时他们这样说让我感到无比自豪，”伦道夫回忆道，“我意识到我的父亲是一个说了算的人，可以命令其他人的父亲。”）[134] 因为丈夫在半月山与 29 军一起参加战斗时阵亡，朗福德伯爵的遗孀在整个 20 世纪 20 年代，只要有克莱门汀在的地方，她就不会踏入半步，更不用说丘吉尔本人在的地方了。[135]

丘吉尔的辞职演讲是他在下议院的最后一次演讲，两天后他将前往西线战场。《纽约时报》报道：“演讲结束时，在场的议员几乎全都欢呼起来。全场响起的欢呼声，配以演讲结束时热烈的掌声，这无疑是一场成功的议会演讲。”[136] 维奥莱特第二天写道：“我认为你的演讲非常完美。我从未如此感动过，这是一篇慷慨的演讲。非常感谢你说了你对那个邪恶的老疯子（费舍尔）所做的事情。”11 月 18 日，丘吉尔少校穿上他的义勇军骑兵团制服，也就是女王牛津郡轻骑兵团制服，去法国报到了。

第11章

从塞子街走向胜利

（1915年11月—1918年11月）

战争是一种激烈的生活形式，机会抛开所有的面纱和伪装，时时刻刻赤裸裸地展现自己，成为对所有人和事的直接仲裁者。

——丘吉尔:《思想与探险》[1]

仇恨在政治中所起的作用，无异于酸在化学中的作用。

——丘吉尔:《第一次世界大战回忆录》[2]

丘吉尔当然不是因为义务才参军，到战壕中去作战的。直到 1916 年 5 月，征兵年龄才扩大到 41 岁以下的已婚男子，那时他已经 42 岁了。一位大臣，在战争期间因原则性问题辞职，奔赴前线作战，这是非常不同寻常的事情。尽管丘吉尔并不认为自己在达达尼尔海峡问题上的立场让自己颜面扫地，但他知道这条路才是光荣之路。置身于政治的荒野中，无法参与核心的政治活动，他认为当国家处于战争状态时，如果不能做到在政治上为之服务，就应该通过战斗来服务。

毫无疑问，在决定参军和分担前线部队的危险时，他也有一种强烈的个人救赎感。（第二次世界大战期间，一名议员丢了脸，丘吉尔建议他加入拆弹部队，因为这是重新赢得人们尊重的最好方式。）他后来写道，前线的士兵和“他们的团首长，心中充满了使命感，他们的美德最终会弥补参谋、内阁、海军上将、将军和政客们的错误和无知——毫无疑问，包括我自己的许多错误。但是，唉，这是多么不必要的代价啊”。[3]

1915 年 11 月 18 日，丘吉尔在布洛涅登陆，随后到圣奥梅尔·约翰·弗伦奇爵士的总部拜访了他。弗伦奇为他提供了两个选择：要么接受做参谋的任命，要么去指挥一个野战旅。他很高兴地选择了后者，只提出“在队伍里先干一两个月，权衡一下新情况”的要求。[4] 作为一名准将，他不可能直接面对敌人，他不希望在没有直接接触敌人之前就得到高级指挥权。于是，指挥英国远征军近卫师的卡文伯爵把丘吉尔派到近卫步兵掷弹团第二营，营长是乔治·“马”·杰弗里斯中校。第二天，该营将进入新沙佩勒前线。

让丘吉尔感觉非常欢喜的是，掷弹团也是马尔伯勒公爵任职的第一个团。团里当时的一个军官，哈罗德·麦克米伦后来回忆说：“一开始，大家对‘这个该死的政客’很不欢迎，但在两天之内，他就赢得了所有人的支持。”[5] 他在军队的时光可以写出这样的故事：最初很不受主要是来自保守党的军官的欢迎，因为他是一个政客、一个自由党人，还因为他是温斯顿·丘吉尔。随后，他的魅力、勇气和学习的意愿让大家迅速地接受了他。

丘吉尔对克莱门汀说：“我希望周六能到前线去参战一两周。你一定不要为这件事烦心，一点儿都不要。我没有想着去采取什么特殊行动，只想着去参与非常普通的军事行动……这实际上比与女王（牛津郡轻骑兵）团一起上前线要安全得多……不要以为我会冒任何愚蠢的风险，我不会做任何明显不需要做的事情。”[6] 尽管风险很大，但是克莱门汀完全支持他到前线去的决定。她本人也加入军火工人辅助委员会，为伦敦北部的军火厂工人组织食堂服务。

她回信说：“虽然离你只有几英里远，但是我感觉你远若星辰，消失在身着卡其布的百万人群中。”[7] 到 1916 年 5 月初他离开军队时，他给妻子已经写了 100 多封信，这使我们比他一生中的任何其他时期都能更好地洞察他的思想。在 1915 年 11 月 19 日给妻子的一封信中，丘吉尔写道：“我在这里非常高兴。以前我不知道没人关注意味着什么，现在我知道了，那是一种平和的幸福。”[8] 接下来他又谈到自己担任兰开斯特公爵领地大臣的那些日子：“我怎么会在无能为力的痛苦中度过那么多个月呢？那些岁月本可以在战斗中度过。其中的原因我也说不清。”[9] 尽管每天都会有 15 个左右的掷弹团成员死亡或受伤，但他对她说："如果我知道你允许自己为了我的风险而忧心忡忡，我会很生气的。"[10] 喝酒的乐趣也增加了丘吉尔的风险，因为他们在埃比尼泽农场的营部非常干燥。几年后他写道："我一直相信适度并有规律地饮酒是不错的，尤其是在冬季战争的情况下，所以我很愉快地把自己的酒从埃比尼泽农场转移到前线的一个连队里。"[11]

杰弗里斯对丘吉尔说："我们不想显得不友好，但是我得告诉你，你来这儿并不是我们的选择。"[12] 他一天两次陪这位中校穿过雪地和泥泞到战壕去，每趟都需要两到三个小时。在德国人向他们射击时，他会评论一番敌人的枪法。很快，人们就像对待其他军官一样对待他了。他在短时间内就学到了很多关于战壕战的知识。团副官只给他提供了一双备用的袜子和一套剃须用具，于是他写信回家，要一件暖和的皮背心，以及涉水靴、防水衣、潜望镜、羊皮睡袋、卡其布裤子、沙丁鱼、巧克力和罐装肉，他让家里"以最快的速度"寄来。[13] 后来，他还要了莎士比亚的著作、大雪茄、打字机、斯第尔顿奶酪、葡萄干等，还有三瓶白兰地，他让家里每十天寄来一次，他将与他的军官兄弟们分享。[14]

当时并没有什么大的进攻，但是战壕总是处在这样或那样的火力之下，大家身上又湿又冷。丘吉尔 11 月 21 日告诉克莱门汀："一切都很平静，时不时会有人被掠过战壕的流弹击中，或是被精准的狙击枪击中。但是，我们可以直接走到战壕里，而不必沿着树沟（战壕）爬行，即使是在前线的五条战壕里，大家也能感受到一种极大的宁静。"[15] 他的连队由爱德华·格里格指挥，与同一团的哈罗德·麦克米伦一样，这位指挥官后来也成为丘吉尔战时政府的一位大臣。

11 月 23 日，基钦纳向战争委员会提出从加里波利半岛撤离的建议。丘吉尔对克莱门汀说："我对基钦纳的鄙视是强烈的。如果他们在灾难中撤离，所有事实就将大白于天下，而对于这个世界来说，这些事实将会是不可思议的。我必须认真权衡利弊，我必须弄清楚，他们是不是认真权衡过了。"[16] 丘吉尔错了。与许多战役不同的是，12 月和 1 月的撤离行动是在敌人面前撤退的一个典型案例，今天，仍然有一些参谋学院在用它做教学案例。整个撤离过程没有任何损失，事实上，就加里波利这个地方而言，没有什么选择比离开它更好了。12 月 20 日下午 3 点半，南兰开夏团第六营上尉克莱门特·艾德礼成为离开苏夫拉湾的最后一个人。[17] 艾德礼深信，达达尼尔战略是大胆而正确的，在他的一位传记作者看来，这“使他终生钦佩作为战略专家的丘吉尔，这也为第二次世界大战中他们之间的工作关系做出了巨大贡献”。[18]

“谢天谢地，他们平安无事地离开了海丽丝岬。”等一切都结束后，丘吉尔写信给克莱门汀说，“我想土耳其人和我们的人一样疲惫不堪，所以乐得让他们跑掉。也许还有点儿金钱上的交易，让这次成为‘永远无法从记忆中抹去的’逃跑变得没有看上去那么危险了。”[19] 他很生气，话也说得很露骨，但这仍然是一个完全没有根据的推测，基于帝国主义惯有的那个假设：土耳其人很腐败，很容易被收买。

就在基钦纳做出撤离这一重大决定的同一天，丘吉尔写信给克莱门汀说，尽管尸体“渗进了四周的土壤、水和淤泥中，还有大部队的老鼠……头上飞过的子弹发出恶毒的哀鸣和呼啸声，在这样的环境下，加上潮湿和寒冷，以及每一种小小的不适，我都找到了快乐和满足，我已经有好几个月没有体会过这样的快乐和满足了”。[20]

1915 年 11 月 24 日，星期三，丘吉尔遭遇了一次改变他人生观的经历。他向克莱门汀描述了这一经历，大概是为了不让她过度担惊受怕，他仅仅将这一经历说成是“一件奇怪的事情”。他在防空壕里收到消息说，第 11 军团指挥官理查德·哈金中将将于下午 4 点半派一辆车来接他。这需要他穿过“经常有流弹落下来的湿漉漉的田地，沿着周期性遭到炮击的道路”步行 3 英里。他和他的士兵仆人（他的“蝙蝠侠”）走了一个小时，却从一名参谋官那儿得知，会面被取消了。“哦，这没什么特别的，”参谋官漫不经心地说，“他在来的路上想到要和你谈谈。”[21] 于是丘吉尔又走了一个小时，穿过“现在已经陷入黑暗中的湿漉漉的田野”，心里咒骂着“这位自满的将军”，把自己“拖到雨中和泥泞中，结果白跑了一趟”。[22] 当他最终回到自己的防空壕时，一名中士对他说：“先生，你最好不要进去，那里乱七八糟……大约在你离开后 5 分钟，一个呼啸弹（德国高爆炮弹）从屋顶上飞了进来，把（他那血肉横飞的勤务兵的）头炸掉了。”他对克莱门汀说：“现在从这件事情上看，为什么事担心是多么徒劳。一切都是机会或命运，我们任性的脚步最好不要经过太多的精心算计再迈出去。一个人必须简单而自然地屈服于游戏的情绪，或者换个说法，就是要相信上帝。”[24] 1927 年，他在《蓓尔美街报》上谈及这一事件时说，他有“一种强烈的感觉，一只手伸出来，在关键时刻把我从一个致命的地方移开”。[25]

同一天晚上，丘吉尔在战壕里发现一个哨兵在岗哨上睡着了。他告诉克莱门汀：“我狠狠地吓唬了他，但没有指控他犯罪，他还是个孩子。……如果被判刑，就会是死刑或至少监禁两年。”[26] 他不用去坐牢了，只需继续站岗，让其他人安心睡觉。同样，在一次英勇的战壕突袭后，一名年轻军官在回来时，左轮手枪不小心走了火，打死了自己的一名榴弹兵。连里的其他九名军官都保守了这个秘密，假装是敌人干的。丘吉尔对克莱门汀说：“你从来没见过这样的人，这些穿着短上衣、戴着钢盔、手上拿着血淋淋的棍棒的了不起的战士，看起来就像残酷战争的照片。他们会永远留在我的记忆中，这样很好。”[27] 这些人知道，他们可以信赖丘吉尔，相信他不会为这样一个不幸（尽管绝不是孤立的）被自己人误伤的事件多管闲事，他们会告诉死去战士的家人，他是像英雄那样死去的。有时在战争中，正如他后来所说，真相必须由谎言这个保镖来捍卫。

“对死亡和伤亡，大多数人已经变得很冷漠。”丘吉尔对克莱门汀谈起，这个营在不到一个星期的时间里，已经有 35 人伤亡。[28] 1915 年 2 月，丘吉尔在英国海军部的一次晚宴上对维奥莱特·阿斯奎斯说：“当人们看到天意造成的死亡和毁灭时，看到它那种极其任性和随意的方式时——没有公平正义的原则要遵守，没有权宜之计做指导——人们会比以往任何时候都更确信，生命没有那么重要。不管一个人是活着还是死去，这都不重要。这种绝对的无计划性会让人想到，也许在其他什么地方，一个更大的计划正在实施着。”[29] 现在，他也和其他那些宿命论者一样了。

丘吉尔 11 月 27 日写道：“对于事态的转变，我一点儿也不觉得反感。”劳合·乔治、麦肯纳和“老障碍”，他指的是阿斯奎斯，“对我来说已经很遥远了，就像中国某个偏远省份的官员一样”。[30] 不过他还是要求她，“与政府保持联系，对我们的命运充满信心，把头抬得高高的……最重要的是，不要担心我。如果命运安排给我的任务还没有完成，我一定会受到保护的”。[31] 她回答，如果他是因为过度暴露自己而被杀的，“人们可能会认为，你是因为自己在达达尼尔海峡战役中的责任而感到悲痛，因而故意寻求死亡。努力活下去是你对国家的责任（也是你作为军人的荣誉）”。[32]

12 月 1 日—10 日，他回到圣奥梅尔，与后来对他极为重要的三个人生活在一起：路易斯 · 斯皮尔斯、马克斯 · 艾特肯和阿奇 · 辛克莱。这些在战争中锻造的友谊是不同寻常的，它比和平时期获得的友谊更为牢固。多年后，他的一位助手在信中写道：“没有什么比一个人在战场上的英勇更能打动他。”因此，他选择斯皮尔斯也就不足为奇了。斯皮尔斯是 1914 年 8 月第一个到达前线的英国军官，他曾多次负伤，并获得过军功十字勋章。①[33] 1916 年 10 月，当他再次受伤时，丘吉尔写信给他说：“亲爱的路易斯，今天早上我第四次满怀深情地在伤亡者名单上看到你的名字。你确实是一个可以和浪漫时代最忠诚的骑士比肩的帕拉丁。”帕拉丁代表着圣骑士，对许多在战争中表现勇敢的亲密战友，他都最喜欢用这个词来描述。

马克斯 · 艾特肯爵士（1917 年开始成为比弗布鲁克勋爵）是保守党议员，也是博纳 · 劳的朋友，他和劳一样，来自加拿大的新不伦瑞克省。他的名声不大好，主要是因为他在母国加拿大从事的一些商业活动。但是在英国，他拥有《环球报》，在《每日快报》拥有秘密股份（他最终买下了该报），并曾试图拿下《伦敦晚报》（他最终也购买了该报）。丘吉尔对报社老板总是非常关注。他和艾特肯除了拥有共同的政治野心和对历史的兴趣，二人也都坚信，阿斯奎斯对这场战争领导不力。

阿奇 · 辛克莱爵士是一个 25 岁的苏格兰男爵，军人，他从 1910 年起就在皇家近卫骑兵团服役，但现在在机关枪团，丘吉尔非常钦佩他的勇敢和魅力。[35] 在战壕中一起当兵让他们成了终生的朋友，这一时期丘吉尔写的有关

---

① 当丘吉尔带着斯皮尔斯访问法国第 33 军团时，军团司令送给他一顶非常与众不同的法国士兵头盔，他认为这顶头盔比圆形的英国“汤碗”钢盔要好，此后他就一直戴着这顶头盔。“头盔看起来很漂亮，可能会保护我珍贵的头颅，”他对克莱门汀说，“它引起了不少嫉妒，我戴着它看起来最像个军人——克伦威尔时期的军人——我总是想要在炮火中戴着它，不过主要是为了看起来更帅。”（索姆斯编辑，《讲话》第 132 页、第 129 页。）他的这个新头饰预示了他的法国情结，以及此后他毕生对各种不同寻常的帽子的钟爱，他觉得这些帽子对漫画家来说会非常有用。

政治的发自内心的信件，很多都是给辛克莱的。辛克莱在政治上是一位自由党人，后来他成为该党的领导人。

丘吉尔从军需官的角度研究了圣奥梅尔的供给体系。他写道：“我要沿着一块饼干的运输路线从基地走到战壕……”[36] 但是让他感兴趣的可远远不止饼干。在提交给帝国国防委员会的一篇题为“进攻的变体”的文章中，他预见了坦克战术。从 1916 年起，这些战术将给英国远征军带来一些优势，但同时也为德国在 1940 年带来了巨大胜利。在谈到他仍然称为毛毛虫的坦克时，他写道：“它们能够穿越任何普通的障碍物、沟渠、矮墙或战壕。每辆坦克携带两到三支马克西姆机枪，还可以配备喷火装置。只有野战炮直接命中才能阻止它前进。到达敌人的铁丝网后，它们向左或向右转弯，或平行于敌人的战壕行驶，用自己的火力扫射敌方护墙。”[37] 他希望约翰·弗伦奇爵士能够在这些机器可供使用后，将这些想法付诸实施，但是他告诉克莱门汀：“可恶的阿斯奎斯和他那帮无能的阴谋家会毁掉一切的。”他还告诉她，每晚睡觉前，他都要吻她的照片。[38]

尽管卡文勋爵说服了丘吉尔，在率领一个旅（2 800 人）作战前，他应该先指挥一个营（约 700 人），但 12 月 4 日，弗伦奇将军让他改了主意，他打算还是指挥一个旅。因为弗伦奇担心，自己将被阿斯奎斯从英国远征军总司令的职位上召回。克莱门汀反对他这样做，认为许多人会认为他在战壕里待的时间还不够长，不能担此重任。她是对的，无论如何，在承担如此艰巨的任务之前，他需要更多在西部前线的实战经验。尽管如此，丘吉尔仍相信他将被授予第 19 师 56 旅的指挥权，并希望任命斯皮尔斯为他的少校，辛克莱为参谋长。他告诉克莱门汀，他不在乎是否会有“批评声和吹毛求疵”，因为即使他选择去指挥一个营，他也会面临批评，说他只是把那里“当作跳板”等。[39] 所以，他请她为准将的制服购买必要装备。

他对妻子说：“我坚信，我最伟大的工作还没有完成，我仍在大风中平稳前行。阿斯奎斯被惩罚和 K 被揭露的时刻已经越来越近了。那些可悲之人几乎毁了我们的机会。对他们的最后一击可能需要我来挥舞大棒，我将毫不内疚地去发出这一击。”[40] 然而，12 月 15 日，道格拉斯·黑格将军取代了弗伦奇的职位。黑格根据阿斯奎斯的命令，取消了对丘吉尔的准将任命。针对这件事，阿斯奎斯将会在下议院遭到质疑。丘吉尔在得到消息后写信给克莱门汀说："我总觉得阿斯奎斯的行为达到了卑鄙和吝啬的极限……我个人感觉，我们与他所有的联系都被切断了……所有的关系都应该停止了。"[41] 12月20日，他写道："为了保住自己的职位，阿斯奎斯可以把任何人扔到狼群中。"[42] 尽管他憎恶的感觉是如此强烈，但是他还是在战壕中拜访了首相的儿子雷蒙德，并在三天的圣诞假期回到伦敦时，亲自看望了阿斯奎斯。出于战略考虑，克莱门汀一直在招待各路人马，以期他最终能复出。她建议丘吉尔不要"破釜沉舟"，因为首相对他并不比劳合·乔治对他差。在谈到劳合·乔治时，她写道："我向你保证，他是加略人犹大的嫡亲后裔。"[43]

在新年前夜，丘吉尔到总部拜访了黑格，这之后在战争期间他去过好几次。多年来，无论他们在私下里写些什么或说些什么，在面对面时他们总是相处得很好。（有一次，黑格为丘吉尔所写的备忘录感谢了他，并且说他会"非常感兴趣"地去阅读，但实际上他已经在备忘录上写下了这样的文字："什么垃圾。"）[44] 对于黑格那些先入为主的理论，他的情报负责人约翰·查特里斯准将总是能找到证据加以强调，丘吉尔对此非常不以为然。后来他在《第一次世界大战回忆录》一书中写道："总想把一位身居高位的长官最喜欢听的事情说给他听，错误政策很多时候就是这样产生的。对于一位对重大事件起决定作用的领导人来说，爱听的话听多了，他的看法往往就会比残酷的事实所能承诺的要乐观得多。"[45]

在1916年元旦那天，关于新的一年，他给克莱门汀写了一封信，读起来令人为之一振："我认为新的一年对我们来说会比上一年要好——这就很不错了。无论如何，与去年一月相比，我们的运气变好的机会比变坏的机会要大得多。"[46] 即使经历了一生中最糟糕的一年，他仍然表现出无限的乐观。他承认："我禁不住渴望有权力再次发出那些我在海军部时发出的指示。至于海军，它已经在那只老猫（贝尔福）的指挥下打起瞌睡了。"他请求克莱门汀与劳合·乔治保持联系，尽管她对他非常反感："任何时候都可能出现这样一种情形，我们俩不可避免地被推到一起。我们的关系现在很好，应该保持下去。当然，我不能离开战场上的军队到任何别的岗位上去，因为在那样的岗位上我无法把握战争的方向。"[47] 几天后，他补充说："我必须依靠你来与我的朋友和伪朋友们经常保持联系。”[48]最终，他对劳合·乔治到底属于哪一类已经不抱幻想。

1916年1月5日，丘吉尔开始担任苏格兰皇家毛瑟枪团第六营营长。他向克莱门汀要了一本罗伯特·彭斯的诗集：“我会引用这些诗来安慰和鼓舞他们的精神。我得小心别染上他们的口音！你知道我是很欣赏自己的选择的。一个妻子，一个选区，现在是一个团，共同证明了我的选择是多么真诚！”[49]在那场可怕的卢斯战役中，这个营损失了将近一半的士兵和3/4的军官，已经是油尽灯枯。这使丘吉尔得以任命辛克莱为他的副手。该营负责守护的阵线大约有1 000码，在阿尔芒蒂耶尔以北的普卢赫斯泰尔特村附近，梅西讷的下方，伊普尔高地的最南端，属于没有什么特色的地形，这个营到了以后，立即戏称它为“塞子街”。这是前线较为安静的一个部分，在头一年春天的毒气袭击中，大部分平民都撤离了。丘吉尔将自己的时间分别用在两个地方，一个是位于勒盖尔小村庄附近的劳伦斯农场，那是他的高级营总部；一个是位于普卢赫斯泰尔特的锡安姐妹收容所，离前线500码，是他的营总部。在同一时间，阿道夫·希特勒正在10英里外的弗罗梅勒，服役于巴伐利亚预备役第16步兵营。

丘吉尔对全营官兵说的第一句话是：“先生们，我们宣战了——对虱子。”[50]营里的一位军官，安德鲁·德瓦尔·吉布，后来写过一本很棒的丘吉尔战壕生活回忆录，他回忆说：“这句话于是引出了一篇关于欧洲虱卵（它实际上属跳蚤类）的就职演说，关于它的起源、生长和本性，它的栖息地，以及它作为古代和现代战争中的一个必然元素的重要性。演说者的博学和强大让听者称奇不已，瞠目结舌。”除了与虱子做斗争，丘吉尔也强调了做士兵的其他一些实际问题——瓦斯使用练习、步枪维护、战壕纪律和常规、精确的演习和行军等。不在前沿阵地时，他把体育活动、音乐会和集体合唱引入军营。通过使用木板和排水设施，他很快就使前线战壕不再潮湿，还为他的战士们提供了厚厚的护墙，安装了更好的铁丝网，清理了射击场地。吉布写道：“没有比他更受欢迎的指挥官了，那些军人将成为他永远的忠实追随者和仰慕者。”吉布还记录到，丘吉尔曾鼓励营医官谈谈自己的课题。吉布发现，“温斯顿在科学方面颇具天分”。[51]

丘吉尔没有出去寻找军功十字勋章，但是一个中校在无人区300码的地方参加军官巡逻也不是很常见的事情。他去了30多次，其中有几次，甚至近到能听到德国人交谈。他的一位下级军官埃德蒙·哈基维尔·史密斯回忆说："他经常去无人区，和他一起去是一件特别让人神经紧张的事情。他会用他那低沉、粗哑的声音大声喊：'你走那边，我走这边……过来，我在德国铁丝网上发现了一个缺口。马上过来！'他就像一头晚上出现在无人区的小象。"[52] 这位军官还写道："炮弹落下时，他从不卧倒，子弹呼啸而过时他也从不躲闪。看到我躲闪后他常说：'躲是没有用的，子弹早就从你身边飞过了。'"[53] 吉布认为"他没有恐惧感"。[54] 当一位将军抱怨说，最近的炮击让一部分战壕处在危险之中时，丘吉尔回答："是的，先生。但是，你知道这场战争本身就是非常危险的。"这话让他身边的毛瑟枪手们听到后感到很高兴。[55]

在他指挥这个营的4个月里，丘吉尔的人员损失为：15人死亡，123人受伤。11名死者被葬在位于普卢赫斯泰尔特的兰开夏乡村公墓。他们分别来自埃尔、基尔马诺克、格拉斯哥、爱丁堡、莱斯特和奥尔德姆。列兵W. 拉塞尔在1916年2月7日遇难时，年仅19岁。尽管每一名人员损失对一个家庭来说都是一场悲剧，但是在西线战场，这么长的一个时间段里，死亡15人已经是非常少的了。这说明丘吉尔的强化培训计划是成功的。

1月17日，丘吉尔和杰克·希利参加了一个为高级军官组织的讲座，讲授关于卢斯战役的经验教训。随后，组织者问大家从这次讲座中学到了什么。丘吉尔对克莱门汀说："我抑制住了自己想要回答'不要再那样做'的冲动。但他们会继续的，这一点我毫不怀疑。"[56] 他对黑格赞赏的那种消耗战持绝对反对的态度，这是他从战争中学到的许多教训中最重要的一点。但是很快，在索姆进行的军事行动中，这一战术将要被实施，并给他带来巨大的痛苦。丘吉尔在1916年元旦写道："联军所有的计划最终都汇集成大规模的进攻，至今还没有人找到解决办法。"[57] 到7月1日进攻索姆的第一天时，他们还没有找到解决办法。

1月23日，也就是返回前线的头一天，丘吉尔写信给"最亲爱的伦道夫"，告诉4岁的他：

我住在一个小农场里。它不像我们的“耕耘农场”那么漂亮，没有漂亮的花，没有池塘或树木可以玩大猩猩（丘吉尔家庭的游戏），但有3只肥大肮脏的猪，就像我们在树林里看到的那些猪……很快我们就要靠近德国人了，之后我们就会向他们开枪反击，尽量杀死他们。这是因为他们做了错事，引起了这场战争和悲伤。[58]

“多笑一笑，也教会你手下人多笑一笑，”在军官们进入前线时他下达命令说，“战争是一种需要面带微笑的游戏。你如果不会笑，就龇龇牙。你如果不会龇牙，就专门学学，直到学会。”[59]他一生中第一次和工人阶级一起生活，他把自己的部下当作军人来欣赏。当然，这并不意味着他只能依靠和他们一样的肉食配给。他要求克莱门汀给他寄去“大块的咸牛肉”，以及奶油、斯第尔顿奶酪、火腿、沙丁鱼、干果和“一个大牛排派，但不是罐头松鸡或花哨的罐头食品”。[60]他按照士兵的军事经验来规训他们。吉布注意到：“有人发现，如果有人因某种行为不端被带到温斯顿面前，他就会问他是否参加过卢斯战役。如果答案是肯定的，上校会驳回指控。这样的消息自然很快就传开了，不久，营里的每个人都声称自己曾参加卢斯战役。”[61]

2月1日，在普卢赫斯泰尔特遭到炮击时，丘吉尔准确地预测了继阿斯奎斯倒台之后，英国政治的下一次重大调整。他告诉克莱门汀，“我希望与之合作，并形成有效管理机制的团队”，包括劳合·乔治、博纳·劳、卡尔森、史密斯和寇松等几个人。“一定要记住这个名单。在‘观望期’①结束后，这些人将会组成我们的下一届政府。”[62]最后两个被提名的人曾到法国来探望他，至于劳合·乔治，克莱门汀仍然没有被说服，把他描述成一个“衣衫褴褛的粗野村夫……我对他只有轻蔑和同情……以实玛利！②”[63]影响力的降低开始吞噬丘吉尔的内心。“上帝啊，我如果有那样的权力，我就会让这样的日子越过去，”他写道，“哪怕只有一个月也好。”[64]

---

① 这一说法与阿斯奎斯的治国才能有关，阿斯奎斯在1910年4月的《议会法案》中4次重复了“观望”这一说法。

② 有人对以实玛利的预言是：“他的手要攻打人，人的手也要攻打他。”（《创世纪》，16：12。）

2月初，在劳伦斯农场与阿奇·辛克莱尔等人共进午餐时，一枚炮弹“在不远处”爆炸，这是丘吉尔另一次幸运逃生。之后，按照辛克莱的建议，他们去了附近一个谷仓的防空壕：“一次巨大的撞击发生在那里，灰尘和碎片在房间里飞起，盘子被打碎，椅子被砸碎。每个人都被残骸覆盖着，副官（他只有18岁）撞到了手指……幸运的是，这枚炮弹（一枚4.2英寸弹径的炮弹）没有——确实没有——真正炸开。”[65] 还有一次，那个被丘吉尔称为“尼古丁女神”的东西救了他的命。因为正如多年后他对《海滨杂志》的读者说的那样：“如果我没有回头去拿留在弗兰德斯防空壕里的火柴盒，我难道不会正好向前走出100码，完美地走进炮弹落下的地方？”[66] 2月14日早晨6点，“一颗炽热的子弹在门阶上和我打了个招呼”。[67] 6天后，一枚30磅重的炮弹落入了他和辛克莱合用的卧室，穿过房间，穿透了地窖。丘吉尔对克莱门汀说：“这是我们的卧室两周来第三次被炮弹穿透。我们就平静地生活在深渊边。”[68]

3月初，丘吉尔的几个朋友，包括J. L. 加文、C. P. 斯科特、马克斯·艾特肯和弗朗西斯·霍普伍德，敦促他离开军队（作为一名议会议员，他可以这样做），回到威斯敏斯特去反对政府。克莱门汀不同意他这样做，尽管她经常会为丘吉尔担心。在回来休假时，3月5日在“其他俱乐部”，他与马斯特曼、里德尔、艾特肯、史密斯和鲁弗斯·艾萨克斯（现为雷丁侯爵）一起用餐，大家都没有试图劝阻他批评政府。财政大臣劳合·乔治第二天与他共进午餐后对他的弟弟说：“他急于回来，厌倦了战壕。”[69]

1916年3月7日，星期二，丘吉尔在下议院发表了一篇演讲。就是这篇演讲摧毁了他提早复出的任何希望，他的敌人对他误判的那个长长的清单又延长了不少。他首先对海军部进行了一次有理有节的抨击。他说：“你不能沉湎于依着船桨歇息下来，哪怕片刻也不成。你必须以最快的速度不断地推动这台巨大的机器前进。失去动力不仅会让你停下来，还会让你沉下去。”[70] 人们一直心怀敬意地倾听他的讲话，但是在演讲结束时，他提出一个被他称为“切实可行的建议”，即“召回费舍尔勋爵担任第一海务大臣”。考虑到丘吉尔是知道费舍尔这个人物有多不稳定的，尽管他早年也曾辉煌过，整个议会，就像之后的历史学家们一样，感到震惊不已。

丘吉尔这个可笑的建议竟然又回到那个毁掉自己事业的人的身上，贝尔福抓住机会对他发起了一轮猛烈的反击。结果对丘吉尔来说就是一场政治灾难。《旁观者》的一篇文章提到了“政治赌徒无休止的利己主义”，马戈·阿斯奎斯提到了演讲的“滑稽与愚蠢！……他是一个危险的疯子”。查尔斯·贝雷斯福德勋爵也提到丘吉尔的“邪恶言论”，《泰晤士报》的杰弗里·道森写道：“整个阴谋彻底失败了。第二天下午，贝尔福先生借助一次雄辩的猛烈抨击，抹去了温斯顿留下的一切。”[71]

丘吉尔知道自己这是下出了一步昏着儿。那天晚上，他请维奥莱特到他母亲位于大理石拱门的家里来，她去后发现家里只有他一个人。她写道：“我永远无法忘记接下来我们谈话中的那种痛苦。”

> 他脸色苍白，面带挑衅，情绪非常抵触。我知道自己不该批评、责备甚至问出那个折磨我的问题——“你到底怎么了？为什么那样做呢？”我立刻明白了，无论他的动机是什么，他都意识到他没有完成他要做的事情，已经到了无可挽回的地步。他的长矛断了。他本以为这样就可以表现出一种宽宏大量的姿态——为了我们的海军霸权这个更伟大的目标，原谅费舍尔对自己所犯的错误——可是别人并没有这样理解。相反，大家却认为这是一个笨拙的赌徒在为自己最终的目的掷骰子。[72]

维奥莱特对丘吉尔仍然怀着柏拉图式的爱情，她亲切但也坚定地劝他返回法国。她称这是一项“非常艰巨的任务，因为我不想增加他的失败感，不想强调他的讲话如何严重地削弱了他自己的地位，不想强调他如果现在离开军队，他的地位会进一步削弱。但更可怕的一个想法是，如果我的话对他真的有影响，说得不妥就有可能会催促他去拥抱死神”。[73]第二天，丘吉尔去唐宁街10号见了阿斯奎斯，阿斯奎斯劝他不要像他父亲那样，“因为一次冲动的行为造成政治上的自杀”。[74]

当丘吉尔谈到他的支持者时，阿斯奎斯坦率地回答：“此时此刻，你根本没有一个真正的支持者。”维奥莱特回忆说：“他们分手时温斯顿眼里噙着泪水。”阿斯奎斯进而对女儿说：“真奇怪，温斯顿对别人对他的态度怎么知道得那么少。”[75]第二天，丘吉尔回到了战壕。

29岁的克莱门汀于3月25日给她的丈夫写了一封信，这是她唯一一次提到他们婚姻中肉体方面的问题。信中说：“下次见到你的时候，我希望我们俩能单独相处一会儿。我们还年轻，但时光飞逝，偷走了爱，只留下了非常平和但不刺激也不热烈的友谊。”[76]这是她的一个恳求，希望在他下次休假时，能够在那些她知道他必须参加的政治活动以外，留出一点儿做爱的时间。他回信说：“哦，我亲爱的，不要对我说‘友谊’——我每个月对你的爱都会多一些，时时都感觉需要你和你的美。”他告诉她，他多么想去意大利或西班牙的“某个可爱的地方”，“与她一起画画，一起闲逛”。[77]

三天后，他就不那么思虑重重了。在一枚炮弹与他擦肩而过之后，他想到了自己的死亡，于是写道：“不再需要摆脱纠结，不再需要面对焦虑，不会再遇到憎恨与不公，让敌人去高兴吧！让那个老无赖（阿斯奎斯）放心吧！这是沉浮人生的一个美好结局，是送给一个忘恩负义国家的最后礼物——一个毫无价值的礼物。它会让这个国家在战争能力上雪上加霜，但是没有人知道这一点，更没有人去探究，去哀悼。”[78]当然，这些文字确实有一些自艾自怜，但也有一些客观的分析，特别是最后一句话。他对她说：“有时候我也觉得自己不那么介意生命的终止。我被自我主义吞噬，所以我希望自己在另一个世界里有另一个灵魂，在另一个环境中与你相遇，给予你伟大的浪漫故事中那种爱情与荣耀。”[79]

克莱门汀心里是相信丈夫的，无论是对他个人还是在政治上，但是她强烈反对他过于匆忙地离开战壕回来，这肯定会造成误解。她在4月6日写道：“我知道（尽管出了那么多悲剧性的事故）你会获胜，也许是不久之后的某一天，也许是在不到5年的时间里，你将会在这个国家拥有一个伟大的领导职位。人民将会用他们的心和他们的尊重去拥抱你。”[80]但是当时，丘吉尔的感觉与他在比勒陀利亚战俘营里的感觉非常相似，他严厉地回复说：“如果你认为留在这里什么也不做，我就可以恢复自己对一些事情的影响，那么你被蒙蔽了。”[81]

尽管如此，克莱门汀还是坚持自己的立场，给丘吉尔提出一些他所能得到的最好的建议。她说如果丘吉尔很快回到下议院，他看起来就会像一个冒险家。而留在前线，“你就是留在了一个值得尊敬的、容易被理解的位置上，直到这个国家在某些方面再次需要你为之服务。你如果在获得这种召唤之前回来，就可能让自己受挫……我亲爱的爱人，就这一次，我祈祷你有足够的耐心。如果你肯等，那个召唤就会来……我不能忍受你失去军人的光环……你一直都是一个有趣的人物，做一个伟大的人物吧，亲爱的”。[82]

丘吉尔留了下来。到了5月初，全师损失惨重，不得不合并几个营，第6营就是其中之一。因为另一位上校比他资历更深，丘吉尔得以光荣地返回伦敦。“这真是一个非常幸运而自然的结果，”他对克莱门汀说，“之前的等待是值得的。”[83]他在战壕里只待了6个月就离开了军队，这一点当然会被敌人利用来扭曲事实。后来成为朝臣的艾伦·“汤米”·拉塞尔斯，当时正在贝德福德郡义勇骑兵团服役。他给一位朋友写信说：“这位行骗高手以前多次用自己的方法展示他高超的骗术。只有政治小丑才会在国王的制服因战壕的泥泞而变得僵硬时，把它扔到一边……他不是内阁大臣，他在这个国家没有追随者，他在家里也受到考验，家人觉得他对家庭不够尽责。他还处在做军人的年龄，为什么他不能满足于尝试着学习用身体而不是舌头去对抗德国人呢？”[84]

丘吉尔的选择则完全相反。私下里他告诉弟弟杰克：“阿斯奎斯是泡在酒里，仰卧在床上进行着他至高无上的统治的。”在公开场合，通过在接下来的14个月里发表的一系列演讲，他让人们，尤其是劳合·乔治相信了，他在政府外比在政府内还要危险。同年5月，他呼吁建立一个独立的空军部，称空中防御“在95%以上的时候是有效的，这一事实无可争辩。有人会因恐慌而怨恨它，因无知而嘲笑它，因恶意而扭曲它，但事实就是这样”。[85]他自己就是在战争初期负责英国空中防御的，这也相当于在表扬自己。一周后，在一场关于陆军的辩论中，丘吉尔结合了他最喜欢的两个历史时期做出如下观察结论：“要彻底打败德国人，就得学习当初别人打败拿破仑和打败美国南方联盟军的做法——也就是说，要在前线大量排兵布阵，让他们无法维持兵力，或是无法弥补他们所遭受的人员损失。”[86]在那些现任职的政治家中，对于军事战略如此熟悉的人真是少之又少。

1916年5月31日的下午和晚上，以及6月1日的早晨，英国历史上最后一场公海战舰的战斗在日德兰半岛海域打响。对英国来说，这是一场得不偿失的胜利，英军损失了三艘战列巡洋舰、两艘巡洋舰被击沉，装甲巡洋舰“勇士号”在严重受损后报废，还损失了5艘驱逐舰，另有6艘下落不明。其人员和船只损失都超过了德军。然而，德国舰队被迫返回港口，此后在这场战争中再也没有出来。丘吉尔后来在谈到海军上将杰利科时说：“他是双方将领里唯一一个可能在一个下午就输掉战争的人。”[87] 尽管有人认为，丘吉尔在海军部的那段时间就是导致日德兰半岛问题发生的罪魁祸首，但是在他成为海军大臣之前，“刚毅号”“玛丽女王号”和“无敌号”这三艘在日德兰海战中被炸毁的战列巡洋舰，就已经要么下水要么开始建造了。

海军部于6月2日发布了一份关于这场战斗的初步公报，第二天凌晨发布了第二份。公报中宣布的严重损失在英国引起了恐慌，所以贝尔福要求丘吉尔写一篇对形势更乐观的评论，他立即在6月3日第三份海军公报中这样做了，说这场战斗是“朝着取得完全胜利迈出坚定的一步”。①[88]

巧合的是，6月1日，政府宣布将成立调查委员会，对达达尼尔海峡战役的失败展开全面调查。丘吉尔数月来一直要求对达达尼尔海峡战役的失败进行调查，希望可以借此为自己正名。官方宣布将公布所有相关的官方文件，但阿斯奎斯后来改变了主意，表面上说是出于安全考虑。丘吉尔和伊恩·汉密尔顿一起努力，想证明是基钦纳对计划的不断修改阻碍了行动的顺利实施，而不是他们自己所做的任何事情。5月29日，琼·汉密尔顿在日记中写道：“温斯顿刚才看起来心里很不平衡，容易激动，但是他有计划，有远见，他与谨慎和‘观望’为敌……他在房间里走来走去，高谈阔论，大喊大叫，向我施展他的雄辩术……谈到基钦纳时他非常激动，他说基钦纳的脑袋里有一只吐着唾沫的癞蛤蟆，他把双手按在自己的头上和眼睛上，表现出与这样一个傻瓜打交道的困惑与厌倦。”[89]

---

① 丘吉尔长久以来一直着迷于这场海战。1928年1月，詹姆斯·利斯-米尔恩在日记中描述了在查特韦尔庄园，午夜后，“丘吉尔先生如何用酒瓶和酒杯愉快地花了两个小时演示日德兰战役是如何进行的。这是一次激动人心的经历。他很迷人，像个小学生一样兴奋，发出汪汪的叫声模仿枪声，把抽雪茄的烟吹起来模仿硝烟”。（吉尔伯特，《丘吉尔传》，第483~484页。）

按照汉密尔顿的回忆，6月6日午餐时间，丘吉尔和汉密尔顿正在克伦威尔路41号为指控基钦纳做准备，这时，“我们听到街上有人大喊基钦纳的名字”。那是一个卖报的人，他腋下夹着一捆报纸，喊道：“基钦纳淹死了！没有幸存者！”“汉普郡号”装甲巡逻舰前一天撞上水雷沉没了。当时，这艘巡洋舰正带着基钦纳前往俄国，与沙皇讨论弹药供应和军事战略问题——这与汉基建议丘吉尔做的工作大致相同。“当我们走进饭厅时，”汉密尔顿回忆说，“温斯顿向大家做了个手势，叫大家都坐下，然后，在坐到自己的座位上之前，他非常严肃地引述了那一句：‘他在死去的那一刻是幸运的！’”丘吉尔和汉密尔顿正在为一个他们认为是无可辩驳的指控基钦纳的案子做准备，现在，他们不能再对一个死去的英雄发起进攻了。“那是一顿噩梦般的午餐——没有任何闲聊，”汉密尔顿回忆道，“温斯顿说K（指基钦纳）可能还会出现，但我告诉自己的这位伙伴，他总是害怕冷水。”[90]

7月1日开始的索姆河战役，联军前3个星期的伤亡人数就超过了整整8个月的加里波利战役的伤亡人数。丘吉尔不相信陆军部呈报的德军在这场战斗中的人员损失，认为他们给出的数字是虚高的，他抱怨说：“政府有权从军事机构那里了解事实。”他说对了，因为那个给出的数字实在太虚高了。到了11月，一旦所有人都看清了这场悲剧，他就给内阁和帝国防务委员会散发了一篇题为“如何更大程度地将机械力量运用于陆地进攻”的论文，详细阐述了借助各种机械力量进行轰炸所能达到的效果，例如飞机、芥子气和其他毒气、战壕迫击炮、附在铁轨上的火炮，但主要是坦克和其他履带式车辆的轰炸效果。论文没有得到关注，一年后，他又写了一个简短的版本，并建议停止各种代价高昂的袭击。他说黑格和帝国总参谋长威廉·罗伯逊将军之所以喜欢这么做，显然只是“因为这比什么都不做要好一些”。[①][93]

丘吉尔当时还给大家发了一份关于索姆河战术的文章。文章说：“我们本可以通过威胁发动进攻，而不是真的发动进攻，把德国人挡在我们的前

① 这段时间对丘吉尔的攻击往往是针对他个人的，有时还显得相当奇怪。在丘吉尔把索姆河的损失形容为“灾难性的”，把领土的获得形容为“毫无价值”之后，黑格写信给国王说：“我希望温斯顿那样说是因为他吸了毒。”（谢菲尔德，《参谋长》，第91页。）

线。只要一支军队拥有强大的进攻力量，它就能吸引敌人的注意力。但是当我们踢出那一脚后……敌人的焦虑反而得到了缓解，恢复了自身的行动自由。”[94] 在阿斯奎斯手里的那份稿子上，有人——可能是他的私人秘书莫里斯·博纳姆·卡特——潦草地写下了一些问号和诸如“垃圾”之类的词语。[95] 9月15日，首相的儿子雷蒙德·阿斯奎斯阵亡。丘吉尔后来曾这样提到自己的这位朋友：“当掷弹兵们大步走进索姆河的轰鸣声中之时，他走向了自己的命运，冷静、沉着、果断、面不改色、潇洒自信。”[96] 在写给阿斯奎斯的信中，丘吉尔说：

> 他是如此勇敢和真实，只有在最危险、个人直接参与其中的军队服役，才能让他感到满意……他是一个具有独特魅力和卓尔不群的人——天赋十足，却又没有任何个人野心，如此脱离寻常俗事，却又能够做出最大的牺牲。总的来说，他是如此超凡脱俗，却也充满对这个世界的喜爱，知道自己生存于其中的目标……我和你们一起哀悼，这珍稀而又珍贵的生命被残忍地剥夺，这是我们如此钟爱的生命。[97]

索姆河之战摧毁了丘吉尔对黑格可能存有的任何信心，虽然他非常喜欢黑格这个人，但是他希望劳合·乔治能够解除黑格的职务，最好和罗伯逊一起解除。他在《第一次世界大战回忆录》一书中写道：“战争靠屠杀和谋略取胜。越是伟大的将军，在谋略上的贡献越大，在屠杀上的要求就越少。”[98] 1935年10月，丘吉尔在《每日邮报》上为阿尔弗雷德·达夫·库珀撰写的黑格传记写了一篇评论。他认为黑格的思想一直都非常正统，没有什么创新：“没有人能辨别出那种神秘的、有远见的、常常是险恶的天赋之火花，它使历史上的伟大领袖能够主宰各种物质方面的因素，拯救屠杀，以新颖和离奇的方法来对抗敌人，并取得胜利。”[99]

达达尼尔海峡委员会于1916年8月召开会议，在经过22次听证会后，于1917年2月发表了一份临时报告，澄清了丘吉尔在决策过程中并不是单独行动这一事实。“我希望真相能够被公之于众，”丘吉尔在委员会召开第一次会议前对希利说，“但是，失败和悲剧永远是最难分开的。”[100]此后，委员会又举行了68次听证会，从170名证人那里取证，并于1917年12月4日提交了最后报告。丘吉尔希望看到的两个事实是：费舍尔最初并没有公开表示反对，基钦纳未能派遣军队支持海军的进攻。

丘吉尔请求阿斯奎斯公布他和德·罗贝克之间的所有电报，以及战争委员会的所有讨论，但汉基提出，这些电报可能会危及国家安全，所以阿斯奎斯拒绝了。（直到很久以后，在巨大的政治压力下，他才松口。）与此同时，丘吉尔继续在下议院抨击政府。他在8月时说：“我们不能继续把这场战争当作一场可以临时应付的紧急事件。在这场战争结束之前，它是这个国家唯一的包罗万象的事业。在它结束之前，它是我们所有人生活的唯一目的与目标。现在，在一个时间还不能确定的时期内，国家的一切规划和要求，都应该把着眼点放在最大限度地发展和维持我们的战争力量上。你如果想缩短战争时间，就要这么做。”[101] 11月，他再一次在下议院直言不讳地说：“我们这个处于战争中的国家就是一支军队，必须把它看作一支军队，它必须像军队一样被组织起来，它必须像军队一样去指挥，它应该像军队那样去配给。这是一个残酷的事实，我们正被一些自己根本无法掌控的事件无情地推向这一事实。”[102]他敦促政府以老百姓的士气为理由管制粮食价格，将航运国有化，防止“过高的利润在个人的手中聚集”。[103]在这篇演讲中，他第一次倡导了“战争社会主义”的措施。这些措施在第一次世界大战中虽然没有被采纳，但是在第二次世界大战中被采纳了。

9月30日，他在给克莱门汀的弟弟比尔·霍齐尔的信中写道：“海军部睡得很熟，昏昏沉沉、懒洋洋的，这是一天的常态。不过，大家似乎都很高兴——所以没什么可说的。没有计划，没有事业心，没有完成大业所需要的奋斗。只需要坐在宽敞的王座上小睡一会儿。”[104]他的批评激怒了建制派。9月2日的《观察家》写道：“他对我们政治生活的影响几乎完全是坏的，我们从中能看到的，只有他个人发展的动机，再无其他。”[105]丘吉尔终其一生都雄心勃勃，但是认为他没有其他动机的想法是荒谬的：在他这一时期的信函中我们可以明显看出，他迫切希望推翻拖拖拉拉的阿斯奎斯政府，建立一个能够积极有效推动战争进程的政府。到了年底，尤其是在11月中旬，索姆河大屠杀以走入僵局告终之后，丘吉尔对阿斯奎斯的看法得到了绝大多数保守党议员的赞同。[106] 他们想要改变，但不希望丘吉尔从中受益。

1916 年 12 月 5 日，期待已久的政变终于开始了。由劳合·乔治和博纳·劳率领的 5 名内阁大臣因阿斯奎斯指挥战争不利而辞职，迫使阿斯奎斯也在当晚辞职。尽管国王提出让博纳·劳担任首相，但是按照预谋时的决定，他拒绝了这一提议，转而支持劳合·乔治。于是，劳合·乔治当上了首相，博纳·劳成为财政大臣，他带着一位默默无闻的新议员斯坦利·鲍德温进入了财政部。

博纳·劳的私人秘书 J. C. C. 戴维森回忆说：“1916 年 12 月的危机及其后果所具有的一个显著特征，就是它能证明博纳不喜欢温斯顿。这是一种不喜欢和不信任的结合。这种感觉也是两个人相互都有的。”[107] 达达尼尔海峡委员会的调查仍在进行，劳合·乔治和博纳·劳即使想让丘吉尔在新联合政府中占有一席之地也不可能，更何况他们也没有这样的想法。劳合·乔治这时已经推翻了他先前的判断，他问博纳·劳：“对你来说，他是不是比反对你的时候更危险？”博纳·劳回答：“我宁愿他每次都来反对我们。”[108] 新政府宣布成立时，《泰晤士报》报道说，该报“如释重负也感到满意地获悉，丘吉尔先生将不会在新政府中担任任何职位”。丘吉尔本人也为此感到义愤填膺，数年后，当回忆起 1916 年 12 月被他所谓的盟友劳合·乔治排除在权力之外时，他说这是他“一生中最艰难的时刻”。[109] 新的战争委员会由劳合·乔治、博纳·劳、寇松、米尔纳勋爵和工党的阿瑟·亨德森组成。贝尔福在新政府中成为外交大臣，这促使丘吉尔在多年后写道：“他从一届内阁转到另一届内阁……就像一只强大而优雅的猫，优美地穿过一条泥泞的街道，一点儿泥也没沾到。”[110]

1917 年 2 月 12 日发布的达达尼尔海峡委员会的临时报告，讨论了进攻达达尼尔海峡的初衷及启动情况。对于分别于 1915 年 1 月 13 日和 28 日召开的两次关键的战争委员会会议，报告做出如下颇为明智的总结：

> 丘吉尔先生认为，他所代表的是海军部专家的集体观点。但是，他丝毫不愿怀疑自己的美好愿望，显然，他是被自己乐观的性格，以及对自己所倡导的事业一定会成功的坚定信念冲昏了头

脑……丘吉尔先生获得大家支持的程度比他自己想象的要小……战争委员会其他成员，特别是主席（阿斯奎斯），本应鼓励专家们提出自己的意见，而且应该坚持让他们这样做。[111]

1月13日的会议是在集体讨论和“团体思维”的氛围中进行的，鼓励积极乐观，反对尖锐的提问。费舍尔和杰克逊的沉默不语让问题变得更加严重。该委员会报告说：“对于纯粹的海军行动是否可以取得成功，丘吉尔当时所持的观点比专家们所认为的要更为乐观。在这种情况下，基钦纳勋爵过于急切地接受了只由舰队来执行任务的建议。”

达达尼尔海峡委员会的调查报告，以及出版于1932年—1933年的官方战争史，基本上都在为丘吉尔开脱罪责，尽管对于他被打赢的希望“冲昏了头脑”这个问题，依然存在一些批评的声音，但这也是公正的。报告的主要批评对象是阿斯奎斯，因为3月19日至5月14日期间，战争委员会会议一直没有举行，而且“战争委员会的会议内容总是含糊不清，缺少精确性，这种气氛似乎成了战争委员会会议的特征”。[112] 专员们总结说，基钦纳“没能充分利用其总参谋部的服务，结果是他所做的工作比一个人所能承担的要多，这造成了混乱和低效”。[113]

目前的一个主要问题是，基钦纳和他的军事秘书都在汉普郡溺水身亡，而且，正如调查指出的，基钦纳“很少向任何人透露他的意图或采取行动的原因”。[112] 丘吉尔在3月26日、28日和29日接受了盘问，时间比任何人都长，但他准备充分、表现出色。他对调查委员会说：“在索姆河战役中，我们徒劳地使用了自己1/5的资源、努力、忠诚、决心和毅力，获得了一些破碎的村庄和几平方英里已被摧毁的土地。如果及时把这一切用在加里波利半岛，我们早就把巴尔干半岛联合到自己这方，并与俄国联手，切断土耳其与战争的关系。”[115]

1917年12月发布的最后一份报告得出结论，这场战役受到一系列致命因素的影响。对该半岛进行军事攻击的困难被严重低估，为确保胜利而从西线调拨的资源严重不足。1915年4月25日和8月6日，联军在半岛的两次登陆都存在不当做法，报告没有提出丘吉尔需负主要责任，但是对汉密尔顿和基钦纳，特别是斯托普福德的批评却要严厉得多。[116] 在下议院讨论这份报告时丘吉尔指出，这次战役的规划者应该受到评判，“你们委员会可能会谴责那些想要强行突破达达尼尔海峡封锁的人，但是你们的后代将会始终谴责那些不肯联合起来施以援手的人”。[117]

尽管如此，丘吉尔的许多密友还是对他表示怀疑。与汉密尔顿一家共进午餐后，玛丽·贝洛克·朗兹——丘吉尔的朋友希莱尔·贝洛克的姐姐，在日记中写道：“关于温斯顿·丘吉尔的讨论非常热烈，他显然又要回到公众生活中来了。我说我希望他会回来……但其他所有人都表示害怕会发生这样的事。说这话的，都是那些平日声称自己对他不能割舍的人。”[118] 加里波利战役的惨败在很大程度上说明了很多人当时对丘吉尔个人的敌意，尽管这只是长期积累的各种因素中最新出现的一个。事实很简单，很多人不再信任他的判断，也不再相信他的解释。

1917 年 4 月 6 日，“40 号房”截获了德国外交部长阿瑟·齐默尔曼的一封电报，电报鼓励墨西哥人重新夺回得克萨斯州、亚利桑那州和新墨西哥州。随后，美国于 1917 年 4 月 6 日参战。丘吉尔后来写道，没有这封电报，这场战争“可能会通过谈判以和平告终，或者换句话说，以德国的胜利告终”。[119] 德国的胜利可能会通过 U 型潜艇来实现，通过它来阻击当时正在忍饥挨饿、无法仅靠国内生产养活本国人口的英国。直到 1917 年 4 月 26 日，海军部才最终采用护航制度来保护商船。丘吉尔长期以来一直主张建立这样一种制度：商人们成群结队地在军舰的保护下活动，尽管这样做不可避免地会吸引 U 型潜艇更多的注意。丘吉尔在 1931 年发表的《海战官方历史回顾》一文中写道：“没有任何一篇有关一战的文章比这篇文章更引人注目，也更有指导意义。这是一场长期的、激烈的、暴力的斗争，一方是由民主议会机构选出来做了相关事务负责人的政客，就战争而言，他们只是业余人员；另一方是训练有素、经验丰富、能力强大的海军部专家和伟大的海军军官。令人吃惊的事实是，政客们是正确的，而海军部当局是错误的。”[120]

尽管对于英国能否最终赢得战争他总体上是乐观的，但是对于胜利很快就会到来他并没有信心。6 月 21 日在“其他俱乐部”，查尔斯·索弗·惠特本上校以 50 英镑做赌注与他打赌，德国人会在圣诞节前被赶到莱茵河对岸。

丘吉尔在下面写道："我希望上帝保佑他们会被赶走。但是。"[121] 事实上，德国人一直都没有被赶到莱茵河对岸：战争结束时，所有德国军队仍驻扎在协约国的土地上。

5 月 10 日，丘吉尔在下议院的一次秘密会议上预测说："也许这一点还并不明显，但是在美国的力量投入战场之前，我们不应该把法国和英国剩余的军力浪费在仓促进攻上。"因为"对于这样一次进攻，我们并不占有可以保证获胜的人数优势"。1917 年还将进行的新的进攻将"会是充满血腥和灾难的冒险"，"为了来年的决定性进攻"，我们应该取消今年的进攻行动。[122] 没有人在意他的提议，屠杀仍在继续，特别是 7 月—11 月的第三次伊普尔战役，也就是帕斯尚德尔战役。联军也取得了一些胜利，比如普卢默将军在梅西讷的胜利，但这一年的大部分时间都是在血腥的僵局中度过的。[123]

丘吉尔继续在各种演讲中投入很大精力。据一名记者报道："他直到喝茶时才会出现在女主人的餐桌上。一整天，人们都会听到他在卧室里兴高采烈，练习各种摆事实、讲道理，伴着家具上发出的响亮敲击声。"[124] 秘密会议只允许议员进入会议室，这是一场讨论战略问题的辩论会。丘吉尔在这场会议上表现非常出色，这使他的职业生涯回到正轨。后来，在议长座椅后面与劳合·乔治的一次谈话中，劳合·乔治告诉他，他将在下一次内阁改组时把丘吉尔带回政府。他这样做不是因为丘吉尔有可供使用的政党、派系或朋友等关系，而是因为丘吉尔有自己的声音。

关于丘吉尔将重返政府的传言使联盟党当权派陷入混乱。"温斯顿的善的力量和恶的力量，我得说，都是相当强大的，"伊舍勋爵对黑格说，"他的性情就像蜡和水银。"[125] 查尔斯·贝雷斯福德勋爵写信给博纳·劳说，他有证据证明丘吉尔"在阿尔斯特叛乱时期对舰队发出命令……向贝尔法斯特开炮"（他不可能有，因为这样的命令压根儿就不存在）。[126] 贝尔福写信给博纳·劳，提醒他说："我们中的一些人在加入政府时唯一明确的想法就是，W. C. 不会是其中一员。"[127] 保守党主席乔治·扬格爵士告诉博纳·劳，保守党不会赞同丘吉尔回归。

因此，1917 年 7 月 17 日，当劳合·乔治单方面任命他为军需大臣时，人们的反应可想而知是愤怒的，尽管这个职位并不在内阁。100 名保守党议员签署了一项下议院动议，对这一决定表示谴责。《晨邮报》痛斥道："虽然我们还没有发明出永不沉没的船，但是却发现了永不沉底的政治家。我们可以蛮有把握地预料，他会继续铸成有损于国家的大错。"[128] 寇松勋爵非常生气，德比伯爵威胁要辞去陆军大臣一职，他认为丘吉尔是一个"巨大的危险"，并预言会受到他的干涉。[129] 殖民地事务大臣沃尔特·朗给博纳·劳写了一封信表达自己的痛苦。《周日时报》将丘吉尔描述为"对政府和整个帝国的严重威胁"，保守党的志愿机构，全国联盟党委员会提出一项动议，称对丘吉尔的任命是"对海军和陆军的侮辱"，此举赢得了热烈的反响。[130] 劳合·乔治后来写道："有那么一小段时间，政府自身的存在都变得岌岌可危了。"但他知道，劳是不会同意让阿斯奎斯重新掌权的，所以他干脆就造成既成事实，向媒体宣布了任命，然后当天就躲着阿斯奎斯不见面。[131] 与此同时，丘吉尔不得不再次到邓迪去竞选，他最终以 5 226 票获胜，尽管顽固的禁酒主义者埃德温·斯克林杰也获得了总票数的 30%。

军需部的正式名称是战争军需品部，总部设在特拉法加广场附近的诺森伯兰大道上，原址是一家都市酒店。军需部雇用的工人达到 250 万名，是全球最大的采购企业和工业企业。丘吉尔上任后，将 1.2 万名公务员全部重组，分成 12 个名为"通往胜利的塞子街"的大组，并任命了一个主要由成功商人组成的顾问委员会。他对机械作战在供应和战略上采取了全面欢迎的方针，特别是在堑壕迫击炮、坦克和飞机方面。[132] 到战争结束时，该部官员的人数已增加到 2.5 万人。10 年后，他将自己的大臣职位比作"舒适地骑在大象背上，大象的鼻子既可以轻松地提起一根大头针，也可以轻松地将一棵树连根拔起，而大象的背后展现出一片广阔的景象"。[133] 当然，不能成为内阁成员使他感到气愤，尽管他还是参加了与他的部门工作重叠的一些内阁会议，并且设法让自己参加了许多内阁会议。尽管劳合·乔治向保守党保证，丘吉尔不会干涉其他大臣的事务，但是他可以参加一般性讨论，当然他也无法阻止自己提出有关军事行动的一些想法。

2 月，丘吉尔买下了位于西萨塞克斯郡东格林斯特德镇，建于都铎王朝时期的鲁伦登庄园。7 月，他邀请汉基和他的妻子到家里做客，一起"在他那片狂野而美丽的地产上漫步"。汉基回忆说："总的来说，他还是能够抑制自己情绪的。他向我承认，他在海军部时确实‘有点儿自以为是’，而且令我吃惊的是，他说，在被任命之前，他并不知道公众反对他重返公众生活的意见会那么强烈。”然而，他并没有真正抑制住自己，否则他就不会借着汉基访问的机会，提出对土耳其地中海港口亚历山大利塔（即现在的伊斯肯德伦）发动海军袭击的想法。汉基发现，在他这位客人还没有来得及提出所有的反对意见，以及可能遇到的困难时，丘吉尔这个主人对这次行动已经“欲罢不能”了。[134]

一周后，英国海军规划部负责人达德利·庞德上尉不得不对丘吉尔提出的另一详细建议采取同样的应对方法。这次他提出的建议是，对德国黑尔戈兰湾周围海岸实施“严密的攻击性封锁”，封锁的目的是防止德国潜艇出逃。[135]法国和美国认为这个想法不切实际，拒绝提供任何舰船。但是达达尼尔海峡显然没有阻止丘吉尔推进进攻性的海军项目。庞德在日德兰半岛声名显赫，他指出潜艇和水雷带来的危险，以及舰队资源的严重消耗问题。[136]现在他明白了不直接对丘吉尔说“不”的重要性，而是应该详细解释某一特定行动方针的所有好处和潜在含义。“丘吉尔本质上是一个正直的人，只要你的观点不属于失败主义，他通常愿意接受专业的意见，”庞德的传记作者这样写道，“这种应对丘吉尔的方法庞德后来一直都在使用，而且在下一次战争中会使用得非常频繁。”[137]（丘吉尔还向劳合·乔治建议，在 1917 年使用人工浮动港口攻击博尔库姆和西尔特的弗里西亚群岛，这是诺曼底登陆时在马尔伯里港使用的浮动港口的前身。）

第三次伊普尔战役于 7 月 31 日打响。即使在 10 月 26 日黑格将 4 个加拿大师投入突袭行动后，英国将军们仍在发动进攻，丘吉尔对此感到愤怒。他后来在《第一次世界大战回忆录》一书中写道：“不能说‘军人们’，也就是参谋们，没有他们自己的行事方法，他们把自己那些令人沮丧的实验一直做到了结论已经出来。他们从英国拿走了所有必要的东西，几乎把英国军队的男子气概和枪炮弹药都消耗殆尽。在最明确的警告面前，在他们无法辩驳的争论面前，他们依然坚持这样做。”[138] 1919 年丘吉尔提出，伊普尔市中心的废墟山应该作为证明战争破坏力的纪念馆被永远保留，但这一想法并未得到人们的青睐，尽管在他有生之年，被毁的中世纪布料交易大厅并没有被修复。[139]

坦克、机枪、飞机和芥子气生产总量的巨大增长，都是在新任军需大臣的监督下完成的。当然，他也面临着批评——一位将军称坦克是“温斯顿的荒唐”——但这丝毫没能阻止他。[140] 也就是在这个时期，他开发了将所有需要的信息写在“一张单页纸上”的操作方法，第二次世界大战时他也是这么做的。[141] 1917 年 10 月，他给弹药工人加薪 12.5%。担任军需大臣期间，他给美国远征军提供了大量的武器，包括 164 门重炮、30 万颗手榴弹、1 100 万发子弹、4 553 辆卡车、8 100 辆汽车和 452 架飞机。[142] 在 11 月的康布雷战役中，在 378 辆英国坦克的帮助下，1 万名德国士兵被俘虏。黑格在 1919 年最后一次调兵时承认：“只有 1918 年，我们在执行火炮任务时，才有可能不受运输以外的任何其他因素限制。”[143] 在一张显示丘吉尔任大臣期间火炮和炮架的产量如何呈指数级增长的图表上，丘吉尔的幕僚们把这句话印在了上面。

丘吉尔继续访问前线，并在 1917 年 9 月中旬再次前往黑格的总部。埃迪 · 马什后来写道，当他们到达韦茨哈特时，“刚刚沿着山脊行进，6 英寸口径的炮弹就开始在我们周围炸开……烟柱从离我们 60~100 码的地方升起来，弹片就落在离我们很近的地方，也就是五六码远。”[144] 第二天，在黑格的副官德斯蒙德 · 莫顿的陪同下，他们访问了澳新军团总部，杰克 · 丘吉尔是该军团的营地指挥官。莫顿，另一位帕拉丁圣骑士，在当年早些时候因参加阿拉斯战役获得了军功十字勋章，他在心脏中枪、子弹仍在体内的情况下，又服役了两年。二战期间，他成为丘吉尔的三名私人助理之一（专门负责情报工作）。马什回忆说，在那次旅行中，他们看到一个墓地，“挤满了十字架，我想应该有 2 000 个，还有一堆备用的十字架就在墓地外面，等着下一次被推进去”。[145]

第二天，在波齐埃尔和拉博伊塞尔，丘吉尔和马什看到，“到处都是小白十字架，上面没有名字，有的孤零零的，有的成堆成串，就像温斯顿说的‘雪莲花’”。[146] 他们经过拉博伊塞尔巨型弹坑——德国人的防线就是从那儿开始的，一直走到巴波姆，然后“经过一连串的营地和被炸烂的村庄，我们来到阿拉斯，那里几乎没有一所房子没挨过炮弹”。丘吉尔在去拜访他的老团——附近的苏格兰皇家毛瑟枪团之前，曾和第 15 军团的专家们讨论了他们对毒气弹的需求。后来，他花了半个小时走到战场上——“炮弹在我们头顶呼啸而过”。“当W有事情要做时，他完全不会顾及具体时间，”马什记录道，“这是极其令人崇敬的——他坚信时间就在那里等着他。”[147] 士兵们在排队走过时，向他欢呼并挥手致意，这表明并不是所有人都对他怀有敌意，“他就像木偶剧里的庞奇一样高兴”。[148]

1917年9月底，诗人西格里夫·沙逊对丘吉尔进行了一次详尽的描述。丘吉尔正试图把他招进军需部。“他在房间里踱来踱去，嘴里叼着一支大雪茄。”沙逊回忆道：

> 他坚持认为，尚武精神不仅可以在战争机制中被用作政策的工具，成就个人的辉煌，而且在社会进步方面也是如此。他争辩说，目前这场战争就带来了一些创造性的发明，这些发明将改善人类的状况。例如，卫生设施已经得到极大的改善。[149]

即使我们把这最后一句话作为讽刺，他还可以提出空对空通信、水诊器、整形手术、X光的移动使用、输血、夏令时、女性解放、酒吧关闭时间，尽管他不一定会为最后三项欢呼。排在这个单子的第一项，则是殖民主义的终结。“他时不时地向我走来，”沙逊回忆道，“头向前伸着，双手在背后紧紧地握在一起，说出对这个闪亮时期的最高评价。”[150] 沙逊没有被说服。他写道：“他让我觉得作为一个个体，他是非常可爱的。然而，毫无疑问，他说的观点我几乎一个都不同意。”[151] 当丘吉尔说，战争是“人类的正常职业”时，他在这一声明的结尾加上了“以及园艺”这4个字。[152]

11月7日，布尔什维克人在彼得格勒夺取政权，也就是过去的圣彼得堡，后来改名列宁格勒。“在历史上所有的暴政中，布尔什维克的暴政是最坏的，”丘吉尔在战争结束后不久说，“它最具破坏性、最无耻……比德国军国主义还要糟糕得多。”[153] 但不久之后，劳合·乔治就警告他说，他对布尔什维克主义的“沉迷”正在“打破（他的）平衡”。[154] 丘吉尔将俄国革命描述为“一股毁灭的浪潮，可能已经吞没了成千上万人的性命。这些事件的后果……将会使我们孩子的孩子的世界陷入黑暗”。[155] 这一说法既具有预见性，又具有数字上的准确性——至少有2 000万人死于苏联的内耗——然而他的反共产主义思想也让他在政治上付出了巨大的代价。1939年，劳合·乔治宣称，丘吉尔对布尔什维克的态度受到了他的阶级背景的影响："他的公爵血统就会让他反感俄国大规模消灭大公。"[156]然而，这一背景并没有阻止他离开保守党，支持人民预算，在下议院长篇大论支持遗产税、土地税和爱尔兰自治，这些都不是一个有"公爵血统"的人应该采取的立场。对于上层阶级来说，他们没有必要因为列宁处决了沙皇、皇后以及他们年幼的孩子而产生反感。他厌恶共产主义，是因为他认为其侵害了"人类精神和人类权力"。他在1920年7月说："我对布尔什维克主义和布尔什维克人的憎恨，并不是建立在他们愚蠢的经济学体系上，也不是建立在他们荒谬的、不可能成为现实的平等教条上。这种厌恶源于布尔什维克在每一寸被他们破坏的土地上实行的血腥和极具毁灭性的恐怖主义，只有通过这种恐怖主义才能维持他们的犯罪政权。"[157]

12月10日，丘吉尔在贝德福德的玉米交易所说："英国和美国并肩战斗的时间越长，战斗越激烈，这两个盎格鲁-撒克逊大家庭的分支就会越紧密地团结在一起，做出更大努力，它们之间的同志友谊就会越发真切。战斗会把它们联结在一起。……正因为如此……到战争结束时，谁会成为这个世界的中流砥柱就不难看出来了。"[158]他告诉皇家飞行部队现任指挥官休·特伦查德，尽管美国已经参战，但这场冲突仍会持续很久。[159]

2月底，丘吉尔和雷吉·巴恩斯将军访问了普卢赫斯泰尔特和伊普尔，巴恩斯当时是第57师的师长。他对克莱门汀说：

> 在弹坑密布的几英亩褐色土地上，除了几个树桩子，什么都没有。方圆七八英里都是这样……在三年半的不断冲突中，近80万英国人在这里浴血奋战，甚至失去生命！我们的许多朋友和同龄人都死在了这里。死亡似乎和殡仪服务一样普通正常，一样不令人惊恐。死亡是很平常很自然的事情，在任何时候都可能发生在任何人身上。[160]

他为此行撰写了一份内阁报告，提出每天晚上向敌人的城市和制造设施投掷“不是5吨而是500吨炸弹”，以尽快结束战争。[161] 战争在这一提议成为可能之前就结束了，但是丘吉尔的心中显然已经埋下了未来战略的种子。

1918年3月21日，德国人沿着西线发动了大规模的鲁登道夫攻势，希望在美国军队开始大批抵达之前做最后一次尝试，取得突破并赢得战争。他们占领了1 200平方英里的土地，俘虏了7.5万英国军人和1 300支枪，深入亚眠市7英里的地方。到了5月，他们已经抵达马恩河，离巴黎只有45英里。到4月19日，丘吉尔已经可以对国王夸耀：“这场伟大的战役中损失的每把枪，都已经被新枪替换了[162]。”德国人在5月27日一天之内行军17英里，创下了整个战争中的西线纪录。丘吉尔离英国第5军团的前线只有1万码远，他后来回忆说：“炮火轰鸣，大多是在远处，还有飞机突袭发出沉闷的爆炸声。接着，就像钢琴家的手在键盘上从高音到低音弹奏一样，不到一分钟，就响起了我听到过的最大音量的炮弹声，在我们四周划出一道红色火焰的大弧线。”[163] 丘吉尔在以后的许多年里都会回忆起这次春季攻势。1945年3月，他给大臣们做过一个“生动的描述”。[164] 德国人在看似已经筋疲力尽的情况下，依然有如此强大的反击能力，这使他产生了深深的敬意。这也解释了为什么德国于1944年12月发动阿登反击战时，他没有其他人那么吃惊。

在鲁登道夫攻势期间，丘吉尔正在巴黎与法国军需方协调军火生产问题。3月30日，他与法国总理乔治·克里孟梭、法国高级将领费迪南德·福克、菲利普·贝当和马克西姆·魏刚，还有黑格将军和罗林森将军讨论了战略局势。对于能结识伟大的克里孟梭，丘吉尔感到很欣喜。克里孟梭在11月上台后，一直担任法国总理和国防部部长双重职务。他对克莱门汀说：“这位老人对我非常和蔼，和我谈了非常机密的问题。他是一个卓尔不群的人物……他的精神和精力都是不可战胜的。”[165] 丘吉尔向克莱门汀汇报说，他和克里孟梭一起观看了莫雷尔北部的战斗，“最终，我说服了这只老老虎离开他所说的‘美味时刻’”。[166]

在1937年出版的《伟大的同时代人》一书中，丘吉尔描绘了一幅极好的人物肖像。“克里孟梭代表着法国，也可以说是法国之声，”他写道，“像任何一个被奇迹般放大后就成了一个国家的人一样，克里孟梭就是法国。”克里孟梭的一生就是“战斗，一直战斗，永不松懈”的一生，这一刻他已经等了半个世纪，因为之前“每天他都得赚钱养家……当记者”。每个人都已经感受到了他的舌头和笔头的攻击力度……在和平时期，很少有公众人物会像他那样受到如此残酷的围追堵截。[167]然而，即使在最低潮的时候，克里孟梭也“没有哀求过，从来没有过。他蔑视一切，不可战胜……正是这样一个人，带着半个世纪的经验和仇恨，在战争最糟糕的时候被召唤来执掌法国政权……就在那一刻……那个凶狠的老人被置于实际上是法国独裁统治者的位置上。他重新掌权了……被许多人怀疑，让所有人恐惧，但是命中注定，无法回避”。[168]

丘吉尔本人在25年后对他依然充满深情厚望。1917年11月克里孟梭成为总理，按照丘吉尔的叙述，在内阁发表讲话时，他发现“身边都是一个统一战线的人，没有一个人希望他会出现在那里，但也是他们把他放到了这个位置，觉得必须服从他……必须孤注一掷……在怒吼和咆哮声中，这只凶猛、年老、勇敢的猛兽开始行动。与德国的生死搏斗就这样开始了”。[169]在讨论德国的进攻威胁到巴黎的军火和飞机工厂时，克里孟梭对丘吉尔说：“我要在巴黎前面作战，我要在巴黎里面作战，我要在巴黎后面作战。”[170]丘吉尔在《伟大的同时代人》中写道：“巴黎也许会与伊普尔或阿拉斯一样沦为废墟，但这不会影响克里孟梭的决心。他就想坐在安全阀上，直到他打赢，或者直到他的整个世界爆炸。除了死亡他别无希望，他嘲笑死亡，他已经77岁了。法国是幸运的，在其命运的转折点上，可以找到这样一个暴烈的统治者，也是这样一位必胜的统治者。”[171]人们常说马尔伯勒、劳合·乔治和小皮特是丘吉尔的榜样，但是，如果他真的需要一个榜样的话，那么这个人非乔治·克里孟梭莫属。

1918年4月，丘吉尔在一份特别备忘录中建议，鉴于上个月布尔什维克党与德国已经在布列斯特-利托夫斯克签署了和平条约，英国应努力说服列宁重新参战。作为交换，协约国可以保护布尔什维克不受反革命的反攻。他说：“我们永远不要忘了，列宁和托洛茨基是在脖子上套着绳子打仗的。

他们一旦不能执政，坟墓就会是他们的去处。让他们看到任何可以真正巩固权力的机会……他们就不可能不去拥抱它，那是他们的天性。”[172]和后来一样，为了打败德国，他愿意先放下他的反共产主义思想。但是他给出的条件并没有提交给苏俄，如果提交了，也肯定会被拒绝。

4月23日是圣乔治日，海军中将罗杰·凯斯领导了一场壮观的泽布吕赫突袭行动，在退潮时封锁了连接泽布吕赫港和布鲁日的运河入口。至少8人获得了维多利亚十字勋章，这是自祖鲁战争以来单次作战获得的最多勋章。丘吉尔写道，这是“第一次世界大战中武器方面最伟大的壮举，也是英国皇家海军史上无与伦比的一段插曲”。[173]丘吉尔对凯斯本来就怀有的崇高敬意得到进一步巩固。凯斯喜欢出人意料的、大胆的两栖作战，在德·罗贝克取消达达尼尔海峡进攻的第二天，他就想重新发起进攻。

5月，黑格将位于加来海峡的拿破仑时代的维约克城堡送给丘吉尔，当作英国军需品部的法国总部。这是一座美丽的拿破仑时代的城堡，丘吉尔开玩笑地称它为“一座放纵小公馆”，或是有执照的妓院。[174]他定期飞越英吉利海峡前往维约克城堡和巴黎，他称巴黎是“一座充满威胁但总是令人愉快的城市”。他有时会亲自驾驶飞机往返维约克。有一次，他对辛克莱说：“上次旅程我飞了全程，差点儿就在英吉利海峡的咸水里结束了我这命运多舛的一生。我们几乎是扇着翅膀飞回岸上……从鲁伦登庄园到维约克只用一小时！不过必须时刻盯紧发动机。”[175]6月6日，春天攻势只推进了45英里，他对克莱门汀说：“首都巴黎的命运依然悬而未决。”[176]

1918年6月1日，丘吉尔64岁的母亲珍妮嫁给了英俊富有的蒙塔古·波奇。他41岁，比丘吉尔小两岁。“他有未来，我有过去，所以我们应该会相安无事。”她说。她与乔治·康沃利斯-韦斯特已离婚4年，恢复了她原来的名字伦道夫·丘吉尔夫人。

那时，克莱门汀又怀孕了。汉密尔顿夫人没有孩子，准备要收养一个叫哈里的婴儿。6月21日，琼·汉密尔顿在日记中写道，克莱门汀“叮嘱我无论如何都不要收养哈里……她问我是否想要她的孩子，我当然说想，而且……我提出让她在我这里生，因为她一直在说保育院有多贵——一个房间就需要25英镑，她说她不可能负担得起。她说如果她生的是双胞胎，就给我一个”。[178]尽管丘吉尔家很缺钱，但是克莱门汀竟然说出这样一番话，也真是非同一般。丘吉尔现在是拿着内阁大臣的薪水，但是在离开军队后的前14个月里，他一直只能靠每年400英镑的议员工资过日子。克莱门汀后来说，这是她一生中最低潮的时候，她疲惫不堪、心烦意乱。因此，我们或许应该只从情感上而不是字面意义上来理解这个提议，尽管琼·汉密尔顿似乎已经认真了。克莱门汀没有生出双胞胎，这对于她们的友谊来说也许是幸运的。

1918年7月4日，在庆祝美国独立日的演讲中，丘吉尔大力宣扬了一个重要思想。他在威斯敏斯特中央大厅对听众说：“《独立宣言》不仅仅是一份美国文件。”

> 它是继《大宪章》和《权利法案》之后第三大权利法案，英语国家人民的自由正是在《大宪章》和《权利法案》的基础上建立起来的。这个宣言让我们失去了一个帝国，但也因此为我们保住了一个帝国。通过应用其原则，吸取其教训，我们一直都能够与英国的子孙在海外建立的强大联邦水乳交融……无论是在我们这个岛国的人民心中，还是在那些《独立宣言》中称呼“我们的英国弟兄”的人的心中，我们都有一种渴望。我们渴望跨过大西洋，在所有人和所有历史面前，用亲情实现真正的和解；我们渴望不再彼此谴责，一起弥补历史上的时代错误；我们渴望在精神上再次与他们惺惺相惜，在战场上再次与他们并肩战斗，再次书写一部共同的历史。[179]

丘吉尔经常会谈论自由，但他的思想总是根植于历史，根植于《大宪章》和英国普通法，根植于现实政治，而不是根植于洛克、休谟和约翰·斯图尔特·密尔等哲学家关于自由的抽象思想。

在庆祝美国独立日的讲话中，丘吉尔甚至说，100万美国士兵在约翰·潘兴将军的指挥下突然出现在法国战场，“从基督纪元以来，没有哪个事件比这件事更能加强和恢复人类的信仰，一种这个世界必然由道德来统领的信仰”。[180]在热烈的欢呼声中，他坚决表示：“德国必须被打败，德国必须知道自己被打败了，必须感受到自己被打败了。德国必须以那样的方式，用那样的事实来表现出自己的失败，这种方式和事实会永远阻止别人效仿它犯下的罪行，也会让它自己不会惦记卷土重来。”[181]在那次演讲之后，他对辛克莱说：“如果一切顺利，英国和美国以后可能会永远共同行动。对我们来说，这是一个以一当十的好事情。”[182]

6天后，他任命因毒气受伤，从前线回来的杰克·希利为他的议会秘书，军需部的二把手。希利曾经在各种调兵遣将中被提名5次，指挥过一个旅，甚至有一次还不顾上级的愤怒，从另一个兵团强征来一些步兵，组成一个特别战斗小组，占领了敌人的一个要塞。他的长子雷金纳德在1917年的军事行动中阵亡。在丘吉尔所有的帕拉丁圣骑士中，希利排在最前面。

在丘吉尔看来，7月15日德国在马恩河第二次战役中的进攻，是这场战争的“最大危机”。他后来描述说，在蒙马特高地上，“可以看到大炮的灰烬在地平线上飘舞”。[183]到了8月6日，进攻显然已经失败，德国人精疲力竭，士气低落，不得不在西线与法国、英帝国还有美国作战。仅仅过了两天，协约国联军就开始了百日反攻，赢得了这场战争。

一周前，即1918年7月29日，星期一，温斯顿·丘吉尔与美国海军助理部长富兰克林D.罗斯福在伦敦一家古老的宫廷客栈——格雷饭店的大厅里共进了晚餐。这本来应该是历史上最伟大的事件之一，但罗斯福对丘吉尔的评价并不比他的堂兄西奥多以前的评价高。丘吉尔总的说来是钦佩美国人的，但是他对海军助理部长不怎么感兴趣，也许是因为那天晚上还有F. E.史密斯、寇松、史末资、格德斯、朗、罗伯特·波登（加拿大总理）、马尔伯勒公爵、拉特兰公爵、诺森伯兰公爵、弗雷迪·格斯特、马克·赛克斯以及其他朋友和显贵。据并非完全可靠的消息来源，约瑟夫·P.肯尼迪称，罗斯福后来抱怨说，丘吉尔在那个场合“表现得像个讨厌鬼”，“对我们颐指气使”。

尽管能被邀请重返政府对丘吉尔来说很幸运，但他还是无法做到不干涉其他大臣的事务。例如，在1918年8月17日这一天内，他就惹得两位最重要的负责军队的大臣威胁要辞职：他与海军部第一海务大臣埃里克·格德斯爵士发生了争执，他建议海军炮可以从老旧的船只上取下（收起来，既然美国现在已经参战），改装后供陆军使用。另一位是陆军大臣德比勋爵，丘吉尔提出应该把一些6英寸口径的榴弹炮从黑格那里拿走，送到英国驻苏俄的部队。[185]“他有什么权利表达意见？”德比第17代伯爵在提到军需大臣时说道：“他只是个铁贩子。”[186]

9月，丘吉尔在巴黎丽兹酒店给克莱门汀写信说：“我正在努力……安排，让德国人在这个月之前，尝尝我们的第一剂芥子气。黑格对这种毒气弹很感兴趣，我想在数量上我们一定能达到要求，这样就可以产生决定性效果。听到他们在失败时的哀号会让我们感到满足的。”[187] 1917年7月，德军在伊普尔使用了187颗芥子气弹。1918年9月28日，英军也使用了芥子气弹。氯气的使用也是这样，它比芥子气致命得多（尽管更容易防御）。德国人在1915年4月的第二次伊普尔战役中首次使用氯气弹，6个月后英国人在卢斯也使用了氯气弹。当天正好是丘吉尔夫妇结婚十周年纪念日，他后面的话语充满了深情：“我最亲爱的宝贝，我希望并祈祷，未来的岁月能带给你宁静和微笑。”他完全能做到在这一刻写下“这地狱般的毒气”，然后在下一刻马上写到他们“宁静和微笑”。[187]

尽管到5月时已经有100多万美国人被部署在西线作战，这使得战局向着有利于联军的方向大力倾斜，但是对第一次世界大战的突然结束，丘吉尔还是感到惊讶。10月底，在土耳其和奥地利崩溃后，他写信给马什，说“帝国的细雨，飘落在空中”。[188]德国在11月突然停止了有效抵抗，这意味着他正在酝酿的对布尔什维克进行干预的计划再也没有时间去实施了。他后来提出这样一种可能性，即“如果第一次世界大战延续到1919年，那么这项按周推进、势头越来越旺的干预策略，一定会取得军事上的成功”。[189]这又是一个他非常喜欢的“如果”。

停战协定的签署，意味着协约国不会再去争取苏俄政府，为对抗轴心国开辟第二战场而战。相反，大多数协约国政府都希望能够尽快退出苏俄，如果可能，尽量不要严重损害反布尔什维克的白俄罗斯的事业。丘吉尔是为数不多的几个希望扩大和深化反布尔什维克斗争的人之一，他相信，如果不这样做，共产主义将对德国和东欧构成威胁。据内阁会议纪要记录，11月

10 日，也就是停战的前一天，丘吉尔说："我们可能需要组建起德国的军队。为了防止布尔什维克主义的蔓延，让德国重新站起来很重要。"[190] 停战后，他敦促将食物运往德国，但这根本不是劳合·乔治的政策。劳合·乔治正在为大选做准备，他的大选宣传策略是：要让德国人买单，要与他们"锱铢必较"（用格德斯的说法），还要大谈特谈以战争罪绞死德皇。在 20 岁 ~ 45 岁的英国人中，每 10 个人中就有 1 个死于战争，总共约 74.4 万人，还有 1.46 万个商船船员和 1 000 个平民。那年冬天，又有 15 万英国人死于西班牙流感。在这样的背景下，任何新的军事任务都不会受欢迎。在冲突中沉没的总吨数为 1 500 万的船舶中，有 900 万吨是英国的。战争一结束，诸如此类的损失就使政府面临着巨大的财务压力，一切想要实施的事情都会受此影响。

"那是 11 月 11 日 11 点之前的几分钟，"丘吉尔后来在写到第一次世界大战结束那一刻时说：

> 我站在我房间的窗户前，望着诺森伯兰大道，望着特拉法加广场，等着大本钟告诉我战争结束的时刻……突然，第一声钟声响起。我又看了看窗外宽阔的街道，街上空无一人。在一家被政府部门征用的旅馆门口，一个女职员瘦小的身影飞奔而出，心不在焉地打着手势，这时大本钟又敲了一下。随后，男男女女开始从四面八方涌上街头。人们纷纷从各种建筑物中走出来，伦敦城钟声四起……各种旗帜魔术般出现了。成群结队的男男女女从堤岸路涌过来，在通往向国王欢呼的道路上混进了从斯特兰德大街倾泻而下的洪流中。[191]

丘吉尔在《第一次世界大战回忆录》一书中写道："真正的政治和战略，在最高层面上应该是一体的。把盟友带进战场的策略和赢得一场大战的策略一样有效。取得一个重要战略点的策略，其价值也许不如安抚或威慑一个危险中立者的策略。"[192] 丘吉尔认为德国在战争中犯下了两个最臭名昭著的错误：一是入侵比利时，促使英国最终介入；二是无限制地使用潜艇作战，促使美国三年后参战。他认为当初德国人应该在欧洲西北部保持守势，集中精力消灭意大利和罗马尼亚等实力较弱的协约国成员。所有这些都对第二次世界大战中他的盟国战略产生了重大影响。[193]

丘吉尔在第一次世界大战中学到的另一个重要教训，就是统一指挥的重要性。“战争并不了解法国、俄国以及英国的盟友之间的严格划分。”他写道，“在陆海空之间，在获胜与结盟之间，在补给与战斗人员之间，在宣传与武器之间，实际上就是在一个特定时期的军事行动中能够调动的所有军力的总和，全都被条块分割了。想要在研究、思想、命令和行动上达到哪怕是并不完美的统一，也需要多年的艰苦卓绝的教育。”[194] 他钦佩福煦元帅能够坚持要求联军做到整体上的团结统一。

战争一结束，丘吉尔就立即着手撰写《第一次世界大战回忆录》。它是一本为未来准备的教材。他写道：“没有什么战争比疲惫战更血腥，没有什么计划比正面进攻计划更没有希望。然而，恰恰就是在这两种残酷的权宜之计上，法国和英国的军事当局连续三年，摧残并耗光了自己国家的男子气概。”[195]

第12章

联盟政治

（1918年11月—1922年11月）

> 不管是好是坏，无论是对是错，在战争中，你必须首先知道自己想要什么，自己的意图是什么，然后把你的整个生命和力量投入其中，准备好接受一切可能的危险。
>
> ——丘吉尔，《星期日先驱报》，1920 年 4 月[1]

> 假如我在 1919 年得到了适当的支持，我想我们可能已经将布尔什维克主义扼杀在摇篮中。但是，当时大家都举着手说："你太可怕了！"
>
> ——丘吉尔致全美新闻俱乐部，华盛顿特区，1954 年[2]

"我的很多朋友被南非战争夺去了生命，我的伙伴们也一样，"丘吉尔在《我的早年生活》中写到在桑赫斯特军校的伙伴时说，"剩下的几乎都被第一次世界大战夺去了生命。"[3]他在哈罗公学最好的朋友杰克·米尔班克·VC，用丘吉尔的话说，是在"苏夫拉湾那场可怕的战斗中，率领战士们孤军奋战时"阵亡的。[4]塞西尔·格里姆肖少校是在海丽丝岬阵亡的，他是丘吉尔在比勒陀利亚的狱友，丘吉尔解放监狱时就是他升起了英国国旗。哈罗公学室友约翰·摩根在拉拉巴巴被杀。事实上，在哈罗公学 1892 届合影中的 67 个男孩儿里，有 41 个要么参加了布尔战争，要么在第一次世界大战中服役，要么就是两场战争都参加了。到 1918 年，有 11 人阵亡。

1917 年 10 月，珍妮·丘吉尔妹妹的儿子，步枪旅的诺曼·莱斯利上尉，在法国北部的阿尔芒蒂耶尔被一名德国狙击手射杀。1917 年 4 月，约翰·巴肯的弟弟阿拉斯泰尔·巴肯在战场上阵亡，年仅 22 岁。艾迪·马什说，许多在 1907 年东非之旅时陪同他和丘吉尔的年轻军官和管理人员，到停战协议签订的时候都已死去。[5] 为了避免大家因为“纪念勇敢者”而喝闷酒并醉酒，“其他俱乐部”在 1917 年 11 月暂停了关于禁止敬酒的规定。罗斯伯里勋爵的儿子，白金汉郡皇家轻骑兵团的自由党议员尼尔·普里姆罗斯上尉，在第三次加沙战役中率领大家下马徒步攻击土耳其人，不幸受伤身亡。另一名自由党成员托马斯·阿加-罗巴特在卢斯战役时因抢救受伤战友被狙击手击毙。当然还有基钦纳，溺水身亡。丘吉尔为鲁伯特·布鲁克和瓦伦丁·弗莱明写过讣告，还有许多其他阵亡的人他都认识，包括奥贝隆·赫伯特，雷蒙德·阿斯奎斯，以及“其他俱乐部”的三名成员。在 1918 年 7 月的一次演讲中他说:“在英国的几乎每个家庭中，你都能找到一把空椅子和一颗疼痛的心。”他自己的家里也和其他人家一样，到处都是逝去的家人和朋友的影子。[6]

11 月 15 日，停战协议签订 4 天后，丘吉尔和克莱门汀的第三个女儿，红发的玛丽戈尔德·弗朗西斯（又名“鸭嘴宝宝”）出生了。接下来的一个月，像往常一样，政治打乱了丘吉尔的家庭生活。在 12 月的大选中，丘吉尔以联合政府自由党成员的身份在邓迪参加竞选，该党与 1916 年 12 月未能与劳合·乔治政府达成和解的阿斯奎斯自由党截然不同。劳合·乔治和博纳·劳两个人都为他背书，这种认可被称为“赠券”，在选举中是无价之宝，因为首相在战争胜利的时候是如此受欢迎。（事实上，那些收到“赠券”的候选人在投票中表现得都非常好，而没有得到“赠券”的候选人相应地表现差一些，因此这次大选被称为“赠券选举”。）丘吉尔的国内政策纲领与战前的自由党纲领大体相同，比如铁路国有化和每周工作 40 小时，尽管这次他希望对战争利润课以重税，这既受到公众欢迎，也符合他本人对牟取暴利的厌恶。他向劳合·乔治建议，对超过 1 万英镑（约合现在的 91 万英镑）的战争利润征收 100% 的重税，来帮助削减战争债务。“为什么会有人要从战争中赚大钱呢?”他问首相，“虽然每个人都在为国家服务，但奸商、承包商和海运投机商却获得了巨大的财富。我们为什么要帮助老朗西曼维护他的不义之财，却要忍受自己变得不得人心呢?”①[7]

11月26日，在亲布尔什维克的煽动者故意起哄的情况下，丘吉尔于邓迪发表了一次著名的二战式的演讲，发出了强有力的声音。“清理废物，”他说，“重建废墟，愈合伤口，欢庆胜利，安慰伤心的人和破碎的心。做好一切准备吧，去打一场仗，一场必打的仗，一场必赢的仗。让我们携手前进。”[8]他后悔曾经为那些挨饿的德国人发声，“他们都是其中的一分子，所以也必须为此吃些苦头”。[9]多年后，他在一本书中承认：“就措辞而言，我不能假装没有受到选举大潮的影响。”[10]从真正的政策上讲，他主张向德国大量运送粮食，他曾对维奥莱特·阿斯奎斯用令人钦佩的简洁的语言总结说：“消灭布尔什维克，亲吻德国佬。”[11]

11月30日，丘吉尔庆祝了他的43岁生日。这个年龄，正是他在乌干达时对赫斯基思·贝尔预言自己会成为首相的年龄，但现实是：他甚至还没有进入内阁。选举于12月14日举行，第一次选举在一天内完成，但结果直到12月28日才宣布，因为军人的投票必须从世界各地收集回来。选举结果对劳合·乔治——这个经常被称为“赢得战争的人”——和他的联合政府非常有利。联合政府联盟党在新议会中获得335个席位，联合政府自由党获得133个，联合政府工党获得10个（在707个议席中，联合政府的支持者多达478位）。获得议会席位的反对联合政府的议员包括73名爱尔兰新芬党议员，63名工党议员，28名阿斯奎斯自由党议员（阿斯奎斯本人失去了他在东法夫郡的席位），25名爱尔兰联盟党议员，23名非联合政府保守党议员和7名爱尔兰民族主义者。普选结果是：联合政府联盟党获得350万张选票，联合政府自由党获得146万张，工党获得238万张，阿斯奎斯自由党获得129万张，新芬党获得48.7万张。新芬党人拒绝到威斯敏斯特任职，而是在都柏林成立了自己的替代议院，并称其为爱尔兰共和国下议院。他们要求独立，爱尔兰共和军开始了一场针对警察和政府的暴力运动。

部分是“赠券”的缘故，丘吉尔本人以15 365票的绝对优势被送回了

① 当朗西曼勋爵（他那时已成为勋爵）1937年去世时，他在遗嘱中留下了240万英镑遗产，约合现在的1.3亿英镑。

邓迪。英国空军部即将成立，选举的第二天，劳合·乔治给丘吉尔提供了两个选择，要么去海军部任职，要么同时管理陆军部和空军部。而丘吉尔提出另一种组合：海军部和空军部。他认为，“尽管飞机永远不会取代陆军，但它们将取代许多级别的军舰”。[12] 1919 年 1 月 10 日，丘吉尔被任命为陆军大臣和空军大臣，这让新闻界大为不满。《早邮报》郑重其事地写道：“性格就是命运，丘吉尔先生身上有一种悲剧性缺陷，这在任何情况下都会使他走上错误的道路。”[13]

在遣散多达 250 万人的军队时，丘吉尔遇到了巨大的挑战。他的首要任务是让尽可能多的人尽快返回家园，返回工作岗位。但他也需要足够多的军队来维持德国占领区的秩序，同时也要负责维持君士坦丁堡、达达尼尔海峡、巴勒斯坦和伊拉克的秩序。此外，他还需要增援那支 1918 年被派去帮助白俄罗斯与布尔什维克做斗争的小分队。他说服内阁不要优先考虑工业需求，而是要将伤情、年龄和服役年限作为退役的基础条件。这项更为公平的“先进先出”计划将新入伍士兵的服役时间延长至 1920 年 4 月，但允许参战老兵立即复员。1919 年 3 月，他在总结自己的政策时说：“让 3/4 的人员离开，给剩下 1/4 的人员发双倍薪水。”[14]

这一举措效果良好，尽管也发生了一些严重的骚乱，包括 7 月抗议失业的退伍老兵烧毁了卢顿市政厅。当年早些时候，格拉斯哥发生了一场大罢工，当局抓捕了那些带头闹事的人才使罢工得以平息。8 月，丘吉尔对内阁说：“从军事上讲，我们在与‘三巨头同盟’的战斗中处于有利地位。”他所说的“三巨头同盟”并不是指“德、意、奥”这三巨头，而是指矿业工会、铁路工会和码头工会。丘吉尔向里德尔承认，他“在想办法处理这些问题时，常会觉得心情阴郁，心不在焉”，但是在政治上，他是“不应该这样做的。这是一个微笑的时代。过去，政治家总是被描绘成庄严肃穆的人物……而现在流行的，却是微笑”。[15] 他告诉里德尔，他“总体来说一直过着幸福的生活”，但是“斗争和争斗从来没有停止过”。

1919 年，在禁酒令还差几个月就要在美国实施时，伦敦举行了一场盛大的阅兵。美国远征军司令约翰·潘兴将军随同国王视察了部队，而丘吉尔和潘兴的副官乔治·C. 马歇尔紧随其后。游行队伍中有 3 000 名美国人，个头都超过 6 英尺，佩戴着各种各样的装饰。马歇尔在沿途一直观察着丘吉尔，但是没有得到任何回应。最后，当他们绕到队伍的后方，从侧面撤出时，丘吉尔对他说："这是一个多么了不起的群体啊，不过他们再也不能指望喝一杯了！"[16]

自 1909 年以来，丘吉尔一直痴迷于将空军力量应用于军事行动。到空军部后，另一位帕拉丁圣骑士朋友休·特伦查德爵士在这方面培养了他。1919 年，当特伦查德在西班牙流感疫情中险些丧命时，丘吉尔一再拒绝了他的辞呈，说自己多么期待等他恢复健康后再与他共事。1919 年，特伦查德说服丘吉尔，可以从空中对美索不达米亚（现在的伊拉克）进行管控，这样就可以释放出几个师的力量，每年节省 4 000 万英镑。激烈的部门内斗在亨利·威尔逊爵士（现为陆军部帝国总参谋长）、海军上将比提（现为海军部第一海务大臣）和特伦查德（现为新诞生的空军部参谋长）之间展开，为了节约成本，有人提议解散 1918 年 4 月 1 日刚刚成立的英国皇家空军，将英国陆军航空队和英国皇家海军航空兵合并。丘吉尔是坚定地支持特伦查德的。[17] 丘吉尔谴责了想要吞并空军部的那些"各部门之间恶作剧的内讧"。[18] 他宣称："妥协是不可行的……我们必须打造出真正的空军，不一定要规模大，但一定要效率高。"[19] 英国皇家空军作为一支独立力量幸存下来，这在很大程度上要归功于丘吉尔。[20] 在这场被某位历史学家称为"本世纪最大的军种之间的争执"中，丘吉尔的判断是正确的。[21] 如果特伦查德可以被称为"英国皇家空军之父"的话，丘吉尔就是皇家空军的教父，他保护了这个新诞生的组织，让它没有被比它大得多的两个嫉妒心极强的哥哥扼杀在摇篮中。

1919 年 1 月 10 日，丘吉尔入主陆军部时，他的前任米尔纳勋爵已经决定，暂时将驻扎在苏俄的英国部队调离。在摩尔曼斯克和阿尔汉格尔，受艾恩赛德将军指挥的有 3 万名联军，其中一半以上是英军，守卫着 60 万吨军火。皇家海军封锁了波罗的海和黑海；英国军队占领了南部的巴库至巴统的铁路，这样的话，如果接到支援英国干预苏俄内战的命令，就可以有更多的人从波斯（现在的伊朗）和萨洛尼卡越境进入苏俄。在鄂木斯克，科尔恰克上将领导下的白俄罗斯政府已得到英国政府的正式承认，白俄罗斯司令官邓尼金将军也从英国获得了物资供给。虽然劳合·乔治不希望英国与布尔什维克直接开战，因为他认识到这样做会不受欢迎，尤其对于左派来说，但是战争委员会——现在仍然还在——不想让白俄罗斯人失望。“温斯顿是完全反对布尔什维克主义的，”威尔逊在1月15日的日记中写道，“因此在这一点上，他也是反对劳合·乔治的。”[22] 1月24日，当劳合·乔治建议邀请苏俄政府在土耳其的普林基普举行会谈时，丘吉尔挖苦地说：“承认布尔什维克政权就等于承认同性恋合法。”[23]

丘吉尔的反布尔什维克主义立场在不同时期、不同程度上得到了战争委员会成员米尔纳、贝尔福、寇松和威尔逊的支持，内阁以外的支持者还包括保守党议员克劳德·洛瑟上校、沃尔特·吉尼斯中校和亨利·佩奇·克罗夫特准将等人[24]。反对者劳合·乔治、奥斯汀·张伯伦和其他内阁大臣则认为，英国无法在苏俄内战中发挥实质性作用，也不希望在上一场战争刚刚结束的情况下，很快卷入另一场战争。

2月中旬，丘吉尔前往巴黎，试图通过个人力量说服伍德罗·威尔逊总统，不要结束对白俄罗斯人的支持，否则将会给西方社会带来“无尽的暴力和痛苦”。但是他并没有成功。[25]一件一直令他印象非常深刻的事情就是：威尔逊一直没有让美国参战，直到“卢西塔尼亚号”沉没将近两年后。他认为总统在1919年时对待共和党人的傲慢态度，是无法在华盛顿建立起必要的共识的。没有这样的共识，美国就无法加入根据《凡尔赛和约》建立的新的国际机构——国际联盟。因此，他在《第一次世界大战回忆录》中对威尔逊的评价是相当严厉的。他写道：“他呼吁欧洲人要仁慈博爱，可这呼唤声在他自己国家的海岸线上却戛然而止了。他的目光同样热切地注视着人类的命运和他的政党候选人的命运。他对其他所有国家都充满和平与善意，却绝不愿意与国内的共和党有任何瓜葛。这就是他要交的罚单，这就是他的祸根，还有许多其他的祸根。如果一个人一方面在用美好的慈善事业拥抱全世界，而另一方面却在自己国家搞着极其尖锐的民粹主义政党斗争，那么他很难做出伟大的事情。[26]

然而，没能在苏俄问题上获得美国的支持并没有阻止丘吉尔。2月时他在伦敦市长官邸说：“我们可以通过武器、弹药和设备等，向那些现在正在与布尔什维克做斗争的苏俄军队提供援助和技术支持。”[27]丘吉尔在其反共产主义的言论中使用了奢华铺张的语言——听者的注意力都集中在“肮脏的蠢行”之类的话语上，而不是他论点的实质上。1919 年—1922 年，很多人都在鼓吹共产主义的魅力，很少有人愿意听他的言论。然而，仅仅是一些口诛笔伐就足以让丘吉尔为 20 世纪 30 年代做好准备。当时，他对纳粹主义也做了同样的事情。

3 月，工党和工会发起了一场“别插手苏俄”的运动，再加上美国的政策，以及军队内部因为反对干预苏俄而引发的一些骚乱，促使英国财政大臣奥斯汀 · 张伯伦提出英国应该与布尔什维克达成协议的建议，这样英国军队就可以安全地从苏俄北部撤离。这对丘吉尔来说简直就是梦魇，他本想派英国士官去帮助训练邓尼金的军队。在接下来的一个月里，丘吉尔继续批评布尔什维克主义。[28] 1920 年 1 月—1927 年 7 月，他说布尔什维克和苏俄是“文明的公开敌人”，是“一个被污染的苏俄”等。[29] 1941 年 6 月与苏联结盟时，所有这些话都将被抛回来砸到他的脸上，但是他没有收回一个字。[30] 他说得很清楚，他对共产主义的仇恨，并没有因为他需要苏联的帮助来击败一个近在咫尺的敌人而减少。

丘吉尔反共产主义的信念是坚定不移的，这一点从 1919 年 6 月他向在西伯利亚服役的捷克军团提供支援这件事上就可以看出来。当时内阁已经拒绝了该计划，这样做会让他的职业生涯有很大风险。[31] 由于白俄罗斯军队离莫斯科只有 400 英里，他相信只要能成功，就可以证明他的行为是正当的。在 5 月 29 日的一次演讲中，他说：“布尔什维克主义并不是一项政策，而是一种疾病。它也并不是一个信条，而是一种瘟疫。它具有瘟疫的所有特征。它突然暴发，具有极强的传染性，使人们陷入狂热的兴奋之中。它以惊人的速度传播。”[32] 然而，从 6 月中旬开始，白俄罗斯海军上将科尔恰克的队伍开始在苏俄中部遭受一系列失败。丘吉尔没有被吓倒，转而开始引导大家关注邓尼金在苏俄南部取得的一些胜利。

6 月 27 日，丘吉尔和亨利 · 威尔逊提出，应该允许艾恩赛德将军动用 1.3 万名英军和 2.2 万名白俄罗斯士兵，在苏俄北部的科特拉斯袭击 3.37 万布尔什维克士兵，因为正如丘吉尔所说：“他认为我们不可能偷偷溜出这个国家……如果我们现在调转方向，改弦易辙，我们的名誉将受到不可挽回的损失。”[33]当年在坚持认为进攻加里波利是正确选择时，他用的也是这个关于名誉的理由。而且同样，丘吉尔也低估了敌人的作战潜力。他对战争委员会说：“所有的经验都表明，布尔什维克从未鼓足过勇气进行长期抵抗。”最后，艾恩赛德的部队发生了兵变，科特拉斯计划只好告吹。

同时管理两个部门，丘吉尔的工作量过大，克莱门汀说：“你想成为一名政治家，而不是一个杂耍人。”但是他并没有拿两份薪水。日子过得太紧巴了，他和克莱门汀把鲁伦登庄园卖给了伊恩·汉密尔顿夫妇。[34]之后在1919年3月，他们迷人的苏格兰保姆伊莎贝尔死于西班牙流感。“她不停地说着话，语速快、声音大，折腾了几个小时。”伤心的克莱门汀对丈夫说，她自己也患了流感，体温达到102华氏度（约为38.89摄氏度）。[35]

1919年4月13日，准将雷金纳德·戴尔下令对旁遮普省阿姆利则的一次非法政治示威活动进行镇压，导致379名印度人死亡，1 000多人受伤。戴尔的做法遭到英国当局的否定，作为惩戒，他被迫退休了。1920年7月8日，议会就如何安置他进行了辩论。印度事务大臣埃德温·蒙塔古和代表军方的丘吉尔认为对他的处置是合情合理的，而以爱德华·卡尔森爵士为首的保守党右派则情绪激动，异常愤怒。他们相信，戴尔采取的是看似冷酷无情，实则可以防止旁遮普爆发革命的防御措施，却被当作替罪羊。蒙塔古是犹太人，他受到来自保守党后座议员及卡尔森的反犹太言论的攻击。丘吉尔上来相助，他字斟句酌，仔细证明了戴尔在大屠杀中没有使用最低限度的武力。他指出：“阿姆利则人既没有武装，也没有进行攻击，这些都是不需要大规模动用武力的简单证明。在这种困境中，期望警员们能够借鉴并运用这些小小的证明并不为过。”他接着说，戴尔一直沉迷于“恐怖主义”和“恐怖手段”，并且说“不论以何种方式，我们都必须让大家清楚地看到，这不是英国的行事方式”。[36]他称阿姆利则大屠杀为“在我看来大英帝国现代史上没有先例的事件，也没有类似事件发生过。这一事件完全不同于以往那些派部队去解决与老百姓冲突的悲剧事件。这是一个不同寻常的事件，骇人听闻的事件，独一无二且用心险恶的事件”。[37]当佩奇·克劳夫特试图以旁遮普的其他地方“也使用了恐怖手段”为由，为戴尔的行为辩护时，丘吉尔说：“我们不能以任何理由来肯定这种说法和做法。恐怖手段这种治疗方法根本就不在英国的药典中。”[38]

批评者用丘吉尔1919年5月12日在陆军部所写的一份部门会议记录来批驳他，说他实际上认为恐怖手段是可以接受的。批判者有选择地引用他的话。他在谈到英国在伊拉克的政策时写道：“我不能理解这种使用毒气弹的顾虑。我们已经在和平会议上明确表达过自己的立场，支持将毒气弹保留下来，作为一种永久的战争手段。”[39]然而，这份会议记录中常常不被引用的其余部分，却清楚地指出，丘吉尔指的是催泪瓦斯，而不是氯气弹或其他致命气体。丘吉尔写道：“用爆炸后有毒的弹片去撕裂一个人后，却要对用催泪瓦斯让人流泪的做法表示大惊小怪，这完全是矫揉造作。我本人非常赞成对未开化的部族使用毒气弹的做法。教化效果要达到最佳，生命的损失就应该减少到最低限度。没有必要只使用最致命的毒气：可以多使用那些会带来不便，但能造成强烈恐惧的毒气，这样就不会对大多数受毒气影响的人造成严重的永久性伤害。”

1919年上半年，劳合·乔治前往巴黎参加凡尔赛和平会议，博纳·劳主持了许多内阁会议。他不喜欢丘吉尔的长篇大论和习惯性的奢华语言。5月14日，他终于爆发了，他“厉声说道，只要还是由他主持会议，他就不会允许丘吉尔发表这样的演讲，如果丘吉尔不喜欢这样的规定，他可以离开”。[40]内阁办公室速记员劳伦斯·伯吉斯后来回忆了这件事。除了丘吉尔和史末资，伯吉斯是唯一在两次世界大战中都参加了战时内阁的人。伯吉斯回忆说：“我唯一一次看到博纳·劳发脾气，就是在他坐在首相的位子上时，有一次温斯顿说了一些让人相当难以接受的话，博纳·劳完全失控了。温斯顿在那些日子里可能也确实容易让人恼火，事实上，有一次他（在陆军部）的速记员……对他如此恼怒，以至她把自己的速记本扔向了他。不用说，她被解雇了。”[41]

《凡尔赛和约》于1919年6月28日正式签订。丘吉尔对条约强加给德国的严苛的经济和财政上的条款表示遗憾，这些条款是克里孟梭坚持要制定的，但是他没有足够的力量针对这些条款去做些什么。丘吉尔后来形容条约中的这些条款时说，这些条款是“如此恶毒、如此愚蠢，所以在一定程度上也使它们变得如此无用”，是“一个复杂却极蠢的可悲故事”。[42]丘吉尔提出要人道地对待德国，并警告说，如果苏俄人和德国人走到一起，将会对“未来造成严重后果”。[43]

第一次世界大战期间，丘吉尔曾多次驾驶飞机，停战后他重新开始学习飞行。1919 年 7 月 18 日，他再一次差点儿丢了性命，飞行的事情才从此终结。他和教练 A. J. L.“杰克”· 斯科特上校从克罗伊登机场起飞，飞到 90 英尺高时，飞机侧滑并坠毁。斯科特在他们落地前几秒钟关掉了点火装置，防止了爆炸，很可能因此也救了他们的命。丘吉尔离开时满脸瘀青，额头也被划伤，斯科特则摔断了腿。尽管如此，那天晚上丘吉尔还是在下议院为潘兴将军主持了一场晚宴。斯皮尔斯后来在信中写道：“你知道这个国家无法阻止你去冒险，没有人能给你下命令，但是你一定要明白，你有责任不去冒这种没必要的风险。”[45] 特伦查德则对他说，一个对皇家空军的看法和他相同的大臣，活着可比死了对他更有用处。[46] 丘吉尔终于屈服于家人和同事的请求，永远放弃了飞行，尽管在二战中他偶尔也会享受一下飞机操控。

根据内阁会议记录，面对劳合 · 乔治提出的所有英军从苏俄撤出的要求，丘吉尔宣称“整件事情都令人非常痛苦，回顾历史，这让我想起我们在土伦的军事行动，以及我们对加泰罗尼亚的遗弃”。[47] 他这里提到的历史事件，一个是指 1793 年英国皇家海军撤离土伦，另一个是指 1813 年，英国试图在西班牙东部针对拿破仑开辟第二战场，结果失败了。这两个例子都是丘吉尔常常用过去来指导今天，并希望能用过去来影响今天的典型案例。然而在这里，这些例子明显没起作用。9 月，他与劳合 · 乔治的不和达到极限。首相在写给他的信中说：“坦白地说，我感到绝望。”他指责丘吉尔在科特拉斯远征问题上误导了内阁。他的指责不无道理，他说：“这很难说是一个掩护艾恩赛德的部队撤退的计划，本质上说，这是一次强行抄近路与科尔恰克会合联手的行动。”首相进一步指出，英国无法负担强行干预布尔什维克已经花掉的 1 亿 ~1.5 亿英镑的费用，他问道：“我不知道我再进行这最后一次努力是否有用，是否会帮助你摆脱那种执迷不悟。如果你能原谅，我得说那种执迷不悟已经打破了你的平衡……既然你知道在这片土地上，你根本找不到任何一个与你意见一致的负责的人，那为什么你还要将精力和才华浪费在这种徒劳的烦恼上，浪费在这种让你无心从事任何其他工作的烦恼上？”[48]

三天后，丘吉尔给出一份详尽的答复。他在信的开头就说，他觉得“你来信中的建议很不友好，我认为也不公平”。[49] 他解释了所有其他耗资巨大的任务，除了遣散费，他说遣散费是“使军队从发生兵变恢复到心满意足”的必要条件。他指出，当他接手陆军部时，他的前任米尔纳勋爵已经向阿尔汉格尔派遣了英国军队，并向波罗的海派遣了海军，“确实不是我把他们送到那里去的”。他还多少有些不够诚实地说，他提议的行动都是总参谋部建议的，“对安全撤离部队至关重要的行动”。他说：“这些军事行动是你自己选定的军人们要求实施的，你现在对此说三道四我认为很不公平，就好像你给过我很多香饽饽一样。”[50] “我也许可以摆脱自己的‘执迷不悟’，”丘吉尔接着说，“或者你也可以摆脱我，但你摆脱不了苏俄，摆脱不了那项将近一年了还没最终确定的政策，以及它将带来的后果……我不禁感到一种从未有过的令人畏惧的责任感。我错了吗？如果我只是耸耸肩，然后说这是在内阁会议上，或在巴黎会议上，我不能这样做，那么这该是多么容易的事情啊。”他提到，就这个问题他写给劳合·乔治很多长信，然后补充道：“给自己最主要的政治上的老友诚心诚意地写信，让他了解事情出了问题，而且沿着这条路走下去问题也不会得到纠正，这样做当然是对的。我必须这样做。”[51]

第二天，丘吉尔提交了一份内阁备忘录，题目为“给邓尼金将军的最终援助物资”。他认为，他提议送给邓尼金的军用物资名义上价值 1 400 万英镑，但实际价值只有 250 万英镑，因为这些物资都是“满足英国军事需求后剩余的，而且也不满足市场销售的要求”。此项援助是出于军事目的，也能算作一项不错的投资。如果该援助项目是逐步进行的，英国政府将有权“引导这些物资不被用于反动的行动中”。[52]（白俄罗斯人经常进行反犹太大屠杀，丘吉尔希望通过军事援助来牵制邓尼金，“用一切可能的手段防止无辜的犹太人被虐待”。）[53]

同一天，在与教育部长兼历史学家 H. A. L. 费舍尔的讨论中，劳合·乔治说，丘吉尔“就像律师聘请的顾问，不是因为他是最好的人选，而是因为如果他在对方阵营中，就会让我们很危险”。[54] 整个 10 月，丘吉尔对苏俄的看法都过于乐观，因此也很荒谬。他在媒体上发表声明，将白俄罗斯描述为“即将重建苏俄的胜利力量”，并且使用了过去时态来描述苏俄政府。[55] 尽管如此，1919 年 10 月 29 日，最后一批英国军队还是离开了阿尔汉格尔和摩尔曼斯克。

丘吉尔继续发表有关共产主义的煽动性演讲，11 月 5 日他在下议院的一场辩论中说："在苏俄，如果一个男人反对自己的财产被偷窃，他的妻子和孩子被谋杀，他将被称为反动分子。"[56] 两周后，他回忆说，1917 年列宁从德国一路回到圣彼得堡。[57] 10 年后，当他谈到列宁时，语气依然严厉的：

> ……他的目标是拯救世界，但他的方法是引爆世界。绝对遵守原则，但随时改变原则……不过他是一个好丈夫、一个温和的客人，他的传记作者向我们保证，他很乐意洗碗或哄孩子。他跟踪一只松鸡的劲头，就像要杀死一个皇帝，让人觉得有点儿好笑。①[58]

他没有对读者做出详细解释，觉得他们都知道（或业已发现），他所说的"integument"意为外皮，"capercailzie"（也被称为"capercaillie"）是一种大型松鸡。

由列夫·托洛茨基领导的红军稳步击退了白俄罗斯人。到 1920 年 3 月，邓尼金只控制了克里米亚。亨利·威尔逊在日记中写道："温斯顿的军事企图又一次以实际灾难而告终，安特卫普、达达尼尔、邓尼金。"[59] 援助白俄罗斯人花费了英国 1 亿英镑（相当于今天的 41 亿英镑），但丘吉尔并不后悔。3 月 24 日他对劳合·乔治说："自停战以来，我的政策一直是'与德国人民和平相处，向布尔什维克宣战'。不管是有意为之还是不可避免，你一直都做着与这一政策几乎相反的事情。"[60] 丘吉尔从来不是个容易相处的下属。11 月，还有三个星期就要过 46 岁生日的丘吉尔，马上就要到父亲去世的年龄了。在《我的早年生活》中，他不得不承认，（到 1930 年）他对父亲的看法"与为他写传记时已有所不同……我现在非常清楚，他的辞职行为是多么致命"。[61] 他不想再犯同样的错误，但他对首相有时会使用的那种过激言语，

---

① 当他发现，他任性的爱尔兰表姐克莱尔·谢里丹去莫斯科雕刻了一个列宁半身像后，就有人告诉她，温斯顿说他"再也不会和我说话了"。（谢里丹，《赤裸的真理》，第 196 页）。事实上，一年后他就又开始和她说话了，并很快帮助她在纽约找到一份工作。

可能也会使他丢掉手中的权力。

12 月 19 日，在爱尔兰共和军指挥官迈克尔·柯林斯策划的一场暗杀中，弗伦奇勋爵侥幸逃脱。1920 年，爱尔兰共和军共发起 67 起袭击，其中 18 起是谋杀事件，以这一次影响最大。当时“其他俱乐部”的主席是亨利·威尔逊爵士，俱乐部给弗伦奇发去一封法语电报，表示“衷心为你能幸运脱险感到高兴”。[62] 三天后，《爱尔兰管辖法案》提出，将该岛划分为 26 个主要由天主教统治的南部郡县和 6 个主要由新教统治的北部郡县。要解决自 17 世纪以来一直存在于爱尔兰岛上的宗派分歧，这显然是个好办法。在南方，爱尔兰共和军以其政治派别新芬党（意即“只有我们自己”）为先锋，通过暴力手段为整个爱尔兰从皇室那里赢得了独立。

在讨论《爱尔兰管辖法案》时，丘吉尔提出利用两支准军事力量镇压南方的叛乱。一支是主要由 1 500 名退伍兵组成的“特别紧急宪兵队”，作为 RIC（爱尔兰皇家警察部队）的一个单位采取行动。RIC 常被戏称为“黑衣棕裤”，因为其队员身着黑色束腰外衣，系着黑色腰带，穿着宽松的卡其布裤子。丘吉尔提到的另一支准军事力量是爱尔兰皇家警察预备部队，也就是“预备队”。丘吉尔将其比作纽约和芝加哥警察局的反黑帮组织，他还写到“他们的才智、他们的性格以及他们的战斗记录”。他为这种方式辩护说，这就相当于派其“在黑暗中去打击那些在黑暗中攻击别人的人”，也就是说，以恐怖对付恐怖。[63] 然而，这两支队伍都是如此暴力，如此不守纪律，以至其行动最终取得的效果，与预期的恰恰相反。

一直以来都有人指责，说丘吉尔试图用飞机轰炸爱尔兰和平的抗议者，这一说法，源于对他在 1920 年 7 月 1 日写给特伦查德的信件中一段文字的不完整引用。这段完整的文字清楚地表明，他想要攻击的根本不是无辜的示威者，而是为武力攻击而进行训练的共和军革命者。“假设收到这样的情报，新芬党人习惯于在某个特定的地方进行大规模训练，”他记录道：

> 不论训练带不带武器，都必须被视为叛乱者的集会。如果我们可以从空气中绝对正确地断定他们的位置和身份，从军事的角度来看，我不反对派飞机去，当然是要在爱尔兰政府和当局现场

> 做出裁决的情况下，用机枪火力或炸弹驱散他们。每次任务都应该根据特定的指令来完成，而且坚决不能使用比驱散人群所需要的更多的武力。[64]

1920年12月，“黑衣棕裤”将科克城大面积烧毁，不但没有粉碎爱尔兰共和军对皇室的反叛，还顺手将爱尔兰温和派推入新芬党的怀抱。[65] 1921年年初，在谈到政府所面临的选择时，丘吉尔曾经明确地提出：“要么用铁器和足够的武力镇压他们，要么把他们想要的东西给他们。”几年后他写道：“这是仅有的选项，尽管每个选项都有热情的支持者，但大多数人对其中任何一种都毫无准备。这就是爱尔兰幽灵——可怕而无情！”[66] 一旦镇压爱尔兰共和军的企图明显失败，丘吉尔就会第一个出来支持给南方提供各种大方的条件，尽管在这件事情上，完全对立的两方对此都持反对态度。保守党右翼反对，是因为他们认为这样做太过分了；新芬党反对，是因为他们认为这样做还远远不够。

1920年2月8日，丘吉尔在《星期日先驱报》上发表了一篇题为“犹太复国主义与布尔什维克主义之争”的文章。他写道：“有些人喜欢犹太人，有些人不喜欢，但是没有任何一个有思想的人会怀疑这样一个事实，犹太人毫无疑问是有史以来世界上最强大、最引人注目的民族。”他在文章中指出，布尔什维克运动的上层梯队中有大量犹太人。“这个阴险的联盟……这个想要颠覆世界文明的阴谋集团”，他称之为“犹太恐怖分子”。他认为布尔什维克“遭到大多数犹太人的强烈否定”，并进一步赞美说：“我们的伦理道德体系就来自犹太人，虽然这一体系现在已经完全脱离了超自然层面，但它仍将是人类无与伦比的最珍贵的财富，其价值完全不输于人类所有智慧和学习成果的总和。在这种制度和信仰的基础上，在罗马帝国的废墟上，我们建立起现存的整个文明。”[67]

早在1917年11月，丘吉尔就支持《贝尔福宣言》，赞同在巴勒斯坦建立犹太人的民族家园。1920年他曾写文章说：“如果，这很有可能会发生，在我们的有生之年，在大英帝国王权的保护下，一个拥有三四百万人口的犹太国能够在约旦河畔建起来，那么这将是一个世界范围的历史事件。从任何角度看，这一事件都是有益的，它尤其符合大英帝国的真正利益。”[68]当时巴勒斯坦有8万犹太人和60万阿拉伯人，所以想要在那里建立这样一个犹太家园，似乎还有很长的路要走。[69]

11月，在得知新芬党想要绑架劳合·乔治、丘吉尔和其他大臣后，政府给丘吉尔配了一名保镖。从1921年到1932年，警探沃尔特·H.汤普森一直断断续续地陪在他身边。到了第二次世界大战，他又回到他身边，直到战争结束。汤普森的回忆与许多其他与丘吉尔一起工作或为他工作的人所说的是一样的：“刚开始做丘吉尔先生的私人警探时，我发现他举止粗鲁、任性无礼，我当时甚至想，他简直就像猪一样。但很快我就看穿了那粗糙的外表，开始懂得等待，让那冷峻的表情消失在那孩子气的微笑中。我很快就喜欢上了他。没过多久，我就爱上了他。”[70]

丘吉尔需要汤普森的保护，并不只是为了防范爱尔兰恐怖分子。1920年11月7日，共产党议会议员塞西尔·马龙在皇家阿尔伯特大厅举行的“别插手苏俄”运动的一次大众集会上说：“与阿姆利则成千上万人被屠杀相比，与成百上千爱尔兰人所遭到的报复性伤害相比，灯柱上挂上几个丘吉尔或几个寇松又算什么呢？与他们给苏俄成千上万的男人、女人和孩子带来的痛苦相比，这些世界级罪犯受到了什么样的惩罚？”[71]马龙因煽动叛乱罪被捕后，警方突击检查了他的住所，找到两张铁路寄存处的票据，并在寄存包裹中找到英国地下“红军”的军事训练手册，还有其他一些学习材料，包括暴动者如何袭击银行、“机枪训练”“如何使用炸弹”和“如何使用左轮手枪”等。还找到一些关于如何攻占邮局和电话局的相关材料，以及一些宣传材料，比如“打倒敌人，打倒丘吉尔，打倒资本家、帝国主义者和他们的走狗。红军万岁！”。[72]

11月18日，就重新建立与苏俄的贸易关系问题，丘吉尔在内阁中投下了关键一票。他表示强烈反对。“他对重新建立与苏俄的贸易关系这一决定感到非常不安，以至宣布自己当天难以胜任任何议事日程上与军队相关的项目讨论工作，”汉基记录道，“他面色苍白，在会上没有再发言。”为此，汉基必须接管原本为他这位同事准备的议程中的一个项目。[73]在内阁会议记录正式提出不禁止内阁大臣发表反布尔什维克演讲后，丘吉尔当晚就去牛津大学学生俱乐部发表了演讲。他对大学生们说：“我将一直倡导的政策就是推翻和摧毁这一制度。”他接着补充说，他“并不总是能够像我所希望的那样，让这一明确的观点充分发挥其作用”。产生这种公开的观点及行动分歧后，劳合·乔治开始考虑让丘吉尔搬到殖民地事务部去。不久之后，英国与苏俄建立了贸易关系，这事实上相当于承认了该政权。

1920年8月10日，英国与土耳其政府签署《色佛尔条约》，引发了丘吉尔与劳合·乔治的又一次不和。色雷斯被奖励给希腊，伊斯坦布尔被划入“中立区”。曾经在加里波利战役中表现出色的穆斯塔法·凯末尔将军（后来被称为凯末尔·阿塔图尔克），现在开始在安卡拉领导一场民族主义运动，拒绝接受条约中苛刻和侮辱性的条款。凯末尔的反布尔什维克思想给丘吉尔留下了深刻印象。丘吉尔是内阁中亲土耳其群体的领头人，而劳合·乔治是亲希腊的。12月初，丘吉尔致信劳合·乔治说：“看到我们在外交政策上分歧如此之大，我感到非常遗憾。”

> 出于对你、对你长久以来的友谊、对你的善良友好的感谢，我郑重地对你发出忠告，你的政策，在很大程度上应该算是你个人的政策，正在对你一直以来所依赖的几个观念的统一性和凝聚力造成伤害。此外，在我看来最为有害的事情是，我们这个世界上最伟大的伊斯兰帝国……似乎正在成为一支世界上最反土耳其和最亲布尔什维克的力量。然而在我看来，我们应该做的恰恰是完全相反的事情……一个人克服了那么多障碍，登上了权力顶峰，他就有可能相信自己可以为所欲为了，任何强烈的个人观点都必然为国家所接受，都可以强加于自己的下属。[74]

接下来他使用了一个独特的军事上的类比：“我永远不会忘记，当我在战场上落了马，又急切地渴望重新参加战斗时，是你为我牵来了一匹新战马。政府公职对我的吸引力已经与往昔不同，我还有其他可以依靠的新兴趣。①因

① 指的是《第一次世界大战回忆录》。

此，我这里所提出的忠告是一位朋友的忠告，是一位真诚的朋友的忠告，但也是一位不能放弃自己独立立场的朋友的忠告。”[75]警告首相妄自尊大，这很显然是冒险的举动，会让他在政治上唯一的恩人从此疏远他。

1921年1月26日，第六代伦敦德里侯爵夫人的兄弟哈里·凡–坦普斯特勋爵在一次铁路事故中丧生。他没有结婚，由于丘吉尔的曾祖母、马尔伯勒公爵夫人弗朗西斯是第三代伦敦德里侯爵的女儿，在遗嘱中，他将安特里姆郡的加伦塔地产遗赠给了丘吉尔。该地产每年收入为4 000英镑（约为现在的16.4万英镑），克莱门汀简洁地总结了“加伦遗赠”给他们的生活带来的影响：“时刻萦绕心头的担心已经从我们的生活中永远消失了。”[76]一段时间以来，她一直觉得丘吉尔的新闻工作虽然薪水高得惊人，却很容易成为“街谈巷议”，减少他担任首相的机会。“我有一种感觉，你每写一篇文章，都会让那位‘至高霸主’（即寇松勋爵）感到高兴，认为这会使他距离首相的宝座更近一步。”[77]白金汉郡的契克斯庄园是建于都铎王朝时期的一座漂亮的乡间别墅，最近被赠予国家，供首相使用。2月6日，正在契克斯庄园的丘吉尔给克莱门汀写信说：“你一定想看看这个地方，或许有一天你会看到的！这正是你所欣赏的那种房子——一座墙面镶板的博物馆，到处是历史，到处是珍宝，不过不太暖和。”[78]

第二天，丘吉尔成为殖民地事务大臣，让契克斯庄园为己所用的机会大大提高了。在内阁改组这一个星期里，国家的三个政府部门——陆军部、空军部和殖民地事务部——的印章都握在他的手中，他认为这应该是创纪录的。[①]他接受去殖民地事务部任职的条件是：允许他设立一个新部门，专门负责伊拉克、外约旦（今天的约旦）和巴勒斯坦的托管任务。根据《国联盟约》第22条，这些托管地在战争后被交给了英国。内阁投票以8票对5票和2票弃权通过了这一提议，这自然激怒了外交大臣寇松，他抱怨说，丘吉尔正惦记着想要成为一个“类似亚洲外交大臣的角色”。[79]丘吉尔对寇松没有抱任何幻想，他对克莱门汀说：“寇松会给我带来很多麻烦，对待他我得

① 他想错了，因为在1834年11月—12月的看守内阁期间，威灵顿公爵曾同时担任首相、外交大臣、内政大臣、陆军大臣、殖民地事务大臣和上议院领袖。

半奉承、半打压。我们的工作重叠的地方太多了。我认为他不太行……我们个人关系很好。我要费好大的劲儿才能把他带上正路。”[80]

丘吉尔在殖民地事务部采取的第一波行动之一，就是聘请（“阿拉伯的”）T. E. 劳伦斯做他的中东问题首席顾问。劳伦斯是一位具有传奇色彩的英国联络官，在第一次世界大战期间，他与抵抗土耳其的阿拉伯反抗组织领导人建立了联系。“我要让劳伦斯戴上缰绳和颈圈。”这就是丘吉尔的说法。[81]他们的计划是让阿拉伯的埃米尔们成为伊拉克和外约旦的委托国王，以确保他们可以向西方（尤其是皇家海军）供应石油，并降低管理新托管地的成本。正如丘吉尔对斯皮尔斯所说：“建立一个能让英国的保护国以低廉成本运转的谢里夫①政府是有可能的。”[82]

在丘吉尔的那本《伟大的同时代人》中，关于劳伦斯的那一章极富表现力地总结了中东的局势：

> 我们最近在伊拉克镇压了一场最危险、最血腥的叛乱，为了维持秩序，每年的花费超过3 000万英镑，动用的兵力也超过4万。不能再这样下去了。在巴勒斯坦，阿拉伯人与犹太人之间的冲突随时可能以真正暴力的形式出现。阿拉伯酋长们和他们的许多追随者——他们都是我们曾经的盟友——一起被（法国人）赶出了叙利亚，他们正愤怒地潜伏在约旦对岸的沙漠中。埃及也处在动乱之中。因此，整个中东呈现出一幅令人极为忧虑和震惊的景象。[83]

为了平息局势，建立一个新的酋长国作为英国附属国，划定必要的新疆界，1921年3月，丘吉尔在开罗召开了一次会议，与该地区的英国官员进行磋商。

3月2日，丘吉尔、阿奇·辛克莱、特伦查德、劳伦斯和其他一些公务人员乘火车离开伦敦前往马赛，在马赛他接上了克莱门汀，然后登上了一艘

① 谢里夫·侯赛因·伊本·阿里曾是阿拉伯起义的领袖。

开往亚历山大的法国轮船。在码头迎接他的，是一名26岁的英国皇家空军军官麦克斯韦尔·库特，他将在开罗会议期间担任丘吉尔的临时副官。[84]像许多人一样，库特一开始并不喜欢丘吉尔，但很快就喜欢上了他，也喜欢上了他的语言，比如他在描述内阁时说，那里的人就像很多“苏醒了的毒蛇”。[85]一天晚上睡觉前，丘吉尔问库特他是否“真的快乐，像小鸟一样快乐”。[86]3月10日，在即将到达开罗的主终点站时，为了回避一场高呼“打倒丘吉尔!”的学生大游行，他们提前下了火车，走后街赶到会场，即塞米拉米斯酒店。[87]（亚丁总督和索马里兰总督都来了，索马里兰总督还带着两只小狮子，养在酒店花园里。）

接下来的9个上午，丘吉尔都在主持这次会议，而几乎每天下午，他都有时间作画，并撰写《第一次世界大战回忆录》。（在去画狮身人面像的路上，他从骆驼上摔了下来，于是一个贝都因人给了他一匹马。他哼哼唧唧地说：“我是骑骆驼开始的，就得骑骆驼结束。”）[88]丘吉尔与阿拉伯代表团的联络，是通过劳伦斯和令人敬畏的格特鲁德·贝尔完成的。贝尔是当时英国唯一的女性情报官员，深受阿拉伯人欢迎，精通阿拉伯语和波斯语。

丘吉尔坚称，在听取英国地方官员，尤其是伊拉克事务高级专员珀西·考克斯爵士的意见之前，他将保持完全开放的心态。实际上，早在离开伦敦之前，丘吉尔心中对麦加的埃米尔·谢里夫·侯赛因·伊本·阿里的两个儿子就已情有独钟。费萨尔被选中来统治伊拉克，他的哥哥阿卜杜拉被选中统治外约旦。多年后，丘吉尔曾经自豪地夸口说：“某个周日下午，我在耶路撒冷安排了一下，埃米尔·阿卜杜拉就到了外约旦。”[89]这基本上是事实。今天，温和的阿拉伯国家约旦是丘吉尔一手缔造的。1921年—1928年间，英国军队就可以完全撤出伊拉克，把权力交给当地的统治者，不用再去维持直接控制了。丘吉尔很清楚，这种直接控制英国是负担不起的。①

① 有人说，约旦东部边界与沙特阿拉伯接壤的地方，那个突然凹进去的位置，是丘吉尔在享用了一顿流食午餐后随意绘制的，这个位置在阿拉伯语里的俗称是“温斯顿之嗝”，也暗示了这一点。故事是这样的：丘吉尔在绘制地图时打了个嗝，就绘出了边界上那个巨大的之字形。这个故事完全不符合事实，是一个想象出来的故事（多克特，《丘吉尔与伊斯兰世界》，第157~158页）。事实上，这些边界都是由熟悉该地区的行政官员经过深思熟虑后划定的。

丘吉尔心里还有一个不太现实的想法，他希望建立一个由沙特阿拉伯第一任国王伊本·沙特领导的泛阿拉伯联盟，也就是一种广泛的中东联盟，联盟也将给犹太人留下位置作为其家园。尽管他也想在伊拉克北部为库尔德人建立一个家园——用他的话说，就是“为了使库尔德人未来在伊拉克免受欺凌”——但这一计划遭到外交部的否决。允许犹太人在地中海和约旦河之间进行移民的条件，就是禁止他们到约旦河的东边去。贝尔在给考克斯的信中写道：“我们在两周内完成的工作比以往任何时候都多。”劳伦斯后来宣称：“我必须把自己的想法记录下来，我坚信，在处理这些事务时，英国的手是干净的。”[90]

在辛克莱高烧 105 华氏度（约 40.56 摄氏度）住院时，库特记录说，丘吉尔“特别难过不安，因为他非常非常喜欢辛克莱。温斯顿对疾病显然有点儿悲观，他很容易为之过度焦虑”。[91] 库特不知道的是，丘吉尔上次就到过非洲的那个地方，而他的男仆就在那里死于热病。那天晚上吃饭时，“温斯顿坚持要喝香槟，但即使喝了香槟，一开始他也没有滔滔不绝”。

3 月 23 日，在与印度总督、3 名高级专员、1 名国务大臣以及几位总督和将军在英国驻地共进晚餐后，丘吉尔乘火车离开开罗。“当然，我得催促温斯顿进车厢，因为他自然是最后一个上车的，让火车一直等着。”库特回忆说。那时他已经习惯了丘吉尔的不守时。[92] 他们在加沙停留时，看到一群巴勒斯坦暴徒在为丘吉尔和英国欢呼。库特是这样记录的：“他们最疯狂的喊声就是‘打倒犹太人’‘割开他们的喉咙’……温斯顿和（巴勒斯坦犹太事务高级专员）赫伯特（塞缪尔爵士）也为自己受到欢迎感到十分高兴，一点儿也没搞懂这些人在说些什么。”[93] 在耶路撒冷军人公墓举行的英国世界大战死难者追悼会上，丘吉尔“在讲话时非常动情”，眼中含着眼泪。[94] 他说：“这些老兵将长眠于此，这里埋葬着哈利法人、十字军和马加比人的遗骨。愿他们的尸骨安息，愿他们的荣誉不朽，愿我们能够完成他们未竟的事业。”[95] 接着，仪仗队发射了 3 枚礼炮，吹响了军人葬礼号。

在耶路撒冷时，巴勒斯坦阿拉伯人海法执行委员会曾要求他放弃为犹太人建立家园的想法。丘吉尔对他们说：“散落各地的犹太人应该有一个民族中心，一个可以让他们重聚的家园，这显然是正确的。除了在巴勒斯坦，还能在哪儿呢？ 3 000 年来，犹太人一直与巴勒斯坦有着密切而深入的联系。我们认为建立犹太人家园会对世界有利，对犹太人有利，对大英帝国有利，对居住在巴勒斯坦的阿拉伯人也有利，所以我们希望如此……我们将逐步建立代表机构，实现完全自治，但是在这一切完成之前，可能我们的孙辈也已经离开这个世界了。”[96] 第二年，在有人提出对于巴勒斯坦的发展，犹太人可有可无时，丘吉尔回应说：“如果听之任之，巴勒斯坦的阿拉伯人用 1 000 年也实现不了采取有效措施，完成巴勒斯坦的灌溉和供电工程。他们——只是为数不多的几位哲人——会心满意足地住在荒凉的、阳光普照的平原上，不会想到要对约旦河水加以利用，而是任由其肆无忌惮地流入死海。”[97]

4 月的第二周，丘吉尔从中东经亚历山大和热那亚返回。他想尽快回到伦敦，因为他听说奥斯汀 · 张伯伦即将辞去英国财政大臣一职。但是在旅途中，他获知商务大臣罗伯特 · 霍恩已被任命为财政大臣，霍恩的位置则被斯坦利 · 鲍德温取代，后者还是第一次进入内阁。对于自己的落选，丘吉尔对劳合 · 乔治深感失望和怨恨，不过令人欣慰的是，博纳 · 劳似乎在 62 岁时退出了政坛，丘吉尔还有机会。张伯伦成为保守党的新领袖，他说丘吉尔“脾气暴躁，像一只头疼的狗熊。他认为目前这个世界并不和谐”。[98] 丘吉尔回国后没有去看望劳合 · 乔治，在写给他的信中丘吉尔用“亲爱的首相”称呼对方，而不是先前的“亲爱 Ll. G.”，甚或“我亲爱的大卫”。[99] 弗朗西斯 · 史蒂文森记录下他们之间这种相似的感觉：“大卫是如此讨厌温斯顿，我认为他是不会在乎丘吉尔的去留的。霍恩说，丘吉尔经常在俱乐部和各种大厅批评政府在金融和爱尔兰问题上的做法。”[100]

丘吉尔在担任殖民地事务大臣的同时，为了找到一个合适的接替者，他在空军大臣的职位上又多待了 6 个星期。空军大臣的位置最终由弗雷迪 · 格斯特接替。不出所料，在丘吉尔 4 月初移交职位时，对他在任期内的管理工作，《泰晤士报》的评价是相当粗鲁的：“金色的穗子和金属的光泽，数英亩的兵营，从陆军那里学来的建制，这些都是他的善意和辛勤劳动的成果，但是他对空军部的管理却完全不到位。”事实上，他为空军元帅制服以及非陆军军衔体系设计的金色穗子，刻意避免了模仿其他两个军种中的任何一种。而且事实证明，20 年后，占地数英亩的兵营可以说价值无限。在丘吉尔离开部长职位时，英国皇家空军在伊拉克、埃及、巴勒斯坦、印度和爱尔兰都建立了分队。

内阁改组后，爱德华·伍德（后来的欧文勋爵，再后来的哈利法克斯勋爵）成为殖民地事务部次长。这件事也让丘吉尔感到不满，因为他想要任命的是格斯特，而不是爱德华·伍德。丘吉尔开始冷落他。有一天伍德冲进他的办公室，告诉他说：“我准备明天辞职离开这个办公室。但是，只要我还在这里，我就希望别人像对待绅士一样对待我。”[101] 丘吉尔请他坐下，给他道了歉，还拿了杯水。从那以后丘吉尔的表现就好多了，伍德非常诚实地评论说：“他讨厌受气包。”丘吉尔一生中最重要的政治关系之一就这样开始了。

丘吉尔一家从开罗回到家中 5 天后，克莱门汀 34 岁的弟弟比尔·霍齐尔在巴黎一家酒店的房间里自杀身亡。他和母亲及双胞胎妹妹奈莉一样，也是赌博成瘾，这让他陷入了经济困境。[102] 丘吉尔去巴黎参加了葬礼，并试图（但没有成功）打探出更多关于这件事的细节。比尔留给他一根金冠马六甲手杖，他后半生一直用着。

6 月 29 日，丘吉尔的母亲珍妮去世，年仅 67 岁。5 月底在多塞特郡，她从楼梯上摔下来，左腿脚踝附近骨折。6 月 10 日，坏疽的左腿被截肢。她似乎已经从手术中恢复过来，却突然出现了严重的大出血。丘吉尔在得知母亲大出血的消息后，从萨塞克斯广场他的家中跑了出来，又沿着克利夫顿街跑了一小段路程。尽管如此，在她陷入昏迷前，他还是没能赶到韦斯特伯恩街。不久她就去世了。“生活的美好和风暴都已过去，我真希望你能看到她安详地躺在那里的样子，”丘吉尔在给一位朋友的信中写道，“她看上去非常漂亮、灿若星辰。从那个充满剧痛的早晨算起，30 年的时间已经从她的额角上消去。”[103] 她一定是喜欢这个样子的，她曾经说过：“我永远习惯不了自己不是房间里最漂亮的女人。”[104] 她被葬在伦道夫勋爵的墓旁。寇松给丘吉尔写了一封感人肺腑的信，丘吉尔回信说：“她的血管里流淌着生活的美酒。总的来说，那是一种充满阳光的生活。”[105]

大约就在这个时间，一位名叫威克森的老师让 10 岁的伦道夫“解开了他的裤子，玩弄他的生殖器”。伦道夫当时是萨里郡科巴姆镇桑德罗伊德学校的一名学生。[106] 听到这话时丘吉尔正在阿什比圣莱德斯和堂兄温伯恩勋爵打马球。发现这一情况后，据伦道夫回忆说："我从来没有见到他那么生气过，从来没有，以后也没有过。他从床上跳起来，叫来他的车，往返开了200英里，去找校长理论。结果校长已经因为其他原因开除了威克森。他告诉伦道夫："再也不要让别人对你做这样的事情。"[107]

8月初，丘吉尔忠实的男仆托马斯·沃尔登去世。在为丘吉尔工作之前，沃尔登曾为丘吉尔的父亲工作，并和丘吉尔一起参加过布尔战争。丘吉尔在葬礼之后给克莱门汀写信说："唉！亲爱的，失去了这么一位我从年轻时就认识的好朋友，他是那么谦卑、无私、真诚，我伤心不已。"在葬礼上，他与其他家庭成员一起"痛哭流涕"。[108]在那个年代，很少会有贵族把自己的仆人称作朋友，更不用说为他们痛哭了。

但是，这一年的损失和痛苦似乎还没有达到极点。8月23日，温斯顿和克莱门汀的小女儿玛丽戈尔德死于咽喉败血症，年仅2岁9个月。她的父母非常自责，觉得他们过于信任保姆，他们的表妹马利奥特·怀特了。她曾带孩子们去肯特郡的布罗德斯泰斯度假，却没能及时发现病症。多年来，克莱门汀一直无法安慰自己，因为玛丽戈尔德生病时，她正在柴郡的伊顿庄园与威斯敏斯特一家打网球。[109]玛丽戈尔德以前有过喉咙痛和咳嗽的经历，所以她的喉咙在感染了脓毒症时没有得到足够的重视。8月14日她已经病得很重，但是无论是怀特小姐还是她们年轻的法国家庭教师露丝小姐，两天都没有给克莱门汀打电话。克莱门汀一听说玛丽戈尔德身体不适就立即离开了伊顿庄园，丘吉尔也从伦敦赶回来，请来了一位专家，但是在抗生素还没有出现的年代，一切都太迟了，做什么都没用了。

玛丽戈尔德离开人世时，丘吉尔和克莱门汀就在她身边。3天后，他们怀着愧疚和悲伤的心情将她安葬在肯萨尔格林。丘吉尔在9月18日从敦罗宾城堡发来了一封本该是快活的信，他对克莱门汀承认说："唉，我一直在感受着'鸭嘴宝宝'给我带来的伤痛。"[110]在不到20周的时间里，丘吉尔失去了他的母亲、女儿、内弟和忠实的男仆。他写信给克莱门汀说："这一年中发生了多大的变化啊！一切都不一样了！这是多么风云莫测的感觉啊！但你甜蜜的爱和同志之情是一盏明灯，随着我们短暂人生的岁月流逝，它会燃烧得越来越旺。"[111]

尽管这在任何意义上都不能弥补丘吉尔在1921年这一年的损失，但是当年8月，在一次慈善网球锦标赛上，丘吉尔结识了牛津大学新近任命的实验哲学（即物理学）里斯教授、克拉伦登实验室主任弗雷德里克·林德曼教授。他们俩做搭档，尽管林德曼曾在温布尔登打过球，但这次他们并没有获胜。不过他们之间的友谊很快就建立起来。[112] 林德曼的父亲是一位成功的商人。1871年，在家乡阿尔萨斯归属德国后，林德曼的父亲逃离了那里。他的母亲具有一半美国血统，一半俄国血统。林德曼拥有柏林大学物理学博士学位，研究过量子物理学，并于1920年当选英国皇家学会会员。爱因斯坦称他为朋友。

林德曼滴酒不沾，不抽烟且吃素，这些生活态度对丘吉尔来说都没有什么吸引力。但是另一方面，林德曼在1917年学会了开飞机，仅仅是为了测试他的空气动力学理论，即飞行员如何能使飞机摆脱旋尾下坠。这种实验一直都是危险致命的，这正是丘吉尔所欣赏的帕拉丁圣骑士的勇敢。[113] 他后来回忆说："做这种实验几乎是必死无疑的，但他的理论奏效了……我真的很钦佩他。"[114]

"按照传统的标准，他的外表是令人生畏的。"萨拉·丘吉尔在谈到林德曼时写道，"圆圆的头颅，剪得很短的铁灰色头发，发际线已经后退，就像大脑把头发剃掉了一样。他的胡子也是铁灰色的，肤色很浅，总是用轻轻地吸鼻的声音替代自己的笑声。然而，他仍能散发出一种温暖，使科学思考不再令人恐惧。"[115] 这个被丘吉尔家人称为"教授"的男人对丘吉尔表现出完全的忠诚，偶尔还会为大家买单，尤其是在这位富有的单身科学家受邀与丘吉尔一家一起去度假时。丘吉尔一家经常邀请他一起度假。丘吉尔没有受过科学教育，但对科学很感兴趣，林德曼给他解释了武器背后的物理学原理，以及其他很多东西。林德曼的伟大才能就是能够把复杂的科学问题归结为丘吉尔的"一张纸"。他曾在五分钟内用寥寥数语解释了量子理论，令在场的每一个人，包括孩子们，都感到满意，孩子们不由自主地爆发出阵阵掌声。林德曼有点儿咄咄逼人，还爱挖苦人，性格傲慢，属于右翼（但是坚决反对法西斯），他的传记作者说，他生活的动力就是"对朋友的绝对忠诚与爱，以及对敌人的持续仇恨"。[116] 1924年4月，丘吉尔请林德曼调查一下

“一种在一定距离内具有杀伤力的射线”，据说这种射线能杀死老鼠。“这可能是一场骗局，但是经验告诉我，不要轻易否定任何事情。”[117] 这确实是一个骗局，但丘吉尔对新型科学武器的兴趣由此可见一斑。

1921 年 7 月 8 日，爱尔兰停火协议达成，爱尔兰共和军领导人和英国政府三天后开始直接谈判。作为殖民地事务大臣，丘吉尔有望与 F. E. 史密斯（现在已经是伯肯黑德勋爵）、奥斯汀·张伯伦和劳合·乔治一道，在谈判中扮演重要角色。丘吉尔向克莱门汀坦陈：“我确实觉得，只要他还是首相，我与其躺在灌木丛里斜眼看着他在事业上稳步前进，还不如站起来和他一起打猎。”[118] 三个月后，10 月 11 日，与爱尔兰代表团的预谈判在唐宁街举行。丘吉尔威胁说，如果爱尔兰拒绝签署将爱尔兰岛分割而治的条约，英国将发动“一场真正的战争，而不是只在丛林里兜圈子”。该条约自头一年 12 月以来就已经放在了谈判桌上。①[119]

爱尔兰代表团由政治家阿瑟·格里菲斯带队，但是其中也包括游击队领袖迈克尔·柯林斯。当柯林斯谈到丘吉尔曾重金悬赏自己的人头时，丘吉尔反驳说：“不管怎么说，我出了个好价钱——5 000 英镑。你看看我——25 英镑，死活不论！对此你觉得如何？”[120] 12 月 5 日晚，正式谈判进入戏剧性的高潮，劳合·乔治给爱尔兰代表团下了最后通牒。第二天凌晨 2 点 20 分，条约正式签署。根据该条约，爱尔兰南部 26 个县成立了爱尔兰自由邦（最终成为爱尔兰共和国）。爱尔兰议会后来以 64 票对 57 票通过了这一条约。丘吉尔回忆说，条约签署后，“英国的大臣们冲动地走过去与对方第一次握了手”。[121]

爱尔兰自由邦获得了内政和外交上的完全独立，但同意留在英联邦，享有与加拿大和澳大利亚同样的自治权。这意味着，爱尔兰的官员们至少在理论上要宣誓效忠英王乔治五世。英国还保留了三个所谓的条约口岸——贝雷港、斯威利湖和皇后镇——供皇家海军使用。12 月 7 日，诡计多端、投机取巧的爱尔兰议会主席埃蒙·德·瓦莱拉拒绝执行该条约，因此引发了长达

① 当时，丘吉尔对于中国在威海卫（现在的威海）问题上的要求，以及 1900 年义和团运动后的“庚子赔款”态度同样强硬。他在内阁发言说：“我们为什么要抛弃自己的祖先积累下来的文明优势，去取悦众多的和平主义者？我会给他们发一封电报，开头会是这样的——‘不劳不获，两分钱没好货’。”（埃德·米德尔斯编辑，《白厅日记 1》，第 181 页。）

10个月的残酷内战。

1922年1月，丘吉尔设法将现在的北爱尔兰首相詹姆斯·克雷格爵士（“其他俱乐部”的成员）和迈克尔·柯林斯，安排到殖民地事务部的同一个房间里，让他们就条约的微调进行谈判。丘吉尔回忆说：“他们俩都怒目而视。”但是单独相处了几个小时后，他们达成了协议。[122] 2月16日丘吉尔向下议院提交了《爱尔兰自由邦法案》时说，自第一次世界大战以来：

> 整个欧洲的版图一直都在改变。各国的地位也已发生了剧变。人们的思维方式、对事物的总体看法，以及政党的分组，全都在世界的洪流中经历了天翻地覆的变化。但随着洪流退去，我们看到弗马纳郡和蒂隆郡那沉闷的尖顶再次出现。在灾难席卷整个世界时，他们在争执中所表现出的执着，却罕见地从未发生过改变。[123]

当年8月，柯林斯在一次伏击中被反法案势力杀害。在他死前不久，他曾对一个要去伦敦的朋友说：“告诉温斯顿，要是没有他，我们什么也干不成。”[124]

丘吉尔很快又陷入另一场危机，一场最终压倒了整个联合政府的危机。在爱尔兰条约签署当月，他敦促劳合·乔治结束他所谓的“对土耳其人的仇杀”。[125] 他指的是劳合·乔治对穆斯塔法·凯末尔的民族主义军队的敌对态度，当时他们已经开始威胁英国在伊斯坦布尔和查纳克港（今天的恰纳卡莱）的飞地。不顾丘吉尔的反对，《色佛尔条约》在土耳其大陆给予英国人很多权利，而现在土耳其大陆正受到凯末尔派的土耳其军队威胁，尤其是在查纳克。人们经常用查纳克危机做例子来说明丘吉尔是多么容易冲动，可实际上他从来没有想过要让英国拥有这些暴露在外、容易遭受打击的飞地。起初，他竭力反对劳合·乔治支持希腊，那才是真正的冲动，因为希腊在土耳其西部拥有大量讲希腊语的人口。他对劳合·乔治说：“在这个被冲突撕裂的世界上，我真害怕看到你对希腊军队放任自流。”[126] 但是，随着土耳其军队在查纳克的威胁越来越严重，通过对可能的结果做一番现实的评估后，丘吉尔被迫放弃了自己的立场。在爱尔兰的问题上他也曾如此。

1922年6月22日，亨利·威尔逊爵士在他位于贝尔格莱维亚区伊顿广场36号的家门外，被反条约的爱尔兰共和军枪手暗杀了。第一枪没打中，他本可以躲进屋里，但他本能地拔出了剑，之后被击毙。勇敢地希望用一把剑打败两名枪手，这和丘吉尔指责他在西线战场上采取的策略本质上是一样的，结果也大同小异。人们认为下一个可能被袭击的目标将会是丘吉尔，所以除了沃尔特·汤普森之外，又给他配了两名保镖。

7月,联合政府遭遇了一起财务丑闻。首相为竞选设立了劳合·乔治基金，一位代理人，卑鄙的蒙迪·格雷戈里，为了基金的捐款，实际上一直在出售贵族头衔。南非矿业百万富翁、发了战争财的约瑟夫·罗宾逊爵士曾花3万英镑买了贵族头衔，但是现在事情已经败露，经过议会的一番争吵后，授勋的事情告吹了。丘吉尔对克莱门汀说："对于授勋事件的辩护是极其卑劣的，它只会对英国政府乃至整个国家造成伤害。首相很可悲，人们普遍认为，他的这次演讲是他职业生涯中最糟糕的。这确实是一种衰败迹象。"[127] 7月22日，丘吉尔写信给劳合·乔治说："不要被鱼雷击中，若我独自留下，你的同事们会吃了我的。"[128] 然而，目前的这件事情，丘吉尔本人也并非完全无可指责。早在1906年，他就向坎贝尔–班纳曼推荐罗宾逊成为男爵，因为他帮助政府解决了德兰士瓦省的中国"奴隶"劳工问题。丘吉尔曾写信给坎贝尔–班纳曼，说罗宾逊想要一个贵族头衔，"(我想应该是男爵头衔吧。)我相信你会对这件事给予适当考虑的"。[129]

8月，议会因为正处在夏季休会期而停止开会，保守党议员的愤怒无处宣泄。失业率达到几十年来的最高点；爱尔兰条约更像是对爱尔兰共和军的奖赏；威尔逊元帅在贝尔格莱维亚被暗杀；对苏联事实上的承认看起来像是进一步的姑息；财政紧缩损害了教育，降低了战争养老金；授勋丑闻让不再信任劳合·乔治的议员们感到彻底失望了，再加上补缺选举的失败，联合政府看起来已经摇摇欲坠。而且目前，凯末尔派的军队正在向查纳克的希腊人和他们的英国保护者挺进。9月15日，丘吉尔提出，帝国应该派遣一支主力部队，阻止凯末尔派夺回加里波利半岛，"那里埋葬着我们许多的士兵"。[130] 他起草了一份请求英联邦自治领的掌权者给予支持的信函，同时还为媒体起草了一份主战的公报，希望可以吓退查纳克的凯末尔派军队指挥官。可是因为时间选择出现了灾难性错误，写给掌权者的请求和呼吁在还没送到他们手里之前，就传到了新闻界，这造成了进一步的敌意。丘吉尔在信中暗示，法国和意大利会支持英国的立场，这一观点后来遭到了两国的反驳。所幸，这时候家里发生了两件事，丘吉尔对这场危机的关注也就没那么强烈了。一件事情是，就在他提出希望对土耳其发出最后通牒的当天，他的第五个孩子，也是最后一个孩子，玛丽出生了。他后来曾对秘书说，一个人应该有四个孩子："一个归母亲，一个归父亲，一个归意外，一个当补充。"[131] 同一天，丘吉尔还以 5 500 英镑的价格买下了肯特郡的查特韦尔庄园，但事先并没有告诉克莱门汀。克莱门汀一直倾心于这座庄园，但是对翻修的资金将从何而来却深感绝望。尽管继承了伦敦德里的遗产，丘吉尔一家仍然入不敷出，因为温斯顿似乎天生无法控制自己的开支。

内阁的意见是否统一对近东政策是否成功至关重要。可是就在这时，颇具影响力的保守党前陆军大臣德比勋爵退出了联合政府。9 月 18 日，劳合·乔治对他那心高气傲的外交大臣寇松勋爵表达了自己的轻蔑与不屑，因为他对反土耳其的政策表示严重怀疑。丘吉尔于 9 月 22 日主持了一个内阁大臣级会议，会议达成一致意见，任何凯末尔派军队的舰船，如果试图穿越达达尼尔海峡，都将被击沉。[132] 随着战争的迫近，丘吉尔和奥斯汀·张伯伦说服劳合·乔治不要把争端提交国际联盟，因为国际联盟很可能会迫使英国撤离查纳克。9 月 27 日，在丘吉尔、伯肯黑德、霍恩和弗雷迪·格斯特等内阁成员的支持下，劳合·乔治提出拒绝撤离查纳克，同时也遭到了亲土耳其的奥斯汀·张伯伦、寇松和包括斯坦利·鲍德温在内的其他几位次长的反对。到目前为止，除了劳合·乔治，丘吉尔是内阁中最狂热的反土耳其分子。然而，他并不是在鼓吹战争，而是他确信，如果大英帝国能够联合起来，凯末尔将不得不后退。

两天后，内阁发出指令，命令驻土耳其占领军英国指挥官查尔斯·哈廷顿爵士向查纳克的凯末尔派指挥官发出最后通牒，如果他的部队不在 48 小时内撤出，该地区的所有英国部队都将发动攻击。内阁在 29 日和 30 日举行常设会议，等待答复。寇松提出的延长期限申请被拒绝。他和鲍德温认为这种外交冒险政策不负责任，会将英国带入一场新的战争，除了可以阻止土耳其人收回自己的领土外，并没有其他意义。凯末尔撕毁1920年的《色佛尔条约》，进入非军事区，这种做法与1936年3月希特勒在莱茵兰的做法异曲同工，那个时候，鲍德温同样什么都不想做。

哈廷顿将军没有发出最后通牒，而是继续与他的土耳其对手进行谈判。9月30日内阁会议结束后，寇松对时任交通大臣的克劳福德勋爵说："丘吉尔或许是想挽回自己在加里波利失去的战略声望。"[133] 第二天，哈廷顿终于给内阁发来电报，说土耳其人已经从查纳克的英国铁丝网周边撤退，而且他将会见凯末尔。大家都松了一口气。10月7日，已经退休的博纳·劳给《泰晤士报》写了一封信，宣布英国不能再做"世界警察"。很多人认为，这既是在批评劳合·乔治和丘吉尔的外交边缘政策，也是在鼓励保守党议员去破坏联合政府的稳定。这种看法不无道理。

10月16日，星期一上午，就在政府危机的关键时刻，丘吉尔患上了慢性阑尾炎，这在当时是一种极其严重的疾病，在英国每年会夺去1 600多人的生命。[134] 第二天他在医院做了手术。手术很成功，但是医生说他要几个星期才能活动。丘吉尔苏醒之后的第一个想法，就是要了解纽波特的补选结果。在这次补缺选举中，反对联合政府的保守党候选人逆转了2 000票的多数优势，而联合政府的候选人只获得了第三名。10月19日上午，在"卡尔顿俱乐部"举行的保守党会议上，张伯伦和贝尔福发言，支持联合政府继续执政，而博纳·劳和鲍德温则希望结束联盟政府。鲍德温对劳合·乔治进行了可怕的人身攻击。投票结果是185票对88票，获胜的是支持保守党作为一个独立政党参加下次选举的一方。"可怜的奥斯汀，"F. E. 史密斯后来这样评价张伯伦，"他总是参赛，却总是输掉比赛。"[135]

当天下午，劳合·乔治前往白金汉宫辞职，建议国王派人去找博纳·劳来重新组阁，丘吉尔将新内阁称为"二流十一人政府"。丘吉尔宣称，他"永远不会让自己进入这样一个道德和智慧的坟墓里，等待窒息而死"。[136] 他的这一说法忽略了一个事实，其实对方最不愿意接受的人就是他。他甚至对生病的博纳·劳势利地评说道："我们那位雄心勃勃的病号怎么样了？我们那位镀金的商人又如何了？"[137]（博纳·劳是靠制铁发家的。）

议会解散，11月15日举行大选。尽管丘吉尔私下里把博纳·劳的内阁形容为“这个由废物和小人物组成的政府”，但是在经济萧条的邓迪市，丘吉尔自己的地位并不稳固。[138]“我是一个自由主义者和自由贸易主义者，”他写道，“但是我必须明确地告诉大家，我不会抛弃劳合·乔治，也不会抛弃支持他的那些高尚的保守党人。”[139]

克莱门汀于 11 月 6 日带着 7 周大的玛丽去了邓迪，住进名字颇具预见性的“无望台”饭店。尽管在一场特别不愉快的竞选活动中被人唾了唾沫，她还是在几次大型集会上发表了有力的演讲。[140]她对丈夫说：“有人说你是‘战争贩子’，但是我要把你塑造成一个和平小天使，你胖嘟嘟的脸边围着毛茸茸的小翅膀。”[141]尽管是保守党成员，伯肯黑德还是发表了支持丘吉尔的演说。

丘吉尔因为做了手术，一直无法前往邓迪，直到 11 月 11 日停战日，离投票只有四天的时候。虽然身体仍然虚弱，但他还是戴着自己的 11 枚奖牌前往邓迪。他不得不坐着说话，因为吃了止痛药，他有些昏昏沉沉。他回忆起他的对手威廉·加拉赫这位共产主义的支持者时说：“一些年轻男女脸上充满仇恨的表情令我震惊。真的，要不是我当时正处在那种无助的状况，我敢肯定他们会攻击我的。”[142]尽管有 5 000 人前来听他演讲，但由于暴力冲突，会议不得不取消。他冲着 100 多名共产主义示威者挥舞着拳头，说：“没有自己的声音，没有自己的头脑；如果没有足够的智慧来解决问题，那就打断别人的会议。选民们会知道该如何应对这样一个喧嚣的政党的……”[143]

一方面是查纳克危机和卖爵丑闻这两件事，让联合政府陷入极度不得人心的状况，另一方面主要还是由于持续的高失业率和经济停滞，使丘吉尔在 1918 年竞选时的巨大优势，终于被第五次参选的埃德温·斯克鲁姆格尔逆转，他成为有史以来唯一一位以禁酒主义者身份参选成为议员的人，他的票数优势超过了 1 万张。丘吉尔的得票比工党候选人还少。他后来在给一位朋友的信中写道：“如果你看到邓迪人过的那种日子，你就会承认他们的投票也不无道理。”[144]总体上说，保守党赢得 345 个席位，工党赢得 142 个，国家自由党赢得 62 个，阿斯奎斯自由党赢得 54 个。保守党获得 550 万张选票，工党获得 424 万张，阿斯奎斯自由党获得 252 万张，国家自由党获得 167 万张。“转眼间，”丘吉尔后来写道，“我发现自己失去了职位，失去了议席，失去了党派，还失去了阑尾。”

第13章

救赎

（1922年11月—1926年5月）

在金融领域，一切合意的东西都是不合宜的，一切合宜的东西都是不合意的。

——丘吉尔在华尔道夫酒店的演讲，伦敦，1926年3月[1]

所有人都说我是有史以来最糟糕的财政大臣。现在我也倾向于同意大家的观点。所以现在，全世界达成了共识。

——1930年丘吉尔写给奥斯瓦尔德·福尔克爵士的信[2]

丘吉尔当议员22年，当内阁大臣17年，只有两次短暂的休息。现在，他决定和家人一起搬到戛纳的“金梦别墅”，之后在那里他住了6个月，完成了《第一次世界大战回忆录》第1卷和第2卷的大部分内容。由于他不再是议员，“其他俱乐部”的聚会也陷入停顿，他只返回英国进行了三次短途旅行：接送孩子去学校、监督查特韦尔庄园的施工情况，以及会见出版商。批评者指责他是一个疏忽大意的家长，但正如伦道夫在他的自传中写的那样：“我的父母虽然都是大忙人，却总是为我们这些孩子操心，尤其是在节假日。从我大约12岁起，几乎每年夏天我们都出国。通常我们会开着一辆破旧的沃尔斯利豪华轿车游遍法国。”①[3]

---

① 1923年—1931年，丘吉尔拥有过5辆沃尔斯利，没有一辆是豪华轿车。伦道夫想到的可能是1926年的那一辆，那是他们唯一的一辆沃尔斯利厢式轿车。

丘吉尔从不打孩子，还经常去学校看望他们，并定期给他们写信。[4] 这是他善于从错误中学习的另一个例子——不过这次是他父母的错误。

1923 年 4 月 10 日，长达 82.3 万字的《第一次世界大战回忆录》5 卷本的第 1 卷在伦敦出版。最后一本直到 1931 年才出版。该书立即售出 1 万册，并在一个月内再版。在最终确定书名前，他曾考虑过“在国旗下”或“流星旗”这两个名字。[5] 该书第 2 卷涵盖了加里波利战役的内容，他在第 2 卷的前言中写道，“我不能以自己所做的记录和自己特殊的观点来宣布最终结论”，这仅仅是“对历史的贡献”。[6] 他对自己所做记录的辩护清楚地表明，他是位想在不久之后东山再起的一流政治家。正如丘吉尔传记作者、历史学家戴维·雷诺兹指出的，该书充满了“事实、半事实和可疑的断言”。[7] 贝尔福说，这是“一部出色的温斯顿自传，只是伪装成了一部宇宙史”。[8] 然而，属于自传体的部分让我们看到丘吉尔自我认识方面的迅速发展。他在第 1 卷中写道：“回首往事，随着知识的增长和年岁的增加，我似乎已经做好充分准备，去承担那些危险甚至是绝望的任务。”[9]

第 1 卷讲述了德意志帝国的战争计划、军备建设和侵略欧洲的企图，迫使它的邻国结成防御联盟。博纳·劳抱怨说，这本书暴露了大臣们私下里的言论，违反了丘吉尔作为枢密院成员的誓言。劳合·乔治告诉弗朗西斯·史蒂文森说，这本书“写得很棒，但辩解的内容太多，没有什么价值”。他还补充说：“他对我并不总是公平的。”[10] 而《新政治家》则宣称书的内容是“诚实的”，并断言这本书“肯定会在他逝世后依然流传”。与他所出版的其他作品不同，这本书的评价总体上非常好。[11] 然后，文学评论家赫伯特·雷德爵士在文体方面对它进行了批评，在谈到书中关于沙皇被推翻并死亡以及美国参战那一段时他说：“做作的文采不如没有。它是一个坑，一个作家关于‘好文章’的概念，如果不是建立在‘好思想’的基础上，他就有可能会掉进这样的坑里……作者怀疑自己的主题低劣，就试图用华丽的词句来夸大它，希望用这种华丽的品质来装点自己贫乏的思想。”[12] 丘吉尔显然不认为俄罗斯帝国的灭亡或美国加入世界大战属于低劣的主题。诺贝尔委员会也曾引用这本书中的内容，这是 1953 年丘吉尔获得诺贝尔文学奖的原因之一。这当然也是一本出版一个世纪后依然值得重读的书。

在第2卷中丘吉尔声称，在1915年3月18日的进攻后，奥斯曼堡垒的弹药几乎用尽；雷区的威胁并不是一直存在；基钦纳在调遣29师时的优柔寡断是灾难性的；俄国并不会垮台，但土耳其会；1915年5月英国政府重组时耽误的数周时间，如果没有那些胆小如鼠的同事们一再打击他，他本可以早几年就赢得战争，挽救数百万人的生命。[13]这些说法中有一些无疑是正确的，而另一些则极具争议性，但是对于那些仍在他出席的公开会议上质问“达达尼尔海峡怎么样了？”的人，这些说法会是非常有力的回应。此外，20世纪20年代初期至中期，公众越来越能够接受的一个观点就是：如果可以避免索姆河战役和帕斯尚德尔战役的惨重伤亡，冒任何风险都值得。

在丘吉尔写作《第一次世界大战回忆录》的过程中，政府官方战争史编辑詹姆斯·埃德蒙兹少将为他提供了帮助，并记录了在查特韦尔庄园，他如何向丘吉尔介绍每一章的相关文件和地图，然后丘吉尔一边在书房里踱来踱去，一边把故事口述给秘书。“我听到一个幽灵似的声音在低声对他说话，”埃德蒙兹回忆说，“但那是他自己的声音。在口述之前，他把每句话都反复念叨一下，看看听起来怎么样。他煞费苦心地润色文笔，经过两三个打印版本后，他还需要做五六版毛条校样——这对出版商来说是一笔昂贵的费用……他具有艺术家的灵魂。”[14]

在埃德蒙兹的文章里，随处可看见丘吉尔自1923年1月起对他提出的问题，关于德国违反荷兰中立的问题，关于1914年的塞尔维亚问题，关于法国的莫里斯·萨拉伊将军在萨洛尼卡的军事行动问题，关于“我们对索姆河坚定不移的攻击”对德国产生的影响问题，关于到底是谁发明了“渐进弹幕轰击”的问题，关于德国对阿尔芒蒂耶尔之战的反应问题，关于福煦元帅的情报使用问题，关于德国在罗马尼亚的作战问题，关于量化英国与德国的伤亡人数的方法差异问题，关于伦贝格战役的问题，以及其他很多问题。有些问题相当琐碎，还有一些技术性十足，比如：“我们在印度住的是双层帐篷还是双飞帐篷？”埃德蒙兹在查特韦尔庄园住了几个周末，他注意到房子的主人“从来没有错过自己的下午觉，他睡在一张拿破仑式床上，床罩是绿丝绸的，上面还有金色的蜜蜂”。[15]

丘吉尔把书的校样寄给埃德蒙兹，指望他那“机警的笔”能把不准确的地方划掉。[16] 埃德蒙兹认为丘吉尔过于严厉苛刻，尤其是对黑格，他就这么对丘吉尔说了。丘吉尔答复说："讽刺和刻薄当然都可以删去，或是变得温和些。我经常会把东西全都写下来，目的是看看它们在印刷品上是什么样子的。"[17] 在关于索姆河战役的问题上，丘吉尔承认："我急于证明自己对当时形势的理解是正确的，当然我也想证明，我那些反对发起进攻的一般性论点是正确的。"[18] 他还阅读了有关加里波利行动的所有书。有一次他读过一本书后对伊恩·汉密尔顿说："穆斯塔法·凯末尔在 1915 年 4 月 25 日（两栖登陆日）曾经进行干预，这对我来说是个新闻。太有意思了，命运总是在为我们的事情忙碌着。"[19]

1923 年 5 月，罗伯特·霍恩在午餐时问丘吉尔，既然国家自由党已经失去了其存在的理由，随着联合政府的终结，他现在在政治上的立场是什么。丘吉尔回答："我的立场从未改变过，我依然是一个托利式民主党人。环境的力量迫使我为另一个党派服务，但我的观点从未改变，我很乐意通过重新加入保守党来实现这些观点。"[20] 5 月 20 日，首相兼保守党领袖博纳·劳，因罹患癌症辞职，并于同年 10 月去世，丘吉尔重新加入保守党的愿望突然出现转机。"在我见过的所有首相中，最不够引人注目的就是博纳·劳。"[21] 丘吉尔常常引用希莱尔·贝洛克的话这样说。寇松曾被考虑过，但贝尔福和国王的私人秘书斯坦福德汉姆勋爵阻止了这一提议，最终斯坦利·鲍德温同时就任了两个职位。丘吉尔一直以来都低估了这位新首相。在下象棋前摆放"兵卒"这些棋子时，他就会对阿斯奎斯说："摆好你的鲍德温，安排好你的小卒子。"[22] 然而，他现在却希望鲍德温能允许他重返保守党。尽管丘吉尔毫不掩饰地表现出自己的雄心勃勃，可是在首次担任内阁成员 15 年后，他现在甚至连议会的席位也没了，而鲍德温却在加入内阁仅 26 个月后就当上了首相。

丘吉尔在 1923 年还赢了两场诽谤官司。一场官司是关于开罗会议期间他在使用纳税人的钱时是否存在铺张浪费行为的，另一场官司他指控的是阿尔弗雷德·道格拉斯勋爵，奥斯卡·王尔德的前情人，他写了一本小册子，指责丘吉尔通过欧内斯特·卡塞尔操纵日德兰海战的消息，在纽约证券交易所为自己赚钱。[23]（道格拉斯另一个同样可笑的提法是基钦纳勋爵的溺水是国际犹太组织预谋的）。在咄咄逼人的盘问环节中，丘吉尔在高等法院被问道：“费舍尔勋爵是不是拒绝见你，然后辞职了？”丘吉尔回答：“不是，他辞了职，然后拒绝见我。”[24] 他的回答在法庭上引起哄堂大笑。被告的唯一证人是斯宾塞上尉，他那些明显是胡编乱造的言辞[①]，更是让法庭多了不少不一样的笑声。陪审团只用 8 分钟时间就做出有罪判决，道格拉斯被判 6 个月监禁。（第二次世界大战期间，道格拉斯为丘吉尔写了一首十四行诗，丘吉尔大度地表示了感谢，他说：“请替我转告他，时间会让一切都过去。”）[25] 1924 年，爱尔兰小说家弗兰克·哈里斯在他的自传《我的生活与我的爱》中声称，伦道夫勋爵死于梅毒。尽管丘吉尔的指控在法庭上令对方无法反驳，却让很多人进一步做出丘吉尔性格不稳定和缺乏判断力的推测。丘吉尔就读预科学校的 11 岁侄子佩雷格林，就遭到一位同学的挑衅：“我爸爸说，你们丘吉尔家的人都得了叛逆病，还都疯疯癫癫的。”[26]

由于丘吉尔没有进入议会，作为一名普通公民，他完全可以代表荷兰皇家壳牌石油公司和缅甸石油公司参加活动，支持它们与国有的英波石油公司合并。这一合并将在确保皇家海军能够继续使用廉价燃料方面产生积极作用，当然也符合英国的战略利益。1923 年 8 月，他亲自去游说鲍德温，尽管他的前私人秘书詹姆斯·马斯特顿–史密斯爵士强烈反对丘吉尔“出于政治原因”参与其中。[27] 丘吉尔通过财政部的入口进入唐宁街，以回避媒体的评论。他对克莱门汀说，这“让鲍德温觉得很好玩儿”。[28] 他私下里（错误地）把鲍德温当作一个无足轻重的人，但他对妻子坦陈，这次会面“非常令人愉快。他表示自己没有什么可忙的，并且非常热情地接待了我”。

他们的谈话范围很广。他们谈到了鲁尔地区、海军部以及空军部的事务，也谈到战争赔款、美国债务和一些一般性政治问题。丘吉尔发现新首相完全赞成石油公司的合并问题。“我相信合并的事情一定会成功，”丘吉尔对妻子说，“我唯一不敢确定的是我自己在这件事情中所起的作用。”[29] 壳牌石油公司总经理罗伯特·韦利–科恩爵士付给丘吉尔 5 000 英镑（相当于今天

---

① 包括他说自己发现了列宁暗杀罗曼诺夫的计划，但是在巴尔干半岛被逮捕并被一辆军用救护车带走，他把护士的红十字会制服套在自己的睡衣外才得以逃脱，之后骑着自行车去了美国领事馆。

的 20.5 万英镑），作为他为这笔生意所做的 4 个月咨询和人脉工作的报酬。这是一笔巨款，但是对于在政府任职后进入私人领域的内阁大臣们来说，这样的事情也并不罕见。

尽管继承了加伦地产，丘吉尔还是需要这笔钱，因为他不再拿内阁大臣或议会议员的薪水，却还要租用伦敦萨塞克斯广场的那套房子，而且还要为查特韦尔庄园的翻修买单。亨利八世时期的这座庄园坐落在一个山坡上，占地 80 英亩，距离威斯敏斯特只有 24 英里。它有几处现代化的扩建建筑，从这里可以看到肯特郡威尔德引人注目的景色。克莱门汀最初是赞成买下它的，她在 1921 年 7 月写道："我一心惦记着那座树冠高耸美如天堂的山……我真希望我们能买下来。如果真买下来的话，我觉得我们就会经常住在那里，而且会非常快乐。"[30] 在后来的几次探访中，她意识到这所房子已经破旧不堪，而且问题重重，可能要花费很多钱，于是她改变了主意，但为时已晚，因为她的丈夫已经欲罢不能，深深地爱上这所房子和这片土地，并且钟爱了一生。[31] 他说："离开查特韦尔一天，就是浪费了一天。"[32] 他的秘书格蕾丝·汉布林回忆说："我们一进入查特韦尔庄园的领地，他就会把一切都抛到一边。所有的文件都会飞起来……狗会被推到一边，秘书会被推到一边，一切都被推到一边，他做好了随时要跳起来的准备。他会说：'啊，查特韦尔！'"[33] 丘吉尔可以在查特韦尔的书房里工作，书桌上放着拿破仑的半身像，比其他任何地方都好。"别打扰你父亲，"克莱门汀会告诉玛丽，"他在准备演讲。"[34]

翻修以及各种设施配备的费用几乎把他们掏空了。和以往一样，丘吉尔决定通过增加收入而不是减少支出来解决问题。不过他也经常对克莱门汀说，他们必须紧缩开支。翻修包括对各个房间重新布线，大范围地扩建，搭建新屋顶，建造一个果园，给玛丽建个凉亭，建造一个精心设计的水池花园，下沉水池里养着他的金色圆腹雅罗鱼（他有时会向站在门外的生人炫耀这些鱼，有时这些鱼也会成为水獭的猎物），还要建两个大湖和一个游泳池，游泳池水温要达到 75 华氏度（约为 23.89 摄氏度）。20 世纪 30 年代时，他有 8 个室内仆人、2 个秘书、1 个司机和 3 个园丁，这 14 个人的薪水都来自他从写书、做文章和写作的（未拍摄的）电影剧本中获得的收入。他曾写道：

“实际上，我的生活仅够糊口。”[35]

查特韦尔是一个招待客人的好地方。访客簿上有来访过的780人的2 316个签名，记录了林德曼去过86次，博纳德·蒙哥马利去过46次，布伦丹·布拉肯去过31次，他的朋友F. E. 史密斯、比弗布鲁克和埃迪·马什也都去过多次。访客簿上面还出现了这些名字：贝尔福、劳合·乔治、T. E. 劳伦斯——他是为数不多几个丘吉尔会专心地听其发言而很少打断的人之一，还有查理·卓别林。[36] 20世纪30年代的访客就更多了，但很多因隐私和安全原因没有签字，包括德国反纳粹的政客和军人、空军部的内部举报人、外交部反绥靖政策的反水者、德斯蒙德·莫顿的情报联系人。

1923年，丘吉尔给克莱门汀写了一篇题为“关于餐椅的专题论文”的文章，其中写道：“餐椅必须符合一些非常明显的需求。它必须舒适，必须有扶手，还要紧凑，背部必须‘几乎垂直于双腿。’”[37] 餐椅的数量需要不少于20个。在查特韦尔的餐厅里，当机智的辩论不断地闪现，或是记忆深处的诗行和美文如激流般涌出时，围着圆桌吃饭的时间就可能会持续两个，有时甚至是三个小时。“啊，克莱米（克莱门汀的昵称），”丘吉尔在她要离开餐桌时说，“太美好了……别走。让我们命令这一刻留下来吧。”[38]

在1928年5月底，丘吉尔发现查特韦尔的下沉水池花园的水面比他造的新湖高出10英尺。他请林德曼帮忙解释，如何通过重力学原理把水面调节得一样高，以及管道需要多宽。[39] 除了物理学家、炸弹瞄准专家、音乐理论家、辩论家和激光枪专家之外，丘吉尔还期望林德曼是一名风景园艺师。丘吉尔问道：“假设7.5加仑①（每分钟）的水流通过一个10英尺的指令台注入一个200码长、直径为1英寸或1.5英寸的管道，那么在流出端的输送速度会是多少？我希望这些问题不会超出牛津数学的范围！”[40] 还好没有超出。下个月初，丘吉尔在基督教堂给林德曼发了一封电报：“按照你的计算，水流得很美。温斯顿。”[41]

在查特韦尔庄园生活的还有许多动物。多年来，有两只忠实的红橙色

---

① 1加仑（英）=4.549 09升。——编者注

贵宾犬鲁弗斯和鲁弗斯二世（丘吉尔原本希望自己可以葬在它们旁边）；有来自澳大利亚的几只黑天鹅，有一只名叫“国旗中尉”的加拿大鹅（因为它让丘吉尔想起他认识的一位海军军官），“它总是落在主人身后两三步远的地方，骄傲地在庄园里巡视”；还有另一只鹅，丘吉尔会隔着平台对它大叫“啊——哇——哇”，这样就能够听到远处湖上传来它“嘎——嘎——嘎”的回应；有一只名叫乔克[①]的漂亮的橙色斑猫，还有另一只，它的名字毫无想象力，就叫作“猫”。（当“猫”跑掉的时候，丘吉尔在窗户上贴了一个牌子，上面写着：“如果‘猫’愿意回家，一切都可以得到原谅。”10天后，它回来了。）[42]玛丽的哈巴狗生病后，丘吉尔变得“非常不安”，于是他给玛丽和萨拉写了一首诗，让她们说唱：

> 噢，可怜的哈巴狗狗怎么啦？
> 抚摸它，亲吻它，拥抱它，
> 快去给它拿一点儿合适的药吧，
> 温柔地把它裹在毯子里吧，
> 那是治疗哈巴狗的好方法。[43]

这肯定算不上济慈的作品，但它显示了丘吉尔的顽皮心态和对女儿们的爱。（哈巴狗狗最终恢复了健康。）

查特韦尔庄园还养了几头猪，为了给它们挠背，丘吉尔在长棍上绑了一个钢丝刷。1952年，他对一位助手说：“狗总高看你，猫总看低你。还是给我一头猪吧！他总能直视你的眼睛，平等地看待你。”[44]二战后，他还养了热带鱼，还有一只蓝色虎皮鹦鹉——托比。托比可以在他的书房里自由飞翔，用玛丽的话说，“这只鸟的轻率行为”让秘书和访客处于“危险之中”。[45]他还建了一座蝴蝶屋，但有时却不关门，说：“这样把它们关起来我受不了。”[46]萨拉回忆说：“我父亲有一个很强烈的要求，任何动物，只要他对它们说过

---

① 查特韦尔有个传统，那就是一定要有一只橙色斑猫，现在任职的是乔克六世。

‘早上好’，就不能再被屠宰当食物吃。”[47] 当提到一只很特别的鹅时，他说：“你得记住，克莱米，他是我的朋友。”[48]

1934 年，丘吉尔家开始养蜜蜂，这样一家人就可以用自己的蜂蜜泡茶了。克莱门汀在肯特养蜂人协会做了几年会员。[49] 20 年后，丘吉尔规定，卖给考文特花园商人的查特韦尔草莓在打包时都要鼻子朝下，以强调草莓的新鲜程度。[50]

丘吉尔确信他的鸭子都认识他。他曾试图向他在二战期间的国防大臣黑斯廷斯·伊斯梅证明这一点，他“发出咕咕咕的引诱声，一只独处的公鸭从芦苇中爬出来，慢慢游过去，从首相手中接过面包屑作为奖赏”。当他要求伊斯梅也试试自己是否有同样的魅力时，伊斯梅模仿着发出丘吉尔那“奇怪的叫声，过了一会儿，同一只鸭子朝他游过来”。丘吉尔看着这只鸭子，眼睛里的难过多于愤怒，就像看着让他失望的挚友一样。然后他很动情很难过地说：“我真希望它没有那样做。”[51]

20 世纪 20 年代末，丘吉尔成了一个砖瓦匠，他在厨房花园周围，还有两所农舍外的大部分地方筑了一堵墙。（出于政治原因，建筑工人联合会的全英执政官撤销了当地分会发给他的会员卡，简直太缺乏幽默感了。）在查特韦尔庄园北面的公共林地里，住着“驴子”·杰克先生和“驴子”·杰克太太，他们是一对吉卜赛夫妇。1933 年，丘吉尔为“驴子”·杰克支付了葬礼费用，这样他就不用被埋进乞丐的坟墓里了。在他的遗孀被当地委员会赶出来后，丘吉尔主动提出为她在一所房子里找个地方住，费用由他来出。而她则宁愿住在他的林地里，在一个小棚子里安营扎寨度过余生。他同意了。[52] 这些慷慨的个人行为，他家庭以外的人当时是不知道的，他做这一切都是出于本心。

1923 年 9 月，丘吉尔在写给克莱门汀的信中说：“墨索里尼真是个卑鄙之徒。我发现罗瑟米尔在支持他！我完全支持国联。”[53] 对于这位新近在罗马夺取了政权的意大利独裁者，丘吉尔如果能够坚持自己的观点，他的声誉就会更好。但是随着时间的推移，他开始把墨索里尼看作防范共产主义的壁垒，他担心共产主义会在战后的欧洲向西传播。

10 月，鲍德温承诺重新引入贸易保护措施，希望以此来对抗失业。丘吉尔重新加入保守党的希望彻底破灭了。在大选中，他再次回到过去的自由党阵营，对政府发起猛烈的攻击。11 月 8 日，大选竞选开始之前，他遇到了 22 岁的布伦丹 · 布拉肯。布拉肯后来成为他最亲密的顾问、最忠实的追随者，F. E. 史密斯去世后，他和林德曼成了丘吉尔最好的朋友。布拉肯有一段他刻意要保持神秘的历史，他希望那个在一定程度上是由他的红头发引起的谣言，即他是丘吉尔的私生子，能够一直传下去。让克莱门汀恼火的是，丘吉尔根本没有试图去消灭谣言。当克莱门汀进一步追问时，他揶揄道："我查过了，但是日期对不上。"[54]（布拉肯出生前那一年，他绝大部分时间都在南非。）丘吉尔喜欢有趣、聪明、好玩儿的人，他并不关心他们的出身，他能喜欢布拉肯这种无所顾忌的冒险家就证明了这一点。克莱门汀则传统得多，过了很久她才开始欣赏他。

布拉肯出生于爱尔兰的蒂珀雷里郡，父亲是一名富裕的建筑商，是反英、亲共和的芬尼亚兄弟会成员。在第一次世界大战期间，布拉肯被派往澳大利亚，1919 年从澳大利亚返回。1921 年，19 岁的他假扮成一个父母在丛林大火中丧生的澳大利亚人，在坎布里亚的赛德伯中学做了学生。[55] 在那里待了一个学期后，他在预科学校任教一年，仍然声称自己来自悉尼。[56] 25 岁时，布拉肯成了一家报纸出版公司的理事会成员。随后，20 世纪 20 年代中期他开始发迹，重振了财力不足、智力有限的克罗思韦特 · 阿雷家族的出版事业，并最终于 1945 年将《金融新闻》和《金融时报》合并。1929 年，他成为帕丁顿北区的保守党议员。毫无疑问，他是一个大冒险者，也是一个创造者，丘吉尔赞赏他那不容置疑的忠诚和振奋精神的能力。作为一个完全白手起家的人，布拉肯也是自由企业、竞争和个人主义的倡导者。[57]

鲍德温称布拉肯为丘吉尔"忠实的切拉（chela）"，这是一个印度教词语，意为忠诚的信徒。（还有一些不太友好的称谓：保守党议员约翰 · 戴维森称他为"温斯顿的豺狼"。格拉德温 · 杰布是英国外交部的一名官员，他说布拉肯"简直就是个流浪儿"，不过他并没有当面这样说过。）[58] 但是布拉肯可完全不只是一个门徒，他是一位舆论专家，也是一位值得信赖的顾问和朋友，在丘吉尔式的威胁恐吓面前，他从不退缩。"他和温斯顿吵得不可开交，"哈罗德 · 麦克米伦回忆说，"他们像夫妻一样争吵，但这并不出乎丘吉尔的预料，这样的争吵从不会持续很久，也从未真正影响过他们之间的和睦。”[59]麦克米伦亲眼见过布拉肯如何“帮助丘吉尔不偏离正轨，尤其是在战争中”。

布拉肯也是唯一一个可以不敲门就闯入丘吉尔任何会议的人，他还是为数不多的几个有资格取笑丘吉尔的人之一。1947 年 5 月，丘吉尔被授予法国军事奖章。他对布拉肯说，在巴黎，任何持有这个奖章的人如果喝醉了，都可以被出租车送回家，法国政府将承担相关费用。布拉肯评论道：“在巴黎的出租车费用上，你本人一定创造了一些经济效益。”后来，当丘吉尔任命一位老哈罗公学人担任政府职位时，布拉肯对他说：“你任命他只是因为他也曾在关押你的那个地牢里待过。”[60]当他厚着脸皮用首相的雪茄烟头点烟时，丘吉尔对这位首席督察说：“我曾经为比这还小的事情杀过人。”[61]然而，不论怎么开玩笑，怎么吵闹，在绥靖政策处在鼎盛期时，在那些日复一日、月复一月的日子里，布伦丹·布拉肯是长期以来都肯站出来为丘吉尔说话，为他的利益着想，把他的敌人当作自己的敌人，与他肩并肩走进分组表决厅的人当中，唯一一位非家族议员。

当月晚些时候，布拉肯在写给母亲的信中说：“我们面临着另一场大选的威胁，我必须为丘吉尔做大量工作，他正在竞选一个席位。”鲍德温升任首相并接受了贸易保护主义本已令人吃惊，同样令人吃惊的是，他呼吁提前 4 年举行大选，当时他在议会中已经拥有多数席位，但他觉得自己需要通过大选获得新的授权，来结束自由贸易。同样令人惊讶的是，丘吉尔选择作为一个国家自由党的自由贸易主义者，参加来斯特西区选区的选举，而当时曼彻斯特本已为他提供了几个极有希望获胜的席位。他后来用“某种模糊的情结”这个说法来解释这件事，这种情结促使他“来到莱斯特，与一名社会主义者做斗争。但是在那里，我又遭到了保守党的攻击，所以失败是必然的”。[62]从长远来看，他把自己定位为更反工党而非更反保守党的决定对他来说是有利的，1923 年他退出议会的决定也是如此，从此他不再受自由党党纪的约束。

这是一次艰难的选举，他在竞选活动演说台上时，有人冲他大喊“安特卫普怎么样了？”，还有人用一块砖头砸向他的车。“鲍德温先生，我们的首相，是一个非常诚实的人，”他这样一说，观众们就开怀大笑起来，“我倒愿意相信这一点，即使他本人并不经常这样说。诚实是件好事，但对一位首相来说，正确也是非常重要的。”[63] 在选举前三天，他说：“鲍德温甚至不知道什么是原材料，他也不知道自己所提议的关税是高了还是低了。”[64] 鲍德温在从政之前就在钢铁行业取得了成功，所以丘吉尔这次对他的攻击让人倍感奇怪，更何况三个月前，他还曾希望鲍德温能让他重返保守党。

丘吉尔以 4 000 票的差距输给了工党候选人弗雷德里克·佩西克-劳伦斯。在这场选举中，保守党总共赢得 258 个席位，工党赢得 191 个，自由党赢得 159 个。保守党赢得 554 万张选票，工党赢得 444 万张，自由党赢得 431 万张。这是工党第一次获得比自由党更多的民众选票，而且从此后，工党一直保持着这一优势，直到今天。大选后，用丘吉尔的话来说：“自由党人以如此不明智、如此错误的方式把社会主义少数派首次推上了权力舞台，因此也为自己的未来画上了句号。”[65] 大选后，阿斯奎斯自由党倾向于支持工党政府，而联合政府自由党则倾向于保守党政府，丘吉尔成为后者的主要代言人，尽管他没有进入议会。大选期间，他曾对曼彻斯特的观众说：“自由贸易将会遭到一个临时法庭的审判，并且会在黎明时分被枪决。”他不能为了自己恢复职位而支持这样的做法。[66] 他也不能在保守党拥护保护主义的时候重新加入其中。

1924 年 1 月 18 日，丘吉尔在写给《泰晤士报》的一封信中阐明了自己的立场。他写道：“社会主义政府的上台将是一场严重的民族灾难，灾难之深重，只有战败之后降临在大国身上的那种灾难才可以与之比肩。”[67] 尽管工党领袖拉姆齐·麦克唐纳显然并不是列宁或托洛茨基，但丘吉尔还是公开指出，他认为希望与苏联建立全面外交关系的工党，是布尔什维克主义的同路人。1 月 22 日，在阿斯奎斯自由党的支持下，麦克唐纳成为首位工党首相。

大选结束后，丘吉尔与鲍德温进行了一次长时间的友好交谈。他于 2 月 23 日告诉克莱门汀，这位保守党领袖“显然非常希望能够确保我的回归与合作”。[68] 因此，他决定以独立的反社会主义者身份参加威斯敏斯特区伦敦中心选区的补选。这是自 1906 年以来，“自由党”一词首次没有出现在他的选举名称中。与他竞争的是当地的一位保守党候选人 O. W. 尼科尔森上尉。尼科尔森既是死去后空出补缺选举位子的人的侄子，也是该党基金的一个大捐款人。丘吉尔3月7日给鲍德温写信，请求获得他的支持："我确信你不会因为技术细节操作不当，而被迫向我为你带来的援军开火。"可是，尽管鲍德温希望丘吉尔能进入议会，但他不会对当地保守党协会施加影响。[69]

在3月10日的竞选演说中，丘吉尔写道："我是一个希望与保守党合作的自由党人，我要坚决抵制这种颇具威胁的攻击"。他指的是社会主义。"鲍德温公开呼吁，希望可以与自由党合作，我支持他把国家利益置于党派利益之上的政策。"[70] 同一天，克莱门汀也去散发了传单，传单上说："在社会立法方面，比起丘吉尔先生，没有哪一个活着的公众人物，除了劳合·乔治先生，曾经负责过更重要的法案了。"她进而举出由丘吉尔负责而获得成功的一些案例，比如签署《德兰士瓦宪法》，就是"处理血汗工厂的《贸易委员会法案》"、建立劳动力交易所、建立失业保险制度、签署1910年的《煤矿监管法案》、废除监狱中长时间的单独监禁、签署1911年的《商店营业时间法案》、实施夏令时、"让海军做好应对德国威胁的准备"、通过控制安特卫普拯救敦刻尔克、达达尼尔委员会"并没有对他提出过任何形式的指责"、"订购了第一辆坦克"、在美索不达米亚建立了一个独立的阿拉伯王国（"为英国省下4 000万英镑"），以及他还是《爱尔兰条约》的一个签署人。[71]

这份清单总结了她丈夫迄今为止的贡献，但工党候选人芬纳·布罗克韦也为丘吉尔制作了一个版本的传单，名为"温斯顿的黑记录：他如何给工人投下反对票"，其中举到的例子包括：他把1 400英镑送给了邓尼金（暗示是现金，而不是军火）；他对工党关于调查煤炭暴利的动议投了反对票；在1920年7月一次关于废除《麦肯纳税案》的投票中他投了反对票；"在美索不达米亚的冒险只能给百万富翁石油投机商带来好处"；1911年他把军队派往火车站；还有就是1920年11月，他投票反对一项谴责"黑衣棕裤"的动议。[72]"他是一个政治冒险家，"布罗克韦说，"那些恶作剧般不负责任的行为，是他骨子里就有的天赋。"[73]

30名保守党议员支持丘吉尔，只有一位资深保守党议员利奥·阿梅里公开呼吁给他投反对票。最终，鲍德温发布了那封贝尔福之前一直不肯发出的支持信。丘吉尔带着他特有的热情，不是开着汽车，而是坐着一辆四轮马车巡视了选区。最终尼科尔森获得8 187票，丘吉尔获得8 144票，布罗克韦获得 6 156 票，J. S. 杜克斯（自由党）获得 291 票。在拥有 22 000 多名选民的选区以 43 票之差落选，这是令人难以忍受的，但是丘吉尔表现出强烈的个人魅力，他并没有拒绝承认保守党的席位。此外，正如他在 1932 年所言，他“至少在一段时间内恢复了所有这些保守党强硬派对我的善意，与其中一些人拥有相同的深切体会，并且在关键时刻可以将这些体会表达出来。尽管我也知道他们从未喜欢过或信任过我”。[74] 1946 年他曾开玩笑说：“我参加过的竞选比任何人都多，在所有竞选中，威斯敏斯特的选举是最激动人心、最具戏剧性的……那是一次没有党派之争的选举，因为在那次选举中，所有党派一致反对我。”①[75]

仅两个月后，1924 年 5 月 7 日，丘吉尔 20 年来第一次为保守党站台。在利物浦的阳光大厅，他对“工人保守党协会”说，他与保守党近 10 年来一直“在内阁里或在内阁之外密切合作”，“因此我认为，无论是在座的各位还是我自己，都不必将我出席这次会议，看成是我离开某个团体的不同寻常的特殊标志”。[76] 6 月，鲍德温宣布放弃其征收关税的承诺，丘吉尔开始寻找自己下次参选的保守党席位。

9 月，在林德曼的帮助下，丘吉尔撰写了一篇题为“我们都要自杀吗？”的文章，发表在《蓓尔美街报》上。文章极富先见之明。1917 年，欧内斯特·卢瑟福爵士成功地分裂了原子，丘吉尔向读者解释了这一事实的军事意义。“人类从未经历过这样的境况，”他写道：

> 在这种新的境况中，人类并没有在美德上获得明显的改善，也没有在智慧上获得更多引导，但是却第一次掌握了一些工具，通过这些工具，人类可以毫不犹豫地完成自己的灭绝……死亡已经立正站好，顺从地期待着，时刻准备着提供服务，准备彻底消灭所有人；死亡已做好准备，如果有人召唤，它就要粉碎人类文

① 1924 年之前的 25 年里，在丘吉尔参加的前面 12 次选举中，他的选举运气相对来说比较平淡无奇。1899 年和 1900 年在奥尔德姆分别排在第三和第二，1906 年和 1908 在曼彻斯特西北区分别排在第一和第二，之后从 1908—1918 年在邓迪 5 次排名第一，然后 1922 年在邓迪排名第四，在莱斯特西区和威斯敏斯特分别排名第二。然而，在此后的 9 次选举中，他的选票全部名列榜首。

明中所保留着的一切，不留下任何可能修复的希望……难道不可能发明一颗炸弹，不超过一个橘子的大小，却拥有摧毁一整座街区建筑的秘密力量——甚或，能集中 1 000 吨火药的力量，一下子就炸毁一座小镇？难道就没有某种爆炸物，甚至是现有类型的，可以在无人驾驶的飞行器中，由无线电或其他射线自动制导，不间断地对敌方城市、兵工厂、营地或船坞进行轰炸吗？[77]

比起阿尔伯特·爱因斯坦写给罗斯福总统的关于核弹可能性的信，这篇文章早了 15 年，比纳粹的 V-1 和 V-2 无人操纵导弹更是早了很多。

丘吉尔在同一篇文章中写道："千万不要认为欧洲再次爆发战争的可能性已经微乎其微。当前，世界大战之后的情感麻木和心理崩溃，让人们陷入一种心情阴郁的被动状态，而战争的恐怖、战争中的屠杀和暴虐，也已深深地刻在人们心里，主宰着每一个种族的每一个阶层。但战争的起因并没有被消除，事实上，在某些方面，所谓的和平条约还进一步加重了起因问题。"[78] 在战争结束后不久，就这样来谈《凡尔赛和约》及其附属条约，即《特里亚农条约》《色佛尔条约》《圣雷莫条约》等，这让读者感到格外震惊。

9 月 22 日，丘吉尔正式被埃平保守党协会选定，参加定于 10 月 29 日举行的大选。这是两年来的第三次大选，因为执政仅 10 个月的工党政府失去了自由党的支持。他正式成为一名宪政主义者和反社会主义者的候选人，但最终回到了保守党的阵营，回到了在这个国家最保险的席位之一，虽然后来该选区改名为伍德福德，之后又改名为万斯泰德与伍德福德，而他将在这个席位上稳坐 40 年。丘吉尔在他的竞选演说稿中写道："我们这个著名的岛国是自由和代议制政府的发源地。我们引领世界走上了这些道路，现在也不需要从莫斯科或慕尼黑寻求灵感。"[79] 他在演讲中还提到前一年 11 月，埃里希·鲁登道夫和阿道夫·希特勒企图在慕尼黑啤酒厅发动政变，这表明他正在密切关注德国的事态发展。

丘吉尔在那次选举中赢得了 9 763 票的多数票。总体上，保守党赢得了 419 个席位，工党赢得了 151 个席位，自由党赢得了 40 个席位。普选结果为保守党 804 万票，工党 549 万票，自由党 293 万票。因此，丘吉尔在两年内连续三次失败的竞选结束了，鲍德温也第二次当上首相。丘吉尔在写给一位支持者的信中说，“我不太可能被邀请加入政府”，因为议会多数席位所占比例之大，意味着政府将“只会由无可挑剔的保守党人组成”。[80] 他的预测大错特错：两天后鲍德温任命他为财政大臣。奥斯汀同父异母的弟弟内维尔·张伯伦之前拒绝了这一任命，他希望可以去卫生部推行他的重大改革，于是鲍德温对他说，让丘吉尔“在政府内比他在政府外更容易控制”。[81]

当鲍德温问他是否愿意接受这个已经越来越明显成为政府第二重要的职位时，丘吉尔后来写道：“我本想回答‘哪有鸭了不游泳的?’，但是考虑到这是一个正式而重要的场合，于是我回答，‘这个职位让我实现了自己的抱负。我仍然保留着我父亲担任财政大臣时穿的长袍。我为自己将会在这个辉煌的职位上为你服务感到自豪’。”[82] 他在首相面前的第一反应不是关于经济状况、关于税收、关于金本位制、关于煤炭行业，或是关于任何在未来5年内会让他麻烦不断的问题，而是他父亲，这清楚地表明，伦道夫勋爵死去近30年后，丘吉尔对他的记忆依然如此深刻。[83] 当他告诉克莱门汀这一消息时，“我费了好大的劲儿才使妻子相信，我不是仅仅在捉弄她”。[84] 约翰·辛格·萨金特送给丘吉尔一幅他穿着财政大臣长袍的画像，这是他的最后几幅画作之一。丘吉尔说：“我本想指出我的右脸颊凹陷得太厉害了，但是一个人不该对一幅作为礼物的肖像画吹毛求疵。”[85]

丘吉尔说财政大臣的职位“让我实现了自己的抱负”，其实也是一种暗示和承诺，表现出自己对鲍德温的职位并无兴趣，但是在鲍德温50岁生日之前的那个晚上，他们两人其实都不相信这一点。鲍德温对内阁副秘书长、他所信任的顾问汤姆·琼斯说：“忠诚与否只能取决于他，如果他有忠诚的能力。”[86] 鲍德温的真正目的是要把丘吉尔从劳合·乔治那里分裂出来，后者现在仍然领导着自己的那个自由党派别。提供这样一个慷慨的职位很显然让鲍德温达到了目的——而且最终，也让这一目的变成了永久性事实。这还将迫使丘吉尔放低自己在自由贸易问题上的姿态。精明的鲍德温做出了正确的选择，面对战后经济遭受进一步重创的持续高失业率，丘吉尔已做好准备。[87] 这一任命也增加了原本不怎么起眼的各部人事安排的分量。阿斯奎斯说，丘吉尔像“钦博拉索山（厄瓜多尔最高的山）或珠穆朗玛峰一样高耸在鲍德温内阁的沙丘中”。[88] 和 1917 年 7 月一样，丘吉尔的政治生涯被一位首相拯救了——还拔高了，而首相的主要动机，则是害怕他在后座议员席上发出强有力的反对声。

财政大臣们经常会与首相们闹翻——也许部分原因在于，他们是唐宁街的邻居，财政大臣就住在他们几乎总是希望接替的那个人的隔壁——但丘吉尔在鲍德温任首相的 5 年内与他相处得非常好。他们不断会被恶意者捏造的谣言困扰，说丘吉尔正在密谋反对鲍德温，而首相对此表现得异常冷静。[89]“我认为迪斯累里的话说得没错，政治的风云变幻是无穷无尽的。”丘吉尔在 12 月于利物浦举行的庆祝晚宴上对听众说。[90] 1904 年，当他穿过议会席，走向自由党时，丘吉尔的时机选择好到不能再好，因为从 1906 年开始，自由党连续执政了 16 年。1924 年这一次的时机也一样好，保守党在未来 21 年里只有两年不是执政党。而自由党此后从未再组建过任何一届政府。“任何人都可以选择叛离，”丘吉尔谈起他再次成为保守党人时说，“但是要想在叛离后再回归，则需要精心的设计。”[91]

1924 年，伯肯黑德出版了一本名为《当代名人》的书，他在书中写道，伦道夫勋爵“到死也一点儿都不知道，他生下了一个智力高于自己的儿子”。[92] 在那篇简短的人物描写中，伯肯黑德这样写道，温斯顿·丘吉尔“在穿过下议院议会厅时，有着拿破仑·波拿巴在雾月政变那天早晨的神情”。①[93] 尽管人们认为丘吉尔“傲慢无礼，甚至盛气凌人”，但伯肯黑德证实，丘吉尔的朋友们都知道，他“在亲密的私人友谊中拥有一种近乎女性化的温柔魅力。而且他一生中从未让一个朋友失望过，无论要做到这一点有时会让他多么难堪”。[94]

伦道夫·丘吉尔勋爵曾是一位默默无闻的财政大臣，他把小数点称为“那些该死的点点”。经济学也不是他儿子的专长。（正像丘吉尔曾经承认的那样：在 1943 年 10 月他对下议院说，“罢工和停工造成的损失没有超过 1% 的一半的 2/3，0.5% 的 2/3——这些问题总是让我们承担风险，无论是我还是我父亲，都不曾擅长算术”。）[95] 在说到他的财政顾问时，他说：“他们讲

---

① 即 1799 年拿破仑发动政变的那一天。

的东西对我来说都是天方夜谭。”但是他的私人秘书珀西·格里格后来曾写道：“他会通过谈话来获取知识，理解问题，任何出现在他面前的话题都可以通过这种方法解决。”① [96] 1924 年，他接手的是一个一战后在很大程度上已经功能失调的经济体。通货膨胀率很高，失业人口超过 100 万——占劳动力人口的 10%，而且在地理上分布不均。所得税达到历史最高点——每英镑 5 先令，或者 25%。煤炭行业——英国最大的行业，雇用了 100 万人，英国在 1913 年出口原煤 7 300 万吨，可是到 1921 年却下降到 2 500 万吨。[97] 英国另一个最强大的行业之一，雇用了 50 万人的纺织业，开始面临来自日本的激烈竞争。1924 年早些时候，工党的财政大臣菲利普·斯诺登取消了 1915 年的《麦肯纳税案》这一保护主义的最后阵地。

具有讽刺意味的是，作为被格莱斯顿折磨的人的儿子，丘吉尔在 20 世纪 20 年代在财政方面基本上是一个正统的格莱斯顿自由主义者，他信奉财政紧缩、平衡预算、自由贸易以及尽可能削减公共开支。11 月 28 日，他告诉汤姆·琼斯，他希望政府能专注于住房和养老金问题，尤其是为战争寡妇提供的住房和养老金。他说：“我认为自己已经找到了可以帮助政府发展这两项事业的方法，只要我能阻止政府部门在其他方面的支出，我就可以去做了。过去我全心全意地支持自由主义的社会改革措施，现在我依然想推行同样的措施……我们不需要那么多愚蠢的小型巡逻舰，反正也没什么用。” [98]

丘吉尔在财政大臣的职位上遭到的主要批评，其中之一就是他大量削减了国防开支，尤其是在海军的巡洋舰计划和新加坡的新海军基地这两个项目上，因此英国在 20 世纪 30 年代对抗德国、意大利和日本这几个轴心国时的军力疲软，丘吉尔在很大程度上要承担责任。他自己的财政部议会私人秘书鲍勃·布思比声称，他是一位“非常糟糕的财政大臣……他的全部目标是要把所得税降低 1 先令……这是我们在 20 世纪 30 年代军力疲软的根本原因。丘吉尔解除了这个国家的武装……从来没有人像他那样解除过这个国家的武

---

① 有关税收丘吉尔能够完全理解的一方面内容，就是关于他自己的上税问题。为了将写作收入的所得税降到最低，他正式退休做了 18 个月专职作家，这样他的版税就可以被视为非应税资本收益。第二次世界大战开始后，他又这样做了一次。

装”。[99] 然而，20 世纪 20 年代中期时，德国和日本并没有被视为未来的敌人——事实上，1925 年的《洛迦诺公约》还将德国带回了国际外交圈。虽然在丘吉尔担任财政大臣期间巡洋舰的建造并未停止，但他确实拒绝了海军部一项关于大规模建造巡洋舰的申请计划。12 月，他写信给鲍德温说：“我确信这样的政策不仅会让政府破产，而且很可能会影响国家的安全。”[100] 他害怕这会“引起世界范围的军备竞赛，并且成为一场新的大规模战争的诱因。我想不出有什么比这更可能会导致社会主义的胜利了”。[101] 1936 年，在解释自己为什么没有抓紧时间重整军备时，鲍德温几乎说了同样的话，可是丘吉尔却在他的战争回忆录中为此狠狠地批驳了他，指责他“把党的利益放在了国家前面”。① 同样的观点却建立在不同的基础上。1924 年 12 月时，阿道夫·希特勒只是个失败的密谋者，被关在监狱里，潦倒不堪。而纳粹党在 1923 年的德国大选也只赢得了 2.3% 的选票。可是到了 20 世纪 30 年代中期，希特勒已经是德国元首，已经很明显地开始威胁世界和平。当 1939 年 9 月英国及其帝国参战时，实际上其已经拥有 56 艘巡洋舰，几乎相当于德国、意大利和日本所拥有的巡洋舰的总和，其中许多都是在丘吉尔担任财政大臣期间建造的。

丘吉尔对鲍德温说，海军部在亚洲最东部的扩张主义政策是对日本的“挑衅”，而日本在第一次世界大战中是英国的盟友。他要求对这一政策总体上持支持态度的外交大臣奥斯汀·张伯伦在内阁发表声明，“在可能的情况下，尽力排除在未来 10 年、15 年和 20 年内对日本开战的可能性”。[102] 围绕 1925 年—1926 年的海军预算问题，丘吉尔与海军部进行了漫长而激烈的斗争，当时海军部的领导人是海军大臣布里奇曼 ② 勋爵和第一海务大臣比提勋爵。双方最终以妥协告终。在这场争论中，丘吉尔发表了一些后来被证明是大错特错的言论。“为什么会与日本开战？”1924 年 12 月他写道，“我不相信在我的有生之年会出现任何这样的可能性。”[103] 丘吉尔指出，不管怎么说，

① 这个说法对鲍德温是不公平的，鲍德温指的是 1934 年一场假想的选举，而不是 1935 年的实际大选，但丘吉尔从未纠正过自己的说法。

② 还好，他与前第一海务大臣弗朗西斯·布里奇曼爵士没有关系。

英国有 43 艘服役不到 10 年的巡洋舰，排水量超过 23.6 万吨，而日本只有 20 艘，排水量仅为 10.9 万吨。[104]

1925 年 1 月，丘吉尔预见到一段“长久的和平，就像大战之后那样”。[105] 他无法做到既要花费 9 000 万英镑进行大规模军备重整，又要维持预算平衡、削减失业、扩大社会福利、恢复贸易，并为刺激经济增长减税。[106] 1925 年 1 月，差点儿就提出辞职的比提写道：“温斯顿这个离奇的家伙简直疯了，想省钱想疯了。为了获得他那短视的包治百病的灵丹妙药，就是少缴 1 先令所得税，任何牺牲对他来说都不算太大。”[107] 不过外交部是认可丘吉尔的意见的，他们认为日本未来发动袭击的可能性很小，并暗示说，那样做相当于“一个国家切腹自杀”。[108]

丘吉尔将新加坡新海军基地的预算从 1 200 万英镑削减到 800 万英镑。[109] 如果战争真的爆发，他认为皇家海军应该在新加坡周围保持守势，守卫通往印度和大洋洲的贸易线路，等待新的海军建设投入使用。首先，英国应该“在两国关系紧张期，或者在战争刚一开始，就尽快在新加坡部署一支战斗巡洋舰中队，或者一支快速战舰部队，如果可能的话，就两个都要”。[110] 这就是他在 1941 年 12 月试图让海军中队 Z 所做的事情。

在丘吉尔的批评者中一直有这样一个误传，说丘吉尔总是倾向于去促进任何他正在代表的部门的利益。事实并非如此，从他反对财政部官员（如乔治·巴斯托爵士）去推动更大幅度的海军开支缩减这件事情上，我们就可以看出这一点。[111] 在战后这样的时候，任何一个财政大臣的可能人选——不管是内维尔·张伯伦还是奥斯汀·张伯伦，当然还有任何工党或自由党的可能人选——对海军部的态度肯定都会比丘吉尔强硬得多。此外，鲍德温和内阁的绝大多数成员都支持他拒绝海军部的要求。总体上说，在丘吉尔担任财政大臣期间，海军预算从 1.05 亿英镑增加到 1.13 亿英镑。[112]

1925 年 1 月，丘吉尔前往巴黎参加会议，就战争债务与赔款等国际问题进行谈判及重新调整。英国对美国的战争债务接近 10 亿英镑，但法国、日本、比利时和意大利等国则欠英国 20 亿英镑，不包括德国。柯立芝总统对英国战争债务的态度是无情的：“他们借用了这笔钱，不是吗？”这个立场并非不合理，但人们担心，提前全额还款将损害英国经济，从而扼杀跨大西洋贸易，最终这对双方都没有好处。[113]“希望在翱翔，”丘吉尔写道，“国际会议也紧随其后，沿着尘土飞扬的道路缓慢前行。”[114]经过7天详尽的讨论，双方达成一致意见，英国将按与自己收入直接相关的利率偿还美国。丘吉尔向克莱门汀报告说：“我和美国佬交手打了几场硬仗，可以说是一寸一寸地把他们逼到了一个合理的数字，不过从来没有过什么恶意。”[115]

这是他的第一次重大国际金融谈判。回国后，内阁正式“对财政大臣成功完成了财政部的使命表示了高度赞赏”。[116] 3月11日，丘吉尔说服了各国部长，让德国也加入谈判，并于1925年12月最终签署了《洛迦诺公约》，敲定了德国东部边境。他曾这样写道：“腓特烈大帝和彼得大帝发动的战争，都是由深层次的原因和野心引起的，这些原因和野心还远未消失，现在已经与伟大的历史记忆联系在一起。”[117]他是在两次世界大战之间达成的这一协议的设计者之一，该协议将德国再次纳入国际体系，并且设下后来希特勒所触发的边界绊索。

英镑在外汇市场上的浮动，是战前4.86美元的2.5%，政府、英格兰银行、伦敦金融城和财政部都在采取强有力的行动，希望可以恢复战前的贸易和货币体系。1925年3月17日，星期二，丘吉尔在唐宁街11号举行了一次小型宴会。这次宴会将会对英国经济和丘吉尔本人的声誉造成严重影响。《纽约时报》在11天前就宣布：“可以毫不夸张地说，全世界都在关注着我们国家为恢复金本位制所做的努力，所有人都希望我们成功。”[118] 1914年战争爆发时，英国弃用了金本位制。1918年，由英格兰银行行长担任主席的坎利夫委员会建议最终恢复战前的金本位制，即1英镑兑4.86美元。到1920年，通胀已得到遏制，1922年7月，利率降至3%的历史低位。到1923年年初，1英镑可以兑4.63美元。极有权势的英国央行新任行长蒙塔古·诺曼、财政部财务负责人奥托·尼迈耶，以及财政部几乎所有高级官员，都提出希望回归金本位制，他们希望这样就可以稳定物价。保守党、自由党甚至工党都曾承诺回归金本位制。德国和美国在1925年年初也都恢复了金本位制。

丘吉尔知道自己根本不是什么金融专家，尽管伯克·科克兰曾为他提供过几个支持金本位制的好词语，但是他最初的直觉并不支持金本位制。“难道我们要任由那些在赞比西河的淤泥里用脚趾乱涂乱画的黑女人摆布吗?”他问财务部的官员们。[119] 然而，在12月写给鲍德温的信里他却说：“实现金本位制很容易，实际上，避免做出这样的决定几乎是不可能的。”[120]

因此，3月17日，丘吉尔邀请剑桥大学经济学家，也是坎利夫委员会持不同意见者约翰·梅纳德·凯恩斯、前财政大臣雷金纳德·麦肯纳、赔款专家布拉德伯里勋爵以及尼迈耶等到财政部共进晚餐，讨论金本位制问题。珀西·格里格也出席了会议，他把这次会议称为“智囊团”，这是一个热门广播节目的名字。格里格后来回忆说，尼迈耶和布拉德伯里支持启动这个项目，而凯恩斯和麦肯纳反对这样做。格里格写道：“研讨会一直持续到午夜或更晚。”

> 我觉得当时是同意改金本位制的人占了上风。凯恩斯的论点得到麦肯纳的全面支持，他认为美国和英国之间的价格差异并不像交易所显示的是2.5%，而是10%。因此，如果我们要回到过去的黄金平价水平上，就必须按照同样的水平降低国内价格。这将意味着失业、工资下调以及重工业领域的长时间罢工，最终的结果很可能是，这些工业将经历无法逆转的永久性收缩。因此更好的做法是，努力保持国内物价水平稳定，以及票面上的工资水平稳定，但是允许汇率波动。[121]

布拉德伯里则指出，金本位是可以“防无赖”的，因为英镑与黄金直接挂钩，政客们不能出于政治目的操纵英镑的价值。[122] 人们认为，价格稳定的优点，也就是没有通货膨胀，超过了系统缺乏流动性的缺点。对于英国应该以更低的平价回归的建议，布拉德伯里认为：“这会打击人们的信心，危及我们的国际声誉，只为那么一点点短暂的缓解就这样做是愚蠢的。”经过长时间的讨论，麦肯纳最后说了一句话：“没有别的办法，你们只能回到金本位制，但那将是地狱。”

凯恩斯出版于1919年的《和平的经济后果》一书，抨击了《凡尔赛和约》的金融条款。1925年7月，他又在《伦敦晚报》上发表了三篇文章，抨击金本位制的回归。之后这三篇文章又以一本32页的小册子的形式出版，题目为“丘吉尔先生经济政策的后果”。文章中他认为，由于人们采取金本位制，高估了英镑的价值，这样做是为了“满足金融城元老们的不耐烦”，工资将会下降。他解释说，丘吉尔做出这一决定，“部分原因可能在于，他缺少可以让他不致犯错的洞察力；部分原因还在于，由于他缺乏这种洞察力，传统金融界的各种吵闹与喧嚣令他无所适从；最重要的一点是，他被专家们严重误导了”。[123] 丘吉尔并不介意这种人身攻击，他认为这是一种政治上的互让互容。他也不一定不同意凯恩斯的说法，他对尼迈耶说，总的来说，“我是宁愿让金融界少一些骄傲，让工业界多一些满意的”，然而采取金本位制则会产生相反的效果。[124]

尽管如此，丘吉尔后来还是接受了蒙塔古·诺曼、布拉德伯里勋爵和菲利普·斯诺登的建议，重新采取了金本位制，而且未能按照回归后的新需求调整工资和税收政策。对这个选择他后来深感后悔。由此造成的结果之一，就是英国的煤炭成本相对产值而言变得过高，而此时，法国对鲁尔的占领结束，为竞争日益激烈的国际市场带来了大量更廉价的德国煤炭。丘吉尔在下议院的一场辩论中说：“经常有人会对我们说，金本位将把我们绑在美国身上。让我来告诉你它会把我们绑在哪儿吧，它将把我们绑在现实的身上。”[125] 早在6月，矿主们就警告矿工联合会，必须削减工资，增加工作时间。丘吉尔筹集了一项为期9个月的临时补贴，希望在1926年4月的预算案出现前，买来暂时的工业界的和平。该计划以预计耗资1 000万英镑开始实施，但最终达到2 300万英镑。内阁的供给与运输委员会还没有为一场全面的煤炭业大罢工做好准备，所以这只是一种战略上的绥靖策略。丘吉尔则认为：“对于煤炭业目前的状况，金本位制需要负的责任并不比墨西哥湾暖流大。”[126]

丘吉尔需要面对的一个困难，就是通货紧缩的环境阻碍了全球经济增长。尽管英国在这场战争中一直站在胜利者一边，但它发现自己并没有因此获得相应的好处，不仅如此，战前其最好的几个市场也被这场战争摧毁了。1913年—1929年，几乎没有哪个国家实现了繁荣，而英国又因战后未能进入新市场，导致其经济增速低于欧洲的竞争对手。[127] 煤炭、造船和纺织业仍然是其主要的出口工业，但现在这些工业必须面对日益激烈的竞争。法国和其他一些工业国家已经按照最新的技术路线改造了工厂和机器，英国却没有这样做。恢复金本位制让实现技术改造所需的宽松信贷环境消耗殆尽，而英国的根本经济问题也完全没有得到解决。这些问题远比英国的财政和货币问题严重得多。

货币贬值本应是一个更好的行动方案，会使英国向金本位制的过渡更加容易，但是政府认为，这样做实际上就等于承认，英国无法再回到昔日那种超级大国的伟大程度。[128] 一项对丘吉尔的行为研究得出了这样的结论："没有新型产业的发展和创业精神的更新，任何货币政策都不可能产生决定性的影响。"[129] 尽管如此，这一切并没有阻止丘吉尔当时就金本位制说了一些政治上的俏皮话。"毫无疑问，我们可以做到让我们的亏本出口贸易不断蓬勃发展。"有一次他这样说道。而另一次，他把那些想要回到 1914 年的平价水平的人，比作"从每一磅上克扣一盎司"的杂货商，和"从每一码上剪掉一英寸"的裁缝。在另一次演讲中，他指责凯恩斯和他的追随者想要建立的是一个水银本位制。[130] 这些俏皮话让大家当时觉得很有趣，但最终，凯恩斯被证明是正确的。

1945 年，丘吉尔私下里承认说："我一生中所犯的最大错误是回归金本位制。"[131] 金融专家几乎是一致支持回归金本位制，再结合海军上将们关于护航系统的看法，以及陆军将军们关于布尔战争和世界大战怎么打的观点，这一切让丘吉尔开始严重怀疑专家们的智慧。如果他没有一次又一次地看到专家的错误，而且在金本位制这件事情上，如果他没有被迫承担最终责任的话，那么他后来在攻击整个建制派的绥靖政策的观点时，可能就不会那么坚定不移了。

1925 年 4 月 28 日，丘吉尔在下议院提出他的五项预算中的第一项，克莱门汀、伦道夫和 15 岁的黛安娜在旁听席上见证了这一时刻。他宣布削减 6 便士所得税——而不是他希望的 1 先令（从 25% 减至 22.5%），恢复金本位制，将人们可领退休金的年龄从 70 岁减至 65 岁，并推出第一个国家支持的缴费养老金计划，覆盖 1 500 万人，同时废除了令人憎恨的领取国家救济所需的贫寒证明。他说："国家的救济不应该用来奖励甚或纵容那些正在行进的强大队伍，而是应该用在流浪者、弱者、伤者、退伍军人、寡妇和孤儿身上。”[132] 这恰恰就是行动中的托利式民主。

丘吉尔还对西印度的糖、肯尼亚和罗德西亚的烟草、南非和澳大利亚的葡萄酒以及中东的干果采取了一些非常温和的帝国特惠措施。如果这还不足以扭转乾坤，他还对汽车、丝绸、手表和电影等奢侈品加征了关税。他解释说，在其他国家也在引入保护主义关税之际，他只能从财政部的实际需要出发，放弃了他坚持时间最长的自由贸易原则。他对下议院说，关税“对有的人来说是一种调剂，对另一些人来说是一个目标，而对我来说就是一笔收入……我们可负担不起把这样一笔收入扔掉”。[133] 鲍德温向国王报告说：“在整个演讲过程中，他不仅展现了他作为议会议员的完美能力，也展示了一位演员的多才多艺。”[134]

不出所料，劳合·乔治对这次预算进行了抨击。他在谈到财政大臣时说：“我钦佩他那令人炫目的头脑，他那聪明的头脑，聪明到让他的判断力也跟着眩晕起来。事实上，他的麻烦之一就是他的前大灯太刺眼了——他发现自己很难在公路上直行，也很难避免撞上其他车辆。”[135] 另一个持怀疑态度的人是珀西·格里格，他颇为不忠不义地对汤姆·琼斯说：“不出一年，温斯顿就会犯下一些无法挽回的错误，即使不会危及政府，也会让他自己垮台。”[136] 幸运的是，随着旧盟友的远去，新的盟友出现了。一位新当选的年轻保守党议会议员安东尼·艾登在日记中写道，丘吉尔的预算演讲持续了“两个半小时，他表现得非常出色”。[137] 10 年前，年仅 17 岁的他就曾在日记中称赞丘吉尔，因为他是 1914 年投票赞成参战的内阁大臣之一。艾登认为，没有战争，英国就不可能“不丧失其作为一流强国的所有威望”。[138]

内维尔·张伯伦在 8 月写给鲍德温的信中说：“他使政府的影响力和声望在整体上不断提升，这是无可争议的。”在解释丘吉尔和张伯伦的早期关系方面，尤其是关于他们作为老熟人的那种复杂关系方面，这封信比起其他任何信件要深入得多。“他真是个聪明的家伙，”他接着写道，“可是不知怎么的，我和他之间总是有一道鸿沟，我想我永远也跨不过去。我喜欢他，我喜欢他的幽默和活力，我喜欢他的勇气……但即使快乐如天堂，我也不会成为他手下的一员。”[139]

1925 年 3 月 20 日，寇松勋爵意外地死于膀胱出血。葬礼结束后丘吉尔立即说出这样的话："我觉得人们给予他的悼念不够慷慨，如果是我，我是不会为这样的悼念心存感激的。不过他也从未激发出人们的感情，更不曾代表过伟大的事业。"[140]尽管丘吉尔在1937年出版的《伟大的同时代人》一书中对他显得更加友好，但是对于他脱离联合政府这件事，丘吉尔仍然耿耿于怀。

4月12日，"其他俱乐部"开始恢复活动。丘吉尔不在议会期间，该俱乐部已近三年没有开会。12名成员参加了会议，包括辛克莱、希利、华尔道夫·阿斯特和马尔伯勒公爵等。自此之后会议定期举行，只要在伦敦，丘吉尔每次都会出席。由于劳合·乔治现在已经完全退出，会议从一个促进友好关系的政治工具，变成了丘吉尔的朋友们以及伯肯黑德的朋友们聚会的机会。当天晚上，两位创始人假装正儿八经地以"尽责的创始人"签了名。俱乐部新成员包括：詹姆斯·德·罗斯柴尔德，自由党议员，曾在驻巴勒斯坦皇家燧发枪团犹太营服役，并获得杰出表现勋章；休·特伦查德爵士；爱德华·希尔顿·扬，曾获得杰出服务勋章、杰出服役十字勋章和法国军功十字勋章，在泽布吕赫突袭中指挥后排大炮时失去了一条胳膊；奥利弗·洛克·兰普森，1914年曾私人资助了皇家海军的航空兵装甲师。其他入选的成员还包括工党前殖民地事务大臣J. H. 托马斯，以及来自拥有《每日电讯报》家族的威廉·贝里爵士（后来的坎罗斯勋爵）。后来加入的一名成员，记者科林·库特曾回忆说，在两次世界大战之间，当人们为国王祝酒干杯时，丘吉尔"总是会为这个历史悠久的仪式增添一些新意。在大家说到为了'国王'之后，他会低声补充一句，'不要战争'"。[141]

1925年年末，丘吉尔正式重新加入保守党和"卡尔顿俱乐部"。1926年1月，在以工人阶级为主的博尔顿，他兴致勃勃地与社会主义者在大剧院展开了一场较量。他说："让他们放弃那荒谬的梦想吧，别再相信通过限制人类的事业，通过将虚假的平等枷锁，铐在不同形式和不同阶层的人类事业上，他们就将提高世界的福祉。这是多么怪诞、荒谬和致命的错误想法。"[142]这是多么完美的自由主义意识形态。只可惜6天后，当他谈到已经与英国解决了战争债务问题的意大利时，却毁掉了这种完美。他所说的话让他后来倍感后悔："意大利拥有一个由墨索里尼先生领导的政府，他们没有被当前的经济问题及其可能带来的后果吓到，而是勇敢地采取了必要的财政补救措施，来确保国家的复苏及稳定。”① [143] 然而到 3 月初，当罗瑟米尔勋爵提议，一位墨索里尼式的领导人也可以在英国大显身手时，丘吉尔在贝尔法斯特的一次商会午宴上回应说：“我们的社会是建立在非常广泛和深厚的基础之上的，所以没有必要在各种违宪的极端做法中做出选择。” [144]

3 月，克莱门汀和她的嫂子古妮到罗马访问了两周，她们去拜访了这位领袖。他送给她们一张亲笔签名的“虔诚的墨索里尼”照片。这张照片在查特韦尔庄园的客厅摆放了一小段时间。“他给你传递了友好的信息，说他想见见你，”克莱门汀向丈夫报告说，“我相信他是一个非常伟大的人。” [145] “毫无疑问，他是我们这个时代最杰出的人物之一。”丘吉尔略带迟疑地回答道。[146] 三天后，他又补充说：“我相信你把他视为奇才是正确的。”但是他接着引用了政治家奥古斯汀·伯雷尔的话：“读有关世界风云人物的书，要好过生活在他的统治之下！” [147]

1926 年 4 月 27 日，丘吉尔发表了第二份预算案。煤炭补贴即将结束，随之而来的就是采矿业的动荡。所有政府部门都被要求节省开支。例如，英国空军的开支从 1 800 万英镑减少到 1 600 万英镑，海军的预算上限为 5 750 万英镑。尽管丘吉尔和鲍德温试图避免矿业危机，但 5 月 1 日，来上班的矿工发现自己被拒之门外。雇主们表示，面对利润缩水，他们根本无法继续支付同样的工资。英国全国矿工联盟（NUM）秘书长 A. J. 库克用口号回应说：“工资一分钱不能少，工时一分钟不能多。”英国全国工会联盟（TUC）在前一天将自己的意图通知政府后，就宣布将于 5 月 3 日晚上 11 点 59 分，在全国范围内举行各行业的总罢工。

丘吉尔比内阁中几乎所有人都更同情矿工，但尽管如此，他还是加入了 5 月 2 日的一次全员通过的投票，同意结束与工会联盟毫无结果的谈判。作为一名托利式民主的信仰者，他不喜欢矿主们所谓的自由发展式资本主义。他对在达勒姆拥有煤矿的堂兄伦敦德里勋爵评价不高，因为他拒绝了政

① 在签署债务解决方案时，丘吉尔说：“要证明任何解决方案的公平性，最好的方法就是看它是不是并没有完全满足其中任何一方。”（*CS* IV，第 3 827 页。）

府的折中提议。丘吉尔同情那些在地下长时间从事危险工作的人，但他也知道，民选政府不能屈服于工人大罢工的威胁。在罢工开始时他在下议院说："在这场冲突中，如果大家战斗到底，只能以议会政府被推翻，或议会政府取得决定性胜利而告终。没有中间路线……两扇门都开着。但是，从另一方面来说，在形势没有发生变化时，我们别无选择，只能坚定不移地继续前行，履行好我们的职责。"[148]

1926 年 5 月 3 日，星期一，罢工的第一天，鲍德温任命丘吉尔为政府报纸《英国公报》的负责人。按照鲍德温的传记作者的解释，他这样做是为了"让丘吉尔忙起来，免得他去做更糟糕的事情"。[49] 丘吉尔借用《晨邮报》的办公室和印刷设备（这些都是报社老板提供的，并不是像很快就流传的传言所说的那样，是被政府征用的），每天出版 8 期①报纸，其中很多内容都是他自己写的。他那更为好斗的社论风格，常会被鲍德温派来监视他的约翰·戴维森润色淡化，这自然导致了许多冲突。[150] 为了确保继续发行，该报从荷兰订购了 450 吨纸，并由一个皇家工兵连负责守卫工作。

根据 1911 年他在兰内利与矿工发生冲突时所采取的行动，以及前一年他在汤尼潘帝事件中的参与和表现，左派很容易将丘吉尔描绘成工人和有组织劳工的敌人。《英国公报》为他们这样描述丘吉尔提供了大量证据（一位现代历史学家称这份报纸"令人激愤"），但它也给了这位曾经的记者一个很好的机会，让政府的声音传遍全国。[151] 丘吉尔不希望它仅仅是一份宣传报纸，他想把它变成一份真正的报纸（虽然需要政府补贴，但它也有一个 1 便士的定价），而且报纸的发行量从 5 月 5 日的 23.2 万上升到 5 月 13 日的 220 万。[152] 报纸以阿斯奎斯和格雷等政治家的深思熟虑的文章为特色，同时也公然进行反罢工宣传，尽管它宣称自己是公正的。5 月 11 日，该报刊登了一篇题为"假新闻"的头条文章，文章说："要是没有在《英国公报》这样的权威媒体上看到某条新闻，那就不要相信它。"

"这个伟大的国家，"第一版的社论写道，"总体来说应该是最强大的

① 5 月 11 日和 13 日，报纸还发行了两个凌晨 3 点版。

文明社会，而目前，却已沦落到非洲原住民从一个地方到另一个地方传播谣言的水平。”[153]这篇文章没有署名，但作者是显而易见的。在《公报》的其他文章中，罢工者被描述为“敌人”，他们早期的坚定和决心已被淡化，罢工被描述为“对有序政府的直接挑战”。《公报》援引一家法国报纸，声称布尔什维克是这次罢工的幕后黑手。第 4 期的一篇社论说，如果武装部队必须采取以前从未得到过授权的任何行动，政府会支持它们。这种说法甚至让国王也觉得是不负责任的。[154]工党政治家乔治·兰斯伯里被描述为“疯狂的社会主义者，充满激情，大喊大叫”。

丘吉尔和鲍德温在罢工中扮演了截然不同的角色，首相态度温和，对对方表现出尊重，而丘吉尔则通过《公报》提出，除了无条件的胜利他什么都不要。戴维森向当时的印度总督欧文勋爵抱怨说，丘吉尔“把罢工视为一个必须消灭的敌人”。他还对鲍德温抱怨，说“他以为自己是拿破仑”。[155]欧文的妹夫、保守党议员乔治·雷恩–福克斯认为，丘吉尔是“最好斗、最麻烦”的人。[156]然而，丘吉尔也仅仅是言辞上好斗。罢工结束前，有 1 389 人因暴力行为被起诉，每天有 100 多起暴力事件发生，这才是非语言形式的真正好斗行为。

5 月 9 日，当罢工进入决定性阶段时，丘吉尔想要征用 BBC（英国广播公司），这实无必要，因为 BBC 本就是悄悄支持政府的，但这样做却让 BBC 总干事约翰·里斯爵士变成了他终生的敌人。后来，在 20 世纪 30 年代，里斯大部分时间都不给他上电视和广播的机会，甚至在任职于战时政府期间，他也在日记中表达了对丘吉尔的厌恶。在罢工期间，里斯曾以一种典型的方式写道：“他真的非常愚蠢。”[157]丘吉尔像海盗一样没收了《泰晤士报》的大量报纸，激怒了编辑杰弗里·道森，道森对此抱怨不止，在随后的很多年中一直都反对丘吉尔。

5 月 4 日，内维尔·张伯伦嗤之以鼻地说：“这件事简直让他陶醉，他对这件事会继续津津乐道下去的，就像对 1914 年的事那样。”[158]他后来回忆说，5 月 7 日汤姆·琼斯向英国全国工会联盟提出妥协方案后，丘吉尔“言辞激烈，滔滔不绝，让我无所适从”。丘吉尔说：“我们开战了。事情从周日上午开始发生了变化……我们必须坚持到底，你一定要敢作敢为。”[159]丘吉尔认识到，只有在取消了章程限制对政府的威胁后，政府才可以就矿工的工资和就业等问题提供慷慨的条件，他认为这在四五天内是不可能实现的。他甚至拒绝发表坎特伯雷大主教撰写的调解请求书。

副检察总长托马斯·因斯基普向欧文报告说："温斯顿很享受他的《英国公报》编辑工作，对于他那个8.2亿英镑的预算，他已不再感兴趣。我并不是说他对什么是当前主要问题的直觉是错的，而是说他倾心于对'宣传'的专注。"[160] 在20世纪20年代，宣传仍还是一个肮脏的字眼，被认为是有失政客身份的。然而，尽管有那么多来自著名保守党人的批评，丘吉尔却拒绝表现出任何妥协，加上鲍德温的强硬回应，5月11日罢工开始破裂。丘吉尔立即给鲍德温写了一张纸条说："今天他们举手投降，明天我们就宽宏大量。"[161] 这就是他对待布尔人、妇女参政论者和两次世界大战后的德国人的态度。他本来也想对爱尔兰共和党采取这种态度，但结果和往常一样，爱尔兰成了一个特例。

全国工会联盟取消了5月13日的总罢工，但全国矿工工会仍在继续独自战斗。当月晚些时候出版的《新政治家》杂志发表了一篇题为"我们是否应该绞死丘吉尔"的讽刺文章。文章写道："丘吉尔先生是这篇文章中的首恶。据说他曾表示，他觉得'放点儿血'不无好处。"[162] 丘吉尔问司法大臣道格拉斯·霍格爵士，他是否可以起诉对方，因为"我当然不愿意让这样的谎言成为工党指责我的理由"。[163] 霍格告诉他找这样的麻烦不值得，但总罢工还是让丘吉尔留下了污名，他被当成了破坏罢工的人，被当成了工会联盟在意识形态上的死敌，而实际上他根本不是。直到全国矿工工会想要迫使政府支付更多的巨额补贴时，他才下定决心要中断罢工。

第二次世界大战期间，丘吉尔一直坚持任命工会联盟的高级成员担任政府要职，在和平时期担任首相时，他也对工会联盟成员采取了全面绥靖政策。然而，政治上的敌对情绪往往就是这样的：在大罢工之后，更快地原谅他的似乎反倒是他的那些社会主义者对手，而不是那些保守党的批评者，比如戴维森、因斯基普、赖斯、道森、雷恩-福克斯、克劳福德和内维尔·张伯伦，这些人本应站在他这一边。

第14章

撞车

（1926年6月—1931年1月）

这是一个能干的、稳重的政府。

——丘吉尔谈 1924 年—1929 年的保守党内阁[1]

我喜欢有事情发生，如果没有，那就找点儿事情。

——1929 年丘吉尔致议会议员阿瑟·庞森比[2]

1926 年 6 月 7 日，丘吉尔的司机亚历山大·阿利在雾中开车送丘吉尔去伦敦的路上，撞上了一个鱼贩的厢式货车，鱼贩断了两根肋骨。丘吉尔提出给他 77 英镑（约合现在的 3 500 英镑）作为赔偿，但他选择将丘吉尔告上了法庭。陪审团判定丘吉尔无罪，但丘吉尔还是给了鱼贩 25 英镑。[3] 几年前，1920 年 2 月，丘吉尔在白厅前遭遇过另外一次车祸，他的司机因超速被罚款 3 英镑，尽管他提出是丘吉尔一直催他加速，尽快赶到陆军部的。[4] 丘吉尔常常无视车速限制和交通信号灯，在他成为首相后，他在道路上带给别人的危险才降低了，因为他车上安装了一个"叮当"（也就是铃铛），他的车开过来时就可以提醒其他司机注意。[5] 不论是在和平时期还是战争时期，在赌桌上，在股票市场上，他都是一个强迫自己去冒险的人。这与他在路上开车的态度，以及在大罢工问题上孤注一掷必须赢的态度别无二致。有时这种态度会让他撞车，但在上一个案例中，却让他获得胜利。

7 月 7 日，在下议院就罢工问题举行的辩论会中，丘吉尔为《英国公报》

的党派问题进行了辩护，他说："我坚决拒绝在消防队和大火这两者中间保持公正。在面对如此巨大的困难时，在面对这样的硬仗时，假装不知道自己站在哪一边是绝对没用的。"[6]然而，正像他在职业生涯中经常做的那样，关键时刻他用了一个玩笑来缓解严肃的批评。他对工党议员们说："你们一定要弄清楚的是，如果你们再给我们来一次大罢工，我们就会再给你们来一份《英国公报》。"[7]丘吉尔的笑话总是能在绝佳时机巧妙地抖出包袱，这是他的机智与幽默的一个重要特点。

丘吉尔也了解各种宣传形式的力量。8月15日，保守党中央办公室为了拍摄一部纪录片在财政部采访了他。所有内阁大臣都参加了这部片子的拍摄。其中有几位非常不愿意接受采访，不过不包括丘吉尔。内维尔·张伯伦在拍摄期间正好去财政部拜访，之后他给欧文勋爵写信汇报说："天哪！那间办公室里的气氛真热烈。桌子在书山下呻吟着，秘书们进进出出。罗纳德·麦克尼尔①满脸敬重地让他坐下，然后，温斯顿点上了一支巨大的雪茄，做了个鬼脸，就开始嬉笑怒骂，连比带画，滔滔不绝，直到摄像师瘫坐下来，或是胶片爆裂了。"[8]

写过这封信的幽默部分之后，张伯伦开始批评这位作为鲍德温继任者的主要对手。"温斯顿正在不断提高他在下议院和党内的地位，"他对这位总督说：

> 他的演讲非常精彩，人们蜂拥而至去聆听他演讲，就像去看一流的戏剧表演，他们说这是伦敦最好的演出。不过在我看来，也有不好的地方。大家认为这只是表演，目前还都没有做好准备相信他的个性，更不用说相信他的判断力了。就我个人而言，我越看他，就越喜欢和欣赏他，但我对他在智力上的尊重却会随之减少。我注意到，在我与他发生的所有属于部门之间的争端中，他都不得不让步，因为他给出的理由总是不够充分。[9]

---

① 就是1912年在下议院向丘吉尔扔书的人，他现在是财政部的财务秘书。

丘吉尔退让的另一种解释是，鲍德温喜欢并信任张伯伦，他认为张伯伦是他作为保守党领袖的天然接班人，因此倾向于支持他而不是他的财政大臣。在另一封信中，张伯伦对欧文说：“我们俩在本质上差别太大，和他在一起我一点儿也不自在，也做不到对他有什么感情。他是一个聪明任性的孩子，虽然令人钦慕，却又让监护人压力重重、疲惫不堪。”[10]

8月24日，鲍德温因腰痛病前往法国东部的艾克斯莱班度假3周，他委托丘吉尔负责煤炭业的谈判。丘吉尔利用这个机会试图向煤矿主施加压力，迫使他们和解。“英国的手掐住英国的喉咙，就这样造成可怕的相互伤害。”他在下议院哀叹道。[11] 让他感觉非常受挫的是，他没有找到解决办法。罢工破坏了财政部的财务计划，一个主要原因，就是财政部必须每周向受影响的地区提供25万英镑的社会福利。9月15日，也就是鲍德温回来的前一天，丘吉尔提议政府通过强行规定矿工最低工资来迫使矿主就范，但遭到内阁的拒绝。

10月，10万矿工重返矿井，到11月底，罢工实质上已经结束。丘吉尔的堂兄，煤矿主伦敦德里勋爵写信给丘吉尔，说矿主们应该得到支持，因为他们在“与社会主义做斗争”。丘吉尔毫不妥协地回答：“双方的代表都是他们中最恶劣、最无理的人，是因为他们的固执和好斗的品性才被挑选出来的。反对社会主义不是矿主的责任。如果他们宣称反对社会主义是自己的责任，那么又怎么能指责矿工联合会去追求自己的政治目的呢？”[12]

1927年，鲍德温政府通过了《贸易争端和工会法案》。该法案禁止二次行动——从而使总罢工非法化，同时还终结了产业工人自动缴纳工会会费的系统，导致工会对工党的资金支持大打折扣。政治记者C. E.贝赫霍夫·罗伯茨认为，正是由于丘吉尔对这一措施的支持，“他与保守党之间的深刻裂痕才得以弥合”。[13] 这项法案在加入工会组织的劳工中极不受欢迎，可是直到1947年才被废除。

1926年夏末，丘吉尔列出了在查特韦尔庄园如何省钱的14种方法。这个长单子读起来更像是财政部的一份会议记录，而不是一封写给爱妻的信。信中列着一个个以字母分项的独立条目：

a. 不要再买香槟了。除非特别说明，否则午餐或晚餐只供应白葡萄酒或红葡萄酒、威士忌和苏打水。葡萄酒单每周都要给我看一下。没有特别指示，不能再开波尔图葡萄酒。

b. 雪茄必须减少到每天四支。桌面上不能再放雪茄，只能放在我的公文箱里。通常情况下只提供香烟。

c. 不应该用家庭账户订购水果，只有在特殊场合才可以由你和我购买和支付。

d. 不经特别批准，不购买、使用奶油。

e. 没有客人的时候，我们不需要吃鱼。晚餐两道菜和一份甜点就足够了，午餐一道菜……[14]

他还想削减洗涤成本，并定量供应盒装鞋油。结果几乎一条也没有做到。“我不记得曾经有过食物或饮品的短缺，”玛丽多年后写道，“也不记得我父亲穿过脏兮兮皱巴巴的衬衫。”[15]那年圣诞节，至少有 11 位客人在查特韦尔庄园的来宾登记簿上签了名，丘吉尔一家接待客人的频率几乎没有减少的迹象。[16]

1927 年 1 月，丘吉尔与他的弟弟杰克，还有当时在伊顿公学读书的伦道夫一起游览了地中海。他们观看了维苏威火山喷发，参观了热那亚、庞贝和赫库兰尼姆古城（那里不允许 15 岁的伦道夫观看不雅的壁画），还在雅典的帕特农神庙野餐。他还到马耳他与当时的地中海舰队总司令、海军上将凯斯一起待了几日，打了他人生中最后一场马球，那年他 52 岁。在罗马，他们在梵蒂冈会见了教宗庇护十一世。伦道夫回忆说：“刚开始时对话有点儿不顺畅，然后我父亲和教皇开始讨论布尔什维克的问题，他们愉快地谈了半个小时，谈了他们对布尔什维克的看法。”

丘吉尔还在罗马与墨索里尼会了面，并发表了一份新闻声明，称意大利法西斯运动“为全世界做出了贡献”。[17]更糟的是，他还补充说：“如果我是一个意大利人，我肯定我会自始至终全心全意地支持你，与列宁主义的亢奋激情进行必然胜利的斗争。”[18]后来这段发言自然变成令他非常尴尬的东西，特别是因为诋毁他的人经常只引用这三个句子的前两句，舍掉第三句。那时墨索里尼还没有入侵阿比西尼亚（今天的埃塞俄比亚），但丘吉尔的反共思想无疑使他暂时对法西斯主义的残暴视而不见。他的反共思想在2月更加显露出来，丘吉尔支持内阁的一项决定，警告一直通过共产国际在英国秘密煽动共产主义叛乱的苏联政府，如果其继续干涉英国内政和帝国事务，就会导致双方关系破裂。在苏俄内战期间，丘吉尔曾巧妙地利用特工机构刺探情报，积极支持西德尼·赖利和鲍里斯·萨文科夫等高级特工的工作。然而，1927年，为了向莫斯科证明他们知道共产国际在英国和印度进行颠覆活动，内阁透露，情报机构破译了苏联的密码。这样做真是大错特错，仅仅为了如此短暂的政治优势，就促使莫斯科采用了一套新的、牢不可破的系统。丘吉尔大为震惊，因为他知道在情报领域，最好不要让敌人知道你已经知道了什么。

1927年1月，“其他俱乐部”迎来了历史上最多的新成员，包括林德曼、凯恩斯（进一步证明了丘吉尔对深思熟虑的持异见者的宽容）和文学评论家德斯蒙德·麦卡锡等。6个月后，保守党政治家奥利弗·斯坦利和传统主义画家阿尔弗雷德·芒宁斯也加入进来。丘吉尔并不欣赏现代艺术。[①]安东尼·艾登拒绝了邀请，因为他说自己不喜欢一起用餐的俱乐部。海军上将凯斯也被邀请加入，但是在支付5英镑的入会费时他犹豫了，丘吉尔此时点出了俱乐部的另一个不言而喻的侧面：“俱乐部将让你有机会与许多活跃在事务中心或附近的重要人物保持联系”。[19]凯斯加入了。

《第一次世界大战回忆录》第3卷于2月开始连载。黑格在英国仍然很受欢迎，丘吉尔对他打消耗战的西线战略的批评引起了巨大争议。丘吉尔说，在所有的英军进攻中，英军的伤亡与德军比从来没有少于3∶2，往往几乎是德军的两倍。[20]他把这一点归因于德军在大多数冲突中都处于守势，这一总结是正确的。在书中，他提出了当时的一个核心问题，甚至可以说是欧洲在整个20世纪的核心问题：“新一代人会不会因为条顿人和高卢人欠下的旧账而遭到清算？我们的孩子会不会在被摧毁的土地上流血喘息？战争的炮火会不会带来三巨头之间的和解，使他们的智慧凝聚在一起，让每个人都

---

① “阿尔弗雷德，”丘吉尔有一次问芒宁斯，“如果你在街上遇到毕加索，你会和我一起踢他的屁股吗？”“会的，先生，我会的。”芒宁斯回答。（吉尔伯特，《其他俱乐部》，第93页。）

享有安全和自由，分享重建欧洲的荣耀？”[21]

尽管黑格很受欢迎——他于第二年死于心脏病发作，有 100 万人参加了他的葬礼[①]——但是这些评论还是受到了普遍的好评。凯恩斯在《国家与雅典娜神殿》周刊中写道：“反对战争的宣言——比和平主义者的工作更为有效。”[22]凯恩斯对丘吉尔的态度理解得非常到位。读了比弗布鲁克的新书《政客与战争》的校样后，丘吉尔怒不可遏地评论道：“想想所有这些人，这些受过良好教育的人，过去的事情就摆在他们面前，该做什么，不该做什么一目了然。爱国、忠君、廉洁，他们都尽力做了，但是却做得一塌糊涂！从襁褓到坟墓，没有哪个时段是可以教化的。这就是人类的首要及主要特征……永远属于你的 W。附言：永远不要再有战争。”[23]

1927 年 4 月 11 日，丘吉尔发布了他的第三个财政预算案。当时，他已经以演讲家的身份闻名于世，发布当天，下议院旁听席一票难求，堪比最受欢迎的体育赛事。威尔士亲王出席了会议，鲍德温向国王报告说：“这一场景足以表明，丘吉尔作为明星的魅力是下议院无人能及的。”[24]海军的预算再次下调，降至 5 600 万英镑；烟酒税上调。但是由于总罢工和煤炭业的纠纷，公共财政出现了 3 000 万英镑的缺口。在帮助工业复苏方面，财政大臣几乎无计可施，但他的紧缩预算得到了媒体的赞扬。两天后，他宣布：“这足以表明，英国公众，以及位于这个有点儿雾蒙蒙的岛屿上的伟大国家，不太可能因为得到什么好处而心怀感激，他们更感激的，是能够避免邪恶。”[25]

在一次预算辩论会上，丘吉尔将对方反驳得哑口无言，事后蒙塞尔勋爵对他表示祝贺，问他是如何做到的。丘吉尔回答：“鲍比，这是耐心。”[26] 5 月 19 日，在一场有关《财政法案》的辩论中，他提出一个与意识形态有关的观点：“你想要抨击存钱的习惯，之后就立刻宣扬说，‘让我们吃喝玩乐吧，因为明天我们就会死去’。这既是社会主义哲学鼓舞人心之所在，也是社会主义哲学的弊病。”[27]他私下里批评官僚机构的不断扩张趋势，认为如果不能受到持续约束，这一趋势就不会终止。他对克莱门汀说：“处理国内

---

① 这件事触动了丘吉尔，他告诉儿子，虽然 66 岁死去是年轻了一些，“可却是离开这个世界的最好年龄”。（CAC RDCH 1/3/1）。

事务的各部门人员像一群蝗虫四处游荡，真是令人无法忍受。”[28]

尽管在1922年的《华盛顿海军条约》中，丘吉尔支持英国皇家海军在战舰和航空母舰的实力上与美国保持一致，但是美国近5年来进行了大规模的海军建设，并且提出，希望两国在巡洋舰方面也能保持实力相当。1927年6月，丘吉尔在一份内阁备忘录中写道：“一个国家的海军是其生命，而另一个国家的海军只是其威望。人们似乎总是认为，迁就美国人，迎合他们的虚荣心，这是我们的责任。而他们回报给我们的，除了在合理却无礼的要求上斤斤计较，就什么都没有了。”[29] 7月，他进一步写道，尽管为了和平，反复强调与美国打仗“想都不要想”的论调是“完全正确的”：

> 但是所有人都知道，这并不是真的。无论这样一场战争是多么愚蠢，会带来怎样的灾难，事实上，它是（英美）正在进行的海军问题讨论的唯一基础。我们不希望把自己置于美国的权力之下。如果在未来某天，美国的地位上升到可以就我们在印度、埃及或加拿大等地方的政策向我们发号施令了，我们真不知道他们会怎么做……此外，与美国保持吨位一致，意味着英国最终可能会因饥饿而不得不服从美国的命令……显然，在势均力敌的名义下，美国海军的超级强大会让整个世界的未来笼罩在巨大的危险之中。[30]

自1921年以来，丘吉尔一直担任英语国家联盟主席，但是他对帝国利益的考虑甚至超过了他对英语国家人民兄弟联盟的信念。第二年，有一次在查特韦尔庄园吃过晚饭后，他与保守党政治家詹姆斯·斯克林杰–韦德本“就美国问题畅谈了一番”。这位未来的议会议员记录道：“他认为美国人傲慢自大，从根本上对我们怀有敌意。他们希望可以主宰世界政治。他认为，他们与我们进行的‘强大海军’对话，其实就是在虚张声势。”[31] 丘吉尔将这种公然反美的言论限制在自己的私人圈子里，这是很明智的做法。1928年2月，他甚至在内阁发言说，为了持续与美国竞争，“如果有必要，我们可以在海军预算上再增加2 000万或3 000万英镑”。[32] 这与他三年前谈到日本时所说的话大相径庭。尽管从后来的角度看，丘吉尔转变为所谓“强大舰队”的支持者似乎有些不同寻常，但这样的转变并非源于德国或日本的威胁，而是源于与美国竞争的意识。[33]

“温斯顿仍然是公众最感兴趣的人物，”张伯伦在8月写给欧文的信中说，“他已大大提高了自己在党内的地位，各方都承认他在下议院没有对手。他对反对派的态度是如此和蔼可亲，尽管他们经常打断他，但还是期待着他的演讲，把他的演讲当作下议院所能提供的最好的娱乐。”[34] 例如，在《工会法案》进行三读、丘吉尔正要讲到结束语时，他被工党议员打断了，于是他说：“尊贵的议员们要阻止我发言完全没问题，我可不想把自己的明珠投给（停顿很久）不想要的人。”张伯伦写道，“欢愉的喧嚣声”持续了数分钟。在同一封信的后面他忍不住写道：“温斯顿最大的崇拜者依然不相信他的判断力。”[35] 鲍德温本人在此时也写道：“温斯顿的处境相当奇怪。我们的人民喜欢他，喜欢听他在下议院做演讲，把他看作一个明星，带着期待的笑容在包厢里坐等他开讲。但是我们的领导层却每每拒绝他。如果我出了什么事，最好的继任者还是内维尔和霍格。”[36] 道格拉斯·霍格时任司法大臣，是位得力干将，但是张伯伦始终是最明显的继承人。

10月，丘吉尔在领导内阁抵制2月已经召开的日内瓦会议上，美国提出的关于海军裁军的要求时，成功地迫使切尔伍德的塞西尔勋爵（前罗伯特·塞西尔勋爵）辞去了兰开斯特公爵领地大臣的职务。塞西尔表示愿意限制英国巡洋舰的规模，当时英国巡洋舰的规模已经是世界上最大的了，但丘吉尔不愿意。塞西尔早在7月就给他写信说：“我们在主要问题上的意见确实完全不一致。你相信未来我们肯定会有一场战争，而避免战争的最好办法就是那老套的备战理论，无论如何，政府的首要职责就是积蓄武力，防止战败。”[37] 这确实是对丘吉尔立场的一个准确评价。塞西尔的观点正相反。他认为，依靠“国际联盟”来实现集体安全，才是维护和平的最佳途径。塞西尔的哥哥、索尔兹伯里第四代侯爵写信给欧文说：“温斯顿公然支持某项（已提交到内阁的）会使日内瓦会议流产的特别提议，危机就这样开始了。鲍勃勃然大怒，他说如果会议流产，他就要辞职。之后他真的辞了职。”[38] 塞西尔不再担任公职。伦道夫勋爵辞职40年后，一位塞西尔勋爵成为丘吉尔的牺牲品。日内瓦会议没有达成协议就结束了，这使丘吉尔松了一口气。

12月中旬，丘吉尔向内阁提出一项彻底改变地方税的激进提议：将工业税下调75%，并完全废除商业税和农业税，其余的税负由中央政府承担。他希望此举能降低失业率，减轻陷入困境的小公司的限制性税收，并刺激新产业的增长。张伯伦曾写道，这个计划具有“典型的温斯顿特色：独创、大胆、模糊”。[39]这两个人对彼此的议论开始变得令人担忧。张伯伦向欧文报告说：“我指责温斯顿不计后果地鼓吹那些他自己并不清楚其后果的计划，他则指责我过于迂腐，说我对别人的想法莫名冷淡，甚至指责我嫉妒他。有时真有一种针锋相对的感觉。”[40]深思熟虑之后，大家一致同意保留1/3的商业和农业税率，丘吉尔坦然接受了这一决定，但是他对鲍德温说，内阁这样做是“为了让法案更容易通过，可是却破坏了‘内阁’这个概念的传统意义”。[41]

2月12日，克莱门汀因乳腺癌在唐宁街11号接受了两次乳突手术，一次是在下午2点半，另一次是在午夜。丘吉尔第二天写信给伦道夫说：“如果你将来会成为一个无所畏惧的人——我对此毫不怀疑——你就会知道自己这种无畏的精神从何而来。”①[42]丘吉尔为她朗读《诗篇》中的段落，玛丽后来回忆到她的父母是多么亲密无间。[43]到了4月，克莱门汀已完全康复，丘吉尔给她写信，谈了伦道夫的性格。他说，他们的儿子曾与珀西·格里格就上帝的存在展开过一场辩论，“除了为自己令人沮丧的处境进行辩护，他的逻辑思维的力量，他的思想的勇气，他在应答中表现出的冷酷，有时甚至令人反感的个性，都给我留下了深刻的印象。他比我在他这个年龄的时候要高明得多，而且无论是好是坏，都一定是与众不同的”。[44]不幸的是，这种与众不同大多数时候都走向了坏的方向。伦道夫25岁左右开始酗酒，他那“冷酷，有时甚至令人反感”的应答常常是针对自己父亲的，他知道自己的才华永远无法超越父亲。当然，对于伦道夫来说，做一个杰出公众人物的儿子是一件很困难的事情，但是他的父亲自己也曾经克服过这样的困难。克莱门

---

① 此前一个月，丘吉尔曾给伊顿公学的伦道夫写信谈到他的书法，他在给儿子的信中称其为“书法阐释”。他说：“在人生的早期，如果一个人的字写得糟糕潦草，那么这会成为他日后的严重障碍。你的字写得很不正规，一般说来，人家能猜出你的意思，但是专有名词就无法辨认了。（在他自己写的信中，“书法”这个词也是几乎无法辨认的。）一周后，他又写道：“有些呆瓜甚至连签名都是难以辨认的。他们经常受到的惩罚就是，人家会把他们的信搁在一边，直到他们决定重新写一封。”（CAC RDCH 1/3/1。）

汀在回信中准确地预测道：“他肯定会成为我们生活中的趣味、焦虑和兴奋的焦点。我真希望他会永远喜爱我们。”[45]非常不幸的是，他没有这样做。

4月初，丘吉尔发现自己又产生了一种除了绘画以外的新热情，二战期间，他花在这种热情上的时间会更长。他对克莱门汀说：“我快变成电影迷了。上周我去看了《最后命令》，这是一部反对布尔什维克的非常好的影片，还看了《翼》（第一部获得奥斯卡最佳影片奖的电影），全都是关于空战的，非常精彩。”[46]他开始爱上了银幕，此后，他收入中的很大一部分都是写电影剧本赚来的，尽管令人遗憾的是，他的剧本从未被拍成电影。他对电影的热爱源于他浪漫而富有想象力的天性、兼收并蓄的兴趣，还有他对历史、政治和宣传的痴迷。电影后来成为他主要的休闲方式。①

1928年4月23日，丘吉尔发表了第四次预算演讲，演讲稿长达1.5万字（比这本书中的这一章还长）。他提高了儿童税收信用，说这是“对帮助制造商的总政策的另一种应用”。[47]他宣布了自己的免税计划，听众们并不知道这项计划已经按照张伯伦的保守意见调整过了。（丘吉尔在写给格里格的信中表达了自己的某种不满：“内维尔的信专横跋扈，但是既然他愿意，那么就让他趾高气扬吧。”）[48]新闻界普遍认为此次预算非常成功，德比勋爵写信告诉丘吉尔，这不仅仅是“一个参选人的预算，也是一个政治家的预算”。弗雷迪·格斯特则更加乐观：“在我看来，你已经朝着你未来的首相位置迈出了坚实的一步。”

1919年8月，丘吉尔对“十年原则”的引入表示了支持。所谓“十年原则”，就是今后的国防预算，都会基于大英帝国在未来10年不会参与任何大战，也不需要为战争派遣远征军。[51]这一原则的引入原本是为了实现和平红利，结果却在财政部和几个军队的部门中引发了自满情绪，造成了很大的损害。1928年7月，丘吉尔做了另一个错误的判断，他说服帝国防务委员会，让“十年原则”成为滚动原则，而不需要每年更新年限。也就是说，要

① 曾在契克斯庄园给他做保镖的迈克尔·霍华德上尉（后来的霍华德爵士），后来回忆到与丘吉尔一起看一部黑帮电影的事情。“从椅子的最深处传来的加油鼓劲的声音中可以明显听出来，他非常享受看电影的过程。“继续……揍他！”他会咆哮道，“当心！他在门后面！哦，你这个傻瓜！”（霍华德，《教授上尉》，第59页。）

让这一原则“变成一种长期的设定，从任何一天算起，都可以假设未来10年没有战争”。[52]内阁不顾贝尔福的反对批准了该法案。直到1932年3月，在阿道夫·希特勒上台之前，该法案才最终被废止，但那时距第二次世界大战爆发已不到10年。

丘吉尔在查特韦尔度过了一个夏天，完成了《第一次世界大战回忆录》第4卷，并撰写了一本自传：《我的早年生活》①。在鲍德温度假期间——那是个长长的暑假，丘吉尔落选了内阁成员，他把这件事归结为“因为警告他们不要再提保护主义，我不得不面对严重的……党内排挤……保守党内有一半人笃信关税。真的，我觉得自己完全独立于他们之外”。[53]在写给鲍德温的信中他说：“我花了一个月的时间盖了一座乡间小屋，还口授了一本书，每天垒200块砖，写2 000个字，真是愉快极了。”[54]尽管丘吉尔宣称自己独立于同党，而且大谈特谈自己在政治以外的生活，但是丘吉尔一家并没有放弃他们的最终目标。克莱门汀在阿尔斯特的斯图尔特山写信给自己的丈夫，谈到伦敦德里侯爵时她说：“如果你被选为首相，而查理没能进入内阁，那么将会导致极大的不愉快。现在，我渴望见到我的猪猪，虽然他有时很讨厌，但我已经习惯了与他在一起，我真受不了这里的遗老遗少们。”②[55]在丘吉尔真的成为首相时，伦敦德里却已经决定不接受内阁大臣职位候选人的角色，因为他拒绝谴责希特勒，直到战争爆发。他见过希特勒好几次，并且非常钦佩他。[56]

1928年9月，丘吉尔与国王一起到巴尔莫勒尔堡打猎，主要猎物是公鹿和松鸡。他写信给克莱门汀，谈起约克公爵和公爵夫人的女儿伊丽莎白公主的情况，当时她只有两岁半。他说她“真是个角色，她有一种在婴儿身上看到会让人大吃一惊的威严和深思的神态”。[57]伊丽莎白是英国王位第三顺位继承人，但由于威尔士亲王尚未成婚，丘吉尔很难猜到她会成为女王，更不用说他会成为她的第一任首相了。他在巴尔莫勒尔所写的另一段话，是回

---

① 在美国发行的书名是《闲职》。

② 伦敦德里认为，丘吉尔的人生成功完全源于他祖母的范恩–蒂姆皮斯特–斯图尔特血统，他却对这个家族有好几个成员死于疯病的事情只字不提。

复克莱门汀关于“家务事”的烦恼的，那是他这个维多利亚时代贵族的肺腑之言：“一切都会好起来的。仆人的存在是为了让人避免麻烦的，永远不应该允许他们去打扰人们内心的平静。总还是有食物可吃的，即使床铺没铺好，困了也还是会睡着的。没有什么比为琐事担忧更糟糕的了。”[58]他的反美主义情绪也没有减弱。9 月 27 日他在信中写道：“H. M. 和我对美国佬的看法是一样的，他用生动的语言表达了自己的看法。”[59]

赫伯特·胡佛在偿还战争债务问题上立场强硬，而他在 11 月 7 日的总统大选中获胜似乎让事情变得更糟。克莱门汀彼时正因扁桃体感染导致血液中毒，住在一家疗养院里，丘吉尔给她写信说：“可怜的老英格兰，很显然她正在一点点被挤到背阴处。”[60]这是另一个迹象，表明他越来越感觉到英国（他把“英格兰”和“英国”两个词互换着使用，这让一些苏格兰人感到愤怒）在权势和实力上正在被他所谓的“伟大共和国”（指美国）超越。“她为什么不能别烦我们了呢？她把从欧洲流出去的每一分钱都收入囊中……”他在给克莱门汀的信中写道，“当然，她肯定会让我们处理自己的事情。”[61]克莱门汀回信说，他应该担任外交大臣，“但我担心别人都知道你对美国的敌意，这可能会成为你的障碍。你必须试着去理解并了解美国，让这个国家喜欢你”。[62]他对美国的敌意其实并不为人所知，因为他在下议院和公共演讲中都刻意不把这种敌意表现出来。

阿尔弗雷德·达夫·库珀是保守党议员，曾于 1918 年因其英勇无畏的表现获得杰出服役勋章。1928 年春，他成为“其他俱乐部”成员，同时入选的还有罗瑟米尔勋爵的儿子埃斯蒙德·哈姆斯沃斯，以及莱茵河英国驻军总司令陆军元帅克劳德·雅各布爵士。7 月，布思比和喜剧小说家 P. G. 沃德豪斯也加入俱乐部。沃德豪斯回忆说：“我非常喜欢那里的晚餐，尽管与这些人在一起会让我过度兴奋。”①[63] 1929 年 1 月 31 日，凯恩斯在“其他俱乐部”与丘吉尔打赌，赌注是 10~20 英镑，赌下一届选举后，保守党在下议院的席位将不会超过一半。埃斯蒙德·哈姆斯沃斯和《每日电讯报》的老板

① 1941 年，在天真的沃德豪斯为德国人做了 5 次（非政治性的）广播后，丘吉尔说：“让他到地狱去吧——一旦那里留出一个空位。”（《玛丽安·霍姆斯的日记》，第 17 页。）

威廉·贝里爵士每人也下了500英镑到25英镑不等的赌注，赌保守党不会超过下议院半数以上50个席位。[64]持续的高失业率、大罢工和贸易争端法所遗留的问题，以及长期的执政削弱了鲍德温政府，丘吉尔对此负有一定责任。然而，他又一次因祸得福：在当年晚些时候华尔街崩盘时，他肯定是不会希望自己正在做英国财政大臣的。

3月初，丘吉尔出版了《余波》——《第一次世界大战回忆录》的第4卷，得到了2 000英镑的预付款，足以支付不久就要付给凯恩斯、哈姆斯沃斯和贝里的60英镑了。"人类的故事就是战争，"他在这部作品的结尾写道，"世界上从未有过和平，只有阴晴不定且短暂的间歇。人类有记载的历史开始之前，血腥的冲突就非常普遍，且持续不断。但是，其现代发展更需要引起我们极其认真的积极关注。"[65] 3月1日，他送给张伯伦一本书，张伯伦在背面批注"1929年6月"，暗示他将在接下来的三个月里阅读这本书。

丘吉尔随后为出版多卷本《马尔伯勒传》签了合同，获得2万英镑（相当于今天的100万英镑）的巨额预付款。他在给雷蒙德·阿斯奎斯的遗孀凯瑟琳的信中写道："人们对过去理解得那么少，而且忘得那么快，真是不可思议。我们生活在最轻率的时代，每天只有头条和短评。我尝试做的就是把历史拉得离我们现在的时代更近一些，以期对我们当前的困境有所帮助。"[66]

在丘吉尔于1929年4月15日提交的第5份，也是最后一份预算中（只有沃波尔、皮特、皮尔和格莱斯顿提交过这么多预算），酒税的增加幅度比以前小，但遗产税的增加幅度变得更大。[67]他说："啤酒的损失就让死亡的收获来弥补吧。"他用"挥霍狂"这个词来攻击浪费，他说："挥霍狂的……做法就是……一大清早就买上一块饼干，然后一整天到处转悠，想找一只狗去喂。"他废除了茶税，并降低了博彩税。5月30日的大选迫在眉睫，而他所能负责任地做出的事情也就只有这些了。张伯伦不得不向欧文承认，丘吉尔的预算演讲"机智、大胆、机敏和有力，令下议院为之着迷"。[68]鲍德温给他写信说："你说得比以往还要好，说明白了很多问题。"[69]

1929年4月，丘吉尔进行了他的第一次广播讲话，他警告公众："要避免对政策的片面解读和扭曲理解；避免与暗中操纵的骗子和玩三张纸牌把戏的骗子接触；要避免所有不必要的借贷；最重要的是，要避免接触天花、阶级斗争和激烈的政治斗争。”[70]他天生就是个电台播音员，他也立即意识到电台有能力将他的消息传播到千家万户，而且不会受到报纸报道的扭曲和编辑偏见的影响。

5月10日，丘吉尔的竞选演说公开发表，封面上有一张大照片，他穿着阿斯特拉罕羔羊皮大衣，手里拿着一根手杖坐在那里。演讲声称：“从任何一个能够观察到的角度来测试，我们都可以说，与1924年相比，我们的社会都更强大、更富有、更舒适、人口更多、就业更充分了……我们要声明的一点是，在处理这个国家的事务时，我们是干净、诚实和公正的，我们促进了国际和平，也维护了国内的和平与自由。”[71]他将大罢工描述为“违反宪法的暴行”，说它“很明显已被击败”，但却“抢夺了财政部4亿英镑资金，否则这些资金将为失业者提供工资”。[72]

丘吉尔还夸耀了自己的《1925年寡妇、孤儿及老年人缴费养老金法案》，该法案首次将寡妇的福利纳入政府的考量：“一想到可怜的老妇人的命运，她们中很多人都无人照顾，在生命的最后阶段无依无靠，我就为自己所做的事情感到十分高兴。高兴自己可以帮把手，让这样一个其他国家无法媲美的，尤其可以帮助到这些老妇人的养老金与保险制度得以制定和实施。”[73]在这次选举中，有史以来第一次，所有21岁及以上的女性都可以参加投票。丘吉尔很快就接受了这一新形势。1931年1月，他写信给林德曼，谈到自己想写一篇文章，探讨一下这样的问题：“女性的地位提升会达到什么程度？未来会出现女首相吗？……会出现一个由女性控制的世界吗？”[74]

大选之夜，丘吉尔坐在唐宁街10号的一张办公桌前，用红墨水记录着计票结果。汤姆·琼斯记录下了他“喝着威士忌和苏打水，脸变得越来越红，经常站起来，盯着机器，耸起肩膀，像一头即将冲锋的公牛一样低下头……当一个接一个‘工党获胜’的消息被宣布时，温斯顿气得满脸通红，离开座位，走到过道里与机器对峙起来。他耸起肩膀，怒视着那些数字，撕碎了手里的纸单，看起来好像如果工党的票数再增加，他就会砸烂整部机器。他对周围的工作人员大喊大叫，简直粗俗不堪”。[75]如果他当时知道，这一时刻对他来说会是一个毁灭性的分水岭，情况可能会更糟。在过去的12年里，他参政任职的时间超过4/5，但在接下来的10年里，他将彻底不再任职。

工党在1929年的大选中赢得288个席位，保守党赢得260个，自由党赢得59个。保守党赢得866万张选票，工党赢得839万张，自由党赢得531万张。5万多英国人首次投票支持共产党。作为一名宪政保守党成员，丘吉尔以4 967票的优势在埃平击败自由党候选人。大选后的几天里，他和鲍德温与自由党结成联盟，试图将麦克唐纳排挤出去，但是遭到劳合·乔治和保守党保护主义者的阻挠。因此，6月8日，当麦克唐纳再次成为首相时，丘吉尔发现自己平生第一次坐在了反对派的前排座椅上。

他决定利用议会漫长的夏季休会时间，去加拿大和美国进行为期三个月的游访，随行的还有伦道夫、杰克和杰克的儿子约翰尼，但是没有克莱门汀，因为她需要再次接受扁桃体手术。这次游访活动非常精彩。他们于8月3日登上“澳大利亚皇后号”启航，同船的还有前自治领事务大臣利奥·阿梅里，丘吉尔在哈罗公学时结识了他。三个月前，阿梅里给张伯伦写信说：“真正重要的是要摆脱温斯顿在财政部造成的危害。你难道不能说服斯坦利，让他相信，如果一个对帝国怀有绝对敌意的人占据了政府要职，真正的帝国政策就不可能出现？”[76] 丘吉尔对帝国毫无敌意，这一点毋庸置疑，他只是相信英国人不会喜爱帝国特惠制度必然带来的价格更高的食物。

丘吉尔邀请阿梅里共进晚餐。他们讨论的主题是：当死亡降临时，人们是否真的害怕死亡？人们真的有勇气直面葬礼鸣枪队吗？[77] 丘吉尔对阿梅里说，对于达达尼尔海峡的灾难，他唯一感到安慰的是：“上帝希望延长战争的时间，这样人类才会厌恶战争，因此他对一项本来可以更快结束战争的计划进行了干预。”[78] 他还宣称，万能之神的存在是可以推导出来的，因为“列宁和托洛茨基的存在，就证明了地狱的必要性”。[79] 他们也谈到更严肃的话题，丘吉尔告诉阿梅里这位贸易保护主义者的领军人物，如果保守党采纳了帝国特惠制度，他将离开政坛，出去赚钱。“否则”，他说，“我打算就像一个血吸虫一样跟定你了。”[80] 他还声称：“他一直在做自己想做的人，除了还没有做过最高职位，而且他也看不到未来还有希望能做到。不管怎么说，政治已经不像以前那样了，水平更低了。”[81] 再也没有像格莱斯顿、索尔兹伯里或莫里那样的伟人了。离开餐厅后，他们继续到丘吉尔的客舱里讨论。讨论结束时，阿梅里起身离开，丘吉尔换好了睡衣，“那是一件长长的丝绸睡衣，配着一条羊毛腰带”，阿梅里后来总结道，“对温斯顿来说，最关键的问题是他要认识到，他还是一个维多利亚时代中期的人，沉浸在他父亲那个时代的政治中，永远无法理解现代观念。”[82] 事实上，阿梅里自己的泛帝国经济政策才恰恰是已经过时的观念，而且将很快走向灭亡。

丘吉尔一家于 8 月 9 日抵达魁北克，入住富丽堂皇的芳堤娜城堡酒店，从酒店可以俯瞰圣劳伦斯河的壮丽景色。在那里，丘吉尔拉住当地欢迎他们的政要，到亚伯拉罕高地顶端的高尔夫球场上，与他一起模拟 1759 年的魁北克战役。他派伦道夫和约翰尼爬上悬崖，就像詹姆斯·沃尔夫将军的军队那样，而他站在山顶上蒙特卡姆侯爵的位置上。他们一行人随后开始了从魁北克到温哥华的漫长旅程。因为有加拿大太平洋铁路公司，以及美国伯利恒钢铁公司查尔斯·施瓦布的慷慨资助，他们这次旅行非常气派。施瓦布是个钦慕丘吉尔的美国人。他们为丘吉尔一行提供了一节私人车厢，包括几间双人床卧室，一个瞭望间，还有一节餐车。丘吉尔在魁北克郊外说：“难以想象，今天下午我们看到的那些美丽的树木竟然会被砍掉，用来制造那些血腥报纸的纸浆，而这还被叫作文明。”[83] 拜访过蒙特利尔后，他们去了渥太华，在那里遇到了“最善良、最热情”的总理威廉·里昂·麦肯齐·金。（丘吉尔认出了轻骑兵第四团在印度时的号手，对方还送给他一盒雪茄。）[84] 他们接着穿过多伦多、尼亚加拉瀑布、温尼伯、里吉纳、班夫、埃德蒙顿、卡尔加里和阿尔伯塔油田等地。伦道夫认为，石油大亨们没有足够的文化修养来合理地使用他们的巨额财富，他的父亲回答：“所谓有文化修养的人，只不过是在工业生产这条深深的河流中，漂浮在表面的闪闪发光的泡沫。”[85] 他们参观了露易丝湖，丘吉尔把那里的美丽风景画了下来。为了让自己的鼻尖不被晒伤，他把一块纱布粘在鼻尖上，有摄影师在场时，他就把纱布拿下来。[86] 在加拿大各地，他总共进行了 11 次演讲，观众人潮涌动，热情高涨。

丘吉尔 8 月 15 日给克莱门汀写信说：“美国的触角正在伸向四面八方，但加拿大的民族精神和个性正变得越来越强大和独立，我认为我们不需要对未来有什么恐惧。”[87] 12 天后他又补充道：“亲爱的，我被这个国家深深地吸引了，整个国家都在大踏步发展前进，在许多方面都可以创造财富。”他也在反思政治问题，以及自己的职业生涯。如果张伯伦成为保守党领袖，“或是他那类的别的什么人，我就退出政坛，看看能不能让你和我的小猫们在我死之前过得舒服些。只有一个目标还在吸引着我……然而，现在还不是做出决定的时候”。[88]（既然那“一个目标”还具有吸引力，他却离开英国整整三个月，而未来保守党作为反对派的政策方向，尤其是在印度和保护主义等重大问题上的政策方向，将在没有他的情况下确定下来，不得不说这或许有些轻率。）

他们在温哥华看到了一只熊乞求饼干吃，之后一行人进入了正在实施禁酒令的美国，一位检查行李的海关官员非常仰慕丘吉尔，送给他们一瓶香槟。[89]丘吉尔对《阿普尔顿后新月报》的记者说：“我们每年的酒税收入是1亿英镑，据我所知，你们却把这些钱送给了私酒贩子。”从西雅图出发，他们与报业巨头威廉·伦道夫·赫斯特一起，驱车穿过加利福尼亚州的巨型红杉林。红杉林里的蝴蝶数量繁多、品种丰富，令丘吉尔欣喜万分。赫斯特的妻子在圣西蒙接待了他们，后来他的情妇、女演员玛丽恩·戴维斯又在洛杉矶接待了他们。“两座富丽堂皇的居所，两个迷人的妻子，”丘吉尔给克莱门汀写信，“完全无视公众意见，自由和民主观念非常强烈。每天1 500万份的发行量，东方式的殷勤好客，极好的个人礼貌（至少对我们是这样），一副教友派元老的派头。”[90]当他们在赫斯特位于圣卡塔琳娜岛附近的游艇上钓鱼时，丘吉尔钓到了一条重188磅的马林鱼，他用了不到20分钟的时间就把这条大鱼拖上了船。[91]

9月21日，丘吉尔在位于圣莫尼卡的海洋大厦，玛丽恩·戴维斯住所的110号房间，遇见了查理·卓别林。当时玛丽恩正在为卓别林举办一次盛大的晚会。卓别林可以算是当时世界上最著名的演员，尽管他支持共产主义，但丘吉尔和他相处得很好——这是他不允许政治影响友谊的又一个例子。卓别林后来回忆说，丘吉尔站在一旁，“像拿破仑一样，手插在马甲里，看着人们跳舞”。[92]到了凌晨3点，他们已经决定，如果卓别林愿意演拿破仑，电影剧本就由丘吉尔来写。“想想那会是多么幽默，”丘吉尔说，“拿破仑在浴缸中和他专横的哥哥争吵，哥哥盛装打扮，戴着金色的穗子，就想利用这个机会让拿破仑感觉低他一等。但是拿破仑在盛怒之下，竟然故意把水泼在他哥哥的新制服上，哥哥不得不羞愤地离开。这并不只是表现了机智心理学，它还是行动，是乐趣。”[93]这两个人在之后的岁月里又见过几次面，其中包括在卓别林的电影制片厂，卓别林向丘吉尔展示了他即将上映的电影《城市之光》的样片。丘吉尔称他为“一位了不起的喜剧演员——政治上是布尔什维克，谈话中却令人愉快”。①[94]

之后，丘吉尔一行穿越美洲大陆，经过约塞米蒂国家公园和芝加哥，最后于10月5日抵达纽约，住进第五大道上博纳德·巴鲁克的家中。丘吉尔与他是在1918年这位金融家还是战争工业委员会主席时相识的。他们随后又访问了华盛顿特区，在那里会见了胡佛总统，并前往里士满、费城以及其他一些美国内战战场参观。巴鲁克想安排丘吉尔在10月底会见时任纽约州州长的富兰克林·罗斯福，但丘吉尔拒绝了，而丘吉尔也没有接到罗斯福请他去奥尔巴尼会面的邀请。[95]罗斯福不肯露面，很可能是因为他们第一次见面的记忆犹在，但更有可能是因为他忙于应付1929年10月24日的美国股市崩盘，即所谓“黑色星期四”的余波。

9月19日，丘吉尔给克莱门汀写了一封信，列出了他自6月卸任以来的可观收入，包括7 700英镑的预付款、1 875英镑的报纸文章稿费、300英镑的演讲费，以及2 750英镑还未写的即将在加拿大和美国发表的文章的稿费，还有9 200英镑的股票利润。加起来，仅在三个半月的时间里，这一数字就达到21 825英镑（相当于今天的109万英镑）。[96]他对克莱门汀说：“我们在几周内就发了一笔小财。这次的‘大演习’②重要极了，赚来的钱绝不能浪费掉。”[97]尽管提出这样的限制，可是在同一封信中，他又要求她开始在查特韦尔庄园建造另一侧厢房。6天后，他不顾巴鲁克的建议，在美国股市投资了3 000英镑。他对妻子说，这是“最有可能成功的机会”。[98]丘吉尔后来把华尔街的崩盘归咎于他所谓的“投机狂欢”。如果真是这样的话，那么他本人正是这场狂欢的热情参与者。[99]1945年，温斯顿·丘吉尔曾在给一位报纸编辑的信中写道：“我是你们这个行业的一员。除了我的笔给我带

① 卓别林1931年访问查特韦尔庄园时，孩子们设法说服他表演了那套“戴着保龄球帽拿着拐杖”的典型动作。丘吉尔问他接下来要演什么角色，卓别林回答是耶稣。丘吉尔说：“你有授权吗？”（丘吉尔，《形形色色》，第35页。）

② 拿破仑式的战略术语，意为强大的中央后备部队。

来的钱，我从来没有过别的钱。”[100]这是一种自豪的夸耀，在很大程度上并没有说错，但这种夸耀在无意中也承认了，总体来说他是一个不成功的股市投资者。

丘吉尔的股票经纪人维克斯·达·科斯塔的账簿显示，他投资的品种非常广泛，包括债券、股票和货币。例如，在20世纪20年代初，他投资的公司包括南非与罗德西亚金矿公司、冠达航运公司、4.5%的中国债券、酒店公司债券、法国法郎、英国纤维素公司、英美烟草公司、雄鹰石油公司、缅甸公司、7.5%的匈牙利债券，以及上海电气公司。他在做财政大臣时暂停了股票交易，尽管克莱门汀仍在继续少量购买美国股市股票。但是在1929年6月辞职后，他立刻又开始购买股票，投资的公司包括西联电报公司、英国氧气公司、潘罗德公司、舍伍德明星金矿公司、加拿大太平洋铁路公司、西联电报公司和国际镍业公司。[101]他不是长期投资者，有时在两周内会4次购买和出售股票。1929年，他曾对他的加拿大交易员谈到自己对美国轧钢厂的投资，他说：“我预计持有这些股票的时间不会超过几周。”①[102]

他的伦敦股票经纪人塞西尔·维克斯当年曾敦促他停止“风险股”的交易，但是他没有这么做，尽管他持有价值2 000美元股份的发现石油公司等已经很明显辜负了他的期望，开始进入停业清盘阶段。丘吉尔是个赌徒，1923年，他在法国比亚里茨的损失达到2 000英镑，比在查特韦尔庄园新建的厢房费用还高。他基本上把股市投机看作一种规模更大的赌博。[103]当他听从欧内斯特·卡塞尔、博纳德·巴鲁克和亚伯·贝利等朋友的劝告时，他基本上就会赚钱，就像他投资那些稳赚的股票一样，比如他在1924年年初大量购买了壳牌石油公司、壳牌运输和贸易公司的股票，而后又建议这两家公司购买了英波石油公司，这样它们就成了世界上最大的石油公司（这样的交易在当年既不算不道德，也不算违法）。[104]然而，除此之外，他在证券交易所的表现并不比在蒙特卡洛和比亚里茨的赌桌上更成功。

丘吉尔具有一种将自己置身于历史事件中心的超乎寻常的能力，“黑色

---

① 1931年3月，他用借来的钱，在4天内交易了16次美国邮购零售商蒙哥马利沃德公司的股票。

星期四”当天，他就在华尔街。就在第二天，在萨沃伊广场酒店，就在他的窗户正下方，一名男子从15层楼高的地方跳了下来，摔在人行道上，按照丘吉尔所言，这引起了“一场巨大的骚动，消防队都来了”。[105]丘吉尔本人在一夜之间就损失了大约1万英镑（约合现在的50万英镑）。在接下来席卷整个工业界的三年“大萧条”期间，世界贸易量下降了2/3，整个西方国家的失业率大幅上升，德国当时的情况为阿道夫·希特勒的崛起创造了条件。丘吉尔10月30日离开纽约前往南安普顿，克莱门汀到那里的港口联运火车站台接他时，才得知这条灾难性的家庭财务消息[106]——甚至在10月30日离开纽约前，在一篇报纸文章中，丘吉尔还将这次股市崩盘描述为“三月的一个小插曲，一个勇于服务奉献的民族正在通过刻苦努力，为人类开辟新的道路，让所有国家看到很多他们自己应该尝试的事情，以及很多他们应该避免的事情”。[107]当有人对他在股市上的损失表示同情时，丘吉尔回敬道：“是啊，要是我把钱花了该多好啊！除了被花掉，钱还有什么用呢？”[108]

丘吉尔在美国游访期间，会见了总统、参议员、州长、众议员和大批普通美国人，这些会面完全驱散了他的反美主义思想，尽管在二战期间他偶尔会对个别美国人感到失望，但他的反美主义思想再也没有出现过。10月25日，他在纽约钢铁工业协会的晚宴上说：“你们是我们的朋友，我们乐见全副武装的朋友。美国海军每一种装备的每一次增长和发展，我们都深表欢迎。”[109]不用说，他的听众对此反响良好，他们正需要为建造那样一支海军的必要性提供材料。但是他说这些话时是认真的。

丘吉尔11月5日返回英国，他的股票损失已经大到家里不得不节衣缩食。查特韦尔庄园对外关了门，已经尘封起来。玛丽和她的保姆住在庄园的一间小屋里，她的父母在伦敦租了一套带家具的公寓，因为他们在萨塞克斯广场2号的房子已经在1925年1月被卖掉了。过去，维克斯·达·科斯塔的合伙人杰克·丘吉尔偶尔会为哥哥的损失买单，但这次的损失太大了。到1930年夏天，他未付款的商家账单已经有两页之多。[110]这也超出他给报纸写文章所能支付的金额，尽管他在这方面所得的报酬很好。最后还是丘吉尔的朋友们挺身而出，艾弗·格斯特担保了一笔贷款，贝利提供了2 000英镑，卡塞尔也提供了帮助。尽管如此，到1930年年底，丘吉尔欠商业联盟等多家银行和保险公司的债务，已累计达2.2万英镑（相当于今天的110万英镑）。他不得不将查特韦尔庄园放到市场上出售，但是他定的3万英镑售价太高了，所以无人问津。1931年1月，当杰克筹集到2 000英镑帮助哥哥摆脱困境时，塞西尔·维克斯给丘吉尔出了一个绝妙的主意：在股市好转之前，先从股市退出来。[111]

和从前一样，通过更加努力工作，通过确保出版商为他的书支付了绝对最高的费用（这算不上什么大不了的罪过），丘吉尔摆脱了自己的财务困境。从某种意义上说，丘吉尔在20世纪30年代写了那么多新书，这要感谢他那不成功的股市投资。他还为科达兄弟公司写过剧本，其中一部是关于拿破仑的。在通过自己的写作赚到3.5万英镑后，他重新启用了查特韦尔庄园。丘吉尔信奉努力工作和个人进取，而且对此一点儿也不遮遮掩掩。10月，伦道夫·丘吉尔勋爵64岁的妹妹莎拉·威尔逊夫人去世，第七代马尔伯勒公爵家的11个孩子就只有两个还健在，令丘吉尔更加相信，他能活着的日子不多了，他必须给克莱门汀和孩子们留下一些生活保障。

丘吉尔还在返回英国的船上时，印度总督欧文勋爵就宣布了英国政府将给予印度自治领的地位。他们将在伦敦召开有印度人参加的圆桌会议，讨论如何实现这一目标。加拿大、澳大利亚、南非、新西兰、纽芬兰和爱尔兰自由州已经享有自治领地位，这实际上就是自治，最终就会走向独立，摘掉大英帝国皇冠上的这颗宝石。

对印度大城市中以专业人士和知识分子为主的中产阶级，丘吉尔既不同情，也不信任，因为他们是印度国大党领导的独立运动的幕后推手。他决心与工党政府和保守党的欧文勋爵就印度自治权问题进行斗争。11年后，欧文声称，他当时告诉丘吉尔："你的想法就像一个老一代的下级军官。来参加圆桌会议的有很多有趣的印度人，我认为你真该和他们中的一些人谈谈，更新一下自己的观念，这对你来说非常有价值。"据说丘吉尔当时回答："我对自己对印度的看法很满意，我当然不希望自己的想法会被某个凶残的印度人动摇。"[112]在鲍德温也支持欧文的情况下，丘吉尔在议会中几乎找不到支持他的反对运动的人，但是在保守党的草根中，他得到了很多支持——尽管算不上多数。[113]欧文1934年继承哈利法克斯子爵的头衔时，丘吉尔家的人就给他起了个绰号，叫“神圣的狐狸”。这一方面暗示了他在政治上的灵活，另一方面也暗示了他对高教会派的热衷，还有就是对猎狐的热爱。

11 月，丘吉尔在《每日邮报》上撰文写道：“公众人物和政党有责任毫不犹豫地澄清的一个问题，是现在就把自治领地位扩展到印度是不可行的，任何试图要这样做的企图都会遭遇英国人民的顽强抵抗。”他进而提出，印度实行地方自治的想法是“犯罪和恶行”。他的批评者，不论是当时的还是后来的，都指责他是白人至上主义者，其实他的论点更加精妙，尽管他那奢华的语言给批评者提供了更好的讽刺他的靶子。他曾一度将圆桌会议后出台的《印度政府议案》称为“震撼世界的灾难”。[114] 丘吉尔认为，大多数印度人真正想要的并不是代议制政府，而是法律保护下的一个好政府。进而他认为，对印度人来说，高水平的卫生和公共健康、现代通信、保护贱民和穆斯林等少数群体不受印度多数群体的欺压，以及维护印度数量众多且相互竞争的宗教和地区之间的利益平衡，要比他们的主权独立更加重要。他怀疑，统治着印度 3 亿人口中 7 000 多万人口的印度王子（包括土邦主、王侯、地方行政长官等人），能否在一个由国大党统治的次大陆上保持半自治的地位。事实证明，丘吉尔的怀疑是正确的。丘吉尔从来没有认识到，像其他所有自尊自爱的民族一样，印度民族主义者首先想要的就是自治，他们相信他们会通过自治建立一个良好的政府，或是在印度这种情况下，通过自治维持一个良好的政府。“我们获胜的机会非常渺茫，”丘吉尔在反对该法案的备忘录中写道，“但是我有一种强烈的感觉，我是在尽自己的责任，表达自己真诚的信念。”[115]

丘吉尔明白，自己在印度问题上的立场，会让自己丢掉最后一次成为首相的机会。要理解他的这一选择，我们就必须懂得，他把大英帝国当作一种世俗宗教来信仰，他坚定的辉格党信念让他把英国的进步当成自己的历史责任。1927 年出版的一本名为《印度母亲》的书，也进一步加强了丘吉尔在印度问题上的信念。该书作者是美国社会学家凯瑟琳·梅奥，书中描绘了这个次大陆上的一系列问题：强迫早婚、土著医学、团伙抢劫、原始的妇科医学、落后的农业，还有那些英国人正在通过努力奋斗想要克服的局地宗教蒙昧主义问题。[116]

自19世纪40年代以来，英军一直在努力保护印度北部不受阿富汗部落和俄国的侵扰，同时也在努力维持穆斯林、锡克教徒和印度教徒之间的和平。丘吉尔认为，如果英国离开了，这些族群就可能在集体暴动中进行大规模屠杀。（这一点他并没有完全想错。）对于英军所做的这些事情及其意义，曾经参加西北边境战斗的丘吉尔心里非常清楚。梅奥书中的详尽论述及大量的支持证据，令丘吉尔这个自由贸易主义者深信，英国与印度的经济关系远非一方压榨另一方，而是互惠互利。[117] 在印度，几乎所有的富人都是印度商人或印度王子，而不是英国人，这一事实给他留下了深刻印象，同时进一步证实了他的想法：英国人并不是亚洲和非洲的殖民剥削者，在这一点上，英国与其他欧洲帝国并不相同。

梅奥对英国人试图教育贱民、防止虐待动物和改进医学方面的做法大加赞赏，而所有这些值得珍视的项目都经常受到印度宗教领袖的阻挠。梅奥的这一观点进一步加强了丘吉尔对印度独立的反感。[118] “一旦我们对自己在东方的使命失去信心，”12月他在埃及宪法改革的辩论会上说（当然这一思路同样适用于印度），“一旦我们开始拒绝接受自己对外国人与少数族裔的责任，一旦我们觉得自己不再能平静而无畏地为无助的人群履行自己的责任，那么我们在这些国家的存在，就失去了任何道德上的认可。如果我们的存在仅仅是为了一己私利或军事需求，这种存在是不会长久的。”[119]

在印度国大党领袖，被其追随者称为“圣雄”（伟大的灵魂）的莫汉达斯·甘地因为故意破坏盐税被捕，并遭到监禁后不久，1930年6月，以约翰·西蒙爵士为主席的印度法律委员会发布了一份报告。委员会是工党政府为探索宪政改革而任命的。令丘吉尔大为恼火的是，该报告建议，政府应该向印度自治迈出重要的一步。印度自治的问题，而不是对待纳粹的绥靖政策问题，才是导致丘吉尔与保守党领导层决裂，开启他在政治上漫长的在野岁月的最关键因素。

尽管在当时的新闻以及丘吉尔个人的公开声明中，印度问题和股市崩盘都占据着首要地位，但这绝不是他唯一的兴趣所在。他还接受了英奇开普勋爵的半岛东方航运公司旗下一家子公司的非执行董事的职位，薪水很高。这是他人生中第一次接受这种职位，也是唯一一次。在接下来的8年里，他一直定期出席董事会，继续为报纸和杂志写文章，为写马尔伯勒传记读书，口述《我的早年生活》。从1931年11月起，他在莫佩斯排房街莫佩斯大厦11栋5层，租了一套复式双层公寓。从莫佩斯街步行到下议院只需要8分钟。从公寓4层宽敞的客厅和餐厅可以看到威斯敏斯特大教堂。公寓的全景屋顶露台很大，可以看到议会大厦。从主卧室可以直接看到另一栋大厦，上面镶嵌着建筑建成的年份“1886”，非常醒目。这样一来，每次丘吉尔从卧室的窗户往外看，就能看到那个他父亲辞职的年份，从那时开始，他父亲开始了自己远离政治中心的在野时期——9年——几乎就是他自己目前状况的翻版。

1930年4月22日，英国、日本、法国、意大利和美国签署了《伦敦海军条约》，条约对潜艇战做出规定，对海军造船提出限制。英国放弃了自己比其他海上强国拥有更多贸易航线保护船只的主张，并同意限制自己未来在某些地区的海军建设。丘吉尔谴责该条约说：“这个条约简直是制造灾难的工具，我们所拥有的独特的海军知识被戴上了镣铐，我们的钱不得不花在建造我们不需要或不想要的船只上。”[120]他在5月曾经抱怨说：“如果按照这个条约去做，那么这个国家将走入自查理二世统治以来最无防御能力的时期。”[121]考虑到他在担任财政大臣期间削减了海军部的巡洋舰建造数量，有人指责他的这些话虚伪也就不令人意外了。但是很快，他就被视为保守党右翼在印度和国防问题上的发言人。[122]他依然保留着自己在议会时的那种尖锐的批评风格，在祝贺贸易大臣威廉·格雷厄姆的演讲时他说：“真是精彩的演讲，很长、很细致、很清楚，完全没有提词提示，也常常没有重点、要点。”[123]

6月，丘吉尔在牛津大学谢尔登尼安大剧院进行了一场题为“议会政府与经济问题”的罗曼尼斯演讲，演讲时他提出一种将自由贸易与保护主义问题从党派政治的范畴中剥离出来的方法。他的解决方案是：建立一个由1/5的议会议员加上经济学家和其他技术专家组成的经济小组议会，这个小组可以代替下议院来制定财政政策。克莱门汀对牛津大学经济学家罗伊·哈罗德说：“这次讲座让温斯顿特别紧张，一想到要在这些学界高手面前讲话，他就觉得自己被吓住了。”[124]（他在任何人面前讲话都不会被吓住，不过哈罗德一定会赏识这种恭维的。）丘吉尔在演讲时说道：“我不相信我们的议会和选举机构能够找到真正的原则，即使在忠实而充满活力的媒体的指导下也不能。而且，我也怀疑民主、议会政府，甚至大选是否会对此做出具有决定意义的贡献……必须指出，经济问题不同于政治问题，不能依靠任何国家意志的表达来解决，无论这种表达多么强烈，而只能通过采取正确的行动来解决。癌症是不会因为获得多数票而被治愈的。”[125] 他当然理解经济学的本质，但他的想法从未取得任何进展。在独裁者的时代，批评者将其误读为试图退出议会民主、走回头路。实际上，他是希望通过将当前最具争议的问题从党派政治舞台上挪开，为他一直渴望的中间派政府铺平道路。[126]

在大萧条时期，当其他人对资本主义失去信心时，丘吉尔没有。8 月，在查特韦尔庄园，一位年轻客人暗示资本主义正在崩溃，他反驳道：“你太悲观了！资本主义会自我纠正的。什么是资本主义？就仅仅是遵守合同，仅此而已。这就是为什么它会存活下来。”[127] 对于自己的钱，他也是心口一致，将他在 1929 年—1937 年超过 10 万英镑的税前收入，大部分投资在股票上，他 1930 年购买了将近 3 000 英镑的玛莎百货股票，1931 年购买了 6 760 英镑的通用汽车股票。1932 年 7 月他对自己的股票经纪人塞西尔 · 维克斯说：“我不认为美国会崩溃。恰恰相反，我相信它很快就会复苏。”[128]

在 1930 年 9 月 14 日的德国大选中，纳粹党获得 640 万张选票，107 个席位，并以 18% 的选票成为国会第二大党。社会民主党赢得 143 个席位，共产党赢得 77 个，中间党赢得 68 个。一个月后，丘吉尔告诉那位伟大的德国首相的孙子奥托 · 冯 · 俾斯麦王子，他“相信希特勒或他的追随者一有机会就会诉诸武力”。[129] 这并不需要多少先见之明——1923 年他们已经在慕尼黑尝试过了——但这表明希特勒的活动已经引起丘吉尔的关注。

3 月 19 日，贝尔福去世。丘吉尔写道：“当我看到他平静、从容、愉快地凝视着死亡的临近时，我感到斯多葛学派是多么愚蠢，死亡对人类来说原本就是如此自然、如此不可或缺的一件事，他们竟如此大惊小怪。”[130]（1928 年 7 月，丘吉尔为贝尔福 80 岁生日在他们的朋友中组织了一次集资，为他买了一辆劳斯莱斯汽车，并在庆祝活动上带领大家为他欢呼了三声。）丘吉尔的挚友 F. E. 史密斯，即伯肯黑德勋爵于 9 月 30 日死于肝硬化，年仅 58 岁。丘吉尔在“其他俱乐部”的发言中说：“他像一块岩石那样值得信赖，一个值得爱戴的人，一个可以一起玩耍的人，一个可以一起享受快乐时光的人。他经常坐在我们中间，就在这张窄桌边，现在那里空空的，我们已经失去了他……我想没有人比我更了解他，毕竟，他是我最亲爱的朋友……正当我们感到现在的公众人物缺少一种控制事态的能力时，他却被带走了。这原本是他可以为国家服务的最佳时机，也是最佳年龄。”[131] 5 年后，他在《世界新闻报》上写道：“他具有犬科动物的所有美德，且在程度上也不同寻常——勇气、忠诚、机警、喜欢追逐……我从贝尔福、莫里、阿斯奎斯、罗斯伯里和劳合·乔治身上获得的快乐和收获，在我的同龄人中只有一位可以与他们媲美，那就是 F. E.……他身上似乎附加着双倍的人性……F. E. 把自己的财富珍藏在朋友们的心中，他们会珍惜对他的记忆，直到自己的末日来临。”[132]

伯肯黑德的离世对丘吉尔来说，既是个人打击，也是政治上的打击：在印度、苏联、美国海军和其他许多问题上，伯肯黑德一直在保守党内部支持着他。如果他没有因为过度饮酒而死，他本可以在反对对纳粹德国采取绥靖政策的斗争中为丘吉尔提供很大的帮助。二战期间，丘吉尔有好几次都对助手说，“我多么想念 F. E.”，他相信如果他还活着，就会让他自己现在不得不肩负起的重担变得完全不同。[133] 乔克·科尔维尔告诉他的儿子弗雷迪·伯肯黑德：“丘吉尔后来的任何私人关系都比不上和你父亲的关系，甚至是和马克斯、布伦丹以及教授的关系。”[134]

10 月 9 日，鲍德温宣布，保守党在下次选举中将“放手”重新引入保护主义。一周后，他在写给还在印度的欧文勋爵的信中说：“你会看到我们的计划，我想温斯顿很可能会就此辞职。”[135] 迫使丘吉尔从保守党商业委员会（影子内阁的前身）辞职，甚至可能就是他们这样做的目的之一，为鲍德温青睐的内维尔·张伯伦接替他留下了空间。然而，丘吉尔并没有立即辞职，或许是想起了他父亲的命运。[136]

1930 年 10 月 20 日出版的《我的早年生活》，第一次印刷的印数为 1.7 万册，结果立即售罄。这本“献给新一代”的书，是丘吉尔最畅销的单卷本，被翻译成 19 种语言。未来工党议员、文学家哈罗德·尼科尔森说，这本书“就像一大杯香槟”。《泰晤士报》称赞这本书“活泼、有魅力”，对其中的“幽默、令人头脑发热激动不已的情节、不露声色的讽刺，对过往的习俗与荣耀的怀念与惆怅，对体育的热爱、友谊的乐趣”等内容大加赞赏，尽管他也挖苦地指出：“当然，材料本身就很精彩，丘吉尔先生也会同意这一点。”[137] 曾与丘吉尔一起打过两场仗的休伯特·高夫将军在书的页边空白处做了注解，质疑了一些内容的真实性：“无视确凿的事实”“纯属捏造”“一派胡言”等。[138] 书中所描述的事情发生在30年前，时间往往给逸事添加佐料。还有一些抱怨则令人难以理解。丘吉尔在书的最后一章中解释了他对1897年—1898年提拉远征的失望之情：“海狸就这样筑起了水坝，就在他正要钓鱼的时候，大水来了，把他的工作和运气一起卷走了。所以他必须重新开始。”后来他收到一个加拿大人的来信，那个人告诉他海狸是“纯粹的素食主义者，既不抓鱼也不吃鱼”。[139] 然而，虽然在《我的早年生活》一书中偶尔会出现这些小小的纹饰，但更多的是精彩的场景描写、优美生动的文笔和历经90年考验依然傲立的真理。他写道：“永远、永远、永远不要相信任何战争会是顺利的、容易的，也不要相信任何踏上这段奇异旅程的人，都能预计到自己将要遭遇的大风大浪。”[140] 在书的另一个地方，他写道：“在我的成长过程中，我受的教育让我认为，那些实实在在的或已经确立了的东西，都会是永恒的，或永远生机勃勃的，但实事很少如此。而所有我确信或者被教导要确信不可能的事情倒是都发生了。”[141] 这本充满冒险故事的书，有很大一部分内容是关于怎样才算是一种好的死亡方式的。丘吉尔写书的时候已经50多岁了，见证了很多真实的死亡。而这本书，虽然表面上写的是青年时代，却充满了对于死亡的思考。例如，“年轻人常常因为拥有马匹而被毁掉，或是因为下赌注赛马被毁掉，却不会因为骑马被毁掉，当然，除非他们在飞驰时摔断脖子，那倒是个非常好的死法”。[142]

“来吧，全世界所有的年轻人，”丘吉尔在书中最著名的几句话中劝诫道：

> 我们因战争而失去的一代，现在比以往任何时候都更需要你们来填补空白，一刻也别耽误了。你们必须在战斗的生活中占据自己的位置，20年到25年！也就只有这么些年！不要满足于现状。“大地是你们的，天与地之间的一切都是你们的。”接过你们所继承的一切，承担起你们的责任……永远不要放弃，永远不要

屈服于失败。不要仅仅因为个人成功或被这个世界接受就心满意足。你会犯各种各样的错误，但是只要你依然宽宏大量、忠于内心、凶猛勇敢，这个世界就会晴朗美好、安之若素。这个世界本来就是年轻人的，你们需要通过努力追求来赢得它，只有不断地征服才会让它生生不息、繁荣昌盛。[143]

《我的早年生活》一书中到处都能看到这样一种假设，即大英帝国的辉煌成就，会让他所写的故事引起后人的兴趣。事实证明这种假设是错误的。“我是维多利亚时代的孩子，”丘吉尔写道，“那时我们国家的结构似乎已经定型，她在贸易和海上的地位已经无人能敌。我们已经越来越强烈地意识到帝国的强大，意识到我们有责任让她永远强大下去。”[144]读过《我的早年生活》的人都不会怀疑，为了保护大英帝国，丘吉尔会多么坚决地远离拉姆齐·麦克唐纳、西蒙勋爵、“圣雄”甘地、欧文勋爵，以及——如果需要的话——斯坦利·鲍德温。

1930 年 11 月 12 日，圆桌会议在上议院皇家展厅举行，会议持续了两个多月。一个印度代表团参加了会议，甘地本人还在监狱里，在会议结束一周后才被释放。尽管丘吉尔认为印度的主张体现了“荒谬且危险的自负”，但鲍德温还是下定决心要为印度争取自治权，他认为这样做不但能为印度带来有效的自治，而且能让其继续留在帝国。[145]反对印度自治的是大约 60 个保守党“顽固分子”议员，他们的宪法顾问摩根准将在写到他们中的几位领袖时说：“他们都不信任丘吉尔。”[146]这些领袖主要包括索尔兹伯里、沃尔默和劳合等几位勋爵，以及议会议员约翰·格雷顿和亨利·佩奇·克罗夫特爵士。这是因为他们相信，丘吉尔——用沃尔默的话说——“没有信仰，他加入我们只是为了从中得到点儿什么”。[147]事情根本不是这样的。除了阻止大英帝国过早失去印度，丘吉尔别无他求。这算不上一条通往政治进步的道路，即使正像丘吉尔最后所期待的那样，他们的决定最终导致鲍德温下台，丘吉尔也知道，他并不是保守党领袖显而易见的继任者。他坚决地打响这场战役只可能是出于信仰，出于要保卫他所热爱的帝国的信仰。

11 月 13 日，鲍德温对戴维森说：“温斯顿陷入深深的绝望。他希望圆桌会议能尽快分崩离析，保守党再次回到战前的状态，用铁腕统治国家。他又成了1896年那个轻骑兵副官了。”[148]这样的说法同样不公平，不过却是抨击丘吉尔的一个好角度。另一个好角度就是戴维森采用的角度，即反复强调人们经常批评他的话：“在印度问题上，反对我们的保守党顽固派从来没有把丘吉尔视为一个彻头彻尾的保守党人，而是把他当作穿过议会席，走向保守党的自由党叛徒。人们认为他在政治上不稳定。他是个聪明的人，但人们认为，他是聪明反被聪明误，这种聪明让他在原则和判断力上非常不稳定。”[149]

1931年1月27日，星期二，因为保守党支持印度获得自治权，丘吉尔辞去自己在该党商业委员会的职务，随后又辞去了在该党议会的前排席位。商业委员会是在前一年3月才成立的，所以这样一个辞职倒也谈不上什么了不起的舍弃，而这样一来他确实就可以公开反对党的政策了。保守党建制派同样乐得见到他离开，尽管他并不是被赶出去的，这是他自己的选择。丘吉尔在他父亲的传记中写道：“他在错误的时间、错误的问题上辞了职，没有试图去争取支持。”在此之前，他一直坚决反对辞职，他告诉维奥莱特·阿斯奎斯，寇松1905年因与基钦纳的分歧而辞去印度总督一职是错误的。他说：“我绝不会辞职。我会等待时机，在别的问题上与他斗争并打败他。绝不辞职。”[150]

早在1924年，在威斯敏斯特大教堂参加补选的工党候选人芬纳·布罗克韦就曾散发传单，说丘吉尔走过的里程碑上分别标刻着“莱斯特西区”和“邓迪选区”，之后就走到一个指示牌前，按照箭头走上“通往荒野之路”。[151]现在他已经走到那里。人们常常认为，丘吉尔本应该尽力挽救自己的政治资本，而不应该在印度自治问题上与其他人唱反调，因为印度自治实际上已经成为既成事实，两党的前座议员都已对印度自治表示了支持。他应该留在党内领导人身边等待，等与纳粹妥协的绥靖政策出台了再出来斗争。然而，尽管丘吉尔怀疑希特勒可能尝试另一次政变，他还是不可能知道他会在1933年掌权。然而他可以清楚地看到，英国的印度帝国，丘吉尔把其当作英国历史上最辉煌的成就，即将不战而降。

随后这些年，丘吉尔雄厚的政治资本都建立在公众对他的认识上：他看到任何自己不喜欢的事实就会说出来，坚持跟随自己的内心，坚持自己的立场，不做个人算计。他做的是自己当时认为正确的事情。事实证明，对他来说，围绕《印度政府议案》的斗争，与他曾经站在胜利一方的那些斗争一样，都是在为他后来即将面对的考验做准备。公众在1940年选择信任他，不是因为他们相信他一贯正确，甚至不是因为他大体上正确——他显然并不总是正确，而是因为他们知道，他曾为自己的信仰勇敢地战斗过，而许多其他更为自己打算的政客却没有。

第15章

在野岁月
（1931年1月—1933年10月）

每一位先知都来自文明，但每一位先知都必须走进荒野。他们必须首先深入了解这个复杂的社会，以及这个社会所能提供的一切，然后再经历一段时间的独处和冥想，这是精神炸药产生的必然过程。

——丘吉尔，《星期日纪事报》，1931 年 11 月[1]

真正的王者已经被放逐，权力就空在那里，敞开大门。一个凶猛的疯子天才在门口稍事停顿后，大踏步走了进去，他就是用有史以来最恶毒的仇恨腐蚀人类胸怀的仇恨化身和仇恨表达者——希特勒下士。

——丘吉尔：《风云紧急》[2]

尽管丘吉尔在政治上处于在野时期，但他在议会的表现仍然吸引了大量的观众并引人发笑。1931 年 1 月 28 日，在一场关于《工会争议法案》的辩论中，他发表了哈罗德·尼科尔森认为是“他一生中最风趣的演讲”。[3] 丘吉尔谈到拉姆齐·麦克唐纳时说：

他最懂得如何在摔倒时不伤到自己。他摔倒了，但又爬了起来，微笑着，有点儿仪容不整，但仍然微笑着……我记得小的时候，有人带我去了著名的巴纳姆马戏团，那里正在搞一场怪胎和怪物的展览，但在所有节目中，我最渴望看到的是被描述为“无骨奇迹”的展示。我的父母认为，这样的场面对我年轻的眼睛来说太恶心、太丧气了，所以我足足等了50年，直到坐在财政部的议席上才看到这个“无骨奇迹”。[4]

丘吉尔在威斯敏斯特以及全国各地继续着他滔滔不绝的演讲，数量远远超过大多数反对党政治家，这也证明了他的精力和雄心。1930年，他总共进行了61次重要演讲：1931年48次、1932年28次、1933年41次、1934年39次、1935年54次、1936年23次、1937年55次、1938年39次、1939年36次，还不包括他在威斯敏斯特成百上千次不那么重要的调停工作讲话，以及他发表的几十篇文章。无论保守党的党鞭在下议院如何排挤他，他的公开会议都人满为患，这就意味着他依然是英国政坛上一股不可忽视的力量。在电视出现之前，群众政治集会是一种免费的晚间娱乐形式，很少有像他这样有地位或有水平的名人参与表演。

他在谈到印度问题时自然就会充满激情。尽管丘吉尔真诚地希望可以保护印度王子、穆斯林、少数民族和贱民，让他们免受印度教多数派的迫害，但毫无疑问，他的意图之一还是建立一个反对国大党的联盟。他的维多利亚时代的种族优越感才是问题的核心，他相信那6个由白人统治的国家是适合自治的，但是，正像他在曼彻斯特的一次演讲中所说：“除非我们对一个终极目标已经胸有成竹，否则，印度在我们可预见的未来，永远也别想得到加拿大或澳大利亚那样的自治领地位。”[5]他讲到一个当时普遍存在的偏见：“当东方人认为你软弱或害怕他们时，你绝不可以对他们做出让步。”[6]这就是为什么他最终会谴责欧文。“她对印度始终抱有歉意，”三天后丘吉尔在利物浦探索了这一主题：

英国这头狮子，在过去的日子里是那么凶猛、勇敢，在面对宛如世界末日大决战般的痛苦时都是那么难以战胜，现在却被一只兔子在他曾经辉煌过的那片田野和森林里追撵着。这并不是说我们的力量受到严重损害，还未全然恢复，而是我们正遭受着心理崩溃的痛苦。我们必须挺直腰板，像从前那样勇敢地面对困难，这样就能把同样的困难先砍掉一半。

他举例说，必须刺激工业和农业，加强对金融的管控，促进帝国经济的统一。“要完成所有这些繁重任务，一个无可争辩的先决条件就是，我们必须先把这个恶劣无比、挥霍无度、故作神秘、卑躬屈膝的自治政府议案扔到大街上去。”[7]

大约就是在这个时候，他写信给林德曼，提到想写一篇关于“虽败犹荣的战斗者”的文章，主要想以汉尼拔、韦辛格托里克斯、哈罗德·葛温森、查尔斯一世和罗伯特·E. 李为例，来说明“注定失败的行动与伟大的战士、伟大的战斗一样，都应该坚持到底”。[8]林德曼建议他读一下由 W. 奥拉夫·斯达普顿所著的一本灾难小说《最后的男人与第一个男人》。正是这本书促使丘吉尔开始探讨宇宙的秩序，这是自从 19 世纪 90 年代末，他在轻骑兵第四团开始信仰所谓“健康心灵教”以来，第一次探讨这样的内容。他在写给林德曼的信中对人类进行了概述：“在我们完成了此生的这一切之后，我希望任何一粒种子在着陆另一颗无辜无害的星球之前，都可以停留良久。如果没有对至高无上的灵魂存在的解释，人生的旅途便是徒劳。不过，知道此生还有很多事情要做是件好事。”[9]

1931 年 2 月 23 日，星期一，在埃平的温彻斯特大厦，丘吉尔向他的选区协会委员会发表了可能是一生中令他最声名狼藉的演讲。演讲中他解释了自己为什么要辞去保守党议会前排议席的职位。“我不应该在一个我对其印度政策没有信心的政府中任职，”他说：[10]

看到甘地先生，一个颇具煽动性的中殿律师学院的律师，却摆出一副在东方众所周知的苦行僧的姿态，半裸着大踏步走上总督府的台阶，真是令人惊异，也令人恶心。他还在公然组织和开展非暴力抵抗运动，却要与英王的代表进行平等谈判。这样一幅景象只会增加印度的动荡，以及那里的白人所面临的危险。[11]

在另一篇文章中，他把甘地描述为“这个邪恶的颠覆狂”。①[12]

选区委员会一致通过了一项对丘吉尔表示信任和赞同的动议。丘吉尔告诉克莱门汀，委员会“全然”接受了他，对他充满“爱戴和热情”。[13]可历史的裁决并非如此，尤其是1948年甘地遭到暗杀变成一个世俗圣人之后。今天我们很难理解在20世纪30年代初，甘地对于英帝国主义者来说是多么具有欺诈性。他的言论常常是不透明的、模棱两可的，他们根本不相信他的圣洁和真诚，认为他是一个高度政治化的革命者，尽管大多数人还是赞赏他的非暴力原则的。丘吉尔对甘地的攻击，就像他对布尔什维克主义的描述一样，他的慷慨激昂和华丽言辞反而开始对他产生不利影响，与其说人们把他的演讲看作严肃的公共演说，不如说是看作音乐厅转角处的表演。对于他的事业来说，他似乎有些过于雄辩了。

3月4日，他在《海滨杂志》写了一篇题为“第二个选择”的文章，谈到自己人生中的一些转折点，以及他如果做了其他的选择会怎样：“如果回顾过去的生活我们就会发现，最常见的经验是，我们的错误却帮助了我们，而伤害往往来自最睿智的决定。”[14]他因印度问题而从影子内阁辞职的决定，将给他带来巨大的帮助，这让他不必为任何与绥靖政策有关的决定承担责任，尽管他在几年内都还不会知道这件事。与其他写完自传的人一样，他开始感觉生活就像一首挽歌。他在文章的最后总结道：“让我们与命运的神秘节奏和解吧，就像它必须在这样的时空中出现一样。让我们珍惜自己的欢乐吧，但不要哀悼我们的悲伤。有光芒就会有阴影，生活是一个整体，善与恶必须同时被接受。人生的旅程非常愉快，值得一试。只试一次。”[15]

然而，尽管已开始回顾自己的一生，他仍然专注着政治领域的未来。他告诉克莱门汀：“回顾过去6周，我的位置发生了多么惊人的改变。时间会带来观念的变化，任何事情现在都有可能发生。”[16]反对印度自治领地位的顽固派获得了罗瑟米尔与比弗布鲁克出版社的支持，尤其是《每日邮报》

① 在1944年的一封未投递的信中，甘地揶揄地回复丘吉尔：“我一直都在努力做个苦行僧，而且很想那样裸着—— 这项任务要更艰巨一些。因此我把你的这种表达看作一种恭维，尽管你的本意并非如此……你真诚的朋友，M. K. 甘地。”（*CIHOW*，第343页。）

《每日快报》和《伦敦晚报》的支持，加上保守党基层的态度转变，鲍德温作为党的领袖的身份受到严重损害。鲍德温却一直镇定自若。（丘吉尔自己又恨又敬地承认："和鲍德温打仗就像和鸭绒打仗一样。你给他一拳，以为足可以击倒他，却发现自己打出去的就是个空拳。"）[17] 然而，首相也曾认真考虑要在3月1日辞职，只是被他在政界最亲密的两位朋友约翰·戴维森和威廉·布里奇曼劝阻了。

鲍德温的去留取决于威斯敏斯特的议会补选结果，保守党候选人阿尔弗雷德·达夫·库珀将会与欧内斯特·佩特爵士一决高下。佩特爵士是一位保守党独立参选人，他反对给予印度自治领地位，因此获得了罗瑟米尔和比弗布鲁克出版社旗下几家报纸的大力支持。在表兄鲁德亚德·吉卜林①的鼓动下，鲍德温用一句著名的话谴责了新闻界的大亨们："他们拥有这些报纸的目的，就是获得权力，而且是不用负任何责任的权力——历朝历代只有娼妓才能获得这样的特权。"第二天，在皇家阿尔伯特音乐厅，丘吉尔对印度帝国学会发表演讲说：

> 把印度交给婆罗门统治是一种残忍邪恶的玩忽职守，那些承担其罪责的人将会永远蒙羞。这些婆罗门的嘴里喋喋不休地谈论着西方自由主义的原则，摆出一副哲学政治家和民主政治家的姿态，可同样是这些婆罗门，却要否认近6 000万被他们称为"贱民"的自己同胞的基本生存权。通过数千年的压迫，他们实际上已经教会了这些"贱民"接受自己那可悲的地位……他们否定"贱民"生存权的话音刚落，就又转过身来，开始同约翰·斯图亚特·密尔辩论逻辑，或者同让·雅克·卢梭为人类的权利辩护。[18]

---

① 丘吉尔一直很喜欢鲁德亚德·吉卜林的作品，尽管吉卜林对他的评价从来都不是很高。1937年11月，他在伦敦格罗夫纳豪斯酒店举行的吉卜林纪念基金晚宴上说："有两篇不朽的英文诗歌或短篇，永远值得赞美和欣赏，无论是在派对上，还是在心里。这首纪念60周年庆典的赞美诗《退场》，以及那首包含生活准则的诗歌《如果》，每一个真正的英国人都应该在某个时刻把它们背下来。"（*CS* VI 第5 905页。）《退场》是对英国即将结束其帝国辉煌的一个悲观的警告，此时：

> 我们的海军已经消失在远方，
> 沙丘和岬角上的烟火已经熄灭，
> 瞧，我们昨日的辉煌，
> 与尼尼微城和提尔港已合二为一。

他接着警告说，英国军队如果撤离，印度北部将会出现大屠杀。[19]

1931 年 3 月 19 日，达夫·库珀以 17 242 票对 11 532 票的绝对优势赢得了议会补选，丘吉尔发动的反对《印度政府议案》的运动遭遇了严重挫折。尽管如此，他还是决定继续战斗。“我相信你是知道的，我个人对你没有敌意，”他在给印度总督欧文的信中写道，“对于印度发生的事情，以及你带给他们的欲望和冲动，我感到非常难过。恐怕我们之间的这场争议将会僵持数年，我认为对英国来说，它将成为一道分水岭。不管怎么说，你们那边是从一开始就可以调集到大部队的。”[20] 他说得没错，他们仍然坚持站在印度宪法改革的立场上，而丘吉尔却越来越孤立。然而，当时的政治环境并没能软化他的态度。“当我听到国务大臣谈及印度，说‘印度会这样做，印度会那样做’时，我就感到恶心，”一周后他对宪法俱乐部说，“印度和欧洲一样，都不是政治上的独立个体。印度是一个地理术语，就像赤道一样，不是什么统一的国家。”[21]

尽管孤立无援，丘吉尔在议会还是继续逗大家开心。在当年 4 月的预算辩论中，当一些自由党议员称赞他做财务大臣做得不错时，他回答：“我想，好的判决总是会被珍视的，即使它来自一位不公正的法官，或一位被收买的裁判。”[22] 在另一场辩论中，当他说到“我们都听说过吉约丹博士是如何被他自己发明的工具处死的”时，赫伯特·塞缪尔爵士冲他喊道：“他没有！”丘吉尔立刻回答：“好吧，他本该被处死。”[23] 丘吉尔在 6 月的《海滨杂志》上发表了一篇关于政治漫画的文章，文中写道：“就像鳗鱼应该习惯被剥皮一样，政客们也应该习惯被漫画化。① 实际上，真相反而是，当漫画不再关注他们时，他们反而感到非常气恼和沮丧……他们会喃喃自语道：‘我们不再像过去那样受到伤害和虐待了，伟大的日子结束了。’”[24]

华尔街的崩盘已经毫无悬念地演变成一次大萧条，丘吉尔终于第一次接受了全面征收关税的概念。他同意现任影子内阁财政大臣张伯伦的观点，即财政收入的需求压倒一切，而且正如丘吉尔所说，这将为英国“提供机会，可以让我们在与外国达成必要的新协议时放手一搏，而这些新协议，如

① 当然，也有一些鳗鱼不习惯被剥皮，那就只能一死了。

果处理得当，就可以在帝国的生产和消费彻底流失并解体前的关键时刻，把它们重新整合起来”。[25] 丘吉尔的这场长期的反关税运动终于结束了。正是因为关税问题，1904 年他才横穿议会席，走向反对党。但随着 6 月的失业人数达到 250 万，他开始将现实置于经济教条之上。这也进一步将他与保守党右翼连接在一起，原本他们在印度问题上就与他保持一致。

由于大萧条的进一步加剧，1931 年 7 月爆发了一次严重的金融危机。第二个月，拉姆齐·麦克唐纳领导的工党执政政府随之倒台，一个仍然由麦克唐纳担任首相，菲利普·斯诺登担任财政大臣的联合政府上台。在保守党人中，鲍德温担任枢密院大臣，内维尔·张伯伦担任卫生大臣，塞缪尔·霍尔担任印度事务大臣。在自由党人中，雷丁勋爵担任外交大臣，赫伯特·塞缪尔爵士担任内政大臣。但是没有人来找丘吉尔。

“政治舞台发生了多么不同寻常的变化啊！我很高兴我不用负责。”丘吉尔告诉埃迪·马什。[26] 17 年后，丘吉尔在他的回忆录中写道：“我可以非常诚实地说，在国家面临如此巨大压力的时刻，我却如此果断地被抛弃，对此我从未感到过怨恨，更不用说痛苦了。”[27] 他又一次神奇地因为“运气”而获得慰藉。他在 8 月 30 日的《星期日画报》上写道：“有时候，当她（运气）怒容满面时，实际上她却是在准备一份最耀眼的礼物。”[28] 这是真的。丘吉尔反对政府的一项核心政策，即给予印度自治领地位的政策，使他在接下来的 10 年里流落到政治的荒野中，而在这 10 年里，用他后来的话说，历届政府都采取了允许“蝗虫横行”的政策。[29]

同一个月，丘吉尔很喜欢的乔治·萧博纳和他不太喜欢的南希·阿斯特，对苏联进行了为期 9 天的访问。回来时，他们对斯大林和共产主义大加赞赏。这自然让丘吉尔愤怒不已。他对《蓓尔美街报》的读者说道：“苏联人一直喜欢马戏团和旅游节目……这里就有一位世界上最著名的穿着马裤的知识分子小丑，还有那位资本主义哑剧中的科隆比纳①”，为了他们俩，“斯大林……敞开戒备森严的克里姆林宫圣地的大门，把他上午要签署的死刑执行

① “丑角夫人”。（《牛津简明词典》。）

令和逮捕令推到一边，微笑着接待了他的客人，表现出他热情洋溢的同志之情”。[30] 在会晤过程中，斯大林向阿斯特夫人问及丘吉尔的职业生涯，她说：“哦，他完蛋了！”[31]

9 月 21 日，新一届联合政府暂停了金本位制政策，并开始对所有进口制品征收关税，就连自由党也不再持反对态度。政府还宣布在 10 月 27 日举行大选，以便获得新的授权。“在这个公共事务出现如此严重的紧急情况的时刻，我以一个联合政府和保守党候选人的身份来到你们面前，”丘吉尔在选举传单中对埃平人民写下这样的话，“我一直在警告大家，社会主义政府会给我们的国家带来深重灾难……我们对从外国著作中借鉴而来，并不断从国外散播而入的嫉妒、仇恨和恶意的信条，表现出了过分的容忍。我们的国家只有在被引诱到悬崖边缘时，才会意识到自己的危险。”[32] 他突然话锋一转，写道：“作为保守党，我们相信，在任何国家复兴的计划中，保护英国工业和英国农业的有效措施都必须占据主导地位……只有结伴而行，大英帝国的各个民族和国家才能继续他们的荣耀，维持他们的生计。”[33] 几十年来，在成百上千个公开讲台上，他曾经多次嘲笑过张伯伦一家、利奥·阿梅里和帝国公平贸易委员会的人们，因为他们讲了和他上面那番话几乎一模一样的话。但是，大萧条已经触底，他对人们眼前苦难的关心现在已经超过他长期的理想。他还指责“印度的社会主义政策多疑又多变”，给印度人带来了“不和与痛苦”，损害了英国在世界上的形象——而事实上，欧文一辈子都是保守党人。

作为一名保守党人参选的丘吉尔在埃平的支持率翻了一番。保守党人，这是他 7 年来被贴上的第 4 个标签，但也是最后一个。他是当选的 473 名保守党议员之一，加上还有 35 名国家自由党议员和 13 名联合工党议员，联合政府在下议院 615 个议席中总共占去 554 个议席。而在野党那边，工党获得 52 个席位，独立自由党获得 4 个席位。在普选结果中，保守党得票 1 198 万张，工党 665 万张，自由党 140 万张，国家自由党 81 万张。考虑到丘吉尔对《印度政府议案》的反对，加之政府已经享有如此巨大的优势，丘吉尔是不可能获得任何职位的。

11 月初，他的《第一次世界大战回忆录》的第 5 卷《东方前线》出版了，这也是全书的最后一卷。前面几卷到那时已经改变了许多人对战争，以及丘吉尔在战争中所扮演的角色的看法。人们常说，新闻是历史的第一稿，但是，丘吉尔关于两次世界大战的回忆录却是关于这两次战争历史的第一稿，几十年来为这两次战争设定了许多术语特称。他再次寄给内维尔·张伯伦一本签了名的书，张伯伦在评注上写下“1932 年 1 月”，再次暗示自己几乎是马上就读了该书。他的对手们从未否认过他的创作能力。1933 年，鲍德温对他说：“如果我有机会——那是不可能的——向你发表演讲，我会说，‘读读《马尔伯勒传》吧’。”①[34]

1931 年 11 月，丘吉尔还在《麦克莱恩杂志》上发表了一篇题为“五十年后”的文章，他在文章中做出一些荒谬的预测，例如，我们将做到只让鸡身上我们想吃的那部分生长——但是也有一些准确到惊人的预测。[35]“无线电话和电视，”他写道——那时离这两样东西的商业生产还早着呢，“按照现在的道路发展下去，自然会来到我们的生活中，可以把他们的主人与安装了任何同样设备的房间连接起来，可以很好地听到那里的对话，参与那些对话，就像把头伸出窗口去聊天一样。”然后他补充说：“在城市里，集会将会变成多余的事情。”[36]他还谈到核能问题：“核能比我们今天所使用的分子能量要大得多。一个人一天能弄到的煤，可以轻而易举地完成比他本人能够完成的工作多 500 倍的能量，而核能的威力至少要大上 100 万倍……毫无疑问，科学家认为这种巨大的能源是存在的。现在我们缺少的，就是一根可以把篝火点燃的火柴。”[37]

这篇文章总结了丘吉尔关于人类本性的一些认识，并重申了他的信念，即人类本性的改善速度并不像技术知识的进步速度那样快。这最终可能会成为灾难。“可以肯定的是，当人们以前所未有的速度积累知识和力量时，”他写道：

> 几个世纪以来，他们的美德和智慧并没有表现出任何显著的进步。现代人的大脑在本质上与数百万年前在这里战斗和生活的人类没有什么不同。到目前为止，人类的本性实际上一直没有改

① 丘吉尔一边在查特韦尔的书房里踱步，一边口述他的演讲、书籍、文章和信件。在他未担任政府职务的这些年里，他使用的是当地木匠制作的一张粗糙的立式办公桌，上面摆放文件。1949 年，为了给他庆祝生日，家人给他买了一张漂亮的红木桌子。（辛格尔，《丘吉尔的风格》，第 134 页；*FH* no. 94，第 11 页。）

变。面对足够的压力时，比如饥饿、恐惧、战火般的激情，甚至是冷酷的智力狂热等，我们所熟悉的现代男人就会做出最可怕的事情，而他的现代女人也会支持他。[38]

同样令人担忧的，还有丘吉尔在牛津大学的罗曼尼斯演讲中已经指出的问题：民主所依赖的代议制机构不再能吸引那些可以让这一机制有效运转的人才。他写道："民主作为进步的导向或动力，长期以来一直被认为是不称职的。在全民都具有选举权的情况下，我们伟大的现代国家的立法机构中，没有一个可以代表哪怕是整个社会力量或智慧的一小部分……民主政府会选择在阻力最小的路线上随波逐流，采取最短视的措施，用小恩小惠和救济收买人心，用甜言蜜语和陈词滥调为自己扫清道路。"[39] 有人认为，这表明丘吉尔对民主已失去信心，正在考虑接受独裁统治。[40] 事实则正好相反，他是在呼吁重振民主。他进一步写道："因此，人类与国家的道德哲学和精神观念必须坚守自己的立场，这才是重中之重……如果我们的怜悯之情、同情之心、和平与友爱之愿望并没有随着科学的发展而发展，那么科学自身就可能摧毁所有那些让人类生活变得更高贵的东西，甚至是那些满足我们生活最低需求的东西。"[41]

1931 年，在 J. C. 斯奎尔出版的那本与事实相反的历史随笔《如果事情没有这样发生》中，丘吉尔撰写了题为"如果李没有赢得葛底斯堡之战"的一章。这一章假定美国内战中南方邦联取得了胜利，此后，罗伯特 · E. 李取代杰斐逊 · 戴维斯，结束了邦联的奴隶制。英语民族联盟阻止了世界大战的爆发，德皇威廉成为"欧洲联盟"和平运动的名义领袖。这是一个有趣的故事，从中我们可以看出，丘吉尔对"讲英语的民族"这个话题已经思考到了什么程度。

华尔街金融危机后，为了充实自己的钱袋，丘吉尔与克莱门汀和戴安娜一起乘坐"欧罗巴号"客轮前往纽约，计划在美国进行一次 40 场演讲的旅程。由于来自旁遮普-锡克教格达尔恐怖组织的死亡威胁，他的保镖沃尔特 · 汤普森仍需陪伴着他。据悉，该组织在北美的据点非常活跃。他演讲的主题是"讲英语的民族之道路"和"经济危机"。正像他对阿奇 · 辛克莱说的那样："过去两年，大宗商品和各种服务的价格下跌到残忍和罪恶的程度，黄金价格却被人为地提高。对于这些，我在演讲中将给予直言不讳的谴责。”[42]

1931年12月13日，星期日，丘吉尔在公园大道和49街交汇处的华尔道夫阿斯托里亚酒店吃过晚饭后，乘出租车赶往2英里外位于住宅区的博纳德·巴鲁克的家，确切地址是第五大道1055号，位于第86街和第87街之间。路上，他意识到自己不知道巴鲁克的地址，但他在1929年访美时就住在那里，所以确信自己能认出那栋建筑。在巴鲁克家以南整整10个街区远的第五大道中央公园一侧，也就是76街和77街之间，他付清了出租车费。那时候第五大道还是双向行车的。① 丘吉尔身穿一件厚重的毛皮大衣开始过马路，但是过到一半时，他暂时忘记了自己不在英国，所以没有向右看，而是向左看，结果被一辆向北开的汽车撞倒了。

司机马利奥·康斯塔西诺（或康塔西诺——说法不一）正在以每小时35英里的速度行驶，虽然他尽力踩了刹车，但为时已晚。“有那么一阵子——我无法用精确的时间来衡量，”丘吉尔不久之后写道：

> 世界突然刺眼起来，只有一个男人在那里目瞪口呆。我当然很快就意识到，“我会被撞到，很可能会被撞死”。随之而来的就是撞击那一刻，我的前额和大腿都感受到了。但是，除了那一击之外，还有一种冲击、一种冲撞、一种难以形容的猛烈震荡。它抹去了我的一切知觉，除了思想。我不明白为什么我没有像蛋壳一样被打破，或者像醋栗一样被压扁……肯定是因为我很强硬，或是很幸运，或者兼而有之。

之后，他感受到“一阵阵的抽搐和疼痛”。[44]

“有人被撞死了！”一个路人喊道。[45] 警察来了，丘吉尔说这完全是他自己的错。[46] 他只能躺在一辆出租车的地板上被送往勒诺克斯山医院，还好医院就在两个街区之外。丘吉尔发现自己的手和脚都动不了，但他很快就感到

① 有一个谜团长期以来一直没有被解开：如果他是从商业区过来的，不是就应该在第五大道东侧的住宅区下车吗，怎么会在中央公园西侧呢？

了“剧烈的刺痛”。他在医院里接受的治疗包括脑震荡，鼻子和前额的挫伤缝合，右臂、胸部和腿部的严重瘀伤等，所有这些加起来需要住院治疗一周多。[47] 康斯塔西诺先生看望了他，丘吉尔送给他一本签了名的《东方前线》。

“撞得很厉害，”他在30日写给辛克莱的信中说，“我竟然没有被轧扁或撞碎，简直难以想象。我也很幸运地躲过了车轮，车轮只是开了过去，轧断了我的脚趾尖。”[48] 在一封电报中，林德曼根据丘吉尔200磅的体重，解释了其中的物理学原理：“真是让人高兴的好消息。这次撞击的力量相当于你从30英尺高的地方摔在人行道上①……相当于拦截一块10磅重的砖从600英尺高的地方掉下来所受的力，或是两发铅弹近距离平射的力量……你的身体在以8 000马力②的速度遭遇撞击时发生转移。祝贺你准备了合适的缓冲垫，也祝贺你具有很好的抗撞技巧。”[49]

1932年1月4日，丘吉尔与《每日邮报》谈好，以500英镑（约合现在2.5万英镑）的价格发表一篇关于这次事故的文章，标题是“我在纽约的不幸遭遇”。“对我来说，一氧化氮麻醉后那种恍惚的状态通常就是这样的，身体的密室已被外星能量占领。”他在谈到撞击的时候这样写道。[50] 之后他还写了一篇题为“我自始至终都很清醒”的后续文章。丘吉尔在新年前夜和家人去了巴哈马三个星期，他原计划在那里过圣诞节。[51] 总督比德·克利福德爵士“注意到他的前额上仍然有一块邪恶的疤痕”。[52]（这块疤痕在他头上留了很多年，曾有一些目击者回忆到二战期间，当他生气时，这块疤痕是如何变红的。）一家人住在拿骚的政府大楼里。丘吉尔“喜欢面朝下漂浮在水里，时不时地浮出水面换口气”，当他的女儿戴安娜大叫着，说她以为自己看到了一条大比目鱼时，丘吉尔顽皮地回答：“好吧，请别当木鱼敲它。”③ [53]

在丘吉尔重返开始执行禁酒令的美国时，勒诺克斯山医院的奥托·皮哈德医生为他开具了一份通用处方，上面写着：“兹证明温斯顿·S.丘吉尔阁下

---

① 巧合的是，1893年他在温伯恩从树上掉下来时，恰好就是这个高度。

② 1英制马力≈76.04千克·米/秒。——编者注

③ 他对克利福德说，他对双关语没有大多数人所持有的偏见，还炫耀了他自己用过的最好的双关语。那是他在塞纳港时编出的一句双关语：一群阿拉伯人登上他的船寻找他们的“元首”（表示“高官”的另一个单词），丘吉尔告诉他们：“是的，他刚才还在这儿施以‘援手’，但是现在不见了。”（克利福德，《总督》，第189页。）

在事故后康复期间需要使用酒精，尤其是在用餐时。饮酒量并不确定，但最低要求是 250 立方厘米。”[54] 丘吉尔用铅笔在上面写上了“随身携带”几个字。1932 年 1 月 28 日，他恢复了被推迟的巡回演讲，并履行了他最初承诺的 40 场中的 35 场，对一个又一次死里逃生的 57 岁的人来讲，这是对他康复能力的盛赞。在 6 周的时间里，他赚了 7 500 多英镑，那时，首相的年收入也只有 5 000 英镑。[55]

2 月 2 日，丘吉尔在芝加哥的联合联盟俱乐部说：“那些爱好和平、善良胆怯的人一直在忙于解除英语国家人民的武装，却在远东地区发展了一支新的海军力量。如果美国想建造一艘新战舰，我会说：‘建造吧，上帝保佑你。’”[56] 很显然，自 1927 年以来，他对强大的美国海军的态度已经完全改变。1932 年 1 月 28 日—3 月 10 日，他进行了一次马拉松式的巡回演讲之旅，跨越了 15 个州、28 个城市、41 天、11 700 英里。他访问的最北部城市是多伦多，最东部城市是波士顿，最西部城市是明尼阿波利斯，最南部城市是新奥尔良。这次旅程再次凸显出，他在美洲大陆的游历比那个时代的任何其他英国政治家都要多。在葛底斯堡，一个当时在场的人记录道：“他纠正了导游关于军队和枪支配置的错误，让大家大吃一惊。后来经过核实，丘吉尔先生是完全正确的。”[57]

3 月 9 日，丘吉尔在纽约接受了哥伦比亚广播公司的采访。他说：“我认为在大多数人的生活中，好运气和坏运气的最终结果都一样。有时候，看起来似乎是坏运气的东西可能会变成好运气，反之亦然……我做过很多愚蠢的事情，结果却很好，也做过很多明智的事情，结果却很糟糕。今天的不幸有可能带来明天的成功。”[58] 以他自己为例来看，这都是真的。但是随后，他做出一个糟糕的预言：“我认为在我们这个时代，不会再发生另一场世界大战。今天的战争已经没有了往日的辉煌，它就是赤裸裸的——赤裸裸的利益。昔日的盛况和情景已不复存在，现在的战争只是辛劳、流血、死亡、肮脏，以及充满谎言的宣传。① 此外，只要法国保持强大的军队，英国和美国

① 1940 年 5 月，他所做的最著名的演讲之一，就是关于这种宣传语言的一个变体的。

拥有优秀的海军，就不可能再发生世界大战。”[59] 关于英语民族的问题，丘吉尔指出：“在有关人类事务的峰会上，必须有一个组织力量，有一个国际联盟带头人，强大到足以带领大家走出目前的混乱，重新走向繁荣。”他说，世界繁荣与和平将会来自“两个世界债权国的共同行动”。他又补充说：“我对大英帝国的信心是不可动摇的。”[60] 他对美国也充满信心：“如果除美国之外的整个世界都沉入海底，美国社会是可以生存下去的，她将在草原和森林中雕刻出自己的生活。在不久的将来，她将在全国范围内强势复苏。”[61]

3 月 18 日，丘吉尔从南安普敦抵达帕丁顿车站时，收到了一辆价值 2 000 英镑的戴姆勒豪华轿车。这是他的 140 位朋友送给他的礼物，由布拉肯组织，辛克莱为司库，庆祝他逃脱了死神的魔爪。参与者都是丘吉尔最亲密的朋友，包括比弗布鲁克、布思比、坎罗斯、卡尔森、卓别林、达夫·库珀和戴安娜·库珀、格雷、霍恩、凯恩斯、麦克米伦、伦敦德里、莫恩、鲁琴斯、里德尔、斯皮尔斯、威尔勋爵、埃斯蒙德·哈姆斯沃斯、威斯敏斯特公爵和威尔士王子。[62] 在被问到的人中，只有利顿一人拿不出 15 英镑的份子钱。[63]“这个可爱的汽车礼物给我带来的喜悦，令我无以言表，”丘吉尔这样告诉另一位参与者伊恩·汉密尔顿，“最让我喜悦的，是促成这个礼物的那份友谊。”[64]

他的在野岁月在政治上也许是孤独的，但是在社交上从未如此。许多为这辆戴姆勒出份子钱的人都是“其他俱乐部”的成员，布拉肯、约翰·莱弗里爵士、爱德华·格里格爵士和埃迪·马什等人也在那一年加入该俱乐部。3 月，俱乐部为谁会接任麦克唐纳成为下届首相打赌，张伯伦、斯坦利·鲍德温、罗伯特·霍恩（他也在场，但是他赌不是自己）、沃尔特·朗西曼、约翰·西蒙爵士和赫伯特·塞缪尔等名字都有人提及，但是俱乐部“虔诚的创始人”本人却无人提及。[65]

1932 年 3 月 13 日，当丘吉尔乘坐“宏伟号”返回，行至大西洋中部时，德国大选首轮投票结果出台，阿道夫·希特勒赢得 1 100 万张选票，84 岁的保罗·冯·兴登堡赢得 1 800 万张。在 4 月 10 日的第二轮投票中，兴登堡以 1 900 万票再次当选总统，希特勒的选票也增加到 1 300 万票。7 月 11 日，丘吉尔首次公开提及希特勒。拉姆齐·麦克唐纳当时刚从洛桑会议回来，会上，法国和英国大幅削减了《凡尔赛和约》中规定的德国战争赔款，但是美国并没有免除英国和法国所欠的战争债务。丘吉尔在下议院也确认了此事："当然，任何能够消除德国和法国之间摩擦的事情都是好的。"

> 确实，德国仍需支付30亿马克的赔款。但是我注意到，希特勒先生，这位德国政府背后的推手，而且很可能不久之后就不再隐藏在背后，昨天抓住这次机会提出，在几个月内，这笔金额就会不到3马克了。在签署《条约》的羊皮纸上，墨迹尚且湿润着，此时就做出这样的声明真是令人震惊。因此我说，德国实际上已从所有赔款中解脱出来。迦太基式和约已不复存在。① 征服者也没有试图去榨干德国人，他们做的是完全相反的事情。自从战争结束以来，各国尤其是英国和美国向德国提供的贷款，远远超过德国已支付的赔款。事实上，贷款数额几乎超过赔款数额的一倍。如果说德国的处境是艰难的——目前每个国家的处境都是艰难的——那么并不是因为她生命的血液或珍贵的商品被胜利者攫取榨干。[66]

这一事实并没有阻止纳粹在仅仅20天后的德国国会选举中成为最大政党。

丘吉尔一生只去过德国两次，还只是在战前简短地参观军事演习，所以他对德国文化不甚了解。几年前他曾说："在德皇进军伦敦之前，我永远学不会这种粗野的语言！"[67] 1933年8月，他带着自己17岁的漂亮女儿（还是学生的萨拉）、曾在加里波利服役的军事历史学家里德利·帕肯汉姆-沃尔什上校（后来成为少将）和林德曼（他支付了大陆旅馆的账单），一起参观了马尔伯勒的多努比亚战场，包括布莱尼姆宫。这一行人在拉米利斯的一个谷仓上发现了大炮和子弹的痕迹，还在谢伦贝格发现了可辨认的战壕。丘吉尔给牛津大学历史学家基思·法伊林写信说："我能用逝者幽灵组成

---

① 像公元前146年罗马强加给迦太基的那种严酷的和平。

的军队，重塑他们闪闪发光的形象。”[68] 他曾对即将出版他的马尔伯勒传记的出版商乔治·哈拉普说：“我最喜欢 18 世纪。”[69]

8 月底，他差点儿在慕尼黑见到希特勒，当时，纳粹党的宣传人员，哈佛大学毕业的恩斯特·“普茨”·汉夫施滕格尔试图安排两人会晤。[70] 汉夫施滕格尔在希特勒的公寓里对他的领导说：“希特勒先生，难道你不知道丘吉尔一家正坐在餐馆里吗？……他们正在等你喝咖啡，你这样做会被认为是故意侮辱他们。”希特勒没有刮胡子，手头的事情也很多。“我究竟能跟他谈些什么呢？”他问。[71] 他们即使会晤，谈话也很可能不会太富有成果。因为丘吉尔通过汉夫施滕格尔给希特勒传了一条口信：“告诉你的老板，我认为反犹太主义对于他要做的事情来说可能是一个好的开端，但是绝不是一个好的标签。”① “为什么你们的元首会对犹太人如此暴力？”丘吉尔问汉夫施滕格尔，“对那些做错事的犹太人或是反对国家的犹太人感到愤怒，这一点我可以理解。在他们试图垄断任何行业的权力时，就要去抵制他们，这一点我也可以理解。但是，仅仅因为一个人的出身就反对他，这有什么意义呢？一个人对自己的出生又能帮上什么忙呢？”他用一句笑话结束了他对那次差点儿见面的描述：“希特勒就这样失去了与我见面的唯一机会。”[72] 汉夫施滕格尔声称，丘吉尔曾问他：“你们的元首对你们国家、法国和英国之间建立联盟有什么看法？”这是符合丘吉尔建立反苏联盟的兴趣的，但必须以希特勒改变其政权性质为代价。不管怎样，丘吉尔当时是没有能力给对方提供任何东西的。事实证明，没能与希特勒会晤对丘吉尔来说是件幸运的事情，因为几位曾与希特勒会晤的英国人后来都为此感到尴尬，比如劳合·乔治、温莎公爵，还有丘吉尔的堂兄伦敦德里勋爵。

丘吉尔在 16 年后出版的《第二次世界大战回忆录》中写道：“当时我对希特勒没有民族上的偏见，对他的信条或有关他的记载知之甚少，对他的性格更是一无所知。我钦佩那些在失败时为国家挺身而出的人，尽管我是在胜利者这一方。如果他愿意，他原本完全可以成为一个爱国主义者。”[73] 1932

---

① 在后来谈到这一事件时，丘吉尔把“不是一个好的标签”改成了“不是一个好的支撑”。（*CIHOW*，第 12 页。）

年11月23日，希特勒上台前两个月，丘吉尔发表了他关于德国军备的第一次重要讲话。他谈到波兰、罗马尼亚、捷克斯洛伐克和南斯拉夫的边界安全在多大程度上取决于《凡尔赛和约》的实施，并提到希特勒的青年时期：

> 我尊重并钦佩德国人，希望能与他们建立良好的感情和富有成果的关系，但我们必须看到的一个事实是，我们每做一次让步……紧随其后就会出现一个新的需求……现在的要求是允许德国重新武装起来。诸位不要自欺欺人，不要让陛下的政府相信……德国所要求的只是平等的地位……德国追求的并不是这个。所有这些强壮的日耳曼青年，带着为祖国受苦的渴望，迈着整齐的步伐走在德国的大街小巷上，他们追求的并不是平等地位。他们寻找的是武器，他们一旦拥有了武器，相信我，他们就会寻求要回失去了的领土和失去了的殖民地。他们一旦提出这样的要求，就一定会动摇甚至破坏我刚刚提到的那些国家的基础，还有其他一些我没有提到的国家。[74]

这次演讲在英国政界和新闻界几乎没有引起什么反响。问题就在于，几十年前人们就从他那里听到过这种事情。自从1897年，他把华丽铺张的语言规定为演讲的一个重要组成部分起，他就一直坚持不懈地使用这种语言。英国人民能以不同程度的准确性，回忆起他是如何预测爱尔兰内战、波兰和德国的布尔什维克主义、反对基马尔主义的土耳其战争、大罢工中的流血事件，以及印度北部的法律和秩序崩溃的，迄今为止这些事情大部分都已发生。因此，当20世纪对文明最大的威胁真正到来时，公众已经习惯了丘吉尔扮演卡桑德拉，这位不怎么灵光的凶事预言家，因此已不再相信他。更糟糕的是，许多不信任他的判断力、蔑视他的雄心壮志的议员相信，他提出这些警告是出于他的自身利益，而不是真正关心此事。联合自由党议员罗伯特·伯奈斯12月写道："温斯顿的演讲一直是本届议会迄今为止最好的演讲，但《泰晤士报》不断谎称，这些演讲的品位很差，而且违背公众利益。"[75]伯奈斯也怀疑丘吉尔的诚意。1933年2月，针对丘吉尔因失业问题而抨击内维尔·张伯伦的一个10分钟的演讲，伯奈斯进行了这样的描述："这是我听到的本届议会对政府提出的最严厉的指控。温斯顿真的很动情，尽管这种感情很可能是那种女演员的感情——她把自己搞得如此感动，甚至在化妆室里也无法克制自己。"[76]

1933年1月30日，冯·兴登堡总统任命希特勒为德国总理。几周后，丘吉尔对下议院说："感谢上帝赐予法国军队。"他认为法国军队是世界上最好的，也是对抗德国复仇主义最可靠的堡垒。[77]在接下来的6年里，他将会做出许多后来被证实是错误的预测和声明，就像过去30年一样。但是一个不可否认的事实是，他是第一个，在很长一段时间内也是唯一一个，对希特勒的威胁提出警告的高层英国政治家，同时也是最雄辩、最了解情况的一个。他警告大家，希特勒对和平、对文明、对大英帝国正在造成越来越大的威胁。另外，正像我们还将看到的那样，他也为此提供了实际的应对及解决方案——这就是为什么1943年，当罗斯福问他应该把这场战争称作什么时，丘吉尔回答："不必要的战争。"[78]

丘吉尔很快就开始在查特韦尔庄园接待各个领域的专家，他们对德国的军事实力和计划，以及英国的军事弱点提出一些警告。他的首席情报顾问德斯蒙德·莫顿经常负责协调这些接待工作。莫顿曾是军情五处的特工，现任帝国国防委员会经济战分委员会委员，他就住在附近。来访者包括外交部的罗伯特·范斯塔特爵士和拉尔夫·威格拉姆，还有1930年—1932年担任德国总理的、反纳粹的海因里希·布鲁宁，英国皇家空军中校军官托尔·安德森和空军上校拉克兰·麦克莱恩，以及皮埃尔·科特和莱昂·布鲁姆，法国人民阵线的两个政治人物。这些人向丘吉尔提供了事实、数据、论据和真知灼见。他们这样做是非常勇敢的，有时会危及自己的职业生涯。这些人帮助丘吉尔全面了解了纳粹的威胁，以及英国政府对此是如何反应不足的。

在野的这些年，丘吉尔还接触了进攻性坦克战的两位主要支持者：记者里德尔·哈特和军事历史学家J. F. C. 富勒少将，与他们保持通信或会面，直到富勒的法西斯主义倾向变得明显起来。2月中旬，丘吉尔在与里德尔·哈特会面后给他写信说："探索机械化师的长度是有意义的，但真正的考验无疑是他们通过某个特定点的速度。"[79]和以往一样，他尽可能要跟上战争技术的发展。到20世纪30年代中期，英国没有哪位主要政治家能够像他那样，清楚地了解英国和德国军队的能力与局限。

1933年2月9日，牛津大学辩论社以275票对152票通过了一项动议，认为“本届下议院在任何情况下都不会为国王和国家而战”。丘吉尔称其为“一个卑鄙、肮脏、无耻的公开声明”。[80] 伦道夫回到他的母校，试图在三周后一场激烈的辩论中推翻这一动议，但是以750票对138票被击败。丘吉尔在写给休·塞西尔的信中自豪地提到自己的儿子：“没有什么比同时代的1 000个人对你的敌意更令人痛心的了，但是他没有被打垮。”[81] 8天后，丘吉尔在伦敦向反社会主义和反共产主义联盟发表演讲，称牛津大学的投票是“一个令人非常不安和恶心的病症，当人们读到牛津大学以‘年轻的英格兰’的名义发出的信息时，几乎就可以感觉到德国、意大利和法国成年男子嘴唇上挂着的那一缕轻蔑”。[82] 丘吉尔在演讲中称墨索里尼为“人类最伟大的立法者”。[83] 他发表的关于日本的评论也差不多同样不幸运，而且日本在1931年已经入侵中国东北：“我希望在英格兰，我们可以尝试着理解日本的处境。这是一个古老的国家，具有最高的民族荣誉感、最强烈的爱国主义热情，人口众多、能量非凡。一方面，他们看到了来自苏联的黑暗威胁，另一方面他们也看到了中国的混乱，现在有四五个省份在共产党的统治下正在饱受折磨。”[84] 和对墨索里尼的看法一样，他让自己的反共产主义观念模糊了自己的判断力。

2月27日，德国国会大厦在无人察觉的情况下被烧毁，危机感在德国进一步增强。6天后，纳粹赢得了1 700万张选票，占普选的44%。3月，丘吉尔在下议院发表演讲，第一次谈到尽快扩大皇家空军规模的迫切需要。这或许是他在未来6年内向英国传达的最重要的信息。“整个演讲，”伯奈斯总结道，”虽然呼吁的是现实主义，但实际上体现了战争心态的复活。”[85] 这个表面上看似矛盾的境况，蕴含着丘吉尔面临的一个巨大问题，那就是这个国家和帝国在一战中所遭受的深重苦难。

3月24日，在给予希特勒独裁大权的《授权法案》颁布当天，丘吉尔说：“当我们惊奇地、痛苦地读到、看到，在德国，凶残的暴动与战争精神不断涌现，对少数民族无情的虐待到处可见，仅仅因为种族而拒绝对大量文明社会成员提供正常保护的情况正在日益增长时……我们不禁感到高兴，因为到目前为止，德国正在肆虐的那种强烈的激情，除了在德国人自己身上找到了发泄渠道外，还没有找到别的出口。”[86]

4月1日，德国对犹太人的迫害正式开始，政府精心策划了一场抵制所有犹太企业和行业的全国性运动。街头的褐衫纳粹暴徒负责实施迫害计划，他们利用一切机会对犹太人进行残酷的攻击和羞辱。丘吉尔的亲犹太主义在托利党议员中是极为罕见的，因此也是极为珍贵的，让他比任何人都更早地看清了纳粹政权的本来面目。多年后艾德礼回忆道：“我记得在战争爆发前一天，他在下议院告诉我德国对犹太人做了什么时，泪水顺着他的脸颊流下来。”[87] 4月13日，丘吉尔谴责了希特勒“最残酷的独裁统治。他们的表现是这样好斗好战，他们对犹太人的迫害是如此凶残……当我看到他们所发的脾气，读到他们几位主要部长的讲话时，我忍不住感到欣喜：德国人还没有重型大炮，没有成千上万不同型号尺寸的军用飞机和坦克，因为他们一直还在被施压，以确保他们的地位只可能与其他国家持平”。[88] 他警告说：“德国与其邻国实现了军事上的完全平等，但是其自己的委屈和不满却还未得到宣泄，还处在我们不愿意看到的那种情绪中。此时，我们当然应该测量一下，我们距离欧洲重新爆发全面战争到底还有多远。”[89]

人们不喜欢听到这种不祥的预言是很自然的事情，尤其是那些在上次战争中失去父亲、儿子、丈夫和兄弟的人。和平主义当时正盛行——1934年—1935年，1 160万英国人在和平联盟的“和平投票”上签了字，人们更容易在心理上把丘吉尔视为一个战争贩子，而不是面对如此可怕的事实，即1914年—1918年死于战争的75万名英国士兵，本不必参战“去结束战争”。与此同时，丘吉尔为《凡尔赛和约》和其他战后条约进行了辩护，认为这些条约“建立在当今世界最强大的原则之上，即国家主义原则，或者如威尔逊总统所说，是‘国家自主权’原则……英国外交政策的首要原则，应该是强调对这些伟大条约的尊重，并使那些依赖这些条约才能生存的国家，或是因为这些条约才产生的国家感到他们的安全没有受到任何威胁”。[90] 许多英国人认为《凡尔赛和约》对德国人太苛刻了，希特勒只是想修改它。

4月，丘吉尔在接受英国圣乔治皇家学会采访时表示：

几个世纪以来，英国人的一个特色使我们付出了高昂代价：我们总是在胜利后把自己在斗争中获得的大部分优势扔掉。我们遭受的最严重的困难并非来自外部，而是来自内心……首先是我们自己的知识分子中有一股很强势的力量，把我们抛进一种毫无理由的自卑情绪中。还有我们的大部分政客，也接受了失败主义学说……什么也救不了英国，如果我们不自救，如果我们失去了对自己的信心，失去了引导和统治的能力，如果我们失去了生存的意愿，那么我们只能变成听故事的一方，而不是写故事的一方。[91]

这也不是人们想听的话，尽管这已经成了丘吉尔经常重复的一个排比句。许多人认为，第一次世界大战造成如此巨大的损失，所以应该给予德国各种各样的通融和妥协，以避免第二次世界大战发生。但丘吉尔的观点截然不同。对他来说，正是因为牺牲如此惨重，才绝不能允许希特勒实现对欧洲的统治，这会使失去的生命遭受玷污，这也正是他们拼死建立早期德国政权的目的之所在。

他还对该学会说：“很可能我们历史上最辉煌的篇章还没有被书写出来。的确，正是这些围绕着我们和我们国家的问题和危险，才应该让这一代英国人为自己能够在这个时代来到这个国家感到高兴。我们应该为命运赋予我们的责任感到高兴，为我们在这个关系到国家生死存亡的时代成为国家的守护者而感到自豪。”[92]希特勒在那个阶段还没有入侵任何地方，而且在随后的近三年也没有侵略他国。这篇演讲还因为丘吉尔对英国特色的看法而著称。他说：“我非常钦佩苏格兰人，我对威尔士人也非常友好，尤其是其中的一个。”他是指劳合·乔治。他补充道：

我必须承认，尽管老爱尔兰试图戴上丑陋的面具，我对她还是有一些感情的。但今晚不属于她。一年之中只有这一个晚上，我们可以使用那个被遗忘的，几乎是被禁止的词。我们可以提到我们自己国家的名字，可以自称为“英国人”，甚至可以打出“圣乔治为‘可爱的英格兰’而战”的标语……我想冒昧地提几件关于英格兰的事情，这些话并无恶意——在英格兰，很少有人会想到银行可能会对储户关闭大门这种事；在英格兰，没有人质疑代表法律与正义的法庭的公正性；在英格兰，没有人想过要因为一个人的宗教信仰或种族去迫害他；在英格兰，除了罪犯，每个人都把警察看作公众的朋友和仆人；在英格兰，尽管我们承担着沉重的负担，但我们比任何其他国家都更同情贫穷和不幸；在英格兰，我们可以维护公民反对国家或批评现政府的权利，与此同时还要实现我们对王权的责任，或是对国王的忠诚。[93]

他本能上就会觉得，英国人做事的方式优于纳粹。当年8月，他在下议院的吸烟室里开玩笑说："现在谈论匈奴人的血腥，就是思想进步的体现。"[94]

5月，前保守党主席，现任印度宪法改革特别委员会主席的林利斯戈侯爵指责丘吉尔，说他想要"重建1900年的印度"。丘吉尔就此事给他写信，做出强有力的回应。因为战争阴云密布，其他人都没有注意到，但对丘吉尔来说越来越明显。在信中，他将自由主义者对印度的看法与即将到来的反纳粹战争联系起来。"你认为未来只是过去的延伸，"他写道：

而我发现历史充满了意想不到的转折和倒退。20世纪初期那种温和且模糊的自由主义，以及随着第一次世界大战的停战协议而来的梦幻般的希望和幻想的涌动，现在已经被反对议会及竞选程序的暴力行动取代，被真实的或是掩盖在面纱之下其实几乎在所有国家都存在的独裁统治取代……一直以来，你和你的朋友们都在滔滔不绝地说着那些陈词滥调，畅谈着安逸又安全的胜利时光，但是这样的时光已经过去，潮流已经逆转，且必将吞噬你们。在我看来，英国正在开启一个新的战斗时期，她需要为自己的生命而战……只要我们确信，我们不对印度提出不符合其真正利益的要求，我们就有理由去使用我们毫无争议的权力，为了印度人的福祉，也为了我们自己的利益。你们的计划已经落后了20年。[95]

7月，“其他俱乐部”举办了创建20周年纪念晚宴，共49人出席。1919年—1924年担任南非首相的扬·史末资发表讲话，说伯肯黑德和丘吉尔本应成为英国首相。“这么说吧，如果我的老朋友能谨慎一点儿的话，他还是会走到那个位置的。他是不会沉没的，但他必须谨慎。”[96]丘吉尔回应说：“我的看法实则不同……关于首相的职务，他是有所了解的，可他仍然相信这个职务能够带来难以表达的喜悦！”[97]很难相信在座的人有哪一个会相信丘吉尔的话。然后，他动情地谈到那些已经去世的俱乐部成员。他说：“我要给你们读一份名单，因为它会让你们回忆起逝去的朋友们的脸庞、他们亲切和蔼的笑声、那些欢愉的眼神中闪耀的光芒，以及他们的友谊与鼓励。亨利·威尔逊爵士被暗杀的子弹夺去了生命，基钦纳勋爵被敌人淹死；卢卡斯勋爵在几千英尺的高空中战斗时阵亡，汤米·罗伯茨和尼尔·普里姆罗斯分别在法国和巴勒斯坦被杀。”他回忆起另外两个成员，即约翰·考恩斯爵士和拉明·沃辛顿·埃文斯爵士，他们两个由于在战争中的工作压力，分别于59岁和62岁去世。他随后补充说：“很难相信他们都已离我们而去，只有想念他们才会给我们带来新的希望，让我们觉得在某个地方，以某种方式，所有真正的友谊都会转世再聚。我不觉得他们对自己的死亡会感到不悦。”[98]劳合·乔治罕见地出现在晚宴上，他回忆起1911年因为怨恨和党派纷争，大家对彼此所宣泄的怒气，给彼此所起的诨号：“在有些场合关于温斯顿的一些说法，在这样一个非常受人尊敬的俱乐部里，恕我就不重复了。”①[99]

据丘吉尔的司机山姆·豪斯回忆，丘吉尔“在那里总是玩得很开心，总是在凌晨2点左右才出来，或早或晚都不超过一小时，心情非常愉快”。[100]有一次，他为萨沃伊上层的窗户献上了一首小夜曲，唱了吉尔伯特和沙利文的《彭赞斯海盗》中《警察的运气不怎么好》这首歌的全部歌词和副歌。唱这首歌也没什么不妥，因为他刚刚一直在萨沃伊的皮纳法罗厅用餐。他的歌一直唱到守门人抱怨说，这位前财政大臣“正在让自己变成一个讨厌鬼”。丘吉尔在凌晨1点半回家的路上，给豪斯指出了猎户座，并向他解释

① 那些话再怎么令人不快，也比不过他自己在第二年2月对他的情妇所说的话：“他会用自己母亲的皮做一张鼓，来为他自己敲响赞歌。”（泰勒编辑，《劳合·乔治日记》，第253页。）

了1898年在埃及沙漠中，“那一组星星如何救了我的命”。

10月初，丘吉尔出版了《马尔伯勒传》的第1卷。这本100万字的书于1933年—1938年间共分四卷出版，丘吉尔花了很长时间进行研究和写作，就像马尔伯勒花了很长时间参加西班牙王位继承战争一样。他用优美的奥古斯都时代古典文学散文讲述了他祖先的故事，同时发现了一些新的信息来源，纠正了早期历史学家的错误，了解了一些外语文献。这是一部总体上来说非常杰出的历史和文学作品，吸引了大量学者型读者和普通读者。[102]（所有这些都来自这样一个人，他的父亲曾经说：“他几乎完全谈不上聪明，也没有获得一份稳定工作所需的知识和能力。”）[103]丘吉尔弄错了马尔伯勒的出生地——应该是德文郡的特里尔，而不是一英里外的阿西亚豪斯。但是除此以外，由于他把自己所有的时间都耗在出版关于自己这位显赫祖先的书上，所以书中的叙述非常准确。[104]

1965年2月，哈罗德·麦克米伦在“其他俱乐部”为丘吉尔致悼词时说：“他有10年没有担任政府职务，当时他正在撰写他伟大祖先马尔伯勒的生平传记，这为他的伟大奠定了基础。”[105]丘吉尔的主要研究人员、年轻的牛津大学历史学家莫里斯·阿什利写道，丘吉尔那时的亲身经历对这本书至关重要，因为“他能感受到，政治家和指挥官们的思想在那个遥远的时代是如何变化的”。[106]

丘吉尔极力捍卫祖先的声誉，反对托马斯·巴宾顿·麦考利等历史学家的“冷嘲冷讽、诽谤和严厉指责”。麦考利甚至表示：“我们只能希望，真相会很快出现，把‘说谎者’这个标签贴在他文雅的外套后面。”[107]麦考利对马尔伯勒的主要指责是：他是个自私自利的人。这正是丘吉尔本人一生中不断被贴上的标签。

通过思考他的祖先是如何实现联盟国家联合作战的，《马尔伯勒传》的写作也让丘吉尔的战略观点得到进一步发展，当时丘吉尔的观点已经深受一战的影响。[108]他在谈到西班牙王位继承战时写道：“这是一场外围反对中心的战争。”直至1710年，马尔伯勒一直是陆军总司令，也是反对法国霸权的国家联盟的领导人。丘吉尔钦佩他，因为他“在一个想要发动战争却庞大笨拙的联盟中，在各种阴谋诡计、矛盾目标和折中措施”中，创造了一种单一的战略。[109] 在政治上，他认为马尔伯勒是“历史上任何君王的仆人中最伟大的一个，他始终坚持做一个仆人”。[110] 在旁敲侧击独裁者时，他这样写马尔伯勒：“他要的不是拿破仑所要的奖赏，也不是后来的那些廉价版。”[111] 所有这些都为他后来将要扮演的角色做好了充分的才智上的准备。

丘吉尔还批评了“我们当今的将军们”，对他们来说，“身体上的侵扰不复存在，没有危险需要面对，没有必要匆匆忙忙……即使在最严重的危机中，也几乎总还是有空闲先开个会”。与之相反，马尔伯勒却“常常身处战火最灼热的地方，时刻牢记着他的军队中每一个单位的位置和情况，大声地下达命令”。[112] 该书有许多很好的警句，比如，当年轻的马尔伯勒厚颜无耻地与国王有权势的情妇克利夫兰公爵夫人上了床后，就有这样一句警句：“欲望与机会同行，两者都没有被拒绝。”[113] 还有他对马尔伯勒对自己妻子萨拉的爱所做的描述：“这种爱持续到永远，从此以后，他们俩一生中谁也没再爱过别人，虽然萨拉恨的人不少。”[115] 马尔伯勒在胜利时表现出的宽宏大量使其“征服的艺术”臻于完美，使“被征服者对他所给予的赞扬心存感激”。

丘吉尔还讲到了马尔伯勒的吝啬，据说为了省墨水，他在字母“i”上不加点。丘吉尔认为这是值得称道的节俭，他还诠释了1688年马尔伯勒背叛詹姆士二世的深层原因，认为这一行动帮助英国改变了地缘政治轨迹，从亲法的天主教暴政，走向“英国的崛起和其在欧洲的霸主地位，同时遏制并破坏了法国唯我独尊的强大势力”。[116] 路易十四当时正统治着欧洲大陆，这一点是无可争议的。但丘吉尔是这样描述马尔伯勒的：“他身先士卒，率领军队冲向前线，摧毁法国骄傲的统治。他甚至可能在这么早的时候就已看出，在法国恢宏的废墟上，将建起英国的伟大辉煌，这种辉煌应该传向全世界，无论是多远的地方，并在未来打下自己的印记。”[117]

在麦考利 ① 等人看来，马尔伯勒卑鄙地背叛了自己的阵营，丘吉尔却将其重新塑造为一个国家崛起的辉煌开端。然而，他对自己的祖先随时愿意妥协这件事也心知肚明。1935年，他在写给克莱门汀的信中说：“他是一只多

① 他使用了“罪恶和耻辱”“卑鄙”“大骗子”等字眼。（麦考利，《英国历史》第二卷，第9章。）

么毛茸茸的鸟啊！他总是会俯身去征服。他在王廷里当了很长时间的学徒，这使他学会了卑躬屈膝，如果得不到最好的，就要退而求其次，要能够忍受第二或第三好。”他对自己祖先最后的概述是：“一个勇敢、骄傲、仁慈、耐心（如果必要的话）也会卑躬屈膝的天不怕地不怕的英雄汉。”[118] 丘吉尔没有耐心，也不会卑躬屈膝，但是在其他方面，马尔伯勒还有克里孟梭是他的榜样。

丘吉尔讲述了马尔伯勒如何重组英国军队，使其在训练、纪律和打仗的能力上取得了长足进步。后来他失去了国王威廉三世的宠爱，一度被囚禁在伦敦塔。“10 年过去了，一生的机遇似乎就要消失了……这时他再次获得行使军事指挥权的机会。”丘吉尔写道。[119] 他接着补充道：“在他沉思于这些被浪费掉的机会时，在他被小心翼翼地看守着，却深信自己有能力很快重新收拾好局面时，我们怎么会对他精神上的愤怒感到不可思议呢？要知道，没有任何先知的灵魂会在他身旁低语：‘忍耐！机会还是属于你的。’他的忍耐几乎众所周知，他必须忍耐。”[120]

“你真是个了不起的人！”鲍德温给他写信说，“有时我在自己的小书库里看着那一排书就会想，你怎么能挤出足够的时间，付出如此体力来独自完成这些著作？即使对一个专门从事历史写作的人来说，仅最后一本书也意味着多年的工作。”[121] 对丘吉尔来说，书写历史必然离不开创造历史。和他所有的作品一样，《马尔伯勒传》除了向我们讲述其自身的主题之外，也讲述了作者本人。[122] 他写到 17 世纪 90 年代早期的马尔伯勒，“已经跌落到一个次要的、令人不快的位置上，成为一个专门批评一些处理不当的事务的批评家，然而那些事务的主要意图他也是同意的”。[123]

1934 年 10 月，丘吉尔出版了《马尔伯勒传》第 2 卷。这一卷是关于建立政治友谊与政治联盟的，尤其谈到马尔伯勒和萨沃伊的尤金王子之间至关重要的关系。马尔伯勒曾经被指责为盲目的盎格鲁中心主义者，丘吉尔不吝赞誉，让尤金与他的祖先分享了这一荣耀。他们的友谊是 1701 年从书信开始的，两人直到 1704 年才有机会见面。但是一旦见了面，丘吉尔写道，他们“就立刻有了战斗中的兄弟友情，无论是胜利还是不幸都无法将他们分开。在这种友谊面前，嫉妒和误解是无能为力的。在人类战争历史上，也根本找不到相同的友谊”。[124] 至少是在 240 年后，丘吉尔与罗斯福总统建立起同样重要的亲密关系之前。

美国政治学家施特劳斯认为，《马尔伯勒传》是20世纪最伟大的历史著作。一位现代历史学家敏锐地将该书描述为“（丘吉尔）自我政治教育的巅峰之作”。[125] 丘吉尔的退路很多——他在政治之外还有许多不同的兴趣，这意味着他可以比大多数专业政客更超然地看待政治，因此不会做出其他人为了获得职位或继续执政而做出的妥协。

1932年11月当选美国总统的富兰克林·罗斯福，在与丘吉尔第二次会晤前很久，就开始和他热络起来。《马尔伯勒传》可能就是他对丘吉尔产生兴趣的原因之一。丘吉尔听说这位总统的儿子詹姆斯正在英国，便于10月8日邀请他来到查特韦尔庄园。饭后，他请每位客人说出自己最大的愿望，轮到他本人时，丘吉尔说：“我希望成为首相，能与美国总统保持密切的日常沟通。如果我们能站在一起，那么没有什么是我们做不到的。”[126] 然后他拿起一张纸，画了一个英镑和美元交织在一起的符号，他把这个符号叫作“英镑–美元”，然后他说：“请把这个带给你父亲，告诉他这一定是未来的货币。”詹姆斯回答，如果他父亲更愿意叫它美元–英镑呢？丘吉尔微笑着说：“都一样，只要我们站在一起。”[127] 他递给詹姆斯一册《马尔伯勒传》，请他交给他父亲，上面写着关于罗斯福“新政”的题词：温斯顿·S. 丘吉尔送给富兰克林·D. 罗斯福，衷心祝愿现代最伟大的十字军东征取得成功。两个月后，他通过第三方得知，总统正在“非常愉快”地读着这本书。[128]

第16章

拉响警报
（1933年10月—1936年3月）

当一群残暴的人从底层爬到大权独揽的独裁统治时，生命、法律或自由就不再有任何保障。

——1934年7月7日，丘吉尔对万斯特德选民的演讲[1]

在英国的阳光消散时，丛林中寻找猎物的猛兽就开始骚动起来。

——1935年11月，丘吉尔的竞选传单[2]

1933年10月14日，德国退出日内瓦裁军会议，一周后又背弃了国际联盟。11天后，一位和平主义工党候选人以29.3%的优势赢得了富勒姆东区的补选。此前，工党领袖乔治·兰斯伯里曾经告诉选民："我将关闭所有征兵站、解散陆军、解散空军、废除所有可怕的战争装备，然后告诉整个世界，'随你怎么办吧'！"[3] 当兰斯伯里暗示工党绝不会同意希特勒重整军备时，丘吉尔在下议院讽刺地回应道："这位正直可敬的绅士能肯定德国人会在重整军备之前征得他的同意吗？他难道不认为他们可能会省去这一道手续，根本不会经过他们工会联盟的集体表决就直接行动吗？"[4]

鲍德温担心，任何大规模军备重整的公开行动都可能会在选举中毁掉国家联合政府。他这样想也许是对的。丘吉尔在富勒姆补选后曾私下预言："工党很可能在下次大选中大获全胜。"[5] 几天后，他在一次晚宴上说，他已转向“国际联盟”，认为这是建立“抗德统一阵线”的唯一希望。当罗伯特·塞西尔问他，为什么在日本入侵中国东北后不支持对日本实施制裁时，他说，中国太遥远了，国际联盟的成败“取决于欧洲的态度。战争现在已经变成一件野蛮的事情，它所有的魅力都已消失，只不过就是办事员拉动操纵杆的事情”。[6]

德国退出裁军会议一个月后，丘吉尔对1932年以来政府一直试图在日内瓦重启世界裁军会议的做法提出批评，他宣称荷兰、丹麦和瑞士都在进行军备重整，因为“他们都比邻德国，这个世界上最可怕的民族，现在也是最危险的民族，一个给孩子灌输嗜血心态的民族，一个信仰将边界变成侵略起点的民族”。[7] 在白厅，一个由高级军官和公务人员组成的新国防需求委员会讨论了必须同时与日本和德国作战的问题，并最终确定，尽管来自日本的威胁更迫在眉睫，但德国才是“终极敌人”。他们（非常有先见之明）的结论是，如果英国要在20世纪30年代末做好战争准备，就必须在30年代的后半段进行大规模军事准备。[8] 但是内维尔·张伯伦担心，重整军备的费用会威胁大萧条后不稳定的经济增长，他拒绝支持军备所需的必要开支。

1934年2月7日，丘吉尔敦促他的议会议员同僚们，要直面英国在空军方面准备不足这一令人遗憾的问题。他的核心论点是，英国需要重建那些能够迅速转变为军工厂的民用工厂：

> 整个欧洲都在发展空军，而且发展得很快……而我们做了什么？一小时也不能耽搁了。这些事不可能一蹴而就……空战这该死的、可怕的发明，及其迅猛的发展，已经彻底颠覆了我们的地位。我们再也不是20年前作为一个岛国那样的国家了……这是一个国家安全与独立的问题，是现在需要面对的前所未有的新问题。[9]

他坚称：“近些年来，尤其是最近三四年来，一种新形势已经出现。我担心，这种新形势，是通过不断揉搓裁军会议的伤口，直到将其变为癌症才得以出现的，或者也与在德国突然涌现的纳粹主义①有关，而德国如今正在偷偷摸摸地进行着大规模军事准备。”在2月的那次演讲中，丘吉尔描述了一个被德国发出最后通牒的噩梦：“只给我们几个小时，如果得不到满意的答复，那么在几小时后，伦敦将炮火连天，房屋哗啦啦的倒塌声，再加上大火肆虐和浓烟滚滚，这一切将会让我们认识到，我们离自己本可以达到的空中防御能力到底有多远。我们从未像现在这样容易受到伤害。”[10]他呼吁建立一支“至少和任何能够袭击我们的强国一样强大的空军”。[11]支持裁军的伯奈斯事先在吸烟室里听到一部分丘吉尔正在练习的演讲内容。他注意到，丘吉尔在用癌症做类比时，真的在手指上揉搓着想象中的伤口。于是他写道：“温斯顿做得好极了……就是我自己也不由自主地觉得，那里面可能真的有什么东西。”[12]

然而，同意他观点的人少之又少。2月晚些时候，丘吉尔对牛津大学保守党协会说，“为了我们岛上家园的安全”，重整军备是必要的。当时迎接他的却只有嘲笑声。[13] 3月，他在下议院继续强调加强空中防御的必要性时说：“所有的历史都证明，依靠外国而不是自己的右臂来自卫是危险的……我深恐有一天，威胁大英帝国心脏的方法会落入德国现任统治者手中……这一可怕的事实已初露端倪。德国正在武装起来，正在迅速地武装起来，没有人能阻止它。”[14]伯奈斯记录了丘吉尔是如何“走来走去，即使坐着也不安稳，急着想要站起来。他就像一个拳击手，等待着‘时间到，助手退场’的命令”。[15]

1934年4月，丘吉尔发现，头一年的11月，德比勋爵和塞缪尔·霍尔曾非法操纵曼彻斯特商会提供给“印度问题下议院特别委员会”的证据，通过给曼彻斯特商会成员施压，让他们改变印度自治会对英国贸易产生不良影响的说法。他决定将此事提交下议院特别委员会处理。在印度自治会对英国贸易产生不良影响这一论点上，兰开夏郡棉纺厂的核心意见与丘吉尔的观点

① 他发“Narzees”和“Narzism”的方式与我们今天的发音非常不同。莱斯利·霍尔–贝里沙在战后写道：“当他说到‘Narzis’（纳粹）时，他会把元音拉长，通过这种发音方法，他就可以在自己想要强调每一个短语，甚至是想要强调每一个词的意义时，把它强调出来。”（伊德编辑，《同时代人》，第395页。）作家彼得·弗莱明称赞丘吉尔：“对于诸如‘纳粹’这类的外来词，他坚决拒绝除了最具岛国特点的发音以外的任何发音。”（弗莱明，《入侵》，第141页。）

一致。第二天，丘吉尔在议会演讲中指责德比和霍尔犯下了“重罪”，引起一片哗然。[16] 丘吉尔听到的只是传闻和猜测，曼彻斯特商会成员都不愿意公开承认，德比或霍尔曾直接向他们施压，要求他们改变声明，淡化印度自治可能对曼彻斯特纺织业造成的负面影响。随着德比和霍尔的声誉和职业生涯变得岌岌可危，整个问题也变得极为棘手，尽管保守党在这两个委员会中都占据了多数席位。[17]

霍尔在回忆录中称，对他和德比篡改曼彻斯特商会证据的指控是“毫无根据、不负责任的，很快就被一笑置之”。[18] 特权委员会成立后，10 位成员之中只有休·塞西尔勋爵一人（丘吉尔的伴郎和密友）支持丘吉尔。其他几个人，包括鲍德温、麦克唐纳、托马斯·因斯基普、克莱门特·艾德礼、赫伯特·塞缪尔爵士和资深工党政治家阿瑟·格林伍德，都是《印度政府议案》的主要支持者。委员会召开了 16 次会议，听取了 15 名曼彻斯特商会成员的证词。由于丘吉尔无法用足够的物证证明他的指控，霍尔和德比的行为不当被彻底澄清了。

然而，曼彻斯特商会印度分部主席却承认，他们确实被施加过影响。德比在写给曼彻斯特商会成员的一封信中说：“你们得明白，我必须扮演的角色是一个对此事一无所知的无辜旁观者。”而首相提出，如果丘吉尔愿意放弃这个问题，就给他提供一份工作。政府拒绝公布全部证据，并对委员会的报告进行了投票。[19] 在 6 月的下议院辩论会中，丘吉尔也没有取得任何进展。在回答他的问题时，利奥·阿梅里说：“他（丘吉尔）必须不惜一切代价忠实于自己选择的座右铭：*fiat justitia ruat caelum*。”① “翻译一下吧。”丘吉尔要求道。阿梅里回答：“我会把它翻译成本国语的——要是我能把山姆绊倒，政府就完蛋了。”整个下议院都哄堂大笑起来。[20] 丘吉尔事后在吸烟室里懊悔地承认：“我不应该说那句话，简直大错特错。”[21] 8 月 13 日，印度总督夫人威灵顿太太对驻埃及高级专员迈尔斯·兰普森爵士说：“温斯顿·丘吉尔的支持率已经低到前所未有的程度，他在印度问题上弹劾德比的愚蠢

① “纵使天塌下来，也要让正义得以伸张。”（奥地利斐迪南一世的座右铭。）

做法是主要原因。”[22]

丘吉尔对西里尔·阿斯奎斯说，他“对自己遭受的恶劣对待一直无法释怀，我希望有一天能把这种恶劣行径钉在耻辱柱上，就像猎场看守人会把白鼬和黄鼠狼钉死一样”。[23] 直到 20 世纪 70 年代，也就是丘吉尔去世多年后，丘吉尔的官方传记作家马丁·吉尔伯特才在印度事务部的档案中发现一封绝密信件，是 1933 年 11 月 3 日霍尔写给威灵顿勋爵的。信中说：“德比对曼彻斯特商会非常好，他劝导他们撤回了一份之前呈交给委员会的备忘录，告诉他们这份备忘录的内容是危险的、过激的。幸好我之前阻止了这份备忘录发出去，他们现在送来的替代文件已经完全没有什么妨害了。”[24] 丘吉尔从来不知道有这样一封信，但他一直是对的。然而，这件事在短期内的影响，就是削弱了他在议会中的地位，降低了他说服其他议员相信有关德国事态严重性的能力。

1934 年 6 月 30 日，在一次被称为“长刀之夜”的清洗行动中，希特勒下令逮捕并处决了数百名他认为实际上的或潜在的政治对手，全部未经审判。《泰晤士报》认为：“希特勒先生，无论人们如何看待他所使用的方法，是在真诚地尝试将革命热情转化为温和的建设性，是在为国家社会主义的官员们设立一个公共服务的更高标准。”[25] 与此相反，丘吉尔在一周后却对万斯特德的选民们说：

> 发生在德国的几个可怕事件使人们的思想受到压抑……一个教育程度和科学程度都很高的伟大国家，坐拥文学、知识和音乐等诸多宝藏，竟然会以如此可怕的面目出现在世界面前，这似乎是不可思议的。当今世界，是一个暴政当道，而报纸和广播宣传为其站台的世界，也是一个对政治对手痛下杀手的世界。[26]

他再次呼吁将英国皇家空军的规模翻一番，并呼吁议会尽快批准一笔更大的预算，“让皇家空军的规模再翻一番”。为此，他遭到赫伯特·塞缪尔的无情嘲笑，把他比作“一个张牙舞爪的马来人”。[27]

就在“长刀之夜”的同一天，也就是 6 月 30 日，第九代马尔伯勒公爵桑尼去世。他的两个儿子中的长子继承了爵位，但如果他去世时没有儿子，丘吉尔就会继承爵位，也就会失去他在下议院的席位，同时几乎肯定会失去成为首相的机会，因为在1958年以前，任何人都不可以放弃爵位。经历了那么多事，无论是在学校被刺、从30英尺高的地方摔下来、得肺炎、在瑞士的湖中历险，还是古巴的子弹、帕坦族人的起义、托钵僧的长矛、布尔人的火炮与哨兵、采采蝇、房屋火灾、两次飞机失事、三次车祸、德国高爆炮弹和狙击手，以及更近一些的纽约司机肇事，他都挺了过来，但是根据英国宪法的规定，公爵和公爵夫人还需要生出一个男孩儿，而不是女孩儿，这样他才能继续自己的下议院生涯。

尽管议会在7月批准了英国皇家空军的一些扩大规模的要求，代价却是削减陆军和海军预算。与此同时，张伯伦希望能与德国签订一项条约，让德国海军的规模被限制在英国皇家海军的1/3，而英国在战争爆发时，则需取消其为法国派遣英国远征军的承诺。他想要通过这一条约，降低1/3的国防开支。[28]因此，确实可以说英国是在1934年就开始重整军备了，但却是以一种勉强的、零敲碎打的、由财政部主导的方式进行的。其公开程度达到最低，以免“激怒”希特勒，或者同样重要的是，也要避免“激怒”英国公众。丘吉尔在敦促要求进行更多军事准备时所扮演的角色，在那时还没有引起政府的憎恨。他的消息来源也还没有受到《官方保密法》的起诉，尽管通过窃听他的电话，军情五处已经了解到其中的几个消息来源。[29]

7月中旬，作为反对德国绥靖政策的两个重要人物，丘吉尔和奥斯汀·张伯伦宣布，自己同意与苏联为友，让其加入国际联盟。[30]对于像丘吉尔这样的以教条主义态度反对共产主义的人来说，这是非常重要的一步。作为他又一次进行180度大转弯的证据，他的敌人很容易就会提出这一条。然而，丘吉尔却是在权衡了建立反对希特勒统一战线的必要性后，才走出这一步的。1935年，丘吉尔会见了苏联驻伦敦大使伊万·麦斯基，并告诉他，纳粹的崛起威胁着英国，要把她变成“德意志帝国主义手中的玩具”。他暂停了自己的反苏立场，并告诉麦斯基，他认为苏联至少在10年内不会对英国构成威胁。[31]这次他的预测非常准确：他的“铁幕演说”是在11年后发表的。

1934年8月2日，冯·兴登堡总统逝世。17天后，全民投票以3 840万票对430万票通过了希特勒独揽行政大权，成为国家元首的决定。纳粹现在拥有了不受约束的权力，可以把德国变成一个邪恶的极权独裁国家，纳粹也在全力朝这个方向发展。“我很高兴这么多人有勇气投反对票，反对让那个恶棍成为终身独裁者。”丘吉尔对克莱门汀说。[32]

8月晚些时候，丘吉尔、林德曼和伦道夫前往戛纳附近的儒昂湾，住进了地平线城堡，一座由美国女演员兼社交名媛玛克辛·艾略特建造的，充满装饰艺术的海滨别墅①。玛克辛的招待非常奢华。女主人于1868年②出生于缅因州洛克兰的杰西德莫特，是一位爱尔兰裔船长的女儿。她美丽、机智，演出过成功的流行音乐剧，15岁时与一个比她大10岁的男人生下一个孩子，后来成为J. P. 摩根的情妇。她至少离了两次婚（分别与一个酗酒的爱尔兰政治家和一个同样酗酒的喜剧演员）。她靠做生意赚了很多钱，并在第一次世界大战时为比利时难民做过救济工作，她那位年轻得多的爱人在战争中阵亡。这样，她就开始过上一种令丘吉尔羡慕的生活。丘吉尔1905年与她结识，那时她住在赫特福德郡的哈茨伯恩庄园，招待过爱德华七世时期的名人。1940年，保守党议员亨利·“奇普斯”·夏侬在她去世时写道：“她很可爱，胖胖的。哦，太胖了，机智而又大方。”她将爱德华七世和寇松勋爵列为自己的昔日恋人。[33]

在地平线城堡的假期非常有趣：在玩哑谜游戏时，丘吉尔曾经戴着假发扮演一只熊。[34]有一位客人记得玛克辛躺在躺椅上，“用遮阳伞遮着她那饱经沧桑的美貌，正在训斥一个皮肤黝黑的高个子英国年轻男仆，那男仆紧张地在她面前眨着眼睛。‘罗伯特，你必须记住，给猴子的草莓一定要撒糖。你看！她什么也没吃。’”[35]克莱门汀不喜欢里维埃拉，只来过一次，而且时间很短。“上帝，真是个可怕的地方！”她可能会这么说，“你要是个花店老板或服务员，我想这个地方倒挺适合你。”[36]她的丈夫整个假期都在画画，同时也在检查《马尔伯勒传》第二卷的校样。在回去的路上，他走了拿破仑从儒昂湾到格勒诺布尔的路线。他告诉克莱门汀：“这一路上太棒了！

---

① 今天这座别墅归沙特阿拉伯国王所有。

② 或者说1868年左右。就是在她的墓碑上，她也对自己的出生日期撒了弥天大谎。

我此生真的必须写一本关于拿破仑的书。但是工作堆积如山，我不知道自己是否会有这样的时间和精力。”[37] 遗憾的是，他没有写成。丘吉尔、伦道夫和林德曼在艾克斯莱班稍做停留，当时鲍德温正在那里度假，为期 6 周。后来，鲍德温评论说，丘吉尔“从未见过勃朗峰，所以他要到那儿去，让群山有机会瞥他一眼”。[38]

曾经是一名运动员的丘吉尔在 55 岁以后，就开始放慢速度，体重也开始增加。他不喜欢网球——克莱门汀喜欢网球，因为他的肩膀力气不足，妨碍了发球的力度。他也不喜欢克莱门汀喜爱的另一项运动，那就是滑雪。但是他一直打马球，直到 50 多岁，而且到了 70 岁也还偶尔骑马去打猎。他打高尔夫球则是为了有机会长时间接触阿斯奎斯和劳合·乔治，一旦他们失去权力，他也就不再打了。（1915 年时，他曾将打高尔夫球描述为“像在奶牛牧场上追逐一粒奎宁丸”。）[39] 他会在查特韦尔庄园的热水泳池里游泳——戴安娜·库珀称这个游泳池为“温斯顿喜欢的玩具”——玩射击、钓鱼，还会去打野猪。这些运动都不是能与克莱门汀分享的，也没有他在非洲狩猎大型动物，或是在加利福尼亚钓大鱼那样有意思。1934 年 9 月底，丘吉尔和克莱门汀一起度过了将近一个月的难得的假期。他们乘坐莫恩勋爵那艘曾是客轮的游艇“罗索拉号“航行了近一个月，从马赛驶往那不勒斯、希腊、亚历山大、贝鲁特、叙利亚和巴勒斯坦，直到 10 月 21 日才返回。莫恩曾在布尔战争中负伤，战地新闻曾经报道过此事，他因此获得了杰出服役勋章。他也在加里波利和帕斯尚德尔打过仗，并加入“其他俱乐部”。俱乐部的另一名成员，1931 年加入的奥斯瓦尔德·莫斯利，与莫恩的妻子戴安娜一直有染，这让事情变得有些尴尬。不同寻常的是，尽管莫斯利公开承认法西斯主义，但是他一直都在参加俱乐部活动，直到 1935 年 5 月。到了 1945 年，他才被正式驱逐。

11 月，丘吉尔针对《印度政府议案》在议会展开了一场游击战。他提出几项程序性动议和修正案，并在约 30 名议员的支持下，进行了一次有效的阻挠议案通过行动。“很难想象丘吉尔先生曾经担任过财政大臣。”联合政府党鞭长戴维·马杰森上尉火冒三丈、“怒气冲冲”地说。伯奈斯曾写道，马杰森“痛斥”了所有支持这位造反者的保守党议员。[40] 联合政府的纪律检查行动极为有效，没有人比板着脸的马杰森更严厉、更无情的了，尽管他也认识到，无论如何也没有必要去威吓或哄骗丘吉尔。（马杰森是克莱门汀的眼中钉，克莱门汀极不喜欢他，玛丽觉得他长得像恶魔梅菲斯特。）[41]

11 月 16 日，约翰·里斯终于允许丘吉尔在 BBC 播出题为“战争的原因”的广播节目，在节目中，丘吉尔直言不讳地警告说，英国正处于“致命的危险之中”。[42] 他认为，欧洲各国面临着“我们的祖先不得不面对的严峻选择，那就是：我们是屈从于一个更强大国家的意志，还是准备捍卫我们的权利、自由，甚至是我们的生命”。他说“除了在疯人院里”，没有人愿意发动另一场战争，但是却“有一个国家为了增强其集体力量而放弃了所有的自由。这个国家所有的力量和美德都被一群无情的人把持着，他们不受法律、议会或公众舆论的制约，宣讲着绝不容忍别人和种族优越的福音”。[43] 这是丘吉尔所能发出的最严厉的警告，但对于一个不愿倾听他的国家，一个不愿考虑如果他说对了后果会怎样的国家来说，这一警告几乎没有产生任何影响。

11 月 28 日，他发表了他的在野岁月中最重要的演讲之一。演讲中他警告说，德国将于 1935 年实现在空中力量上与英国持平。他提前 5 天把这篇演讲稿寄给了鲍德温，以证明他还是希望自己的想法能够对决策有帮助。[44] 他说，轰炸是“我们将在世界上看到的唯一一种战争形式，在这种战争中，完全占据主导地位的一方是不会给对方以喘息的机会的”。[45] 他认为，一周的轰炸就会让三四万伦敦人丧生或残疾。他说：“我们最好能够在还来得及采取适当措施应对时，就开始直面这些事实。”[46]

他说：“敦促做好防御准备并不等于宣布战争迫在眉睫。相反，如果战争迫在眉睫，再做防御准备就为时已晚了。”但他重申了自己的中心意图：“在过去 18 个月里，突然出现在我们面前的新的重大事实是什么呢？德国重新开始进行军事上的准备就是这个重大事实，其吸引了欧洲各国，甚至是全世界的注意，并把几乎所有其他问题都远远甩到后面去了。”[47] 他明白自己只是议会中的极少数派，但是他分辩说：“分裂有什么用呢？你们可以领着多数派围着议会休息厅不停地转悠，一圈又一圈，却不能改变我们面临的事实。”[48]

两天后，为了庆祝他的 60 岁生日，他众多女性朋友之一——维尼西亚·蒙塔古为他举办了一场晚宴。许多世俗社会的美女被邀请来，如卡斯勒罗斯夫人和菲利斯·德·扬兹。在之后感谢维尼西亚时丘吉尔说："她们简直就像来自天堂。也许不完美—— 不完美，但肯定充满正能量。不是那些自认为代表美德实则软弱无力的海葵，在膨胀着负能量的海水中几乎无法晃动自己的触角。"[49]

12 月 18 日，49 岁的克莱门汀在莫恩勋爵的陪同下，乘坐"罗索拉号"前往荷兰东印度群岛（现在的印度尼西亚），进行了为期 4 个月的旅行。这次探险的目的，是把科莫多巨蜥首次带回英国。他们穿过苏伊士运河、穿过印度洋，经由（今天的）印度、缅甸、泰国、马来西亚、印度尼西亚、加里曼丹岛、巴布亚新几内亚、澳大利亚和新西兰进入太平洋。结果他们抓住了两只科莫多巨蜥，其中一只有 6 英尺长，后来一直生活在伦敦动物园，直到 1946 年。他们在印度尼西亚追捕的所有蜥蜴中，有一只是客厅蜥蜴，也就是社交圈里的花花公子特伦斯·菲利普。菲利普是个温文尔雅、英俊潇洒、风流倜傥的单身汉，也是个有教养的艺术品商人。42 岁的他能说一口流利的俄语，被伦敦的女主人誉为宴会上的"备用"男人。"在这次旅行的几个月里，毫无意外，她浪漫地爱上了他，"玛丽·索姆斯在谈到她母亲时写道，"这是一段典型的假日恋情。"[50]

克莱门汀承认，菲利普并没有真的爱上她，但她补充说："他有意让我喜欢上了他。"在挖苦地总结他们之间的关系时，"她带着自己年轻时爱德华时代的气息说：'就是在水城认识的一个熟人'"。[51] 旅行刚开始时，她在给丈夫的信中写道："尽管我喜欢我眼里看到的这位菲利普先生，但我对他一点儿也不了解。和一个陌生人耳鬓厮磨 10 天之久，比完全独处更考验人（我想是这样，因为我从来没有试过）。"[52] 他回信说："我非常想念你，觉得很没有安全感。可是我也觉得自己不应该把你从这次美妙的旅行中弄出来，显然你当时是一心一意要去的。"[53] 他们回来后，菲利普去查特韦尔拜访了几次，但那时克莱门汀已经回到现实生活中。[54] 直到今天，这段罗曼史在身体接触上具体发展到什么程度，以及丘吉尔在信中的暗示所指，都笼罩在比"其他俱乐部"执行委员会成员的身份更令人难以猜透的神秘之中。

尽管担心克莱门汀在锡兰（现在的斯里兰卡）染上疟疾，丘吉尔还是高兴地告诉她，他们的财务状况自纽约股市崩盘以来首次开始好转。自头一年9月以来，他已经为亚历山大·科达写了几部电影剧本。他还写道："明年这时候我们的财务情况就会很好了。如果我或我的赚钱能力出现什么问题，这对你来说非常重要。"[55]如果他陪她一起去旅行，在"罗索拉号"停泊在新加坡的时候，他也许就会注意到新加坡的近陆防御能力是多么弱。而现在，他只能依赖她对造船厂所做的描述了。

无论在南太平洋是否发生了婚外性行为，在查特韦尔庄园，乱伦的事情肯定正在发生着。"所有的黑天鹅都在交配，"丘吉尔告诉妻子，"不仅父母，而且兄弟姐妹都配对了。托勒密一家总是这样做，结果就生出了克娄巴特拉。无论如何，我觉得自己没有去干涉它们的责任。"[56]她不在的时候，他一直在给她写信，虽然充满激情，却都是口述的。"手里拿上一支笔，我几乎就会失去思考的能力。"他对她说。[57]同时，他也在给《世界新闻报》写文章，在谈到自己的婚姻时他说，他的婚姻"是他整个人生中最幸运和最快乐的事件，有什么能比与一个头脑中没有一丁点儿卑劣想法的人牵手走过人生更辉煌的事情呢？"[58]

然而，幸福牵手后的一粒果实却正在把丘吉尔带进错愕之中。伦道夫决定以独立候选人的身份参加利物浦市韦弗特里选区的补选，以反对支持《印度政府议案》的政府为目标，与保守党的正式候选人竞争。丘吉尔对克莱门汀说："这是一次最鲁莽、最轻率的行动。"这一举动在政治上令他深感尴尬，因为它可能会分散保守党的选票，并将一个通常属于保守党的席位让给工党——事情恰恰就这样发生了。[59]丘吉尔说："我很烦恼，也很担心。"可是伦道夫完全不听劝告。[60]尽管如此，丘吉尔还是为他的竞选活动捐了200英镑，是允许捐款的总额的1/6，而威斯敏斯特公爵却捐了500英镑。但他却像萨拉和戴安娜一样，在是否要去利物浦支持他的问题上左右为难。当然，亲情最终战胜了保守党党鞭的威胁，他在投票日前一天公开露面，在非公开发言中，他说伦道夫的参选是一场"英勇的冒险"。[61]

1935年5月2日，克莱门汀从巴厘岛带回一只浅粉色的鸽子。她告诉丈夫，上个月她在巴厘岛度过了"两天迷人的时光"。[62]鸽子死后，她把它埋在查特韦尔庄园带围墙的花园里，就在日晷下，并为它立了一个牌子，上面刻着诗人 W. P. 克尔的诗句，这是旅行作家弗雷亚·斯塔克向她建议的：

这里躺着的是巴厘鸽子。
流浪远方，远离清醒的人，
这行不通，
但是远方有个岛，
我又想起了它。

有些人认为，这是指她和特伦斯·菲利普在一起的几个月，不过用“清醒的人”来描述曾短暂游离她身旁的丈夫，似乎并不是个理想的措辞。

据说，从 1933 年开始，58 岁的丘吉尔与 32 岁的卡斯勒罗斯夫人朵丽丝（娘家姓“迪瓦伊”）有过四年的外遇。① 卡斯勒罗斯夫人与其丈夫卡斯勒罗斯子爵（后来的第六代肯马尔伯爵）已经分开，1932 年与伦道夫曾经有过外遇。[63] 尽管在这个传言过去半个世纪后，乔克·科尔维尔曾于 1985 年声称传言是真的，但实际上他是到了 1940 年才成为丘吉尔的私人秘书的，相对这一传闻发生的时间来说，那已经是几年后的事情了。在同一采访中，已经 70 多岁的科尔维尔也说：“温斯顿·丘吉尔……根本不是一个性欲很强的男人……他从不追求女人。”[64] 卡斯勒罗斯夫人曾亲自告诉她的妹妹和侄女，她曾经是丘吉尔的情人。

卡斯勒罗斯夫人也是离经叛道的地平线城堡的常客。丘吉尔与她的书信与电报往来完全符合朋友关系，而不是外遇关系。很重要的一个证据就是：她会邀请克莱门汀与丘吉尔一起参加晚宴。还有一个重要证据就是，在写给克莱门汀的信中，丘吉尔曾提到，朵丽丝也出现在玛克辛·艾略特的庄园里。[65]（在 1937 年的一封信中，卡斯勒罗斯夫人请丘吉尔给她打电话，并给了他一个四位数的电话号码，如果她做了丘吉尔四年的情妇，那么想必他应该早就知道了。）丘吉尔喜欢活泼的朵丽丝，很多传言主要基于他画了朵

① 超模卡拉·迪瓦伊的姑祖母，这在一定程度上解释了现在的报纸为什么热衷于报道此事。

丽丝四次之多这个事实。但是他也画过其他几位女士，包括沃尔特·西科特的妻子德莱斯、阿瑟·贝尔福的侄女布兰奇·杜格戴尔、约翰·莱弗里爵士的妻子哈泽尔、他自己的弟妹格温德琳·丘吉尔夫人、他的秘书塞希利·杰梅尔、他妻子的表妹马约特·怀特，以及基蒂·萨默塞特夫人。没有任何迹象表明，他和她们中的任何一个有染。他也画了三次克莱门汀。（丘吉尔出了名地宠老婆，《潘趣》杂志给他们起了个绰号叫“小鸟一家亲”。）[66]

尽管人们都知道，“说有易，说无难”，尤其是在时隔80多年后，但是很难相信丘吉尔真的与卡斯勒罗斯夫人，或者其他什么人有过一段风流韵事。[67]他仍然热烈地爱着克莱门汀，她仍然是他的情感动力，他最亲密的顾问，他五个孩子的母亲。在生活的各种逆境中，她是他最大的支持者。她还是他那几百封发自肺腑的情书的接收人，其中一封是1936年9月从地平线城堡寄给她的，朵丽丝那时也在那儿。信的结尾写道：“温柔的爱给我甜蜜的克莱米，永远忠诚地爱你的丈夫温斯顿。”[68]

除了情感原因，说他不太可能出现婚外情，还有很多实际原因。丘吉尔仍然相信自己会成为首相；卡斯勒罗斯勋爵彼时正为比弗布鲁克工作，是个穷困潦倒、嗜酒如命，偶尔还写些暴力八卦新闻的专栏作家；伦道夫在1932年和她上过床（有一次差点儿和卡斯勒罗斯打起来）；他们彼此没有能查证的情书；城堡里总是有其他客人（包括作家和记者），还有大量的仆人，还有极其八卦的玛克辛本人。玛克辛的侄女婿、作家文森特·希恩形容卡斯勒罗斯夫人是一个“无与伦比的蠢货”，痴迷于自己的外表。有一次她挠着自己修长的光腿内侧，用刺耳的鼻音问道：“温斯顿，为什么他们总是去日内瓦开会？”丘吉尔回答：“亲爱的，因为日内瓦碰巧是国际联盟所在地。你一定听说过，对吧？”[69]

能与她的无知相匹配的，只有她那些半通不通的信函，其中也只有一封会引起怀疑。1937年7月，她写信给丘吉尔说：“我非常想见你。我一点儿也不危险了。我星期二回来，一定要找个时间给我打电话，梅费尔大街3731号。我的爱，朵丽丝。”[70]最有可能的解释是她已经放弃与他调情，这进一步表明他们没有任何肉体上的关系。[71]一位丘吉尔传记作家曾经说，她声称自己与丘吉尔有肉体上的关系，是因为“她靠吸引富有的情人来为自己的挥霍买单，她很可能想要通过悄悄散播消息，说丘吉尔这位著名的一夫一妻践行者也是她的战利品之一，来增加自己作为一个妖艳女郎的魅力”。[72] 丘吉尔有很多没有性关系的女性好朋友，其中包括维奥莱特·博纳姆·卡特、威尼西亚·蒙塔古（娘家姓斯坦利）、艾娃·韦弗利、温迪·里夫斯、埃蒂·德斯伯勒、玛克辛·艾略特、帕梅拉·利顿、黛西·费罗斯和穆丽尔·威尔逊。1942 年 12 月，朵丽丝·卡斯勒罗斯因服用过量巴比妥酸盐类药物在多切斯特酒店死亡，当时她正因非法销售钻石接受警方调查。[73] 丘吉尔本人为我们提供了最好的三棱镜，可以让我们从另一个侧面看清那些无法证实，因此也就不足为信的指控的本质。他在自己的《伟大的同时代人》克里孟梭那一章写道：“历史的缪斯绝不可以挑剔，她必须看看一切，触摸一切，如果可能的话，闻闻一切。她不必担心这些亲密的细节会夺走她的浪漫和英雄崇拜，记录下的琐事和闲谈可能——实际上也应该——扫清小人物，他们不会对那些在最猛烈的风暴中光荣地站在最前面的人产生永久的影响。”[74]

1935 年 3 月 4 日，政府发表了《国防白皮书》，希望能为增加 1 000 万英镑的军备开支做好公共舆论准备。张伯伦尽力回避提及德国，鲍德温也支持他这样做。鲍德温对强烈反纳粹的外交部常务副大臣罗伯特·范斯塔特爵士说，他认为“只追究德国并不明智，因为德国不是唯一重整军备的国家”。[75] 这是事实，但正是因为德国，其他国家才加入了军备竞赛。在有关白皮书的辩论中，克莱门特·艾德礼说：“我们否认增加英国空军将有助于世界和平的说法，我们完全拒绝对等计划。”另一位著名的工党人士斯塔福德·克里普斯表示：“政府的手脚已经被丘吉尔这样的野人操控。”克里普斯第二年又说，他不认为“如果德国打败我们，对英国工人阶级来说是件坏事”。[76] 当时的自由党领袖阿奇·辛克莱谴责说：“这种不断扩大军备的做法是愚蠢、危险和浪费的。”[77] 在这样一个极端和平主义的背景下，大选又迫在眉睫，鲍德温对自己的白皮书的评价不温不火。如他所言：“这不是最完美的应对国际事务的选择，而是应对目前状况的最佳选择。”[78]

丘吉尔对克莱门汀说：“德国的危险正在迅速增加，政府终于警醒了，虽然这警醒姗姗来迟、小心翼翼，而且不够彻底。”但是政府真的醒了吗？[79] 3 月 16 日，希特勒拒绝接受《凡尔赛和约》的裁军条款，宣布成立

《和约》中所禁止成立的德国空军，并在《和约》规定上限为10万人的情况下征召了50万人的军队。丘吉尔从自己的线人那里，获得了德国重整军备的进度等信息。根据这些信息，三天后他在下议院发言说：

> 德国在航空和其他军备上投入巨额资金……德国空中力量的发展，使我们从最不容易受到打击的国家，变成了最容易受到打击的国家。然而，时至今日，我们也还没有采取与我们的需要真正相称的措施。政府已经提出增加这方面的投入，但他们必将面对暴风雨，他们将不得不遭遇各种形式的不公平的攻击，他们的动机将被歪曲，他们将被诬蔑为战争贩子。在这个国家里，将会有许多强大的、数量众多且极具发言权的力量对他们进行各种攻击。反正这些东西无论如何都是会出现的，那为什么不选择为我们的安全而战呢？[80]

下议院的人都彬彬有礼地听着，但没有回应。张伯伦在给妹妹希尔达的信中写道：“至于温斯顿，他发表过很多演讲，其中有很多是要靠鸡尾酒和陈年白兰地勾兑的。有一些演讲虽然老式却非常好，但已经不再令人信服。”[81]

丘吉尔意识到自己是在对着空气说话，多年后，针对那场辩论会他写道：“我感到绝望。在一个关乎国家生死存亡的问题上，我自己是如此确信，完全能证明自己是正确的，却不能使议会和国家听从警告，采取行动向证据低头，这是一种最痛苦的经历。”[82]在辩论中，他想起了《潘趣》杂志上的几行诗，其中提到维多利亚时代的一次铁路事故，他是十几岁时在汉普郡听说这次事故的：

> 谁是这列咔嗒嗒的火车的负责人？
> 联轴紧绷绷，车轴响吱吱，
> 速度令人兴奋，道岔近在咫尺，
> 睡眠让司机的耳朵变得不好使；
> 信号灯闪了一夜，想起作用也没门儿，

因为负责这列咔嗒嗒的火车的，是死神。[83]

他在辩论会上没有背诵这首诗，但在闪电战中却经常背诵。[84]

3 月 25 日，希特勒告诉安东尼·艾登，德国空军现在已经达到与英国皇家空军平起平坐的水平。这几乎立刻证明，丘吉尔在重整空中军备问题上的立场是正确的。[85] 事实上，希特勒所言并不真实，但这让丘吉尔的说法变得更加可信。前一年 11 月，鲍德温曾在下议院声称，德国只达到英国前线战斗力的一半，现在看来，这一说法显然是错误的。丘吉尔对克莱门汀说，这是一种“政治上的轰动……这使鲍德温所说的一切都变得毫无意义，却顺便证明了我所做的一切断言都是正确的”。[86] 4 月 10 日—14 日，政府试图与法国和意大利进行谈判，在意大利马焦雷湖上的斯特雷萨建立对德统一阵线，丘吉尔支持该做法，认为这是一种分裂法西斯政府的手段。

4 月，丘吉尔决定尝试改变自己的演讲风格，降低声音的洪亮度，减少演讲的维多利亚时代的特色，以免在年轻听众面前显得过于自负。60 岁学习新的演讲技巧，就像一只老狗学习新技能一样，非常不易。但是，正如他告诉克莱门汀的那样，他现在要“以漫无边际的、未经深思熟虑的口吻与下议院交谈”。[87] 他试了一两次，“他们似乎很高兴。但是这种公共演讲的艺术是多么神秘啊！我所做的一切就是做出（成熟的）判断，选择三四个绝对合理的论点，然后用尽可能像对话的方式把它们表达出来。很显然，我 40 年来所追求的文学效果，根本就没有什么用”！[88] 格莱斯顿和莫里的朗诵风格，实际上也是他父亲的，将被一种听起来更真实的言辞取代，就像他在第二次世界大战期间使用的那种风格。

5 月，丘吉尔在谈到英国未能重整军备一事时曾对下议院说：“这不是什么新鲜事，它和《西卜林神谕集》一样古老。① 在那一长串令人沮丧的列表中，人类的经验没有被吸收，人类的教训没有被吸取，而这件事只是其中之一。缺乏远见，不愿意在可以使行动简单有效的时机采取行动，缺乏清晰

① 罗马国王塔尔坎从女预言家或算命师那里购买的神谕。

的思路，意见不能统一，直到紧急情况出现，直到自我保护敲响刺耳的警钟——这些特征就是历史本身不断重复的内容。”[89]他心中所想的历史是英国400年的外交政策史，即组成欧洲联盟，一起面对欧洲大陆上最强大的国家，无论她是西班牙、法国还是德国。他补充说：“对于这个强国现在是谁，我一点儿都不怀疑。就是用这样的方式，几个世纪以来，我们保住了自己的自由，捍卫着我们的生命和权力。”[90]

埃尔选区的保守党议员托马斯·摩尔中校对丘吉尔的回答嗤之以鼻：“尽管人们不喜欢批评任何已经进入黄昏时期的人，但没有什么能够让我们原谅这位可敬的埃平议员，他的整个演讲都弥漫着德国在为战争武装自己的气氛。”[91]他接着说道：“我们完全不能想象，至少在我们的有生之年，失败者或胜利者会再次陷入这样一场灾难性的战争。”

5月22日，鲍德温向下议院承认，他在前一年11月对德国未来飞机制造的估计“完全错了……完全被误导了”。在那次辩论中，丘吉尔预测，按照目前的趋势，“到今年年底”，德国的空军力量“可能会达到我们的3倍，甚至4倍”。[92]尽管他的警告非常可怕，但他还是能够拿1930年的鲍德温开玩笑：“那时候，首相先生可比现在更明智，他那时常常听我的劝告。”丘吉尔想要表达的核心意思是：“有时候，事前有一种恐慌的感觉，然后在事情发生时保持相当的冷静，要比事前极度冷静，事情发生时陷入恐慌好得多。”

丘吉尔把英国历史看作一个连续体，英国的责任始终是保持欧洲的力量平衡。5月初，希特勒写信给罗瑟米尔，声称英德联盟将会保护“白种人的利益”。丘吉尔提醒罗瑟米尔，别忘了老虎和豺狼一起出去打猎的那个寓言故事，结果老虎吃了豺狼。他暗示如果希特勒的提议被接受，那么他迟早会背叛他的英国盟友。他给罗瑟米尔上了一堂历史课。[93]丘吉尔对英国最重要的媒体大亨说：“如果他的提议意味着我们应该与德国达成共识，一起控制欧洲，我认为这将违背我们的整个历史。”他重申了自己的观点：“我们在所有时候都是欧洲第二大强国的朋友，从来没有屈从于那个最大的强国。因此，伊丽莎白才会抵制西班牙的菲利普二世；因此，威廉三世和马尔伯勒才会抵制路易十四；因此，皮特才会抵制拿破仑；因此，我们所有人才会抵制德国的威廉二世。只有通过这条道路和这样的努力，我们才能维护我们自己和我们的自由，成就我们现在的地位。我自己看不出我们有什么理由去改变这种传统观点。”[94]

在这一时期，克劳福德勋爵出席了议会餐饮俱乐部“格里列夫斯”在格罗夫纳豪斯酒店举行的一次晚宴。他注意到，威廉·奥姆斯比·戈尔和尤斯塔斯·珀西勋爵（丘吉尔给他起的绰号是“无用的”珀西勋爵）两位内阁大臣，故意坐在离丘吉尔最远的桌边位置。而丘吉尔却在“用最大的音量高谈阔论着，做着别人无法插话的话霸，没有幕间休息。此外，只是对于那些内阁大臣不愿在饭桌上（与不支持政府的人）一起讨论的问题，他才表现出时刻准备出击的样子，但是一旦你愿意让他占据上风，就会发现他还是非常有趣的”。[95]

6 月 5 日，政府围绕《印度政府议案》进行了漫长而激烈的斗争，终于以 386 票对 122 票通过第三读而结束讨论，这意味着印度各省的政府在英国的全面支持下获得了广泛的自治权。大约有 40 名工党议员投了反对票，因为他们认为该法案对印度自治的支持还远远不够。法案通过后，丘吉尔邀请甘地的一位印度朋友 G. D. 比拉到查特韦尔庄园做客。丘吉尔对他说：“告诉甘地先生，要利用好给他提供的权力，让这件事取得成功。我真心同情印度，但对印度的未来也真的感到担心……但是你们现在已经得到想要的东西，就一定要取得成功。如果你们能做到，我会主张你们获得更多权力。”[96]当比拉适时地将丘吉尔的话转述给甘地时，甘地说：“我清楚地记得丘吉尔先生在殖民地事务部时的情景。不知怎的，从那以后，我一直认为我可以永远依赖他的同情与善意。”这个回应太过头了，尽管丘吉尔确实说过，自从甘地“为贱民挺身而出”以来，他对甘地的尊敬程度有所提高。[97]

《印度政府议案》通过后，已经 69 岁，多病且疲惫的拉姆齐·麦克唐纳于 1935 年 6 月 7 日辞去首相职务，让位给斯坦利·鲍德温。在随后的内阁改组中，鲍德温没有邀请丘吉尔加入政府。当他们两个在加强军备的规模和速度问题上产生如此大的分歧时，很难想象丘吉尔能做些什么，尤其是在即将到来的大选中，这一关键问题将会成为一个重要议题。11 天后，政府宣布了未经法国认可而签署的《英德海军协议》条款。该协议规定，德国海军的吨位为英国皇家海军吨位的 35%，远高于《凡尔赛和约》所允许的吨位。

因此，英国也成了破坏条约的同谋。丘吉尔在议会中将该协议称作“轻信中的极品”。德国人很快就撕毁了这一协议，可是英国联合政府却在11月14日大选前，因为协议的签署而不得不认真对待削减军备的问题。[98]

丘吉尔在有关海军协议的辩论中说：“我们的行动削弱了国际联盟的力量，集体安全原则受到了损害……英国的影响力在某种程度上也被冲淡了，我们的道德地位，或者至少可以说是我们的合理性，在某种程度上已经模糊。对于如何去做不该做的事情，这简直就是一个既完整又完美的无可超越的典范。”[99]尽管如此，他还是为政府投了一票，希望在大选后能被邀请加入政府，同时也对希特勒提出一个警告，在终止德国追求欧洲霸权这件事上，英国是认真的。他确曾明确指出，“通过让英国海军完全无法干预的隐蔽做法”，德国人已经把《凡尔赛和约》允许的1万吨军舰吨位改为2.6万吨。[100]

早在1925年4月，汉基就邀请林德曼加入帝国防务委员会新成立的防空科学调查分委员会。1928年11月，鲍德温暂停了该委员会的工作，直到希特勒上台后才恢复。鲍德温于1935年7月邀请丘吉尔加入这个重组后的分委员会，该委员会后来以其新主席、化学家和发明家亨利·蒂泽德爵士的名字命名为蒂泽德委员会。蒂泽德和林德曼就如何更好地阻止德国轰炸机通过而产生的一系列冲突就发生在这里，这场冲突被描述为“可能是现代最臭名昭著的科学宿怨”。[101]丘吉尔在这些冲突中始终支持林德曼，尽管今天我们已经知道，更多时候，蒂泽德做出的科学评估才是正确的。有记录显示，林德曼曾于1936年2月给丘吉尔写信，“盛赞（罗伯特·）沃森-瓦特在探测领域的成功”——他指的是雷达，并宣称自己是“他热情的信徒”。[102]到战争爆发时，朴次茅斯和斯卡帕湾之间已经有20个雷达站，可以探测到50~120英里以外，飞行在1万英尺之上的飞机。在丘吉尔和林德曼看来，蒂泽德委员会没有进行足够的实验来增加炮弹爆炸的有效持续时间，在鸢式气球上，在红外制导敌人飞机的方法上也都投入不足。并不是所有这些领域后来都被证明可行，但至少他们是在尝试进行一些超常规的建设性思考。[103]

当政府于8月24日宣布，如果意大利入侵阿比西尼亚（今天的埃塞俄比亚），英国将履行其在国际联盟中的义务时，丘吉尔并不希望用制裁的威胁来对付意大利。[104]他认为石油禁运会摧毁脆弱的（英国、法国和意大利对抗德国的）斯特雷萨阵线，迫使墨索里尼加入希特勒的阵营，而所有这些，却只是为了阻止意大利占领欧洲其他强国不希望其占领的东非部分地区。他在这件事情上采取的态度是现实政治的，而不是意识形态的，这与他后来援引的人权、民主、自决和小国权利等原则格格不入。

1935 年 10 月 2 日，墨索里尼入侵阿比西尼亚，国际联盟对意大利实施了经济制裁，德国、奥地利和匈牙利没有加入。英国并没有实施最严厉的制裁措施，即石油制裁。工党和自由党借此表示，为了不冒犯意大利，联盟被出卖了。事实确实如此。丘吉尔 10 月 24 日对下议院说："让如此残酷无情、不容异己的纳粹，带着自己所有的仇恨和闪亮的武器在欧洲走上巅峰，这是我们负担不起的事情。"很显然，他没有呼吁将对意大利的制裁扩大到石油领域。[105] 他补充说："我冒昧地向议会提出，我们所担忧的事情，没有哪一件比得上德国重整军备这件事。"[106] 阿瑟·格林伍德指责丘吉尔试图两全其美，"我一点儿都不怀疑，如果最坏的情况发生了，联合政府重整旗鼓，他也许已经成功地证明了自己被任命为高官的正当性。"[107]

在竞选期间，鲍德温对英国人民说："我向你们保证，不会有大规模的军备。"在他的选举传单中，丘吉尔称赞了过去"四年政府的平稳安定"，并且说："上一次你们投票是为了国家的偿债能力，而现在，则是为了已经受到威胁的国家安全……我们的空中力量严重落后，现在必须做出巨大努力，使我们的空军力量同任何能够攻击我们国家的力量一样强大，一样优秀。"[108] 关于独裁问题他写道："世界被划分为两部分，要么是政府拥有人民，要么是人民拥有政府。在欧洲大多数大国，自由议会和民主都遭到践踏。他们恢复了专制和独裁，科学与文明的一切工具都可能被歪曲成暴政的宣传工具。"① [109]

1935 年 11 月 14 日，联合政府再次以 432 个席位获得压倒性胜利，工党获得 154 个席位，自由党获得 20 个。总的来说，联合政府的支持者（主要是保守党）赢得 1 181 万张选票，工党赢得 832 万张，自由党赢得 142 万

① 歪曲科学这一概念非常有说服力，它将在 1940 年的一次关键演讲中再次出现。

张。伊顿公学和牛津大学毕业的前外交官，戴安娜的丈夫邓肯·桑迪斯再次当选诺伍德郡议员，丘吉尔则以更多的多数票在埃平选区当选。在缓和了对政府的批评后，丘吉尔希望能得到一份协调英国防务的内阁大臣级工作。但是鲍德温还是没有打来电话。当时丘吉尔非常失望，但后来他写道："现在我知道我有多幸运了。我身上拍打着看不见的翅膀。"[110] 事实证明，这些翅膀不是别人的，正是鲍德温自己的。他告诉戴维森："如果战争真的爆发——没有人能说不可能——我们必须让他保持一种全新的姿态，让他成为我们的战争首相。"[111]

1935 年 11 月，丘吉尔在《海滨杂志》上发表的一篇题为"希特勒的真相"的文章中，试图对这位元首做出一个尽可能不偏不倚的评价。他写道："那些在公开场合，因公共事务或社会交往而与希特勒先生会过面的人，都说他是个极其称职的、冷静的、消息灵通的公职人员，说他的举止令人愉快，他的笑容和蔼可亲。很少有人不会被他那微妙的个人魅力影响。"丘吉尔的这些话长期以来都被用来反对他本人——尽管"公职人员"这个词几乎算不得是赞美之词。他接着写道："因此，全世界都寄希望于最糟糕的时期已经过去，我们或许在有生之年还能看到，在一个更幸福的时代，希特勒变成一个更温和的人物。与此同时，他对各国发表的讲话有时也会显得坦率温和。"[112] 这里的关键词是"有时"。丘吉尔的批评者很少引用这篇文章的其余部分，在这部分他写道："最近他说了很多安慰的话，这些话被那些对德国的看法错误到可悲程度的人急急忙忙地欣然接受了。只有时间可以证明，其实现在已经开始证明，伟大的车轮在旋转，来复枪、大炮、坦克、炮弹、炸弹、毒气瓶、飞机、潜艇，现在开始又有了一支舰队，正在从德国已经大规模动员起来的军火库和工厂源源不断地涌出。"[113] 与他的其他关于希特勒的文章一样，丘吉尔提前把这篇文章提交给外交部，外交部要求他把语气缓和下来。他那样做了，做了一点儿。他们还是抱怨文章的语气太强硬，他就不管那么多了，发表了文章。

12 月 19 日，外交大臣塞缪尔·霍尔被迫辞职，因为他与法国外交部长皮埃尔·赖伐尔签署了一项协议，在阿比西尼亚问题上向意大利做出让步，但遭到议会的谴责。他的位置由枢密院议长安东尼·艾登接替。丘吉尔在写给克莱门汀的信中说："艾登的任命没有激发我的信心，我认为这个职务的重要性会让他露出马脚的。"[114] 过了不多时候，他又写信给她说："我想，你现在就要看到艾登是多么没有分量了。"[115] 但他还是要求伦道夫不要写文章攻击艾登，并补充说："如果你那样做，我将无法对你对我的忠诚与爱产生信心。爱你的父亲，温斯顿 · S. 丘吉尔。"[116]

伦道夫在利物浦托克斯泰斯西部选区的选举中被击败后，现在又开始给他的父亲制造更多麻烦。他参加了苏格兰的罗斯与克罗马蒂选区的补选，对手是联合工党候选人马尔科姆 · 麦克唐纳，拉姆齐之子。丘吉尔对克莱门汀说："你可以想见，这样的争斗对我来说是多么不幸，多么不便，鲍德温似乎很难邀请我入主海军部或主持协调工作了。"[117] 他和伦道夫的关系十分紧张，他们的家庭争吵常常会演变成一场怒吼比赛，最终其中一人，别管是哪一个，会跺着脚离开。在一次家庭争吵中，丘吉尔恼怒地对儿子说："伦道夫，在我打断你的时候，你别打断我。"[118] 伦道夫并没有因为忤逆自己的父亲而得到什么奖励，他以 2 427 票对马尔科姆 · 麦克唐纳的 8 949 票位居第三。

就在丘吉尔正在马拉喀什的曼纽亚酒店和罗瑟米尔勋爵一起度假，① 玩着他最喜欢的伯齐克纸牌游戏，赶写着下一卷《马尔伯勒传》，画着阿特拉斯山脉时，报纸开始爆料有关他 21 岁的女儿萨拉的故事。萨拉开始从事演艺工作，在曼彻斯特的一部讽刺时事的滑稽剧《追随太阳》中跳舞时，她爱上了剧中的男主角，37 岁的奥地利裔犹太喜剧演员维克 · 奥利弗，本名维克多 · 奥利弗 · 冯 · 萨米克。[119] 人们对奥利弗的描述五花八门，有喜剧演员、小提琴手、钢琴手、柔术杂技演员、蹦床专家，甚至还有班卓琴手。[120] 前三项是真的，后三项不是。正如第七代马尔伯勒公爵在伦道夫 · 丘吉尔勋爵娶珍妮之前，派情报人员去了解更多关于伦纳德 · 杰罗姆的情况一样，丘吉尔也派了一名律师去维也纳了解维克 · 奥利弗的背景。"请给萨拉写信——

① 在 1935 年结束时，丘吉尔告诉妻子，罗瑟米尔给他提供了两个报价，一个是出价 2 000 英镑赌他来年滴酒不沾，"但是我拒绝了，因为我觉得那样会让我生无可恋"；另一个是出价 600 英镑，赌他 1936 年一年不喝白兰地，或者任何未经稀释的烈酒。他接受了第二项，并且赢了。（索姆斯编辑，《讲话》，第 405 页。）

（但不要太严厉），”克莱门汀请求丈夫，“但比写信更重要的是……了解维克·奥利弗先生的底细。”[121] 丘吉尔在2月与他会过面后对克莱门汀说：“他给我留下的印象并不像个坏人，但是像泥土一样普通……一张嘴很可怕，一口粗俗的奥地利加美国佬的腔调。我没有和他握手，而是审了他一番。”[122] 丘吉尔要求他保证推迟一年再订婚，在此期间他们两人互不见面。丘吉尔说，奥利弗“以不失尊严的姿态”同意了。[123]

1936年1月15日，丘吉尔对克莱门汀说：“伦道夫的竞选活动一定会激起敌意，这下子我觉得自己加入政府的任何希望都破灭了。这是命啊！”[124] 实际上，鲍德温在任何情况下都无意请回丘吉尔来，除非爆发世界大战。不到一周，国王乔治五世于1月20日去世，丘吉尔被迫缩短了假期。他给新国王，他的朋友爱德华八世写了一封即使以其浪漫君主主义风格的夸张标准来衡量，也是过于油腻、过于恭维的信。他写道：“陛下的名字将在历史的长河中闪耀，成为所有戴上英国皇冠的君主中最勇敢、最受爱戴的名字。”[125]

1936年2月，内阁批准在1937年—1942年建造7艘新战列舰和4艘航空母舰，并将皇家空军的飞机数量扩大到1 500架，如果德国空军继续扩张，也不排除会超过1 500架。[126] 1935年—1936年的国防开支增至1.37亿英镑，是自丘吉尔当初担任财政大臣以来占GDP（国内生产总值）比例最高的一次。然而，由于采购瓶颈，航空部在1936年订购的飞机交付量实则有所下降。当时急需一个中央协调机构，丘吉尔希望自己能够管理该机构。

1936年3月7日，星期六，德国军队突然公然违反《凡尔赛和约》和《洛迦诺公约》，毫无预警地闯入莱茵兰的非军事区。希特勒的军队已经开拔。

第17章

绥靖政策的鼎盛时期
（1936年3月—1938年10月）

强大到能对抗主流意见的人真是太少了！

——丘吉尔:《从伦敦经比勒陀利亚到莱迪史密斯镇》[1]

让我们把这个世界从一场正在逼近的灾难中解救出来吧。在这样一场灾难中，我们将要面对的灾祸与苦难，将会是人类语言无法言说的。

——丘吉尔 1936 年 4 月在下议院的演说[2]

1936 年 3 月 7 日，星期六，也就是阿道夫·希特勒的军队进入莱茵兰的当天，他宣布："为德国人争取平等权利的斗争已经结束……我们在欧洲没有领土诉求。"[3] 这是一次针对英法两国舆情精心策划的安抚，他希望不会因为自己公然违反《凡尔赛和约》而受到军事上的报复。演讲结束后，他解散了德国国会。他给将军们下了命令，如果法国军队进行任何主动的反击，就立刻撤退。但是，尽管丘吉尔向法国外交部长皮埃尔·弗兰丁提出数次请求，法国却没有发起过哪怕是一次反击。即使鲍德温和艾登已经准备好去承担战争的风险——不过他们告诉弗兰丁他们还没准备好，但是没有法国人加入他们什么也做不了。[4]

莱茵兰重新军事化三天后，丘吉尔在一场关于重整军备的辩论中说："战争并不总是等到所有战士都准备好了才开始。有时是在所有人都没做好准备时，而有时是在一个国家认为自己比另一个国家准备得更充分时，还有时是在一个国家认为随着时间的流逝，战争的可能性会变小，而不是变大时，它们就来了。我确实担心，欧洲历史可能会走到一次极点……我不知道具体会在什么时候，但是肯定是在本届议会任期内。”[5]那届议会的任期到1940年秋季。

在下议院外交事务委员会的一次会议上，丘吉尔呼吁由国际联盟牵头制订一项“协调计划”，来说服法国对抗德国。他得到的答复是，联盟的主要成员“完全没有在军事上做好准备”，这成了什么都不做的一个很好的理由。[6]事实上，在那个时候，法国的军备远比德国多，意大利至少在理论上仍然属于在斯特雷萨会议上建立的反德阵营，英国皇家海军更是无与伦比——但是大家什么都没有做，完全寄希望于希特勒说的是真话。[7]

丘吉尔于3月10日警告下议院，德国正在花费15亿英镑，“直接或间接地用于备战……这样的数字是惊人的，和平时期从未见过这么大的数字”。[8]他承认英国政府已经重新开始进行军事准备，但表示这还不够。他说：“即使我们的新计划被接受了，德国还是会超越我们。尽管我们尽了一切努力，但到今年年底，我们的境况将比现在更糟。”[9]他的警告毫无用处。弗兰丁对他说，鲍德温甚至不希望国际联盟委员会开会讨论对德制裁问题。[10]新闻界、反对党和帝国首相都反对针对莱茵兰问题采取行动，因此丘吉尔也没再费力去推动一项已经注定失败的事业。

不过，当鲍德温3月12日宣布，国家设立了新的国防协调部，而不是他长期以来一直倡导设立的国防部和装备供给部时，丘吉尔还是感到了深切的失望。它的主要作用只是咨询而不是执行，国防协调大臣将由一位平淡无奇的官员，总检察长托马斯·因斯基普担任。鲍德温对戴维森说：“我不想设一位将会把泰晤士河点着火的国防大臣。”事实证明，他这种措辞非常不幸。戴维森本人认为，因斯基普“有些呆板，在做决定时不够积极”，而且“观点也有些僵化”。[11]10天前，丘吉尔曾对克莱门汀说：“无论发生什么事，我都不想伤心。命运扮演着她的角色。我若得到这个职位，就一定在神和人面前老老实实地为和平而努力，不容骄傲和激动左右我心。”[12]在丘吉尔认为可能得到这份工作的9个人中，他压根儿就没把因斯基普算在内。

他认为对因斯基普的任命让英国又一次错失警告纳粹，使其了解英国人决心的机会。他后来写道："希特勒当然不愿意看到被任命的人是我。"[13]内维尔·张伯伦指出，因斯基普的任命可能不会激起人们的热情，但至少"他不会让我们陷入新的困惑"。他写信给和希尔达住在一起的妹妹艾达说："在目前的情况下我们没有把温斯顿请来做同事，这件事让我心怀感激。他一嗅到战争的气息，就会像往常一样兴奋，如果他在内阁，我们就得把所有的时间都花在他身上，去抑制他，而不是继续工作。"[14]

那个月的晚些时候，哈罗德·尼科尔森在日记中写道："温斯顿在吸烟室里召集了一群人，谈论逃避给国家荣誉带来的损失，以及我们对尚未出生的几代人的责任。"[15]在3月26日关于德国的辩论中，丘吉尔再次呼吁国际联盟采取行动，但他私下里越来越蔑视该组织。莱茵兰的危机鼓励他更多地去考虑集体安全协定，要包围也要包括第三帝国，因此也必须涵盖苏联。[16]4月8日，他对伊万·麦斯基说："在目前的情况下，我们如果基于一种假想的社会主义危险，害怕她会威胁到我们的子孙后代，因此而拒绝帮助苏联，就是纯粹的白痴。"[17]因其这一立场的改变，丘吉尔在苏联不再被视为敌人，他的肖像被小心翼翼地从莫斯科文化休闲公园的射箭馆取下。[18]

丘吉尔不相信希特勒的声明。他警告议会说："莱茵兰的行动只是一小步，只是一个阶段性行动，只是整个过程中的一件事情。"[19]他说他赞同与希特勒谈判，但必须以一个强势的姿态去谈："不要像一群无头苍蝇和乌合之众那样，在面对对方的武装不敢抵抗时，把自己的底细倒都透露了出去。"他一如既往地以过去的经验为论据说："世界历史可以用这样一个事实来概括，当一个国家强大时，她并不总是讲求公正；当她希望讲求公正时，她往往不再强大。我希望看到全世界的集体武装以压倒一切的力量投入其中。如果你们打算再把这件事的范围缩小到一个小边小角……等待你们的必然是战争。"[20]1940年丘吉尔成为英国首相的原因之一，就是尽管当时很少有人听从他在演讲中的警告，但是很多其他人都记得他做过这些演讲。

丘吉尔在意识形态上并不反对弥补德国因《凡尔赛和约》所受的委屈。他考虑把德国的西非殖民地归还给她，这一策略是他在二战回忆录第一卷《风云紧急》中未涉及的一个方面，但是相关内容在议会官方记录《议会议事录》中很容易找到。[21]4月初，丘吉尔说："我认为，是时候该与德国摊牌，寻求友好地永久解决问题了。我们可用的时间并不多。”甚至到了1937年12月，他还提议进行将德国殖民地归还德国的讨论，并希望通过这一条件，促成欧洲集体安全与西欧军备重整协议的签订。他在1936年4月对切尔伍德的塞西尔勋爵说：“我相信我们还有一年时间，可以用来联合并带领各个大国一起保卫国际联盟及其盟约。”[22]他邀请塞西尔到查特韦尔庄园做客，讨论取消国际联盟对意大利的制裁。（他还提出“向你们展示一下我的游泳池：池水清澈见底，水温不冷不热”。）[23]当塞西尔勋爵携家人一起来到查特韦尔时，从草坪那边传来的丘吉尔的喊声常常会吓孩子们一跳：“在短短20分钟之内，离开法国海岸的敌人就会在我们的头顶上盘旋，对我们岛上的安全构成前所未有的威胁！”[24]

丘吉尔近来一直在思考吓退希特勒的策略，尽管这听起来有些不切实际。在邀请罗伯特·塞西尔去查特韦尔庄园的同一个月，他给因斯基普寄去了费舍尔派皇家海军舰队前往波罗的海苏联基地的一个旧计划版本。[25]汉基对因斯基普抱怨说，这可真是个“难以置信的”主意（这里的意思可并不是赞许）。在西比尔·科尔法克斯的午宴上，丘吉尔对国王的情妇沃利斯·辛普森说，在地中海，“我们的交通不能任由‘意大利友谊’这种靠不住的东西来摆布。我们必须保持对地中海的控制权，我杰出的祖先马尔伯勒就是最早建立这种控制权的人”。[26]他对下议院的警告依然有增无减。4月23日，他谈到“一场大爆炸和一场大灾难，其过程是人类的想象力无法测量的，也是人类的视力无法企及的”。[27]4月3日，艾登向英国议会承诺，不会实施任何“军事计划”——即使德国完全拒绝讨论莱茵兰政变。[28]

5月，克劳福德在格里列夫斯俱乐部说，他认为丘吉尔“在谴责政府方面显得非常吵闹，而且过于肤浅”。[29]然而，他并没有公开抨击鲍德温，他采取了一种公开责备的口吻，而不是直截了当地表示反对。奇普斯·夏依以猜测的方式写道：“温斯顿一心谋划，想当军需大臣，但是鲍德温非常恨他，我怀疑他很难成功。”[30]5月21日，丘吉尔在下议院表示，世界大战教会了我们，不让陆军大臣负责军需供应是多么重要。他还补充说，基钦纳对交出军需供应控制权最终还是心存感激的。“这是我们所有人都付出了鲜血和眼泪才学到的一课，难道我们真的要从头再学一遍吗？”[31]针对绥靖派提出的国防开支过高可能会损害英国贸易等论点，丘吉尔说："这些论点听起来将会是多么苍白无力，如果一两年后我们被活捉，虽然是又肥胖又阔气，言论也自由，却毫无防御能力。"[32]

在所有对丘吉尔的批评中，最能伤害他的，仍然是很多人对他缺乏判断力的指责。5月22日，鲍德温对自己的私人秘书汤姆·琼斯说："总有一天，我会随心所欲地对温斯顿评论几句。内容我都准备好了。我要说的是，在温斯顿出生时，许多仙女下凡来到他的摇篮边，给他带来各种礼物——想象力、口才、勤勉、能力，应有尽有。可是之后来了一位仙女说，'没人有权利获得这么多礼物'，于是把他抱起来，拼命地摇晃、揉搓，这样一来，他虽然拥有了所有那些礼物，却没有被赋予判断力和智慧。这就是为什么我们在议会那么愿意听他讲话，却从不接受他的建议。"①[33]

鲍德温从未真的发表这样的讲话，但联合政府党鞭在抨击丘吉尔时使用的主要也是这几句话，而且会把一些具体事例掺和进来，包括西德尼街、汤尼潘帝、安特卫普、加里波利、金本位制、印度自治，以及不久之后在退位危机中他所做出的令人震惊的自我伤害。这真是一份令人生畏的诉状，但是忽略了汤尼潘帝和安特卫普的真实情况，忽略了西德尼街事件的无足轻重，忽略了他在印度问题上所采取的立场是多么真诚，忽略了当时的鲍德温、张伯伦和政府党鞭们也都全心全意地支持金本位这一事实。

四天后，丘吉尔也发表了自己对鲍德温的看法，同样清晰明确。"他绝不会自动退位的！"他对麦斯基说。当时他正在寻求苏联的帮助，希望在德国周围建立一个封锁线，所以会经常会见麦斯基。"他不仅想留任到加冕典礼，如果可能的话，他还想留任到加冕典礼之后。鲍德温必须被踢出去——这是摆脱他的唯一方法。"[34] 他把首相比作"一个紧紧抓住上升的气球吊舱的人"。"当气球离地面只有五六米高时②，如果他松开手，他会掉下来，但不会折断骨头。他坚持的时间越长，在不可避免地掉下来时，摔死的可能性

---

① 这并不是一个原创的想法，而是从伯肯黑德的《当代人格》（*Contemporary personalities*, 1924）一书中借鉴而来的，只不过伯肯黑德用了一种更和善的方式表达这一观点。

② 丘吉尔几乎可以肯定说的是"码"，但苏联人使用了公制。

就越大。”这是一个富有想象力的类比，却是一个糟糕的预测。① 这让麦斯基想起了丘吉尔早先在回答鲍德温为何将因斯基普的任命推迟那么久时说的话：“鲍德温正在寻找一个比他矮小的人担任国防大臣，而这样的人是不容易找到的。”[35]

对丘吉尔的另一种批评认为，他太过于纠缠对之前政府失误的批评指责。在5月29日的一场关于国防的辩论会上，因斯基普毫不留情地问他，沉湎于过去有什么用，丘吉尔反驳道：“让我来告诉下议院对过去进行指责有什么用，它可以让我们现在采取切实有效的行动。”[36] 他对防空科学调查分委员会（前身为防空研究小组委员会）在研究反轰炸机构想方面缺乏进展感到特别沮丧。雷达领域正在取得惊人的突破，但6月22日丘吉尔对空军大臣斯文顿勋爵说，这些还不够。此外，蒂泽德对林德曼的怨恨（得到了充分的报复）也使情况变得更糟。他抱怨道：“让我感到惊讶和悲伤的是你的态度，你显然是对这项工作的进展感到满意的。我担任委员会委员的这10个月里，让我感到震惊的是，每一项调查都进展得如此缓慢。实验规模并不一定要大，费用也不一定高，但是数量必须够多，通过反复验错来推进。”[37] 委员会每月只开一次会，他告诉斯文顿，他“确信在欧洲和英国将要面临的最大危险到来之前这段时期，什么实质性成果也不会有”。斯文顿无疑认为这是典型的丘吉尔式夸张。[38] 9月3日，斯文顿在收到包括蒂泽德的辞呈在内的三份辞呈后解散了该委员会。[39] 两个月后，委员会重组，蒂泽德再次担任主席，成员完全相同，只有林德曼是个例外，他被甩掉了。

6月，丘吉尔在萨沃伊烤肉餐厅为德国反纳粹前外交官阿尔布雷希特·冯·伯恩斯托夫② 举行午宴，达夫·库珀、鲍勃·布思比和哈罗德·尼科尔森也出席了宴会。当丘吉尔问伯恩斯托夫，怎么才能避免与德国的第二次战争时，对方回答：“用势不可当的包围。”[40] 丘吉尔表示赞同。7月，在下议院外交事务委员会的一次演讲中，丘吉尔提出，英国既要捍卫自己的帝国

---

① 5月底在“其他俱乐部”，丘吉尔曾以25英镑的出价与克林克斯·约翰斯通打赌，“到1938年7月2日下午，鲍德温就不再是议员了”。

② 1945年，伯恩斯托夫被纳粹分子谋杀。

疆界，也要防卫莱茵河的疆界，“一个艰巨的任务”，但是如果英国任由希特勒在东欧做自己想干的事情，“那么仅仅一年的时间，他就将主宰从汉堡到黑海的所有区域，而我们要面对的，将会是一个拿破仑以来从未见过的强大同盟”。[41] 在议会中大家仍然忽视他，尽管英国联合大学的独立议员埃莉诺·拉斯伯恩曾经在同一个月对一所左翼政治暑期学校说：“仔细看看那个人。你可能对他感到不信任，我过去也是。现在我不敢确定了。但是请你们先摒弃偏见，考虑一下事实。丘吉尔三年来一直都在说，德国在各个领域进行军事准备，而后来的事实证明，他的估计是正确的。”[42]

1936 年 7 月 17 日，一支西班牙军队在马德里起义，反抗人民阵线政府，由此引发了一场全面的内战。1931 年，西班牙共和党人推翻了阿方索十三世。丘吉尔对西班牙共和党人的反感，部分原因就在于他个人对前国王阿方索十三世的喜爱。1914 年他结识了阿方索，并喜欢上他。他打算在《伟大的同时代人》一书中以同情的语气描写他，将他失败的原因部分归咎于“莫斯科的宣传”。[43] 8 月 10 日，《伦敦晚报》发表了一篇题为“西班牙的悲剧”的文章，丘吉尔在文中写道，他担心“共产主义的西班牙会将其蛇形触角伸向葡萄牙和法国”。[44] 正是那种长期的反共产主义和浪漫的君主主义情结，才使丘吉尔在战争开始时同情民族主义者，觉得其当时看起来像是贵族、天主教徒、君主主义者、保守派和士兵的一场起义。1937 年，当他发现这实际上是一场由希特勒和墨索里尼支持的（包括军事上的支持）西班牙长枪党的法西斯运动时，他才慢慢改变了自己的看法。丘吉尔支持张伯伦政府非常务实的、不逞英雄的不干涉政策，只要这场战争不会危及直布罗陀海峡，以及英国皇家海军进出地中海必经的其他至关重要的海峡。

整个夏天，他对国防机构的公开批评越来越严厉，尤其是对因斯基普的批评。7 月 20 日，他对议会议员们说：“因斯基普允许自己成为一个无辜的受害者，承担着分配得如此奇怪、如此不和谐、如此扭曲的责任。他的权力如此之小，如此受限，任何人，甚至拿破仑本人，都无法满意地去履行那些责任。”[45] 因斯基普（以及此后的许多历史学家）曾提出，如果英国重整装备的时间更早些，皇家空军就会制造出比后来的飞机更低端的飞机。丘吉尔在这次辩论会上将因斯基普的这一说法撕得粉碎：

> 如果我们的飞机制造厂在三年前就开始生产，尽管生产的是老型号飞机，那么也不能阻止后来我们用现在正在使用的新型号设备代替老型号设备……如果工厂已经投入生产，学徒已经到岗，工厂和员工已经扩大了规模、得到了发展，他们会更有能力掌握新型号设备，更好的设备也会让型号转换变得更加容易，交货的数量会大幅提高，交付的日期会大大提前。[46]

此外，旧飞机可以用来训练新飞行员。据丘吉尔估计，德国在 1935 年进行战争准备时花费了 8 亿英镑，在 1936 年可能花费了 9 亿英镑。他对下议院的议员们谈到这些数字时说："如果我被证明错了，我会耐心地去承受大家因狂喜而发出的吼声，因为这会卸下压在我和许多议员心头的一块巨石。谁被曝光或让谁难堪又有什么关系呢？如果国家是安全的，谁会关心政客本人呢，无论是在职的还是去职的？"[47] 针对德国没有使用一枪一弹就夺取了莱茵兰这件事，他说："纳粹政权取得了一次巨大的胜利。"[48]

8 月 5 日，丘吉尔邀请持孤立主义观点的威廉 · S. 格里芬、威廉 · 伦道夫 · 赫斯特所拥有的《纽约问讯报》的编辑，到莫佩斯大厦做客。据格里芬讲述，丘吉尔曾经这样说："美国应该管好自己的事，别参与世界大战。"[49] 1939 年，当丘吉尔听说格里芬曾经这样说他，而且美国国会和德国电台也在重复这样的说法时，他严正地指出，这是"一个邪恶的谎言"，据此，格里芬对他提起诉讼，要求丘吉尔赔偿其 100 万美元的精神损失，并要求美国法院直接用丘吉尔的著作收入进行结算。直到 1942 年 10 月这个案子才进行审理。案子被驳回，一个重要的原因就是丘吉尔当时已经是英国首相，也是美国的盟友，而格里芬却因为煽动叛乱被软禁在家中。

10 月 14 日，当 22 岁的萨拉私奔到纽约，嫁给维克 · 奥利弗时，丘吉尔一家陷入一场非常公开且十分尴尬的危机。"亲爱的妈咪，"她在已经离开后写信说，"我并不想找什么借口，但是事情确实似乎不太顺利……这样做我感觉非常非常抱歉。我不喜欢'变卦'，但我认为这是目前最好的解决方案。你们曾许诺，1 月我们将得到祝福和'许可'，但是这对我来说显得非常空洞，因为你们在思想和情感上都如此反对此事。"[50] 附言中写道："请告诉爸爸，我并不是专门要等到他不在英国时才离开——这是在最后一刻才做的决定。我不得不离开，对不起。”① 伦道夫乘坐下一班邮轮前往纽约，媒体当时猜测纷纷——有 100 名记者都报道了此事——但他无法说服萨拉改变主意。

萨拉写给母亲的第二封信是从纽约伦巴第酒店寄来的。她说自己感觉很难过，“一方面我爱着一个人，而另一方面……却意识到……那些口口声声说爱我的人却看不起我所爱的人，不断地、永远地让他受到侮辱，把他当作一个低级投机商。他们要让你觉得自己犯了品位上的错误，最后甚至会怀疑你的真诚……我有一种感觉，爸爸是在和我们兜圈子”。[51] 她说得没错，丘吉尔曾在奥地利和美国聘请律师，核实奥利弗是否重婚。[52] 这对夫妇于圣诞节结婚后，媒体的猜测和丘吉尔与克莱门汀的反对就都平息下来。

对于丘吉尔来说，他想要提醒英国民众警惕希特勒的危险，这种任务现在就更加艰巨了，因为许多英国知名人士开始公开奉承这位德国领导人。9 月，劳合·乔治致信德国驻伦敦大使约阿希姆·冯·里宾特洛普说，甚至在见到希特勒之前，“我就对你们这位了不起的元首充满了钦佩之情”，而相见以后，“这种钦佩之情进一步加深、加厚了。他是自俾斯麦以来你们国家最大的幸运，我个人认为，应该是自腓特烈大帝以来”。[53] 伦敦德里勋爵在公开场合和私下里都曾赞美过希特勒。1937 年 10 月，丘吉尔写信给他说，“就我们所关心的中欧和南欧事务而言”，英国不能“同意（任凭德国做事而）放手不管，那样做就意味着，为了建立一个庞大的中欧集团，德国首先将会吞并奥地利和捷克斯洛伐克。纵容这种侵略政策当然不符合我们的利益”。[54] 他已经发现了希特勒的下两个目标，但是没有人听他的。

1936 年 10 月 6 日，丘吉尔参加了牛津大学 T. E. 劳伦斯纪念碑揭幕仪式，在万灵学院举行的晚宴上，他被问及是否会发生战争，“当然会，”他回答，“一场非常可怕的战争，伦敦将被轰炸，白金汉宫将被夷为平地，狮子和老虎将逃出动物园，在伦敦的街道上游荡，攻击路人。”② [55] 劳伦斯是丘吉尔

---

① 她要求母亲把她所有的信都烧掉。但是这些信被小心翼翼地保存起来，现在就在剑桥的丘吉尔档案中心。

② 白金汉宫虽然没有被夷为平地，但确实遭到了轰炸。伦敦动物园实际上一直开着，尽管有毒的爬行动物和危险的动物都被杀了，大型猫科动物被转移到了蕙普斯奈德动物园。在伦敦大轰炸期间，唯一逃脱的动物是一匹斑马和它的小马驹，它们在前往卡姆登镇的途中被围捕。

另一位英年早逝的好朋友。在1935年5月19日，劳伦斯在多塞特郡他的一处平房附近的一次摩托车事故中丧失，年仅47岁。丘吉尔在他所致的悼词中写道："他实际上是一位住在山顶上的人，那里空气寒冷、清新、稀薄，在晴朗寒冷的日子里，那里的景色统揽着世界上所有的王国，及其荣耀。就像一架飞机是要靠速度和对空气的压力才能飞行一样，劳伦斯在飓风中才能飞行得最好、最容易。他与普通人并不完全和谐，世界大战的风暴使生活的基调提高到劳伦斯标准，而普通人会被席卷着前进，直到赶上他的步伐。在这一英雄时期，他发现自己与所有的人和事都有着完美的联系。"[56]如同他经常写的关于他人的文章一样，丘吉尔所致悼词中的自我写照可不是一星半点。在悼词发表20年后，当劳伦斯的《智慧七柱》被指出有虚构和夸张成分时，当他的受虐性同性恋倾向被揭露时（对于第二种揭露丘吉尔"表达了强烈的厌恶"），丘吉尔再次谈到劳伦斯，他说："他有一种突破重围重返聚光灯下的本领，是一个非常引人注目的人物，对那件事情也非常谨慎。"[57]

1937年，演员莱斯利·霍华德被亚历山大·科达选中饰演劳伦斯，丘吉尔与他进行了多次交谈，霍华德说这对他帮助很大。[58]自1934年9月以来，丘吉尔一直为科达的工作室工作，主要负责一些电影的构思，包括"君主制会回归吗?""日本的崛起""婚姻法与习俗"，还有国王乔治五世的银婚庆典。他想要2 000英镑来创作《阿拉伯的劳伦斯》剧本，但当时只得到250英镑，他并没有抱怨。[59]他向《阿拉伯的劳伦斯》的导演提出的一个小建议是："不能说发动阿拉伯人去参加'十字军圣战'（Crusade），这个词有自己特定的含义，应该用'圣战'（Jehad）这个词。"[60]丘吉尔热切希望劳伦斯的英雄主义和无视军事惯例的意愿得到充分的强调。"你应该用各种不同的方法去炸掉半打火车!"丘吉尔写信给科达说，"远处的路、火车车厢内的场景、埋伏的紧张刺激、可怕的爆炸、火车头的残骸等，以及军队唯一的通信渠道被切断的事实——一切都很美妙!"[61]他提出的一项批评是："有一些骑马疾驰的人好像在冲锋，但是看起来却很假，他们的风格有点儿像荒唐可笑的《孟加拉长矛兵》。"但是有一个人并不觉得1935年拍摄的这部大英帝国史诗电影《孟加拉长矛兵》荒唐可笑，那就是阿道夫·希特勒。[62]

1936年11月12日，丘吉尔在下议院关于集体安全的一场辩论会上说：

“如果有人认为，老生常谈、甜言蜜语和胆小的政策就能为今天提供一条通往安全的道路，那么真是大错特错了。只有坚定地坚持正义的原则……正在稳步逼近我们的那些威胁以及正在摧毁欧洲和平的那些危险才会被拦截，被化解。”[63] 他要求议会对英国国防状况进行调查。这是一个很容易被政府多数派驳回的要求，他自己也知道这一点。那次演讲中，在批评苏联对西班牙内战的干预时，他在结尾描述了“另一个苏联，它只希望独自享受无人打扰的和平”。他希望通过集体安全策略，让苏联在维护和平方面发挥作用，尽管他还没有准备好去呼吁建立一个全面的联盟，因为他感觉到公众舆论还没有做好准备。[64] 对于苏联在集体安全问题上可能扮演的角色，他的看法一直不能固定下来，因为将苏联拉进来就意味着要疏远波兰等国家，而且还会疏远英国的罗马天主教徒和许多保守党人。[65] 在如何避免战争的其他一些方面，他的论点也并不完全统一。1936 年 11 月，他否定了自己 6 个月前关于弥补德国所受委屈的说法，尽管到 1937 年 12 月，他又回到那句话，说作为总体解决方案的一部分，“军事占领区”可以还给德国。直到 1938 年秋季捷克斯洛伐克危机前夕，他才主张正式建立法英苏同盟。① 他在 20 世纪 30 年代后期的立场，远比他在《风云紧急》中所记录的更为多变。在《风云紧急》中，他将自己描写为立即看穿了法西斯主义，坚决反对绥靖政策的人。尽管这样，他仍然是纳粹德国及绥靖政策在英国政界最强大的对手。

在有关集体安全的辩论中，丘吉尔援引时任海军大臣的塞缪尔·霍尔的话说，对于成立装备供给部的事情，“我们一直都在审时度势”。“政府根本拿不定主意，”在一次最勇猛的抨击中他俏皮地说：

> 也或许是政府无法让首相拿定主意。因此，他们一直在一种奇怪的悖论中继续前行，下定决心地犹豫不决，心意已定地优柔

---

① 对于苏联成为盟友会有多大用处，丘吉尔也不清楚。1937 年 11 月，金融家诺曼·霍尔登在“其他俱乐部”与布伦丹·布拉肯赌了 100 英镑，赌“如果苏联与德国交战，苏联会是首先提出达成停战协议的一方”（《其他俱乐部赌博记录册》）。记者科林·库特、鲍勃·布思比和德拉沃尔伯爵也下了同样的赌注，“最终裁决将由俱乐部主席在停战后的第一次会议上做出”。多年以后，温斯顿·丘吉尔先生，也就是大家所说的那位主席，认定诺曼·霍尔登先生输掉了这场赌博。

寡断，坚定地随波逐流，坚强地随心所欲，拼尽全力地无能为力。因此，我们还要继续准备，更多年，更多个月——对英国的辉煌来说，这些岁月如此宝贵，如此重要——只为最后给蝗虫吃。他们会对我说：“没有必要设立供给大臣职位，因为一切都在顺利进行。”我认为不是这样的。“目前的局势令人满意”，这不是真的。“一切都在按计划进行”，我们知道这意味着什么。[66]

负责探照灯的人员在没有探照灯的情况下接受训练，坦克部队也没有接收到最新的坦克，“除非下议院下定决心自己找出真相，否则它将犯下历史上前所未有的失职错误”。[67]对于希特勒所谓的已经实现了空中力量对等的声明，丘吉尔在“其他俱乐部”与阿尔弗雷德·芒宁斯的“激烈争辩”中已经打磨过自己的一些措辞。[68]他在演说的结尾部分说：“拖延策略、折中主义，令人宽慰也令人困惑的权宜之计，这样的时代即将结束，我们正在进入下一个时期，那就是面对上述政策所带来的严重后果时期。”[69]鲍德温对此做出尖刻的回应：

我以惊人的坦率把我自己的观点摆到整个议会面前……假如我已经到乡下去了……然后还在呼吁，说德国正在重新武装自己，所以我们也必须重整装备，有人会认为我们这个和平的民主政体因此就会集结力量来呼应这样的喊声吗？在我看来，正是这样的做法才使得这次选举的失利更加确定无疑。[70]

第二天，丘吉尔写信给老同学阿奇博尔德·博伊德·卡彭特爵士说：“鲍德温昨天公开承认的那个想法是如此肮脏，我从未听到其他像他那样的公众人物这样承认过。”[71]正如我们所看到的，战后丘吉尔对这种骇人听闻的坦率进行了隐蔽的报复：在《风云紧急》中，在鲍德温名下的索引中，他写下了“承认党的利益重于国家”这一条，[72]这是极不公平的。通过选择性地引用——可能是伦道夫所为，这一部分是他编辑的——丘吉尔让人觉得鲍德温说的是1935年的那场实际发生的选举，而实际上鲍德温指的是1934

年的一场从未发生过的选举。在1935年的大选中，鲍德温实际上是主张增加国防开支的，尽管没有丘吉尔想要的那么多，（后来证明）也没有英国需要的那么多。

当时，德国副总理鲁道夫·赫斯曾经问伦敦德里勋爵的长子卡斯尔雷："为什么你们不让温斯顿·丘吉尔成为你们英国的内阁成员？如果有他的话，我们就知道你们是认真的了。"[73] 他还不知道，即将到来的一场危机会让鲍德温的政府得到极大的巩固，让丘吉尔的力量遭到相应的削弱。这场危机爆发自一个最不可能的地方，即布拉德福德主教的一次布道。在11月12日的演讲中，丘吉尔曾谈到议会放弃责任，然而不幸的是，就在他对鲍德温政府进行猛烈抨击的时候，人们开始把注意力完全集中在另一件放弃责任的事情上。

1936年12月1日，布伦特主教曾在一次布道中提到国王"需要恩典"，不久之后，爱德华八世与一位两度离婚的美国已婚女士沃利斯·辛普森之间的关系被公之于众。这件事情丘吉尔已经知道了一段时间，他想到的解决办法是让国王与辛普森夫人签订一个"贵庶通婚"协议，让她成为非皇家成员的康沃尔公爵夫人，一些欧洲皇室曾有过这样的婚姻形式，比如奥地利的法兰兹·斐迪南大公。"马克斯给我打电话说他看到了国王，"丘吉尔11月27日在写给克莱门汀的信中神秘地说，"并告诉他康沃尔公爵夫人这个计划是我的主意。国王肯定是赞成的。现在轮到内阁来发表看法了，我看不出来能有什么别的办法。"[74] 事实上，康沃尔计划根本没有成功的希望，但丘吉尔浪漫的君主主义思想和与国王长期的友谊，自然会让他支持爱德华八世的这一最终导致灾难性后果的诉求。这些才是丘吉尔真正的动机，而不是像他的批评者所设想的那样，他愤世嫉俗地希望利用这场危机，组建一个"国王的政党"，推翻鲍德温。（比如克劳福德勋爵曾写道，丘吉尔已经看到，"上台执政的果实就诱人地摆在眼前。他的判断几乎总是错误的，不论他的文章多么能引起共鸣——他是一个邪恶的参谋"。）[75]

丘吉尔从一开始就不了解沃利斯·辛普森对国王的重要性。"女人在他的生活中只会扮演短暂的角色，"他自信地告诉小说家玛丽·贝洛克·朗兹："他会不断地陷入爱情或退出爱情，他现在的这份恋情也会和其他人的恋情一样，最终走上同一条路。”[76]他还误读了自己与国王的关系，这使得他在危机期间为国王辩护的立场更加可笑。正像国王的私人助理秘书艾伦·“汤米”·拉塞尔斯爵士多年后在日记中写的：“温斯顿对温莎公爵的忠诚，建立在一个悲剧性的错误前提之上，即他觉得自己真的了解温莎公爵，但事实绝非如此。”[77]他的这种情感上的忠诚在他对达夫·库珀所说的话中得到了充分体现：“不能把世袭原则留给那些‘随时’调整其信条的政客摆布。”后来在就职时，他在枢密院的会议上问道：“国王犯了什么罪？我们不是宣誓效忠于他吗？我们不用再受誓言的约束了吗？”[78]

丘吉尔提出“贵庶通婚”的建议，就是让辛普森夫人不能通过婚姻成为王后，她的孩子也不能继承王位。在英国的法律中，妻子自动获得丈夫的级别和地位，根本没有“贵庶通婚”这样的概念，下议院、上议院和教堂都不可能同意这样的婚姻。对于这样一个棘手的问题，这是一个富有想象力但最终行不通的解决方案。12 月以来，丘吉尔一直努力推进这一方案，直到用尽他所有的政治资本。后来，在被问及是否真的愿意接受沃利斯·辛普森为英国女王时，他回答：“这么可怕的事情，我一时一刻都没有想过有发生的可能。”[79]这是真的，尽管当时很多人并不这么认为。

尽管最近的研究表明，有数百万普通英国人认为，确实应该允许国王迎娶辛普森夫人，但是整个权力集团全部持反对意见。带头反对的包括《泰晤士报》、坎特伯雷大主教、各自治领掌权者，以及除达夫·库珀以外的整个内阁。支持国王的只有比弗布鲁克与罗瑟米尔出版社、共产党、奥斯瓦尔德·莫斯利爵士的英国法西斯联盟，以及丘吉尔。[80]

丘吉尔给国王的建议是：推迟行动，（原定的）1937 年的加冕典礼之后再为婚姻的事情去战斗。因为他知道，按照宪法规定，鲍德温是很难强迫一位在位的国王违背个人意愿退位的。但是就像比弗布鲁克对丘吉尔说的那样：“我们的老大是不会去战斗的。”[81]不过，丘吉尔自己准备要去战斗到底的想法倒是非常清楚。

《风云紧急》对我们了解这一时期作用不大。丘吉尔在书中声称自己曾在 1936 年 12 月 3 日于皇家阿尔伯特大厅举行的“武器与盟约”会议上就王室问题发表过声明，实际上他没有。[82]不过，他确实在第二天举行的“首相问答会”上发过言，奇普斯·夏侬记录道，他“站了起来，声音颤抖地含着眼泪说，他希望在人们进行认真反思前，不会发生什么不可弥补的事情——大意如此。会场上的欢呼声令人印象深刻”。[83]事实上，他只是要求议会随时了解事态的发展，如果丘吉尔本人把欢呼误认作支持，那么他很快会彻底清醒过来。第二天，他发表了一份公开声明，敦促大家拿出“时间和耐心”，但国王已经用光了自己的“时间”，而政府已经耗尽了自己的“耐心”。然而，那天晚上他还是从位于莫佩斯大厦的家中给国王写信说：

> 先生，前方的各种消息又到了！没有人可以用手枪指着国王的头。毫无疑问，这一争取时间的请求将得到批准。因此——圣诞节前是不会有最终决定或法案的——可能要到2月或3月。国王绝不能离开自己的国家，温莎城堡是他的指挥所（战斗基地）。在这个危机四伏的时刻，一定要谨小慎微……马克斯……是一只战斗的老虎，我把国王的口信给了他——但请给他打个电话吧，或写封信——打电话好一点儿……一只忠诚的老虎！非常稀有的品种……总之，各方面都取得了良好的进展，有可能占据有利位置，并集结强大的力量。[84]

丘吉尔如此激动自信，再加上一些法语军事术语的使用，他即将为国王保住宝座的事情已经显而易见。

舆论实际上已经开始坚决地反对国王。用拉塞尔斯的话说，当权派“不会容忍他们的君主迎娶一个像商店里摆放久了的旧货一样的女人，让她成为王后，更何况她还有两个依然在世的丈夫和一副生锈了的锯子般的嗓音。”[85]保守党党魁詹姆斯·斯图尔特认为，下议院情绪变化的重要原因，是上周末从选区回来的123名兰开夏郡和约克郡议员“坚决反对国王的婚姻”。[86]大批当权派都在声嘶力竭地反对推迟退位，丘吉尔完全误判了形势。12月7日星期一下午，在“首相问答会”上，他为国王请求更多的时间，结果被大声喝止。

在《我的早年生活》中，丘吉尔写道，下议院“总是纵容那些自称是它的仆人，并以此为荣的人”。[87]然而那个星期一，下议院却没有纵容丘吉尔。《议会议事录》记录了他被喝止的喊声，例如“秩序”“不可”，而在场的其他人则记得“住嘴!”和“编造!”这样的喊声。[88]发言人甚至不允许他说话，尽管他只是想提个问题。温特顿勋爵形容这件事是“我所见到过的针对任何下议院成员最愤怒的表现”。[89]丘吉尔大步流星地走出房间，对鲍德温喊道：“你不把他打倒就不会满意，是吗?”[90]他走到大厅外走廊里的计票机前，和戴维森一起读了起来。戴维森记录道：“他说自己的政治生涯结束了。我有时在想，是不是因为他有一半美国血统，才使他对英国人骨子里对这些问题的真实想法如此麻木。”[91]哈罗德·尼科尔森写道：“在议会里，温斯顿完全瘫了下来……但是他只用了五分钟时间，就完成了一个病人需要两年时间才能完成的康复工作。”[92]

由于国王当时实际上已经决定，屈从于政府与当权派的意志而退位，以这种方式耗费自己的政治资本，为这样一个注定彻底失败的事业而折戟，对丘吉尔来说就显得更加悲惨了。尽管如此，当晚6点在14号会议室，丘吉尔还是向保守党后座议员“1922委员会”的150名议员发表了关于国防问题的演讲，这是当年出席人数最多的一次会议。演讲中他提到“我们在亚洲东部水域面对日本时的薄弱力量”，恰恰就在日本袭击珍珠港的五年前的同一天，他还特别强调了新加坡军事基地的重要性。[93]他详细描述了英国在军事上的弱点，回答了几位议员的问题。一个多小时后，议会记录写下这样的内容：“丘吉尔先生的演讲获得听众的感谢。”然而，他并没有像那年几乎所有其他演讲者那样，得到会议记录中所写的“诚挚的”或“最诚挚的”感谢。然而，三天后，《退位法案》一经通过，他就优雅地宣布不再固执己见，这时他倒是得到了议员们热烈的欢呼声。他说：“我们必须听从首相的劝诫，一切向前看。”[94]一切都结束后，他对博纳德·巴鲁克说：“我不可能不这样做。你也知道的，在政治上，我总是更愿意接受自己内心的指引，而不是考虑公众的感受。”[95]

12月11日，也就是国王退位当天，丘吉尔与他在贝尔维德尔堡共进午餐。在最后一次作为国王发表广播演说时，他插入了至少这样两句话——“我在父亲的宪法传统中成长起来”，以及“你们很多人都享有的一种无与伦比的祝福，却没有赐予我，那就是一个有妻子儿女的幸福家庭”。[96] 温莎公爵在回忆录中回忆道，就在那次午餐期间，“我不再是国王了”。当他与丘吉尔道别时，他记录道：“他眼含热泪。我现在依然能看到他站在门口时的样子，一手拿着帽子，一手拿着手杖。一定是有什么东西在他心中激荡，他用手杖敲着庄重的节拍，开始背诵起来，仿佛在背给自己听，‘在那令人难忘的一幕中，他既不刻薄，也不平庸。’这是安德鲁·马维尔所写的关于查理一世被砍头的颂诗中的几行，他洪亮的嗓音让这几行诗听起来特别辛酸。”[97] 那个晚上，丘吉尔对空军中校安德森说：“可怜的小羔羊，任何一个航空机械师都不会被那样对待，而他毫不抵抗地接受了。”[98]

克莱门汀曾开玩笑说，她的丈夫是最后一个相信君权神授的人。但是到 1936 年 12 月，这样的话已经变得不再好玩儿：退位危机使他的地位严重下降，比他在重整军备的斗争中降低的地位还要多。[99] 这件事很快就被列入丘吉尔那一长串误判的单子中，进一步削弱了他在希特勒问题上对公众的影响。甚至到了 1940 年 7 月，丘吉尔的三位私人秘书也一致认为，他“对朋友过于忠诚，自然不愿伤害任何人的感情……他为支持爱德华八世付出了太多，让下议院和国家丧失了对他的信任”。[100] 丘吉尔一家仍然忠于他们的朋友，已经去法国生活的温莎公爵一家。国王退位三个月后，当格兰纳德勋爵在一次晚宴上批评辛普森夫人时，克莱门汀转向他，严厉地问道：“如果你的感觉是这样的，那么你为什么要邀请辛普森夫人来你家，让她坐在你的右手边？”奇普斯·夏侬记录道：“随后出现了一段长时间的尴尬沉默。”[101]

退位危机也使丘吉尔与鲍勃·布思比的关系受到损害。在 12 月 7 日下议院的那一幕之后，布思比给他写信说：“今天下午发生的事情让我觉得，那些对你忠心不二的人几乎不可能在政治上一直盲目地跟你走了（虽然他们想要这样做），因为他们无法确定下一步他们会在哪儿着陆。”[102] 丘吉尔花了五天时间才写了回信，他们之间的亲密关系从此再未出现。布思比后来声称，12 月 7 日的那次耻辱，是他唯一一次看到丘吉尔表现得比在公共场合喝醉还要糟糕。不过到了他说这话时，已经是在后来对丘吉尔产生了深深的怨恨的时候，作为证人他显然已不值得信任。[103] 丘吉尔在议会的追随者现在只有三个人：弗雷迪·格斯特、邓肯·桑迪斯和布伦丹·布拉肯，其中两个是家人。[104]

温莎公爵夫人没有获得王室的殿下称号，这让她和她丈夫非常不满。但是在与丘吉尔一家会面时，丘吉尔和克莱门汀还是会很自然地向她行低头鞠躬礼和屈膝礼，尽管他们此后也只见过四五次面。[105] 丘吉尔在国王退位后的第二天对他说，他将会“在议会和内阁特别关注你们的利益”。实际上并没有人要求他这么做。[106] 到了 4 月，他开始捡拾起自己的尊严，给新国王乔治六世写信说：“我曾为陛下的祖父、父亲和哥哥服务了很多年，我诚挚地希望陛下的统治将获得上帝的祝福，为我们古老的君主制添加新的力量与辉煌。”[107]

两周后，萨拉在纽约与维克·奥利弗结婚，被禁止的爱情宣布了自己的胜利。丘吉尔一家没有向他们表示祝贺。玛丽回忆说：“在查特韦尔庄园，那个圣诞节和新年相当安静。”加上 46 岁的拉尔夫·威格拉姆在新年前夜死于肺癌，这让大家的情绪更加低落。① 威格拉姆与迈克尔·克雷斯韦尔一起，向丘吉尔提供外交部绥靖政策的内部信息，他已经成了丘吉尔的朋友。[108] 丘吉尔在写给他的遗孀艾娃的信中说：“我非常钦佩他的勇气，他的正直诚恳，以及他的高瞻远瞩。他是为数不多的捍卫英国生命的人之一。现在他走了——在这个决定命运的年份的前夜。这确实是对英格兰的一个打击，也是对英格兰所代表的一切的打击。”[109] 他对克莱门汀说，威格拉姆是“一盏破碎的灯里燃烧着的明亮而稳定的火焰，指引我们走向安全和荣耀”。[110]

尽管一开始彼此关系冷淡，但是 1937 年 1 月，丘吉尔家还是邀请了萨拉和她的新婚丈夫到查特韦尔庄园居住。丘吉尔把他的新女婿叫到书房，询问他在音乐厅的演出情况，以确定他的收入。“工作是件好事，”他说，“你一定要坚持下去。”[111] 过了一段时间，他开始叫他维克多，并把他介绍给黑天鹅普路托和珀尔塞福涅，白天鹅朱诺和朱庇特，一只用头顶他的山羊，丘吉尔一喊“上来！上来！”就浮会出水面的大个头金鱼。[112] 奥利弗感到惊讶，丘吉尔竟然能够引用各类政治家、作家和演员的格言、诗歌或名言，并

① 并不是传言所说的自杀，验尸官的报告才是最终结论。

指明它们的出处和写作日期。在回忆录中他写道，尽管在查特韦尔庄园和契克斯庄园，多年来他被介绍给了许多杰出人物，但是“他们的女婿从来没有看到任何势利或歧视的迹象”。[113] 丘吉尔甚至送给他一套签了名的四卷本《马尔伯勒传》。“当他带着特别的感情谈论家庭或国家时，”奥利弗回忆道，“他的眼里会饱含热泪。他完全不会以此为耻。”[114] 战争期间，奥利弗会在契克斯庄园里的钢琴上弹奏丘吉尔最喜欢的歌曲，如《黛西，黛西》和《拉古纳的莉莉》，而丘吉尔则会用“嘶哑、走调的声音”跟着唱起来。[115]

尽管丘吉尔 1937 年的收入达到 1.5 万英镑（约合今天的 78 万英镑），那时他在报纸上发表一篇文章的稿费已高达 400 英镑，但是维持查特韦尔庄园运转的费用对他来说还是太高了。他告诉正在齐尔斯滑雪的克莱门汀，如果他收到 2.5 万英镑的报价，他就会把庄园卖掉，“考虑到孩子们都快要远走高飞了，而我的生命可能已经进入最后一个 10 年”。[116]

在他所描述的马尔伯勒的生活中，丘吉尔曾指责臭名昭著的第二代桑德兰伯爵是“那些头脑聪明却没有行动原则的危险人物之一，只要自己能成为中心，他们并不在乎到底该做什么。对他们来说，忙碌、兴奋、阴谋就是生活的氧气，只有从一次精神错乱舞到另一次精神错乱，才能让他们保持神智正常”。[117] 在 1937 年到来的时候，他的这个表述让很多英国人，实际上是大多数英国人，想到了丘吉尔本人。他发起的反对德国重整空中军备的运动，加上反对印度自治运动、退位危机以及其他许多因素，似乎都只是破坏鲍德温政府，将自己推向前台的另一种方式。

1 月 25 日，丘吉尔向珀西·格里格爵士抱怨道：“鲍德温像绿湾树一样枝繁叶茂，像凤凰一样展翅高飞……因为他从我们的前国王火葬殉妻的柴火堆上攫取了营养。”[118] 丘吉尔现在把火力都集中在国防问题上，他在下议院抨击因斯基普，说他曾经承诺，124 支防空舰队中的 100 支将在 1937 年 3 月底交付使用，可是结果却只能交付 22 支，其余的需要等到 7 月底。[119] “即使 124 支舰队在 3 月 31 日之前全部交付，我们的军力仍然不能与德国持平，连接近都达不到。”丘吉尔说，“我们得到过最庄严的军力持平承诺，但并没有达到持平的目标……整个 1937 年我们也无法达到。我怀疑我们在 1938 年也无法达到或接近这一水平。”[120]

除了反对纳粹，丘吉尔也想帮助纳粹的受害者。自20世纪20年代末以来，英国政府越来越担心，大规模犹太移民进入巴勒斯坦可能会破坏英国负责管理的托管领土的稳定。1936年5月，英国设立了一个由皮尔勋爵担任主席的皇家委员会来审议这一问题，以及阿拉伯人与犹太人之间的圣地分割问题。1937年3月，丘吉尔在向委员会做证时明确表示，巴勒斯坦的阿拉伯人决定为他们的帝国主子土耳其拿起武器，并拒绝参与阿拉伯起义的做法，摧毁了他对他们抱有的任何同情。他对委员会说："这些阿拉伯人属于一个可怜的民族，被征服后，在土耳其人的统治下也生活得相当不错。"

> 他们相当轻松地生活在战前土耳其帝国各省的那种典型的肮脏之中，之后当战争来临时，他们成为我们的敌人，涌进攻击我们的军队，开枪扫射我们的士兵……但我们的军队勇敢前进，他们被征服了……他们被打败了，完全听凭我们摆布。仁慈可能会给我们带来许多限制……他们是在战场上被打败的，不是一点一点被征服的。他们被打得没有立足之地，连狗都叫不出一声。在征服这些人的过程中，我们决定向犹太人做出某些承诺。

丘吉尔的结论非常冷酷，毫不妥协："我不承认占着马厩的狗最终就拥有了马厩的所有权，即使它可能已经在那里赖了很长时间。"[122] 他的下一番评说一定会冒犯现代人的情感，但在当时却是完全正统的思想：

> 例如，我不承认美洲原住民或澳洲的黑人遭受了极大的委屈。我不承认一个更强大的种族，① 一个更高级的种族，或者，至少是一个更精于世事的种族出现在他们面前，占据了他们的位置，就是委屈了他们。我不承认。我不认为美洲原住民有任何权利说，"美洲大陆属于我们，我们不允许这些欧洲殖民者到这里来"，他们没

① 丘吉尔在这里用"种族"这个词表达的是今天的"民族"这个词的意思。

有这样的权利，也没有这样的实力。

在丘吉尔的文章中，有一篇是反犹太主义的，由亚当·马歇尔·迪斯顿在1937年撰写。迪斯顿有时会为丘吉尔代笔，写一些文章的初稿。文章的题目是“犹太人如何与迫害做斗争”，是以丘吉尔的名义写好准备发表的。稿子上根本就没有丘吉尔的红线批注，事实上，稿子也从来没有发表过。三年后，当有人提议发表该文时，丘吉尔阻止了这一做法。从以上这些迹象我们可以安全地得出结论，那就是丘吉尔起初就没有读过这篇稿子，等到他最终读了稿子后，他表示不同意该文的观点。然而，他的批评者继续以该文为证据，证明他是一个隐蔽的反犹太分子。[123]

他对下议院说：“在西班牙的争端中，我非常真诚地试图采取中立态度，拒绝成为任何一方的党羽。我不会作假，如果我必须在共产主义和纳粹主义之间做出选择，我会选择共产主义。我希望自己不会被要求在这两种特殊的统治下生活。”[124]有太多时候，人们并没有引用最后一句话。[125]不久之后，他在《星期日纪事报》上发表了一篇题为“魔鬼的信条”的文章，并在文中充分发挥了自己的隐喻天赋。他描写了共产主义和法西斯主义如何让他想起了北极和南极。“它们在地球上相反的两端，但是如果你明天醒来时是在两极中的任何一极，你都不会分清楚自己到底在哪一端。也许这一端有更多企鹅，或者另一端有更多北极熊，但是周围都是同样的冰雪和刺骨的寒风。”[126]

4月，他在下议院的演讲中进一步阐述道：“我们似乎正在身不由己地一步步走向某种可怕的灾难，违背了自己的意愿，违背了每个种族、每个民族、每个阶层的意愿。所有人都想出面阻止，但谁也不知道该怎么做。”[127]夏侬记录道：“温斯顿·丘吉尔的演讲才华横溢，精彩绝伦，以理服人，无可辩驳，他的‘行情’开始飙升，今天，人们开始……再次谈起，他应该在政府任职。”[128]丘吉尔确实需要涨一涨行情：4月28日，他61岁的表弟弗雷迪·格斯特因癌症去世，议会中他的支持者只剩下两名了。表弟临去世前他们还一起下了双陆棋。他对马什说：“我从未见过有人对死亡表现出如此彻底的轻蔑，如此将其不当回事。”[129]世界上没有什么比这更让他钦佩了。

尽管他失去了一个盟友，但到了下个月，他又得到了一个新盟友。5月，利用自己父亲曾是丘吉尔在女王轻骑兵第四团时的上校这层关系，海军少将伯特伦·拉姆齐与丘吉尔进行了一次“绝对坦诚”的面谈。他对海军部的自满发出警告，谈到其“过时的管理、习俗和观点，这些都极大地阻碍了我们与德国这样高效的国家打交道”。[130] 他说，1月开始接替因斯基普成为英国国防协调大臣的查特菲尔德勋爵，绝对是“灾难”的代名词，丘吉尔也开始认同这一看法。[131] 丘吉尔对拉姆齐说，只要他不能在政府任职，他就什么也做不了。第二年，拉姆齐从海军退役。战争爆发后，拉姆齐重新回到海军，丘吉尔告诉他，他当年所说的话是完全正确的。丘吉尔安排他担任了几个关键角色，例如督战敦刻尔克撤退，以及负责诺曼底登陆的海军任务。

国王乔治六世的加冕仪式于1937年5月12日举行。在伊丽莎白王后加冕的那一刻，丘吉尔热泪盈眶地对克莱门汀说：“你说得对，我现在明白了，另一位（辛普森夫人）真的不成。”[132] 他也告诉了温莎公爵本人，典礼“非常成功”。[133]（公爵是通过法国电台收听加冕仪式的，当时他正在为未婚妻织一件蓝色毛衣。）温莎公爵夫妇于第二个月在法国结婚，丘吉尔一家送去了结婚礼物，祝福“殿下和您的新娘（一种避免使用公爵夫人殿下这一称谓的讨巧方式）幸福美满，永远沐浴在爱的阳光中”，但是他们没有去参加婚礼。[134] 10月，他对当月早些时候拜访过希特勒的温莎公爵夫妇建议说，如果他们乘坐德国的“布莱梅号”班轮横渡大西洋，而不是法国的“诺曼底号”，就有可能得罪数百万犹太人。[135] 温莎公爵夫妇选择了“布莱梅号”。

5月中旬，丘吉尔对国际联盟的雇员杰弗里·丹尼斯提起诽谤诉讼。丹尼斯在他的著作《加冕评论》（*Coronation Commentary*）中把丘吉尔描述为“一个野心勃勃、阴晴不定的政客，从一个政党跳到另一个政党，极端反动，他自己就是著名的势利加美元婚姻的第一颗果实。和人们以前说的一样，他是‘半个外国人，整个儿不受欢迎’”。[136] 在辩护时，丹尼斯辩称，这句“半个外国人”的话来自1905年的《国家评论》，他说在退位危机期间，这句话曾被多次引用。这场官司用了两年时间才结案，最终丘吉尔胜诉。

加冕仪式成功举行后，时年70岁的鲍德温退休了——这对英国首相来说非常不同寻常——完全按照自己选择的时间退休了。1929年，丘吉尔曾和克莱门汀开玩笑，说如果内维尔·张伯伦成为首相，他可能会去加拿大经营牧场。[137]然而，1937年5月31日，在威斯敏斯特卡克斯顿大厅举行的全党领导层特别会议上，也正是他正式表态，支持张伯伦当选保守党领袖，进而成为首相的动议。丘吉尔说："无须竞争，更没有竞选宣言，张伯伦先生是唯一一个在这个关键时刻应该被委以重任的人。"他接着谈到张伯伦"令人难忘的成就"。[138]选举以鼓掌方式获得通过。现在轮到张伯伦谈谈丘吉尔了，他说："如果我让他进入内阁，他将主导整个内阁，他连说话的机会都不给别人。"[139]因此，即使丘吉尔在选举中发挥了重要作用，张伯伦还是没有给他打电话邀他入职。（几周前他私下里引用霍尔丹勋爵的评论说，与丘吉尔争论"就像与铜管乐队争论"。）[140]到这个时候，克莱门汀终于不再相信她63岁的丈夫还会进入政府任职，不过她没有告诉丘吉尔。[141]不久之后，丘吉尔在吸烟室里看见鲍德温，他嘲讽道："好吧，那盏老萝卜终于熄灯了。"[142]

丘吉尔现在可以随意地谴责政府了，而不仅仅局限在重整军备的速度和规模上。他说，他对新政府有着一种"长辈般的兴趣"，但他还是抨击了正在拟议中的一项超额利润税，财政部也承认，超额利润税不会筹集到多少资金。丘吉尔说："最健康的税收机制就是以真正的税收收入为唯一目的的税收机制。为了实现某种政治目的，甚至为了灌输某种道德原则而征税，通常被认为是不符合金融经济的最高标准的。"[143]为了公平起见，丘吉尔还说："我知道，社会主义者的观点是，盈利是一种罪恶，获得巨额利润是一件让人感到羞耻的事情。我却持另一种观点：我认为真正的罪恶是亏损。"[144]张伯伦最终取消了这项税收。

丘吉尔在议会的工作现在每周需要占用三天时间，同时他还在为至少三本书的写作工作着：撰写《马尔伯勒传》第四卷；为撰写《英语民族史》做阅读工作——1932年他就为此书签订了一份2万英镑的合同；为《伟大的同时代人》做校样修改工作。7月25日，他向当时正在奥地利温泉疗养的克莱门汀汇报说："我真的不知道自己是怎么找到我所需要的一切的，但是井水在自由地流动着，需要的只是把水抽走的时间。"[145]在当月的仅仅一个星期里，他就口授了两万字的《马尔伯勒传》，还给克莱门汀画了一张画——一头背着10吨重物的猪。他的工作方法是：阅读他的研究助理（当时包括牛津大学毕业的威廉·迪肯）为他提供的所有原始资料，然后在查特韦尔庄园他的书房中，向一位秘书口授写作内容。

《伟大的同时代人》于10月4日出版，好评如潮，销量巨大。这本书基本上可以说是一次再版（尽管某些案例进行了大量编辑），收录了他在其他地方发表的随笔、文章和悼词，是对他所认识的大约21位政治家和军人的评价。阿斯奎斯的思想“像枪的后膛一样打开和关闭”；阿拉伯的劳伦斯是“大自然最伟大的王子之一”；“有人说罗斯伯里勋爵比他的未来多活了10年，比他的过去多活了20多年”。在谈到寇松勋爵时他写道：“早晨是金的，正午是铜的，晚上是铅的。但每一个阶段都是坚实的，都被打磨得闪闪发亮。”[146]书中写到的英国人都已去世。这本书超越代际和政党，它的主题是友谊，尤其是他与伯肯黑德和劳伦斯之间的友谊，以及他父亲与罗斯伯里勋爵和约瑟夫·张伯伦之间的友谊。[147]关于张伯伦的那篇文章简直就像圣徒传，很显然，他还不想关上在他儿子手下服务的那扇门。

丘吉尔在描述从未做过下议院议员的罗斯伯里勋爵时说：“不管人们怎么看待民主政府，对其并非完美的基础框架有些实际经验也并无大碍。对于一个政治家来说，没有什么比在竞选斗争中接受教育更不可或缺的了。”[148]他把阿瑟·贝尔福描绘成“一个高高在上的人”。[149]前德皇被描述成“一个非常平凡、虚荣，但总体说来心怀善意的人”，他“没有宏大高远的思想或精神”，却自认为“远远高于普通人”。[150]在这一问题上，丘吉尔也提出一个当代的观点：德国人民“崇拜权力，情愿被其牵着鼻子走”。[151]

萧博纳是《伟大的同时代人》一书中唯一一个既非军人也非政治家的人物。丘吉尔在书中对萧博纳进行了尖锐的抨击，因为萧博纳站在为斯大林主义辩护的立场上。他说：“这世上还有这样一种情况存在着……近50万公民因其政治观点而沦为奴隶，在北极的夜晚里，他们瑟瑟发抖地腐烂着；在森林、矿山和采石场里，他们累死累活，许多人只是为了能够享受到那种已经使人类逐渐超越禽兽的思想自由。”[152]这段内容比亚历山大·索尔仁尼琴开始写《古拉格群岛》早了20多年。

一年后的第二版又增加了四章，其中一章写的是富兰克林·罗斯福。丘吉尔显然忘记了他们见过面，尽管他知道罗斯福喜欢读《马尔伯勒传》。他这样描写这位总统：“意外、命运或天意使其成为1.2亿人的领袖。”并进一步预言:“他已经单打独斗地开始了这场重要的探险，他的成功定会让整个世界沐浴在阳光中，走进一个更轻松、更和蔼可亲的时代。”[153]这既是一份客观的分析报告，也可以说是一封情书，虽然偶尔也会出现一些尖刻的言辞。他在一句话中暗示:“在很多方面，罗斯福总统的政策都是从美国自身利益的狭隘观点出发进行构想的。”丘吉尔经常在其作品中指涉自我，这一篇也不例外，他将罗斯福描述为这样一个人:“受过公共事务训练，与历史上某个著名的名字有联系……参加过竞选，在向群众发表演说时慷慨激昂……寻求并获得了最艰苦、最重要的政府职务，履行了自己的职责。”

最重要的是，丘吉尔在罗斯福身上看到了他所钦佩的勇气。丘吉尔在42岁时还能在战壕里服役，而罗斯福，用丘吉尔的话来说，则“像婴儿一样瘫在那里，下肢完全不听使唤。从一个地方到另一个地方，哪怕是最短的距离，他都需要拐杖或是帮助”。丘吉尔也很钦慕他的运气，他声称（事实上他说错了），1932年罗斯福在民主党总统候选人提名中获胜，有那么一刻，他的机会“就像抛硬币一样”飘忽不定。丘吉尔借此机会开始展示他那最无拘无束的奢华语言:“运气来了，不仅仅是作为朋友，也是作为情人，更是作为崇拜者。”他毫不掩饰自己对罗斯福强行推行新政的钦佩之情。他写道:“虽然宪法形式掩盖了独裁本质，但其效果丝毫未减。伟大的事情已经被完成，更伟大的尝试即将进行。”他对“将与罗斯福的名字永远联系在一起的创造性复兴工作”的描述令人叹为观止，也让他受益匪浅。两年后，罗斯福总统开始与他进行私人通信。

丘吉尔在书中还撰写了希特勒的人物传，这引起了广泛争议。但是在外交部的恳求下，他的态度软化了。他写道:“我曾不止一次公开呼吁，德国元首现在应该是一个和平的希特勒。胜利应该带来一种温和、亲切的气氛，通过改变情绪来适应新环境，在宽容和善意中总结并吸取战争带来的经验教训。”[154]这样的说法也许很幼稚，却很有战略意义。文章还对希特勒对犹太人的“野蛮”迫害进行了批评。与此同时，“向德国文明，也许是欧洲文明，打开邪恶之门的”兴登堡，却因年事已高得到原谅。[155]

《世界新闻报》在希特勒那一章出版后的第二周开始进行连载，丘吉尔在其中加入1935年他在《海滨杂志》上发表的一篇文章中的两行话，“他是要与伯里克勒斯，与奥古斯都，与华盛顿一起位列瓦尔哈拉神殿，还是要与令人蔑视的阿提拉和帖木儿一起混迹于人类怒火的炼狱”，这完全是希特勒自己的选择。[156] 他在 10 月发表在《伦敦晚报》上的一篇题为“战争并非迫在眉睫”的文章中指出，英国和法国所要做的一切，就是向希特勒表明，进一步违反《凡尔赛和约》，修改欧洲地图，这样做是不可接受的。枢密院主席哈利法克斯勋爵（前欧文勋爵，曾继承他父亲的子爵头衔）于第二个月访问了希特勒位于贝希特斯加登小镇的巴伐利亚高山中的伯格霍夫别墅，但是这位与张伯伦交往甚密，从而在外交事务中极具影响力的上议院领袖，并没有向希特勒表明这样的态度。

直到 1937 年 10 月，因为对苏联的统治十分憎恶，丘吉尔还没有完全接受的一个事实，就是苏联也必须成为包围德国的任何集体安全体系的正式组成部分。在其在野生涯中，他对希特勒政权的本质，以及重整军备的必要性的认识一直未曾改变，但是在思考如何最好地阻止希特勒这件事上，以及如何处理墨索里尼和西班牙法西斯独裁者弗朗西斯科·佛朗哥的问题上，他的思想却一直随着国联或苏联可能提供帮助的程度而变化。直到 1938 年的捷克危机，他才开始毫不含糊地反对一切绥靖政策，并公开承认有必要与苏联结盟。

1937 年的阵亡将士纪念日当天，丘吉尔在《伦敦晚报》上发表文章，写道:“独裁者骑着老虎来回走动，他们不敢从老虎身上下来。老虎越来越饿了。”[157] 1937 年一年，他写了 64 篇文章，其中一半多是写给《伦敦晚报》的，但他对绥靖政策的看法与比弗布鲁克截然不同，因此他的合同没有续签。人们不愿读他那类预言式的警告，正如议员们不想听他的这类警告一样。现在，当他站起来讲话时，就会有人离开会议厅，而不是像 1935 年那样涌进会议厅。在圣诞节时，丘吉尔送给他 11 岁的教子、未来的第 11 代马尔伯勒公爵布兰德福德勋爵一块金表，并建议他“永远不要把领导力和受欢迎程度混为一谈”。[158]

12 月，英国外交部副大臣，后来成为第五代索尔兹伯里侯爵的克兰伯恩勋爵，也就是毁掉伦道夫·丘吉尔勋爵的那位首相的孙子，也入选“其他俱乐部”成员。他在谈到俱乐部的晚宴时说:“我从不记得有任何一次晚宴是沉闷无聊的，从人们进门那一刻起，直到深夜大家不情愿地决定回家的那一刻为止。”[159] 他回忆说，丘吉尔“会喜气洋洋、和蔼可亲地来到这里，穿着一件粉色与白色相间的晚礼服。大家畅所欲言……没有任何话题禁忌——尤其是政治……我很少看到有人发脾气，即使是在讨论极具争议的话题时”。[160] 头一个月，强烈支持绥靖政策的莫蒂斯通勋爵与丘吉尔、达夫·库珀和布思比下了10~100英镑不等的赌注，赌“20年之内在大不列颠的土地上不会有敌人的炸弹投下来”。[161] 除了沃尔特·艾略特、芒宁斯和霍尔顿拒绝参与，其余21人都下了赌注。战争的气氛在空中弥漫。

1937年12月21日，丘吉尔最后一次提出一个收买纳粹的建议，即通过恢复纳粹的殖民地来收买他们，条件是所有世界大战的其他战胜国都参与其中。他说，“这将是一项全面解决方案的一部分”，包括希特勒在一定程度上解除武装，并放弃进一步的领土要求。[162] 丘吉尔对议会议员们说：“虽然在我们国家有很多人愿意做出牺牲，来满足德国对殖民地的需求，只要他们能够确定，这样做就会为欧洲带来真正持久的和平。但是，他们中没有人愿意为了纳粹这把水壶的水沸腾而放弃哪怕是一小片领土。”丘吉尔推测说，英国皇家海军如果能够控制大西洋，在必要的情况下，就可以监督这些主要为西非殖民地领土的收复工作。

5年以来，丘吉尔一直渴望增加英国的空中力量，但是他在1938年1月7日发表的一篇文章中预测，“对海上装备良好、受到保护的船只的空中威胁不会具有决定性影响”，这一说法却判断失误。[163] 然而就在同月，张伯伦犯了一个更严重的错误，他拒绝了罗斯福总统提出的在华盛顿召开一次国际会议，以期解决欧洲分歧的建议。即使会议不能达成协议，这样的会议也很可能会把美国拉进欧洲事务中，并公开揭露希特勒无理取闹的行为，尤其是如果希特勒拒绝参加的话。10年后丘吉尔写道：“张伯伦先生眼界有限，对欧洲事务经验不足，他竟然能够摆手让横跨大西洋伸过来的那只手离开，即使在今天，他这种做法也会让人惊讶得喘不过气来。”[164]

1938年1月，丘吉尔前往地平线城堡度假。正如他的秘书维奥莱特·皮尔曼在他返回时对林德曼说的那样：“与我们的预期相反，他在独自旅行的过程中没有丢失任何东西，而且非常高兴。”[165] 在丘吉尔在此度假的12天里，城堡主人马克辛·艾略特为他和温莎公爵夫妇，还有劳合·乔治举办了一场晚宴。丘吉尔对她说："亲爱的，今晚的聚会很奇怪，客人都是由'前任'组成的，前国王、前首相、前政治家。"[166] 文森特·希恩回忆这次晚宴时说，那是一个"奇特的超现实主义之夜"，晚宴时的讨论都围绕着南威尔士煤矿井口需强制安装淋浴这一问题。"在这个精致的小房间里，玻璃和银器闪闪发光，鲜花和香槟惹人陶醉……除了矿工脖子上的污垢，他们还能说些什么呢？"[167]

丘吉尔告诉克莱门汀："温莎公爵一家很可怜，但也很快乐。她给我留下了极好的印象，看来这将是一桩非常幸福的婚姻。"[168] 同时他也在为出版商努力工作，把《马尔伯勒传》第四卷从750页缩短到650页，他声动地把这项工作比作"割掉自己的手指和脚趾"。[169]（今天的大多数读者希望他当初没有理睬那些出版商。）自金融危机以来，丘吉尔在美国股市损失了1.8万英镑，因此他迫切需要销售这本书。查特韦尔庄园不得不再次被推向市场，虽然时间不长，但幸运的是，没有引起人们的关注。

1938年2月20日，安东尼·艾登辞去外交大臣一职，以抗议张伯伦私下向墨索里尼示好，并拒绝罗斯福的会议提议。丘吉尔在《风云紧急》一书中写道："从午夜到黎明，我躺在床上，被悲伤和恐惧的情绪吞噬。我仿佛看到一个坚强的年轻人，面对漫无边际、有气无力、慢慢吞吞的屈服与投降的浪潮，勇敢地站出来，他看起来那么渺小，他的冲击力那么微弱……现在他走了。望着阳光慢慢地从窗子射进来，我的脑海里闪过死亡的景象。"[170] 如果这个描述是真的，那一定描述的是他自己在野生涯中最低潮的时光。然而，在担任外交大臣期间，艾登几乎没有做过什么值得受到如此赞誉的事情，而这一赞誉是10年后才写出来的，那时艾登已经担任他的副手长达8年之久。3月18日，150名保守党议员联名致信张伯伦，祝他69岁生日快乐，并向他保证他们将全心全意地信任他，其中丘吉尔的名字位列第四。[171] 尽管艾登是因为对意大利而不是对德国的绥靖政策而辞职，但是毫无疑问，他对张伯伦内阁中的亲德派同样感到沮丧和愤怒，比如卫生大臣金斯利·伍德爵士，艾登曾经这样写道，他"总是抱怨我没有成功地与希特勒交上朋友"。[172] 1941年，丘吉尔曾责备艾登"没有选择为一个更大的问题辞职"，但他也承认……外交大臣在这些事务中并不是自由代理人。[173]

1937年5月，丘吉尔在科尔法克斯夫人的午宴上发言说："他实际上可以算是反对派的领袖，因为工党人是如此无能、软弱又无知。"[174] 现在，40岁的艾登将取而代之。艾登似乎代表着充满活力的未来，就像丘吉尔代表着负担沉重的过去一样。艾登在议会中的支持者远远超过丘吉尔。艾登被党内的党鞭嘲笑地冠以"迷人男孩儿"的绰号，他与他的支持者和丘吉尔始终保持着距离。3月，艾登再次拒绝加入"其他俱乐部"。哈罗德·尼科尔森曾这样写艾登的支持者："我们已经决定，我们不应该把自己标榜为一个群体，甚至不应该自称为群体。"[175] 他们的会议在保守党议员罗纳德·特里位于安妮女王门的家中举行，罗纳德出生于美国，非常富有。会议没有记录，也没有正式议程。参加会议的联合政府议员包括利奥·阿梅里、罗纳德·卡特兰德、达夫·库珀、安东尼·克罗斯利、休伯特·达根、保罗·艾姆利斯–伊万斯、德里克·甘斯顿爵士、理查德·劳、哈罗德·麦克米伦和路易斯·斯皮尔斯等。但是，在就艾登的辞职问题进行辩论时，这些人中只有丘吉尔支持艾登，25位托利党成员表示弃权，其余的则支持政府。丘吉尔私下里开始鄙视保守党的大部分成员。当月他写信给马什，在谈到《马尔伯勒传》最后一卷的修改工作时他说："我希望这本书能让当代读者了解那个伟大时代的普通生活与重大事件。现在的保守党是多么像其前辈啊！"[177]

1938年3月12日，德国军队越过奥地利边境，第二天，希特勒宣布德奥合并（奥地利并入德意志帝国）。14日，丘吉尔在下议院发言说，这些事件的严重性已经无以复加。他说："欧洲正面临着一个精心策划并按时实施的侵略计划的挑战，该计划正在按部就班地展开。目前提供给我们的选择只有一个——不只是我们，还有其他那些也不幸被牵连的国家——要么像奥地利那样屈服，要么就趁着还有时间避开危险，尽快采取有效措施。如果已经无法避开危险，就想办法解决它。"[178] 他预测说，到1940年，德国国防军"在规模上肯定会大大超过法国军队……为什么要混在一堆乱作一团且争执不休的窘迫国家中，一点点地被边缘化，一步步地走下坡路呢？既然仍有一群团结一致、实力强大的国家与我们有着同样的危险，也有着同样的抱负，为什么我们不能站出来坚持自己的立场呢？"

长期以来，丘吉尔一直怀疑捷克斯洛伐克会成为希特勒的下一个目标，所以他尝试着让立法者了解有关这个国家的更多情况。他说:“在英国人听来,捷克斯洛伐克这个名字很有些异国情调。毫无疑问,她只是一个民主的小国;毫无疑问,她的陆军只有我们的一半或1/3;毫无疑问,她的军火供应只有意大利的1/3。但是,她仍然是一个具有阳刚之气的民族,她有自己签订条约的权利,她有自己的防线,她有自己自由生活的强烈意愿。”[179]法国已经与捷克斯洛伐克建立了防御同盟,但英国还没有。因此,丘吉尔提议建立一个由英国、法国、苏联以及捷克斯洛伐克、罗马尼亚和南斯拉夫等小协约国组成的“大联盟”。[180](波兰被排除在“大联盟”之外,因为她拒绝与苏联结盟,而且自称拥有捷克领土。)

3月16日,丘吉尔在圣詹姆斯的普拉特俱乐部吃饭时对尼科尔森说,他对张伯伦的处境有些同情。他把英国的软弱归咎于鲍德温,认为现在的情况比1914年严重得多。但他也不得不承认:“如果我们强硬地采取行动,半小时后伦敦就会变成一片废墟。”[181]一周后,他与麦斯基在伦道夫的公寓里共进午餐。选择这个地点,可能是因为他希望这是一次秘密会晤。军情五处在莫佩斯排房街上监视自己的创始人,并窃听他的电话,这也不是不可能的事情。[182]

斯大林清算了红军最高司令部里超过3/4的人员,一直到上校级别。麦斯基发现,这件事令丘吉尔“异常激动”。他一开始就问麦斯基:“能告诉我你的国家现在怎么样了吗?”他说,苏联需要加入这个大联盟,但最近的清洗行动意味着,“从广义上讲,苏联已经不再是外交政治中的一个重要因素”。[183]当麦斯基否认这一说法时,丘吉尔继续带着麦斯基所说的“狡黠的微笑”说道:“当然,你是大使,我对你的话只能相信一半。”[184]当麦斯基问到英国发生了什么事情时,丘吉尔承认:“在过去的五六年里,党的领导层表现出的懦弱与短视,其规模之大几乎是史无前例的。”[185]对于他本人,丘吉尔“恶毒地评论说,比起试图去说服那些内阁大臣级的蠢材二乘二等于四,读书或写作要令人愉快得多”。[186]尽管麦斯基所写的事情不见得每一件都真实可信,但是他所记录的事情中有一件肯定是确定无疑的,那就是丘吉尔曾经对他说,艾登不会与保守党发生冲突,因为他“已经习惯了自己的权力和高位,而这些是会宠坏一个人的”。[187]丘吉尔预言希特勒最终会入侵苏联,“占领其辽阔的领土,占有其无穷的资源”。那时,他已经读过《我的奋斗》(*Mein Kampf*)(的译本)，希特勒在书中阐述了德国在东部所需要的生存和发展空间。

丘吉尔毫不讳言地对麦斯基说：

> 今天，对大英帝国最大的威胁是德国的纳粹主义，他们的理念就是柏林在全球的霸权。正因为如此，我现在才会不遗余力地同希特勒做斗争。如果有一天，德国法西斯对帝国的威胁消失了，共产主义的威胁再次抬头，那么（我坦率地告诉你）我将再次举起反对你们的战斗旗帜。不过，我不认为这种可能性会在不久的将来发生，至少在我的有生之年应该不会发生。[188]

值得注意的是，尽管大英帝国几乎只有不列颠群岛这部分，确实是处在德国轰炸机的直接攻击范围内，但是丘吉尔在提到处于威胁中的英国时，说的却是大英帝国。

1938 年 3 月 24 日，星期四，针对纳粹对捷克斯洛伐克构成的威胁，丘吉尔进行了一次在他的一生中最有影响力的演说。根据《凡尔赛和约》，350 万德国族裔留在了新成立的捷克斯洛伐克的境内，其中大部分生活在苏台德地区，希特勒提出要将他们并入第三帝国。一旦如此，捷克斯洛伐克将会在战略上失去防御能力。张伯伦曾警告说，如果德国和捷克斯洛伐克之间爆发战争，“很难说战争会在哪里结束，会有哪些国家的政府卷入其中”。[189]在辩论中丘吉尔呼吁，应该成立供应部和国防部：

> 我已将这一问题摆在下议院面前，就事论事，不回避现实。几乎所有的发言者都说过，我们如果现在不能勇敢地面对独裁者，就要做好准备，等到将来某一天，我们就必须得在更加不利的条件下勇敢地面对他们。两年前我们这样做是安全的，三年前这样做是容易的，而如果是四年前，仅仅一次派兵就可能矫正这种状况。但是一年以后我们会在哪里呢？1940 年我们又会在哪里呢？[190]

他用生动的意象、恰当的措辞描述道："我目睹了这座著名的岛屿如何轻率而盲目地沿着通往黑暗海湾的楼梯走下去。刚开始时楼梯又宽又好，但是过了一阵子地毯就断了。再往前一点儿，就只剩下了石板。再往前走一点儿，石板就开始在你脚下断裂。"[191] 罗伯特·伯奈斯在给妹妹的信中写道："你可以想象一下，这次在拥挤而阴暗的下议院所做的演讲，简直就像我们客厅的大钟敲响了末日的钟声。"[192]

丘吉尔继续说道：

> 回顾过去5年，也就是自从德国开始急切而公开地重新进行军事准备，以寻求报复的这几年。研究罗马和迦太基的历史，我们就可以弄明白当时发生了什么，以及事情的缘由。对三次布匿战争进行理性的剖析并非难事，但是如果致命的灾难降临到不列颠民族和大英帝国头上，那么即使是一千年后的历史学家，也仍然会对我们的事情感到不解和困惑。他们永远都不会明白，一个战胜国，一切尽在其掌握之中，怎么会自甘堕落，把她通过无数的牺牲和绝对的胜利所获得的一切都抛舍掉，让一切都"随风而去"① 了呢？现在，胜利者成了战败者，而那些在战场上丢掉武器要求停战的人，却正在大步流星地走上征服世界之路。这就是现状——这就是一点一点发生的可怕转变……现在，唤醒这个国家的时刻终于来了。或许这已经是唤醒她以后还可以防止战争的最后机会，或者如果防止战争的努力失败了，我们还有取得胜利的机会。我们应该排除一切障碍，努力凝聚人民的全部力量和精神，重新建立起一个屹立在全世界面前的伟大英国。因为只有这样一个国家，当她在古老的活力中崛起时，即使是到了现在这个时候，也可以拯救人类文明。

① 玛格丽特·米切尔1936年出版的小说（中译本书名为《飘》），当时正在被改编成后来荣获奥斯卡奖的电影，由克拉克·盖博、丘吉尔最喜爱的女演员费雯·丽，以及他的朋友莱斯利·霍华德主演。

张伯伦在写给他妹妹的信中说，丘吉尔在辩论前曾告诉他，他将不再为自己谋求任何政府职务，并将继续以“长辈般的”态度对待他的政府。“我做不到不喜欢温斯顿，虽然我认为我与他做同事几乎是完全不对路、不可能的事情。下议院所有成员都喜欢听他讲话，对他的俏皮话，人们随时做好了欢呼和大笑的准备，但是他没有什么重要的追随者。”[194] 张伯伦的这一反应可以说十分不当：丘吉尔如此生动准确地解释了希特勒在做什么，并请求英国及时采取行动阻止他，结果却被轻率地解雇了。

5 月，张伯伦政府单方面放弃了 1921 年丘吉尔通过谈判达成的一项条约，条约曾授予英国包括贝雷黑文、昆士敦和斯威利湖在内的三个爱尔兰港口的使用权。目的之一就是向德国表态，表明英国已经做好修改条约的准备。丘吉尔痛斥此举，称其为“绥靖政策的随心所欲”。他指出，一旦与德国发生战争，如果爱尔兰自由邦选择中立，英国皇家海军在东大西洋的战略地位将严重恶化。他指责政府“为了一时的舒适与安逸，抛弃了真正重要的安全与生存手段”。[195] 他说，这些港口是追击敌方潜艇和保护护航队的重要地点，并称这些港口为“西部入海口的哨塔，而岛上 4 500 万人的日常饮食非常依赖进口食品”。

多年后，丘吉尔回忆道：“当我提到德瓦莱拉先生可能会宣布爱尔兰中立时，来自各方面的怀疑眼神、各种嘲笑、嘲讽和大笑声简直吞没了我。”[196] 奇普斯·夏依在日记中谈到这次条约修改问题，他写道：“温斯顿甚至反对《爱尔兰条约》。温斯顿，这位肥胖的、聪明的、精神错乱的、逻辑混乱的演说家，还会做出什么事情呢？”[197] 丘吉尔几乎是唯一反对该条约的人，并因此遭到利奥·阿梅里等人的攻击。海军部后来做出的计算结果是，除了些许模棱两可的善意，让出通商口岸并没有给英国带来任何回报，但却在第二次世界大战中直接导致盟军 368 艘船只受损，5 070 人伤亡。[198] 阿梅里在他的自传中也不得不承认，“丘吉尔当时直接表现出的担忧是非常合理的。”[199] 丘吉尔最终投了弃权票，此后，他开始在外交政策上一直投弃权票。他没有投票反对政府决策，因为政府拥有超过 200 张的多数票，而且那样做很可能会让保守党党鞭退出，让他在下次选举中被取消参选资格。当月，他与达夫·库珀以 4~6 英镑为赌注，赌 1939 年 2 月底之前，这样的事情就会发生。[200]

5月，丘吉尔在曼彻斯特对听众说：“我们拒绝接受任何自卑或偷懒的失败主义观点。我们希望自己的国家能够安全且强大——只有强大才能安全——我们希望她能与大西洋两岸的其他议会民主政体国家一起发挥作用，趁着时间还来得及，让文明免于遭受另一场世界大战的恐怖与毁灭。”[201]同一天，他就欧洲联盟问题发表自己的观点，希望给这个可能有助于集体安全的想法注入新的活力。在《世界新闻报》上发表的一篇题为“欧洲合众国”的文章中，他通过引用圣经《列王记下》第四章中的内容，这样来描述英国：“我们与欧洲同在，但不属于欧洲。我们联系紧密，但并不相互妥协。我们都对对方感兴趣，相互关注，但并不全神贯注。如果欧洲的政治家用古老的语言问我们：‘你向王或元帅有所求没有？’，我们应该用书念妇人的话回答：‘我在我本乡安居无事。’”[202]

6天后，他在《世界新闻报》的另一篇文章中解释道：“只有说英语的民族，才能凭借一己之力，让自由的火炬燃烧不息，这是合作的强大动力。无论是国家还是个人，如果我们深切关注同一件事，而这件事正在遭受威胁，我们自然会共同努力去保护它。”[203]然后，他详细阐述了语言的力量，讨论了在“说英语的民族”中，如这个名字所提示的那样，“一切联系中最重要的就是语言……语言是唯一永恒的东西。最伟大的纪念碑或工程奇迹也会被时间之手推倒。金字塔发霉了，桥梁生锈了，运河堵塞了，铁轨长满了杂草，但是两三千年前说过的话会留下来，现在仍然和我们在一起，不仅仅是作为过去的遗留物，而且满载着它们崭新的生命力”。[204]那个月晚些时候，当德国国歌在柏林奥林匹克体育场奏响时，按照外交部的要求，英格兰足球队集体向纳粹致敬。很遗憾，丘吉尔针对此事的评论话语却没有被保留下来。

1938年5月25日，张伯伦正式拒绝了工党和丘吉尔提出的关于调查空中防御力量，以及建立供应部的要求。丘吉尔问道：“我这位尊敬的朋友为什么要那么顽固地反对这一计划呢？”他把首相比作隐士圣安东尼，说他“受到教会神父的强烈谴责，因为当魔鬼要求他做正确的事情时，他拒绝了。我这位尊敬的朋友应该从这种非理性的禁忌中解脱出来，因为我们的焦虑才刚刚开始”。[205]他问道：“如果一切都在顺利进行，为什么还有那么多不足之处？例如，为什么卫兵们在用旗子而不是机枪进行操练？”他还想知道为什么不可能同时装备地方自卫队和正规军。在文章结尾，他极具挑战意味地说道：“我敢断言，空军部和陆军部绝对没有能力借助英国工业，生产出现在所需的大量武器。”[206]（有一次有人问他更讨厌哪个部门，是外交部还是财政部时，他回答：“陆军部”。）[207]

6月中旬，邓肯·桑迪斯向英国陆军大臣莱斯利·霍尔–贝里沙递交了一份关于伦敦空防系统的议会质询草案，内容涉及机密信息，他因拒绝透露自己的线人是谁而受到起诉的威胁。但是下议院特权委员会对他表示支持。司法大臣试图根据《官方保密法》审判桑迪斯，丘吉尔对此的评论是，既然该法是为了保护国防而设计的，就不应该用它来保护忽视国防的大臣们。[208]张伯伦告诉他的妹妹说：“桑迪斯自然只是个傀儡，温斯顿才是真正的推动者，他看到了，或者自以为看到了可以撼动政府的好机会。那些与他一起到乡村别墅参加周末聚会的人告诉我，他霸占了所有的谈话机会，一直都在谴责政府，所有人都烦透他了……我认为他的敌意不是针对我个人的，他那永不停歇的野心促使他不断地批评任何一届政府，只要他不是其中一员。”[209]张伯伦似乎从来没有意识到，可能是信念在激励着丘吉尔，他更倾向于从个人角度来看待政治，而这种个性最终导致了他的下台。

丘吉尔和桑迪斯所了解的关于英国空防系统的情况，促使他想要给内阁大臣莫里斯·汉基爵士提个醒，但是汉基只是花了两个小时来斥责他，不但指责他索要机密信息，还批评他曾对防空科学调查分委员会说，他“从来不知道还有什么事情比这个委员会的工作进展还要慢”。[210]汉基告诉丘吉尔，他的行为是“错误的”“负面影响很大的”“令人尴尬的”，也是“违反纪律的”。他的态度令丘吉尔感到震惊，他在一封信中做出了回应。“亲爱的莫里斯，”他写道，“当我为了公众利益特意向你提供一些严格保密的信息时，我当然没有料到你会给我上一堂大课。谢谢你把这些文件寄还给我，你放心，我不会再为这类事情麻烦你了。”[211]多年后他告诉艾登，汉基后来想要获得友谊的尝试，对他来说就像“蠕虫的爱抚”。[212]

6月24日，丘吉尔出版了自己关于重整军备的演讲集《武器与盟约》。尽管受到好评，但该书只售出4 000册，这表明公众对这一主题不感兴趣。苏台德地区的局势进一步恶化，丘吉尔在写给劳合·乔治的信中说：“我认为我们在未来几周内必须做出选择，要么选择战争，要么选择耻辱。对于我们的决定会是什么，我心中已确定无疑。”[213] 当月，反纳粹的德国人埃瓦尔德·冯·克莱斯特拜访了查特韦尔庄园，他向丘吉尔保证，在德国国防军高级指挥部中，至少有一半的人，“确信攻打捷克斯洛伐克会让德国卷入与法国和英国的战争，而德国将坚持不了三个月”。[214] 丘吉尔把这句话传给了哈利法克斯，而这仅仅让与张伯伦关系最亲密的顾问、绥靖派主要人物霍勒斯·威尔逊爵士写下了这样一句话：丘吉尔是在“恶作剧”。[215]

丘吉尔当然会继续犯错，继续做出许多不正确的预测——例如，9 月 1 日他写了一篇文章，谈到“潜艇作为在战争中起决定作用的武器，已经毫无疑问地过时了”——但是他始终坚信，希特勒渴望获得欧洲霸权。他的这一信念主要源于他搜集的情报，比如来自伯恩斯托夫、克莱斯特、苏台德的领导人康拉德·亨利（5 月时丘吉尔见到了他，但未能说服他不再去鼓动与德意志帝国的统一）等许多来源的情报，还有来自他在军队和政府部门的线人的情报。他获得的情报比张伯伦和哈利法克斯相信的更接近事实，尽管这两位掌控着整个秘密情报机构。[216]

希特勒关于苏台德地区的声明更具挑衅性，武装冲突一触即发。1938 年 9 月 15 日，张伯伦飞往德国，在贝希特斯加登会见了这位德国元首。回国后，他告诉他的姊妹，希特勒是“一个可以信赖的人，只要他肯做出承诺”。[217] 参谋长联席会议给他提出的建议是，如果捷克斯洛伐克选择战斗到底，对于她的毁灭英国将无能为力；如果英国也选择与德国开战，意大利和日本可能会联合起来分裂大英帝国，而法国、新闻界[①]、伦敦金融界、政府、议会或公众，都对战争不感兴趣。因此，张伯伦决定向捷克总统爱德华·贝奈斯施压，希望他能答应希特勒的要求。像 1922 年 9 月与土耳其开战时一样，这次，自治领的掌权者对于在 1938 年 9 月与德国开战同样不感兴趣。

张伯伦于 9 月 17 日回国，根据因斯基普的日记，张伯伦是这样对内阁描述希特勒的：希特勒是“他所见过的最普通的小狗”，在贝希特斯加登，

① 《泰晤士报》在 9 月 7 日的一篇文章中提出，苏台德地区应该划归德意志帝国——这正是希特勒要求的。

希特勒“有很多裸体女人的照片”，因此张伯伦“得出的结论是，尽管希特勒决心已定，但是他的目标是严格限定的……首相不止一次对我们说，他去得正是时候”。[218] 尽管从这些言谈中我们可以看到张伯伦的势利和谨慎，但是我们也能够很明显地看出来，张伯伦是相信希特勒的保证的，相信在吞并莱茵兰、奥地利和现在的苏台德地区之后，希特勒在欧洲不会再有更多的领土诉求。两天后，他对他的妹妹说：“在德国我是最受欢迎的人！”[219] 事实上，在他的努力下，另一个人在德国将比他受欢迎得多——一旦他能以《慕尼黑协定》的形式，不开一枪就办成将350万苏台德德国人纳入德意志帝国这件大事。

张伯伦的支持者和丘吉尔的批评者认为，相对于德国，英国的武装力量已经非常薄弱，因此丘吉尔对《慕尼黑协定》的谴责是不负责任的；而张伯伦是正确的，因为他为英国买来一年的喘息时间，让英国在第二次世界大战爆发前能够重新武装起来。对此我们必须澄清的是，1938年时，张伯伦是真的相信，他已经为世界带来和平，而不是仅仅在争取时间，当时苏联和（拥有强大的防御工事、150万人的军队和斯科达的军备工厂的）捷克斯洛伐克都是反对德国的。1939年也是如此。到9月底，法国军队已经部分动员起来，英国海军也完全动员起来，针对这样的形势，希特勒对戈林说，“英国舰队终究还是可能会开枪的”，并因此推迟了对德国的动员。[220]

如果英国拥有的是一位坚强、积极的首相，一位下定决心阻止希特勒欺凌弱小的斯拉夫国家的首相，他就很可能会推动法国进一步执行其条约承诺，尽管法国并不情愿。《慕尼黑协定》所“买来”的那一年，反而被德国很好地利用起来——入侵法国所用的坦克有1/3是捷克制造的。因此，在这一问题上，双方都有很好的论据，但是有一点是不容置疑的：如果6年来，丘吉尔所发出的那么多关于德国威胁本质的，详细且极具说服力的警告，能够得到应有的重视，英国军队压根儿就不可能陷入目前这种危险的状况。这笔账要从希特勒掌权的那一刻算起，而不是仅仅从5年后，他威胁要对苏台德地区发动战争的那一刻算起。

9月22日，张伯伦飞往巴德哥德斯堡，与希特勒就苏台德地区并入德意志帝国的地理范围进行进一步谈判。苏台德地区的战略位置极其重要，丘吉尔对鲍勃·布思比说，政府“既不适合促成和平，也不适合促成战争”。[221] 9月27日，张伯伦在广播中对英国人民说：“只因为在一个遥远的国家，一些我们根本就不认识的人发生了一场争吵，我们就开始在自己的地盘上深挖战壕、试戴防毒面具，这是多么可怕、多么不可思议、多么令人难以置信的事情啊！”英国是《凡尔赛和约》的主要签署国，正是该条约让捷克斯洛伐克这个国家在凡尔赛诞生，而英国对吵架另一方的那些人也是非常熟悉的。有人说，那些在伦敦公园里作为基本防空庇护所而挖的战壕，以及那些对付德国滑翔机着陆的战壕，后来很快就被注满了水，必须采取措施保证老百姓不会掉进战壕里。

第二天，也就是9月28日，张伯伦在下议院发表演讲时，他的助手将希特勒邀请他29日在慕尼黑会晤的信函交给了他。他得意扬扬地说他会去的，下议院全体起立为他鼓掌，只有艾登、阿梅里、尼科尔森和丘吉尔没有站起来，议员们在他们身边大喊着：“起立！起立！”当张伯伦离开会议厅时，丘吉尔站起身来握住他的手，对他说了一句“上帝保佑你”。[222] 另一种版本则是：“我祝你好运，你以前一直挺幸运的。”[223] 当安东尼·克罗斯利告诉丘吉尔，伦敦某俱乐部的保守党议员正在指责他的“无耻阴谋”时，丘吉尔带着贵族特有的漫不经心回信说：“非常感谢你的来信。对于你提到的那些观点，我完全不感兴趣。最终的定论还需要等待。”[224]

9月29日，张伯伦飞往慕尼黑，前去会见希特勒、墨索里尼和法国总理爱德华·达拉第——但是没有贝奈斯，他没有被邀请。几乎整个内阁，包括达夫·库珀，一起去赫斯顿机场为他送行。当天，一个与丘吉尔关系密切，名为福克斯的反绥靖政策压力团体，在萨沃伊的天皇厅组织了一场午餐会。参加聚会的共有23人，其中包括里德尔·哈特、维奥莱特·博纳姆·卡特、路易斯·斯皮尔斯、梅根·劳合·乔治、阿奇·辛克莱、阿瑟·亨德森、哈罗德·尼科尔森、（乔治·）劳合勋爵、切尔伍德的塞西尔勋爵和克莱门汀。[225] 维奥莱特·博纳姆·卡特多年后回忆说：“温斯顿脸色阴沉，带着不祥的预感。我看得出他和我一样，害怕会出现最坏的情况。”[226] 在午宴上，丘吉尔试图组织资深议会议员联合草拟一份电报，发给慕尼黑的张伯伦，“让他放弃任何以捷克人为代价的进一步让步行为”。尽管劳合、切尔伍德的塞西尔和辛克莱同意了在电报上签名，但是他们给其他领导人打电话的结果却是，艾登不想被视为在对张伯伦进行报复，而艾德礼觉得，没有工党全国行政执行委员会的批准，他不能签署协议。

“电报没有发出，我们的朋友一个接一个地走了出去——计划失败了。”维奥莱特·博纳姆·卡特多年后写道：

> 温斯顿没有离开，他一动不动地、呆呆地坐在椅子上，像个石头人。他的眼里噙着泪水，我能感觉到他精神上的痛苦。他最后一次试图去挽救我们所剩无几的荣誉和信心，但还是失败了。在我怨愤地谈到那些尽管宣称电文符合自己的原则和政策，却拒绝签名的人时，他说：“他们算什么人啊？不久的将来，我们将不再需要签名，我们需要的，将是付出生命——数百万人的生命。我们能挺过来吗？在这样一个哪里都找不到勇气的时候，我们这样做还值得吗？”[227]

5月时他曾在《世界新闻报》上撰文说：“历史的海岸上到处都是帝国的废墟。他们灭亡了，是因为他们德不配位。如果在今后几年里，我们依然这样否定自己的命运和责任，我们就会追随，也活该追随同样的命运。”[228]在整个苏台德危机期间，命运和责任一直是丘吉尔最关心的问题，而9月29日这一天尤其如此。

那天晚上，32位“其他俱乐部”的成员在走廊尽头的萨沃伊宾纳福厅用餐，包括两位内阁大臣，达夫·库珀和沃尔特·艾略特，还有几位议会议员和著名的非政治家，如特伦查德、芒宁斯、戈登·塞尔弗里奇、唐纳德·萨默维尔、H. G. 威尔斯和埃德温·路特恩斯。丘吉尔的朋友莫恩、劳合、马什、凯斯、布拉肯、林德曼和布思比也在场，在场的还有杰克·丘吉尔，但是支持绥靖政策的加文和莫蒂斯通、新闻记者阿斯特和罗瑟米尔也在场。科林·库特出去买了最新一期《海滨杂志》，上面登载着《慕尼黑协定》的大纲。科林回忆说：“丘吉尔当时怒火中烧，万分沮丧。”[229]报纸说，张伯伦已经同意，（在地理上和种族上已经进行了对德国极其有利的解读后的）捷克斯洛伐克苏台德地区，将很快回到德意志帝国手中。捷克斯洛伐克此后将完全失去抵御希特勒的能力，《凡尔赛和约》也成了废纸一张。莫恩勋爵的日记记载道："温斯顿咆哮着、大吼着，向在场的两名内阁大臣发泄着他的怒火，问他们怎么会支持这样一项'肮脏、卑劣、没有人性的自杀性'政策。"[230]

达夫·库珀从库特手里接过报纸，读着上面的条款，"带着明显的愤怒和厌恶。所有人都安静了下来，大家仿佛都突然变成了哑巴。达夫站起身来，一言不发地走了出去"。[231] 达夫·库珀在其自传《老人会忘记》（*Old Men Forget*）中写道，随着协议细节的公布，"在座成员中那些更健谈的人开始对其进行谴责。听着他们的发言，我的情绪越来越低落。争论变得越来越激烈，一位非常杰出的老年外交人员（几乎可以肯定是 70 多岁的加文）宣布，他受到了侮辱，然后离开了大楼。我仍然是政府的一员，觉得自己有责任捍卫政府的政策。这是我最后一次这么做"。[232] 达夫·库珀离开后不久，丘吉尔也离开了。他和理查德·劳在其中一个房间的门外停下脚步，听了听里面小丑在生日聚会上的表演所引发的欢笑声。劳回忆说："在我们转身离开时，他低声说，'那些可怜的人啊！他们还不知道自己即将面对什么。'"[233]

第二天，即 1938 年 9 月 30 日，张伯伦从慕尼黑返回，在赫斯顿机场他挥舞着一张纸条，上面写下他和希特勒共同的愿望，即他们的人民永远不再参战。《每日快报》当天的头版头条新闻大标题为"和平"，小标题是"《每日快报》宣布英国今年或明年都不会卷入欧洲战争"。在驱车前往伦敦的途中，哈利法克斯勋爵试图说服张伯伦通过引入工党和自由党来扩大政府，但首相看不出这有什么好处，因为他确信自己确实已经带来了和平。国王欣喜不已，完全不顾宪法要求的君主的公正性——该协定遭到两个反对党以及议会的反对，还需经过辩论和投票——邀请张伯伦到白金汉宫的阳台上，与他和王后一起，向欢呼的人群挥手致意。张伯伦驱车穿过庆祝活动的人群来到唐宁街，从楼上的一扇窗户边，向下面拥挤的人群宣布："这是我们在历史上第二次从德国回到唐宁街，带着荣耀与和平。我相信这是属于我们这个时代的和平。"[234]（第一次是在 1878 年，当迪斯累里和索尔兹伯里勋爵带着真正的荣耀与和平从柏林国会回来。）丘吉尔没有参加庆祝活动，他坚信这是一桩肮脏的交易，捷克人被出卖了，而很快，英国人就会为此感到羞耻。

10月2日，达夫·库珀辞去海军大臣的职务。第二天，在就该协议展开为期四天的辩论时，他给出了自己的理由。他说："首相一直相信，应该用合情合理的甜言蜜语对希特勒先生讲话。而我一直相信，希特勒更愿意接受武力威胁式的语言。"他说自己不像张伯伦那样相信希特勒的承诺，并在结束时说："我也许毁了自己的政治生涯，但这是一件小事，因为我保住了对我来说最珍贵的东西——我仍然可以抬头挺胸地走遍这个世界。"[235]"亲爱的达夫，"丘吉尔在给他的信中写道，"你的演讲是我听过的最精彩的一次议会演讲。演讲的形式令人叹服，堪称宏论，闪耀着勇气与公共精神的光芒。"[236]

但这远非大家一致认同的观点。第二天，在上议院的辩论中，鲍德温在谈到希特勒邀请张伯伦在慕尼黑会晤时说："这就像上帝的手指又一次在长空中画出一道彩虹，再次签发了他与人类的契约。"[237]建制派的一位顶梁柱，其父曾为维多利亚女王的私人秘书的庞森比勋爵说："对于丘吉尔先生在议会工作的能力，还有他的文学能力，以及他在艺术方面的才能，我都钦佩之极，但我一直觉得，在危机到来时，他应该是第一个被看管起来的人。"[238]

1938年10月5日，星期三，也就是下议院辩论会的第三天，在听说贝奈斯已经辞职并流亡后，丘吉尔发表了演讲。不少保守党议员都在赞扬张伯伦的"勇气、真诚和娴熟的领导能力"。有人甚至说："我们的领导人将作为今时今日，同时也是历史上最伟大的欧洲政治家被载入史册。"一位自由党议员甚至问道："捷克斯洛伐克是什么？"在这样一个为他喝着倒彩，对他充满敌意的议会面前，丘吉尔进行了到目前为止他一生中最伟大的一次演讲。他和他的党早已分道扬镳，他的朋友，例如杰克·莫蒂斯通、伊恩·汉密尔顿、温莎公爵、查理·伦敦德里、本多尔·威斯敏斯特和大卫·劳合·乔治等人，都赞许绥靖政策，有的人甚至赞许德国元首本人。丘吉尔已经9年没有担任政府职务了，有四届政府都绕过了他。现在，他要对下议院进行演讲，而他所要面对的，是一个即将以366票对144票通过《慕尼黑协定》的下议院。然而，他的演讲内容依然产生了令人崇敬的效果。

演讲一开始他说："如果今天下午，我没有像大家常常所做的那样，众口一词地对首相处理这场危机的方式表示敬意，那么肯定不是因为我缺少对首相的个人敬意。但我确信，准确地说出我们对公共事务的看法要好得多。现在显然不是一个值得去追求政治声望的好时机。”他赞扬了达夫·库珀和理查德·劳的演讲，称达夫“表现出自己坚定不移的品格，任何思想潮流无论多么迅猛，都不会影响到他”。[239] 丘吉尔蔑视那种慢慢拉近与观众的感情，逐渐获得观众同情与支持的做法，所以他开门见山地说：“因此，我将从最不受欢迎、大家最不喜欢的事情说起。我首先要说的是大家都想要忽视或忘记，但是我们必须说明的一点。那就是，我们已经遭遇了全面彻底的失败，而法国遭受的甚至比我们还多。”“一派胡言！”南希·阿斯特喊道。丘吉尔说：“这位高贵的女士大喊着‘一派胡言’，她一定是没有听到财政大臣刚才在他那内容全面且富有启发性的演讲中承认，希特勒先生在这次特别的大跨步行动中，获得了他实际想要获得的一切。”① 他继续说道：“我这位最尊敬的朋友，我们的首相先生，他通过自己所付出的巨大努力，已经最大限度地确保了……并为我们赢得了——”没等他说完，一些议员就打断了他。他们喊道：“和平！”等到他最终有机会说完自己那句话时，他说：“这样的机会，那就是不让德国的独裁者从餐桌上抢夺食物，而是让他满足于我们把菜品一道一道地给他端上桌。”[240]

在试图解释张伯伦在贝希特斯加登、哥德斯堡和慕尼黑所商议的条款的区别时，丘吉尔换了一种比喻：“先是拿枪顶着你要了 1 英镑，拿到了手，再拿枪顶着你要了 2 英镑。最后，这位独裁者同意拿走 17 先令 6 便士（即 2 英镑的 93.75%），其余的则是他对未来善意的承诺。”[241] 在谈到处于这场危机核心的那个国家时他说：“一切都结束了。沉默、悲伤、惨遭遗弃、支离破碎的捷克斯洛伐克隐没在黑暗中。她与西方民主国家和国际联盟的交往，给她在各方面都带来了伤害，她一直是国际联盟中一个顺从的仆人。”[242] 在人们成群结队地涌上伦敦街头庆祝这项协议签订仅仅几天之后，他说：

> 大英帝国和法国正面临一场前所未有的灾难，大家不要对此视而不见。我们现在必须接受的是，所有中欧和东欧国家都会与

① 这是真的，约翰·西蒙承认了“德意志帝国正在获得他（希特勒）所要求的领土，不是通过侵略或战争，而是通过割让——法国和英国敦促捷克所做的割让”。（《议会记事录》，第 339 卷第 340 栏。）

获胜的纳粹政权尽力交好，法国赖以保障自身安全的中欧联盟体系已荡然无存，我看不出还有什么方法可以重建这一体系。[243]

早些时候，他还曾预言："在一段时间内，捷克斯洛伐克将被纳粹政权吞没，这段时间可能是几年，也可能是几个月"。[244]这样的说法太过不同寻常，所以实际上，听众中没有一个人认为有这样的可能性。

当丘吉尔批评张伯伦把捷克斯洛伐克描述成一个我们一无所知的遥远国度时，南希·阿斯特大喊道："无礼！"这句话引得丘吉尔反驳道："她最近一定是在上礼仪课，而且就要结课了。"这话引起了哄堂大笑。[245]他还抨击了联合政府，说自1933年以来，政府浪费了一系列可以"抑制纳粹力量增长"的机会。政府允许德国重整军备，却没有重整英国的军备。政府与意大利争执，也没有帮助埃塞俄比亚。联合政府怀疑国际联盟，忽视建立联盟，结果，"联合政府却在考验来临时离开了，没有留下足够的国防力量或有效的国际安全措施"。[246]

"英国民主与纳粹政权之间永远不会有友谊。"他继续说道：

那个蔑视基督教伦理的政权，它以野蛮的异教信仰为其所走的道路喝彩，它宣扬侵略和征服的精神，它从迫害中获得力量和扭曲的快乐，正如我们已经看到的，它以凶残的武力野蛮无情地威胁他人。这种政权永远不可能成为英国民主的可靠朋友。让我无法忍受的是，我感觉我们的国家已经陷入纳粹德国的势力范围和影响。[247]

他非常理解英国人民在那一周所表现出的"由衷的喜悦和宽慰之情"：

但他们应该知道真相。他们应该知道，我们的防御存在严重的疏忽和不足；他们应该知道，我们经受了一场没有战争的失败，其后果将对我们产生深远影响；他们应该知道，我们已经走过历史上一个可怕的转折点，整个欧洲的平衡已经被打破，西方民主国家发出了可怕的感慨，“在天平上称一称，就发现你们分量不足。”别以为这就是结局，这只是清算的开始。这仅仅是第一口，第一次试品苦酒的滋味，这杯苦酒将年复一年被端到我们面前，除非我们的道德水准和尚武精神能够恢复如初，我们能够再次站起来，像过去那样捍卫自由。[248]

40 年前，他曾在一本关于演讲的书中写道：“即使遭到政党的抛弃、朋友的背叛、官职的罢免，只要拥有这一能力，你就仍然强大无比。”而现在，他正在亲自践行这一真理。即使是阿梅里这样的批评者也对这场演讲“印象深刻”，夏依这样的批判者也承认，这场演讲“让前排议员感到不安”。但是一位主要的选举人及前支持者哈里·戈森爵士，却对埃平保守党协会主席詹姆斯·霍基爵士说：“很可惜，他的演讲打破了下议院的和谐……我想，如果他保持沉默，根本不讲话，情况可能会好得多。”[249] 除了丘吉尔，还有 30 名保守党人弃权，包括艾登、达夫·库珀、阿梅里、麦克米伦和桑迪斯，其中 13 人留在座位上没有离开，表示对党鞭的抗议。

丘吉尔的弃权引起了埃平选区协会的愤怒。奇格韦尔分部主席称这次演讲是“一种嘲弄和耻辱”，而另一位分部主席称丘吉尔是“议会中的威胁”。[251] 10 月底，巴克赫斯特山分部说：“丘吉尔先生对政府，尤其是首相的敌意与日俱增，我们对此越来越感到不安。”[252] 哈罗分部也表达了同样的看法。距离大选还有不到两年时间，党鞭开始探讨，丘吉尔能否被赶下台。

10 月 9 日，张伯伦对他的妹妹抱怨道：“我感觉这 4 天的议会辩论对我来说真是一种折磨，尤其是我不得不一直与那些意志薄弱、改变立场的弟兄做斗争，而温斯顿在捷克大臣（简·）马萨里克的帮助下，对我进行了一次经常性的密谋攻击。当然，他们并不知道我对他们的那套东西清楚得很。他们的所作所为、所言所行我了如指掌，这也第 N 次证明了温斯顿的自欺欺人在他需要时可以做得多么彻底。”[253] 军情五处竟然去监视一名议会议员与一个友邦和未来盟国的大使之间完全合法的交流，这凸显出丘吉尔想要了解政府在任何事情上的动向是多么困难。

在《伟大的同时代人》一书关于克里孟梭的章节里，丘吉尔赞扬了法国人一生都在“战斗，战斗到底”的生存方式。[254] 在接下来的5个月里，丘吉尔本人也进入这种斗争模式，与政府党鞭，与首相、与新闻界（尤其是《泰晤士报》)、与保守党的中央办公厅、与后座议员同僚、与安全部门，甚至与自己的选区协会做斗争。在一些议会的纷争中，他领导的团队只有三个人，有时甚至是两个人。然而，同样是在这个苍凉的时期，他表现出自己一生中最大的道德勇气，为自己在未来战时的领导地位奠定了基础。

第18章

辩护

（1938年10月—1939年9月）

一旦被剥夺了职位，他就成了众矢之的，任何一个暴怒的群体或是嫉妒的贵族阶层都可以对他大加挞伐。他所做的一切都会被轻视，他的胜利被蔑视一笔勾销。

——丘吉尔谈第一代马尔伯勒公爵[1]

我们是选择付出更巨大的努力来保持一个大国的地位，还是选择滑到那条似乎更容易走、更松软、更轻松、更少烦扰的道路上，抛舍下这一决定需要我们放弃的一切？

——丘吉尔在下议院的讲话，1938年11月17日[2]

1938年10月16日，丘吉尔获得对美国广播的机会。20世纪30年代，BBC总裁约翰·里斯爵士憎恨他，故意不给他接近广播的机会，因此他对广播的掌握并不是实践的结果。他对麦克风有一种天然的亲切感，很容易就能从公开演讲的豪迈和夸张跳跃到广播演说的那种亲切的、近乎对话的风格。他利用这个机会告诉美国人，“独裁（对一个人的盲目崇拜）只是一个过渡阶段，是一种社会状态，在这种状态下，人们不能说出自己的想法，孩子向警察告发父母，商人或小业主通过揭发竞争对手私下的一些看法毁掉对方——这种社会状态与健康的外部世界接触后，不会长久地持续下去”。[3]独裁者的权力无法“阻碍或束缚人类命运的发展，世界上最强大的力量都站在我们这边，我们必须将这些力量联合起来。我们必须武装起来。英国必须武装起来。美国必须武装起来”。[4]

丘吉尔在演讲中经常会回顾历史，这次演讲亦如此。他说：“亚历山大大帝说亚洲人民是奴隶，因为他们还没有学会说‘不’字。千万别让这句话变成英语国家人民的墓志铭，变成议会民主、法国或欧洲许多幸存的自由国家的墓志铭。”[5]他认为，尽管极权主义者拥有种种浮夸的和表面上的权力，“但他们的内心却有着一种说不出的恐惧。他们害怕话语和思想：在国外说出的话语，在国内激起的思想——因为被禁止而更加强大有力——都会使他们害怕”。[6]他向美国人发出质疑的声音：“你们是要等到英国的自由与独立低头认输，整个国家的3/4被摧毁后，才肯独自去承担这项事业吗？”[7]

尽管丘吉尔在英国经常被描述为一个战争贩子，但是直到11月6日，阿道夫·希特勒才第一次在一次集会演讲中这样称呼他。[8]丘吉尔在下议院答复了希特勒，但是他的这段话后来经常被部分引用，目的就是想让人们觉得，他仍然钦佩希特勒。他说：“我很惊讶，一个伟大国家的元首竟然要攻击一个没有任何官方职位，甚至不是政党领袖的英国议会议员。”

> 我常说，如果英国在战争中被打败，我希望我们也能够找到一个希特勒，带领我们重新回归我们在世界民族之林中应有的位置。然而，令人遗憾的是，他并没有被自己已经获得的巨大成功感化。全世界都渴望看到一个和平与宽容的希特勒，没有什么能比对孤苦无亲者、弱者与穷人的宽宏大量和悲天悯人，更能使他的名字在世界历史上熠熠生辉的了。[9]

这些只不过是他在《伟大的同时代人》中和报纸上写过的内容，而现在他接着说道：“这位伟人在指责任何人是战争贩子之前应该先拷问一下自己的良心。大英帝国和法兰西共和国的全体人民都热切地希望与德意志民族和平共处，但他们也下定决心，随时准备去捍卫自己的权利和悠久文明。他们不想受任何人的控制和支配。”[10]从上下文来看，丘吉尔提到英国需要一个希特勒式的领导人，并说到“这位伟人”，都只是在一个更广义的背景中表达他对希特勒的轻蔑。

两天后，希特勒回应说："丘吉尔身后可能有1.4万、2万或3万张选票的支持——具体数字我不太清楚——但我的身后有4 000万张选票的支持……如果这些关于世界民主的英国大律师说，我们在一年内摧毁了两个民主国家，我只能问——我的天哪，到底什么是民主？谁来定义它？难道是万能的上帝把民主的钥匙交给了丘吉尔这样的人吗？"[11]他随后又说，丘吉尔"似乎生活在月球上"。[12]值得注意的是，希特勒竟然选择攻击一位没有担任内阁大臣级职务的英国议会议员，而这位议员当时对英国政府的影响可以说微不足道。

被希特勒指名道姓地批评对丘吉尔在英国的地位来说并没有什么坏处。对于政治阶层和媒体中的许多人来说，丘吉尔现在已经是一个无足轻重的过时人物，而希特勒的点名正好驳斥了这一点。11月9日，哈罗德·尼科尔森给妻子维塔·萨克维尔–韦斯特写信，讲到艾登家的一次"秘密会议"。他煞费苦心地说，他们"不同于丘吉尔集团"，对鲁莽和暴力的事情不感兴趣，"不会给人留下（像温斯顿他们给人留下的）愤恨多于决心、争斗多于改革的印象"。[13]同一天晚上，丘吉尔在格里列夫斯俱乐部说，他认为德国媒体和其他纳粹部长对他的攻击"一定预示着什么——这似乎是针对我们的一场新运动的前奏"。[14]

实际上，就在那天晚上，纳粹确实发动了一场新运动，不过是针对犹太人的，那就是历史上被称为"水晶之夜"（Kristallnacht）的运动。8 000家犹太商店和1 688座犹太教堂被洗劫，267座犹太教堂被烧毁，近100名犹太人被杀害，数千人被殴打，3万人被送往集中营。据说这是一场自发性报复，因为德国外交官恩斯特·沃姆·拉思在巴黎被一名出生于德国的波兰籍犹太难民谋杀了。[15]在接下来的几天里，纳粹媒体试图将丘吉尔、达夫·库珀和克莱门特·艾德礼与沃姆·拉思被暗杀联系在一起，并附上文字说明："犹太谋杀者及其教唆者！"他们的照片和他们的调查报告。[16]尽管英国民众因为《慕尼黑协定》签署而欢呼雀跃，但纳粹政权的性质并没有一丝一毫改变。

丘吉尔当时仍然是帝国国防委员会防空科学调查分委员会成员。11月14日，在林德曼的推动下，丘吉尔提议，调查在3.5万英尺的高空建造拦截气球“环链”的可能性。在气球上悬挂爆炸电缆，“像幕帘一样挂在从怀特岛到泰恩岛的海岸周围，间隔大约170码”。[17] 当然，这是完全不切实际的，而且成本高得惊人，但这至少表明他在考虑这些问题。

丘吉尔对50名保守党议员提出请求，希望他们和他一起参加分组表决时的游说活动，反对政府计划让陆军部和空军部分别负责自己的军火生产，而不是建立一个统一的供应部。而实际上，只有布拉肯和麦克米伦这样做了。布思比投了弃权票，政府获得了196票的多数票。这是自1935年《印度政府议案》以来，丘吉尔第一次投票反对联合政府的议案。在11月17日的演讲中，丘吉尔将英国的军备状况归咎于保守党后座议员，并坦率地告诉他们：

> 在国王陛下的政府里，宣誓效忠的任何忠诚的支持者都不应该以为，他们可以把全部责任都推给国王的大臣们。大家的手中都掌握着很大的权力。三年前坐在那些后排座位的议员，如果能发出一声合理的怒吼，今天，我们的整个军备生产布局就会大不相同！唉，只可惜他们没有那样做。我们在善意的默许中随波逐流了整整三年……整整三年，事实就明显地摆在我们面前。[18]

张伯伦抓住这次机会在应答时嘲笑了丘吉尔一番。他说：“如果有人在下议院问我，在我这位可敬的朋友那些众多令人钦佩的品质中，判断力是否排在第一位，我应该会请求大家不要对我施加这么大压力。”这句话引起了一阵哄堂大笑，被嘲笑者正是丘吉尔。[19] 几天后，丘吉尔在他的选区做出应答：“我很乐意就过去5年的外交事务和国防问题，与他本人在判断力上进行比较。”[20] 随后，他引用了首相在2月的声明，声明中说欧洲的紧张局势已经大大缓解，结果却是：

> 几周后，纳粹德国占领了奥地利。我曾预测，对奥地利的强暴所带来的震惊一旦过去，他就会重提那份声明。到了7月底，他确实那样做了，连措辞都丝毫没变。到了8月中旬，德国已开始为那些谎称的军事演习做动员，在把我们大家带到世界大战的

边缘后，这些军事演习以彻底摧毁和吞并捷克斯洛伐克共和国而告终。11 月，在伦敦市长于市政厅举行的宴会上，他又告诉我们，欧洲正在安定下来，进入一个更加和平的状态。这句话刚一出口，纳粹对犹太人的暴行就传遍了整个文明世界。

张伯伦在给妹妹希尔达的信中说："我发现温斯顿正在对我进行一次持久而猛烈的攻击，这表明我确实激怒了他。我暗示说他缺乏判断力，本就是想激怒他。他心里清楚我说得没错，但是听人这样说他还是受不了。"[21] 对于丘吉尔提到的那几个具体的点，他根本没有什么可回应的。

伦道夫偏偏选择在这样一个令人担忧的时刻，与他的父亲大吵大闹了一场。"你对我总是怀疑，别人在场时，你往往会让大家看出来，你对我的判断力毫无信心，"他抱怨说，"今后我要努力隐藏起自己的情感，默默承受你的粗暴指责。"[22] 丘吉尔在第二天的回信中说："当我向你解释一桩私人商业交易的细节时，你突然提议要在'伦敦人日记'中公开此事，这让我感到非常惊讶。"他指的是《伦敦晚报》的八卦专栏。"我请求你不要这样做，不要太激烈……但是你生气了——而生气是会传染的。"他接着写道："你如果认为我在陌生人面前伤害了你，你就大错特错了。相反，我总是对你说，'你可以非常自信地与 R 交谈，只要你清楚哪些可以公开说，哪些不可以公开说。'"他在信的结尾签名："永远是你慈爱的父亲。"在附言中他补充说："我想我已经证明了我对你的信任。"[23] 伦道夫当天回信说，感谢"您令人愉快的来信。我知道您不是存心对我不好，我那么暴躁不安，真是太傻了"。[24] 对丘吉尔来说，父子之间的关系从来都是风雨交加、痛苦不堪的，因为很明显，他们之间的工作关系是不会像他所渴望的与自己父亲那样紧密的。在另一封信中——具有足够讽刺意味的是，这封信写于情人节——丘吉尔写道："亲爱的伦道夫，我不明白为什么你明明看到我被惹恼了，却没有在信中和我说对不起。不过，我还是选择原谅你。你慈爱的父亲温斯顿·S. 丘吉尔。"[25]

1938 年 4 月，保守党议员阿索尔公爵夫人放弃了保守党党鞭的职务，随后便对《慕尼黑协议》提出批评。金罗斯和西珀思郡保守党协会取消了她的参选资格，所以她辞去了这个议员职务，以独立候选人的身份参加了随后的补选。丘吉尔会支持她吗？这会不会让他面临被剥夺选举权的危险？这样的危险在埃平已经出现。丘吉尔写给她的公开信发表在《泰晤士报》上，他在信中从宪法先例的角度表达了自己的支持：“这是一条我一直建议自己去走的路——如果事情到了那一步。因此在目前这个紧要关头，我要对你表达自己最深切的同情。”[26] 他接着说道，她的失败将“为英国与自由的敌人所津津乐道”，并将“让很多人当作一种迹象，大不列颠……再也没有精神和意志力，来对抗让这个时代陷入黑暗的暴政和残酷的迫害。不过最终，她还是以 10 495 票对 11 808 票输给了保守党的正式候选人。

12 月 15 日，利奥·阿梅里在下议院的一间会议室里成立了另一个主要由保守党人组成的压力集团——政策研究小组。该小组的名称虽然平淡无奇，但是吸引了大约 40 名议员，尽管只有 15 人出席了第一次会议。[27] 与该组织有联系的联合政府议员名单，就是一个著名的反绥靖政策者的名人录，其中包括维维安·亚当斯、哈罗德·尼科尔森、达夫·库珀、克兰伯恩勋爵、路易斯·斯皮尔斯、罗纳德·卡特兰德、戈弗雷·尼科尔森、保罗·艾姆利斯–伊万斯、哈罗德·麦克米伦和罗杰·凯斯。丘吉尔的支持者中的主要代表包括布伦丹·布拉肯、鲍勃·布思比和该组织的秘书邓肯·桑迪斯。丘吉尔本人没有被邀请，因为即使是反对绥靖政策的人也认为，他的出现会给政府党鞭提供口实。该组织的活动包括在下议院举行会议；草拟各种政策文件；鼓励政府对德国和意大利采取更强硬的态度；主张在经济能够承受的情况下，最大限度地重整装备，并将美国和苏联纳入欧洲事务。桑迪斯草拟的文件中有一份名单，上面列出了在下议院各种投票中投弃权票的人，其中包括丘吉尔、艾登、沃尔默勋爵、麦克米伦、尼科尔森、凯斯等人，旁边还列出一份“老鼠”名单，其中包括爱德华·格里格爵士、A. P. 赫伯特和罗纳德·特里，他们都没有投过弃权票。[28]

在 1938 年进入尾声时，丘吉尔正在为查特韦尔庄园果园尽头的果园小屋铺砖，玛丽回忆，小屋是“在危机来临逃离大房子时‘避难’用的（也就是说，它将兼作防空避难室）”。[29] 他还会每天口述 1 500 字的《英语民族史》，①

① 他已经写到了中世纪，他与克莱门汀谈到圣女贞德这个话题：“我认为她是整个法国历史上的一个大赢家。当时的女性领袖比男性更引人注目、更有力量。”（索姆斯编辑，《讲话》，第 443~444 页。）

并参加议会辩论，与此同时，他还需要努力维护自己的选区，以免被取消参选资格。“我认为战争对我们来说并非迫在眉睫，”他对克莱门汀说，当时克莱门汀正在加勒比海莫恩勋爵的游艇上度假，“我们将面对的只是更多的羞辱，我很高兴我没有参与其中。”[30] 他问她大海和周围的一切是否在“给你充电？这就是我想了解的，甚至还有更多——你爱我吗？”[31]

克莱门汀 18 岁时曾两次与之私订终身的西德尼·皮尔于 68 岁去世，丘吉尔在表示吊慰时说：“我年轻时认识的许多人，现在都开始逝去。当生命走到尽头时，你却感觉像 50 年前一样，这是相当令人惊讶的。人们一定总是希望在各种官能衰退之前，生命可以突然结束。”[32] 在野这些年，丘吉尔于 1930 年失去了年仅 58 岁的伯肯黑德勋爵，1935 年失去了年仅 46 岁 T. E. 劳伦斯勋爵，1936 年失去了同样年仅 46 岁的拉夫·维格拉姆勋爵；1937 年失去了年仅 61 岁的弗雷迪·格斯特，最重要的还有那些死于布尔战争、世界大战和 20 世纪 20 年代的人。1938 年 12 月，丘吉尔在写给克雷加文勋爵（前詹姆斯·克雷格爵士）的信中说：“确实有那么几个人有能力做出让我敬重的判断，你就是他们中的一个。”[33] 克雷加文勋爵也曾经于 1900 年在布尔战争中被俘，现在是北爱尔兰总理，1916 年以来一直是“其他俱乐部”的成员。因此丘吉尔这样说绝不会是言不由衷的。另一个是雷吉·巴恩斯（现在已经是雷金纳德少将），他于 1938 年 12 月写信给丘吉尔说：“亲爱的老朋友，写这封信是为了表达我的爱，也是为了向你保证，我自己，还有其他许多也许不是那么愚蠢的人，都是相信你的。”[34] 从来没有多少人的观点是丘吉尔在意的，到 1939 年年初，他进一步缩小了这个范围。面对那么多反对他的人，要想继续走他的路，就必须这样做。他更在意的是他的父亲和朋友们影响范围内的人是否认可他，无论是活着的人还是已经逝去的人。他并不在意那些曾经被他轻蔑地描述为“意见潮流的东西，不管这潮流是多迅速威猛”。[35]

到 1939 年，大多数毁掉丘吉尔事业的人，以及那些曾经与他为敌的朋友——包括博纳·劳、寇松、麦克唐纳、贝尔福、卡尔森、费舍尔、基钦纳和奥斯汀·张伯伦——也都去世了。鲍德温已经退休，劳合·乔治至少在公共场合很友好。丘吉尔处于卸任政治家与年长政治家之间的两难境地。但至关重要的是，他没有放弃担任首相的希望，不论这看起来多么不可能，因为他在下议院的追随者加起来还不到一个巴掌。当然，很多有权势的人认为，为丘吉尔的前途设置障碍是他们的责任，但张伯伦、西蒙、哈利法克斯和霍尔不是那种他一生都要为之奋斗和一生都要与其斗争的大人物。（张伯伦仍然在为《慕尼黑协议》感到骄傲，那年他的圣诞贺卡上印的是洛克希德·伊莱克特拉公司的双引擎飞机，他就是乘着这个机型的飞机飞往德国的。）

虽然绥靖政策的目的是防止另一场战争的爆发，但是它还涉及一个有趣的二分法，那就是，大多数支持绥靖政策的领导人在第一次世界大战中都没有参与什么军事行动，而大多数反绥靖政策者却都参与了第一次世界大战。拉姆齐·麦克唐纳、斯坦利·鲍德温、内维尔·张伯伦、塞缪尔·霍尔、金斯利·伍德和R. A.“拉博”·巴特勒都没有参加过第一次世界大战，而反绥靖政策的主要领导者如丘吉尔、安东尼·艾登（获军功十字勋章）、阿尔弗雷德·达夫·库珀（获杰出服务勋章）、罗杰·凯斯（获巴斯勋章和杰出服务勋章）、路易斯·斯皮尔斯（获军功十字勋章）、乔治·劳合（获杰出服务勋章）以及曾受重伤的哈罗德·麦克米伦都参加过第一次世界大战。

12月30日，丘吉尔在《每日电讯报》上发表了一篇题为《西班牙溃疡》的文章，这是拿破仑给发生于1808年—1814年的半岛战争取的名字。他在文章中指出，“如果佛朗哥获胜，他的纳粹支持者将把他推向极权主义国家领袖的位置，他会与这些国家的领袖一样进行残酷的镇压”。佛朗哥于1939年3月如期赢得大选，他并不需要希特勒的鼓励，就屠杀了多达10万名共和党政敌。丘吉尔把这篇文章寄给哈利法克斯，并谈到自己的观点：“佛朗哥失败显然才更符合我们的利益。”[36] 他对哈利法克斯的这一态度转变虽然姗姗来迟，却不乏真诚。

1939年1月7日，《新政治家》的编辑金斯利·马丁发表了一篇对丘吉尔的采访。丘吉尔宣称：“我认为民主国家想要保卫自己，并不一定必须牺牲自己的基本价值观。”[37] 他认为没有必要全面征兵，但他会毫不犹豫地通过投票的方式扩大本土防卫义勇军规模。“联合政府的领导人要么是没有认识到（重整装备的）必要性，因此也没有对民众发出警告，要么就是害怕履行自己的职责……战争是可怕的，但奴隶制更可怕。你一定要相信，英国人宁愿战斗下去，也不愿生活在奴役之中。”[38] 在接下来的6年里，他经常重复这句话，而这些话都源自他对历史的深刻理解。但是在1939年年初时，英国人民没有表现出太多他所认定的参战意愿。在接下来的6年里，丘吉尔一直坚称，他只是在表达英国人民内心深处的骄傲和尚武精神，但这种精神实际上在很大程度上只是源于他的愿望，而不是源自人民本身。

1939年1月，丘吉尔和林德曼一起去了地平线城堡享受那里的阳光。丘吉尔在那儿作画，并继续《英语民族史》的写作。他希望能在1939年年底之前出版这本书，这样就可以改变自己的财务状况，但前提是在此之前不会发生什么重大事件。“这是一项艰巨的任务，”他对仍在加勒比海的克莱门汀说，“但是可以让一切好起来。”[39] 他在旅途中曾与法国财政部长保罗·雷诺在巴黎共进午餐，还会见了三次担任法国总理的莱昂·布鲁姆，以及前外交部部长伊冯·德尔博斯。德尔博斯就住在布鲁姆的公寓大楼里，他“没有穿外衣”就从楼上下来了。德尔博斯声称，要是法国能为她的盟友捷克斯洛伐克而开战，莫瑞斯·甘默林将军和阿方斯·乔治将军就会在第15天突破德军防线。

1月8日，丘吉尔在谈到英国缺少空袭防范措施时对克莱门汀说：“我认为在没有获得它们（政府）从未想过要给予的那些权力时，就去挑起这副担子，承担起这些疏忽，那可不是什么好玩儿的事情。”[40] 他认为，如果他成为首相，那么他必须在国防领域拥有更大的权力。与此同时，张伯伦告诉他的姊妹们：“他收到一位名叫内维尔·格温的机械工程师的来信，请求他不要访问罗马，而是要建立一个反对希特勒的欧洲大国联盟。“换句话说，就是劝我最好放弃自己的政策，采纳温斯顿的政策！还好，正如劳合·乔治所言，我的本性是极其‘顽固的’，我拒绝改变。”[41]

1939年1月11日，张伯伦和哈利法克斯拜访了墨索里尼，但没能把他从希特勒的发展路线上拉开。奥德合并把德意志帝国带到意大利北部边境。丘吉尔对克莱门汀表达了自己的看法：“张伯伦访问罗马没有什么害处，最多也就只能这么说。”[42] 当莫莉（巴克卢公爵夫人）告诉他，张伯伦即将到拉姆兰里格城堡为当地保守党做演讲，不知道应该把讲台设在哪里时，丘吉尔回答：“讲台放在哪里无所谓，只要他的眼睛里有太阳，嘴里有和风。”[43]

1月，丘吉尔与温莎公爵夫妇在昂蒂布共进晚餐。公爵身穿印有斯图尔特格子图案的方格呢短裙，对丘吉尔最近发表的反对佛朗哥、支持与苏联结盟的文章提出异议。“我们坐在替补席旁边，”玛克辛·艾略特的侄女婿文森特·希恩回忆道，“丘吉尔先生皱着眉头盯着他面前的地板，一言不发……然后突然宣布，国家已处在其悠久历史上最严重的危险之中。”公爵“一有机会就会迫不及待地插嘴，针对每一个问题发表不同观点，但实际上是在政治智慧和公众精神方面听了一堂客观的好课。我们其余人都静静地坐着：这场争论有那么一种特别不可挽回的终结感。”[44]毫无疑问，丘吉尔已经发现，这位前国王对纳粹的看法根本站不住脚。在这场“喋喋不休的争论”中，丘吉尔始终保持着尊重的态度，但他也确实向公爵指出：“当国王与我们的宪法相冲突时，我们会更换国王。”[45] 5天后，在大西洋对岸巴巴多斯岛举行的另一场晚宴上，莫恩勋爵的情妇薇拉，也就是布劳顿夫人①等人对BBC播放的一则抨击反绥靖政策的广播表示了赞同。克莱门汀立即在“古巴号”邮轮上订了座位，第二天启程返回英国，站到她丈夫身边自己的位置上。

1月30日，在国会大厦，希特勒将丘吉尔、达夫·库珀和艾登描述为“战争的使徒”。[46]他还公开承诺，一旦战争爆发，“欧洲的犹太人将被消灭”。丘吉尔继续关注英国重整军备的步伐。尽管张伯伦仍然相信，他已经凭借一己之力确保了那个时代的和平，但英国重整军备的步伐最终还是加快了。“飓风”的月产量从1938年10月的26架增加到1939年9月的44架，“喷火战机”的月产量从13架增加到32架，而高射炮的月产量从56架增加到85架。拥有新型战斗机的小型舰队从6个增加到26个。有时，有些人会用这一切来说明《慕尼黑协议》的合理性，但是他们忽视了正在德国发生的事情。在英国集中加强其防空力量时，德国军队数量仿佛呈指数级增长，即使在1939年4月英国开始征兵之后也是如此。据陆军部估计，《慕尼黑协议》签订时，德国陆军有51个师，69万人。一年后，德国已经拥有106个装备齐全的陆军师，人数增至282万。在同一时间，英国仅仅从两个装备齐全的陆军师增加至5个装备到位的陆军师。

---

① 戴尔夫斯·布劳顿爵士已经分居的妻子，他于1941年在肯尼亚杀死厄尔罗伯爵，并于1942年自杀。

1939年3月2日，艾登的朋友吉姆·托马斯写信给他最亲密的政治盟友“波比”（克兰伯恩勋爵）说，戴维·马杰森产生“让哈利法克斯出任下一届首相的想法——要么就脱去他当时正穿着的贵族外衣①，让他离开上议院，要么就让他留在那里，只要能找到一个他熟悉并信任的强人去领导下议院。安东尼显然就是那个人……哈利法克斯的行情看涨，他更加坚定的外交政策吸引了下议院和全英国更多的追随者”。[47] 在这种情况下，艾登在1939年年初对政府的批评变得相对低调就不难解释了。这并不是保守党建制派平息反绥靖政策声音的唯一计划。

1938年11月—1939年3月中旬，保守党中央办公室进行了一次精心策划的人员调整，试图取消丘吉尔作为保守党候选人的资格。现年35岁的科林·桑顿–凯姆斯利，是英国保守党和工会协会全国联盟埃塞克斯和米德尔塞克斯省区的名誉财务大臣。他正在采取行动，想要获得埃平选区主要分委员会的支持，而他的最终目标，就是在选区的中央委员会获得多数人的支持，在来年的大选中让丘吉尔丢掉参选资格。[48] 桑顿–凯姆斯利后来说：“我清楚地看到，埃平支部日益高涨的抵抗情绪在高层是很受欢迎的。”[49] 阿索尔公爵夫人的命运表明，这可能意味着丘吉尔会在国家最需要他的时候离开议会。人们经常指责他之所以反对绥靖政策，是因为他没有什么可失去的，但事实上，他就要失去他最为珍视的东西了，那就是他在下议院的席位。

选区有26个分会，桑顿–凯姆斯利和他的同伴从那些在选区中央委员会占据过多席位的分会中招募了新会员加入保守党协会。埃塞克斯的小镇和村庄突然一下变成了战场，支持丘吉尔和反对丘吉尔的力量针锋相对。例如，马琴教区只有384名选民，却派出5个代表参加中央委员会。在艾登·博伊斯和奇格韦尔这样的地方，大量不需要证明自己是保守党人的人开始注册，获得投票权，投票数超过长期支持丘吉尔的选区官员。丘吉尔做出的回应，是威胁要成立独立的分委员会，但是这样做是违反协会章程的。与此同时，桑顿–凯姆斯利致信当地媒体，要求丘吉尔辞去保守党党鞭一职，让他

① 一个小学生式的表达方式，意思是脱掉裤子，但这里的意思是剥夺他的贵族身份。

以独立参选人的身份参选，原因是他反对《慕尼黑协定》。

桑顿–凯姆斯利在其发表于1974年的回忆录中，很自然地淡化了他试图让丘吉尔闭嘴的努力，称自己的行为“非常幼稚无礼”，是一次“徒劳无益的起义”，事实上当时的情况要严重得多。他承认，“一个在党的机器支持下的强大保守党候选人，很可能让自由党参与进来分裂选票”，这无疑是亲绥靖派政党当局希望的。桑顿–凯姆斯利回忆说，在当地的分会中，沃尔瑟姆修阿比和纳泽宁都以“反对现议员而闻名”。加上艾登·博伊斯、奇格韦尔和埃平支部本身，“似乎中央委员会的会议最终会……成为一场只会‘险胜’的较量”。[50]

桑顿–凯姆斯利继续马不停蹄地做工作。1月25日，他自己当选奇格韦尔分会主席，正如当地报纸说的那样，这是因为“奇格韦尔强烈支持张伯伦的绥靖政策，对丘吉尔的观点完全不赞同”。[51]在一份新闻声明中，他谴责了“丘吉尔先生对掌舵人毫无帮助的态度”。[52]拉夫顿支部随后通过一项动议，要求丘吉尔支持首相，而艾登·博伊斯支部宣布自己“以压倒性多数”支持张伯伦。[53]奇格韦尔支部以14票对4票给丘吉尔投了反对票，拉夫顿支部的投票结果则是31票对14票。

反对丘吉尔的声音在3月4日举行的纳泽宁联盟党协会的晚宴上达到高潮。埃平选区的官员首先谴责了缺席的丘吉尔，桑顿–凯姆斯利说，丘吉尔“不应该再躲在保守党的善意之下”。一位琼斯中尉又拿出那把老屠刀：“我钦佩他的头脑和智力，但是我强烈谴责他的判断力。”一位贝利少校说，他已经对丘吉尔“失去了耐心”。还有一位发言者说，“张伯伦先生是英格兰历史上最伟大的一位首相”，并认为《慕尼黑协定》是“历史上最伟大的创举”。[54]有人在提到丘吉尔时使用了“驱逐”一词，没有人站起来提出反对意见。[55]

丘吉尔在给阿索尔公爵夫人的公开信中已经明确表示，在被取消选举人资格后，唯一值得尊敬的做法就是辞职，并以独立候选人的身份重新参选。没有其他任何一个能够确保获胜的保守党选区会在《慕尼黑协定》之后再接受他，在那样的政治环境下，他不太可能以独立保守党人的身份获胜。任何其他政客，在离大选仅仅还有几个月时，面对选民如此大规模的反对，几乎都会做出妥协，或者降低自己的讲话音量，以避免可能出现的灾难性后果。丘吉尔却做了相反的事情，他在纳泽宁会议仅仅6天后，直接找到桑顿–凯姆斯利的奇格韦尔支部，并对他们说，去年10月他批评《慕尼黑协定》的讲话，“他一个字也不会撤回”。他还补充说：“我今天下午还重温了这篇演讲稿，而且惊讶地发现，讲话中提到的事情都变成了千真万确的事实。”[56] 3月14日，他对另一个支部，也就是沃尔瑟姆修阿比支部说：“9月危机时，很多人认为他们只是将捷克斯洛伐克的利益给了人，但是后面的每一个月过去后，你们就会发现他们也放弃了英国的利益，放弃了和平与正义的利益。”[57] 针对取消他的选举人资格的事情他问道：

> 如果议会不能成为一个向人民发表真实言论的地方，这样的议会又有什么用呢？派议员们到下议院去，只说说时下流行的事情，为了让政府党鞭满意而为每一个大臣的陈词滥调大声欢呼，走过游说大厅时完全无视自己所听到的批评声，这样的做法又有什么用呢？人们谈论着我们的议会制度和议会民主，但是如果这样的制度或民主能够幸存下来，那么绝不会是因为各个选区选出的都是温顺、驯良、顺从的议员，更不是因为各个选区都消灭了一切形式的独立判断。[58]

第二天黎明时分，德国入侵了捷克斯洛伐克的残余部分，整个地缘政治格局发生了改变。第二天，希特勒在布拉格城堡宣布建立新的“波希米亚和摩拉维亚保护国”。多年来，希特勒一直声称，他只希望把德国族裔纳入第三帝国，但一夜之间，他的谎言被揭穿，那些相信他的绥靖主义者都成了上当受骗者——也许他们是出于好意，但终归还是上当受骗了。唯一没有上当受骗的高层政治人物就是丘吉尔，其次是一些上当少一些，或是后来觉悟了的人物，如艾登、利奥·阿梅里、达夫·库珀和劳合勋爵。当天，丘吉尔与麦斯基一起在伦道夫·丘吉尔的公寓里共进午餐时说，他“认为希特勒在捷克斯洛伐克的动作并不代表他将目标转向了东欧。只不过在对西欧发动重大打击之前，希特勒需要先保护好他的大后方”。[59] 这又是一个与正常预期截然相反的分析和预测。

3月31日，张伯伦承诺会保护波兰和罗马尼亚的独立。英法两国在军事上对此本是无能为力的，但是如果希特勒企图进一步占领欧洲，这一承诺将成为他的绊脚石。政府还宣布将本土防卫部队的规模扩大一倍，这正是丘吉尔几个月以来一直要求的。与此同时，丘吉尔公开呼吁与苏联进行“最大可能的合作”。[60] 4月3日，他再次借鉴历史提出警告：“拿破仑当初对英国构成的任何威胁，都赶不上卷入现代战争将会给这个国家带来的磨砺和灾难，那种切肤之痛，怕是连一半也赶不上。”[61] 他从未试图将未来冲突可能带来的恐惧最小化。

1939年4月7日是耶稣受洗日。哈罗德·麦克米伦当天正在查特韦尔庄园吃午饭，这时传来消息说墨索里尼入侵了阿尔巴尼亚。“这是我第一次看到丘吉尔工作的场景，”他回忆道，“他拿出地图，秘书们被调动起来，电话铃开始不停地响起。‘英国舰队在哪里？’这是最紧迫的问题。”麦克米伦写道：“我永远都会记得那个春天的情景，以及丘吉尔的那种力量和精力，还有他了不起的行动力，尽管当时他还没有担任任何公职。似乎只有他一个人在自如应对，而其他人都是一片茫然。”[62] 张伯伦两天后向艾达抱怨说，反对党“纠缠着”让他召开议会，还有“温斯顿，他是这帮人里最难缠的，几乎每天的每个小时都给我打一次电话”。[63] 他实际上只打了两次电话，还有一次是派遣了一名信使，就英国皇家海军在地中海的部署提出建议，包括将（中立的）希腊科孚岛建成英国海军和空军基地。

4月13日，丘吉尔在支持恢复征兵制度的发言中说：“当我们渴望带领整个欧洲从深渊的边缘重返法律与和平的高地时，我们必须先把自己树立成一个最高的榜样。我们必须全力以赴。”[64] 辩论结束后，他邀请戴维·马杰森共进晚餐，并“坦率地告诉他，他强烈希望自己可以进入政府任职”。[65] 张伯伦坦然承认，如果丘吉尔“坐在下议院财政大臣的位置上，肯定会大有裨益”，但是，考虑到他关于科孚岛的建议，“他这种轻率的建议会把我折腾得精疲力竭吧？”[66]

一周后，张伯伦确认将成立供应部，但是怀着与下议院议员逗着玩儿的心理，他在宣布供应大臣的名字之前停顿了一下。根据夏侬的记录，下议院“怀着期待的心情等待着，一半希望，一半担心会是温斯顿”。[67] 张伯伦说："经国王批准，我宣布，负责新部门的大臣将是我所敬重的一位朋友，也就是现任交通大臣。"[68] 和托马斯·因斯基普、斯温顿勋爵和查特菲尔德勋爵一样，莱斯利·伯金也是一个平庸之人，这样，一个向希特勒和墨索里尼传达明确无误信息的机会，就再一次被肆意浪费掉了。在 4 月 27 日的一场关于征兵问题的辩论中，夏侬写道："下午的演讲无疑是属于温斯顿的，那是一场了不起的战斗。"在辩论中，人们看到张伯伦在下议院的文件纸上写了大量的笔记。原来，他是在为保守党议员安东尼·克罗斯利记录有关钓鲑鱼的经验，克罗斯利当时正在写一本这方面的书。[69]

在《每日电讯报》5 月 4 日的一篇题为"苏联的制衡"的文章中，丘吉尔谈到波兰不愿与苏联联合的问题，他认为这是可以理解的，因为苏联毕竟曾经数次入侵并瓜分其领土。他还谈到波兰因此也反对"大联盟"的问题。"必须让波兰政府清楚地认识到，苏联在防止战争方面可能具有决定性作用，无论如何，与其结盟对最终的成功是必要的……从纳粹的恶意显而易见的那一刻起，波兰和苏联之间的紧密联系就变得不可或缺了。"[70] 糟糕的是，英国政府在与苏联结盟方面犹豫不决、充满怀疑，因而进展缓慢。外交部花了数周时间才派一名低级官员到莫斯科。斯大林虽然也担心希特勒的长期意图，但只是尝试性地提出与英国和法国结成三国同盟的设想，以防止德国势力进一步蔓延。

到了这时，再也听不到桑顿-凯姆斯利在埃平起事的消息了。（保守党中央办公室给了他一个苏格兰的席位，直到 1964 年，他一直担任议会议员。）希特勒占领了捷克斯洛伐克的残余领土，其程度之彻底改变了公众对丘吉尔的看法。1939 年 5 月的一项盖洛普民意调查问及受访者是否希望丘吉尔回到内阁，56% 的人回答"是"，26% 的人回答"不"，18% 的人犹豫不决。[71] 然而，他仍然被张伯伦及其党羽视为内部敌人。戴维森写道："温斯顿和他的朋友们正在使用一切宣传和说服的伎俩，如果我们再签一个针对波兰的《慕尼黑协定》，以获得喘息的机会，他们就会发动对首相的攻击。"[72] 对戴维森来说，波兰可能会像捷克斯洛伐克一样被抛弃、被分裂的想法倒没有那么令人震惊，更让他震惊的是，"媒体似乎对温斯顿和批评者完全开放，坦率地说，情况糟透了"。[73]（当然，除非是对一个波兰人来说。）丘吉尔的演讲也给乔治六世留下了类似的印象。乔治六世对加拿大总理威廉·莱昂·麦肯齐·金说：“除非是在战争时期有绝对的必要，否则他永远不会任命丘吉尔担任任何职务。”[74] 麦肯齐·金在日记中写道：“我必须说，我听到他（国王）这么说感到很高兴，因为我认为丘吉尔是我所认识的人中最危险的一个。”

张伯伦和哈利法克斯看起来不仅对苏联提出的与英法结成三国同盟的建议持怀疑态度，而且实际上还打算拒绝，宁愿与波兰保持密切关系。5月9日，丘吉尔在下议院爆发了：

> 陛下的政府长久以来一直都在忽视我们的国防问题，它抛弃了捷克斯洛伐克及其所代表的军事力量，它向我们承诺，波兰和罗马尼亚将得到保护，却完全没有去做技术层面的考察研究。现在，它又要拒绝并抛弃苏联那不可或缺的援助。它几乎是在所有方面都以最差的情况把我们带进战争。它辜负了我们的信任，而且我还要说，它辜负了自己同胞对待它的大度慷慨。[75]

丘吉尔随后前往剑桥的谷物市场发表演讲，他提醒人们，他们可能很快就要投入战斗了。在谈到希特勒和墨索里尼时他说：“他们的侵略之路如果继续走下去，就不可能不引发一场大规模毁灭性战争。屈服于他们的侵犯，就等于把人类切去一大部分交给他们统治。无论是在和平时期还是在战争时期，反抗他们都是危险的、痛苦的和艰难的。在现阶段，向任何人隐瞒这些绝对的事实都是没用的。任何人都不应该在没有清楚地认识到可能付出的代价，以及可能面临的问题的情况下，去继续这一事业。”[76] 他说，布拉格被占领后，“这种骇人听闻的暴行让盲人睁开了眼睛，让聋子听到了声音，甚至在某些情况下，让哑巴也能开口说话了”。这些话足以显示，即使是在最严峻的时刻，丘吉尔也能用笑话去面对。[77]

丘吉尔一方面在敦促政府结盟，希望通过在两条战线上威胁希特勒来维持和平——这也是德国在世界大战中失败的主要原因，同时，他也在考虑一旦灾难降临西欧会怎样。6月，他参加了由国家美术馆馆长肯尼思·克拉克举办的一场晚宴，很有影响力的一位美国专栏作家沃尔特·利普曼，还有生物学家朱利安·赫胥黎参加了晚宴。利普曼说，美国驻伦敦大使约瑟夫·肯尼迪告诉他，战争将不可避免，而英国将被打败。[78] 丘吉尔回答：

> 假设肯尼迪先生所说的那样的悲剧真的发生了（我从来没有这样想过），那么我宁愿在战斗中牺牲，也不愿因为害怕失败而屈服于这些阴险小人的威胁。那样，保护和维持英语民族伟大遗产的责任，就会落在你们美国人肩上，就该轮到你们来以帝国思维思考问题了。这意味着永远要从比自己国家利益更高、更广泛的地方去着眼。但是在我选择在这场伟大的斗争中死去之前，我必须确认一件事：假如我们这个最亲爱的岛屿最终屈服于敌人的凶猛和威力，在你们那个遥远而得到豁免的大陆上，自由的火炬会燃烧不熄，（我相信并希望）永远高举。[79]

这只不过是一次晚宴，但是在那里，丘吉尔显然已经开始酝酿未来几年他的那些伟大演讲的思想和语言。①

7月，丘吉尔在出版了他关于外交事务的演讲集《脚踏实地》之后，在查特韦尔住了一段时间，完成了预计53万字的《英语民族史》中的48万字，并建造了他的小屋兼防空洞。凯瑟琳·希尔在1937年受雇为他的打字员，但是在战争期间成为他的私人秘书。据她回忆，在丘吉尔砌砖时，“我们会带上笔记本，爬上梯子，他就在梯子上进行口述……我们经常还会急着赶往下议院，我们一边开车他一边口述，然后我们会在下议院把口述稿打出来。有时我们会在他讲话时把打印稿递给他”。[80]

那年夏天，伦敦的斯特兰德大街上出现了一张巨幅海报，上面只写着“丘吉尔值多少钱?”，这是广告商J. M. 比伯出资做的。他对《广告周刊》说：“我更急于做的事情是使人们考虑让丘吉尔复职，而不一定非要宣传他的政

① 这并不全是出于地缘政治的原因。晚宴后，赫胥黎带丘吉尔去伦敦动物园观看大熊猫。丘吉尔赞许地摇了摇头说：“这超出我所有的期望，而且原本我的期望就很高。”（艾迪生，《三项事业》，第199页。）

策。”[81] 尽管《每日电讯报》《明星报》《星期日图片报》《观察家报》《约克郡邮报》《晚间新闻报》《每日邮报》，甚至是那个月共产党的《工人日报》全都建议让丘吉尔回到政府的事业，而且英国每所大学都派出 375 名工作人员向张伯伦提出申请，但是只要战争还没来，就没有什么能说服这位首相接受内阁中出现这样的破坏性力量。麦斯基记录了安妮·张伯伦给丈夫的建议：“邀请丘吉尔进入内阁无异于政治自杀”。[82] 张伯伦自己也告诉妹妹艾达：“战争拖得越久，发生的可能性越小……这似乎是温斯顿那帮人从未意识到的。”[83] 他邀请《每日电讯报》的老板坎罗斯勋爵到唐宁街 10 号来，并对他说，尽管他本人与丘吉尔有“相当亲密”的私人关系，但丘吉尔“很容易在辩论中发脾气，他的一些同事发现，只有不反对他才能与他相处得更容易”。[84] 他与坎罗斯进一步谈到丘吉尔关于科孚岛的建议，说墨索里尼入侵阿尔巴尼亚时，丘吉尔“一整天都在蹲守，等待消息”。[85] 7 月 27 日，坎罗斯的哥哥，《星期日泰晤士报》的主编凯姆斯利勋爵，在巴伐利亚北部拜罗伊特一年一度的瓦格纳音乐节上拜访了希特勒。当元首谈到丘吉尔的语言表达能力对张伯伦政府构成的危险时，凯姆斯利向他保证说：“丘吉尔先生在过去的至少 4 次竞选中都是不幸的，因此元首真的没有什么可担心的。”[86]

在 1939 年 8 月 2 日的一次辩论中，丘吉尔提出议会应该在 8 月 21 日重新召开会议，而不是政府所希望的 10 月 3 日，因为他认为希特勒正在准备入侵波兰。他警告议会议员说：“从但泽（今天的格但斯克）到克拉科夫的波兰边境沿线都集结了大量军队，所有的工作都在为了快速推进做准备。”他说，布雷斯劳周围有 5 个德国师处于高度机动状态，波希米亚的公共建筑正在被清空，以便为伤员提供驻地。[87] 几乎没有人相信他，当张伯伦以 116 票的优势将选票转化为对自己的信心时，下议院放假了。张伯伦在写给艾达的信中说：“他就像夏天的风暴，猛烈但并不持久，之后常常就是阳光灿烂。但这让他很难共事。”[88] 艾登似乎同意这一观点，关于那场他们都相信会在 11 月举行的大选，他问副手克兰伯恩勋爵和理查德·劳：“我们应该以独立保守党人的身份参选吗？我们会创建一个新的政党吗？我们和温斯顿的关系应该是怎样的呢？”[89]

8 月 8 日，在对美国的广播中，丘吉尔以讽刺幽默的口吻，谈到德国将有200万人在9月进行“军事演习”的公告：“毕竟，独裁者必须训练其军人。当丹麦人、荷兰人、瑞士人、阿尔巴尼亚人，当然还有犹太人随时都可能跳出来，抢走他们的生存空间时，从审慎的态度上讲，他们几乎不能不这么做。”[90] 后来，还是在8月，在张伯伦刚刚开始三心二意地准备谈判时，斯大林已经不再关注他自己之前提议的联盟，相反，他邀请德意志帝国外交部部长约阿希姆·冯·里宾特洛普前往莫斯科，与苏联外交部部长V. I. 莫洛托夫进行一项协议谈判，该协议不久将把波罗的海诸国和波兰的东半部给予苏联，同时苏联也承诺在德国与资本主义大国英国和法国之间爆发战争时，苏联需要采取不闻不问的立场。

在议会长期休会期间，坚持要求休会的张伯伦前往苏格兰钓鱼。丘吉尔和路易斯·斯皮尔斯访问了马其诺防线防御工事，与法国军队总司令甘默林将军通宵谈论人工雾气的使用，以及用水雷干扰莱茵河交通的可能性。[91] 斯皮尔斯回忆说，一次在马尔默迪与法国野战部队司令乔治将军共进晚餐时，丘吉尔的“脸上已经没有了笑容”，“当他发现，再强大的军队也无法穿越阿登高地这一说法是多么幼稚时，他摇了摇头，带着不祥的预感……“记住，”他说，“我们面对的是一种新型武器，一种威力巨大的装甲，这无疑是日耳曼人正在集中力量研发使用的武器。对这种装甲部队来说，森林尤其具有吸引力，因为它可以提供防空掩护。”[92] 法国人不相信任何此类攻击的可能性，这让斯皮尔斯想起，1915年丘吉尔也曾试图给一位法国将军讲解他的“陆地巡洋舰”（坦克）理论，而这位将军觉得非常荒谬，在丘吉尔离开之后，他对斯皮尔斯说：“你们的政客甚至比我们的还搞笑。”[93]

“9月初或9月中旬之前，什么也不会发生。”丘吉尔8月14日在巴黎的丽兹酒店写信给克莱门汀说，“在波兰的泥泞季节到来之前，希特勒仍有两个月的时间处理与波兰的关系。”[94] 8月23日，丘吉尔的工作假期因纳粹与苏联签订条约的声明而被迫缩短，他立即回到伦敦，意识到苏联与德国结盟意味着战争过不了几天就会到来。他后来写道：“就战略、政策、远见、能力而言，斯大林和他的政委们此刻表现得太没有智慧了。”[95] 8月24日，议会被召回。

在克罗伊登机场迎接丘吉尔的是他的前保镖、探长沃尔特·汤普森。

1921年—1932年，汤普森曾断断续续为丘吉尔做保镖。1936年，汤普森从警察局的政治保卫处退休，做了一名杂货商。在一位法国政客告诉丘吉尔他的生命可能有危险后，丘吉尔个人以每周5英镑的价格又把他请回来。[96]丘吉尔对汤普森说："德国人认为我是他们最可怕的敌人之一，他们是不会停止暗杀的。"[97] 48岁的汤普森人高马大、强壮匀称，他陪伴丘吉尔度过了随后6年的时光。汤普森后来写道："只要他老人家还需要我，就足够了。"[98]关于那天丘吉尔回到克罗伊登，他回忆道："他看上去和往常一样充满活力，但表情很严肃。"[99]到达查特韦尔庄园后，丘吉尔给了他一把柯尔特自动手枪。汤普森回忆说："他是一名一流的射手，对自己的私人军械感到非常自豪。"[100]战争爆发后，汤普森开始领取政府薪酬，佩带常规配置的韦伯利0.32英寸口径左轮手枪。丘吉尔坚持要求他身边的人在出国时携带武器，有一次他还斥责了一位私人秘书，因为他没有随身携带左轮手枪。多年以后，汤普森回忆起比他年长16岁的老板时说："丘吉尔先生冲动的劲头和无穷的精力总是让我难以胜任自己的工作。我无法阻止他径直走向危险——这世上没有人能做到这一点——但是我必须努力跟上他。"[101]

议会重新召开，埃莉诺·拉斯伯恩告诉议员们，他们已经知道的事情是真的，尽管到目前为止还没有人发表公开声明——也就是说，丘吉尔"一直以来都在预言这些事情将会发生，但他的建议被忽视了"。[102]一周后，1939年9月1日星期五，希特勒带领军队入侵波兰。张伯伦为由六人组成的战时内阁起草了一份名单，其中包括丘吉尔这位"不管大臣"。然而，他并没有宣战，尽管3月时他曾提出，德国入侵波兰，英国就会宣战。

9月2日星期六，英国仍未宣战，可能是因为英国驻柏林大使内维尔·亨德森爵士警告说，希特勒计划随后立即对伦敦发动空袭。将120万城市儿童疏散到乡村的工作正在顺利进行。法国出于对立即遭遇轰炸的恐惧，想要推迟任何声明，张伯伦告诉因斯基普："如果战争爆发，法国将有成千上万的儿童被杀害。"[103]他邀请丘吉尔到唐宁街10号，为他在战时内阁提供一个职位，丘吉尔立即接受了邀请，期待着英国立即宣战。[104]

晚上7点45分，张伯伦在他自波兰被入侵后的第一次公共演讲中对下议院说："如果德国政府同意撤回部队，陛下的政府则愿意承认，一切都回归到德国军队越过波兰边境以前的状态。”1935 年以来一直担任工党副党魁的阿瑟·格林伍德从反对党的前排座位上站起来，代表工党发言。利奥·阿梅里对他喊道：“阿瑟，为英格兰说话！”格林伍德说：“38 小时前发生了一起侵略事件，我不知道当英国、英国所代表的一切以及人类文明都处于危险之中时，我们究竟准备摇摆多久。”[105] 这是他一生中最有力度的演讲，如果不是进入了内阁，丘吉尔无疑会附和他。

那天晚上，艾登、布思比、布拉肯、桑迪斯和达夫·库珀都到莫佩斯大厦拜访了丘吉尔，根据库珀在日记中的记载，大家对张伯伦的无所作为都感到“莫名其妙地愤慨”。布思比想让丘吉尔第二天攻击张伯伦，并“取代他的位置”，但丘吉尔明智地拒绝了，因为他知道保守党大多数人仍然支持张伯伦。[106]

他在午夜之后给张伯伦写信，敦促他做出进一步努力，让自由党人加入政府，尽管工党已经提出“分手”。他的请求未得到回应。那天晚上，他还打电话给法国大使查尔斯·科尔宾，表示如果法国背叛波兰，就像背叛捷克斯洛伐克一样，那么他这个终生坚定的亲法派，从此将对法国的命运完全漠不关心。当科尔宾试图提出宣战的“技术难度”时，丘吉尔反驳道：“如果一颗德国炸弹落在一个波兰人头上，我想你会说，对于波兰人来说，这就是技术难度，一个难以攻克的技术难题！”[107]

9 月 3 日，星期日，上午 11 点 15 分，两小时的最后通牒在当天上午到期，内维尔·张伯伦广播了英国处于战争状态的消息。空袭警报在伦敦上空响起，丘吉尔后来将这种声音形容为“报丧女妖的号叫”。[108] 沃尔特·汤普森回忆说：“丘吉尔先生大步流星地走到公寓入口处，像一匹嗅到战斗气息的战马一样仰望天空。劝了半天他才肯去防空洞——只有当他意识到自己应该以身作则时，他才会动起来。”丘吉尔后来这样说：“我们带着一瓶白兰地和其他适当的医疗用品，前往分配给我们的避难所。”[109] 一到那儿，他的保镖写道：“他就像被关在笼子里的动物一样四处游荡，但我看得出他很享受这一刻。警报一旦解除，丘吉尔先生就会像一颗子弹一样蹿出去，回到街上，直奔公寓屋顶，在那里扫视天空、寻找飞机。”[110] 之后他开着他的戴姆勒汽车去了议会，到那里他收到张伯伦的一张便条，要求在党的领导人和其他人发表声明之后见他。

张伯伦在开幕演说中说，他希望看到希特勒主义的毁灭。随后，阿瑟·格林伍德表达了自己的宽慰之情，他说："悬念带来的难以忍受的痛苦……已经结束了。"尽管丘吉尔已经卸任10年，他的发言只能代表他自己，但是在自由党领袖阿奇·辛克莱发表讲话后，下一个发言的人立刻就轮到他。丘吉尔大度地赞扬了张伯伦为避免战争所做的工作。他说："在这个庄严的时刻，回顾并细想我们为和平所做的多次努力是一种安慰。"

> 所有的努力都注定是失败的，但每一次努力都是真心诚意的。这是最高的道德价值——不仅仅是道德价值，也有实用价值——今天，数千万同胞万众一心，只要我们精诚合作，同舟共济，就能够经受现代战争的考验与磨难，并最终战胜它。[111]

随后，他把斗争放在一个更高的层次上说：

> 这不是一个要为但泽或波兰而斗争的问题，我们斗争的目标，是要把全世界从纳粹暴政的瘟疫中拯救出来，保卫对人类来说最神圣的一切。这不是一场争夺统治权的战争，也不是帝国的扩张战争，更不是一场争夺物质利益的战争，这也不是一场要阻挡任何国家的阳光与进步之路的战争。从本质上看，这是一场在坚不可摧的岩石上建立个人权利的战争，也是一场确立和恢复人的地位的战争。[112]

布思比和阿梅里都感受到，这才是一位真正的战时领袖的演说，而张伯伦的演说则不是。在接下来的8个月里，更多的人注意到了这一区别。战争开始一周后，张伯伦在契克斯庄园写信给艾达说："我希望的不是军事上的胜利——我非常怀疑是否有这种可能性——而是德国大后方的崩溃。"[113]对于一个率领英国参战的领导人来说，这很难说是一种正确的思维方式。

9月3日当天，最后一个人的演讲结束后，丘吉尔去了张伯伦那间位于议长席后面的办公室。有人，可能是戴维·马杰森，曾向张伯伦提出，丘吉尔“将是内阁中一个非常危险的成员，比起任由他在政策上来回晃悠（也就是说，作为一名没有实职的内阁大臣），给他一份工作会安全得多”。[114]因此，张伯伦向他提供了海军大臣的职位，同时出任战时内阁阁员。丘吉尔说，他“非常乐意”接受这个职位。尽管经历了达达尼尔海峡的失利，但是他在海军部任职的那段时期还是让海军大臣的职位成为他最明显的去向，加之第七代斯坦霍普伯爵，也是上议院的领袖，在海军部任职还不到一年，比起陆军部的莱斯利·霍尔-贝里沙或空军部的金斯利·伍德爵士，他的职位更方便被接替。斯坦霍普被任命为枢密院大臣，为丘吉尔让了路。

当然，丘吉尔对他被任命背后的这些算计一无所知。他后来写道：“我感到一种内心的平静，意识到自己超脱了人际关系和个人事务。老英格兰的光荣，尽管她热爱和平，准备也不充分，但一听到荣誉的召唤，她就立刻无畏起来。这使我激动不已，她似乎把我们的命运提升到了远离尘世和肉体感官的层面。”[115]回到车上，他对克莱门汀说：“是海军部，比我想的要好得多！”[116]温斯顿和克莱门汀与维克·奥利弗和萨拉夫妇及邓肯·桑迪斯和戴安娜夫妇在位于威斯敏斯特马沙姆街的奥利弗家共进午餐，他们用香槟庆祝“胜利”。[117]“没有人听从我的警告。”丘吉尔对维克说。维克觉得他“比我认识他以来的任何时候都要悲伤”——他所有可怕的预言都已成真。[118]他告诉海军部，他将于下午晚些时候到达办公室，于是理事会给各舰队发送信号说：“温斯顿回来了。”一些舰长，比如指挥“凯利号”驱逐舰的路易斯·蒙巴顿勋爵，感觉这真是一个鼓舞人心的消息；而另一些舰长更多地把它理解为一种警告，一颗能量火球即将向他们飞来。①

午饭后，丘吉尔在奥利弗家的床上平静地睡了午觉，下午5点他参加了新组成的战时内阁的第一次会议，成员包括张伯伦、哈利法克斯（外交大臣）、约翰·西蒙爵士（财政大臣）、金斯利·伍德爵士（空军大臣）、塞缪尔·霍尔（掌玺大臣）、查特菲尔德勋爵（国防协调大臣）、汉基勋爵（不管大

① 在英国海军部的信号记录册中没有发现这条信息，说明这一信号是非官方正式发送的。

臣）、莱斯利·霍尔-贝里沙（陆军大臣）和丘吉尔本人。当时的内阁并不是只有6人的紧凑战时内阁，而是至少有9人，平均年龄64岁——正是丘吉尔的年龄。除了丘吉尔，其余人都是彻底的绥靖主义者，而且没有一个人有重大战争所需的那种进攻欲望，也许除了霍尔-贝里沙。克劳福德勋爵告诉因斯基普，“关于丘吉尔获得海军军权的批评言论”已经在“卡尔顿俱乐部”和上议院广为流传。[119] 事实已经证明，大多数保守党人对希特勒的看法是大错特错的，但是这并不能减少他们对丘吉尔的敌意。事实上，这可能反而使情况变得更糟。

战时内阁第一次会议结束后，丘吉尔于下午6点前往海军部。《生活》杂志的一名摄影师在海军大臣正要进门前拍下了一张照片。他手里拿着雪茄、报纸和拐杖，两个红箱子和防毒面具放在脚边，一条长长的钥匙链几乎垂到膝盖，红箱子的钥匙就挂在上面。[120]（这些钥匙从未放错地方，因为在他的另一项个人发明中，他用一条长长的银链，绕过后背，穿过背带两侧，把钥匙串放进两个裤兜里。）[121] 他面带笑容。丘吉尔后来写道：“就这样，我又回到大约25年前我在痛苦和悲伤中离开的那个房间。我们必须再次为生命和荣誉而战，再次与作战勇敢、纪律严明但冷酷无情的德国人，与他们的疯狂与暴力做斗争。再一次！就是这样。”[122] 他在海军部待到第二天凌晨，一直在熟悉舰队的位置。他让人把北海的海图拿来，看到图他说：“我上次用的就是这些图。”[123] 他还要来一张他以前用过的八角桌，是办公室管理员制作的。

几天后，丘吉尔收到一封来自议会议员科林·桑顿·凯姆斯利的信，信是在军营写的。信上说：“我一直在尽我所能强烈地反对你，我只想说这些。你一再警告我们德国的危险，你是对的……请不要想着给我回信——你实在太忙了。在英国这个危险的时刻，我们都很高兴你能担任这个职务。”[124] 丘吉尔当然写了回信，接受了他的道歉，并补充说：“我当然认为，英国人从一开始就应该在这样一场痛苦的斗争中公平地对待彼此，对我而言，过去的已经过去了。”[125]

第19章

"温斯顿回来了"

（1939年9月—1940年5月）

无论是普通人还是国王，都需要在生命受到考验的时刻接受评判。勇气才是人类的首要品质，因为……它是其他品质的保障。

——丘吉尔在《伟大的同时代人》中评价西班牙国王阿方索十三世[1]

我当然是个个人主义者。如果你没有自我，那么还会有什么？

——丘吉尔致艾德礼，日期不详[2]

1939 年 9 月 3 日，星期日，丘吉尔成为英国海军大臣。英国皇家海军当时是世界上最大的海军，拥有 12 艘战列舰、6 艘航空母舰、56 艘轻型和重型巡洋舰以及 180 多艘驱逐舰。[3]但是，在他上次担任这一职务以来的 24 年里，海战的性质发生了巨大的变化。海军副参谋长威廉·詹姆斯上将后来写道："这是历史上的第一次，再也不会出现伟大的舰队在狭窄的海面上互相凝视，威风凛凛地投入战斗的局面。现在，彼此遭遇的会是高速行驶的舰船，其行动自由将受到飞机的严重制约。"[4]潜艇对英国海洋生命线的骚扰将会比第一次世界大战时更多——事实上，就在 9 月 3 日晚上，一艘从格拉斯哥到蒙特利尔的客运航班"雅典号"在途中遭到德国 U 型潜艇的鱼雷袭击，112 名乘客溺水而亡，其中包括 28 名美国人。这是美国宣布中立仅仅几个小时后发生的事情。

丘吉尔回到一个与他 1915 年离开时截然不同的海军部。他所组建的作战参谋部现在拥有庞大的作战和规划部门，由长期为这场战争做准备的军官组成。令海军上将詹姆斯印象深刻的是，丘吉尔对海战非常在行，尤其是在诸如组建搜索部队以追捕海洋上的德国突击队、设计舰船打击潜艇、在苏格兰和挪威之间设置水雷拦河坝、修改护航系统以及很多其他问题上，丘吉尔写下了大量的会议记录。[5]

丘吉尔立即撤销了必须按照《英德海军协议》建造所有巡洋舰的授权。在现有的能够对抗德国 8 英寸口径巡洋舰的舰船上，可以安装新的武器。几天后，他暂停了所有计划在 1942 年之前下水的战舰的建造工作，这样造船厂就可以集中精力建造驱逐舰，来对抗从 1940 年春天开始发展起来的 U 型潜艇的威胁。他要求减少驱逐舰的吨位以保持其灵活性，命令所有船只安装雷达，并像第一次世界大战时那样，要求所有商船都配备武器。[6] 为了给驱逐舰上的船员更多的休息时间，他还改变常规，取消了每次舰船受损都要接受强制军事法庭审讯的规定，他认为这阻碍了人们的主动性。

与 1911 年—1915 年一样，丘吉尔对海军的各个方面都感兴趣，不管它是多么微不足道。他的会议记录涉及各种各样的问题，包括销毁机密信息、在空袭中提供应急蜡烛、扫雷艇人员的服装装饰风格、每艘船上厚羊毛“粗呢大衣”“令人遗憾的”数量、水手们应该玩西洋双陆棋还是应该玩纸牌（他更喜欢玩西洋双陆棋，因为玩的时间要长一些），以及那些可能会堵塞“作战情报中心”通风道的垃圾清除问题。“作战情报中心”位于皇家骑兵卫队阅兵场一角的“城堡”附楼。他坚持让所有军衔的人在服役的每一个领域都有晋升为军官的机会。他对希特勒令人难以置信的早期职业生涯表示了肯定：“如果一个电报员可以晋升，为什么一个油漆匠不可以呢？很显然，在德国，油漆匠晋升也不难。”[7]

丘吉尔与第一海务大臣、海军上将达德利·庞德爵士相处得非常融洽，尽管庞德爵士曾在第一次世界大战中担任费舍尔勋爵的海军助理。在 6 月的阿尔巴尼亚危机期间，丘吉尔曾私下批评庞德对地中海舰队的部署，而在达达尼尔海峡溃败期间，庞德也曾近距离地看到过丘吉尔。然而，他们很快就建立了一种相互尊重的关系，并将其发展成一种强大的感情纽带。尽管如此，庞德还是保留了自己时不时拒绝丘吉尔提议的权威，不过只有在完全掌握了事实时他才有可能这样做。他总是称丘吉尔为“先生”，而不是“第一大臣”或者后来的“首相”。[8] 一位与他们密切合作过的同事回忆道：“庞德是如此沉着冷静，对激烈的话语能够充耳不闻，从不会陷入激烈的争论。是他的性情促成了和平。”[9] 丘吉尔已经从达达尼尔海峡的经历中吸取了教训，他欣赏庞德的冷静和坚强的性格。他后来说：“庞德的头脑在海军里是最聪明的，他也是最谨慎的。”[10] 有一位天生具有大胆进攻本能的第一海军大臣，再有一位小心谨慎的第一海务大臣，这绝非坏事。海军上将盖伊·格兰瑟姆爵士回忆起他们的工作方法时说：“第一海务大臣通常会同意温斯顿的提议。离开地图室后，庞德将和海军参谋人员一起制订作战计划，并发出必要的作战命令。他随时准备应对温斯顿对于任何调整变化的抱怨。”[11] 这是一种非常有效的文武关系体系，完全取决于丘吉尔和庞德之间的相互尊重。在他们开始合作 4 个月后，尽管丘吉尔进行了各种大大小小的干预，这位第一海务大臣还是写信给英国本土舰队总司令、海军上将查尔斯·福布斯爵士说：“我对 W. S. C. 钦佩不已。他的素质那么高，打击敌人的欲望又那么强烈，我觉得我们在拒绝他的任何建议时，都应该先想一想。”[12]

丘吉尔并不满足基于保护运输船队，维持对德国严密封锁理念的战争计划，而是一直在寻找向敌人开战的方式。战争刚开始三天，他就提出“凯瑟琳行动”，计划“强行开辟一条通往波罗的海的通道，在那里保持一支海军力量”。[13] 其目的就是要切断瑞典对德国的铁矿石供应，或许也可以影响中立的苏联的政策。为了让老旧战舰能够在斯卡格拉克海峡的狭窄水域服役，他想要改造这些战舰，加装大型反鱼雷舱，安装更坚固的装甲甲板以及更多的高射炮。

庞德并没有立即或直接反对这项极其危险的计划，而是要求海军上将科克、奥雷里伯爵与海军参谋部认真领会这一计划。随后，他又分阶段削弱了这一计划，坚持不让苏联参与其中，要求瑞典提供“积极合作”（他知道这永远不会实现），并指出冬季冰雪带来的危险，以及如果德国入侵丹麦，就可能切断波罗的海舰队的联系。他还提醒丘吉尔，舰队护航是多么需要驱逐舰的保护。[14]

丘吉尔在 12 月 11 日写给庞德的信中说：“摒弃进攻原则，把我们自己降低至保持开放沟通、保持封锁状态的地位，我永远不可能为这样一个海军战略负责。”庞德是如何通过仔细的专业分析，完全不需要使用“不”字，就可以让丘吉尔摆脱不切实际的计划，“凯瑟琳行动”为此提供了样本。[15]经过4个月的讨论，丘吉尔最终同意搁置该计划。他在自己的回忆录里指出，海军的各类高级官员，如海军副参谋长汤姆·菲利普斯，和第三海务大臣布鲁斯·弗雷泽都对该行动计划表示“强烈支持”，而事实上他们和庞德一样反对该计划，海军情报局局长约翰·戈弗雷少将也是如此。[16]

庞德在第一天把整理丘吉尔地图室的任务交给理查德·皮姆上尉时，就坦承：“这可不容易。”[17]果不其然，9月4日，丘吉尔只给了这位高大、聪明的阿尔斯特人48小时的时间，要让整个地图室就位。皮姆做到了，在可以俯瞰皇家骑兵卫队阅兵场的海军大臣老图书馆内，皮姆和他的团队在四周巨型的图板上用彩色别针标出了全球每一个重要的英国、盟国、轴心国或中立国舰船、潜艇和飞机中队的位置。“很好，很好，”丘吉尔第一次看到这间房时说，“但是地图得换掉。等你更了解我了你就会知道，我作画时只用柔和的色彩。灯光下这些强烈的色彩会让你我都头疼的。”[18]新地图就位了，还有一些特殊的照明设施和几条新增的电话线。只要墙上还有空余的地方，丘吉尔就会挂上自己的画。

一张图表显示了每个护航舰队的位置、速度、组成和目的地。丘吉尔还想知道所有护航指挥官的名字，以及他们所面对的天气情况。当收到大风警报时，纸板做的海豚就会被贴到图板上。[19]地图上还标明了船队的开航日期和货物的详细情况。英国航运大臣约翰·吉尔摩爵士曾在半夜接到丘吉尔的电话，他说：“我觉得，那些在河床上装货的船只现在应该已经启航了。请给我一份报告。”[20]当他看到一艘装载着7 000吨鸡蛋的大船在横渡大西洋时，他让皮姆去问农业部，一吨鸡蛋有多少颗？得到答案后他惊呼道：“你知道吗？那艘货船上的鸡蛋个数，是不列颠群岛总人口的一半！”[21]

丘吉尔每天早上7点都会穿着晨衣来到地图室，对头一天晚上的报告进行总结。他也经常会在白天回来，或是在那里开会，尤其是在危机期间，在睡觉前他会再来一次。有一次，丘吉尔发现皮姆手脚并用地在地板上画着一幅大地图，他的海军帽倒放在身边。丘吉尔从兜里掏出一枚6便士硬币，扔了进去。[22]

9 月，丘吉尔夫妇放弃了莫佩斯大厦的租约，搬进了海军大楼的最高两层。1911 年—1915 年，他们一直住在那里。他的一位私人秘书记录道：“可爱的客厅里摆放着古怪丑陋的海豚家具，一间内室里摆放着丘吉尔的办公桌，旁边的桌子上摆满了威士忌及其他酒的酒瓶。”办公桌上面有牙签、用来做镇纸的金质奖章、“数不清的药丸和粉末”，还有防止外套袖子弄脏的特殊袖口，有点儿像仆人擦拭银器时穿的套袖。[23] 布伦丹 · 布拉肯成为丘吉尔的议会私人秘书，他在威斯敏斯特耳目众多，这项工作他做得非常出色。“林德曼教授”成为免费的“海军大臣科学发展私人顾问”，并在附近的卡尔顿酒店租了房间，这样他就可以在晚饭后和丘吉尔一起工作，和他聊天到深夜。[24] 他在海军部设立了自己的统计部门，独立于其他部门向丘吉尔提供自己的数据。

在海军部期间，每个星期二晚上丘吉尔都会为 14 个人举办晚宴。他们总是以一种产于瑞典的牛奶宾治酒开餐，他的一名助手说：“这款酒作为‘派对开场酒’非常成功。”[25] 晚宴把大臣们、高级公务员和陆军委员会、空军委员会、海军委员会的成员以轻松的非正式气氛聚集在一起。

布拉肯把海军委员会副官 C. R.“汤米” · 汤普森中校介绍给丘吉尔。在达夫 · 库珀担任海军大臣时，丘吉尔在“魔女号”上就认识他了。汤普森已经 45 岁，几周后就要从现役名单中退出，准备退休了。他指挥潜艇已有 13 年，但没有得到提升，因为他曾于 20 世纪 30 年代初，在泰晤士河的浓雾中驾驶“奥伯龙号”冲上沙坝，滞留数小时。他后来说，他认为这是“发生在我身上最幸运的事情”，因为这意味着他将在整个战争期间作为丘吉尔的私人助理与他一起工作。他没有提供过任何政策建议，只是负责丘吉尔的日常生活，尤其是他多次海外旅行的后勤工作。因此，这些旅行的组织者往往都是汤米 · 汤普森，安保官员往往都是沃尔特 · 汤普森。

重返政府给丘吉尔提供了机会，去修补已遭破坏的关系，建立有价值的新关系。“温斯顿 · 丘吉尔来看过我，”国王在 9 月 5 日的日记中写道，“很高兴可以重新开始正常工作了。想要更多的驱逐舰。喜欢海军部的董事会。”[26] 丘吉尔与国王的关系得到稳步改善。国王原本并不信任他，一方面是因为退位危机，另一方面也是因为他所抨击的绥靖政策是国王全心全意支持的。关系的改善得益于丘吉尔的君主主义，即使在私下和非正式的谈话中，丘吉尔也称他为“我们高贵的国王”。[27]国王曾于1909年加入海军，并在日德兰战役中服役，因为这种共同的服役经历，他们开始试探性地建立起一种关系，这种关系最终变得与丘吉尔在公众生活中的任何其他关系一样牢固。不过在战争的第一年，国王在性情和政治观点上与哈利法克斯勋爵更接近，而哈利法克斯夫人是王后的侍女之一。

丘吉尔一上任，就开始定期给张伯伦写信，在头6周就写了13封，内容涉及战争的方方面面。作为战时内阁成员，他完全有权利这样做。张伯伦抱怨信的篇幅太长，并且说：“我当然知道他写这些信，是为了在他以后要写的那本书中进行引用。”[28]也许他说得并不全错，但那肯定不是他的主要目的。我们在几十封信中选取9月18日他写给张伯伦的信做个例子，信中他写到一个月生产2 000架战机所需要的平民数量；写到陆军在两年内应该达到55个师（而1918年时是90个）；他也在信中展示了如何通过“巧妙的对接”，确保炸药和钢材的供给不会与飞机生产相冲突。[29]

然而，丘吉尔作为海军大臣所建立的最重要的新关系，并不是由他自己主动发起的。1939年9月11日，富兰克林·罗斯福总统与丘吉尔开始了他们具有世界性历史意义的通信，美国也因此开通了与英国政府沟通的第二渠道。该渠道独立于张伯伦，但是张伯伦也完全知晓。“亲爱的丘吉尔，”总统在信的开头写道，“正是因为你和我在（第一次）世界大战中担任过相似的职务，我才想让你知道，我多么高兴你又回到了海军部……我想让你和首相知道的是，如果你愿意亲自与我联系任何你想让我知道的事情，我将随时欢迎。”[30]他在结束语中写道：“我很高兴你在这件事开始之前就写了几卷有关马尔伯勒的书——这些书我很喜欢读。”丘吉尔急切地抓住这个机会，选择了一点儿都不难猜到的“海军人”作为自己的代号。（成为首相后，他将其改为“前海军人员”。）在接下来的5年中，他给罗斯福发了1 161条信息，得到了788条回复，在罗斯福的余生中，他们平均两三天就会有一次这样的交流。近两年的书信友谊为他们在1941年8月历史性的会晤做好了准备。

9月11日，丘吉尔和查特菲尔德在“其他俱乐部”提议，为俱乐部另一位成员戈特勋爵干杯。戈特勋爵曾于1918年在诺德运河战役中赢得维多利亚十字勋章，此时他正要前往法国，指挥在战争刚爆发时被派往法国的英国远征军。他们还发了一封电报，对另一位成员扬·史末资将军表示祝贺。因为议会以80票对67票通过了南非加入战争中同盟国一方的决议，这样，史末资再次成为南非首相。如果南非没有加入同盟国——或者更糟的是，如果她像一些南非白人民族主义者希望的那样加入轴心国——印度和埃及为同盟国提供重要补给的可能性就不复存在了。[31]

那天晚上，特伦查德勋爵向俱乐部的其他成员提出，英国皇家空军应该从法国基地轰炸德国。轰炸机司令部司令、空军上将埃德加·勒德洛-休伊特爵士和舰队司令罗杰·凯斯爵士参加了讨论。在萨沃伊厅，一群人围在丘吉尔的餐桌旁，他们有着和张伯伦一样多的军事经验和资历，甚至更多。而张伯伦的经验都是从参谋长委员会那里得来的。在整个战争期间，这些在“其他俱乐部”举行的晚宴为丘吉尔提供了他能够充分利用的思想、论据和数据。

在战时内阁中，丘吉尔总是采取最激进的立场。在战争初期，内阁反对轰炸德国，他说他“不明白为什么可恶的德国鬼子鼾声如雷，我们却不可以去打扰他们”。[32]一旦讨论到了最合适的炸弹尺寸，他就提出想要尽可能大的炸弹，否则，就像他说的，英国皇家空军“大可以投下烤栗子”。[33]英国皇家空军竟然因为黑森林地区拥有多处私人财产，而被阻止对该地区实行轰炸。“假战”的荒谬就此达到高潮。所谓“假战”，就是指战争开始后8个月，英国和德国之间还没有发生任何陆地战。[34]张伯伦在9月17日的评语是：“到目前为止，我还不能说W.C.对我们特别有帮助，但是当然，如果让他留在外面不进入政府，他肯定会成为我们最大的麻烦。”[35]两天后，丘吉尔第一次提出从美国人手中购买20艘老驱逐舰的可能性，并要求在战争期间从德瓦莱拉手中夺回贝列黑文港。他还想通过侵犯中立国挪威的主权铺设雷区，来阻止铁矿石从纳维克运往德国。这些雷区将迫使德国船只离开挪威领海，驶向公海。内阁和外交部的反对最终意味着直到1940年4月挪威才开始布雷，直到1940年9月来自美国的驱逐舰才开到英国，而贝列黑文港此后再也没有获得拯救英国水手生命的机会。[36]

9月14日，奇普斯·夏侬在日记中写道："我听说温斯顿对海军部工作的各种干涉和他的超人精力已经让海军部发狂了。"[37] 丘吉尔在离开办公室时会在会议记录和备忘录上附上三个等级的标签，一个要求"今天行动"，另一个要求"三天内报告"，还有一个要求"尽快报告"。[38] 汤米·汤普森指出，第二种和第三种标签很少使用，很快就不再流通了。"今天行动"的标签是红色的，拿到标签的人立即就会行动起来。商船建造商詹姆斯·利思戈爵士从丘吉尔的办公室悄悄拿出来一些标签，他"对这些标签的效果感到欢欣鼓舞"，不过很快他就被发现了，不得不归还剩下的标签。[39] 10月18日上午，丘吉尔的下属，海军部副大臣杰弗里·莎士比亚爵士来到他的办公室，发现办公桌上有一份会议记录，贴着"今日行动"的标签，上面写着："我对鱼类的短缺感到担忧……我们必须制定一个'鱼量最大化'政策。议会秘书将于午夜之前向我汇报其提案。W. S .C."。[40]

莎士比亚与农业部一起，组织召开了一场由来自赫尔、格里姆斯比和其他地方的拖网渔船船主参加的会议，与会的海军代表将解释如何保护他们免受U型潜艇的伤害。一个新的渔业促进委员会成立了，权力巨大的交通总工会秘书长欧内斯特·贝文被邀请到海军部，以帮助促进"鱼量最大化"政策的实施。丘吉尔对他说："我们必须像对付U型潜艇一样为这部分粮食的供应而战。"[41] 1月，丘吉尔向贝文要了一份他在交通研究所发表的演讲副本，该演讲主张在战争期间实行单一交通权力机构。丘吉尔和贝文有着完全不同的背景以及不同的利益，在大罢工期间自然会站在对立方，但他们对彼此的钦佩是直接的，也是真诚的。

丘吉尔很幸运，从9月3日战争开始的那一刻起，他所领导的海军是唯一处于全面战争状态的军队。陆军仍然驻扎在法比边境，而英国皇家空军则忙于在德国上空投放宣传单。1939年9月之后的8个月虽然被称为"假战"和"无聊战"，但是从海上来说，这场战争却没有任何虚假或无聊的成分。

第一个跨大西洋的护航队于9月6日启航。丘吉尔和海军部从第一次世界大战中吸取了教训：商船在军舰的掩护下航行才是最安全的物资运输模式。这些护航编队的战舰，最好使用“群猎编组”，来执行搜索和摧毁U型潜艇的任务。不过，护航绝不是生存的绝对保证：9月17日，英国6艘航空母舰之一，载有52架飞机的无畏号，尽管由4艘驱逐舰护航，还是在爱尔兰西部被一艘U型潜艇击沉。丘吉尔错误地认为，声呐系统的发明可以消除潜艇的威胁。[42] 不过，他是个学东西很快的人，不久他就告诉同事们，他从一艘U型潜艇的幸存者那里收集到的信息表明：“我们的深水炸弹将要投放到更深的地方。”[43]

丘吉尔的精力确实惊人。我们几乎是随机抽取了这期间的一天时间：1939年9月21日，星期四。这一天，丘吉尔说服战时内阁批准进一步建设20万吨船舶，“心里的想法却是保持至少110万吨的年产量总值”；参加了防空方面的讨论并发言；参观了朴次茅斯及其周围的海军设施；写了11封信，其中包括写给张伯伦的关于战时内阁的一封，写给庞德的关于改善航空母舰和鱼雷网的一封，写给菲利普斯的关于在激流中布雷，以及从空中投放磁性水雷的一封，写给海军上将利特尔的关于斯卡帕湾一艘影院舰船的一封，写给第四海务大臣杰弗里·阿布斯诺少将的关于地下储油量的一封，写给海军部常任秘书阿奇博尔德·卡特的关于“雅典号”沉没的一封，以及写给其他人的关于停泊在德国袭击范围内的舰船的一些信函。[44] 在大多数日子里，丘吉尔产生的想法与夏侬提到的“干扰”的数量差不多。

9月26日，丘吉尔进行了自己10年来的第一次任职工作演讲。张伯伦在他之前发言，哈罗德·尼科尔森在首相讲话时做了记录。“人们感到下议院的信心和精神在一寸一寸地下降。在他坐下时，他几乎没有听到掌声。在整个演讲过程中，温斯顿·丘吉尔弓着背坐在他旁边。他只是坐在那里，弯腰驼背，窝着身子。之后他站了起来，准备发言。迎接他的是来自所有议会席位上的欢呼声。他开始告诉我们有关海军的情况。”他以一个玩笑①开始了自己的演讲。他说自己在海军部的同一间屋子里，面对着同样的海图，面对着同样的敌人，处理着同样的问题，这是多么奇怪的事情。他咧嘴笑着，

① 《议会议事录》中没有记录。

低头看了张伯伦一眼，然后说："我不知道我的命运怎么会发生这种奇怪的变化。"[45] 尼科尔森记录道："全场哄堂大笑，而张伯伦甚至没有露出一点儿礼貌的微笑。他看起来那么闷闷不乐"。[①][46] 丘吉尔此后在议会中一系列近乎完美的表现，展现了他作为张伯伦接班人的勇气。而这次演讲就是其中的第一次。

尼科尔森当然是一名铁杆的反张伯伦人士，但即使是张伯伦最大的支持者之一，奇普斯·夏侬也对丘吉尔的演讲表示了钦佩："首相和以往一样发表了严正声明，不幸的是，紧随其后的是温斯顿，他详细地描述海军部的工作，进行了一次精彩的表演和阐述。他逗得大家很开心，也给大家留下了深刻印象……他为这次演讲一定没少下功夫，人们注意到，这与首相平淡无味的讲话形成鲜明的对比。"[47] 丘吉尔 40 多年来的批评者克劳福德勋爵注意到，在格里列夫斯俱乐部，也就是丘吉尔在野时大臣们远离他一起聚会的地方，现在，"所有人都赞赏丘吉尔关于海军形势的热情演讲——信息丰富、坚定果敢、充满希望。这正是下议院急需补充的养分，也是对张伯伦缺乏明暗对比的生硬总结的一种真正衬托。丘吉尔想要擦亮张伯伦的眼睛，我想他一定是兴致勃勃地这样做的。"[48] 丘吉尔为这次演讲确实下了不少功夫，但他也是这样对待自己此后所有演讲：一遍遍重写，一次次练习。

丘吉尔叙述了各种交战模式，并且把已经开始的 U 型潜艇战争描述为"一场艰苦、痛苦，且波及广泛的战争，一场摸索的战争，一场击沉与溺水的战争，一场伏击和计谋的战争，一场科学和航海技术的战争"。[49] 正如尼科尔森记录的：

> 他的演讲真是太棒了，一会儿听起来如此忧心忡忡，一会儿听起来又如此轻松愉快，一会听起来坚定果敢，一会儿听起来又稚气纯真。整个议会的精神都在随着他演讲的每一个字升华。很明显，首相能力不足和缺乏灵感，即使在他那些最热心的支持者

---

① 布拉肯给张伯伦起绰号为"验尸官"并不是完全没有道理，实业家鲍德温的绰号是"五金商"。

那里，也已经得到了证实。在那20分钟里，丘吉尔把自己带到比以往任何时候都更接近首相职位的地方。等随后到了大厅里，甚至连张伯伦的支持者也在说：“我们现在找到我们的领袖了。”那些老牌议员承认，他们这一辈子还从未遇到过这样的情况，一次演讲就能够让下议院的氛围发生如此改变。[50]

在丘吉尔成为首相之前，他必须看起来像个首相，在接下来的8个月里，他在一系列这样的演讲中做到了这一点。他的主要竞争对手哈利法克斯勋爵既不是下议院议员，也不是演说家。如果像许多人怀疑的那样，马杰森坚持把海军部交给丘吉尔，是因为“必须让一个能够占据他所有时间的部门‘羁绊’他”，其结果却出人意料、完全相反。丘吉尔现在获得了就生死攸关的问题发表振奋人心的演讲之自由，这些演讲经常目标明确、幽默风趣，让其他对手黯然失色。[51]（他在9月的讲话中删去了一句俏皮话，因为显得太轻率了。他本来想说：“我们的几艘驱逐舰开始与那艘潜艇交战，此后我们再看到那艘潜艇，就只剩下水面上的一大片油污和漂到水面上写着我的姓名首字母的一扇门板了。”）[52]

1938年年末，约翰·里斯离开BBC，现在没有什么能阻止丘吉尔做广播了。10月1日，丘吉尔在关于战争的第一次广播中说：“英勇的华沙保卫战表明，波兰的灵魂坚不可摧，她将像一块岩石重新立起来，可能会被潮水淹没一段时间，但她仍然是一块岩石。”[53]“苏联奉行的是利己主义的冷酷政策，”丘吉尔说，并坦率地承认，“我无法为大家预测苏联的行动。她是一个藏匿在迷宫里的神秘的谜，但也许是有谜底的。这个谜底就是苏联的国家利益。德国如果在黑海沿岸建立自己的基地，或者占领巴尔干各国并征服东南欧的斯拉夫民族，那将不符合苏联的内部利益或安全，也将违背苏联的民族利益和历史责任。”[54]他承诺，只要希特勒“和他那个手上沾满了鲜血，骨子里渗透着腐败的邪恶群体，还能够控制住温顺而不幸的德国人民，战争就会持续下去”。后来，他的老朋友埃蒂，也就是德斯伯勒夫人，写信给他，说他的广播节目是“一块让我们的心为之振奋的试金石，你让我觉得所有那些最重要的东西都是不可征服的，它们就在某个地方安静地庇护着我们——把我们所有人团结在一起”。[55] 她在第一次世界大战中失去两个儿子，但是丘吉尔的话语让她感觉力量倍增。数以百万计的英国人那天晚上 9 点在酒吧或家里打开收音机收听新闻广播，他们也都感受到了这种力量。他的讲话让听众心中充满了战斗的精神，而张伯伦那种虽然有价值却毫无英雄色彩的措辞，是完全不可能做到这一点的。

第二天晚上，国王在自己的广播演讲中称赞了丘吉尔。正如他在日记中记录的：“当我提出问题，我们是否应该帮助德国阻止布尔什维克主义进入德国时，他说纳粹主义和布尔什维克主义没什么两样，几乎没有选择的余地。”[56] 很不寻常的是，当英国与纳粹德国真正开战后，丘吉尔又不得不向国王解释，布尔什维克主义并不是两者中那个更大的威胁。这并不是他们就这个问题进行的唯一讨论。乍一看，丘吉尔对苏联的态度在不同时间似乎完全不一致。[57] 一开始，在 1915 年，他支持俄国通过达达尼尔海峡，之后就宣布了对布尔什维克的深刻敌意；然后到 30 年代末，他又提倡与苏联结盟，1939—1940 年，他又在芬兰与苏联的战争中支持芬兰，反对苏联；1941 年，他一夜之间就让英国与苏联结为盟军；1946 年，他又开始指责苏联，直到 50 年代才再次与其寻求和解。他在下议院两次背叛自己的政党，对苏联的立场改变了不下 6 次。这并不应该被解释为人们常说的缺乏连贯性，而是他考虑到了大英帝国在不同阶段的“民族利益和历史责任”。

10 月 3 日，在艾登团队于“卡尔顿俱乐部”举行的晚宴上，华尔道夫 · 阿斯特说，丘吉尔必须成为首相。哈罗德 · 尼科尔森随后表示，如果张伯伦拒绝希特勒可能提出的和平请求，“真正的战争就开始了。公众的愤怒将爆发，成立联合政府将不可避免。很显然，没有一个反对党领导人会同意加入由张伯伦、西蒙和霍尔组成的内阁，因此这三个人最终差不多会自动下台”。[58] 达夫 · 库珀和利奥 · 阿梅里补充说，不能再浪费时间了。

很多人认为，1940 年 5 月，丘吉尔在反绥靖主义者没有进行任何事先安排的情况下获得首相之位，纯粹得益于运气和环境的神奇结合。议员和其他一些有影响的人物之间的这种讨论，彻底颠覆了这种看法。[59] 事实上，在丘吉尔最终成为首相之前，保守党和联合政府的反叛者对这件事已经讨论了整整 7 个月。在亲艾登派的一次聚会上，丘吉尔的名字比他们自己的领袖更引人注目——到目前为止，在英联邦自治领大臣这样一个较低的职位上，这位领袖还没有发表过任何鼓舞人心的演讲。

28 岁的伦道夫在战争爆发时加入轻骑兵第四团，1939 年 10 月 4 日，他在圣约翰史密斯广场迎娶了帕梅拉·迪格比，第十一代迪格比男爵漂亮开朗的女儿。婚礼后，一个 60 人的自助午餐会在海军大厦举行。当有人提出伦道夫会不会没钱结婚时，丘吉尔反驳道："他们需要什么？雪茄、香槟和一张双人床。"[60] 新郎的父亲到达教堂时，现场所有人都为他欢呼起来。这根本不是英国人的习俗，只不过是他三天前刚刚做了一次激动人心的广播。据其中一位名为莫德·罗素的客人讲，丘吉尔"在婚礼仪式上哭了很多次"。[61] 她还这样恶意地记录了伦道夫："他肯定要结婚，我一点儿都不怀疑。因为他认为温斯顿必须有个孙子，现在时机正好。在过去的几个月里，他向四五个女人求过婚。"伦道夫在自己要去国外执行长期任务之前娶了 19 岁的帕梅拉，这个决定真是个错误。他也许已经准备好要安顿下来，但她肯定没有。

两天后，麦斯基接到晚上 10 点到海军部参加会议的通知。他写道："在英国，这个时间接见大使可谓不同寻常，不过现在的情况本身就不同寻常，更何况约见我的人本身也很不寻常！"[62] 他注意到丘吉尔办公室的墙上挂满了各式各样的地图，覆盖了全世界的各个角落，上面画满了层层叠叠的海上线路。"天花板上挂着一盏灯罩很宽的灯，灯光很暗、很柔和，令人感觉非常愉快。"①[63] 丘吉尔说他"很乐意就我在 25 年后重返这个房间的奇特浪漫经历进行一些哲学思考——如果不是手头上还有一项摧毁敌人舰船和生命的可怕任务"。[64]

他们讨论了希特勒当天在国会大厦宣布（正像艾登团队所预期的那样）的关于和平条件的声明。希特勒三次提到丘吉尔的名字——"然而，如果丘吉尔先生和他的追随者的意见占了上风，"元首在这份声明中表示，"本声明将会是我的最后声明。"——声明中一次也没有提到张伯伦。希特勒提出，

① 那盏灯 1911—1915 年时就在那里，后来被移走，丘吉尔回来时又被换回来。

和平的前提条件是允许他保留波兰和捷克斯洛伐克的被占领土，归还德国的殖民地，这样英国就可以保住自己的帝国。当麦斯基提到这些条件时，丘吉尔“猛然站了起来，开始在房间里踱来踱去”。他说：“就我个人而言，我绝对不可能接受这些条件。这是征服者的条件！但是我们还没有被征服！不，不，我们还没有被征服！……我的一些保守党朋友建议选择和平，他们担心德国会在战争过程中变成布尔什维克，但我本人支持战争到底。希特勒必须被消灭，纳粹主义必须被彻底粉碎。让德国变成布尔什维克吧，这吓不倒我。共产主义比纳粹主义好。”[65]

即使是在这种情况下，面对苏联大使，丘吉尔接下来还是表达了他对共产主义的反感，但他也准备好要强硬且务实。他告诉麦斯基，英国和苏联的利益“不会在任何地方发生冲突”。[66] 1939 年 10 月，苏联强迫波罗的海当时独立的三个国家，即立陶宛、拉脱维亚和爱沙尼亚，在其领土上接受红军基地，并于次年 5 月和 6 月占领并兼并这些国家。“从本质上讲，”丘吉尔说，“苏联政府在波罗的海的最新行动符合英国的利益，因为这削弱了希特勒潜在的领土发展格局。如果波罗的海国家不得不失去独立，那么把她们并入苏联的国家体系比并入德国要好。”[67] 他不可能知道，此后的半个世纪，波罗的海诸国都会归入苏联。但是，这种对苏联的过分热情是战争带来的一种临时的权宜之计，这样，丘吉尔就可以确保英国永远不会承认苏联对这些国家的吞并，保护好波罗的海国家在伦敦的黄金，并允许被吞并的国家继续获得外交认可。

10 月 9 日，国王记录下一个疲惫不堪、打着呵欠的丘吉尔，“忙着起草（张伯伦）给希特勒的答复。他想要给出一个（比外交部提议的）严厉得多的答复，但是我说，在这个阶段一定要敞开大门。希特勒不可能总是像在自己国家里那样随心所欲。温斯顿是个很难交谈的人，但我希望有一天我会掌握与他交谈的技巧”。[68] 丘吉尔想要确保战时内阁拒绝希特勒的任何和平提议，而哈利法克斯认为“谈判不是完全不可能的”，难怪国王会觉得谈话很难进行。[69]

尽管外交部副大臣拉博·巴特勒尽了最大的努力，想“让大门稍稍打开”，10 月 12 日，张伯伦最终还是宣布，彻底拒绝希特勒的和平提议。[70]

夏依是巴特勒的议会私人秘书，也是他的密友，他注意到丘吉尔“坐在他对面（政府的长椅席位上没有地方放他那巴洛克式的气势恢宏的臀部），也加入欢呼的队伍”。[71]就在同一天，预料到德国的侵略会变本加厉，丘吉尔给庞德写了一份会议记录，并警告说：“接下来的几天充满危险。”果不其然，10月14日上午12点58分，当“皇家橡树号”战舰在奥克尼群岛斯卡帕流的皇家海军基地抛锚时，被鱼雷击中，833人溺水而亡。丘吉尔将英国国防的薄弱归咎于财政上的吝啬，正如他将驱逐舰的数量之少归因于约翰·西蒙爵士担任财政大臣时过度节约的政策一样。[72]

“对温斯顿来说，这简直就是一记重击，”汤普森警官回忆道，“在那些阴郁的日子里，我不止一次听到他低声说：‘要是他们早几年注意到我，就不会发生这种事了。’”[73]就在前一天，丘吉尔还写了一份公报，说13日恰逢星期五，对德国潜艇来说很不吉利。现在看来，那是多么狂妄自大、荒谬可笑啊。[74]（丘吉尔很迷信，他告诉助手，战舰被击沉的那天，他“误戴了黑色领带，而不是他通常戴的波点领带”，他觉得这件事肯定起了“很大作用”。）[75]“可怜的人们，可怜的人们，”丘吉尔对给他带来“皇家橡树号”消息的军官说，“被困在黑色的深渊。”玛丽回忆说，她父亲“为失去的生命感到非常悲痛。他意识到这一切意味着什么，战舰的损失，人员的损失”。[76]丘吉尔用了近一个月的时间——在这一个月里，皇家海军“贝尔法斯特号”①和“尼尔森号”的航线已被布雷——才说服海军部击沉斯卡帕湾（至今仍在原位）的封锁舰艇，安装高射炮，铺设新的反鱼雷网，以加强那里的防御。（有一次去斯卡帕湾参观时，他安排人把食物从仿真战列舰和航空母舰上扔出来，这样海鸥就会围着食物飞行，他们就可以对德国进行逼真的模拟侦察。）[77]丘吉尔曾对霍尔-贝里沙提出这样的建议：“永远要用自己的眼睛亲自看看。你一旦看到某样东西正在运行，你就知道它是怎么运行的了。”[78]

对张伯伦来说，“皇家橡树号”的命运给他带来一个突然的、迟来的，但很快又消散了的自我实现的时刻。10月15日，他对艾达说：“我多么憎恨

① 当时停泊在泰晤士河上。

这场战争。我从来就不是做战时首相的料，一想到那些随着‘皇家橡树号’被毁掉的家庭，我就真想把我的责任移交给别人。”[79] 他想到的“别人”是哈利法克斯勋爵，英国政府中少数几个比他更不具备战斗意志的成员之一，一直在敦促战时内阁采取行动的人实际上是丘吉尔。10 月底，他警告战时内阁成员，“决定性行动很可能会开始”于春季，并呼吁在那之前应该让尽可能多的部队准备就位。[80] 他还想“调查德国登陆的可能性，尤其是现在，黑夜变得越来越长了”。因斯基普对此抱怨说，他“总是富于想象力”。[81] 11 月，丘吉尔发起了“皇家海军陆战队行动”，计划在莫泽尔河和其他注入莱茵河的法国河流上布设数千个水雷。他希望这一计划可以毁掉德国的桥梁，并中断其河流交通。[82] 其他的水上炸弹将由飞机投放到鲁尔河。（丘吉尔在与空军准将约翰 · 斯莱梭尔讨论此事时说：“这是一个难得的快乐时刻，像你我这样受人尊敬的人，也只有在这样的时候才能享受到爱尔兰共和军通常才能享受的快乐。”）[83] 这一想法在外交部遭到强烈反对，也“震惊”了达拉第和甘默林，他们担心这样做会吸引德国报复法国。[84] 劳合 · 乔治选择在这一刻发表演讲支持和平谈判。“我不知道劳合 · 乔治在想什么，”丘吉尔恼怒地对记者 W. P. 克罗泽说：“看在上帝的分儿上，现在不是软弱的时候，现在的软弱只能带来彻底的失败。”[85]

11 月 13 日，麦斯基与丘吉尔和布拉肯在威斯敏斯特的勋爵北街 8 号，布拉肯的家中共进午餐。“从外面看，这是一座非常简朴的小房子，”这位大使记录道，“从里面看，这是一所布置得极好的现代化公寓，非常适合资产阶级知识分子的代表人物。”[86] 丘吉尔参加完战时内阁会议后姗姗来迟，但是“状态良好，精神抖擞，很显年轻，精力充沛，步伐矫健轻快”。他一边点着雪茄，一边对麦斯基说：“你们和德国的互不侵犯条约引发了战争，但我对你们没有怀恨在心，我甚至更高兴。很长一段时间以来，我一直认为与德国开战是必要的。如果没有你们的协议，我们就会犹豫不决，把事情拖下去，一直拖到我们不可能再赢得战争的地步。我们一定会赢得胜利的，尽管我们将为此付出高昂的代价。”[87] 麦斯基这样总结了丘吉尔所说的话：“在和平时期，英国人看起来常常更像希腊神话里娇生惯养、贪图享乐的锡巴里斯人，但是在战争时期和极端时期，他们会变成凶恶的斗牛犬，把猎物死死地抓在手中。”[88]

11月23日，了解到反磁性水雷研究所取得的成果将为此次战争带来重大突破，丘吉尔兴奋不已。一架德国飞机将一颗磁性水雷投到泰晤士河口以北的舒伯里内斯的泥滩上，水雷没有爆炸，在退潮时清晰可见。从“其他俱乐部”的宴会上回来后，他立即召集海军部所有官员，以及各个部门及分支机构的80~100位主任开会，听取海军少校罗杰·刘易斯当天早些时候在涨潮的时候，用锤子、螺丝刀和小折刀拆除水雷的整个故事。“我们得到了奖励。”丘吉尔对兴高采烈的听众说。这次截获德国水雷所获得的知识，使英国海军学会通过在舰船周围放置一圈铜缆给船只消磁，来躲避磁性水雷。[89]有人问刘易斯：“你当时害怕吗?”庞德插话说，这个问题不值得向皇家海军军官提出：“害怕吗？他当然不害怕！”

12月13日，“鲑鱼号”潜艇的船长爱德华·比克福德少校在同一天，用鱼雷击沉了德国的两艘巡洋舰，“纽伦堡号”和“莱比锡号”。为此，丘吉尔立即授予他一枚杰出服役勋章，并提拔他为中校。他们成了朋友，丘吉尔经常邀请这位30岁的水兵在休假时到他的海军部共进晚餐。1940年上半年，丘吉尔的家人注意到，英俊且新婚的比克福德看起来是那么疲惫憔悴，丘吉尔想让他停止作战行动，休息一段时间，但比克福德说他不能抛弃他的同船伙伴。[90]1940年7月9日，“鲑鱼号”在挪威西南部的一个德国雷区遭遇袭击，全体船员遇难。又一个年轻的帕拉丁圣骑士死去了。玛丽在日记中写道：“我很难想象他已经不存在了，他的尸体在某个地方被冰冷的海浪冲刷腐烂。”[91]

9月17日，苏联根据《莫洛托夫-里宾特洛甫协定》中的秘密条款，从东部入侵波兰，并迅速粉碎了任何抵抗，俘虏了大批波兰士兵。到了10月中旬，西欧仍没有采取任何陆军军事行动，主要行动都在海上，皇家海军试图击沉在大西洋上袭击盟军舰船的德国战舰。在1939年12月中旬的大西洋普拉特河口之战期间，在亨利·哈伍德准将的3艘巡洋舰“阿贾克斯号”、“阿喀琉斯号”和“埃克塞特号”与德国小型战列舰“施佩伯爵号”（丘吉尔把“施佩”念成“施皮”）交战时，丘吉尔几乎没有离开过地图室。12月17日，他收听了一个美国目击证人电台对“格拉夫·斯佩号”逃离乌拉圭首都蒙得维的亚的报道。他希望根据他通过无线电听到的报道给哈伍德下达命令，而不是经过长达 6 小时，等信号通过福克兰群岛、塞拉列夫、直布罗陀的电台网络进行中继后，经过白厅最终解码，再接受这些信号。庞德坚定地对他说，他不能在美国无线广播的基础上下令对英国皇家海军舰艇进行部署，必须将决定权留给在现场的人。[92]“格拉夫·斯佩号”被击沉后，丘吉尔将哈伍德提拔为海军少将，并授予他爵士头衔。

“埃克塞特号”返航给丘吉尔提供了一个绝佳的机会，让他得以将自己的功绩载入英国的历史长河。他前往普利茅斯对全体船员发表了讲话：

> 今天早上你们来到河边，当你们驶入港湾，看到两岸欢呼的人群时，人们几乎就可以认定，在过去那茫茫的阴影中，还有清醒的旁观者，是他们把我们带回德雷克与罗利的时代，带回古时候的那个老水手时代。如果他们的灵魂流连忘返，迷恋眼前的这一幕，你们就可以对他们说：“我们，你们的后代，仍然在打仗，从没有忘记你们教会我们的那一切。”[93]

哈罗公学一首校歌的名字，就是《当罗利站起来的时候》。

丘吉尔当然也看到，“过去那茫茫的阴影”也正在看着他本人。次年 2 月，在与“埃克塞特号”和“阿贾克斯号”的船员在市政厅共进午餐时（“阿喀琉斯号”还在海上），丘吉尔继续谈到他的历史主题：“过去的战斗英雄们可能会俯视我们，就像纳尔逊的纪念碑正在俯视我们一样，并没有觉得岛上的这个种族已经失去勇气，也没有觉得他们千百年来所树立的榜样，已经随着代代相传而褪色。”[94]哈伍德在进攻中说过“英格兰希望每个人都能尽到自己的责任”的话，这是纳尔逊在特拉法加战役中发出的信号。丘吉尔宣布：“我们所遭遇的任何新情况，各级官兵的各种表现，以及所有的最终结果，都会是非常值得的。”[95]几十个水手围着丘吉尔，令沃尔特·汤普森感到担心，他后来写道：“那些靠近温斯顿的孩子正在使劲儿摇晃着他的胳膊，还态度坦诚地捶着他的背。丘吉尔先生很结实，但他已不再年轻，有些男孩儿在拍打他时真的下手很重。我看见他皱了一两次眉头，但还是很高兴地接受了这一切，咧嘴大笑着。”[96]

苏联11月30日袭击了芬兰。这促使丘吉尔再次敦促英国和法国一起，通过占领位于瑞典的加利瓦尔铁矿石场，以及挪威的纳尔维克港，来切断德国的铁矿石供应。在波的尼亚湾结冰的冬季，这些铁矿石就是从挪威的港口出口到德国的。他敦促内阁，至少要允许海军在纳尔维克附近的海域布雷。内阁在哈利法克斯的领导下，于12月16日决定反对这一违反两个中立国主权的行为。丘吉尔的回答寻求了道德而不是法律的帮助。他说："最后的裁决来自我们自己的良心。"

> 我们正在为重建法治和保护小国的自由而奋斗。我们的失败将意味着野蛮暴力时代的到来，这一失败不仅对我们自己，而且对欧洲每一个小国的独立生存都将是致命的……在我们为小国的权利和自由而奋斗时，绝不能反被她们束缚了手脚。在极为紧急的情况下，法律条文绝不能阻挡那些负责保护和执行法律条文的人……我们必须以人性为指导，而不是以合法性为指导。[97]

内阁再次拒绝了他。

然而，这样的挫折在内阁中从未打败过丘吉尔。莱斯利·霍尔-贝里沙后来声称，丘吉尔在政治上的成功，部分是由于他对待会议的方式与其他政客完全不同。"在他加入内阁或委员会的会议时，他就已经知道自己想要做什么，他已经有了一个计划、一个打算、一个解决方案。对他来说，只在别人归纳他们的观点时耐心地倾听是不行的，他要主动提出自己的建议，让别人支持，或者，他们如果愿意，就让他们反对。"[98]丘吉尔一直都能确保政策讨论围绕他自己的议程和提议展开。他还大量使用图表、统计表格和地图来调动观众的视觉想象力。霍尔-贝里沙说："如果他在一场辩论中不能取胜，他可能会提议将会议推迟到另一天，届时他将再次出现，并提供新的、更有分量的证据、事实和信息，再次发起攻击。"[99]会议的最终目的就是促进他的议程，并挫败竞争对手的议程，而不是在充分考虑所有方案后得出客观的结论。

1月16日，国王告诉首相，丘吉尔阻止铁矿石离开纳尔维克的计划，

“是在尽情地享受第二个达达尼尔海战，他同意了我的看法”。[100]然而4天后，最高战争委员会（成立于1939年9月，负责协调英法两国的军事行动，其成员还来自法国最高统帅部）却来了个大转弯，同意在3月20日派兵登陆纳尔维克港，占领加利瓦尔铁矿石场，之后东移，帮助芬兰抵抗苏联。要想征求瑞典和挪威两国的同意，也只能通过不可抗力了。尽管伦敦的最高领导层一直疑虑重重，但是丘吉尔的计划还是正常启动了。

那天晚上，他对中立国进行了一次广播，内容极具争议性，在英国政府和白厅的一些部门，尤其是外交部，非常不受欢迎。他认为，由于地理原因，波罗的海诸国实际上是无法与苏联抗衡的，而芬兰可以。他赞扬了芬兰对苏联的抵抗：“只有芬兰，卓尔不群的芬兰，不，是崇高伟大的芬兰，才能在危险的边缘，向我们展示一个自由的人能做些什么。芬兰对人类的贡献是巨大的……”[101]芬兰的抵抗明显改变了他对麦斯基所说的关于英国和苏联结盟的看法。对于中立国，丘吉尔对她们的态度总是介于对待装病者和彻头彻尾的懦夫之间。他说：“每个人都觉得，只要他喂给鳄鱼足够的食物，鳄鱼就会选择最后吃他。他们都盼望着风暴赶紧过去，能够躲过自己被吞噬的劫难。但是我担心，我真的担心——暴风雨不会过去，它会愤怒，会咆哮，吼声越来越大，范围越来越广。”[102]

这次讲话让哈利法克斯非常生气，他告诉张伯伦，这让他与中立国的关系倒退了三个月，造成了“无法估量的伤害”。[103]他写了一张字条在内阁递给了丘吉尔，结果丘吉尔回信说：“叫我不要讲话，就像叫蜈蚣走路时脚不要着地一样。”[104]张伯伦强迫丘吉尔向哈利法克斯道歉，因为唐宁街10号和内阁还没有公开与这条“鳄鱼”路线划清界限。首相告诉艾达：“这是我们不得不为我们的温斯顿付出的一个沉重代价。那些被他的广播弄得耳朵发痒的媚俗之人就不会停下来思考一下，他们所获得的满足感，当然也是我们私下里感受到并说出来的满足感，如果公开说出来，是不是代价太高了。”[105]当然，有多少瑞士人、爱尔兰人、比利时人或瑞典人听到广播后决定支持盟军，那几乎是无法量化的。“爸爸的广播棒极了，”玛丽在日记中写道，“有这样一位伟大的父亲，我感觉既骄傲又卑微。”[106]

尽管有人抱怨说中立国受到了冒犯，但是通过这次演说，丘吉尔再次向英国人民如此清晰地表明了自己对待这场战争的态度。他欣然承认:“我们确实面临着数字上的劣势，但这在我们的历史上并不罕见。很少有战争仅仅靠数字取胜。品质、意志力、地理上的优势、自然资源与财务资源、对海洋的控制，以及最重要的一条，在千百万民众心中唤起让人类精神进一步升华的决心，这一切都已被证明是决定人类历史走向的重要因素。”[107] 接下来他展望了战争的最终结果:“让华沙、布拉格和维也纳这些大城市在痛苦中驱散绝望吧！他们的解放是肯定的。总有一天，欢乐的钟声将在整个欧洲再次响起，战胜国不仅会成为敌人的主人，而且会成为自己的主人。他们将按照公正、传统和自由的原则，规划和建造一座由许多府邸组成的大厦，为所有人提供容身之处。”[108] 在这些城市，以及后来被占领的整个欧洲，通过无线电收听丘吉尔的广播变成了一种可以被处死的罪行，但是人们仍然在收听，因为他为这些受折磨的人提供了他们最需要的东西:希望。

丘吉尔还谈到“德国的第一场U型潜艇战首次被彻底击败，水雷的威胁得到很好的控制，我们的运输业也几乎没有减产”。[109] 哈利法克斯勋爵对寇松勋爵的女儿，也是他亲密的朋友亚历山德拉·“巴巴”·梅特卡夫夫人说:“一个处在他这种地位的人竟然会犯这样的错误，真是不可思议。他每次吹嘘完海上战争之后，我们就会遭遇一些骇人听闻的损失。”丘吉尔在广播中说:“今晚我们似乎已经可以肯定，德国开战时所使用的U型潜艇已经有一半被击沉，而新潜艇的建造速度远远不如预测的那样快。”[110] 事实上，据他自己的海军情报部门估计，57艘U型潜艇中只有9艘被击沉，即15%。丘吉尔得到50%这个数字，是在“已知沉没”9艘的基础上，加上“可能沉没”的16艘，再加上林德曼的统计部门不知怎么搞出来的8艘。当反潜作战部主任A. G. 塔尔伯特上尉指出，沉船的数量完全不是广播中丘吉尔说的那样时，丘吉尔1月22日以一份会议记录做出回应:“沉没和损坏的U型潜艇，至少应该有35艘，这实际上是德国人自己承认的数字。”这当然不是事实。[111] “塔尔伯特，在这场战争中，有两个人在击沉德国U型潜艇，”他说，“你在大西洋击沉它们，而我在下议院击沉它们。问题是你击沉它们的速度只有我的一半。”[112] 基于同样的思想，丘吉尔对皮姆上尉说:“我们的潜艇有时会不幸沉没，但是请记住，他们的U型潜艇都是被摧毁的。”[113]

1940 年 4 月初，塔尔伯特估计有 19 艘 U 型潜艇被毁（正确的数字实际上就是 19 艘），43 艘在逃，2 艘在检修。2014 年由德国海军编制的 U 型潜艇损失综合清单，以及其他官方来源，都支持塔尔伯特和戈弗雷的数字分析，与丘吉尔、庞德和林德曼的分析结果不符。1939 年 9 月，只有 3 艘 U 型潜艇沉没，10 月 4 艘，11 月 1 艘，12 月 1 艘。1940 年年初也好不到哪儿去，1 月 2 艘，2 月 5 艘，3 月 3 艘，4 月 4 艘，5 月底 1 艘。在丘吉尔任海军大臣期间，一共有 23 艘 U 型潜艇沉没。其中，10 艘被战舰击沉，5 艘不明原因，3 艘被水雷击沉，1 艘被战舰与岸基飞机一起击沉，1 艘被岸基飞机独自击沉，1 艘被舰载飞机击沉，1 艘被另一艘潜艇击沉，1 艘被撞后沉没。[114]

丘吉尔宣称的在自己任期内击沉 U 型潜艇的数量，与真正击沉的 23 艘潜艇并没有关系。指出这一点并不是在贬低英国皇家海军所表现出的巨大勇气。一旦摧毁潜艇的方法得到改进，数量就急剧上升了——1940 年只有 24 艘潜艇被击沉，但是 1941 年已经是 37 艘，1942 年 89 艘，1943 年 272 艘，1944 年 291 艘，1945 年 5 月初之前是 141 艘，当时还剩余的 355 艘 U 型潜艇绝大多数后来都被击沉了。[115] 塔尔伯特不愿承认海军大臣过分夸大的说法，所以 4 月 25 日，丘吉尔不得不写信给庞德说："如果塔尔伯特上尉尽快出海，那么也许是件好事。"[116] 塔尔博特这样做了，他指挥了航空母舰"愤怒号"，成为一名海军少将，成就了自己杰出的职业生涯，但他再也没有回到海军部任职。

海军上将戈弗雷（在其助手伊恩 · 弗莱明的詹姆斯 · 邦德系列小说中，戈弗雷本人就是"M"的原型）在自己的回忆录草稿中写道："丘吉尔喜欢追求自己设计的想法，这毕竟是伟人的特质。"

> 这一点体现在丘吉尔身上时，就会促使他无情地反对他人的观点，他觉得这些观点阻碍了自己前进的道路。为了达到自己的目的，他什么手段都会使用，并把他那聪明的、不知疲倦的、高度政治化的头脑全部集中到问题的关键方面。他的武器包括说服、真的或假装生气、嘲讽、责骂、发脾气、耻笑、奚落、辱骂和落泪，

他会针对任何反对他的人，或是与他意见相左的人，有时也为了一些非常琐碎的事情。[117]

这些都是真的，也是丘吉尔加入战争的关键因素，张伯伦尽可能地长时间不让他加入政府，也是因为这些因素。对于海军大臣的这种做事方法，戈弗雷从来没有想过要与之妥协。批评人士指责丘吉尔在U型潜艇沉没问题上撒谎，目的是实现他想要做首相的雄心壮志。但是，丘吉尔那样说的真正目的是鼓舞士气，这也是战争动员的一个重要组成部分。1940年，一位年轻的水兵在一艘战舰上问丘吉尔："你告诉我们的一切都是真的吗？"丘吉尔回答："年轻人，我为我的国家说过许多谎话，将来还会说更多。"[118]入主唐宁街很久之后，为了宣传，他还是会经常夸大成功。

1月27日，在曼彻斯特的一次演讲中，丘吉尔呼吁100万妇女投入军工厂的劳动，解放男子劳动力去参加战斗。[119]他明白，如果知道了牺牲的必要性，人们就不会介意做出牺牲。他在谈到延长定量配给时说："现在还不是放松和追求舒适的时候，我们现在需要的是勇敢和耐心。这就是为什么虽然我们的物资量正在增长，我们还是要对自己进行定量配给。这就是为什么我们打算对每一吨货物都进行监管，确保这些货物的运输都只为了一个目的，那就是胜利。"[120]对于人们不接受为了进口非必需品的奢侈品，而让商船海员牺牲生命的做法，丘吉尔表示高度赞赏。他还提到波兰人是如何被折磨，如何被按编号分批射杀，如何被恐吓。他还讲到一个故事，为了按照德国军官的要求执行大规模枪杀，一个波兰人被从药店里拖出来凑数。

"来吧！"丘吉尔说，"让我们到自己的岗位上去，承担起自己的责任，去完成任务，去奔赴战场，去辛勤劳作，去补充我们的军队，去统治天空，去生产军火，去勒死U型潜艇，去扫除地雷，去犁地，去造船，去守卫街道，去救助伤员，去鼓舞悲观者，去向勇敢者致敬。在帝国的各个地方，在海岛的各个角落，让我们共同前进。没有一周，没有一天，也没有一个小时是可以浪费的。"一位听众后来写道："那天，在那个大厅里，没有人会不为那些如号角般响彻自由世界的历史性话语而激动不已。"[121]伦道夫和玛丽陪着他，在返回伦敦的火车上，他们举行了一次家宴。汤米·汤普森记录道："他比一段时间以来人们见到的他更快乐、更自在。”[122] 克劳福德勋爵于1月26日写道：“如果张伯伦现在摔断了腿，丘吉尔就会被公共舆论逼到唐宁街去。”[123]

丘吉尔是政府的忠实成员，他既没有诋毁张伯伦，也不允许布拉肯这么做。2月4日，他参加了在巴黎召开的最高战争委员会会议。他与首相、哈利法克斯以及接替万西塔特担任外交部国务副大臣的亚历克·卡多根爵士一起，乘火车从查令十字街车站赶往多佛登陆一艘驱逐舰。在火车上，张伯伦“相当试探性地”让丘吉尔看了看他与华盛顿之间关于美国派遣和平使团到欧洲的往来电报。电报中谈到，美国副国务卿萨姆纳·韦尔斯此行可能不会受到欢迎，他也排除了与希特勒直接进行和平谈判的可能性。卡多根注意到，温斯顿——喝了第二杯雪利酒之后——把电报通读一遍，眼里含着泪水，说道：“能跟随你我感觉很自豪！”[124]

2月16日，根据丘吉尔的命令，“哥萨克号”军舰的士兵登上位于挪威约辛峡湾的“施佩伯爵号”补给舰“阿尔特马克号”，释放了299名被俘的英国商船船员。他们对被囚禁者大声喊出的“海军来了！”成了一个自豪的全国性口头禅。挪威人出面阻止了这次行动，抗议英国对其中立地位的侵犯，并允许“阿尔特马克号”回到德国，从而彻底毁掉人们对他们也许会默许英国占领纳尔维克的任何希望。不过，哈利法克斯并没有反对“哥萨克号”行动。“哈利法克斯真是了不起。”丘吉尔后来说。[125]

当月，“约克公爵号”军舰下水后，丘吉尔从克莱德赛德返回，他向国王抱怨说，海军部各大臣和公务人员经常对他说他错了，还说项目无法进行。“他们有时候也许是对的。”国王微笑着说。“十之八九吧。”丘吉尔毫不掩饰地回答。[126] 他说得没错，庞德和他的团队已经成为专家，在筛选出一个好主意的同时，还要筛掉另外九个。海军上将戈弗雷在他的回忆录草稿中表达了自己的不认同：“我们发现丘吉尔先生所需要的，是那种不顾一切因而必然流产的行动计划。”然而，正如丘吉尔计划在那年晚些时候占领潘泰莱里亚岛一样，最终他是会被劝阻的。[127] 同样，当人们在停靠在直布罗陀的一艘意大利远洋客轮上，发现了希特勒的政务委员同时也是国会银行前行长亚尔马·沙赫特博士时，丘吉尔希望可以把他从船上带走，并逮捕他。然而，哈利法克斯不想惹恼仍然中立的墨索里尼，所以他什么也没做。[128]

在 2 月下旬的内阁会议上，张伯伦说美国和中立国将会反对丘吉尔在挪威海域采矿的计划。会后，丘吉尔在维多利亚酒店出席了议会记者们为他举行的一次愉快的午餐会，张伯伦也在场。丘吉尔对记者说：“我是——说这话时我感觉自己谦虚了起来，在你们这些先生履行宪法程序的整个过程中，我一直是一个不变的因素，一个几乎是不可或缺的因素。”[129] 在谈到自己的在野岁月时，他指着张伯伦说：“我已经度过了自己的所谓‘权力不认可时期’。”[130] 在谈论自己 40 分钟之后，他“发誓要在航行期间忠诚地为‘船长’服务”，首相为此鞠躬致谢。[131]

“人们说丘吉尔不老练，”在市政厅为“埃克塞特号”和“阿贾克斯号”的船员举行午餐会后三天，克劳福德勋爵在日记中写道：

> 说他的判断力不稳定，说他总是超越常规，说他太想成为一个海军战略家——所有这些或多或少都可能是真实的，但他仍然是内阁中唯一具有为了胜利坚持到底这一美德的人。他给予敌人致命打击，他让国家充满信心，让舰队欢欣鼓舞。我对他了解得越多，听到得越多，我就越是相信，他代表的那一方，完全是……胜利的一方！[132]

如果说有什么可以解释丘吉尔是如何走上首相之路的，就是这种来自一位老对手的高度赞扬。这位第二十七代克劳福德伯爵（始于 1398 年）及第十代巴尔卡雷斯伯爵（始于 1651 年），本是建制派的代表人物。他曾就读于伊顿公学和牛津大学，完整地经历了第一次世界大战，据说曾拒绝了印度总督的职位，曾任博纳·劳政府在下议院的首席党鞭，并在 1916 年—1922 年期间与丘吉尔在同一个内阁中任职。“巴尔”·克劳福德曾称丘吉尔为一个容易发疯的、印墨混血的“天生的流氓”，自所谓的“阿尔斯特大屠杀”后，他就开始散布有关丘吉尔的各种恶毒谣言。然而，在头一年 9 月丘吉尔在下议院发表演讲后，他的观点开始发生变化。到 1940 年 2 月下旬，他已经将丘吉尔看作内阁中唯一一位能够带来彻底胜利的人。这是克劳福德所写的最后的日记，因为不久后他就去世了，他永远看不到丘吉尔进入唐宁街10号，也无法亲眼见证他的预言实现了。

克劳福德的日记显示，到了2月和3月，保守党议员对丘吉尔的态度开始发生变化，尽管他仍然不受信任。如果形势发生变化，自由党将会在多大程度上支持丘吉尔？对于这一问题，阿奇·辛克莱在3月6日对下议院明确表示："我们都决心赢得这场战争，我们也都相信我们能赢。只有当我望向前排座椅，发现海军大臣不在那里时，对胜利的怀疑才会让我不寒而栗。"[133] 他与丘吉尔曾经一起在战壕里摸爬滚打，生死与共。自从丘吉尔在战壕里任命他做自己所信赖的副官以来，他们结下了深厚的友谊。多年的友谊即将得到惊人的回报。

芬兰于3月13日与苏联签署停战协定，结束了英国和法国企图利用这个借口侵犯挪威和瑞典主权的行为。然而，面对联合战时内阁的反对，丘吉尔仍然想继续纳尔维克行动。他在第二天写给哈利法克斯的信中说："我对战争的走向深感担忧。"英国财政部为此每天损失600万英镑，造成大量"资金流失"。"我们没有与法国建立起真正有效的亲密关系"，"德国是北欧的主人"。他总结说："大臣们不应该以忠实地履行职责为借口，我们必须设法取得胜利，强行取得胜利。"[134] 三天后，哈利法克斯在与艾登共进午餐时表示，他已"准备好"面对由丘吉尔出任国防大臣的局面。艾登说："内阁中只有三个人（丘吉尔、张伯伦和哈利法克斯）赢得了整个国家的支持，其余的人都是公务人员，或多或少都是声名狼藉的政客。"[135] 艾登将自己排除在外，可能是因为自己太年轻了——他只有42岁。

3月28日，在伦敦，保罗·雷诺取代达拉第成为法国总理之后，第六届最高战争委员会最终批准了丘吉尔向莱茵河注入水雷的计划，尽管三天后法国内阁否决了雷诺的提议。[136] 委员会发表了一份联合公报，承诺"两国政府达成共识，在当前战争时期，除非双方都同意，否则两国不会商谈或缔结停战协定或和平条约"。[137] 第二天，丘吉尔向克罗泽发泄了自己的不满，说他还需要五六十艘漂亮的驱逐舰，并解释说，他本想阻止瑞典的铁矿石运出，"但在这些问题上总是需要去说服那么多人"。[138] 丘吉尔告诉克罗泽，他和张伯伦相处得很好。"我自己根本不想当首相，"他说，"他过去认为我可能对他有危险的任何怀疑现在都消失了。我下定决心——显然我也必须如此——我必须和他好好合作，我确实这样做了，我相信他现在是喜欢我的。”[139] 最后一点至少是对的：不管张伯伦和丘吉尔私下里怎么说对方，他们两人实际相处得非常好。这就是那个时期英国政治的学院派氛围，尤其是在战时，丘吉尔毕生都有能力不让“政治的积怨和严酷”损害个人关系。

尽管西线目前还没有任何活动，但是丘吉尔并不认为这种状况能持续很久。他在3月30日的一次广播讲话中说：“100多万德国士兵，包括他们所有的现役各帅和装甲师，在接到通知几小时后，就可以整装出发，进攻比利时、卢森堡和荷兰边境，这些中立国随时都有可能遭遇钢铁与战火带来的崩塌。而决定权就掌握在一个幽灵般的、病态的人手中。困惑的德国人民竟然把这个人当作神来崇拜，这会令他们永远蒙羞的。”[140] 他对英国的和平主义运动发出质疑：“尽管波兰的命运让他们不敢正视，但有些粗心的外行或盲目的跟风者有时还是会问我们，‘英国和法国到底在为何而战’？对此我的回答是，‘如果我们停止战斗，你们很快就会发现答案’。”[141] 4天后，1 500名和平主义者、法西斯主义者、独立工党党员和共产主义者，在霍尔伯恩的金斯威大厅里一个群众集会上发出了欢呼声，因为他们听到塔维斯托克侯爵在谴责丘吉尔，说他试图“煽动战争”来反对德国。因为他对德国工人阶级所做的事情，希特勒还曾称赞他。[142]

4月3日的内阁改组没有征求丘吉尔的意见，塞缪尔·霍尔和金斯利·伍德互换了职位，国防协调部被撤销。用艾登的话来说，丘吉尔感到“非常悲哀和厌恶”，因为在没有人提醒他的情况下，滑头的山姆·霍尔得到了空军部的职位，而平庸的奥利弗·斯坦利得以留任陆军部。艾登说，张伯伦“接受W和我，只是因为他没办法不这样做”，据此“温斯顿坚持认为，在这次艰难的航行中，我们会有很多机会，更多机会。他希望能在这种压力下振作起来，毫无疑问，我也一样。但是他还是很担心、很沮丧，这可不怎么好”。[143] 丘吉尔虽然仍在海军部工作，但他同时担任了新的军事协调委员会的主席。该委员会由三军统帅和相关大臣组成，每日一会。这肯定会让他与斯坦利和霍尔产生摩擦，因为他当时还没有正式成为更高级别的官员，也没有获得任何代表官方指导或发表意见的权力，甚至连参谋长的计划都无权发表意见。正像工党议员乔赛亚·韦奇伍德上校对布拉肯说的："政府——如果我们可以选用这个词，增加了他的责任，却没有赋予他真正的权力。"[144]更糟糕的是，如果事情出了差错，这样的局面将会使丘吉尔成为众矢之的。

这次改组的一个积极方面是：53岁的黑斯廷斯·伊斯梅少将做了丘吉尔的私人参谋长。在桑赫斯特和印度任职之后，"帕格"·伊斯梅曾在索马里兰服役，1938年曾担任印度总督军事秘书和帝国国防委员会秘书（接替汉基）。莫德·罗素称他为"一个眼睛圆圆、皮肤黑黑的好战士"，而他可远不止是这些。[145]他是丘吉尔的忠实崇拜者（他能引用《第一次世界大战回忆录》中的整段内容），但他确切地知道他的职责是在军事参谋长和丘吉尔之间建立联系。在工作初期，伊斯梅有一次曾为丘吉尔解读一篇丘吉尔不喜欢的参谋长联席会议的文章，之后丘吉尔问伊斯梅，他对这篇文章"真正的"看法是什么。"你希望我对你有价值吗？"伊斯梅问道。"当然，"丘吉尔答道，"我当然希望。""那么，"伊斯梅说，"你就再也不要问我这样的问题了。"[146]丘吉尔很快与他建立了异常密切的工作关系，参谋长们也都毫不含糊地信任他。他很快就会使他们双方都处在有利的位置上。

4月4日，张伯伦发表了一篇关于战争局势的演讲，并态度软弱地谈到希特勒："有一件事是肯定的，他已经误了车。"[147]第二天，丘吉尔在巴黎对法国人说，英国将继续自己在纳尔维克布雷的行动，这次代号为"威尔弗雷德"的行动计划于4月8日晚进行。结果，仅仅在这一预定行动时间几小时后，按照一项准备已久的计划，希特勒在4月9日拂晓发动了威塞鲁邦行动，入侵丹麦和挪威。德国人迅速占领了奥斯陆、斯塔万格、卑尔根、特隆赫姆和纳尔维克，守住了所有主要港口和航空要道。挪威军队吃惊不小，他们虽然勇敢，人数却很少。仅仅6个连的德国伞兵部队就占领了奥斯陆，随后，3 000架次的容克52运输机运来2.9万名士兵。[148]希特勒显然并没有误车。

在长达8周的挪威战役中，几乎所有可能出错的地方都出了错，而且大部分问题都与丘吉尔有关，因为他是海军大臣，而这场战役是由海军主导的，一半的本土舰队参与其中。4月9日早晨6点半，在内阁得知纳尔维克已经落入德国人手中之前，丘吉尔对大家说："我们的手现在已自由，我们可以在挪威海岸动用我们压倒性的海上力量了。在一两周内我们就可以完成着陆。”[149]他甚至认为德国人没有前往纳尔维克的必要。[150]有人指控他，从某种程度上说也算合情合理，把一个不情愿的张伯伦推入了一场不可能获胜的战役，他这样的行事方式说明他并没有从过去的经历中学到很多东西。[151]

一个主要问题就是缺少领导中心。用詹姆斯上将的话说，这场战役“在很大程度上是由三个军种单打独斗来完成的，没有首相或是最高行政权力的有效代表进行指导或指挥”。这是张伯伦的错，丘吉尔当然也一定吸取了教训。[152]如果军事协调委员会能够按照其名称所显示的那样获得相应的权力，丘吉尔也许能够把控这场战役，但是霍尔和斯坦利都认为自己是独立代理人，从宪法的角度讲他们的想法并没有错。

一连串的错误非常丢人。[153]麦克西少将没能占领纳尔维克，因为他从陆军部那里得到的命令，与海军司令科克上将从海军部那里得到的命令根本不一样。[154]（“如果这位军官表现出陆军高级军官的坏脾气，”丘吉尔对科克说，“不要犹豫，解除他的任务，或逮捕他。”）[155]到三军参谋长联席会议明确下达攻占纳尔维克和特隆赫姆的任务时，德国人在这两个地方都已占据了空中优势。丘吉尔后来抱怨说：“参谋长联席会议几乎是一个独立于首相的领导与指导机构，更不用说接受他的领导了。”[156]海军上将罗杰·凯斯想指挥一支特种部队攻占特隆赫姆，但庞德反对攻打特隆赫姆（即“铁锤行动”），丘吉尔也不止一次改变主意。丘吉尔还在没有通知福布斯上将的情况下给科克下达了命令，而科克是福布斯的下属。

英军终于于4月13日攻占了纳尔维克，但占领的时间之短只够摧毁港口设施。补给船只的装载方式是：虽然枪炮可以卸下去，但是弹药却装在不同的船上。英国军队的25磅大炮和反坦克炮太少，而德国侦察机的优势是每天都有20小时的日照。在最后的撤退中，“光荣号”巡洋舰及其驱逐舰被“沙恩霍斯特号”巡洋舰击沉。难怪丘吉尔后来称其为“这场摇摇欲坠的战役”。[157]

德国人在挪威战役中主动出击，而且从未真正失败过。他们几乎没有犯下任何严重错误，而英国人和法国人却犯下许多错误。[158]英国海军的情报系统存在一些问题。4月9日，丹麦在一天内陷落后，德国空军轰炸机立刻封闭了连接北海和波罗的海的斯卡格拉克海峡，向挪威派兵的任务变得更加轻松。4 月 14 日，英国占领了纳姆索斯和安达尔斯内斯两个港口后，斯图卡俯冲轰炸机成功地将这两个港口夷为平地。之前，这场战役才进行了一天，丘吉尔就与新任空军大臣闹翻了。艾登在他 4 月 10 日的日记中写道："温斯顿对山姆·霍尔感到愤怒，他怀疑霍尔是在急着报复他。他认为霍尔在目前这个时候不能起到激励空军的作用。他说霍尔是'一条蛇'，甚至还给他起了一些更厉害的绰号。"[159]

丘吉尔的"晋升"确实引发了一些嫉妒和怨恨。因斯基普（另一条蛇，他怨恨丘吉尔获得了他曾经想要得到却没有得到的工作）酸酸地抱怨说，他"现在的权力几乎和首相一样大"，这样说显然是荒谬的。[160] 4 月 11 日在下议院讨论挪威战役问题时，丘吉尔用一个历史事件做了一个不合时宜的类比。他说："我认为希特勒侵略斯堪的纳维亚半岛的军事行动，与 1807 年拿破仑入侵西班牙①时所犯的错误一样，在战略上和政治上都是大错特错的……现在，我们的封锁设施已增加很多，效率也大大提高，我们可以从挪威海岸拿走我们想要的一切了。"[161] 这几乎和说希特勒误了车一样糟糕。当时在场的麦斯基在日记中写道："我从未见过他处于这种状态。显然他已经好几个晚上没睡了。他脸色苍白，找不到合适的词，结结巴巴地说不清楚话，完全没有表现出他在议会中一贯的聪明才智……为了解释德国突袭成功，丘吉尔提出几个相当站不住脚的论据：天气恶劣、海洋浩瀚、无法控制一切等。"[162]

丘吉尔对国王抱怨说，"在对驻挪威的舰队发出任何新的指令之前"，协调委员会、战时内阁、下议院的辩论会，以及每天三四十条来自海军的信息，"所有这些都必须经过仔细筛选和查看"。他觉得自己做海军部的工作非常吃力。[163] 然而，他仍然有时间去见国王，而且不知怎的，到了晚上，他还能继续写他的《英语民族史》手稿。② 即使在挪威战役期间，在 4 月底的

---

① 一个罕见的历史错误：1807 年，拿破仑是被邀请穿过西班牙前往葡萄牙的，他于 1808 年入侵西班牙。

② 考虑到重新担任公职，他的收入降低了 3/4，1939 年 9 月，丘吉尔像在财政部任职时一样，出于缴税的考虑，再次以作家的身份正式退休。

一天，晚上11点，丘吉尔还能与威廉·迪肯和弗雷迪·伯肯黑德讨论1066年诺曼人入侵英格兰的问题。迪肯回忆说，尽管随着战斗的进行，海军将领们带来了海军的各种消息：

> 但是我们谈论的话题还是围绕着诺曼入侵的阴影和忏悔者爱德华的身影。正如丘吉尔写的那样，爱德华的“虚妄、含糊、脆弱降临到我们身上”。我还能看到墙上的地图，上面标着英国舰队在挪威附近海域的部署情况，也能听到海军大臣的声音，他正在以他惯常的洞察力捕捉着1066年那场战役的战略地位。但这并非不务正业，因为我们正在衡量的这个人是一个具有最高历史眼光的人，在他心里，遥远的历史插曲与眼前的重大事件一样，近在咫尺，真实可见。[164]

到了4月20日，协调委员会的气氛已经到了一点就着的程度，因此丘吉尔提出由张伯伦担任主席，他说：“他们不愿意从我这里接受的东西，到了你那里他们就愿意接受了。”[165]首相对希尔达说：“人们普遍认为，温斯顿打碎了我们精心建造的，可以确保所有项目都经过深思熟虑和审查的国家机器……他根本没有意识到他给工作人员施加的压力有多大，他们常常因此闷闷不乐、沉默不语。”然而，一旦张伯伦接过手，“结果简直不可思议，我们总是出奇一致”。[166]一致，也许吧，但不是胜利。

1939年9月中旬，威尔士自由党议员克莱门特·戴维斯辞去了自由党党鞭的职务，随后成立了一个名为“全党行动小组”（也被称为“义务治安员”）的小团体。该组织每周四在“改革俱乐部”聚会，由布思比担任秘书。1940年4月，索尔兹伯里第四任侯爵主持了他所谓的“两院保守党成员监督委员会”的成立仪式，会议在位于圣詹姆斯的阿灵顿街他的家中召开。尽管这些松散的非正式组织，比如焦点、政策研究小组、魅力男孩儿、全党行动小组和观察委员会等，其成员有很多是重叠的，但它们或多或少都对张伯伦持批评态度，尽管并非都支持丘吉尔。

4月23日，丘吉尔对索尔兹伯里勋爵说：“媒体夸大了他作为国防协调人的作用……他无权提出建议或做出决定。”[167] 索尔兹伯里告诉他新成立的监督委员会的人员组成，以及该组织将监督政府，并继续向其施压，促使其积极投入战争。听到这些，“他像一只高兴的小猫那样咕噜起来”。第二天，他向国王抱怨说，在挪威，“我们没有一件事是顺利的。我们没有制空权，下雪时，我们的飞机很难找到地方”。[168] 两天后，在“其他俱乐部”，他对坎罗斯说：“我担心会传来更多来自挪威的坏消息，对于我们在挪威南部的机会，我感到非常悲观。”[169] 这些内容比他能够透露给新闻记者的可能要多一些，但是坎罗斯是他的私人朋友，而且从来没有人泄露过俱乐部里的任何消息。最近加入该组织的成员之一是丘吉尔的女婿邓肯·桑迪斯，他在挪威远征军服役时受了伤，终身跛行。

4 月底，张伯伦开始考虑让丘吉尔来做挪威战役失败的替罪羊。他的议会私人秘书敦格拉斯勋爵（后来的首相亚力克·道格拉斯·霍姆爵士）问奇普斯·夏侬：“我认为是不是应该挫一挫丘吉尔的锐气……让他离开海军部?”夏侬总结道：“显然这些想法已经在内维尔的脑子里了。他当然应该离开，但是我们用谁来替代他呢?”[170] 如果丘吉尔因为在战役中缺乏控制力而屈辱地被降职或解职，很难想象他如何能在两周后成为首相。

4 月 26 日，军事协调委员会同意，准备将所有部队撤出挪威，战时内阁随后也同意了该决议。这与仅仅三天前最高战争委员会才商定的在挪威继续战斗的计划完全矛盾，因此也让雷诺愤怒不已。张伯伦说：“温斯顿最难对付，他对参谋长联席会议提出的每一个建议都提出挑战，表现得像个被宠坏了的爱生闷气的孩子。”[171] 下午 6 点的委员会会议结束后，丘吉尔向张伯伦提出请求，希望任命他为国防大臣。

4 月 30 日，也就是从安达尔斯内斯撤退的第二天，哈罗德·尼科尔森写下了这样的内容：“党鞭在到处散播谣言，说这都是温斯顿的错，他再一次亲手缔造了惨败。”[172] 国王 4 月 30 日的日记也表明，为了保护张伯伦，丘吉尔被安排为挪威战役问题的替罪羊。当时已经有越来越多的人开始议论，劳合·乔治才是国家的大救星，就像在 1916 年一样。国王在一次周例会中见了张伯伦后写道：“据首相说，温斯顿似乎仍在不断找麻烦。”

> 我问他温斯顿是否应该为“铁锤（行动）”计划改变，我军没有进攻特隆赫姆负责，首相说是的。W害怕我们会损失一些大船，海军部的顾问也是这样想的，基于这一事实，他才迫使参谋长联席会议同意他的意见，并因此推迟了向纳姆索斯和安达尔斯内斯增派部队。首相今晚将与W进行另一次谈话，确定在没有战时内阁批准的情况下，什么他可以做，什么他不能做。[173]

而事实却是，丘吉尔没有权力让参谋长联席会议在任何事情上与他达成一致。

最终，张伯伦站在了丘吉尔一边，决定任命他为国防大臣，但是有名无实。霍尔和斯坦利威胁要在正式开始向丘吉尔汇报工作之前辞职，张伯伦则以自己辞职威胁他们。他说要“让丘吉尔担任国防大臣，同时担任首相……他们说那将是一场太大的灾难，所以他们愿意按照我的要求去做”。[174]张伯伦起草了一封信，对新的安排做出描述。这个新职位实际上就是丘吉尔在20世纪20年代向劳合·乔治第一次要求的职位，也是他自30年代中期以来一直认为应该设立的职位。

丘吉尔立即接受了任命，并于4月30日在战时内阁传阅了一份备忘录，声明自己“将代表（军事协调）委员会，负责领导并指导参谋长联席会议。为此，他随时可以在必要时召集委员会开会，为他提供个人咨询服务”。[175]尽管丘吉尔对挪威战役的战败负有部分责任，但他还是获得了更多的权力。在下议院，人们几乎不知道发生了什么事，夏侬写道：“更多的人开始谈论反对可怜的内维尔的政治阴谋小集团，‘他们’说，这就像1915年的事情重新发生了一遍，而温斯顿应该成为首相，因为他更有活力，站在他身后的国家也会更强大。”

纳姆索斯撤退从5月1日开始，持续了48小时。当皇家骑兵卫队阅兵场上突然下起瓢泼大雨时，丘吉尔对张伯伦当时的私人秘书乔克·科尔维尔打趣说：“如果我是5月1日，我就应该为自己感到羞愧。”仰慕张伯伦，对丘吉尔持怀疑态度的科尔维尔在日记中尖刻地写道：“我个人认为，无论如何，他都应该为自己感到羞耻。”[177]在看到丘吉尔与工党的A. V.亚历山大和阿奇·辛克莱在吸烟室里有说有笑、畅饮畅聊后，夏依同样不以为然。他称辛克莱为“新的影子内阁”。夏依写道：“戴维·马杰森说，我们正处在1931年以来最严重的政治危机前夕。[178] 为了争取时间，他（张伯伦）又松了松套在温斯顿身上的缰绳。”[179]

张伯伦手里的缰绳已经没有再放松的余地了。5月2日从特隆赫姆撤离已清楚地表明，英国在一场重大战役中彻底失利，对于如此严重的事件，首相必须承担最终责任。劳合勋爵对他的儿子，当时正驻扎在巴勒斯坦的戴维说：“公众似乎意识到了我们过去准备不足所带来的赤裸裸的后果，这件事我想在过去七八年里你已经听我说过很多次。”[180] 如果公众把挪威战役的溃败归咎于多年来的普遍准备不足，而不是这次战役中所做出的行动决议，责任将落在张伯伦身上，而不是丘吉尔。

尽管出现了一连串的错误，但是挪威战役也带来一些安慰。英国皇家海军损失了1艘航空母舰、2艘巡洋舰、1艘单桅帆船和9艘驱逐舰，而德国损失了3艘巡洋舰，22艘驱逐舰中的10艘，还有仅有的2艘战舰。从其与英国海军的规模比例上说，德国的损失要大得多。[181] 在接下来的一个月里，如果德国海军未受损失，那么他们在敦刻尔克附近的战斗中本可以成为一支决定性的力量，但是在5月初，德国只有1艘大型巡洋舰、2艘轻型巡洋舰和7艘驱逐舰随时待命，甚至连港口都出不来。

张伯伦在5月3日写给希尔达的信中说：“在特隆赫姆的行动中，温斯顿改变了4次主意……改变主意是很正常的事情，我并不为此责怪W. C.……只是那些低级趣味的出版社和W. C.的‘朋友们’把他描述为最高战神，而他的这些做法证明对他来说那是名不副实的。”[182] 他最后说：“这是一个邪恶的世界，但是我认为这次我不会被敌人打倒。”[183]

第20章

成为首相
（1940年5月）

与命运共舞的人不会等着别人安排出场，他们觉得自己该出场了就会出场。他们不要求别人承认，他们自己承认自己。他们像命运一样，注定降临。

——亚历山大·麦卡勒姆·斯科特：《温斯顿·斯宾塞·丘吉尔的和平与战争》[1]

他有冷酷无情的一面，若非如此，就办不成大事。

——丘吉尔在《伟大的同时代人》中对阿斯奎斯的论述[2]

1940年5月7日和5月8日，即星期二和星期三，下议院举行了关于挪威战役问题的辩论。与会者之一斯塔福德·克里普斯爵士称，这次辩论会是“议会历史上最重要的一次辩论”。[3]虽然官方提出的辩论动议仅仅是“下议院休会”，即结束会议，但最终辩论会变成了对张伯伦政府的信任投票，涉及的范围远不止最近这次战役。丘吉尔必须对他所服务的这个人表现出完全的忠诚，布伦丹·布拉肯也是如此，尽管在正常情况下，布拉肯一定会非常乐意为张伯伦的下台投赞成票。在辩论开始前，张伯伦对哈利法克斯勋爵说，他怀疑这次辩论会是否真的“有意义”。[4]

尽管作为内阁的一名高级成员，丘吉尔在辩论会中始终支持张伯伦，但是对政府施以最沉重打击的几个人，众所周知，都是他最亲密的朋友。因此，亲张伯伦的人普遍怀疑是丘吉尔在暗中鼓动反叛。然而，当他坐在张伯伦旁边时，人们唯一可以肯定的事情就是，无论他的思想和内心发生了什么变化，他的外在表现是绝对忠诚的。如果他只是在演戏，那么可以说他一生都在演戏。

保守党后座议员约翰·摩尔·布拉巴宗在辩论中偷偷用他的微型美乐时相机拍了一些照片。当然，这样做违反了下议院规定，但是在照片中我们可以看到，当张伯伦站起来为他的政府各部门的表现辩护时，大厅和旁听席里挤满了人。他详述了在挪威发生的一些事情，内容平淡乏味。他略带自怜地说："当然，大臣们应该为所有事情承担责任。"听到这句话，工党议员们大喊起来："他们误了车！"会议主持人不得不示意大家，大厅才安静下来。张伯伦坚持为他自己和他的政府进行了长时间的辩解和乏味平淡的辩护。他说："我认为我们这个国家的人民还没有意识到，我们所面临的威胁是多么严重、多么紧迫。"听到这句话，一位议员喊道："我们5年前就说过这样的话了。"[5]

这场辩论既是关于挪威的，也是关于绥靖政策的，既是关于过去的，也是关于未来的，这使得丘吉尔的立场变得更加复杂。张伯伦宣布，他已赋予丘吉尔更大的权力，让他担任军事协调委员会主席，直到战争接近尾声。"无论如何都应该做出改变。"他这样说道。在描述自己作为战时领导人的立场时，他只说出了一句毫无趣味的话："就我而言，我走的是中间路线。"[6]

接下来，工党领袖克莱门特·艾德礼表示，张伯伦和丘吉尔当时都对挪威战役过于乐观了。他对下议院讲述了这次战役带来的挫败与灾难，并引用了张伯伦本人的演讲内容来抨击他。在提到丘吉尔在海军部和军事协调委员会的双重工作时，他说："海军大臣确实很有能力，但是把他放在这样一个不可能的位置，对他来说是不公平的。"[7]艾德礼还批评张伯伦缺乏必要的"精力、体力、干劲和决心"，并补充说，这些绥靖主义者"误了所有开往和平的车，却赶上了开往战争的车"。最后，他明确表示："为了赢得这场战争，我们希望换一个新的掌舵人，换掉带领我们走进战争的那一位。"艾德礼的演讲为后面的演讲者进一步抨击政府打下了基础，随后，大家在军火供应、军火生产、配给、征兵、工业政策、军事和民间组织，以及战争的其他重要方面，对政府进行了抨击。在这些问题上，丘吉尔多年来一直对政府持高度批判的态度。艾德礼的同事阿瑟·格林伍德随后也附和了他的结论，他宣称：

"战争不是靠巧妙的撤离就可以获胜的，为了在战争的走向上更接近我们的最高期待，更广博的见识，更多的精力，更强大、更坚决的胜利意志才是我们所需要的。"[8]

在亨利·佩奇·克罗夫特爵士表示支持张伯伦，乔赛亚·韦奇伍德上校猛烈抨击张伯伦之后，身穿海军上将制服、佩戴着六排勋章绶带的朴次茅斯北部议员罗杰·凯斯上将站了起来。几乎所有同时代的人，在接受访谈时，都提到了凯斯对张伯伦在挪威战役问题上的控诉，凯斯称之为"一个令人震惊的关于无能的故事"。他引用了张伯伦在前一周的演讲中，关于占领特隆赫姆的战略重要性的论述，并将其与英军在特隆赫姆的惨败进行了对比。尽管是丘吉尔下令阻止凯斯指挥攻打特隆赫姆的，但是凯斯却盛赞丘吉尔，称加里波利战役是海军大臣的奇思妙想，可以帮助英军绕过法国和比利时的僵局。他把加里波利战役的失利完全归咎于费舍尔。[9]"我渴望看到他伟大的能力能够有用武之地，"凯斯说，"他对海军有信心，对国家有信心，整个国家都指望着他来帮助我们赢得这场战争。"[10]在整个辩论过程中，这是唯一一次有人建议丘吉尔接替张伯伦的职位，即使是这一次，这一建议也并未被明确提出，以免激起亲张伯伦派的反应。当然，随后一位名叫乔治·兰伯特的联合自由党议员说："我问议员们，除了我尊敬的朋友——现任首相，他们建议谁来担任首相时，没有人提到丘吉尔。"

利奥·阿梅里在辩论会上发表了最激动人心的演讲，尽管他平常总被认为是一个沉闷的演讲者。他对丘吉尔晋升的时机提出质疑，认为这在某种程度上会让人们更加反对丘吉尔，而不是张伯伦。最后，他引用奥利弗·克伦威尔1653年在尾闾议会（Rump Parliament）上的名言，结束了对首相战争领导力的强烈控诉："你在这里待得太久，做不成更多的好事了。听我的，你走吧，让我们与你一刀两断吧。看在上帝的分儿上，走吧。"[11]尽管这是一位军事独裁者解散民选议会的言论，但在这个场合产生了巨大影响。两位亲张伯伦的后座议员随后发言，但由于丘吉尔是一位忠于张伯伦的大臣，他们不能攻击他。温特顿勋爵像艾德礼和乔赛亚·韦奇伍德一样，也在加里波利打过仗。他谴责政府没有要求整个国家做出更大的牺牲，并补充说："我明确表示，不参与对海军大臣的谴责。"

陆军大臣奥利弗·斯坦利尽力想要挽回局面，支持联合政府的几个后座议员也出来为张伯伦辩护。但是当第一天的辩论结束时，局势已经很明显，受到质疑的不仅仅是挪威战役的指挥问题，政府本身也受到质疑。第二天，即5月8日，星期三，工党高级官员赫伯特·莫里森抱怨说，丘吉尔是辩论会的最后一位发言人，这意味着“他提供的证据将无法被评论”，赫伯特把这种情况比作“最重要的目击者却拒绝进入法庭”。他向丘吉尔提出一系列问题，包括没有备用枪管就把机关枪送到挪威，部队没有穿雪地鞋，高射炮晚了一周才到，等等。这是本次辩论会中首次有人向丘吉尔提出比较认真的批评。“最后，”他问道，“我们尊贵的绅士海军大臣是不是在首相觉得合适的时候被当作了挡箭牌？”他宣布工党打算在当晚辩论会结束时与下议院分裂——理论上是在说休会的事情，但实际上是在说张伯伦的首相任期。张伯伦回答：“我要对我在下议院的朋友们说，我在下议院也是有朋友的……我接受挑战，实际上我欢迎挑战……我呼吁今晚在议会厅的朋友们支持我们。”《泰晤士报》在报道中声称，他的这番话得到了“响彻云霄的欢呼声”，但这很快就被定性为：在国家危难之际公然呼吁狭隘的党派和个人忠诚，并产生了灾难性的后坐力。

空军大臣塞缪尔·霍尔爵士是20世纪30年代最主要的绥靖政策支持者，他随后的讲话被凯斯上将、工党的休·道尔顿以及不少于7名议员不停地打断，这令他深受打击。他被迫承认英国皇家空军的“规模远远不够大”，对于一个过去10年差不多都在执政的政府来说，一位内阁大臣发表这样的言论无疑是具有破坏性的。劳合·乔治随后针对首相进行了一次毁灭性的演讲。1922年，在张伯伦的助推下他被迫下台。自那以后，他就一直憎恨这位首相。他说，从战略上讲，我们的处境比1914年更糟。这是这位一战时期的首相经过冷静分析后得出的结论。他认为丘吉尔在20世纪30年代关于德国重整军备的观点是正确的。当他说“我不认为海军大臣应该为所有（关于挪威的）事情负全部责任”时，丘吉尔站起来打断他说：“对于海军部所做的事情，一切责任都应该由我承担。”劳合·乔治继续用极具破坏性的俏皮话说道：“这位可敬的绅士不应该让自己变成防空洞，护着自己的同事，不让碎片击中他们。”[16] 亚历山德拉·梅特卡夫夫人向哈利法克斯报告说，劳合·乔治的俏皮话让丘吉尔“像一个肥肥的婴儿一样在前排座椅上晃动着双腿，努力不笑出声来”。[17] 随后，乔治把矛头指向张伯伦：“这不是谁是首相朋友的问题，这是一个大得多的问题……我庄严地宣布，我认为首相应该作为榜样，做出牺牲。因为对于赢得这场战争来说，没有什么比首相交出自己的权力印章的贡献更大了。”[18] 他坐了下来，达成了自己等了 18 年的完美报复。

达夫·库珀重新拾起丘吉尔被利用来保护张伯伦的话题。他说：“丘吉尔将用他的雄辩才能为那些长期以来拒绝听取他建议的人辩护，为那些蔑视他的警告、拒绝信任他的人辩护……我恳求我的同胞们，不要让他雄辩的魅力和他人格的力量今晚带走他们。”[19] 达夫·库珀是第一个表示将投票反对政府的保守党议员。那天上午，索尔兹伯里勋爵曾经敦促观察委员会不要投票反对政府，因为他认为其人数起不了作用。但是随着情况越来越明朗——可能有多达 30 名联合政府的议员会这样做，甚至会有更多议员弃权，他的观点发生了变化。[20]

哈罗德·尼科尔森对于丘吉尔的问题做了一个很好的总结。他写道：“一方面，他必须为军队辩护。另一方面，他必须忠于首相。人们觉得要在辩论会上同时完成这两项任务，又不降低自己的声望几乎是不可能的。但他以非凡的人格力量，绝对忠诚、万分真诚地同时做到了这两件事情，他以他的聪明才智证明，他与那群困惑又胆小的人没有任何关系。”[21] 夏侬这样写道：“每个人心里都有这样的疑问，温斯顿会忠诚吗？他终于站了起来，人们一眼就看出他做好了战斗的准备，生龙活虎、乐在其中，享受着自己所处的讽刺尴尬的位置，为自己的敌人辩护，为自己不相信的事业辩护……其中有多少激情是出于真心，有多少是出于应付，我们永远不得而知。”[22]

到丘吉尔发言时，他的朋友们已经让议会做好准备，不接受他已经准备好要说的话。所以这次讲话完全不属于他平日的那种精彩表演，他为政府和挪威战役所做的辩护虽然熟练流畅，但缺乏新意，但是当工党议员伊曼纽尔·辛韦尔打断他的发言时，双方爆发了激烈的争执。丘吉尔说，“他潜伏在角落里”，并且拒绝收回这句话。有人提出“潜伏”是否是议会用语，一位名叫尼尔·麦克莱恩的喝醉酒的格拉斯哥工党议员说，他认为丘吉尔说的是“臭鼬”，而不是“潜伏”。[23] 这句话让丘吉尔乱了阵脚，这在慕尼黑辩论会上是从未发生过的，而当时他为之辩护的，是自己坚信的一项事业。

丘吉尔在长达45分钟的演讲中说："我们一整天都在遭受辱骂，而现在，对面尊敬的议员们却连听一听我们的发言都不愿意。"[24]待议会稍微平静一些后他说，他认为英军在挪威的失利主要是德国的空中优势造成的。丘吉尔说："首相说他要向朋友们求助的事情，议员们倒是都听到了。他觉得自己还是有一些朋友的，我也希望他有一些朋友。当一切顺利时，他当然会有很多朋友。我认为，在一个困难的时刻，没有经过所有必须进行的严肃辩论，就转过身去，这样做既不大方，也不符合英国人的性格，更不符合保守党的品格。"[25]丘吉尔最后的请求是："让战前的积怨消失，忘掉个人的争执，让我们保持对共同敌人的仇恨。"

麦斯基当时正在旁听席，他认为："他的发言很有趣、很精彩，但并不令人信服。"[26]不出所料，时任信息大臣、议会议员的约翰·里斯做出更加严厉的回应："我始终觉得丘吉尔是个伪君子，他喜欢批评政府，知道这样做有助于他掌握权力。真令人作呕。"[27]并不是所有人都这样严厉地谴责丘吉尔。艾德礼在他的回忆录草稿中写道："丘吉尔为扭转局势做出了非常诚恳的努力"。[28]利奥·阿梅里回忆说："真正重要的是，这一发言不但加强了丘吉尔在政府中的地位，同时，在那些认为他显然是张伯伦继任者的人的眼中，他的地位也没有被削弱。[29]国王当然不在场，但是有人告诉他说："温斯顿像上了发条一样，铆足劲儿进行了一次很好的讲话，这才止住了颓势。"[30]但是，颓势并没有被止住。

克莱门汀和玛丽都在旁听席。玛丽在日记中写道："下议院里充满了不确定、不愉快、敏感而不安的情绪。发言的人经常被打断，但也有很多欢呼声。爸爸对核心问题的处理，以及对下议院的掌控都超级厉害。我几乎是屏住呼吸听他讲话的，心里充满了骄傲、担忧和渴望。不断有人站起来（辛韦尔、麦克莱恩等人打断了爸爸的发言，爸爸只好坐了下来。他的讲话是在下议院对立的两方共同的嘘声中结束的。批评的声音成了主流，火药味非常浓烈。甚至在保守党内部，反对张伯伦和许多内阁成员的声音也很强烈。"[31]

除了最后的群情激愤，这场辩论对于丘吉尔来说简直好极了。张伯伦曾提到他在下议院的朋友，但是在辩论会中，有7个人对政府进行了最为严厉的批评指责，其中有 6 个人是“其他俱乐部”成员，包括辛克莱、韦奇伍德、凯斯、温特顿、劳合·乔治和达夫·库珀，他们都是丘吉尔的密友，有些甚至是他几十年的朋友。① 所有发言中最有力度的就是第七位阿梅里的发言，他对丘吉尔当然也没有敌意。工党对他总体上是尊敬的，保守党后座议员也没有试图把挪威战役问题中首相的责任推卸给他。事实上，在长达两天的辩论中，没有人把海战的主要问题归咎于负责海军的大臣。正如莫里森所说，丘吉尔是最后一个发言的人，因此他的主张将无法被批驳。特别具有讽刺意味的是，尽管张伯伦为英军在挪威的失利受到的批评最多，对此事负有更直接责任的人——丘吉尔，却从中受益最多。

当议员们穿过投票大厅时，麦斯基觉得“会议室里嗡嗡作响，就像一个被打搅后的蜂房”。[32] 最终赞成票为 281 票，反对票为 200 票。政府仅以 81 票的优势胜出，而政府成员本身就超过了 200 人，对张伯伦来说，这是一个严重的道德败局。麦斯基写道，马杰森读出票数时，“胜利的咆哮像暴风雨一样从反对派的席位上爆发出来”。张伯伦坐在自己的座位上，脸色苍白。[33] 大约 41 名联合政府议员给他投了反对票，同样重要的是，大约 50 人投了弃权票。反叛者包括阿斯特夫人、鲍勃·布思比、哈罗德·麦克米伦、昆丁·霍格、达夫·库珀、约翰·普罗富莫、路易斯·斯皮尔斯、沃尔默勋爵、哈罗德·尼科尔森、莱斯利·霍尔-贝里沙，当然还有利奥·阿梅里和凯斯上将。在哈罗德·麦克米伦和温特顿勋爵试图高唱《统治吧！不列颠尼亚！》时，出现了吵闹的场面，直到愤怒的保守党人把他们的歌声压下去。工党议员对张伯伦大喊着：“你误了车！”“走吧！走吧！走吧！走吧！”[34] 亲张伯伦的人则大声回应道：“奎斯林②！内奸！小人！”对方又回应道：“应声虫！”[35] 夏侬写道：“简直就像一场骚乱。”

7 个月后，丘吉尔对乔克·科尔维尔说，这场辩论会“对他来说是一个绝佳的机会：球场上的球星都站在他这一边。他尽了最大的努力为他的领导辩

---

① 近来，就在 1939 年 4 月，哈罗德·尼科尔森曾经写道：“令人好奇的是，温斯顿在和劳合·乔治谈话时，竟然称他为‘我亲爱的’”。（尼科尔森编辑，《日记和信件 I》，第 394 页。）

② 源自挪威叛徒维德昆·奎斯林，法西斯的追随者，曾经帮助德国人。

护，但这样做只赢得了尊重和支持。没有人能说他对张伯伦不忠或心怀诡计”。[36]

那天晚上，艾德礼告诉布拉肯，工党同意加入由哈利法克斯组阁的政府。布拉肯让丘吉尔答应，第二天他和张伯伦在唐宁街10号讨论局势时，不要先发言。[37]比弗布鲁克，一个很容易把自己神话的人，对历史学家约翰·格里格说，布拉肯和丘吉尔是在他位于格林公园斯托诺韦住宅大厦的公寓里会面的，丘吉尔“倾向于把责任放在个人利益之前”，愿意做哈利法克斯政府的国防大臣，“对丘吉尔施加了决定性影响的实际上是布拉肯”。[38]工党成员即将前往伯恩茅斯参加工党的年度会议，拉博·巴特勒与休·道尔顿和赫伯特·莫里森都谈了话，他们以非官方的方式告诉他，工党同意加入由哈利法克斯领导的政府，道尔顿补充说：“丘吉尔必须继续负责战争事务。”[39]巴特勒很快就把消息传给了哈利法克斯。

1940年5月9日，星期四，天气干燥，日照12小时，气温65华氏度（约18.33摄氏度）。在唐宁街10号的敦格拉斯勋爵和党鞭办公室的戴维·马杰森的带领下，政府办公室正在试图确定这次投票对首相来说到底有多危险，希望可以限制损害，让他继续执政。“我可以告诉你，你这个可鄙的小混蛋，”马杰森对约翰·普罗富莫，一个两个月前才入选议会的25岁军人说，“在你的余生中，每天早晨醒来，你都会为自己昨晚的所作所为感到耻辱。”[40]亚历克·敦格拉斯和霍勒斯·威尔逊爵士的做法正相反，他们温和地邀请保守党主要后座议员到唐宁街倾听他们发牢骚，并告诉他们，政府可以解除那两个不受欢迎的人——约翰·西蒙爵士和塞缪尔·霍尔爵士的职务（西蒙和霍尔二人并不知道此事）。上午9点，张伯伦与阿梅里谈话，提出可以给他除了首相之外的任何职务。阿梅里拒绝了，他告诉首相自己必须辞职。把忠诚的队友抛出去喂狼的传统做法失败了，张伯伦在上午10点15分在唐宁街10号召见了哈利法克斯，但没有告诉他，自己曾把他的职位拱手赠给阿梅里。

与此同时，丘吉尔却赢得了某个人的拥护，这个人此前多少有些冷淡，现在却与他团结在一起。早上9点半，安东尼·艾登到了海军部。他发现丘吉尔正在刮胡子。丘吉尔对他说，他认为“内维尔不会让工党加入政府，但是我们必须建立一个国家联合政府”。[41]那天午饭时，丘吉尔和金斯利·伍德爵士告诉艾登说：“内维尔决定离开了。金斯利认为W应该继任，并敦促丘吉尔，如果征求他的意见，他应该表明自己的意愿。”艾登认为，伍德这位矮胖的掌玺大臣，张伯伦曾经的忠诚支持者，“精明、友好但能力有限”。他要么是对4月3日被调离空军大臣的职位感到不满，要么就是机会主义分子，或者两者兼而有之。但事实证明，他第二天的介入至关重要。战前，伍德是张伯伦政府中最亲德的大臣。现在，他已准备好帮助丘吉尔成为首相。[42]

张伯伦和哈利法克斯在上午10点15分的会面中达成一致，必须把工党和自由党纳入政府，这是哈利法克斯从慕尼黑回来，在赫斯顿机场乘车返回的路上就开始提倡的。很可能工党将拒绝在张伯伦的领导下执政，首相问外交大臣他是否愿意组建政府，他承诺自己会在这个政府中任职。“我把自己能够想到的所有论点都拿出来，反对自己组阁。”哈利法克斯在日记中写道，主要论点是：“作为首相，如果无法与下议院的核心取得联系，那么处境将会非常困难。”[43]张伯伦则明确指出，由于我们将建立的是一个联合政府，无论如何下议院都不会有什么反对意见。

这次谈话给哈利法克斯带来严重的心理压力，对他的身体也产生了影响，他开始胃痛。回到外交部后，他对拉博·巴特勒说，他觉得自己能够胜任这份工作，他还觉得丘吉尔的影响力应该受到限制。如果他自己成为首相，或是成为丘吉尔政府的一名大臣，这种限制会不会更加到位？即使他选择了前一个角色，丘吉尔的素质和经验肯定意味着，他“无论如何将会领导战争”，而哈利法克斯自己将很快变成那种荣誉首相，生活在真正重要的事情之外的那种朦胧之中。[44]他知道，他在军事方面缺乏专业知识，这对于一个战时首相来说是不能被接受的。从道尔顿到哈利法克斯，所有人现在似乎都理所当然地认为，尽管出现了挪威战役问题，但是丘吉尔很快就会完全控制英国的战争，成为一位全能的国防协调大臣。

在国王、即将离任的首相、工党领导层和足够多的保守党议员的支持下，首相一职理论上已经是哈利法克斯的了，不管他是同意担任此职，还是把个人抱负置于国家利益之上。张伯伦在4月的最后一次人事变动中没有征求丘吉尔的意见，如果他在5月9日上午同样不征求意见，直接去王宫，建议国王任命哈利法克斯，那么丘吉尔除了承诺为国效忠，便别无选择。1940年3月，张伯伦就曾写道：“我宁愿让哈利法克斯接替我，也不愿让温斯顿接替我。”[45] 丘吉尔当然不可能仅仅因为知道自己会成为一名更好的战时领袖就拒绝在战时任职。7 月 26 日，当他把威士忌和苏打水里的冰块舀出来扔进煤桶时，他对 W. P. 克罗泽承认了这一点。他说：“你知道吗，我应该感谢张伯伦。他在辞职时，本可以建议国王派人去请哈利法克斯来，但他没有。”[46] 从许多方面来看，5 月 9 日早晨张伯伦和哈利法克斯单独进行的会面，比丘吉尔当天下午出席的那次会面更为重要。在上午的会面中，哈利法克斯并没有（在工党不同意在张伯伦的领导下进入政府的情况下）马上坚定地答应出任首相。

与伍德和艾登共进午餐后，丘吉尔前往唐宁街 10 号，与张伯伦和哈利法克斯一道，邀请艾德礼和阿瑟 · 格林伍德一起去劝说位于伯恩茅斯的工党全国执行委员会加入联合政府。艾德礼和格林伍德从“改革俱乐部”的午餐会上直接赶来。该俱乐部是极端反对张伯伦的克莱门特 · 戴维斯创建的，他警告艾德礼和格林伍德说，首相希望继续掌权。他们走进内阁，坐在张伯伦对面的桌子旁，张伯伦的身边坐着丘吉尔和哈利法克斯。[47] “张伯伦强烈敦促我们加入他的政府，温斯顿则在一旁强力支持他。”艾德礼后来写道。[48] 当丘吉尔试图告诉他们张伯伦是一个多么有魅力的同事时，格林伍德打断了他的话：“温斯顿，我们不是来听你演讲的。”[49]

艾德礼和格林伍德同意去伯恩茅斯，向工党全国执行委员会提出两个问题。奇怪的是，艾德礼需要记下这两个问题：（1）他们会进入现任首相领导的政府吗？（2）如果换了首相，他们肯不肯加入政府？艾德礼第二天给唐宁街 10 号打电话给出了答案。[50] 他们警告张伯伦说，他们认为工党不可能愿意在他的领导下工作。这也并不令人惊讶，因为艾德礼在挪威战役辩论会的演讲中，就曾呼吁“由不同的人来掌舵”。

国王同情他的首相。他在日记中写道：“张伯伦做了这么多好事，却被这样对待，这对他太不公平了。达夫 · 库珀等保守党反叛者应该为自己在这个时候抛弃他而感到羞愧。”[51]（在爱德华八世退位危机期间，达夫 · 库珀是唯一一位支持爱德华八世的内阁成员。可能这并非巧合。）

由于在议会中的议员数量相对较少，工党没有权力选择由哪位保守党人接任首相。艾德礼、莫里森和道尔顿在前一天晚上所表达的亲哈利法克斯的观点，对丘吉尔来说也是一样适用。（尽管哈利法克斯是一个出生在城堡里的世袭贵族，但他将印度提升到自治领地位，并与工党领导层保持着良好的个人关系。）艾德礼和格林伍德刚一离开，张伯伦就把马杰森叫来，与丘吉尔和哈利法克斯一起讨论，如果工党拒绝在他的领导下加入政府，谁将成为首相。

5月9日下午4点半开始的这场4个人的会面没有会议记录，会议说了什么，必须从几个可信度不尽相同的信源拼凑出来。最可靠的记录是从亚历克·卡多根的日记中找到的，因为哈利法克斯在会后立即见了他。“首相、温斯顿和我一起讨论了其中的可能性。”哈利法克斯告诉他：

> 首相说在被提到的名字中，我是最能被接受的人。我说，那样的处境对我来说是毫无希望的。如果我不能负责战争（作战），如果我不能领导下议院，我就只能是个无足轻重的人。我觉得温斯顿是更好的选择。温斯顿并没有提出异议。他很友好、很有礼貌，但是可以看出，他认为这是一个正确的解决办法。党鞭和其他人也认为，下议院从感情上已经转向他。如果内维尔·张伯伦能够留在政府（他也准备要这样做），他的建议和判断就会使温斯顿的领导稳定下来。[52]

哈利法克斯曾是印度总督，也是两位首相的密友。如果是在和平时期，他就可以像劳合·乔治和鲍德温那样，让丘吉尔或多或少地按规矩来做事，但是，就像他前一天向巴特勒承认的那样，他知道，在战争时期，他很快就会被抛到一边。因此，哈利法克斯对权力的放弃得到了一致好评。

丘吉尔对那次会面的描述是在8年后写出来的，他把会面的日期和时间都搞错了，而且完全忽略了马杰森的存在。他写道：“我在公共生活中有过许多次会面，这一次当然是最重要的一次。通常我总是滔滔不绝，但这次我沉默不语。”[53]丘吉尔声称，经过“长时间的停顿”后——甚至似乎超过了休战日的那两分钟沉默，最终，哈利法克斯才尴尬地突然发话，说由于他的贵族身份，他没有资格担任首相。写到这儿丘吉尔补充说：“很显然，这一责任将落在我身上——实际上也落在了我身上。”在这个版本中，为了成为首相，丘吉尔除了保持沉默什么也没做。战后很久，有一次马杰森为一个朋友所著的一本关于 1940 年的书做审校，书中有这样一句话：“根据马杰森的说法，沉默实际上是很短暂的。哈利法克斯几乎立即就打破了沉默，极力推荐丘吉尔，认为他更适合在战争中发挥领导作用。”[54] 对于这句话，马杰森没有修改一个字。

比弗布鲁克在一份手写但未注明日期的记录中，提到马杰森的角色。他当然没有出席那次会面，但似乎是参会的某个内部人士给他透露了谈话内容，很可能是丘吉尔。记录中写道：“马杰森被叫来了，C（张伯伦）问了他关于首相人选的问题，但是并不是直接提问，而是先以陈述的形式贬低 Ch（丘吉尔）在工党心目中的地位。之后才是‘长时间的沉默’。”[55] 比弗布鲁克随后写道：“马杰森发现，大多数保守党议员想让哈利法克斯担任首相。”[56] 这与哈利法克斯与卡多根说的话相互矛盾。即使这是真的，也不会让丘吉尔感到不安，因为他非常清楚，在两大主要政党的议员中，他没有哈利法克斯那么受欢迎。丘吉尔，这位工党神话中制造汤尼潘帝事件的恐怖人物，与工党的仇恨可以追溯到大罢工之前。而且就在前一天晚上，在与辛韦尔发生争执后，大罢工又开始了。

艾登的日记记录了一些信息，大概也是从丘吉尔那里搜集来的。日记中说，丘吉尔在会议上“明确表示”，他希望张伯伦成为下议院的领袖，继续领导保守党，丘吉尔本人则成为首相和国防大臣。[57] 这是精明的做法：丘吉尔不希望保守党议员对他们的领袖垮台感到痛苦，并因此随时准备攻击他的政府。尽管张伯伦在国内开始因绥靖政策而不受欢迎，但他仍然在议会中对保守党后座议员有着很大的影响力。

那么，首相的职位到底是落入了丘吉尔之手，还是由哈利法克斯交给他的？还是他一看到机会就自己抓住了？ 2001 年，约瑟夫 · P. 肯尼迪私人文件的出版为此提供了新线索。1940 年 10 月 19 日，已经得知自己即将死于癌症的内维尔 · 张伯伦邀请肯尼迪到他乡下的家中告别。他们的话题后来转到 5 月那次至关重要的会面上。张伯伦对肯尼迪说，在工党领袖离开后，“他当时就想让哈利法克斯来做首相，并告诉哈利法克斯，他会在他的手下任职。

爱德华以他惯有的方式说，‘我是上议院成员，可能无法把控这一职位’。最终温斯顿说，‘我也认为不行’。他不肯出任首相，也就只能这样了”。[58]按照这个说法——这是张伯伦对5个月前发生的事情所做的唯一解释，丘吉尔在8年后所写的哈利法克斯的长时间沉默根本就不存在，因为“最终”丘吉尔说话的时间，是在哈利法克斯提出他的上议院身份之后，而不是之前。

近年来出现的其他一些说法也值得考虑，但必须注意的是，这个故事在口口相传的过程中变化很快。1942年3月，在华盛顿，与比弗布鲁克讨论了这次会面之后，哈利法克斯在日记中写道：“温斯顿毫不怀疑首相的位置应该是他的，在我们大家讨论时，他非常关注自己应该采取什么策略。显然，他得出的结论是，最好的策略就是完全保持沉默。我记得他当时就是按照这个原则做的。”[59]也是在1942年，卡多根在开罗给迈尔斯·兰普森爵士讲述了一个稍微不同的版本：丘吉尔利用了哈利法克斯作为绅士的那种内敛。兰普森记录的内容是：张伯伦说哈利法克斯“是最好的人选。哈利法克斯本人也确实想要担任此职……只是他像往常一样谦虚地回答，虽然他感觉受宠若惊，但是他不太确定，温斯顿是不是更胜任这一工作。听到这话，内维尔转向温斯顿，而温斯顿立刻回答，他当然认为自己更称职，更应该得到这份工作。哈利法克斯听了感觉很困惑”。[60]

丘吉尔对这件事情的说法倒是始终如一。1947年，他对他的医生莫兰勋爵说：“我从首相的话中可以听出来，他想让哈利法克斯接替他。他隔着桌子看着我，但我什么也没说，沉默了很长时间。然后哈利法克斯说，如果首相是一位贵族，做首相可能会很困难。我看得出来他已经放弃了。”[61]这个版本与他第二年出版的《第二次世界大战回忆录》非常相似。20世纪50年代，丘吉尔对自己的党鞭长说：“这是唯一一次，我不用为自己去争辩。”[62]汤米·汤普森关于二战的回忆录于1963年出版，据他说，丘吉尔在会面结束后立刻告诉他：“这是我一生中唯一一次没有开口的会面。”[63]对此次会面的这6个几乎是同时期的陈述版本，哈利法克斯的同时期日记、哈利法克斯对卡多根的讲述、张伯伦对肯尼迪的讲述、哈利法克斯讲给卡多根后卡多根转述给兰普森的内容、丘吉尔对莫兰的讲述，以及丘吉尔的回忆录，除了最后两个版本（来自20世纪40年代末），都认为是丘吉尔主动获取的首相之位，而不是等着别人把这一职位授予他。①

在战时的紧急情况下，首相和外交大臣竟然认为一位贵族成为首相后不可以加入下议院，认为这是不可逾越的宪法问题，而且允许这样一种让人难以理解的宪法观念来决定，谁应该在如此危急的时刻成为英国的战时领导人，这种做法非同寻常。如果议会能在1641年通过一项《褫夺公权法案》，宣判斯特拉福德勋爵以自己的名字获死刑，那么它也能在300年后通过一项单条款《议会法案》，允许哈利法克斯到下议院去发言。国王本应是宪法的保卫者，但是他问张伯伦，哈利法克斯的贵族身份是否不能被简单地概括为"暂停使用"。[64]这是另一个绝佳的机会——一个来自英国未成文宪法的守护者的建议。张伯伦想要阻止丘吉尔的话，他大可以利用这个机会。

也许每个人都在利用哈利法克斯的贵族身份来做借口，这样就很容易掩盖哈利法克斯确实不想当首相这一事实——至少在那个时候，因为他知道他很快就会被丘吉尔的光芒遮蔽，而且还可能会感觉很羞耻。所有主要参与者都很清楚的一件事就是：是时候让一个从一开始就正确理解希特勒和纳粹的人领导这个国家了，而不是把国家交给一个尽管虔诚、体面，却几乎到了最后都一直错误理解希特勒的人。虽然哈利法克斯当时的演讲也堪称思想深刻、高瞻远瞩，却没有丘吉尔的演讲所具有的那种如火的热情与诗意。

丘吉尔直截了当地表示，他不认为哈利法克斯能做到在上议院执掌首相之位，不论他是立即这样说的，还是沉默了一会儿（甚或是经过"长时间的沉默"）。很显然，丘吉尔确实是自己抓住了这次机会，而不是他在回忆录中所说，首相之位是传给他的——那只是他更喜欢的说法而已。这样的做

① 关于这次会面还有另一个版本，是乔克·科尔维尔在1985年出版自己的日记《权力的边缘》时披露的："温斯顿告诉过我好几次，张伯伦召集他和哈利法克斯勋爵到内阁会议室，目光锐利地看着他说，'到了今天这个时代，一个贵族还是不应该做首相，温斯顿，你觉得这有道理吗'？温斯顿看出这个问题的陷阱。如果他回答'有道理'，那就很难避免直接提出应该选择他本人来做首相。如果他说'没道理'，或者避免正面回答，他确信张伯伦先生就会转向哈利法克斯勋爵说，'好吧，既然温斯顿也同意，我相信如果国王问我，我会建议他请你出任首相'。因此温斯顿转过身去，望着外面的皇家骑兵卫队阅兵场，没有回答。一阵尴尬的沉默之后，哈利法克斯主动提出，如果国王要问张伯伦先生对继任者的看法，他应该推荐丘吉尔先生。"（科尔维尔，《权力的边缘》，第123页。）在这个（晚一些的）版本中，张伯伦被描述为试图诱骗丘吉尔，丘吉尔赢得首相之位在很大程度上是出于哈利法克斯勋爵的社交尴尬。这有可能是丘吉尔对科尔维尔讲过"好几次"的故事，但是逸事不会因为讲的次数多了就变得更真实。事实可能正好相反。

法也完全符合他一生的行为方式。他总是一头扎进竞技场，索要他认为自己应得的东西，他并不感到内疚或尴尬。1898 年他未经团部允许就前往苏丹，1899 年他在比勒陀利亚越狱，1911 年他前往西德尼大街，1914 年 7 月他在未获得内阁授权的情况下对主力舰队进行了战争动员，1914 年 8 月他强征了土耳其军舰，1914 年 10 月他为安特卫普远征进行辩护，1919 年他在未获得政府许可的情况下下令攻打科特拉斯，1921 年他置保守党后座议员的反对于不顾与迈克尔·柯林斯握手言和，1922 年他在未征得克莱门汀同意的情况下买下了查特韦尔庄园，此外，1940 年 2 月他命令“哥萨克号”的士兵登上“阿尔特马克号”——所有这些都是他抓住机会，在第一时间采取行动，让后果自行去解决问题的例子。他心目中的英雄拿破仑认为，成功本身就是一种正义。用当时的俗语来说，丘吉尔在 30 年前竞选公职时就是“这个样子”，那么在争取自己觊觎已久的最高公职时为什么会不一样呢？

丘吉尔一直在以一种似乎是非英国人的方式向前闯，这种方式与同时代的许多人所信奉的做杰出票友的方式格格不入。票友的态度意味着人生的奖品得自然掉到手里，而丘吉尔完全拒绝这样一种态度。正因为如此，他才拒绝了坎贝尔-班纳曼让他出任财政部财务次长的邀请，去做了殖民地事务部次长，并在下议院代表该部门；也因为如此，他才拒绝了阿斯奎斯让他出任爱尔兰首席大臣的邀请，坚持去做了内政大臣；更因为如此，1911 年他才向阿斯奎斯提出担任英国海军大臣的想法。丘吉尔 1919 年向劳合·乔治提出担任国防大臣的想法，1921 年又向他表达了自己对未能出任英国财政大臣的不满。出于同样的原因，他向鲍德温和张伯伦明确表达了自己想当供应大臣的愿望。1939 年 4 月，他请马杰森出去吃饭时，直截了当地告诉他：“我特别希望在政府任职。”[65] 1940 年，他力推自己担任国防大臣，如果不能是法律认可的正式国防大臣，哪怕实际相当于国防大臣也可以。而现在，对他来说首相的职位第一次（也可能是最后一次）变得触手可及，他是不会去听命于一个犹豫不决、在军事上也不够称职的绥靖主义者的。此外，丘吉尔也真心认为，比起哈利法克斯，由他自己来领导更有可能保护英国及其帝国。

尽管克莱门汀最终在 1937 年 6 月放弃了她丈夫成为首相的希望，但他自己从未放弃过。这一希望激励着他，驱使着他，即使通往唐宁街的路似乎已经不复存在时也是如此。他在16岁时就曾对穆兰·埃文斯说："我将身居高位，承担起拯救首都和帝国的重任。"[66]在艾登辞职时，他曾把自己描述为反对派的非官方任命领袖。也许这样做很不明智，但是他从未费心隐藏自己的野心，直到最近8个月。对他来说幸运的是，英国政界的人才如此匮乏，以至一旦张伯伦必须离职，除了哈利法克斯之外，几乎就没有人能来参与首相之位的竞争了。艾登、克兰伯恩和达夫·库珀是仅有的几位因为反对绥靖政策而辞职的大臣，他们当时都没有足够的分量成为首相人选。利奥·阿梅里、约翰·安德森和查特菲尔德勋爵也没有这样的分量。44岁的奥利弗·斯坦利太年轻了，而77岁的劳合·乔治是一个和平主义者。而且，他甚至比丘吉尔更不受当权派的欢迎。他还把希特勒誉为德国"活着的无名战士"。此外，这些人都没有表现出像丘吉尔那样对战争和大战略的迷恋，也没有表现出像他那样的对职权的渴望。丘吉尔既是一个政府内部的人，曾任财政大臣和内政大臣，也是一个政府以外的人，除了20世纪30年代的最后4个月，他几乎一直没有任何公职。65岁的年龄对他来说也不是什么不利条件，因为他依然活力四射，而且他取代的是年过七旬的张伯伦。

因此，在下午4点半的会面结束时，张伯伦同意，如果工党第二天打电话拒绝在张伯伦手下任职，他将建议国王请丘吉尔出任首相。之后，丘吉尔和哈利法克斯在唐宁街10号的花园里一起坐了一会儿。当天晚上，在下议院待了一整天的鲍勃·布思比写信给丘吉尔，指出一些反对哈利法克斯的人。他写道："这是一个强大的群体。"当时，他还不知道哈利法克斯已不再参与竞争。[67]事实上，他提到名字的14位议会议员只是一个小而散的团队，大多都是默默无闻的后座议员——根本不是什么强大的群体。

当时已经没有足够的时间等待公众一致呼吁丘吉尔接替张伯伦，只能靠丘吉尔那纯粹的人格力量，以及他对希特勒的正确判断带来的良好势头。8点半，丘吉尔与艾登和辛克莱共进晚餐，艾登觉得丘吉尔看起来"安静而沉着"。丘吉尔告诉他们，爱德华（哈利法克斯）不想继任首相，他在议会的位置让他很难担任首相职务。[68]他提出让艾登担任陆军大臣，艾登欣然接受了。

在现在这个更加平等的时代，可能会令人难以接受的一点是，丘吉尔成为首相的过程完全不是一个民主的过程。他不是通过内阁投票，也不是通过全国选举，甚至不是由选举产生的委员会或议员核心小组选出的，而是由我们能够想到的自选出来的最小选民团队选举出来的，包括张伯伦、丘吉尔、哈利法克斯和马杰森。这四个人都接受过私立学校教育：两人在哈罗公学（丘吉尔和马杰森），一人在拉格比公学（张伯伦），一人在伊顿公学（哈利法克斯）。这四位中老年英国人中有三位来自上流社会（马杰森是一位伯爵的侄子），而张伯伦的父亲是维多利亚时代英国最伟大的政治家之一，如果不是因为中风离世，他一定会被封为子爵或伯爵。他们不仅没有征求工党和自由党的意见，而且，这个完全不能代表英国人民的小集团在做出选择时，也没有征求那位不需要选举的世袭君主——国王乔治六世的意见，他可是唯一需要对这一选择给予确认的人。如果当时被征求意见的政治机构规模更大一些，比如包括内阁、枢密院、保守党、上议院——那么被选定的继任首相很可能是哈利法克斯，要是再考虑到伦敦金融城、BBC、《泰晤士报》、英国国教等方面的意见，结果可能更是如此。丘吉尔通过他的演讲和广播，通过他早期对纳粹威胁的认识，通过他坚持敦促他的同胞做好战争准备等，为自己赢得了成为首相候选人的资格，但是在 1940 年 5 月，他的判断力仍然受到英国建制派内大多数人的质疑。

第二天，1940 年 5 月 10 日，星期五，黎明时分，希特勒带领军队入侵卢森堡、荷兰和比利时。丘吉尔对春季攻势的准确预测现在已成为现实，尽管没有人能预测到这次攻势会发生在英国全面的政治危机期间。内阁于上午 8 点召开会议，听取了德国企图从侧翼包抄法国马其诺防线的消息。丘吉尔提出的建议是，可以由英国向流亡荷兰的前德国皇帝提供庇护，制造德国的内部不和。[69]（实际上，威廉二世对希特勒的征服行动是感到高兴的。）在会上，张伯伦没有提及他的辞职意向，到上午 11 点半，张伯伦得出的结论是，军事形势非常严峻，因此他决定推迟辞职时间。他要求艾德礼发表一份支持政府的声明，但是声明发表后张伯伦发现，声明中只提到应对战争所需的努力，却完全没有提及对政府的支持，也没有专门提到张伯伦本人。

霍勒斯·威尔逊爵士是英国财政部常任秘书长兼内政大臣，在慕尼黑危机期间，张伯伦曾派他去面见希特勒。他对工党的立场感到“尤其愤怒”。但是金斯利·伍德明确地告诉内阁，希特勒的攻击意味着张伯伦立即下台的压力增加了，而不是减少了。霍尔支持首相，但是正如他后来所说：“内阁中除了我，所有人都三缄其口。爱德华（哈利法克斯）相当无情。”[70]艾登也许认为伍德只属于那种“还不错的家庭律师类型的人”，但正是这个矮胖的政治小人物有效地终结了张伯伦的首相任期。[71]不久之后，他将被授予英国财政大臣的头衔，就像在前一天下午4点半的那次会面中，马杰森敏捷的脚步也确保了他将获得高级职位一样。

艾德礼于下午3点40分在伯恩茅斯会见了工党全国执行委员会代表。大家一致同意，工党可以加入政府，但是首相不能是张伯伦。[72]下午4点45分，艾德礼和格林伍德在一家旅馆内的电话亭里拨通电话，把这条新闻告知了唐宁街10号。之后他们乘下午5点15分的火车回到伦敦滑铁卢车站。

那天下午，首相身边的支持者再次努力说服哈利法克斯改变主意。张伯伦的议会私人秘书敦格拉斯勋爵给外交部的奇普斯·夏侬打电话，让他请拉博·巴特勒再和哈利法克斯谈谈。“我劝拉博去哈利法克斯的房间再做最后一次尝试，”奇普斯·夏侬在日记中写道，“他发现哈利法克斯溜出去看牙医了，拉博没有见到他——还有（哈利法克斯的私人秘书）瓦伦丁·劳福德……他忘了告诉哈利法克斯拉博正在等他，也因此避免了去扮演一个在历史上具有决定性作用的反面人物。”[73]夏侬“呆呆地坐在那里，痛苦万分”。[74]如果哈利法克斯在那样的时候真的有兴趣成为首相，他似乎就不大可能去看牙医了。

张伯伦现在正前往白金汉宫。国王在日记中写道：“下午茶后我见到了首相。”

> 他……告诉我，他希望辞职，这样新首相就可以开始组建政府了。我接受了他的辞呈，并告诉他，我认为他受到了非常不公的对待，我为所有这些争议的发生感到遗憾。然后我们就继任者问题进行了非正式谈话。①我当然首推哈利法克斯，但他告诉我，

---

① 国王和即将离任的首相就谁将出任世界大战期间的下一任首相展开讨论，如果这不算正式谈话，那么很难想象什么才算正式谈话。

H（指哈利法克斯）并不热心，因为他人在上议院，在下议院里他只能作为一个影子或幽灵存在，而所有真正的工作都要在下议院进行。我对这种说法感到失望，因为我认为H是最合适的人选，他的贵族身份可以暂停使用。这时我才知道，我可以派人去请来组建政府的人，一个对这个国家还有信心的人，就只有温斯顿了。我征求了张伯伦的意见，他告诉我，温斯顿就是那个我该派人去请的人。[75]

从这个叙述中我们可以看出，张伯伦甚至不需要向国王推荐丘吉尔，因为尽管国王有所保留，但还是已经猜到丘吉尔是唯一的选择。

于是，那天晚上6点，国王就派人去请丘吉尔了。丘吉尔后来写道："陛下非常客气地接待了我，并请我坐下。他好奇地打量了我一会儿，然后说：'我想你不知道我为什么叫你来吧？'我于是也顺着他的话回答：'先生，我还真想不出来为什么。'他笑了起来，然后说：'我想请你来组建政府。'我说我当然会听他的吩咐。"[76]长久以来，人们一直认为这个饶有趣味的逸事是真实发生过的，德国进攻在即，国王在任命战时首相这么重要的时候开了一个玩笑。然而，我们从国王自己的日记中可以清楚地看出来，他是真的认为丘吉尔不知道自己为什么被请来，对于丘吉尔的回答他也是当真的。"我派人去请温斯顿，让他来组建政府，"国王在日记中写道，"他接受了我的邀请，并告诉我，他并不知道这就是我请他来的原因。当然，他肯定也想到过这种可能性，所以才能够交给我一份他希望可以加入政府的人员名单。他对履行首相职责充满了热情和决心。"[77]

丘吉尔回到海军部后——张伯伦还需要一段时间才能搬出唐宁街10号，汤普森警官向他表示了祝贺，说他以后的任务将会非常艰巨。"只有上帝才知道，这样的任务是多么伟大。"新首相含着眼泪回答："我只希望现在还为时不晚。我非常担心，我们只能尽力而为。"[78]当艾德礼和格林伍德从滑铁卢车站抵达海军部时，他们没有就工党将在联合政府中获得多少内阁大臣的职位而向丘吉尔施压。不论怎样，丘吉尔对他们还是非常慷慨的，他任命艾德礼和格林伍德进入五人战时内阁，内阁中还包括张伯伦和哈利法克斯。

艾德礼回忆说："他迫切地希望尽快把战时内阁和三军大臣的人选确定

下来，我们还讨论了其他任命，并在周六的一两次会议上很好地解决了相关问题。”[79] 丘吉尔钦佩艾德礼所拥有的权威，以及他乐于助人、速战速决和远离机会主义的作风。丘吉尔多年来一直记着这件事，这也让他对艾德礼始终保持着敬意。几天后，工党大会以 241.3 万票对 17 万票通过了工党全国执行委员会加入政府的决定。

对丘吉尔来说很幸运的是，张伯伦准备在他的政府任职。工党议员和反绥靖政策的保守党人如此反对这位前首相成为下议院的领袖，最终他成了枢密院大臣。那天晚上，丘吉尔写信给他说：“我在很大程度上是掌握在你手中的。”他还邀请张伯伦继续担任保守党领袖。令许多保守党人感到愤怒的是，他们以 81 票的优势赢了挪威战役问题辩论会，却失去了自己的首相。张伯伦大可以做一个危险且具有破坏性的同事，但是他和丘吉尔合作得很好，而丘吉尔一有机会就表示出对他的敬意，甚至是喜爱。但是这并不意味着顽固的亲张伯伦分子会对丘吉尔产生任何敬意，更不用说喜爱了。晚上 7 点 15 分，亚历克·敦格拉斯和乔克·科尔维尔从唐宁街 10 号来到外交部，约见了拉博·巴特勒和奇普斯·夏侬。科尔维尔写道：“我们用香槟酒祝‘水上的国王’健康（不是利奥波德国王①，而是张伯伦先生）。”[80] 这是 1715 年叛乱时期詹姆士二世党羽的祝酒词，要求大家效忠詹姆士二世的儿子，这个未能成为国王的王储，并秘密反对新的汉诺威政权。要赢得这三位亲张伯伦的保守党议员的支持，以及他自己的新任私人助理秘书科尔维尔的支持，丘吉尔还需要做很多工作。

在那次伤感的聚会上，拉博·巴特勒说：

> 英国政治的优良传统，即与（查尔斯·詹姆斯）福克斯对立的（小）（威廉）皮特所留下的传统，被卖给了现代政治史上最大的冒险家。他（张伯伦）曾认真地劝说哈利法克斯接受首相之职，劝了很久，但是失败了。他认为温斯顿和他的那伙乌合之众所发动

① 比利时国王利奥波德三世，当时正在与德国的入侵做斗争。

> 的这次突然政变是一场严重的灾难，是完全没有必要发生的。“通行证被卖掉了”，是张伯伦、哈利法克斯和奥利弗·斯坦利卖出去的。他们软弱地向一个美国混血儿举手投降，而这个混血儿的主要支持者，就是那些与他沆瀣一气、光说不练的人，比如阿斯特夫人和罗尼·特里这些来自美国的异见人士。①[81]

这种反美主义思想并不局限在丘吉尔的政敌中。当希莱尔·贝洛克听说他以前的朋友要做首相时就曾问道：“那个美国佬野心家会统治我们吗？”[82]

夏依自己也是一个美国人。对他来说，1940 年 5 月 10 日“也许是英国历史上最黑暗的一天”，不是因为这一天希特勒摧毁了中立国，而且马上就要进攻法国，而是因为这一天，他的英雄内维尔·张伯伦下台了。[83]“我们都很伤心、很生气，觉得自己被骗了、被耍了。”他写道。[84]哈利法克斯当天也对巴特勒说：“那帮歹徒很快就会被完全控制住的。”[85]

那些原本被视为丘吉尔弱点的东西，在希特勒发动进攻之后，几乎在一夜之间就变成了他珍贵的资本。他对战争明显的兴趣不再被当作战争贩子的爱好，而是被视为无价的珍宝。他的演讲曾被许多人嘲笑为过火的表演，现在也变得令人崇敬起来，因为现在的形势与他的演讲风格非常合拍。在帝国面临难以想象的压力时，他对帝国的痴迷，也将有助于人民团结起来。他的沙文主义理念让他相信，如果他们能渡过目前的危机，英国就将战胜德国。即使是他不能完全融入任何政党这一点，对于一个国家联合政府的领导人来说，也是无比珍贵的。

晚上 9 点，张伯伦在广播中向英国人民宣布辞职，并鼓励大家支持他的继任者。当时 14 岁的伊丽莎白公主告诉她母亲，这件事让她感动得流下了眼泪。当天晚上，玛戈·阿斯奎斯去了唐宁街 10 号，向张伯伦表达了自己的同情。她记录道：“他说，没有人能比温斯顿更合适了，现在有关他自己的事情，有关任何人的任何事情，都无所谓了，重要的是他们应该团结起

① 尽管南茜·阿斯特在挪威战役辩论会后投了反对票，但她并不支持丘吉尔，而特里是艾登的人。

来。”阿斯奎斯夫人当然还忍不住写下了一句尖刻的评论：“我看着他那瘦弱的身躯和敏锐的眼睛，不禁暗自与温斯顿那因放纵自己而造成的圆胖体形做了一下比较。”[86]

为了建设好自己的第一任政府，丘吉尔夜以继日地努力工作。他后来写道：“我的心中涌动着一种深深的慰藉，我终于获得了指挥整个场面的权力。我觉得我好像是在与命运同行，而我过去的一切都只是在为此时此刻和今天的考验做准备……我觉得自己对这一切都很了解，确信自己不会失败。因此，尽管我对早晨的到来总是迫不及待，但是我睡得很好，也不需要做什么令人振奋的梦。事实胜于梦想。”[87] 1947 年他在与莫兰勋爵交谈时，表达了自己在那重要的一天里的决心与焦虑，语言比他在回忆录中所写的更加通俗：“我终于可以直接插手这件血腥的事情了。我丝毫不觉得自己有任何能力上的不足，或是类似的问题。我凌晨 3 点上床睡觉，早晨醒来我会对克莱米说：‘只有一个人能熄灭我的灯，那就是希特勒。’”[88]